在教师专业成长的道路上前行

——第十八届“当代杯”全国幼儿教师职业技能大赛获奖作品选（上册）

苏 津 主编

首都师范大学出版社
CAPITAL NORMAL UNIVERSITY PRESS

图书在版编目(CIP)数据

在教师专业成长的道路上前行：第十八届“当代杯”全国幼儿教师职业技能大赛获奖作品选/苏津主编. —北京：首都师范大学出版社，2021.10

ISBN 978-7-5656-6686-5

Ⅰ.①在… Ⅱ.①苏… Ⅲ.①幼教人员－职业技能－教师培训－文集 Ⅳ.①G615-53

中国版本图书馆 CIP 数据核字(2021)第 205659 号

在教师专业成长的道路上前行

——第十八届“当代杯”全国幼儿教师职业技能大赛获奖作品选(上册)

苏 津 主编

责任编辑 禹 冰 许 蔚

首都师范大学出版社出版发行

地　　址 北京西三环北路 105 号

邮　　编 100048

电　　话 68418523(总编室) 68982468(发行部)

网　　址 http://cnupn.cnu.edu.cn

印　　刷 中煤(北京)印务有限公司

经　　销 全国新华书店

版　　次 2021 年 10 月第 1 版

印　　次 2021 年 10 月第 1 次印刷

开　　本 787mm×1092mm 1/16

印　　张 53.25

字　　数 1500 千

定　　价 162.00 元(全三册)

编委会名单

前 言

改革开放以来，特别是新世纪以来，我国学前教育取得长足发展，普及程度逐步提高。办好学前教育关系亿万儿童的健康成长，关系千家万户的切身利益，关系国家和民族的未来。

学前教育事业的健康发展，最重要的保障是师资，《国务院关于当前发展学前教育的若干意见》要求：各级政府要充分认识发展学前教育的重要性和紧迫性，将大力发展学前教育作为贯彻落实教育规划纲要的突破口；作为推动教育事业科学发展的重要任务；作为建设社会主义和谐社会的重大民生工程，纳入政府工作重要议事日程，切实抓紧抓好，加快建设一支师德高尚、热爱儿童、业务精良、结构合理的幼儿教师队伍。

开展职业技能型比赛活动，就是培养和提升合格师资队伍的有效途径之一。

其一，比赛是对参赛幼儿教师能力和水平的一次全面展示和检阅。人才是教育之本，教师是学校之本，技能是教师之本，拥有过硬的职业技能是每位教师必须具备的基本条件，竞赛是全面磨炼、展示和提高这一素质的最有效的形式。

其二，比赛是提高教师能力、水平和质量的一种重要途径。比赛为教师提供了提高教育能力和教育水平的机会，作为参赛者的教师在准备过程中可以得到前辈及同事们的指点和帮助，竞赛的准备和比赛过程会使教师得到锻炼和提高，并在展示自己的同时，与其他参赛教师进行各个层面的广泛的交流，互相学习，共同进步。

其三，比赛是促进教师成长的重要手段。通过竞赛活动，正确引领教师在专业上进步。竞赛同时可以引导参赛教师关注最新的教育理念，潜移默化地培养创新意识和学习意识。此外，竞赛还是帮助教师树立良好的师德、教育观念和提升能力最好的方式，使教师经历一次全面、完整的过程训练。

由《幼儿教育导读》杂志社、当代学前教育网、当代学前教育研究会以及多家机构联合举办的“当代杯”全国幼儿教师职业技能大赛，是当前幼儿教师培养培训的有效补充，也是促进教育教学质量提高、培养合格幼儿教师的辅助手段，通过比赛的形式，有助于提高全国幼儿教师的职业素养，有助于增加教师之间的专业交流、促进教师之间的专业分享。

第十八届“当代杯”全国幼儿教师职业技能大赛，历时3个月，围绕10个比赛项目展开，得到了全国各地幼儿园及幼儿教师的积极响应。比赛中，涌现了一批具有专业理念和创新意识的作品，经过大赛组委会的甄别，从其中的文字作品中遴选出部分优秀的获奖作品结集出版。我们希望通过作品分享展示的形式，促进广大幼儿教师的交流，促进幼儿教师的专业化发展。

本书的编辑出版过程中，我们得到了来自全国各地幼儿园、参赛选手、教科研领域的专家以及出版社同人的大力支持和帮助，在此，谨代表大赛活动的主办机构、组委会深表感谢。

为了更好地提升“当代杯”全国幼儿教师职业技能大赛的整体品质，我们将继续聆听行业的诉求、建议和期盼，借鉴历届大赛的经验，将今后的大赛活动会更加丰富、成熟，更加具有社会价值，我们将继续在幼儿教师专业成长的道路上，不断奉献我们的微薄之力。

祝愿当代幼儿教师专业化长足发展，祝愿我国学前教育事业不断进步！

目　录

教　案

教育随笔

观察记录

案例分析

论 文

教　　案

我是小小营养师

贵州省六盘水市盘州市聚道亦资幼儿园 刘 柯

教学领域	健康	班级	大班
设计意图	《指南》中指出，要帮助幼儿养成良好的生活与卫生习惯，然而有的小朋友只喜欢吃肉、炸鸡、烧烤等食品，不爱吃蔬菜和水果，这种挑食情况极为严重。为了改善这种情况，特设计本次活动，让幼儿在情境化的学习过程中，进行合理的食物搭配，获得健康饮食行为的自主建构，从而逐步养成健康的饮食习惯。		
活动目标	1. 通过健康饮食金字塔，初步对食物搭配感兴趣。 2. 根据健康饮食金字塔设计一份营养餐，明白营养均衡才能健康成长。 3. 分组讨论，能和同伴一起搭配胖胖和瘦瘦的营养餐，明白营养餐搭配也要因人而异。		
重点难点	重点：根据健康饮食金字塔，学会搭配合理的营养餐，明白营养均衡才能健康成长。 难点：根据健康饮食金字塔，找出胖胖和瘦瘦生病的原因，并为胖胖和瘦瘦设计一份合理的营养餐。		
活动准备	1. 经验准备：小朋友对健康饮食金字塔有所了解，并知道各种食物的营养。 2. 物质准备：各种食物图片、健康饮食金字塔图卡、健康饮食金字塔范图、营养师围裙、胖胖及瘦瘦的图片、小小营养师证书。		
活动过程	**一、情景导入** 因营养不均衡的小朋友遇到问题，哈哈餐厅的老板急需招聘营养师。 老板：我是哈哈餐厅的老板。今天需要招聘几位小小营养师，我们一起来听听是怎么回事。 胖胖：大家好，我是胖胖，我每次在哈哈餐厅都要吃一个汉堡包、一份薯条和许多的肉，现在我长得好胖好胖呀，走也走不动，我好难受呀。 瘦瘦：大家好，我是瘦瘦，我每次在哈哈餐厅只吃蔬菜不吃米饭，而且吃得特别少，现在的我越来越瘦，还经常生病，我想请你们帮我出出主意。 师：胖胖和瘦瘦怎么啦？他们为什么会这样呀？ 教师引导幼儿提出制定营养餐的方法来解决问题。 招聘营养师的要求有以下两点： 1. 了解健康饮食宝塔，知道健康宝宝要吃哪些食物、吃多少才能饮食均衡。 2. 找到胖胖和瘦瘦生病的原因，并为他们设计合理的营养餐。 **二、幼儿根据健康饮食宝塔为顾客搭配合理的营养餐** 1. 了解营养师具备的能力。 师：刚刚听了老板的招聘启事，营养师要具备哪些能力呢？ 2. 让幼儿清楚地知道宝宝要吃哪些东西才能营养均衡。 (1)出示健康饮食金字塔示意图，巩固健康饮食金字塔的内容。 (2)利用贴图的方式，为宝宝设计饮食均衡的营养餐。 第一层：谷类食品，补充能量。可以选择其中的一种或者两种。 第二层：蔬菜水果，补充维生素。要适量，且并不是一次都要把所有的水果都吃全。 第三层：肉类，让自已变得更有力量。搭配适量的肉或者鱼类换着吃。 第四层：牛奶和豆制品，让我们更聪明，每天都要吃一点。 第五层：油炸食品，尽量少吃，或是不吃。这样我们的饮食才是健康合理的。 **三、为胖胖和瘦瘦设计合理的营养餐** 1. 分析胖胖和瘦瘦生病的原因。 2. 分组讨论，找出胖胖和瘦瘦怎样吃才能变健康，并制作出相应的营养餐。		

续表

活动过程	3. 请每个组的发言人对组内搭配的营养餐进行解释，并让小朋友们讨论是否合理。 4. 为营养标准、搭配合理的小小营养师颁发小小营养师证书。 **四、帮助幼儿整理和拓展经验，教育幼儿养成健康饮食好习惯** 师：刚才小朋友们通过健康饮食金字塔找出了胖胖和瘦瘦生病的原因，接下来小朋友们能不能在家运用健康饮食金字塔来搭配自己的营养餐呢。
活动反思	“胖”和“瘦”的饮食应该有一个对比，不能过于依赖网络资源，一定要放开自己的想法，大胆想象，并将自己的想象落于实践。在活动中要围绕目标进行设计，找到其核心经验，有系统、层层递进地开展。在上课时，思路一定要清晰，在引导幼儿的过程中，应学会放手，不能影响幼儿思考。

音乐律动“布谷鸟”

贵州省六盘水市盘州市聚道亦资幼儿园　周良权

教学领域	艺术	班级	大班
设计意图	“表达思想和情绪，是人类的本能欲望，并通过语言、歌唱、乐器演奏、舞蹈等形式自然地流出。”在孩子的生活经验没有受太多的社会影响而定型前，在看到一幅图画后，他们可以通过简单的乐器即兴演奏、即兴表演，来表达自己的理解，用音乐去挖掘、去创作，去发挥想象力。当没有乐器时，他们能用手、脚、筷子、报纸等代替乐器进行演奏，充分体现对乐器的创造性。基于此，特地开展了此次音乐律动游戏“布谷鸟”，让幼儿感受音乐游戏带来的快乐。		
活动目标	1. 认知目标：初步感受 4/4 拍歌曲的韵律，能随音乐做简单的动作。 2. 技能目标：跟随音乐的节奏，打出正确的拍子。 3. 情感目标：运用肢体动作表现“布谷鸟”，并感受音乐游戏带来的快乐。		
重点难点	重点：初步感受 4/4 拍歌曲的韵律，能随音乐做简单的动作。 难点：能跟随音乐的节奏，打出正确的拍子。		
活动准备	1. 经验准备：幼儿感受过 4/4 拍的歌曲节奏。 2. 物质准备：干净舒适的场地、布谷鸟叫声音频、布谷鸟图片、《布谷鸟》音乐、“布谷鸟”律动游戏示范视频、“布谷鸟”律动游戏升级玩法示范视频、盘子四个、红球和绿球各四个。		
活动过程	**一、活动导入** 师：小朋友们，今天我们班来了一个新朋友，我们一起来听听它是谁吧。（播放布谷鸟的叫声音频，让幼儿猜测这是什么动物的叫声。） **二、出示布谷鸟的图片，让幼儿初步认识布谷鸟** 1. 师：这个声音是一种鸟发出的，但小朋友们没有见过这种鸟，来认识一下它吧。 2. 出示布谷鸟图片。 师：大家请看图片，这种鸟的名字叫作布谷鸟，它还有一个名字叫杜鹃。小朋友们猜猜看，布谷鸟的叫声有什么意义呢？ 师：农民伯伯听到布谷鸟的叫声就知道春天来了，要开始播种啦，布谷鸟是来告诉农民伯伯们要开始播种啦。 **三、观看视频，学做游戏** 1. 播放“布谷鸟”节奏拍手游戏示范视频 师：认识布谷鸟，就要跟布谷鸟玩游戏。这个游戏到底怎么玩呢？现在老师播放一个		

续表

<table>
<tr><td>活动过程</td><td>视频，小朋友们在看视频的时候，要好好地观察老师的手是怎么放的。
2. 提问
师：视频里一共有几个盘子？（四个，代表四拍）
师：盘子里放什么颜色的小球时我们拍手，放什么颜色的小球时拍腿？（红色拍手，绿色拍腿）
师：我们拍一次手时，盘子里有几个红色的小球？
师：当盘子里什么都没放时，老师是怎么做的？
3. 小结
师：红色的小球代表我们要拍手，绿色的小球代表我们要拍腿。盘子里只有一个红色小球时，我们就拍一次手，有两个就拍两次；在盘子里有一个绿色小球时，我们拍一次腿。
四、解析动作
1. 教师带领幼儿尝试跟随音乐节奏玩拍手游戏
2. 教师分节讲解和示范动作
(1)PPT 图谱讲解。
(2)操作示范，强调知识点。
3. 小结
师：4/4 拍的歌曲表示歌曲中每一句歌词都有四个拍子，一个盘子代表一拍子，需要强调的是空盘子也是一拍，一个盘子里有两个球也只是一拍。
五、幼儿自主练习拍手游戏
师：小朋友们现在有三分钟的时间来练习一下拍手游戏，三分钟过后播放音乐，跟着音乐节奏来挑战这个拍手游戏。
六、师幼合奏</td></tr>
<tr><td>活动反思</td><td>此次活动的目标基本达成，幼儿参与度和积极性较高。整个活动完成度较高，且各个环节之间衔接紧密、过渡自然。此次活动还存在一些问题。在活动中我虽然有两轮的时间给幼儿自主练习拍手游戏，但第一轮和第二轮都是一样的，没有分组进行，导致课堂秩序有点混乱，效果不是很好。活动过程中没有关注到每一个幼儿。之后进行活动时，会要求第二轮幼儿自主练习时分组进行，并提高要求，强调课堂秩序。在活动中争取关注到每一个幼儿，特别是接受能力较弱的幼儿，尊重幼儿的个体差异。</td></tr>
</table>

我们爱祖国

云南省昆明市第三幼儿园　刘佳丽

<table>
<tr><td>教学领域</td><td>语言</td><td>班级</td><td>中班</td></tr>
<tr><td>设计意图</td><td colspan="3">《纲要》中指出，要引导幼儿接触优秀的儿童文学作品，并通过多种活动加深幼儿对作品的理解。儿歌是幼儿最喜闻乐见的文学形式，儿歌《我们爱祖国》短小、精练，内容贴近幼儿生活，表达了对祖国浓浓的热爱之情。根据中班幼儿的年龄特点，我们运用 PPT 展示图谱，帮助幼儿理解儿歌所表达的内涵，让幼儿在学习儿歌的过程中体会爱祖国的情感。</td></tr>
<tr><td>活动目标</td><td colspan="3">1. 理解儿歌内容，学会有感情地朗诵儿歌。
2. 让幼儿在学习儿歌的过程中体会爱祖国的情感。</td></tr>
<tr><td>重点难点</td><td colspan="3">重点：幼儿有感情地朗读儿歌。
难点：让幼儿理解儿歌的内容及其中蕴含的情感。</td></tr>
<tr><td>活动准备</td><td colspan="3">小鸟、小鱼、蚯蚓、蜜蜂、小朋友、蓝天、江河、泥土、花朵、祖国的图片和 PPT。</td></tr>
</table>

续表

<table>
<tr><td>活动过程</td><td>一、导入——引入“爱”的概念
师：小朋友你们爱谁？你们是怎么表达的？
二、玩游戏“爱的连线”，初步了解儿歌内容
1. 出示图片引导幼儿观察
师：小朋友们都说出了自己爱的人和事物，老师这里有一些图片，你们看看都有什么？
2. 游戏“找朋友”
(1)介绍游戏玩法。
师：你们觉得哪个小动物爱谁，就用线把它们连起来。
(2)幼儿游戏“爱的连线”。
三、欣赏儿歌，理解儿歌内容
1. 老师有感情地朗诵儿歌
师：儿歌的名字叫什么？
2. 出示图谱朗诵儿歌
师：儿歌里有谁？
师：每一句里都有一个相同的字，是什么字？
四、幼儿看图谱自学儿歌
师：小朋友看图谱自己学习儿歌，比一比是男生学得快还是女生学得快。
1. 幼儿自学儿歌
2. 集体朗诵
3. 分组比赛
4. 引导幼儿有感情地朗诵
五、仿编儿歌
六、结束部分
师：小朋友们刚刚感受了那么多的爱，是祖国妈妈给了我们这么多美好的事物，所以我很爱我的祖国，你们爱吗？那把我们的爱一起去和其他小朋友们分享吧！
附：儿歌《我们爱祖国》
鸟儿爱蓝天，
鱼儿爱江河，
蚯蚓爱泥土，
蜜蜂爱花朵，
我们爱祖国。</td></tr>
<tr><td>活动反思</td><td>《我们爱祖国》是一首两段式的儿歌，儿歌用贴近幼儿生活的事物来拟人化地展现爱的情感，简单的表达、朴实无华的文字直白地描述出人世间最基本的爱的情感。整首儿歌句式工整、念诵押韵，幼儿比较容易学习和理解。本次活动我也创编了一部分歌曲，更添趣味。
不足之处在于，我认为在本节课的控制上，还是以我为主，没有收放自如，很想让他们尽量地说，但是又怕他们不会说。语言尚不够精练，应该更简单点。</td></tr>
</table>

彩光舞会

贵州省铜仁市第三幼儿园　唐　娅　杨细花

教学领域	科学	班级	大班
设计意图	《纲要》中指出，科学教育应利用身边的事物与现象作为科学探索的对象。本次活动“彩		

续表

设计意图	光舞会”就是取材于我们身边最熟悉的一种现象：电筒光。电筒光虽然在我们身边，且给我们的生活带来了很多方便，但很多幼儿都不知道光原来是多彩的！另外，基于光的不可见性，我决定通过各种材料，让幼儿在动手探索中去产生疑问，解决疑问，从而增加认识。另外，对于大班的孩子来说，他们对于新鲜事物的好奇心非常大，他们本身喜欢去探索、去发现一些问题。
活动目标	1. 感知光透过各种物品后颜色和形状的变化。 2. 能大胆、清楚地表述自己的操作过程和结果，并尝试用符号进行记录。 3. 激发幼儿探索光的兴趣。
重点难点	重点：让幼儿感知光透过物品后颜色和形状的变化。 难点：能大胆、清楚地表述自己的操作过程和结果，并尝试用符号进行记录。
活动准备	1. 经验准备：幼儿有过简单记录的经验，有玩手电筒的经历。 2. 物质准备：各种颜色的纸、塑料袋片(大小能覆盖手电筒口)，各种玩具，若干手电筒、“我的发现”记录图表、彩色笔。
活动过程	**一、谈话导入，引发幼儿对活动的兴趣** 师：老师今天要在这里开一场彩光舞会。 教师打开手电筒，将光射到活动室墙面上。 师：你们瞧，我的手电筒只能发出白光！怎样才能发出有颜色的光呢？ **二、幼儿自主探索** (一)看一看，摸一摸，试一试各种颜色的布和纸 1. 师：老师给你们准备了一些材料，你们去试一试，看看能不能发出有颜色的光？(幼儿自由操作、探索，教师观察) 2. 师：你们刚刚是怎么做的？发现了什么？手电筒的光透过这些材料，会发生什么变化呢？ 3. 师小结：手电筒的光透过彩色纸、彩色袋，白色的光变成了各种颜色的光。 (二)手电筒的光透过玩具后，光形状的变化 1. 师：看一看，摸一摸，试一试老师还带来了什么？(各种各样的玩具) 师：有了彩色的光，我们再用手电筒去和玩具宝宝做游戏，看能不能做出有形状的彩光？(分组讨论) 师：这一次你们一定能发现更多关于光的秘密，请把你的发现及时记录下来，一会儿分享给大家(简单介绍记录表) 引导幼儿尝试、操作，讲述自己在“我的发现”记录图表上的发现，并大胆分享自己的发现。 2. 师：小朋友拿玩具、手电筒一起玩一玩，观察光还会有什么变化呢？ 3. 师小结：用有孔的玩具和手电筒一起玩，光变出了好多小汤圆，光变出了一朵花……手电筒的光透过玩具，不仅颜色会变，形状也会变。 **三、制作彩色灯，师幼表演** 幼儿邀请客人老师当灯光师，自己当小演员，一起表演。 **四、延伸活动** 师：请小朋友们在区域活动中探索，两种或三种不一样颜色的彩纸能发出什么颜色的光？
活动反思	整个活动，我以开办彩光舞会为话题导入，引起孩子们的兴趣。第一次让幼儿探究怎样把白光变成彩色的光，大部分孩子都能自主探索操作完成；第二次让幼儿探索光的形状，借助孩子们平常玩的玩具，以降低理解难度。在大班的孩子有前书写经验的情况下，给他们设计了这样的一个环节，提出要求，让他们用自己简单的符号和经验进行记录，然后让他们介绍图表。讨论、操作、记录，这是一个非常有规律的过程。因

续表

活动反思	为他们要在颜色的基础上，有形状的变化，然后是记录。最后，就是在彩光舞会的情境中结束活动，前后呼应，整个活动才是完整的，就是放一些音乐带着孩子们动起来，又把前面的经验整合以后，在愉悦的氛围下结束课程。

对比歌

四川天府新区美岸幼儿园　王　敏

教学领域	语言	班级	大班
设计意图	进入大班后，幼儿对于汉字有了浓厚的兴趣，针对这一现象，为了避免单调枯燥的反义词学习，我充分利用了环境的暗示作用，设计了“对比歌”这一语言活动。		
活动目标	1. 引导幼儿观察事物，初步理解反义词的定义。 2. 在理解反义词的基础上，鼓励幼儿大胆运用单字的反义词进行描述。 3. 在理解诗歌的基础上，发现“一个……一个……”的句式，并尝试仿编。		
重点难点	重点：在理解反义词的基础上，大胆运用反义词进行描述。 难点：在理解诗歌的基础上，发现“一个……一个……”的句式及每一个句子中的两个反义词，并尝试仿编。		
活动准备	1. 经验准备：幼儿知道部分常见动物的特点和生活习惯，生活中常见的反义词。 2. 物质准备：一套图片（大象、金丝猴、乌龟、兔子、乌鸦、天鹅、蜜蜂、鸟等）；文字卡片（轻、重、快、慢、黑、白、多、少）；大苹果，小苹果；粗铅笔，细铅笔；摸箱。		
活动过程	**一、通过游戏引出反义词含义，帮助幼儿直观理解反义词** 1. 从摸箱中摸出一大一小的苹果，引导幼儿观察，理解反义词。 2. 从摸箱中摸出一粗一细的铅笔，引导幼儿观察，理解反义词。 3. 出示“小白兔”和“大灰狼”的图片，引导幼儿说出“温柔”和“凶恶”这对反义词。 4. 引导幼儿一起再次观察黑板上的图片，引导幼儿猜想得出“反义词”的概念，并知道反义词可以是一个字对应一个字，还可以是两个字对应两个字。 **二、分组配对，加深理解反义词** 1. 向幼儿分发图片，对其进行观察，并鼓励幼儿尝试说出反义词。 师：现在我们来玩一个游戏，看看你手中的图片，找一找它的反义词好朋友，还得试着说出反义词哦。 分发反义词卡（轻重、快慢、黑白、多少、开心难过、水火） 2. 教师完整朗诵诗歌，帮助幼儿理解诗歌内容。 师：接下来我们要一起来学习一首《对比歌》，里面出现了很多反义词，请大家仔细听。 师：说一说你最喜欢里面的哪一句？（重点引导幼儿理解“成群”和“驮着”的含义） 师：诗歌里都有谁？出现了哪些反义词？（根据幼儿回答，逐一展示相对应的动物图片） **三、引导幼儿逐句欣赏诗歌中的词句，发现诗歌里的句式规律** 1. 教师第二次朗诵诗歌，并且做动作，引导幼儿发现诗歌中的句式规律。（加重对“一个……一个……”的语音） 师：听完第二遍，你发现诗歌中有什么相同的地方？ （出现了“一个……一个……”的句式规律，每句话都有一对反义词） 2. 鼓励幼儿自己看图完整朗诵诗歌。 师：我们一起来看着黑板，朗诵一遍。		

续表

活动过程	3. 鼓励幼儿运用诗歌规律，尝试仿编诗歌。 教师出示蛇、蚯蚓、猪、猴子、狼、羊、长颈鹿等图片，引导幼儿尝试仿编诗歌。 教师鼓励幼儿以小组的形式进行协商、讨论，并推选代表进行分享。 师：现在以小组为单位，我们一起来试着每个小组编一句。大家需要小声地进行小组讨论哦，不要影响到别的小组的小朋友哦。 **四、小组分享并总结** 师：感谢小朋友们的分享，我们以后可以用反义词来编一首对比歌哦。需要用你们闪亮的眼睛，去收集身边更多的反义词哦！
活动反思	本次活动的不足之处：在操作教具的时候，教具的摆放不够直观清晰，对于幼儿观看会有一些误导。教师教态还需要再活跃一些，需要多一些夸张的表情语言来激励幼儿。课程中的反义词素材较为单一，可以多用一些物品来帮助幼儿思考。 教师应注意课程设计不应是单一的概念性的灌输，要充分利用文学作品，来帮助幼儿更深层次地理解反义词，并且尝试使用。这次活动通过游戏方法帮助幼儿理解“反义词”这一概念，并且将《对比歌》作为载体，在帮助幼儿理解反义词的基础上，还进行了语句的仿编，巧妙结合。

保卫家园

湖北省松滋市实验幼儿园　李娓伟

教学领域	健康	班级	小班
设计意图	投掷是幼儿动作发展过程中难度较大的动作，需要手眼协调，全身多个部位配合一致，对投掷力度和方向也有一定的要求。为了让幼儿更好地掌握投掷的动作要领，培养幼儿的任务意识及团队合作精神，我将幼儿喜爱的“植物大战僵尸”游戏巧妙植入到活动中。让幼儿根据游戏情境，选择用“炮弹”进攻“僵尸”等，相互配合完成任务，从而在游戏过程中掌握“投掷击物”这一技能。		
活动目标	1. 学习投掷击物，发展手眼协调能力及动作的灵敏性。 2. 在游戏情境中，学会调整投掷的方向和力量来击中物体。 3. 培养幼儿的任务意识和团队合作精神。		
重点难点	重点：有力地投掷。 难点：掌握合适的出手角度和出手时机，有力地投掷。		
活动准备	向日葵头饰若干、沙包若干、轮胎圈、音乐等。		
活动过程	**一、热身运动** **二、情境导入，激发兴趣** 师：小朋友们，今天老师施了个魔法，让大家都变成了植物。我们生活在美丽的农场，而可怕的僵尸就潜伏在附近，它们随时随地会出来破坏我们的农场，吃掉我们，你们可要保持警惕哟！现在，我们的首要任务就是打败僵尸，保卫农场，你们知道打败僵尸需要什么武器吗？ **三、经验铺垫，练习投掷** 1. 师：我们的炸弹要怎样扔，才能击中僵尸呢？ 2. 教师示范动作，讲解动作要领。 师：你们可要看仔细啦！两腿前后站立，后面的脚蹬地，转过身体，挥臂，瞄准目标将炸弹扔出去，看清楚了吗？谁愿意试一试？		

续表

活动过程	3. 幼儿练习投掷动作，教师适时指导。 **四、第一轮游戏，击退僵尸** 1. 师：糟了，僵尸们就快到农场了！现在我是队长，孩子们，听我的指令，我们一起去消灭僵尸，保卫农场，出发吧！ 2. 强调游戏要领。 师：小朋友们围绕在弹药圈的旁边，3个人一组，你们可以选择站立，也可以选择蹲下，当你从弹药圈中拿出炸弹时，一定记住要瞄准僵尸的身体再扔炸弹，千万不能因为着急乱扔，否则浪费了弹药，我们就没有武器打败僵尸了，听明白了吗？准备战斗！ 3. 幼儿进行第一轮游戏，教师在幼儿击退僵尸后及时肯定表现优秀的幼儿，并鼓励能力较差的幼儿。 师：你们真勇敢，扔炸弹的动作再瞄准一点，就可以消灭更多僵尸了！ 4. 师幼共同交流经验。 师：我们是怎样击退僵尸的？ **五、第二轮游戏，巩固投掷击物的动作，提升经验** 1. 师：刚才只是僵尸的试探，现在正有一大波僵尸来袭，它们更凶猛！所以，现在我们要改变作战的方式，让一部分植物藏起来攻击僵尸，周围有哪些物体可以将我们藏起来，不被僵尸发现呢？ 2. 幼儿集体游戏，教师适时提醒幼儿尝试调整手势和方向，向僵尸投掷炸弹武器。 3. 师幼共同体验成功、胜利的喜悦！ **六、结束部分** 1. 放松运动 师：消灭了僵尸，队长我都觉得有点累了，我们一起来放松放松吧！ 2. 结束活动 师：宝贝们的表现太棒了，因为你们的勇敢、团结合作，保卫了我们美丽的家园，作为队长，我为你们感到高兴！作为老师，我为你们感到骄傲、自豪！ 师：我们现在一起去给泥土按按摩、浇浇水吧，好让我们的植物生长得再强壮些，下次能消灭更多的僵尸！
活动反思	本次小班的体育活动“保卫家园”，基本达到了预设目标，全程以“植物大战僵尸”游戏情境贯穿其中，充分利用园所的现有资源激发幼儿积极投准目标的动力。但是肩上投掷活动对于幼儿来说，比较难掌握动作技能的关键点。幼儿正确的肌肉记忆、运动能力达到标准是本节活动的重难点。活动后，我及时总结反思，发现有以下几个问题： 1. 热身活动中，气氛有余，运动量不足，没有达到热身效果。 2. 游戏音乐音量太小，僵尸来袭的恐惧感营造得不够，应让情景更真！ 3. 在活动中应设计幼儿被僵尸抓获的环节，让幼儿体验失败，培养规则意识，更好地掌握投掷动作的要领。

蜘蛛和糖果店

云南省玉溪师范学院附属第一幼儿园　李佳怡

教学领域	数学	班级	大班
设计意图	《指南》中指出，5—6岁幼儿能初步理解量的相对性，能用简单的记录表、统计表等表示简单的数量关系。《蜘蛛和糖果店》是一个有关概率和统计的绘本故事。在设计此活动时，我根据幼儿的特点把这个绘本设计成了有情景性的估猜活动，以故事中蜘蛛猜测顾客来糖果店买什么糖果的情景为主线，帮助幼儿理解统计和概率，同时鼓励幼儿		

续表

设计意图	根据自己已有的数学经验去推理、猜想，大胆表达自己的想法，体验估猜生活中事件发生可能性的乐趣。
活动目标	1. 在观察、比较的基础上，幼儿能大胆进行推理与预测，初步感知概率、建立统计的概念。 2. 愿意探索生活中事物之间的关系，体会数学活动的乐趣。
重点难点	重点：在观察、比较统计表的基础上，大胆推理与预测生活中事物之间的关系。 难点：初步感知概率、建立统计的概念。
活动准备	多份糖果销售纪录表、统计表。
活动过程	**一、活动导入** 师：今天我要给大家讲一个有趣的故事《蜘蛛和糖果店》。 让幼儿说说自己爱吃的糖果，激发幼儿的学习兴趣。 **二、听故事，根据线索预测不同人物喜欢的糖** 1. 咪咪来买糖，蜘蛛出示咪咪的买糖记录。 师：从记录中的哪里可以看出咪咪喜欢吃棒棒糖？都记录了什么？ 2. 东东来买糖，蜘蛛出示东东的买糖记录。 师：东东来过几次糖果店？买过什么糖？这次要买什么糖？ 3. 洋洋来买糖，蜘蛛出示洋洋的买糖记录。 师：洋洋买过几种糖？他来过店里 5 次，怎么只买了 4 种糖？这次洋洋要买什么糖？ 师小结：要多观察和了解客人，把客人来的次数、买的糖果的名称和数量记录下来，通过统计我们可以猜测出这个客人可能会喜欢吃什么糖。 **三、最受欢迎的糖果** 1. 师：阿姨又准备进货了，怎样才能知道哪种糖果最受欢迎呢？ 2. 出示“糖果一周销售记录表”和“统计表”，引导幼儿观察、理解。 3. 幼儿人手一份操作统计表，找出最受欢迎的糖果。 师小结：通过这个表格，我们很快就找到了最受欢迎的糖果，阿姨非常感谢蜘蛛的帮忙，平常在生活中我们也可以通过这种方法帮助身边的朋友和爸爸妈妈，来统计看看他们喜欢的东西。 **四、教师小结，活动结束** 1. 小明买糖，出示记录表。 师：小明会买什么糖果？为什么？有其他的可能吗？ 2. 教师小结，活动结束。 师小结：原来我们觉得很有可能的结果，也会发生不可能的意外。 **五、活动延伸** 统计爸爸妈妈最喜欢吃的水果。
活动反思	在活动中我把活动重点定为以故事为主线，让幼儿在已有经验的基础上，边看边推理，边预测边验证，训练其通过观察进行推理以培养幼儿预测的能力。孩子在观察中通过比较来判断某件事情发生的可能性大小。利用表格，在已有经验的基础上，让幼儿进行统计，提升幼儿的能力。本次活动中，幼儿的学习兴趣较浓厚，回答问题也比较积极。我在设计这节课时考虑到了幼儿的发展，用层层递进的教学方法让幼儿一步一步加深学习。在今后的教学活动中我会多注重幼儿的自主学习，多让幼儿讲诉，发扬他们主动学习的精神！

东湖的灯光

云南省昆明市安宁市第一幼儿园　张玉梅

<table>
<tr><td>教学领域</td><td>科学</td><td>班级</td><td>中班</td></tr>
<tr><td>设计意图</td><td colspan="3">我根据安宁东湖夜景灯光设计了此活动，旨在从孩子的兴趣点出发，通过创设情境、动脑思考、操作探究、互动游戏等形式，引导孩子们观察、比较有颜色能透光和有颜色不能透光的材料、有颜色能透光和没有颜色能透光的材料，从而通过实践操作和认真思考，知道有颜色能透光的材料能够使灯光变色，并学习用简单的符号记录自己的试验结果。</td></tr>
<tr><td>活动目标</td><td colspan="3">1. 知道有颜色能透光的材料能够使灯光变色。
2. 对灯光的变色现象感兴趣，体验探索的乐趣。</td></tr>
<tr><td>重点难点</td><td colspan="3">重点：感知灯光的变色和透光现象。
难点：观察、比较有颜色能透光和有颜色不能透光的材料、有颜色能透光和没有颜色能透光的材料，通过实践操作和认真思考，知道有颜色能透光的材料能够使灯光变色。</td></tr>
<tr><td>活动准备</td><td colspan="3">1. 经验准备：幼儿有使用过手电筒的经验，见过东湖的灯光夜景。
2. 物质准备：安宁东湖景展板 3 块，手电筒每人 1 只，彩色透明塑料片、彩色纸板、无色透明塑料片 3 组，记录板，笑脸娃娃标记若干，安宁东湖夜景 PPT 课件，背景音乐，篮筐 13 个，各类生活中的彩色物品(如饮料瓶、塑料板、杯子……)若干。</td></tr>
<tr><td>活动过程</td><td colspan="3">一、导入主题，引发兴趣
1. 介绍展板，引发回忆
师：刚才进来的时候小朋友都看了这三块展板，你们看出来展板上展示的地点是什么地方了吗？从哪里看出来的？
师小结：展板上展示的是咱们安宁的东湖。
师：你们觉得这是什么时间段的东湖？从哪里看出来的？
师小结：这是晚上的东湖，因为天空是黑黑的。
师：平时我们晚上看到的东湖是这个样子的吗？
2. 欣赏课件，感受东湖灯光的美
师：夜晚的东湖是什么样子的呢？让我们一起欣赏一下。
师小结：到了晚上，东湖很多五颜六色的灯光都亮起来了，房子看起来更漂亮。
二、探索发现，知道有颜色能透光的材料可以使灯光变色
1. 出示手电筒，幼儿探索操作
师：老师为小朋友们准备了很多手电筒，今天我们来做小小的灯光师，为东湖打上漂亮的灯光，让我们这里的房子也亮起彩色的灯光，好不好？
师：小手电筒能不能变出彩色的灯光？它的灯光是什么颜色的？
师小结：手电筒照在房子上的灯光是白色的。
2. 幼儿自由猜测
师：有什么办法可以把白色的灯光也变成彩色的呢？
教师根据幼儿的回答进行小结。
3. 出示材料，提出操作要求
师：你们想了很多好方法，今天老师拿来一些材料来帮忙，我们一起来认识一下它们。这里有彩色透明塑料片、彩色纸板、无色透明塑料片。
师：请小朋友按照椅子的颜色分为六组，在自己组的范围内探索和操作。每个小朋友拿一个手电筒，把手电筒打开，把选择的操作材料紧紧地盖在手电筒的前面，看看原本白色的灯光能不能变成彩色？最后每组选一个小代表分享你们的发现和实验结果。</td></tr>
</table>

续表

活动过程	4. 幼儿自由探索 师：你们组选了什么材料？成功了吗？为什么？（重点引导幼儿观察灯光的变色和透光现象。） 5. 交流分享，发现灯光变色的原因 师：这些材料都能让灯光变颜色吗？为什么有的材料能让灯光变色？有的不行？ 引导幼儿观察比较有颜色能透光和有颜色不能透光的材料，有颜色能透光和没有颜色能透光的材料。 **三、活动结束** 师小结：原来有颜色能透光的材料才能使灯光变颜色。
活动反思	“灯光”是幼儿从小就喜欢的话题。灯光因为其不同的色彩、亮度、光源等，一直深受幼儿的喜爱与关注。安宁的东湖是幼儿们再熟悉不过的地方，东湖夜景的灯光变幻多端、绚丽多彩，在日常的本土活动中，我班幼儿对安宁夜景的灯光表现得特别感兴趣，但是很多幼儿都不知道灯光的透光现象和变色现象。通过本次活动，幼儿的观察能力、思维能力得到了很好的发展。在活动中提高了幼儿观察的主动性和目的性。

有些时候我特别喜欢……

北京市空军直属机关蓝天幼儿园　李　瑶

教学领域	美术	班级	大班
设计意图	借助绘本，丰富幼儿的表达方式，以儿童视角表现孩子亲子关系的美好瞬间。		
活动目标	1. 欣赏绘本《有些时候我特别喜欢妈妈》《有些时候我特别喜欢爸爸》的表达形式，引导幼儿回忆亲子互动时的片刻场景，用绘画的手段表现某时刻的情节，尝试表达情感并用语言描述情景，教师记录。 2. 在画面结构方面，鼓励幼儿有目的地安排画面人物之间的位置关系，初步尝试重叠的方法以及关注环境背景。提示幼儿关注对形态的表现，如人物坐、爬、跑等动作表现具有明显的特征。 3. 感受亲子间的情感，大胆表现，积极讲述。		
重点难点	重点：用绘画的手段表现某时刻的情节，并用语言描述情景。 难点：尝试有目的地安排画面人物之间的位置关系，初步尝试重叠的方法以及关注环境背景。		
活动准备	1. 经验准备：有使用过丙烯、砂纸等绘画工具的经验。 2. 物质准备：丙烯颜料、纸张、油画棒、砂纸、绘本故事 PPT。		
活动过程	**一、活动导入，共读绘本** 1. 引出构图与情节设计的安排。 2. 选择绘本的部分情节与幼儿一起阅读。 师：老师带来了绘本，我们一起看看书里有哪些情节吧！ 师：这本书的名字是《有些时候我特别喜欢妈妈》，我们一起看第一个故事片段，这个故事中有什么样的环境？都有谁？猜猜发生了什么事？ 幼儿 1：这是在书店，后面有很多书架和书，他们在看书。 师：画面中的动物在画面中间的位置，他们可能在买书，他们后面有很多书、书架，所以我们猜想这是发生在书店里的事，那我们一起来看一看书上面写着什么？究竟发生了什么？“我最喜欢妈妈陪我打完预防针，再带我去书店。她会说：‘你刚才真勇敢！		

续表

活动过程	妈妈送你一本书，自己选一本吧。’” 师：我们再来看看下一页发生了什么故事……（教师分享故事，请幼儿观察故事画面） 师：请小朋友观察画面当中动物的位置和周围的环境。 幼儿2：是妈妈和孩子在买书。 ………… 师：我们继续看下面的故事，请小朋友猜一猜，发生了什么呢？ 幼儿3：孩子伤心了，他的妈妈在安慰他。 ………… 师总结（构图与画面安排经验）：观察一下妈妈和动物在画面中的位置。在画面中间的位置，这个地方一般会表现我们想画的最重要的东西，然后在……的环境中周围围绕着树木，远处也是很多树…… 3．故事分享后，引导幼儿回忆并描述出来。 师：我们刚才看了这么多书上的故事，你有没有想起什么时候你最喜欢谁？ 幼儿自由讨论，表达自己的想法。 **二、幼儿自由创作，教师巡回记录幼儿作品内容** 1．画面的完整——完成作品。 师：你和谁，你们在干什么，所处环境怎么样？ 2．画面构图——纸张的横竖使用所画的风景有所不同。 3．提示近景、中景、远景的设计与应用。 4．教师记录幼儿作品——请幼儿描述作品内容或者为作品取一个名字等。 5．提示绘画常规、绘画姿势与材料运用。 **三、作品分享，幼儿相互交流** 幼儿相互欣赏并自由交流作品内容，教师鼓励幼儿大胆表达，向好朋友介绍一下自己的作品，也可以向别的老师介绍一下。 **四、将幼儿作品收集上来并整理成册，制作成绘本**
活动反思	通过对绘本内容和画面的欣赏，幼儿从中习得一些构图、动态与静态表现上的经验。幼儿对作品内容的描述呈现出质朴的“爱”，我们发现，孩子们认为最喜欢的时刻与我们成人的“刻板印象”完全不同，每一幅作品都表达着孩子自己的生活与情感，每一个爱的瞬间都如潺潺溪水流入心田。本次绘本创作的经验，延续到班级“妇女节”活动的温暖瞬间。

无处不在的数字

江苏省盐城市亭湖幼儿园　王攀峰

教学领域	综合	班级	大班
设计意图	前一段时间，我发现孩子们聊天中涉及很多数字。有一次，我听到小朋友们在讨论我们桌有几个人？旁边一桌有几个人？哪一桌人多？为什么他们组人少？是因为闹钟没响错过了时间来迟了，还是……在这个基础上，我增加了一个和数字有关的活动。本着最近发展区里“跳一跳，摘个桃”的原则，让幼儿在找一找、比一比、说一说的过程中发现数字可以代表我们生活中很多不同的意思，感受到数字在我们生活里不可替代的作用。		
活动目标	1．找一找、比一比生活中的数字，发现数字代表的不同意义和作用，感受数字和生活的密切联系。 2．在探索交流的过程中，养成仔细观察、积极主动的学习习惯。		

续表

重点难点	重点：知道数字在不一样的地方代表不同的意义和作用，感受数字和生活的密切联系。 难点：养成仔细观察、积极主动的学习习惯。
活动准备	1. 经验准备：知道我们身边有哪些地方会有数字。 2. 物质准备：多媒体课件、数字卡片。
活动过程	**一、开始部分** 师：小朋友们好，刚才我们在班级门口做了哪件事呀？(量体温) 师：量完体温后体温计上会出现什么呀？(数字)有谁知道体温计的数字是什么意思呢？(温度) 师小结：原来体温计上的数字能告诉我们温度的高低。 **二、基本部分** (一)发现数字的不同 1. 想一想、找一找、说一说 师：想一想除了体温计，还有哪些地方也有数字呢？ 根据幼儿回答出示相应的图片并引导幼儿用一句完整的话说出来。 根据幼儿的回答提问： 师：钟上面的数字有什么用呢？(告诉我们时间) 师：电视遥控器上的数字有什么用呢？(可以找到频道) 师：商品柜上的数字有什么用呢？(告诉我们价格) 师：电话上的数字有什么用呢？(可以联系朋友)每个人的电话号码数字排列是一样的吗？为什么？(不一样，一个人一个号码，这样才能方便立刻联系到自己需要的人) 师：楼层上的数字有什么用呢？(可以告诉我们在几楼) 师小结：原来，你们在生活中发现了这么多数字，而且他们代表的意思也不一样。 2. 找一找、比一比 师：老师这边也有很多数字朋友，想请小朋友找一找他们藏在哪里，代表什么意思。 教师出示食品包装袋、汽车牌、日历、天气预报表、钱、生日蜡烛、衣服的标签、体重计等。 引导幼儿仔细观察并对比，根据幼儿回答进行总结。 师小结：体重计上的数字可以告诉我们轻和重，想要知道是不是该减肥了，直接看数字就知道了，真方便呀！食品袋上的数字可以告诉我们生产日期和保质期，也不用担心买到过期食品吃坏肚子啦！原来很多东西上都有数字，这些数字告诉我们时间、大小、多少、高低…… 教师一边说一边在大屏幕上出示分类图，比如告诉我们时间的数字有钟表、日历，还有包装袋上的生产日期。 请小朋友试着分类。 例：表示大小，生日蜡烛上的数字大小代表一个人的年龄大小，衣服标签上的数字大小代表我们穿的衣服的大小…… (二)特殊的数字朋友 师：生活中除了手机号码是数字组成的，我们也会用到一些特殊的数字朋友，这些数字朋友组成的号码可以帮助我们脱离危险，它们是什么？又有什么特殊的作用呢？ 引导幼儿说出 110 报警电话、120 急救电话、119 火警电话…… 师：要是没有数字，我们的生活会变成什么样呢？ 师小结：在生活中没有数字我们就不知道天气的变化、食物的保质期、交通信号的转变时间，生活也会变得乱七八糟，可能还会出事故。我们的生活离不开数字，一样的数字在不一样的地方能告诉我们的信息也是不一样的，它是我们的好帮手、好朋友。

续表

活动过程	**三、结束部分** 1."抱抱团"游戏 师：你们知道吗？数字朋友还能给我们带来快乐呢！我们一起来玩抱抱团的游戏吧！仔细听哦，它的规则是这样的，所有的小朋友拉成一个圆圈顺着一个方向走动。当听到老师喊"2个""3个""4个"时，参加游戏的人要立刻与身边的同伴按老师所喊的数字抱成一团，最后没有抱团的人淘汰出局。 2. 师：游戏结束啦！我们去幼儿园里找一找其他的数字朋友吧！
活动反思	数字在我们的生活中随处可见，又各自代表着不同的意义，是我们生活中的好帮手。这些数字对幼儿来说意味着什么？除了听、说、看、数这些简单层面上的了解，还可以让幼儿发现更多有趣的、有深度的内容。中班幼儿已经能通过实际操作来发现数与数的关系，同时在成人的引导下能感知、体会生活中的事物可以用数字来代替，对环境中各种数字的含义有探究欲望。本次活动除了让幼儿掌握数学领域的知识，还能在活动中培养幼儿仔细观察、敢于探究、积极表达等良好的学习品质。

有趣的电池

江苏省盐城市盐城高新区幼儿园　周文娟

教学领域	科学	班级	大班
设计意图	这是一个来源于幼儿生活的活动。在活动区角内，幼儿们收集了娃哈哈瓶、电池等废旧材料。活动中，我发现有许多幼儿很喜欢玩电池，电池又是他们最熟悉、最了解的事物。让旧电池变废为宝，真正挖掘电池的教育价值，一物多玩，是我们教师所要想的。因此，我设计了这个活动。 皮亚杰提出，儿童的智慧源于操作，幼儿是在对材料的操作、摆弄过程中建构自己的认知结构的。电池具有趣味性、奇妙性、可操作性、多功能性的特点。		
活动目标	1. 通过观察、操作、谈话等方式了解有关电池的一些小知识，认识电池的特征，了解正确安装电池的基本常识。 2. 知道电池给人们生活带来的益处和危害，记录自己的探究过程，发展动手、发现能力。 3. 培养环保意识，喜欢科学探究。		
重点难点	重点：认识电池的特征，了解正确安装电池的基本常识。 难点：记录自己的探究过程，发展动手、发现能力。		
活动准备	1. 经验准备：和爸爸妈妈一起查找有关电池的资料(种类、用途)。到商店观察销售的电池。科学区投放一些电动玩具、手电等物品。布置相关资料汇报墙饰。 2. 物质准备：各种型号的电池、电子玩具。		
活动过程	**一、通过观察、讨论认识电池** 1. 用玩具吸引幼儿，并且拨动开关，提出问题：玩具为什么不动？ 2. 证实幼儿的猜测，引出活动的主题——电池。 3. 引导幼儿观察电池。 师：电池是怎样的呢？旁边桌上有很多电池，请小朋友去玩一玩，看看电池上有什么小秘密？(自由观察、操作) 4. 电池上有什么标记符号？知道电池上有"+"极、"-"极。 师：电池的两端一样吗？知道鼓出来的一端是正极，平的一端是负极。		

续表

<table>
<tr><td>活动过程</td><td>师：电池都是一样大小的吗？知道电池的大小不同，型号也不同。常用电池有1号、2号、5号、7号电池等。
5. 师小结：知道电池上有“＋”极、“－”极。知道鼓出来的一端是正极，平的一端是负极。电池的大小不同，型号也不同。常用电池有1号、2号、5号、7号电池等。
二、操作实践，掌握电池的安装方法
1. 师：你们知道电池有什么用吗？(幼儿自由说)
2. 介绍记录单，鼓励幼儿把操作结果记录下来。
3. 引导、归纳安装电池的方法。
(1)请小朋友讲述操作过程及结果。
师：你是怎样安装电池的？成功了没有？找一找安装电池的小窍门、好办法。
(2)师：小钟表、手电筒、电动玩具等在安装电池的地方有什么标记？有没有和电池一样的标记？
引导幼儿归纳安装电池槽中的弹簧和电池安装时的关系。知道把电池平的一端(负极)放在弹簧上，鼓的一端(正极)放在没有弹簧的一端。
引导幼儿归纳双向电池排列方法。知道虽然是两排，但仍然是电池平的一端(负极)放在弹簧上，鼓的一端(正极)放在没有弹簧的一端。
4. 幼儿再次操作。
三、看课件，了解电池给人们生活带来的益处和危害，增强幼儿的环保意识
1. 师：电池的用处大不大？你们知道还有什么东西也要用到电池吗？
2. 看课件，教育幼儿不要乱扔废电池，用过的电池要进行回收再利用，尽量减少污染。
四、活动延伸
区角游戏：配电池。幼儿研究玩具需要几节什么样的电池，并从店中配好，安装好后，自由地使用电动玩具进行游戏。</td></tr>
<tr><td>活动反思</td><td>通过本次活动，激起幼儿对电池的兴趣，很多家长反映孩子在家中寻找用电池的物品研究其奥秘。整个活动以幼儿自主探索为主线，以玩电动玩具为兴趣点，激发幼儿的探索欲望，使幼儿在丰富的操作过程中，充分发现电池的特征用途。老师的有效指导和课件的演示巩固了幼儿对电池的认识，在活动中不仅轻松完成活动目标，还进一步培养了小朋友们的环保意识。</td></tr>
</table>

美丽的花园

江苏省盐城市盐城高新区幼儿园　蒋卫云

<table>
<tr><td>教学领域</td><td>艺术</td><td>班级</td><td>小班</td></tr>
<tr><td>设计意图</td><td colspan="3">《指南》中指出：“要珍视游戏和生活的独特价值，创设丰富的教育环境，合理安排一日生活，最大限度地支持和满足幼儿通过直接感知、实际操作和亲身体验获取经验的需要，严禁‘拔苗助长’式的超前教育和强化训练。”艺术领域目标1中又指出：“和幼儿一起感受、发现和欣赏自然环境和人文景观中美的事物。”于是我带领孩子们观赏了幼儿园的花圃，孩子们观察、探讨，轻轻地摸一摸，闻一闻，看一看，运用多种感官感知花的美。</td></tr>
<tr><td>活动目标</td><td colspan="3">1. 尝试运用多种材料。
2. 能运用多种感官感受花儿的美。
3. 愿意大胆操作，并能自己学习整理。</td></tr>
</table>

续表

重点难点	重点：了解印画的方法，能用按一按、压一压的方法印画。 难点：大胆操作，表现花的各种色彩和形态。
活动准备	1. 经验准备：到幼儿园花圃里欣赏一下花卉，认识一些常见的花卉。 2. 物质准备：莲藕、青菜心、报纸、玩具、橡皮泥盒、颜料、抹布、罩衣、音乐。
活动过程	**一、谈话导入，感受花儿的美** 1. 师：小朋友们，刚才我们欣赏了花圃，花儿美不美呀？我们看到了哪些花呀？你喜欢哪朵花？这些漂亮的花长在什么上面？原来花是长在花茎上的。 2. 师：花朵是五颜六色的，有的高有的低，有的花瓣朝上面，有的花瓣朝旁边，有的两三朵花开在一起，都很美。 **二、体验花儿的美** 幼儿跟随音乐自由表现花儿盛开。 师：花这么美，我们和花一起跳舞吧。 **三、表现花儿的美** 1. 出示材料，讲解用法。 师：你们跳得可真好！ 师：让我们请出更多的花和我们一起跳舞吧。 师：我这有许多颜料和它的材料朋友们，这是莲藕，这是青菜心，这是玩具，这是橡皮泥盒，这是瓶子，你觉得哪一面漂亮，就用它印出好看的花。这是报纸，也可以变成美丽的花，怎么做呢，把它揉一揉，然后在颜料里按一按，找到花茎，按一按，压一压，我的花开好了。再印一个，按一按，压一压。每个颜料都有它自己的材料朋友，用完了把它送回家。谁来试试？ 师：请选一个你喜欢的材料，我们一起来按一按，压一压。花儿开好了，好，它是哪个颜色就送回它的家。 2. 引导幼儿自主选择材料，大胆表现。 师：这里有很多材料，你们可以试一试每种材料，如果手不小心蘸到颜料，就拿布把手擦干净。现在请你们轻轻地走过去，选择你喜欢的材料，注意了，用完的材料要送回家。 3. 幼儿自由选择材料在底图上“印花”，教师尊重幼儿的表现和创造。 教师巡视指导，重点观察幼儿印花的情况，并适时给予适当的帮助与指导，提醒幼儿注意保持衣服的整洁。 师：有的花朝上开，有的花朝下开，有的高，有的矮，还可以两朵花开在一起。小朋友们要充分发挥自己的想象力，开动脑筋，创造属于自己的画作。 **四、分享创作，自然结束** 师：你们的花真美呀，和你的朋友说一说你的花在哪里，你是用什么印的？ 师：我们和花一起跳舞吧。
活动反思	本次活动重在激发幼儿学习美术的兴趣，利用不同手段来调动幼儿的学习积极性，让他们快乐地学习。活动一开始我利用谈话导入，让孩子们通过回忆观察、欣赏、讨论，让他们完全自主、自由。接下来就花的形态让幼儿随着音乐自由表现，我没有规定孩子们一定要跟着我跳，所以孩子们都很放松。在印花的环节，我注重的是参与活动的过程，而不是结果。在活动中，我积极发现偶发事件中蕴含的教育价值，抓住教育契机，如示范印花时，颜料流下来了，我立即强调不能把画好的画竖起来，因为颜料没干。活动最后环节完全以欣赏的目光与孩子分享快乐。

我的农场我做主

中共山东省委机关幼儿园　张文婷

教学领域	科学	班级	中班
设计意图	让幼儿在参与种植的过程，通过松土、施肥、播种、浇水、每天观察等活动体会种植的不易，懂得珍惜粮食并感受春华秋实的开心。		
活动目标	1. 让幼儿学习松土、施肥、浇水等劳动技能，体会农民伯伯耕作的辛苦，从而学会珍惜粮食，不浪费食物。 2. 培养幼儿参与劳动的技能和积极性。		
重点难点	重点：锻炼幼儿松土、施肥、播种、浇水的技能，促进幼儿手部肌肉的发展，培养幼儿团结的意识。 难点：通过劳动让幼儿体会农民伯伯劳动的艰辛，从而学会珍惜粮食。		
活动准备	1. 经验准备：请幼儿家长在家中带领幼儿观察农作物的生长，并且可以尝试在家中进行种植。 2. 物质准备：0.5m×1m的种植箱3个、土壤、小铲子、小耙子、鸡蛋壳、小木槌、透明塑封袋、水管、自制喷壶、花生、小纸片、吸管、彩笔、小尺子、观察记录本、值日生排班表。		
活动过程	**一、导入** 为幼儿播放照片，让幼儿猜一猜这是什么植物，引起幼儿的好奇心。 师：请大家看一看这是什么植物？你们认识吗？（为幼儿揭晓谜底——花生。） 师：花生可以干什么呢？ 幼儿：可以做成花生糖、花生酱…… 师：你们想不想亲手种植一下花生呢？ 幼儿：想。 **二、展开** 1. 邀请幼儿开展“我的农场我做主”的种植活动，带领幼儿参观“农场”，“农场”里有幼儿从家中带来的种植好的农作物，如南瓜、向日葵、草莓等。 幼儿：为什么这些植物都没有果实？ 师：因为现在是春天，植物刚发芽，接下来我们每天都来观察它，并为它浇水、除草，到了秋天我们就可以收获果实了。 2. 教师为幼儿讲解种植农作物的几个具体步骤。 师：为了土壤更加的松软，在种植之前我们需要先将种植箱中的泥土进行翻土。将板结的土块敲碎，将种植箱下面的土壤翻上来。 为幼儿分发小铁铲和小耙子，提醒幼儿不要将土壤翻到种植箱外。 师：其次是施肥，肥沃的土壤更有利于植物的生长。 让幼儿将带来的鸡蛋壳放入透明密封袋中，用小木槌锤得越碎越好，然后让幼儿将锤碎的蛋壳倒入土壤中进行混合，补充土壤中钙、磷元素，有利于植物根系的发育。 请幼儿在种植箱中用铁铲挖一个小洞，将花生种到里面，然后再平土。提醒幼儿不可种得太密集，影响生长。 请幼儿用矿泉水瓶制作喷壶，盛满水后为种好的植物浇水。提醒幼儿不可浇得太少或过多，种植箱下方的漏水处有水渗出即为浇透了。 3. 种植完毕后，请幼儿用卡片和吸管制作农场小卡片，为自己种植的花生做好标记，方便日后观察。 **三、活动结束** 请幼儿将种植的工具进行归位整理，然后洗手，结束本次的活动。		

续表

活动过程	**四、活动延伸** 1. 为幼儿安排农场值日表，每天都有四名幼儿对农场内种植的花生和其他农作物进行浇水、除草的工作。 2. 教师为幼儿准备了尺子、观察记录本和小画板，请幼儿用绘画的方式定期对花生的生长进行观察并进行记录，记录长高了多少厘米，什么时间开花了，等等。 3. 教师为幼儿在花生成长的每个有代表性的阶段，如发芽、开花、结果等时刻，用照片记录下来。
活动反思	大自然是最好的老师，幼儿对自然的向往是一种本能，种植不仅能够锻炼幼儿的动手能力，而且本节教学活动有很好的延续性，从春天的种植，再到秋天的收获都是环环相扣的，春花秋实，让幼儿参与其中，更能体会一粥一饭的来之不易。 在整个活动过程中幼儿的积极性高涨，但操作过程中还有嬉戏打闹的现象，需要老师提醒，幼儿的规则意识还需进一步培养。在活动中幼儿的兴趣分布并不平均，大多数幼儿对种植具有浓厚的兴趣，对制作卡片的兴趣并不大，反思这一环节可以利用其他时间来完成，尊重幼儿自己选择的同时，还要从幼儿的兴趣点出发。

小兔子找太阳

福建省宁化县第二实验幼儿园　罗文斌

教学领域	语言	班级	小班
设计意图	孩子们经常能在天上看见太阳，但是太阳到底是什么样子的，对于小班孩子来说，受其语言能力发展的限制，还不能很好地描述出来。在本次活动中，借助于故事《小兔子找太阳》，让孩子们用较形象完整的语言来描述太阳的特征。		
活动目标	1. 乐于根据线索猜想，用较完整的话大胆表达自己的想法。 2. 丰富词语：红红的、圆圆的、亮亮的、暖洋洋的。		
重点难点	重点：学习“红红的、圆圆的、亮亮的、暖洋洋的”等词语。 难点：能用较完整的语言大胆表达自己的想法。		
活动准备	1. 经验准备：幼儿已对太阳的特征有了初步的认识。 2. 物质准备：PPT 课件，画有红灯笼、红萝卜、红气球、太阳等物品的图片。		
活动过程	**一、导入活动，引发兴趣** 师：宝贝们，你们看这是谁？ 小兔：小朋友们好！我是小兔，我在找一样东西，你们能帮帮我吗？ **二、展开线索，大胆猜想** 师：小兔要找的东西，会是什么呢？别急，这有四个信封，它会帮助我们的。 逐步打开信封，引导幼儿观察图片，大胆猜想。 1. 打开第一个信封→圆圈。 2. 打开第二个信封→红红的圆圈。 3. 打开第三个信封→天空。 4. 打开第四个信封→发光、发亮。 **三、完整欣赏，厘清脉络** 师：小朋友们真棒，刚才我把大家找太阳的过程编成了一个好听的故事，故事的名字就叫作《小兔子找太阳》。		

续表

活动过程	(一)教师口述故事，完整欣赏 师：刚才的故事叫什么名字？ 师：故事里都有谁？ 师：故事讲了一件什么事情呢？ 师：小兔找了几次才找到太阳呢？ (二)播放故事动画，再次欣赏故事 师：现在谁来说一说小兔一共找了几次？ 1. 按照故事的顺序，出示相应的图片，厘清故事线索。 2. 学习角色对话。(丰富词汇：着急) (三)观察比较，找相同与不同 引导幼儿观察红灯笼、红萝卜、红气球、太阳的相同点和不同点，并完整讲述。 **四、延伸拓展，回归生活** 1. 知道阳光的重要性，教育幼儿平时要多晒太阳。 2. 带孩子到室外找太阳，结束活动。
活动反思	优点：活动开始，我以小兔子请孩子帮忙找东西激发了幼儿的活动兴趣，并根据四个信封提供的线索展开活动，增加了活动的神秘感。同时，我摒弃了常用的教学方法，如通过理解故事的内容去了解太阳的教学方式，而是运用探索寻找的方式让幼儿主动探索了解太阳的特征。在活动中孩子们都能积极参与，大胆地回答问题和表达自己的想法。通过本次活动，不但提高了孩子的语言能力，丰富词句，拓展了孩子的知识面，还激发孩子关注周围事物的色、形的兴趣。 不足：展示信封环节营造的神秘气氛不够。 改进措施：教师可以通过语言、语气、神态和动作进而营造神秘的氛围，从而激发孩子的活动兴趣，提高孩子的参与性。

太阳和盐水

北京市东城区永东幼儿园　孙　岩

教学领域	健康	班级	大班
设计意图	大班孩子喜欢玩四散追逐跑的游戏，这个游戏可以发展幼儿身体的灵活性及奔跑能力，还能在游戏中让幼儿学会遵守规则。我将体育和科学融合，激发幼儿参与体育活动的兴趣。		
活动目标	1. 学习四散追逐跑，发展身体的灵活性及奔跑能力。 2. 在游戏情境中积极探索、尝试，初步掌握躲闪与追逐的方法。 3. 善于思考与观察，遵守游戏规则。		
重点难点	重点：学习四散追逐跑，发展身体的灵活性及奔跑能力。 难点：在游戏情境中积极探索、尝试，初步掌握躲闪与追逐的方法。		
活动准备	1. 经验准备：幼儿玩过四散追逐跑游戏。 2. 物质准备：空旷场地，毛球若干个，太阳胸牌一个，热身音乐，魔法棒。		
活动过程	**一、开始部分(3—5分钟)** 热身活动：听音乐为四散追逐跑游戏进行重点部位的专项热身，包括头、胸、臂、手腕、脚腕、腿部等整理运动。		

续表

活动过程	**二、基本部分(15—20分钟)** 1. 引出魔法棒的游戏情境，复习四散追逐跑游戏。 师：我手中拿着一个神奇的魔法棒，现在我要对你们施魔法："嘛哩嘛哩轰！"一会儿我看看哪个小朋友在跑的时候不和别人碰到一起。当听到我的咒语时，要做出相应的动作。 游戏玩法：幼儿在圆圈内四散跑，边跑边根据老师发出的游戏信号做动作。教师随机发出指令：小朋友们慢慢跑，快快跑，定住，换方向跑。教师及时观察并提醒幼儿注意四散跑时的方向，不要碰撞等。 2. 引出"太阳和盐水"的游戏情境，逐渐掌握躲闪与追逐的方法。 (1)老师扮演太阳，与幼儿扮演的盐水进行追逐跑游戏。(约5分钟) 师：我当太阳，你们当盐水，太阳追盐水，因为太阳可以晒干盐水，盐水如果被太阳抓到了，就停止游戏一次，盐水如果想躲避太阳，可以说"结晶"，然后站在原地不动摆一个造型，太阳就会去抓其他盐水，盐水还可以救结晶的盐，摸一下结晶盐的身体后，结晶盐就又变成盐水，可以跑来跑去啦！ 师幼共同讨论：你是怎样躲过太阳晒的？太阳又是怎么捉到你们的？ (2)请一名幼儿扮演太阳，再次游戏。(约5分钟) 师：我们用刚才的方法再玩一次，这次太阳会突然出现，盐水们要小心。 游戏玩法：教师说"天黑请闭眼"，然后悄悄把太阳胸牌贴到一个小朋友的身上，让他扮演太阳，其余幼儿念两遍"太阳太阳在哪里"之后，太阳跑出来说"太阳在这里"，幼儿便四散追逐跑，直到太阳晒干部分盐水后游戏停止。 集中讨论：太阳突然出现时，你有什么好方法躲太阳呢？躲的时候怎样不碰撞？ (3)分组游戏。(约6分钟) 师：盐水们跑了这么久，出了很多汗，浓度太高了，一会儿我们到圆圈中间取点水滴(毛球)回到山洞里躲避太阳，把自己稀释一下，变成淡盐水，淡盐水可以为身体补充能量，但是太阳随时会出现，把水滴带到山洞里稀释，那里最安全。 游戏玩法：单数的一半幼儿站在场地两边，双手平举站成一排当作山洞，双数的另一半幼儿先玩游戏，请一名幼儿当太阳追赶盐水，盐水从中间的场地上吸水滴，送回山洞，并想办法不让太阳捉到自己，把水滴全部运回山洞后，游戏结束，并进行交换。 **三、结束部分(约3分钟)** 师：我们玩了一个好玩的"太阳和盐水"的游戏，现在太阳落山了，盐水们放松一下吧！幼儿随教师的儿歌调整呼吸，重点进行腿部和脚踝的拉伸。我们先和和面，揉呀揉呀揉面团(胳膊)，搓呀搓，捶呀捶(腿部)，擀擀皮、和和馅(手腕脚腕扭一扭)，少加点盐(甩甩手，甩甩脚)，捏个饺子给谁吃(捏腿)。
活动反思	幼儿基本可以完成所设定的教学目标，并在游戏情境中积极探索、尝试，初步掌握了躲闪与追逐的方法，同时还自然而然地掌握了一些科学原理。

回家的路

上海市杨浦区新乐幼稚园　李嘉颖

教学领域	综合	班级	大班
设计意图	结合幼小衔接，我尝试将安全教育内容设计成学习活动，让孩子们在玩思维游戏的过程中，提高解决问题的能力，为适应小学生活打下基础。大班幼儿喜爱挑战，利用"回家路线"激发幼儿的活动兴趣，在环节中层层增加观察难度及思维要求，引导幼儿仔细观察、冷静判断、清晰表达。		

续表

<table>
<tr><td>活动目标</td><td>1. 通过仔细解读画面，帮助汤姆寻找回家的路，提高观察、记忆等综合能力。
2. 在参与游戏的过程中，体验思维游戏的乐趣。</td></tr>
<tr><td>重点难点</td><td>重点：观察画面中路径的细节，用排除法找出正确的路径。
难点：对比画面上的信息，用语言表达选择不同路径的原因。</td></tr>
<tr><td>活动准备</td><td>1. 经验准备：意识到即将进入小学学习，认识家和学校间的路线能更好地保护自己，更加独立自主。
2. 物质准备：PPT 课件、操作的图片和底板若干、固体胶等。</td></tr>
<tr><td>活动过程</td><td>一、活动导入
师：今天我带来一个小男孩，他叫汤姆，你们看他背着书包可能要去干吗？
师小结：没错，汤姆已经成为一名小学生了，和我们大班小朋友一样，他平时上学都是有家人来接送的，可是当他慢慢长大，有一天妈妈对他说，要考考他，看看他能不能找到回家的路。
二、解读画面、引出路径
通过倾听、观察上学的路径，推理出回家的路怎么走。
1. 教师描述汤姆的家。
2. 师：平时妈妈带他上学经过哪些地方？（幼儿看画面说一说）
3. 师：说说汤姆想从学校回家会先经过哪里再经过哪里？
师小结：想要知道回家的路怎么走只要把上学经过的路倒过来就可以了。
三、仔细观察画面，寻找回家的路
观察画面中的信息，用排除法找出路径。
1. 美食广场
出示 3 家美食店，观察美食店并根据提示来猜测。
师：看看每家店里有什么？有哪些相同和不同？
师：卖薯条的店可能是回家要经过的地方，去掉几号？
师：接下来要考验一下你们的记忆力，除了卖薯条和卖鸡翅的店一定是回家要经过的地方，还有哪家店是回家要经过的地方？
师小结：因为 3 号店同时卖薯条和鸡翅，所以是回家要经过的地方。
2. 师：男孩接下来要经过什么地方？
3. 出示 5 座小桥，让幼儿观察一下每座桥相同和不同的地方。
师：蘑菇的小桥一定不是回家要经过的地方，去掉几号？
师：没有黄色小鸟的小桥的路一定不是回家要经过的路，去掉几号和几号？
师：现在 5 号是回家的路，请你表述，去掉 2 号，比如……
4. 幼儿四人一组进行操作并表达。
生生互动，进一步理解排除路径的原因。
请幼儿装扮两座小桥，然后讨论一下排除其他几条路的原因。
师小结：我们根据每座桥不同的地方，找出回家要经过的路。
四、游戏：找房子(通过回忆之前描述的家的形象找出正确的房子)
师：你们都在开动脑筋帮助男孩，男孩说：“谢谢大家，我终于找到了家所在的小区。糟了！这么多房子，哪个才是我的家呢？”你们还记得男孩的家长什么样子吗？
1. 讨论哪个是男孩的家。
2. 分享交流。</td></tr>
<tr><td>活动反思</td><td>大班幼儿通过观察、对比画面上的信息，用语言将其进行描述并留意到选择不同路径，就是从无意注意转化为有意注意的过程，也是幼儿通过游戏进行生活经验迁移的重要铺垫。第一环节是激发兴趣，孩子们很有信心地加入了游戏。第二环节是依据上学的路径让幼儿说出回家的路径，经过提炼、观察小结，幼儿知道只要把上学经过的路倒</td></tr>
</table>

续表

活动反思	过来就是回家的路。第三环节是幼儿观察比较细节的不同，用排除法找出正确的路径，并以小组合作的方式进行操作和表达，因为有对美食店的细节解读，在装扮小桥的操作中，幼儿巩固了解读的方法，在后续的表述中明显大胆了，几乎人人有话说，非常投入。最后找房子环节，又一次引发生生互动，结合提示的录音进行验证，将活动又一次推向高潮。

朋友来做客

安徽省合肥市滨湖启明星幼儿园（太原路分园） 张艳梅

教学领域	科学	班级	中班
设计意图	2020 年，由于新冠疫情肆虐，在家中上网课成为常态。腾讯会议、钉钉会议、微信会议等，一时间空前活跃。但线上课堂无法直面学生，缺少直接、全面的指导，也同样挑战着一线教师的能力，挑战着家长的耐心。本节教学活动根据幼儿园教师用书中科学领域的内容，融合微信小游戏，借助手机或 iPad 等信息化应用产品实现师生互动、生生互动，完成教与学的在线互动，给教学活动带来便捷，不限时间、地点、人数，即可让幼儿亲身参与活动，感知本节活动的知识点。		
活动目标	1. 正确判断 7 以内的数量并比较数量的多少。 2. 能将相同数量的物体进行匹配。 3. 体验操作游戏带来的乐趣。		
重点难点	重点：正确判断 7 以内的数量并比较数量的多少。 难点：能将相同数量的物体进行匹配。		
活动准备	1. 经验准备：幼儿已有操作信息化应用产品的经验。 2. 物质准备：微信小游戏课件《朋友来做客》、若干部手机或 iPad、微信小游戏。		
活动过程	**一、谈话导入活动，激发幼儿参与活动的兴趣** 师：小朋友们，你们知道动物园里都有哪些小动物吗？页面中的小动物是谁？ **二、感知 7 以内的数量** 1. 播放微信小游戏第二页面，引导幼儿观察。 师：熊猫今天搬新家了，它邀请了许多好朋友到家里来做客。看，熊猫都请了谁？你们知道有几只小猪、几只小猴和几只小猫吗？ 2. 幼儿仔细观察并目测每种动物的数量，相互交流自己观察的结果。 3. 师幼共同用点数的方法确认每种动物的数量。 **三、比较 5、6、7 数量的多少** 1. 播放微信小游戏第三页面，引导幼儿观察。 师：在这三种动物中，哪种动物的数量是最多的，有几只？哪种动物的数量是最少的，有几只？ 2. 幼儿根据教师的提问各自发表自己的看法。 师小结：有 5 只小猪、6 只小猴、7 只小猫，在这些动物中，小猫的数量最多，有 7 只，小猪的数量最少，有 5 只。 **四、学习等量匹配** 1. 播放微信小游戏第四页面，引导幼儿观察。 师：熊猫今天还准备了很多好吃的，你们看看都有什么呢？哪一盘食物的数量与哪种动物的数量是一样的呢？		

续表

活动过程	2. 幼儿相互交流自己观察、比较的结果。 3. 播放微信小游戏第五页面，完成等量匹配。 请个别幼儿上来将食物卡片匹配在与其数量对应的动物上。 4. 教师引导幼儿看着图说一说：5只小猪送5颗糖果，6只小猴送6块饼干，7只小猫送7块蛋糕。 **五、出示微信小游戏二维码，分组操作** 教师介绍游戏操作方法：幼儿打开微信"扫一扫"识别二维码，幼儿根据语音提示完成操作活动。 1. 好吃的水果 幼儿观察图片内容后，请小朋友们根据提示，点击与图片相对应数量的数字即可。 2. 生日礼物 幼儿根据语言提示，观察画面内容，将数量最多和数量最少的物品找出，并拖拽物品至相应位置中。 **六、交流与评价** 1. 幼儿完成后，小游戏程序根据答题正确率形成分层评价。 得分为5分：恭喜你得满分，真棒。得分为1—4分：××知识点需加强，继续努力，加油哦。 2. 教师针对幼儿操作活动中出现的问题进行交流讨论。
活动反思	在活动设计上，以动物园为线索进行活动导入，活动过程中以各种小动物的形象、常见食物等为活动辅材，完成了教与学的互动，使幼儿始终保持兴趣。 在教学手段上，充分利用信息技术贯穿整个活动，借助手机或iPad等信息化应用产品与幼儿进行互动，让幼儿亲身参与操作，感知本节活动的知识点。运用微信小游戏可视化工具中积木脚本中的逻辑、控制、运动、动画、声音、管理行为、通知等功能完成本节活动的重难点活动设计，并完成操作体验。 整个活动下来，幼儿的参与性非常高，内容符合幼儿的年龄特点。后期在游戏设计上可以再进行优化，如页面设置的提示可以用箭头或手指来表示等。

小骑士向前冲

河北省唐山南堡经济开发区第一幼儿园　李　念

教学领域	健康	班级	大班
设计意图	通过平衡车游戏，激发幼儿的运动兴趣，培养幼儿的游戏规则，让幼儿在运动中体验到成功的喜悦，全面发展幼儿的身体素质。		
活动目标	1. 尝试双脚交替蹬地向前快速骑行。 2. 在游戏中自由探索更多骑行方法。 3. 乐于参与平衡车活动，体验骑行的快乐。		
重点难点	重点：双脚交替蹬地骑行。 难点：身体重心保持平衡，向前骑行。		
活动准备	平衡车、头盔、护具、手套等人手一份，锥形桶，赛道杆，标志牌，口哨。		
活动过程	**一、热身活动** 1. 带领幼儿跟随音乐慢跑热身，跑步队列队形整齐有序。 2. 队列练习。		

续表

活动过程	3. 幼儿随音乐做热身运动，充分做拉伸。 要求：分组站队整齐有序，精神饱满；跑步队列队形整齐有序；动作舒展到位，充分做拉伸。 **二、基本部分** 师：孩子们，今天又和老师一起玩平衡车你们高兴吗？ 1. 原地双脚交替蹬地练习 (1)小朋友有序排队领取平衡车。 (2)教师坐在平衡车上做原地双脚交替蹬地的示范，幼儿跟着学习。 2. 游戏“勇敢小骑士” (1)教师示范讲解双脚交替蹬地向前骑行。 动作要领：双手握紧车把，坐好，左右脚练习缓慢交替蹬地前行。 (2)教师带领幼儿在赛道尝试缓慢骑行一圈。 教师小结并纠正错误动作。 (3)幼儿再次尝试加速骑行，并初步尝试滑行。 3. 幼儿自由探索，尝试不同的骑行方式 (1)个别幼儿展示不同的骑行方式。 (2)全体幼儿分两队同时从内侧跑道出发，环绕一圈，体验不同的骑行方式。 4. 增加游戏难度，设置坡道障碍 (1)幼儿拉开距离骑行，探索怎样安全平稳地通过坡道，环绕一圈回到起点。 (2)幼儿总结经验。(加速骑行可以顺利通过坡道) (3)增设“S”形路和雷区，提高骑行难度，幼儿再次骑行。 5. 游戏“小骑士向前冲” 师：今天小骑士们都学到了新的本领，让我们来一场骑行大赛吧！ 比赛规则：比赛分两组进行，每位小骑士要通过坡道，绕过障碍，滑行穿过雷区，最先完成的一组获胜。 要求：鼓励幼儿大胆尝试；有序骑行，文明出行；在骑行过程中，滑行要有距离；遵守游戏规则，注意骑行安全。 **三、结束部分** 师：小骑士们，你们玩得开心吗？今天每位小骑士都顺利通关，下次骑行我们再和老师一起尝试更多的骑行方式。 放松整理：幼儿跟随音乐进行全身放松。 要求：幼儿列队整齐，精神饱满；放松时动作到位。 附：游戏场地布置 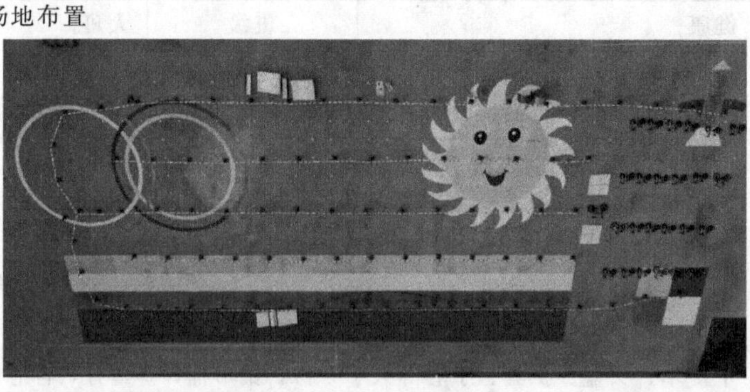
活动反思	在活动过程中，幼儿能够有序进行活动，每个动作环节都认真思考，大胆尝试，有自己独特的想法。在最后环节的游戏中，起伏路的设置，需要加强保护帮助，个别幼儿骑行速度慢，不能自己通过。

谁住在皮球里

山东省日照市日照山海天旅游度假区两城街道中心幼儿园　陈卓桦

教学领域	科学	班级	中班
设计意图	《纲要》明确指出，教育活动应密切联系幼儿的实际生活，利用身边的事物与现象作为探索的对象。空气与我们的生命息息相关，世间万物之所以勃勃生机都是因为有空气的存在。在本次活动中，让孩子通过眼、脑、手等多种感官去发现问题，使幼儿变被动者为主动学习者、探索者，激发幼儿的想象力和创造力，更能激发幼儿探索、学习的欲望，从而了解空气对皮球运动状态的作用。		
活动目标	1. 理解故事内容，对皮球的动态——蹦、滚、飞产生兴趣。 2. 探索皮球内空气的多少与皮球运动状态的关系。		
重点难点	重点：理解故事内容，对皮球的动态——蹦、滚、飞产生兴趣。 难点：探索皮球内空气的多少与皮球运动状态的关系。		
活动准备	故事《谁住在皮球里》，充气的皮球每人一个，气针每人一枚，打气筒一个。		
活动过程	**一、说说玩玩会蹦、会跳、会飞的皮球** 1. 教师请幼儿演示拍皮球、滚皮球、踢皮球的动作。 师：小朋友，你们喜欢玩皮球吗？谁来说说你平时是怎样玩皮球的？ 分别请几个小朋友说说并演示皮球的不同玩法，如拍皮球、滚皮球、踢皮球等。 2. 启发幼儿说出玩皮球时，皮球的运动方式(蹦跳、滚动、飞起来等)。 师：为什么皮球会蹦、会跳、会滚，皮球很硬，一定有什么东西在里面，是什么呢？究竟是谁住在皮球里呢？ **二、欣赏故事《谁住在皮球里》** 1. 幼儿完整地听一遍故事。讨论“你听到了什么？皮球里住着谁？”。 2. 师：皮球里真的住着兔子、轮子和喜鹊吗？它们是怎样运动的？ 3. 师：小朋友，你们能用你的身体来模仿皮球蹦跳、滚动、飞起来的动作吗？让我们一起学学皮球运动的样子。 **三、了解是空气住在皮球里** 1. 猜测、验证皮球里住的是空气。 师：皮球里到底住的是什么呢？有的小朋友说是兔子，有的小朋友说是轮子，有的小朋友说是空气，到底是什么，我们怎样做才能知道呢？(幼儿自由讨论、回答) 教师展示气门针，请每位幼儿自己拿皮球和气门针自由探索皮球里到底住着谁。 教师将气针插入气门芯，将皮球里的气体放出来，保持适度距离并朝向幼儿的脸，问幼儿感觉到了什么？ 师总结：刚刚我们放出来的就是空气，原来皮球里面住的满满的都是空气。 2. 教师出示瘪的皮球，演示拍、滚、踢皮球，验证幼儿的猜想。 师：现在皮球变成什么样子了？ 师：瘪了的皮球还能像兔子一样跳，像轮子一样滚，像喜鹊一样飞吗？ 请幼儿上前演示，探索皮球内空气的多少与皮球运动状态的关系。 师：有什么办法能够让皮球重新鼓起来，让它像兔子一样跳、像轮子一样滚、像喜鹊一样飞吗？ **四、活动总结** 引导幼儿说出打气筒，教师出示打气筒，请一位幼儿上前为皮球打气，最终皮球里又充满了空气。		

续表

活动过程	师小结：原来皮球只有充满了空气，才能运动起来，就能像兔子那样蹦，像轮子那样滚，像喜鹊那样飞，空气真厉害！ **五、活动延伸** 请幼儿结伴去户外玩球，体验皮球蹦跳、滚动、飞起来的状态，感受球内充气量的多少与皮球弹跳力的关系。
活动反思	本次活动我采用直接导入的方式，引发幼儿兴趣，说说玩玩会蹦、会跳、会飞的皮球，给幼儿呈现一个直观的感知与体验，让幼儿动起来，满足幼儿的探究欲望。我将探索皮球内空气的多少与皮球运动状态的关系作为本次活动的重难点，在活动过程中请每位幼儿自己拿皮球和气门针自由探索皮球里到底住着谁，幼儿通过自己的直接感知、实际操作和亲身体验来获取经验。最后通过对比皮球充气前和充气后的状态，更加直观地感受皮球内空气的多少与皮球运动状态的关系。

动物的花纹

安徽省合肥市滨湖启明星幼儿园(太原路分园)　张　静

教学领域	科学	班级	小班
设计意图	《指南》中指出，幼儿科学学习的核心是激发探究兴趣，体验探究过程，发展初步的探究能力。本次活动重点在于通过课件的运用，激发幼儿的好奇心，培养其观察能力。喜欢动物是孩子的天性，从幼儿的兴趣出发，我设计了此次活动。通过激发幼儿的兴趣，让幼儿将动物和它的花纹相匹配，激发幼儿积极思考的愿望。		
活动目标	1. 幼儿在观察中发现动物皮毛花纹的不同。 2. 尝试将动物花纹和动物匹配在一起。 3. 幼儿对动物花纹感兴趣。		
重点难点	重点：幼儿能将动物和动物的花纹相匹配。 难点：幼儿能概述动物花纹的特点。		
活动准备	1. 经验准备：幼儿已经认识常见的动物。 2. 物质准备：微信小游戏、动物花纹和动物图片。		
活动过程	**一、活动导入** 师：今天老师请来了许多动物朋友来和我们一起玩游戏，大家想不想玩啊？ **二、认识动物花纹的特点，能通过花纹分辨动物** 师：小朋友们来找一找，森林里藏了什么动物？找到请举手告诉我！(引导幼儿说说都看到了什么) 师：小朋友们看到了这么多动物，我们来一个一个把它们请出来吧。 ①长颈鹿 引导幼儿观察长颈鹿，知道以动物身上的花纹辨别动物。 师小结：长长的脖子，一块一块的花纹，像美丽的农田一样，就是长颈鹿。 ②斑马 引导幼儿说出一条一条的黑色花纹。 师小结：黑白相间的条纹就是斑马的花纹。 ③老虎 师：还有什么小动物？你看到动物的什么地方？(引导幼儿说出老虎)		

续表

活动过程	师：你怎么看出它是老虎的？尾巴是什么样的？（引导幼儿说出老虎棕色的毛和黑色的花纹） 师：老虎尾巴长长的，有棕色的毛和黑色的条纹，那它怎么不是斑马？（引导幼儿说出颜色不一样） 师：你们可真厉害，我们一起请大老虎出来。 师：老虎说，都怪我没藏好，被你们发现了。 **三、观察动物的局部特征，初步学习进行推断的方法** 1. 游戏一：转盘转转转 师：这些动物可调皮了，它们都藏了起来，有几只藏到了大转盘上，你们猜猜它是谁。 师：请小朋友将转盘的指针转起来，转到哪个地方，就来猜一猜这是谁的花纹。（让幼儿根据自己对动物的认识说出动物的名字） 师：这个花纹是什么样子的？这是哪个小动物？ 师小结：老虎的身上长着棕色的毛，并夹杂着一条条黑色的斑纹。奶牛的花纹是身上一块白，一块黑，好像穿着花棉袄。斑马的花纹是黑白相间的条纹。长颈鹿脖子长长的，身上的花纹是一块一块的，像一片美丽的农田。七星瓢虫穿红色外套，上面点缀七颗醒目的黑色斑点。 2. 游戏二：动物的花纹 请小朋友将动物的花纹和动物相匹配，巩固幼儿对动物花纹的认识。
活动反思	本次活动运用了“微信小游戏可视化工具”课件进行师幼面对面教学，第一页隐藏的小动物是运用了遮挡的方法，激发了孩子的好奇心。每一个圆形图片消失时会播放声音，增强动物完整显现的惊喜感。 在第二个场景中出现了转盘和动物的花纹，转盘转动吸引了幼儿的注意力，幼儿能充分参与到活动中。教学活动不仅能面对面课堂教学，也能让幼儿在家实现线上学习。“微信小游戏可视化工具”制作的课件生动、有趣，但因为本课件适用于智能手机和平板，所以在线下教学时不能满屏展示，画面感稍差。但是在线上教学时能很好地适用在手机上，幼儿一人一机自主学习，手动触屏完成任务，完成每一个任务会有积分，增强幼儿的兴趣，当成功完成所有任务时会让幼儿获得成就感。

打怪兽

河北省保定市直属机关第二幼儿园　安　迪

教学领域	健康	班级	小班
设计意图	幼儿往往有英雄情结，他们喜欢在打怪兽游戏中将自己想象成勇士，从而产生勇敢打败怪兽的自豪感。本次活动结合打怪兽的情境，让幼儿练习基本的投掷动作，提高挥臂力量，发展手眼协调能力。		
活动目标	1. 练习正面投掷的动作，发展上肢力量及手眼配合的协调性。 2. 积极参与游戏，树立坚强勇敢的意志品质。		
重点难点	重点：手臂屈肘于耳侧，双脚分开，转身用力向正前方投掷。 难点：手用力握沙包举过肩，膝盖用力蹬地向正前方投掷。		
活动准备	1. 经验准备：做过游戏“什么动物出来了”。 2. 物质准备：怪兽图片 12 张、爬行垫 6 个、沙包若干、小动物玩偶若干、颜色徽章若干(与人数一致)、音乐《好宝宝》。		

续表

活动过程	**一、热身活动** 师：小朋友们，想不想去大森林里面玩？我们一起乘坐小飞机去吧！ 1. 小跑热身 边唱儿歌《小飞机》边做小飞机摆臂动作，跟随教师小跑。 师：我们来到了森林里面，动物们都出来迎接我们了，竖起小耳朵听一听，是什么动物出来了？ 2. 做模仿操热身 模仿各种小动物的动作。 师：出来了，出来了！（幼：什么出来了？）××出来了。 **二、游戏部分** 1. 游戏一：学习投掷 师：孩子们，森林里来了一群怪兽，它们抢走了很多小动物，你们想不想当小勇士去救它们？ 师：那小勇士们练好本领去打森林里的怪兽吧。 游戏方式： (1)幼儿自由练习正面投掷 幼儿站在起始线后退一步，一只手握空拳举起放在耳朵边，双脚分开，面朝前方，听口令练习空投。 (2)教师示范正面投掷的动作姿势 （小小沙包放耳边，快把胳膊架起来，退步分脚侧转身，用力蹬地往外投。） 引导幼儿观察教师的投掷方法。幼儿跟随教师练习正面空投。教师对动作不规范的幼儿进行随机指导，重点指导幼儿练习空投时，手臂屈肘于耳侧，双脚分开，转身用力蹬地向正前方投掷。 2. 游戏二：消灭怪兽 场地布置：将12个怪兽目标放置在幼儿投掷的前方，根据幼儿的投掷水平调整距离。 师：嘘，勇士们，听！好像真的有怪兽来了，我们用刚刚学到的本领来消灭怪兽，看看谁能打中。 幼儿用正面投掷的方式自由练习打怪兽。根据颜色将幼儿分成两组，根据幼儿的投掷水平调整距离。教师指导幼儿用正确的正面投掷方式进行投掷。 师：小朋友们真厉害，把怪兽都打跑了，有些怪兽还躲在山洞里，没有出来，我们赶紧把沙包捡回来吧！怪兽还没有打跑，我们要坚持！（重复游戏次数） 师小结：怪兽被我们打败了，我们赶紧把小动物们解救出来吧！ 3. 整理放松活动 (1)引导幼儿整理沙包 师：勇士们，地上都是沙包，会把小动物给绊倒，我们一起来清理干净，捡回篮子里吧！ (2)引导幼儿放松手臂肌肉 师：怪兽们被打败了，小动物都得救了，为了感谢大家，它们要和我们一起跳舞！ 播放音乐《好宝宝》，带领幼儿重点放松手臂肌肉。
活动反思	活动中设置帮助小动物打怪兽的情境，并贯穿活动的始终，具有连贯性和完整性。幼儿的兴趣浓厚，参与度很高，教师在活动过程中富有激情，针对幼儿活动过程中出现的问题进行了安全教育和随机指导。根据幼儿的不同发展水平，设置了不同难度的投掷目标，并利用顺口溜帮助幼儿学习投掷动作。

我是小小快递员

北京市北海幼儿园城市副中心园　王　丽

教学领域	科学	班级	中班
设计意图	《指南》中指出，幼儿的科学学习是在探究具体事物和解决实际问题中，尝试发现事物间的异同和联系的过程。初步尝试归类、排序、判断、推理，逐步发展逻辑思维能力。由此可见，“分类”活动是数学教学中的一个重要的内容。鉴于在园所的一日活动中，有部分幼儿对于观察事物的兴趣不大、做事情耐心不足，且日常老师在与幼儿聊天的时候，发现幼儿对于快递员这职业颇有兴趣，时常会问老师“快递员叔叔是怎么送货的”“他们收的物品是怎样投递到别人那里的”等诸多问题。教师就幼儿现有兴趣，特设计了此次活动。希望以此来锻炼幼儿的观察力、判断力，丰富幼儿知识的同时，还能让幼儿在活动中体验到数学活动的乐趣。		
活动目标	1. 初步尝试将老师准备的物品进行多角度分类。 2. 用学到的知识解决实际问题，初步养成有条理整理事物的习惯。 3. 乐于就自己发现的新的分类理由与同伴分享。		
重点难点	将老师准备的物品进行多角度分类。		
活动准备	1. 经验准备：已上过物品分类活动，对材料中的食物有了解，知道电池的作用。 2. 物质准备：长方形、正方形、圆形的不同颜色卡片若干；红薯、土豆、红枣、红苹果、蜡笔、铅笔、黄瓜、丝瓜、南孚 1 号电池、南孚 5 号电池、小筐、快递员工作证、笔、记录纸、伸缩口哨若干。		
活动过程	**一、复习幼儿已有的物品分类知识** 师：今天老师遇到一位快递员叔叔，他说他们快递公司最近需要分类的物品太多，我们一起来帮快递员叔叔做点事情。 教师请幼儿逐一拿好工作证，并挂到胸前。 师：小快递员们，我们先看看第一批需要我们分类的物品是什么？（引出图形卡片） 师：先想一想，这些东西可以怎么分类呢？想好后，就可以按照自己的想法开始分类了。（教师巡视并给予适时的引导） 第一次分类活动结束，教师邀请 2 名小快递员讲一下自己的分类方法。 师小结：这些图片可以按照形状来分类，也可以按照颜色来分类。 **二、小快递员们“忙”起来。** 师：刚刚小快递员们的表现太棒了！我们再来挑战另一项有些难度的工作，我们看看都有哪些物品。 教师将实物放到桌子上，请幼儿说说物品的名称。 教师引导幼儿分组进行分类。 教师提示幼儿物品归类后，将小组认为是同一类的物品放在小框里。 师：如果怕自己记不住与伙伴的讨论结果，可以在记录纸上画出来。 教师巡视小快递员们的工作情况，并适时予以引导。 **三、活动结束** 请部分快递员就自己的分类理由与同伴分享。 师：小快递员们都完成了自己的工作内容，谁想先来分享一下自己小组物品分类的理由？ 教师总结。 师：快递员叔叔为了感谢小快递员们的帮忙，还特意给小朋友们准备了小礼物——伸缩口哨，我们一起来领取自己的小礼物吧。		

续表

活动过程	**四、活动延伸** 课下，老师将幼儿对于物品分类的兴趣延伸到垃圾分类，关注班级、家中的垃圾分类。
活动反思	优点：活动中，幼儿对活动很感兴趣，乐于参与活动。幼儿很快就能将具有明显特征的物品分类好，还能与同伴能就事物进行简单的协商讨论。 待改进：在分组进行讨论时，幼儿刚开始还能和同伴讨论物品分类，后面个别幼儿出现了做和分类无关的事情，教师引导后，幼儿对事情的兴趣也没有刚开始的时候那么高。应多增加幼儿记录方面的锻炼机会，在区域游戏/集体教学活动中，鼓励幼儿用自己的方式进行相关记录。

我爸爸和我

江苏省南京市实验幼儿园天地新城分园　章　杏

教学领域	语言	班级	小班
设计意图	最近游戏时间经常能听到孩子们谈论自己的爸爸，但是表达的内容都不够清楚。结合小班孩子的年龄特点和班级幼儿表达不够清楚的现状，特开展了这节绘本课，同时也增进了孩子和爸爸之间的情感。		
活动目标	1. 观察画面，愿意用自己的话说说熊爸爸和熊宝宝在一起做的事情。 2. 能尝试一页一页地翻看图画书，集体阅读绘本。 3. 体会熊爸爸和熊宝宝在一起的快乐。		
重点难点	重点：根据画面内容用自己的话说说熊爸爸和熊宝宝在一起发生的事情。 难点：能跟着大家一起一页一页地翻阅图书。		
活动准备	1. 经验准备：已完成调查表《我和爸爸》。 2. 物质准备：《我爸爸和我》PPT、背景音乐、绘本《我爸爸和我》每人一本、积木 3 块。		
活动过程	**一、导入活动——谈论"我的爸爸"** 师：你最喜欢跟爸爸做什么事情？ **二、集体阅读绘本** 1. 引起阅读兴趣。 师：小熊也喜欢它的爸爸，它会和它的爸爸一起做什么事情呢？ 2. 看 PPT，集体读绘本 P3—P4，理解"小熊和爸爸在一起骑大马"的情节。 师：小熊和爸爸在玩什么？ 师：你们和爸爸一起玩过这个游戏吗？ 3. 看 PPT，集体阅读绘本 P7—P8，理解"小熊和爸爸一起过河"的情节。 师：现在小熊在干什么？它的手怎么样？ 师：熊爸爸在哪里？它在干什么？ 师：现在你们是小熊，我是熊爸爸，我们一起来过这条小河。（体会和"爸爸"一起游戏时的勇敢） 师：你们刚刚过小河的时的心情是怎么样的？有爸爸在你身边就会变得怎么样？ 4. 看 PPT，集体阅读绘本 P13—P14，知道爸爸看着小熊玩得开心自己也会开心。 师：小熊在干什么？它开心吗？ 师：熊爸爸在干什么？爸爸开心吗？ 师小结：小熊玩得开心，爸爸也会很开心。		

续表

活动过程	5. 看 PPT，集体阅读绘本 P15—P16，理解“小熊跟爸爸在一起爬树”的情节。 师：再来看看小熊和爸爸一起在干什么？它们在一起玩得开心吗？ **三、集体完整阅读绘本，感受跟爸爸在一起的快乐** 1. 激发幼儿完整阅读的兴趣。 师：熊宝宝和熊爸爸在一起做了这么多开心的事情，这些事情都藏在一本图画书里。我们一起来看一看，读一读。 2. 教师配乐，和幼儿共同完整阅读一遍绘本，继续感受小熊和爸爸在一起的快乐。 师：天都黑了，小熊和爸爸还在一起，它们在干什么？ 师小结：只要和爸爸在一起，就会很开心。 3. 幼儿尝试一页一页地翻看图书，再次阅读绘本。 **四、活动结束** 鼓励幼儿回家后和爸爸一起继续阅读《我爸爸和我》。
活动反思	活动以谈论“我的爸爸”开始，有了前期的调查表，孩子们很愿意和大家分享跟爸爸在一起做的事情，为后面观察小熊和爸爸做了哪些事情做铺垫。在集体阅读绘本“小熊和爸爸一起过河”的情境，孩子们在“过河”的时候都很勇敢，这一环节的设置在帮助幼儿理解画面内容的同时，也感受到有爸爸在旁边自己也会变得更勇敢，观察每个画面后，教师都有总结性的语言帮助幼儿进一步理解感受画面的内容。最后一幅图出示小熊和爸爸抱在一起的画面，再一次感受爸爸和孩子之间的亲情。最后幼儿尝试一页一页地翻看图书，背景音乐的加入将绘本所要表达的情感进一步加深。 不足之处： 1. 反馈性的提问和总结不够精准，如：老师问“小熊和爸爸在干什么？”幼儿没有回答在干什么而是说坐在爸爸肩膀上，这时老师应继续追问，引导幼儿说说小熊和爸爸在做什么事情。 2. 教师完整阅读绘本时语速还可以再慢一些，情感可以再丰富一些。幼儿翻看图书时，老师的提示要及时，活动速度过快，要给幼儿观察和翻书的时间。

陶艺活动“京剧脸谱”

江苏省南京市实验幼儿园天地新城分园　蒋桂琴

教学领域	美术	班级	大班
设计意图	大班的幼儿对于京剧脸谱的独特造型有着特别的喜爱，同时对于泥土的喜爱也是幼儿的天性。结合《纲要》和《指南》中美术领域的指导，我设计了本次的活动，让幼儿在天性中创造自己感兴趣的作品《京剧脸谱》。		
活动目标	1. 欣赏、感受脸谱的艺术美，了解其对称、夸张的特点。 2. 能用团圆、搓条、压扁的方法制作立体脸谱，用对称的方法夸张表现脸谱的特征。 3. 进一步感受浮雕脸谱的立体感，体验陶艺活动的快乐。		
重点难点	重点：欣赏、感受脸谱的艺术美，了解其对称、夸张的特点。 难点：能用团圆、搓条、压扁的方法制作立体脸谱，用对称的方法夸张表现脸谱的特征。		
活动准备	1. 经验准备：认识京剧脸谱，了解它的特征，认识陶土和工具。 2. 物质准备：PPT 课件，刻画工具，陶泥(分装后用保鲜膜包裹)，泥工板 16 张，泥拍子人手 16 个。		

续表

<table>
<tr>
<td>活动过程</td>
<td>
一、欣赏乐曲京剧片段，引起幼儿兴趣
师：听这首曲子，小朋友们有什么样的感觉？
师小结：这是一段京剧的唱段，它是我国特有的一种戏曲，唱腔好听，妆容也很独特。
二、出示 PPT，帮助感知京剧脸谱的特征
欣赏脸谱图片(图 1、图 2)，引导幼儿观察不同的脸谱，了解不同的色调与人物的性格有关。
师：猜一猜他是谁？他脸上最多的颜色是什么？表情是什么样的？为什么？

图 1

图 2
师小结：脸谱是一种我国特有的化装艺术，它与我们的脸一样，有眉毛、眼睛、鼻子、嘴巴，左右是对称的，只是它用了许多的线条和色块使五官变形了，有的眉毛竖起来，很凶恶；有的眼睛弯弯的，很滑稽。
师：脸谱确实非常漂亮，除了颜色它有什么特别的地方？(图 3、图 4)

图 3

图 4
师小结：原来它左右两边是对称的，以鼻子为中心，用弧线分隔成了几个部分，不同的人物会有不同的脸谱。
三、播放京剧背景音乐，幼儿创作，教师指导
师：今天请你们也来当艺术家，用陶泥来设计一个漂亮的脸谱。
共同讨论、探索，个别幼儿示范使脸谱变立体的方法。
提醒幼儿装饰的时候要注意左右对称，看一看脸谱的五官变了吗。
四、作品展示，体验成功的快乐
请幼儿介绍自己的作品，随音乐表演，感受京剧带来的快乐。
五、活动延伸
在美工区提供颜料，供幼儿为脸谱进行着色。
将陶泥更换为纸黏土，纸黏土的色彩可以让幼儿更直接地表达自己对脸谱的创作。
游戏形式一：颜料画《好看的脸谱》
材料：各色水粉颜料、水粉笔、调色盘、陶泥脸谱。
指导要点：能根据自己制作脸谱的特点调色，为陶泥脸谱着色。
游戏形式二：服装画《京剧脸谱》
材料：白色 T 恤、马克笔、丙烯颜料。
指导要点：幼儿自主选择人物，先在白色 T 恤上画出脸谱的轮廓，再用马克笔进行勾勒，丙烯颜料进行填色。
</td>
</tr>
</table>

续表

活动过程	游戏形式三：泥贴画《京剧脸谱》 材料：竹盘、竹扁、各色纸黏土。 指导要点：幼儿能根据自己的需要在美工区选择合适的材料进行脸谱的泥贴活动。
活动反思	喜欢玩泥巴是幼儿的天性，如何让幼儿在无目的的玩泥巴游戏中找到更多的快乐。我结合了《指南》中大班幼儿的年龄特点设计了本活动。 活动过程中从音乐欣赏出发，再到图片，充分给予幼儿观察和表达的机会，让幼儿发现京剧脸谱的特点，色彩的艳丽、夸张，线条的分明都能表达出人物的性格特点，鼓励幼儿大胆地将自己的想法呈现出来。 活动后由于我们采用的是陶泥的制作，无法将脸谱人物鲜艳的色彩表达出来，我们进行了区域活动的补充，为自己的京剧脸谱着色。区域中的幼儿更显自主，积极地为自己的脸谱进行着色。

纸片力量大

北京市朝阳区左家庄街道中心幼儿园　田　蓓

教学领域	科学	班级	大班
设计意图	手工纸是幼儿平常最为熟悉、使用接触最多的纸。我在与幼儿的交流和观察中收集到幼儿许多关于纸的疑问。我利用幼儿对手工纸的兴趣，带领幼儿用手工纸进行实验，既符合幼儿当前需要，又有利于幼儿长远发展，激发其科学实验的兴趣、创造的意识及动手能力。		
活动目标	1. 尝试用折纸的方式改变纸张形状，发现纸张形状变化与承重之间的关系。 2. 在动手探索中体验获得实验结果的乐趣。 3. 理解团结、合作力量大。		
重点难点	重点：通过改变纸张形状，发现纸张形状变化与承重之间的关系。 难点：在动手实验过程中，探索怎样的纸张形状才能承重更多。		
活动准备	1. 经验准备：幼儿有过搭积木和简单折纸的经验。 2. 物质准备：废旧纸，形状大小相同的积木若干，厚本硬书，图片，背景音乐，折纸。		
活动过程	**一、活动导入** 出示废旧折纸，请幼儿探索它的作用。 **二、观察与启发** 1. 探索纸张站立的方法 师：今天老师带来一些折纸，它们现在平躺在纸盒里，请小朋友们想想办法，来让折纸站起来。 引导幼儿积极动脑，探索纸张站立的方式，教师巡视。 幼儿展示纸张站立的方法，交流分享。 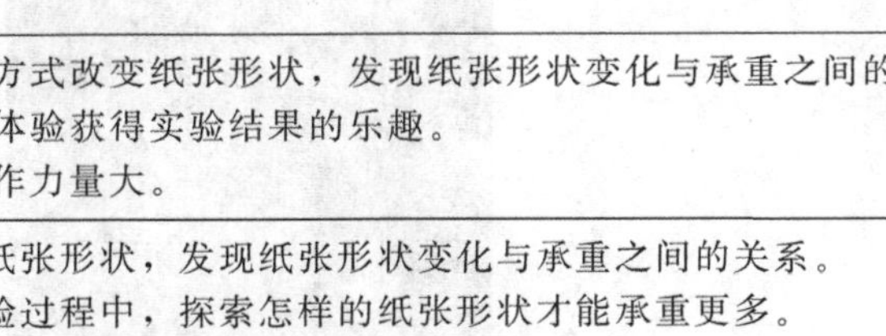		

续表

活动过程	2. 探索纸张是否可以承重。 (1)师：你们太厉害了，用你们的方法让纸站起来了。那么，站立的纸张能不能举起积木呢？ (2)幼儿再次自由实验尝试。(将准备好的积木放在站立的纸上) (3)师：为什么把积木放在站立起来的纸上有的纸会被压扁，有的纸仍然站立着？ 师小结：站立起来的纸折叠方法不一样，它的承载力也会不一样。  3. 探索纸张承载力的大小。 师：刚刚孩子们的实验都成功了，不仅让纸站了起来，还可以举起小积木，那我们想一想能不能举起更多的积木呢？ 引导幼儿尝试让站立的纸承载更多的积木，找出举起积木最多的方法。 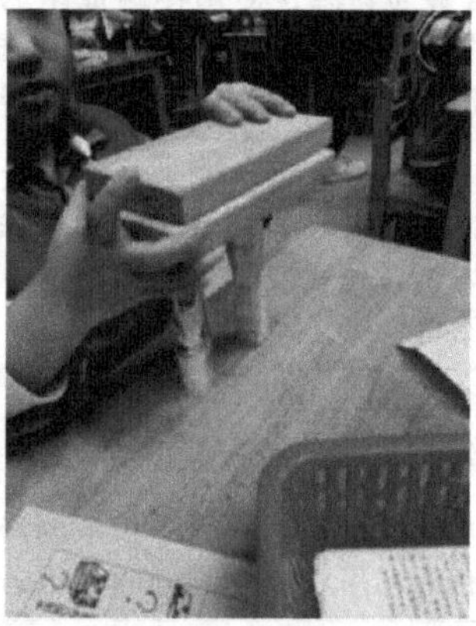 师小结：围成的圆柱体的粗细跟它的力量是有关系的。 4. 将厚重的图书放在圆柱上挑战圆柱的力量，探索如何让纸支撑厚重的书。 **三、活动延伸** 师：我们还能继续加重量吗？ 幼儿继续操作尝试。   师小结：观看视频、图片，一根柱子的力量是有限的，许多柱子合作、团结起来，力量就会变得很强大。

续表

活动反思	5—6 岁是即将进入小学的年龄，这时期幼儿心理活动的概括性和有意性的表现更为明显。大班幼儿正处于自主性、主动性发展的最高阶段，又处于小学前的准备阶段，他们在生理和心理方面有自己的特点，随着年龄的增长和心理各个方面的发展，大班幼儿不再满足于追随、服从，而是有了自己的想法和主见，他们活动的自主性、主动性水平明显提高，活动更有目的、有计划。虽然计划显得很幼稚，但它却说明了幼儿知道用计划引导自己的行动来提高自我控制能力，表现在他们对动作的准确性的控制上，又表现在他们对自己行为的控制上，有一定的自我约束能力。 本次活动进行了大胆的尝试，从开始引导幼儿让纸片站立起来到最终可以顶起一本大书。不断让幼儿进行挑战，一步一步带领幼儿进行试验，得出结论，从而激发幼儿参与的兴趣和动手试验的欲望。活动中我采用集体教学、分组教学和个别教学相结合的组织形式和适宜的方法，如实验法、观察法、启发提问法。这些方法的应用，克服了传统的说教形式。在活动中，我力求扮演好“引导者”的角色，用启发、引导的方式，充分调动幼儿学习的积极性，让幼儿亲自动手操作，在快乐中获得知识，学到经验，同时培养幼儿的观察力、创造力和乐于探索的科学习惯。

教育随笔

从容地迈向独立

四川省成都市高新区中和第九幼儿园　田　婷

进入中班后，我明显感觉孩子们的自我服务和为他人服务的意识及能力有了较大的提升。在日常生活中，孩子们会主动将自己的物品放置好，也会积极帮老师摆放器械等。对于孩子来说，这正是他们迈向独立与自主的过程。在此阶段培养幼儿的独立意识，能够有效地促进幼儿的个性和认知能力的发展，同时自尊心和自信心也会不断增强。

教育是无处不在的，生活中蕴藏着许多教育契机！在盥洗环节中，班级里的大部分幼儿能够在成人的引导下尝试大便后自己擦拭。但由于幼儿生活经验的不足，他们往往把纸揉成一个团就开始擦，导致擦不干净，或者是因为秩序感的欠缺，常常出现大便后忘记拿纸擦拭的现象。在穿脱衣物方面，班级里95％以上的幼儿能够主动穿脱衣物，但是他们经常因为不会叠衣服，而直接将衣服揉成一个团塞进抽屉里。为了帮助孩子解决生活中的实际问题，我在卫生间、卧室分别设置了解便擦拭流程图和叠衣流程图，孩子们可以通过流程图的提示更有序地进行便后自我整理和叠衣，提升了照顾自己的能力。除此之外，为了解决女孩午睡时发饰、皮筋易丢的现象，我专门为女孩子提供了一个置物架，每个女孩都有一格，用于放置她们的发饰和皮筋。这样有序分类地摆放物品，能够更有效地提升幼儿物品管理的能力。

基于此，在班级中我创设了“日常探索小天地”这个区域，其中融入了基本动作教育、照顾自己、照顾环境和社交礼仪的内容，并为孩子提供了相关材料，包括叠汗巾、筷子夹物、除尘、修剪枝叶等各类清洁工具，孩子们对此充满了兴趣。通过给予孩子与日常生活息息相关的练习，帮助孩子在每日的实际生活中学习必要的生活技巧，从而发展孩子的身体与心理，逐步养成独立的好习惯。

自从创设了“日常探索小天地”，每天餐后，孩子们都会争先恐后地在此区域内拿小扫帚进行打扫。当打扫工具选完后，孩子们会像小巡警一样，仔细检查教室中还有哪些地方是需要整理的。

通过流程图的提示让孩子自觉参与其中，他们从什么事情都依赖老师帮忙，逐步过渡到自己的事情自己做，自己的环境自己整理，这是他们迈向独立的必经之路，有了生活区域材料的辅助，孩子们的步伐变得更稳、更从容了！

乌龟穿不穿花衣

四川省成都市高新区金苹果银都花园幼儿园　李　丹

秋后的阳光暖暖的，孩子们在午餐后来到小花园晒太阳。一阵惊呼传来：“哇！看！我们的乌龟今天好漂亮呀！”只见背上背了3朵红花的乌龟，在草地上爬爬又停停。“真是奇妙！乌龟穿上了花朵衣服！”

正在看书的小兴闻声赶来，他看了看乌龟，拍了拍淇淇，问：“乌龟怎么了？”“小兴，我们的乌龟背上有花，真是太好看了吧！”小兴摇了摇头。老师见状，问道：“小兴，小朋友们都很喜欢乌龟的新造型，你喜欢吗？”小兴又摇了摇头：“我不要……”说完，小兴飞快地冲向了乌龟，正想伸出脚，又收回了脚，最后蹲了下去，用手里的书将乌龟壳上的花一朵一朵扫了下来。“小兴，乌龟那么好看，你怎么这样呢?”淇淇很懊恼。小兴不理会她。

当乌龟爬回房子里时，小兴看了看旁边的花朵，又看了看被他扫落的几朵花，然后将两朵花摘下放在了乌龟的背上。我走了过去：“小兴为什么又要给乌龟送花朵呢?”小兴咧嘴：“看！乌龟好看!”不远处的淇淇跑了回来：“怎么乌龟身上又有花朵了呢？李老师，是你放的吗?”“不是我，是小兴。”淇淇转身牵起了小兴的手，开心地朝他笑着，小兴也笑着。

小伙伴们都对乌龟的变化表示欣喜不已，并且不忍“破坏”。小兴对于乌龟的这种变化似乎不太接受：他分别询问了同学和老师，但还是选择了将乌龟上的花朵扫下恢复原貌，尽管同学和老师都认可了乌龟的变化。我想，这可能是因为孩子对于事物有固定的印象或概念，当发生改变时，小兴会有些不安，因此才迫切想要将乌龟身上的花朵取下。过程中，小兴还有下意识地使用脚的情况，还好他主动停止了，转而用书来扫下乌龟身上的花朵。

为什么小兴最后又让乌龟穿上了花衣呢？也许想要验证乌龟身上花朵的由来？又或许淇淇是小兴的固定玩伴之一，小兴感受到并在意淇淇是想让乌龟穿花衣的？

在这个秋天的午后，乌龟穿着花衣，爬爬停停。孩子们看着它，喜笑颜开。

材料不是摆设

四川省成都市高新区金苹果银都花园幼儿园　吴小敏

正确地使用剪刀不仅可以促进小朋友们手部小肌肉的灵活发展，更能提高小朋友们的手眼协调性。因此在小朋友们学习使用剪刀后，我便在区域内投放了一些可以帮助小朋友练习的彩色纸片，希望小朋友们在剪纸片的过程中逐渐巩固使用剪刀的技能。但纸片投放了好长一段时间，去操作、摆弄的孩子特别少，是什么原因让纸片被“冷落”了呢？按理说小朋友们才刚学会使用剪刀，对剪刀的使用愿望应该是很强烈的，到底是怎么回事呢？

区域活动时间，我将目光锁定在“手工坊”，希望能找到纸片不受欢迎的原因。活动刚开始，球球就来到了“手工坊”，选择了我新投放的材料纸片，很快球球就将盘子里的一张纸片剪好，但摆弄了一会儿后便没有再继续。一直到区域活动时间快结束，纸片才迎来了今天的第二位使用者：小妹。只见小妹顺利地把第一张纸片剪成了小碎块，在剪第二张的时候意外发生了，纸片卡在了上下两片刀刃的中间，最后小妹在边剪边拉扯的过程中终于将纸片变成了碎片，这之后好像所有的耐心和兴趣都耗光了。之后几天，和球球、小妹相同的问题反反复复出现了几次。

连续观察了几个小朋友对新材料的使用情况，我好像知道纸片不被小朋友们待见的原因了。仔细想想，小班幼儿的精细动作还处于发展的过程中，在刚开始使用剪刀时，由于配合力度、协调等因素，在剪材质比较软的纸时，容易卡住，增大了剪纸难度，使用剪刀不熟练的幼儿容易因为困难放弃。而单一的剪碎纸，太枯燥，缺少趣味性，对使用剪刀略熟练的幼儿，容易失去兴趣。搞清楚问题的症结，我立即为幼儿提供了几种不同材质的皮纹纸、卡纸、泡沫纸等软硬不同的材料，以满足不同能力的小朋友的需求，同时在小厨房投放了用新鲜的橘子皮制作的“橘子茶”、用各种软硬不同材质装饰的“甜甜圈”等游戏材料，让枯燥的“随意剪”融入情景中，增强其趣味性，激发幼儿的参与热情，让小朋友们在愉快的游戏中提高剪刀的使用技能。调整后的材料刚一投放就受到了小朋友们的欢迎，看到小朋友们自主沉浸在剪剪贴贴的游戏中，我深感欣慰，同时也进行了自我反思。

区域材料的投放是否能激发幼儿参与的兴趣，对幼儿在区域活动中的操作、探索起决定性的作用。适宜、有趣的材料不但可以让幼儿通过自身的活动去主动地练习，还能不断巩固已有的知识，获取新的经验。因此，作为老师的我们在材料投放时一定要遵循材料投放的原则，让材料发挥其补充练习的能动性，而不是没有意义的摆设。

“独行侠”游记

四川省绵阳市花园实验幼儿园　马　丹

“独行侠”之“爱的初体验”

初次见面的这一天，“独行侠”正抱着妈妈的大腿号啕大哭，嘴里还不停地说着“我要回家，我不想和你分开”。接连几天皆是如此。但是，每一次皆以“失败”告终。

“独行侠”之“探险记”

时光飞逝，“独行侠”的态度慢慢改变了，他喜欢上了这个充满欢笑、充满活力的地方。他也开始了充满奇妙的探索之旅。

不管开展什么活动，总能看见一个身影正好奇地感知他周围的一切，“规矩”在他面前“荡然无存”。

这天，我们的集教活动开始了，“独行侠”又开始行动了。只见他在游戏区里东摸摸西看看，我很不想打扰他的“雅兴”，但这样不行，因为这是一个集体，集体有集体的“规则”，我们是集体中的一员，就要有集体意识。活动结束后，我决定和他“谈心”，虽然在谈心的过程中他不断地转移话题，但这并不影响我的坚持。

“独行侠”之“三藏，是你吗？”

慢慢地，我们的“独行侠”有了新方向，开始高频率地在老师面前“晃悠”，不断地和老师“搭讪”，“老师，我和你说嘛，我……”“老师，我喜欢你，你喜欢我吗？”如果没有得到他想要的答案，他会一直不停地问。最头痛的是他的“搭讪”是不分时间、不分场合的。所以，他变我变，让“搭讪”成为一场混搭“侠客风”。

“独行侠”之“侠客行”

于是，“独行侠”寻找着“弱小”，开始了他的“侠客行”。每次做完事情后都会问“我是不是很厉害！”也因为他的“侠义心肠”发生了一件搞笑的事情。这天孩子们都在吃午饭，我们的“独行侠”说要上厕所。过了一会儿，他走进了教室，接着我们就闻到了臭臭的味道。我们就“自以为是”地将他拉进了厕所，让他把裤子脱下来换掉，结果迎来了“震耳欲聋”的哭声，在“延绵不绝”的哭声加解说再加翻译下，我们终于知道了，这是被误解了。他说：“我看见一个小朋友把粑粑拉在踩脚的地方了，我就用手把它弄到洞洞里去了。”好吧！用手……顿时有种“哭笑不得”的感觉。

“独行侠”之“快乐同行”

现在，“独行侠”的新目标出现了，他正在争做“小老师”。虽然，他有时还是“自由自在”，这又有什么关系呢，这就是孩子呀。

每个孩子来自不同的环境，有着不同的性格。他们的性格各有不同，有棱有角，这都是需要在集体中互相磨合的。他们不需要多么华丽的教育，只有符合他们自身特点的才是最好的。

我们“独行侠”的“行侠之路”还在继续，让我们一起期待他精彩的蜕变吧！

教室门口的“微景观”

四川省成都市金牛区金苹果九里西幼儿园 吴思兰

大自然向来不吝啬将自己的“美”带到孩子们身边，一阵带着花香的微风、一片看似寻常的落叶、一只蚂蚁、一窝鸟蛋……都是孩子们追逐和探讨的兴趣所在。于是，我们把大自然邀请到教室里，设计了自然角。但好景不长，当孩子的兴趣和期待随着时间的流逝、一成不变的简单罗列摆放而渐渐“枯萎”，自然角成了班级里“最不待见”的负担！如何让自然角时时充满“生机”，是我一直以来困惑和不解的难题。

直到那天，艺术组老师小心地托着一颗可爱且充满生机的“玻璃球”，紧张而严肃地对我说：“这两天外出学习，我的‘微微’就靠你了……”“什么微微？”我转头望向对我提要求的老师，哦，原来是一颗“肚子”里打造了一片生动可爱的植物微景观的玻璃球，我不禁感叹：“哇！太可爱了吧？这么可爱，照顾它就是我的福利，没问题放我这儿。”

透过玻璃球看到的童话般的布景让我浮想联翩：如果能打破植物角一成不变的陈列，布置成美妙的景观，一定能吸引孩子的兴趣，去布置、去添设、去探秘甚至想象。于是我在班里和孩子们讨论：“假如我们来布置一块地方，也像这‘微景观’一样漂亮，大家觉得怎么样？”孩子们异口同声地答道：“太好啦，太棒了。”“但我们布置在哪儿？怎么布置呢？”孩子们无比激动地展开讨论，最后，一张张设计图、一份份想法诞生了……还等什么，我和孩子们开始搜集东西，按照充满童趣与创意的要求投票推选出的设计图，然后就这样布置起来……一块块充满自然生机的微景观就这样在班级门口崭露头角。接下来的日子里，各班级的孩子总是带着这样的小植物、那样的小种子，就连小仓鼠都带到幼儿园，这样入户大厅门口的“微景观”总有驻足观赏的孩子，流连忘返的家长，当然还有三三两两扎堆儿的小伙伴！孩子们闲暇的时间，拿着记录小本开始观察记录着“小豆儿”发芽的惊喜、白菜叶半身泡在有色水里的变化，商量着今天到底该谁把小仓鼠带回家照顾……“微景观”的出现，萌发了无数的教育契机，让我们不断在环境创设中发现儿童，了解儿童，走近儿童。环境是孩子自我表现与展现的舞台，也是信息与经验交流的窗口，更是他们尽情想象与创造的天地。

风来了

四川省成都市郫都区金苹果西区花园幼儿园 代露莎

今天下午，天气突变，窗外狂风大作，我们设置在窗边的“小秘密”——一条彩色缎带被风吹得四下飞舞。午睡起床后的孩子们很快发现了这个秘密。他们兴奋得又蹦又跳，高呼着：“哇，好大的风呀！”初初连头发都顾不上扎，对着窗外一边大声叫“哇！哇！哇！”，一边摇头晃脑。豆豆跳起来，伸手想要抓住在窗边随风起舞的缎带。我问：“你们能抓住风吗？”孩子们沉默了。正在一旁喝牛奶的跳跳很淡定地说：“你们是抓不住的，风没有颜色没有形状，怎么可能抓住。”于是我问：“那你们能把它装起来吗？”他们想了想，都说能。我又问：“那用什么来装呢？”初初看了看四周，说：“用口袋！”

于是，我到清洁用品间拿出了一叠透明口袋，告诉他们：“赶紧喝完牛奶，咱们到操场上去装风！”教室里顿时传来一片欢呼声。

孩子们也像风一样冲到操场上，只见操场一侧的旗帜被风吹动，孩子们看见之后无比激动，大喊道：“看呐！那里有风呀！”

他们一个个拿着透明口袋，在操场上兴奋得又是尖叫又是跑跳。一不小心，溜溜的口袋被风吹到天上，顿时又引来一阵兴奋的呼喊：“被风吹跑啦！被风吹跑啦！”我问：“你们装到风了吗？”轩妹立刻把口袋捏住，高举着鼓鼓囊囊的袋子，说：“我装到啦！”我问：“你用的什么办法呀？”轩妹很自豪地说：“我刚才跑起来，风就自己装进来了呀！”于是，我又问：“你们还有别的办法可以装到风吗？快去试一试吧！”很快孩子们发现跑起来、原地转圈、迎风站，或者用嘴吹气，都可以让口袋鼓起来。孩子们用自己的方式探索怎样把风装起来。

在回教室的路上，每个人都小心翼翼地捏着自己的口袋。路过的老师不解地问：“你们口袋里装的是什么呀？”所有人异口同声地说道：“风！”

生活中有许多值得去探究的有趣现象，有时，我们仅仅是用了一些小“手段”，就能让孩子主动去发现问题；提供必要的支持，就能鼓励他们自主解决问题，激发他们的探究兴趣。我相信，他们在这个过程中会非常快乐。我希望我的孩子们都有一颗善于发现的心，一双善于观察的眼睛，一张好问的嘴巴，一双好动的小手。那老师陪着一起装装“风”，又有什么关系，你觉得呢？

叶的事业，幸福在这里诞生

云南省玉溪师范学院附属第一幼儿园　张　蝶

有人说幸福是清晨的第一缕阳光，有人说幸福是来自朋友的牵挂，也有人说幸福源于一份充实的工作……不同的人对幸福的感受是不同的。或许我们不能用语言诠释幸福的真谛，但我觉得和孩子们一起成长的日日夜夜，和孩子们感受着彼此之间真诚的爱，便是真正的幸福！

走出校门，我在幼教岗位上工作12年了，每天和孩子们朝夕相处，看着他们从牙牙学语到能说会道，看着他们从姗姗学步到健步如飞，我心中满满的都是成就感，时时被一种暖暖的情感充实着，让我觉得自己是世界上最幸福的人！

幼儿园是最圣洁的一片土地，幼儿是最纯洁的天使。我每天都在这片土地上耕耘，每时都陪伴着纯洁的天使一起游戏、学习和生活，和孩子们建立了深深的感情。孩子们对我也很依恋，有什么小秘密、开心或不开心的事都会与我分享。我非常乐意做他们忠实的听众，用心去感受他们的小情感，和他们一起分享快乐和喜悦，分担烦恼和忧伤。丫丫是我班上的一个小女孩，因父母离异一直和外婆生活在一起，性格内向，孤僻、不爱言语，不喜欢和小朋友交往，不懂得分享。一开始，丫丫对我也有抵触情绪，随着相处时间的增长，她感受到老师的关爱和集体的温暖，逐渐从开始的抵触变成了和我无话不谈的朋友。我们一起游戏、一起聊天、一起画画……她总像“小尾巴”，时时刻刻跟在我的身旁。有时还默默地看着我说：“老师，我叫你妈妈吧，因为你对我们太好了。”一句充满童真的话感动得我泪光闪闪，心里暖暖的！

一次，我生病，嗓子总是痒痒的，课堂上没说几句话就开始咳嗽。活动刚结束，丫丫就跑到我面前，关心地问我：“张老师，你咳嗽要多喝点水！”边说边把我的杯子递给我，看着她这一举动我的心暖暖的，仿佛这杯带着爱心的水喝进去病一下就会好了。看着我喝完水，她用胖嘟嘟的小手给我捶捶背，其他孩子也争着围到我身边，问这问那，这个给我捏捏，那个给我揉揉……一股暖流涌上我的心头。那幸福的感觉就如同巧克力在口中慢慢地化开来——甜甜的，暖暖的，一直在心中萦绕……这就是幸福。

幼儿园的工作是琐碎的，它没有高科技工作的硕果累累，也没有建筑工作的立竿见影，它像绿叶一样平凡，默默地望着绿荫，带来生机，添上温馨。也许在阳光的照耀下，它将褪尽生命中的绿色，但却孕育出新的花蕾，在枝头绽开迷人的笑脸，有滋有味、灿烂无限。爱就在这里诞生，我爱这份“叶”的事业。

家园共育小故事

中国人民解放军火箭军机关幼儿园　崔明明

我们班有两个洋洋，大洋洋和小洋洋，三岁前两人经常在大院里玩耍，后来因为搬家就很少碰面了。大班时，大洋洋分到了我们班里，他见到小洋洋后很兴奋，两个人在幼儿园经常“纠缠”在一起，大洋洋会无故踢小洋洋的肚子、后腰，甚至咬他的肩膀，而小洋洋就是默默地承受着。“踢肚子”事件发生后，我们把两个洋洋分开教育后，又和大洋洋的妈妈沟通了很久，他的妈妈很了解他在幼儿园的行为，并且大洋洋在小班、中班时就会经常无缘由地踢打小朋友，为了纠正他的行为，妈妈也特意辞掉了工作专心在家陪伴他。妈妈认为都是孩子的错误，伤害到其他小朋友，她很歉疚地和小洋洋的家长沟通、道歉，回家教育孩子。结果没两天，“咬肩膀”事件发生，大洋洋同样是无缘由地隔着衣服咬伤了小洋洋的肩膀，我们分别告知了家长事情的经过，大洋洋的妈妈迅速地赶到幼儿园，询问孩子的受伤情况，又向小洋洋的家长道歉，大洋洋的妈妈非常歉疚，走到我面前说：“老师，真的很抱歉，这孩子总是给你们添麻烦，我真是没办法了，每次回家都教育他，甚至揍他一顿，每天送他上幼儿园都嘱咐他好几遍不要欺负小朋友，可是他还是改不了，这是不是和遗传有关系，他爸爸、爷爷就喜欢和别人惹事打架！”我说：“根据我对孩子的观察，他有些不知道怎么和别人相处，喜欢用踢、打、咬人的方式，这需要我们成人不断地告诉他怎么和小朋友相处，不可以打人、咬人等。另外，不要给孩子强加标签，要用正面的话语引导他和别人相处。”妈妈听着听着，感动地哭了，说谢谢老师包容孩子的错误，没有放弃他，还想办法鼓励他。第二天妈妈给大洋洋请了假，想在家里调整一段时间再送入幼儿园。

大洋洋在调整一个月后，再次回到幼儿园。这次大洋洋的转变真的很大，他与小朋友相处发生矛盾时不再动手了，而是能先表达出自己的想法，并与对方沟通。与妈妈沟通后我们达成了共识：在家里父母首先要以身作则，遇事不能先发脾气，先让自己冷静下来再想办法解决问题，特别是孩子在家里犯了错误后，家长不能“以暴制暴”，否则久而久之父母的态度就会影响到孩子，当孩子面对幼儿园这个集体时，与其他小朋友相处中遇到矛盾就会效仿父母解决问题的方法。其实家长的一言一行对孩子的影响是极其深远的，家长与教师及时沟通了解幼儿情况是家园共育的基础。

老师，我还想再玩一次

江苏省苏州市工业园区宋庆龄幼儿园　余楠楠

游戏是幼儿在园的基本活动，和孩子一起玩最爱的游戏，也有许多引发思考的地方，"还想再玩一次"的萌萌就是如此。

这天，我们班开始了一个新的音乐游戏"小兔子与大灰狼"。当欢快音乐响起时，小兔子们在草地上跳舞；低沉的声音响起时，小兔子们要赶紧躲起来，因为会有大灰狼出来抓小白兔。

第一次做游戏的时候，萌萌一直坐在小黄椅上，没有参与进来，还不停念叨："老师，我害怕，我不要玩这个！"当低沉的音乐响起，大灰狼到处找藏起来的小兔子时，旁边传来一阵阵"咯咯"的笑声。循声看去，原来是萌萌在开心地笑。于是我趁机邀请萌萌加入，但她还是拒绝了："我害怕……"因为是第一次游戏，我没有强制萌萌必须参加，但是在游戏结束的时候，我特别和萌萌击掌鼓励，约定下一次游戏积极参加，变得勇敢！

新游戏的热度还在继续，在大家的提议下，第二天我们又继续了"小兔子与大灰狼"游戏。萌萌不再像昨天一样坐在小椅子上观望了。当听到欢快的音乐时，也会变成小兔子蹦蹦跳，只是当低沉的音乐响起时，站在原地一个劲儿地嘟囔："老师，老师，我害怕，我不要大灰狼……"声音里夹杂着哭腔。我把她抱在怀里安慰了一下，鼓励她是一只勇敢的小白兔，找个地方躲起来才不会被大灰狼抓走，再次说明游戏规则。

两次游戏之后，萌萌有了进步，但为了摸清楚萌萌为什么害怕大灰狼，我和萌萌妈妈在微信上进行了沟通。萌萌很喜欢这个游戏，在家的时候也会和爸爸一起玩这个游戏，只是萌萌会特别当真，还被吓哭过，可能是爸爸的大灰狼演得太逼真了，有点被吓到。

有了妈妈的密报，第三次游戏的时候，我邀请萌萌做助手，一起去抓兔子，她还给自己取了一个可爱的名字"小灰灰"。游戏开始啦，萌萌变成粗粗的声音，敲敲桌子："桌子下面有小兔子么？"这时候，一只懵懂的小兔子大声回答："有！"哈哈哈，这可把"小灰灰"乐坏了："小余老师，我抓到一只小兔子啦！""不对，我不是小余老师，我是大灰狼。""小灰灰"赶紧趁热打铁，继续去找小兔子了，还和前面一样，变成粗粗的声音问："窗帘后面有小兔子么？"就这样慢慢地，小兔子们都被"小灰灰"抓到了，抓到后还问问："今天我们的小兔子怎么吃呢？是烤着吃，还是蒸着吃呀？"学着烧烤的样子，将"小兔子"转一转，孩子们都沉浸在愉快的游戏氛围中。

游戏结束了，第二天，还沉浸在"小灰灰"角色里的萌萌大声说："老师，我还想再玩一次！"

在萌萌从旁观到参与，从参与到享受的过程里，我逐渐学会了尊重孩子游戏的参与权、选择权，仔细观察，耐心等待，及时沟通，巧妙设计，尽可能在无痕的引导里支持孩子参与游戏，享受游戏，在游戏中实现成长。

聆听童声，观察先行

中共山东省委机关幼儿园　王　珉

意大利的幼儿教育专家蒙台梭利曾说过："作为一名教育工作者，应该有一双敏锐的眼睛。”拥有四年工作经验的我，不断地更新教育理念，不断地进行反思。

上周二，下午教学活动期间，我带领着孩子们在活动室一起做手语，大家好像很喜欢以这种形式去表达自己，一张张笑脸显得尤为认真。在进行第二遍手语时，我的视线停留在了一个中长发的小姑娘身上，直到我快步走到她的身边，蹲下来，问了声：“宝贝，你怎么不开心呢？哪里不舒服吗？”我话音刚落，小女孩“哇”的一声就痛哭起来，在她的眼里我看到了求救的信号，在她的眼里我看到了卸下的铠甲，在她的眼里我看到了重燃的希望。是的！我发现了她，直到我抱着她轻拍了几下后，她的情绪才渐渐稳定了，委屈地指着肚子说：“我这儿不舒服。”我清楚地告诉她立刻让爷爷来接她，她向我投来的目光是信任的，是期许的，是喜爱的！时间仿佛就在这一刻停止了，我看着眼前这位小姑娘，反思着自己，如果当时的我没有注意到六十个孩子之中小小的她，她会不会一直都不说话，肚子就会一直疼下去，甚至会高烧，甚至会晕倒，我不敢去想，因为我很担心，也害怕，害怕我的这些孩子们中有任何一个出现问题！对于内向的孩子，当他们不敢去说一件事情时，教师的观察力尤为重要！

在第二天的安全教育活动中，我根据前一天的问题，教会孩子们时刻关心自己的身体，不舒服的时候及时告诉家长或者任何一位老师，鼓励大家大胆表达。

观察力是一项被大多数人遗忘的教师专业能力。唯有通过观察和分析，才能真正了解孩子的内在需要和个别差异，以决定如何协调环境，并采取应有的态度来配合幼儿成长的需要！我们将会评估他们的需要，拓展他们的经验，促进他们的学习。我相信，观察开展起来，会让我们的工作更加有趣，观察也会让我们快乐地体验到每个孩子的独特之处。

在这一路上，我切身感受着孩子们的成长，更亲身经历着自我的成长。我感受着孩子们的可爱和这份青春事业带给我的欢歌笑语，更深刻体会到了责任和使命的崇高与艰巨。不为别的，只因为我们热爱自己的事业，只因为这些孩子是我们深深的爱！

爱是最好的老师

天津市河西区第十六幼儿园　侯旭颖

不知道谁曾说过这样一句话，“每个孩子都是一本有趣的书，要想读懂这本书并不容易，只有爱他们的人才会读懂”。作为教师，更应该给予这些孩子更多的爱，只有这样，我们才能更快地“读懂”他们。

在工作中，有一个孩子让我记忆深刻。“老师，我想回家!”自选活动时间到了，其他小朋友都选择了自己喜欢的玩具，而北北自己孤单地坐在椅子上，我走到她身边轻声问：“你为什么不去和小朋友们一起玩呀?”北北扭过头来，张着两个小手，抬头看着我：“老师我想妈妈，我想回家。”刚进幼儿园时，北北的调皮、好动、爱哭着实让我和其他老师头疼了一阵。慢慢地，我发现北北不像很多调皮的孩子一样，她调皮好动，却也非常聪明好学，在老师讲故事、发书给小朋友、教小朋友唱歌时，她都一改往常的调皮好动，静静地听着，认真地学着。我们与家长沟通后得知妈妈最近工作忙，没时间回家照顾她，孩子不喜欢来幼儿园了。平时姥姥姥爷照顾孩子较多，我采用奖励的办法让北北每天坚持来幼儿园，每周一个小奖励，我时常去关注她，多去抱一抱她，在活动时北北不想玩的时候鼓励其他小朋友主动与她玩。渐渐地，北北每天早早地来幼儿园，脸上又浮现了往日的笑容，在与家长讲到孩子的进步时，姥爷连说“谢谢”，这不仅是对我工作的认可，更是我工作上的动力。

参加幼师工作几年了，每天离园时，帮小朋友穿外套、戴帽子、系鞋带，北北是第一个对我说“谢谢”的小朋友，看到孩子的进步，我心里感到特别高兴。身为一名幼教工作者，用自己的实际行动去影响孩子，这也许就是一种责任，看到孩子点滴的进步，这便是一种幸福。

爱是一个生命喜欢另一个生命的情感，是一种平等关系，是无条件的，是一种整体接纳的。这样的爱才能够潜移默化地传递给孩子并深刻地影响他们。当孩子体会到我们的爱时，他们就会以同样的方式回馈给我们，即使我们不能满足孩子的物质愿望，他们依然会爱我们。因为，这时他们已经知道，他们拥有了世界上最珍贵的礼物，那就是远比任何物质更值得人珍惜的——真实的爱。

在这短短五年的教师工作中，我明白教师就是一个播种者，在孩子幼小的心中播下爱的种子，给予孩子无限的爱，才能让孩子们感受到学习的快乐，享受到成长的幸福。爱是一笔无形的资产，爱是一笔宝贵的财富，只有对别人付出爱，才能得到更好的回报。愿我的孩子们在未来成长的路上能始终保持一颗感恩之心，用自己的实际行动温暖他人。

游戏让教学更精彩

安徽省合肥市太原路幼儿园 张海荣

现在课堂上利用较多的工具是PPT、希沃白板，这学期在我园领导的组织安排下，我又接触了微信小游戏。本次教学课程大班数学“分苹果”，我按照教案设计再配上微信小游戏进行教学，课堂上的互动性非常高。

在教学的开始，我以“给爸爸、妈妈分苹果”的画面引入教学，弹出爸爸、妈妈的图片吸引幼儿的注意。这符合大班幼儿的年龄特点，调动了幼儿的积极性，激发了幼儿的学习兴趣。

课堂中大部分的孩子在操作时，都不是按照一定的顺序，而是按照他们自己的想法进行操作。城城小朋友分完了其中的一个分成式后，还读了一下，再继续分成，表现得比较好，其他孩子也向他学习，学习及操作效果还是比较好的。

为了使整体游戏效果不会太单一和局限，我设置了不同的水果，请幼儿进行分成，还在水果积木上，为幼儿设定了每个盘子都能分到水果的设计。如果有一方盘子装满了四个水果后，则不能再分到同一个盘子里，同时设计了盘子的变量，当左边盘子增加一个水果时，则左边进行变量；当右边盘子增加一个水果时，则右边进行变量。幼儿拖动水果分别分到左、右盘子中完成分成式，完成后读出自己的分成，当我带孩子们操作到另一个画面时，孩子会喊出水果的名字，表现得非常开心。

大部分的数学课氛围不是那么有趣，甚至有孩子觉得无趣。在教学中我带孩子学习理解分成，后通过微信小游戏进行师幼互动，孩子们积极参与，兴趣浓厚。最后一个程序则是幼儿每人一部手机进行“分苹果”的游戏操作，并设有闯关关卡，使孩子玩了还想玩，对分成充满了浓浓的兴趣，实现了学中玩、玩中学的教育理念。

本次活动中使用的新媒体技术主要是微信小游戏可视化制作工具，以可视化的操作方式编辑游戏场景，充分利用现实生活中的资源，通过作用于幼儿的活动对幼儿发生实质性的影响，让幼儿在生活和游戏中感受事物的数量关系，体验数学的重要和有趣。

放慢教育的脚步

北京市中央民族大学附属中学丰台实验学校幼儿园　高　婷

又到了离园时间，孩子们早已按捺不住心中的喜悦，每个人的话匣子再一次打开了。为了安抚孩子们躁动的心，我给孩子们讲了一个故事。孩子们听得很认真入神，故事讲完了，有的孩子还沉浸在故事里，只听平时说话声音不大，有些内向的贺贺问："老师，牛角是从哪里来的呀？"(故事里的主人公向水牛借了牛角)其他的孩子一听，开始七嘴八舌地讨论开来了。这时，家长们已经在门口等候，我立马组织孩子离园了。一天的工作结束了，也许贺贺的提问随着工作的结束也就不再提起了。

但是，很不凑巧的是，晚上回家时看到了这样一句话："想象力比知识重要。"有想象力的人才能进行创造性的劳动。想象力和知识是天敌。人在获得知识的过程中，想象力会消失。因为知识符合逻辑，而想象力无章可循。换句话说，知识的本质是科学，想象力的特征是荒诞。在学龄前，想象力独占鳌头，大脑充满想象力。上学后，大多数人的想象力被知识驱逐出境，成为知识渊博但丧失想象力，终身只能重复前人发现的知识的人。想到这，我的心里激起了涟漪，猛地让我想起了贺贺的问题以及孩子们讨论的场面，这正是发展孩子的想象力，培养孩子语言表达能力的好时机呀。我告诉自己，要抓住这样的时机，让孩子们放飞自己的想象。

第二天，我当众表扬了大胆提问的贺贺，并组织幼儿讨论了"牛角从哪里来"。珊珊是班里的积极分子，她首先说了："牛角是从头上长出来的！""对，是从头上长出来的！"有几个小朋友随声附和着。文文是班里思维能力较强的孩子："水牛的角怎么借给小鹿的呀？它就只有一对角！"尚尚高举起小手："那水牛是从沙漠找来的角！"孩子们立即受到了启示。贺贺也举起了双手："水牛散步的时候，在花园里捡到了牛角。"婷婷也不甘落后："它做梦的时候，梦到了牛角，等醒来的时候，牛角就出现在它面前了！"贺贺说："难道是它变魔术就变出来了？"我继续鼓励着孩子们说出跟其他小朋友不一样的想法。一向不爱举手回答问题的小杰，也羞涩地说："水牛的爸爸妈妈找别人借来的！"平时说话不太清晰的珍珍也加入了："俺知道，爬山的时候有的！"话音刚落，珊珊紧接着就说："应该说我知道，请说普通话！"小通说："用木头做成的。"讨论热火朝天地继续着，我的心里暖暖的，多么无拘无束的畅想，多么让人印象深刻的一幕！

童年就应该是这样天马行空的，不应该有太多的框架来限制。"一日生活就是课程"，教育有时候需要我们放慢一些脚步！

放慢脚步，静待花开

黑龙江省鸡西市虎林市云山农场幼儿园　韩旭华

时间总是这样，在无声无息中跑得那么快，感觉每天都在忙忙碌碌中度过。想想班级里很多所谓的"慢"孩子，有的走路慢，有的说话慢，有的画画慢，有的穿衣服慢等。很多时候我们做得更多的是催促，作为老师，有时候我们习惯于"高高在上"，没有"蹲下来"走进孩子们的内心世界。其实静待花开，放慢脚步，你会发现孩子们的成长世界和你想的根本不一样。

“张嘉，其他小朋友都已经开始学习新本领了，你快摆好椅子坐下。”学期初，我几乎每天都会重复很多次这样的话。每当我提问他时，他总是用黑溜溜的大眼睛看着我，直到我重复很多次后，他才回答我，有时候还答非所问。在我的想法中，张嘉是需要特殊关注的孩子。

一次，小朋友们排队上厕所，他久久不从座位上起来，“张嘉，你快一点，小朋友们都已经排队去厕所了。”他慢悠悠地起来，到了厕所还不进去，费了一番力气好不容易上厕所了，又是一顿磨蹭，直到最后一个才出来。我赶紧进去一看，他在那里冲厕所，弄了一地的水。我问他：“你在干什么？你上厕所了吗？”他说：“我没有尿，我冲厕所，我冲厕所……”看着洒在地上的水，这个回答让我又意外又惊讶。

张嘉小朋友看似“不合群”，看似听不懂老师的要求，但是通过对他的观察和家园沟通，我知道他在家里就比较慢，不爱上厕所，父母没有给他自理的机会，导致张嘉做事情很拖拉，还爱哭。但他也是一个很可爱的小朋友，他只是缺乏适当的帮助和引导，就像上厕所这件事，他自己虽然不上厕所，但他还想着帮小朋友们冲厕所。

当我发现真相后，有惊讶有感慨，我决定更多地陪他“慢”，帮助他成长。当张嘉走在队伍后面时，我不再催促他，而是在全班小朋友面前鼓励他，告诉小朋友们，我们一起帮助他。时间久了，张嘉也融入了集体，跟同伴之间的互动交流也日益增多。

作为老师，我们不能只凭自己的主观意见来看待孩子，觉得他们是什么样子。我们应该学会观察，多一点耐心，少一些催促，给孩子们一个展示自己的机会。我们更该继续探索如何抛开因经验而有的成见，避免刻板印象，多去观察你会发现，孩子们成长的真相其实和我们想的不一样。慢生活、慢教育，才是对孩子最好的滋养。做有温度的教育，需要你放慢脚步，静待花开。

“硬币滴水”趣事

北京市通州区梨园镇新城嘉园中心幼儿园　张建思

最近科学区开展了很多的小实验，来科学区做实验的孩子们更是兴致勃勃。今天我在各区巡视的时候，专注的多多吸引了我的注意力，只见他和果果在做“硬币滴水”的小实验，他拿了一枚1元的硬币说：“我能在上边放好多水。”果果带着不懈的情绪说：“我肯定比你放的多。”俩人开始比赛，结果是果果赢了，我问果果：“你是怎么赢的呀？”他开心地说：“我是一点一点滴的水，多多挤得太快了，水一下就出去了，要慢慢挤，一点一点地弄！”看来他观察得很准确嘛。

实验后桌子上有不少的水，我没有说话，只是用手指了指桌子，果果就明白了我的意思，迅速地拿毛巾擦干净了桌面。我说：“多多身边的水自己擦。”谁知果果却说：“我俩是好朋友，要相互帮助。”于是还把多多身边的桌面也擦干净了。

这时实验发生了一个小意外，吸管不小心掉到了水瓶里，这下麻烦了。只见果果努力伸手够着瓶子里的小吸管，经过一番努力还是没有将吸管拿出来，我在一旁看着，也暗暗地着急，但是没有说话。这时多多机智地说：“我知道，我知道怎么弄！”只见他拿着水瓶朝厕所大步走去，果果紧随其后，我也好奇地追了过去，只见多多拿着水瓶去接水，随着水瓶里的水越来越多，吸管真的浮了起来，俩人拿出了吸管开心地笑起来。这令我惊喜不已，我借机问多多吸管为什么能跑出来呢？他兴奋地跟我讲："因为水比吸管要重，所以水在下面，吸管会在上面，这个叫浮力。"果果在一旁开心地说："是呀是呀，多多你真厉害！"

更有趣的是俩人最后还给我变了个魔术。多多将水瓶里接满水，马上用手将瓶口捂住，然后让我看，我好奇地看着他，只见他的手快速地拿开，这时吸管瞬间蹦出了瓶口，着实吓了我一跳，俩人看到我惊讶的样子哈哈大笑，这两个小淘气令我忍俊不禁。好聪明的宝贝，老师都佩服你们了呢！

果果和多多都乐于帮助小朋友，果果能够主动帮助小朋友擦桌子，不斤斤计较，而多多在好朋友遇到困难时能够提供帮助。果果还能发现他人的问题并且思考原因，可见果果是一个善于观察和思考的小朋友，而多多在遇到困难后不放弃还善于思考问题。最让我惊喜的是他能运用浮力来解决问题，这是令我想不到的，感谢你们给老师带来的小魔术，老师非常开心。

我的实习之旅：和你一起成长

重庆市重庆第二师范学院　黄星语

我是一名大一学生，当得知学校在大一下学期就给我们安排了实习时，我不停地感慨我国的学前教育改革真的是落到了实处！现在我们的实习再也不像曾经我的学姐们那样走马观花式地进行"两小时参观"了！对于我们未来从事学前教育行业的学生而言，仅仅有教育理论的学习当然是不够的，实习是理论与教学的一种接轨，于我们而言尤其宝贵。而且我实在是不敢想象，若我们没有相对丰富的教学经验就去教孩子，这将是一件多么不负责的事情啊！

刚到幼儿园，我就深切感受到了每个孩子都具有不同的气质类型。比如有的孩子很活泼，常常主动跟我聊天；有的孩子很腼腆，等无人注意时才来靠近我；有的孩子很贴心，知道我第一天实习还特意告诉我学校附近有哪些美食，让我一定要去试一试！

一天中午，我发现当孩子们接过老师手中的饭菜时都没有说"谢谢"，而我所在的班级是大班，按理说这些礼节应该是早就教了的，于是我决定提醒孩子们。我和孩子们说："看，老师给你们打饭都热出汗来了，很辛苦的，我们是不是应该向老师说谢谢呢？"令我没有想到的是孩子们看了看我，眨巴着眼睛说"好呀，星星老师"，然后每个孩子都跟老师道了一声谢谢。我发现孩子们都很乖巧，他们只是缺乏向他人道谢的意识，而这种意识是需要我们教师在日常生活中长期帮助他们进行培养的。

有个叫土豆的孩子很活泼，经常找我聊天，不过跟他交流后我发现，他语速很快并且喜欢抢话，于是我开始思考如何才能让他表达清晰并且认真倾听他人讲话。后面当他抢别人话时，我都会试着询问他："土豆，我们是不是应该先听他讲完了再表达我们的想法呢？"这样几次后，他的语速渐渐慢了下来，也开始学会认真倾听他人。不过，认真倾听他人的讲话是一个需要长期坚持才能养成的习惯，我会继续帮助他养成这个良好习惯的。

这次实习让我感触最深的是学前教育是一项必须全身心投入爱的教育事业，这是它相比其他阶段的教育最为特殊之处。在这个行业里任教，必须要有对孩子发自内心的热爱与耐心才能坚持下来。也许你前一秒还在忙着做教具，后一秒就去给小孩子擦裤子了；也许你前一秒还在准备和孩子一起上体育课，后一秒就接到有传染病感染风险，教学只能在室内进行的通知；也许你前一秒还在为什么事情暗自神伤，后一秒就被某个小天使的笑容治愈了。

孩子都特别有灵性，每个孩子都是一个独特的个体。教育从来都不是单向的，它是双向的，在接触每一个孩子的过程中，他们也教会了我很多东西。所以我想要在这个行业里扎根，继续跟他们对话，与他们一起共同成长！

我为“光盘”亮灯

上海市嘉定区双丁路幼儿园　李丹瑶

一、活动起源

爱粮节粮一直是我们中国的传统美德。近年来，在习近平总书记的重要指示与强调下，制止餐饮浪费行为，切实培养节约习惯，已然成为当下人们的热点话题，“光盘行动”不再是一句响亮的口号。

根据《3—6岁儿童学习与发展指南》要求，结合本班幼儿的实际情况，将其融入大班幼儿幼小衔接的课程中，一盏盏为“光盘”而亮的灯在大三班的教室被一次次点亮。

二、光盘行动初体验

在活动开展的最初，孩子们表现出了超高的积极性，原来吃饭慢吞吞的小朋友，也有了明显的进步。但是好景不长，“吃饭—亮灯”反复的操作已不能成为孩子们持续活动的动力，“光盘行动”迎来了瓶颈。在活动的观察中，我发现能够“光盘”的总是那一些孩子。那么没有“光盘”的孩子，遇到了什么问题呢？我打算去和孩子们聊一聊。

【话题】关于“光盘”你有什么问题吗？

问题1：为什么要“光盘”？	回答1：因为要节约粮食呀。 回答2：农民伯伯种田很辛苦，我们要珍惜粮食。 回答3：浪费食物是可耻的。
问题2：吃不完怎么办？	回答1：改掉挑食的毛病。 回答2：不喜欢的菜，可以告诉徐老师少盛一点，但是不能不吃。 回答3：想亮灯就要努力吃完。 回答4：不要着急，慢慢吃，细嚼慢咽。

三、我的思考与调整

在聊天的过程中，我发现孩子们对于“光盘”的意义是有感悟的。但孩子终归是孩子，他们通常意识与行为割裂，知道许多大道理，却缺乏控制和约束自己的能力。展现我作为“孩子王”的智慧时刻又来了！增加活动的趣味性和互动性，是激发幼儿能动性的关键，于是我尝试调整：

1. 结合班本化特色活动，进一步提升幼儿对于“光盘”的愿望

本学期，“集星小能手”的活动在班级里火热开展，于是我思考将“光盘行动”并入集星活动，每一次亮灯，就可以在自己的心愿存折内贴上一枚光荣的小星星，积累达到一定的星星数量，就可以兑换一个美好的愿望，给“光盘”注入新的动力。

2. 通过“数据大调查”，创设可互动、有竞争的活动氛围

通过每日观察班中“光盘”的人数并用合理的方式记录，

能有效帮助幼儿与同伴互动、与老师互动、与环境互动。将原本参与的性质从个体、独立转变为互通、可交流。幼儿在不断交流、比拼中，逐渐形成竞争的内驱动力，使幼儿知“光盘”、想“光盘”、能“光盘”。

四、我的感悟

通过多次讨论，从环境、内容、形式等不同维度进行调整，“光盘行动”在大三班有声有色地开展着。孩子们就餐的习惯在活动中逐渐转变，他们相互鼓励、相互陪伴，共同感受为同一目标努力的力量，共同享受达成目标带来的喜悦里。

一场劳动“游戏”的诞生

上海市嘉定区双丁路幼儿园　何晓艳

一、活动起源

在游戏分享时间，扮演妈妈的小天提出来：家里只有一块抹布，家里地板脏了都不能打扫干净。小 A 说：“我家里有游戏的清洁工具。”于是第二天，小 A 就把自己家里的玩具带来放在了海绵宝宝家里。

二、劳动是件开心事

有了这样一件神奇的工具后，娃娃家的爸爸、妈妈、哥哥、姐姐可热闹了。有的在用小拖把拖地，拖地后还在小桶里面清洁拖把。有的拿起了小扫帚把娃娃家的地都扫了一遍，还来到教室中间的空地进行打扫，边打扫边说：“老师，我来帮你扫地哦，可干净了。”还有的拿着鸡毛掸子，这里擦擦、那里抖抖，忙得不亦乐乎。自由活动时，孩子们都围着生活老师，认真观看生活老师擦桌子。到了第二天游戏时，发现雯雯一只手拿着毛巾一只手拿着清洁液，一边喷一边擦，把教室里的桌子都擦了个遍，连餐桌都没“放过”。

当孩子们把班级物品都擦过一遍后，有幼儿提出想去擦幼儿园的大滑梯。于是幼儿每人手拿一块小毛巾来到滑梯前开始了“劳动”，可是真干起来时发现有几名幼儿直接玩起了滑滑梯，边玩还边要起了小毛巾。这时到底是继续劳动还是停止劳动满足幼儿游戏呢？“小屁股擦滑梯”的游戏由此诞生了。只见孩子们纷纷爬上滑梯，将小毛巾放到了小屁股下面，一个一个地滑了下去，伴随着幼儿的笑声，大滑梯被孩子们擦干净了。由“小屁股擦滑梯”的游戏，孩子们自发玩起了“水枪浇花”“小蚂蚁搬家”“图书宝宝晒太阳”等游戏。

三、我的感悟

1. 转换视角捕捉劳动契机

《指南》健康领域指出，要让孩子参与劳动的指导建议，这也是一种教育的方式与途径。当在分享时，看到幼儿对于劳动材料的兴趣时，于是便就这个话题和孩子们进行了交流对话，深入激发幼儿对“劳动”的兴趣。

2. 支持给予更多探索空间

在游戏分享中，当老师对于孩子的需求给予接纳与支持时，发现劳动成了孩子们自主学习的机会，他们会通过材料工具的摆弄、同伴行为的分享、学习等不断把教室作为一个探索的课堂，幼儿在自我劳动发现中的探索能够让他们找到劳动的方法、乐趣。

3. 尊重让劳动成为幼儿的游戏

如何让小班幼儿在游戏中感受劳动的乐趣呢？因此，当发现幼儿没有擦滑梯，而是在玩的时候，教师没有采用生硬的方式让幼儿继续劳动，而是换一个适宜幼儿的“游戏情节”。

将劳动游戏化，老师带着孩子们一起玩起来，让幼儿进入游戏，边玩边劳动，我们可以看出孩子们在玩的过程中不仅进行了劳动体验，也享受到了劳动的快乐。

午睡习惯的养成

国防大学联合作战学院幼儿园 张位博

果果是一个精力旺盛，爱跑爱跳，经常与小朋友们发生争执的小男孩。我每天在做任何事情之前都必须先把他安顿好，找到他感兴趣的事情。一日生活中，如果哪个环节让他专注做了5分钟，那不仅仅是他的胜利，更是我的骄傲。除了午睡环节，无论他如何爱说爱动，我都还在庆幸，至少他不会太打扰大家。最让我头痛的是午睡环节，果果不仅不睡觉，而且一刻都不能躺在床上，前一秒刚刚安抚他躺下，转身给其他小朋友盖被子的功夫他已经上了窗台，要不然就是拉拽邻床小朋友的被子、头发等。那我就先让果果睡着便好了吧，于是，我使用各种方法：拉手陪睡、抱着陪睡、喜欢的毛绒玩具陪睡……2个小时后他依然活力四射，哎，看来先让果果睡着只是我的一厢情愿罢了。于是我便强迫自己：随他便好，只要他不打扰别人，不大声叫喊，不爬到床栏上，能坐在或者躺在床上都可以。

每一天，与家长沟通他的午休情况成了我的必修课。通过了解我发现：果果在家没有午睡的习惯，每晚入睡困难，基本都在11点后才能睡觉，早上醒得又很早。看来果果是精力旺盛、少觉的孩子。为了让他有良好的午睡习惯，我与家长便制定了一些家庭措施：

1. 每天从能在床上安静地躺10分钟，渐渐加长时间。
2. 午睡和晚睡时前一小时做一些安静的活动，例如：亲子共读、听音乐、拼图等。
3. 每天睡觉前的仪式做充分，例如：洗脸、洗脚、刷牙、换睡衣、睡前故事等。
4. 如果有家人在睡觉或者休息，做到不打扰家人，安静活动。

在幼儿园，我尽量在他上床后不关注他，在小朋友都安睡的环境下，他也能保持一段时间的安静了，然后我在不与他对视的情况下陪睡，拉着他的小手，保证他不东挠挠、西抠抠。

经过两个月的努力，现在的果果基本能在1点左右入睡，甚至有的时候能够自主入睡。当我与家长沟通他现在的午休情况时，妈妈和奶奶的脸上露出了无法掩饰的笑容，妈妈说："我们家长3年都没有给孩子养成的午睡习惯，在幼儿园老师的帮助下，2个月孩子就建立了午睡的习惯，这么大的变化实在是给了我们惊喜，太感谢老师们啦!"家长的一番感谢是对我们老师付出的肯定，我们也为孩子和家长感到高兴。

作为幼儿园教师，我们时刻为了幼儿的健康着想，我们要保证幼儿充足的睡眠，满足幼儿生长发育的需求，帮助幼儿养成良好的生活与卫生习惯，形成使其终身受益的生活能力和文明的生活方式。

星星的背影

国防大学联合作战学院幼儿园 管翠琳

3月29日下午，我们开始了积木区的游戏探索，几个孩子一直在商量着搭个小长城。星星："那么长，咱们得一直一直搭。"宁宁："啊，对啊，一直一直一直那么长。"令令："还得用到桥形(拱形积木)做小窗户。”星星：“快点吧！快点吧！”几个孩子开始不停地往外拿长板，我开始整体观察，当我再次关注到他们，差不多是七八分钟后，就剩下星星一个人了……我走过去问：“星星，其他小朋友呢？”

星星：“我也不知道，我得拿桥形(拱形)积木了。”他继续不停地摆。

接下来的40分钟里，星星一直摆，然后会邀请别的小朋友看，但其他人似乎并不感兴趣，有一个小男孩说：“你这是摆了个独木桥啊！”星星很着急地说：“你看不见小窗户么？是长城！你看看啊！”小男孩没听完就跑了……星星自己嘟囔了一句，然后又默默地继续，一直一直摆。过程中，有小朋友拿了他的拱形门，他大喊道：“不要乱动！柜子里还有很多！”他大声地说完后，就去柜子里拿了相同的积木，摆在相同的位置。活动时间快结束了，我们开始收了，星星拉着我的手说：“可能我会有点难过……”我告诉他：“我都帮你录下来啦，你可以随时看。”星星只是点点头。我搂着星星说：“你把所有的小朋友叫过来。”等小朋友们都聚集过来后，我倡议道：“孩子们，让我们和伟大的建筑师——星星小朋友以及他搭建的《小长城》一起合张影吧！”这一个瞬间，我内心很澎湃！

坚持，是一个多么可贵又优秀的品质，而这个品质在孩子一生中又是无比重要！我们教师在观察中，很容易带有一定的主观性，经常要去主动寻找活动中的亮点，去观察那些引人注目的幼儿或事件，忽略了那些默默无闻却又触动心弦的孩子。而今天，在我努力去寻找我以为的记录价值的过程中，却意外发现了这个小小的可爱的背影。他没有时不时地跑过来“炫耀”，没有因为同伴的离去而不开心，更没有在别人打扰他的时候生气，而是一直在寻找搭建中出现的问题，以及怎样实现他刚开始说的：“很长很长很长的小长城。”这次星星的活动，我以视频和照片的形式记录了下来，并一起分享了星星的整个搭建过程，也请星星分享了自己的创意。虽然孩子还无法完全体会坚持的意义，但作为教师，我们一定要告诉孩子们身边这些榜样的力量，引导他们去发现可贵的精神，我相信孩子们一定也会有所感动的！

第二天的游戏中，星星小朋友依然搭建他的小长城，嘴里不停地念叨着：“我要一直一直坚持，搭一个很长很长很长的小长城。”不同的是，这次多了许多陪伴他的人。孩子在成长的过程中，有多少个值得怀念的回忆是来自老师的呢？希望这一路的坚持和努力，都不孤独！

每个孩子都值得表扬

广东省深圳市蛇口育才教育集团阳光幼儿园　许　苏

作为一名新人教师，我来到育才阳光幼儿园小A班任教已经1个月了，虽然只是短短的1个月，可我却觉得好像已经和孩子们认识了很长时间！小A班的每一个孩子都特别可爱和纯真，他们都有着属于自己的小性格。在家里，他们是家里的“小心肝”，爸爸妈妈的掌中宝。来到幼儿园，因为四位老师要照顾几十个孩子，可想而知待遇一定不比家里，但我们每个老师都尽自己所能，照顾到每一个孩子，并且耐心培养孩子们养成良好的习惯和性格。每当发现孩子有了小进步的时候，我们都会很开心并及时地竖起大拇指夸赞他。

刚来到小A班，有一个名叫珂珂小朋友吸引到了我。她不调皮，非常乖巧，上课听讲也非常认真！她让我们最担心的就是喝水问题。我们都知道，多喝水有很多好处，比如，喝水有利于人体体内毒素的排出，也能增强幼儿身体的抗病能力。

刚开始，每一次到喝水环节，珂珂都在逃避！要么趁着人多就溜了，要么就是拿着水杯晃晃悠悠很久，最后只喝了一点点水，然后放回杯架！针对这一现象，作为她的老师，我非常着急！

有一天，喝水时间又到了，我马上喊她的名字让她去喝水！她也很乖地跟着我来到了喝水的地方。这时候，我忽然想到了一个办法。我拿出我的喝水杯，和她一起接了水，我说："珂珂，老师口也好渴哦，我和你一起喝水吧！"于是，我拿着水杯和她的水杯干杯了一下，她乐得眼睛都没有了。我说："看，老师已经喝完一杯了，你也快点喝哦！"很快地，她也喝完了。就这一当下时机，我说："以后也要喝这么多水哦！"她说："嗯，好！"

现在，每一次还没到喝水时间，珂珂都喊着要喝水，而且在喝水时间，珂珂都会主动要水杯，并很乖地接了很多水！看到这一现象，我每次都及时竖起大拇指说："哇，珂珂好棒呀！"她听了总是特别开心，喝水的积极性也越来越高！

这一情况，让我觉得及时对幼儿进行鼓励和赞赏是非常非常重要的！所以在教育幼儿的时候，我们并不能用命令的语气去告诉幼儿，告诉他们应该怎么做，而应该蹲下身来再与他们对话。同时，在孩子做得好的事情上也要及时做出相应的鼓励和赞美。

所以不要吝啬鼓励和赞美，因为每一个孩子都值得被表扬！我们只需要给幼儿一点点时间，我们一定会看见他们的成长！

壁虎可怕吗？

广东省广州市越秀区真光幼儿园　叶小微

大家在玩滑梯正是兴高采烈的时候，突然听见嘉欣带着哭腔的喊叫："老师，我的身上有蛇！"我连忙赶到她那里，边看边问道："蛇在哪？"嘉欣朝身上指了指，又哭了起来。可是我怎么翻找，都没有看到有动物，后来把她带回教室，衣服脱下来，还是没有任何发现。可此时的嘉欣再也不肯穿上原来的衣服，于是我帮她在书包里找到一套干净的衣服，才重新穿上了。

1. 害怕心理的起缘

嘉欣的不安一直延续到游戏结束，在我和她聊天时，嘉欣说出了昨天晚上在家里发生的事情。原来昨晚嘉欣自己一个人在房间里玩，突然一只小壁虎在墙上爬过，她从没有见过这种动物，被吓了一跳，以为那是一条蛇，因此直到今天早上还有情绪。该如何消除嘉欣的恐惧心理呢？在幼儿无从知道这种动物会在哪种情况下伤害自己时，思维意识只停留在这种动物很可怕上，当建立起对小动物的认识，幼儿害怕的情绪就会减弱以至消退。

2. 开展关于"动物壁虎"的主题讨论

关于"动物壁虎"的主题讨论自然开展了。小朋友们七嘴八舌地说了起来，佳林说："我知道壁虎是吃蚊子的。"心缘说："壁虎可以在墙壁上爬，不会掉下来。"梓杰说："啊，我想起来了，它是好的，我们不能随便打死啊。"怎样让幼儿了解不熟悉的壁虎呢，让孩子们进行科学探索"认识壁虎"，通过图文并茂的形式简单了解有关壁虎的知识，知道壁虎是人类的朋友，增强幼儿爱护壁虎的意识。

3. 有趣的语言故事《小壁虎借尾巴》

通过故事引起小朋友们的兴趣，故事讲述了小壁虎向小鱼、黄牛、燕子借尾巴的经过，讲了小壁虎的尾巴断了可以再生的特点以及小鱼、黄牛、燕子尾巴的用处，也理解了壁虎尾巴的再生功能等。

4. 我们围绕“遇到动物怎么办?”继续开展讨论学习

泽阳说:“壁虎是专门消灭蚊子的,它是人类的好朋友。”祉晗说:“壁虎最喜欢在墙壁上爬来爬去,在家里不要怕,壁虎对静止的东西没兴趣。”经过讨论大家一致认为,许多动物都不会主动攻击人,只有我们不注意与动物接触的方式,比如故意抓它们、击打它们,才会引起它们攻击人类,被它们咬伤。只要我们能够关爱小动物,并能和它们友好、安全相处,它就是人类的好朋友。

一位不速之客——壁虎,引发了幼儿对比较少关注的小动物有了一次认识探究的过程,在活动结束后,我引导幼儿回家请爸爸妈妈给他们讲讲壁虎有意思的地方。第二天,好多小朋友都来告诉我壁虎全身都是宝,小朋友们通过学习,知道了壁虎有很多特殊的本领,它是人类的朋友,所以我们要爱护它。

尊重孩子的每一个“小动作”

黑龙江省虎林市云山农场幼儿园　马明春

在对孩子的教养方式上,每个家庭、每个人、每位老师,都有着自己的方法或者经验,可是这么做对于孩子来说真的是好的吗?有没有想过我们的孩子能接受这些做法吗?对于一些常见的问题,我们是不是应该换一个角度去看待我们最亲的孩子们。

忠博是我们班一个“好动宝宝”,坐不住椅子,无论进行任何活动,都喜欢走来走去,人送外号“小溜达”,可是除了好动以外,他是一个很单纯、很善良、很喜欢帮助别人的孩子,却不合群。为了改善他的好动和解决他不合群的问题,我和王老师想了很多的办法,却没有效果。

这一天,孩子们在班级里跳舞,只有忠博趴在地板上,怎么也不肯起来,我马上走到他身边,蹲在他的面前,问:“为什么不跳舞,你在做什么?”“老师,你快看,他们飞起来了!”他像是终于找到了一个可以分享秘密的朋友一样,高兴地说道。顺着他的手指,我看到在阳光下飞舞的灰尘,原来他发现随着班级里小朋友们的一蹦一跳,从地板缝里会出现很多飞起的小灰尘,在阳光下很好看。因为觉得神奇,所以他想知道它们是怎么出现的。看着忠博高兴的样子,听着他稚嫩的声音,想着他所提出的问题,我被震撼到了,如果刚刚我没有听他的解释,那么扼杀的不仅仅是孩子的好奇心,还有他用自己的方式探索周围世界的能力。为了保护他的好奇心,我与他一同趴在地上观察找出答案,找到答案后,他比得到什么奖励都高兴,主动跟小朋友说起他的发现,让我和王老师特别惊喜。

教无定法,贵在得法。孩子们所处的家庭环境、人文环境及教养方式的不同,造就了每个孩子独特的性格特点。《指南》中指出,尊重幼儿发展的个别差异。因此,我们要学会选用适当的教育方式,尊重每个孩子的自身发展特点和规律。对于孩子的成长和学习,我们要以孩子的眼光看问题,想事情,勤交流,以朋友间的相处方式让他们获得进步,让彼此的心灵多点沟通,要知道孩子的成长其实就是我们自己的成长。

一叶知秋,落叶归根,万物生长顺应自然,教育同样如此。愿我们能与孩子在成长的过程中,用相互的爱与尊重、理解和信任,为他们托起一道通向未来的绚丽彩虹。

造反还是创造?

江苏省镇江市阳光世纪花园大地幼儿园 刘玉玲

离园时间，可可、添添、堃堃在走廊里玩耍。堃堃想要玩盒子，可可对纸杯比较感兴趣，添添给他们出主意。“我们一起玩吧!”“好啊!”堃堃先把纸盒竖着放在桌子上，想了想，又把纸盒平躺着放好。他指挥可可说：“你把纸杯放在纸盒上吧!”可可把纸杯放下来，堃堃又把纸杯的位置挪了挪，放在纸盒的四个角上。堃堃骄傲地说：“像不像大象腿啊?”“哈哈哈!”

笑了一会儿，堃堃又拿起一个纸盒放在上面，说：“快放杯子，我们来搭大高楼!”他们把最后一层放好后，开心地拍起手来。添添灵机一动，说：“我把纸杯拿下来。”他缓缓地抽出了一个纸杯，可可和堃堃不可置信地大声喊：“怎么没倒啊?”堃堃跃跃欲试：“我来!”可可给出建议：“你换一层试试!”添添抽出来一个杯子，高楼还是没倒。可可也选了另外一层的杯子，大楼仍然没倒。

这时，唐唐走过来，说：“我也要玩。”他随手抽了一个纸杯下来，“轰隆”一声，“大楼”顷刻间倒下来了。来接唐唐回家的唐唐妈妈看到，生气地说：“唐唐，你又造反呢?”我笑着对她说：“不是造反，是创造呢!”我回头问孩子们：“为什么大楼最后倒了啊?”他们几个埋头沉思，讨论起来：“刚才我们没倒啊?”“为什么最后倒了呢?”“是抽太多了吧?”“那抽哪个位置的纸杯最好呢?”……讨论得如火如荼的时候，家长们来接孩子放学了。看着孩子们不肯离去的小眼神，我说：“你们回家想一想，明天我们再来一起讨论吧!”他们依依不舍地离去了。

第二天集体活动的时候，他们的讨论和演示引起了孩子们的阵阵掌声。看着他们骄傲的样子，我不禁陷入了沉思：适度的练习，有助于增长幼儿的动手能力，有助于孩子们创造力的开发。幼儿在一次次动手实践中总结经验，吸取教训，不断拓展自己的思路，尝试用多种方法去解决操作中的问题，这就是一种创造性的活动。幼儿在动手动脑的活动中难免会“闯祸”或出差错，对此，我们应持宽容态度，理解幼儿，而非不问缘由地批评责备。

陶行知说过：“中国对于小孩子一直是不许动手，动手就要打手心，往往因此摧残了儿童的创造力。我们应该学习爱迪生的母亲，那么理解、宽容孩子，那么善于鼓励孩子去动手动脑，这样，更多的‘爱迪生’们就不会被打跑、赶走了。”我们必须解放幼儿的双手，给孩子动手的机会，让幼儿自己动手操作，使他们在手脑并用中发展创造力。

当你的孩子再想“造反”时，仔细观察，用一双发现的眼睛，跟着他们去感受创造力的出现吧!

被忽略的孩子

山西省吕梁市汾阳市府学东街幼儿园 岳玉俊

今天来幼儿园时，妮妮的妈妈对我说，昨天晚上妮妮发烧了。我很吃惊地问妮妮：“昨天下午还好好的，晚上怎么会发烧呢?”妮妮小声地说：“昨天下午上厕所的时候跟你说，我头很痛，你点了一下头，说知道了。”听了妮妮的话，我的头“嗡”地一下，飞快地回忆着昨天下午的每个细节，却还是想不起来妮妮是否找过我，也不记得她跟我说过什么。我尴尬而惭愧地对他们母女俩说："真是对不起，我昨天可能没注意到。"说完，为了掩饰自己的窘态，我赶忙摸一摸妮妮的额头，关切地问："今天好多了吧，如果不舒服一定告诉老师，知道吗？"并顺手拉过孩子，把孩子送回了座位。

虽然这件事情已经过去，可我心中还是感到很愧疚，妮妮肯定和我说过身体不舒服，可我怎么就想不起来呢？想到这，我的心中产生了深深的内疚感。

以后，我一定注意认真倾听孩子们对我说的每一句话，把工作做得更加细致、周到。妮妮平时温和、安静，很少向我告状，也不给我惹麻烦，即使她来和我说了些什么，也似乎从没希望能从我这里得到什么反应。所以，我也常认为这样的孩子没什么问题，总是让人很省心，我真希望班上再多几个这样的孩子，可以使一些活动取得较好的效果。我们有时候常常为了一个行为问题突出的孩子费尽心机，以求得他的转变和进步，却忽视了那些不太起眼的、安静的、让人省心的孩子。我又想起这学期刚转园过来的小朋友，她的妈妈曾对我说过："我的孩子转园是因为原先的老师太忽略她了，我的孩子属于比较'乖巧'这一类的，又不是特别优秀，以至于老师不会太关注她。"这些像妮妮一样"省心"的孩子，使我往往忽略了他们向我传达的"请你关注我"的信息。

不管他们是否很敏感和脆弱，我想，老师对他们的忽视、淡漠所造成的心理上的伤害远比身体上的疼痛更为严重。当我认识到这一点后，我把班上每一个孩子的姓名写在教育笔记本的后面，每天有针对性地记录他们的情况，并不时地翻看每页姓名下面的记录。过一段时间，我就会反思一下很少关注或者忽视了哪些孩子，并及时进行补救。

假如我们教师都能以一颗真诚的心慎重地对待所有孩子，既不对那些出色的孩子以过分的关注和过多的赞美之词，也让我们放手以适度的引导对待那些所谓的"问题儿童"，更不要忽略让我们"省心"的孩子，这样每个孩子在我们的眼里就都是一样的——富于个性，丰富多彩。

指尖上的家乡文化

山西省吕梁市汾阳市府学东街幼儿园　李慧娟

家乡文化是体现地域差异的特有教育资源，应该让幼儿从小去了解。将家乡文化融入区域活动中，以幼儿生活中最常见的家乡特产作为区域材料，引导幼儿在和材料的互动中认识家乡特产、感知家乡文化。

金秋九月正是核桃成熟之际，将新鲜的汾阳青皮核桃投放在生活区，让孩子们在动手操作中感知家乡特产。

脱青皮这件看似简单的事情对于孩子们也是挑战重重。起初他们用手抠，发现青皮液接触到哪儿，哪儿就变成了黑色，而且极不容易清洗。随后改为脚踩，但核桃根本不听使唤，四处乱滚。最后尝试戴塑料手套剥，经过孩子们的不断摸索总算找到了最佳方案，并且总结出已变成黑色的青皮更容易脱落。对于青皮液为什么会将手、报纸或塑料等接触面变黑，我和孩子们共同查阅资料、梳理原因，原来青皮中有一种物质叫"核桃青皮素"，青皮素在氧化后就会变成深色，因此它会被提取使用在染发剂中。

投放纸皮核桃和普通核桃，让幼儿在夹核桃的过程中，感受两种核桃的用力程度，并对核桃皮进行对比观察，以此了解汾阳核桃皮薄之特性。通过取核桃仁锻炼幼儿手眼协调能力和专注力，看着他们捏着牙签的小手不仅能将躲藏在犄角旮旯儿里的核桃仁挑得一干二净，而且还能将分心木也完整无缺地剥离出来，我心中和他们一样有满满的成就感！

就这么一颗核桃，在幼儿抓、夹、剥、分等动作技能的整合下，成功地完成了训练幼儿手指精细动作和手指分化能力的目标，同时也让幼儿在无意识的状态下走进汾阳核桃，并对汾阳核桃的特性有了深刻的认知和记忆。

除此之外，我们还会将汾阳特产或者特色景观以不同形式投放在适宜的区域中。比如：将竹叶青酒与汾酒投放在感官区，引导幼儿通过观察颜色、品尝味道感受二者的不同，同时利用来、离园时间以谈话形式告知幼儿汾酒的悠久历史和中国的酒文化。11月初正是被誉为“小人参”的汾阳长山药的收获之时，通过亲子制作山药美食，感受中国厨师之乡——汾阳的美食文化与历史渊源。将记录有家乡文化的旅游景点自制小书投放在图书区，让幼儿通过欣赏图片、同伴讲述了解汾阳特色景区。

让家乡文化走进幼儿园，以家乡特产作为活动材料，开展富有传统文化的教育活动，让幼儿在真实的生活环境中体验家乡文化的丰富和趣味，不仅丰富了传统文化的教育形式，而且用其特有的乐趣使幼儿在快乐的学习情境中感受家乡文化，获得了有益一生的知识体验。

用爱温暖折翼天使

安徽省合肥市肥西县防虎幼儿园　张家伟

开学第三周，我们班来了一位新朋友，我主动向他打招呼，介绍自己并问他的名字，他用害怕和排斥的眼神看着我，我蹲下来想和他拉近距离，他迅速躲藏在了妈妈的身后。

“这是一个‘特殊’的小朋友。”送他来的老师轻声告诉我。在与家长的交谈中得知，他因后天原因缺了一根手指，他因为手的残缺开始变得沉默寡言，再加上在幼儿园经常遭到小朋友们嘲笑和排挤，对什么都充满了敌意，脾气也越来越古怪，原本爱画画的他也不敢露出手拿画笔作画。对于他的遭遇，我感到心疼和气愤，同时也向家长保证在这里绝对不会再让他受到排挤和欺负。

但是如何让孩子们接受这位新来的小朋友，并不对他报以异样的眼光呢？在他进入班级的第一天，我并没有特意地去关注他，像对待正常孩子一样去对待他，在开展区域活动前，我利用了一点时间讲了一个《残疾的熊先生》的故事，当我讲到熊先生因为车祸失去右臂，很怕别人的嘲笑，就准备许多生活用品打算不再出门的时候，他好像感同身受一般，眼眶都红了。最后当我讲到熊先生出门没有遭到别人的嘲笑，反而被小动物们夸勇敢的时候，全班小朋友都发出了赞扬的声音，连他也露出了若有所思的表情。讲完故事，我问小朋友们：“当遇到与我们不一样的人，应该怎么做？”小朋友们都争先恐后地回答：应该帮助他、鼓励他……接下来开始区域活动，我有意地把他安排到美工区，怕他排斥别人，我把其他的孩子都劝说到其他区域去了。他真的对画画很有天赋，没过一会儿就画好了，我故意大声地发出赞扬声，其他孩子听到了也围了过来，七嘴八舌地说着画得真好看。我让他介绍下自己的作品，他开始结结巴巴地说着：“我……我……画的是创意书包……书包有很多功能……按这个按钮就会出现……”虽然在介绍时还是很害羞，但可以看出他内心的喜悦，接下来几天的区域活动我依然安排他去美工区，并安排一位同样爱画画的女生和他一起创作，刚开始他有些排斥，怕被发现小秘密，但很快就忘记了，他还在指导女生怎么画。

慢慢地，他开始接受更多的小朋友和他一起画画，也勇敢地去其他的区域参与集体游戏了。

通过一段时间的观察，他好像接受了自己手指的残缺，因为他习惯把手藏在袖口里的动作消失了。就这样，在我们老师的爱心呵护和园内小朋友的平常心对待中，这位小朋友对于自己的残疾不再遮掩，即使面对外人异样的眼光，他依旧能够大方地介绍自己。每一个孩子都是不一样的珍宝，只要用爱细心呵护，他们就会绽放出属于自己的光芒。

为什么爱上学校食堂

湖北省监利市实验幼儿园　文　愉

吃饭是人生一件大事。人们朝九晚五，总是奔赴在一场场关于吃的盛宴旅途中。自从我从事幼儿教师这一职业后，学校食堂的饭菜，和蔼的食堂阿姨手下的那一锅一勺，彻底将我的味蕾征服。陪伴我吃饭的对象也变成了天真、活泼的孩子们，我们天天吃着同样的菜肴，吃着吃着，倒是吃出一些感悟。

“老师，我家孩子在家里总是不肯好好吃饭，在学校却吃得不错，这是为什么?”这个疑问，大部分同行肯定都听过，想想我们当时是怎样回答的?

“孩子在学校和小朋友们一起吃，有动力。”“宝贝们可能是比较听老师的话吧。”……这种类似的答案我曾经也回答过，一度认为大约也是如此，孩子嘛，在老师面前总是莫名地多一丝守规矩的意识，这也是孩子们在校园内学习到的第一课。

直到我偶然经历，更新了原本的库存理念。

“老师，我还想吃一碗!”

“好吃！特别好吞下!”

我到现在都记得那天，我们吃的是土豆烧排骨和鸡蛋羹，滋滋入味，软糯滑口，一重一淡，完美搭档。这名小宝贝也是我们学校食堂的粉丝，特别捧场。之前他妈妈也问过我类似的问题。那次，他忍不住又找我加饭时，我开玩笑地问了问他，同时也没指望孩子能回答出什么，但是他脱口而出的答案，让我解除了和大多数家长一样的疑惑。

孩子们不是不喜欢家里的饭菜，只是学校的食堂依照孩子们的营养和饮食习惯来制作美食，味道也许不如家里，但细节总是能照顾到宝贝，可以说是最适合孩子们的菜肴。例如土豆炖得粉软，这是考虑到孩子们的牙齿还在生长期；叶子菜、金针菇等总是切成小段，防止小朋友卡住喉咙；味道从来不敢太过辛辣，一是因为孩子们比较能适应清淡口味，二是清淡一些的食物更能保证他们的健康。许多容易被家长们忽略的细节，我们食堂的阿姨总能考虑到，从而潜移默化地让孩子们喜欢上吃饭，喜欢上吃学校食堂的饭。

孩提时，父亲总是对我讲“细节决定成败”，确实如此，孩子们的年龄决定了“细节”一词对我们工作的重要性。教室里毛巾、杯架上孩子们的照片，美工区收集的各类“毕加索”型的作品，主题墙上放置的各式照片，盥洗室中永远干燥的地板，排列整齐的小鞋子……各式各样的细微处，绘制出一张张灿烂的笑脸。

细节在心，细节在行。一粥一饭，事情虽小，却也能洞见大乾坤，孩子们的世界虽简单，但也能折射很多大道理。正如食堂的饭菜一样，多从细微处思考，多从幼儿的角度考虑，总能获得小朋友的喜欢。我们教育者的多看多想，园所的多思多做，既能成就自己，更能成就幼儿。

静待花开

广东省深圳市南山区新桃源幼儿园　李诗雨

叶圣陶先生说过："教育是农业而不是工业，需要耐心等待。每个孩子都是一粒种子，只是花期不同。"

小班开学第一天早上，我在班级门口迎接新生小朋友，晟晟妈妈带着晟晟过来，我蹲在他身边问好，并伸出了双手想要抱抱他，他却像没看到我一样，越过我直接跑进了教室。妈妈尴尬地笑了笑说："老师对不起，这孩子有点调皮，以后麻烦您了。"我没多想，因为孩子在我的班级就是我的责任。

有了晟晟的日子不再平静和轻松，我从来没有遇到过像晟晟这样的孩子。他不爱与老师、小伙伴交流，从来不与小伙伴们一起玩，也从来不午睡，喜欢玩橡皮泥和彩笔，总是把教室的墙面涂得乱七八糟，如果没有顺从他的意思，他就会抓自己的脸蛋和撞墙来表示抗拒。我和班上的其他两位老师想尽了办法想改变他这些行为，却没有丝毫的变化，我们都被他"折磨"得心力交瘁。中班开学后，我又一度陷入了焦虑，因为晟晟的行为变得比小班更加不可控，中班喜欢玩水、爬窗户、往空中丢玩具，甚至还喜欢往楼下丢东西，种种行为都体现出了不可控的安全因素。中班做心理筛查的时候，医生诊断晟晟属于自闭症儿童，我才知道为什么他表现出来的行为和其他孩子不同。

有一次我去学习关于特殊教育的课程，才知道原来自闭症儿童的很多行为都是他们自己不可控制的，他们很怕周围环境的一些声音，这些声音会令他们无法安静下来，我们觉得正常的声音在他们的耳朵里是一个非常刺耳尖锐的存在，所以他们在听到这个声音时会抓狂。而且自闭症儿童在观察物体的时候是以点带面的，而正常孩子是以面带点的，这就得出为什么晟晟在拼图的时候比正常孩子要快很多了。还有一点就是自闭症儿童接收指令要比常人要慢很多，施令者必须要慢慢说并且重复很多遍，才能让自闭症儿童听进去并且执行。学习过这些知识之后，我对晟晟也多了很多耐心，慢慢地用我所学习到的知识去帮助他。比如让他去做一件事情，我会缓慢并且重复很多次去告诉他，直到确认他接收到了指令我才停下来。慢慢地，晟晟对于我们来说不再是一个问题孩子，我们相处得越来越融洽，他反而教会了我们需要用更多的耐心和爱心去面对不同的孩子。

长长的路，慢慢地走。很多时候很多事情在我们成人眼中是自然而然的，可对于孩子来说，却需要时间，我们不能焦急，更无法代劳，我们只能慢慢等待，这是生命成长的过程。

我和孩子们的游戏故事

——做游戏的主人

中国人民解放军31675部队幼儿园　张　玮

今天带小朋友到户外玩沙包，我没有提前给孩子设置玩法，而是请孩子们自己来探索，"让幼儿成为游戏的主人"的教育理念落地生根。我像往常一样，打算记录他们在游戏中的小困惑或发生的小故事，把这些作为素材在分享课堂上展示，并请幼儿来发现问题，从而让幼儿学习自己解决问题。只见有的小朋友把沙包顶在头上，有的把沙包夹在双腿中间跳来跳去，还有的小朋友俩人在一起玩抛接游戏，孩子们都玩得不亦乐乎。过了一会儿，我看到有好几个小朋友坐到了立在旁边的轮胎上，在以前也许我会上前制止这种存在安全隐患的行为，但是通过之前园内组织对“安吉游戏”的学习，我深深地意识到，让孩子真正成为游戏的主人，第一步就是，教师应该“管住手，闭上嘴，睁开眼，竖起耳，发现儿童”。过了一会儿，我发现孩子们开始在轮胎上爬起来，而且还特别有序，这时有个小朋友发现轮胎立着排列可以从中间钻过去，观察了一会儿便离开了。又过了一会儿，另一个小朋友过去探头看了看轮胎内部，他用手扶着轮胎，慢慢地向里面爬去。这时，其他的小朋友也发现了这个钻轮胎的游戏，纷纷效仿，只听到在上面爬的小朋友大声地对轮胎中间的小朋友说：“浩宇，里面感觉怎么样啊？”已经顺利通关的小朋友不断地给其他小朋友加油打气，我被这种和谐的场景深深地感动着。之后我发现有的小朋友在爬过第一个轮胎后便从里面退了出来，接着去爬上面的轮胎。原来我们的孩子有自己的评估判断力，他们会根据自身的情况选择适合自己的游戏。就这样，一个又一个意想不到的活动在孩子们自主、自发的行为中生成。不知不觉间半个小时已经过去，孩子们还在兴奋地讨论着，不知疲倦地“爬来爬去”。孩子们在活动的过程中，有相互间的交流，对同伴的观察，当看着这群“灰头土脸”的孩子们从轮胎中钻出来，我更多的是惊讶于孩子们在那么长的钻爬距离下，都能够坚持下来。

整个游戏过程中，我们看到了孩子身上的交流、交往、挑战、秩序、坚持、反思、创造、积极思考、勇敢、主动。这些能力的形成远比一节教育活动来得更重要。

教育是守护孩子天性的自由，激发天赋的潜能，让孩子发现他自己，成为他自己，从而让孩子能够有勇气去按照自己的意愿生活。

合作的快乐

北京市大兴区第十一幼儿园　王紫祎

今天是去中一班帮忙的一天，孩子们吃完早饭后，活动区时间开始啦！

在建筑区活动中，我发现孩子们的搭建活动大多是自己玩自己的，有的幼儿不能专注于自己的活动。小俊小朋友虽然手里拿着积木，却在不断地观望其他小朋友，一会跑到茜茜前面看看，一会又跑到墨墨前面问问，总是在询问别人，“你搭的是什么呀？”“请问我这个你需要不需要？”“你这块积木好像放得不对吧？”小俊在整个活动期间不是观望就是走来走去，因为三番五次的询问总是打断其他幼儿的活动，所以让别的小朋友觉得反感，到头来自己的搭建活动也都是简单摆弄、浅尝辄止。

针对小俊这一现象，我想到了创造合作机会让孩子们一起搭建的方法。首先我自己像幼儿一样进入建筑区，边玩边说：“哎呀，我想试试看搭念坛公园的小桥。”当我说到这里时，有几个幼儿就被吸引了过来，问我：“老师，你想搭什么样的呢？”“老师，我知道念坛公园，我爸爸妈妈经常带我去那玩，我也看到过公园里那种小桥，长长的，有台阶，下面还有湖。”看到孩子们对这个话题非常感兴趣，都有想搭建的欲望，于是我通过引发讨论的方式对幼儿的合作方法进行指导。

我兴奋地和他们说：“哇！太棒了我的孩子们！我太需要你们帮助我了，可是这么多人一起来，我们肯定会手忙脚乱的，所以我们一起讨论一下搭建的方法怎么样？”

就这样我们定好了需要搭建的材料，打印出了念坛公园里的小桥的图片方便幼儿观察小桥的建构。因为有的幼儿经验少，一时不知所措，我们又一起讨论了大家各自擅长的事，制定了分工协作方案。有的幼儿负责分析图片上面需要用到的材料，而平时乱走乱跑的小俊这个时候主动负责起了搬运积木，剩下的幼儿就负责搭建。这样一来每一个幼儿都兴致勃勃、有事可做，在活动中变得积极主动。小桥搭好后，幼儿的脸上都露出了甜甜的笑容，合作游戏让他们感到愉悦和自豪。

通过体验合作可以让幼儿知道，原来几个人的游戏比一个人的游戏更有趣，只有让幼儿在合作的基础上体验到成功的快乐，才能激发幼儿合作的兴趣和愿望。

“爆炸”的微信群

浙江省绍兴市上虞区爱弥儿幼儿园　何赛柯

康康是我们班的一个小男孩，刚来幼儿园时常常会因为一些事情不合自己心意就坐在地上哭，以此来达到自己的目的。同时，在与同伴交往的过程中，他也存在一些攻击性行为，会与同伴发生肢体冲突。

10 月 22 日，淇淇的妈妈突然在我们的微信群里说：“康康家长，麻烦让你家孩子以后不要再戳我们家孩子的眼睛了！貌似不是第一次了。”并配上淇淇受伤的照片。看到消息后，我赶忙在群里对淇淇表示关心，并表达了白天没有发现的歉意，同时，给淇淇妈妈打电话，了解事情的具体情况。根据淇淇反映，是上午用动作表现歌曲时康康打到她了。这时康康妈妈也主动联系了我，表明已经询问过康康，但康康表示没有戳淇淇的眼睛。我向康康妈妈反映了从淇淇妈妈那里了解的情况，康康妈妈表示相信淇淇不会弄错，并在群里和私下代替康康道了歉，淇淇妈妈也表示了谅解。由于淇淇妈妈把消息发在群里，而且前一段时间也有家长私下反映班里孩子的打人行为，为了防止群里事态的扩大，同时借此向家长传达正确的理念，在两位妈妈和解的情况下，我又在群里大致表达了同伴交往的矛盾不可避免，如何正确处理同伴之间的矛盾，现阶段同伴交往的年龄特点等，同时也提出有问题私下交流的建议。

本以为事情就这样告一段落了，但当天晚上 9 点 36 分的时候，班里又有一位女孩子的爸爸在群里发出康康的照片，并表示要跟康康的爸爸聊一聊。搭班老师询问后了解到，当天中午散步的时候，康康把这个女孩子推到了沙坑里。

针对这两件事，第二天一早，康康和妈妈一起来到了幼儿园，我们向康康妈妈反映了康康平时的一些行为，表明康康在与同伴交往过程中的确存在不恰当的行为方式，并提出了一些自己的看法和建议。康康妈妈也反映孩子在家会有这些动作，并表示会加强这方面的引导，希望老师在幼儿园也多关注。此外，我们还把三个孩子叫到了一起，当面询问事情的具体经过，在与康康沟通、交流后，康康大方地跟两个女孩子道了歉，并表明以后遇到事情会尽量克制自己的脾气。

两个星期过去了，现在康康少有一些攻击性的动作。在与同伴交往的过程中他也慢慢了解到游戏时的有些碰撞是正常的，遇到矛盾他也在学着控制自己的脾气，采用让一让、告诉老师、商量等不同的方式来解决。

经此一事，在正确处理家长微信群中的消极信息方面我也有了新的感悟和启发：当我们遇到问题时，应该及时打电话与家长取得联系，了解事情经过，防止事态扩大。同时对于反映在家长群里的问题要及时向全体家长做出解释，并且有必要向全体家长再次言明个人问题要与教师私聊。

与“圣诞老人”的约定

北京市朝阳区红黄蓝筑华年幼儿园　王美娇

《指南》中提出，幼儿阶段是儿童发展极为迅速的时期，也是形成安全感和乐观态度的重要阶段。里面提到了愉快的情绪是幼儿身心健康的重要标志之一。我们除了要为幼儿创设丰富的物质环境之外，还要为他们创设愉快的精神环境，让幼儿时刻感觉到自己是快乐的，自己是被爱的。

平安夜这一天，趁着午睡，小朋友都睡着了，我们将事先准备好的小礼物悄悄地放在孩子枕头旁边，一一是第一个睡醒的小朋友，她很快就发现了放在床边的小礼物，高兴地问道：“这是什么呀?”她抬起头看看其他小朋友床边，看到其他小朋友床头都放了一个袋子，她说道：“熙熙，快醒醒，有礼物；点点，别睡了，有礼物；兜兜，快醒醒，有礼物啊。”小朋友逐渐都醒了，看到自己床上放的小袋子，高兴地拿起来想知道里面是什么。这时，一一问道：“老师，为什么每个小朋友床头都有一个小礼物啊，谁送的?”“当然是圣诞老人啊。”“啊，圣诞老人？真的吗?”“我不信，圣诞老人那么胖，他怎么进来啊?”“老师我想了一下这不科学，圣诞老人他不睡觉吗?”“老师，圣诞老人肯定是觉得我们睡得太好了，所以对着他的戒指说，下一站幼儿园蓝二班。”孩子们七嘴八舌地讨论起来……

小朋友对于圣诞老人很期待，收到礼物很开心，有的小朋友相信有圣诞老人，有的小朋友不相信有圣诞老人，认为是老师送的，在老师否认时，小朋友进行各种猜想，想象圣诞老人什么时候进来的，怎么进来的，穿什么样的衣服，他是否休息。在讨论想象中，发展幼儿的想象力，更重要的是孩子们很开心，希望孩子们能永远保持这份童真。

看到孩子开心快乐，作为老师的我们，不由得会产生一种自豪感、成就感，让孩子们感受爱与被爱是一种幸福，更多的也是让孩子们学会爱与被爱。在自己高兴的时刻还能激发幼儿的想象力和创造性，通过不同的形式让幼儿感到情绪上的愉悦，促进他们的发展，从而真正达到《指南》的目标。

学会完整地表达

广东省深圳市福田区荔园教育集团百花校区附属幼儿园　唐慧琦

畅畅是一个语言表达能力较弱，表达也不是特别清晰的小朋友。有一次户外活动结束回来换衣服，我摸了下畅畅的背，发现没有出汗，于是让她把书包放回书包柜里。但畅畅很想换上妈妈新买的红衣服，所以她一直拿着书包跟在我身后走来走去，嘴里不停地喊着：“老师，老师。”我问她：“畅畅你要干吗呀？老师刚刚摸过了，你没有出汗，可以不用换衣服。”她还是不走，拿着书包看着我。这时我理解了，她就是想换衣服，但是却不开口说。我假装不知道她想做什么，跟她说：“你不说话老师不知道你要做什么哦。”然后我就没再看她了，继续给其他小朋友换衣服。畅畅拿着书包，过了好久，说了一句：“老师，换衣服。”我听到后，引导她完整地表达：“老师，请帮我换衣服。”

对于畅畅来说，可能有时候不需要自己开口，爸爸妈妈就已经知道自己想做什么了，导致锻炼她说话的机会越来越少，于是语言表达能力就比同龄孩子要差。而在换衣服这一件小事情里，虽然只是短短的一句话，但畅畅也用了不少时间去思考、开口，最后完整表达。对于畅畅来说，是一个不小的进步了。

那天放学后，我和畅畅的妈妈进行了一次沟通。通过我的描述，畅畅妈妈认识到畅畅的语言表达能力还需要多进行锻炼及加强，于是她答应我平时会多鼓励畅畅用完整的句子来表达心中的想法。而接下来在幼儿园里，我也会给予畅畅更多表达的机会，比如可以在区域活动后的总结环节中，多鼓励畅畅来表达自己的想法，有耐心地倾听她，让她越来越愿意表达，也越来越会表达！

我想，有时候我们应该做一个"懒"一点的老师、"笨"一点的家长，不要在孩子刚表达出一个眼神或者手指指向一个方向时，就已经替孩子做完了所有事情。这样的行为，看似很"贴心"，其实剥夺了孩子去完整表达、沟通的机会。

把握偶发事件蕴含的教育价值

广东省深圳市宝安区新安菁英幼儿园　吴秋霞

在幼儿园的日常活动中，总会出现一些教师意想不到的、偶发的事情。面对这一系列偶发事件，教师的教育方法很重要。这一天，孩子们刚在户外拍完毕业照，准备整理回班级时，一只蓝色的小鹦鹉引起了孩子们的注意，孩子们兴奋地围在鹦鹉旁边议论着，想用手去抓鹦鹉，却被鹦鹉用嘴巴啄得尖叫声不断。这时，我只能暂时终止接下来的活动，加入到孩子们的队伍中，轻轻地用双手捧起鹦鹉："小朋友们，这么可爱的鹦鹉朋友，我们一起来认识下吧！"小朋友的注意力齐刷刷地转移到我这里来了。

"你好呀！小鹦鹉，我叫小雅，你叫什么名字呀？"小雅对着鹦鹉说。

"我们跟鹦鹉讲了很多话，但它就是没有回答我们，它是不是没有耳朵，所以听不见我们说话呀？"皓皓着急地说。

马上就有小朋友回答："鹦鹉是小鸟，肯定有耳朵啦！"

"那它的耳朵在哪里呢？"有几个小朋友凑近鹦鹉，好奇地看着它，想找找它的耳朵在哪里。孩子们都能抓住鹦鹉的特点，细致地观察。为了使孩子们更加深入地了解鹦鹉，我打量着所有的孩子，意味深长地说："小朋友们，老师刚刚说鹦鹉是我们的朋友，鹦鹉为什么会是我们的朋友呢？"

"因为鹦鹉会吃很多很多的害虫，让植物不受伤害。""它能保护我们。"子晨、康康等小朋友说道。

"上次我家美美(猫咪的昵称)就把小鸟给吃了。"淳铭说。

"淳铭你家猫这样做是不对的，鹦鹉一直都在保护我们，我们也要保护它。"阿瞒认真地说。孩子们接连不断地讨论着，思维的灵活性已经远远超出我们的想象。

《纲要》中指出，教师应成为幼儿学习活动的支持者、合作者和引导者，应善于发现幼儿感兴趣的事物、游戏以及偶发事件中所隐含的教育价值，把握时机，积极引导。在日常生活学习中，应给孩子创设一个让他们想说、敢说、喜欢说，并能得到积极回应的环境。

面对这一系列偶发事件，教师不仅要学会控制自我，处变不惊，还要用机动、灵活的方法，及时地引导幼儿联想，巧妙地转移幼儿的注意力，把随意变成有意，使教学方法机动灵活，才能达到启迪的效果。

喜欢"说到做到"

广东省深圳罗湖区合正锦园幼儿园　钟　艳

开学初，一部分幼儿已经适应了上幼儿园，但还有个别小朋友会哭闹。小晨每天入园都很开心，对同学老师也很有礼貌。

一天早上，由于小晨在幼儿园门口跟妈妈缠了很久还是不肯入园。看到我走过来跟妈妈打招呼，小晨紧紧地抱着妈妈的脖子说："不要上幼儿园。"经过跟小晨妈妈的沟通，小晨答应跟老师进幼儿园。在刚抱住她的那一刻，她就在我的怀里挣扎，一路抱一路开始挠我的头发，嘴巴也不停地说着："我不要去小五班……"进了幼儿园后，我把小晨放下来，轻声细语地跟她说："送你回班上好吗？老师现在要去办公室做点事情。"话刚说完，小晨又立马哭了起来。我因着急去办公室，但小晨又不愿意去班上，就跟小晨商量让她跟我一起去办公室，但前提是要把书包等物品先放回班上。在她同意这样做后，我们走到了班级门口，但小晨还是哭着不肯进去，看到这个状况，我连忙蹲下来，用很肯定的语气对她说："老师答应你的一定会做到的，那你答应老师要把自己的物品放回教室，也要做到。"说完后，虽然小晨很不情愿，但还是慢慢地走进教室把自己的东西放好了。

跟随我来到办公室后，小晨的情绪如同天气般，突然就好啦！等我在办公室忙完后，带着小晨一起回到班上后，小晨已经很愉悦地参与到了班上的活动。

当天晚上，我向小晨的妈妈了解小晨今天入园哭的原因，并向她描述了今天小晨在园的状况。小晨说："今天早上我不想那么快进教室，老师答应我说先不带我进教室就把我带到办公室去了，今天我很开心，我可喜欢这个老师了，因为老师答应我的事情会说到做到。"妈妈也反馈说，今天早上哭是因为昨天晚上答应了小晨今天早上带她去她喜欢的店里吃早餐，但由于起得晚，要赶着去上班，所以就没有带她去，所以来园时就哭了。妈妈也通过小晨今天说老师的事情对自己的行为进行了深刻检讨，要言传身教，答应孩子的事情就要尽力做到。

都说"生活即教育，教育也渗透在每个生活片段里"，我们身为教师，更要注意孩子身边细微的事情，细心了解孩子情绪背后的原因，用真心守护孩子的笑容。

幼儿园区域设置调整中的新认识

新疆克拉玛依市雅典娜幼儿园　王晓芬

根据幼儿园课改的"教育教学区域游戏化"，让教师明确区域活动的重要性，提高教师的区域观察能力。区域设置计划尤为重要，区角活动是教师利用游戏特征创设情境，让幼儿以个别或小组的方式进行区域活动，为了增强游戏性，给区域设置主题以让孩子更有目的性地去操作，而且游戏性也会增强，所以设置了以剧本内容为主的区域设置。每个区域都有与剧本内容基本相关的材料投放，制定了可能达到的预期目标。

表 1　预计可能达到的目标

时间	名称	目标	材料
3 月份剧本《地球妈妈的绿衣裳》	美工区	1. 通过多种绘画的形式，创作画《地球上××》 2. 通过折、剪、拼贴等方法装饰地球、大树、宇宙公公、地球娃娃、小猴、妖魔、小鸟等 3. 能与同伴合作制作角色头饰、服装，布置表演背景 4. 能大胆想象，运用多种方式制作地球妈妈的绿衣裳、废气、废水、废料等表演服装 5. 体验热爱美丽的地球、可爱的家园的情感	1. 地球仪、纸、水彩笔、颜料、毛笔、调色盘 2. 各种彩色纸、卡纸、废旧纸盒、酸奶盒等 3. 纱若干、动物头饰若干
	语言区	1. 使幼儿知道地球是人类的家，了解自然环境与人类的关系 2. 培养幼儿的环保意识，促使孩子形成积极的环保行为 3. 发展幼儿的注意力、观察力、想象力。培养幼儿动脑、动口的学习习惯 4. 理解“地球是我们的家”的含义 5. 看图片，听故事，能运用剧本中的语句，大胆地表达 6. 较能连贯的讲述剧本情节，感受环境对人类的重要性	1. 地球仪、《动物世界》纪录片、动物玩具、图片若干 2. 视频《地球妈妈的绿衣裳》
	表演区	1. 记住故事名称，理解故事主要内容。能根据故事内容进行有表情的对话 2. 在教师的帮助下，能根据作品主题、情节加以想象，能较有创造性地表演 3. 在游戏中，幼儿能相互合作游戏，学会协商、轮流扮演角色 4. 能听着录音磁带进行游戏表演，能表现出故事中各角色的对话，接唱等	1. 旁白、宇宙公公、地球妈妈、地球娃娃、小猴、妖魔、小鸟、冬冬、环保小卫士头饰 2. 地球妈妈的绿衣裳、大树、废气（灰色）、废水（黄色）、废料（黑色）等自制服装 3. 故事录音、视频《地球妈妈的绿衣裳》
	益智区	1. 了解地球的大致概况，知道地球是由陆地和海洋组成的，认识七大洲 2. 初步了解国旗代表一个国家及七大洲的代表国家 3. 培养幼儿探索问题、独立思考和动手操作的能力 4. 了解废气、废水、废料从哪里来的，并自制拼图 5. 能正确判断 7 以内数量的多少，并按数量的多少进行排序 6. 学习按要求进行操作活动并检查活动结果并大胆讲述自己的操作过程及其结果 7. 引导幼儿用各种长短不同的纸棒拼出不同的梯形	1. 有关地球妈妈的益智图书 2. 地球仪、地图拼图画、地图迷宫等 3. 教师自制 1—7 的长条点卡 3 套、磁性板。自备 1—7 的动物卡片 4. 操作卡、小图章、纸棒、梯形图片若干 5. 在活动室里摆放一些 7 以内数量的玩教具

为了让孩子清楚剧本内容，教师先给孩子讲述了剧本中的第一幕的内容：宇宙公公送给它的女儿地球妈妈一件美丽的绿衣裳，这件衣裳有着神奇的力量……地球娃娃围着地球妈妈快乐地跳舞……让孩子们根据剧本内容，以个人或小组的形式，进入各个区进行地球妈妈剧本的表演，制作地球妈妈和地球孩子的衣服，在益智区认识地球仪、地图等。刚开始孩子还比较有兴趣，有目的地进行着游戏，有的用水墨绘画地球妈妈，有的用皱纹纸制作衣服，还有的在表演区表演地球妈妈和地球娃娃快乐的舞蹈。但是好景不长，两个星期后，看似非常丰富的区域设置活动已经变成了摆设，孩子不再按照故事情境去进行游戏，

而且在区域中表现得特别暴躁。经过观察反思，发现在区域设置中，虽然让孩子以个人或小组的形式自主选择区域进行游戏，但是因为区域中教师对孩子所要达到的目标过于明显，导致孩子没有自己的空间，去发挥自己的想象，去自主选择，去自发游戏，看来当前设置的主题性区域活动对孩子的自主性和自发性游戏会有困扰。

因此再次对区域计划做出了新的调整，重点放在让幼儿以个别或小组的方式自主选择、操作、学习，利用和积累、修正和表达自己的经验和感受，根据幼儿的情况设置了区域预设目标。对区域材料的摆放也进行了重新的规划和调整，运用实物图图片、图形与材料框相对应的方式，让幼儿进行材料选择，并且区域中材料摆放的标记更明确了，方便材料取放。

表 2　调整后的区域目标

时间	名称	目标	材料
3 月份	美工区	1. 通过趣味游戏，引导幼儿对色彩感兴趣，选用自己喜爱的颜色均匀饱满地构图 2. 用各种线条和简单形状表现观察过的物体的基本部分和主要特征，感受线条的美 3. 在画面上能简单地布局，根据自己的想象画一些辅助物，表现简单的情节 4. 了解颜色与角色的联系，会根据动物角色填充颜色 5. 幼儿合作制作出创意服饰，体验乐趣 6. 幼儿发挥想象力，锻炼幼儿的创意动手能力 7. 提供不同层次的材料，增强幼儿的动手操作能力 8. 幼儿感受一起合作制作出成品的成就感	1. 绘画纸，绘画工具，区域小游戏（颜色对对碰、颜色排序……），各种图形幼儿涂色 2. 废旧啤酒瓶，各种水果，形状特色突出的小物件，以及物件平面图 3. 美工墙上贴上各种简单的风景图、组合图，布局简单易懂的成品画
	语言区	1. 了解地球仪，知道地球的结构 2. 能用完整的语言叙述图片内容 3. 认真观察想象和理解故事画面 4. 乐于参与和故事内容相关的讨论活动；根据图卡讲述故事 5. 能从前至后有顺序地阅读图书或图片故事 6. 初步了解幼儿剧本的不同体裁及其构成因素 7. 能用较清晰、完整的语言描述；开始独立阅读图书，并能根据画面理解其大意	1. 小投影仪：①看、讲故事；②自编故事；③看到的画下来组成一个画卷轴；④欣赏完成的故事 2. 修补图书（将坏的图书修补，培养幼儿爱护图书的好习惯） 3. 地球讲述（教案资料关于地球的讲述，如何爱护地球）
	表演区	1. 通过反复感受，使幼儿知道名称，理解内容，对表演有一个完整良好的印象，引起学习的兴趣和愿望 2. 掌握各角色的对话及动作 3. 知道各角色的出场顺序，能集体分大组表演 4. 培养幼儿看表演的好习惯	表演区所需要的头饰、手偶、布偶墙……根据角色内容进行表演，教师分配好角色，幼儿练习故事角色的服饰、道具，场景全体幼儿正式表演
	科学区 科学探索	1. 激发幼儿的探究兴趣，发展幼儿的创造性思维，使幼儿喜欢探究 2. 学习用图画或者简单符号的形式，进行科学观察记录 3. 能运用各种感官，动手动脑，探究问题 4. 了解水的基本形态，知道水没有颜色，没有味道，没有固定的形态 5. 知道磁铁具有磁性，认识各种磁铁	图形秤、管子传声筒、数字图案筛子、墨色实验、放大镜、镜子、双色棋等

续表

时间	名称		目标	材料
3月份	科学区	数学区	1. 能根据动物的不同特征进行简单分类 2. 能感知和理解数，量及数量之间的关系 3. 能对事物数量或空间现象进行观察比较，发现其相同与不同，具有初步的探究能力 4. 初步感知生活中数学的有用和有趣	自制骰子，翻翻乐，数字爬高正数、倒数排序，废气、废水、废料分类，车牌号，蘑菇单双数
	建构区		1. 能积极参与建构游戏，对建构材料感兴趣 2. 掌握多种材料的基本操作方法，创造各式各样的房子、滑滑梯等 3. 初步学会合理的布局，大胆设计搭建 4. 继续培养幼儿之间的合作互动	1. 雪花花片、软编织、房子积塑等各种积塑 2. 可乐瓶、塑料管、皱纹纸、各种形状的盒子、泡沫、酸奶盒等

此次调整，目标设置的目的性不再那么强硬，而是根据班级孩子的发展情况进行设置，老师不再对孩子进行进区前的要求，让孩子自己去选择区域，选择自己喜欢的区域材料，用自己的方法进行游戏，真正做到让孩子自主选择，自发游戏。教师以观察者、支持者、引导者的身份出现在孩子游戏的区域中，通过对孩子的游戏情况进行记录、分析，及时对区域材料做相应的调整。教师时刻“追随幼儿”，了解幼儿的“最近发展区”，更有效地去推动幼儿的自主学习和经验提升。

爱很重要

北京市大兴区亦庄镇中心幼儿园　张　季

当鲜花绽放于阳光之下，是绿叶最快乐的日子；当果实成熟于金秋时节，是园丁最欣慰的时刻。我是一片绿叶，一名快乐的园丁，一位平凡的幼儿教师。

作为一名幼儿园教师，我常常在思考，我该给孩子们什么样的爱？是热烈的爱，纵容的爱，还是冰冷的爱？当我看到个别孩子喜欢用武力解决问题时，我又该怎么办？是要严厉的批评，还是轻描淡写地说一句“下次不要这样了”，就草率完事了呢？当孩子捂着自己觉得不好看的画而不敢给我看时，我应该用怎样的语言对孩子说，是该鼓励表扬还是敷衍地应和？其实有哪个孩子不喜欢被老师重视，有哪个家长不希望自己的孩子得到更多的关爱呢？

我认为，作为教师，我们应该理性地爱孩子。虽然我觉得做教师责任太重，压力太大，但是，没关系，爱和时间会让幼儿教师的心胸变得宽广，爱和时间会缓解幼儿教师紧绷的神经。

其实每一个孩子都是天使，他们生下来都是空白的，所以需要我们用心，用行为，用全部感情让他们去感受，就像天使一样快乐，也要给他们的生活涂上美丽的色彩！

还记得我刚到这里的时候，跟随其他两位老师带小二班，我们班有个孩子叫“小刘”，他给我的印象很深刻。入园时，他虽然年龄与班上其他幼儿相仿，但他生性活泼好动，生活自理能力稍微弱一些，不能很友好地和小朋友相处。带班教师组织幼儿活动时，他嘴里也不停地说着话，教师稍不留神，他便会自由自在地动，坐不住，和小朋友聊天。户外活动游戏时，只要小朋友抢他玩具，就挥手上去打一下，不管教师怎么说，他也不予理睬，我行我素。幼小的他没有安全意识，经常对班上的幼儿进行趁其不备的攻击，也经常随意破坏班内外的环境布置及设施，对于自己行为造成的不良后果没有丝毫歉意。起初他这样我行我素的行为，牵扯了班上老师大量的精力，班里正常的教育教学活动受到了严重的干扰，其他幼儿的学习、生活、安全也无法保证，事故隐患时时存在，班上其他幼儿家长意见纷纷。

面对着一边是群体，一边是极其特殊的个体，我感到了任教以来从未有过的压力和无助。怎么办？我深知一个优秀的幼教工作者应该以“理解与宽容”去接纳每一个幼儿，抓紧每一个最佳的受教育时机。我要把特别的爱给特别的孩子，用心谱写每一曲乐章。但是，接纳就意味着加倍的付出与奉献。经过了激烈的思想斗争，人民教师的责任感、使命感，促使我坚定信念，迎难而上，把奉献与爱心熔铸在平凡的岗位上，把辛勤与汗水挥撒在幼儿的心田。进餐时，我像对待自己的孩子一样，由喂他吃饭开始，逐步帮助他学习自己用勺子吃饭。户外活动时，我引导他感受与同伴一起游戏的快乐，不与同伴因为抢玩具等事情打闹争吵，经过一年的努力，他有了巨大的进步。

时代在变化，学前教育也在变化，幼儿教师也在不断变化。现在的我，不断在反思自己，在审视自己的教育言行，也在不断更新我的教育观念，紧跟教育改革的步伐，时刻牢记：我是一名幼儿教师，要对孩子负责，要平等地对待、欣赏每一位孩子，为每一位孩子创造平等发展的机会。也要对家长负责，要像家长一样呵护孩子，让家长放心地把孩子交给我。更要对幼儿园负责，不但要毫无怨言、认真负责地做好幼儿园的各项工作，还要做个智慧型的老师，把每天重复简单的事做好，把平凡琐碎的事做好。

生命教育从读懂大自然开始

北京市大兴区亦庄镇中心幼儿园　李亚微

我和小朋友们一起上了一次关于“秋天”的美术活动，欣赏了秋天各种景色的图片，分享了秋天树木颜色的变化，欣赏了各种大师笔下的秋天。我还带着小朋友采到户外，用自己的眼睛观察着秋天的绚丽色彩、植物生存能力的强大，感受秋天与春天不一样的生机盎然。

你会发现，孩子会捡起地上的叶子仔细端详，会认真细数每一片叶脉的走向，发现每一片叶子的特别与不同；他们会仔细观察每一个虫洞，感悟生长过程，对生命肃然起敬；他们会欣赏不同树叶的色彩，感受树叶经历的春夏秋，珍惜眼前的美好；以及当树叶随风飘落下来的那一刹那，孩子们会大声尖叫，快乐洋溢在他们脸上时，你会发现自然带给我们的欢乐是任何事物都无法代替的。

孩子对待自然的态度也反映着他们对待生命的态度。儿童早期的生命科学教育，关注的是有生命的事物，以及这些事物在自然环境中的生存方式。通过我们对秋天一系列的探究活动，幼儿学会尊重、珍惜生命和环境。在幼儿对秋天探究的兴趣点之上，我们又延伸出生物的生命周期、栖息环境、多样性、变异性以及相互依赖性，在此基础上逐渐整理生物和环境之间的关系，理解保护环境的重要性，增加幼儿对垃圾分类的意识，保护地球的意识。

我一直认为读懂大自然，不是让每一个小朋友成为科学家，而是感知人与自然和谐发展的关系。我园的生命教育也正在一点一滴地渗透到孩子的生活中。能让孩子走进自然，是孩子探究自然、理解生命至关重要的部分。

孩子需要走进大自然中，这种沉浸应该是鲜活而生动的、有建设性而开放的，这种沉浸应该是长年累月、不厌其烦的，而不是局限于这短短的秋天。让我们将生命教育融入生存的自然中，让幼儿在每一个四季都有对生命的不同感悟。

搭建不一样的建筑

北京市大兴区亦庄镇中心幼儿园　李　远

我们的建筑屋已经初具规模了，孩子们玩的情绪也变得更积极了，来建筑屋的孩子们搭建的东西也越来越多了，从刚开始局限在一个玩具上，到现在慢慢地可以通过多种玩具的组合搭建出更多的造型了，孩子们的进步十分明显。但是随之我们也发现了一些问题，那就是孩子们虽然很喜欢这些新朋友，但是却不知道如何下手进行游戏。刚拿到木头积木时，我们把它放在建筑屋的旁边把它堆起来。孩子们来到建筑屋就以为这个是做“围墙”用的，也学着我们给建筑区的周围搭起了围墙。搭好后孩子们就没有其他动作了，还是玩着其他的玩具。于是我就告诉孩子们：“这个也是给你们的搭建材料，不一定要做围墙，你们可以用这些木头积木搭建不一样的东西哦。”这下孩子们一下子就恍然大悟了。他们开始用这些木头积木搭建不一样的建筑。有的用来搭建炮台，然后跟对面炮台的孩子们一起玩战争游戏，玩得可起劲了。还有的用这些积木来造高楼大厦，他们搭出来的建筑又高又大。但是随之而来我又发现，他们选择了木头积木，就只是单一地玩着这个，把旁边的小积木忽略了。于是我问他们：“你们只用一种积木搭建，你们觉得搭出来的东西好看么？就像你们搭建的这个房子，你们看看自己的小区，除了房子难道就没有其他东西了么?”经过这样一说，孩子们马上就明白过来了。他们在旁边用不同的材料搭建了大树，还有他们最喜欢的停车场。这样我们的“小区”就丰富起来了。其实每一个区域都有自己的魅力，但是孩子们往往会忽略掉这些，总是奔着那些他们感兴趣的区域去，所以就需要老师在旁边给予他们一定的引导和提示，让他们去发现其实在这个区域里有他们意想不到的乐趣。

在搭建过程中，教师适宜的指导能够帮助幼儿更好地投入活动，提高自身的发展水平。根据幼儿的年龄特点，提供丰富的材料，自然介入幼儿活动，帮助幼儿掌握结构技能，通过与幼儿共同探索、分享成功喜悦的互动过程，间接地提高了幼儿的搭建技能，培养了幼儿的毅力。引导幼儿交流，做孩子游戏时的支持者、帮助者。在与同伴分工合作时，共同完成任务是教师指导很重要的策略，因为同伴之间比师幼之间更容易沟通，且共同任务的设置能启发幼儿做出合理的分工，协作完成任务。另外，搭建游戏还可以让幼儿知道，几个人的游戏比一个人的游戏更有趣，只有让幼儿在合作的基础上体验到成功的快乐，才能激发幼儿合作的兴趣。

我的成长故事

北京市大兴区亦庄镇中心幼儿园　张瑞乔

没有鲜花，没有掌声，每一天过着平平常常、普普通通的日子……这就是保育老师每天的工作。她不像两位带班教师那样每位家长都认识，她每天的重点是孩子生活的环境。

我是一名有着带班经验的保育老师，在教师岗上工作了七年，保育岗对于我来说是新的开始。在最初的工作中，我总是因为每天干不完工作而发愁，每天都有很多很多的问题在我的脑子里循环播放。难道是我在哪个环节做得不到位吗？就在这时，园长告诉我，慢慢来，不要着急，一切都会慢慢好起来的。果然，在一个星期之后我跟上了步伐。在这一个星期里，为了鞭策自己不忘每一件事，我在手表上设置了闹钟，提醒自己现在要做什么。当这些工作成为习惯的时候，闹钟就显得多余了，于是，我关闭了它，让自己独立完成。

俗话说笨鸟先飞，手慢就要提前干，所以每到开学的前几天我都会进班，把床、玩具、椅子全部消毒，这样我就有时间来完成更细致的卫生工作。大家都说我的地面擦得很干净，当然这也是我每天劳动的成果，其实不光是地面，所有的一切都是每天用心来做的。

就在庆祝祖国70岁生日的时候，工会举行了红歌会活动，作为工会委员的我来负责本次活动。

合唱是一项让我既熟悉又陌生的活动，熟悉是因为在学生时代我曾是校合唱团的一员。从学校毕业参加工作后，我与合唱已分别了八年之久，这使我热爱的合唱活动变得陌生，但追求音乐的梦想从没有改变过。从最开始的选人进队，我们对每一名合唱团成员都提出了很高的标准，每名成员不仅仅要开口唱，更要把自身的优势发挥出来。于是我们选择了《打起手鼓唱起歌》作为参选曲目，这首歌可以使用手鼓来表演，增加了这首歌的魅力，且这首歌是老师们耳熟能详的歌曲。在练习时，大家觉得五线谱不太好识谱，我便把五线谱译成了简谱，方便大家识谱。在排练的过程中，由于大家对歌曲熟悉度很高，很容易将歌曲的节奏和各自的旋律唱错，我便把每个声部的旋律分别编辑成音频，发给大家，好让大家私下进行练习。同时，通过组织这次合唱活动也让我找回了学生时代的自信。

教师是个良心活，我现在做到了问心无愧；教师是个耐力跑，我现在做到了坚持不懈；教师是个功夫活，我现在还缺乏时间经验。在今后的工作中，我会不断总结经验教训，虚心向各位同事学习工作方法和先进的教育理念，争取在最短的时间里成长为更优秀的教师。

用爱滋润每一棵幼苗

陕西省西安市雁塔区第十三幼儿园　樊元元

每个人都有梦想，因为梦想可以给人带来希望与动力。我从小就有一个幼教梦，并且一直为之努力奋斗。功夫不负有心人，我如愿以偿地考进了学前教育专业，几年的专业学习，我有了阳光下最光辉的称号——“幼儿教师”。

我怀揣着梦想与憧憬，在幼儿园这片乐土上与孩子们共成长，用爱滋润着每一个幼儿。我深深地觉得每个孩子都是不同的天使。每天清晨的一句“老师，早上好”，那稚嫩的问候会给我带来一天的动力和快乐，每天傍晚的一声“老师，再见”，给我留下了明天的希望之光。可是这种感觉有时也会被繁杂、琐碎的工作掩盖，当面对个性不同的幼儿，面对形形色色的家长时，我有时会表现得束手无策。

工作一年多，我当上了班主任，工作中我谨小慎微，用心对待班里的每一个孩子，记得班有个不爱说话的小男孩叫密密，父母平时工作比较忙，老人把孩子照顾得“无微不至”，过度的溺爱使得该幼儿的各方面能力都比同龄幼儿弱一些，尤其是在语言表达与社会交往方面。他很少与同伴交流，我经常看到他独自一人陶醉在自己的世界里。我的职业责任感告诉我，不能放弃每一个孩子，我常常观察他，发现他做事很专注，在搭建方面很有自己的想法，面对这样的一个“特殊儿”，我决定通过家园共育使孩子变得更加优秀。

我多次与家长沟通，让家长深知陪伴的重要性，每一次家长开放日，我都让密密家长带着任务去观察密密行为背后的真实想法，平时及时反馈密密在园的照片、视频，定期与家长沟通密密在家在园的情况，共同制订帮助幼儿成长的计划。家长的陪伴多了，密密慢慢建立了安全感。从为他量身打造的“搭建SHOW”中，慢慢有了自信，也有了自己的小伙伴。有一天，不善言谈的他走到我跟前，抱了抱我说：“樊老师，我喜欢你。”简单的表达，稚嫩的言语让我坚定了我的幼教梦，也肯定了我的付出，当我们认真用心做一件事的时候，孩子是可以感受到的，家长也是可以感受到的。

做一名保持初心的幼儿教师难吗？难也不难，难在琐碎繁杂的事物会让我们疲倦，个性突出的幼儿会让我们束手无策；不难在于只要我们保持初心，用心接纳每一幼儿，用爱滋润每一棵幼苗，用自己的专业能力让家长信服，就不难了。

密密的转变，给我了很大的信心与启示，也让我坚持在幼教岗位上十余载，我一直践行着自己的教育梦想，深深地感受着职业的幸福感！从业十年，我看着孩子们一点点成长，努力去发现每个孩子身上的学习品质，去倾听他们的声音，然后走进他们，给他们以机会释放自己。只要我们用心、用情，定会收获更多……

小小的拥抱，大大的作用

广东省南山区新桃源幼儿园　李燕波

通过从小班到中班对熙熙的观察，我发现她是个比较执拗的孩子，只要做事情一定要坚持做完才肯放手。

记得有一天，孩子们在区域里做手工想在母亲节那天送给自己的妈妈。熙熙想要画一幅画送给妈妈。熙熙在画画的时候很认真也很细心，每个细节都必须涂上颜色，画着画着区域时间要结束了，随着老师播放的音乐，小朋友们也全部收好区域材料了。这个时候就只剩下熙熙小朋友在坚持画画，我走过去跟熙熙说：“熙熙，我们先收起来，明天区域活动的时候我们再继续画，好吗？”熙熙说：“不要，我要画完。”我见熙熙很认真地在画，于是跟她说：“那好，老师再给你5分钟画画的时间，要是再没画完就先收起来，好吗？因为我们要进行下一个活动了。”熙熙不说话继续画画，当所有小朋友都集中在一起要去户外活动的时候，全部小朋友都在等熙熙，于是我过去跟熙熙说：“熙熙，我们要去户外活动了哦，全班小朋友都在等你呢，老师也要跟着小朋友去户外活动了，班上没有老师在，老师不放心你一个人在班上画画，你能不能先停下来去户外活动，回来再画？”熙熙听到后激烈地哭了起来，甚至还自己一个人跑到教室外面，坐在地板上哭。我跟着过去跟她说：“熙熙，老师还有班上那么多小朋友要照顾，你看所有的小朋友都在等着你，因为你一个人他们都不能出去玩，你觉得这样做对吗？”熙熙听了我的话后，看了看在等着她的小朋友们，说：“我就是不想出去玩，我想在班上画画。”我见熙熙还是很执着要坚持画画，于是叫上她的好朋友沐心过来一起劝她，沐心说：“熙熙，我们先出去玩吧，和老师和小朋友一起去玩游戏，可好玩了。”说着把手伸过来想要拉熙熙起来去户外活动，可熙熙还是不愿意，于是我说：“那行，你自己一个人在这，我和小朋友去户外活动了。”熙熙这时哭得更厉害了，边哭边跟着老师走，走到户外活动的场地时，我见她的情绪好点了，于是跟熙熙说：“熙熙，以后区域活动的时候，要有没做完的事我们留着下次的区域时间再做，好不好?”“嗯，好的。”“我觉得你能改正特别棒哦，来老师抱抱，老师喜欢知错能改听话的小朋友!”户外活动结束，回到班上的时候，熙熙走到我面前说：“李老师，我好喜欢你!”“谢谢熙熙，李老师也喜欢你哟!”

宝贝，你笑起来真甜

安徽省合肥市双岗幼儿园教育集团源水分园　葛亚岚

记得那年我产假刚结束，接手了一个新的班级，刚到大二班我就被那个叫玥玥的小姑娘深深地吸引了。那天下午我正在给女生梳辫子，玥玥跟着队伍排队，她本来站在队伍第二个，我就看见她从小朋友的后面一直悄悄地退到了队伍的最后。只剩她一个人时，她羞涩地看了我一眼，坐到了我的身边准备梳头发，我温柔地问了一句：“你叫什么名字?”她细声细语地说：“我叫陈晗玥。”等我梳完了小辫子，她轻轻地说了一句：“谢谢老师。”在那天下午，我就留意到了这个小姑娘，我发现她回答问题的时，总是很羞涩地回应我。

记得那天我们上健康课时，我把椅子放在操场上围了一个圈为游戏做准备。音乐结束后，小朋友们就要两个小伙伴一起坐在一把椅子上，否则的话就要被淘汰。游戏开始后，玥玥睁着大眼睛，小眼神儿总是瞟着椅子，神情非常紧张。这不音乐响起来了，她可认真地对待这个游戏啦！音乐结束后，她迅速地坐到椅子上，中间还不小心被别人踩到脚了，那个小朋友不知道，她就静静地坐在那里揉了一下小脚，没吭声。我轻轻地走过去，看着她的眼睛对所有的小朋友说：“刚才玩游戏的时候，有个小朋友不小心被别人踩到了，都没有生气呢，真是个大方的孩子。”她听了特别高兴，给了我一个甜甜的笑容，从那以后我感觉我们的距离更近一步了。在她参加绘画比赛时，她请我做她的指导老师，主动跟我交流绘画灵感，请我帮她一起构图设计。花费了足足一个星期的时间，在我们共同努力下，她获得了一等奖的好成绩。不知什么时候，慢慢地，她甜甜的笑代替了她的羞涩。为此，我想对玥玥说：“宝贝，你笑起来真甜!”

高尔基说过：“谁不爱孩子，孩子就不爱他，只有爱孩子的人，才能教育孩子。”在工作中我坚信，老师的爱与关怀可以开启每个孩子内心深处的心门。因此，在教育工作中，我们要拥有一双善于发现的眼睛，把信任和关爱的目光洒向每个孩子，倾听孩子们的心声，让孩子的心灵感受到师爱的温暖。

观察记录

小滚筒，大趣事

贵州省铜仁市第三幼儿园　唐　娅　陈　韵

【观察对象】沐宸　**【年龄段/班】**大班

【观察时间】2021 年 3—5 月

【观察背景】

我园进行课程游戏化的探索，落实《3—6 岁儿童学习与发展指南》，积极推进"有质量的两小时户外自主游戏"。游戏本着"自愿、自主、自选、愉悦、创造"的精神，满足幼儿的不同需要，充分彰显幼儿的个性。我们在户外活动推滚区投放了 PVC 材质的白色滚筒，自主探究的过程中，幼儿逐渐感知到滚筒的特性，发现滚筒的奥秘，对滚筒游戏的兴趣越来越浓厚，创新的行为也越来越多，同伴合作更是随处可见。

【观察目标】

1. 能独自尝试探索滚筒的不同玩法，善于观察模仿同伴的玩法并大胆创新玩法。

2. 能主动与同伴合作、创新游戏，并积极发现问题、解决问题。

3. 发展孩子的平衡能力和器械操作能力，提高身体协调性和灵活性。

【观察过程】

幼儿园户外游戏时常见一个酷爱滚筒的男孩——沐宸，自从我园开展"自主游戏"以来，他对滚筒简直就是爱不释"脚"。户外游戏时间，只要是在滚筒区玩，他都毫不犹豫地选择滚筒。一次户外游戏时，我就发现他不仅会在上面走，而且走得平稳。走滚筒需要孩子胆大，掌握平衡，控制脚尖及脚掌的力度与方向，上面的条件沐宸都能达到，并且在滚筒上行动自如。

孩子从单纯在滚筒上行走到能完全控制住滚筒，甚至滚筒里面装着不断转动的小朋友，这对他们而言，是一个不小的挑战！滚筒里小朋友的速度时而快、时而慢，一般的孩子站在滚筒上早就摔下来了。刚开始练习这种方法时，沐宸小朋友也是不断失败，但他不断尝试怎样才能稳住自己的身体，通过反复练习，慢慢地这种方法也就运用自如了。

一个滚筒已经满足不了沐宸小朋友对游戏的需求。在这时，我问他：你一个人有什么方法让两个滚筒动起来？他积极思考，不断尝试。最终他利用力的相互作用的原理，走在一个滚筒上，助推起另一个滚筒动了起来。看他高兴的样子，我也真心为他坚持不懈的精神感到开心。

喜欢挑战，敢于尝试，沐宸小朋友就是这样的孩子。

【观察分析与措施】

观察沐宸小朋友走滚筒我采用了连续观察法，时间差不多用了两个学期。几个片段中，孩子的游戏水平不断提高，能力不断增强。他从一个人在上面走，到筒里有孩子行走，再到挑战两个滚筒，继而两人一起在滚筒上行走，到最后两人迎面交换滚筒，游戏难度不断升级。

根据《3—6 岁儿童学习与发展指南》的标准，沐宸小朋友的很多能力都得到了提高。他敢于挑战、不怕困难、专注、谦让、合作、相互协调等学习品质体现得淋漓尽致。这个游戏活动不仅促进了孩子社会性的发展，而且在活动分享过程中，孩子通过积极的思考，一起讨论，学会了总结方法，语言能力也得到了提高。同时，孩子在失败中，探索出更多的滚筒玩法，孩子的探究能力也得到更高的发展。

总之，每个孩子都是一本独特的、既耐读又不易读懂的书，有独特的兴趣、爱好，有发展的强项和弱项，需要老师用爱心、耐心和理性去细细品读。走进孩子的内心世界，读懂游戏背后的行为，才能发现他们是一个个有能力的学习者！

小剧场，大热闹

江苏省盐城市亭湖幼儿园　邱胜男

【观察对象】磊磊　**【年龄段/班】**中班

【观察时间】2021 年 5 月 10 日

【观察背景】

区域游戏时，我发现磊磊已经连续几天都选择了表演区，今天有意观察一下磊磊在表演区的活动情况，看看他对表演区中的什么更感兴趣，表演区还需要进行怎样的完善。

【观察目标】

1. 观察磊磊的游戏状态，是否有良好的游戏行为习惯。

2. 观察磊磊在与同伴交往时的语言、动作和情绪表现。

【观察过程】

表演区中“播音总监”磊磊正在安排小朋友表演。他按照自己设计的节目表来请其他小朋友表演，有的表演唱歌，有的用小鼓伴奏，还有的穿着演出服装在舞台上即兴表演呢。这时，新来了一位凯凯，他刚坐下，“播音总监”磊磊就帮他安排了表演节目，让他给舞台上表演节目的孩子进行配乐。刚刚满脸洋溢着笑容走进表演区的凯凯看起来不开心了，没等一分钟就换了个区域。此刻磊磊着急地大喊：“凯凯你怎么不听话啊?”凯凯停下了脚步，对磊磊说了一句“我不喜欢敲音乐”，转身又走了。

【观察分析与措施】

分析：本次表演区的活动孩子们是很感兴趣的。他们自发且认真地表演，绘声绘色地演唱，有节奏地用小鼓伴奏，大家很投入！中途进区的凯凯也是被这样的情景所感染才来到了表演区，但凯凯不久就退出该区域的主要原因有两点：

1. 凯凯对打击乐不熟悉导致了他对伴奏不感兴趣。

2. 凯凯在进表演区的时候并不是想进行打击乐伴奏，他想进行其他表演，他对于磊磊的安排并不满意。

观察中，我发现幼儿会选择他们自己喜欢、感兴趣的表演内容，所以，表演区的节目单和表演内容的拟定应该让幼儿都参与其中，表演区的材料也需根据幼儿需要适时跟进提供。

措施：1. 丰富幼儿活动的材料，根据幼儿的需要提供材料，可以与幼儿一起讨论、制作他们喜欢的道具。2. 利用和幼儿谈话谈心的活动，引导幼儿学会尊重他人的想法，或者遇到意见不统一的时候可大胆表达出自己的想法，进行有效的同伴交流。

“第一”的忧虑

北京市顺义区建南幼教集团　贾晶辉

【观察对象】景行　**【年龄段/班】**小班

【观察时间】2021 年 4 月 16 日上午 10：50—11：05

【观察背景】

在一日生活中，我发现景行无论做什么事，都喜欢争抢。每次吃完午餐教师让幼儿自由排队准备散步时，他总会挤到前面来要排第一个；在区域活动自选材料时，他也经常会抢自己喜欢的；在分组活动中，他也争当组长，却不知道如何去当组长。

【观察目标】

能够与其他幼儿互相谦让，共同逃离“鲸口”。

【观察过程】

在“鲸口脱险”的游戏活动中，我让幼儿自由选择游戏伙伴，4 人一组轮流进行游戏。轮到景行那组了，只见其他 3 个幼儿在商量逃出“鲸口”的顺序，他却不参加讨论，只是小声嘟囔“我要第一个跑”，最后 3 人决定按站的顺序一个一个地逃出“鲸口”，他排在第三个，当文熙告诉他第三个“逃跑”时，他很不高兴，小声地说：“我就想第一个跑。”其他 3 个幼儿也没有听他在说什么，也没顾及他的感受，就按自己商量好的顺序开始了游戏，当听到“预备，跑”的发令口号后，他和文熙一起行动，结果恬棋手里的小球被挤掉了，落在了“鲸肚”里，他手中的小球“逃”了出来，他兴奋地说：“我跑出来了！”游戏结束后，其他 3 个幼儿都责备他，他很委屈地说：“我就想第一个跑。”

【观察分析与措施】

分析：3—4 岁的幼儿正处于以自我为中心的阶段，认为什么事情都应该以自己为主。其次，景行是独生子，家长比较溺爱，认为应该把最好的都给孩子，造成孩子自我中心的意识比较严重，不知道注意同伴的情绪。

措施：1. 发挥同伴作用，多组织幼儿参加同伴的活动。在与同伴的相处中，幼儿会逐渐意识到别人与自己的不同想法。2. 集体教育，在全班面前开展一个集体谈话的活动。让幼儿针对此次游戏谈谈自己的感受，引导幼儿在我们的一日生活中要互相谦让。3. 榜样的作用：发现有谦让表现的幼儿及时表扬，起到榜样示范作用。4. 家园共育，请家长在家的时候培养孩子谦让的好品质。

谁的玩具

北京市东城区崇文第三幼儿园　朱浩尘

【观察对象】时赫然、吕佳阳　**【年龄段/班】**大班

【观察时间】2019 年 9 月

【观察背景】

《指南》在社会领域中指出，5—6 岁幼儿在与同伴发生冲突时，应能自己协商解决。孩

子们升入大班，慢慢地对自己拿到的玩具表现出占有欲，当别人拿了自己的东西时，也能够主动表达自己的不满。在这种情况下，学会如何解决问题，如何与伙伴商量就显得尤为重要。

【观察目标】

掌握与同伴相处的技巧，尝试解决生活中遇到的小矛盾。

【观察过程】

活动开始了，小朋友都选择了自己喜欢的玩具。吕佳阳突然大声说道："时赫然，你别抢我玩具呀，是我先拿到的。"只见他们两个人的小手都抓在玩具筐上，谁也不愿意放手。小时理直气壮地说："不对，我没抢，是你抢！刚才是我在玩的，等我上完厕所回来，你就拿去玩了。"小吕委屈地说："我没有，我是看没人玩了我才拿来玩的。"小时说道："没有抢也得还给我，是我先玩的。"两个人僵持在一起。我在旁边轻轻地问他们："那现在要怎么办呀？你们这样谁也玩不了呀。"两个小朋友看了看对方。小吕率先说道："要不咱们一起玩吧。"小时立马点头："行！"于是，两个小朋友一块儿玩了起来。

【观察分析与措施】

通过本次观察可以看出，幼儿之间的争吵和纠纷，是幼儿人际交往中产生矛盾的表现。两个小朋友虽然在争吵，却也在争吵的同时向对方诉说着事情的经过。在这种争吵甚至打闹中，幼儿学会了观察和分析，也学会了倾听他人的解释，更有了学习与他人交往的机会，并在观察学习过程中掌握与同伴相处的技巧。如果孩子之间始终和平相处，没有矛盾冲突，反而缺少了这种机会。所以我们常常发现，有些幼儿一分钟前是"敌人"，一分钟后又成了游戏伙伴。所以适当的争吵，也是孩子们成长过程中的必要环节。

战船风波

北京市西城区中央军委机关事务管理总局红星幼儿园(黄寺园)　郑莲军

【观察对象】霖霖、牛牛　**【年龄段/班】**大班

【观察时间】2021年3月9日

【观察背景】

结合大班幼儿的年龄特点，强调在游戏活动中的合作与交流。合作从参与人数上进行了界定，一定是两人以上，有了合作才会有交流。通过日常观察，我发现一些幼儿在遇到自己感兴趣的游戏项目时，仍是乐于独享，认为材料在自己掌控之中才会更有驾驭感。若教师单纯地引导鼓励幼儿达成合作，似乎又有一些高控、制约的影子。于是我尝试在适宜背景、适当时机的情况下做到适时介入，以求幼儿在和谐的氛围中自主参与、合作发展。

【观察目标】

1. 能自主选择区域游戏活动，根据兴趣指向进行调整和融入。

2. 愿意与同伴分享自己的游戏体验，在合作游戏中体会成功。

【观察过程】

伴着悠扬的乐曲，小朋友们自主参与到区域游戏活动中。有的绘画，有的表演，有的看书，玩得不亦乐乎！

此时，图书区的霖霖东看看、西瞅瞅，悄悄地从图书区转移到益智区，看到牛牛正在

拼插战船，也想加入其中。他随手拿起一个插片想协助牛牛制作战船，可是牛牛正专注于自己的战船创意，对霖霖的介入表示出强烈反对："你别捣乱！我想自己插战船!"情急的霖霖也不甘示弱，硬要与牛牛合作，两人争执起来，一不留心插了一半的战船四分五裂。牛牛急了："看，都怪你！我告诉老师去!"霖霖见状，吓得灰溜溜地逃跑了。牛牛见霖霖跑了，并没有真的来向老师告状，而是将散乱的战船碎片拾起来进行细心修复。

默默观察的我顺势走到牛牛身边，见到他委屈的样子，我微笑着说："呦，牛牛拼战船呢，我来帮你好吗?"听到我这样说，他兴致大起，拼到一半的时候，我说："牛牛，你的战船就快大功告成了，要不给你找个小助手吧！这样速度会更快些。"牛牛接受了我的提议，高兴地说："好吧!"就这样，霖霖又回到益智区，开始了和牛牛的战船合作，两个孩子早已忘记刚才发生的一切，自然地投入到战船拼插中。

【观察分析与措施】

游戏中，经常会发现小朋友们一有矛盾就会说"你再……我就告诉老师"。我认为幼儿假装告状的时候，教师可先观望，然后想策略，通过适当指导，培养幼儿主动与同伴交流、合作，大班小朋友在遇到事情时反应很直接，行为很冲动，结合其年龄特点，一定要给他们自己解决问题、调整情绪的空间，不要因为担心而过早介入，使得游戏场所间接演变为解决矛盾的调解站。相信不一会儿两个"小冤家"就又会成为形影不离的"铁哥们儿"。只有走进童心世界，真正理解、读懂孩子，才会使教育达到事半功倍的效果！

梯子和轮胎

广东省广州市广东省育才幼儿院二院　刘嘉桢

【观察对象】彦儒、晟铭、浚光、悠然、孟峤　**【年龄段/班】**大班

【观察时间】2018 年 3 月 13 日 9：00—10：00

【观察背景】

操场上有几把散落在地的木梯和一些轮胎，大班孩子随意地在木梯子间走动。

【观察目标】

1. 调动幼儿的生活经验和游戏经验，一起讨论、观察、尝试。

2. 能在同伴面前大胆表达自己的想法和做法，并说明理由。

3. 尝试小伙伴一起合作，共同解决游戏中遇到的问题。

【观察过程】

小朋友搬来了 7 把梯子平放在操场中，这时，彦儒走过来对浚光说："我想到一个好玩的游戏，我们在'轨道'前面加一个'滑梯'，再拿一个轮胎，把轮胎从'滑梯'上滑向'轨道'，看看轮胎能滚动多远。"说完，彦儒搬来了一把人字梯、一块木板和一个轮胎，把人字梯摆放在单梯的后面，又把木板的一端放在单梯上，慢慢把木板的另一端搭在人字梯的第三个台阶上。小伙伴们一起搭好了"轨道"，然后把重重的轮胎从斜面的木板上滚动下来，轮胎"咕噜咕噜"快速地往下滚。小朋友对轮胎在梯子"轨道"上滚动的游戏很感兴趣，还制定出比赛规则"看谁滚动的轮胎滚得最远"。小朋友都很想尝试，每次都用眼睛盯准"轨道"，用力推动轮胎。但是他们发现轮胎在"轨道"上滚动了一小段距离，就会偏离"轨道"，从"轨道"上滚落，并不能滚动到达终点。"为什么会这样呢?"孩子们都很想解决这个问题。

【观察分析与措施】

老师在此基础上生成了教学活动"轮胎和梯子"。小朋友对轮胎能在平滑的路面上匀速滚动是有感性经验的，但是当轮胎在梯子"轨道"上滚动时，梯子上的横杠会对轮胎的滚动产生阻力。如何解决这个阻力问题？和推动的力量是否有关系？和轮胎的速度是否有关系？我们通过有效调动幼儿的生活经验和游戏经验，一起讨论、观察、尝试。让幼儿畅谈自己平常接触的轮胎类游戏，如在不同地面、不同坡度骑脚踏车、滑板车、独轮车等，以及车速的快慢、轮子的转动等的感受和体验，引发幼儿对在梯子"轨道"上滚动轮胎时所遇到的问题的思考，说说自己的想法，并出示典型的相片和视频，小伙伴们共同讨论，提建议。有的说，我家的汽车轮胎漏气时也会出现颠簸的感觉，我们试试给轮胎充气。马上有小朋友回应说，我们玩的轮胎只有外胎，没有内胎，所以充不了气的。有的说，我们在梯子上平铺木板，轮胎在平滑的"轨道"上滚动，就会减少颠簸，易于滚动。有的说，我们在"轨道"两边加上护栏，轮胎就不会滚离"轨道"。有的说，我们两个小朋友一起用力推轮胎，两个人的力量比较大，会使轮胎快速转动，加速后轮胎可以更好地直线滚动。小朋友在互动中有了充分表达的机会，在提问、质疑、建议的过程中，不断反思、调整、合作、尝试，实现了与同伴的互动及经验的共享。最后，小伙伴们再次在游戏实践中获得成功的体验。

望江公园初搭建

四川省成都市四川大学第二幼儿园　李一佳

【观察对象】聪聪、佐佐　【年龄段/班】大班

【观察时间】2020 年 10 月

【观察背景】

望江公园是成都著名的旅游景点，也是离我们幼儿园最近的一所公园，公园的一草一木对幼儿来说都非常熟悉，"搭建望江公园"活动由此开始。

【观察目标】

1. 能综合运用架空、垒高、平铺、延长等技能搭建望江公园中的主体建筑物。

2. 能互相配合完成搭建，培养幼儿的协作能力，体验成功的喜悦。

【观察过程】

望江公园搭建开始了。在搭建望江楼时，面对各种材料，聪聪和佐佐拿了很多不同材料到区域中间。对于地基的搭建聪聪反复拿材料进行对比，最后用几根柱子进行搭建，用长条板进行支撑。在搭建过程中，他们反复尝试搭建的材料，发现柱子高低不一，木板够不到对面的柱子，反复尝试后望江楼还是倒塌了。最后他们用不同的材料小心翼翼地再次把望江楼搭建了起来，可是整体建筑物没有凸显出建筑的特点，搭建的望江楼的层数跟实际有出入，外形特征也不符合，于是他们向我求助："老师，为什么我搭建的望江楼容易倒也不像呢？"

【观察分析与措施】

分析：第一，幼儿缺乏对建筑物细致的观察；第二，幼儿技能的缺失。主题建构游戏是通过确定主题让幼儿利用各种材料围绕这一个主题进行创造性的建构活动，在建构的过程中，幼儿根据自己的已有经验进行再现，形成较为完整的作品。这两名幼儿有一定的建

构游戏经验，对主题建构游戏感兴趣，能较熟练运用垒高、架空、架高、平铺、围合、转接等建构技能进行搭建。但是，首先，搭建前他们缺少表象积累的过程，缺乏对建筑物结构、比例、空间大小的观察，头脑中没有储备丰富的实体表象，因此，在搭建的过程中发生了按自己想法简单运用技能进行搭建的现象。其次，搭建初期他们只会单一架空、垒高、延长，搭建的建筑物没有凸显出建筑本身的特点，搭建的望江楼的层数跟实际有出入，外形特征也不符合。

措施：

1. 丰富幼儿的前期认知经验

在搭建前期先请小朋友以周末游望江公园的形式充分了解望江公园的主体建筑物与地形地貌，丰富他们对古体建筑的认知，并且用绘画方式把自己看到的景物画下来，再设计建构图纸，用自己的方式来甄定图纸。去游玩时观察建筑物的外形特征、结构、周围的环境位置关系，在头脑里储备这种认知，再回到游戏中进行创造搭建。

2. 模仿创造并存

老师先进行搭建，幼儿对整体和材料进行观察之后，再回到游戏中尝试搭建，既能激发他们的兴趣，又能发挥他们自己的想象，在模仿的基础上进行建构的创新。

3. 搭建内容相对应

出示实际图片，与他们搭建的内容进行对比，以一种更为直观的方式呈现，例如望江楼可以怎么搭建，薛涛井可以怎么搭……以具体建筑相对应的方式呈现，幼儿在搭建过程中出现困难时能给予他们多种参考意见。通过对内容的调整，最后使搭建内容跟实际相符，突出了望江楼主体建筑物的特点。

通过改进和幼儿不停地尝试，他们的搭建技能变得多元化，会架空、垒高组合，分级式堆叠，间隙垒高，平式连接，塔式。

我想和你们一起玩

北京市海淀区中国人民解放军总医院幼儿园 黄 密

【观察对象】小轩、然然、小熊 **【年龄段/班】**中班

【观察时间】2021 年 3 月 7 日上午 9 点

【观察背景】

升入中班后，换了新的教室、新的小朋友，幼儿之间处在互相熟悉的阶段，所以常常会出现一些矛盾。

【观察目标】

引导幼儿解除矛盾，提高幼儿的交往能力。

【观察过程】

区域活动的时候，我正在图书区给小朋友们读绘本，突然益智区传来了争吵声，我赶紧上前看看发生了什么。这时我看到小轩身体背对着我，手里拿着一块齿轮，低着头一言不发。然然小朋友皱着眉头，气呼呼地对我说："黄老师，刚才我和小熊正在玩这个转齿轮，小轩跑过来拿走了我们这里的一块大齿轮，我就生气了。"了解情况后，我安慰了然然和小熊，又拉着小轩的手把她带到了睡眠室，问她发生什么事了，为什么要拿这块齿轮。

小轩低着头不说话，我又抱了抱她，让她坐在我的腿上，轻声对她说："没关系的，你悄悄告诉老师好不好？"小轩点了点头，说："我刚才看到他们拼那个齿轮很好玩，他们就缺这块大的就可以让齿轮转起来了，我本来是想帮他们拼上的，可是我一拿这个他们就生气了。"我说："原来是这样啊！我们小轩是想帮他们的，真好。但是我们要注意拿东西前一定要先主动告诉他们，你是想帮他们拼上这个齿轮的，不可以直接拿，不然他们会认为你是抢走了他们的玩具哦！"小轩点了点头，我接着说："那现在我们去找然然和小熊说一下好不好？老师陪着你一起去。"小轩点了点头，主动拉着我的手，和我一起来到了益智区，并对然然和小熊说了拿齿轮的原因。然然说："知道了，那你和我们一起来玩吧！"小轩点点头，和他们一起开心地玩了起来。

【观察分析与措施】

分析：小轩小朋友上周刚刚适应了幼儿园的集体生活，对班里的小朋友还比较陌生，所以有时候想和谁一起玩也不敢主动说，这样就容易和小朋友之间产生一些矛盾和误会。

措施：对于小轩这个情况，我在班里尽力为小轩提供了和小朋友交往的机会，并鼓励她大胆和同伴交往，还请她在全班小朋友面前介绍了自己，让小朋友们都认识她。在日常生活中，我还会经常请她帮助小朋友做一些小事情，比如发书、发水彩笔、收毛巾等。每次做完这些事后，我还会对她进行鼓励，在实践中培养她的自信心。良好的班级环境和幼儿之间的交往环境，就像阳光、空气那样，无时无刻不在影响着孩子们的身心健康发展。经过一段时间的努力，小轩已经适应了新的班级，也能主动邀请小朋友和自己一起玩了，看到这一幕我的心里暖暖的。

沉默的建筑师

河北省张家口市31675部队幼儿园　郭志平

【观察对象】小语　**【年龄段/班】**中班

【观察时间】2021年4月6日

【观察背景】

区域活动时间。

【观察目标】

1. 培养幼儿乐于交往好品质。

2. 发展幼儿的想象力、创造力。

【观察过程】

今天区域活动时，我来到了建构区。只见小语一手拿着棋子，一手拿着图形块，认真地比画着，但始终找不到门路。

"小语，你是不是不会玩？"我看出她的茫然，便问道。

"嗯。"小语有些不好意思。

"你看，这个图形块上有小洞洞，你把棋子尖的那头插进去试试。"

小语开始按照我说的方法尝试。一个，两个，三个……

小语很快就把长方形块的小洞洞插满了，接着又插满了三角形块和圆形块，小语的脸上开始有了一丝微笑。"老师，我想往上搭，应该怎么做呢？""小语，你看，棋子有两头，你试试把圆形块下面的棋子空心这头插到长方形块上露出的小尖头上，看能不能往上搭。”小语开始用这样的办法继续往上搭建。

“小语，我还差两个棋子，你能分我两个吗?”同桌的依依询问道。“可以呀，我马上拆给你。”小语很爽快地答应了，并马上递给依依两个棋子。

小语的房子越来越高了，突然她又停了下来，她很努力地想要把长方形块拼插到三角形块上，可是始终不得其法。“小语，你试试把长方形块放在三角形块的下层，看看能成功吗?”小语满心疑惑地点点头，手上已经开始工作起来。她很有耐心地摆弄着三角形块，左右比画着，终于成功地拼插了上去。孩子似乎找到了搭建的方法，认真地往上一层又一层搭建，到游戏结束的时候，孩子的高层建筑已经初具规模。老师为她敢于探索、勇于挑战和坚持不懈的努力而感到欣喜。

【观察分析与措施】

小语在班级里算是一个非常沉默的孩子，不善言语，也不喜和他人交谈。在这次活动中，虽是老师先发起的交谈，但在这个过程中，她愿意放下自己的戒备，能主动询问老师，并在同伴需要帮忙时，毫不迟疑地伸出援手。她其实是一个很热情、很热心的孩子，老师为她敢于跳出自我与人交心的勇气而感动。

沉默的孩子其实也是需要教师着重关注的一类孩子，虽然他们不善言语，但内心世界其实是很丰富的，正需要有心的老师去走近他们，聆听他们，开导他们，等待他们。从发现、夸奖他们的长处着手，尝试让他们敞开心扉，愿意与人交往，从而顺利融入群体生活。在这个过程中，培养他们待人接物的社交能力，塑造他们积极的性格特点，促进他们心理的健康发展。

同伴交往观察记

云南省昭通市永善县青胜乡中心幼儿园　汪忠意

【观察对象】皓轩　**【年龄段/班】**中班

【观察时间】2020 年 9 月 1 日 10：30—11：00

【观察背景】

据中班某位家长向教师反映，儿童在回家后的日常生活中不愿意与同伴交往，喜欢独来独往，不与家长交流，我班特开展如下观察。

【观察目标】

1. 更加清晰地了解幼儿不愿意与同伴交往合作的情况。

2. 促进幼儿在与同伴交往过程中学习合作交流的方法。

3. 调整教师正确引导幼儿的教育方法，通过家园共育的方法促进幼儿身心健康和谐发展。

【观察过程】

一、观察前准备：观察记录表、垫纸板、笔、户外场地。

二、观察过程分析

观察记录表

序号	所属类别	观察现象描述	原因初步界定
1	表情	在户外活动开始前，老师告诉小朋友们今天我们要一起玩“过独木桥”的游戏。班里大多数小朋友纷纷回答“好”，但是皓轩却满脸沮丧，也没有回答老师	该家庭可能以幼儿为中心，对幼儿的各种需要几乎是无条件满足，而且总有家长陪儿童游戏。当幼儿总有家长陪伴在身边时，会感到高兴；当幼儿离开了家长自己玩游戏时，难以产生找同伴游戏的动机，因此会感到沮丧
2	行为	在玩“过独木桥”的过程中，皓轩总是排在最后，而且还与其他小朋友保持了一定的距离，都是等其他小朋友都走下独木桥后自己才慢慢地走	幼儿可能喜欢以自我为中心，有较强的内向性格心理特点，与同伴总保持一定的距离，很可能是在之前的同伴交往过程中发生过肢体冲突
3	语言	活动结束后，所有的幼儿都在和同伴、老师一起分享交流活动中的乐趣，以及活动环节中最困难的动作。而皓轩却在旁边独自站立着，一句话也没说	可能是在家庭中很少与同伴交流沟通，从而导致不喜欢与其他小伙伴一起分享快乐

三、措施

1. 教师积极与家长进行沟通交流，家庭日常生活中，家长要引导幼儿多与小伙伴一起玩耍，并且创造条件把幼儿投放于社会群体中以发展幼儿语言交际水平。

2. 教师要随时调整引导方法，因材施教，尊重个体差异。面对性格内向的皓轩，要多和幼儿沟通交流，做好幼儿的心理疏导，消除幼儿在以往同伴交往过程中产生的心理阴影。

3. 树立正确的教育观，多给予幼儿鼓励、支持、帮助和引导，在集中教学活动中培养幼儿乐于交往、善于融入群体活动中的意识。

建构游戏“动物园”

广东省深圳市龙岗区阳光天健城幼儿园　丁昱苏

【观察对象】榆垚　**【年龄段/班】**小班

【观察时间】2020 年 11 月

【观察背景】

为提升区域游戏质量，教师对幼儿做有效的观察。根据《指南》，结合幼儿年龄阶段的特点，在引导幼儿区域活动时，教师要不断实践、反思和改进。在观察中寻求合理的游戏策略，提高游戏指导质量，让幼儿能自主游戏，充分发挥幼儿游戏的主动性与创造性。以直接经验为基础，让幼儿在原有的基础上提升经验。

【观察目标】

1. 幼儿在游戏中想象力的发挥，能根据自己的想象进行建构游戏。

2. 幼儿在建构游戏中搭建方法的使用。

【观察过程】

“老师，你快来看！我给小动物搭了一个动物园。这里是老虎住的，这里是长颈鹿住的。他们都住在这里，他们在做游戏呢。”榆垚叫住我，邀请我来看他搭建的动物园。“这是你为小动物们搭建的动物园啊，真是太能干了。”我看着榆垚搭建出来的动物园认真地说道。“是啊，老师。这是我搭建的动物园，我用积木围合搭建的动物园。看！我还给小动物们种了树呢，这样小动物就不用晒太阳了。不晒太阳就不会中暑了。我之前就晒太阳，都把我晒黑了。”榆垚不紧不慢地说，同时又将一棵树摆放在动物旁边。“动物园里都有哪些动物啊？”我问。“有大狮子、老虎，还有豹子，还有马。”榆垚一边摆放着小动物一边给我介绍。“这么多小动物啊，我觉得小动物们需要更大的场地，这么多小动物一起住，会不会拥挤啊？如果小动物口渴了怎么办呢？会不会跑出来啊？”我说出一连串的问题。“我觉得不会啊，你看我给它们都搭建了住的地方，我还单独给白鹅搭建了地方呢。其他小动物也有他们的地方，这样小动物们应该就不会跑出来了。”榆垚说完又拿出了一棵树自言自语地说道：“树太少了，再加上一棵。我还得给他们再建一个水池，这样他们就可以喝水了。我还得再搭一圈围栏，这样他们就不会跑出来，更安全。我还得让更多的小动物住进来，这样它们在一起会有更多的朋友。”

这时榆垚抬起头看着我说：“老师你能帮我照顾我的动物园吗，我要去喝牛奶了。千万不要让别的小朋友把我的动物园给弄坏了。”“好的，我帮你看着。”听到我的回答，他安心地去喝牛奶了。

【观察分析与措施】

分析：1. 幼儿初步掌握了积木搭建方法，能进行简单积木的围合。2. 参观过动物园，知道动物都有自己居住的地方，并且居住地需要有大树。动物们也需要防晒，防止中暑。3. 经过思考动物园围栏的牢固性，决定在墙的外面再加上一圈围栏，这样可以让动物更安全。4. 经过幼儿园的学习，学会了寻求别人的帮助，让自己有办法更好地解决问题。

措施：1. 鼓励幼儿将自己有趣的、美好的东西跟别人分享。在分享中收获快乐，学习更多的本领。能够跟同伴大胆、自信地分享自己的想法，并且结合自身的经验更好地跟同伴游戏。2. 引导幼儿将自己所学习到的技巧和方法运用到游戏活动中，肯定幼儿在游戏中的想象力、动手操作实践的能力。

有趣的“动物园”

四川省绵阳市少年宫幼儿园　陈晓慧

【观察对象】坤坤、高高　**【年龄段/班】**小班

【观察时间】2020 年 5 月 28 日

【观察背景】

本学期，我们又为建构区新添置了很多低结构材料。通过近期观察，部分幼儿已经具备一定的前期搭建经验和解决问题的能力，但个别幼儿解决问题的能力以及和小朋友合作的能力还有待提高。

【观察目标】

1. 观察幼儿在游戏中是否能够尝试合作。

2. 了解幼儿游戏水平和社会性发展的阶段。

【观察过程】

区域游戏刚开始，几位小朋友一起进入建构区便忙开了。他们从柜子里拿出各种各样

的搭建材料与“小动物”，不约而同地搭起了动物园。

高高小朋友并没有去和同伴搭建动物园，而是在旁边搭起了一个简单的小房子。我走过去，蹲下身来，轻轻地问道：“你搭的是什么呀？”“一个小房子。”“哦，原来你在搭房子呀，看来你是房屋建筑师。”高高笑了，我接着问：“那你怎么没有和大家一起去搭动物园呢？你想不想也当一名动物园建筑师呢？”高高没有回答，但是静静地想了一会儿后，便走近“动物园”，却不知道该做什么。

这时我说：“想一想你们的动物园要搭成什么样子，先设计好，然后大家一起合作。”话音刚落，高高便开始主动询问坤坤需要什么材料，坤坤拿起奶粉桶和纸碗，对高高说：“我们需要这两样东西。”高高一看，立即起身去抱奶粉桶，抱完奶粉桶又去拿来很多纸碗，于是他们便一起进行各种垒高和延长。过程中看似大家在一起玩，但每个小朋友都别出心裁地加上了自己设计的东西。不一会儿，他们的动物园搭好了，大部分的结构是一致的，但仍有一些地方体现出了每个小朋友自己的想法。

【观察分析与措施】

1. 小班幼儿在游戏中开始出现了合作性，但不能做到真正的合作。看似一起玩，实际上又在各自实施各自的想法。高高在游戏时自己一个人搭建，我通过询问“你想不想也当一个动物园建筑师”的方式，引导他加入到别的小朋友的游戏中，和小朋友共同游戏。帮助幼儿学会与他人交往，有问题时能够与小朋友沟通，推动幼儿合作能力的提高，促进幼儿社会性发展。

2. 当高高想加入集体活动，但又不知该做什么时，我用“先想一想动物园可以怎样来搭，然后再互相合作”的语言提示幼儿，激发幼儿合作游戏动力。当幼儿在社会交往过程中遇到障碍时，给予引导，用明确的指令告诉他们，接下来我们可以做什么。

3. 针对小班幼儿，我们应重视合作的发展，但不过分强调合作。

孩子们眼中的消防

四川省绵阳市少年宫幼儿园　刘成艳

【观察对象】棋、天、辰、菲、依、雨桐　**【年龄段/班】**5 岁

【观察时间】2021 年 4 月

【观察背景】

区域活动中。

【观察目标】

通过图片和实物、同伴和同伴之间的碰撞，孩子们了解更多关于消防的知识。

【观察过程】

一天上午，孩子们去玩滑梯，他们和往常一样爬到圆形的蘑菇房上坐着。突然棋假装自己要掉下去，双手抓住房顶。大声喊道：“救命啊，着火啦！”这时在他旁边的孩子也跟着喊了起来。他们一边喊“救命啊，着火啦”，一边把棋往上拉，一下子都跑了上来。其中天、辰马上将自己“变”成了大火中的“消防员”，而菲、依、雨桐立刻成为大火中“被困”的人。

这时“消防员”天着急地说：“走这里，这里是安全通道。”边说边指着蘑菇房下面的门。“消防员”天对“被困人员”依说：“别着急，我来救你啦，走这里。”天边说边指着蘑菇房的门，依指着对面滑梯的梯子说：“走这里，这里是楼梯，不可以坐电梯（指滑梯的滑板）。”

"消防员"辰拿起脱下的衣服当作水管对着着火的蘑菇房"喷水"……依、菲、雨桐出来以后，扮演受伤人员，躺在地上，辰开始施救……一场"孩子们眼中的消防"假扮游戏在孩子们中间生动、形象和有创造性地表现出来。孩子们在游戏中的全情投入，让我很好地观察并记录下了孩子们的这一瞬间。

利用孩子们引发的教育契机，下午我们参观了消防馆，孩子们被几个穿着各式消防服的道具人物吸引了。棋说："这个是救火时穿的。"识字的辰指着蓝色的衣服说："这个才是灭火战斗服，这个有口罩，戴上它去灭火不会被呛着，我在电视里看到过。"他们这一争论，孩子们都围了过来，你一句我一句地讨论着。在探讨和协商的过程中，孩子们知道了更多的逃生方法。孩子们将自己的想法表达出来，而其他的孩子能注意去倾听并做出积极的回应，让我们感受到了学习的积极性、参与性、良好的语言表达及倾听的习惯。

【观察分析与措施】

孩子们之间的互动学习，让他们在交流和辩论的过程中，对消防知识有了进一步的理解，实现了已有经验的再现和新经验的形成。当老师与孩子们讨论"着火了应该怎么办"时，孩子们的回应充分体现了他们对救火逃生已经有一定的安全意识并掌握了一些正确的逃生方法。这样的游戏化、体验式的学习方式，对于孩子的学习意义是非凡的。

插花的诀窍

四川省德阳市德阳外国语学校幼儿园　赖　洋

【观察对象】承玮　**【年龄段/班】**中班

【观察时间】2021 年 3 月 10 日

【观察背景】

在上一次插花活动中，有的小朋友成功完成了插花，有的却失败了。小朋友们使用了一种新的插花材料——花泥。杉杉小朋友发现，在同样使用花泥的情况下，使用大块的花泥插花花较稳，小块的花泥插花花容易倾倒。其他的小朋友却提出了不同的意见，认为花容易倾倒可能和其他的插花材料有关系，比如树枝、黏土、花……

【观察目标】

幼儿能否发现让花束不倾倒的办法。

【观察过程】

承玮小朋友正进行着插花活动，他选择的插花材料有花泥、树枝、树叶、鲜花、干花、石子、蛋糕盘、黏土。他先用黏土来装饰自己的插花，再用剪刀拆开一盒黄色的黏土，把整块黏土都放在手里搓、捏、揉，最后把整块黄色的黏土变成了一个大的黏土球。他把黏土球粘在花束右边的一根树枝的上端，当他的手松开花束时，整个花束就往右边倾倒了。承玮看见花束倾倒，接着就近找了一个小盒子，靠着他的花束右边摆放以支撑花束，可是，花束还是往右边倾倒。他拿开了小盒子，用手挪了挪花束的位置，可是花束还是往右边倾倒。他嘴里嘟囔着"别倒啊"，眼睛顺着倾倒的方向看了看，把之前粘在树枝上的黄色大黏土球取了下来，最后花束成功地立了起来。

【观察分析与措施】

分析：该幼儿发现了花束不倾倒的办法——要想把花束立起来，花束左右两边的树枝就需要保持一致的重量。在幼儿不断尝试让花束立起来的过程中，该幼儿尝试了三种方法：

第一，借助其他的物品靠着花束，支撑花束，失败了；第二种，挪动摆放的位置，也失败了；最后，他通过观察尝试，取掉之前在右边树枝上粘的大黏土，结果花束立了起来，成功了。通过该幼儿一系列的行为，能看出当他在面对问题时，能主动思考并尝试多种方法，直至解决这个问题。同时，在解决问题的过程中，他表现出了积极性和坚持性。

措施：引导承玮总结自己的花束成功立起来的方法——要想把花束立起来，花束左右两边的树枝就需要保持一致的重量。把好的经验分享给更多的伙伴，为他人参加插花活动提供间接经验。

不会搭怎么办?

四川省成都市四川大学第二幼儿园　陈　悦

【观察对象】“欢乐谷”游戏工程师　**【年龄段/班】**大班

【观察时间】2020 年 9 月 25 日

【观察背景】

建构游戏初期，孩子们提出了想要搭建的游乐设施，个个都想去游戏区大显身手。前期主要以观察图片、画设计图为主，以此丰富孩子们对游乐设施外形结构的认知。游戏前我为孩子们提供了防撞条、纸筒、KT 板等辅助性材料进行游乐设施的搭建，但前两次的游戏情况并不顺利，许多孩子搭建不出自己想搭建的游乐设施。

【观察目标】

1. 幼儿能否有计划、有目的地进行搭建游戏。

2. 出现问题的时候，幼儿能否积极主动地思考，探索解决问题的方法。

【观察过程】

孩子们兴冲冲地来到“欢乐谷”，简单商量确定分工后，就快速地开始了游戏。有的工程师选择随便拿起一种材料就开始了，搭建到一半就有工程师提出反对的声音：“你修的什么呀？根本就不像跳楼机。”有的选择不停地来向老师求助：“老师，我不知道怎么修激流勇进，你教教我们吧。”有的则选择观望，站在原地手足无措，看看这看看那。

【观察分析与措施】

分析：游乐园虽然是孩子们最感兴趣的游戏区域，但游乐设施多，每一个游乐设施外形都有不同的特征且结构复杂，再加上中班下学期因为疫情没有开展建构游戏，孩子们的建构技能单一。所以就出现了不会搭，过于依赖老师的指导，或者搭建的游乐设施特征表现不突出的状况，没有体现其独特的游乐功能和刺激感等特点。

措施：

1. 丰富前期认知经验

孩子们邀请爸爸妈妈一起去游乐园玩耍，边玩边看的过程中对自己感兴趣的游乐设施的外形特征以及独特玩法进行充分的了解，并通过拍照的方式记录下来。之后，到幼儿园与同伴分享直观的图片，孩子们通过亲身游玩直接体验了不同游乐设施的趣味性、刺激感，也丰富了对不同游乐设施外形结构的认知。

2. 环境创设，教师示范，提供必要支持

进行墙面创设，张贴游乐设施图片、搭建技能方法图片。幼儿通过观察图片学习模仿，自主尝试进行游乐设施搭建。对于特别难的，例如如何平稳连接过山车的轨道支柱搭建与轨道连接支撑、坡度升高到转弯连接，教师示范搭建，幼儿通过详细的示范讲解学习、突破搭建难点，在自己搭建的过程中通过模仿获得技能的提升。

3. 合作游戏，在互动中获取经验

大班幼儿有分工合作的意识，会自由结伴进行合作游戏。在合作的过程中通过互相模仿进行技能学习。能力强的幼儿可以带动能力弱的幼儿，起到辐射带动作用，能力弱的幼儿以此学习如何搭建游乐设施进行游戏。

让幼儿学会分享、礼让

广东省深圳市罗湖区合正锦园幼儿园　杨杜萍

【观察对象】超超　**【年龄段/班】**中班

【观察时间】2021 年 3 月 25 日

【观察背景】

在小朋友的生活中，如果不懂得分享是很难找到好朋友的，大家会觉得这个小朋友不乐于分享。超超小朋友是本学期新来的插班生，经过一个月的相处，很快就融入了新集体。超超平时在班级表现活泼开朗，乐于帮助他人和老师做自己力所能及的事情。在家是妈妈全职带大的，后面觉得他成长有些孤单，又生了一个妹妹，他成功晋升为哥哥。妈妈在生产这段时间有些忽略他的感受，从而导致他以自我为中心，还特别的倔强，让家长和老师都很心痛。分享是我国的传统美德，让孩子学会分享将会影响他的一生。

【观察目标】

1. 在集体中是否会谦让他人。

2. 能否主动或被动地和同伴一起分享。

【观察过程】

早上入园超超就主动选择了美工区。到了晨谈时老师请他分享自己的区域计划，他很开心地告诉大家："我今天要在美工区画一幅画带回家和爸爸妈妈一起分享。"

从户外回来超超就去了美工区，只见他拿起一张 A3 纸便开始画起来。过了好一会儿，他画好了，开始涂色。他先拿起黄色蜡笔将一个小人的衣服涂上，看到旁边的小人便想拿红色来，刚想拿起红色，这时，姝涵先将红色拿起，超超马上大喊道："这是我的，你快给我。"姝涵也不松手，开口说道："这是我先拿到的。"超超马上伸手将蜡笔拿过来，姝涵马上大哭起来。超超这时马上把红色蜡笔藏了起来，还一直振振有词地说："这是我的，我的!"我问超超："你为什么这样啊?"他说："因为我也要用红色，我还没有用完。"

【观察分析与措施】

对于超超的这种行为，我先和他好好沟通，讲道理，让他知道集体和个人的关系，将他从"我"的概念中脱离出来，让他明白，小伙伴在一起，你需要的他们也需要，大家都是一样的，你不能独占，要和他人分享，可以轮流用，也可以礼让他人用，还可以再拿一支，我们的材料用笔是足够的。

现在很多孩子三岁前都是独生子女，全家人把最好的都给了孩子。不管孩子要求什么，家里人都是有求必应，毕竟家里就一个孩子，都尽可能地满足他，不会有人和他抢，这样的环境容易造成孩子不知道分享、霸道、以自我为中心的行为，也不懂得去谦让。

我们作为老师，发现孩子有分享、谦让的行为时，要及时给予孩子表扬和鼓励，通过老师的引导言语的强化，让孩子明白怎样做才是对的，怎样是错误的。我们要培养孩子与人分享，懂得谦让，让这些在我们的一日活动中体现。发现问题及时引导，发现孩子有正确行为及时表扬和鼓励，相信只要我们多教育引导，孩子们都能学会分享和谦让。

花

北京市丰台区芳群第二幼儿园　张亚茹

【观察对象】小美　**【年龄段/班】**大班

【观察时间】区域活动时间

【观察背景】

近期班级开展了废旧材料合理运用的活动，区域游戏中，教师重点关注幼儿使用废旧物与其他材料结合的情况。

【观察目标】

观察幼儿如何合理运用废旧材料。

【观察过程】

“萱萱你知道吗，我今天打卡的是美工区，我昨天就想好了，我想做一个双层花。”小美边说着边走到彩泥区。“小美，那我去画一个水粉画的双层花。”萱萱说着便拿着颜料去到了水粉区。小美边拿彩泥边回应着说：“我还想用毛根做装饰呢。”只见，浩君先将黄色的彩泥搓成长条，用剪刀分成了五个大小基本相同的块，然后团成圆按扁一点点，组合起来当作花瓣，再用相同的方法做出大一点儿的花瓣当作最下面一层。两层花朵做完后，小美起身拿了粉色和银色的毛根，她先点数出花瓣的数量，然后拿起粉色的毛根用剪刀剪出了相应数量的短一点儿的毛根插在了花瓣上，又剪出了六个银色的毛根当作花蕊插在中间。然后，小美走到美工架拿起冰糕棍又放下了，然后拿起了旁边的小纸板，随后拿了一只绿色的水彩笔在上面画了三片树叶，并画上了叶脉，再用剪刀剪下来，用泥粘在了刚刚做好的花朵下面。然后，用同样的方法又做出了两只，小美将三朵花粘在了圆形的纸上，拿了一根棕色的油画棒画上了树枝，然后拍了拍手转身笑着对萱萱说：“萱萱，你看我的小花完成了。”

【观察分析与措施】

分析：1. 从小美进区时的语言和取材料的动作可以看出，幼儿比较有计划性、目的性，能自主有序地选取材料。2. 在花瓣的纹路和花蕊的制作中，选择毛根的形式和剪毛根的动作，在一定程度上表明了幼儿有创造性想法并能对材料合理、熟练地使用。3. 在制作叶子的过程中，经过材料的调换后选择纸板，通过画和剪树叶，来变化纸板的形状，完成自己的作品，说明在日常活动中对材料较为熟悉，使用率较高，能有意识地利用，会选择合适的材料。4. 最后微笑的表情、拍手的动作和语言的表达，表现了幼儿完成作品时自身的满足感，并乐于向同伴展示自己的作品，幼儿有一定的社会交往意识。5. 自始至终专注地完成作品。

措施：1. 作品讲评展示：请小美向全班幼儿分享废旧材料合理运用的好方法、好经验。2. 环创方面：提供不同废旧材料如何运用的图片，帮助幼儿积累操作经验。3. 材料方面：投放层次不一的辅材和工具，满足不同幼儿的创作需求，尊重个体差异。

我眼中的天安门

北京市丰台区芳群第二幼儿园　孙晓宇

【观察对象】金阳　**【年龄段/班】**大班

【观察时间】2021年4月

【观察背景】

本月的搭建主题是“我眼中的天安门”，幼儿已有观察天安门造型的前期经验。

【观察目标】

1. 是否熟悉各种建构材料。

2. 能否自主地选择和使用材料进行有目的的建构。

【观察过程】

今天小宝、谦睿、俊俊和金阳四名幼儿进入了建筑区。

四名幼儿熟练地选择了5个半圆积木来搭建天安门城楼的5个门洞；在围拢第一个长方形时，他们意见不统一，不知道选择哪种材料为好。

俊俊说：“可以用长条积木来进行围拢。”金阳说：“为了对称，我们可以用最长条的积木围拢外面长方形，第二长条积木围拢里面长方形。”三人一致同意了他的方法。

到了搭建天安门10个门洞的时候，只见谦睿选择了长条的积木来进行搭建。这时金阳跑到谦睿的身旁，仰着小脑袋说：“这个积木不合适，你可以试试用圆柱加上拱形积木。”于是谦睿和金阳一起拿来圆柱和拱形积木尝试，谦睿点点头说：“这样的组合确实不错。”

不一会儿，壮观的天安门城楼搭建完成，小朋友们开始搭建长安街。金阳说：“长安街要用到很多积木，我们还是用最长的积木吧。”其他三名小朋友连连点头说：“对、对、对，这样我们很快就能完成。”看见长安街快完成时，我走过去说：“你们今天搭建的天安门可真好，如果能想办法装上路灯就更棒了。”他们异口同声地说：“可以请美工区的小朋友帮我们制作。”

第二天，有了美工区小朋友的帮助，漂亮的路灯出现在长安街的路边！

【观察分析与措施】

分析：1. 几名幼儿很熟悉本班的建筑材料的位置，所以能自主并且快速地取材料来进行搭建。2. 因为金阳熟练掌握了搭建技能，所以提议说要对称建筑。3. 搭建城楼上的门洞时，金阳建议用圆柱和拱形积木组合搭建，可以看出来他能选择合适的积木有目的地进行搭建。4. 搭建长安街时，金阳的办法是用最长的积木来搭建。因为他考虑到最长条的积木能在最短时间内完成长安街的搭建。可见金阳对班级中的各种积木是很熟悉的。5. 当我给他们出难题时，他们想到了请美工区用辅助材料来制作长安街路灯。

措施：1. 投放大量的搭建方法图片。2. 投放天安门模型。3. 投放大量合适的辅助材料。4. 及时给予表扬和鼓励，引导他们观察长安街路灯的样子，一起想解决问题的办法。

小嘴巴的大本领

北京市丰台区芳群第二幼儿园　牟　煜

【观察对象】小蔡　**【年龄段/班】**中班

【观察时间】8：30—16：30

【观察背景】

小蔡是一个性格内向、不爱说话的女孩，在幼儿园遇到问题就会哭闹，很少表达自己的想法。

【观察目标】

观察小蔡在一日生活中能否大胆用语言与别人交往。

【观察过程】

8：30—9：00

小蔡在漱口后搬好小椅子坐在一边，心情很低落。这时我走过去问："小蔡，你选了什么颜色的手环呀?"她低头不说话，我蹲下来轻轻问："你想去哪个区玩呀？可以告诉我吗?"她慢慢地抬起头说："我……不知道选哪个。"

小蔡慢慢地走到表演区，小心翼翼地指了一条裙子，摸了摸想摘下来又不敢，被其他小朋友拿走了，她小声叹了口气，有些不高兴，委屈地哭了起来。

12：00—12：10

小蔡在拿完拖鞋后，慢慢地脱好裤子并叠好。由于她的衣服比较紧，她脱不下来，便走到老师跟前："哎……哎……"把手举起来："哎……哎……"

16：20—16：40

"小小表演我最棒"活动时我问："哪一个小演员愿意上来给大家表演?"小宇上前表演，小蔡就哭了起来，我蹲下来问："你是想要上去表演吗?"她边哭边点头。

【观察分析与措施】

分析：小蔡是一个性格较为内向的孩子，在交往方面缺乏勇气，沉默寡言，不愿和大家一起玩，总是一个人待在那里默不作声，不善交往，不敢表现自己。而中班幼儿能够清晰地谈话，词汇开始丰富，喜欢与同伴交流，能够叙述日常生活中的各种事物，有时断断续续但愿意表达，但小蔡很少与人交谈。

孩子父母工作忙，老人带孩子习惯包办代替，没有和同伴交往及语言表达的机会，不敢在人多的地方表现自己。

措施：1."我们是朋友，一起聊聊天"的活动。引导幼儿和同伴及老师聊天，在聊天的过程中随时关注内向孩子。2."小小表演家"活动。给予幼儿在众人面前表现自己、表达自己的机会，鼓励幼儿在面对很多人的情况下大胆地说，并给予表扬。3."爱的抱抱"活动，及时给孩子一个拥抱。胆小的孩子不愿和人打交道，当他有了一点小进步时，可以蹲下来给他一个拥抱，虽然是不起眼的小动作，但是对于孩子来说他能感觉到老师对他的关注和喜爱，感受到老师的爱，就会慢慢变得大胆，变得自信。4. 和家长沟通，家园配合。引导家长多带孩子出去接触，不要剥夺幼儿表达自己的权利，否则久而久之孩子就会依赖家长，不爱说话。在家里家长要多陪陪孩子，和幼儿一起玩，一起做手工，一起读书，尽量不要让孩子独处，多鼓励幼儿，让幼儿感受到自己被关注，增强孩子的自信心。

我的小花我照顾

北京市丰台区芳群第二幼儿园　王裕童

【观察对象】哈雷　**【年龄段/班】**中班

【观察时间】2021 年 3 月 8 日自主游戏时间

【观察背景】

结合班内自然角为幼儿提供照顾植物的机会，感知植物的生长变化。

【观察目标】

观察哈雷在自主游戏时间照顾植物角的情况。

【观察过程】

今天区域活动结束后，哈雷来到了自然角，他在自然角寻找着什么东西，看到我过来了，悄悄对我说："童童老师，我想浇花，我带了一盆菊花，可是我找不到喷壶了。"我蹲下身来对他说："你再去仔细找找，看看在不在花盆之间，我相信你可以找到的。"他又一次出发了，一边找一边回头看看我，在我的鼓励下他终于找到了自己想要找的喷壶。

只见他开开心心地拿着喷壶来找我，对我说："童童老师，您看我找到了。"我说："嗯，你真棒，只要你仔细观察，耐心寻找，就一定可以做到。"他点了点头，开心地拿着喷壶就要去盥洗室接水。这时另一名小朋友走了过来，询问他："哈雷，你拿着喷壶去干吗呀?"他高兴地回答："我要去接水，浇花。""那你为什么不去自然角里接水呢?"哈雷疑惑地看着小伙伴说："自然角那里也可以接水吗？那好吧!"于是他又拿着喷壶回到了自然角里，接水浇花。我走了过去，对他说："童童老师看见小花能有你的照顾真是一件幸福的事，相信你的小花一定会长得更好的，但是花朵是靠泥土和根吸收养分，才能长高长大，可是我发现你这盆花的土好像干干的，植物的根一定很想喝水，怎么办呢?"他思考了一会儿说："那我就给土也浇浇水，这样不就行了。"我说："嗯，这也许是个好办法，那你试一试吧，祝你成功。"他开心地笑了，并把泥土里也浇了水。

【观察分析与措施】

分析：哈雷平时很少和小朋友交流，即使交流也是简短的几句话，因此他很少求助别人，一般只会求助老师。在生活中他总是怕做错就不敢做，因此找东西的时候，时不时看看老师，来判断自己的行为是否正确。再加上很少自主选择去自然角游戏，因此对班级自然角不熟悉，经过小朋友的提示，他也很快找到了接水最近的地方，并如愿以偿地开始照顾小花。通过教师的引导知道了植物是靠根吸收土里的养分长大的，并开始逐渐独立照顾花朵。

措施：1. 鼓励幼儿大胆在班级中寻找自己需要的材料，并主动向伙伴提出问题寻求帮助。2. 在生活活动中，鼓励班中幼儿多与他交流。3. 对于他熟悉的事情，请他分享经验，给予他展示自我的机会。

美丽的新疆

湖北省武汉市市直属机关曙光幼儿园　黄　静

【观察对象】30 名幼儿　**【年龄段/班】**大班

【观察时间】2021 年 4 月 12—16 日

【观察背景】

《美丽的新疆》是一首具有维吾尔族风格的幼儿歌曲，曲风欢快活泼，歌词简单，但内容非常丰富，一首歌囊括了新疆的美食、民族乐器、服饰以及新疆独有的舞蹈等。整首歌曲就是在介绍新疆，幼儿在学习了解的过程中出现了困难。

【观察目标】

1. 初步认识新疆，了解当地的风土人情。

2. 知道维吾尔族这个民族，了解他们的民族特色。

3. 感知维吾尔族音乐和舞蹈的特点，感受乐曲独特的曲风。

【观察过程】

表现一：教师出示维吾尔族服饰图片，有些幼儿回答没有见过，有些幼儿回答在电视上见过。教师提问这是哪个少数民族穿的衣服，幼儿回答不出来。教师出示乐器冬不拉，幼儿表示不知道叫什么名字，也没有见过。教师出示羊肉串的图片，大部分幼儿表示吃过。教师继续提问羊肉串是哪个地方的特色美食，只有个别幼儿说出“新疆”。

表现二：教师提问幼儿是否知道新疆，大部分幼儿表示听过，所有幼儿都没有去过。有个别幼儿说出“吃过新疆的提子”，也有幼儿说出“吃过新疆的葡萄干”。

表现三：教师播放新疆舞蹈视频，幼儿很喜欢音乐的欢快节奏，愿意跟着一起舞蹈，但是提问这是哪个民族的舞蹈，幼儿说不出来。

【观察分析与措施】

措施：鉴于幼儿对于新疆的了解非常少，许多有关新疆的民族特色需要幼儿去感受。首先，充分利用幼儿离园之后的时间，让家长带着幼儿亲自去寻找、探索，认识新疆这个美丽的地方。具体措施有：1. 与父母一起收集逛街路上遇到的与新疆有关的事物，拍照并打印出来带到幼儿园。2. 收集新疆的美食，带来幼儿园与大家分享、品尝。

其次，在幼儿园开展一系列活动，加深幼儿对新疆的了解以及对维吾尔族的认识。1. 讨论活动，讨论新疆人为什么喜欢吃羊肉串和葡萄干之类的食物。2. 图片对比，将维吾尔族服饰图片与我们常穿的服饰图片进行对比，找不同。3. 观看视频，观看新疆的舞蹈视频，听特色音乐，跟着音乐一起唱歌舞蹈。4. 说一说，对幼儿收集到的图片进行讨论，大家一起说一说自己找的事物与新疆有什么关系。

成效：在活动之前，让幼儿与父母一起参与到资料收集的行动中，他们在动手动脑的过程中去有意识地认识新疆，在找寻的过程中他们需要思考，思考哪些事物与新疆有关，他们之间又有什么关系。幼儿主动地去观察、了解、找寻的过程就是一个学习的过程。后面教师又开展了一系列的讨论、讲述活动，加深幼儿对新疆、对维吾尔族的认识，配合着风格独特的异域音乐，一起跳起维吾尔族的舞蹈，每个幼儿都在这次的探索之旅中收获满满。小朋友们都很吃惊，原来少数民族的生活习俗与我们有这么大差异。民族的多样性带来文化的多样性，那些不同于我们的民族特色，深深吸引了幼儿，他们对新疆这个地方、维吾尔族这个民族了解得越多越感兴趣，并且对其他少数民族也产生了兴趣。

海棠树下的“哇”时刻

北京市大兴区亦庄镇中心幼儿园　申　响

【观察对象】闻闻　**【年龄段/班】**大班

【观察时间】2021 年 4 月 7 日

【观察背景】

春日里，满树的海棠花开了，远远地就能闻到它的清香。一阵风吹过，洒落了许多海棠花瓣，孩子们见到洒落满地的花瓣显得异常兴奋，情不自禁地俯下身捡上一瓣又一瓣。

【观察目标】

1. 发现幼儿的创造力发展情况。

2. 幼儿主动表达自己想法的能力发展情况。

【观察过程】

闻闻正在捡地上的花瓣，捡起一捧后用力地向上抛去，只见花瓣从空中洒落，她开心地说道：“哇，好漂亮，就像下了一场花瓣雨。”扔了几次花瓣后，她又用手去接风中吹落的花瓣，只见她手里接到了一片花瓣。这时，闻闻看到一旁的璐璐也在用手接花瓣，她观察到璐璐手里接到了五片花瓣。闻闻说：“五片花瓣正好能变成一朵海棠花，我要用花瓣拼海棠花。”有了想法后闻闻赶快俯下身行动了起来。很快闻闻就拼成了，她开心地与璐璐分享自己的作品。“看，我的海棠花拼成啦。”话音刚落，一阵风吹过，把闻闻拼好的花吹散了。闻闻的脸上没有生气的表情，只是有些可惜地说：“哎呀，风把我拼好的花吹散了，不过没关系，我再拼一朵。”拼完海棠花后，闻闻又有了许多新的想法。“这么多花瓣呢，我要拼一幅又大又漂亮的作品；我还要拼一个穿花裙子的公主；我还要拼爱心图案……”户外时间结束了，闻闻还是意犹未尽。于是，闻闻走到老师身边说道：“老师，我想把花瓣带回班里，在区域活动的时候拼更多的作品。”当听到老师的肯定与赞赏，闻闻快速地将花瓣收集好并带回了班中。

【观察分析与措施】

分析：闻闻是一个十分有想象力、创造力的姑娘，愿意寻找多种材料拼摆、制作有趣的作品。当闻闻还想继续游戏时，她能动脑筋思考适宜的方法并主动告诉老师。

措施：小朋友们对创意拼摆很感兴趣，可以在材料上鼓励幼儿寻找自然物、废旧材料等进行材料的组合拼摆。在环节上可以为幼儿提供时间和机会，引导幼儿在活动区、教育活动等多个环节拼摆出更有趣的作品。在形式上也可以鼓励幼儿进行探索，将花瓣物尽其用。如：用花瓣进行数学游戏、蛋糕店制作花瓣蛋糕等。

案例分析

咬指甲幼儿个案干预

云南省昆明市嵩明县县直机关幼儿园　刘莉平

一、案例背景

在中班的小朋友中，我们发现杨××经常咬指甲，表现出十分焦虑的异常行为，我以绘画的方式有针对性地对其进行了干预。

二、案例描述

杨××；性别：男；年龄：5岁。

他生活在一个温暖的大家庭：母亲是小学教师，父亲是驾校教练，爷爷是退休干部，奶奶是退休教师。平时父母工作忙，就由爷爷奶奶照看。家中只有杨××一个小孩，他从出生起就得到无微不至的照顾。直到上幼儿园之前，从未离开过家人半步。在家中，哪怕上厕所、睡觉，都随时有爷爷或奶奶陪伴左右，一刻也不曾离开。一看不见家人，他就急得大喊大叫。家人对他比较迁就。

三、案例分析

杨××入园焦虑明显。刚入园时，家长一离开，他就开始大哭大叫"爷爷！爷爷！"，边哭边跺脚。待老师把他哄好，安静下来后，就拉住老师的衣角不放，情绪低落，并一直追问什么时候放学，爷爷什么时候来……以致哭到咽喉发炎，声音嘶哑，请假一周输液治疗。两周后哭闹现象减少，情绪基本稳定，但参与活动的兴趣不高，喜欢一个人静静地待着，津津有味地啃他的手指甲。没人注意他时，他就一直不停地咬指甲，十根手指的指甲都被啃得光秃秃的，有时甚至还会出血。老师看他时，他马上把手从嘴里拿出，神情极不自然，老师不注意时，他又把手放进嘴里咬。咬手指甲行为多是发生在课前、课后、餐前静息或午睡时。如有幼儿碰撞或打扰到他，他会异常暴躁，甚至还会出现攻击行为。有时一天要咬五六次，每次十分钟。严重时指甲只剩不到3毫米，几乎全被咬光。小班一年，家长和老师从未为其剪过指甲。

四、案例措施

自从发现杨××咬指甲以后，班上教师和家长都非常重视这件事，并对他这一不良行为发生的原因做了认真细致的分析，家园达成了共识，一致努力用科学正确的方法引导杨××，通过阳性强化法、代币制、惩罚等手段对他进行干预，取得一些疗效。到小班下学期期末，杨××的手指甲由最严重时的三分之一，长到四分之三，但在餐前静息和午睡前还是会咬指甲。针对他在静态活动中会咬指甲的情况，我们选择用绘画疗法对其进行干预。

2018年9月29日，第一次进行绘画疗法，我选择"美丽的蝴蝶"作为绘画内容。为吸引幼儿注意，我特意把范画色彩涂得很鲜艳。杨××在不熟悉的活动室里显得有些拘谨，教师讲解示范时他静静地听着，开始咬指甲。教师用眼神与其交流后，他停止咬指甲，认真听讲，但神情不是很专注，目光有些闪躲。在动手绘画环节，杨××开始有些犹豫，在教师的鼓励下，大胆下笔作画，顺利完成作品。我十分肯定地表扬他，给了他奖品——小红星，他显得非常高兴，在回教室的路上还哼着歌。以后几天，杨××经常问起何时能再去绘画。可见他对绘画活动建立起了信心，并体验到成功的快乐，得到了愉悦的情感体验。在班上一日生活各环节，我都欣喜地发现杨××的表现比原来好了。即使是在无所事事的时候，如饭前或睡前，他的手会拢向嘴边，但他也会克制自己，咬指甲的次数减少了。

第二次绘画活动，主题是“漂亮的房子”，杨××情绪很好，一直安静专注地听讲，但手指还是会下意识地伸向嘴边。当我的目光与他接触时，他很快把手放好了，动作很自然，不像上次那样拘束不安，目光也不再闪躲。杨××还与教师互动，积极主动回答问题，并得到老师的夸奖。绘画过程中，他果断地下笔，几乎不要老师指导，非常专注地完成作品，用时很短。我表扬了他，但也提出要求，希望他涂色更均匀一些。他接受了我的建议，把作品进行加工，涂好颜色后又添画了一些东西。活动结束了，杨××还一副意犹未尽的样子，我奖励了他一颗小红星，他笑眯眯地回教室去了。在以后的几天内，杨××在班上表现一直很不错，情绪很好，做事积极，劲头十足。我与他约定，只要他不咬指甲，等指甲长出来，就买一把指甲刀送给他。

第三次绘画活动，轮到我组织A组(大班和中一、中二、中三班)幼儿活动。绘画内容是学习用图形(圆形+半圆形)和线条(折线+斜线)组合的方法来画小燕子，这个内容主要是针对大班幼儿设计的。对于中班上学期的幼儿来说，难度稍微有些大，他们一般只要求学习图形组合或简单线条来绘画物品，所以我一开始还担心中班幼儿学不会，想对他们降低要求。在我讲解示范过程中，杨××一直很安静、很专注地听讲，目不转睛地看着我画。示范完以后，我请大班幼儿动手绘画，对中班幼儿想再示范另一种更简便的画法。我问中班的孩子：“你们学会了吗?”杨××大声回答：“会了!”我请他到黑板上画，他竟然也画出一只小燕子，虽然线条还不太流畅，但有一种拙朴的美。我欣喜地表扬了他，鼓励其他中班幼儿向他学习。

经过三次绘画训练，杨××的表现越来越令人满意。整个过程都积极、投入，显示出了对绘画浓厚的兴趣。在这个让他忘我投入的活动中，他能积极自然地约束、克制自己的行为，摒除咬指甲的意识，咬指甲的心理需求在慢慢淡化。而且，绘画时流露出自信愉快的神色，体现了他稳定良好的心理品质正在形成。

第四次绘画是学习用半圆形和三角形组合的方法来画鱼，杨××兴致很高，但在绘画过程中，还能约束自己，保持安静，不发出任何声响。作品也画得很出色，并且在很短时间内就完成了。我表扬了杨××，奖励他一小袋美国青豆，他高兴地向我道谢，然后哼着歌，蹦蹦跳跳地回教室去了。

从此次活动可以看出，杨××对自己的要求在不断提高，有能力，更有信心迎接更大的挑战。

五、感悟与体会

经过多次的绘画疗法，杨××已基本改掉了咬指甲的习惯，不论在幼儿园还是在家，杨××都不再咬指甲了，他的指甲几乎和其他孩子的一样健康。他的性格也越来越活泼开朗，脸上总带着微笑，充满阳光和自信，和小班时那个郁郁寡欢的孩子判若两人，社会适应能力已明显增强。在教师和家长的共同配合下，相信杨××会在绘画活动中找到更多的快乐，成为一个身心和谐发展的好孩子!

学前志愿工作体验中的反思

四川省德阳市四川工业科技学院　张译丹

一、案例背景

暑假期间，我到一家较大的幼儿培训机构组织的社区托管班从事志愿者工作。作为老师，我们每天的工作就是辅导孩子完成幼儿园老师、家长布置的作业，并且在剩余时间内给学生安排活动。在此期间我发现了如下问题并有了一定思考。

二、案例描述

1. 孩子年龄较小，活跃好动，对周围事物具有好奇心，他们善于观察、善于发现一些极小的细节，这也是他们这个年龄阶段的可爱之处。例如我们在一起游戏的时候发现，他们思维敏锐并且有许多天马行空的想法。但是由于有着这样一种活跃的氛围，在班级管理上也着实是一个巨大的难题。和家庭教育与自身性格有关，他们在受人管束方面表现出的差异十分明显，有些小朋友安静有秩序，有些小朋友则不以为然，继续以自我为中心。幼儿教师不同于初高中教师以传道授业为主，幼儿教育的方向更主要是在游戏中让孩子收获知识，也就是所谓的以孩子为主，以经验为主，以活动为主。

2. 孩子的三观未得到充分发展，幼儿教师该如何发挥启蒙作用。六岁之前的儿童普遍存在任性、自私、目的性强烈等问题，这是因为学龄儿童思维并没有得到完全发展，是非善恶界定模糊。这三点问题无论在我暑假工作体验中，还是在接触亲戚家小孩的过程中都有着明显的表现。因此，该以怎样的方式处理这类问题，也是我作为教师及将来作为家长需要仔细思考从而得出答案用于实践的问题。

3. 教师的行为和态度在孩子成长过程中起巨大作用。在我暑假志愿工作带的班上有一个特别的小孩，他是一个唐氏综合征患者，年龄较大多数孩子大，但心智却只若三岁小朋友。其他小朋友都觉得他琢磨不透，很古怪，害怕和他一起玩，进而远离他。但在有一次接触后，我发现他是一个很善良的小朋友，他乐于帮助别人，对老师也是格外体贴，早上偶尔也能收到他自带的早餐。当然这也与老师对待他的态度是挂钩的，我耐心教他写字，教他唱歌，团结别的小朋友和他一起玩。这种关爱是相互的，对每个小孩都是一样的。教师不能打骂、体罚学生。家长也需要平和、关爱地对待儿童。

三、案例分析

1. 学前教育小学化趋势过重，学龄前儿童压力较大。在我暑假工作体验中我也注意到了当今社会学前教育出现的一个问题，大多数小孩并没有达到小学年龄却被要求学着小学课本的内容，从拼音到认字，从识数字到做计算。正应该无忧无虑享受童年时光的他们却做着他们这个年龄不应该做的所谓学前适应。过早将重心放在孩子智力培养上，却忽略了其他智力因素如性格、情感、能力等方面的教育。这样的现象不仅剥夺了孩子们的天性，还与重视对孩子兴趣爱好的培养，注重个性化成长，强调和谐、全面发展的学前教育目标背道而驰。

2. 注重儿童兴趣的培养。没有兴趣爱好对于如今的我们也是部分人难以说出口的事实。在带班的时候有一个很帅气的小男孩爱好折纸，我发现了他这一爱好，在课外的时候就给他提供了很多折纸素材和教程供其学习，在他认真折纸的时候我能看到他眼睛里闪烁着渴望求知的光芒。但他的父亲并不乐意他成天在家折纸甚至撕毁他的作品。至此我想表达的就是，教师、家长都应该在学龄前的时候认真观察小孩的行为，要注重在群体中、在游戏中、在活动中去培养、挖掘孩子某方面的潜力，注意培养孩子的注意力，明确找出他们热爱的东西，多给孩子创造展示才华的机会，增强他们的自信心，这对其将来的发展一定是有好处的。之前说到的小男孩实例也反映出兴趣爱好并不只是我们传统认为的琴棋书画，只要是正确的，小孩喜欢的、热爱的，家长和教师有什么理由不去支持呢？

3. 小孩的攻击性行为。带班的时候常常会出现两个及以上的孩子产生争论而后发展成双方的攻击。攻击性行为分为两种，一是身体侵犯及利用身体部位甚至武器对对方进行攻击；二是言语攻击，讥笑、谩骂、诽谤。这两种都容易造成人际冲突，不利于小朋友形成良好的人际关系，阻碍了儿童的个性发展和社会化的顺利进行。为什么小小年纪的他们会产生这样的行为呢？通过观察我也渐渐得出了结论。一是先天的遗传因素，父母性格上的问题，也多少会在孩子身上有所体现，而这个先天因素就需要教师、家长在儿童较小年纪就将这一问题暴露的时候明确地告诉孩子这是不好的行为，再进行后天的纠正。二是环境的影响，如当儿童产生利益纠纷或者自身受到委屈和伤害时会暴露出的暴力行为。总归两种因素造成这样的结果需要先从家庭入手。孩子的教育离不开家长的影响，在民主型家庭教育中成长的孩子会具有良好的行为方式，思维、言论、行为大多都具有良好的教育和约束，这也是无论理论还是实践最支持的家教方式。对于教师来说，教师应平等无差别对待儿童，讲究公平性和事实性，对儿童进行正确的行为分析，帮助其形成良好的正误观和自我反省的能力，并在日常授课中潜移默化地让学生了解、认识什么是正确的行为。

四、案例措施

幼儿教师应注重提高自身素质修养。在以往人们的眼中，幼师不过是充当保育员，照顾孩子的一日三餐、生活起居。曾经我也是这样想的，每日就应付着孩子的各种要求。但是当我深入实践，并深入从理论方面了解到这个专业时，发现事实并非如此。教师是教育中不可缺少的主体，我们在与学生接触过程中，学生带着求知的眼光看向我们，而我们又该以怎样的方法向他们传授何种知识内容、能力技能？教师的个人道德行为对学生有着强烈的示范性，并且作为幼儿教师，我们面对的主体是思维尚未发展完全的幼儿，我们的一举一动、一言一行更是对我们的学生影响深远。因此，我对自己也有如下要求：热爱学生，对学生有博爱之心；更新教育观念，吸取他人经验取长补短；具有优秀品质，成为学生学习的楷模，终身学习。

五、感悟与体会

这一次偶然的工作体验让我对我的专业有了更深刻的认识，并且通过这样的经历，以上的问题和思考也会对我今后理解理论或是处理在实践中遇到的一系列问题有更优的解决方法和更进一步的反思。总之，我想在这样汲取经验并继续学习的态度下面对学习，面对工作，我能成为合格优秀的幼儿教师，也能在学术上不断实现自己的目标。

带着泪花的笑

云南省昆明市盘龙区新迎第三幼儿园　李欣媛

一、案例背景

小佳是个可爱、自尊心很强的小男孩，从小就不敢当众讲话，喜欢独自玩积木、看图画书，自己一个人感到高兴时才会露出可爱的笑容。经过一个学期的幼儿园生活，他的各方面都有很大进步，唯独怯场现象没有多大改变。于是，我想尽办法创造机会让他在老师、小朋友面前表现。比如，我常请他给小朋友发东西，也常让他带领小朋友玩游戏，鼓励他大胆说话。可这些做法都没能收到成效。

二、案例描述

一天，幼儿园邀请摄影师来园拍照，我们班的拍摄内容是生活操作。小佳最喜欢吃糖葫芦了，看他边吃边时不时地露出开心的笑，我真想把这美好的画面拍下来。可当镜头对准小佳时，正高高兴兴吃糖葫芦的他，突然显得很紧张，一点笑容也没了。我鼓励他抬起头来笑一笑，没想到他头低得更低了。活动结束后，我想通过刚才的事情来培养小佳的自信心，于是我微笑着对他说："老师知道小佳笑得很漂亮，你给小朋友们笑一个，好吗?"可他低着头，咬着自己的小嘴就是不笑。我见鼓励不起效，急了，大声对他说："今天你一定要在小朋友面前笑一下，不然老师就不喜欢你了!"看到我态度非常坚决，小佳有点难堪，乞求地望着我。我真不忍心再逼他，但想到他今后的发展，我还是狠狠心说："不要紧张，笑一个。"小佳见躲不过去只好很勉强地笑了一个。我见了心里别提有多高兴了！伴随着小佳的笑，一颗晶莹的泪珠从他的眼角悄然滑落，我的笑突然僵硬，心像被针刺了一样，痛了……

三、案例分析

小佳终于笑了，我见到的是一张带着泪花、委屈的笑脸。他的心里是那样的无奈和伤心，这都是我强制要求他在小朋友面前笑一下的缘故，是迫于我对他的一种压力所做出的无可奈何、违心的行为。当时，处于紧张状态下的小佳，并不愿意在大家面前展露他的笑容，但为了维持他在老师心目中的好形象，不想被老师批评、被小朋友们嘲笑，小佳只好勉强地笑了，可他的泪花真实地反映了他内心的不情愿、委屈。

作为老师，我应当尊重幼儿、理解幼儿，我急功近利，把小佳这次在小朋友面前的笑当作自己的成功，认为是自己的认真负责帮他克服了最大的心理障碍，让他有了自信。但事实上，我采取的方法是他当时无法接受的，我在他还没有做好充分心理准备、极不情愿的情况下，突然把他推到了众人面前！这对于自尊心很强的小佳来讲无疑是痛苦的、无法接受的。如果我能再多给他一点时间，减轻孩子压力，然后耐心等待，给予他心理成熟的一个缓冲地带，或许更有利于他的成长。我为我自己的行为感到深深的自责！

四、案例措施

1. 运用消退法，帮助孩子减轻局促感

《纲要》提出，幼儿园的教育活动是教师以多种形式有目的、有计划地引导幼儿生动、活泼、主动活动的教育过程。为此我采取淡化的方式，创造一个宽松的环境，帮助孩子减轻压力，消除局促感。在一次集体活动中，我拿出一张小佳不经意间露出笑容时拍下的照片，用手遮住，告诉全体小朋友："这是老师见过的最漂亮的笑脸，你们猜猜他是谁?"小朋友们开始交头接耳，从小佳的神态中，我看出他也在努力地猜想着。当我亮出照片时，其他小朋友都很惊讶，小佳也愣了一下，他没想到这个美丽的笑脸会是他。我大声问小朋友："这个笑脸漂亮吗?""漂亮!""是啊，老师也觉得小佳的笑容是最漂亮的!"这时，我看到小佳开心地笑了。从他的笑中，我仿佛听到小佳在说："原来我也可以笑得很好看!"

2. 运用强化法，逐渐建立孩子自信心

以后，每当看到小佳笑，我都会发自内心地赞美他："小佳，你笑得真漂亮!""小佳，你的笑容真好看!"当小佳在各方面有所进步时，我也会伸出大拇指夸奖他："小佳，你的汽车搭得真像!""小佳，你穿衣服的动作真快!""小佳，你回答问题的声音真好听!"在我的影响下，孩子们也主动地去寻找小佳的优点，也和我一样真心地夸奖他。渐渐地，小佳从听到夸奖就收起笑容转向能大方地接受夸奖，有时甚至用更灿烂的笑容来回应。现在，我们经常能看到小佳开心的、自信的笑脸。

3. 教给孩子创造表现的方法，提供展示自我的途径

我们应该为每个幼儿提供表现自己长处和获得成功的机会，增强其自尊心和自信心，

而集体活动就是锻炼孩子最佳的时机。在集体活动时，给小佳创设一个表现和展示自我的机会。我们组织“小小故事会”活动，为了鼓励小佳参加表演，我先让几位小朋友陪他一起上台，然后再让他请他最要好的朋友一起上台表演，用陪他的人数逐渐减少的方式减轻他的心理压力。最后，小佳能自己一个人上台展示自己的优点，得到老师、小伙伴和家长的夸奖，提高了他的表现欲和自信心。

4. 鼓励孩子勇于表现，增强自主表现欲

根据小佳心灵手巧、喜欢折纸的特点，我经常组织班级折纸比赛，当他在比赛中取得成功时，适时对他进行表扬和夸奖。在他愿意的情况下，鼓励他到小朋友前面展示自己的作品，并教小朋友折叠的方法，当一次“小老师”。看着小佳自豪地展示着自己的作品，还像模像样地教着：“角对角，边对边，中间要压平……”我知道，孩子的自信正在一次次的成功中建立起来。

5. 改变家长的家庭教育观念，共同配合促使其发展

家长时常针对小佳这一弱项，采取过分关注的态度，用强制的方式要求孩子。我们要让家长知道孩子主要是从成功的喜悦中增强自信的。在组织“小小故事会”活动时，我们邀请小佳妈妈帮助小佳一同准备故事材料，并在家里预先练习。活动结束后，我们把拍有小佳在故事会活动中有良好表现的VCD送给小佳妈妈看，当她看到片中与以前完全不同的小佳后，连声感谢我们，并决定改变自己以往的教育方式。现在，小佳妈妈在教育孩子时非常注重鼓励孩子，尊重孩子的意愿，在一种潜移默化的氛围中逐渐培养孩子的表现欲望和热情，使他的个性特点得到更好的发展。

五、感悟与体会

每一个幼儿都是独一无二的个体，并有其独特的发展模式和发展过程，我们要真正做到尊重个体差异，让不同层次的幼儿都能得到最大限度的提高，促使每一个幼儿在其原有的水平上向更高的水准努力。教师和家长要善于发现孩子的优点，满足幼儿获得表扬和承认的需要，使孩子的明天发展得更好！

“管子工作坊”的那些事

——聚焦儿童视角，有效调整区域游戏环境与材料

四川省成都市双流区金苹果圣菲幼稚园　汪　慧

一、案例背景

儿童视角是用儿童的眼睛去观察，用儿童的耳朵去倾听，用儿童的大脑去思考，用儿童的兴趣去探寻，用儿童的情感去热爱，就是要拥有一颗童心。蒙台梭利说过这样一句话：“成人应该努力去理解儿童的需要。这样，就可以给他们提供一个适宜的生长环境，使他们得到满足。”

我们以“管子工作坊”的游戏为载体，不停地反思。游戏过程中，教师如何聚焦儿童视角，利用环境与材料满足幼儿在区域游戏中的探究需求呢？

二、案例描述

在主题活动“管子乐”进程中，为了促进孩子们对管子的探究，我们在班级科学区陆续投放了各种各样的管子。孩子们听听筒、打电话，对管子的探究不断丰富，教室里放有管

子最多的一角逐步演变成了“管子探究区”。

孩子们根据自己在美工室看见的“管子小狗”而萌发了亲手制作“管子小狗”的想法。于是大家开始寻找材料，分工合作动起手来。

在游戏分享环节中，有孩子说道：“我一会儿去科学区拿管子，一会儿去美工区拿双面胶，跑来跑去真麻烦，要是放在一起就方便了。”我说：“你们可以根据自己的想法，去摆一摆，放一放，看看哪些材料可以放在一起，试了之后觉得不合适的还可以调整。”于是，孩子们在反反复复的调整中，将原本科学区中的管子材料摆放到了科学区和美工区之间，将科学区和美工区有机地整合在了一起。孩子们还为这个特殊的区域起了一个名字——“管子工作坊”。孩子们在“管子工作坊”中既能进行管子作品的创作，又能对管子的特性进行探究。不仅提升了艺术的表现创造能力，也提升了科学探究的能力。

喜欢玩“管子工作坊”的幼儿越来越多。乐乐开始发现这里太挤，提议道：“人太多了，你们能去玩其他的吗？”“但是我们都想玩管子游戏，制作管子作品，不想离开。”大家就这样僵持着……

这时我问道：“怎样才能让想玩的人都进来，又不会太挤呢”？乐乐想了想说：“我们可不可以把这里变大一点啊？”接着乐乐开始在教室里比画起来。“可不可以把玩具架都往后挪一挪呢？”乐乐的意见在分享交流环节提了出来，小朋友也纷纷点头表示同意。于是在老师的帮助下，对玩具架的摆放位置进行了更改，对游戏的场地进行了调整，扩大了“管子工作坊”的空间。通过后期的观察可以发现，游戏变得有序了，孩子们更加投入了。

在以往的区域游戏创设中，教师习惯独立创设五大区域，并在组织的过程中带着领域目标去观察幼儿的操作行为，当孩子们提出想法和需要时，教师惯性思维考虑的是好不好组织、领域特点明不明显、是不是会影响幼儿专注力的培养、常规会怎样？没有真正从幼儿游戏的需要考虑问题。游戏环境需要教师和幼儿共同创造，并且要蕴含游戏、互动、发挥幼儿主动学习的机会，更应该反思“幼儿想要什么样的环境”“我可以和幼儿一起学习什么”等。结合幼儿的学习特点和方式，为他们创设积极探索、学习和游戏的环境。

“管子工作坊”最初的创设是基于追随孩子的兴趣以及“管子”本身具有的探究价值，同时也是想观察孩子对“管子”的关注度，所以场地设置得较小。但是当多数孩子都开始对“管子”这一材料有了探究的兴趣时，场地就显得有些小。但正是因为“小”的场地给了孩子发现问题的机会，他们在游戏过程中结合自己的游戏经验提出解决问题的办法。孩子是环境的主人，当他们提出想要调整环境的愿望时，老师应对孩子的兴趣与需要给予支持。

三、案例措施

鑫鑫和果果来到“管子工作坊”区域。鑫鑫选了一个漏斗装在管子上，接着他将沙子倒进漏斗里开始观察沙子是否能从管子流出，可是沙子却停在了弯道处一动不动。这时，鑫鑫开始使劲地想要把固定好的管子取下来，但是由于管子固定得太紧，多次操作后都没能成功。于是他开始摇起了管子，慢慢地有沙子流了下来，有的还是留在了弯道处。鑫鑫对果果说：“管子取不下来，沙子都流不下来，怎么办呢？”“让我来帮帮你，我们一起用力拉吧。”可是，管子固定得太紧，他们都拉不动。这时，果果转身找老师帮忙：“老师，管子固定得太紧了，不能调动，沙子都流不下来，你帮帮我们吧。”听了他们的对话，我想到：是否是材料的固定有碍于他们的操作，没有满足孩子的自主需求？要是把管子变成自主调整弯道对孩子又会有什么作用呢？于是，我们开始调整管子，将固定的地方换成了可以自由操作固定的毛条扣。管子玩具调整好后，孩子们乐于调整管子的走向，开始眼睛盯着管子里的沙子经过不同弯道时流动的情况，他们发现弯道越大沙子越不容易流出，只有不断调整管子的弯道才能让沙子从管子里流出来。“管子工作坊”为孩子们提供了探索、创造、交流的空间，激发了他们学习的兴趣。低结构、开放的材料和自发不稳定的情境中包含着更多需要解决的问题，因而为幼儿提供更多自主探究、运用经验、思考和创造的空间，能引发幼儿自主学习。

四、感悟与体会

孩子们在主题背景下的区域游戏“管子工作坊”里发生了一系列的故事，而这些故事也是孩子们不断发现问题、解决问题的过程。在一次又一次调整区域环境和材料的过程中，孩子们学会了商讨、合作与分享，他们获得的不仅是环境创设的参与权，更是探究学习的主动权，他们在实践探究的过程中，提升了自己的综合能力，增强了主人翁意识。如何聚焦儿童视角，利用环境与材料促进幼儿在区域游戏中学习，需要老师们在孩子游戏的过程中，追随孩子的需要，倾听孩子的语言，观察孩子的行动，给予孩子支持，他们才能愉快地玩耍，在玩耍中成长。

培养幼儿的分享意识

北京市清华洁华幼儿园　边亚华

一、案例背景

分享是一种美德，更是一种传承，幼儿分享习惯的养成需要教师和家长进行适宜的教育，也需要孩子能够从分享中体验到快乐，获得持久的发展。

二、案例描述

周三下午起床以后，吃完水果的小朋友先去看书了。我在给女孩子扎小辫。这时，抗抗突然跑过来说：“边老师，全全拿了好几本书，不让别的小朋友看。”我抬头看了一眼，只见全全手里只拿着一本书，我说：“你看看他是不是已经和小朋友分享了啊。”抗抗一会儿又跑过来说：“边老师，他把好看的书都坐在屁股下面，不让我们看。”我起身走了过去，一眼看到全全屁股底下的书，我走到他面前说：“全全，把你多拿的书给抗抗和其他小朋友看看。”他摇了摇头，说：“老师，我没有多拿。”“那你屁股底下是什么？”全全一见我看到了，连忙拿出来说：“我给柯宇的。”说着分给了柯宇。“那其余的几本呢？给别的小朋友看，好不好？”“不！我想看！”“但是你同时有好几本，你自己看一本，别的书可以给其他小朋友看，看完了再交换啊。”“不行，我想看。”全全可怜巴巴地看着我，抱着怀里的书，态度十分坚决。我耐着性子说：“幼儿园的书是给小朋友一起看的。”抗抗说：“老师，他平时也是这样的，总是拿着好看的书，不给我们看。”这些情况，我平时都看得到，所以，我决定要让全全知道一下当他自己想看的书被别的小朋友拿着的时候是什么样的心情，让他设身处地地感受一下等待的感觉。

我拿过了他手里的书，分别给了旁边正在等书的几个小朋友。全全见我这么做，带着哭腔大声地说：“不，老师，不！”“今天，让别的小朋友先看这些书，因为他们也很喜欢看，你已经看过好多次了，今天看别的书，如果有小朋友把刚才你感兴趣的书放到书筐里了，你才可以拿着看。”说着，我递给了他另一本书。他拿着书，眼睛却在看着刚才的几本书。直到所有小朋友都收书时我把他叫到身边问：“全全，等别的小朋友看书是什么感觉？”“不好！一点都不好！”“那你知道你拿着那么多书的时候，有多少小朋友在等吗？”“嗯……”他低低地说了一声。“小朋友等待时的心情和你一样着急，你想想以后你看书的时候怎样才能大家都有书看呢？”全全想了想说：“我以后看书的时候一次只拿一本书，看完可以和其他小朋友交换。”我开心地和全全击掌，用夸张的拥抱表示对全全的认同。

第二天，我又组织幼儿开展谈话活动：遇到自己喜欢的图书应该怎么办？小朋友七嘴八舌说了好多。和小朋友一起看、和大家分享、看完了给别的小朋友看、把书中的故事讲给小朋友听……全全也说要和小朋友分享，这样大家才能都看到。我点点头说：“咱们中四班的小朋友最爱动脑筋，想出了很多和好朋友一起分享图书的办法，老师真为你们高兴。”

三、案例分析

全全没有爸爸，缺少父爱，妈妈把所有的爱加倍给了全全，目的是要让全全感觉和别的小朋友是一样的。所以只要全全要什么东西，妈妈就给他买，长期这样，就养成了全全娇宠的习惯，自己喜欢的东西无论如何也要抢到手，不喜欢和别的小朋友共同分享。

四、案例措施

分享意识的养成不是一朝一夕的事，也没有整齐划一的界限，但只要教师和家长充分了解幼儿的年龄特点和心理需求，在可持续发展的层面上引导幼儿，就能避免过多的约束和不适宜的放纵，使孩子学会换位思考，从而懂得与人分享，享受分享带来的幸福感。

那么，如何帮助孩子建立分享意识呢？

1. 成人要有分享意识，以身作则，在潜移默化中影响幼儿

“知行统一”是特别重要的，只有孩子意识到分享的重要性，他才愿意在实际的生活中与他人分享。成人最重要的不是教给孩子怎么分享，而是要让孩子懂得为什么要分享，分享有什么重要性，让孩子从成人或其他小伙伴身上感受到分享带来的乐趣。在对孩子做出要求之前，成人自己是否具有分享意识和行为很重要，这是决定能不能让孩子学会分享的前提。

2. 学会沟通协商的正确方法

学会与别人商量或者请求别人的帮助、原谅等是非常重要的，这样可以从思想上让幼儿认识到在与别人的交往中礼貌交往、友好交往的重要性。当幼儿知道了这些，并有了这样一种对待事情的态度，才可能学会与他人分享。分享中学会商量、求情等交往策略是必要技巧。

3. 学会换位思考，懂得为他人着想

移情是一种将心比心的能力，就是能用心去体验别人当时的感情，从而能够换位思考。在对全全进行教育的过程中，我使用了移情法，将全全置身于其他幼儿的情境中，让他体验其他幼儿当时的感情，这样他才能真正学会去体谅他人，懂得分享。

4. 在日常生活中有尝试分享的机会

成人要主动创设分享的机会，让幼儿养成享受分享的乐趣。比如孩子手中拿着布娃娃，成人手里拿辆小汽车，然后递给孩子小汽车，拿过孩子手中的布娃娃，在这样的游戏中让孩子体会互惠信任。年龄大的幼儿，与小伙伴一起玩玩具获得乐趣时，就会体会到分享的快乐。

五、感悟与体会

总之，学会分享不是一朝一夕的事，需要教师和家长进行适宜的教育，也需要孩子能够从分享中体验到快乐，这样才能养成习惯，获得持久的发展。

追随幼儿，寻找乐趣

上海市徐汇区漕溪新村幼儿园　张　婷

一、案例背景

表演游戏是孩子最喜欢的游戏之一。小班上学期的表演游戏是与角色游戏相融合，以“小舞台”的模式开展游戏活动的。随着幼儿表演兴趣的增长，下学期开始，小班每个星期五都保证有幼儿表演游戏的活动时间，从单一的模特秀“壮大”为四个区域的游戏活动，如：“乐器屋”(让幼儿模仿小乐手进行敲敲打打的游戏)、“SHOW”(小模特的游戏)，还有孩子们比较喜欢唱唱跳跳的两个平行区域，分别为“甜甜舞台”和“舞蹈房”。“甜甜舞台”有孩子们比较熟悉和喜欢的歌曲，如《我爱洗澡》《小苹果》《爱你你就抱抱我》等；“舞蹈房”则有孩子最近比较喜欢《MY OH MY》歌曲，我就找来了相关视频放在舞蹈房，让孩子们自主模仿。

二、案例描述

表演游戏中，孩子们都各自选择喜欢参与的区域，有的在“舞蹈房”卖力地跳着《MY OH MY》；有的在“甜甜舞台”PK起《小苹果》的舞蹈来；有的在“乐器屋”敲敲打打，有模有样的，还不停地跟着节奏摇晃着脑袋；有一些幼儿则是这里打打节奏，那里跳跳舞；还有的甚至就在教室的过道上张望着……

在幼儿的游戏中，最热闹的应该是“SHOW”这个游戏区，有很多孩子都挤在这个区域，玩起了“小模特”的游戏，他们有的戴起了墨镜，有的戴起了礼帽，有的穿起了草裙……孩子们穿梭在教室和储藏室(摆放道具、服装的房间)，表演的区域一下子感觉拥堵和嘈杂起来……

差不多到分享交流的时间了，在音乐信号中孩子们陆续回到教室，搬好椅子拿好并放好鼓掌手掌玩具后和老师一起律动。

教师：今天你们玩得开心吗？

幼儿：开心！

教师：你今天在哪里玩？和谁一起玩了什么？

幼儿：我今天在“乐器屋”玩得很开心，我和悦悦一起演奏了《小星星》。

教师：你们愿意给大家表演一下吗？

幼儿：愿意！

…………

教师：还有谁能够说说自己的开心事？

幼儿：我今天在“甜甜舞台”表演了“小苹果”和“骑马舞”。

教师：今天还有谁也在“甜甜舞台”玩了呢？你们愿不愿意表演给大家看看呢？请小观众们拿起照相机把你最喜欢的小演员和你最喜欢的动作都拍下来。

教师：你今天最喜欢哪个小演员的表演？谁的表演与别人不同？

幼儿：我觉得乐乐和文文的动作和别人都不一样，很特别，他们还想出来了脚上的其他动作。

教师：让我们再来欣赏一下他们的表演好吗？

…………

教师：今天有没有小朋友在做游戏的时候遇到困难需要我们帮忙呢？

幼儿：我今天玩得不开心。

教师：为什么呢？你今天在什么地方玩了？

幼儿：我今天玩“小模特”的游戏，但是那里的人太多了，太挤了，都没有办法表演了。

教师：哦，今天有小朋友在“小模特”游戏中遇到了点问题，我们一起想想看有什么办法解决好吗？

幼儿：去的人少一点。

幼儿：装扮好了要排队表演，轮到自己了再出去。

幼儿：队伍排得整齐一点。

幼儿：表演好的人就要朝旁边走，刚才桃子就撞到我了。

…………

教师：哦，你们刚才遇到了一些小问题，你们也想到了一些解决的办法，今天我带来了一个小模特表演的录像，我们看看他们是怎么表演的好吗？

（播放视频）

教师：你们觉得他们表演的和我们表演的哪里不一样？我们以后可以怎样表演呢？

幼儿：他们表演的时候有的是走的，有的是跑跑跳跳的。

幼儿：小模特表演的时候都会做很好看的动作，他们都走来走去的，每个动作都不一样，做得很好看。

幼儿：他们都是走一条直线的，到了前面做个动作再回来，停下来再做一个动作。

幼儿：我们表演的时候还可以用包包，我见到模特刚才还拿着一个小包包。

教师：你们看得真仔细，也说得非常好，那么明天做模特游戏的时候，你们也来试试看好吗？

…………

三、案例分析

1. 由于幼儿的年龄特点，小班幼儿很容易受外界的干扰，不过大多数的幼儿都是以自己的兴趣支配着行动，因此在游戏中随处可见有的幼儿会穿梭在不同的区域中游戏，坚持时间不长，但是有的幼儿则是一直在自己喜欢的区域中游戏。

2. 道具材料投放太多，引发大量幼儿参与，造成区域游戏中的拥挤。模特游戏开展以来，得到了家长的大力支持与配合，最近有家长带来了彩色的礼帽以及各种各样的装饰墨镜。新奇的材料的投入，吸引了孩子们的眼球，许多孩子都到模特表演区玩，造成了游戏中的拥挤和孩子们之间的争执。

四、案例措施

小班的表演游戏分享不同于中大班，应该追随孩子，让孩子在游戏分享环节中释放出他们的天性，帮助他们找寻出游戏中的乐趣，更应把游戏分享看作幼儿主动进行游戏交流的机会，这种机会的价值在于幼儿满心欢喜地尽情分享游戏所带来的情绪体验、探索经验等，也要创设轻松愉快的氛围，我们可以这样做：

1. 欢快旋律，快乐律动

可以选择一首幼儿比较熟悉、喜欢的欢快乐曲，放在分享交流之前，作为分享交流前的准备，一方面可以减少幼儿等待的时间，另一方面可以提升幼儿积极参与的兴趣。

2. 鼓掌玩具，快乐互动

结合小班幼儿的年龄特点，可以提供一些小玩具，如：鼓掌手掌玩具，引导小班幼儿学会做文明小观众，安静欣赏，发现小伙伴们的闪光点，积极加油鼓劲。台上台下很好地互动，从而激发小班幼儿喜欢表演、乐意表演的兴趣。

3. 游戏交流，快乐分享

对于教师来说，表演游戏分享的过程是一个开放性的与幼儿互动的过程，这种互动过程要求教师掌握一定的技巧与策略。

倾听。鼓励幼儿把自己在游戏中的真情实感表达出来，如："今天玩得开心吗？玩了什么？"教师真诚地倾听，有利于把握幼儿在游戏中的所思、所想、所做，真正走近幼儿，追随着幼儿并读懂他们的心声。

赏识。让幼儿讲述自己在游戏中观察到的其他人的富有创造性的做法。如"你今天最喜欢哪个小演员的表演？谁表演的与别人不同？"让幼儿不断寻找他人及自身的闪光点。

观摩。游戏分享中可以把有创意的表演方式当场表演给大家看，或选择一些相关的视频让幼儿欣赏观摩，使幼儿互相了解并了解别人的长处。鼓励其他幼儿举一反三地进行创造。

启发。让幼儿说出自己下次游戏的愿望、所需要的材料，在这种延伸想象中，滋生创造性的萌芽。

五、感悟与体会

游戏是幼儿的天性，幼儿游戏蕴藏着发展的需要和教育的契机，因此我们要用自己的一颗童心，追随着幼儿，陪伴着幼儿，去找寻游戏中的乐趣。

小金鱼逃走了

山东省烟台市经济技术开发区静海阳光幼儿园　刘颖超

一、案例背景

《3—6岁儿童学习与发展指南》中提到：鼓励幼儿用故事表演、绘画等不同的方式表达自己对图书和故事的理解。2020年12月，在我园开展的"阅读月"活动中，教研组经过多次研讨，精心挑选适合幼儿年龄特点的经典绘本，教师采取多种形式的阅读活动，重点开展自主快乐的表演游戏。

《小金鱼逃走了》是孩子们非常感兴趣的绘本故事，故事以调皮的小金鱼逃走为线索来展开，就像小朋友喜欢的藏猫猫游戏一样，利用"玩"的过程，让幼儿感知与好朋友在一起游戏是件快乐的事情，于是我设计了表演游戏"小金鱼逃走了"。

二、案例描述

布置场景，引发表演兴趣

利用游戏区的玩具柜做大鱼缸，添加水草、泡泡等装饰，在装饰过程中，孩子们特别感兴趣，并参与其中。

大瑞："刘老师，你是在剪水草吗？干吗用的啊？"

老师："对，我在为小朋友的表演游戏做道具啊！"

大瑞："表演'小金鱼逃走了'游戏吗？"

阳阳："看，老师那儿还有圆圈和小鱼！"

晋溪："圆圈一定是小金鱼吐的泡泡。"

老师："是的，今天我们要玩表演游戏'小金鱼逃走了'。看老师这里的小鱼是什么形状、什么颜色的？谁要来演小圆鱼、彩色鱼、水果鱼和小黄鱼？”

“老师，我来演！”

“老师，我演小圆鱼！”

“老师，我……”

场景和头饰的出示，激发了孩子们的兴趣以及参与表演的积极性。孩子们争先恐后地选择自己要表演的角色，连在班级里不善言语的小朋友也举手喊着“我演我演”。

“哇！这么多小朋友来参与表演游戏，那我们就分组来表演吧！一共分4组，每组4个小朋友，分别饰演小圆鱼、彩色鱼、水果鱼、小黄鱼。”

我分别出示小鱼的头饰，孩子们自己选择想表演的角色的头饰。

幼儿分组进行绘本表演游戏

音乐响起（播放《小鱼游》），孩子们的表演游戏开始了。

小圆鱼自己在鱼缸里游啊游，说：“自己在鱼缸里，没有朋友，太孤单了，我决定出去玩一玩‘藏猫猫’。”说完她用力一跳，跳出了鱼缸。

她藏到了窗帘上。“这里的小圆点和我的形状很像，一定不会有人发现我。”

“找到啦！找到啦！小圆鱼藏在窗帘里！”

小圆鱼：“我藏得这么好，你们怎么找到我的啊？”

阳阳：“我看到大大的、红红的圆点，跟窗帘不一样！”

这时彩色鱼自己在鱼缸里游来游去，看到小圆鱼跟朋友一起玩得很开心，他也想来玩“藏猫猫”的游戏，他奋力一跳，跳出了鱼缸，藏在了花丛中。

“这里有这么多彩色的小花，跟我身上的花纹很像，在这儿谁也发现不了。”

果果：“哈哈！我找到啦！彩色鱼藏在花丛里。”

璇璇：“对，我也看到啦！”

彩色鱼：“我藏得这么好，你们怎么找到我的？”

果果：“我发现了你彩色的花纹，还有红红的尾巴！”

看到小鱼们玩得这么兴奋，水果鱼忍不住，也跳出了鱼缸，藏到了水果盘里。“这里这么多的水果，我又跟香蕉很像，肯定不会发现我的。”

婉书：“找到啦！水果鱼在果盘里，这也太容易了！一找就找到了。”

水果鱼：“这也能找到？你们怎么找到的？”

阳阳：“虽然你的颜色和形状很像香蕉，可是香蕉没有鱼鳞哦！”

孩子们开心地笑了起来。正在这时，小黄鱼迫不及待地跳出了鱼缸，藏在了“大海”中。“容易？这回我找一个特别的地方，看你们能不能找到我！”

果果：“咦？刚才鱼缸里的小黄鱼呢？”

璇璇：“没有啊，我也没看见。”

阳阳：“在这儿！她藏我旁边来了！哈哈！”

小黄鱼：“唉，还是被你们发现了。”

小鱼们一起说：“还是好朋友在一起玩才开心，我们一起玩游戏吧！”

（播放音乐《鱼儿好朋友》）

所有的小鱼一起跟随音乐跳了起来，并三三两两地组合快乐地游来游去，玩得很开心！

“三条鱼，水里游，摇摇尾巴点点头！五条鱼，水里游，快快乐乐玩游戏！许多鱼，水里游，我们都是好朋友！”

最后小鱼们邀请我一起参与游戏，跳起了舞，一会儿围成一个大泡泡，一会儿分散开到处游来游去。

在表演游戏过程中，孩子们脸上洋溢着开心的笑容，乐此不疲地继续分组进行着表演游戏，每一个人都参与到了表演游戏中，体验表演游戏带来的快乐。

三、案例分析

1. 加深幼儿对绘本的理解和记忆

在表演游戏中，再现了绘本故事的情节和场景，幼儿通过对角色的表演，体验了小金鱼自己和很多朋友在一起时的不同感受，理解了好朋友在一起游戏的快乐心情。在轻松、愉悦的氛围中加深了对绘本故事主题的理解和记忆。

2. 促进幼儿语言发展

表演游戏中以游戏的形式进行表演，激发了平时不善言语的幼儿想说话、想表演的欲望，积极地参与到游戏中，主动与同伴交流互动。在表演过程中，真正实现了在玩玩乐乐中提高语言表达能力。

3. 培养了幼儿的想象能力，促进幼儿情感的发展

在创设的场景中，幼儿扮演小金鱼，用各种肢体动作、表情、语言等展现小金鱼的活泼、俏皮，体会好朋友在一起玩时的开心、愉悦。

4. 培养幼儿的自信心，促进幼儿的观察能力

把“藏猫猫”游戏贯穿整个表演游戏中，在寻找的过程中，孩子找到藏起来的小金鱼时，获得了成功的喜悦，增强了自信心。

5. 激发幼儿阅读的兴趣

绘本教学与表演游戏的有效融合，丰富了阅读活动形式，使绘本教学更加生动有趣，提高了幼儿的阅读兴趣，加深了对绘本故事的理解。

四、案例措施

根据小班幼儿的兴趣需要，准备了小金鱼的头饰，创设了与绘本故事相关的情境，如大鱼缸、窗帘、花丛、水果盘等，激发幼儿参与表演游戏的兴趣。并提供自由、自主的环境、可想象的空间，让幼儿进行表演游戏。

五、感悟与体会

绘本表演将幼儿的认知、情感和行为融为一体，使他们更好地与绘本中的角色产生共鸣，吸引幼儿的注意力，唤起幼儿强烈的情感反应。

爱上幼儿园

上海市嘉定区双丁路幼儿园　李诗婕

一、案例背景

小班幼儿离开家长的怀抱，正式踏入幼儿园，开始体验和适应集体生活。理想的幼小衔接应贯穿整个学前教育，从幼儿入园时开始培养，旨在推动其在三年的时间里逐渐养成良好的行为习惯等。所以，我班教师以《上海市幼儿园幼小衔接活动的指导意见》《3—6岁儿童学习与发展指南》以及本园幼小衔接活动实施方案为指导，有目的、有计划地对本班幼儿进行入小学适应性教育，将幼小衔接活动渗透在一日生活之中。

二、案例描述

实录一：幼儿园生活初体验

在开学前，两位班主任对生活老师利用假期时间对每一位幼儿及其家庭成员进行了线上家访，和幼儿取得了初步的沟通，让幼儿对于幼儿园老师以及幼儿园生活有了简单的了解。

师：×××你好，我是李老师，请记住你的班级，你是小五班的小朋友哦。

幼：李老师好，我是×××。

师：开学老师在小五班等你来哦！

开学第一天，幼儿在家长的陪伴下来到小五班教室。

师：早上好，你是×××吗？欢迎来到小五班，快请进来吧。

幼：老师早上好。

幼儿在开学第一个月里初步了解了幼儿园的环境和生活状态。

实录二：了解规则，愉快来园

经过一个月的适应期，幼儿基本上能够愉快来园，参与幼儿园的各类活动。

幼：老师，现在可以玩积木吗？/现在可以看书吗？

关于现在做什么，幼儿的问题层出不穷，教师决定和幼儿一起讨论。

师：孩子们，现在是什么时间你们知道吗？

幼：不知道。

师：那我们一起来聊一聊吧。我们在幼儿园都会做什么呀？

幼：玩游戏/学本领/运动/吃饭/睡觉……

师：你们说得很棒，看来你们都知道每天的活动有哪些了，在不同的活动中间，我们经常会有自由活动的时间，就像现在一样，自由活动时间你们可以做自己喜欢的事。在这些有趣的活动中，我们要注意什么呢？

幼：要小心/不要抢玩具/悄悄说话……

师：是啊，那我们就把大家说的这些当作我们的小约定好吗？我们都做遵守规则的好孩子。

幼：好，我记住啦！

实录三：我会照顾自己

随着幼儿在新环境中慢慢独立，教师根据幼儿的生活情况，重点开展幼儿生活能力的培养。

师：孩子们，天气慢慢变冷了，我们洗手前把袖子卷起来，这样就不会打湿衣服着凉了。

幼：我会/不会卷袖子。

师：我们一起试一试，这样子，慢慢把长袖子变短。

教师观察幼儿卷袖子的情况，对于有困难的幼儿进行个别指导。

幼：老师，我会卷袖子了，这样对不对？

个别能力较强的幼儿会主动帮助同伴卷袖子。

接着，幼儿在教师的引导下逐步学会了穿脱衣裤、自己进餐等，幼儿感受到了满满的成就感。

实录四：讲礼貌的好孩子

师：今天老师在幼儿园门口护校，看到了好多有礼貌的孩子，他们高高兴兴地走进幼儿园，和门口的每个人打招呼，说“早上好”，他们是谁呀？

幼：是我！老师，我说“早上好”了。/我也是！/还有我！

师：你们真棒，真是有礼貌的孩子。怎样是有礼貌呢？

幼：和老师打招呼/说“早上好”/要说好听的话……

师：童童今天和老师说“早上好”了，他真有礼貌；佳琪刚才和小朋友说“谢谢”了，她真有礼貌；小安不小心撞到了安然，他对安然说“对不起”了，他真有礼貌；还有漫漫是我们班的姐姐，她总是帮助弟弟妹妹们，真有爱。我们都做有礼貌、有爱的好孩子好吗？

幼：好，我们有礼貌！

三、案例分析

1. 适应陌生环境，遵守基本规则

对刚入园的小班幼儿来说，本阶段教师将幼小衔接重点放在引导幼儿适应陌生环境上，帮助幼儿初步了解幼儿园基本的行为规范，对幼儿园生活感兴趣，有入学的积极愿望。

2. 初步养成基本的生活能力

幼儿已经入园一段时间，情绪基本稳定，本阶段教师将幼小衔接重点放在引导幼儿初步养成基本的生活能力上，培养幼儿的生活自理能力。

3. 悦纳同伴，萌发礼貌意识

小班第一学期中后期，幼儿与同伴以及老师的交流开始变多。本阶段教师将幼小衔接重点放在引导幼儿悦纳同伴、文明礼貌方面。

四、案例措施

1. 做好入园心理准备，鼓励幼儿大胆表达并初步遵守规则

一方面，教师通过线上家访和家长沟通幼儿初入园的准备工作，包括物品的准备和心理准备，鼓励幼儿愉快来园，为幼儿顺利适应新环节打下基础。另一方面，在开学后与幼儿的相处过程中，教师通过集体讨论的方式，从幼儿提出的问题出发，尊重幼儿的想法，培养幼儿自主思考、大胆表达的能力。从而引导幼儿了解幼儿园生活的基本规则并尝试遵守。

2. 渗透贴近幼儿兴趣的方法，帮助幼儿习得初步的生活自理能力

通过示范、个别指导、同伴间相互帮助等方式，教师引导幼儿学着照顾自己，自己的事情自己做，如能在帮助下穿脱衣物或鞋袜。

3. 结合幼儿现阶段喜欢和人交流的特点，引导幼儿和他人礼貌相处

通过同伴的好榜样，引导幼儿主动向熟悉的人打招呼，学习使用礼貌用语，如“你好、谢谢、不客气、对不起”等，同时尝试在成人的启发下帮助同伴。

五、感悟与体会

幼小衔接活动是一个日积月累的过程，在循序渐进中为幼儿的学习与发展奠基，从小班做起显得尤为重要。在接下来的一日生活组织与实施中，我也将持续把握各环节的教育契机，有机渗透幼小衔接的培养，帮助幼儿逐步从生活习惯、思维方式、学习习惯、社会技能等方面适应将来的小学生活，顺利实现幼小衔接。

以趣促写　妙笔生花

——在“班级日记”中培养大班幼儿前书写能力

上海市嘉定区双丁路幼儿园　赵　戴

一、案例背景

时光荏苒，大班的孩子即将进入小学。进入小学后，他们将面对种种与幼儿园完全不同的生活与学习。小学书写内容繁多，要具备一定的书写能力。《指南》中语言领域目标 3 提出，具有书面表达的愿望和初步技能，大班的孩子愿意用图画和符号表现事物或故事。所以大班时期是激发孩子书写兴趣、培养幼儿前书写能力的关键时期。有助于孩子建立和巩固书写经验，帮助孩子更快适应小学生活，为将来的书面表达打好基础。

我们通过开展“班级日记”活动，为每一个孩子准备一本属于自己的日记本，来培养孩子的书写兴趣与习惯。

二、案例描述

片段 1：

开学初，我们投放了班级日记，每个孩子在自己的日记本上写上自己的名字，进行个性化的绘画装饰。刚开始孩子们爱不释手，做起来也十分积极。经过一段时间观察，我们发现孩子们出现了一些状况，如有的内容重复，每一页画的都一样；有的就是寥寥几笔，或者空白；还有的不知道记什么。对此，我们开展了一次讨论活动，谈谈班级日记。

师：孩子们，你们知道什么是班级日记吗？

幼 1：就是在本子上画画。

幼 2：记在班级里发生的事情。

师：你们说得没错，我们可以通过画画，把发生在班级里的很多事情，开心的、不开心的，让你觉得很特别的都记下来。

片段 2：

记班级日记已经有一段时间了，很多孩子已经换了一本新的日记本。在翻看孩子们那些旧的日记本的时候，我发现阳阳记得很特别。他把一页画上了好几个格子，每一个格子记一天发生的事情。

在自由活动时间，我把阳阳叫到身边，问：“你的日记本记得很特别，我很想知道你的办法。”阳阳马上说：“我发现日记本一页一页很少，很快就会没有了。我画一格一格这样能记很多。”“哇！这个办法真的很不错呢。”之后我将阳阳的日记展示给其他小朋友看，很多孩子都发出“哇”的赞叹。我紧接着问孩子们：“你们还发现阳阳日记本上有什么？”“有日期。”“有天气。”“有温度。”“他用一个脸当作表情，表示他那天的心情。”我说：“是呀，你们看，日记本上有日期，这样我们能一下子知道你在什么时候遇到了什么特别的事情。”

片段 3：

一天中午，嘟嘟开心地拿着她的日记走到我跟前，和我说：“赵老师，你看你看，我们的茄子已经拔走了，还好我把茄子的生长过程记录了下来。你看呀。”果然，嘟嘟的日记上，每天都有茄子的记录，从进入种植箱，到慢慢开出紫色的花，再到长出小茄子，还画出了长大后的茄子有长有短、有粗有细。有的上面还记录了问题，她画了一朵紫色的花打了一个问号，用黄色画出叶子——为什么茄子的叶子变黄了？

三、案例分析

1. 激发兴趣，体验快乐

兴趣是孩子最好的老师。孩子对画面、数字、符号的兴趣对幼儿书写教育有不可忽视的作用。也就是说只有孩子对“班级日记”产生了浓厚的兴趣，他们才会自发地、主动地去完成自己的班级日记。大班的孩子活泼好动，如果一味地、长时间地、反复地让他们单一操作，他们很快就会失去兴趣。因此，要鼓励幼儿将开心、有趣或难过的事情用班级日记的形式记录下来，从而培养幼儿的书写能力和书写兴趣。

2. 关注幼儿，层层推进

班级日记不仅仅是孩子自我表达书写的媒介，也是教师了解幼儿想法的工具。一本小小的日记本，上面反映了孩子们的情绪表达、能力层次等。老师要多翻阅，多了解孩子们在日记本上所表达的想法。适时、适切地支持孩子将所展现的信息进行更深度的表达。帮助孩子们厘清思路，相互学习。有逻辑地、清晰地进行整合，一步步助推孩子的书写经验。

3. 多元提升，全面收获

小小的日记本，上面隐藏了大大的能力——孩子的观察能力、绘画能力、表达能力、逻辑思维能力、语言能力。以“班级日记”为载体，开展前书写活动，给予了每一个孩子自我表达的机会。鼓励孩子利用画的方式表达自己对于生活、班级、身边的人的感受和想法，也让教师和家长更好地了解了孩子的想法，在促进了幼儿看、画、说、记等能力的提升的同时，也促进了孩子全方面的发展。

四、案例措施

1. 丰富书写材料，满足需求

目前，班级中孩子们记录所需的材料仅仅是画笔与纸。老师可以和孩子共同收集更多的材料，如不同的纸张、不同的笔、剪刀、胶水、双面胶等。鼓励孩子大胆使用更多材料记班级日记，发挥班级日记更大的价值。

2. 去“固定思维”，改变形式

孩子们的记录形式普遍单一。老师还是要多关注孩子的班级日记的记录形式，鼓励幼儿大胆表现，针对不同内容可以使用不同的记录形式。

3. 悟“深度学习”，不流于表面

大班后期，孩子们对于纸面上记录表达的经验已经极为丰富了。老师要引导孩子对于自己记录的内容进行更深层次的学习。如对于植物的观察，不仅仅是停留于观察植物的生长变化，而是将所观察的内容进行信息的整合及梳理，画出思维导图，有逻辑地分类进行表达。

五、感悟与体会

班级日记的记录在幼小衔接方面发挥着不可替代的作用，它不但缓解了孩子对书写的抗拒心理，而且还能促进孩子的全方位发展，让幼儿学会用多元的方式进行表征。因此，以班级日记为出发点，帮助幼儿积累前书写经验，为进入小学打好基础。

自然角中的师幼互动

北京市朝阳区左家庄街道中心幼儿园　刁卫红

一、案例背景

秋天是个美好的季节，蕴藏着许多教育契机，也是能引起孩子们兴趣的季节，这是大自然给予我们的不加任何修饰的天然教育活动资源。我们一直坚持通过举办“收集秋天的果实”活动，让幼儿从中体验到秋天是丰收的季节。基于幼儿对果实的认识和观察，我们提出了“把自然搬进教室”的教育设想并在教室里建立自然角。

以往，自然角都是教师自己大包大揽，从选种到种植再到浇水，教师忙前忙后，幼儿是旁观者，可幼儿的关注也只是暂时的，不能引起幼儿长期的兴趣。而在这次活动中，我们更注重幼儿主体的参与，由幼儿从家中带种子参与活动。这时，幼儿的积极性、主动性空前高涨，纷纷从家中带来了南瓜、萝卜、柿子、苹果等种子。活动中，孩子们表现积极主动，感到了作为主体的快乐。老师在整个活动中，是作为一个帮手、助手参与活动的，如帮助幼儿找一些他们需要的材料，启发、引导一些幼儿做不同的装饰，使容器看上去更漂亮，整个活动不再是教师的“独角戏”，而是教师在与幼儿互动交往中进行的。

二、案例描述

自然角里，小种子们的生长与变化，深深地吸引着孩子们那颗渴望探索的心。每天总有小朋友围在自然角里，急切盼望着自己的种子快点发芽长大。每当他们喝完水后，就会跑到窗台前看看自己的“宝贝”是否也该喝水了，随即给它们浇点水。在孩子们的精心照料下，有的种子很快就发芽了，九九小朋友惊奇地发现自己那组种的小蘑菇露出“小脑袋”来了，就喊了起来。听到喊声，孩子们都围拢过来。小宇看到九九那组的小蘑菇露出了“小脑袋”，就赶快跑到自己那组种的蘑菇前，仔细观察，发现蘑菇也长出了一点点。不一会儿，许多幼儿都看到了自己组种的蘑菇有了变化。但昕昕和悠悠小朋友一脸不高兴地告诉我，他们种的蘑菇还没有变化。我鼓励他们不要灰心，找一找原因。昕昕、悠悠经过和其他小朋友比较，总结出他们每天没有按时浇水，应该每天连续给蘑菇浇水。还有一组小朋友的发现是他浇的水太多了，以至于蘑菇根都泡烂了。这时，九九小朋友说：“老师，我想把我的蘑菇现在的样子画下来。”经她提醒，所有的小朋友都想把自己观察到的现象记录下来。

于是，我组织了活动“我的发现”，引导幼儿把自己的发现用图画的形式记录下来。如团团在纸的旁边用自己发明的符号标注了蘑菇的变化情况。家苒小朋友画的蘑菇没有变化，我问他：“蘑菇没有变化吗？”他说：“没有呀。”我又引导他仔细看看，这时，他发现了蘑菇根上有许多冒着小鼓包的蘑菇头，就赶紧在画上添画了蘑菇头。整节活动幼儿观察仔细，记录认真，每一张记录表都贴在墙上，制作了观察记录墙。我对孩子的记录给予了表扬，鼓励幼儿继续把植物的生长变化及时记录下来。通过这次活动，我班的孩子对观察自然角更感兴趣了，他们时常和我一起商量、讨论植物的生长情况，还经常要教师把他们观察的情况用文字记录下来。如琳那组的记录上写了“由于上次浇水太多，蘑菇根泡烂了，这次我又重新种了蘑菇，现在它已经冒出来小蘑菇，我们真的太高兴了”。在观察自然角的过程中，孩子们向老师提出了各种问题，如“为什么不浇水，蘑菇就出来慢”等。这些问题促使我和孩子共同去寻找答案，甚至需要教师去查资料，以解答孩子们的疑惑，满足孩子的好奇心、求知欲。在此期间，不仅幼儿的能力和知识得到了发展，教师的能力和知识也得到了提高和扩充。

三、案例分析

对于孩子们的议论和讨论，我并没有立即干预，而是在旁边观察，听听孩子们的想法。孩子的思维很清晰，通过老师的初步引导后，孩子们明白“蘑菇不能不浇水，也不能浇太多的水”。幼儿提出可以记录下蘑菇的成长过程，我组织幼儿进行了记录，幼儿把失败的案例记录下来以防日后再出现同样的错误。通过记录，孩子们能够更好地了解蘑菇的成长变化，也知道了蘑菇的营养价值，在日常进餐时，个别幼儿对蘑菇的挑食现象有所改善，都能够响应“光盘行动”。孩子们对这个活动格外感兴趣。

四、案例措施

1. 我通过多种形式的师幼互动、幼幼互动，让幼儿从中获得对自然生命的感知。通过观察、讨论、解决问题、记录等一系列的活动，增强幼儿的参与度。活动的发起、材料和经验的支持、设问、引导等，促进幼儿获得新的知识经验的同时，培养了幼儿的学习能力。

2. 幼儿在感受自然的过程中，感知生命，尊重自然，体会自然的变化和神奇。

五、感悟与体会

孩子们在做自己喜欢的事情时总会带给老师很多小惊喜，作为老师的我要用欣赏的眼光捕捉到孩子的点滴惊喜，并且要做到有耐心地连续观察孩子们的活动，这就是一种支持，默默用隐在的行为支持着孩子的活动，在孩子需要帮助时给予孩子最恰当可行的帮助。

论　文

家园合作促进县镇幼儿园大班幼小衔接方法与途径初探

云南省昆明市嵩明县县直机关幼儿园　代琼英

"幼小"分别指代的是"幼儿园"和"小学"两种不同的教育机构或教育阶段，"衔接"是指儿童成长发展过程中，从一个较低层次的学习场所转到另一个较高层次的学习场所的过程。"幼小衔接"是指幼儿园和小学两个相邻教育阶段之间在教育上的互相连接。此时恰好是结束幼儿园生活、开始接受正规小学教育的初期，也是幼儿心理发展的一个转折期。幼小衔接实质指的就是儿童连续的、不断发展的社会性、心理、身体发展上的衔接。幼小衔接仅依靠幼儿园是难以实现的，必须实行家园联系，采取家园共育的措施，即幼儿园与家庭、教师与家长进行经常性的双向沟通，相互配合，共同促进幼儿发展。

为提高家园合作效果，促进县镇幼儿园大班幼儿幼小衔接工作，我们在幼儿园开展了丰富的教育活动，如"参观小学""'我要上小学了'主题谈话""我会整理书包""我会写自己的名字——自己签到""小小值日生活动"等；为指导家长有效配合实施幼小衔接活动，开展了丰富的活动，如"家园共育幼小衔接专题讲座""家长助教活动""亲子阅读活动""科学育儿分享"等，丰富的活动指导我们在家园合作促进县镇幼儿园大班幼小衔接的方法与途径方面进行了探索与尝试，取得了较好的效果。

一、家园同步的生活作息习惯培养

众所周知，幼儿园和小学在作息时间上存在很大的差异，幼儿如果不提前调整，势必会不适应。特别是县镇因地域原因，家长生活节奏相对轻松，不少家长有时间"陪伴"幼儿，幼儿晚睡晚起，甚至幼儿园想上就上，不想上就不上，造成幼儿没有时间观念和学习意识。加之幼儿园集体活动时间少而短，中午还有充裕的午睡时间等，这些与小学比较起来，都存在很大的差异，如果不提前调整，势必会不适应。

为做好生活作息习惯培养，我们通过家长会与家长沟通，与家长做好"约定"，要求家长配合做到：每天坚持送幼儿入园，不随便请假；每天早睡早起，坚持做到每天晚上 9：00 前上床睡觉，每天早上 8：00 前到园等。

大班下学期，在确保幼儿园正常教育教学的前提下，为做好幼小衔接，我们对大班幼儿生活作息进行了小调整，如为了与小学衔接减少午睡时间，我们增加了饭后散步的时间，午睡起床时间提前，午睡时间从原来的两个多小时减到一个半小时左右。这些家园同步的措施督促幼儿养成了良好的生活作息习惯，为上小学做好准备。

二、家园同步的学习习惯培养

一日生活活动，是幼儿良好学习习惯养成的开始。幼儿园一日生活程序化，对幼儿来说每一个程序就是一种任务，让幼儿明白什么时候该做什么、不该做什么。如有的幼儿不在意或贪玩，如厕、喝水的时间忙着做其他事，导致做下一件事的时候他上一件事还没完成，结果不仅自己手忙脚乱，也影响了他人。所以让幼儿在一日生活中学会自我管理、自我约束，才能更好地融入集体、融入社会，才能更好地适应小学生活。一日生活，我们让幼儿自己来说每一个环节该怎么做、为什么要这么做，如在集体活动前如厕，幼儿通过"说"和"做"明白要为集体活动做好准备，集体活动的时候不能随意要求如厕，否则不仅影响自己还会影响大家。在家里，我们指导家长一致要求幼儿，让幼儿养成凡事要做好准备的习惯，如外出前，除了带好必要的物品，还要做好喝水、如厕等生活准备。生活习惯看似是不经意的小事，实际上对幼儿的学习同样有着不容忽视的影响，它让幼儿能更加从容地面对学习。

集中教育活动，是幼儿良好学习习惯养成的关键。幼儿会听吗？能听懂吗？会做吗？不会做会问吗……集体活动中幼儿的表现，是幼儿良好学习习惯是否养成的最直接写照。为了指导大班幼儿养成良好的学习习惯，我们一方面对幼儿提出明确的要求，要求幼儿专心听，认真看，积极回答问题，另一方面从集体活动的内容入手，做到让幼儿感兴趣，愿意、乐意参与；组织过程中做到教师的讲解短而精，利于幼儿记住，示范简洁规范，便于幼儿模仿；材料充分，满足幼儿操作需要……让幼儿主动养成专注参与集体活动的习惯。同时指导家长在家里每天定时陪伴幼儿完成一件事，如看书、画画等，每次约30分钟，在此之前做好相应准备，完成“任务”时要求幼儿专心，不随意走动，家长同样做到尽可能不接电话、不玩手机等，家园同步帮助幼儿养成专注学习、不懂会问等良好学习习惯。

主题教育活动，是幼儿良好学习习惯养成的“点睛之笔”。大班幼儿有了一定的自我管理、自我约束能力，但行为习惯的养成还需要我们成人的帮助和指导。根据幼儿实际需要开展主题教育活动，是一种非常有效的方式，如“我要上小学了”主题谈话，让幼儿初步了解小学生活，萌发了对小学生活的向往之情，进而从情感上接纳小学生活，从行为上愿意为小学生活做好准备，是幼儿良好学习习惯养成的动力。同时，我们指导家长与幼儿分享一些自己小学生活的趣事，进一步从情感上与幼儿找到共鸣，让幼儿能更愿意接受我们的“要求”。

三、家园同步的行为习惯培养

大班幼儿即将离开幼儿园，进入小学，要独立面对周围的环境，面对周围的人，在发生一些不可预知的事件时，可能没有成人第一时间在身边指导和保护，所以应当学会保护自己，学习自己解决遇到的问题。

在家长问卷调查中我们发现，近一半的幼儿在与同伴发生冲突时不能自己协商解决，所以这是我们老师和家长应该关注的重要问题。我们通过主题家长会，把解决问题的权利留给孩子，让家长通过学习、讨论，达成共识：在确保安全的前提下，尽可能把解决问题的权利留给孩子，不要用成人的眼光看待孩子间的矛盾纠纷，不要为孩子间的小矛盾、小纠纷喋喋不休，家长要放宽胸怀，给孩子成长的机会。家园同步教育让幼儿学会解决问题，学会宽以待人、包容同伴……以让幼儿更好地融入社会，为上小学的独立自主做好准备。

近年来幼儿园内外的暴力、伤害案件时有发生，严重威胁着幼儿生命安全，大班幼儿即将入小学，更多的时间将脱离成人自己处理面对的问题，为让幼儿能有效保护自己，我们对大班幼儿有目的地开展交通安全、消防安全、饮食安全、游戏安全、生活安全、自然灾害、意外事件等方面的安全自护教育。如在交通安全教育方面，随着城镇发展，车辆增多，路况复杂，交通安全与孩子们的生活密切相关，为提高幼儿交通安全意识，我们需要教育幼儿了解基本的交通规则，如“红灯停、绿灯行”，行人走人行道，上街走路靠右行，不要在马路上踢球、玩滑板车、奔跑、做游戏，不横穿马路，不在马路上停留和玩耍等；认识交通标志，如红绿灯、人行横道线等，并且知道这些交通标志的意义和作用；教育幼儿从小要有交通安全意识，养成遵守交通规则的良好习惯。

丰富的家园共育幼小衔接活动，引导幼儿养成一些良好的学习、生活、行为习惯。绝大多数幼儿在集体活动中，基本上已经会随意要求上厕所、喝水等；区域活动时也能较好地管理自己，遵守规则，专注活动，等等。我们还与小学教师联系，跟踪部分大班幼儿进入小学后的表现，也获得了较好的认可。不仅幼儿发生了变化，各种活动也提升了家长的教育经验，改变了家长的一些传统的、不科学的看法，让家长积极参与到幼小衔接教育中来，共同为幼儿的可持续发展搭建一个连续的、完整的教育大环境。

论学前教育和家庭教育的关系

四川省德阳市四川工业科技学院 黄译漫

一、家庭教育的重要性

(一)家庭是幼儿第一所学校

父母对孩子的态度为幼儿以后对社会的态度奠定了基础。在个性、智力发展和文化特征方面，父母是孩子的第一个和最重要的影响因素。每个幼儿都从自己的家庭生活中获得不同于其他人的经验，形成了自己的行为习惯，发展待人处事的能力以及语言等。这一切在幼儿入园后，仍然极大地影响和制约着幼儿园教育，幼儿园教育只能在幼儿原有的基础上展开，否则效果不佳。

(二)家庭环境对幼儿十分重要

父母之间的和谐相处，能让孩子时时感受到浓浓的爱，在这样的家庭环境中成长的孩子心理健康，积极向上，并乐于助人。孩子要的爱与金钱无关，与社会地位无关，孩子要的是父母对他无私的关爱、对他充满责任感的爱。反之，现在社会中的“问题少年”大多是留守儿童或者出在单亲家庭，这些孩子缺少父母的关爱，心理上出现了不同程度的问题。3—6岁正是儿童懵懂的世界观形成的重要时刻，培育良好的品德要从幼儿开始。英国作家萨克雷说过，“播种行为，收获习惯；播种习惯，收获性格；播种性格，收获命运”。这句话道出了良好行为习惯培养的重要性。我国思想家陶行知说过，“凡人生所需之重要习惯、倾向、态度，多半可在六岁以前培养成功”。这句话揭示了培养良好行为习惯应及早抓起的必要性。

二、学前教育的重要性

(一)良好的学前教育是幼儿求知欲的起点

好奇和探索是幼儿的一大特色，他们总是对很多事物感到新奇。幼儿的发展往往以自我为中心，对周围的事物产生强烈的兴趣。由于希望了解更多自己感兴趣的事物，他们会提出各种问题。随着智力的发育，他们对知识的好奇心也会越来越强，兴趣也会越来越广，而且会越来越深奥。

(二)学前教育是儿童全面发展的需要

学前阶段是儿童接触社会的开始，也是奠定儿童终身学习的关键时期。学前教育阶段是儿童思维逐渐打开的关键时期，必须加强学前教师对儿童表达能力、智力等各方面能力的培养，从而为儿童接触更多的世界提供充分的条件。进入到学前教育阶段，教师可以利用游戏等教学方式，将游戏融入儿童的学前教育中，让儿童的成长更趋趣味性，以便让儿童更好地展现自我个性，进而培养儿童各方面能力。

(三)学前教育能够培养儿童健康的人格

学前阶段是儿童个人性格逐步养成的重要时期。因为学前儿童进入学前教育后会接触不少学生和教师，是学前儿童由幼儿性格向儿童性格转换的阶段，是扩大学前儿童眼界和思维意识的开始。所以如果此时教师引导得当的话，形成的性格会影响儿童的一生。鉴于此，学前教师要重视学前儿童内心的认知变化，为儿童提供一个良好的教育环境，培养学前儿童良好的情感意识，进而在教师的引导和关怀下形成良好、健康的性格。

（四）学前教育能够促进儿童个性的良好发展

对于学前儿童来说，个性特点也是不一样的。每个学前儿童都拥有自己的个性和独特的思维意识，乃至形成自己独特的想法。在教学过程中学前教师要以学生为教学主体，关注每位学生的个性特点，尽量做到对每位学生都能够有所了解，以便在教学时有针对性地开展教学，实施不同的教学方式，因材施教，多层次教学，让各层次的学生都能够在教师的指导下有所获得，都能够体验到成功。一是对于性格内向的学前儿童，笔者时常和他们谈话，以便学前儿童能够改变内向的性格，在教师的引领下逐渐成长，变得自信开朗。二是对于性格开朗外向的孩子，笔者则是巧妙利用其性格特征，引领学生与学生进行交流，让他们讨论身边的热点话题，广交朋友，以此来培养学生的交往能力，并且主动带动性格内向的儿童，进而让学前儿童得到鼓励与赞美，促进儿童人格的发展。

三、学前教育与家庭教育结合的重要意义

（一）学前教育需要家庭教育来延伸内容

当前我国的学前教育时间为三年，相对于小学、中学来讲是很短的。幼儿在园时间短，学习到的东西较少，教师也不会布置作业来检验成果，唯一能检验成果的方式就是从幼儿平常的行为习惯中表现出来。这时则需要家长来辅助教师完成教学任务，延伸教学内容。同时亲子关系也很重要，在幼儿时期形成良好的亲子关系有助于幼儿身心健康发展。

（二）学前教育的内容能够指导家庭教育的方式与方向

目前，虽然越来越多的家长都开始重视学前教育，但是大多数家长都不知道应该如何进行正确的学前教育。每个家庭的家庭背景不同，每位家长的教育方法不同，培育幼儿的目的也不同，导致家长无法发挥巨大的作用。因此，通过家庭教育和学前教育相结合的方式，家长能够参与到学校的教育中，学校也能在家长教育不及时、有疏漏时及时弥补，十分有利于幼儿的身心健康发展。

（三）家庭教育能够辅助学前教育取得更好的效果

家庭教育和学前教育的合作，让家长在教育孩子时有规律可循，不再盲目教育孩子，能够事半功倍。家长也能发现学校的问题，及时提出，学校及时改进，促进发展。学前教育和家庭教育之间的相互作用、相互影响、相互促进、良好合作，能够形成一个和谐的良性循环，为幼儿打造一个纯净和谐的学习氛围，为幼儿的健康成长以及身心发育提供良好环境。

四、学前教育和家庭教育有机结合的方法

（一）良好的品德

教育的目的之一是提高个人的素质。其中，教育在人的品德形成方面起着重要的作用。幼儿品德的形成主要来源于自己和他人的交往，通过自己的观察和模仿而获得。由于幼儿此时纯洁、天真的心理特征，他们还未建立区别是非的标准，他们只能是盲目地模仿学习。此时，被幼儿模仿的对象就是幼师和家长。所以当前幼师的品德行为十分关键，家长的道德素质也很重要，要在幼儿身心发展的关键期做出榜样。

（二）教育的均衡发展

学前教育的社会公益性质决定了政府必须在学前教育事业发展中起主导作用，2010 年《国家中长期教育发展与改革规划纲要（2010—2020）》中明确提出，明确政府职责。把发展学前教育纳入城镇、社会主义新农村建设规划。政府的职责其一是为学前教育建立专门财政支出，使学前教育的均衡发展有坚强的经济后盾支撑，并逐步把学前教育纳入义务教育领域；其二，政府要完善、明确专门的学前教育发展法律，为学前教育提供法律支持，来保障幼儿、幼师的合法权益。

（三）社会的安定

积极发展学前教育，为我国的农村留守儿童的健康发展提供了更好的机会。留守儿童是中国特有的弱势群体，他们因父母外出打工而不能陪在自己身边而导致的成长问题，受到人们的关注。积极发展学前教育，使每个适龄儿童都可以接受学前教育，这样将使学前儿童的身心及教育都得到很好的发展，而且也为其以后的正规入学打好坚实的基础。每个孩子都得到更好的发展，也会减少犯罪率，促进社会安定。

五、结语

在学前教育和家庭教育的过程中，教育要保持一致性，多与老师沟通孩子在群体生活中的状况、社会交往能力以及习惯等。针对孩子可能比较薄弱的地方，力求和老师配合的一致性，帮助孩子达到更佳的状态。如孩子在园遇到他们认为不开心或不公正的事情，要及时引导孩子积极正确面对，并给予一定的帮助，必要时和老师沟通协商，为孩子创造一个适合身心发展的健康环境。

整合课程背景下班级主题生成活动创设初探

——以中班“喝水杯的秘密”为例

四川省泸州市泸州职业技术学院　谭　平

一、整合课程背景下的班级主题生成活动

当前，“整合”一词在学前儿童学习和发展中的作用与意义已逐渐为大家所认识。为学前幼儿提供整合的课程，成为幼儿园教育改革的一个重要方面。而班级由以往“按教材预设开展主题活动”过渡到“主题活动下预设与生成共存”实践中，如何有效捕捉并有的放矢地开展具体的生成活动是当前幼儿教师课程创生实践与摸索中面临的机遇与挑战。如何落地生根？具体需要哪些转换与思考？下面就以中班主题“我喝水我健康”下的生成活动“喝水杯的秘密”为例进行梳理。

二、中班主题生成活动创设的实践探索——“喝水杯的秘密”

（一）活动缘起

在中班“我喝水我健康”的主题活动谈话中，幼儿谈到运动后要喝水，睡觉起床后要喝水，天热时要喝水……老师问：“为什么要喝白开水？”幼儿各抒己见。喝水杯有什么装水的秘密？幼儿从喝白开水的讨论出发，到对量水产生了兴趣，教师觉得这是一个很好的教育契机，于是让幼儿自己动手做实验，探索水杯装水的问题。

（二）活动名称

喝水杯的秘密

（三）活动目标

1. 通过比较四种高矮、粗细不完全相同的水杯装水的情况，在猜想验证中发现喝水杯装水量的秘密。

2. 尝试将发现的喝水杯的秘密用于制作、使用量水标记，解决生活中量水的问题。

3. 在积极操作探索中体验、享受与同伴合作解决问题的成功感。

(四)活动准备

1. 物质准备："科学动手做"区角中添置高矮、粗细不同的杯子，有刻度的量杯，即时贴，剪刀，直尺，小棒。

2. 经验准备：幼儿有初步自然测量及比较零散的生活经验。

(五)活动脉络

1. 发现水杯的秘密

(1)高矮不同、粗细相同的水杯装水情况

(2)高矮相同、粗细不同的水杯装水情况

(3)高矮不同、粗细不同的水杯装水情况

2. 制作、使用量水标记

(1)透明水杯的量水标记

(2)不透明水杯的量水标记

(3)小组喝水壶的"改造"

(六)实施过程

1. 发现水杯的秘密

有7个幼儿选择了"科学动手做"区角中"水杯的秘密"区域进行尝试，他们将高矮、粗细不完全相同的水杯、水盆、舀水勺等摆放在桌上。"越高的杯子装的水越多。""不对，应该是越大(粗)的杯子装的水越多。"教师引导幼儿用工具测量，孩子们在小棒、卷尺、量杯中很快做出了选择，"原来这个不是最矮也不是最大的杯子装水最多"。

老师说："你们真厉害，发现了水杯装水的秘密。只从外观的高矮或者大小(粗细)去辨别水杯装水多少是不准确的，必需要倒出来量一量，比一比。"

2. 制作、使用量水标记

这天，4名幼儿在探索水杯的秘密时，铭铭说："我想用我书包里的水杯来试试我们在幼儿园每次喝的一杯水有多少。"琪琪说："我也带了水杯，还是小猪佩奇的哦!"不一会儿，桌上摆上了幼儿园统一的铝合金喝水杯、幼儿自带的水杯、"科学动手做"的水杯。铭铭熟练地将幼儿园的喝水杯装到杯柄处(幼儿园每次喝水的量)，往自带的空水杯里倒，兴奋地喊道："快看，才到我水杯的这里呢!"然然拿着自己的水杯也试试，"我的在你的上面一点呢"。老师引导道："你们倒进去的水一样多吗?""是的，都是用的幼儿园喝水的杯子，都接到杯柄处的。""那同样多的水倒在不同的杯子里……""高度也不一样!""你们真厉害!"

维维说："我们可以打上记号，这样不同的杯子也可以喝一样多的水。"说完她熟练地找出即时贴和剪刀，重复之前操作后，为自己的水杯贴上了一条红色的即时贴。

希希也想试试："可是我的水杯不是透明的，贴了即时贴里面也看不到啊!""那就贴在杯子里面。""不行，这样不卫生，即时贴不能吃。""可以用吸管，插一根吸管，折一下，记号就出来啦! 就像我妈妈每次讲故事书做记号一样。""哪里有吸管?""奶茶店就有……"

分享的时候，他们分别介绍了发现水杯秘密的过程及用生活中的物品做记号的具体做法。

(七)活动反思

主题活动中的预设活动与生成活动应是相辅相成的。幼儿学习的终极目的是解决生活中的问题，老师要善于在班级主题活动中发现幼儿在当前主题活动之下对一日生活中相关的兴趣和与之产生的问题。一旦发现幼儿的兴趣点，就要为幼儿创造一个自主探索的环境，锻炼并发展其问题解决、表征、联系的数学思维能力。

三、班级主题生成活动创设的思考与建议

(一)基础教材层面：以贴近生活为选材，以适当留白为艺术

伴随着倡导园本课程建设及提升教师专业素养的春风，各幼儿园都开始有意识地着手园本课程构建。但由于软件条件及硬件条件的不足，大部分幼儿园目前还很难做出完全脱离基础教材的纯园本课程，因此，一定程度上依赖基础教材是必需的。这样就向我们使用的基础教材提出了一定的需求，即在主题选材上尽量选择贴切适合农村、城市幼儿折中的生活主题，同时以适当留白为艺术，让不同层次的老师能够有二次发挥的空间，如我园正在研究的课题"种植课程研究"，也可以与当前南京师范大学出版社出版的《幼儿园活动整合课程》进行一定的融合与补充。如中班的一个园本种植主题活动：春生夏长。具体如下：

教材分支	相融合的种植活动
寻找春天	参观田野(谈话活动) 跟姥姥学种向日葵(家长助教) 我给向日葵盖被子(科学) 这是我的向日葵(社会)
春天多美丽	春天的色彩(科学) 种子的力量(科学、谈话) 我给向日葵找新家(科学) 向日葵的动物朋友(科学、艺术)
初夏的时光	清理小花园(生活) 我给向日葵搭架子(社会、科学) 比一比谁最高(科学)
顽皮一夏	向日葵的果实在哪里(科学) 向日葵自画像(美术) 瓜子分享会(高峰活动)

(二)园级层面：课程建构培训与权力下放并行

《幼儿园园长专业标准》和《幼儿园教师专业标准(试行)》中均强调园长及教师的专业性。幼儿园一日生活皆课程，而幼儿的年龄特点和具体形象思维，不同地区幼儿的经验水平、教育质量层次，又决定了园本课程的建构一定是良莠不齐的。这种情况下，园级层面就要有效地处理好"抓"与"放"的关系。"抓"，即抓教师的专业能力培养，如增强课程建构相关的理论培训，开展以观察儿童为切入点的体验式教研学习，利用"引进来，请出去"的学习共同体形式提升教师专业综合素养等。同时，也要大胆"放"，即放权，如鼓励老师根据自己班级特点制订不同的班级发展计划，允许成熟期老师灵活调整班级的日常活动，做到以人为本的精细化管理，在教师专业能力不断发展的基础上，权力下放，不断创新。

(三)教师层面

1. 专业理念上充分以幼儿为本，反思、找准并分析拟开展的主题生成活动的教育价值

作为一名幼儿教师，一定要有一双慧眼。首先在专业理念上，开阔自己的视野。这就要求老师及时反思与幼儿相处的一点一滴，就像经常提到的"蹲下来和孩子说话"，身体蹲下来了，但是潜在的行为语言是否真的与孩子平等了呢？

同时，教师一定要多观察幼儿的兴趣，参与幼儿的聊天谈话，捕捉幼儿的心理细节变化，及时调整最近发展区。幼儿的兴趣是多种多样的，既也不能完全忽视幼儿的兴趣，也

不能把幼儿的兴趣全当“圣旨”。

2. 专业能力上，围绕课程理念，注重班级顶层设计，提升资料搜集意识及撰写成果能力

从课程实施者到课程建构者、实施者，教师必须转变观念的同时，专业课程能力也必须跟上。这就涉及班级主题生成活动顶层设计，而顶层设计一定是以课程理念为指导的，如在“喝水杯的秘密”中“亲、善、乐、爱”就一直是整个主题生成活动中的主线灵魂所在。而如何在具体的活动中去体现灵魂，就需要老师带动幼儿及家长一起多方面搜集素材，及时反馈、调整并以文字的形式梳理、体现，同时也提升了教师的成果撰写能力。

3. 专业知识上，领域在前，整合在后，及时捕捉教育契机，动态调整预设与生成活动

如果说顶层设计是对教师专业能力的初级考验，那么动态调整预设与生成活动就是其终极考验。在创设主题活动目标及教学网络图时，一定要有丰富的领域知识支持，厘清、了解活动目标所在，然后才是在各个单个领域的活动里去渗透，有机整合，全面促进幼儿的发展。

(四)家长层面：主动多形式参与孩子的生活

通过挖掘主题生成活动，让幼儿家长认识到创设一个良好环境、丰富并支持幼儿相关经验的重要性，最终能够激励幼儿家长参与班级中更多的主题活动创设，并在实践中付诸行动，让课程与孩子、课程与生活真正共生共融，让孩子快乐成长。

建构主义视角下区域游戏中幼儿自主性培养探析

四川省泸州市泸州职业技术学院　刘晓娟

自主性是指在一定的条件下，个人对于自己的活动具有支配和控制的权利和能力。它是行为主体按自己意愿行事的动机、能力或特性，它表现为个体自由地、独立地支配自己言行的状态。幼儿自主性是指幼儿自己主宰自己活动的心理过程，它是与被动性相对立的一种积极主动的心理现象和行为方式。培养幼儿自主性有利于幼儿潜能的发展、自信心的形成。同时，在竞争激烈的当代社会，有利于幼儿适应未来的社会生活。

幼儿园区域游戏是发展幼儿自主性的重要途径之一。但现实的区域游戏中，教师一人言的“区域游戏规则”、教师对幼儿选择区域或玩伴的指定分派等过度指导及施加绝对权威的行为，都导致了幼儿自主性发展被忽略。此外，部分幼儿园区角材料投放欠妥，片面追求美观、仿真，投放缺乏目标性、层次性及年龄差异性等，这些现象阻碍了幼儿的自主性选择与探究，也导致幼儿自主性发展受到影响。

建构主义理论作为21世纪教育改革的重要指导理论，对幼儿园在区域游戏中培养幼儿自主性具有重要启示。

一、建构主义理论的内涵阐释

在皮亚杰建构主义理论的基础上，维果斯基创立了社会建构主义。作为社会建构主义的代表，他认为人的智力结构和思维过程来自和其他人的社会交往，这些交往不只影响到认知发展，实际上创造了认知结构和思维发展。认识活动的社会本源性说明高级心理过程首先在人与人之间的协作活动中共同建构出来，然后被人内化成为自己认知发展的一部分。由此看出，社会建构主义十分重视社会交往在人的高级心理机能发展中的重要作用。

建构主义学习理论提倡在教师指导下的、以学习者为中心的学习，也就是说，既强调

学习者的认知主体作用，又不忽视教师的指导作用，教师是意义建构的帮助者、促进者，而不是知识的传授者与灌输者。学生是信息加工的主体，是意义的主动建构者，而不是外部刺激的被动接受者和被灌输的对象。

二、建构主义对区域游戏中培养幼儿自主性的启示

建构主义强调儿童与周围环境的相互作用，儿童的学习是与情境紧密联系的，通过人际交往与协作活动，从而实现意义建构的过程。儿童才是认知的主体，是知识意义的主动建构者，教师只对儿童的意义建构起帮助和促进作用。依据建构主义理论内涵，对幼儿园在区域游戏中培养幼儿自主性提出以下建议。

（一）教师应明确自身在区域游戏中的角色定位

区域游戏中，教师的绝对权威或过度指导使幼儿处于被动地位，幼儿的自主性发展遭到忽略。依据建构主义的观点，“儿童是知识意义的主动建构者，教师只对儿童的意义建构起帮助和促进作用”，为了促进幼儿自主性在区域游戏中得以发展，教师应明确自身在区域游戏中的角色定位。

1. 教师应是区域游戏的支持者

教师应该是区域游戏的支持者，这种支持包括物质和精神上的支持。物质上，教师应该在区角中给幼儿提供丰富的、合理的游戏材料，供幼儿操作性、探索，为其自主性发展奠定物质材料基础。精神上，教师应该为幼儿营造一种宽松、开放的氛围，幼儿可以根据自己的兴趣选择游戏区角及材料，从而促进幼儿自主性的发展。

2. 教师应是区域游戏的协助者、引导者

建构主义理论认为，儿童才是学习、认知发展的主体。根据这一观点，教师在区角活动中应该是幼儿游戏的协助者、引导者，而不是居高临下地发号施令，更不能对幼儿的游戏过度指导与干涉。比如，幼儿在区域游戏中遇到困难，教师可以在一旁耐心观察，当幼儿实在不能解决时，教师可以给幼儿提供有益问题解决的线索，协助幼儿解决问题，但幼儿才是解决问题的主体。同样，当幼儿在区角活动中，游戏情节停滞不前、游戏在原有水平反复时，教师可以以游戏角色的身份参与游戏，对幼儿进行引导，促进游戏情节及水平的发展。

总之，区域游戏中，教师应明确自身角色定位，保证幼儿的主体性地位，促进幼儿自主性的发展。

（二）注重幼儿与材料间的相互作用

建构主义理论强调，儿童是在与周围环境相互作用的过程中，逐步建构起关于外部世界的知识，儿童的学习是对材料的自主操作活动。在区域游戏中，幼儿需要通过操作材料实现与周围环境的互动，来建构自己的认知结构。但有些教师往往不能有效地投放游戏材料，从而影响了幼儿参与游戏及自主探究的兴趣，导致幼儿自主性在游戏中难以获得发展。为了给幼儿提供自主操作材料、主动探究的机会，促进幼儿自主性的发展，教师应该注重区域游戏材料投放的合理性、有效性。

1. 区域游戏材料的投放应注重操作性、启发性

区域游戏材料是幼儿操作、探究，促进幼儿自主性发展的工具，教师不能一味追求材料的美观、仿真，可以选择一些半成品或是和幼儿一起收集安全卫生的废旧物品，引导幼儿通过自主探索，充分挖掘材料的潜在功能。比如：易拉罐这种废旧物品，可以成为建构区建房搭桥的原料，也可以成为户外体育游戏的器材，又能变成美工角各种造型独特的手工作品。一物多用、多样变化的操作方式，迎合幼儿对操作的兴趣，这样的区域游戏材料

才是富有操作性、探究性的，而不是只用来做摆设。

同时，材料的提供应注重启发性，使材料本身内含一定线索，具有暗示功能。启发性的游戏材料把探究的空间让给幼儿，材料代替教师履行着指导作用，幼儿通过自主操作、探究就可以解决游戏中遇到的问题，真正发挥幼儿的自主性。比如：小班生活区"给小动物喂食"游戏，教师提供小勺及大小各异的"食物"，不需要教师的指导，幼儿通过观察、探索会发现，体积小些的食物可以喂给嘴巴或小或大的动物，体积大些的食物只能喂给嘴巴较大的动物。

2. 区域游戏材料的投放应注重丰富性、层次性

区域游戏材料的投放应注重丰富多样，但材料的丰富不是一味求多，应充分考虑幼儿的兴趣，适时提供新材料，一般区域游戏新旧材料的比例为1∶2或1∶3，保证材料的动态性与丰富性，以满足儿童继续游戏的愿望，防止幼儿对一成不变的材料产生厌倦。

同时，区域游戏材料的投放要注重幼儿的年龄特点和个体差异。小、中、大班要根据幼儿年龄特征投放材料，小班可投放动手操作类及角色游戏为主的材料，中班可投放培养幼儿交往经验为主的材料，而大班则可投放较复杂的操作或益智类材料。此外，由于同一年龄段的幼儿发展水平存在差异，所以在投放材料时，一定要考虑材料的层次性，能够满足不同发展水平的幼儿。

只有保证材料的丰富性及层次性，使不同发展水平的幼儿都能找到适合其需求的材料，才能真正借助材料促进幼儿自主性的发展。

(三)区域游戏中应给幼儿提供充分的同伴交往的机会

社会建构主义认为，人的智力结构和思维过程来自和其他人的社会交往，十分重视"社会交往"在人的高级心理机能发展中的重要作用。区域游戏中，幼儿的社会交往对象包括教师和同伴，由于受师幼比的限制，幼儿间的同伴交往对促进幼儿认知发展具有重要意义。与此同时，幼儿间的同伴交往对其自主性的发展也具有重要促进作用。

区域游戏中，教师应退居背后，把活动、交往的自主权交给幼儿。幼儿能够自主选择区角、玩伴，同伴间共同讨论游戏主题、协商游戏分工，游戏中遇到问题时，同伴间协作、共同探讨问题解决办法。幼儿在自主选择、合作、协商的同伴交往过程中，有效促进幼儿认知及自主性的发展。

浅谈如何在大班年龄段做好幼儿园与小学的运动衔接

四川省成都市高新区中和第九幼儿园　田　婷

一、有针对性的早操编排，提升幼儿身体的协调能力，巩固运动技能：拍球、跳绳

幼儿园早操是幼儿一日活动的重要环节，是幼儿园第一个集体活动。俗话说"一日之计在于晨"，早操活动符合幼儿生长发育需要，它既能锻炼身体，促进幼儿身体正常发育，提高幼儿的灵活性、平衡能力、协调性，又能激发幼儿的积极情绪，促使幼儿愉快地开始一日生活。

为了更好地做好"体育运动衔接"，除了平日里每天的户外体育游戏外，我们还抓住了"早操"这个教育契机。基于小学对孩子拍球、跳绳的数量和技能的要求，我们专门在早操器械的选择和操节编排上做文章，设计了球操和绳操。这两套早操与普通早操不同，它更具有幼小体育衔接指向性：球操，不仅仅是拍球，整个操节中锻炼到了幼儿控球、平衡、

注意力、记忆力，尤其是运球和球类的技能方面的练习；绳操，除了可以锻炼到身体协调性以外，还能对连续跳绳、控绳起到辅助作用。经过一段时间的早操锻炼，孩子球类和连续跳绳的技能有明显提升。

二、在“幼小衔接加油站”的课间10分钟中，提供运动健康的自选材料，鼓励幼儿动静交替，劳逸结合

“幼小衔接加油站”是幼儿园新规划的一间教室，我们预设大班的孩子们会轮流在这里为学习、社交“加油”，同时还可以体验“小学生”特有的“课间10分钟”。这是孩子们最期盼的，因为这时他们可以自由规划时间和课间活动，如上厕所、喝水、看书、整理自己的文具等。

起初在课间10分钟里，我们提供了折纸、翻绳、小桌游等比较安静的活动材料，但在接下来的英文活动中，孩子们却出现了注意力不集中的现象。仔细思考才发现，活动安排和材料提供都应该考虑“动静交替”的原则，目前提供的这些游戏材料都只考虑到了室内活动(静)，却忽略了室外活动(动)。

基于此，我们对课间10分钟进行了进一步的优化，把单人跳绳、双人跳绳、跳皮筋、拍球、踢毽子等运动项目游戏增加到课间10分钟内，这样不仅仅能增强幼儿时间观念和时间规划能力，同时还可以动静交替，为运动衔接做好支撑。

三、在主题活动中，开展运动相关教育活动

《指南》中提到，以主题活动形式开展，可以更具体、深入地对全体幼儿进行相关的健康指导，这是帮助所有幼儿形成健康意识、获得基本的健康知识以及培养健康行为与习惯的重要途径。因此，幼儿园有必要根据幼儿的年龄特点、生活实际与发展需要，有目的、有计划地开展幼儿健康教育活动。

一切美好与幸福都是在拥有健康身体的前提下，在大班主题活动“一起健康吧”中，我们从“吃、住、行、运动”四个方面来展开探究，其中小话题“我的运动健康”成了孩子们的热门话题。

前期孩子们在老师和家长的带领下参观过小学，深深映入脑海的便是那宽阔的操场和长长的跑道。“骑自行车是运动吗？幼儿园和小学的运动内容是什么？它们有什么不一样呢……”这些问题成了孩子们积极探索的方向。在主题活动的开展中，孩子们通过向父母询问、查阅资料、实地考察等方式找到了答案，由此还对小学的体育课产生了向往之情。同时，孩子们也在老师的引导下开始关注自己的运动情况，逐渐意识到运动对身体健康的重要性，并尝试自己整理、分享运动小妙招，形成良好的运动习惯，感知和同伴一起运动、一起健康成长的快乐！

四、家园共育，在小任务中渗透运动技能练习

幼儿园和家庭在幼儿发展过程中有着不可代替的影响作用，只有两者相互结合，相互作用，相互取长补短，才能最大限度地发挥出两者的教育优势。平日里，我们一贯强调的是老师要学会与家长沟通，重视教师与家长沟通的能力，但真正做到家园合作，更离不开家长的主动配合，只有科学合理地实施家园共育才能更好地促进幼儿全面和谐发展。

基于此，在大班幼小衔接工作中，我们将以“小任务”作为家园共育的方式之一，一是以此培养幼儿的任务意识，有计划地规划放学时间；二是让家长通过不同途径感知幼小衔接进程，并能有角色地参与其中。

1. 巩固幼儿的运动技能

小任务的内容与幼儿园的“三大适应性”“幼小衔接”观念紧密结合，不同阶段有不同重点。在小任务内容的设计上，除了平时的语言、数学、生活自理以外，还特别增加了运动竞技类游戏：让幼儿与家长进行直线跑、拍球、跳绳等比赛，在巩固练习中让幼儿逐步养成不怕困难、吃苦耐劳等意志品质。

2. 通过照片、视频的形式了解幼儿完成运动任务的情况

为保证运动小任务的完成效果以及鼓励家长参与其中，我们也采取一些措施，如：运动小任务完成后需要家长签字沟通；家长发幼儿练习视频便于老师观看，同伴间相互学习；根据幼儿练习情况，开展班级评比。

通过家、园的双链条推动，保证幼儿的运动锻炼不脱节，在不同环境和人群中都能得到充分的练习，家长也进一步参与到幼小衔接的进程中来，充实了亲子时光。

五、开展幼小衔接专项运动会，培养幼儿努力拼搏、坚持不懈等意志品质

运动是平台，比赛是契机。运动会无论是在幼儿园还是在小学都会开展，幼儿园更多以亲子运动游戏为主，小学则以运动项目竞技比赛为主。目前，大班幼儿已经有了集体意识，竞争意识也在逐渐萌芽。因此，我们认为，运动会形式的衔接也是升入小学前的必要准备。所以，大班的运动会，我们将尝试以竞技类的游戏比赛为主，通过家园共育让孩子们在竞争中提升和巩固运动技能，学会合作，学会分享，体验集体荣誉感，感受集体的力量，为“运动健康衔接”打下坚实的基础。

幼小衔接是一门学问，如何做好幼小衔接一直以来都是老师、家长们所关注的问题。它涵盖的范围很广，成人往往容易走进这样一个误区：重学习内容、知识、学习习惯、任务意识的衔接，而忽略了孩子身体、运动能力的衔接。值得高兴的是，在本年度的期末评估游戏中，整个大班孩子所展现出来的运动状态和技能都高于往届毕业生。希望孩子们能在运动中提升身体素质，感受不怕困难、坚持不懈、勇往直前、努力拼搏等意志品质，为即将升入小学做好运动衔接。

浅谈幼儿园中的民间美术教学活动

云南省昆明市官渡区畅园幼儿园　蒋凌岚

一、民间美术的概念

民间美术是中国民族文化的一个重要组成部分，是丰富多彩的群众生活的艺术体现，是民族艺术“活着”的传统。正是民间美术的传承和发展，才得以实现群众社会生活的多姿多彩，装饰美化人们的文化生活。在创造“美”的同时，劳动群众还可以充分享受“美”，熟练地运用“美”。民间美术最明显的特点是从未脱离特殊的生产生活方式，是民族文化个性、民族审美习惯“活”的显现。民间美术以形象、声音与技艺为具体表现手段，并以手口相传为文化链，使其得以延续与发展。

二、幼儿园民间美术教育

（一）幼儿园民间美术教育的概念

幼儿园民间美术教育中的“教育”不仅仅是指“教学”，而是包括教学活动、区域活动、环境创设等在内的幼儿园全方位的教育。在幼儿园中通过挖掘、整理和创新运用中华传统民间美术，使其适应幼儿各年龄阶段特点和艺术教育目标，有目的、有计划、有组织地将其引入教育过程中，发掘民间美术的内涵，进一步丰富幼儿园教育资源，强调幼儿审美能力的发展。

(二)幼儿园民间美术教育的目的

将民间美术教育融入幼儿的学习及生活中，促进幼儿语言表达能力、想象力和创造力的发展，在体悟生活、热爱生活、享受生活的基础上欣赏生活。在幼儿阶段培养其对民间美术的尊重，使其更好地理解和感受民间文化的魅力，实现其审美情趣、审美能力及文化艺术素养的提升，与此同时激发幼儿对传统文化的感知能力。

(三)幼儿园民间美术教育的途径

1. 融入幼儿园民间美术环境创设中

作为幼儿的"第三任教师"，环境是幼儿学习与游戏的重要教育资源。《纲要》中阐释了幼儿园教育环境的重要内涵，并明确提出，幼儿园应为幼儿提供健康、丰富的生活和活动环境，满足他们多方面发展的需要。将民间美术与幼儿园环境创设相融合，更新科学创意主题，创设浓厚的民间美术氛围，为幼儿提供能随时体验民间美术、欣赏民间美术的空间环境。通过图片、作品等多种形式展现具有民间特色的装饰，充分利用幼儿的"无意注意"，使其在自然轻松、富有文化内涵的环境创设中感受民间美术的趣味性和审美性。创设可以激发幼儿主动参与并且真正属于他们的教育环境，通过营造蕴含民间艺术气息的活动环境，帮助幼儿以游戏和自主学习相结合的方式获取审美经验。环境中添加幼儿在教学活动、区域活动中创作完成的民间美术作品，使之成为环境创设的一部分。为幼儿提供尽可能多的想与做的机会，只有亲身参与了环境创设的过程，幼儿才会产生更加积极的情感体验。

2. 开展民间美术教学活动

幼儿园美术教学活动的核心是使幼儿的兴趣、情感的发展在美术活动中实现统一，发展审美能力及创造潜能，具体可通过绘画、手工和欣赏三种活动类型展开。通过教师的引导，深入感知民间美术的内容与形式，初步体会民间美术代表的文化内涵，自由表述对美的印象理解、生活体验，运用独特的语言与方式去感知美和创造美。

为了使幼儿了解少数民族生活习俗，感知色彩、线条及图案的搭配，本学期我们开展了"以云南文化为基底"的主题活动。为使幼儿转换角色融入情境中，表达自我理解的真实感受，满足审美发展的内心需求，在第一个主题"我的家乡——云南"中，我们通过让幼儿欣赏 26 个少数民族服装实现。在欣赏民族服装时，幼儿十分愉悦开心，甚至在了解到白族服装上漂亮的花纹寓意时，有幼儿说"哇，这个头饰上的花纹真好看，就真的像月亮一样"，还有幼儿设想如果是她，她会怎么画衣服上的花纹，结合生活经验想象一连串好玩好看的花纹。这就是通过轻松的教学活动氛围，引导幼儿对作品的欣赏，从而获得自由感知与分享的机会。

3. 重视区域活动中的民间美术

将民间美术资源与美术区域活动相结合，进一步培养幼儿对民间美术的敏锐捕捉能力，充分利用家长和周围资源，收集并分类呈现特色鲜明的民间美术材料，包括幼儿自主创意设计的民间美术作品。在区域活动中顺应幼儿的生活规律，结合幼儿的生活经验，挖掘幼儿的生活资源，注重欣赏材料的多样性、动态性和层次性，为幼儿提供可以随时看、摸、玩的操作材料。作为主题探究活动的有效形式，区域活动要依据主题课程的需要来确定活动内容，通过不同的美术主题探究活动，为幼儿自主欣赏与探究提供时间和空间，带领幼儿走进丰富多彩的民间美术活动。

4. 家园合作共同关注民间美术

从家庭的角度出发，家长为幼儿提供参观民间美术作品、感受民间文化的机会，走进民间艺人的文化生活中，实地观看民间美术的创作过程，主动倾听幼儿欣赏后的直观感受和认识；家庭环境中重视传统节日文化，让幼儿感受浓厚的节日氛围，充分了解民间美术与日常生活、民俗文化密切相关。对于幼儿园来说，不能仅仅将家长视为“配合者”的角色，应充分展现家长在日常活动中的“参与者”身份。

三、课程设置中的民间美术教育

幼儿园的课程设置要具有生活性、情境性和经验性。民间美术相比于其他艺术形式更贴近现实生活，它诞生于民众生活的真实氛围，充分体现了审美与实用的结合。美术所表现的主题真正源于幼儿生活又能使幼儿积极主动产生兴趣的却很少。这样一来，民间美术所蕴含的“源于生活”的特点与理念对幼儿园教育来说就显得尤为重要。以我们幼儿园为例，在开学初期，各年级老师会以小组形式商讨本学期每周的教学计划。结合学期规划，从各班幼儿发展角度，合理分享、利用活动资源，完成主题制定。

四、教学活动中的民间美术教育

教学活动内容的选择是选取网络中现有的资源，直接以图片的形式存入电脑并让家长帮忙搜集直观、形象的民间美术资源。活动开始后，播放图片的同时，教师引导幼儿自主观察，活动中巧妙地融入并介绍与此相关的民间文化。在专门的民间美术活动时间里，通过观察图片、实物，调动幼儿的积极性，让幼儿对活动怀有高度的热情。如制作傣族打击乐器象脚鼓时，让孩子欣赏象脚鼓图片的同时，提供大小象脚鼓，让幼儿更直观地观察象脚鼓的样子，上面的花纹、特点；在做扎染的时候，我们除了提供各种扎染图片外，还提供了绣有云南民族花纹的花边和各种各样的扎染布；制作建水紫陶茶壶时，提前让幼儿观看制作过程的影片，增加幼儿的经验和对未知事物的求知欲。活动过程对于教师与孩子都是丰富饱满的。

五、幼儿园民间美术教育的问题

民间美术教育尚未引起社会足够的重视，大部分幼儿园并没有关注到民间美术的教育意义，极少数开展民间美术教育的幼儿园，由于缺少全方位、系统化的任务、目标和要求，导致民间美术教育环节与一日生活其他环节相分离，显得孤立存在。虽然有些幼儿园在课程设置中增加了民间美术欣赏活动开展的次数，但没有关注到和其他领域内容的相互融合，只是侧重于单个活动的开展，忽略了幼儿全面发展的目标。幼儿园选择的民间美术欣赏教育的内容过少，且比较随意和零散，教育途径与方法固化单一，忽略了家园合作对民间美术欣赏教育的重要性。

总之，无论是民间美术还是其他艺术门类的中华传统文化，若想得到长期且稳定的发展，必须与时俱进，以适应当代人的审美情趣。关于民间美术在幼儿园环境创设中的应用，需要在师资培养和教育实践等环节采用灵活多样的教学方式，渗入活动教学全过程，创设幼儿易于接受的教育环境，引发幼儿对传统文化的浓厚兴趣，以促进幼儿身心发展和健康成长。

幼儿园生活区中“阶梯式”开展劳动教育的实践探究

——以新迎三幼生活区劳动教育实践探究为例

云南省昆明市盘龙区新迎第三幼儿园　黄　雯

当今的教育现实问题之一就是劳动教育的育人价值在一定程度上被忽视，劳动教育被矮化、弱化和淡化，出现孩子们不珍惜劳动成果、不想劳动、不会劳动的状况。如何在幼儿园日常活动中弘扬劳动精神，从而培育幼儿崇尚劳动、尊重劳动，懂得劳动最光荣、劳动最崇高、劳动最美丽的道理，进而在他们长大后能够辛勤劳动、诚实劳动、创造性劳动。这是我们每个幼教工作者必须肩负的责任，也是我们城区幼儿园迫切要解决的问题和探究的方向。

一、园所现状和探究发现

我们以昆明市盘龙区新迎第三幼儿园为例：该园全园占地面积仅1427平方米，建筑面积1217平方米，现有8个班、243名幼儿，属于各方面条件较普通的城区中小型幼儿园代表。园方发现由于爷爷奶奶、爸爸妈妈长期的包办代替，孩子从小班入园就极其缺乏自主意识、劳动意识、动手能力。新迎三幼自将开展区域活动游戏作为教研工作的重心以来，也在不断尝试解决如何通过区域游戏这一幼儿兴趣浓厚的活动来帮助幼儿树立正确的劳动态度，培养良好的劳动品质，形成良好劳动习惯，学习并掌握一定劳动技能；同时也提升教师开展劳动教育的教学组织能力，探索并形成小、中、大班生活区域游戏的“阶梯式”劳动教育策略。后来，新迎三幼通过实践探究发现：

1. 幼儿园区域游戏中生活区游戏是最好“嫁接”劳动教育的载体

幼儿劳动教育即树立3—6岁幼儿正确的劳动观点和劳动态度，热爱劳动和劳动人民，养成劳动习惯的教育，是幼儿德智体美劳全面发展的主要内容之一。那么什么是生活区及生活区游戏呢？生活区是幼儿区域游戏中的主要组成部分之一，是教师创设生活中常见的情境让幼儿习得生活常识及日常生活技能的游戏活动。其作用在于培养幼儿的生活能力，提高幼儿在生活中的动手操作能力及素养，在幼儿的成长及发展过程中发挥着重要的价值，所以将二者“嫁接”可事半功倍。

2. 为什么要形成“阶梯式”的劳动教育内容呢？

《3—6岁儿童学习与发展指南》中，幼儿五大领域的发展目标都是按照3—4岁、4—5岁、5—6岁(即：小、中、大班幼儿)年龄设置的，而且根据苏联教育家维果斯基的最近发展区理论，必须遵循幼儿的自然发展水平，充分考虑幼儿劳动能力的“最近发展区”，从小班到大班探究劳动教育的最近发展区，让它成为幼儿劳动的“阶梯”。

二、园所举措

(一)各年龄段关于生活能力的核心经验梳理

明确了小班以自我服务为重心，中大班以“为他”(为他人)服务为重心，其中，中大班又可根据幼儿年龄的“阶梯”，将“为他”服务分为“为家”和“家以外”，比如身边同伴、社区乃至社区以外更多人的劳动服务。

(二)生活区场地合理规划

该园也根据不同的劳动内容进行了因地制宜的生活区场地选择：什么样的劳动需要靠近水源？什么样的劳动需要用到辅助机械劳动工具？这些教师们在区域场地划分时都进行了细致的思考和设置。

(三)区域中游戏活动内容筛选

年级组教师集体研讨筛选生活区域活动内容时，根据幼儿年龄特征和平时通过对幼儿的观察，从幼儿兴趣入手，选择适合幼儿呈“阶梯式”上升的劳动游戏。

(四)环境营造

在每个主题内容开展前，老师要思考环境的营造，精心创设游戏的情境，让幼儿代入角色去学习掌握相应的劳动技能。比如小班的“我是合格好妈妈(好爸爸)”活动就应该将生活区营造成“娃娃家”的环境，放置需要幼儿照顾和看管的仿真娃娃、小碗、小碟等。

（五）材料投放

在材料投放方面，应发挥幼儿的自主意识。随着游戏的推进，在每次区域活动结束时，教师可以带领幼儿一起讨论：在操作中遇到什么问题？有没有更便于操作的辅助劳动工具？

（六）教师指导

大家都知道，教师的指导是幼儿一切活动的关键，但往往导致幼儿劳动意识淡薄和劳动技能缺失的最根本原因是成人的包办代替。那么，教师在生活区中的指导技巧和教育机智就显得尤为重要，要会用一些无声的"教师"，比如：操作步骤图片、说明书、同伴间的观察互助，还有在合适的时机介入孩子的游戏。

三、园所开展劳动教育的六原则

（一）科学引领原则

在生活区劳动教育研究实施前应该遵循科学的幼儿发展规律，以《3—6岁儿童学习与发展指南》《幼儿园教育规程》《幼儿园自主性学习区域活动指导》《幼儿园教育指导纲要》等专业的理论为依据，组织教师深入学习领会精神。

（二）因地制宜原则

劳动教育的价值不可估量，但劳动的种类之丰富、技能之多，对于它的学习可以说会贯穿我们的一生，我们幼儿园阶段，更多的是劳动意识的培养和生活基本劳动技能的培育，幼儿园可根据每个幼儿园的园所大小、班级设置、所属区域、地方特色，在生活区中设置不同的游戏内容、主题，因地制宜地对幼儿进行培养。

（三）安全保护原则

安全是一切教育活动的保障和基石，我们认为，防护应当先，特别是在劳动工具的择优方面，比如：削果蔬时，我们给孩子使用的是儿童专用的陶瓷刮子；制作水果拼盘时，选择的是不易伤手的陶瓷刀。

（四）充分自主原则

这里说的自主并不是放任不管，教育家蒙台梭利说过，"建立在规则上的自由才是真正的自由"，区域游戏应该让孩子进行自主选择。但对于生活区的劳动游戏来说，孩子应该尝试自主预约，自主计划。孩子前一天预约了生活区，第二天他要进行什么样的劳动？需要用到哪些材料？比如：明天小朋友要做水果拼盘，他可以自主准备一些果蔬，这也是在培养幼儿对自己的事情有一个规划，同时在劳动过程中应该给幼儿自主大胆试错的机会，比如做奶昔、做蛋糕时，应给幼儿试验牛奶和糖的比例的机会。

（五）适时介入原则

在幼儿的自主游戏中，教师只有在整个过程中仔细观察，才会把握介入的时机，才会更自然地介入游戏。这个介入的时机，不是干涉，不是打断，更不是包办，而是在孩子游戏经过多次试错都不能推进时，教师的引导和助力，让劳动游戏得以继续。

（六）家园共育原则

幼儿的劳动教育不是一蹴而就的，而是一个由量变到质变的过程，这就需要家园携手，给孩子提供更多的锻炼机会、更优的展示平台，家园紧密联系、沟通、携手，方能取得良好结果。

通过近几年的区域游戏实践探索和有效管理，盘龙区新迎第三幼儿园在探索实践中最终实现了各年龄段幼儿自主性生活区域劳动教育达到室内自主区域活动与户外的劳动区域相融合，及对幼儿自主生活及劳动能力发展的最大化。经过对家长的问卷回访，我们可以发现，从幼儿园生活区中"阶梯式"开展劳动教育实践探究以来，新迎三幼幼儿在主动承担家务劳动方面的满意度确实取得了质的飞跃。

除此之外，该园的自主性区域活动近年来接待了近1300人次观摩。该园立足本园实际，总结自选区域活动的经验，积极响应国家加强劳动教育的号召，拓展思维，积极创新，让幼儿充分科学地进行区域中劳动教育“阶梯式”的实践，进而促进幼儿全方面发展。这是将习近平总书记在全国劳动模范表彰大会上提出的“劳动是一切幸福的源泉”强国精神落到实处的实际践行，也希望这样的实践探究经验及六原则能为更多的幼儿园提供借鉴的经验和实操的理论指导。

基于课程资源开发的幼儿园主题博物馆创设

四川省自贡市高新区金苹果幼儿园 谢莉娜

儿童主题博物馆是一个深化儿童感官体验、拓展儿童生活世界、激发儿童探究欲望、萌发儿童博物馆意识，寓教于乐的公益设施与教育场所，是目前我国学前教育领域出现的新兴事物。本文主要从幼儿园主题博物馆的创设原则、组织形式及创设程序三个方面进行详细的探讨。

一、幼儿园主题博物馆创设的原则

(一)教育性原则

幼儿园主题博物馆创设就是要打破主客体的关系，激发幼儿自主获取知识的自我驱动力，完成从信息到知识再到思想的学习过程，在学习中建构知识体系。因此在创设时我们需要关注：第一，利用主题博物馆内的展品，使其成为一种潜在的刺激源，让幼儿完成从信息到知识到思想、价值判断与情感培养的学习与受教过程。第二，呈现的内容深度、展品广度要符合3—6岁幼儿的年龄特点和发展需要，符合儿童学习特点和发展规律的教育，这是实现博物馆教育价值最大化的关键。第三，博物馆内的展品、手册、导览图、辅助读物、音像产品等的提供，是积极正向的，能引发幼儿互动，教师可以因势利导利用博物馆资源创造性地开展活动，增强主题博物馆的教育功能。

(二)合作性原则

合作是创建的基本原则之一。主要有师幼合作、家园合作和馆校合作。师幼合作中，幼儿园课程要求贴近幼儿生活、符合幼儿学习特点、尊重幼儿个性差异，教师是实现这些理念最好的课程开发者。家园合作中，与家长在教育思想上统一认识，使他们深层次地了解幼儿园，了解幼儿园教育，能积极配合并参与到主题博物馆创设中。馆校合作中，幼儿园可以利用当地的博物馆资源，在与博物馆专业人员深度沟通的基础上，以儿童的视角，在馆内为儿童提供科学、艺术、文化多领域的内容。以上三种合作形式都能持续支持后期课程资源的开发。

(三)开放性原则

幼儿天生就对外界充满探索欲，只要他们在一个安全、自由、氛围良好的环境下碰到适宜的材料，强烈的探索欲自然会被激发，他们会借助多感官、多通道进行感知体验操作，所以幼儿园主题博物馆的创设要秉承“以儿童为中心，为儿童而展示”的理念，馆内的各项设施、展品均是开放的，是可以触摸和与之互动的，这样才能最大限度地满足幼儿自主学习的需要。

（四）创造性原则

幼儿园应当根据自身的实际情况，突出地域优势，聚集儿童兴趣需要，发挥教师的专长，支持他们的创造性实践。幼儿园主题博物馆创设的创造性原则体现在四个方面：一是创造性的幼儿园博物馆主题选择，二是创造性的幼儿园博物馆展品展示方式，三是创造性的幼儿园博物馆创设，四是创造性的幼儿园博物馆教育活动。

二、幼儿园主题博物馆创设的组织形式

（一）以园为单位，创设幼儿园主题博物馆

幼儿园可运用室内室外的空间创设园级博物馆，为园本课程提供更加坚实的课程支架，充实园本课程内容，丰富课程展示形式，使幼儿、教师及家长更加直观地感受园所文化氛围。

（二）以年级组为单位，创设多领域博物馆

结合不同年龄段孩子的兴趣和教师的专业特长，创设不同领域的特色博物馆，这种形式的博物馆，特色鲜明，教师操作性强。

（三）以班级为单位，创设班级博物馆

运用这种形式更贴近幼儿的生活。教师可以从幼儿的兴趣或者主题教学内容入手，在班级区域内创设微型博物馆。与生活结合的主题，能生发新的、更丰富的内容，凸显博物馆的生活性、综合性、趣味性和广博性的特点。

三、幼儿园主题博物馆创设的程序

幼儿园主题博物馆的创设是一项长期的、系统性的工程，其创设并非随心所欲，也非无章可循，在创设过程中我园逐步探索出幼儿园主题博物馆创设程序。

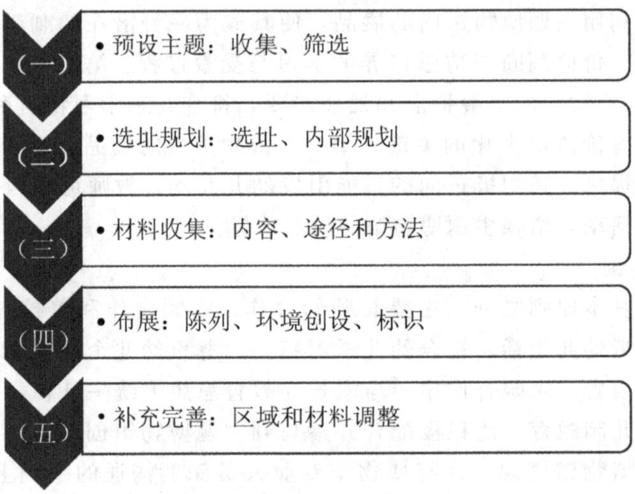

图1　幼儿园主题博物馆创设程序

（一）预设主题

幼儿园博物馆的主题指的是馆内藏品的主题，主题选择是幼儿园博物馆创设的第一步。我们认为创设幼儿园主题博物馆不是从教师宣布开始，而是教师用发现的眼睛去观察和捕捉幼儿兴趣后，通过主题活动的开展激发幼儿对于创设博物馆的兴趣，从而踏出创设实施的第一步。

（二）选址规划

第一，博物馆需要一定的场地。首先，鉴于幼儿园博物馆教育活动具有全员性、跨年龄段的特点，因此博物馆不能在教室创建，不然既影响教师日常的课程活动，又不利于博物馆的可持续性。其次，博物馆的选址需要考虑已确定的主题的需要，如自然类主题的特点决定幼儿园的户外场所也是幼儿园博物馆创建的选址之一。最后，幼儿园博物馆最好能有专门的场馆，条件实在不够，走廊、大厅等公共空间亦可。

第二，博物馆内部规划。幼儿园博物馆里的各区域功能不同且需要相互补充。为保证孩子们在博物馆里能够亲历探究过程，体验探究乐趣，真正实现博物馆的功用，帮助儿童获得更多经验的积累和提升，我们参照博物馆的区域划分，同时根据幼儿的年龄特点和发展需要，提出了以展览区、资料查阅区、视听区、互动区、纪念品区为基础区域，并适当留白，给予创设主体在创建时更多的创造空间。

（三）材料收集

传统博物馆里的展品和材料有保存、陈列、研究、收藏的功能，禁止触摸。而幼儿园主题博物馆里的展品和材料则与之不同，我们强调幼儿与展品之间的互动，因此在展品和投放材料上要充分考虑幼儿的年龄特点、兴趣点、发展需要，感官类的操作材料能引发孩子的探究欲望，低结构的材料能更好地培养幼儿的创造力。

表 1　主题博物馆材料投放建议

类别	材料建议	收集的途径和方法
资料	文献，与主题相关的图书、绘本	1. 上网查询、查阅文献资料 2. 购买 3. 回收利用 4. 家长资源
展品	实物、图片、图书	
	声音、视频	
操作材料	艺术类、科学类、感知类	

（四）布展

表 2　布展内容及建议

布展内容	思考	建议
陈列	幼儿园主题博物馆秉持“以儿童为中心”的思想，让幼儿与展品近距离接触，从多元的角度去满足儿童的体验诉求，增加展示中主客体的“对话”，帮助儿童更高效地在主题博物馆中获得经验	1. 参观路线：路线安全合理，通道畅通 2. 陈列顺序：区域间是否存在关联性，是否动静结合 3. 陈列方向：结合参观路线和区域布局 4. 陈列高度：不可太高也不可太低，要满足儿童可以轻松地观看或操作
氛围营造	儿童主题博物馆运用色彩、灯光、材料、空间等多种形式和辅助工具进行场景打造和动态展示，使得馆内区域与主题相互呼应，让儿童在参观和操作中获取多种感官体验	1. 灯光：以温暖柔和为主，可从灯光的高度、光线强度、光线方向、灯光的色调等方面进行设计与搭配 2. 软装：馆内软装要贴合主题，色彩搭配合理，可采用环境装饰来营造相应的氛围 3. 三维空间利用：如入口、天花板、地面、墙面、走廊、门窗等，皆可成为设计对象

续表

布展内容	思考	建议
标识系统	标识系统由文字、图案等元素构成，在馆内犹如一个媒介，将整个博物馆有机联系起来，形成一个完整的故事情节	1. 路线标识：从儿童的视角出发，可采用路牌设计、地面标识、墙面提示、空中吊牌等呈现方式，传达空间信息 2. 识别标识：遵循“一物一标”的原则，名称和收纳标识都要直观易懂，方便儿童了解馆内环境和收纳整理馆内材料 3. 指南标识：指南标识应该以图为主，图夹文为辅，方便儿童阅读和使用，如使用指南、研学手册 4. 安全标识：如使用提示、夹手或防撞的提示、小心吊物的提示等标识

（五）补充完善

幼儿园主题博物馆的环境及布局并不是一成不变的，它会随着儿童探究的内容及深度的变化，随着儿童发展需要，以及问题的生成、课程的生成而进行动态调整。

总之，幼儿园主题博物馆既是一种学习空间，又是一种课程资源。一方面，它以博物意识为引领，为儿童广泛感知客观世界、人类文化，从而理解客观事物的发展变化特点及其规律提供了各种有效方式和途径；另一方面，它整合了幼儿园的空间和资源为儿童发展服务，是对园本课程的深化和拓展，并与其相互促进成长。幼儿园应立足课程生发资源去创设主题博物馆，充分发挥其在课程建设中的作用。让博物馆更适合于儿童，让博物馆成为一个培养儿童兴趣，培养自主学习能力，提高对事物的求知欲，产生梦想的地方，未来的世界是属于孩子们的。

浅谈幼儿园恐龙博物馆的环境及动态调整策略

四川省自贡市高新区金苹果幼儿园　周　丽

我园教师及幼儿在“儿童主题博物馆的创建与运用”市级课题的背景下，从幼儿的兴趣出发，通过讨论、投票等形式，通过师幼合作的方式，先后创建了彩灯博物馆、恐龙博物馆、衣服博物馆和汽车博物馆。其中，幼儿最喜欢的就是结合自贡本土特色打造的恐龙博物馆。

一、恐龙博物馆教育活动开展现状及问题

孩子们对博物馆中的某些区域不感兴趣，导致这些区域无人问津，环境和材料成为摆设；孩子们去博物馆更多的是走马观花地玩耍，很难与环境、材料产生互动。基于以上现状，老师们认为动态调整博物馆环境和材料刻不容缓，应该深入挖掘幼儿的探索兴趣及博物馆的课程价值，优化调整出具有互动性、丰富性的恐龙博物馆环境，以支持孩子们的学习和发展。

二、恐龙博物馆环境的动态调整策略

恐龙博物馆的环境与藏品不是一成不变的，它是根据幼儿的兴趣而不断调整和变化的。博物馆的建设是一个动态发展的过程，每个阶段的研究记录、幼儿观察记录、教师个案记录都是我们非常重要的资料。每项活动结束后，通过对这些资料进行分析，挖掘其中有价值的信息，能够有效地指导教师进行博物馆环境与展品的动态调整。

(一)发现问题

1. 结合博物馆日常管理及维护制度，通过问卷调查表发现问题

针对恐龙博物馆创建后出现的一系列问题，为了更好地使用博物馆资源，幼儿园以年级组为单位横向划分了三个小专题研究小组，分别负责博物馆主题活动的开发、博物馆动态调整、博物馆日常管理与维护，在主研人员的带领下开展深入的小专题研究。其中，博物馆日常管理及维护小组通过问卷调查，收集了教师、幼儿及家长对现阶段恐龙博物馆环境的意见与想法。

本次调查共发放问卷60份，通过对所有的问卷进行调查并加以分析，我们发现教师、幼儿及家长对恐龙博物馆的环境非常满意，他们认为幼儿园在课题研究的指导下不断创新教育教学的模式。当然，通过问卷调查的形式，大家也表达了自己的一些建议和想法，例如：希望能在博物馆里看到更多与孩子互动的内容；区域设置可以更大气一些，让更多的孩子可以来参观；还可以增添一些适合不同年龄段的与恐龙相关的探索材料等。

2. 结合教师对幼儿的观察与个案记录发现问题

博物馆日常管理与维护小组制定了《教师观察记录表》《幼儿活动记录表》，帮助教师细心观察幼儿在恐龙博物馆中的各项活动，在活动过程中发现并收集问题。

3. 结合幼儿的兴趣和交谈发现问题

教师通过与幼儿进行交谈，从中发现了孩子们对恐龙的兴趣更多的是关于恐龙的种类、食物、生存环境等问题，看似仅仅涉及恐龙的概念性知识，实则是幼儿与“恐龙”充分接触后产生自主探究的内在驱动力。结合孩子们的兴趣和交谈，我们决定要动态调整“玩转恐龙”这个区域，以支持幼儿探究恐龙生存环境的需要。

4. 根据博物馆主题活动的开展发现问题

幼儿园将每月的最后一天定为全园的博物馆日，全园幼儿在教师的带领下开展恐龙博物馆相关的主题活动。在主题活动的开展过程中，孩子们发现恐龙模型不够全班幼儿探究玩耍，想要增加更多的模型；考古区的材料很容易凌乱，孩子们建议需要有人来负责博物馆的清洁卫生等。

(二)分析梳理问题，动态调整及策略

通过整理问题和相关记录，我们决定从以下几个方面动态调整和优化恐龙博物馆，即环境氛围、互动形式、博物馆活动。

1. 环境氛围

(1)让幼儿的参与“看得见”

幼儿每一种独到的见解都应该被尊重，幼儿每次主动参与的过程都应该被“看见”。在恐龙博物馆动态调整的初期，我们补充了恐龙博物馆创建过程中幼儿参与的痕迹，包括博物馆创建时幼儿讨论的图片、对话，幼儿参与场馆勘测，亲子互动设计图稿，幼儿参与投票演讲等一系列博物馆创建的过程性资料，让参观者看到博物馆创建的过程，也充分地体现了幼儿在环境中的主人翁意识。

(2)根据需要丰富新的“刺激源”

适时投放新的材料不仅能激发幼儿的兴趣，还能提供更多深入学习的机会。在大环境氛围营造时，老师们给幼儿创造了各种惊喜，如：提前将恐龙化石骨架埋在考古区的沙池里，丰富更多的恐龙模型材料并放置在各个区域的角落等。我们发现，意外的惊喜给孩子们带来了好奇、激动和喜悦的心情，不仅可以引发他们进入博物馆后的讨论，还能激发他们深入探究的兴趣。

(3)结合幼儿年龄特点调整区域设置

幼儿园恐龙博物馆以主题内容的类型为依据进行划分，结合孩子的兴趣创设了七大区域，但在全园参与恐龙博物馆的活动中，我们发现低年龄段的孩子对其中的大部分区域都不是很感兴趣，更多的是走马观花地进入博物馆进行观看。结合低年龄段幼儿的特点和教师的《观察记录表》，我们动态调整了原有的“恐龙书吧”，在旁边增设了一个恐龙角色扮演区，让幼儿可以参与角色体验与互动。

2. 互动形式

(1)增加可操作、动态呈现的材料

幼儿园博物馆除了应该具有操作性、丰富性、典藏性、开放性之外，还应该具有动态性。在恐龙博物馆的动态调整中，我们希望幼儿能直接与展品互动，通过观察、触摸和使用等方式进行探索。因此，我们将之前的内容以更加多元化的方式进行呈现。例如：将原有平面式的照片调整成为立体的实物、标本，让幼儿能够去观察、触摸，让幼儿在参观的过程中能够不断思考，尝试与展品进行互动。

(2)增加有效的驱动问题

幼儿在恐龙博物馆中的自主探究过程就是基于情境的幼儿与环境相互作用的过程。建构主义的知识观和学习观对幼儿园主题博物馆最大的启示在于其主客体的相互作用以及其情境的自主探究。通过这种建构的教学方式，不仅可以让幼儿自己找到“是什么”的正确答案，更重要的是让幼儿理解“为什么”。在幼儿园恐龙博物馆中的“发现活动”不再仅仅是摆放一些可动手操作的恐龙实物，而是可以通过将一些情景游戏类的信息资源与展品进行有机整合放置，每个展品旁边随时附上小小的问题标签，使得具有建设性的问题(驱动性的问题)能够激发儿童对于解决实际问题的思维能力，鼓励他们积极地去尝试、思考，不管成功与否，希望他们能够获得有意义的理解。

(3)增加具有指导性的步骤图

当不同班级的幼儿进入到恐龙博物馆时，每个幼儿的前期经验都各不相同，因此博物馆环境中材料的内在指引性显得格外重要。根据区域的不同、活动的不同呈现步骤图示，不仅可以培养幼儿思考和观察的秩序感，还能根据提示不断地调整探索方法。

3. 博物馆活动

为了合理安排幼儿到恐龙博物馆的体验活动，幼儿园召集老师们设计了恐龙博物馆研学手册，教师从集体活动、游戏活动、项目活动、区域活动等方面创设了很多好玩有趣的活动。

三、反思

(一)幼儿是博物馆的“主人”

幼儿是课程活动的中心，幼儿园博物馆的创建和动态调整应以幼儿为本。我们将在幼儿园恐龙主题博物馆创设和展馆环境动态调整的过程中，积极给予幼儿鼓励与支持，让幼儿通过与同伴进行讨论、查找相关资料、收集相关问题、寻找相关材料、动手进行实践等多种方式，共同构建起一个有关恐龙的博物馆新环境。在此探究学习的过程中，幼儿不仅是整个博物馆的具体使用者，更是博物馆的整体设计者和它的维护者。

(二)教师的角色转换

《纲要》中指出，教师不仅是课程的实施者，更是课程的建设者和开发者。恐龙博物馆的创建和动态调整中，教师和幼儿的关系是平等的，教师是博物馆环境打造的参与者，幼儿想法的引导者，幼儿环境打造的支持者、协作者。教师们转变观念，摒弃自我主导活动的观念，以幼儿为中心，根据活动内容的不同及时调整自己的角色，以支持幼儿的学习与发展。

(三)家长的参与

“父母是孩子的第一位老师”，这句话明确指出了家长是幼儿成长过程中不可忽视的力量。在恐龙博物馆创建和动态调整的每个阶段，老师积极邀请家长参与博物馆环境打造，从最初的亲子设计区域布置图到从家长的问卷调查表中捕捉动态调整的灵感，家长们的作用不可低估。

新冠肺炎疫情背景下幼儿园家庭教育“云”指导策略

四川省成都市双流区金苹果圣菲幼稚园 周利萍 舒品芬

一、构建家庭教育“云”课程，优化家庭教育活动

(一)厘清问题，分析现状

运用线上问卷调查，从参与情况、教育内容、教育指导三个方面进行调研。从调研结果中我们发现以下问题：

1. 家长参与陪伴情况

2 月初期疫情较为严重，家长都居家办公，有较多的时间陪伴孩子。但“宅”在家过程中，家长却有心理忧虑和手足无措之感(担心疫情影响幼儿身心健康)；面对幼儿情绪问题不善于控制自身情绪，时常会激化亲子矛盾。

2. 在家庭教育内容方面

67.3%的家长不清楚如何选择教育内容。其中有 67.3%的家长主要关注孩子学习认知与技能的发展，教育内容中整体较忽视孩子生活习惯、生活能力、个性、兴趣、社会交往等的培养。

3. 在家庭指导行为方面

60.2%的家长家庭教育指导形式单一，不清楚如何指导孩子，常依赖网上培训机构。从多种渠道和整个调研中，我们最终明确问题并找到原因：(1)家庭教育内容缺乏系统合理的规划；(2)家长缺乏家庭教育内容资源；(3)家长对家庭教育核心价值不够理解。厘清了以上问题，才能与家长共构科学、合理的家庭教育内容框架，并挖掘有价值的教育资源。

(二)科学构建，持续完善

幼儿是自己学习和发展的主体，一切教育内容和手段都是为了支持和满足幼儿发展现状与需要。在疫情不同时期，幼儿的身心健康、生活习惯、认知学习都随着环境有明显的转变，教育内容应该切实结合幼儿现状进行思考。如小班幼儿身体发育迟于头脑和心智，情绪自我控制难，习惯等受环境影响，容易缺乏安全感，喜欢新奇有变化的空间，同时情感非常依赖亲人。因此，小班幼儿的教育内容以关心幼儿心理、生活健康为主，从两个维度初步规划了健康教育活动和亲子游戏活动。在健康教育活动中，主要通过游戏、情景式的方式学习疾病预防、健康生活习惯的内容；在亲子游戏中，主要以心理适应性游戏、亲子探究性游戏、亲子体能互动游戏为主。随着幼儿情绪稳定、对新冠疫情有了基本的认识以及“宅”家方式的适应，原有的教育框架下的教育内容不能满足幼儿持续性、整体性发展。

(三)合理选择，优质推荐

依据教育内容框架选择的内容需基于三个原则：一是具有针对性，是符合当下幼儿发

展需要的，适宜家长教育能力和家庭现有条件的；二是生活化的，是能引导家长结合家庭一日生活活动开展的，可以转变家长教育意识的；三是科学性，是能提升家长家庭教育行为和能力的。结合以上三个原则，向家长推荐优质的教育资源，保障家长有目的地开展家庭教育活动，具体措施：(1)成立专业的教师指导团队；(2)家庭教育实施现状分析；(3)教育资源的价值分析；(4)设计与制定家庭教育指导目标和过程；(5)提供家庭教育实施建议表。

二、创建家庭教育"云"内容，引导家长进行有效的亲子陪伴

家庭教育内容分为活动类和家庭教育指导类，疫情期间，为了便于家长、幼儿直观了解教育内容实施过程，以及活动具备的条件与特点，教育内容一般首先会以视频加教育活动介绍相结合的方式呈现；其次是视频推送和家庭教育实施建议表；最后是教育内容文稿(图＋文)加音频的形式。随着研究的深入，呈现的内容也会不断调整和细化，确保家长能理解并较好地实施，因此在家长家庭教育内容的撰写上，我们注意以下问题：(1)站在家长的角度；(2)内容清晰，逻辑清楚，易于理解；(3)教育核心和家庭指导要点突出；(4)把握家长教育实施水平；(5)教育指导内容要有针对性和操作性；(6)给家长留白。在教育内容方面，依据家长教育实施情况及幼儿发展情况不断细化。在调整和细化的过程中，不仅转变家长教育指导观念，也通过《家庭教育指导建议表》(调整版)引导家长了解教育活动中互动的重要性，发现通过不同互动方式能有效提升幼儿学习能力和兴趣。互联网平台是家庭教育内容传递的主要平台。在疫情期间推送家庭教育内容时，将 App 的特点、家长使用是否便捷、教育内容本身三者相互巧妙结合使用。这样不仅可以提升家园教育密切配合度，也能通过教师专业力量协助家庭，指导家长做好家庭教育。

三、创新家庭教育"云"指导形式，提升家长家庭教育智慧

(一)"有线协作"，初创"空中 PQ 学堂"

在调研中教师发现家长实施家庭教育的主要问题是"这是什么""为什么要用""怎么用"。第一阶段为了更好地解决家长这三个问题，我们利用"钉钉"，与家长成立"空中 PQ 学堂"。通过线上培训和分享，帮助家长了解《家庭教育指导建议表》的作用与价值以及如何使用建议表。随着家长家庭教育意识的提升，对"空中 PQ 学堂"的主要功能、家长和教师分别在课堂内扮演的角色有了更进一步的认识。功能方面：第一，解决家长实施家庭教育过程中的问题，通过线上培训、讨论等方式，帮助家长厘清问题；第二，科学家庭教育信息的传递，提升家长家庭教育意识和能力。角色方面：家长是课堂的参与者，是课堂培训和交流主题的确定者，也是教育经验的分享者；教师是课堂的组织者，教育观念引领者，也是观察和交流的分享者。

(二)"在线陪伴"，专业指引解决家庭教育难题

为了直观、有效、及时地做好家庭教育问题的指引，研究过程中，我们选择在线平台的途径，实施了三种策略：第一，视频回顾，家长录制家庭教育实施过程，请教师帮助一起分析问题，寻找调整建议；第二，现场直播，家庭教育指导过程中，教师实时连线实施指导；第三，线上问题交流对话，家长描述情景，教师在线共析问题。目前这种个性化和有针对性的实施形式，在一定程度上缓解了家长实施家庭教育过程中的焦虑，同时也让家长及时反思家庭教育中的问题，对提升家长的教育意识有较好的作用。

(三)"无线分享"，积累家庭教育指导经验

以家长为主实施线上分享活动时，我们引导家长要考虑到以下内容：1. 分享的内容具有话题性，能引发多数家长的共鸣；2. 分享交流内容以故事描述和自己的具体做法为主要内容。如中班第二阶段研究"家庭教育中的有效提问与互动"实践过程中，多数家长对提问

的方法、问题的选择比较感兴趣，于是中班家委代表琪琪妈妈抛出分享话题，鼓励家长分享自己的提问经验。线上分享过程中，家长们结合教育文章中的建议，分享自己的经验故事。不仅增进了家长教育探究与学习的愿望，同时也在自主交流、分享中转变家长教育意识，提升了家长的教育行为。

未来我们也将继续借助“云”平台和线下各自独特优势，将零散的“点”编织成系统的“网”，让幼儿园家庭教育指导更加规范，教育内容与指导更加丰富。相信未来这样的新型的家园互动方式，能帮助幼儿在未来的每天都能快乐健康地成长。

问题如何有效促进主题探究活动的开展

四川省成都市新都区金苹果保利森林幼稚园　李隽霞

《指南》中指出，幼儿正式的探究始于对问题答案的追求。但“问题”从哪里来？我们该如何选择问题？如何解决幼儿提出的这些问题？在开展主题探究活动时，教师们都会有这样的困惑。在开展“玩具”这个主题型探究活动的过程中，我们的思路逐渐清晰，对于如何解决幼儿的问题有了以下几点认识。

一、主题来源于“问题”，“问题”推动主题

由于班级生病的幼儿较多，我们利用周末的时间，将班级中所有的玩具进行了消毒清洗和暴晒。周一，孩子们到班级后，发现很多玩具都不见了。他们七嘴八舌地开始讨论了。“我们班上的玩具都去了哪里呢？”“我们的玩具是不是被弟弟妹妹给拿走了？”“是不是阿姨拿到外面晒太阳去了呢？”“没有玩具可以玩了，我们可以去哪里找一些玩具来玩呢？”“我把家里我喜欢的玩具带过来玩吧！”“我们去弟弟妹妹班上借一些来玩吧。”“我们找园长帮我们买一些回来吧。”“我们去找徐阿姨（幼稚园库管阿姨）领一些玩具吧。”……看着孩子们讨论得这么激烈，我们就采取尊重孩子们讨论的策略，这样既尊重和顺应了孩子们的探究欲，又能满足他们的需求，或许还能调动他们积极参与其中。在孩子们的簇拥下，我们来到了园长办公室。

“您好，我们班级的玩具都不见了，可以给我们班买一些新的玩具吗？”班里的孩子们争先恐后地询问道。

“你们想要什么样的玩具呢？要多少呢？”园长问道。

“要变形金刚。”“要芭比娃娃。”“要可以下棋的材料。”“要很多的汽车。”……孩子们争先恐后地回答。

“这些玩具我们幼儿园里面有很多呢，你们想办法去找一找、借一借吧！”孩子们听后，兴奋不已。但是马上他们就面临了第一个问题：怎样才能从别的班级里面借到大家都喜欢的玩具呢？孩子们给出了五花八门的答案。有的说：“我们去弟弟妹妹的班上看一下，喜欢哪个就借哪个回来吧！”有的说：“我们写个借物单，将想要借的东西画上去，然后去找老师借，并写清什么时候归还。”有的直接说：“我们看上喜欢的玩具就直接拿走吧！”在孩子们讨论的过程中我们发现他们对借材料还是有一些经验的，但是不系统。用什么样的方式丰富孩子的已有经验？是直接给予还是把寻找答案的机会留给孩子？我们选择了后者。为此，孩子们进行了小组现场查看和交流讨论。

虽然“问题”与“主题”是两个完全不同的概念，但它们又是紧密联系的。一方面，“问题”是探索的起点，围绕着某个事物或现象的方方面面的“问题”，经过提炼才可以上升为

"主题"。另一方面"主题"又需要"问题"的支持，只有有了"问题"，才能开展对"主题"的探索。同时，"问题"也起着深化"主题"的作用，"主题"的深入开展需要"问题"的推动。

二、关键问题激发幼儿深入探究，提升核心经验

班级的材料收放得非常乱，孩子们常常从这个玩具架上拿了玩具，放回去的时候，这个玩具架上面已经放了其他的玩具；表演区的孩子们在放音乐进行表演，图书区的小朋友觉得太吵了；等等。发现了这些问题后，老师追问幼儿："针对班上收放玩具比较乱、游戏时间相互影响等问题，我们该如何解决？"

发现这些问题后，我们和孩子一起商量，为班级设计一份区域布局图，将我们借来的玩具全部分类，然后将每一个类别的玩具分别放置在不同的区域，并有一定的玩要规则。在设计图纸之前，我们对孩子的要求是"每个区域之间不能相互影响，方便他们取放和收纳"。在得到这个要求后，孩子们开始分小组商讨班级的区域设计图。因为在前期的探究活动中，孩子们有过空间平面设计图的经验，所以本次的班级区域设计，孩子们还是比较快地在小组合作的前提下设计出来了。

接着每组的孩子们将自己的设计图纸一字排开，争先恐后地推荐自己小组的图纸。"老师，用我们的。""老师，我们的跟他们不一样，用我们的。"

"孩子们，我们只有一个教室，你们觉得，这么多的设计，我们都能用上吗？"

"不能。"

"那怎么办？"

"老师，我们来投票吧，哪个组获得的票多，我们就推选哪个组的。"

前期的探究中，孩子们有过多次的竞选经验，所以大家提出要来一次"设计图竞选"，在阐述理由时要讲清楚"自己的设计是否考虑到了各个区域不相互影响，并能方便拿取和收放"。接到这个任务后，孩子们果断地选出了自己组内最会说的一位小朋友来给自己组的设计图做宣讲。在经过大家商讨后，开始了"设计图竞选"活动，老师被小朋友推举为评委，来做统计工作。宣讲结束后，孩子们把自己的小贴纸贴给了自己最喜欢的设计图。通过这个活动，我们发展了孩子的空间逻辑思维能力、想象力与创造力、语言表达能力及经验能力，让幼儿知道如何调整自己原有的设计图，才能更加符合现实需要，从而解决实际问题。

在探究活动中，幼儿已有的经验未必正确，当幼儿遇到问题时，教师可以通过提出关键问题，引导他们进行深入的探究，修正自己的认识，从而建构起新的认知经验，提升解决问题的能力，同时也是对幼儿科学态度的培养。

三、学会筛选"问题"，挖掘探究价值

刨根问底是幼儿主动探究倾向的表现，在5—6岁时比较明显或出现得较多。因此主题活动开展的过程中，"问题"往往层出不穷：幼儿生成的、教师预设的，大问题、小问题，简单问题或者深奥问题……这么多的问题都要探究吗？教师该如何选择适宜的问题呢？

在班级区域打造的过程中，孩子们全程参与到场地的摆放、材料的整理、标识的张贴、规则的制定等，过程中孩子们也发现了很多问题。有关于"材料的归类"的，有关于"规则的制定"的，还有关于"玩法的挑战"的。到底哪一个问题值得深入探究，这要求老师对"问题"的筛选要有不同的认识与思考。其实解决一切问题的根源就是回归到对幼儿的观察。

孩子们在商讨各个区域中的规则时，很多孩子都要求每个区域里进去玩的人数不能超过6人，但也有部分孩子觉得进去几个人游戏都没有关系。在双方僵持不下的时候，我们和孩子们一起商讨，实际去试一下，每个区域进去6个以上的小朋友后会怎么样？在游戏的过程中，孩子们发现，建构区进去6个以上的小朋友是没有问题的，但是在图书区、艺术创作区，进去6个以上的小朋友后，就会非常拥挤，不方便游戏的进行。最后，孩子们得出结论，区域面积比较大的地方，可以进去6—8人；但是在区域面积比较小的地方，不能进去超过6个人。

通过实践与研究，我们总结出了老师在面对诸多“问题”时应该思考的三点：

第一，这个“问题”是否有探究的价值？孩子能获得什么发展？

第二，这个“问题”是否适合本年龄段的孩子去探究？孩子相关的已有经验和水平是怎样的？

第三，如果需要探究，可以采取什么方式去支持？

如果老师能够厘清这几个问题，那么开展主题型科学探究活动就会更加得心应手，游刃有余。作为老师，我们需要了解和把握各领域范畴的核心概念，选择科学而具有教育价值的典型事实和主题，帮助幼儿进行深入、有意义的思考，积累感性经验，为未来科学概念的形成打下基础。

在主题探究活动中，我们欣喜地看到了幼儿自然地开始探究，他们的活动不断深入、拓展着。同时，教师也是一个探究者，面对孩子的问题、观察到孩子的行为，不仅仅要去想“怎么做”，而且更多的要去想“为什么”，让孩子在探究的过程中“知其然，知其所以然”。开展主题探究活动过程中，孩子在整个学习过程中所展现出来的求知动机、态度与自学能力，都很惊人，也让我意识到“交给孩子他自己可以发现学习的东西”之必要性。就像瑞吉欧教育的实践者倡导给幼儿一种“难以忘记的学习”，而不是“需要记忆的学习”。只要我们有一双发现的眼睛，用问题引发幼儿探究，让他们亲历尝试，获得与同伴共同解决问题的机会，那么孩子就会给我们带来无数的惊喜。我们相信孩子探究式学习也可以如此精彩，主题探究活动也可以如此丰富而深远。

幼儿园数学游戏环境的创设

四川省成都市新都区金苹果保利森林幼稚园 张美华

数学是一门抽象的、逻辑性很强的学科，它所反映的是一种超出物质现实的建立在人脑中的一种关系。而3—6岁幼儿处于前运算时期，以具体形象思维为主，抽象思维刚刚萌芽，需要通过亲身体验、反复操作才能内化学习到的数学知识和经验。幼儿是通过在操作过程中与周围环境相互作用，来发现与建构数学关系的。环境的创设与材料的提供为幼儿的操作与感知创造了机会，是幼儿建构相应数学经验的前提与必要保证。

幼儿园数学教育有利于培养幼儿的数学学习兴趣，激发幼儿的求知欲，培养幼儿对数学学习的积极情感。因此，在活动环境的创设中，要做到创设适宜的情境，让幼儿在情境中主动学习。那如何有效地利用幼儿园各环境，创设适宜的数学游戏环境呢？

一、充分分析环境中隐含的数学信息，利用孩子的任务意识和常规动作，在过程中自然习得数学经验

对于学前儿童的数学教育来说，能够提升幼儿数概念和数认知能力的有效环境不仅是指活动室或教室里的数学区域环境，而是充分分析幼儿所在幼儿园的整个活动空间环境到底蕴含了哪些数学经验。

例如，教室里的杯架、幼儿园楼梯的扶手栏杆就是数学经验中的模式，书包架中的书包摆放就是横纵坐标与序数的经验。利用每天的晨接活动，让带有序数牌的书包能找到它

对应的“家”，给我们班的书包“排排队”成了孩子们早上最喜欢做的事情，既规范了书包的摆放，又让孩子在有趣、有挑战性、富有数学经验提升的活动中开启一天的生活与学习。而有序陈列的杯架和鞋架，也成了孩子们认识数模式的好机会。每天老师不一样的要求，让孩子在完成生活任务的同时，也激发了孩子在生活中学习数学的兴趣。

通过这些，儿童每天都要接触幼儿园的空间中所蕴含的数、量、形等知识，从而激发幼儿的学习兴趣和参与态度，使幼儿在潜移默化、自然渗透的数学环境中主动、自发地学习。

二、分析每个年龄段的年龄特点、游戏兴趣，结合幼儿园公共区域环境，创设数学游戏主题情境，提升幼儿数学经验

分析幼儿园每层楼的幼儿年龄和班级位置，广泛收集孩子们感兴趣的游戏主题，老师与孩子、孩子与孩子、家长与孩子一起，共同建构了适合孩子年龄特点，并且孩子们感兴趣的热点游戏主题。我们在充分地了解了各项游戏的玩法后，因地制宜地设置了不同的数学游戏环境区域，如小班幼儿喜欢的“母鸡下蛋”，各种颜色的鸡蛋蕴含了许多的数学经验，在满足孩子“将蛋宝宝开火车或排队”的游戏操作的同时，让孩子在感知形状、排列、一一对应、序数、数的模式上都有所提高。而大年龄段的幼儿喜欢的“翻翻乐”，则是通过竞赛的方式，翻出的颜色最多的孩子获胜，发展孩子点数、图形、数字的数学经验。

三、游戏环境凸显可变性、层次性、多元化，并能满足时间、参与对象的多样化选择

在数学游戏环境的创设中，我们充分结合了低结构互动环境的理念，同时，满足了环境的动态性。投放在环境中的低结构材料能引发孩子个性化、自发地学习数学和探究数学。同时，在环境中，根据年龄特点与幼儿、家庭共同预设数学游戏互动环境。我们在互动的环境周围都会准备相应的记录纸，上面涉及孩子在操作的过程中发现的问题和创新的玩法，同时也会根据孩子们一段时间掌握的情况，赋予玩法的调整或者材料的变化。例如大班幼儿最喜欢的“动物棋”，之前由班级教师和孩子们一起创设的数学游戏环境，到了一定时间后，就有其他孩子提出新的规则与玩法，我们会发现孩子在跟数学游戏环境互动的过程中，主动发现生活中的数学的意识有明显的提高。多元化指的是我们不仅涉及单一的数学游戏，在幼儿园的各个数学游戏环境中，有图表类、操作类、语言表达类的，也有涉及竞技类的、合作类的、平行类的，动静类的，同时还满足了以数学经验为主以外的其他领域经验的整合。

四、班级数学区域环境与幼儿园公共性环境的相互结合，更好地促进孩子参与数学学习的兴趣

幼儿园公共性的数学游戏环境很好地和班级数学区域环境形成了互补、递进、深入的关系，公共区域的数学游戏环境涉及许多家庭的数学亲子游戏。在影响家庭积极地参与到有趣的数学亲子游戏的同时，不但促进了亲子感情，也很好地引导父母正确地引导幼儿对数学产生浓厚的兴趣。幼儿园公共区域的数学游戏环境，给了孩子自由选择、互动的空间，打破了班级、年级的界限，孩子可以跟同学、大一点的哥哥姐姐、小一点的弟弟妹妹、老师、叔叔阿姨一起进行互动，不但能够互相促进，对孩子的交往、表达也产生积极影响，同时，也很好地让教师对孩子的数学认知经验，对孩子参与活动的兴趣，对孩子的任务、规则等方面有了更清晰的认识和分析。

总之，在创设幼儿园数学游戏环境时，要结合日常生活事件，模拟社会生活情境，寓教学于游戏之中来创设问题情境。要创设幼儿主动探索的数学环境，激发幼儿主动探究的兴趣，还应体现“趣”“奇”“思”的数学游戏环境的特点，放手让幼儿参与，使幼儿成为环境建设的主人。根据各年龄段幼儿思维发展的特点，创设与幼儿生活经验相符的园级数学教育环境和班级数学教育环境。在数学游戏环境的创设中要注重体现生活化、游戏化和情境化，使幼儿在显性或隐性的数学环境中主动学习，帮助幼儿统整和内化经验，提高幼儿解决实际问题的能力。

浅谈以儿童为核心提升幼儿园园本课程质量

四川省绵阳市花园实验幼儿园 林 芳

一、幼儿园课程现状及问题

目前，《纲要》《指南》的学习和落实在一定程度上改变了教师的儿童观和教育观，幼儿的身心发展特点和学习规律不断被大家重视和遵循。对幼儿活动过程的研究和探索不断加强，幼儿园教育活动的类型、策略正在不断丰富，幼儿园教育环境已经发生了很大的改变，幼儿园课程的适宜性正在不断提高，课程改革取得显著成效，但也存在一些混乱现象。

（一）现状

无视幼儿园课程的专业性和国家政策法规的严肃性，课程准入机制没有真正形成；无视幼儿全面发展及幼儿园课程的整体性和综合性，课程设置随意；无视《指南》精神，迁就各方面不合理要求，出现“小学化”倾向和违背儿童身心发展规律的现象。

（二）问题

1. 过分强调“园本”、“特色”或“与众不同”。有些地区过分强调“一园一特色”，造成课程内容不均衡，领域残缺，未能从“育人”的目标框架考虑幼儿的全面发展。东拼西凑实施所谓的“园本课程”，既无科学性，又缺少逻辑性，更无法谈及课程结构的均衡与全面。

2. 无视学前教育的基本理念和立场。一面抱怨学前教育课程变换太快，一面积极跟风。无视园情，不能理解课程结构之间的逻辑与层次关系，照抄照搬他园课程方案，或任意夸大宣传和使用国外课程方案，并以此为噱头。

3. 课程内容的选择、设计与幼儿园总体的课程目标内涵对应不紧密。幼儿园课程内容总体框架与幼儿培养目标和幼儿园课程目标挂钩不够紧密，未能充分考虑幼儿园实际情况、地域特征、园所文化历史、教师专业能力及幼儿需求。

4. 部分园所课程领导者缺乏课程领导与管理能力。没有正确、全面地把握幼儿园课程的内涵，忽视了一日生活中的运动、生活与游戏，忽视了身边的、自然的、社会的、家庭的“活”的教育资源。虽有“一日活动皆课程”和“课程即幼儿经验”的理念，但在实践中，很多教师不经意间把课程内容窄化为“上课”或幼儿相关的学习经验。

二、如何设置幼儿园课程

1. 课程要符合幼儿身心健康发展的规律

在本园的课程建设中，牢固树立“以儿童为中心”的思想：让幼儿在园内的每一个活动、每一个生活环节中得到社会性的发展。它对教师的自身素养及社会性有着很高的要求，并要求家长时刻注意自身的榜样效应，从而也促动了家、园的教育合力。这样的课程拉动了教育资源，全面有效地促进幼儿的发展。

2. 课程要彰显幼儿园的教育特色

我们的教育特色就是主题活动和项目社团。我们把生活中所需要的情感、技能、服务融入各个班级主题活动中，从小班的以爱为主题，散发到爱自己、爱家人、爱同伴，让幼儿在活动中感受爱的力量；中班通过充分抓住研究社团的个性，让幼儿逐步提升自主游戏的能力；大班的“淘乐商城”也是如火如荼地进行，从而让幼儿学会主动与他人交往。我园还从主题活动、功能室延伸出了很多项目社团，例如导游社、警察社、关爱小分队、木工社等。我园的课程不仅落实在幼儿的活动中，还落实在幼儿的一日生活中，更重要的是我们让幼儿在感知感受生活技能的同时，激发着他们产生广泛的兴趣以及对社会生活的向往，体会感悟着与人交往的快乐。相信我们的实践会让我园的课程更加成熟、全面地突出幼儿园特色教育的成果。

3. 课程要成为教师和幼儿有序发展的载体

我园在课程建设的过程中，注重教师对园本课程的认识，形成统一思想，树立“生活即教育”的教育观，促进教师对课程建设的主动参与。而且每一个活动的设计都必须是孩子喜欢的、乐于参与的，当然这离不开教师的“有心栽花”。例如，教师对教具的运用和学具的提供、一个音乐的选择都得做到有心“移植”，特别是游戏环境的创设、教育情境的设计，无不体现了教师的用心，让幼儿在渗透中感知、体验、接受与表达。

三、如何实施幼儿园课程

1. 关注课程的领导力

课程领导力，简而言之，就是规划和实施课程的能力。园长作为幼儿园的领航者，是关键课程的领导者，园长出思路，我们出行动，激励全体保教人员自觉地、创造性地投入到课程实施的活动中，这就是课程领导力在园长和保教人员身上得以彰显的过程。

我园在提升课程领导力的过程中，由园长全面负责与组织课程的规划工作，着力抓好教师的执行力。教师必须对园本课程设置的思想达成共识，对课程的实施做到最有力的指导，因为他们是课程最直接的贯彻执行与指导的核心力量。他们能否积极主动地开展工作并创造性地开展工作，直接关系到对幼儿的日常“工作”的指导是否有效。

2. 关注教师的执行力

教师课程执行力是影响课程实施效果的关键，它彰显了教师课程执行的主体地位，明确了教师课程执行的政策依据，突出了教师课程执行的自主权利。在实际的课程执行中，教师课程执行力的具体作用常常体现在：以幼儿发展为本位，创造性地执行课程；以课程标准为依据，有效实现课程目标；以课程改革为依托，充分用好课程权能。

我园在教师执行力方面，关注的是教师是否以幼儿的发展为本位，是否把幼儿的发展贯穿于一日活动中并落实在每个教育的细节中。这就是教师对课程思想的贯彻、教育理念的渗透、课程目标的落实。例如一个标志的位置、一个符号的设定都包含了教师以幼儿为中心的发展思想，为了帮助幼儿与同伴、成人之间的沟通，我园独创了符号，用儿童能懂的语言来相互交流表达，这也是我们园本课程的特色之一。

3. 关注幼儿的发展

让幼儿成为课程的主人，一切为幼儿的发展服务。我们的课程建设要打破教师主教的局面，发挥幼儿的主体意识，提高幼儿在课程实施过程中的参与性，特别是参与课程实施过程中环境的创设。

我园在环境创设中，不仅处处给幼儿展示他们的作品，给他们提供互动的区角，更多的是给他们提供想去摸摸、想去看看、想去读读、想去比比的墙体和区域。特别是我们的游戏区角，提供给幼儿的都是真实的材料，例如在“疯狂布艺城”里面，就是以布为主题，搭建了布艺集市，里面有布艺大书、布艺实物展示区、布艺订单。这样的环境创设让幼儿更有激情和欲望去探索布艺，所以要学会让环境说话。

4. 关注家园的教育合力

一个好的课程应该能够充分调动家长参与的积极性。教育学家瑞吉欧主张：幼儿的学习不是独立建构的，而是在诸多条件下，主要是在家长和教师、同伴的相互作用过程中建构的。所以，推进课程实施过程中的家园合力是非常重要的。

我园在家园合作方面更多的是让家长了解我们的课程理念，知道我们的课程实施对幼儿各方面发展的促进作用，了解每个阶段幼儿的最近发展目标。我们不仅向家长传递《指南》中各个年龄段的发展目标，还会传递一些开展教育的活动方式与方法，知道生活中的每一个环节都是幼儿学习的过程，我们必须认真了解幼儿的每一个需求，客观地处理幼儿的每一个问题，这就是幼儿园开展课程的教育合力，正所谓教育无小事，事事皆教育。

综上所述，幼儿园园本课程必须以幼儿为核心来创新、改革。

家庭教育对幼儿教育的重要性

云南省保山市隆阳区光丽幼儿园　杨晓金

家长在幼儿的成长过程中占据着不言而喻的重要地位，为有效提高家长的教育意识，深化其对孩子进行教育和帮助的水平，需要幼儿园在注重园内教育方式及理念提升的同时，还要引导幼儿家长在观念、方式等方面提高自身的育儿水平，提升家长对于幼儿的教育帮助和指导意识。幼儿无论是智力发育还是人格形成都需要开发和引导，家庭和幼儿园在其中扮演着不可替代的角色，二者同等重要。幼儿的健康快乐成长、身心有益发展，依赖于良好的家庭教育与幼儿园教育。

一、正视家庭教育的意义和对幼儿教育的重要性

家庭教育在近几年逐渐走入人们的视野，越来越多的家长开始重视家庭教育。幼儿时期的家庭教育，主要指的是在家庭生活中，家长对于孩子所产生的各方面教育以及影响。家庭教育对幼儿来说是非常重要的，幼儿在这个环境中所能学习到的生活知识、语言知识、思维方式，对其今后的生活及学习有着非常重要的影响。家庭对于幼儿来说，是非常重要的启蒙教育及终身教育环境，而创建良好且积极的家庭教育氛围，对于幼儿来说是促进其健康和谐发展的重要因素。

二、探索幼儿家庭教育的误区和问题，深究其影响因素

首先，家庭对于幼儿来说，是其在早期成长与发展过程中所能接触和赖以生存的重要场所，家长所能提供给幼儿的整体家庭教育环境和教育条件，在很大程度上决定了幼儿的思想观念及各方面能力发展的路径。通过研究及实践发现，不同条件下的家庭教育环境对于幼儿的成长而言，也有着不同层次及类型的影响。其次，尽管幼儿园是整个幼儿阶段的孩子接受外界及社会教育的良好场所，在幼儿园中大多数孩子也会受到教育和生活等多方面的保障，但是依旧需要家庭教育的支持。目前一些幼儿家庭在教育方面出现了不同程度的问题。综合来看，大多数幼儿家长对孩子进行教育时，都存在着只侧重于某一方面教育指导的误区。

三、针对各种家庭幼儿教育问题提出有效解决策略

（一）促进幼儿园或相关社会机构的建设，重视满足家长的育儿需求

目前，一些幼儿园或者是相关的社会福利机构，在办学或教育指导的过程中忽视了家长的一些教育需求，仅依照自己的规则及制度进行幼儿教育，并请家长进行全面配合，没有考虑到更多或全面性地进行家庭教育方面的实际需求。另外，目前一些幼儿园或者是其他的幼儿教育机构，过分追求自身的利益化、商业化，并没有以教育和培养优秀的幼儿为

最大化的方向和教育基础准则。这些原因使得整个幼儿教育环境或者模式趋于追求形式化、片面化和表面化。教师要想转变这一情况，就要在幼儿园内部强调和重视家庭教育对于幼儿的影响，强调与家长之间构建紧密的联系。在倾听和调查家长育儿需求的基础上，进行有效的幼儿园策略调整，给予家长朋友更多的育儿教育指导和帮助，这样有助于构建和谐有效的家庭教育环境和幼儿园教育氛围，共同促进幼儿的快乐成长和健康发展。

(二)关注幼儿家庭教育角色缺失情况，注重家庭教育的完整性

在现实生活中，由于父母工作忙碌以及一些特殊的原因，部分幼儿在成长的过程中存在家庭教育缺失或某一方父母教育缺失的问题，这不利于促进其健康快乐地成长。例如，在当今社会，父爱缺失或父亲教育缺失是家庭教育过程中普遍存在的突出问题。研究和调查发现，假如一名父亲在与自己的孩子相处过程中，为其传达了坚强、上进、好学、善良等优良的品质，便能够对幼儿的整体健康和良性发展产生非常重大的积极促进作用。相反，父爱或父亲角色的缺失，则会导致部分幼儿出现沉默寡言、不善交际、自卑、不善沟通等情绪或是心理问题。因此在整个家庭教育过程中，无论是父亲方面的教育还是母亲方面的教育，对于幼儿来说都至关重要。构建完整的家庭育儿环境和良好的育儿氛围，是帮助和促进幼儿健康快乐发展的重要因素。

(三)构建家校合作式的幼儿教育模式，促进对幼儿家长的教育引导

幼儿园在进行教育的过程中，会接触到形形色色的幼儿，其个性和家庭背景均不相同。想要统筹好更多幼儿的教育及指导进程、模式，幼儿园需要寻求家长的帮助和力量。例如，在实际操作过程中，教师首先应当构建家校合作的教育模式，幼儿园要及时调查和汲取家长的反馈意见，进而不断调整自己的教学方式，重视每个幼儿在成长过程中所表现出的问题、潜在的隐患、可提升的能力点，并将以上内容有效地传达给幼儿的家长，这样可以帮助幼儿在家庭和幼儿园中同时接受良好的引导和教育。其次，为了强化与家长的合作和交流，幼儿园可以定期组织一些亲子活动或者召开幼儿家长会，为幼儿及其家长创建良好的沟通及互动环境，引导幼儿的家长们在家长会中积极交流和沟通，集思广益，探索更加高效和良好的育儿方式。最后，幼儿园应当重视提高幼儿教师及相关教育工作者的入职及筛选门槛。对于幼儿教师及相关工作者的专业素质、道德素养、育儿理念、育儿方式，进行有效培养和引导。如此，才能够为幼儿家长提供良好的沟通、指导环境，深化幼儿教师和家长进行沟通交流的积极影响，为幼儿家长带来更好的育儿体验。

综上所述，家庭教育在整个幼儿及小学教育教学过程中影响巨大，在家庭教育中，父母双方均具有不可磨灭的影响及重要地位。教师们应当尽量改善家庭教育缺失这一情况，让家庭教育成为整个幼儿教育过程中筑基添瓦的重要力量，强化家校合作式的教育模式，引导家长关注并促进孩子优秀成长，促使幼儿家长加大对孩子的监督和教育力度，促进幼儿健康快乐地成长。

幼儿园亲子作业现状调查研究
——以大理州幼儿园为例

云南省保山市隆阳区光丽幼儿园　金　丹

随着《纲要》的试行，幼儿教育受到社会和国家的普遍关注，幼儿的学习教育也不再只是幼儿园老师来负责，家长对于幼儿的学习教育更为重要，因此，一种让家长有效地参与

孩子学习的亲子作业开始受到人们的广泛重视。亲子作业形式多样，具有延伸性和实践性两种特点。现阶段虽然研究的人不计其数，但是还存在很多未能彻底解决的实施问题。在实施亲子作业中，教师和家长在认知上存在偏差，或教师在引导过程中存在误区，该如何高效地达成家园共育的预期，这些问题都值得我们去讨论与解决。为了实现亲子工作的初衷和理想效果，教师不仅要考虑儿童身心的发展规律和认知特征，还要考虑家庭作业的层次结构，使其符合幼儿年龄特点和身心发展水平，符合幼儿和家长的实际能力，同时要让每个幼儿都有创新与发展的空间。

亲子作业有助于培养幼儿的责任感和创造性；有助于幼儿养成良好的学习与行为习惯；有助于加强幼儿园和家庭的有效合作；有助于幼儿身心健康发展；有助于培养幼儿合作与竞争意识。

一、调查对象和结果

本文以大理州幼儿园的老师和大、中、小各班部分幼儿的家长为重点研究对象并实施研究。调查发现大多数老师和家长认同亲子作业；老师和家长偏向不同种类的亲子作业；家长参与亲子作业不充分的原因是多样的；亲子作业多数家长承担过多；大、中、小三个层次的班级亲子作业存在区别；家长对亲子作业的理解不够；缺乏亲子作业的评价机制。

二、如何提高亲子作业的教育效率

(一)父母

1. 提高父母对亲子作业的重视程度

亲子作业一方面是为了增加家长与孩子的交流机会，增进亲子感情；另一方面是为了培养孩子的多种能力，让孩子不仅仅在幼儿园学习知识技能，而且养成良好的行为习惯和学习习惯，培养责任意识、想象力和思维能力。家长参与亲子作业，可以提供一些想法和方法来培养孩子们使用大脑的能力，让幼儿享受过程，享受思考过程给幼儿带来的满足感与体验感。

2. 对亲子作业有正确的认识

亲子作业以“亲子”为中心，强调父母与幼儿共同参与互动，加强亲子沟通，增进亲子感情，培养孩子的创新和合作意识，在完成作业的过程中也能够了解孩子在幼儿园内学习的情况。

3. 明确教育目标与内容

(1)幼儿自主创新与合作

在生活中，父母要注意培养幼儿独立自主的能力，放手让孩子自己去做，自己独立完成任务。

(2)家长教育和引导

当孩子做亲子作业时，家长可以使用语言指导，多提一些建设性的意见，要有足够的耐心，在合适的时间给予孩子帮助，让幼儿懂得家长只是引导者，具体的作业还是要自己做。

(3)分享完成任务的心得

在孩子完成老师布置的任务后，父母可以和孩子一起交流心得体会，比如在做任务的过程中遇到的困难是怎样克服的，认为自己做得好的地方是哪里，认为有哪些需要改进的地方，为什么需要改进……引导幼儿正确评价自己亲子作业完成的过程。

(二)教师

1. 加深对亲子作业的理解

根据新课程要求，亲子作业的设计要注重表现出情感性、趣味性、综合性和实践性，让孩子与家长感受乐趣，收获快乐。教师设计亲子作业、布置亲子作业要因人因地因时而异，要综合考虑家长的空余时间和文化素质，教师在设计亲子家庭作业前，应进行研究。

2. 协助家长提升对亲子作业的认知

以亲子交流与接触为主旨，开展各种活动，邀请家长参与，邀请家长观察幼儿的成长。

3. 布置间隔、难易适中的亲子作业

老师给孩子布置任务时，要根据孩子与家长的实际情况，客观地评估布置的作业孩子能否完成。在现实生活中，老师给孩子布置作业时，注重安排生活中的小事情给他们做，让他们体验到自己亲自动手获得的成就。综合幼儿各方面的发展，设计灵活有弹性的亲子作业，让能力强的幼儿有更多发展的空间，能力弱的幼儿在家长的帮助下也能完成作业。

4. 丰富亲子作业的形式与内容

亲子作业的内容和形式丰富多样，儿童各个方面的能力都能得到发挥。教师要有开阔的视野，从多个方面培养孩子的能力，设计多样化的亲子活动，使其得到全方面的发展。例如访谈、工作经验、种植、观察和记录等都能锻炼幼儿的能力，因此教师必须不断变换类型，不断让家长和幼儿接触与了解。

5. 建立健全评价机制，增加与家长的交流

亲子作业上交后，首先，老师要及时批阅，做好相应的反馈工作，对评选出的良好作品进行表扬。让孩子与作品进行合影，将合影陈列展示，尊重每个孩子的学习成果，留下成长印迹，甚至可以通过网络途径进行宣传鼓励，充分肯定家长的参与配合。其次，亲子作业不仅是家长与孩子情感沟通的平台，更是教师与家长有效沟通的平台，老师要经常性地与家长进行沟通，采集家长的合理建议，了解家长的心理，适当地根据家长的建议去设计亲子作业，使亲子作业更加感性、有趣，让家长更加有感情地参与亲子作业，让亲子作业的教育效果达到更好，真正实现家园共育。

三、结论

综上所述，随着我国现代社会教育迅速发展，我国的启蒙教育、学前教育随之受到相应的重视。随着幼儿教师与幼儿园数量的增加，学前教育领域的很多问题也随之而来，需要去重视与解决的问题也随之增多。随着时代的变化与发展，社会和家庭对幼儿教师布置的亲子作业有了更高的标准与要求。我们更应该注重亲子作业的内容与完成的整体情况，在本文之前已有诸多学者研究亲子作业，幼儿教师布置亲子作业的目的是让幼儿和家长提高互相沟通与互相了解的频率与水平，让幼儿在父母的陪伴下加强自己的创新与综合发展能力。

由于个人能力与实践有限，本文仅仅针对现状进行研究并提出个人建议，涉及的深度和广度不足，需要更进一步的研究与实证。

幼儿教师在组织表演游戏时存在的误区及对策

四川省成都市金苹果九里西幼儿园　曾　雯

一、教师对于"表演游戏"这一概念存在误区

(一)概念误区一：角色表演就是表演游戏中的一种

在幼儿园里，很多老师会认为角色表演就是表演游戏中的一种，认为扮演角色是在进行表演，那就是表演游戏。其实它们是两个不同的概念，但存在着一些相似之处。如：它

们都属于象征性游戏或想象游戏，二者在角色扮演、象征手段等方面有相似之处。但在主题与内容的来源、结构性与规则性等方面存在一定的差别。

1. 主题和内容来源上的差别

角色游戏中的主题大多来源于幼儿的现实生活经验，例如家庭和社区生活经验，小班孩子会在角色游戏中模仿爸爸妈妈来照顾宝宝，中、大班的孩子会在角色游戏中扮演超市收银员、快递小哥等。而表演游戏的主题和内容主要来源于故事，包括文学作品和幼儿根据自己的经历和想象创编的故事。

2. 结构性和规则上的差别

角色游戏和表演游戏都属于幼儿自己“创造”的游戏，但是表演游戏是先有故事(文学作品等)，规定了游戏的基本框架，孩子们在游戏中要受到故事框架的规范，而角色游戏中幼儿可以自由地选择或切换游戏主题，自由决定和改变游戏内容。

(二)概念误区二：表演游戏和戏剧表演是一个意思

在幼儿园里，很多老师会把表演游戏和戏剧表演混淆，认为就是一个意思。其实不然，它们之所以容易混淆，是因为它们都要依据一定的作品内容，进行作品的再现。而在再现作品时，都要运用到语言、肢体动作、表演手段。但在本质上，它们还是有着很大区别的。

1. 结构上的不同

戏剧表演的基本要素是要有导演、演员、剧本和观众。演员在导演的指导下，根据事先编写好的剧本，运用语言、肢体语言和一定的道具严格再现剧本的内容。而表演游戏则是幼儿以故事(文学作品或自己创编的故事)为线索展开的活动，他们按照自己的理解来表现故事。可以是个体的，也可以是游戏小组经过讨论协商后对作品达成一致的理解。他们对故事的表现相对比较自由。

2. 性质定位上的不同

戏剧表演的性质是着重在“表演”上的，演员表演的根本目的是要把剧本的内容、价值观、自己的理解和导演的意图传达给观众，并使自己的表演获得观众的认可。而刘焱老师的《儿童游戏通论》中重点提出，老师一定要把表演游戏的性质定位在“游戏”而不是“表演”上，这样我们的幼儿就有更多选择的权力。例如：在表演游戏中，孩子们可以选择要不要表演这个作品，可以选择使用什么道具，和谁一起演，能按照自己的想法来表现故事内容。

二、教师组织指导表演游戏中的误区

(一)组织指导误区一：只关注幼儿在表演游戏过程中产生的“语言”，忽略了其他领域

例：中班表演游戏“我爸爸”

扮演“儿子”的幼儿对扮演“小朋友”的幼儿说：“我的爸爸能走钢索，他真的很棒!”

“小朋友”说：“你的爸爸真的很棒!”

突然，一位幼儿发现了一个问题：“为什么走钢索的人不会掉下来呢？钢索那么细。”

旁边演“房子”的幼儿说：“是啊，我还见过走钢索的人手上会拿一根长长的棍子，好奇怪!”几个小朋友开始七嘴八舌地讨论起来。

然而，一直在旁观看的老师介入了：“演到哪里了呢？下面该谁说话了？别吵别吵，我们接着演。”

在上面这个例子中，幼儿对于走钢索如何保持身体平衡问题产生了疑问和兴趣，这是让幼儿学习“平衡感”的一个很好的时机。在这种情况下让幼儿探索如何能保持身体平衡，可以使幼儿的学习变得有意义。但是老师却“固执”地要幼儿把故事完整地演完，因为“这是这次活动的内容”。课与课之间的内容划分得虽清晰，然而幼儿的学习兴趣和需要被忽略

了，不同课程领域之间的有机联系也被阻断了。

研究表明，以童话或故事为基础的表演游戏具有丰富的教学潜能。在以童话或故事为基础开展的、以表演游戏为主线的系列活动中，幼儿不仅可以学习“语言”，而且幼儿学习的可能性可以扩展到数学、社会、艺术等多个课程领域。

刘焱老师在《儿童游戏通论》中也提到过，幼儿学习的特点和对“有意义学习”的需要，要求幼儿园课程具有综合性和整合性。两者之间也应该是自然而然地渗透，表演游戏具有整合多领域学习的可能性，教师在表演游戏的组织和指导中，应该注意充分发挥表演游戏的教学潜能和课程整合功能，有助于改变游戏和幼儿园课程、教学之间存在的相互分离、脱节的状况，也可以使幼儿的课程获得有机的整合。

(二)组织指导误区二：幼儿在表演游戏过程中表演不好时就要进行示范性的直接教学指导

例：中班表演游戏“黑猫警长”

扮演“黑猫警长”的幼儿和扮演“一只耳”的幼儿正在进行一场追逐战，扮演“黑猫警长”的幼儿说：“一只耳，你已经被我们包围了，你快投降吧!”

说完几个扮演“猫警察”的幼儿都扑过来准备抓住“一只耳”，“一只耳”见状立刻跑了起来。这时，在一旁观看的老师介入到幼儿的表演中，并说道：“一只耳，不是这样演的，这么多警察来了，你就要立刻被它们抓住，你跑什么呢？来来来，看老师是怎么演的!”说着老师就开始亲自示范教学。

在上面这个例子中，老师在观察到幼儿不会表演后立刻介入了幼儿的游戏，使用的办法是立刻亲身示范教学。看得出这位老师的教学目的非常明显，她想要幼儿快速地达到表演的“生动性表现水平”。但是，刘焱老师在《儿童游戏通论》中提到，表演游戏中的“表演性”应当在游戏过程中逐渐提高和完善，逐步从一般性表现向着生动性表现水平发展。

表演游戏“表演性”水平的提高，确实离不开教师的引导和帮助。没有教师的支持和引导，幼儿的表演游戏很可能停留在嬉戏打闹状态，很难获得进一步的发展。但是，教师的指导并不是“说”和“告诉”。幼儿表现水平的提高不是教师“告知的”或是“手把手教会的”，而是通过幼儿伙伴之间的相互作用，通过讨论、提议、采纳他人建议而获得的。教师的引导和支持作用更多地体现在幼儿讨论的组织、问题的提出上。

要做到引导和帮助幼儿的表演游戏水平逐步从一般性表现向着生动性表现水平发展，教师就一定要学会“等待”，不要催促幼儿，不要对幼儿抱不切实际的期望，指望他们在听完故事以后就能够立即“生动表演”。从“一般性表现”向着“生动性表现水平”的提升是一个发展的过程，它需要时间，需要重复和练习。“重复”是幼儿学习的特点，而且幼儿也需要重复和喜欢重复，不给幼儿重复的机会不符合幼儿学习的特点。教师需要研究的是如何在活动的重复中引导幼儿学习和推动活动本身的发展。“重复”不应当是简单重复，要维持幼儿对活动的兴趣，必须使重复中具有新意和挑战。

综上所述，表演游戏兼具“表演性”和“游戏性”两个特征，老师在组织过程中要谨记“游戏性”要先于“表演性”，并要有“统一性”，充分发挥表演游戏的教学潜能的原则，正确认识表演游戏的发展价值。这样幼儿才能在表演游戏中获得主动探索的精神以及充满童趣的想象，还能促进幼儿的主体性发展，有力地带动幼儿身心各方面的发展，使表演游戏呈现出内涵丰富的发展价值。

浅谈幼儿园区域游戏创设与指导

四川省乐山市沐川县实验幼儿园　余登燕

为了深入贯彻落实《纲要》和《指南》精神，自区域游戏教研活动开展以来，我园成立了领导小组，将各项工作落实到个人，并努力克服资金短缺的困难，挤出有限的资金投入到区域的创设和开展中。幼儿园开展了为期两年多的专题研讨，经过反复探索和实践，通过创设良好的游戏环境和共享式区域游戏，形成了具有本土特色的区域游戏，不但丰富了区域的种类和活动空间，而且满足了不同能力和不同兴趣的幼儿的日常需求，增强和完善了幼儿的游戏欲望和游戏行为。

下面具有从本土特色的环境创设、区域设置及材料投放、教师的观察与指导、收获与成效几方面与大家交流、探讨。

一、创设具有本土特色的游戏环境

结合园本课程“乡情印刻”，对我园已经结题的成果再利用，从“五爱”，即爱自己、爱家人、爱幼儿园、爱家乡、爱祖国入手，打造园级环境。

教学楼一层是青花瓷风格，蓝色为主色，运用本土资源，如竹制品等，将区域游戏中美工区的作品，通过孩子和老师的巧手，布置成了具有独特特色的青花瓷风格。

教学楼二层以戏剧为主，主要呈现传统京剧、豫剧、川剧，运用竹制品材料和本土自然材料(树枝、石头、玉米壳、玉米芯、稻草等)，在了解传统戏剧的基础上，慢慢融入沐川特色的游戏、山歌、童谣，以及具有沐川特色的山水实景剧“乌蒙沐歌”。

教学楼三层以中国传统节日和十二生肖为主，黄色是帝王色，也是传统色，运用传统色配以传统花布和剪纸艺术加以装饰。当孩子们牵着家长的手娓娓道来家长都不知道的知识，看着孩子们自信的样子，我们的所有付出都是值得的。

二、区域设置及材料投放——投放多元材料(公共区域、班级区域)

(一)公共区域设置

1. 乡土种植区

种植区一：每班孩子都有一块“自留地”，在老师的带领下，种下沐川特产，如黄姜、生姜、红薯、玉米和时令蔬菜等，让幼儿观察、记录、照顾这些植物。每个班有一面乡土种植布置墙，将植物成长轨迹用不同的方式呈现出来。

种植区二：楼间果园，每栋楼之间种有沐川特色的果树，如枇杷树、李子树、梨子树等。一到了挂果时节，孩子们每天都会留意果子的变化，每到这个时候，我们会给果树挂上班级牌，黄澄澄的果子成熟时是孩子们最期待的时候。一起来欣赏枇杷采摘节吧！是不是口水都流出来了呢？

2. 共享积木区

为了满足不同年龄段孩子的需求，我们特在三楼走廊设置积木共享区，大空间、多样材料，可同时容纳几个班的孩子游戏。

3. 体育游戏区

包括树屋探险区、沙池以及小操场、大操场、楼顶、楼间操场，活动主要以体育游戏为主。将不同种类的材料投放到适宜区域，除了投放本土特色的器械，如竹环、竹竿、竹筒、簸箕、斗笠、竹木马外，还添置了孩子喜爱的其他体育器械。

（二）班级区域设置

班级区域游戏的设置是灵活的，各个区角的材料投放也根据年龄、爱好而定，让孩子们真正玩起来。我们在多方面考虑和调整下，根据幼儿年龄特点，最终在班级内整合成了几大常用区（家庭区、建构区、艺术区、玩具区、图书区）和一个角。在几个常用区、一个角的基本设置下，个别班级还设置了其他区。我们实行一个区布置好、玩好后，再布置第二个区。中、大班主要投放探索、开放性材料，小班材料投放要考虑孩子的安全性。

三、教师的观察与指导

怎样让孩子在设置好的区域真正地玩起来，有深度地玩，老师们可谓是反复尝试，研读各类书籍资料，将理论与实践相结合，再对幼儿进行指导。我园从以下四方面进行观察指导。

1. 时间的保证。不管是班级区域还是共享区域活动的开展，严格按照我园一日活动流程安排来开展，保证了游戏时间。

2. 游戏三部曲。游戏时实行“计划—工作—回顾”三部曲，并且不同班级和不同水平的孩子采取多样的方式进行。就拿回顾环节来说，回顾的方式有很多，有时是全班进行，有时是分组讨论，也可以让幼儿自己回顾，由老师指点迷津，等等。

3. 记录表。老师们用相片和视频记录孩子的游戏点滴，并用文字将游戏案例记录在专用记录表上，这样不但能将孩子的游戏轨迹进行梳理，而且在梳理过程中会发现自己不足的地方，真正起到了查漏补缺的作用。这两年幼儿园先后组织过几次不同层次的案例分享研讨会，让教师们的理论素养得到提升。

4. 介入时机。每位老师在这个过程中实行点面结合的观察方式，管好自己的手和嘴，尽量让孩子自主完成，在适宜的时候——一般在需要帮助时、遇到困难时、有危险时，再介入指导。

四、收获与成效——师幼共同成长

（一）多形式的研讨交流学习，实现教师专业成长

虽然我园与市里的一些幼儿园有差距，但是经过这两年多的探索，形成了具有地方特色的区域游戏活动。我园经历了较为艰辛的成长历程：最初的无从下手—桌椅进区角—观望—模仿—瓶颈—不断调整—初见成效—调整—深层次开展。以上过程不仅让孩子能在游戏的海洋中天马行空地玩耍，老师们也受益匪浅，也让家长看到老师的专业性。

两年多来，我园组织相关研讨二十余次，分园级教研、年级组教研，以“走出去”“请进来”的方式进行。“走出去”是指我园积极响应各级各类区域游戏研讨会，先后派出我园行政人员、骨干教师、优秀教师30人次参加。“走出去”的人回来后将最先进的理念带给大家，再结合我园的实际情况开展区域活动。“请进来”是指我园先后邀请乐山机关幼儿园雷娜、郑晓红，城北幼儿园周芮瑶，以及乐山实验幼儿园6名兼职支教教师参加我园的各种研讨活动，如专题讲座、进班实地指导和结对帮扶等，让老师们从理论到实践进行多方面的学习与交流。在此过程中，教师的教育观念、教育方式都发生了变化，教师不但要“传道授业”，而且是游戏的设计者、过程的跟踪者、行动的支持者、能力的推动者，实现了教师专业成长。

（二）促进幼儿全面发展

在实践中我们体会到，是游戏激起了幼儿的学习兴趣，增长了幼儿的生活知识。具有本土特色的区域游戏，为幼儿提供了感受和体验的机会，通过对游戏材料的不断挖掘、开发利用，幼儿获得了驾驭材料的能力、探索和创造的空间，幼儿爱祖国、爱家乡的情感得

到极大的提升。

在游戏活动中，还存在着一些问题需要我们去注意和改善。由于幼儿年龄小，他们参与活动的主要动力是兴趣和好动性，因此在组织游戏和设置情境时，怎样激发幼儿的活动兴趣、怎样在适宜的时候介入指导、怎样将收集的区域游戏素材提炼到理论层面，需要我们不断进行探索和改进。

“区域游戏助师幼共成长”是我们追求的目标，在这个过程中，有推进时的诚惶诚恐，但我们始终会坚守“游戏即生活，游戏即学习”的基本信念，从儿童的本位出发，去思考探寻游戏背后的意义。

如何在区域游戏中发展中班幼儿的合作能力

四川省乐山市沐川县实验幼儿园　雷　芳

《指南》中强调“珍视幼儿生活和游戏的独特价值”，我们要最大限度地满足幼儿，使其通过直接感知、亲身体验和实际操作获得经验。区域游戏是幼儿喜爱的活动，也是幼儿园的基本活动形式之一，随着幼儿年龄的增长，游戏的群体性愈加明显。在游戏中有意识地引导和帮助幼儿掌握良好的合作行为方式，有利于增强幼儿的合作意识，提升合作技能。

一、充分发挥环境的教育力量，让环境熏陶幼儿，萌发幼儿合作意识

幼儿的合作行为容易受一定情境的暗示和推动，所以教师应有目的地营造合作环境，使幼儿身处其中，认为合作是一种良好的行为习惯，形成初步的合作意识。物质方面，我们在活动区的墙面上张贴一些关于小朋友之间合作行为的图片，在游戏中多给孩子提供合作的机会，悬挂和放置一些幼儿的作品，给他们提供一个互相欣赏、互相交流的空间，让孩子随时感受到合作的氛围，体验合作的乐趣。精神方面，我们给予幼儿充分的自由，创设宽松愉悦的心理环境，让幼儿萌发合作意识，感受合作的快乐。教师是幼儿最喜欢模仿的对象，教师的言行会潜移默化地影响幼儿，教师与教师之间的配合、教师与家长之间的配合都是幼儿合作意识的来源。在区域游戏活动中，教师应注意观察每位幼儿的行为表现，对幼儿之间的互动与合作适时地给予赞许的目光、微笑的面容，偶尔轻抚孩子的肩膀，对孩子亲切地点点头，这些都能使幼儿受到极大的鼓励，从而强化幼儿的合作意识。

二、提供丰富的区域游戏材料，让幼儿在与材料的互动中发展合作能力

中班幼儿可能不会在需要合作的情境中自发地表现出合作行为，也可能不知如何去合作，这就需要教师在区域游戏中提供丰富的、低结构的材料，引导幼儿在操作过程中学习合作方法。材料影响幼儿的行为方式，幼儿也会根据自己的需要选择材料。相同的材料在游戏中反复出现，也会起到不同的作用。如我们在建构区投放了大量的小汽车之后，幼儿将建构积木“束之高阁”，玩起了赛车游戏，在建构区一下子就出现了司机、交警、裁判、拉拉队员等角色，使他们进行合作游戏。可见，新的材料、新的游戏玩法的出现，可以为幼儿提供与伙伴合作游戏的机会。

中班幼儿之间的交流逐渐增多，合作行为开始出现，但不够深入。在游戏中经常以替代别人完成任务的方式表现出来。对游戏材料的争夺，是中班幼儿游戏中矛盾的主要导火索，但是矛盾的出现也是合作行为出现的契机，教师应适时地引导。有一次，君君和辉辉在建构区制作房子。君君需要用锤子钉钉子，可是他的锤子却找不到了。于是就顺手拿了旁边辉辉的锤子来用。辉辉不同意，说：“那是我的锤子，你还给我!”君君没理会他，继续使用着小锤子。辉辉就气呼呼地上去夺。这时君君商量道："我就用一小会儿，马上就还给你，好不好?"辉辉问："你保证一小会儿就还我吗?"君君说："肯定还。"于是辉辉答应让君君用他的锤子。中班幼儿在解决由争抢游戏资源所引发的冲突时，不再像小班幼儿那样采用简单粗暴的方式来争夺材料的所有权，随着语言技能的发展，中班幼儿在冲突中的语言交流逐渐增多，如争吵、分辩、求助等，偶尔也会出现请求、协商等策略。造成这些变化的原因是中班幼儿观点采择能力的发展以及他们在以往的同伴冲突解决中所获得的经验。君君在没有得到辉辉同意的前提下就拿走了辉辉的锤子，于是他遭到了辉辉的反抗。但是，君君突然改变自己的态度，同辉辉商量着借他的锤子用，这时辉辉没有像之前那么坚决，而是把锤子借给了他。就这样，老师不用粗暴地干涉，孩子自然而然地交流合作了。

当在游戏操作中有了新的发现或获得成功时，中班幼儿也会主动用语言将情绪或发现表达出来，急于讲给同伴和老师听，乐于和同伴分享。这样，幼儿在与游戏材料的互动中，不断尝试和学习，发展合作能力。

三、注意观察幼儿合作交流时表现出来的问题并及时讨论分析

教师在关注整体幼儿合作能力发展的同时，还应关注幼儿游戏中交往合作时出现的一些问题，及时对幼儿的行为、交往的方式、合作的方法进行分析思考。《4—6岁幼儿合作行为的发展》中提出，幼儿间合作的类型主要有平行型合作、交互型合作、领导型合作和冲突型合作。

通过观察，我们发现中班幼儿更加倾向于平行型合作，交互型合作和领导型合作较少，同时幼儿出现冲突型合作较多，以男孩与男孩之间居多，在"餐厅"和"超市"中常会出现争抢角色的现象，但很快就能自己解决冲突，这些都说明了中班幼儿已初步具备了合作的意识。

但是，我们也发现大部分独生子女缺乏交往经验和合作意识与技巧，在与同伴交往合作过程中常产生一些问题：许多幼儿羞于主动交往，不会表达自己的愿望和想法；自我意识强，不能较好地认识自己与他人的关系，不知道如何与同伴合作；多数幼儿间由于合作技能参差不齐而导致无法顺利合作。

当然，教师不单是观察者和分析者，当在游戏中发现落单的、合作能力弱的孩子时，当意识到孩子的交往合作需要老师介入时，应及时给予帮助。

总之，教师要不断分析中班幼儿在游戏合作中表现出来的问题，探索在游戏活动中培养幼儿的合作能力的科学途径和有效指导方法，才能逐步增强中班幼儿的合作意识，提高合作能力，进而体验到合作行为带来的成功感。

"乐·趣"园本课程的探索与实践

四川省成都市双流区胜利幼儿园　巫小芳　章　也

一、探索：课程定位从智慧成长走向乐趣生活的理念更新

"乐·趣"园本课程的缘起，最初是教师、家长提供丰富的物质材料和环境，通过开展丰富活动，让孩子学到各种知识和技能，这种智慧成长强调的是知识和技能，忽视了儿童的自主发展需要和学习品质的形成。因此，我们将视角转变为从儿童的需求出发，有目的地提供材料和环境，引发儿童的互动，在互动中让儿童获得快乐而有意义的体验，从而成为一个热爱生活、乐于生活的儿童。

"乐·趣"课程以陶行知的"生活教育"思想、卢梭的"自然教育"理论为基础，以《3—6 岁儿童学习与发展指南》(以下简称《指南》)和《幼儿园工作规程》(以下简称《规程》)为指导思想，立足幼儿园实际情况，遵循幼儿身心发展规律，关注幼儿可持续发展和终身幸福，发挥"家庭—社区—幼儿园"三位一体的育人体系，实施"自然育人"体验教育，以"趣启情智、乐泽童心"为课程理念，让幼儿在与自然、与同伴、与教师的相互依存、和谐共处中培养"七乐"幼儿。

(一)趣启情智

"情智"是情商和智商的合称，有研究证明，一个人是否具有较高的情商，与幼年时期的教育培养有着密切关系。3—7 岁是幼儿性格形成的关键时期，在此时期，适当地进行教育，会事半功倍。通过开展丰富的主题活动，趣玩自然材料，趣养动植物，可以让孩子进一步认识周围的事物，让孩子在自然材料和亲近自然的活动中真实地体验和探索，有助于激发幼儿的积极情绪。幼儿在游戏中与同伴交往互动，提升社会交往能力，促进情智融合。

(二)乐泽童心

幼儿是通过直接感知、实际操作、亲身体验来进行学习的，幼儿园的环境和活动为幼儿提供了丰富的"四趣"材料和活动空间。通过趣玩材料、趣养动植物激发了幼儿学习兴趣，满足孩子内心的需要，让他们不停地参与活动，探究自己感兴趣的事物，发挥自己的想象力和创造力，在玩中学、学中乐、乐中长，成为乐锻炼、乐劳动、乐表达、乐交往、乐探索、乐创造、乐生活的"七乐"幼儿。

二、转变：课程实施从顶层架构走向儿童为本的自主构建

"乐·趣"课程的实施经历了从顶层架构走向儿童为本的自主构建过程，在课程开展初期，教师预设太多，随着课程的不断深入以及教师的观念转变，教师更多地关注儿童在课程当中的主体地位，以儿童的兴趣和问题为出发点，自主构建多种活动，在活动中调整活动策略，让每一个活动过程都有成效，从而促进儿童发展。

(一)构建一个课程体系

"乐·趣"课程包括共同性和个性化课程，以渗透式主题活动为共同性课程，以自然探究活动为个性化课程，强调每一种活动的综合教育作用，以及不同活动之间的相互渗透，课程目标着眼于最基本的经验积累，关注幼儿自身的兴趣、经验、需要，使每一个幼儿积累相应的体验和感受，获得最充分的发展。"乐·趣"课程经过几年的实践，在课程设置方面，充分考虑幼儿的身心发展需要，小班共同性课程占总课程的 80%—85%，个性化课程占总课程的 15%—20%；中班共同性课程占总课程的 75%—80%，个性化课程占总课程的 20%—25%；大班共同性课程占总课程的 70%—75%，个性化课程占总课程的 25%—30%。教师根据自己班级的情况，开展适宜的活动。

(二)确定一个课程目标

我园始终以《纲要》《指南》《规程》为指导精神，结合幼儿园的实际情况和办园特色，以幼儿发展为本，通过幼儿园课程园本化后的课程实施，创造自然生态、自由宽松的环境，激发幼儿生活、运动、游戏、学习的兴趣，促进幼儿情感、态度、认知能力等全面和谐发展，培养乐锻炼、乐劳动、乐表达、乐交往、乐探索、乐创造、乐生活的"七乐"幼儿。

(三)生成多样课程内容

八年的课程实践探索，不仅让我园的自然资源成了引发幼儿思考、促进幼儿全面发展的优质教育资源，而且生成了我园独特的自然主题、户外运动、创意活动、自主游戏四种个性化课程内容。

1. 自然主题：我园自然资源丰富，沙石水土、动物植物都可以成为孩子们的活动主题，利用种植区、养殖区种植、饲养各种动植物，运用寻宝、水渠搭建等探索沙水的特性，让孩子在主题探索活动中观察、思考、实践，自主构建相关概念。

2. 户外运动：家长、教师、儿童利用丰富的自然材料开发多种运动器械，并投放在“四趣”材料区。在活动中孩子们自主设计场地，选择“四趣”材料，选择玩伴，形成了具有我园特色的15个运动游戏区域，通过开展活动促进儿童运动能力和品质的发展。

3. 创意活动：我园创意区包括涂鸦、泥塑等11个区域，幼儿自主制订计划，自主选择区域，运用自然材料、废旧材料等开展活动，并在每次活动结束后，将创作的作品进行售卖，培养孩子的交往能力、表达能力等。

4. 自主游戏：角色游戏是幼儿非常喜欢的游戏形式，在户外大自然中开展此类游戏更能激发孩子的想象力、创造力，他们可以在这里收集、制作各种材料，玩过家家、野战、买卖等游戏，让孩子学会创造，学会交往，学会生活。

(四)形成“四循环”实施策略

适宜的策略有助于课程更好地实施，我园在开展“乐·趣”课程的过程中，逐步形成了依循幼儿、资源整合、回归自然、回顾反思四种循环策略，每一种策略之间是相互联系、循环的。

1. 依循幼儿，生成活动

幼儿通过在自然环境中利用自然资源获得经验与发展，活动生成来源于儿童兴趣和需要，教师要关注儿童的生活事件，利用自然环境中的问题来生成各种游戏和主题活动，帮助幼儿获得发展。例如：水稻的栽种来源于幼儿对稻草人的兴趣，小麦的种植来源于幼儿对包子皮的疑惑，等等。

2. 资源整合，开展活动

幼儿园课程的实施整合了家庭、社区、幼儿园三方资源，包括物质、经验、人力资源的利用，在活动前梳理资源，筛选出需要的资源，并根据筛选的资源做好相关的准备；在实施中，注意调整和利用相关的资源，并在结束后，做好资源的管理。

3. 回归自然，组织活动

幼儿园自然探究活动的开展需要考虑对自然的利用，为幼儿创设生态环境，增强幼儿对自然的感知；提供各种自然材料，满足幼儿的操作需要，让幼儿获得真实的自然经验，并贯穿于幼儿的生活、游戏、运动、学习当中。

4. 回顾反思，调整活动

为确保自然探究活动的时效性，需要儿童、教师及时对活动进行回顾与反思，根据活动情况调整活动内容和策略。

三、绽放：课程品质从机制保障走向儿童为本的自然成长

幼儿园课程实施需要有效整合多方力量，协调各方关系，以制定出科学的、具有逻辑的幼儿园课程方案。为此，幼儿园应成立课程发展组，负责幼儿园课程方案的制定、课程方案的实施、课程方案的评价与反馈、课程方案的修改与完善等工作，统领幼儿园课程活动的开展。在机制保障的基础上，关注评价中怎样走向儿童为本的自然成长，从而促进幼儿、教师和园所共同发展。

(一)成长融情——让每一位儿童都能乐趣生活

“乐·趣”课程在不断的实践中，结合各班幼儿的兴趣，形成了具有鲜明特色的班本课程。在种植小麦的过程中，了解了麦芒的作用，用多种途径解决了小麻雀吃小麦的问题；

在种植水稻的过程中，通过温室栽种和常规栽种的对比观察，测量出不同栽种方式下水稻的高度……课程追随儿童的兴趣，不断深入，孩子们在一个个问题的解决中得到发展，真正感受到快乐而有意义的生活。

(二)成长聚思——让每一位教师都能研精覃思

伴随课程的实施，幼儿园通过“三级”研修锤练教师队伍，让课程追随幼儿，让研修跟进课程，从而提升园长的课程领导力和教师的课程执行力、研发力、评价力。在课程实施过程中，教师们梳理出丰富的成果和经验，并公开出版了《乡土情 中国娃》，在区域内起到了很好的示范引领作用。

(三)成长助行——让幼儿园成为孩子的幸福乐园

这一路走来，我们在课程的实践中不断思考、不断尝试、不断创新，我们和孩子们共同把一个农村幼儿园打造成了幸福乐园。这一行为成就了我们农村的孩子，让他们在玩中学、在学中乐、在乐中长；成就了老师们，让他们学会了理解儿童、尊重儿童、支持儿童、引导儿童；也成就了幼儿园，幼儿园办园品质得到了区级、市级、省级乃至国家级领导的认可，吸引了众多园长和老师的参观学习。

基于儿童视角的班级环境创设

四川省成都市双流区胜利幼儿园　巫小芳　章　也

一、厘清儿童视角与班级环境创设的定义

儿童视角：主要是指在班级环境创设中让儿童通过适宜的“语言”发表自己对活动的理解，用孩子的语言呈现学习过程，强调从儿童出发，以儿童为本，满足儿童兴趣和发展需要。

班级环境创设：在幼儿园以班级为单位的空间中影响幼儿身心发展的物理环境和心理环境的总和。物理因素包含室内空间布局、主题墙布置、活动区角设置材料的投放、活动室及走廊装饰等方面，心理因素包含班级一日生活中所体现的人际交往、人际关系、情感氛围、组织制度、班级氛围等方面。

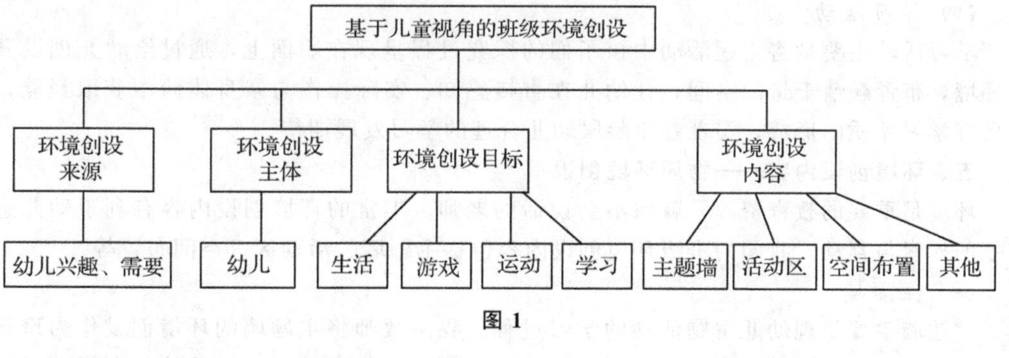

图 1

二、环境创设来源——基于幼儿需要

兴趣是孩子最好的老师，根据幼儿的兴趣需要、年龄特点、发展水平来实施教育，坚持“儿童本位”价值取向，投放适宜活动材料，形成自主活动方式，创设丰富活动环境，促进幼儿全面和谐地发展。我园教师开展的班级环境创设都来源于班级主题活动，主题活动

产生则来自于幼儿兴趣。

三、环境创设主体——以幼儿为主

蒙台梭利认为，环境在幼儿的教育中充当极为重要的角色，幼儿将从环境吸收的东西融入其生命中。通过去年的国家县域普及普惠督导评估，在班级环境创设中，教师“儿童本位”的意识逐渐深入，老师们通过和孩子们共同策划环境布置，讨论区角设置，发现活动中出现的问题，并开展讨论和实践，用语言、绘画、手工作品等方式记录孩子们的探究过程，在这一环节中，教师要确保幼儿真正参与其中，让幼儿真正成为环境的主人。

四、环境创设目标——将一日生活在环境创设中进行延伸

幼儿园课程主要以幼儿园一日活动的形式组织实施，包括生活活动、游戏活动、运动活动、学习活动四方面内容。要想将不同活动内容与环境创设建立有效的连接，就需要我们从幼儿发展需求出发，在环境中渗透生活、游戏、运动、学习隐性的教育目标。

（一）生活活动

通过在班级环境中设置饮水记录墙、垃圾分类栏、晴雨表等板块，根据每月的主题随时更新，让幼儿在生活中实际地与成人互动，与同伴交流合作，感知真实的生活，体验真实的情感，解决实际问题，逐步掌握生活技能，积累生活经验，因此教师需要珍视幼儿生活的独特价值，善于发现一日生活各个环节中蕴含的丰富的学习与发展契机，让每个孩子充实、快乐地过好每一天。

（二）游戏活动

通过创设美工区、阅读区、益智区、表演区、建构区等区域，给幼儿提供活动材料和活动空间，幼儿借助各种物品，运用一定的知识和语言，通过身体运动和心智活动，反映并探索周围世界的游戏活动，促进幼儿想象与创造、合作与交流、勇敢与坚持、愉悦与向往等良好品质的发展。

（三）运动活动

班级的运动活动可在室内或户外进行。在室内活动中，材料可就地取材，活动区的木片、竹片、凳子、桌子均可作为体育运动的材料，引导幼儿通过体育器械的运用、基本动作活动、利用自然因素的锻炼和体操活动，初步形成体育锻炼意识、获得动作技能、增强体质，最终促进幼儿身心健康发展。

（四）学习活动

学习活动主要是将主题活动中孩子们的探究过程呈现在墙面上，通过给幼儿创设开放的环境，布置融情于景的空间，让幼儿在直接感知、实际操作与亲身体验中获取经验，促进良好学习品质的形成，实现各年龄段幼儿合理的学习发展期待。

五、环境创设内容——物质环境创设

环境是重要的教育资源，就像不会说话的老师。丰富的环境创设内容有利于幼儿进行有效的探索与互动，我园的班级环境创设内容包括主题墙、活动区、空间布置等。

（一）主题墙

主题墙主要呈现幼儿主题活动的学习过程。我园教师将主题墙的环境创设作为班级的课程内容之一，鼓励幼儿积极参与活动探究，教师抓住教育契机，记录幼儿在活动过程中的种种创意和表现，将幼儿在主题墙中的探究过程以绘画、图文等形式通过立体或平面的方式呈现在主题墙上。例如：在大二班的“水稻的探索之旅”中，由花果园的稻田引发了系列故事，“水稻变黄了—用什么工具收割—收获 21 斤水稻—稻谷如何变大米—大米齐分享—米糠再利用”。在“水稻的探索之旅”主题活动中，教师始终追随幼儿兴趣，抓住教育契机，支持和引导幼儿开展各种活动，从“水稻变黄了”到“米糠的再利用”，融入“五大领域”的活动内容，让幼儿自主发现问题、解决问题。其实，我们每个班级都有一面具有特色的主题墙，例如小三班的“神奇的豆豆”、中三班的“小羊乖乖”、大四班的“油菜花”。基于儿童兴趣和需要，结合幼儿园“亲近自然、探索创新、乐于生活”的办园理念，和幼儿共同设计主题墙，培养幼儿热爱生命、亲近自然、具有责任意识的良好品质，促进其身心全面和谐发展。

（二）活动区

1. 区域划分

班级活动区一般划分为美工区、语言区、益智区、表演区、建构区、种植区等。

2. 材料提供

提供的材料需丰富多样且有层次，并保证材料及作品安全环保，运用摆、挂、吊等方式。例如：在大二班的“水稻的探索之旅”主题活动中利用稻草制作了草环、草裙，还用稻草做了各种手工作品和粘贴画，将作品投放到其他区域进行运用；可以在表演区运用草环、草裙进行表演，作为照相馆的拍照道具，还可以装饰活动室等。

3. 规则的制定

规则是幼儿自主讨论出来的，包括人数、玩法、习惯，不断在游戏中实践、讨论，逐渐形成规则。

4. 互动墙

互动墙是对幼儿在区角活动中探索过程的记录，互动墙追随儿童兴趣，发现孩子遇到的问题——一起商讨解决办法—验证方法是否可行—调整策略。例如：在大三班的科学区互动墙，孩子们发现麦子有尖尖的刺，这个刺是什么呢？它有什么作用呢？大家展开了热烈的讨论。通过和家长查阅资料，孩子们了解到尖尖的刺叫麦芒，麦芒主要是为了让麦子更好地进行光合作用，增加小麦产量，孩子们将观察到的麦芒用绘画的形式记录下来，并和其他小朋友进行展示和交流。

（三）空间布置

合理的活动空间，有利于幼儿根据自己的发展需要，自主选择方式和内容。半开放半封闭的空间便于幼儿自主选择喜欢的区域和材料。因此，我园教师合理规划班级活动空间，根据幼儿身高合理设计玩具柜，科学合理安排区域内容，采用隔断的方式，创设温馨舒适的班级活动空间。将空间划分为不同区域，用麻绳、竹片、木片垂吊隔开，孩子们自己取名为“木板窗帘”“竹片瀑布”等，并且在上面进行绘画，悬挂幼儿作品，使用色彩协调的装饰物，并且在每个班级寻找空间增设故事表演情境或者阅读环境因素，例如：中二班的“森林”、中三班的“羊羊故事汇”、大三班的“麦田”，让幼儿自发组织，参与游戏，深入开展故事表演。

幼儿园班级环境创设内容不仅包括主题墙、活动区、空间布置，还有其他方面，诸如饮水墙、天气播报、种植区角、垃圾分类栏、健康栏、晴雨表、新闻栏等。儿童视角下的班级环境创设不仅要关注儿童、理解儿童，也要借助儿童的自我表达、自我探索、自我体验、自我创造，完善和丰富幼儿园的班级环境创设。

浅析如何对待幼儿之间的冲突现象

四川省成都市郫都区金苹果西区花园幼儿园　代露莎

在幼儿园里，幼儿间的冲突现象是很常见的，如争抢玩具、故意挑斗、不慎触犯等。那么，幼儿间的冲突是怎么形成的呢？影响它的主要因素是什么？作为幼儿教师应该如何看待，如何处理呢？本文就这几个问题提出了一些想法。

一、幼儿矛盾冲突现象原因分析

（一）幼儿矛盾冲突引发的因素归类

第一类：争抢玩具等因素占比达到50％，包括不说话就直接去抢人家的玩具及不肯谦让（如争秋千和争角色）。幼儿解决类似冲突的方式主要有攻击、告状、哭闹、自行解决、破坏别人的游戏等。

第二类：不小心影响到他人而引起冲突约占20％。幼儿的解决方式主要有攻击、告状、哭闹等。

第三类：打闹着玩是幼儿之间特有的“休息文化”，如幼儿相互之间追逐打闹。模仿某个画面的角色人物打着玩，所占的比例约为20％。解决的主要方式是吵闹、告状两种。

第四类：受到其他幼儿的妨碍或者批评而引起的冲突现象，约占20％。解决的方式主要有攻击、哭闹、告状。

第五类：规则之争，占的比例约为4％。解决方式主要是吵闹。

第六类：不肯分享，约占1％。解决方式主要是吵闹。

（二）如何看待幼儿之间的冲突

首先，对幼儿间的冲突应该辩证地看待。幼儿跳出家庭的圈子，进入幼儿园，开始从集体生活中获得新的生活经验。但幼儿往往还保持着以自我为中心的心理特点，他们不会为对方考虑，很少能采纳别人的意见，再加上自我控制能力和调节能力差，在相互交往过程中难免产生误解甚至引起争吵或者打架，但是孩子的心理特征又决定了他们的冲突来得快去得也快，没有多长时间，他们又在一起玩得不亦乐乎了。这些都受幼儿的年龄特点和心理特点影响。因此，老师对孩子的冲突应采取辩证的方法，学会客观地看待孩子之间的冲突，不能简单粗暴地解决。孩子发生冲突固然破坏了教学秩序，但从心理学的角度来看，孩子间的冲突也是他们在集体生活中学习交往、待人接物的一种教育资源。

其次，冲突对孩子来说并不是一件坏事。幼儿园的争吵甚至打架，是他们在社会大课堂中学习与人交往、学习如何做人的一种方式。老师不干预或迟一些干预，他们就有机会帮助同伴明确规则，说服同伴相信自己不对。

三、幼儿矛盾冲突的化解

（一）加强交往能力的培养，进行情感教育

为了让幼儿学会与人交往，我们可针对班级幼儿交往及解决问题能力的具体情况，对幼儿实施情感教育。首先，要培养幼儿辨别自己的情绪，让幼儿了解自己的需要及自己的喜怒哀乐。其次，要引导幼儿了解他人的情绪，引导幼儿观察同伴的表情、动作、表达情绪的不同方式等。最后，让他们明白：想要“得到”他人的东西，必须先学会征求他人的意见，只有等他人答应后才能去取，这样才能和朋友友好地相处。

（二）调整一日作息时间

幼儿园的一日活动，可以结合幼儿的年龄特点和实际情况，进行相应的调整。制定切实可行的常规并融入幼儿的一日活动中去，使幼儿逐渐养成习惯。

（三）更新家长的育儿观念，树立正确的教育观

1. 借助“家长园地”的橱窗，定期向家长介绍园内外的教育经验，更新家长们的育儿观念，利用班级家长会向家长们介绍、分析幼儿之间发生冲突的典型事例以及处理策略，以提高家长解决类似问题的实际能力。

2. 对经常和同伴发生冲突的个别幼儿采取与家长谈话的形式，引导家长端正态度，采取恰当的教育方式。

3. 通过每日离园前与家长多接触，将幼儿在一日活动中的冲突现象与家长进行适时沟通，建议家长回到家以后对幼儿进行必要的情感疏导和教育。

（四）家长应给予必要的技能指导

孩子除了上幼儿园，其余时间大部分待在家里，所以家庭教育相当重要。教育是一个缓慢的过程，是一个循序渐进的过程，所以不能急。每个家庭，每对父母，都应当根据自己家庭的特点和孩子的特点，来选取最佳的教育方式、方法。从小处着手，坚持不懈，才能有所收获。如果只依靠幼儿园单方面的教育，效果是有限的。因此，家长应当给予幼儿必要的技能指导。

（五）设计冲突教育课程，让幼儿进行体验

教师可以有意识地设计一些教育活动，模拟现实中幼儿经常发生的冲突场景。如语言活动“两只小羊”，让幼儿观看情境表演，让幼儿想一想，他们为什么发生冲突，以及如何解决等。然后请幼儿创编有礼貌的小羊儿歌。这样他们可以获得交往的技能，而且这样的形式深受幼儿喜爱。教师们还可以利用现实中正在发生的冲突进行随机教育，这些活动可以促进幼儿自我反思能力、自我判断能力、道德水平的提高。

（六）给幼儿创造宽松的环境

宽松的环境会让幼儿身心放松，可增加幼儿身心活动空间，促使幼儿之间关系融洽。教师可以常常组织非正式的轻松的讨论活动，如在课间、餐后组织幼儿讲悄悄话，或者老师有选择地与个别幼儿进行交流，使幼儿感受与同伴、老师交流的快乐与轻松，从一定程度上化解幼儿的紧张情绪。另外，教师还可以利用集体谈话时间，引导幼儿正确评价他人，给同伴找优点和缺点，甚至给老师找优点、缺点，使他们知道每个人都有做错事情的时候，要善于理解他人，包容他人。幼儿园是幼儿群体生活的场所，绝大多数的冲突都是幼儿在抢夺同一样东西或秩序混乱时发生的，因此教师可以合理利用生活中鲜活的事例，如排队端饭、洗手、拿体育器具等，让他们学会友好谦让。

幼儿心理和生理还不成熟，发生冲突是难免的。我们不要一味地制止此行为的发生，应该认识到冲突现象在某种意义上有利于幼儿的发展。幼儿园应该结合家庭、社会和孩子自身的特点给予适当的帮助，指导教师应学会做幼儿活动中的观察者、引导者、支持者，使幼儿通过争执、尝试、讨论、内化的方式化解冲突，家长也应该采取正确的教育方式和态度，及时对幼儿进行情感疏导和教育，在解决冲突的过程中让幼儿学会与人交往的技巧。

本土文化融入幼儿园戏剧课教育的探析

四川省甘孜州丹巴县章谷镇第三幼儿园　张友琼

课程来源于文化，把本土文化资源合理地开发成适合幼儿的本土文化课程，可以让幼儿园的课程贴近社会，贴近幼儿生活，拓展幼儿的生活经验和活动空间。为了让幼儿从小了解本土文化，从小感受民族文化的精髓，传承和弘扬本土文化，我园以本土资源为切入点，依托园本戏剧课程的实践，尝试将本土文化融入幼儿戏剧课程中，以幼儿乐于接受的方式、喜欢参与进去的形式来开展本土戏剧教育课程。戏剧，指以语言、动作、舞蹈、音乐、木偶等形式达到叙事目的的舞台表演艺术的总称。戏剧教育是一种教育性质的戏剧活动或者说是戏剧方式的教育活动。

将本土文化融入幼儿戏剧教育有什么意义呢？

1. 本土文化融入幼儿戏剧教育可以帮助幼儿更好地了解和传承本土文化

丹巴县历史悠久，民俗风情古朴动人。能歌善舞、热情好客的嘉绒藏族，独具特色的嘉绒藏寨民居，形式多样的丹巴锅庄，具有典型民族特色的嘉绒服饰以及饮食文化、传统节日、礼仪文化、生活习俗等民俗文化，构成了丹巴丰富多彩、特色突出的民俗风情。

这些本土资源都有很好的教育价值，都是幼儿生活中的所见所闻，充分挖掘这些本土资源，对幼儿了解家乡、激发幼儿亲近家乡文化都有着很大的意义。通过让幼儿参与戏剧课程，能够让幼儿置身于环境中，用自己的感官和心灵去了解家乡的本土文化并传承。例如：在本土戏剧课程"阿米格尔东"中，幼儿需要先了解故事背景，了解故事人物角色，再和老师一起创作剧本，设计舞台、服装，塑造人物形象，找适合的背景音乐，完成最后的舞台表演。在这样一个漫长的过程中，幼儿认识了民族英雄——阿米格尔东，了解了"嘉绒年"的由来，了解了藏民族的食物，了解了藏民族的锅庄文化。亲自参与听、说、唱、编、演的过程，让幼儿愉快自主地学习，从而更深更多地了解本民族文化。

2. 帮助幼儿树立正确的价值观，崇尚真善美

幼儿的世界单纯而美好，年幼的他们还不具备判断善恶的能力，他们的眼里看到的更多的是美好事物。而且幼儿模仿能力强，善于模仿，具有较强的学习外界行为习惯的能力。所以在幼儿戏剧中多是单纯、幸福、美好、给人正能量的故事，通过戏剧让幼儿模仿剧中人物的行为习惯，树立正确的思想价值观。在戏剧的活动中，任何表演都是在扮演别人，因此在扮演过程中，可以学习从别人的角度看事情，进而学会关怀和体谅。让幼儿在参与戏剧过程中逐渐崇尚真善美。比如，在戏剧课程"格萨尔称王"中表演一个情节：格萨尔称王后，为了保卫家乡亲自征战，经历大大小小多次战斗，这些战斗都以岭国获胜为结局，格萨尔则从战败国取回岭国所需的各种财宝、武器、粮食和牲畜等，让岭国逐渐强大富足。英勇善战的格萨尔被人们拥戴，成为民众心中的英雄。就在这个情节中小朋友看到格萨尔王英勇善战的战神形象，为他欢呼。勇敢善良的英雄形象深深地吸引着小朋友们。在后来的区角剧场中，小朋友都喜欢穿着格萨尔的服装扮演英雄。通过本土戏剧去认识民族英雄，模仿民族英雄，引导幼儿做一个善良有爱的人，养成良好的品格，有利于幼儿建立真善美的价值观。

3. 在戏剧表演中幼儿的语言能力可得到更好的发展

《指南》中指出，幼儿期是语言发展，特别是口语发展的重要时期。幼儿的语言能力是

在交流和运用的过程中发展起来的，应为幼儿创设自由、宽松的语言交往环境，鼓励和支持幼儿与成人、同伴交流，让幼儿想说、敢说、喜欢说。“语言目标”中指出，少数民族地区要会说本民族或本地区的语言和普通话，应积极为幼儿创设用普通话交流的语言环境。丹巴地区有多种方言并且各种方言有着各自的独立性，家庭交流语言以本地语言为主。有的家庭中因家庭成员来自丹巴不同地区而有多种语言并存的情况，有的小朋友在多种语言交流环境中成长，出现入园后用普通话交流比较困难的现象，导致有的小朋友不愿说、不会说、不敢说。所以，在幼儿园要积极为幼儿创设想说、敢说、喜欢说的语言环境。我们将幼儿熟悉的事物融入戏剧课程中，以表演的形式讲述故事，让幼儿模仿说，创编说，学会比较清楚连贯地用普通话进行交流。比如：在戏剧课程“白色的藏房”中，为了让小朋友学习礼貌用语和日常交流语言，老师们结合本土民俗和建筑创编了故事《白色的藏房》，通过故事让小朋友学会“你好”“请”“谢谢”“不客气”“扎西德勒”等基本的礼貌用语，并能用简单的形容词说出藏房的特征。在了解故事内容，学会了礼貌用语、简单的形容词后，老师和小朋友一起创编了剧本，把故事《白色的藏房》搬上了舞台，鼓励小朋友积极扮演戏剧中不同的人物角色并大胆地表现。幼儿在参与戏剧表演的过程中，通过揣摩角色情绪和性格，结合自己的个性演绎，一来可以熟悉原有的语言词汇，二来剧本丰富的内容以及与其他幼儿的表演配合也极大地提高了语言的丰富性。

4. 幼儿园戏剧表演能更好地促进幼儿的动作发展

为了表演更具真实感和艺术感，在表演中会加入很多动作让剧情更丰富精彩。如本土戏剧《春耕》，讲述的是春天农民伯伯播种的热闹场景。藏寨春暖花开时节，随处可见农民伯伯们在田地里忙碌的身影，犁地、施肥、撒种子，这些劳作的动作，对孩子们来说都是熟悉的，都是亲眼见到过的，更便于幼儿模仿。老师会在模仿简单的劳作动作基础上，结合民族舞特点，发挥想象，创编出更具美感、更适合幼儿表演的舞台动作，来展现人物精神和社会生活，让幼儿的肢体动作在戏剧表演过程中得到良好发展。

5. 本土戏剧教育课程可以培养幼儿的艺术表现能力、欣赏能力

《指南》指出，每个幼儿心里都有一颗美的种子。幼儿艺术领域教育的关键是充分创造条件和机会，在大自然和社会文化生活中萌发幼儿对美的感受和体验，丰富其想象力和创造力，引导幼儿学会用心灵去感受和发现美，用自己的方式去表现和创造。在幼儿戏剧中通常会用音乐来烘托气氛，不同的音乐代表不同场景或人物喜怒哀乐，通过音乐的帮助，幼儿能够更好地融入表演，体验当下的人物感受。如在编排本土幼儿戏剧《春耕》时，人们劳作的场景就用到了藏民族锅庄音乐，音乐时而舒缓，时而欢快，时而高亢，时而低沉，小朋友通过音乐变化能想象出春耕忙碌的景象，感受到劳作的快乐和播种的喜悦心情，并能根据音乐更好地表现剧情。这种感受体验能让幼儿初步具备音乐表现能力和欣赏能力，让幼儿在听到任何一首乐曲的时候，能通过音乐旋律感受情境及人物情感。

6. 戏剧可以培养幼儿的团队合作能力

戏剧表演是一种集体性的活动，单靠个人的力量是无法完成的。戏剧中有不同的分工、不同的角色扮演，每一个场景的变化、角色的出现都需要团队的通力协作及幼儿之间的相互配合才能完成，才能呈现在舞台之上。戏剧表演的成功，在于分工合作。

最后，需要注意的是，在将本土文化融入戏剧教育课程中时，要选择适宜幼儿年龄特点的内容，选择有助于幼儿良好品格形成的内容，摒弃不健康的、消极的内容。

幼儿教师如何提高美术教育活动质量

四川省甘孜州丹巴县章谷镇第三幼儿园　华　玥　杨　欢

现如今，很多年轻父母都希望孩子拥有一技之长，能够写写画画，于是为孩子寻找培训机构。然而，大多数美术培训机构为了在短期时间内让家长看到教学成果，采用的教学模式一般是“按部就班”，老师画一笔，幼儿画一笔。一旦让幼儿自己一个人创作，幼儿就什么也画不出或者只能画老师教的。这样的美术教育模式使得幼儿的思维和想象已经被成人固化，缺乏创造性。所谓创造性主要是指以探索和求知为主要特点的高级心理活动，以思考、记忆、理解、想象等一系列能力为基础。幼儿美术教育需要创造性，缺乏创造性的美术教育根本无法体现美术教育本质，还大大降低了美术教育活动的质量。那么，在幼儿美术教育过程中，如何提高美术教育活动质量？下文主要从四个方面阐述幼儿教师如何提高美术教育活动质量。

一、激发幼儿想象力，拓展幼儿创新空间

幼儿是天生的艺术家，低年龄阶段的孩子对于周围事物十分好奇，处在一个想象力极为丰富的阶段，成人眼中的“圆”，在他们眼中是“太阳、月亮、烧饼……”，其想法往往容易给人带来很多的灵感和启迪。因此，在日常美术教育过程中，教师应该注意采用各种方式激发幼儿的想象力，鼓励幼儿敢于说出自己的想法。例如，向幼儿展示一个酒瓶，教师以讲故事的方式来做铺垫：“有一个醉汉经常喝酒，每次喝完他都把酒瓶扔在墙角，日积月累，酒瓶堆积如山。有一天，一个酒瓶站起来说：‘天天待在这里真没意思，我们离开这里去创建一个属于自己的天地吧！’于是这个酒瓶和其他酒瓶达成共识，齐心协力逃出去了。他们来到了一片空地，在这里建造了一个属于他们的酒瓶山庄。这里什么都是用酒瓶建成的，都是酒瓶的形状，甚至包括他们的交通工具！”教师可先向幼儿提出较为浅显的问题，如：你们觉得他们会建造什么呢？通过提问激发幼儿的兴趣。然后再对问题进行深化和丰富：如果你是酒瓶，你觉得酒瓶房屋和车子要怎样才能体现呢？通过逐渐深入、延续的提问方式，鼓励幼儿不断发挥自己的想象力，进而提升教育质量。

二、在美术教育中使用不同的绘画工具，进一步激发幼儿的绘画兴趣

绘画工具是美术教育活动中的一个重要部分，绘画工具发挥着学习及创造媒介的作用。幼儿对于事物的兴趣是短暂的，单一的绘画工具往往会让幼儿渐渐乏味，无法对美术活动长期保持热爱之心。不断丰富绘画工具可以让幼儿长期保持绘画兴趣。我们一般为幼儿提供的绘画工具有水粉颜料、彩色笔、蜡笔、砂纸、卡纸、牛皮纸、宣纸、喷瓶、滴管、黏土、剪刀、水粉笔、海绵印章、牙签、闪粉、亮片、毛球、蛋壳……使用时必定也要考虑到各年龄段幼儿的特点，例如：在小班美术活动“漂亮的毛毛虫”中，小一班老师让小朋友用笔画一个个圆表示毛毛虫的一节节身体。有的小朋友说“老师我不会”，有的小朋友则是趴在桌上闷闷不乐，最后的绘画作品也没有达到预想效果。小二班的老师则是让小朋友使用圆形海绵印章，蘸取颜料来拓印毛毛虫的身体，活动中小朋友们激情高涨，都在自豪地向朋友“炫耀”自己漂亮的毛毛虫。鑫叶小朋友还说：“海绵印章真神奇，我还可以用它来画瓢虫，画娃娃，画所有圆的东西……”由此可见，适宜的绘画工具能激发幼儿的创造性思维。

三、在美术教育中引入游戏，进一步激发幼儿创造热情

幼儿园的教育以游戏为主，爱玩是幼儿的天性，在美术教育中引入游戏，不但可以让孩子感受到游戏带来的快乐，丰富幼儿思维，营造良好的学习气氛，还可以在游戏中进一步激发幼儿的创造热情，提升幼儿的学习兴趣。为此，在美术教育过程中，教师可开展有意义的游戏活动，如：小班美术活动“认识颜色”，教师把瓶盖内侧涂上颜料，瓶子里准备清水，请幼儿摇晃；中班美术活动“他是谁”，老师说一个小朋友的一些特征，请其他小朋友猜猜他是谁并继续观察其相貌并画下来；大班美术活动“什么味道”，教师准备了酸、甜、苦、辣四种口味的水，分别让四个小朋友来尝一尝，其余小朋友猜猜他们分别尝到了什么味道，观察表情并画出。

小朋友们通过游戏可以对美术产生浓厚的兴趣，也能对需要画的对象加深一定的印象，更容易在绘画过程中去展现，从而提高了教育教学质量。

四、正确评价幼儿美术作品，增强其自信心

作品评价是美术活动中必不可少的部分，能够让幼儿明白自己或者别人的哪些地方值得大家学习，哪些地方需要改进。对幼儿的美术成果需要进行积极的评价，不管幼儿的美术作品如何，都采取委婉、柔和的方式进行鼓励，努力去欣赏每一位幼儿的成品，让他们感受到创造带来的快乐，从而达到诱发其想象力、创造力的教学目的。如果小朋友绘画的某些地方需要改进，老师可以“先赞后提”，如：某个小朋友构图太小，在评价过程中可以说“你的……地方画得真美，要是……再画大点就更完美了！下次能做到吗？老师相信你，你真棒”，并请班级小朋友一起夸夸他，满足他内心的成就感。渐渐也可以让小朋友来进行评价，勇于发现别人的亮点和需要改进的地方，同时也提高了自己的审美能力、言语表达能力和观察力。还可以让其父母、亲属欣赏，得到更多人的鼓励，让幼儿的创造价值得到充分的肯定。

幼儿时期是一个天真无邪、充满无限想象力的阶段，幼儿的想法充满奇幻色彩。因此，对于幼儿美术教师来说，应积极了解幼儿心理特点，从其情感需求出发，重视自由、个性化教育，通过积极鼓励、评价，不断激发幼儿潜在的动力，不断激发他们的创造灵感，来提高美术教育活动的质量。

幼儿洗手现状及问题解决策略的实践运用

四川省成都市武侯区金苹果丽都花园城幼儿园 罗群英

新冠疫情下，洗手习惯的养成格外重要，幼儿用双手参与外界活动的过程中，病菌等就会趁机而入，影响幼儿的健康发展。为了培养幼儿自主、独立洗手的意识和能力，我们针对幼儿洗手环节出现的问题展开了持续的观察，提出了一系列的解决策略。

一、采用观察法，发现真问题

（一）观察内容

1. 中班幼儿的洗手意识、洗手方法现状调查研究。

2. 小班幼儿的洗手意识现状调查研究。

3. 家庭：家庭成员洗手方法的调查研究。

（二）观察时间：一周内针对洗手环节持续开展调查研究工作

1. 中班调查结果与分析

表1 中班调查与分析

洗手前	1. 14 名幼儿知道什么时候应该洗手，19 名幼儿知道部分（更多是不知道接触过公共物品如扶梯、门把手后需要洗手；还有就是与同伴拉手后需要洗手） 2. 31 名幼儿能在洗手前独立挽袖子，2 名幼儿只能完成部分，需要老师帮助
洗手中	1. 18 名幼儿能用七步洗手法正确洗手，15 名不能用七步洗手法正确洗手 2. 14 名幼儿洗手步骤有序，19 名幼儿洗手步骤无序，有顺序打乱、省略步骤等现象 3. 15 名幼儿能坚持每次 40—60 秒的洗手时间，18 名幼儿不能坚持
洗手后	1. 所有幼儿都不能用擦手纸隔着水龙头将其关闭 2. 所有幼儿都能用正确的方法擦手 3. 所有幼儿都能在洗手后整理衣袖

2. 小班调查结果与分析

表2 小班调查与分析

洗手前	幼儿知道在饭前、饭后、便前、便后要洗手，但是接触公共物品、摸了门把手、与儿童之间手拉手等情况下，幼儿是不知道要及时去洗手的 幼儿洗手动作技能发展水平还需要培养与锻炼，90%的幼儿需要成人提示才知道要挽起自己的袖子，但是小手肌肉动作发展不够完善，部分幼儿不知道正确挽袖子的方法，部分幼儿只能把很薄的长袖做往上推的动作
洗手中	70%的幼儿不能完全按照七步洗手法来进行洗手，洗手的步骤是无序的。30%的幼儿洗手时打湿手就算洗了。40%的幼儿还出现不用洗手液的情况
洗手后	25%的幼儿不能将手擦干净，20%的幼儿有不擦的现象，50%的幼儿能自己拉下轻薄的衣袖

3. 家庭洗手现状调查

通过对 36 名儿童与家长在家洗手方法的观察记录发现，有 33.30%的家长自身洗手方法不正确；有 38.90%的家长对洗手的重视不够；有 69.40%的家长培养幼儿洗手的方法单一或是欠缺。

二、以情景式的环境激发幼儿洗手兴趣

根据幼儿不同的年龄特点和自理能力发展需要，创设了孩子喜欢的洗手池、卡通动物水龙头等充满童趣与探究性的生活洗手区活动环境，为幼儿提供自主选择、主动探究的生活自理空间。孩子们可以根据自己的兴趣，自由选择喜欢的环境，激发了幼儿主动洗手的内驱力。

三、以问题探究式的活动引发幼儿主动思考

随着生活环节和“生活坊”活动中对幼儿自理能力的探究，老师发现孩子们的探究兴趣愈发浓厚，他们餐前谈话、小组活动及自由活动时间里有关洗手的话题增多了。因此，各班根据幼儿的兴趣和发展需要与孩子们共构主题活动，如大班“手”、小班“小手真能干”等，将幼儿洗手能力的培养与主题活动有效整合，进一步推进幼儿园生活课程的实施，提升教师对幼儿的观察与解读能力。

四、以观察记录的方式科学细致了解幼儿洗手行为

观察是理解幼儿的第一步，在生活活动的组织与开展中，课题组教师到底应该看什么？观察什么？从哪些角度去观察？结合研究需要和在生活洗手组织过程中发现的问题，课题组教师预设了“洗手活动观察要点”，避免过程中观察指导的盲目性，帮助老师客观、真实地记录幼儿的运动行为，为教师对观察对象的行为做出判断提供参考依据。

1. 观察幼儿是否愿意洗手(情绪)；

2. 观察幼儿对七步洗手方法的掌握情况(观察重点)，七步的操作方法是否正确、七步的洗手顺序是否正确(认知、身体动作发展)；

3. 观察幼儿的心理品质，如坚持性、耐心、自信心等；

4. 观察幼儿与同伴间的交往、合作、解决问题的情况等(社会)；

5. 是否需要教师适宜的帮助。

五、以师幼互动式的语言指导支持幼儿正确洗手

语言在教师指导中非常重要，它是教师支持幼儿洗手活动得以顺利进行，师幼互动得以开展，幼儿在洗手活动中得以有效延续的重要条件。在实践研究过程中，教师已经逐步认识到语言指导的魅力，也逐步形成语言指导支持策略。

1. 教师运用“开放式的语言”支持，营造自由宽松的活动氛围，培养幼儿自主、自发进行洗手的意识。如小班，老师会说：“这里有不同的水龙头，选你喜欢的，让它帮你把手洗干净吧!”

2. 教师运用“鼓励式的语言”支持，尊重和接纳幼儿在活动中的失败，引导幼儿在洗手过程中解决困难。如，在幼儿挽衣袖失败时，教师会说：“别着急，老师和你一起”“加油，还差一点点了，马上就要做好了”等。

3. 运用“情景式语言”创设一个幼儿感兴趣的故事小情景，激发幼儿参与洗手的兴趣。活动开始时，老师说“小猴爬树啰”并示范挽衣袖的动作。

4. 运用“启发式的语言”调动幼儿在洗手中的学习主动性，启发幼儿主动探索解决问题的能力。在幼儿洗手顺序错乱的时候，老师会说：“你洗到第几步了？内、外、夹、勾、大、转、腕，想一想你的顺序可以怎么来调整?”

5. 运用“儿歌提示的语言”调动幼儿在洗手中的方法掌握。

很多丰富、简单的儿歌是教师喜欢的指导语，如小班的“抖音儿歌”运用，“两个好朋友，手碰手，你背背我，我背背你。来了一只小螃蟹，小螃蟹，举起两只大钳子，大钳子。我和你点点头，点点头。赶紧跟我握握手，握握手”。

教师的“语言提示”不仅仅是一种语言符号，更包含着教师的教育目的与教育意图，可以帮助孩子发现问题，及时调整，获得经验与洗手能力的提升。

六、以“同伴互动式”效应，促进幼儿养成洗手好习惯

随着幼儿年龄的增长，他们不喜欢成人的唠叨，成人的反复提醒会让幼儿心情浮躁，效果往往适得其反。进入大班后幼儿会有固定的朋友，会与自己的朋友讨论感兴趣的事，也会互相比赛，我们利用这一点，让幼儿互相监督，做自己和同伴的监督者。他们在洗手时会相互提醒，在不正确时给同伴做示范，比起老师在旁边不断地提醒效果更佳。他们会在洗手时看谁的方法标准，谁的手洗得最干净，提醒忘记洗手的同伴，在相互的监督和学习中逐步养成了良好的洗手习惯。同时利用值日生在洗手环节引导和提示幼儿，让每名幼儿都有监督和帮助他人的机会，也巩固了自己对七步洗手法的学习。

七、以“家园合力式”助推策略的实施

我们将家长作为研究中不可或缺的资源，定期开展家园活动。在孩子们的日常生活中我们发现家长经常会过多地干预，甚至替代幼儿，因此，我们邀请家长朋友参与到孩子们的洗手活动中，引领家长的教育理念，认识自理能力的重要性，给予孩子必要的空间，建立正确的教养观念，相信孩子的发展。因为疫情的特殊原因，虽然家长还不能集体走进幼儿园，但是通过班级微信群的视频、活动照片、教育环境的宣传，班级幼儿洗手打卡活动，孩子教爸爸、妈妈七步洗手法的活动等，家长及时了解幼儿在阶段研究中的发展与需要，以便家园携手共同促进幼儿健康成长。

随着研究进程的推进，在幼儿园里，通过培养洗手能力丰富了幼儿探索、体验生活的活动区。课题研究开展以来，课题组教师在班级不断地发现问题，提出问题并积极解决问题，逐步厘清课题研究方向和思路，虽然我们还有许多需要思考和调整的地方，但我们坚信，只要保持不断研究和主动学习的心，一定会比过去的自己有更大的进步。

浅谈幼儿园不同阶段教师专业发展有效策略

四川省成都市金苹果丽都花园城幼儿园　魏婷婷

作为幼儿园的管理者，园长在规划教师队伍发展时，要坚持独特性的原则。在实际的层面上看，园长要关注不同发展层面的教师，分析每个群体的现状，分析其未来发展的优势与不足以及上升的空间，让队伍“动”起来。因此，需要关注不同阶段教师的成长，给予他们锻炼的平台与机会，实现自我价值。

根据教师不同的发展阶段，本文将教师分为新教师、青年教师、骨干教师，并针对不同阶段的教师专业发展，形成以下有效策略。

一、有效帮助新教师更快更好地适应工作

新教师步入工作岗位，虽有教师之“名”，却缺少教师之“能”，因此组织开展适合他们的培训和教研活动，可以有效地帮助新教师掌握一定的教育理念和教育技能，从而更快更好地适应工作的需要。

（一）增强师德建设，培养教师的道德情操

良好的师德修养是促进教师自我完善的必要条件，是培养一代新人的可靠保证，教师的思想认识与修养对幼儿未来的发展、科学文化素养的提高都起着十分重要的导向作用，因此，增强教师师德建设是新教师入职教育不可缺少的一部分。

（二）一对一的帮扶指导，成就新教师团队

刚步入工作岗位的新教师，会发现在学校学习的众多知识与现实工作中各种具体的事情距离很远，在校学习的专业知识并不能应对实践工作中的所有状况，因而常常让新教师感到力不从心，他们在工作初期非常需要有经验的教师在身旁进行指导帮助。我园开展“以全员之力促成长的园级教师师带徒”活动，一周两次的交流活动，帮助新教师走上专业成长之路，更好地胜任幼儿园工作。

（三）开展“学”“练”“研”相结合的教研方式，提升教师专业能力

新教师的培养要从各方面入手，开展相应的教研活动必不可少。结合他们的现状、所需解决的问题，定期向专家学习、向同事学习、向师傅学习。给教师提供外出学习的机会，与专家近距离接触，让新教师看到专家亲切的师幼互动，听到儿童化的语言。向同事学习，

幼儿园的骨干教师提供半日活动现场观摩，给新教师提供良好的学习平台。教研活动是为了帮助新教师解决教学中的实际问题，仅仅让新教师“看”和“学”是远远不够的，还要在“学”的同时加强“练”。“练”是通过教学展示、评优等活动，提高新教师的教育教学能力。在“学”中有“研”，“练”中有“研”，有“新教师成长营”的园本大教研，也有“师徒结对”的小教研，还有班级的教研，有参与式教研——以亲身参与实操为主，有解惑式教研——解决疑惑困难，有案例式教研——挖掘反思案例，有磨课式教研——一课三磨，有诊断式教研——寻找问题与不足。

新教师的成长，需要园长的鼓励、指导和悉心呵护，同时更需要给他们一定的成长空间，规划他们的未来发展。为此，园长一定要学会逐步放权，大胆放手，成为教师成长的铺路石。

二、提供多种展示平台，提高青年教师的自我反思能力

青年教师正处于专业上升阶段，需要多总结、多反思。在对教育教学基本功较为熟练的基础上积累经验，能系统地思考教学过程并不断总结经验，是一个青年教师转变为成熟教师的必经之路。

（一）开展反思笔记大分享活动，提升教师的反思能力

写好反思笔记是教师在日常工作中练习和提高自身反思能力的有效方法，一般是反思者运用随笔手记或日记等形式记录下自己思想和行为变化的过程，记录与叙述的过程就是反思者在进行自我对话、自我反省的过程。

（二）开展互帮互助的结对活动，提升教师日常教学水平

开展互帮互助的结对活动，通过与骨干教师相互看课、约课等方式，关注孩子的学习和成长问题，关心如何教好每一节课、课堂时间是否充足、备课材料是否充分以及如何利用有效的教学方式吸引孩子的兴趣和注意力。

（三）从关注全体幼儿转移到关注不同幼儿的个别差异，提升教师的观察能力

开展青年教师的小组教研活动，引导教师从关注全体幼儿转移到关注不同孩子的个别差异，认识到不同发展水平的孩子在社会交往和情感方面的不同需求，认识到某种材料、某种教学方式方法，可能只适合一部分孩子，其他孩子需要其他教学方法和材料，根据孩子的不同需要进行调整，实施个性化教学。

三、关注骨干教师队伍的成长，以点带面，带动其他教师共同成长

有经验的骨干教师是幼儿园的“栋梁之材”，在各种观摩、交流、比赛中，他们用日常实践工作诠释着幼儿园的理念。在幼儿园各项工作中，都有骨干教师的身影，他们受到孩子们的喜爱，受到家长们的认可，受到同事们的爱戴，也受到园长的器重。骨干教师的未来发展牵动着幼儿园的发展，牵动着孩子们的发展，也牵动着园长对工作的规划与思考。

（一）重点打造，出名师，树典型，提炼骨干教学特色

我园的骨干教师大都在不同领域积累了丰富的经验，并取得了丰硕的成果。我们努力通过日常教育教学观摩、教师培训、园本教研等途径为骨干教师搭台子，给他们提供展示自我、交流分享的机会，树立典型，在教师中起到良好的榜样作用。

（二）平台助力，带徒弟，传经验，发挥骨干引领作用

开展“师徒结对”活动，通过“传”“帮”“带”等方式，发挥骨干教师的引领作用。班组成员之间采用“老带青”“老带新”等多种方式形成相互影响、互相帮助的精神，促进新教师的专业成长。同时，发挥骨干教师“帮助者”的作用，从而带领其他教师共同成长。

(三)团队合力，重研究，出成果，打造骨干教师梯队

给骨干教师一个发展平台，促进骨干教师的交流与共同成长。为进一步推动教师专业发展的深度与广度，加强各领域之间的整合教育，整合各领域、各岗位的专业优势，为幼儿的日常教学、教育科研、教师培训等工作的开展提供支持，使每一位骨干教师在开展本组工作时，都能得到一个团队的支持。

(四)目标导向，强优势，补不足，储备后备骨干队伍

支持不同层面的教师自主发展。致力于促进不同层面的教师自主发展，培养各领域的教师梯队，完善教师队伍建设。工作室核心成员来自对这一领域有所专研、有一定时间经验的一线教师，他们带领本工作室不同层面的教师，就共同关注的问题，开展实践与研究活动，实现了团队的共同发展。

教师职业生涯规划目标的实现是一个持续的、长期的积累过程。任何教师的专业发展与成长，都是一个从量变到质变的过程，存在着成长的阶段性。因此，作为幼儿园的管理人员，应该关注不同阶段教师的成长，在团队管理中为教师成长开路子，搭平台，有计划地做好实践策略研究与执行工作，让教师们去充分锻炼与发展。

幼儿园劳动萌发教育实施路径

四川省成都市高新区和美实验幼儿园　刘冬梅　张自霞

幼儿园劳动教育应立足幼儿的一日生活，根据不同年龄段儿童的发展需求预设相匹配的幼儿自我服务、为他人服务、为社会服务的劳动教育内容，将劳动教育渗透到幼儿生活的各个方面，有层次、有梯度地培养幼儿的劳动能力。

一、一日生活中的劳动教育

(一)我会自己做

从初入园的小班幼儿，到即将毕业的大班幼儿，不同年龄段的幼儿有各自的自我服务的目标和要求，而各班级老师们在总目标及年龄段目标的基础上，又制定了各班级的小阶段目标。在班级将每一项技能细化，正确示范、间接指导，提供各种机会帮助幼儿，采用多种方式鼓励幼儿，以持续提高幼儿的自我服务能力和水平。

(二)劳动小达人

我们主要以值日生活动、班级集体劳动日和家庭劳动相结合的方式开展为他人服务的活动。在班级日常管理中为幼儿创造劳动锻炼的契机。如小班的孩子学会了铺被子、叠衣服、清洁家具表面；中班的孩子学会了拧毛巾、收拾整理玩具、清洗小件衣物；大班的孩子会在老师的带领下打扫园区大环境、功能室等。与此同时，也养成了良好的劳动习惯：椅子脏了、地脏了会主动清洁、打扫，玩具乱了会主动整理，会主动帮助老师和家人做一些力所能及的事情。

(三)我是社会小公民

挖掘多元渠道拓宽幼儿劳动形式和服务对象。幼儿服务意识的培养是多维度、多层面的，呈现出由小及大的格局，服务对象从个人延展到更广泛的人群。随着大班幼儿自主性的不断增强，我们鼓励幼儿用劳动服务更多人。例如走进社区敬老院，为老人表演歌舞、做卫生；走进公园、社区，宣传垃圾分类，宣讲爱护环境；等等。

二、劳动萌发教育主题课程中的劳动教育

课程是幼儿园教育教学的核心部分，是实现育人目标的关键渠道，各类课程成为劳动教育的重要实施途径和载体。我们尝试将劳育活动与“五大领域”活动相融合，以“全儿童”理念为指引，构建并实施劳育启蒙主题课程，以达到通过劳育主题活动促进幼儿全面发展的目的。

（一）种植劳育课程

我园根据幼儿年龄段的不同，以“全收获”理念开展全面的种植活动，让种植活动与领域课程相结合，抓住种植活动里的教育契机，从表浅到纵深开展。让幼儿全程参与，学习使用劳动工具，培养幼儿积极动手的劳动习惯和劳动能力。当种植的作物收获时，让幼儿亲自采摘，用品尝美味及售卖果实的方式感受劳动的快乐。

（二）烹饪劳育课程

根据幼儿的年龄特点、季节特点、某种烹饪方式、某类食材的多种烹饪方法等设计班级烹饪活动内容。小班选择幼儿熟悉的水果、蔬菜等原材料，进行简单的切块、搅拌、摆盘。中班以孩子们喜欢的面食为切入点，了解、学习制作各种面食，如月饼、韭菜饼、鸡蛋饼、饺子等。大班增加削皮、打蛋、搅拌的技能，对烹饪工具的使用也更多了，活动内容更加丰富且更利用幼儿独立操作，让幼儿在烹饪活动里获得自信，从而真正爱上烹饪，体会到劳动创造的幸福感。

（三）手工制作劳育课程

主要以废旧物品制作、扎染、编织、针线活动为主。例如用纸筒制作笔筒，用绕线的方式装饰牛奶瓶制作花瓶，用废旧纸盒、筐以编织的方式制作收纳盒等；扎染从了解扎染艺术到动手染纸，到后期染布，进行服装的裁剪缝制；针线活动由最初的认识针线，到练习穿针、打结，再到不同针法的练习，最后绣各种图案，由易到难，由单个图形到组合图形，再到自由创作。

三、“和美八节”园本特色活动里的劳动教育

除了以系统的劳育主题课程开展的劳动活动外，我园还注重结合园本活动“和美八节”进行劳动教育。比如在“欢乐的节日”里，大、中、小班都会举行为期一个月的生活自理能力大比拼活动，就穿衣穿鞋、用筷子夹珠子、剥花生、叠被子、整理书包等进行比赛，激发幼儿主动养成自己的事情自己做的好品质。“六一”儿童节的时候，带领孩子们打扮教室、装饰会场等。“冰雪童话节”里，孩子们自己制作走秀时需要的服装、头饰等。“故事节”里讲述爱劳动的故事，感受劳动创造幸福的道理。“红火中国年”里，孩子们自制新年美食，如“新年糖葫芦”“新年汤圆”“新年饺子”等。

四、游戏中的劳动教育

（一）区域游戏激发幼儿的劳动意识，帮助幼儿提高劳动技能

我们鼓励幼儿利用区域游戏的材料进行小肌肉群的练习，提高手的灵活性，比如投放“给七星瓢虫扣纽扣”“给刺猬夹果子”等材料，帮助幼儿练习扣纽扣、拉拉链、用勺子喂食、用手穿线、剪纸等技能。美工区的大量手工操作活动，为幼儿给自己制作装饰品、布置教室、布置舞台等，提供了锻炼的机会。种植区的红薯藤、玉米叶等，都可以作为美工区域的编织、装饰材料。

（二）创造性游戏让幼儿更乐意参与劳动，体验活动

我们在班级里设置“娃娃家”“小餐厅”等角色类游戏，鼓励幼儿在角色扮演中模仿做饭、洗碗、扫地、拖地、洗水果、擦家具、擦地、喂娃娃、给娃娃洗澡等活动，学会并巩固系

扣子、一口一口地吃饭、用小抹布擦小椅子等劳动技能，更是在每天的游戏里内化了这样的劳动习惯。种植区里的各种材料，也为幼儿创造性游戏增添了更多的生命力。红薯叶、红薯、玉米、小白菜等，作为烹饪的食材以及给娃娃的食物等，都是孩子们扮家家最喜欢的材料。利用园区创设的种养区、小厨房、乐趣果园等开展丰富多彩的劳动活动，引导幼儿动手操作各种各样的劳动工具，激发幼儿对劳动和生活的热爱。

（三）收获的劳动成果让体育游戏更有趣

把红薯藤、玉米秆等放进幼儿的日常体育游戏里，孩子们可以利用红薯藤跳绳、跳远、揪尾巴；玉米秆可以用来骑大马、打仗。收获完的油菜秆、小麦秆等，既可以投放到美工区，又可以放在室外，作为幼儿自由游戏时多种材料的探索。不同的体育游戏材料能让幼儿在游戏里体验到和平时不一样的感受，更能激发幼儿的创造性，提高游戏的趣味性。

（四）收获的劳动成果激发幼儿的创造性

玉米秆、玉米芯都是很好的建构材料，修剪后的长长短短的树枝、收获后的“番茄树”都是创造性建构游戏最特别的材料。天然的材料更能激发幼儿的创造性，更能让幼儿在游戏中释放天性。

五、家园共育中的劳动教育

（一）多种方式取得家长的认可

以家长会、家长沙龙等多种形式更新家长的育儿观，发挥家园共育在劳动教育中的协调作用。我们对家长进行访谈，带领家长了解关于幼儿劳动教育的相关信息，日常给予家长可行的指导方法，引导家长在家庭教育的过程中有意识地培养幼儿的劳动意识和技能，促进家长实现从观念到实践的积极转变。

（二）鼓励更多优质的亲子互动

我们鼓励家庭以家庭劳动为支点，从幼儿自我服务到为家人服务，再到积极参与家庭劳动，如收拾整理、简单的烹饪、家庭种养殖，最后走进小区做志愿服务（垃圾分类）、走入社会积极参加各种职业体验（采茶、磨豆浆），促进幼儿劳动能力的提高。我们看到更多的家庭把亲子劳动列入了家庭假期计划，比如周末的亲子大扫除，邀请孩子一起摘菜、洗菜，摆放餐具等；条件许可的家庭也带着孩子们种植蔬菜，喂养照顾小动物等。去公园也会有意识地引导幼儿爱护环境，鼓励孩子不仅自己不乱丢垃圾，还向别人宣讲，做环保小卫士。同时，亲子外出也有了更多的方式，比如带孩子去体验采茶、摘豆、磨豆浆，去参观农场体验劳动的过程，感受劳动的艰辛，从小树立起珍惜劳动成果的好品质。

我们相信，只要把劳动活动与“五大领域”紧密结合起来，把劳动融入幼儿的日常生活里来，让幼儿习惯一日生活里的各种劳动形式，就如平时学习的唱歌跳舞、画画听故事一样，从习惯劳动，到养成劳动，把劳动也作为一种养成教育来实施，一定可以把幼儿培养成爱劳动、会劳动的社会小公民。

有限空间　无限乐趣

——探索特殊天气下室内体育游戏的有效开展

四川省成都市高新区和美实验幼儿园　张自霞　刘冬梅

我园以“运动发展”为核心，以“体育游戏”为载体，倡导“儿童在前，教师在后”的教育理念，针对雾霾、雨雪等特殊天气的实际情况，积极探索如何利用室内空间，运用已有材料，开发室内运动场所，开展符合幼儿年龄特点与发展需求的室内体育游戏，探索如何让幼儿成为体育游戏的主人，并能主动地参与到体育锻炼中。经过两年的实践，我园积累了一些课程资源，有效地解决了室内体育游戏空间小、隐患大、内容少等问题，提升了幼儿的室内体育游戏经验和交往能力，拓展了幼儿园体育游戏组织与实施途径，促进了我园运动课程的高质量发展。

一、巧妙运用常规空间

为了有效地开展活动，我园根据不同的活动内容选择和设置了不同的场地，其间园遇到了两个问题：哪些活动适合在哪个场地开展？如何挖掘每个场地的运动价值？为解决这两个问题，老师们对幼儿园场地进行勘察、分析与规划，分别有活动室、午睡室、过道、大厅、楼梯、功能室，接着老师们讨论并规划室内可利用的场地，立足于现有硬件设施，使这些场地都能充分发挥运动游戏的作用。比如，占用空间相对较大、幼儿移动性较强、次数较多、方向较复杂的活动，应该选择在宽敞的大厅；再如，本身占用空间相对较小、幼儿移动性不大的活动，则可以选择狭窄的过道。

针对这些场地的空间特点，合理利用、因地制宜、巧妙布局，为孩子们创设一个丰富、有趣、适宜的运动环境，使其充分发挥作用。比如：活动室空间较大，有现成的桌子、椅子、柜子，如果要把这些东西搬走腾出运动空间的话，既沉重又麻烦，我们考虑就地取材，利用桌子、椅子、柜子、架子的特点，组合成运动器械，训练幼儿走、钻、爬、吊、滚、跨、跳等技能；也可以利用活动室内随处可见的小区角，创设平躺踢物、坐位体前屈、泡沫板跳等游戏；运用午睡室中有序摆放的床铺，加上缠绕的皮筋，训练幼儿的跳跃、钻、爬等技能。

游戏场地的设置从地面到墙面，从墙面又拓展到空中，让环境发挥出最大的价值。这样孩子们就有更多场地可以运动了，孩子们就能放开手脚，大胆游戏了。这样的场地设置为幼儿运动量的有效达成奠定了基础。

二、精挑细选运动材料

大家都知道材料是幼儿开展室内体育游戏的媒介。室内体育游戏必须要遵循一个理念，那就是便捷，也就是说能不提供就不要提供材料，要提供材料就尽可能从幼儿园的生活物品中取用，提供的材料最好是可以反复使用的。我园从以下四个方面考虑室内运动材料的投放。

第一，所投放的材料在保障安全性的前提下，要考虑到材料的操作性和可变性，幼儿能一物多玩，避免频繁更换游戏材料而忽略了动作的发展。例如布球，在过道里，孩子们先纵跳摘球，接着将摘下来的布球进行曲线赶球，最后投球打动物；当然布球还有很多玩法，比如练习躲闪投掷、对垒打仗等。

第二，为了使室内游戏更高效，由年级组长和教研组长形成中心力量，对已有的资源进行筛检、归类和整理，并引导老师们探寻可利用的资源。教室里最多的莫过于桌、椅、玩具柜，于是我们经过讨论和协商，决定就地取材寻找替代物，作为固定的运动器械，如：利用教室内的椅子开展滚球、跳、走、放倒扶起、钻爬等游戏；利用桌子开展桌下的爬、打地鼠游戏，桌面的扇球、吹球、打桌球等游戏。这样，不仅避免了搬运之苦，还实现了因地制宜。

第三，除了固定器械的不同玩法，老师们还收集各种各样的低结构材料，设计出便于在有限的室内空间中开展的运动项目，如：利用常见的纸球练习夹物后翻；利用"娃娃家"的会叫的小鸡、益智区的各种动物图片练习坐位体前屈等。于是就这样，老师们根据要求，集思广益，这些低结构、易变化的游戏材料，在大家的精心选择搭配下，彰显出无穷的创意。

第四，我园还注重环境和材料给予幼儿的心理暗示，如：过道地面贴着的“房子”，幼儿只要走在过道上就会不自觉地去跳一跳；过道上方悬挂着的小球，孩子们总会跳起来去摸一摸；大厅的篮球架，孩子们总会拿起篮球投一投……充分发挥了环境和材料的暗示和激发运动兴趣的教育价值。

三、把握年龄游戏激趣

任何一个运动项目都不能是机械的动作练习。室内运动也要以游戏化的形式展开，加以情境或具有任务意识，让孩子主动参与到运动之中，从而使运动量达成。结合《3—6岁儿童学习与发展指南》健康领域中动作发展的目标要求，我园大班幼儿的室内体育游戏重在“挑战性”，中班幼儿的室内体育游戏具有“层次性”，小班幼儿的室内体育游戏凸显“趣味性”，这样幼儿能够自始至终体验到参与的快乐，运动的潜能和智慧得到激发，运动量也就自然而然地能够有效达成。

四、错时错峰开展运动

为了解决场地特别狭小的问题，我们提出了“错时运动”的设想，尝试变年级组错时运动为楼层错时运动。以二楼中班级组为例，运动时间分为两段，第一时间段为一、二班运动时间，活动场地包括自己班教室、二楼整个走廊、楼梯和二楼的活动室；第二时间段为三、四班运动时间。这样一来，场地资源比同一时间段四个中班同时开展室内运动时获得的运动场地增加一倍，解决了同一楼层所有班级在同一个时间段里集中运动所产生的场地拥挤、资源分配不合理的现象。

随着孩子们对室内运动游戏的熟悉，我园进一步采用了“不动的老师，流动的孩子”循环式的运动方式开展，教师在固定区域负责此区域幼儿的安全、运动指导，幼儿在同楼层的四个班级教室、午睡室、过道、大厅、功能室轮流运动游戏，这样既避免了幼儿过多地拥挤在班级教室里运动，也避免了幼儿长时间在同一个区域运动产生游戏倦怠。这样每天游戏结束时孩子们总会说“还没有玩够呢”，他们对所有的运动游戏始终保持着新奇，始终保持着兴趣。

小小的空间，大大的学问。我园充分利用室内的小空间，运用原有的材料，开发室内体育游戏运动场所，和幼儿并肩展开探究，改变了以往室内运动中“拥挤、单调、随意”的状况，丰富了室内运动的组织形式和活动内容，拓展了活动思路，提高了小空间室内体育游戏运动的有效性，构筑起和美室内体育游戏课程，彰显出运动课程别样的精彩。

农村幼儿园科普绘本阅读现状与指导

重庆市涪陵区幼儿园　经夕靖

科普绘本是对科学或者客观事实进行描述的一类阅读材料。它与普通书籍最明显的不同是，这类阅读材料中会用大量的图画加上一些叙述性或说明性文字来呈现科学道理。

科普绘本是否适合幼儿园的小朋友来阅读呢？他们目前对科普绘本的阅读现状是怎么样的呢？本人此次以支教的某乡镇中心幼儿园大班的36名小朋友作为此课题的研究对象，通过仔细观察他们在不同地方对科普类绘本的阅读情况，以及对家长和小朋友进行一系列访谈，最后分析了他们目前的阅读情况和阅读过程中他们存在的困扰和问题。分析结果表明，很多家长根本没有给幼儿园小朋友买绘本的意识，更别说要求家长们给孩子买优秀的阅读绘本。

一、基于儿童视角的科普绘本阅读现状分析

(一)阅览室的科普绘本书匮乏

我们统计了幼儿园阅览室幼儿已有的科普绘本数量，发现科普绘本较其他绘本数量少很多。一方面，幼儿园提供的科普绘本较少且比较陈旧，缺乏吸引力，幼儿难以阅读。投放在班级图书区的科普绘本多是描述性的，文字较多，并且内容单一，不贴近幼儿实际生活。另一方面，家长不重视科普绘本的品质购买和引导阅读，家长们很少用心地为幼儿选购优质的科普绘本。

(二)幼儿喜欢阅读科普绘本

幼儿对科普绘本的喜欢他们自己或者任教老师其实都不是很清楚。在调研之前，通过访谈，老师都表示他带的孩子们不喜欢科普绘本。但是当把科普绘本放到孩子们面前时，发现孩子们对绘本都有很大兴趣，即使之前没有接触过，他们一点也不会排斥。这样的现象毫无疑问地说明了孩子不是不爱阅读，而是没有找到合适的阅读材料，而优秀的科普绘本可以充当阅读材料。

1."我要看!"——这是孩子自己表达出来的情感，足以说明他对科普绘本的阅读兴趣。幼儿对某种类型的绘本表达喜欢最简单直接的方式就是：对某一本或者某一类绘本爱不释手，来回翻看。孩子们的阅读是很单纯的，他们不知道什么叫阅读，但是如果阅读材料足够有趣，对他们而言阅读就是一场有趣而且十分有价值的增长知识与科学道理的旅程。

2."我想要再看一遍这本书"——幼儿的阅读兴趣是通过他们对阅读内容的好奇心来表达的，如果能够利用好幼儿的好奇心，他们的阅读能力和科学知识的增长速度都可以得到很大提升。

3."我希望妈妈给我买这本书"——其实并不是幼儿不喜欢阅读，孩子们也有阅读的需求，只是需要合理的引导，当阅读材料足够有趣，他们也会表达他们的阅读欲望。

二、科普绘本对幼儿阅读能力与知识发展的促进作用

根据科学研究结果，幼儿早期阅读文字的能力十分有限，太复杂的阅读材料对于幼儿园孩子来说显然是不合适的，所以优秀的科普绘本可以作为孩子早期的重要阅读资源，并且这一类阅读材料可以对孩子的语言学习、科学知识普及有很大的促进作用。

(一)拓展阅读词汇量，使其语言表达更丰富

与市面上最常见的故事绘画相比，科普绘本往往包含了很多说明性语言和一些科学普及的专业词汇，这对孩子们扩展词汇量和知识面有很大的帮助。

(二)激发阅读兴趣，实现科学探究精神

科普绘本可以极大地满足幼儿园孩子们对科学知识的好奇心，同时通过阅读的方式实现科学知识的普及，比如去了解人类赖以生存的地球、为我们生存提供重要资源的植物以及大自然每天都在发生的神奇现象。这些科学知识都在为孩子们的求知探索精神做铺垫。

(三)了解科学学习特点，逐步形成良好的求知习惯

让孩子们阅读科普绘本，可以增强他们严谨的学习态度。他们在绘本中阅读到的实验都是科学家们按照严谨的科学探究态度，一步一步地做实验而得出的结论，孩子们读后，可以感知到科学探究的严谨态度以及科学家们严谨求真、锲而不舍的伟大精神。这样的精神可以在孩子们的心田里种下一颗探索世界的种子。

三、有效阅读的指导策略

正如前文提到的，在本人开始调研初期，班上的老师明确表示过孩子们不喜欢科普绘本。但我在研究过程中很明显地发现，幼儿对科普绘本的态度和班上老师的描述是完全相反的。这一现象说明幼儿喜欢科普绘本，但是需要家长和老师们给予一定的引导，来激发他们对绘本的兴趣，从而实现科普绘本的有效阅读。

(一)为幼儿的科普绘本阅读提供保障

1. 素材保障

想让孩子们爱上阅读，首先得让他们选对阅读的方向。每一位幼儿的兴趣都是不一样的，他们喜欢的阅读内容肯定也是不一样的，这就要求我们大人提供足够多的阅读材料给孩子进行选择，让他们自己挑选自己喜欢的。只有实现了孩子自由选择，找到每一位孩子自己的阅读兴趣，这样才能实现孩子们对绘本的有效阅读。

2. 时间保障

目前很多幼儿园的日常活动都安排得很多，没有给予孩子单独的阅读绘本时间，就算某些幼儿园提供了科普绘本，但孩子能够阅读的时间也只有很短的自由活动时间，这段时间对于年纪很小的孩子来说是很难实现有效阅读的。所以幼儿园和教师应该合理安排其他活动的时间，给孩子充足的阅读绘本的时间。

(二)运用多样化的科普绘本阅读方式

1. 同伴共读

除了激发孩子自主阅读的能力，引领孩子们一起阅读也是十分重要的。在共同陪伴的过程中，不仅可以增进同学之间的亲密关系，还可以用互动让阅读变得更有趣，让阅读的内容记忆更深刻。比如可以互问互答，通过这样的共同伴读方式实现更加合理有效的阅读。

2. 亲子共读

除了同年级的孩子们实现共同伴读，家长也可以带领孩子一起阅读。由于科普绘本的内容涉及很多科学领域的专业名词，即使绘本中有很多形象生动的图画，孩子也还是很难理解。这个时候，如果家长们可以在一起阅读的同时，给予一定的解释和描述，不仅可以让孩子们更好地去理解科普绘本的内容，还可以保持孩子们对阅读的热情，实现家长孩子共同阅读、共同成长。

3. 集体阅读

一个人阅读很难一直保持热情，但是若可以定期举行集体阅读，再以比赛的形式来对阅读内容进行一定的考察，肯定更能激发孩子们的阅读兴趣，还可以增加他们有效阅读的时间，以及他们对阅读内容的吸收和转化。

阅读科普绘本，就像一次美丽的遇见，挖掘出一个人内心潜藏的热爱，成就一个人的梦想。科学史上许多科学家的成长过程无不说明，正是一些有趣的自然现象，以及科学活动和科普读物，从儿童时代就激发了他们对科学的向往之情，使他们从小就热爱科学、喜欢接触科学、学习科学，最后终于走上了科学研究的道路。

“小社会”大责任

——区域活动中幼儿责任感培养

重庆市涪陵区幼儿园　胡代群

责任属于道德规范中的一种，拥有责任心会对儿童终身发展产生积极的影响。近年来，我园充分发挥自身优势，积极探索实践新的学前教育模式，打造了包括“赫赫新世界”、“赫赫小天地”、班级区角、户外区域、功能馆在内的五大区域活动“品牌”。本文以我园长期开展深受幼儿喜爱的“赫赫新世界”区域活动为例，探究如何建立一个让幼儿自主学习、自主探索的物质环境，真正实现幼儿“玩中学、做中学”，通过直接感知、亲身体验，让幼儿在尽情玩耍的同时，无意识和有意识地产生交互作用，使责任感得以培养。

一、区域活动中幼儿责任感培养的实施途径

(一)培养幼儿遵守规则的责任意识

走进“赫赫新世界”，最醒目的位置张贴着40字的“赫赫公约”，幼儿在活动前要在老师的带领下背诵公约，并在活动中全程严格遵守，违反公约的幼儿会被要求停止游戏，作为违反公约的“处罚”。另一块区域，老师们刚刚挂上了“赫赫新世界”招聘公告，公布着每一个主题馆需要招聘的人数。每个馆可不是幼儿想去玩就能去的，幼儿必须要确定自己喜欢的主题馆后报名应聘，才能获得资格进入。如果你犹豫不决的话，最后选择的主题馆可能就已经挂上了“招聘已满”的牌子，那就只能选择其他的主题馆进行游戏。活动规则让幼儿在真实的“社会体验”中形成适应个人终身发展和社会发展需要的必备品格和能力，懂得真实社会里任何时候、任何场所都会有规则存在，我们每一个人都必须遵守规则，为幼儿适应未来社会发展奠基。

(二)培养幼儿有始有终的责任意识

“请问贵店还需要工作人员吗？我可以！”“您请这边坐，今天想喝点什么？”活动刚开始时，小朋友们忙得不亦乐乎，找工作，推销商品，但慢慢地，有一部分幼儿就坚持不下去了，“找不到工作”“卖不出去商品”“想去其他主题馆玩”，不能做到有始有终。但在“赫赫新世界”，我们有绝招，比如营业员必须要认真工作20分钟，讲解员必须要把讲解任务完成，才算完成工作任务并领到工资“赫币”。“赫币”可有大作用，因为“赫赫新世界”里的一切都是真实的。比如时尚坊用的是真实材料；制作和售卖的鸡蛋饼、麻辣烫也可以直接入口吃；小超市里的玩具、水果、零食可以用“赫币”买回家；珠宝店里幼儿手工自制的手链、项链也是真实可佩戴的。小朋友们只有通过辛勤工作和劳动换取了“赫币”，才能进行消费，购买自己喜欢吃的食物、玩的项目或者心仪的礼物，这就是“赫赫新世界”的最大魅力所在。让幼儿在参与社会角色扮演的过程中享受劳动的喜悦，懂得职责与坚守，培养做事要有始有终的责任意识。

(三)培养幼儿关爱他人的责任意识

“工作的岗位应聘完了怎么办？”“我不擅长商品销售岗位怎么办？”没关系。“赫赫新世界”里有敬老院、医院、娃娃家，可提供义工岗位，幼儿在这些岗位再现自己在生活中所观察到的这些角色的行为，学着大人的样子对娃娃家的“娃娃”、敬老院的“老人”、医院的“病人”等进行照料或服务。而完成了义工任务，同样可以获得“赫币”作为奖励。有了“赫币”，幼儿不单单可以为自己挑选心仪的商品，还可以在时尚坊、珠宝店里挑上一份心仪的礼物带回家送给爸爸妈妈。这样的区域活动形式，让幼儿在享受活动中的快乐情绪的同时，慢慢地把这种关心和服务转化为所扮演角色必须做到的，这就是一种初步的角色责任意识，把关爱他人的情感逐渐转变为一种责任、一种担当。

二、区域活动中幼儿责任感培养的指导激励策略

(一)教师应为幼儿做表率

老师是幼儿除家人外接触最多的人，小朋友们会下意识地模仿老师们的一言一行。所以，老师们在区域活动中应时时刻刻将富有责任感的形象呈现在幼儿面前，用自己的责任

心影响小朋友们。例如，有一次在“赫赫新世界”，我发现戏剧馆观众区的凳子乱七八糟的，强烈的责任心使我不由自主地去将凳子摆放整齐。这时，戏剧馆的几个“工作人员”好奇地围了过来，问我干什么，我说凳子太乱了，我要把它们摆放整齐。话音刚落，小朋友们也跟着来摆放凳子，直到我叫他们回到工作“岗位”时，小朋友们才回去。因为这样，我在任何时候都十分注意自己的言行，做到言出必行。在区域活动过程中，悉心引导小朋友们形成责任意识，爱惜他们刚刚形成的责任心，保护着让其壮大。与别的道德准则无异，责任心不能只凭嘴上的教育，要让小朋友们多实践，在区域活动、在日常学习当中获得。

（二）教师应合理利用激励

在活动中，合理利用激励策略，引导责任心不足、不愿意坚守岗位的幼儿提升自己的责任心，完成工作任务。比如，按照游戏规则，超市、蛋糕店等的营业员要至少认真工作20分钟才能获得工资“赫币”，但有的小朋友才几分钟就想放弃了。老师就会给他们讲，如果现在放弃了，就不能得到工资，就不能去购买自己喜欢的食物、玩具，就不能把喜欢的珠宝买回家送给妈妈了。还给他们讲其实爸爸妈妈也有不想工作的时候，但爸爸妈妈要养家，要给你们买衣服、买玩具，所以他们再苦再累都要坚持工作，我们也要像爸爸妈妈学习。这样，小朋友们就能继续坚守自己的岗位，完成工作任务。通过故事、谈话等方式让幼儿懂得真实社会里任何时候、任何人都在坚持，激发幼儿坚守岗位的责任意识，并回到岗位坚持完成自己的工作。

（三）教师应给予幼儿肯定和赞赏

幼儿的责任意识是从喜欢某项事物开始的，主要体现在他们对喜欢的人布置的任务产生责任感。在“赫赫新世界”里，每次幼儿按要求做完老师布置的任务之后，他们都会露出喜悦的表情，这时老师会对其行为给予肯定，他们便会觉得愉悦和满足，从而内心升起一股责任情感。所以，在活动中，老师们会趁机给小朋友们布置任务。比如，给还没找到工作的同伴推荐工作、清理掉落在地上的食物残渣等。当小朋友们把任务做完的时候，老师会适时给予肯定，强化他们的责任意识。老师对某个幼儿的表扬和赞赏也会激起别的幼儿的学习心。

三、结语

“人生百年，立于幼学”这一科学论断已经被越来越多的人认可。区域活动只是培养幼儿责任意识的多种渠道之一，教师的指导策略也是多元化的。我们应该灵活运用，同时还应与幼儿园的其他教育环节相结合，并与家长共同携手，一起为培养幼儿的责任感发挥合力，为他们将来的健康成长保驾护航。

浅谈小班娃娃家材料投放策略

四川省成都市天府新区美岸幼儿园　李媛媛

《幼儿园创造性游戏区域活动指导》中指出，角色游戏就是幼儿按照自己的意愿扮演角色，在角色游戏中，幼儿可以充分发挥想象力，创造性地模仿现实生活，既为幼儿提供了再现人与人关系的机会，又为幼儿形成良好的社会交往能力打下了基础。角色游戏中的材料是幼儿游戏的内容，是幼儿进行角色游戏的保障。因此我们可以根据小班幼儿的年龄特点、兴趣和生活经验，投放不同的操作材料。同时根据幼儿的游戏的发展和游戏的需要对游戏材料进行补充和替换，不断地更新材料，使小班幼儿在原有的游戏水平上有所提高。

一、游戏材料与主题环境相结合

小班幼儿年龄较小，在进行角色游戏的过程中比较缺乏经验，主题环境可以为幼儿游戏提供必要的支持。例如：小班开学初，在娃娃家的小厨房的操作材料中投放一些幼儿日常生活中比较常见的食物——饺子、馒头、抄手等，在饺子的周围缝一些暗扣，幼儿在做饺子的时候可以将"馅"放进饺子皮里并扣上；在抄手的三角处同时做了暗扣，在往抄手皮里放"馅"后一卷，抄手就"出炉"了。但是，孩子们在操作材料的过程中依然会遇到困难，在进行游戏之前，教师可帮助幼儿梳理经验，通过集体教育活动进行演示，通过视频观看引导幼儿观察和模仿；否则如果在幼儿游戏的时候介入，在旁边提醒孩子们，孩子们会显得很不自在且会打扰孩子的游戏。可以利用主题环境丰富幼儿的游戏，将小厨房的环境进行布置，将饺子、馒头和抄手的制作方法拍下来，做成图文并茂的步骤图贴在墙上，这时，我们惊喜地发现，小厨房里的幼儿经常有意无意地看着步骤图并开始模仿，很快就学会了做饺子和抄手的方法。幼儿虽没有包饺子和包抄手的经验，但通过环境布置，使游戏材料与主题环境有效结合，不仅提升了孩子看图的能力，还提升了幼儿的原有经验。

二、游戏材料能够满足幼儿的游戏兴趣

兴趣是孩子最好的老师。材料是引发幼儿游戏的关键，提供具有吸引力的材料不仅能激发孩子的动手欲望，还能大大提高幼儿想象力的发展。每个幼儿的年龄特点决定了其生活经验的丰富程度。在投放材料的过程中，应该尊重幼儿的年龄特点，满足幼儿游戏的喜好。例如：小班幼儿在刚入园的时候对幼儿园、老师和同伴会感到很陌生，他们从家庭生活过渡到幼儿园生活难免产生分离焦虑，所以创设"娃娃家"对小班幼儿的心理发展是非常必要的，布置娃娃家时需要投放一些与家庭、生活相关的材料，如洋娃娃、桌椅、沙发、小床、梳妆台、煤气灶、锅、勺子、小推车……让孩子们感觉到这里就是我们的家，他们是娃娃的爸爸和妈妈，这个空间能满足幼儿对家的依恋。孩子们在娃娃家里做饭、抱娃娃散步、喂娃娃吃饭等，玩得乐此不疲。在这里投放材料不仅能激发小班幼儿游戏的欲望，还能缓解幼儿分离焦虑，让孩子自然而然地与同伴游戏并进行交流。

三、游戏材料具有操作性

小班幼儿年龄特点决定了他们往往通过多感官来感知周围的事物。投放的材料应具有操作性。例如：在娃娃家里，投放了一些成品的塑料蔬菜，塑料的蔬菜做得非常逼真、形象，孩子们爱不释手。但在进行角色游戏的时候，出现了这样一幕：一位幼儿拿着塑料黄瓜给娃娃喂食，自言自语地说："我要切片再喂。"于是，拿起小刀准备切片，可是这个"黄瓜"怎么也切不动。这时候另一名幼儿走来，和这位幼儿一起商量着切"黄瓜"的方法，可是"黄瓜"还是纹丝不动，几分钟后，他们觉得索然无味，干脆去选择别的游戏了。塑料黄瓜玩具虽然很形象、美观，但操作性不强，对孩子们来说没有挑战性，对孩子们的动手能力以及精细动作都没有提升。《3—6岁儿童学习与发展指南》强调，幼儿的学习是以直接经验为基础，在游戏和日常生活中进行的。要珍视游戏和生活的独特价值，创设丰富的教育环境，合理安排一日生活，最大限度地支持和满足幼儿通过直接感知、实际操作和亲身体验获取经验的需要。通过这个案例，我们发现，小班幼儿年龄较小，正是认知的高发期，教师提供的材料要具有操作性和挑战性，让幼儿有成功的体验，否则不仅会局限幼儿的思维，还会阻止幼儿生活经验的迁移。

四、游戏材料能够满足幼儿游戏需要

小班幼儿的游戏过程属于平行游戏。游戏材料的数量、种类、配置等应该满足当前幼儿角色游戏活动的需要。小班幼儿在角色游戏时总是喜欢模仿成人生活的一些片段。例如：

为了满足孩子们角色扮演的需要，班级购买了一辆小推车，这辆推车深受幼儿喜欢。豆豆和果果推着这辆载着娃娃的小推车悠闲地散步购物，玩得不亦乐乎。就在这时，航航走了过来，也想推这辆小推车，就因为这辆小推车发生了矛盾和争执，虽然最后解决了矛盾，但是因为只有一辆推车，让幼儿的游戏发生了冲突。因此，为了满足孩子们的游戏需要，班级又增添了几辆小推车，孩子争抢小推车的情况减少了。小班幼儿因为年龄小，认知水平、游戏水平较低，还属于游戏的平行阶段，他们会去争抢同伴的玩具，模仿同伴的一言一行，因此，教师投放材料的种类可以少一些，但是数量可以多一些，从而避免幼儿之间的矛盾。

五、游戏材料能够满足幼儿当前发展需要

有效的材料不仅能够提高幼儿的游戏水平，而且能够推动整个游戏的发展。在投放游戏材料的过程中，应随着幼儿的游戏需要和经验提升而不断变化，从而支持幼儿游戏的发展需要。例如：小班下学期开学的时候，孩子们兴奋地进入娃娃家进行游戏，这时候，雨琪抱着娃娃对如如说："宝宝感冒了，要看医生。"他们将娃娃抱到旁边就开始做给孩子喂药的动作。如果这时有支持的材料——听诊器和针筒等，相信孩子们可以将自己生病发烧的经验进行迁移。幼儿在进行交流的过程中，原有经验会有一定的提升。所以在投放材料的过程中，游戏材料应该满足幼儿当前发展的需要，并为幼儿当前的游戏提供支持。

六、游戏材料应该有目的、有计划地投放

在开展小班娃娃家角色游戏活动之初，为了让幼儿有材料可玩，有事可做，班级在娃娃家的小厨房里投放了许多游戏材料，其中有锅、碗、勺子、簸箕、刀、筷子、冰箱、叉子、新鲜"蔬菜"，孩子们被厨房里丰富的材料吸引，纷纷加入了小厨房的游戏行列，可等到游戏结束的时候，小厨房的材料散落了一地。幼儿没有将材料归位的意识，他们把材料随手一扔，并没有把游戏材料放回原处。小班幼儿游戏能力较弱，收拾整理的意识较薄弱，如果材料过多，会让孩子来不及与过多的材料互动，同时让孩子们在收拾整理材料时失去耐心。总之，在投放材料的过程中，应该有目的和有计划地投放，先投放一部分让幼儿熟悉材料的结构和玩法，进而更换材料，在满足幼儿游戏的同时，还要注重对幼儿操作材料的良好常规和习惯的培养。

七、游戏材料具有可替代性

小班幼儿在材料的选择过程中，往往不受现实物品的影响，能够尝试以物代物，一物多用。例如：在娃娃家的厨房中，投放了一些用无纺布制作的小鱼和蔬菜，萱萱在游戏的过程中拿着这些小鱼玩起来，但是玩了一会儿，洋洋对萱萱说："今天我不做鱼和蔬菜了，我要做汉堡包。"可是一看周围没有做汉堡包的材料，萱萱在周围找了找，将几片彩色的无纺布叠了起来，高兴地对洋洋说："快看，我的汉堡包做好了！"从这个游戏场景可以看出，不是所有的材料都是越真实越好、越精致越好，往往低结构的材料才能满足幼儿的游戏需要，因为低结构材料具有可替代性，能满足幼儿一物多玩的需要。

总之，在投放小班角色区域材料的过程中，应考虑幼儿的年龄特点和兴趣需要，将区域材料与主题环境相结合，利用材料激发幼儿的游戏兴趣，推动幼儿游戏的发展。要有目的、有计划地投放材料，促进幼儿操作能力的发展。美观、形象的塑料玩具材料固然很受幼儿喜欢，但是不具备幼儿操作的价值，反而会局限幼儿的思维，还会阻止幼儿生活经验的迁移。

让自然资源在幼儿教育中大放异彩

湖北省松滋市实验幼儿园 罗鸣燕

教育家陈鹤琴先生指出，大自然、大社会是我们的活动材料，运用天然材料开展教育活动，可以让幼儿获得真实的感受。在农村这个广阔的天地里，有许多自然材料可利用。我园地处江汉平原，有着浓郁的民族文化，这里四季分明，温度适宜，污染少，农产品丰富，周边都是农村，幼儿活动空间大，接近大自然，有丰厚的自然资源可利用，这些资源离幼儿的生活很近，都是我们的“活”教材。近年来，在新课程总目标的指导下，我园因地制宜，对可利用的自然资源，进行了挖掘、梳理和提升，并围绕自然资源的开发与利用进行了研究实践，颇有成效。下面结合我们的工作实际就如何更加合理地开发和利用自然资源谈几点体会。

一、走进大自然，感受自然之美

大自然是生动的课堂，充满了知识性和趣味性，孩子们乐于学习，易于接受，是我们容易摄取的、丰富的、可利用的教育资源。春天来了，我们带孩子们走进大自然的怀抱里，闻花香，摸小草，捉蝌蚪，看青蛙，感受春天的勃勃生机。夏天到了，小河边鹅鸭成群，水中嬉戏。湖面上荷花朵朵，美丽清香，青翠茂密的芦苇和桅杆上鸣叫的小鸟，都能激发孩子们浓郁的兴趣。我们和孩子们一起，撑一只小船，观察鱼虾虫鸟，感受夏之风韵。秋天是成熟的季节，到处果实累累，丰收在望，我们带孩子们到果园里、菜园里、农田中，与农民伯伯一起，体验劳动的艰辛、丰收的喜悦。冬天，我们和孩子们在风雪中，堆雪人、打雪仗，接受风雪的洗礼，锻炼坚强的意志……

大自然的美景陶冶了孩子们的心，增长了他们的知识，孩子们唱歌、跳舞、游戏，他们欢乐无比。孩子们享受着大自然的韵味，蒲草、芦苇、玉米皮、花生皮、树皮、树叶、高粱秆、野草等材料，在孩子们的手中变化莫测。孩子们思维活跃，去感受、去想象、去创新。

二、妙用自然资源，优化教育环境

《纲要》指出，环境是重要的教育资源，应通过环境的创设和利用，有效地促进幼儿的发展。充分利用自然环境的教育资源，扩展幼儿生活和学习的空间。大自然中蕴含着丰富的教育资源，等待我们去开发，我们要善于观察，善于发现。

多年来，我园本着贴近生活、因地制宜和变废为宝等原则，在环境的创设过程中渗透了可持续发展的意识，重视孩子动手动脑能力的培养和勤俭节约、团结合作等传统美德的形成。让环境与孩子们“说话”是我们追寻的目标之一。农村丰富的自然资源为环境创设提供了不断的源泉。看，从藤上摘下的丝瓜、葫芦，从枝上摘下的辣椒、茄子，从地里挖出的土豆、大蒜头……我们把它们一串一串地挂起来，配以绿色的枝叶，一幅秋意浓浓的“秋收图”就尽现眼前。孩子们用从乡下采摘的竹子、柑橘、芦苇、柚子和收集的竹簸箕、筲箕、竹筛子、种子、花生等装扮走廊、活动室。瞧！各班的装饰各具特色：有利用竹簸箕、筲箕、竹筛子绘制的创意画，利用各种种子粘贴的种子粘贴画，利用柑橘串成的吊帘，利用葫芦绘制的表情娃娃，利用竹子做的风铃，利用竹扇制作的彩绘品等用来装饰走廊、活动室。只要你走进我们的幼儿园，你就能充分感受到利用农村自然资源制作的物件挂满了幼儿园的每个角落。从中孩子们懂得了水、阳光、空气在植物生长过程中的重要性。

除了利用自然资源装饰空中、墙壁外，我们还利用自然资源丰富班级区角活动。在种养殖角，利用废旧的饮料瓶种上豌豆、蚕豆、花生、大蒜、葱、青菜、萝卜、花草等，让孩子们感知植物成长、开花、结果的过程；在竹笼子里养小兔子，在陶盆里养蝌蚪、小鱼、螃蟹，让小朋友观察小动物的生活；等等。在操作区，我们给孩子提供花生、蚕豆、芦苇秆、小石子、果核等自然资源，让幼儿练习数数、分类、排序，幼儿乐在其中。用稻草、麦秆进行自然测量……幼儿在游戏操作过程中，既能通过观察、分析、比较，逐渐对数学方面有所了解，同时又发展了幼儿思维的准确性、敏捷性、创造性。在美工区，我们提供土豆、红薯、萝卜、柚子、橘子等蔬菜、水果，幼儿可以制作蔬菜水果娃娃；提供玉米壳、小麦秆、花生壳、狗尾草、树叶、种子等，幼儿可以用来制作粘贴画；提供稻草、麦秆、棕榈树叶等，幼儿可以用来编织……这些材料在农村都随手拈来，可以不断地在区角中补充，同时幼儿在这些操作中不仅锻炼了剪、团、粘、贴、撕、画等技能，同时也培养了他们的审美情趣。丰富的乡土资源蕴藏着许多智慧和活力，在活动中幼儿犹如插上了想象的翅膀不断地飞翔，身心得到了愉悦和谐发展。

三、关注自然资源，构建园本特色

大自然蕴含着无穷的科学教育素材，它具有课堂教学无法比拟的优势。比如春天和孩子一起去田野里捉蝴蝶，去草地上捉西瓜虫……这些仅凭几张图片很难讲述清楚的知识，我们可以在实地观察中去发现蝴蝶的特征、西瓜虫的长相等，从抽象到具体，丰富幼儿的直接经验，满足幼儿的好奇心，增强幼儿探索的兴趣，培养幼儿仔细观察的能力。农忙时节带领孩子们去田边地头给农民伯伯送凉开水和毛巾，既培养了孩子对他人、社会亲近的态度，体验帮助人的快乐，又让孩子了解了劳动的辛苦和伟大，同时还知道原来我们吃的粮食是这样被人们培植出来的。教师在这样的环境中有意识地引导他们进一步地了解自然，鼓励他们自己去动手做一做，唤起孩子对劳动的热爱；再通过手工劳动的辛苦来引发幼儿创造劳动机械的愿望。介绍一些科学家的故事或高科技、集约化的劳动场景给幼儿，开阔孩子的眼界，培养孩子对科学的向往。同时，农村幼儿园有更多的机会与空间来让幼儿做一些科学观察与实验。早春时节我们在附近的小池塘里观察青蛙的卵是怎样慢慢变成蝌蚪的，之后蝌蚪又是怎样变成小青蛙的，由此幼儿学会了坚持长时间、细致地观察，并在观察中学会记录。我觉得这样的观察很有意义，师生共同在探究中成长，提高了科学素养。

在农村的幼儿可以接触到更多自然界的事物，有些是他们所熟悉的，有些是他们感到好奇的，我们就拿这些事物来构建自己的语言课程。选择幼儿熟悉的话题来进行讲述活动，比如“我家的小动物”，这样的话题孩子们讲一百遍都不会有重复的内容！“说说我的新发现”的话题也会让幼儿有极强的交流欲望，这不仅发展了他们的表达能力，还间接培养了他们的观察能力。还有常玩的“木头人”游戏，孩子们在场地上摆出各种姿势，有的抱着小树，有的靠着墙壁，还有的背对太阳看自己的影子……在自然环境中，游戏使孩子们的活动热情更高，在活动中更是时时有新的发现；同时我们还特意经常用优美词句向幼儿描述所看到的自然风景，使幼儿在真实的环境中对文学语言进行情境欣赏、体验，从而激发他们对文学语言的学习兴趣，获得意想不到的教育效果。

虽然我园地处农村，但是我们周围有“自然资源”这个天然的教育资源宝库。通过实践，我们用良好的自然环境开阔了幼儿的眼界，增长了幼儿的知识，激发了他们的好奇心，培养了他们健康向上的美好情感和勇于探索的品质。愿我们幼教工作者携起手来，共同探讨，去发掘民间珍宝，相信不久的将来，自然资源一定会在幼儿教育中大放异彩！

以“三共”模式支持一园两址环境特色发展

四川省成都市武侯区簇桥中心幼儿园 戴 璐 郑云丽

通过教育与环境的有机结合，进行有目的性的环境创设，对教师的专业成长以及幼儿发展都有着至关重要的作用。在此前提下，我们以“爱·美·自由”为办园理念，从建设高品质特色幼儿园着手，以环境为载体，围绕“共享、共创、共建”三模式，对幼儿园环境中的人、事、物等资源进行整合，对环境创设路径、环境创设材料、环境创设方法进行实践探索，科学布局环境空间，合理创设育人环境，让幼儿在环境中体验、在体验中感知、在体验与感知中成长，努力营造园址“各美其美，美美与共”的教育环境，从而彰显高品质园址的特色环境。

一、共享——创设高品质幼儿园特色环境的前提

幼儿园环境包括物质环境和精神环境，物质环境包含人、事、物。教师是构建幼儿园特色环境不可或缺的一部分。一园两址下，以共享管理模式，运用“资源共享”“人员共享”“理念共享”的方式，集中各园区人力、物力，找准园所特色环境，创设内容，为创建高品质幼儿园特色环境做准备。

(一)人员共享，为创设高品质幼儿园环境奠定基础

在创设高品质幼儿园环境过程中，成立幼儿园环境创设小组，开展“巧构环境，支持一园两址特色发展”项目课题研究，旨在以课题研究为载体，引领全体教师共同参与。

1. 共建环境创设小组

在“巧构环境，支持一园两址特色发展”项目课题研究中，通过“思考＋实践”的方式，两个园区以幼儿为中心，以操作和探索为核心，以生活化、精致化为方向，建设幼儿园环境文化；结合园址实际情况，凸显一园两址环境文化特色，彰显园所教育理念。

2. 初探“走园”模式

为了提高教师对于环境打造的管理与理论水平，我们通过“走园”模式进行交流与指导，增强两园区管理人员及教师对幼儿园环境创设的整体架构与思考，解决“一园两址”环境特色发展中的困难。同时人员“走园”的管理模式，也是两园区相互学习的一种方式，让管理人员及教师打破固有的思维模式，突出创新。

(二)理念共享，为创设高品质幼儿园环境找准方向

共享环境创设理念——“环境，为孩子的发展创造可能”。找准特色发展方向，根据园址实际发展情况与幼儿需求，彰显幼儿园特色环境。

(三)资源共享，为创设高品质幼儿园环境提供支持

为创设高品质幼儿园环境提供支持，帮助教师提高环境创设效率，减轻教师工作压力，教师通过资源整合的方式，迅速、高效完成幼儿园环境创设。我们通过“资源共享”“材料共享”“评价标准共享”等方式思考如何巧构幼儿园环境，寻找支持一园两址特色发展的方法。

1. 资源共享

环境的巧构，离不开资源的共享，环境创设资源共享能丰富教师环境创设认知，开阔教师眼界，帮助教师多角度思考幼儿园环境创设。

2. 材料共享

环境材料的使用也是巧构环境、凸显园所特色的重要方面。我们参观游乐场、美术馆、

其他园所环境等，随时随地发现新材料，用于幼儿园环境创设中。这样，每个分园形成了特有的材料资源库，两所幼儿园材料共享，既丰富了幼儿园环境材料，也为幼儿的发展提供了支持。

3. 评价标准共享

制定大环境、功能室、班级环境创设评价标准，两园区以共同的评价标准为基础，打造园区环境，并突出园所的特色，这样让环境评价更聚焦、更细化，更加符合幼儿园环境创设的特色发展。

二、共创——创设高品质幼儿园特色环境的核心

我们运用共同创造的方式，以儿童视角，从“环境创设路径”“环境创设材料”“环境创设方法”出发，为打造“以儿童为主体地位”的特色化幼儿园环境做准备。

(一)创路径——初步梳理出环创原则和方法

一是儿童性，在环境创设中必须凸显幼儿的特点，不能为了追求所谓的美观而忽略了儿童性，即看得懂，便于看。二是参与性，环境是幼儿的，所以在打造环境时，应思考如何将儿童的作品进行呈现。三是丰富性，提供丰富的环境材料，激发幼儿自主探索的兴趣，为幼儿全面发展与个性化发展提供支持。四是可操作性，幼儿是在环境中学习的，环境创设的互动性应该让环境“动”起来，让环境成为幼儿自主探索、自主操作的平台。

(二)创材料——巧用多种材料拓展体验机会

生活材料如锅、勺子等，让幼儿在操作中，感受不同材质的物品发出的声音；自然材料如纽扣、木棍、树枝、树叶、松果等，让幼儿发现生活中的美，结合生活经验，创造性地表达自己的感受；废旧材料如电饭煲、手电筒、电风扇、木质玩具、自行车、滑板车等，让幼儿在拆卸与组装不同种类与功能的物品中，发现不同的奥秘；半成品材料如拼贴废旧的布。

(三)创方法——教师们对环境创设初步达成共识

1. 环境创设核心理念：环境，为孩子的发展创造可能。

2. 创设目标：一是因地制宜，凸显园所特点；二是以人为本，支持幼儿发展。

3. 创设思路：在大环境的设计上凸显文化，既能呈现园所发展的历史，又能凸显园所的办园理念、课程建设以及团队文化建设。在空间的利用上关注整体性与留白，充分利用每一个空间特点，考虑到地面、墙面的整体性，并有适当的留白，为幼儿的创造提供机会。在创设方式，如色彩的运用、作品的呈现等方面要为幼儿创造美的感受；创设内容要呈现孩子在活动中的发现、探索和思考。

三、共建——创设高品质幼儿园特色环境的途径

(一)簇锦园区：运用“巧拓”“延展”的思路，创设适宜的活动环境，形成三区四坊的幼儿园特色环境

1. 巧用空间场地——拓展活动内容

巧用墙面：在沙池围墙上打造了三种不同的涂鸦墙面——瓷砖涂鸦墙、玻璃涂鸦墙、传统涂鸦墙，供幼儿自主选择，体验不同方式的涂鸦乐趣。

巧用过道：利用过道自然环境，打造光影游戏区，为大班的孩子创造了一个可以进行探索活动的光影长廊。

巧用小角落：在中小班部二楼三楼教室外面都有一个拐角处，光线比较明亮，我们把这里打造成了每个班级的阅读区。这样既满足区域的设置，也满足幼儿在生活活动后随时翻阅书籍。

2. 巧用"折叠、伸缩、延展"概念——拓展操作空间

在巧构环境上，力求用有限空间，打造无限的可能。我们巧用"折叠、伸缩、延展"概念，增强空间利用率，开拓幼儿的操作空间，支持幼儿的操作需要。

运用"延展空间"的概念，将过道与阳台充分利用起来，将创意活动延伸至活动室外，形成"一室三区"的格局，即室内为布艺坊，室外小平台为玩色区，走廊为手工坊。

3. 拓活动——让幼儿在活动中得到发展

一是室内课桌椅摆放的变化。桌椅进入区域让幼儿有了更多的小组学习、交流的机会。班级的课桌椅也可以根据幼儿的活动需要随时移动。

二是作息时间表的改变。在遵循科学制定作息制度的原则上，各班级都有了属于自己的活动时间表。表内增加了班级区角活动、功能室活动、自主游戏等，让幼儿园狭小的空间随时充满了孩子的欢笑。

(二)七里园区：运用"多元""融合"的方式，把课程融入园所环境

一融：融合簇幼"爱·美"理念与文化，融合园本课程的生活与劳动、艺术与建筑、探索与运动等方面，充分利用生活、自然类材料，以儿童视角凸显"环境让孩子看得见"的理念。

二创：依据簇幼环境的充分利用，结合园本优势，功能室齐备、大厅区域丰富、走廊过道宽阔，力求在材料上创新，在环创思路上创新。

三探索：幼儿园新园新面貌，探索在夯实基础中凸显特色，探索在环境优势中凸显功能，探索在材料中凸显方法，探索教师预设中凸显幼儿自主，从而在"爱·美·自由"理念中探索属于七里的特色环创新路径。

环境是幼儿园文化中最表象、最外显的部分。我们将以"三共"模式支持一园两址环境特色发展，继续以幼儿发展需要为核心，科学设计环境空间，合理打造育人环境，让环境和幼儿园课程建设有机互动，使幼儿在环境中体验，在体验中获得成长。

深度学习视域下"三巧"管理思路初探

四川省成都市武侯区第十七幼儿园 李 霁 钟 倩 万 金

一、深度学习视域下的案例启发

深度学习是幼儿能够根据自己的兴趣或出现的问题，发挥自身的主体性，在调动已有知识经验的基础上，主动地学习新知识、新经验，把新知识、新经验运用到真实情境中、解决问题的过程中。

那么影响幼儿深度学习的因素有哪些呢？

让我们先看三个案例。

案例1：2020年5月20日，管理人员A在巡园中观察到，小班幼儿在班级门口的菜园子开展建构游戏前，需要花费15分钟从路途较远的小操场搬运建构材料，建构材料有大有小，幼儿或抱或抬，每次拿取1—2块材料。游戏结束后还花费10—15分钟收拾材料。

问题：幼儿游戏时间不足，游戏空间狭窄。小班门口菜园子的区域无法放置更多的建构材料，幼儿开展游戏前后需要花费20—25分钟来回搬运材料，幼儿建构游戏的实际时间只有10分钟左右。

案例2：国庆前期，班级开展了"我爱我的祖国"主题教育活动。孩子们正在搭建，老师

走过去说："孩子们你们是不是在修天安门，可以照着这个样子来修……"

问题：自主游戏中，教师占据主导地位，对幼儿的指导缺乏技巧。

案例 3：通过对大班幼儿 A 自主游戏行为的观察，老师记录幼儿 A 和幼儿 B 在露营区玩野餐游戏，5 分钟以后，幼儿 A 前往建构区和幼儿 C 用积木搭建了城堡，过了 10 分钟，幼儿 A 在野战区和小伙伴扮演伤员和医生。

问题：幼儿在这次自主游戏中，玩了角色游戏、建构游戏等，游戏主题不确定，自主游戏缺乏连续性和计划性。

基于以上三个案例所呈现的问题，幼儿园开始了深度学习视域下"三巧"管理思路的实践探索。

二、深度学习视域下的"三巧"管理思路

(一)巧思：重构理念，为幼儿的成长奠定基础

幼儿园围绕"培养什么样的人"等问题在全园开展调研，征集教育故事，调查对幼儿发展的愿景，重新诠释办园理念，深挖"爱·美·自由"的园所内涵，提出了"尊重每一个生命的天性，促进每一粒种子的萌发"的教育理念。在深度学习视域下，再次完善了幼儿园的顶层架构，进一步明确园所发展方向、教师培养目标和幼儿发展目标。

(二)巧创：创设环境，为孩子的发展创造可能

幼儿园面积狭小，教寝一体，结合办园理念，我们确定了园所环境创设核心理念为"环境，为孩子的发展创造可能"，利用"折叠、伸缩、延展"概念，科学拓展狭小空间，再次规划园所环境。首先，结合文化建设和课程建设需要，将现有的三条狭长走道打造成"历史长廊""足球游戏长廊""自主游戏长廊"。随后，通过"一坊三区，延展空间"的方式，创设了"三坊、四区、小角落"，有效地将狭小空间进行拓展和联结，保证了班级幼儿参与活动的场地空间。

(三)巧构：多元整合，为幼儿的学习提供保障

课程是园所发展的灵魂，适合幼儿的课程才能促进幼儿的深度学习。我们通过对活动空间、时间和教师教育行为方式三个维度进行调整，支持幼儿深度学习。

1. 科学设计活动空间

幼儿园功能区实行"双轨制"，面向全园幼儿开放。一方面，幼儿园统筹安排，每个班每周轮流使用功能区；另一方面，结合楼层平面布局，融合游戏空间，让功能区活动与创造性游戏紧密相连，使幼儿可以自由选区，实现了空间的绝对开放，极大丰富了活动空间。

2. 合理规划活动时间

在保证幼儿每日户外活动不少于 2 小时的前提下，分区错时制定各班幼儿一日作息表和功能区班级、时间安排表，确保幼儿充足的游戏活动时间。同时，以《幼儿园工作规程》等为基础，根据课程框架的完善与环境的打造、功能室的创建，引导教师根据年龄段、季节、活动场地等因素，拟定各班级个性化作息时间表。

3. 梯次培养教师队伍

前期问卷调查数据显示，两园区有 22％的教师对深度学习比较了解，59％的教师不太了解，19％的不了解。教师普遍认为深度学习对幼儿发展的意义只是促进新旧知识的联系，引发认知冲突，以及提高学习热情和学习内驱力。认为幼儿深度学习主要是和同伴一起解决游戏中的问题。由此可见，教师对深度学习的理解具有表面性、主观性、片面性、绝对性，未能将"深度学习理念"融入教育教学行为中。

幼儿园实施研培一体机制，通过以下三种方式开阔教师视野，积极搭建展示平台，促

进专业成长。

一是理论学习，夯实教师专业知识。通过教师自主学习、心得撰写、感悟分享和头脑风暴，多样化组织教师共同阅读学习有关深度学习的书籍，提升教师对深度学习的认识。

二是专业引领，强化教师业务能力。定期邀请专家进园指导，采取线上和线下相结合的方式，扎实开展园本教研及培训，引导教师通过评价，去观察、发现、理解、支持幼儿习得经验。

三是实践创新，提升教师教学质量。幼儿园规范备课流程，细化二次备课活动思路，引导教师以《指南》中的领域核心目标及PCK学前儿童学习与发展核心经验为根本，把握幼儿年龄特点，定位教学活动目标，及时调整备课计划，有质量地开展一日活动。

与此同时，我们还借力信息技术，优化教师学习途径，拓展学习资源，建立多元培养平台，培育种子教师，缔造完美课堂。特别组建教师摄影社团，记录幼儿游戏瞬间，优化教师解读幼儿途径。

三、深度学习视域下的探索成效

（一）部门联动，创设支持幼儿深度学习的环境

在“三巧”管理思路的指引下，幼儿园的环境设计更加科学，育人氛围更加浓郁，教育与环境的结合更加紧密，这一切都为幼儿的深度学习提供了场地和时间上的有力支持。

（二）展示交流，分享探索深度学习的实践经验

2020年，幼儿园课题成果申报武侯区教学成果奖获二等奖；六十余人次教师论文荣获各级各类奖项；教师的教育案例被中国学前教育研究会录用；市、区级课题已圆满结题，教师参研的3个微型课题获奖……

在这一年的实践中，我们的教育理念落地生根，教师更加关注儿童的视角，教育教学行为发生了巨大的变化，并努力成为幼儿游戏的引导者、支持者和合作者，促进幼儿的深度学习。

四、深度学习视域下的未来思考

在未来，我们还将从以下三个方面继续开展“三巧”管理思路的研究：

1. 如何使深度学习视域下的“三巧”管理思路在课程建设中纵深发展，推进自主游戏课程高质量实施？

2. 如何将深度学习视域下的“三巧”管理思路延展到幼儿园其他管理工作领域中？

3. 如何将“三巧”管理思路推广到“一园多区”的集团管理工作中？

园本课程融入班级主题环境创设的多维思考

云南省昆明市安宁市第一幼儿园　刘　玉

班级环境是幼儿园课程的一部分，在创设班级环境时，要考虑它的教育性。本学年我们充分利用空间，以本土资源为切入点，依托园本课程的实践，把本土文化资源合理地运用到我们的班级环境创设中，让幼儿园环境更贴近社会，更贴近幼儿生活，拓展幼儿的生活经验和活动空间，让幼儿从小了解、传承和弘扬本土文化，让安宁娃娃从小感受安宁人、文、物、文化的精髓，真正体现我们幼儿园的办园理念，与我们的园所文化融为一体。

一、巧妙地把本土课程融入班级环境创设

1. 挖掘和筛选本土课程

在活动之前，要充分考虑幼儿的原有经验与实际发展水平，这样活动才能有依据、有参考。幼儿的学习以直接经验为基础，只有从生活中挖掘素材，老师再加以引导，才能给幼儿建构更高水平的经验，真正提高幼儿的发展水平。首先，作为老师，我们要学会挖掘和筛选幼儿身边比较熟悉的人和物，更好地体现课程特点，扩大幼儿的认知视野，营造育人润心、氛围浓厚的班级文化。

2. 探究论证本土课程

根据筛选后的内容，我们对孩子的活动进行观察记录，通过总结孩子活动过程中的种种表达与感受了解，选择适合孩子的内容，并确定为课程内容，让孩子们在参与和探究当中论证课程的科学性与可行性。

3. 后期制作主题

把活动中开展的所见、所闻、所听、所想，以图文并茂的方式呈现在主题墙上，这样孩子不会觉得内容空洞、无聊，而且会形成一条主线索引导幼儿建立系统知识。

二、班级环境布置方法的思考

班级环境创设的出发点是“以我们的孩子为中心”，环境的布置必须是孩子喜欢的，且符合自己班幼儿年龄特点。

(一)班级环境创设从孩子的视觉出发

1. 平视：可以展示班级孩子的学习过程。

2. 俯视：可以展示、表达他们的潜意识与自我的连接。

3. 仰视：是他们学习之后的那些材料的升华。

(二)环境功能的体现

1. 教育性

本月我们开展的主题教育活动是“春天来了”，我们便布置了相关主题墙，每个主题墙都分三块展板呈现，第一块是发现，第二块是探索，第三块是结果。在“发现”这个板块当中，我们可以呈现出孩子们对“春天来了”的期待；“探索”的展板，我们可以呈现孩子们参与的活动——爬山、郊游、踏青或者是植树节认领班级树、培植种子过程，图文并茂；在“结果”这个展板中，我们可以呈现通过发现、探索后得知的春天的一些相关知识和结论。除此之外，我们可以粘贴有关内容的美丽图片，吸引孩子的注意力。

2. 实用性和操作性

活动室布置的目的之一是为教学活动服务，让幼儿通过与环境互动更深刻地理解学习内容，所以理想的活动室环境不在于华丽的装饰，而在于能配合教学活动的展开，帮助幼儿观察、思考和实践。

3. 美观、生动性

班级环境创设的色彩和整体氛围会影响幼儿的情绪，我们选择的是大自然原木风，适合刚入园的小班幼儿，更有一种自然清新的感觉，具有缓解焦虑的作用，造型简洁美观，让人感到舒适愉悦，更多的是一种亲切感。

三、班级环境创设的技巧与方法思考

(一)设计做加法：尽量全面考虑细节

1. 在做环境创设之前，我们首先要做到系统思考、多维思考、全面思考，越细越好，小到每一个细节。例如：一块纸板我要如何让它反复使用，且看上去还特别精致，可以反复操作，不至于让自己做了又拆，拆了又做，既浪费劳动力又浪费自己的时间，还浪费财力。我们要把有用的时间用在有用的地方，我们要做到复杂的事情简单化，简单的事情效率化。

2. 材料积累必不可少。创设环境的过程就好比建一栋摩天大楼，是在地基牢固的基础上，再一砖一瓦地向上盖起，正所谓“不及跬步无以至千里，不积小流无以成江海”，可见成功不是必然的事，积累是一个大前提，因此我们必须有足够的耐心，完成一点一滴的积累，才能让我们在后期的环境创设中游刃有余。例如：我们班是原木风，所以我选择的材料是环保纸板材料，平时注意收集整理很重要，看见有适合的好一点的材料我就把它留下，留作备用。

(二)实操做减法：减少不必要的流程

前期创设做好了铺垫后，在实操的时候我们就可以轻装上阵，把平时积累的材料上墙，这样老师就可以做到不慌不乱，不会因为没有东西上墙而空空的或是遇到检查就手忙脚乱。

(三)寻找创作元素

资源是我们这个时代最不缺的东西。我们要做一个能适应时代、着眼于未来的新时代教师。

1. 节日环创的关键元素

新年：红色、灯笼、中国、祝福、热闹。

儿童节：彩色、气球、欢乐、活泼。

国庆节：红色、国旗、伟大、旅行。

2. 寻找中国元素

中国文化：汉字、家、茶、禅。

二十四节气：自然元素。

3. 看特色找创意

课程：在园所的特色课程中挖掘好点子，用好点子催生好点子。

4. 看趋势找元素

国家趋势：建党 100 周年、“一带一路”、传统文化、垃圾分类。

身边实事：城市的变化、生物多样性、进口博览会。

5. 活动有一个好标题，环境有个好创意

例如：亲“米”无间——米；书给六一赢了时光；向 2019 放肆奔跑；音你而动，乐享成长。

6. 借鉴：电视节目、橱窗美陈、装置艺术。

7. 搜搜：微信搜搜、搜狗搜搜、抖音搜搜、幼师口袋等。

四、接替新班级处理班级环境创设的思考

全盘否定前任班级的环境创设，这样会让自己从头再来，增加更大的工作量，浪费更多时间，我们要做到合理利用。要留下自己想要的，舍去自己不需要的；留下做得精致的，舍去做得粗糙的；有创意的留下，一般的舍去；加上自己的创新。

总之作为新时代的教师，我们在进行班级环境创设时，首先要做到判断有方，吐固纳新；思考有方，独具匠心；行事有方，未来可期。班级环境的创设要求我们老师必须有想法，有创新。要想给别人一杯水，自己就先要有一桶水，传授知识的人，必须具有渊博的知识，如同鲲化为鹏的蜕变，在落沙中依然起舞不停，惊艳自己，点亮他人。最美好的时光，遇见最好的我们。

高质量的幼儿园课程探寻路径

云南省普洱市宁洱县幼儿园　李家艳

宁洱县幼儿园自2018年被认定为“云南省课程游戏化试点园”以来，开启了幼儿园课程改革的实践探索之路。但是，现阶段我园虽在理论上大力呼吁幼儿园课程应贴近幼儿的生活，应富有趣味性，但在实际操作层面上却依旧按照统一的课程标准设计和安排活动，与所提倡的教育理念存在很大的差距。为此，探寻高质量的幼儿园课程路径是园所走向“高质量”的关键因素。

一、高质量幼儿园课程的特征

幼儿园课程是专门为学前儿童设计和组织实施的，由于其适用对象处于特定的年龄阶段，导致幼儿园课程在许多方面有别于其他各级各类课程，具有自己独特的特质。高质量的幼儿园课程主要体现在以下四个方面。

（一）生活化

高质量的幼儿园课程就是引导幼儿从发展的视角去组织和利用各种生活活动，让幼儿在日常生活中面对成长的机遇，迎接各种能力的挑战，从而更加直观、深刻地认知周围世界，启迪心智。

（二）系统性

高质量的幼儿园课程是一个连贯的、系统的有机整体，从课程设计、组织与实施到课程评价，都应有较为完善的管理与实践体系。尤其是课程目标，它是课程质量的“指南针”。系统的课程目标包括总目标和阶段目标，每一阶段目标服务于总目标，每一阶段目标之间又相互衔接，以适应幼儿渐进式的发展需要。

（三）适宜发展性

何为具有适宜发展性的幼儿园课程？即以幼儿为本，符合幼儿的身心发展规律，满足其合理的兴趣和发展需求的课程。

（四）园本性

高质量的幼儿园课程，必然与园所的文化内涵相契合。这种“契合”就是课程的园本性，是基于幼儿园的办园理念与育人目标，基于幼儿园的师资和幼儿的成长环境，基于幼儿园办园历史及社会生态而建构的。

二、我园幼儿园课程的现状及存在的问题

目前，我园幼儿园课程模式主要有“五大领域”课程、节日主题课程以及班本活动课程等，基本形成“5＋1＋1”的课程模式。当前幼儿园存在的问题有以下三点。

1. 幼儿园教师对幼儿园课程的理解不够深入

现在我园教师的学历大多数都是专科或本科，他们善于技能技巧的训练，对理论层面的理解不够深入。幼儿园有时也会请些专家来进行讲座，或者让教师参加线上讲座，但大部分教师还是觉得专家的讲座有点晦涩难懂，这就是教师理论基础薄弱的原因。教师的理论基础薄弱，因此对幼儿园课程的理解就不够深入，这是我园存在的重要问题。

2. 幼儿园教师对教材的开发、选择、加工能力较差

在传统观念里，教师一般不承担课程开发和管理的任务，其主要角色定位只是课程的实施者，但由于教材的多元化，使得幼儿园教师必须具有较强的整合课程资源的能力。以

园本课程的开发为例，园本课程的开发把幼儿园和幼儿园教师推到了课程决策和研究的角色位置上，那园本课程的开发情况如何呢？我园开发园本课程时往往结合幼儿园教育的特色来开发，且开发的课程具有较强的适切性，严重地影响了园本课程的质量。

3. 幼儿园教师缺乏对课程建构的系统思考

课程本身的系统性和角色的定位要求幼儿园和幼儿园教师即课程构建者必须具备系统思考的能力。我园有不少教师片面地认为新的教育理念倡导“以幼儿为本”，关注幼儿的全面发展及倡导幼儿情感、态度、能力、兴趣等的培养，却忽略和否定了学科知识体系这一课程的依据，并因此导致幼儿园课程建构的科学性大打折扣。其实我们在倡导“课程是生活，课程是活动”“课程可以生成”等理念的同时，在很大程度上，幼儿园课程的内容仍来源于学科。总而言之，系统思考要求我们在进行课程改革时要关注到课程中的每一个环节和内容，而且要综合考量各因素彼此之间的联系。如果片面地看待复杂问题，我们无法根本性地解决问题。

三、幼儿园高质量课程的探寻路径

幼儿园课程是幼儿园文化落地生根的重要路径和载体，加强幼儿园文化形态下的课程研究，对于幼儿园教育高质量发展至关重要。

（一）深度挖掘园所文化内涵，创设富有文化价值的课程

我们不断叩问教育的本质，不断思考“要培养什么样的人”“幼儿园什么值得做”“如何去做值得做的幼儿教育”等问题，采用探索性研究法，将课程评价有机融入主题活动、生活游戏中，并创设滋养孩子心灵、适宜孩子成长的环境。

（二）优化课程结构，支撑起完整的课程体系

为了能够更好地为幼儿园的育人目标服务，高质量的幼儿园课程必须加强对课程的整体规划与设计，用模式化的方式呈现课程内在结构，表达课程内的各种关系，使课程更加系统化。

（三）有效的课程领导力助力具体的课程实践

这里的课程领导力是指园长和教师对课程的领导力。而有效的课程领导力，表现在园长领导全园教师创造性地实施课程，对课程规划、组织与实施、评价进行引领、决策和管理；教师作为课程实施的最主要参与者，对课程的理解决定着课程实施的价值取向，即对课程实施方法、教学策略的选择和运用，对幼儿的解读以及课程实施的效果等。

（四）凸显幼儿的主体地位，彰显课程中的活动亮点

课程的实施者是教师，课程实施的对象是幼儿。但教师的“教”只有通过幼儿的主动参与和亲身实践才能起作用。幼儿是发展的主体，因此我们的课程要充分考虑，并且要足够体现幼儿的主体地位。这里的“主体地位”并不是说一味地迁就、满足幼儿的自由兴趣和需求，而是在教师的指导和支持下，有目的、有思考、有价值地去学习。

（五）合理的课程评价推动课程的持续发展

为使我们的课程朝着高质量的目标发展，我们尝试构建了本园的课程发展评价体系，通过打造无处不在的课程评价体系，以评促学，以评促教，以评促合，助推幼儿个别化学习与发展。

四、思考幼儿园高质量课程的发展方向

（一）着眼课程文化建设，引领课程质量的持续发展

我们认为，未来的课程取决于未来的课程文化。我们只有持续挖掘有价值的文化内涵，继续加强对教师队伍的培训，深化对园本课程文化价值和内涵的认识，促使其在面对幼儿

园课程改革时文化价值取向的转变，把“文”内含于心，把“化”外显于行，从而实现幼儿园课程文化的拓展与延伸，实现课程高质量的持续发展。

（二）着眼教师专业化发展，为高质量课程提供最坚实的保障

高质量的课程离不开高素质的教师，良好的专业素养是高素质教师不可或缺的。为达到理想的“专业”状态，我们主要通过三个路径努力向其靠近：一是依托“名师工作室”，通过坊主培训、领域教研、区域研讨、读书沙龙等活动，让教师在共学、共听、共研、共享中深入理解并掌握各领域的学科教学知识；二是引导教师规范言行，为人师表，享受教育；三是目标引领，激发教师的内驱力，让教师为了“乐教优雅、绿色人生”的目标而奋进。

（三）着眼教育实际，以课题研究促进课程高质量发展

解决实际问题是课程研究的主要目标之一，也是课程高质量发展的必然选择。课题研究是有目的、有计划地研究教育现象和教育问题，揭示教育规律的认识活动，它能够更加有效地解决教育问题，更加科学规范地推进课程高质量发展。

幼儿的早期教育属于人生的启蒙阶段，因此科学合理的幼儿教育对于孩子今后的生存和发展发挥着举足轻重的作用。幼儿园课程应坚持以幼儿发展为主，提升幼儿园课程实施水平，提高幼儿教育的质量，促进幼儿的发展。

创设信任、支持与合作的幼儿园文化

云南省普洱市宁洱县幼儿园　朱克非

幼儿园文化是反映办园水平、管理理念以及园长素质高低程度的主要标准。园长作为决定着幼儿园保教质量和幼儿园发展方向的领导者，必须具备以下素质。

一、园长要有较高的人格素养

有人说，要了解一个幼儿园的好与坏，就要看这个幼儿园的园长是个什么样的人。其言下之意是说园长的人格素养，即政治品格、道德素养、知识能力、意志作风等关系着幼儿园的生存与发展。

园长的道德素养关系着教师队伍的优劣，作为幼儿园的管理者，必须建立管理者自身的人格魅力，实行以德育人、以德治园的管理法。在今天，一个没有人格魅力的管理者，是很难做好管理工作的。

二、园长要有专业精神

一个人对生活的追求会变成他工作与生活的动力，这种动力在很大程度上决定了他个人发展的程度与他的事业能达到的高度。成尚荣教授说：“人的悲哀，是不能认识自己，去思考我究竟是怎样的人。”作为园长，必须是一个发现者、研究者、服务者、思想的引领者，通过自己的工作，以自己的发展促进幼儿园的发展，在促进幼儿园发展中成就自己的事业。作为人生价值追求的主要部分，园长还应当具有正确的权力观、地位观、利益观、政绩观与发展观，具备科学的人才观、教育观与质量观，具有执行党的教育方针、实施素质教育的自觉性，要具有法制意识和依法治教的能力。

长期的幼儿园教育实践告诉我们，园长是幼儿园的核心和灵魂，其思想观念、文化修养和专业素质对幼儿园发展的方方面面无不产生深刻的影响，因而园长更是幼儿园文化创新和文化发展的关键所在。在幼儿园体制改革不断深入的今天，作为基础教育一部分的幼儿园，更需要有与之相适应的文化环境，以确保幼儿园的科学管理、教师的专业发展与实

践智慧的提升。文化建设不是幼儿园管理中的冰山一角，而是覆盖幼儿园管理的全部。因此，园长必须重视发展幼儿园文化，并充分发挥园长在幼儿园文化建设中的核心作用。

三、园长如何在幼儿园创设信任、支持、合作的幼儿园文化

(一)民主决策——以信任文化激发教师的事业激情

赋予员工参与重要决策的权利和机会，使他们参与到幼儿园的发展规划、校园制度的制定、人员的评价考核等各项重要事项中来。激发员工的主人翁精神，发挥员工的主动性和积极性，树立对幼儿园文化的认同感，自觉将个人专业成长目标和幼儿园的发展目标结合起来。比如，可通过园标征集、员工代表大会、家属联谊会、参与修改规章等多种形式，有效凝聚人心。

(二)现场办公——以支持文化构建教师的发展

“唯有关怀，才能把自己变成一把细腻的钥匙，进入别人的心中，了解别人。”园长要和教师拥有共同语言，就要走进现场，只有通过“现场办公”的方式才能真正实现了解教师。比如，到班上听课，和教师共同参与教研，为教师提供交流学习的平台，和教师谈心，关心他们的生活等。通过支持文化，让教师真切地感受到，园长不是高高在上的评判者，园长是沟通者，是脚手架，是支持者。这样在合作研究和共享互动中，双方能产生共鸣和喜悦，形成平等共进的关系。

(三)分享平台——以合作文化鼓励教师间相互学习

幼儿园也是一个容易“各自为政”的场所。部门间、教师间、教师和管理者间常常会出现信息不通畅的情况。而一种“有效的”文化，应该是信息传递高效敏捷、反应快捷，便于合作分享的。那么要如何做呢？

第一，要建立多样的信息互通平台。比如，通过一周工作安排、教研活动、微信公众平台等渠道来构建沟通平台，让每个员工都能及时地了解园所内发生的事情，并据此来开展自己的工作。

第二，开展灵活的实践分享渠道。通过开展教师技能竞赛、优质教育活动展示、师德演讲、“帮教带教”等多种灵活有效的渠道来鼓励教师分享经验，为教师共同学习创设机会和途径。轻松温馨的分享平台，既是情感共鸣的通道，能让教师排解困惑，汲取动力，轻装上阵；又是共同学习的通道，不仅能营造浓郁的教研氛围，同时也提升了师资队伍的整体水平。

幼儿园文化是新课程改革的沃土，也是提升管理水平的综合体现，是实施素质教育潜在的隐性课程。在创新的校园文化中，管理不再是“管人理事”的简单注释，而应该是帮助教师自我提升的过程。作为园长，应该成为教师心目中的沟通者、支持者、合作者。我们希望，幼儿园的文化犹如一股清新的空气，它让教职工们共同追寻，它让孩子们享受快乐，它让家长们驻足留望，它让幼儿园永远焕发出生命的光彩。

幼儿园实施传统文化课程的现状及其策略研究

——以×幼儿园“越”探究课程为例

重庆市沙坪坝区学府悦园第三幼儿园　肖应丹

一、传统文化融入幼儿园课程的意义

中国传统文化对于人文素养的培育有着无可替代的优势。其独有的伦理型文化正是最为注重道德自觉和理想人格培养的文化，其以人际关系和谐作为最高范畴的理想型教育，对于人文素养的培养具有重要价值。×幼儿园以传统节日、二十四节气、传统文艺等为载体，在幼儿园开展传统文化教育，有利于促进幼儿身心发展。挖掘传统文化，弘扬传统文化，能够满足人们精神家园的需要，更能够增强民族自信心，增强民族凝聚力，培养爱国主义精神。教育的功能要求教育内容要有社会价值。因此，学前教育引入传统文化的精华就非常有必要。幼儿从小耳濡目染，了解学习中国特有的文化内涵，受益匪浅。把中国传统文化纳入幼儿园课程中，促进孩子们的成长和精神塑造，传承中国传统文化的精华，这些都是当前教育发展的需要。

二、幼儿园“越”探究课程实施的现状

（一）“越”探究课程内容的选择

课程内容的选择是教学设计的重要环节，内容的选择是不容小觑的。目前，×幼儿园小班课程围绕传统节日，如春节、元宵节、清明节、端午节、中秋节、重阳节等开展；中班围绕二十四节气，如立春、雨水、惊蛰、春分、清明、谷雨、立夏、小满、芒种、夏至、小暑、大暑、立秋、处暑、白露等；大班围绕传统文艺，如饮食文化、剪纸、茶文化、中国功夫、琴棋书画、四大发明、刺绣、传统文学、皮影、扎染等开展。内容丰富有趣，能激发幼儿的探究欲望，增强民族自豪感。

（二）“越”探究课程目标的制定

“越”探究课程的目标主要是“小班同欢庆，中班同感悟，大班同传承”，小班幼儿在传统节日的活动中感受节日的欢快，理解节日的寓意；中班幼儿感悟二十四节气，愿意探究和记录大自然的变化；大班幼儿感受中华传统文化的魅力，传承传统文化。其目的都是增进幼儿对优秀传统文化的认同感，使幼儿体验到做中国人的自豪感。

（三）“越”探究课程实施的形式与方法

根据幼儿园优秀传统文化教育内容的不同性质及幼儿年龄特点的差异，教师在组织具体的教育教学活动时会采用不同的方法。小班主要是以体验为主，通过游戏、故事、情境体验等方式开展；中班主要是以探究为主，运用一些示范法、远足法等；大班主要以操作为主，主要是以项目式活动开展，让幼儿真实地感知、探究、操作等。

（四）“越”探究课程环境创设

本课程各班级设定了展示墙，每开展完一次活动都对展示墙进行设计、完善，这样对幼儿具有一定的引导性，既是对活动内容的巩固，也可以加深幼儿的经验。除此之外，我们在楼道和班级都融入了传统文化的元素，主要以传统节日、二十四节气为主，美工室融入了部分传统文艺元素，对幼儿进行隐形的教育，从而起到潜移默化的作用，增强幼儿对传统文化的喜爱。

（五）“越”探究课程的活动评价

×幼儿园教育教学评价的内容主要有四个方面：第一，对优秀传统文化教育活动本身的评价；第二，对幼儿在优秀传统文化教育活动中的表现的评价；第三，对教师的评价；第四，对幼儿园优秀传统文化教育活动环境、活动材料的评价。

三、“越”探究课程实施中存在的问题

（一）教师对传统文化课程的了解和重视程度不够

优秀传统文化由于其内容的丰富性和经典性，许多教师对传统文化的概念含糊不清，不明白传统文化的基本特点、主要内容，在了解和学习传统文化的过程中，自身理解不透彻，从而降低了对传统文化课程的兴趣，认为就是一门课程，没有去思考、总结传统文化

和幼儿已有经验的联系。

（二）注重表面知识，轻视阐释传统文化内涵

在活动实施中，简单地让幼儿记忆一些传统文化常识，而缺乏对优秀传统文化中蕴藏的优良传统品质、高尚审美情操、深厚文化底蕴的深层次挖掘和阐释，课程的内容浮于表面，幼儿的理解度不够，从而导致活动效果不理想。

（三）对教育资源挖掘、利用、整合的程度不够

优秀传统文化课程实施的过程中，也看到一些小小的成效，但还是不够系统，没有形成一个体系。此外，大部分老师为职初教师，没有经验，对优秀传统文化教育内容缺少系统规划，对教学环节缺乏整体设计。往往没有办法串联各个活动，使教育内容呈现孤立化、碎片化，教学方案呈现明显的随意化现象，教学效果也因此大打折扣。

（四）幼儿园管理制度不完善

×幼儿园作为新建幼儿园，课程制度不是很完善，管理团队和教师团队都比较年轻，经验不足，对课程的开发和实施没有系统的规划和理论的支持，加上幼儿园各项事务繁杂，子课程较多，精力不足，因此幼儿园“越”探究课程发展得比较缓慢。

四、“越”探究课程实施的指导策略

（一）总结优秀传统文化教育教学中的经验

幼儿园可以根据开展活动的情况，定期举办经验交流分享总结会，加强教师自我评价与总结能力，请开展得较好的教师进行分享，供其他教师学习借鉴。对于存在的问题，开展探讨活动，大家集思广益解决。同时，还可以鼓励教师将自己好的教学设计以及方案写出来，幼儿园项目组按照活动的类型进行分类，将同一系列的活动进行整理，装订成册，放在项目组内，供教师之间相互学习。除此之外，优秀传统文化教育教学过程中可以重复使用的材料，用完之后也应该进行归纳、整理，方便下一个班级使用。一方面，可以有效节省幼儿园的经费、人力和物力，另一方面，经过归纳整理，反而会使材料更加丰富多样，利于教师的教育教学。

（二）加强传统文化师资队伍建设

加强教师队伍的建设，第一，成立课程项目组，打造专业的传统文化领导小组，以“小球转动大球”的方法，先培养一小部分专业教师，然后由小部分教师带动整体教师的发展；第二，建立教师培训机制，促进教师发展，教师培训是提升教师教育教学能力的有效途径和方法，是促进教师专业发展的关键保障，可以请这方面的相关专家帮助梳理课程的体系，制定目标、内容、评价方式等，使其成为一门系统的课程，通过教师培训，转变教师的观念，对课程进行深入挖掘；第三，提倡教师自主学习，提升专业素质，可以设立奖励机制，对主动学习、表现突出的教师进行嘉奖，首先从物质上促进教师的主动性，最后让教师养成主动学习的习惯。

（三）开发课程资源

课程资源的开发与利用是一项需要长期关注的任务，我国优秀传统文化极其丰富，因此开发的途径和资源的整合是非常重要的。第一，教师树立开发利用资源的意识，教师要用心关注，挖掘各种资源，如社会资源、大自然资源、文学资源等，根据幼儿年龄特点进行整合；第二，团队协作，相互帮助，团队的力量远远大于个人，因此可以组织各项研讨活动，利用集体的智慧；第三，开发家长资源，充分利用家长资源，可以让幼儿园课程事半功倍。

(四)发挥管理层领导作用

幼儿园的管理层对本园的各项教育教学活动与教职工起着领导作用。园长在传统文化教育中应该把握幼儿教育发展的大趋势，根据本园的实际情况，制订相关的计划，开展适合本园的传统文化教育。择优选取一些适合本园幼儿、本园园内场所的活动，摒弃一些不符合幼儿年龄特点或者不便于开展的活动。除此之外，还要完善课程管理制度，让课程平稳、有序地发展。

总之，中国的传统文化内容丰富、博大精深，将传统文化融入课程中，不但可以营造幼儿园的园本特色课程，而且可以丰富活动内容，提高教学质量，还可以培养幼儿的爱国情感。虽然其中还有很多需要完善的地方，但我们一直在改进，在探究。

以情境化活动提升小班幼儿体能发展的实践研究

——以区域体能活动为例

重庆市沙坪坝区学府悦园第三幼儿园　杨　哲

一、研究背景

我园新手幼儿教师较多，在设计户外区域体能活动时，评价指导幼儿存在经验不足的现象。过分地强调教师的主导地位，忽视了幼儿的主体地位，教学形式和方法过于机械和呆板。

二、我园情境化区域体能活动开展现状与问题

本次调查采取问卷调查法和访谈法。共发放问卷 22 份，回收有效问卷 22 份，有效回收率 100%。此次调查问卷共设计题目 15 项，内容主要涉及教师个人情况、活动开展情况、活动设计及实践反馈等方面。通过对我园情境化区域体能活动开展现状的调查，发现以下几个特点。

(一)幼儿最喜爱的体育项目

根据我园开展的 13 个区域体能活动项目对小班年龄阶段幼儿的偏好进行问卷调查发现：最受幼儿喜欢的三个项目是枪战区、骑行区、综合区。

(二)教师对区域体能活动的组织形式的反馈

访谈中发现，许多年轻教师的困难和困惑比较多，主要体现在：第一，活动时间稍长，整个活动的趣味性及情境性还需加强；第二，体育技能、动作的要领规范性不知如何有效传授给幼儿；第三，器材搬运、归位耗时稍长。

(三)教师对区域体能活动的材料投放的反馈

幼儿的活动兴趣有很大一部分来自于对材料操作的兴趣，并且幼儿是通过对活动材料的操作来练习、发展自身的基本动作技能的。现在的幼儿大部分都是独生子女，受家庭的影响以及身心发展尚不成熟的制约，自我意识比较重，分享意识比较弱。从访谈中了解到，教师都认为部分区域材料稍显单一，无法满足班级幼儿的需求，容易引起幼儿之间的抢夺，影响活动顺利进行。调查中还发现，低结构材料投放少，无法满足幼儿的自主性和创造性。

(四)教师经验匮乏，缺乏专业引领

整个教师团队年轻化，教育实践经验偏少，自身的素质能力较缺乏，导致教师在组织幼儿开展情境化区域体能活动时无法明确活动的形式与目标，使得活动内容片面化，活动情境创设单一、枯燥，使得小班幼儿对于情境化区域体能活动的参与度不高，专注力持续度不高，未能完全融入活动中；未能及时纠正幼儿的不当动作，对幼儿基本动作技能的进一步发展产生不利影响。

三、研究结论

本研究以经过情境化区域体能活动训练的90名幼儿为实验组，随机抽取30名幼儿为对照组，根据幼儿年龄特点，以10米折返跑、网球投掷、走平衡木、10米手膝着地爬、双脚并拢连续跳5个活动为体质监测的项目，采用国民体质监测的评价体系，评分标准采用5分制，5分为优秀，4分为良好，3分为及格，2分为中下，1分为差。

(一)体质监测前测和后测合格率结果

前测数据为实验组幼儿未经过情境化区域体能活动的初测值，后测数据为经过一年情境化区域体能活动训练的结果。

从后测的数据来看，幼儿各项技能的合格率有很大的提升。10米折返跑的后测合格率为82%，相比前测提高了56%，后测合格的男生占比为44.1%，女生占比为37.9%；双脚并拢连续跳的后测合格率为97.4%，相比前测提高了27.2%，后测合格的男生占比为51.9%，女生占比为45.5%；走平衡木的后测合格率为96.1%，相比前测提高了42.5%，后测合格的男生占比为54.5%，女生占比为41.6%；网球投掷的后测合格率为74%，相比前测提高了45.4%，后测合格的男生占比为42.9%，女生占比为16.9%。在跑、跳、平衡技能上，男生的合格率明显高于女生，而女生在投掷技能上比男生好。幼儿10米手膝着地爬的前测平均时间为15.12s，后测平均时间为9.96s，经过一年的训练提高了5.16s。

(二)实验组和对照组后测结果对比

在10米折返跑的项目中，实验组的合格率为82.00%，对照组为17.86%，实验组比对照组高64.14%；在双脚并拢连续跳的项目中，实验组合格率为97.4%，对照组为5.00%，实验组比对照组高92.4%；在走平衡木的项目中，实验组合格率96.10%，对照组的合格率为64.29%，实验组比对照组高31.81%；在10米手膝着地爬的项目中，实验组的平均值为9.96s，对照组的平均值为12.08s，实验组比对照组快2.12s。

从实验组和对照组的监测数据来看，实验组在跑、投掷、跳方面的合格率明显高于对照组，且在爬的技能上也更好。

在这一年的情境化区域体能活动中主要采用了以下训练方法。

(1)进行情境活动的创设

走跑跳区(10米折返跑、双脚并拢连续跳)一般会创设“小白兔拔萝卜”等故事情境，并为幼儿提供角色卡，增加活动的趣味性；运用多种体育器械材料，如锥形筒、塑料圆圈、PVC管等多种材料，将跑和跳这两项技能进行融合，打破单一技能训练的隔阂。

平衡区(走平衡木)发挥幼儿已有生活经验，让幼儿直接感知，实际操作，如“挑水”情境的创设，幼儿不仅能通过肩部挑水感知平衡，还能增加活动难度和挑战性；在材料的选择上，幼儿也有自主选择权和参与权，如平衡木、绳子等材料。

投掷区(投掷)让幼儿成为活动的主人，以“游戏”情境贯穿始终，进行两队的比拼或扮演“大灰狼炸城堡”。

在钻爬区(10米手膝着地爬)投放盒子、球等材料，让幼儿扮演“小乌龟”的角色，还可以用“重物”进行活动的提升和巩固。

(2)根据幼儿差异性，进行针对性的指导

在活动区，提供不同难度的材料，满足幼儿的差异性需求，对动作技能不规范的幼儿进行专门的指导和训练。

总的来说，经过一年的情境化区域体能活动的训练，不仅丰富了体能活动的形式，还针对性地练习和锻炼了小班幼儿的动作技能，促进了小班幼儿体质和综合能力的发展。

四、研究建议

(一)丰富理论知识，重视日常实践

新老师们教育实践经验偏少，一是需要从情境化区域体能活动出发，通过网络查询文献资料、理论书籍、教学杂志，针对有关课题的理论进行系统的学习，加强自身理论积累，将理论与实践相结合。二是注重情境化区域体能活动时的观察与指导，适时介入。教师应在区域体能活动开展前对幼儿的情况做好前期分析、内容预设等工作。在活动中教师随时注意观察和指导。教师要观察幼儿在情境化区域体能活动中基本动作的表现，分析幼儿的活动情况，了解幼儿的心理活动，观察活动情境是否能激发幼儿兴趣，活动材料的投放是否符合幼儿身心特点和接受能力，根据情况适时适度地介入活动。

(二)重视区域体能活动情境创设的丰富性

在活动区域创设丰富的情境，能够有效地让幼儿带着愉快的情绪，以积极的态度参与区域体能活动，引导幼儿更好地完成活动目标。

1. 创设多种"情境"引发幼儿兴趣，激发幼儿兴趣

首先，可以根据幼儿的实际生活，创设"生活情境"。例如，以"送水""小小邮递员""我是小小兵"等情境，结合走、跑、跳、攀爬等运动技能，来吸引幼儿积极主动参加活动。

其次，借助体育器械和情境图片，创设"场地情境"。通过增加小动物或动画卡通人物，创设充满童趣的活动情境，例如"小兔种萝卜""小青蛙跳荷叶""灰太狼来啦"等，运用具体的角色增强孩子们的情境带入感，大大提高区域体育活动的质量。

最后，还可以创设"问题情境"。把幼儿的思维印象当作教学重点，把知识习得、技能培养、创新合作等有机融合，让幼儿学会自己解决问题，提高活动的参与度和持久度。例如，在"趣味玩飞盘"的活动中，探索飞盘的多种玩法，创设"一人怎么玩？多人怎么玩?"的问题情境。

2. 利用园所环境，进行情境建构

皮亚杰的认知发展理论指出，教师的任务是提供儿童能够同化的环境，让儿童通过和环境的相互作用主动地获得发展。利用园所环境资源创设情境，幼儿更熟悉，更喜爱，也更有效。例如在枪战区可以利用小丛林、草地这些自然资源，让幼儿呼吸新鲜空气，在草地上自由地奔跑、训练。

(三)区域体能活动材料充足且适宜、有趣

首先，活动材料要投放充足，保证孩子们有充足的操作或练习的机会。其次，所投放的活动材料要具有适宜性，要充分考虑到不同动作技能发展水平的幼儿，在同一区域也要设置一定的发展梯度，以利于激发幼儿的进取心和挑战意识。最后，要注意材料投放的低结构性，低结构的材料更容易满足幼儿的好奇心和探索欲，更好地促进幼儿全面健康地发展。

浅谈德育教育在幼儿生活中的渗透

北京市石景山区北京军区联勤部机关幼儿园　余文革

良好的品德行为是做人的基本要求。综观古今中外之教育，无不把德育放在首位，有

目的地在幼儿的一日生活及各项活动的过程中进行教育、影响、渗透，逐渐培养幼儿良好的道德情感和行为习惯，使幼儿真正达到身心全面、和谐地发展。

一、创设富有教育意义的良好环境，注重德育教育的隐性渗透

环境中德育教育的隐性教育作用不容忽视。作为一名幼儿教师，我们应从不同年龄幼儿的特点出发，考虑全面发展的需要和不同个性的差异，为幼儿创设一个整洁、温馨、舒适而富有教育意义的环境。在班级的环境创设中，根据本班幼儿的年龄、发展水平及品德教育的需要，我们布置了一个“爱心与快乐”的主题墙饰，鼓励幼儿用自己喜欢的表达方式将帮助他人的行动体现出来。在这一阶段，孩子们在主题与环境的影响下争相寻找帮助他人的事情，比如：在户外玩耍时，金荟看到杨淇因为不会跳绳，急得满头大汗时，主动跑过去要教杨淇跳绳，就看他一会儿帮助杨淇摆姿势，一会儿示范双臂怎样抡绳，一会儿又跳绳给杨淇做示范，忙得不亦乐乎。最终，功夫不负苦心人，经过一周多的时间，杨淇终于能较连续地跳绳了。当时，金荟看着比杨淇还要高兴，兴奋地告诉我说：“老师，是我帮助杨淇学会跳绳的!”在这次活动中，孩子们体会到帮助他人的快乐，充分体现了互相帮助、团结友爱、积极向上的主题。此外，我们还与孩子一起，共同布置了墙饰“娃娃游天下”。孩子们收集了自己到各地旅游的照片、门票，他们自己当小讲解员，老师帮忙记录，讲解后张贴以墙上。在师生共同收集、布置展览的过程中，在教师们真实的、健康的情绪感染下，孩子们熟悉了可爱的家乡，了解了家乡、祖国各地的特产，熟悉了伟大的祖国，从而自然地激发起幼儿爱家乡、爱祖国的真情实感，在他们幼小的心灵中播下建设家乡、振兴祖国的种子，从而逐渐使他们接受爱国主义的启蒙教育。在传统节日春节到来时，孩子们为了把班里装饰得更漂亮，纷纷从家里拿来了红红的中国结、宫灯、拉花等来装饰活动室；我们还和孩子们一起，动手剪出了各种图案的窗花，写了春联……充分体验了民间艺术的美好。在此期间，孩子们体会到了我们浓浓的传统节日的味道。活动区活动深受孩子们的喜爱，我们与孩子共同建立了“我爱我家(娃娃家)”“我是小小建筑师”“读读乐(图书角)”“修补角(将活动中损坏的玩具图书进行简单的修补)”等区域。孩子通过玩“娃娃家”，扮演爸爸妈妈的角色，给娃娃做饭、穿衣、洗澡等，从中感受到爸爸妈妈对自己的爱，从而更加珍惜父母的劳动，愿意帮助父母做事情。在“我是小小建筑师”的墙饰布置上，我们与幼儿一同商讨出了该区的常规要求“我们的承诺”，孩子们在搭建的时候，就会遵守承诺中的注意事项来进行游戏。幼儿在搭建、阅读图书、动手修补等活动中，同样也能学习到正确处理人际关系及生活中的事情，去认识哪些行为是正确的、哪些是错误的，建立一种正确的道德行为，养成良好的道德习惯。

二、精心设计活动，培养幼儿优良的品德行为

3—6岁对于人的一生来说，是个性倾向和道德观念形成的萌芽时期，是培养良好品德行为的黄金时代。我们设计、组织活动时，要从品德、能力、知识三方面去考虑，注重综合运用各种教育手段，抓住各科特点，深挖教材中的德育因素，进行有机渗透，从而发挥教育的整体效益。寓教于乐，让幼儿在玩乐中，在轻松愉快的活动气氛中，懂得道理，受到熏陶，达到最理想的教育。

一年中有许多节日，我们在欢庆节日的同时，利用节日开展系列教育活动。如“五一”劳动节进行劳动教育、国庆节进行爱国主义教育等。在妇女节前夕，我向幼儿介绍节日的名称、日期，同时要求每个幼儿在家了解妈妈、阿姨、奶奶的辛苦，从中使幼儿萌发尊敬家中女性长辈、尊敬为社会做出贡献的阿姨们的情感。节日当天，小朋友把亲手做的贺卡献给妈妈，还与老师一起制作展板“我的好妈妈”。在活动过程中，使幼儿懂得了尊敬妈妈等长辈，并且明白了表达感情要付诸行动的道理。国庆节来临之际，我们充分利用各种资源以及得天独厚的地理优势，设计了“我爱我的家”主题活动，着重对幼儿进行爱国主义教育。由我们的“大家庭”——祖国，到我们居住的城市——北京，孩子们知道了爱护我们自己的大家庭就要从自己身边的小事做起，不乱扔垃圾，不踩绿地里的小草，不摘花……从而进一步了解我们祖国的巨大变化和我们身边日新月异的城市建设，使幼儿萌发爱祖国、爱家乡的情感。游戏是孩子们最喜欢的活动，幼儿园游戏活动多种多样，内容丰富多彩，这就为德育渗透提供了得天独厚的条件。如在各类竞赛性游戏中，激发幼儿的团结意识，明白团结一致、互相协作才能胜利的道理；在角色游戏中，学习相互谦让的良好品德；在体育游戏中锻炼勇敢、积极、不怕困难的品质……让德育教育自然地渗透于游戏的快乐之中。此外，我们还积极开展“手拉手”大带小活动。九月份新生入园分离焦虑很严重，哭闹现象频繁发生，我们班小朋友在班里就听到小班幼儿的哭声，我们马上利用这一机会，来对幼儿进行爱护、关心、理解弟弟妹妹的情感教育。在整个活动中，幼儿尝试了学习自己制订计划，知道做事要认真、有始有终，有了初步的任务意识和责任感，每个孩子都用自己的方法来哄弟弟妹妹，有的拿橡皮泥，有的拿好看的故事书，有的从家里带来了好吃的东西，有的甚至把自己喜爱的毛绒玩具带来，他们想尽各种办法哄弟弟妹妹开心。但第一次效果没有孩子们预期的好，我们又进行了分析、总结。通过活动，培养了幼儿相互关心、相互照顾、团结友爱、和善交往、做事情要有责任心等优良品质。

三、在日常生活中随时随地进行德育教育

幼儿园的日常生活是平常而琐碎的，却对幼儿良好习惯的形成产生不可忽视的影响。将幼儿良好生活习惯和行为习惯的培养渗透到幼儿的日常生活中去，充分利用日常生活中的德育因素，对幼儿进行良好习惯的培养，是对进行幼儿德育教育的重要途径。日常生活中渗透德育一般采用随机渗透的形式，这种渗透是无处不在的。我们应建立合理、必要的生活常规，促使幼儿从实际出发，坚持一惯性，形成独立性及自制、自律的品质。培养幼儿独立自主性、自信心、劳动观点及态度，勤俭节约、合作谦让、轮流分享等品质。教师在日常生活的各个环节中，要善于利用环境中的有利因素和偶发事件，善于捕捉幼儿的闪光点，适时地进行随机教育。

四、家园携手，共同促进幼儿德育的发展

人的一生要接受家庭教育、学校教育、社会教育，家庭教育是教育的起点与奠基。父母是孩子的第一任老师，家庭教育对孩子具有十分重大的影响。家长的品德个性、习惯、爱好特长、为人处世的态度及对子女的教育方法，对幼儿品德的形成和发展具有特殊的潜移默化的作用。如何加强与家长的沟通，形成教育的共识，共同促进幼儿的德育发展呢？我们充分利用“家教园地”“温馨提示”向家长宣传家庭对幼儿品德形成的重要性，保持教育的一致性。在面向全体的同时，我们也不忘兼顾幼儿间的个体差异。针对幼儿品德发展过程中出现的问题，通过家园联系手册及时与家长沟通。

总之，道德品质的形成过程是长期、反复、不断提高的过程。幼儿园的生活及各项活动是实施幼儿园德育的主要途径，渗透是幼儿园德育实施过程的主要特点。古人云，河海不择细流，故能成其深。孩子们可以先从身边的每一件小事做起，用“一砖一石”的行动，垒筑起“善良感情”的高楼大厦。教师应持之以恒对幼儿做深入、细致且耐心的工作。从培养幼儿道德情感入手，无私地奉献爱心，组织好各项活动，将思想品德教育渗透于生活之中，逐步培养幼儿良好思想品德，把我们的下一代培养成具有远大理想抱负和高尚道德品质的人！

浅谈如何创设良好的阅读环境培养幼儿阅读兴趣

北京市石景山区北京军区联勤部机关幼儿园 宋 歌

要想促进幼儿阅读能力的发展，就要创设良好的阅读环境。所以，为幼儿营造一个良好的阅读环境至关重要。因此，我园的教研内容围绕“如何利用环境提高幼儿的阅读能力”而展开，通过小组研讨、集体培训、观摩等方式，我在创设阅读环境方面有了一定收获。几年的教研活动，使我由一名一发言就紧张的青年教师，逐步成长为能够在教研活动中主动发表自己见解的教师，教育观念有了很大转变，更关注孩子在活动中的表现，注重调动孩子的积极性，尤其是在为幼儿创设阅读环境上，有了自己的一些想法。下面，我就来谈谈在我们班是如何为幼儿创设阅读环境的。

一、将阅读融入幼儿的一日生活之中

皮亚杰认为，幼儿的发展是在与主客体交互作用过程中获得的。幼儿与客体环境的交互越积极、主动，发展就越快。创设良好的阅读环境能进一步激发幼儿的阅读兴趣，使幼儿在与环境的相互作用中自然地阅读。早期阅读活动重在为幼儿提供阅读经验。因此，在日常生活中渗透阅读内容，为幼儿提供阅读机会和场所就显得十分重要。

(一)合理利用环境资源，引发幼儿主动阅读

在班里，我们充分利用一切环境资源来引发幼儿主动阅读。例如，我们在门上与幼儿视线相当的位置上粘贴了一个透明塑料袋，里面插了一本《找不同》的书。这样，幼儿在自由活动的时候，就可以三三两两地说一说两张图片哪里不同，交流自己找到的不同点。幼儿与这面墙饰有较好的互动，时常能看到有的孩子瞪着大眼睛来回地找，还能听到孩子们的交流声：“这儿有一个气球，那儿没有。”“这页长颈鹿的围巾是红色的。”“这页长颈鹿的围巾是蓝色的。”经常是孩子们主动要求更换新图片，“宋老师，5处不同我们都找到了，快换下一页吧!”这面墙饰很好地培养了幼儿的观察能力、同伴的交往能力以及语言表达能力。

(二)创设以图片为主的墙饰，培养幼儿图片阅读的兴趣

中班的幼儿自我控制能力还没有很好地发展起来。因此，我们在日常生活中，要注意培养幼儿的规则意识。作为一名教师，我明白生硬刻板的说教是不适合孩子的，所以我更加注意用无声的语言暗示幼儿。于是我们创设了以图片为主的墙饰，培养幼儿图片阅读的兴趣，并从阅读中获得一定的技能，理解一定的规则。

1. 盥洗室里的图片阅读，帮助幼儿掌握洗手方法。洗手环节是幼儿在园必不可少的重要环节，如何使幼儿自觉主动地洗干净小手呢？我选择了一首朗朗上口的儿歌，并把洗手的每个步骤拍成照片布置在墙面上，这样幼儿在洗手过程中边看图边念儿歌，在阅读图片中规范了自己的生活技能。

2. 洗手间里的图片阅读，帮助幼儿有序整理衣裤。中班初期的幼儿在如厕时，经常会忘记塞衣服，有一部分幼儿甚至不会塞衣服。针对这一点，我也用图片来诠释塞衣服的全过程，幼儿就可以通过阅读图片来进行练习了。

3. 寝室里的图片阅读，帮助幼儿建立良好的午睡常规。午睡是幼儿在园的一个重要环节。可是，在观察幼儿午睡准备时我发现：有的孩子把脱下的衣服放在地上叠；有的孩子虽然带着拖鞋但小脚仍然踩在地上；还有的孩子不会正确地打开被子，总是里外弄反……于是，我就利用图片来提示幼儿，幼儿阅读图片后，能够有意识地自我提醒，有时孩子们

之间还会相互提醒。通过图片，有效地帮助幼儿建立了良好的常规意识，减少了老师重复的说教。

二、将阅读深入到各个区域之中

(一)努力创设温馨、舒适、惬意的阅读角，让幼儿感觉到阅读是种享受

我们将阅读角创设在一块光线充足、较为安静的地方。在区域中我们铺上了地垫，为幼儿提供了可爱、柔软的卡通靠垫，舒适、安逸的粉色小沙发，各种憨态可掬的毛绒小布偶及适合幼儿阅读的白色小圆桌。最重要的是投放了与幼儿一同制作的立体故事盒、用水彩笔帽制作的小指偶、可插取图片的故事墙，以及为了激发幼儿阅读的兴趣所创设的“新书推荐”和“我是读书小明星”墙饰，适合幼儿阅读的书籍，高矮适宜的小书架。在阅读角中，有的孩子在角落里靠着软软的靠垫静静地看书；有的孩子蜷在沙发上翻动着图书；有的孩子三三两两围着白色小圆桌悄悄地摆弄故事盒，分角色讲故事；还有的幼儿干脆席地而坐，在地上看书。在这里，幼儿们轻松、愉悦地阅读，充分享受着从图书之中感受到的快乐！

(二)以各种区域活动为途径，使图书成为幼儿的小帮手

我们大家都知道，“书”可以给予我们知识。为了让幼儿感受书的益处，我有目的地在各个活动区投放了相关书籍。

1. 在建筑区，我根据建筑区近期的搭建主题，鼓励孩子们一同收集相关的图片，进行筛选后，有的布置在墙面上，多出来的便由美工区的小朋友制作成书放在建筑区。这样一来，幼儿不光可以根据墙面的图片搭建，还可以翻阅自制图书，从中寻找搭建的物体。有一次朔朔在区域活动结束时问我：“宋老师，你看我们今天搭的幼儿园棒吗?”我马上回答道：“真棒！你们搭的这个幼儿园楼房和以前的不一样了，是三角形的!”“那您猜猜我们搭的是哪个幼儿园?”朔朔得意扬扬地指着墙面问我。我仔细对着墙面的图片看了看，没找到。这时，朔朔迫不及待地将手中的自制图书举得老高，“告诉您吧，是从这本书里找的!”看到幼儿会使用“书”来找图片，我高兴极了！这说明“书”在幼儿心目中也起到了可寻找相关素材的作用。

2. 在美工区，我投放了一些折纸书、泥工书、简笔画书。这样，幼儿在玩的时候就可以根据自己的需要，从书里找想折、想画的东西了。而且，幼儿还可以依据难易程度来选择。记得有一次，美工区的小朋友准备用捏泥的方式来表现《尾巴的故事》，可是在泥工书里没有壁虎的形象，便拿着泥工书来问我：“宋老师，你能帮我们找一找壁虎在哪页吗?”我接过书翻了翻，果然没有。于是，我启发美工区的小朋友：“想想可以用什么方法解决?”“可以找找简笔画书里的壁虎，照着图捏!”“可以画一个!”孩子们你一言我一语，问题解决了。在这件事情上，孩子们变通思路，感受着“书”能够帮我们解决问题的作用。

3. 在“娃娃家”，我投放了一些图画书，供幼儿在区域里给娃娃讲故事，一来提高了幼儿看图讲述的能力，二来培养幼儿模仿父母照顾娃娃。

4. 在表演区，投放了美工区制作的剧本，表演区的小朋友就可以看着剧本进行表演。

5. 在益智区，投放了《迷宫书》《找不同》等图书，幼儿们经常结伴看这类书，相互讨论，经常比赛看谁找到的不同点多。幼儿在益智区中，慢慢地习得了和小朋友讨论、等待、轮流看书的习惯，体验到书带给自己的成就感。

三、将阅读浸入亲子共读之中

有关研究表明，父母经常和孩子一起读书，孩子对文字的理解能力、写作能力、解决问题的能力就会很强，知识面也会很广。所以，父母阅读习惯对孩子阅读能力的培养有很大的影响。因此，在五月份，班里开展了“亲子共读好时光”活动。通过这种形式，帮助家

长和孩子建立一种互动的阅读关系。我们请家长在空闲的时候给自己的孩子朗读两个小故事，和孩子一起看看书。并指导家长怎样更好地引导孩子，提一些问题使孩子理解内容，在讲完故事后和孩子交流一下感受，或者一起扮演书中的角色进行表演。经过一段时间，很多家长都反映孩子越来越喜欢看书了！

所以，无论是教师还是家长，只有做个有心人，就能根据孩子的年龄特点，为孩子创设可阅读的环境和条件，使孩子无时无刻不在阅读，让他们在书的海洋中尽情遨游！

新理念下，小班区域游戏中的感悟

北京市海淀区空军直属机关蓝天幼儿园　刘　静

区域游戏已经在幼儿园开展了多年，老师和孩子们都已习惯了某种固定的模式，更多的是在探索、研究材料投放和环境创设。随着高宽课程、安吉游戏进入大众的视野，老师们会用更开放的心态去看待区域游戏，传统的区域游戏理念正在发生转变。在小班，面对游戏经验和水平都较弱的孩子们，我依然愿意在新理念下去寻找适合小班幼儿的区域游戏。

一、解读区域游戏核心

游戏是一种培养儿童自我调节能力和促进儿童语言、认知、社会性发展的重要载体。区域游戏为孩子提供了自己做选择、解决问题、与他人合作和学习丰富语言的机会。游戏的最大价值是想象、创造、替代和转换。

二、区域游戏时的发现

大多数孩子们喜欢玩建筑区、娃娃家、表演区和拼插区；幼儿不太会玩益智区的玩具，如拼图、嵌板等，选择的人少；对老师设计的情境式游戏，只有三分钟热度，新鲜感一过即无人问津。初期，建筑区和娃娃家不限人数，会爆棚、冲突多；限制人数后，秩序良好，但总有想玩的孩子会无奈地在外等待。

三、分析和调整

建筑区、娃娃家、表演区和拼插区的游戏自主度高，容易从角色扮演或作品中找到满足感。益智区里，有的孩子因为不能成功完成，容易气馁，导致放弃；有的孩子不知道玩法，总是随意摆弄，慢慢地就没兴趣了。我们采取平行游戏或是交叉游戏的策略，引导孩子在模仿中学习，或是在与老师共同游戏的过程中学习游戏方法。

老师设计的情境式游戏，孩子不感兴趣，主要体现在美工区。其实，我一开始是不甘心的，辛苦被浪费的感觉很不好，于是自己把材料拿来玩，起初觉得挺有意思的，继续玩，终于体会到孩子的感受了，简单、重复、无聊。反思中，我发现美术的核心——想象与创造被打着情境游戏之名的技能练习所代替。我们不愿意孩子从小就沉浸在一种简单、重复的游戏模式之中。于是调整了活动形式和材料，把套餐式改为自助式，把所有基础性的材料和工具都提供给孩子，让他们自由选择。当然过程中我也存在顾虑，怕小班孩子不会选，于是降低难度，只需要孩子先选择自己需要的纸(彩纸、白纸、砂纸、刮蜡纸等)，利用分隔盒将其他材料分类放好，置于桌子中间，孩子在操作过程中，结合自己的需要和想法直接在桌子上取材料。孩子们开始自己思考、做选择、创作表达自己的想法。虽然作品并不精美，但他们在自己的发展节奏中实现自己的想法，这样的作品将是一颗最美的种子。

关于建筑区和娃娃家的人数问题，我们一直和孩子反复体验和讨论，虽然小班孩子语言表达能力和分析能力有限，但他们有最切身的感受，从最开始的“挤”“我的房子总被弄倒”“家里都没地方坐了”，到后来的“没有小脚丫了”“我想去娃娃家”等。我们发现全开放不适宜小班初期的孩子，他们的规则意识、应对问题的能力弱，游戏常会混乱失控。限制人数又不能满足部分孩子对这两个极受欢迎区域的游戏需求。于是，我们开始在更凸显社会性的娃娃家试点，撤垫子，沿用初期帮助小班孩子建立角色意识的角色牌。孩子们的感受各有不同，“今天不用脱鞋了”“他没有牌子，但是直接进来了”“没有牌子的人可以是客人”“我喜欢有垫子，踩着舒服”等。经过几天的尝试，大多数孩子决定不用垫子，没有牌子的人也可以来玩。我们又引导孩子带着新的思考继续游戏：“大家都可以去，娃娃家会觉得挤吗？”两天里，娃娃家的孩子们觉得没有问题。老师通过观察也发现，孩子们并没有想象中那样会因扎堆而混乱，在完全没有老师干预的情况下，游戏很顺利。我们更惊喜地发现，撤掉几块垫子的阻隔，不仅仅满足了更多孩子选择的需要，更让孩子有更多思考的机会和创造的空间。孩子们会想办法为生病的娃娃找医院，用玩具柜里陀螺的尖头当针，给娃娃注射；会把生活区的玉米粒当作沙拉酱与娃娃家的水果拌在一起；会到科学区拿传声筒里的电话给爸爸妈妈打电话。看到孩子们的游戏，我是激动的，孩子们已经逐渐学会自己调节区域人员的密度，已经愿意主导游戏的节奏。我也很庆幸在最初的时候让他们体验了混乱与限制，是他们自己的感受帮助他们不断适应与调整，而我更加坚信，迷茫、纠结时，一定别忘了带上孩子一起走。

基于孩子的表现，我认为教师要适时适宜地降标准、懂观察。这里所说的标准是老师心里对孩子技能水平过高或固有的预期，放下这些，你就不会总是觉得孩子的作品不够精美，不会总想让建筑区的孩子搭高、围拢。放下不必要的标准和要求，才会更愿意包容孩子的问题，更多欣赏孩子的表现，才会更容易做到“管住嘴、睁大眼、竖起耳”，去真切地观察孩子的样态和需求。

游戏中，教师要明确自己是一个观察者，应主动收集孩子表露出来的各种线索。同时，教师介入和退出幼儿游戏的过程，也是一个要认真对待的内容。我们在教研反思中，总结了多个教师介入的时机。我们在介入之前应多一分迟疑，这分迟疑里融入的是对介入的适宜性和有效性的思考。我们会带着自认为最好的意图介入游戏，但如果没有适时退出，就有可能无意中接管了这个游戏。这样的话，孩子的发展又重回到依赖教师建议、想法或是外部控制的状态，孩子的游戏水平就可能回落到简单游戏的水平。我们必须不断问自己：“孩子是否是游戏的主人？游戏里是否有他们自己的想法和建议？”

在区域游戏的摸索道路上，我们要有敢于推翻自己的勇气；要学习、尝试、调整的东西还有很多，但我们从未想过放弃，也不畅想成功的结局，只是想试试。现在的我还在路上，还有很多困惑和问题，等待着我与孩子们一同应对。

运用情境化的运动游戏促进幼儿主动发展

北京市西城区和平门幼儿园　杨　萌

幼儿园体育活动的有效开展，是促进幼儿身心健康、提高运动能力、增强身体素质的重要途径。《纲要》中指出，幼儿园要开展丰富多彩的户外游戏和体育活动，培养幼儿参加体育活动的兴趣和习惯，增强体质，提高幼儿对环境的适应能力。但在现实的幼儿园集体教学中，存在游戏设计平淡单一，不能持续激发幼儿的运动内驱力，强调重视动作练习与技能提升，忽视幼儿运动兴趣和学习品质的培养的问题，直接影响幼儿参与体育运动的效果。

幼儿天性活泼，易受周围事物影响，这就需要教师在教育教学中根据幼儿的心理发展特点和学习规律选择合适的内容及方式。情境教学是一种有效的教学模式，它不但能活跃氛围，激发幼儿的学习兴趣，丰富教师的教学方法，而且有利于教学效果与质量的提高。运用情境化的教学方式开展体育教学，能够将体育锻炼游戏化，有利于将枯燥艰苦的体育锻炼转化成幼儿易于接受且乐于参与的活动，从而促进幼儿积极主动地参与体育锻炼，培养热爱运动的习惯与品格。

长期的实践研究证明，情境化的运动游戏，即教师根据幼儿已有经验和需要练习巩固的动作特点，通过适宜、有趣的游戏环境创设，有效的氛围渲染，使幼儿在愉悦中主动习得、巩固和提升运动技能，提高身体素质的有效方法。我园长期坚持的户外循环体育活动就采取情境化的方式，将每一套循环运动设计成富有情境的主题游戏，用故事情节、角色扮演等方式，将各种基础动作串联起来，有效避免了单纯动作训练的枯燥无味，对促进幼儿主动发展起到了很好的效果。以下从情境分类运用和创设建议两方面来进行经验的总结。

一、各种情境的分类运用

（一）结合绘本故事的模仿性情境

这类情境主题主要是根据小班幼儿年龄特点来创设的，可以选择幼儿喜闻乐见的动物、动画人物来创编游戏，并引导幼儿进行动作或形态的模仿。例如在游戏中设置“小青蛙找妈妈”的项目，让幼儿模仿小青蛙，屈膝深蹲、用力蹬地向前跃出，跳到前方画有青蛙妈妈的荷叶上，以达成蹲跳的练习。又如在游戏中设置“小壁虎借尾巴”的项目，让幼儿模仿小壁虎，将手掌、手肘、膝盖内侧着地在垫子上爬行，教师将玩具尾巴投放在路程中，鼓励幼儿拿到尾巴后粘在身上迅速返回，以促进幼儿完成手膝爬的练习。

（二）结合生活经验的角色扮演性情境

这类情境主题更加适用于大班的幼儿，因为他们的生活经验更为丰富，思维特点也从形象具体向抽象转变，假想能力更强，也更加喜欢挑战。例如在“士兵突击”主题中，设置“特种兵训练营”场景，利用隔离墩作为草地，利用跨栏架作为山洞，利用体操垫作为山坡，利用呼啦圈作为大河，让幼儿一进入就有“触景生情”的感觉，激发幼儿进行角色挑战的兴趣。此外，教师还可以提供秒表、沙漏等计时器，鼓励幼儿不断刷新通关时间记录，让幼儿在“特种兵训练营”中锻炼爬、跳、钻、投等动作技能。又如在“火灾抢险”主题中，让幼儿通过钻爬、攀爬、快速跑、负重跑、合作搬运等动作，模拟消防员进行火场营救，并制作了着火的楼房、高压水枪等游戏道具，从而提高幼儿完成任务的积极性。

（三）结合主题教学的故事性情境

以故事情节引导幼儿进行体育游戏，能够更好地发挥幼儿主体、教师主导的作用。故事情境可以根据现有的绘本故事创设，也可以是幼儿在日常学习和生活中生成的，甚至是幼儿自主创编的。在运动前，教师需先引导幼儿熟悉故事背景，让幼儿了解故事的来龙去脉，以便获得更加丰富的游戏体验。例如，“小脚丫走中国”这个运动游戏主题就是根据班级里“我的祖国”主题生成的。在主题探究和学习中，孩子们了解了多个民族的习俗，知道了祖国的壮丽河山后，教师利用“黎族的竹竿舞”帮助幼儿练习双脚开合跳，“傣族的掷糠包”帮助幼儿练习投准，“汨罗江上的赛龙舟”帮助幼儿提升上肢力量……运动时，老师可穿上民族服饰带动气氛，投放带有地域标记的地图便于幼儿记录路线，让幼儿获得更好的游戏体验。幼儿一次循环运动下来，就好像在中国游走了一圈，感受到各个地方的特色运动，提高运动技能的同时还体验了民族文化，非常有意义。

二、运动情境的创设建议

（一）创设的运动情境要目标明确

运动情境设置是为帮助幼儿完成学习或锻炼任务服务的，因此创设的情境要与目标中的学习内容紧密结合，要有利于幼儿对学习内容展开探索思考，能帮助幼儿保持持久的学习热情。情境要有利于教学或练习内容重点、难点的突破。另外，创设的情境要有层次，能够让不同能力的幼儿获得体验感和自信心，帮助他们达成学习目标。

（二）创设运动情景要以幼儿为中心

在情景创设的过程中，教师应遵循幼儿的思维方式，选择幼儿熟悉的故事、生活经历，同时务必要征求幼儿的建议，为幼儿主体性的发挥提供有效的支撑。教师在其中充分发挥引导作用，可以将锻炼任务、故事背景与运动情景进行有机的结合，让幼儿的兴趣及求知欲得到激发，使得幼儿对即将展开的运动充满期待。在运动中，教师可结合情景设置，利用鼓励性、激发性的语言，帮助幼儿尽快融入情景，让幼儿以饱满的运动热情和积极的学习态度投入到运动游戏中，从而支持引导幼儿主动发展。

（三）创设运动情景时要关注幼儿运动品质的培养

运动品质在幼儿园阶段开始出现与发展，并对幼儿将来的生活和学习产生重要影响。所以，幼儿园中的体育活动在培养幼儿运动品质中有举足轻重的作用。如“士兵突击”主题情景中创设了需要幼儿积极思考、团队协作、勇敢挑战的运动项目，并且每个运动项目每周都有难度提升。有些学习品质不是教师可以直接教授的，而是幼儿在长期的锻炼中形成的。

情景化的运动游戏贯彻了《指南》精神，是实现幼儿积极主动投入运动、实现主动发展的重要途径。在实施过程中，要准确把握体育活动的本质，充分考虑幼儿的年龄特点和兴趣需求，注重游戏设计的科学性、完整性、层次性。教师要以幼儿为中心出发，细心体会锻炼目标与游戏结合的精髓，斟酌游戏形式与锻炼内容的契合度，支持幼儿在运动游戏中积极探索，主动克服困难，在增强体质中感受快乐，为幼儿萌发热爱运动、喜欢锻炼的兴趣奠定良好的基础。

小班幼儿美术创造性的探索实践

北京市西城区和平门幼儿园　王嘉曦

一、导言

《指南》指出，“每个幼儿心里都有一颗美的种子。幼儿艺术领域学习的关键在于充分创造条件和机会，在大自然和社会文化生活中萌发幼儿对美的感受和体验，丰富其想象力和创造力，引导幼儿学会用心灵去感受和发现美，用自己的方式去表现和创造美”。那么，在实际运用中，教师该如何帮助小班幼儿充分发挥自己的想象、联想，促进创造性的发展，让幼儿在美术活动中获得美的体验与感受呢？

绘画活动不仅是培养审美能力的重要途径，还赋予了幼儿发展创造力的机会。孩子们借助一支笔和一张纸就能充分表现出丰富多彩的神奇世界，在绘画过程中充分体验创作带来的种种乐趣，也能表达出孩子们对美好生活、事物的态度，提高审美。幼儿教师应坚持对幼儿美术与创造的实践探索，以幼儿为中心，让幼儿展开想象的翅膀，用心灵去绘画，使他们的创造潜能得到发挥。

二、幼儿美术教育的现状及其特点

（一）幼儿美术教育的现状

当前社会经济快速发展，人们对幼儿的美育也愈发重视。但是令人叹息的是，在人们的观念中，美术学得好，意味着画得像，意味着画作的色彩与现实相符，意味着画作能获得更多奖项……不知从何时起，这种观念在人们心中根深蒂固，甚至许多自称专业的幼儿美术教育机构或者是有相当丰富教育经验的幼儿园教师也是这样认为的。在幼儿的画作中，我们更多的是看到幼儿对成人所谓的要求言听计从。《纲要》中指出，幼儿美术教育的目标是能初步感受并喜爱环境、生活和艺术中的美；喜欢参加艺术活动，并能大胆地表现自己的情感和体验；能用自己喜欢的方式进行艺术表现活动。要实现《纲要》所指出的目标，作为幼儿教师的我们，必须对当前的教育现状做出反思和改变。

（二）小班幼儿美术创造性发展的年龄特点

小班幼儿具有爱模仿、易冲动、自我意识强等特点，因此，他们的创造性也具有不受控制、自发性强的特点，是一种自发的创造，一种原发性的过程。在幼儿园美术活动中，他们没有特定的目标和想法，没有强烈的目的性，也没有固定的作画方式，不受规范、习惯的约束，常常先做后想，行为具有强烈的情绪性。

三、小班幼儿在创意美术活动中创造性培养的具体表现

为培养小班幼儿在创意美术活动中的创造性行为，我们应努力提供幼儿与同伴交往、探究和表现的舞台，培养幼儿参与美术活动的兴趣与自信心，以及多为幼儿提供丰富、新鲜的生活体验，为小班幼儿提供与同伴交往、探究、表现的舞台。

在结合“我爱的美食”主题，开展的彩泥制作“香喷喷的蛋糕”、彩沙制作“冰糖葫芦”等活动中，我们通过鼓励幼儿之间相互交流、探索，拓宽幼儿的知识面，使幼儿获得更多的创作灵感。每次活动后，我们都会将幼儿的作品进行展示，幼儿利用课余时间可以继续关注，继续交流，并提出“除了可以这样做，还有没有其他新的创意”的要求，以鼓励幼儿利用游戏活动时间到区角游戏中继续探索、表现与创造。

四、培养小班幼儿参与美术活动的兴趣与自信心

俗话说得好，“兴趣是最好的老师”。小班幼儿在认识和表达事物时容易受情绪情感的影响，对于自己感兴趣的事更加乐于表现和模仿，因此，在幼儿美术创意活动中应充分挖掘幼儿的兴趣点，用他们喜欢又易于接受的形式来吸引和感染他们。

（一）利用游戏激发幼儿参与美术创意活动的兴趣

游戏是幼儿的基本活动，更加符合幼儿生理和心理的发展规律。小班幼儿受其认知发展水平的限制，生活经验较少，绘画技能也不足，因此，在开展幼儿美术创意活动时，要以游戏的形式开展，使得活动更加生动、有趣，易于幼儿接受与表现。小班美术活动“开汽车”是幼儿入园的第一个美术活动，通过创设“蜡笔宝宝开汽车”的游戏情境，鼓励幼儿练习画直线，在游戏中，幼儿玩得非常开心，幼儿对美术活动的兴趣也油然而生，在练习绘画螺旋线条时，通过创设“绕毛线”的游戏情境，幼儿也乐在其中。

（二）利用多样化的活动形式、活动材料激发幼儿参与美术创意活动的兴趣

丰富的材料、多元的活动形式都是激发幼儿参与美术创意活动的兴趣的有效手段。小班幼儿思维的直觉行动性还不够完善，动手操作能力也较薄弱，重复单一的操作材料容易使幼儿失去操作兴趣与耐心，因此，需要教师提供多种形式、多种材料的活动，供幼儿自主选择。如：在“民族之色”色彩主题背景下，我们通过收集传统的中华美食——梅花糕、团子、月饼、面条、麻花、糖葫芦等作为幼儿创作的主题，利用幼儿身边熟悉的各种材

料——彩泥、海绵、彩纸、彩沙、面粉等，以捏、揉、撕、刷等多种操作形式开展了“好吃的梅花糕”“好吃的面条”“香喷喷的月饼”等美术创意活动；在“自然之色”色彩主题背景下，通过收集秋天的蔬果，以印画、喷刷、拼摆等多种形式开展了“蔬菜印花”“果汁衣裳”“水果拼盘”“苹果刺猬”等美术创意活动。多样的活动形式、丰富的操作材料，使得幼儿完全沉浸在利用身边事物进行美术创意活动的氛围中，并能让幼儿在操作活动中保持愉快的情绪，激发幼儿创造的激情，尽情地畅游于快乐的美术世界中。

（三）利用欣赏的眼光看待幼儿自发的表现与创造性，保护并帮助幼儿提高自信心

《指南》指出：“幼儿对事物的感受和理解不同于成人，他们表达自己认识和情感的方式也有别于成人，幼儿独特的笔触、动作和语言往往蕴含着丰富的想象和情感，成人应对幼儿的艺术表现给予充分的理解和尊重。”因此，每次活动后的评价环节，教师可以引导幼儿表达自己的创作作品，帮助大家更好地理解作品，肯定幼儿作品的优点，用欣赏的眼光看待幼儿的表现与创造性，让每一个孩子都获得成功的喜悦，从而建立他们在创意美术活动中的自信心，调动他们对创意美术活动的主动性、积极性，增强幼儿今后参加创意美术活动的兴趣。在刚开始的创意美术活动中，幼儿都比较保守、胆小，有的幼儿甚至还没尝试就出现哭闹现象或“老师，我不会”的放弃心理，对于开展的美术创意活动具有恐惧心理。在老师耐心的指导、鼓励，并及时表扬他们的每一点进步下，幼儿都完成了第一次使用颜料进行美术创意的活动，并在之后开展的各种形式的创意美术活动中都愿意尝试，敢于大胆表现，增强了幼儿对美术活动的兴趣与自信。

五、总结

车尔尼雪夫斯基曾说过，“艺术源于生活而又高于生活”。在艺术创作中，生活原型或素材是艺术创作的源头和灵感；著名教育学家陶行知先生也指出：“全部的课程包括全部的生活，一切课程都是生活，一切生活都是课程”。孩子与生活密不可分，而生活中所有的点滴小事或者身边发生的故事都可以作为创作素材的原形，所以日常生活中，我们要为幼儿多提供丰富、新鲜的生活体验，鼓励、帮助幼儿积累、记录这些素材或原形，为幼儿在美术创意活动中发挥更多的创造性行为奠定基础。如：开展的“我喜欢的糖果”活动中，通过让幼儿观察、发现、品尝各种各样的糖果，幼儿对糖果有了很细致的认识，在之后开展的绘画活动“各种各样的糖果”中，幼儿表现的糖果外形、颜色都更加丰富多样了；在“图形宝宝”主题中，通过鼓励幼儿观察、发现周围环境中不同形状的事物，然后再进行“图形添画”活动，幼儿的思维也更加开阔，孩子们的种种表现都来源于他们的生活体验，这是教师的片面性讲解与范例都无法比拟的，只有让幼儿更多地体验生活，在亲自感受与实践中积累相应经验，才能让幼儿在美术创意活动中创造性思维更加活跃，并创造出具有个性的作品。总之，只有我们创造宽松、自由、民主的活动氛围，让幼儿有大胆探索、自由想象的空间，有主动选择、自主表现的机会，调动他们参与创意美术活动的积极性、主动性，并充分理解和尊重幼儿自发的表现与创造，准确把握指导的“合适尺度”，幼儿在创意美术活动中的创造性潜能才可能得以挖掘、萌芽和发展。

浅谈幼儿园课堂教学创新策略

北京市昌平区崔村镇中心幼儿园　聂新力

在传统背景下，幼儿教育具有一定的弊端，对幼儿教育的发展和现有教育质量的提高

有一定的威慑作用。因此，加强幼儿课堂教学的改革和创新，不仅是当前社会发展的需要，也是幼儿身心发展过程中的切实需求。然而，在目前的幼儿课堂教育教学过程中，一些幼儿园教师忽视了幼儿目前的发展特点，使幼儿难以通过课堂教学模式的教育及时适应教育活动。因此，幼儿园教师必须了解幼儿的身心发展特点和当前的学习能力，通过运用合理的课堂教学方法来加强幼儿在教学过程中对知识的学习和领悟能力，并通过学习兴趣来引导幼儿进行自主学习。在此过程中，教师还要注意课堂教学状况和学习氛围等因素的影响，加强幼儿的身心发展，有效提高幼儿教育的质量及效率。

一、幼儿园课堂教学的特点

(一)幼儿园课堂教学体现出阶段性特征

在幼儿时期，孩子们处于理解阶段。学前教育发展旨在培养幼儿的基本技能。学龄前课堂教学主要基于幼儿的身心特征，不能与普通学习的内容相混淆。幼儿园课堂教学是基础教学以外的教学形式。由于幼儿的认知水平低、心理状态不成熟，因此幼儿教学涉及幼儿生活技能和认知能力的发展、幼儿独立能力的增强，以及各种能力的提升。但是，在实际课堂教学中，幼儿园在传统教育观念的影响下，遵循幼儿教学的发展规律，但还是无法获得有效的教育。在幼儿时期，幼儿的身心发育尚未成熟，初级课堂教学模式给幼儿带来了过重的教学负担，并对幼儿的身心健康发展产生了负面影响。此外，在幼儿园教师的教育教学中，教师过于注重幼儿整体常识技能的教学，限制了幼儿个人兴趣与能力的良好发展，乏味的知识充斥在幼儿的生活中，使幼儿对教学内容的理解变得非常困难，缺乏兴趣和热情，甚至加剧了幼儿疲惫的心理表现，个人能力的发展和整体的发展都受到了很大的限制。

(二)幼儿园课堂教学体现出整体性特征

幼儿园课堂教学应反映幼儿整体发展的特点，因此，幼儿课堂教学的内容和整体课程中活动的组织不是随机安排和进行的。幼儿园教师需要根据幼儿当前的学习条件和身心发展情况，建立一个相对完整的课堂教学模式和教育体系，同时要考虑到幼儿的课堂教学内容、模式、理念和具体的教学活动。然而，从幼儿课堂教学的总体情况来看，由于教学方法和内容之间的巨大差距，以及缺乏统一的课堂教学标准，教师很难在课程中确定当前课堂教学内容的优缺点。

如果要解决上述问题，首先需要根据幼儿课堂教学的差异建立统一的标准，要求每门学科都有明确的设置，并对每门学科的课堂教学计划进行分析和总结。其次，有必要根据幼儿的年龄和生活环境，以及发育的特点实施创新策略。在大班课程中，组织大班和小班进行有针对性的课堂教学和个别幼儿教育。最后，确定幼儿课堂教学的基本构成和方法，在幼儿课堂教学过程中提高个人的教育能力，并在整体课堂教学中增加游戏教学的比重。

二、幼儿园课堂教学创新策略

(一)转变教学理念，尊重幼儿阶段性发展需要

幼儿园需要及时改变自身的教学理念。有必要在实际课堂教学中加强教学手段的创新和融合，运用科学的教学手段，提高幼儿教学质量，提高整体教学水平。

首先，幼儿园教师必须加深对幼儿当前发展规律和能力的理解，并通过提高自身的教学能力、丰富自身的知识来做出相应的创新和改进策略。此外，有必要在实际的课堂教学中积累先进的教学经验，并通过做好教学总结和工作来优化幼儿的课堂教学内容。其次，为了有效地提高师生之间的沟通效率和沟通技巧，教师必须根据当前课堂教学中幼儿的年龄和能力特点来确定个性化的创新教学方法，进行相应的实践活动，以增强幼儿对课堂教学内容的兴趣和热情。这种课堂教学能有效地增强幼儿的创造力和创新能力，加强思维和

实践技能的相互融合，并增强幼儿自身的协调能力。最后，幼儿园教师需要根据幼儿课堂教学的具体要求和实际内容的标准来制订教学计划，以突出课堂教学创新和传统教学知识内容的结合。从系统和整体的角度为幼儿的全面发展奠定坚实的基础。

(二)创新课堂教学方法，尊重幼儿的学习接受能力

在实际的课堂教学中，幼儿园教师必须及时改变其教育观念，并将现有的教学观念与当今时代的内容有机地结合起来。同时，为了使幼儿教学在逐步发展的过程中能够形成一个相对完整的教学体系，有必要在课堂教学设置中创新教学方法，完善教学理念，使幼儿在学习过程中能够提高自身的发展水平、学习能力和创新意识，增强创新思维在幼儿生活中的重要性和有效性。因此，在提高幼儿课堂教学的整体质量和效率的过程中，幼儿园教师必须采用多种课堂教学策略作为幼儿的主要教学方法。首先，教师可以借助多媒体设备解决上述问题，应用更加有趣的视听动画在课堂上指导幼儿学习各种知识和技能，扩展他们的课堂教学知识，营造良好的教学氛围，并激发幼儿课堂学习的自主性，有利于幼儿独立思考和探究，有效地培养了幼儿的独立学习能力，提高了沟通和探究的基本技能。

同时，幼儿园教师可以适当地采用独立学习方法和协作探究学习程序，将二者有机地结合在一起，以在游戏课程中实现良好的幼儿课堂教学。通过游戏活动，幼儿与同龄人可以进行相互交流，了解交流过程中合作的真正含义，在生活和学习过程中加强合作与交流，并积极探索各种问题的答案。此外，通过游戏进行的课堂教学可以有效地展示幼儿的自主能力，鼓励幼儿养成良好的学习习惯，并培养幼儿的自学能力。

(三)以幼儿“学法”为主要创新内容

由于传统的教学方法和应试教育对教育事业的强烈冲击，人们更多地关注教师对课堂教学的创新，而不是了解幼儿如何在教育和教学中学习。从实践的角度来看，课堂教学方法的初衷是将教师的教学与幼儿的学习有效地结合在一起。在当前的高质量教学背景下，“教学合一”已经逐渐成为倡导教育领域的先决条件之一。在素质教育的概念下，教育者应树立明确的“以幼儿为中心”的现代教育思想，使幼儿的主动性成为教学的关键。在课堂教学中，教师应积极发挥自身的带动和引导作用。第一，让教师使用示范法来引导幼儿进行独立的观察，并在主动学习过程中加深对知识的理解，深入了解其中的含义。第二，让教师使用实验法来指导幼儿进行自主实验，独立完成教学任务，并在动手实践中验证真理。在整个课堂教学中，教师通过运用创新性教学方法(即幼儿“学法”)，例如演示法和实验法，有效地激发幼儿学习的主动性，学会自主学习，并促进幼儿完成课堂教学目标。

三、结语

幼儿园教师对于幼儿的课堂教学和成长非常重要。因此，需要为幼儿早期教学课程奠定坚实的基础，使幼儿在以后的课堂学习中具有更大的优势和能力。因此，幼儿园教师应不断进行课堂教学方法的变革与创新，加强教学观念的改革和完善，提高课堂教学的质量和效率，以促进我国幼儿教育的全面发展。

浅谈幼儿园墙饰创设的三个有效时机

北京市昌平区崔村镇中心幼儿园　纪　然

在过去的工作中我常常这样审视自己所创设的墙面：幼儿为什么不能与我所创设的墙饰相互动？幼儿需要我创设的这些墙饰吗？什么时候创设墙饰最适宜？经过反复的思考与

实验，我意识到在各个时间段我们都应给幼儿提供不同的墙饰环境，让墙饰在悄然无息中对幼儿实施教育，让墙饰真正成为“不会说话的老师”。

一、开学初期有计划、有目的地创设墙饰

提供符合本班幼儿年龄特点的墙饰、装饰，是教师在开学初期必须进行的一项工作，这时的墙饰布置大多是教师的主观意识占据主导地位。我们会根据已有经验和常规需求对班级内部进行整体规划，大致设计出生活区、活动区、寝室等位置的墙饰内容，内容多与相应区域的作用相匹配。例如，寝室会布置得相对安静、温馨，颜色搭配以粉色、蓝色为主，伴有夜空星星的点缀，为幼儿营造午睡的氛围及安全感。

这个阶段的墙面装饰主要突出以下几点：

(一)欣赏性强

学期初，幼儿对多方面的变化还不能完全适应，因此在布置墙面时，教师要设计出欣赏性相对较强的墙面，暂时填充墙面空露的地方，给幼儿以视觉上美的享受，在这种幼儿容易接受的美的环境中，幼儿更容易较快适应新环境。

(二)色块简单、大方

在墙面的创设中，我们可以巧妙地加入一些黑、白、灰。班级中大多数老师是女性，而女教师多数喜欢大面积地使用粉色、紫色，认为这样的环境既温馨又漂亮。但是墙面就像我们的衣服一样，我们不会每天都把自己打扮成大红大绿的，太过于鲜艳的衣服并不是所有人都能接受得了的，反而干净、自然的人人都能接受，幼儿也是一样的。而且每个班里面有男孩，过多的红色和粉色根本没有考虑到男孩们的审美观，并且在这种环境下，幼儿会表现得很躁动，无规矩。当我们尝试在这些大红大粉的颜色中加入黑、灰、白的颜色，或者是尝试着用中性颜色时，能帮助幼儿调整内心的情绪，给幼儿营造一种轻松、安静的心理感受，使幼儿心情愉悦。

(三)主体突出

对于初入园或是更换老师、更换教室的幼儿来说，学期初期教师应以心理安抚为主，主体突出墙面的装饰，使幼儿心理具有安全感，帮助其加快熟悉环境。例如晚上接园时，老师可以请小朋友和墙面上的小兔子说再见，将墙面上的小动物拟人化，告诉幼儿“小动物们等着宝宝明天高高兴兴来幼儿园”。虽然只是短短几句话的引导，却对安抚幼儿情绪起着至关重要的作用。开学初，幼儿分离焦虑较严重，我们通过创设温馨的环境，用全家福照片装饰墙面，通过“我爱我的幼儿园”“老师像妈妈”等墙面环境帮助幼儿减少焦虑，及时鼓励孩子，使幼儿愿意来园。

教师有目的、有计划地创设墙面，对于分离焦虑情况较严重的幼儿来说，还有分散其注意力的重要作用，能有效帮助幼儿与教师、教室形成密切的依恋关系。

二、日常活动中的墙饰创设

“墙饰创设”作为环境创设的一部分重要内容，它兼具着连接各项活动的重要任务，一次有意义的活动我们可以通过墙饰创设进行展示；一次未完待续的活动我们可以通过墙饰创设进行记录。因此，墙饰的布置一定是与当前的教育活动、区域活动内容相配合、相互动的。这里就要求日常随时进行墙面布置。

(一)墙面布置的主体

幼儿园实施教育的主体是幼儿，因此在日常进行环境创设时，要从幼儿的兴趣点出发，以孩子的角度为基准，进行环境创设。在环境创设的大方向指导下，墙面布置也要做到为幼儿服务，幼儿自己进行的墙面布置是他们最喜欢的。

1. 材料的选用

幼儿在进行墙面布置时，除了用到幼儿园所提供的各类材料外，他们更乐意将自己喜爱的物品带到幼儿园来进行展示，如幼儿的植物角种植活动，幼儿就与父母共同制作富有个性的小花盆，并在小花盆上写上自己的名字，每天幼儿都会给属于自己的小植物浇水，并认真观察植物的生长过程。还有个别幼儿回到家和父母一起查阅自己的植物的名字及特征，并带到幼儿园分享给其他小朋友，大家见了都想知道自己那盆植物的名字，于是都纷纷效仿。在这种过程中，幼儿的行为得到了其他小朋友的肯定，自信心得到了满足，自然更愿意参与活动了。

2. 墙面布置的位置

环境墙体的高矮、位置的把控离不开教师的引导。很多时候我们看到的美工区展示墙上的作品内容丰富，但张贴无规律，显得杂乱无章。这时就需要教师实施有效的引导，帮助幼儿寻找到适宜的墙面位置进行展示。

幼儿作品张贴的位置不宜太高，也不能太低，以幼儿能平视为标准，以方便幼儿欣赏为宜。张贴在墙面上的内容，教师可与幼儿进行商讨，定期更换，保证作品不叠放为宜。除了墙面外，我们还可以将玩具柜背板、玻璃窗户等位置作为幼儿张贴作品的展示栏，给幼儿更多的展示空间。

(二)墙面布置的内容

墙面布置的内容分为有计划地进行和随机地进行。

1. 教师根据本次主题活动或一次教育活动，引导幼儿进行有计划性、针对性的布置。这里的教育目标相对具体，面向全体幼儿。

2. 随机进行的墙面布置是指幼儿随意的、无目的地进行的墙面创设，如美工区内，幼儿完成一幅作品，便粘贴到美工区的墙面上，这里的行为更具个性化。

(三)墙面布置的有效期

日常的墙面布置是根据所进行的主题活动、幼儿当下感兴趣的话题为切入点进行创设的，有效期限应根据幼儿当下感兴趣的程度进行合理安排。即使需要撤换也是逐渐进入下一主题活动、关注点，缓慢更换，而不是突然撤换，否则会使幼儿感到不安，对环境产生陌生感，由于撤换自己的作品产生挫败感等。

三、根据幼儿需要进行墙面创设，更具实效性

作为幼儿生活和游戏过程中的合作者、支持者和引导者，教师应及时发现幼儿的需要，给予正确的引导。然而，往往有的时候我们“说教”的内容，远不及墙饰“说出”的内容更具实效性。要想使幼儿主动与墙饰“对话”，主动“操作”墙饰，就要抓住有效时机，在幼儿感到困惑但不能从其他活动中汲取答案时，及时调整、布置环境墙饰，这时墙饰才会将它存在的价值发挥得淋漓尽致。

(一)墙饰有效帮助幼儿解决问题

教师及时发现幼儿需要，共同商讨并创设相应的提示性墙饰，幼儿从墙面上发现自己所需要的答案，远比教师一次次提醒的效果好得多。我设计了“我会漱口”教育活动，将漱口的步骤用照片的形式逐一拍摄下来，特意将小朋友在温水器前接水这一步骤的照片冲洗得比其他照片都要大。简单的装饰加上主题突出的照片，孩子们一目了然。照片展示的方法在幼儿园随处可见。

(二)移动的墙饰激发幼儿兴趣

很多创设好的墙饰，在一段时间以后就会显得“旧了”，幼儿“不喜欢了”，其实不是的，幼儿在觉得需要的时候会很重视墙面布置对他的帮助，一旦幼儿的需要得到满足，则关注度就不会像以前那么高了。这时之前所创设的墙饰就在无意间被遗忘了，这并不是孩子不需要了，而是他们不那么迫切地需要了。这时我们就可以将墙饰移到其他地方，有了新位置的“旧”墙饰，又会引起孩子们的关注。

在幼儿园里，我们要为幼儿营造一个丰富的、可感知的物质环境。这些环境里则包括“不会说话”的老师——墙饰。这些墙饰中要有扶持幼儿内心成长的欣赏性墙饰，要有遵循幼儿发展的目标性互动墙饰，更要有目前幼儿所需的支持性墙饰。多种时期提供的不同墙饰内容，有效地充实了幼儿的各项活动，在各个环节不动声色地对幼儿实施教育，使幼儿愉快、主动地与环境互动，身心和谐发展。

种植活动中幼儿深度学习初探

——以大班种植主题“韭菜、小麦成长记”为例

北京市昌平区回龙观镇中心幼儿园　张艳苓

一、研究背景

（一）深度学习理念适应学前教育变革发展的新需要

时代的发展推动了学前教育的变革。在学前教育诸多的发展趋势中，学习观和教学领域的重点转向体现在从关注儿童“学什么”到关注儿童“怎么学”这一转向，由过去注重教学过程中幼儿获得知识、经验、技能，转向为注重幼儿的学习过程，注重支持幼儿掌握建构经验的方法。在这样的转变大潮中，“深度学习”理念及理论被引入国内学前教育界，受到了巨大的关注和认可。基于深度学习先进的理论和理念，非常有必要将其引入到幼儿园的教育教学活动实践中，使二者结合，进行有意义的实践探索。

（二）种植活动中存在深度学习的可能性较大

在种植活动中，幼儿亲身参与植物的播种、管理、收获等一系列活动，这样的活动过程中，幼儿不仅见证、体验了生命的成长成熟、开花结果，还能够体验农事活动的过程，强化儿童的劳动教育，更能了解植物生长与自然环境等的关系。在过去开展的种植活动中，我们发现幼儿观察的兴趣性、积极性很高；幼儿对事物的认知的自觉性很强；幼儿能够把自己以前的种植经验迁移到新的种植活动中，形成新的经验，例如向日葵花饼太沉导致无法直立时，幼儿前期有给植物搭架的经验，便提出给向日葵搭架子支撑其茎直立的解决办法等等。这些特征与深度学习中提倡的“要重视和先前知识与经验的连接，并关注逻辑关系和结论的证据”有高度的契合。因此，如果教师能够转变观念，在种植活动中给予幼儿充分的机会，提供丰富的材料、工具，使用适当的方法和策略进行引导，种植活动将成为幼儿深度学习的良好途径和形式。由此，我们试图通过日常的种植活动对幼儿深度的学习进行全面的培养和指导，并试图通过种植活动来提升幼儿深度学习的能力，达到系统培养幼儿深度学习的效果，促进幼儿深度学习水平和学习品质的提升。

二、幼儿深度学习的概念

幼儿的深度学习是指幼儿通过自己特有的学习和活动方式，积极主动地探究周围世界，建构、理解新的知识经验，产生认知冲突，发现新问题，解决新问题的一种学习。

在以往的种植活动中，幼儿的观察学习大多还处于浅层学习的状态，教师如何引导幼儿进行深度学习呢？在种植主题开展的过程中，我们做了大量尝试，其中教师的提问显得

尤为重要，通过提问六步法，能够引导幼儿逐渐进入深度学习。

三、利用提问六步法促进幼儿深度学习

“提问六步法”的内容如下。

(一)请教式提问，培养幼儿自信心和积极的态度

在开展“韭菜、小麦成长记”主题时，孩子们经过一番讨论，决定种植韭菜，有经验的家长告诉我们，在种韭菜前把种子泡一泡，种子会快些发芽。于是，孩子们在放学的时候，把韭菜的种子泡上了，准备第二天去播种。

第二天，孩子们拿出前一天泡好的韭菜种子。一开始欣雨拿着小纸杯直接倒水，倒着倒着，几粒小种子就被倒出来了，欣雨赶快用手捂住。身边的阳阳也在完成同样的任务，阳阳一开始并没有直接倒水，而是走到水吧，拿来了一张纸巾，然后把纸巾盖在杯子口上，老师问：“你把纸巾盖在杯子上是有什么特殊的用处吗?”阳阳笑了一下说：“我觉得这样小种子就不会掉出来了。”一边说一边慢慢地把杯子倒过来，当水从纸巾里面流出来的时候，阳阳兴奋地说：“老师你看，这样小种子就掉不出来了。”通过阳阳的好办法，我们再也没有浪费小种子。

(二)启发式提问，激发幼儿兴趣

经过孩子们精心的照顾，种植的韭菜终于可以收获了，欣雨和阳阳等几个孩子拿着工具兴奋地前往自然小镇。孩子们先是蹲下来细细观察，这时欣雨将土松动，想拔韭菜，阳阳拦下了她，认为可以剪，不用拔，老师没有直接回答，而是引导幼儿猜测剪了会怎样，孩子们进行了大胆的猜测，为小心求证，孩子们还制订了观察计划，以方便后续的观察。

(三)追问式提问，培养幼儿专注力与坚持性

孩子们通过前面的连续观察，发现韭菜收割后依然能够继续生长。孩子们每天都会拿着放大镜、小木棍、水彩笔等东西来观察韭菜。阳阳拿着小木棍测量韭菜的高度，欣雨拿着放大镜观察韭菜的变化。这时，慧雅在旁边叫了一声：“哎呀！这个韭菜身上怎么还有刺呀!”阳阳和欣雨跟随慧雅的叫声，来到了另一块地里，阳阳说：“咱们幼儿园怎么种了这么多韭菜呀!”慧雅说：“咱们之前剪韭菜的时候感觉不扎手呀!”这时欣雨蹲下去闻了闻，说：“这不是韭菜吧！没有韭菜味道呀!”慧雅用不解的眼神看着老师，问：“老师，这是什么呀!”于是老师带着孩子们一起查阅了资料，孩子们知道了这是小麦。看到孩子们高涨的情绪，老师问道：“韭菜和小麦有哪些不一样的地方?”欣雨找来了放大镜，先是蹲在韭菜旁边，认真地观察着韭菜的样子，不一会儿，欣雨又跑到小麦的旁边去观察，她对阳阳说：“我发现小麦的上面是尖尖的，比韭菜尖很多。”阳阳还通过触摸发现小麦身上有小刺，看不见但能摸到。慧雅通过闻的方式发现小麦没有味道。

(四)引导性提问，引发幼儿认知冲突

孩子们通过细致的观察，发现了韭菜和小麦的不同：小麦的上面是尖尖的，比韭菜尖很多。韭菜有一股特殊的味道，而小麦没有；小麦摸上去身上有小刺，但韭菜是光滑的。这时，老师问道：“既然韭菜和小麦长得非常像，那如果把小麦从根部上方剪掉，会再生吗?”阳阳说不会，慧雅说应该会长，欣雨也说会长。于是孩子们将小麦也剪断了，但一周后发现小麦并没有长出来。这时，阳阳提出了问题：“幼儿园里的哪些菜剪断了还能继续生长呢?”对此问题，孩子们进行了一番讨论，决定在幼儿园的自然小镇里做个试验。

(五)限制性提问，引导幼儿解决新问题

欣雨和其他小朋友来到自然小镇选择要猜测的植物，欣雨到处看了看说：“我觉得蒜苗剪断了还能长出来。”老师问她：“为什么你要猜蒜苗而不是黄瓜?”欣雨回答说：“我姥姥在

家种过大蒜。”阳阳说：“我觉得葱剪了还能长，因为葱和韭菜长得很像，所以我觉得它能长。”慧雅说：“萝卜泡在水里后，叶子能长得大大的，所以我觉得萝卜剪断了还能长。”阳阳又说：“我听爷爷说，芹菜泡在水里还能继续长，所以我觉得芹菜剪断了还能继续长。”孩子们大胆地猜测着，同时分成4组制订计划，计划完成后，幼儿开始对幼儿园的蔬菜进行试验。

(六)假设性提问，帮助幼儿建构新的经验

欣雨剪断了几颗蒜苗后，找来了小木棍、魔尺、水彩笔和毛根，老师问：“你找这些东西做什么？”欣雨说：“我刚刚剪断了蒜苗，现在需要做个标记，不然下次来我看不出它到底长没长。”说完就动手操作起来。这时，阳阳跑来对老师说：“老师，能把你的手机给我用下吗？我要用手机给它拍下来，下次来我再拍一张，就能看出它长没长了。”老师问道：“如果小苗长高了，你还能不能找到现在的位置？”阳阳听到我这么一问，愣了一下，接着说道：“我有个办法，我可以在我站的这个地方做个标记，下次就能找到啦，您能帮我拿根蜡笔吗，我现在不能动。”说完教师帮她找来了蜡笔，她用蜡笔把自己所在的位置画出了两个小脚印，开心地说：“下次我还站这拍照就行了。”

不一会儿，4个小组都按照计划剪断了植物并做好了规划，一周后我们又来观察了，孩子们通过上一次的标记，发现蒜苗、葱、芹菜都超过了之前的标记。

经过提问法，孩子们在韭菜和小麦的种植活动中热情高涨，同时能够发现问题，韭菜和小麦虽然长得像，但它们并不一样，韭菜剪掉了还能再生，小麦却不能再生。孩子们在有了家里种植蒜苗的经验后，进行了经验迁移，猜测幼儿园的蒜苗剪掉后还能再生，并通过分组对比试验，发现芹菜和葱剪掉后也可以再生，从而建构了自己的新经验，并解决了新问题。在今后的种植活动中，我们将探寻更多的支持策略，引导孩子进行深度学习。

利用种植园地教育资源，培养幼儿综合能力

北京市昌平区回龙观镇中心幼儿园 孙 阳

《纲要》指出，尽量为幼儿创设探索和学习的环境，有效地促进幼儿的发展。在幼儿园中创设种植园，让幼儿在种植活动中拥有了一个认识自然、探索自然的机会。在幼儿获取很多种植知识、促进身心健康发展的同时，也发展了幼儿的观察能力、比较能力、算数能力、审美能力、合作能力等综合能力。由此，我们认识到种植园活动是幼儿园中一项寓教于乐的教育手段，对幼儿园的教育发挥了重要作用。

种植园是浓缩的大自然，是幼儿身体力行的乐园。种植园让幼儿真实地接触到鲜活、生动的自然材料。各种植物在幼儿充满期盼的观察中，一天天变化，一天天成长。幼儿会在种植的过程中发现很多成长的奇趣，种植活动为幼儿开启了科学探索之窗口，激发了他们科学探究的欲望，促进了幼儿身心的健康成长。

一、种植园激发幼儿探究兴趣

现代幼儿教育理论指出，教育要注重挖掘幼儿潜能，培养幼儿学习兴趣和主动探究的能力。在幼儿园种植活动中，我们要呵护幼儿的好奇心，善于因趣而导，引导幼儿主动参与种植的每一个环节，让幼儿感受播种的期待、管理的辛劳、收获的喜悦。让幼儿在种植的过程中，学会观察、比较、协作，让种植园成为幼儿主动探究的乐园。比如，幼儿在种植西红柿时，发现有的西红柿长得很慢，颜色总是绿色，就猜想：它是不是需要施肥？是不是果实太密了？是不是浇水不足？对于幼儿的这些问题，我没有马上就告诉他们答案，

而是让他们通过多种方式自己寻找答案，这种方式有效地激发了幼儿探究的兴趣，兴趣成了他们主动探究知识的内在驱动力，他们通过请教家长、查阅资料等方式找到了答案，同时，幼儿在探究活动中也感受到了自身能力的提高，建立起了学习的信心。

二、种植园地发展幼儿的综合能力

幼儿阶段是自然观察能力发展的关键时期，种植园是自然环境的缩影。这里有繁茂的树木、油绿的蔬菜、飞舞的蝴蝶、低吟的小虫……幼儿喜欢这里，他们热爱自然的天性在这里得到充分的释放。因此，我们可以引导幼儿在种植园这个真实的世界中去观察，并从中发展幼儿的综合能力。

(一)掌握种植知识，提升观察能力

在整个种植过程中，幼儿不仅能掌握多方面的种植知识，还自然而然地提高了观察能力。比如，我们以“观察土壤”为主题，把幼儿带到种植园中，让他们观察体会所有农作物、花草树木的成长都离不开土壤。我和小朋友们到种植园种菜，让幼儿负责给土壤施肥，并让他们将种子播撒到土壤中，将种子埋好。种好后，我每隔两天就带幼儿去观察种子是否发芽、成长。幼儿在种植活动中通过观察了解农作物的生长过程、所需要的条件、各种蔬菜不同的生长特点等，逐渐掌握了农作物与肥料、土壤中的生物、杂草的关系等，还锻炼了幼儿的自然观察能力。

(二)通过种植活动，提升自主探索的能力

我们要让幼儿成为活动的主人，要让种植园成为提升幼儿学习能力的有效途径。比如，幼儿在自己的种植的扁豆上发现了蚜虫，大家通过自己查资料、问家长等方法寻找到了解决的办法，最后总结为三种：第一种是用黄纸板诱杀蚜虫；第二种是用瓢虫吃蚜虫；第三种是用灭蚜菌防治蚜虫。经过我的观察，发现小朋友们更喜欢第二种办法。于是，我带着他们来到了植物园，追逐着七星瓢虫来观察，五天过去了，我们不仅写下了很多观察记录，同时也查阅了大量关于七星瓢虫的资料，对七星瓢虫有了全面的了解，大家虽然忙得不可开交，但依然乐在其中。在这一活动中，幼儿的学习能力得到了很大的提高。

(三)分享种植果实，提升交际能力

在收获的季节，幼儿看着自己的劳动成果，内心的快乐油然而生，为了使幼儿感受劳动的价值、收获的喜悦，提升交际能力，我们举办了种植成果交流活动，比如，举办“种植园蔬菜超市”活动，邀请家长一起参与，让幼儿自己去采摘，布置超市，并担任售货员，向家长出售自己种植的果实，让幼儿在买卖活动中锻炼交际能力。

三、家长参与种植，培养幼儿良好素质

《纲要》中指出，家庭是幼儿园重要的合作伙伴。幼儿园应本着尊重、平等、合作的原则，争取家长的理解、支持和主动参与，并积极支持、帮助家长提高教育能力。幼儿园的资源与家庭的资源对幼儿探索的支持各不相同，只有合作互补才能发挥最大的作用。我们抓住家长资源，让家长们也参与其中，每次活动家长都会主动收集种子和菜秧，有几位家长在种植方面颇有经验，也会传教于我们，帮助我们把种植活动办得更出色。在蔬菜收获的季节，我们开展了“蔬菜超市”活动，家长们选择一些蔬菜带回家，做出美味的菜肴和孩子一起分享，并给予孩子鼓励：“宝宝和小朋友们种的菜真好吃！”“宝宝真棒！”……有了家长的积极参与和配合，幼儿更能充分体验劳动的辛苦与收获的喜悦，学会珍惜，懂得感恩，为将来成为高素质的社会公民奠定良好基础。在园外活动时，我们引导孩子们去验证园内环境创设的内容，培养他们探索的兴趣和习惯，如：我们结合“家园联手游”等活动，让孩子们深入大自然去不断地体验，从而不断地开阔孩子们的视野，了解更多的自然知识。这些活动有了家长们的参与，不仅开展得有声有色，还省时省力，而且亲子种植活动还加深了家长与孩子之间的感情。经过一段时间的实践，家长们对我们的活动给予了充分的支持与帮助，他们表现出了非常积极的态度，不仅带来了幼儿园种植园所需要的相关内容和信息，还给孩子们带来了一些比较稀有而孩子又非常感兴趣的东西。

综上所述，种植园在幼儿园教育中的作用是多方面的，种植园及种植活动作为幼儿园课程中的一项重要内容，在实施的过程中促进了幼儿的全面发展。因此，在幼儿园环境建设中，每一寸空闲的土地都要恰当地利用，都应列入种植的范围，让幼儿置身在美丽的种植园中，获得大自然之美的陶冶。在种植活动开展中，我们要充分发挥幼儿的主体性，让幼儿自己去种植、管理，获得更多的观察、发现的机会，让种植园成为幼儿的乐园。只要每一个幼儿教育工作者能够关注种植园及种植活动，理解幼儿的身心需求，科学施教，就有可能让种植园最大限度地发挥教育作用。

家园共育是开展传统节气活动的有效策略
——以立春为例

北京市昌平区南邵镇中心幼儿园 付美蓉 李 静

一、开展二十四节气活动的重要意义与价值

（一）传承中华传统文化

目前幼儿园开展的二十四节气教学有利于弘扬我国的传统文化，具有一定的现实意义。通过实践二十四节气的校园课程设置，有利于激发幼儿学习中华传统文化的兴趣，也能够培养幼儿的爱国主义情怀、民族自豪感和归属感，继承发扬我国的传统文化。

（二）丰富幼儿认知经验

通过学习二十四节气，让幼儿在接触传统文化的同时，让传统文化观念更加深入幼儿的思想中，这对于幼儿的长期发展具有重要意义。在传统的教学过程中，虽然也让幼儿接触传统文化，但是通过开展二十四节气的活动，幼儿对传统文化知识能够有所扩充，同时也有效地培养幼儿的爱国主义情怀。

（三）发展幼儿健全人格

提高幼儿的审美能力和语言的敏感性。二十四节气蕴含丰富的文化价值，有着诸多的谚语儿歌、童谣古诗等，其中优美的文字与意境，对幼儿来说是一种艺术享受。因此开展二十四节气童谣童唱，让幼儿在感受意境美、语言美、情感美的同时，提高幼儿对自然美、社会美的敏感性。

二、幼儿园开展二十四节气活动的现状

很多幼儿园在二十四节气活动的方面展开得较少，重视度也相对不足，教学的重点都体现在其他方面，比如幼儿日常的角色游戏、阅读、绘画以及音乐等方面，忽视了对于节气传统文化方面的教育活动。因此幼儿园在展开二十四节气活动方面存在短板。很多教师在开展二十四节气活动时研究不够深入，有一些教师甚至对于二十四节气根本不太了解，特别是在传授课程的过程中缺乏实践性，使得科研探讨的内容不够充分，以至于在实施具体的教学活动中存在一些现实问题。

三、立春节气活动的价值分析

二十四节气是我国劳动人民长期对天文、气象、物候进行观测、探索、总结的结果，是我国劳动人民独创的文化遗产。它能反映季节的变化，对农事活动进行指导，影响着人们的衣食住行。二十四个节气蕴含着鲜明的中华传统习俗和深厚的文化积淀，有关二十四节气的诗词曲赋，无不鲜明地带有中华民族的传统特色，成为我国农耕文化的重要组成部分。

四、适合小班幼儿的立春节气活动

（一）文学

熊亮的《二十四节气》、王晓梅的《一本书读懂二十四节气知识》、许彦来的《二十四节气知识大全集》等出版物的内容都很适合小班幼儿。我们将这些图书中适宜的内容提取出来，内化于心，并选取相对应的图片做成 PPT，在班级内边播放边讲解。通过图片吸引幼儿的注意力，让幼儿在视觉盛宴中感受春天的美。

（二）饮食

春卷是人们立春时节经常食用的一种美食。我们会在课堂上播放南北方人民制作不同的春卷的视频，让幼儿在春卷诱人的色泽中感受这道传统美食。午餐时，我们还为幼儿提供了南北两方不同做法的春卷让他们品尝。我们还为幼儿提供了春卷的材料包，让家长回家后边教小朋友们学习包春卷，边和他们科普立春的知识。

（三）种植

我们组织幼儿到室外种植小麦和蔬菜等农作物，让幼儿在立春时节感受大自然的勃勃生机，提高实践能力，同时还可以通过种植活动，让幼儿感受到农民伯伯劳作的辛苦，更加珍惜粮食。

（四）音乐

通过带领幼儿学会《春天在哪里》《春晓》《小燕子》等描述春天的歌曲，幼儿在活泼的韵律、充满生气的歌词中感受春天。幼儿回家后，家长可以通过和幼儿玩拍手游戏，帮助幼儿记住歌曲的旋律，当幼儿能够独立唱完歌曲后，家长要及时鼓励幼儿，培养幼儿的自信心。

（五）艺术

带领幼儿去户外踏青，让幼儿通过拓印等方式记录春日的植物，这样不仅增长了幼儿的户外活动时间，还能够培养幼儿欣赏美、感受美的能力。拓印下来的作品，我们会让小朋友们带回家，并让家长询问他们户外踏青的感受，锻炼小班幼儿的口语能力。

五、家园共育小班立春节气活动开展的效果

通过家园共育，组织立春节气的活动，有效地提高了小班幼儿对于立春节气的认知，并协调了家长和学校的合作，在有效地提高教学效果的同时，提高了家长对于二十四节气的认知能力，对于后续展开传统文化教学等内容具有一定的现实意义。

六、家园共育小班立春节气活动开展的原则

在展开家园共育时，小班立春节日的活动需要遵从发展性原则、游戏性原则、渗透性原则、差异性原则和适宜性原则。幼儿园要积极展开对于二十四节气的活动教学，通过家园共育的方式让家长积极参与，并进一步提高家园共育的实践能力，也通过组织幼儿园各种周围的活动资源，让幼儿发现自然的秘密，体察风俗民情，真正发展具有创意性的二十四节气活动。

幼儿园开展劳动教育培养幼儿良好劳动习惯的策略

北京市昌平区南邵镇中心幼儿园 王 昱 门利艳

一、培养幼儿良好劳动习惯的意义

（一）借助游戏化方式，帮助幼儿形成劳动意识

我国著名教育家陈鹤琴先生指出："凡是儿童自己能做的，应当让他自己去做。"借助游戏的形式，幼儿在"玩"中劳动，在劳动中"玩"，使幼儿体验劳动的乐趣和劳动成果带来的快乐。劳动对培养和发展幼儿健康人格有着重要的意义，需要帮助幼儿建立正确的劳动观念，用语言、动作、行为去增强幼儿的自豪感、成就感，保护和尊重幼儿萌芽期间的劳动本能，进一步激发幼儿参与劳动的热情、积极性，从而帮助幼儿形成劳动意识。

（二）帮助幼儿养成良好的劳动习惯

良好的劳动习惯养成教育是促进幼儿全面发展不可缺失的部分。帮助幼儿养成良好的劳动习惯，能够促进幼儿为自我服务、为班集体服务，对幼儿的社会性发展起着重要的作用，同时可以改善因家长和老师过度包办代替模式而造成幼儿自理能力较弱等情况，使幼儿体、智、德、美、劳全面发展。

（三）借助多种渠道，指导家长科学育儿

借助微信公众号、家长会、家园栏等平台，向家长宣传专业的育儿知识，推荐家长阅读育儿书籍，帮助家长对幼儿建立合理的期待，改变家长的教育方式，与幼儿共同成长并树立正确的教育观念。通过在教育实践过程中进一步促进亲子互动、家园互动，从而帮助幼儿养成劳动习惯，增强幼儿自信心，帮助幼儿获得满足感，逐渐从不愿意到愿意做事情的方向发展。

（四）提高教师的专业能力

一方面，教师可以在实际工作中根据所学的专业性内容，在实践中不断去思考、研究、探讨开展劳动教育方面的策略与方法，同时根据《指南》中社会领域的目标，把幼儿劳动实践教育案例记录下来，为日后青年教师培养幼儿劳动习惯养成及幼儿社会性发展做好专业性的铺垫。另一方面，教师在参与课题研究的过程中，能够提升自身的教科研能力，从而提升幼儿园整体的教科研水平。

二、培养幼儿劳动习惯的原则

（一）兴趣性原则

兴趣是幼儿最好的老师，3—6 岁幼儿好奇心特别强，在幼儿做自己感兴趣的事情时说一些使孩子不高兴的话——"好了，好了，不用你帮忙了，你还小"，只会打击孩子对劳动的积极性，越来越缺乏对劳动的兴趣。正确的方法是针对孩子感兴趣的劳动要教会他们相应的方法，鼓励他们去尝试。

（二）幼儿身心发展规律原则

每个幼儿都是不一样的，年龄不同、性格不同、发展阶段不同，所以幼儿所具备的劳动能力也有所不同，例如，小班的孩子要从基本的拿勺子、洗手、漱口等开始，而大班的孩子可以开始学习难度大一些的整理床铺、帮老师摆放道具等。所以，开展劳动教育时应根据幼儿年龄特点、身心发展规律来安排适宜的劳动活动。

（三）循序渐进原则

好习惯是在日常生活中点滴积累形成的，在培养幼儿良好的劳动习惯时，不能急于求成，而要有计划、有目的地一步一步地实践。比如我们教孩子做值日，要先让他们了解打扫用具，然后教他们如何使用打扫用具、怎样用扫帚尖将细小的垃圾装进簸箕里，通过日积月累的训练，幼儿的劳动习惯便养成了。

（四）尊重个体差异原则

幼儿在同一个年龄段，在能力方面也存在个体差异，我们要尊重幼儿的个体差异，为幼儿选择适宜的劳动活动，给予他们劳动的机会，同时对幼儿发展不足的方面多给予锻炼和指导，提高幼儿的动手能力。

（五）任务推动原则

培养孩子良好的劳动习惯，不光要让孩子有兴趣、有热情、有参与劳动的机会，还要给孩子安排一些劳动任务，例如做小小值日生、整理衣物和玩具等，让幼儿在生活中有事可做，能够参与到劳动中去，从而增加孩子的满足感、自信感。

三、挖掘教育资源，寻找劳动教育活动的策略

《指南》中强调，珍视游戏和生活的独特价值，新时代的劳动教育是属于生活的，幼儿的认知和学习特点决定了劳动教育与幼儿生活的关联越大、距离越近，就越能引发幼儿的兴趣，他们在劳动过程中的学习也就越有效。

（一）从幼儿一日生活入手，挖掘劳动的教育价值

"生活即教育"，幼儿的劳动教育与一日生活息息相关。《纲要》指出，要把一日生活看作一个教育整体，让幼儿在生活中学习，在游戏中学习，学习联系生活、利用生活。因此，要把劳动教育渗透于一日生活活动中，引导幼儿从自身做起，从日常生活点滴小事做起。从幼儿一日生活中寻找适宜的劳动契机，帮助幼儿掌握生活的基本能力，帮助幼儿养成良好的习惯。

解决家庭中的"包揽"现象，给予幼儿自主做事情的机会，学会简单的生活技能，帮助幼儿树立初步的劳动意识，逐渐增强劳动意愿和生活自理能力。同时，幼儿也因得到老师及家人的认可，逐渐产生主动为他人着想、为他人服务，帮助老师、小朋友、家人的意愿并付诸行动，使幼儿得到锻炼的机会，体验劳动带来的乐趣、成功感和满足感。

（二）以区域游戏活动为载体，培养幼儿良好的劳动品质

幼儿园区域活动也是幼儿通过游戏获得知识技能的途径，在区域游戏活动中，通过劳动促进幼儿的学习与发展，幼儿可以自由表达意愿，发挥想象力、创造力。

因此，我们将劳动适宜地渗透到幼儿的区域活动中，幼儿通过区域活动进行游戏扮演、情景模拟、生活再现，同时在与周围环境、区域材料的相互作用中，与同伴的交流互动中学习到一些劳动技能，让孩子轻松自如地获得知识经验，同时也能培养他们养成良好的劳动习惯，使孩子们逐渐热爱劳动、乐享劳动。

（三）以四时田园为契机，搭建幼儿的劳动平台

一园一生态，一草一木皆课程。儿童是自然之子，是探索家、思想家和游戏者。我们的幼儿园拥有一个环境优美、生态自然的四时田园，能够让幼儿在春夏秋冬四个季节中感受不同农作物的生长变化，并借助依托二十四节气开展，让幼儿亲身体验播种、浇水与收获果实，组织幼儿在四时田园开展种植、采摘、艺术创作、科学探究等不同形式的劳动活动。幼儿通过照顾自然角的动、植物，体验劳动快乐，养成劳动习惯，分享劳动成果，使幼儿在动手、动脑的过程中爱上劳动。

(四)培养幼儿良好劳动习惯的家园共育策略

家务劳动蕴含着重要的“学习价值”，能够为孩子提供丰富感知、操作的机会，使孩子在各种劳动活动中获得认知发展，还能锻炼各种能力，帮助孩子养成良好的生活习惯，培养责任感和良好品质。

1. 家园共育转变教育观念，与幼儿园教育保持一致性

3—4 岁的孩子会出现语言、逻辑思维、人际关系等敏感期，和父母的语言交流也越来越多样化，躯干力量也达到了一定的程度。所以家长可以开始培养孩子做家务，全方位促进孩子的发展。

4—5 岁的孩子处于身份确认敏感期，具有丰富的想象力，热衷于各种“过家家”游戏。家长可以借助“过家家”游戏，把家务活动融入其中，还可以让孩子把做家务当成一种有趣的游戏。

5—6 岁的孩子脑结构已相对成熟，动手能力也开始平稳上升，家长可以在之前的家务基础上教孩子使用一些简单的家用电器，当然最重要的还是要提醒孩子安全使用。劳动教育离不开家庭与幼儿园的有机结合与支持，家庭与幼儿园必须同心协力，保持一致性。

2. 家长要严格要求自己，为孩子树立榜样

父母是孩子的第一任老师，孩子年龄虽小，但是善于模仿，父母的一言一行都会被他们模仿。所以在日常生活中父母要严格规范自己的言行，为孩子树立榜样。在要求孩子的同时也要进行自我审视，发现不足要及时改正，要用具体的行动来引导孩子，为孩子树立学习的榜样。

3. 创设良好的家庭教育氛围

父母要努力创设和保持一种和谐、愉快、互相尊重的氛围，幼儿在这样的家庭中才会感到温暖、愉快、稳定，得到爱心的熏陶，萌发自信心、上进心。与此同时，要创设整洁有序的家庭环境，培养良好的生活习惯。

4. 让幼儿在生活中反复练习增强劳动能力

在家也要给幼儿提供固定的劳动任务，通过反复练习，让幼儿掌握劳动技能，进行劳动习惯的培养，采用多种形式加强家园沟通，更合理、更科学、更有效地指导幼儿的劳动行为，充分调动幼儿的劳动积极性，通过家园共育更好地养成和巩固幼儿的劳动习惯。

5. 共同参与，寓教于乐

家庭方面：父母共同参与家务，可以让幼儿在耳濡目染中感受到积极的家庭氛围，鼓励幼儿学会更多劳动技能，帮助幼儿养成良好的生活习惯。例如：幼儿在家尝试自己洗袜子，但把家里弄得到处都是泡沫。家长看到后，为了避免麻烦，包办代替，使得孩子缺乏主动参与家务劳动的信心，打击了孩子做事情的积极性。

教师方面：在幼儿劳动教育实施过程中对幼儿进行劳动习惯培养时，教师应善于抓住生活细节。例如：幼儿在美工区进行艺术创作时，把桌面弄得脏兮兮的，到处都是颜料。教师看到后，没有生气，反而引导幼儿发现问题、解决问题。幼儿渐渐明白，要铺上桌布后再绘画，然后教师带着幼儿一起把桌布铺得很整齐。幼儿的自我服务是幼儿劳动意识萌芽的重要体现，教师应抓住幼儿的能动性和自主性，调动幼儿的积极性。

6. 量力而行，注意安全

各年龄孩子的动作技巧、认知程度和体力耐心均不相同。父母要让孩子做力所能及的事，以免孩子因挫折产生抗拒和畏惧心理。

家庭方面：家长们可以把幼儿在家劳动时的场景拍摄下来，在幼儿使用工具时提醒他们注意安全。幼儿在家想要帮助父母切菜时，可以使用未开刃的刀练习切黄瓜等，锻炼幼儿精细动作的发展。

教师方面：劳动教育蕴含在一日生活中，大自然中的劳动教育资源也不容忽视。陈鹤琴提出，大自然大社会是极好的活教材。例如：在开展“小小清洁日”活动时，为幼儿提供安全卫生的小夹子，教师和幼儿一起参与进来，佩戴好口罩、手套，带领幼儿体验劳动的辛苦，丰富幼儿的认知，提高幼儿的理解水平。让幼儿通过自身的服务感受劳动的意义和价值，使劳动教育落地生根。

7. 保持耐心，多给鼓励

“多容忍，少责备”，培养孩子做家务的习惯需要时间和耐心，唯有愉快、自主自发才能达到教育的效果。例如：幼儿想帮助妈妈拿碗筷，却不小心把碗摔了，此时家长不应责备，而应安慰幼儿，鼓励幼儿，并再次鼓励幼儿帮助妈妈摆放碗筷，幼儿完成后，家长要对幼儿及时进行赞美。

劳动育爱，劳动育美，劳动育责，让我们一起用勤劳浇灌劳动之花，以信心采摘劳动之果。让我们一起践行以劳树德，以劳强智，以劳育美，以劳创新，从现在开始，从小事做起，从自身做起，在劳动中积蓄成长的力量，用实际行动争当新时代的劳动小能手，享受劳动的快乐，劳动最光荣！

生活中的本土美术资源伴随幼儿全面发展

北京市延庆区第五幼儿园　郑　婕

立足《纲要》《指南》，立足延庆地域文化，以“如何利用生活资源开展幼儿园创意美术活动的实践探索”课题为核心，以生活资源为素材，以美术教育为纽带，将美术教育渗透于幼儿的一日生活之中，让美育装点生活，让生活更加美好。

一、学习研究理论，提高研究实效

研究生活教育理论将生活教育资源分为自然生活资源、社会生活资源两部分，全面挖掘生活教育资源；关注环境创设的趣味性，关注活动设计的开放性，关注幼儿成长的能动性；通过先行梳理有利于课题研究的学习内容，教师分组，自主学习《生活资源利用的途径与方法》《生活资源在课程利用中的现状及价值》等大量文献和美术课题组集体学习两种方式相结合，明确生活资源范畴、课题研究方向，提高教师美术理论基础。利用区级基本功理论比赛，以赛代训，全员掌握艺术领域目标、内容、年龄特点等理论。

二、创设艺术氛围，丰富生活资源

(一)全面收集生活教育资源

园所创设了生活资源收集箱，收集后的材料能够由幼儿进行分类。每个班结合本班一特、主题丰富班级资源种类，体现层次性、探索性。充分利用家长资源，让家长利用周末带孩子到公园收集适合幼儿操作的松塔，间接提升亲子之间的互动和关系。

表 1 美术教育资源分类一览表

类型	内容
废旧物资源	小班：瓶盖类、光盘类、纸盘类、纸杯类、纸箱、油桶、纸袋、轮胎、奶粉罐、易拉罐、废旧玩具轮子等 中班：瓶子类、纸盒类、包装袋类、鞋子类 大班：纸盒类、纸筒类、瓶子类、棍棒类、服装类等
自然资源	小班：石头、泥巴、葫芦、砖头、瓦片、叶子、南瓜、水果等 中班：泥巴、石头、叶子、玉米芯、丝瓜等 大班：石头、泥巴、种子、高粱秆、玉米皮、野花壳、树根、刨花
生活资源	衣物类：布料类、绳线类、纽扣类、其他 包装类：木质类、金属类、玻璃类、纸品类、塑料类 玩具类：塑料类、金属类、布料类 餐具类：金属类、陶瓷、塑料、其他
文化资源	古建筑、民间艺术、美术作品、现代视觉影像艺术、现代建筑及装饰等
社会资源	周边社区、敬老院、新华书店、地质公园等
网络资源	局域网、校园网资料库
地方资源	美食类(延庆特色美食：火勺、火盆锅、炒傀儡、莜面鱼等)、景物类(长城、古崖居、龙庆峡等)、建筑类(紫光宝塔、雕塑等)
节日资源	春节、儿童节、妇女节、劳动节、中秋节、端午节、国庆节等
辅助材料	小班：面泥、宣传纸、及时贴、各种颜料等。 中班：果壳、种子、面泥、骨头、软电线、糖纸、彩色包装纸等 大班：废旧纸类、麻袋、蛋壳、铅笔屑、锯末、冰棍棍、毛线、布头、奶箱提手等
教师的美术专业技能与特长	剪纸、绘画、泥塑、拓印
园所内外环境的创设	每班一特一色一研究、公共环境幼儿作品展示与环境装饰、名画欣赏与幼儿作品欣赏环境等
公共区域活动	美术坊、木工坊、肥皂坊、泥塑坊等

(二)创设创意表达的艺术氛围

为了更好地将生活资源的开发与利用落在实处，切实促进幼儿创造力的发挥，每班一特，如玉米皮粘贴、麻袋绣、黄泥制作、瓶子艺术等，为幼儿提供了一个随时收集、随时创作、随时节约的良好氛围。

积极创设展示空间，为孩子的艺术欣赏、展示提供充足的场地。通过创意表达作品，使幼儿作品展示的空间更加广阔，比如小班美工区为幼儿创设“我为米奇穿衣服”的创作情境。

三、充分利用资源，萌发创意灵感

(一)生活资源变废为宝

充分挖掘各种生活资源，变废为宝；延展生活资源的形态与情态，提升师幼的想象力和创造力。结合小班幼儿的年龄特点和学习方式，利用蔬菜横切面拓印花朵、用丝瓜瓤拓印围巾；选取玉米芯为主要材料，并对玉米芯进行加工，运用到幼儿的玩色活动中，有的幼儿将其制作成长短不一的滚轮，幼儿蘸上颜料在涂鸦墙上滚色，还有的制作成了小印章，幼儿蘸上颜料后拓印，给雪人穿花衣；用玉米皮制作狮子的鬃毛；等等。

利用我园种植的葫芦作为拓印工具，把葫芦横着切开、竖着切开后形状是不同的。葫芦竖着切开的形状非常有趣，小班幼儿给葫芦画上五官，再利用废旧物为葫芦添加上头发、帽子、衣服，一个活灵活现的葫芦娃就出现了，幼儿从中获得了成功感。利用生活资源牙刷、丝瓜瓤、高粱穗等表现一簇簇的花，用毛笔、印章绘画不同的花瓣。大班幼儿利用松塔和石头，通过观其形，辨其色，分拣出较为漂亮的，并把松塔、石头根据大小、颜色等分类放置。利用废报纸、塑料瓶、石头、乳胶、水粉等材料进行纸浆造型画的活动。

(二)充分利用地域资源

金秋十月，幼儿园里的海棠树结满了红红的果实，幼儿在直接感知、实际操作、品尝中认识海棠果，用捏泥、团纸的方式表现海棠果；知农园里的小兔子为幼儿提供了观察、触摸、实践的真实资源，幼儿用棉花表现小兔子的毛，用简单的线条画下小兔子爱吃的食物；充分利用尚美园和冰场资源，让幼儿感受冬天的美，用自己喜欢的方式大胆地表达自己认识的冬天。

利用延庆地域资源松塔和夏都公园的雕塑，进行松塔主题雕塑设计图的绘制。世园会是延庆的地域特色，课程融合了地方资源——小麦秆，使得地域特色更加明显。在主题创设中作为房顶装饰部分性地呈现，让孩子们在美工区进行麦秆创意画，创造出“小麦穗”“我爱的世园会场馆”等作品。

四、拓展创作空间，体验创作快乐

利用美术坊、鲁班坊、泥塑坊、肥皂坊、农耕坊等专门的艺术活动室，为幼儿提供自然、和谐的艺术土壤。在美术坊中结合幼儿年龄特点开展活动，例如，会跳舞的线、叶子粘贴、叶子装饰、小瓢虫。结合季节开展教育，和孩子们共同走进尚美园，通过找一找、看一看、摸一摸的形式了解叶子的主要特征、颜色变化。用酸奶盒制作展示区，在可利用的墙面上粘贴制作香皂的照片，针对不同年龄段的孩子选择不同的学习方法。这些不仅能激发幼儿的学习兴趣，还能发展幼儿的注意力、观察力，促进幼儿小肌肉群的发展及手眼协调能力。

五、搭建展示平台，提高指导能力

利用2020年北京市乡村园长能力提升培训项目，延庆工作坊学员们走进我园，针对美术活动的组织及教育教学活动进行观摩和研讨。指导小班教师陈冲开展美术活动“圆之舞”，根据小班幼儿的年龄特点和学习方式，为幼儿创设小鱼吐泡泡的游戏情景。让幼儿在动静交替中用不同的工具进行拓印。孩子们在欣赏名画的过程中，感知得不是特别清晰，但孩子们能够观察到泡泡是五颜六色的，是圆圆的，有的大，有的小，还能根据自己的兴趣选择自己喜欢的工具。指导大班教师刘雯雯开展美术活动“手掌画变变变”，孩子们根据手掌的旋转、组合、变化，并能用添画的方式大胆创作，通过感受手掌画的有趣与多变，在欣赏中获得快乐。

六、转变教育观念，以幼儿为本

转变教师教育观念，材料的选择、美术活动内容的选择都应结合幼儿的兴趣，贴近幼儿的生活经验，尊重幼儿，注重在活动中激发幼儿感受美的兴趣，提高幼儿欣赏美的能力，鼓励幼儿表现美的创造。将游戏化的语言和情景引入到美工区中，如：在幼儿练习团球的过程中，给幼儿设定一个环节，给小动物喂糖球，给它们制作各种口味的糖球，大小不一但要适合小动物的嘴巴，不要卡到它们的嗓子。幼儿在轻松、愉快的游戏情境中进行玩泥的基本技能——团球的练习。经过教师的引导，幼儿对于玩泥的兴趣有了提高，并且能够不断地尝试团球、搓条、压扁、捏等。

幼儿园美术教育应回归幼儿真实的生活世界，今后我将继续让幼儿回归生活、走进生活，使幼儿在兴趣盎然中获得艺术智慧的成长、身心的和谐发展，用生活中的艺术之美点亮童心。

幼儿良好进餐习惯的研究

北京市延庆区第五幼儿园　王晓娜

一、幼儿不良进餐习惯的基本表现

现在的小孩子都是家里的“小太阳”，受到过多的关注与呵护，幼儿不良的行为习惯也随之产生，不良进餐习惯就是幼儿常见的问题。在幼儿园工作中，我们对幼儿的进餐活动进行了长期观察，通过观察发现，幼儿进餐习惯存在许多普遍的问题，如有些幼儿自理能力较差，缺乏独立进餐的技能，在进餐过程中常表现出被动、不积极，进餐过程中不愿自己吃饭，等着老师或阿姨来喂；偏食、挑食现象严重，而且饭量较小，总喜欢用手直接将不喜欢的菜抓出来扔掉；卫生习惯差，很多幼儿都不能积极配合做好餐前准备，如餐前不洗手，进餐时看见桌子上的食物直接就用手抓取；有些幼儿吃饭不专心，喜欢说话，爱和同伴打闹，注意力分散，饭菜含在嘴里不下咽，导致进餐速度过慢。这些都是幼儿常见的不良进餐习惯，对幼儿健康成长极为不利。

二、幼儿不良进餐习惯的养成原因

1. 家庭教养方式落后

家庭的教养方式会直接影响幼儿的情感态度、个性、价值取向及行为习惯，溺爱型的家庭就容易导致孩子不良进餐习惯的养成，造成幼儿不能独立进餐且进餐速度慢。

2. 家长的进餐习惯不良

家长自身不良的进餐习惯也会在不知不觉中影响到幼儿，家长在孩子面前表现出对某些事物明显的厌恶感，会让幼儿也不愿意进行尝试，从而造成孩子的挑食行为。还有的家长平日喜欢吃零食，还肆无忌惮地放纵孩子一起吃，从而影响了幼儿对正餐的食欲，造成幼儿的厌食行为。

三、幼儿良好进餐习惯的培养策略

1. 增强教师对午餐的重视，加强教育

教师在回答家长提出的关于幼儿午餐的问题时，往往都会给出这样的答案，那就是幼儿午餐进食情况很好、吃了很多、自己吃、吃得很香等。事实上，教师也许根本就没有关注到被问孩子午餐的具体情况，为了应对家长，教师的回答很多时候是存在水分的，出现这样的问题在于教师对幼儿午餐问题的重视程度还不够。教师对小班幼儿午餐的重视程度应该有所提高，这对帮助解决小班幼儿午餐问题有着重要的作用。

幼儿的年龄特征决定了幼儿园的生活游戏与学习是分不开的，教师如果可以顺应这一天性，把教育内容寓于游戏当中，实行课程游戏化，教育效果将事半功倍。教师可以借助游戏创设相应的情境，暗示幼儿哪些进餐行为是不规范、不文明的，然后让幼儿以游戏的形式开展规范的进餐活动，从而在游戏中对进餐的常规产生新的认知，并将这种认知延续到日常进餐活动中。

为了让幼儿们认识到哪些行为是不良的进餐习惯，教师用照片的形式记录了几位典型幼儿的进餐过程，并要求幼儿仔细观察图片进行角色扮演，把场景再现。同时，教师选了一位平时吃饭不认真的幼儿当“老师”，对游戏中进餐习惯不好的幼儿进行教育。游戏开始了，幼儿们学着照片开始表演了。只见有的幼儿刚上完厕所就跑去吃饭了，“老师”马上就喊他：“洗手，洗手，脏兮兮的小手洗干净再吃饭!”有的幼儿边吃饭边东瞧瞧西看看，看到有意思的还要说几句，“老师”马上到他面前对他说：“吃饭要保持安静，细嚼慢咽然后吃下去，不要看来看去!”有的幼儿把不喜欢吃的菜和吃不完的米饭挑到桌面上，弄得乱七八糟的，“老师”看到了又说：“不要挑食，每种饭菜都有不同的营养，都爱吃才能健康长大!”……在角色扮演中，这位不认真吃饭的幼儿通过不断地操作、重复指导他人，记住了良好的进餐规范，并延续到今后的进餐过程中，逐步内化为自身的良好行为规范，达到了幼儿在玩中学、学中玩的效果。

2. 发挥环境的暗示作用

环境对人的发展往往起到暗示性的作用，特别是幼儿期，孩子们以具体形象思维为主，因而更容易受到环境的影响。在幼儿午餐教育中随处可见由教师精心创设的环境，对幼儿产生潜移默化的影响。教师可以充分利用环境的暗示作用进行午餐教育，重视物质和精神环境创设，为幼儿营造轻松愉悦的午餐环境。

对于挑食的幼儿，教师要进行启发诱导，从幼儿的心理与兴趣出发，比如进行故事启发、游戏引导；巧用体态语、无声的交流等进行精神环境创设。在环境创设时，教师可以通过图片给幼儿进行暗示，让幼儿知道该怎样去做。比如，在幼儿的餐桌上张贴正确使用碗勺的图片，给幼儿讲述有关正确进餐习惯的小故事等。这些简单的环境往往能为幼儿学习良好进餐习惯提供很大的暗示作用。

3. 发挥家园共育的作用

幼儿良好进餐习惯的培养不仅要依靠幼儿园的力量，还要依靠家长的力量，在反复练习巩固中加快良好进餐习惯的养成。教师与家长的沟通交流要及时且积极，可以请家长给孩子树立榜样。家长要在幼儿进餐之前提出明确的要求，切忌过分迁就幼儿，当然对幼儿一些合理的进餐要求可以适当满足。教师要鼓励家长培养幼儿独立吃饭的意识，促进幼儿独立性的发展。对于有所进步的幼儿，教师和家长应相互沟通和交流。幼儿良好进餐习惯的养成需要循序渐进，更需要加强家园合作，这样才能更加行之有效地改正幼儿进餐中的不良习惯，促进良好进餐习惯的形成。

正正在刚开始入园时，与同伴们的交往几乎没有，也不愿意与老师沟通，在进餐时连勺子都不会用，经过老师手把手教，才慢慢地学会了用勺子吃饭，但学会了用勺子后，舀起一口饭后含在嘴里总是不吃。在与正正的父母沟通后得知，正正在家时的用餐习惯并不好，都是爷爷奶奶在喂饭，爷爷奶奶很疼自己的孙子，为了哄正正吃饭，一边把电视打开一边喂。这样边看边吃中正正才得以把一餐饭给吃完，殊不知这样的进餐形式分散了正正的注意力。长此以往，对幼儿的行为发展极为不利，直接导致了幼儿的三心二意、不认真，无法专注于该做的事。通过家园沟通，我让正正家长在家时关掉电视，拿走玩具，让正正坐在餐桌上和家人一起吃饭。在幼儿园时，我也经常帮助并鼓励正正学着专心吃饭，并时刻提醒他饭嚼碎了以后就咽下去。在家园的合作努力下，正正逐步学会了自己吃饭并加快了速度。

四、结语

不同的幼儿有不同的个性、成长环境和经历，因此表现出复杂多样的进餐习惯，教师要究其原因，有针对性地纠正不良进餐习惯。教师应该加强与家长的沟通，加强与家长的合作，同时在园内开展适合幼儿兴趣特点的良好进餐习惯培养策略，尊重幼儿的主体地位，调动孩子的主观能动性，让幼儿在娱乐活动中学会正确的进餐方式，并逐步内化为自身的良好习惯。进餐习惯关乎孩子的健康，是成长中的一大要事，让我们一起关注孩子的进餐问题，帮助幼儿养成良好的进餐习惯，为健康人生奠定基础！

小班泥工活动中培养幼儿创造力的实践与研究

北京市延庆区第三幼儿园　张　芳

3—6 岁年龄阶段的儿童，小肌肉群正处于很幼嫩的时期，思维阶段也是从直觉行动思维迅速向具体形象思维发展过渡，这时候他们最需要、最适合的就是大量手眼结合的运动。幼儿泥工活动是美术活动的一种形式，利用橡皮泥、泥巴、面团、彩泥等质地较为柔软、可塑性较高的材料，让幼儿通过简单搓、团、压、捏、拉等手法，创造出自己喜欢的造型，大大锻炼了幼儿手部小肌肉群的发展。

《纲要》中指出，3 岁左右的幼儿美术创造能力基本处于“涂鸦期”，他们喜欢随意玩泥。通过玩泥的游戏活动，尽可能多地让幼儿接触各种易于使用的工具材料，喜欢操作这些工具和材料，逐步掌握它们的用法，进行自我表现。《纲要》中“艺术”部分还明确指出，丰富幼儿的感性经验和审美情趣，激发他们欣赏美、表现美、创造美的情趣，提供自由表现的机会，鼓励幼儿用不同艺术形式大胆地表现自己情感、理解和想象，尊重每个幼儿的想法和创造，肯定和接纳他们独特的审美感受和表现方式，分享他们创造的快乐。

创造力，是一个充满无限魅力的字眼。人类历史，就是人类创造世界的历史，就是人类不停地进行创造，从而不断进步、发展的历史。可以说，人类文明的源泉就是创造。玩泥是孩子的天性。一团团彩泥在孩子们手中变换着，泥工教学结合多种感官，通过眼、手、脑的并用去开发幼儿的智力和创造力，使他们能在各种生活体验中迸发出灵感，创造出新的事物，是创新思维、发展能力的有效途径，是最能锻炼孩子动脑筋的一种创作方式。他们将心中美好的事物通过泥工的制作，以立体的形式表现出来，让思维产生兴趣和冲动，在兴趣和冲动中开始创作游戏。因此，我们在教学中应该时刻注意培养幼儿的想象力，使他们思维活跃，想象丰富，富有创造力。作为教师的我一边汲取营养，一边进行实践和研究。

一、以趣味的情景引导幼儿掌握玩泥的基本功

1. 情景活动中，练习基本泥塑方法：团圆和搓长

小班幼儿初期，孩子的行为并没有明显的目的和意识，只是纯粹地玩耍。他们用小手紧握彩泥，拍打彩泥，在玩耍的过程中享受彩泥的触感和彩泥造型的变化。在泥塑活动中，团、搓是玩泥工要最先掌握的，团圆、搓条是泥工造型的最基本的方法，由于孩子手部的小肌肉群还不发达，所以孩子不可能一下子就搓得很好，需要反复地练习，但是单调的练习又太枯燥了，不符合小班幼儿的年龄特点。所以，针对小班幼儿的年龄特点，让孩子们在游戏情境中进行，激励他们自主去玩，大大提高了他们的兴趣。例如：刚开始玩泥，我告诉孩子们，我有一个神奇的东西，特别好玩，它通过你的小手，可以变成你自己喜欢的东西，然后分给每个孩子一块彩泥，让他们自由地玩一玩，感受彩泥的神奇。

2. 将彩泥变形，引导、鼓励幼儿进一步创新

将“球”用掌心按压成“扁圆”，变成“大饼”，用大拇指在中间按压下去变成“小碗”；将

“条”一圈圈地盘起来变成“棒棒糖”“小蜗牛”；两根长条一起拧成“麻花”等，引导幼儿使用工具切割，压扁，拓印，再进行装饰，这样循序渐进地学，简单、形象，孩子们不仅掌握得快而且喜欢学，真正体现了在学中玩，在玩中学。

3. 收集废旧材料，添加辅助材料，使作品更加丰富形象

由于小班幼儿年龄小，一些精细的东西不会做，添加辅助材料在一定程度上帮助幼儿解决了这个困难，也使作品更加美观，进一步激发幼儿玩彩泥的兴趣。如在区域里投放吸管、雪糕棒、扣子、纸盘子等。将做好的棒棒糖头部用吸管穿起来，变成一根根的棒棒糖；在做好的刺猬身上插上一节一节的吸管当刺猬的刺，用扣子当刺猬的眼睛；做蛋糕时，在蛋糕上插上一把小伞，放上几颗花形小扣子，使蛋糕变得更有食欲。这种操作简单，只需要稍加动脑，便使孩子们的作品更为形象了。孩子们也喜欢摆弄这些辅助材料，有了自己的小创意。记得有一次，曦曦就从美工区里拿出了一个透明的塑料纸杯，又拿出红色彩泥，把彩泥装到杯子里，用手压了压，又用手团了一些白色的小圆球，当成冰激凌上的椰子粒，找来吸管，插在上面，还找来一把小伞插进去，她说这是她自制的草莓冷饮，高兴得不得了。我也给她竖起了大拇指。

二、选择贴近幼儿生活的活动，鼓励幼儿大胆操作

从生活中最熟悉、最简单的物体入手，让孩子掌握单个形体的基本捏法。模仿不是创造，要促进孩子创造力发展就要少给他们提供模仿范例。

我们每个月根据季节的特点，都会有不同的主题活动，比如十二月主题活动“我和图书交朋友”，孩子很喜欢图书里的小动物，他们就会捏自己喜欢的小动物；在三月主题活动“关于爱”中，他们就会去美工区做花，送给自己的亲人等。我根据幼儿的年龄特点，制定了泥工的目标。根据主题内容选择幼儿周围熟悉的、适宜的泥工教学内容。例如在四月的主题“春天真美丽”中，开展了泥工教学“小蜗牛”“小刺猬”“毛毛虫”等，让幼儿在玩泥中了解动物的基本特征和生活习性。所以，灵活运用教育技巧，激发孩子的思维和创造力的发展，即猜测孩子在想些什么，琢磨出他们的思维处于什么阶段、思维活动中还存在什么矛盾。唯有如此，教师才能根据孩子思维的特点进行相应的指导，鼓励幼儿自己进行创作。

三、让彩泥制作的成品丰富区域活动

1. 提供丰富的材料，发展幼儿的创造力

丰富的泥资源使区域活动蕴藏了更多的智慧和活力。孩子们在玩的时候发现缺少很多材料，比如娃娃家里宝宝缺少食物，水果也不多，想给宝宝过生日，没有生日蛋糕等；积木区里搭高楼，想让小动物住进去，但没有小动物，草坪上没有花朵；表演区没有她们喜欢的项链。在区域活动中为幼儿提供充足的材料，使其可以张开想象的翅膀大胆地、无拘无束地去构思、去创造。

2. 由简到繁，不断创新

让孩子将各个单一的形状有机地组合在一起，并且配上一个动听的故事。孩子是天生的艺术家。他们稚嫩而新颖的创造性表现需要教师以真诚、喜悦之心去发现、去接纳、去欣赏，更需要引导他们不断地创新。因此，展示个性、崇尚创新是发展的永恒主题和本质内涵，孩子在制作过程中自由地、创造性地表现自己的想法，通过双手将自己的想象变成具体成果，体验成功的喜悦。

3. 多讲评，多展览，多参观

孩子喜欢展示自己的成果，因为这些活动成果是自己创作出来的，我会把孩子的作品拍成照片，在集体讲评时，给孩子们展示。自己的创作最能体现自我的价值，通过分享展

示，从而使他们获得真正的满足感、自豪感。可以带着小班的孩子去参观中、大班哥哥姐姐们的泥塑作品，让他们开阔自己的思维，更好地激励孩子去创作。

四、研究中的收获

俗话说得好，“要先会爬才会走”，孩子有了一定的技能和经验，才能更好地去创造。幼儿将学到的知识自由广泛地运用后，就能使自己的想象力、创造力得到极大的个性化发挥，只要我们老师不断地尝试、细心观察、总结，就能找到更多引导小班幼儿学玩泥工的有效方法，使孩子在玩泥工中能更好地提高手指的精细活动能力、观察能力、思维想象能力和创造能力。

信息技术助力幼儿园安全管理工作

北京市延庆区第三幼儿园　吴国亮

幼儿园是众多孩子集体生活的场所，安全问题牵动着幼儿家长的心，关系到广大幼儿的健康和生命安全。近年来，幼儿园安全事故频频发生，对幼儿的身心造成极大的影响，不利于幼儿健康地成长。要想杜绝类似事件发生，幼儿园必须注重开展安全管理工作，综合分析发生安全问题的原因，采取相应的安全防范措施，不断完善安全管理制度。而现有的信息化技术手段，对幼儿园的安全工作起到了极大的助推作用。

结合近几年全国发生的幼儿园安全事故，我认为，在安全管理工作中，主要存在以下四个问题。

1. 幼儿园技防设施不健全，存在安全隐患

在一些幼儿园，由于没有技防设施，导致在安全管理中存在安全隐患，在出现安全问题时，不能快速准确地做出反应，从而出现安全事故。比如，公共活动区及食堂的视频监控系统、大门的门禁系统以及消防系统等设备的缺失，使幼儿园存在着不小的安全隐患。

2. 教师往往把幼儿的教育放在首要位置，不重视安全问题

不仅是幼儿园的教师，甚至是幼儿园的管理者大都安全管理意识薄弱，甚至对一些基本的安全管理知识都不了解。这就导致了幼儿园的工作直接转变为幼儿的教育，而不包括幼儿的安全管理工作方面。

3. 幼儿缺乏自我保护意识

幼儿园的孩子身心处于明显的未成熟阶段，动作协调性差，识别危险和自我保护能力差，好奇心强，缺乏生活经验，无法预见自己行为产生的后果，极易发生安全事故。如幼儿在奔跑时，不知躲闪迎面而来的人或车；幼儿随意触摸电源插座；幼儿不知道在滑梯上推小朋友会出现什么样的后果等。幼儿自身体质特殊或疾病突发，也会导致危险的产生。

4. 安全工作宣传不到位，形式单一

父母是孩子的第一任老师，在幼儿的安全教育上，家长过分依赖幼儿园，未能形成幼儿园、社会和家庭三结合的教育管理网络。由于缺乏足够的安全知识宣传，父母错误的安全观念为幼儿安全埋下了隐患。如家长为孩子扮“酷”，穿大号鞋、紧身裤，造成孩子因活动不便导致摔跤等。有的家庭教育与幼儿园教育严重脱节，家园缺乏足够的沟通，教师没有进行特殊防范和相应的教育，从而导致安全事故的发生。

针对以上幼儿园安全管理中存在的问题，结合我园在安全管理中的经验、信息技术的发展，可以有效解决安全管理中的不足，有效提升幼儿园的安全管理水平，丰富教育内容，

给幼儿园带来安全保障。

1. 利用信息技术，建设智能化安全系统

近几年，幼儿园的技防监控系统越来越受到社会重视。通过多渠道收集幼儿园行政管理人员、教师、家长以及致力于安全的信息化企业的建议，并结合幼儿园安全工作实际、新时期安保形式需求与互联网思维，我们建立了一键式紧急报警系统、消防监控系统、门禁系统、监控系统等。监控系统的建立，确保幼儿园户外活动场地、楼道、专室、幼儿活动室和睡眠室等重点部位和部门处于24小时监控中，通过对幼儿园安全的监控，不仅能够展开幼儿园的安全管理，还能保障幼儿的安全成长。一键式紧急报警系统与属地接警中心联网，互联互通，遇到暴力等紧急情况，第一时间给幼儿园提供警备力量。消防系统在遇到火灾时会立即报警，第一时间明确位置，进行灭火，为教师及幼儿的逃生争取时间等。这些信息技术的应用，在原有人防、物防的基础上，让幼儿园的安全工作更为立体化，让教职工和家长真正体验、认可信息技术提升了幼儿园安全防范水平，助推幼儿园安全管理工作适应新趋势，迈向新台阶。

2. 利用互联网资源对教师进行安全教育，增强全体教职工的安全意识

互联网为我们提供了丰富的资源，我们应充分利用互联网资源来全方位地加强幼儿园的安全教育工作，利用网上资源，教师主动学习安全防护的知识，全面掌握安全常识，明确自身的管理职责，清楚安全管理的重要性。教师提高了安全意识，将安全教育与教学活动相结合，以游戏或是演习的形式使幼儿懂得自我保护，幼儿在潜移默化中形成自我保护意识，懂得安全保护知识。并通过开展以安全教育为主题的教学活动，增强幼儿的安全意识，也加强了教师的安全意识，使教师更加注重对幼儿进行安全管理，努力做好安全管理工作，实现安全教育的最终目的。

3. 信息技术提升幼儿安全教育质量

幼儿园教育需要根据幼儿的心理和生理特征，对幼儿的安全教育需要注重结合图像、文本、声音、视频，调动幼儿的感官，让幼儿将手、眼、脑、口等多方面结合起来。在信息技术的应用下，教师能够借助动画、音乐等赋予安全教育形象化、生动化的特征。这样才能做到从教学内容到教学方法，都能和幼儿的身心特征相吻合，才能保证幼儿园的安全教育得到良好的效果。在应用信息技术的基础上，幼儿园能够实现整合和共享教学资源，各个教师之间能够分享教学经验，让教学内容得到扩展和深入。

通过应用信息技术，能够让枯燥的安全教育活动变得更加丰富和生动，能够让幼儿进入教学情境中。在教学情境中，幼儿的学习积极性得到提高，安全教育的重点能够在信息活动中得到传输。

4. 利用互联网技术，丰富安全知识宣传途径

互联网技术丰富了安全知识宣传途径。微信公众号平台的建设、内部局域网的搭建将信息技术融合到安全宣传教育中，实现信息资源的互享共融；将安全制度、文件通知、案例视频、活动方案、图片教具等通过互联网分发到教师手里，内容应有尽有，将以往较为单一的宣传教育手段多样化，提高了安全教育的实效性。

幼儿园安保干部通过互联网得到资源，认真分析全国各地发生的幼儿园安全事故，制定相应的安全管理对策，开展安全管理工作，然后通过微信公众号加大安全防护知识的宣传力度，定期总结安全管理工作的经验，不断完善安全管理措施，通过互联网积极向幼儿家长宣传幼儿自我保护的方法，促进家园共育，使幼儿形成自我保护意识，对可能发生的安全问题做好充分的应对准备，避免幼儿发生安全问题，全面促进幼儿身心健康成长。

综上所述，幼儿园要充分将信息技术与安全工作深度融合，利用信息化手段加强安全教育，积极开展安全管理与宣传工作。管理干部与教师要认识到安全管理的重要性，制定一套安全管理制度与预案，不断增强教师的安全管理意识。同时，家长要配合幼儿园做好安全管理工作，共同努力构建安全幼儿园，避免发生安全问题，从而保证幼儿健康快乐地成长。

做智慧父母，让孩子喜欢沟通与表达

北京市清华洁华幼儿园　边亚华

孩子从出生起，就通过语言、表情、肢体等与父母相互传递情感、认知、态度等方面的讯息，沟通把亲子紧密地连接在一起。随着孩子的成长，亲子之间的沟通会因父母的教养方式、孩子的年龄特点和性格发展、成长环境等因素变得复杂起来。究竟怎样才能建立良好有效的亲子沟通，让孩子喜欢交流，主动表达自己内心的想法呢？

一、给孩子足够的爱，让孩子产生强大的信任感

孩子需要父母足够的、无条件的爱，这样的爱会让孩子产生安全感，建立起牢固的信任基础。这种无条件的爱有三个层次：第一，父母要尊重孩子的存在，要让孩子感受到爸爸妈妈都深深地爱着他，感受到因为他的出生整个家庭更加幸福；第二，接纳孩子的一切，要让孩子感受到父母的爱不会因自己的优秀或者不够优秀而改变；第三，了解孩子的真实需求，真正懂孩子的父母才会受到孩子真心的喜欢和信任。孩子虽然小，但他们有独立的思想，会从父母的态度、表情、语言中感受到丰富的信息，会用自己的思维去解读父母传递给他的信息，也会针对这些信息做出自己的反应。只有当儿童从他自己的角度感受到父母满满的真心实意的爱，孩子才会信任父母，和父母成为无话不谈的朋友。因此，作为成人，我们要注意不是要让我们自己觉得给予了孩子足够的爱，而是要让孩子从他的角度感受到父母足够的爱。这该如何做到呢？日常交流中要注意以下三点：

1. 夫妻之间、亲子之间的关系要幸福和睦。要把幸福和对彼此的爱意、关心经常性地表达出来。比如，爸爸、妈妈、宝宝会经常幸福地拥抱，会彼此夸赞，经常一起运动、旅游，分享有趣的事情等。

2. 父母要通过语言、肢体动作表达对孩子的爱。比如，通过语言“我爱你”“有你陪伴，爸爸妈妈真的好幸福”“我们是幸福的一家人”表达；也可以通过拥抱、亲吻等动作表达；还可以通过生日、一家人特定的节日等有仪式感的活动来传递爱。

3. 避免比较、否定和消极的语言或评价。多发现孩子纵向成长的进步，用肯定、鼓励的语言描述孩子的进步。两种不同的语言模式和评价方式对孩子成长的影响是巨大的，让孩子在父母爱和鼓励中成长，孩子才会悦纳自己，成为阳光自信、喜欢沟通的孩子。

二、父母要学会沟通的技巧

父母的爱是孩子产生信任感的基础，也是让儿童喜欢沟通、愿意表达内心想法的最根本的条件。在此基础上，父母还需要学会沟通技巧，这可以让亲子沟通更加顺畅、舒服、有效。作为父母，需要掌握哪些沟通技巧主要有以下四个方面。

1. 学会倾听，对孩子的主动交流给予支持性回应

做一个“好听众”或“好观众”非常重要。孩子在向你表达情感或展示自己的时候，一定要全身心和孩子互动交流，认真听他讲话，记住内容，并能给予支持性的回应。比如：蹲

下或搂着孩子，听他讲故事，听他说幼儿园发生的事情，并通过点头等方式表示回应，过程中也可以提出问题和孩子讨论，或当孩子讲完之后阐述孩子的内容并提出你的感受，如："宝贝，你想说的是阳阳抢走了你正在看的书，你很生气，但你想出了一个好办法，用他最喜欢的恐龙玩具换回了书，然后你俩都很开心，对吗？妈妈觉得这件事情你处理得非常好，书被抢走了是一件很不开心的事，但你没有一直生气，而是积极地想办法解决这件事情，非常棒。更棒的是你还了解阳阳喜欢恐龙，用恐龙换回了书，最后你俩都很开心，说明你解决问题的办法是非常成功的。遇到问题能想办法解决，妈妈觉得这件事你做得很了不起！"就像这位妈妈一样，当孩子展示自己，或者和孩子进行游戏、亲子共读等活动时都要全神贯注，积极支持回应，不可敷衍了事。

2. 平等交流，学会引导孩子主动表达

沟通是父母和孩子之间思想观念的碰撞，不仅可以促进亲子之间的情感交流，还可以提升亲子沟通的内容和质量。作为父母，学会和孩子平等交流并能引导孩子主动表达，这个技巧非常重要。在沟通过程中，家长一定要抛开父母的身份，把自己置身于和孩子平等的地位，双方可以就某些想交流的事情或问题开展讨论，自由表达双方的想法。爸爸妈妈要特别注意孩子交流的内容，发现孩子沟通中的亮点时要及时肯定。当发现新的话题点，要抓住时机引出新话题，让孩子自然而然地说出自己的想法。比如，当孩子谈到喜欢班级某某小朋友时，家长可以很自然地追问：这个小朋友爸爸没有见过，你可以给我讲讲她的事吗？这样可以很自然地引导孩子说出心里话。当孩子感受到父母与自己是平等的状态时，孩子的内心是舒服愉快的；当孩子感觉父母可以是自己的朋友时，孩子会非常主动地把自己的想法分享给父母。在沟通过程中，一定要避免父母一言堂或者居高临下的命令、安排和训斥。

3. 认真观察，支持孩子用喜欢或擅长的方式沟通表达

儿童有一百种语言。孩子除了用情绪和语言与他人沟通互动外，还会通过动作、绘画、泥工、唱歌、舞蹈等形式来表达自己的情绪情感及对外部世界的认知，并通过这些方式与父母或他人进行沟通。每个孩子的性格特点不同，与父母或其他人进行沟通、表达的方式也是不一样的。作为爸爸妈妈，如果发现孩子比较内向，不喜欢通过语言表达自己的想法时，不妨静下心，认真观察孩子的特点，积极发现孩子擅长的表达方式，鼓励、支持幼儿通过自己喜欢的方式表达，并努力从孩子的多元表达形式中了解其内心世界，积极地与孩子展开互动交流。比如当孩子喜欢画画，通过画画来表现自己的生活、情感和对世界的认知时，爸爸妈妈可以通过和孩子交流作品的内容来与孩子进行沟通，聆听孩子的想法。只有真正了解孩子的内心，并能真心接纳孩子的需求，孩子才会敞开心扉，愿意与父母深入交流。

4. 用心体会，读懂孩子的弦外之音

随着孩子年龄的增长，儿童沟通和表达需求越来越内隐，甚至拐弯抹角，把自己真正想要表达的内容藏在心里，出现了外部表达和内部心理不一致的现象。这是孩子成长过程的必然，同时也使得父母与孩子的沟通更加复杂。比如，一位妈妈想让女儿在朋友面前表演一下钢琴，但女儿不愿意，和妈妈说：我还没有准备好。但妈妈知道女儿平时弹得很好，于是很苦恼，不知道女儿为什么总是说没有准备好。后来，经过精心聊天和认真观察发现，孩子不是没有准备好，而是内心缺少信心，怕自己一旦表演不好，达不到妈妈的期望，会惹妈妈生气。这位妈妈了解了孩子真实想法，改变了平时对孩子要求严格、期望过高的教育和沟通行为。可以看出，孩子沟通与表达中经常用一些理由掩盖自己真实想法的行为多

是来自于父母期望过高，教育严厉，让孩子担心达不到父母的要求，或者来自孩子本身自尊心过强，不愿意出现失误等原因。作为爸爸妈妈首先要读懂孩子的弦外之音，敏锐地意识到孩子沟通中传递出的讯息，多途径了解孩子表达背后的原因，增进亲子之间平等的交流，并努力改善亲子沟通模式。

总之，沟通是架起父母与孩子之间情感的桥梁，希望每一位爸爸妈妈都能认真对待亲子交流，用心、用爱、用情去滋养孩子的内心，让孩子拥有强大的内心和丰富的心灵，成为幸福有趣、富有智慧的儿童。

浅谈学前儿童独立性的培养

中国人民解放军火箭军机关幼儿园　张甲兵

培养学前儿童的独立性具有非常重要的意义。第一，独立性在学前儿童的个性以及社会性的形成发展过程中起着至关重要的作用。学前儿童独立性的发展可以使其建立起各种不同的社会关系，与此同时也会影响学前儿童同伴关系的发展。第二，有着良好发展的独立性的儿童，相对来说会创造更多的空间和机会与自己的同伴进行交流，并且能够更好地处理好与同伴的关系。第三，学前儿童形成的独立性是培养具有创造能力的人才重要的一环，学前时期独立性能力的缺失会使得后续的人才培养目标阻碍重重。所以本文的研究具有重要的理论和实践意义。

一、目前学前儿童独立性的现状

（一）学前儿童独立性能力相对薄弱

大多数学前儿童独立能力相对来说都很薄弱，尤其是一些刚刚入园的小朋友表现得更明显。许多小朋友不会收拾自己的玩具，不会独立吃午饭，不能独立如厕和盥洗，在午休的时候也不能独立睡觉，需要老师的陪同，更不要说自行穿脱衣服和鞋子。除此之外，有些学前儿童不能很好地控制自己的情绪，在遇到问题时，一旦没有老师过来帮助解决，立马就会生气或者哭泣，对别人的依赖程度非常严重。

（二）学前儿童不善于自我管理

学前儿童的独立性与人际交往以及自我管理息息相关，只有善于自我管理的人才能真正地做到独立。在竞争日益激烈的当今社会，自我管理能力需要从小就开始培养。由于目前家庭以及社会等各方面的原因，我国对学前儿童知识能力的重视远要比对自我管理能力的重视程度高。处在这一时期的儿童其实相比较于其他时期的儿童有着更高的自我表现欲望，但是在这一时期家长往往也更倾心倾力地去保护自己的孩子，与此同时将自己的人生阅历经验以及自己的意愿加诸小朋友身上，导致现在的学前儿童一味地去接受自己父母的思想，没有独立思考和判断的能力。这种情况除了在家长身上存在之外，在一些幼儿园教师身上也有很明显的表现。很多学前儿童会把自己父母和幼儿园老师说的话当成一种教条，直接服从，从不提出异议，也从不违背，完全按照别人说的去想去做，不利于进行自我管理。

（三）缺少学前儿童独立性培养的氛围和培养模式

众所周知，氛围环境的熏陶对一个人的行为养成有着至关重要的作用。而且学前儿童有着很强的模仿能力，如果独立性氛围比较浓重，很多孩子都自己做自己的事情，不依赖他人，那么也会带动其他小朋友独立性的养成。目前，幼儿园培养孩子独立性的氛围还比较缺乏，幼儿园以及家庭对于培养孩子独立性的认识还不够，对于幼儿自己能完成的任务，家长和老师为了省事直接帮忙完成，很难形成浓厚的独立性氛围。另外，家长和一些老师对于一些独立性培养的模式也不能掌握，可能有些家长和老师意识到了这个问题的重要性，希望有一定的突破，但是可以进行参考的成功案例和经验比较少。

二、影响学前儿童独立性的因素

(一)家庭环境

影响儿童独立性的形成和发展最直接、最全面、最持久的因素就是家庭环境。作为家长，要想给孩子创造一个温馨而舒适的家庭环境，要利用好物质条件和父母自身的良好素养，以此来促进儿童独立性的形成和发展。一个宽松、温馨、舒适、民主的家庭成长环境，能够使得儿童的个性得到充分发挥，这样就更容易让儿童养成良好的学习主动性，培养其完整健康的人性品格。

(二)父母教育观念

俗话说，家长是孩子最好的老师，也是第一任老师，父母的言谈举止、教育方式对孩子性格的完整健康起着至关重要的作用。大量的研究表明，父母若采取严格而不溺爱的态度教育孩子，孩子性格特征往往会表现为自信活泼、积极向上、独立大胆、不卑不亢。

(三)伙伴关系

儿童伙伴的性格、行为方式也会间接影响其独立性的发展，在与其伙伴相处的时候，会学习模仿伙伴的性格和行为方式。

(四)幼儿园教学方式

在当前传统的幼儿园教学模式下，儿童在幼儿园还是保姆式的成长，老师会带领所有儿童做同样的活动，时间长了，儿童慢慢地丧失了选择的机会，从而降低了儿童自主选择的能力和意识，长此以往，将会影响儿童独立性的发展。

三、培养学前儿童独立性的相关对策建议

(一)有意识地培养学前儿童的独立性

教师在进行日常教学的过程中，要有意识地培养学前儿童的独立性，尤其是在生活自理上。首先，教师应该让小朋友们从自己力所能及的事情开始做起，不厌其烦地进行指导，避免直接帮其完成，在遇到困难的时候要及时给予鼓励，让其自己解决问题。其次，还应该从小朋友的兴趣出发，调动其主动性，积极地去完成自己的事情，逐步提高儿童的独立能力。最后，还可以建立值日生制度，安排儿童轮流做值日生，当值的时候要帮助老师分发碗筷，给植物浇水，照顾哭闹的小朋友，并及时进行表扬，这样不但能够增强学前儿童的独立性，还能够提高他们的责任意识。

(二)采取激励为主的教育手段

基于这一时期儿童的特点，他们似乎更倾向于在玩中学习，因此幼儿园可以经常组织活动，寓教于乐。例如，可以举行一些折纸或者剪纸等活动，由教师先讲明方法，然后让孩子自行完成，可以采取竞赛的形式，对于独立完成比较好的小朋友进行奖励。利用这种激励的教育方法让儿童通过自己完成任务获取一定的自信和成就感，由此产生一种良性循环，慢慢地养成独立做好自己事情的习惯，从而提高独立性。

(三)做好家园互动工作

目前学前儿童独立性能力薄弱和家庭教育有很大的关系，由于每个孩子的家长受教育程度不一致，对于如何教育孩子存在一些误区。为此，幼儿园的老师们可以发挥家园互动的作用，利用微信、QQ、手机短信、家委会等，时时和家长进行有效沟通，让家长认识到

培养孩子独立性的重要性，形成一致的教育理念。除此以外，老师还可以积极主动地向家长宣传科学育儿理念，面向家长开展培养孩子独立性的专题讲座和培训，也可以推荐相关的书籍，通过传播和学习理念和知识，让家长改变教养孩子的方式，让家长也成为培养学前儿童独立性的重要力量。

（四）发挥榜样的力量

前面已经提到，这一时期的孩子模仿能力非常强，因此幼儿园老师在和小朋友相处的过程中要时刻注意自己的行为，这方面由于老师受过正规的幼儿教育学习能够做得比较好。除此以外，家长在家庭教育中要时刻注意自己的一言一行，尽可能地发挥榜样作用。例如，父母平时在做某些事情时要有意识地独立完成某个任务，在决定某一件事情的时候也要干净利落，不要犹豫，在这种氛围的熏陶下，孩子就会更倾向于以父母为榜样，学习父母，独立地去完成事情。

（五）不要过度干预

学前儿童普遍比较贪玩调皮，这时候放任不管容易让孩子养成贪玩、喜欢享受的坏毛病，对自己不喜欢、不想做或者比较难的事情不去尝试不去做，这样不利于培养其独立性。当然也不能过度干预孩子的思想和行为，让孩子完全听父母的，直接把孩子的事情包办了。应该在保证孩子安全以及发挥孩子主观能动性的前提下，让孩子去尝试自己没有经历过的事情，去动手做自己想做的事情。

四、结论

现在全球经济高速发展，时代日新月异。学前儿童独立性的培养对其后续的人生以及成才有着至关重要的作用，但很显然我们当下在这一方面做得还不够好，所以提高学前儿童独立性势在必行。这需要多方力量进行合作，仅仅依靠幼儿园去培养学前儿童的独立性是远远不能达到想要的效果的。本文提出的培养学前儿童独立性的对策涉及幼儿园、家长以及幼儿园和家长互动三个方面，具有一定的实践意义。

幼儿园亲自然教育策略

云南省昆明市盘龙区盛唐幼儿园　胡　蕊

一、“青青菜园”，延展幼儿探索兴趣

大自然的教育课堂是最生动直观的，孩子们可以通过亲近大自然，感知生命的多样性和生命不断变化的过程，大概了解动植物生长与环境的关系。因此，我园园内创设了许多自然环境，如“青青菜园”，每个班都有属于自己的小菜地，各班可以根据本班孩子的兴趣和季节的特点去进行栽种，这对幼儿进行亲自然教育有着至关重要的作用。

每个季节孩子们都会有不一样的收获。春天，老师带领孩子们在自己班级的菜地里种下应季的农作物。夏天，周期性较长的农作物正是生长的好时候，还可以栽上辣椒和茄子等移栽性的农作物，因为天气的原因，这个季节的农作物所需的水分会比较大，孩子们得有经常给作物浇水的意识，当然也不能忘记给农作物施肥、松土、捉虫、锄草等，最重要的是要会认真观察植物生长的过程。在这些活动中，孩子们锻炼了自己的专注力和自我动手的能力，经过持续的劳作和亲近大自然，孩子们更清楚地知道植物的生长离不开阳光、空气和水，从而更直观地了解了环境与植物之间的关系。秋天，孩子们提着篮子和老师在小菜园里收获的时候，到处充满丰收的喜悦，洋溢着丰收后孩子们的欢乐的笑声。当孩子们开心地分享着自己劳动所得的时候，孩子们收获的不仅是劳作后的成功，还有宝贵的生活经验和自己的生活能力。

二、野趣游戏促发展

大自然是我们最好的老师，自然界中充满了许多鲜活的教育资源，大自然是我们最好的教科书。我们应该睁开眼睛仔细地观察大自然的神奇，用自己的双手和它进行亲密接触，帮助我们研究。我园开展的“野趣游戏”中，教师只是支持者、引导者，在孩子们需要的时候适时、适当地提供合理、适宜的帮助，让孩子们享受大自然，给他们选择的空间，尽量满足不同孩子的不同需求，帮助他们从游戏中获得直接体验。野趣游戏中，孩子们的游戏水平稳步提高，充分证明了“要让孩子玩，就要大胆放手，给他们足够的时间和空间”，为每个孩子创造难忘、快乐的童年生活。

我们幼儿园可以直接利用的自然资源有很多，比如：我们开辟了以有趣的小山坡、大大小小的小山洞、竹桥、青草地、绿树、小花及各种果树为主的草地野趣游戏，在野趣游戏中，孩子们会充分地发挥自己的想象力创造出不一样的童话；在环境创设中我们把重点放在挖掘园内原本就有的自然资源上，合理安排户外活动的场地，把园内自然资源充分地利用起来，尽可能地给孩子们提供充足的户外活动空间，让孩子能有足够的时间在户外随心所欲地探索，这也是我们能够提供给孩子们最好也是最重要的条件。自由玩耍的乐趣和作用毫不逊色于精心组织的活动，孩子需要自己安排游戏的机会，在游戏中发现并追随自己的兴趣，自主体验，而大自然正是蕴含这类机会的完美场所。在大自然里，孩子的大动作或精细动作能够得到自由发挥，他们可以纵情奔跑，也可以悠然漫步；可以在树下玩耍，也可以和伙伴一起享受在大自然中无忧无虑的静谧时光。

三、户外写生“亲亲自然”，培养幼儿观察能力

自然界的材料不仅可以制作成精美的美术作品来装饰和美化我们的幼儿园环境，还可以激发幼儿审美能力和观察力的发展。孩子天生喜欢观察，并乐于分享自己观察到的事物，要鼓励他们分享自己的观察发现，可以是言语的分享，也可以是画画的形式，我班的孩子们通过讨论决定选择写生的方式来表达自己的分享。在孩子们开始写生创作时，进行过仔细的观察，他们不会一来就急于开始，往往会认真地观察周围的环境，分析实物的主要特征以及周围有哪些事物与该实物有关联，还会用触摸的方式去亲身感知，待观察透彻后才开始创作。在创作的过程中，老师引导孩子细致地观察，学着将自己的作品与实物进行比较，这样孩子们自然会观察得更细致，写生作品也就更生动逼真，无形中培养了孩子的观察力。罗丹曾经说过这样一句话：“生活中不是缺少美，而是缺少发现美的眼睛。”若孩子们从小就有一颗发现美的心灵和一双表达美的手，那我们还需烦恼孩子的观察能力不足吗？因此，我们把写生活动当作提高孩子观察能力的好方法之一。

孩子们在户外写生的过程中，老师引导孩子去走进自然，投身自然，班级的美术活动致力于写生和观察自然，从而让孩子们热爱世界，热爱生活，喜欢亲近自然，让大班幼儿在学龄前期受到写生活动的培养和熏陶，并在认识、学习和表现客观世界的过程中感受到世界的奇妙美丽和无穷变化。写生活动给了孩子们一个发现美、感受美的机会，激发了他们对生活中自然和美的感受，这种方法还有助于培养孩子对细节、形状、大小、颜色的注意，培养孩子的观察能力。

四、小角落，大自然

在幼儿园，环境也是必不可少的教育资源。只有通过创造环境，有效利用周围的自然环境，才能有效地促进儿童的发展。孩子的发展是在环境的交互作用中得到提升的，对孩子实施的教育应在适宜的环境中进行，这是幼儿教育的基本要求。

幼儿园每个班级的自然角不仅是大自然的缩影，更是孩子们早早学习科学、探索另一个世界的桥梁。在自然角，孩子们通过观察、记录、触摸等方式可以接触到很多日常生活中难以触及的东西。在我们班级的自然角中，每个孩子都有自己的责任区域，都能亲自种植和照顾，给予植物充足的阳光和水分，按时为植物施肥捉虫，观察到植物的生长并给它们做生长记录。在这里我们还分有水培和土培，让幼儿有一个概念：有的植物既可以在土壤里吸收足够的养分发芽成长，也可以在水里充分地接受空气和水分的滋养而成长。孩子们可以看到水培和土培不一样的地方，比如：土培土豆在土壤里面会结很多果实，不需要太多的水分，但水培土豆一般只是长根和枝叶，因为只有水，营养成分不足，果实没法在水里生长。

在自然角活动过程中，孩子们不仅了解了各种植物的外观，还直接参与了自然角的创作。对植物生长的持续、长期的呵护，可以逐渐影响孩子的性格，培养孩子良好的品质。自然角的创设对儿童良好素质的培养起到了巨大的作用。作为教育资源的一分子，也可以与其他的活动结合起来，比如：自然角的生长记录可以和美术活动结合起来，也可以和科学活动结合起来，自然角还可以是家园互动的小窗口，众人拾柴火焰高，班级的自然角自然会慢慢变得丰富起来。教师要做好自然角生物的投放规划，逐步为孩子们提供符合孩子年龄特点的动植物，让孩子足不出户就能感受到大自然生动的美。

班级自然角环境的营造也是幼儿园环境的重要组成部分。它是孩子们了解和亲近自然的知识窗口，蕴含着无数的教育机会。通过自然角的小小空间，我们不仅可以开阔孩子们的视野，激发他们的好奇心和求知欲，增长他们的知识，还可以让孩子们参与实践，增强他们的自我操作能力，并发挥其应有的作用，培养他们健康良好的情绪和注意力。

五、小结

苏联著名的教育家卡普杰列夫早就提出："儿童应该尽早而且长时间地投身于大自然中，从中汲取对它的印象，体验大自然在每个人的心中激起的思想和感受，幼儿需要亲眼看到太阳的起落和月亮的升起，一句话，必须与自然界形形色色的现象融合在一起。"

大自然是幼儿获得知识的源泉，亲自然教育是引导孩子通过自然体验，学习自然规律的方式，它不是一次性的或是偶尔进行的，它是一个长期持续的过程。

如何在"亲自然"课程体系下开展教学活动

——以昆明市盘龙区盛唐幼儿园为例

云南省昆明市盘龙区盛唐幼儿园 黄双双

随着儿童接触和感受自然的机会越来越少，以及他们一系列的行为和心理问题的出现，进行"亲自然"课程势在必行。大自然本身就是最真实、最丰富、最贴近孩子生活的活教材，也是培养幼儿观察能力、动手能力与科学探索精神的天堂。

大自然是孩子获得童真童趣的天然摇篮，能够赋予幼儿无限的生机活力。同时大自然是获得无限知识的源泉，它能满足孩子的探索需求，让孩子在探索和感悟的过程中获得知识经验，培养他们探索和思考的能力。

一、"亲自然"课程体系的概念

"亲自然"课程体系充分利用园所环境，进行课程体系的开发。在"亲自然"课程体系研究中不断挖掘，从而确立研究方向。我们在课程体系实施的过程中，创设更多接近自然的环境，让幼儿充分地接触大自然，从而亲近自然、尊重自然、热爱自然生命，促进幼儿感知觉发展，激发幼儿的潜能。

我园进行“亲自然”课程体系意在突破传统课程既定的规则，让幼儿在大自然中活动、游戏、学习、探究，去体验、感受自然的本质，回归自然。我们应该尊重幼儿亲近自然的特性，让幼儿接触自然、融入自然，去发现自然的美，并让其“野性”成长，“野蛮”生长，能有更多与自然相处的时间和机会，去感受生命的神奇以及无限的可能性，激发其探究欲望，保留其好奇的天性。让孩子感受大自然的智慧、生命的神奇，建立共情。

二、我园开展“亲自然”课程的目标及内容

(一)我园开展“亲自然”课程体系的目标

我园所研究的“亲自然”课程体系主要是让幼儿亲近自然和尊重自然。亲近自然主要是让幼儿去接触自然、了解自然以及融入自然，从而促进幼儿的社会性发展。尊重自然则是让幼儿感受自然、欣赏自然、探究自然以及保护自然，从而促进幼儿感知觉发展，激发幼儿的潜能。

(二)我园开展“亲自然”课程体系的内容

我园的“亲自然”课程体系充分挖掘与发现我园与自然相关的点点滴滴，从而进行活动、进行研究、进行探索。主要从以下三方面内容进行研究探索。

1. 我们幼儿园种植了一些常见水果，我们小班年级的主题就是“水果”，让幼儿去了解大自然馈赠的食物。

(1)我们种植了杨梅、枇杷、石榴、草莓、李子等常见水果，小朋友可以在不同季节观察这些水果的生长变化等。

(2)小班的班名也是以水果命名，比如小枇杷班、小杨梅班等，每个班都会去充分地了解自己班名的水果，从而延伸到了解其他水果，以及与水果相关的各类知识。

(3)每个班利用一种水果的食用方式，开设了自己班的特色区角，如榨汁、果干、水果罐头等，这些水果制品都是由幼儿操作完成的。

2. 我们中班年级则是以“蔬菜”为主题，开辟小菜地进行农耕种植活动，让幼儿在感受种植乐趣的同时，还能深入了解蔬菜的特点，以及蔬菜不同的食用方法。

(1)每班认领一块小菜地，体验农耕活动的乐趣，探究学习农耕种植的方法，以及农作物的生长变化，比如洋芋要切开种、四季豆需要搭架子等，从而延伸到了解农耕工具、节气与农耕的关系等等。

(2)知道几种作为人们主食的农作物，并初步探索如何制作农食，比如利用蔬菜制作泡菜、制作菜干等等。从而延伸到了解每一种蔬菜的种类、特点等。

(3)在进行农耕的活动时，幼儿在种植、采摘、烹饪、观察等活动中，进行更多的探究。

3. 大班以“大树”为主题，去研究大树的成长，感受大自然的神奇。

(1)每班认领了一棵树，然后对这棵树进行观察、探索，从而进行活动。比如探索了解树木的年轮、年轮分布的特点等。

(2)了解树木的组成部分，知道常见大树的习性、繁殖方式等。比如研究树叶的形状、叶脉的情况，以及叶绿素等。

4. 随机生成的一些其他内容。

(1)进行沙水游戏，开展捉泥鳅活动等，让幼儿充分感受大自然，融入大自然。

(2)爱护动物植物，学习照顾植物、饲养动物。

三、在"亲自然"课程下开展教研活动，制定教学目标

在确定我园开展"亲自然"课程体系后，我们各个教研组根据我园的"亲自然"课程体系，以及各年龄段的研究主题，制定了各领域的学期目标。

根据我园"亲自然"课程的目标和内容，以及园所环境、园所特点，制定各年龄段的研究主题，小班是水果主题，中班是蔬菜主题，大班是大树主题。然后在我园各个教研组积极开展教研。

(一)健康教研组

根据幼儿年龄特点，让孩子在大自然的环境中锻炼其动作技能。如，小山坡、丛林里学习钻、爬、跑的技能，在爬树、捉泥鳅、玩沙玩水中，练习手眼协调能力。

(二)语言教研组

根据各年龄段幼儿的主题目标生成相关的儿歌，寻找相关的故事，然后设计活动，实施活动。如，小班水果主题的儿歌有《水果宝宝去旅行》《猜水果》等。

(三)社会教研组

让孩子在大自然的活动中遵守规则，培养其自主性与自信心，学习与同伴交往的方式，爱护花草树木，利用节日进行家园共育。如清明节，倡议家长带上幼儿去郊游踏青，在郊游踏青的过程中了解节日文化。

(四)科学教研组

要求各年龄段幼儿班级饲养不同的小动物，对小动物进行观察，了解其习性，根据自己年级的主题，每班生成两个与主题相关的实验，五次与主题相关的科学活动。比如小班目标就是饲养小蝌蚪，观察了解小蝌蚪的生长变化。

(五)数学教研组

数学教研组则是要求数学生活化，自然化，可以利用大自然的事物对幼儿进行数学活动。如散步的时候在花丛中去点数花瓣的数量，比较两朵花花瓣的数量，测量树木的粗细等等。

(六)美术教研组

美术教研组则是让各班老师根据自己年级的主题、班级的特色去生成美术活动，只是对每个年龄段幼儿的作品数量进行了规定。

(七)音乐教研组

音乐教研组则是由老师根据幼儿日常的兴趣，进行音乐游戏、音乐歌唱以及音乐韵律活动。没有进行固定的内容规定，同美术教研组一样，只做了数量的要求。

这样的方式既有统一的目标，又给各班老师留有一些生成课程的余地，也能让教师开展的活动更加贴合自己班年龄段的研究主题、自己班孩子的兴趣和特点。尊重了班级的差异性以及幼儿个体的差异性。

四、根据我园"亲自然"课程的目标和内容，以及孩子的兴趣点和发展需要生成课程

利用生成课程，实现各领域目标，实现幼儿园的"亲自然"课程体系的研究。这里首先需要教师了解自己班孩子的最近发展区，以及认知、技能的掌握情况，然后在他们已有的经验上延伸和生成新的内容。我生成了如下三个活动。

1. 我班幼儿在吃水果的时候发现有些水果要吐核，有些水果可以全部直接吃进去。鉴于孩子们的兴趣点我们生成了一个活动叫"水果的种子"。通过该活动，幼儿了解了不同水果的种子的特征，知道了一些常见水果的哪些部分是种子，还知道了哪些水果的种子是可以吃的，哪些水果的种子不能吃，然后重点了解了香蕉的种子在哪里。

2. 让孩子在充分认识苹果的外在特征、种子以及营养以后，深入挖掘，了解苹果的其他特点，生成了一个科学小实验叫“生气的苹果”，这个小实验是将苹果核放在瓶子里，倒入温水，加入白砂糖，在瓶口套上乳胶手套，密封好，静置两小时左右，就会发现乳胶手套膨胀了起来，像一只手在和我们打招呼。通过这个小实验孩子知道了苹果中含有天然的酵母菌，在没有氧气的情况下可以将糖分解成二氧化碳和酒精。

3. 因为科学目标中有饲养小蝌蚪，所以老师生成了一个家园共育亲子活动，请家长周末带领幼儿去郊游踏青，寻找蝌蚪，捕捉蝌蚪，然后带到幼儿园来饲养。这样的活动既增加了家园联系的紧密性，增加亲子活动的时光，又让孩子在实践中去感受大自然的美丽以及生命的神奇，同时还能提升孩子的专注力、观察能力、发现问题以及解决问题的能力，更重要的是发掘他们的探索精神。

五、根据各年龄段的研究主题、各领域学期目标、孩子的兴趣点以及一日活动中学习的生发点进行随机教育

老师致力于在一日活动中去观察孩子，发现孩子在生活活动、学习活动以及游戏活动中的生发点，尤其是在进行户外活动时，多倾向于去幼儿园中贴近自然资源的场所，充分利用好园内的自然资源，如野趣区的丛林、小山坡的草地等，然后找到孩子的兴趣点，针对其兴趣点随机开展一些活动，引导孩子去看、去触摸，在探究中积累经验。

在“亲自然”课程体系下进行活动最主要的是需要教师有一颗细致的心，以及一定的专业素养，能够在一日活动中去捕捉幼儿游戏与学习的生发点，然后生成课程活动，从而去进行研究。

生活是孩子建立规则意识的最佳途径

山东省济南市七里山幼儿园　李　芳

《纲要》中指出，幼儿应理解并遵守日常生活中基本的社会行为规则，我们成人在共同的生活中应以多种方式引导幼儿认识、体验并理解基本的社会行为规则，建立规则意识，逐步明白规则既方便他人，又方便自己，学习自律和尊重他人。具体有以下四点建议。

第一，要让孩子懂得规则的重要性，规则大致可以分为两类。一类是涉及人身安全的“高压线”，这是底线，是无论如何都不能触及的。比如，过马路时，红灯停绿灯行；不能把手指放在电源孔里；不能手握尖锐物品走路……这些规则无论是谁、无论在任何情况下，都要遵守，没有任何讨价还价的余地。一旦违反，会酿成严重后果，以悲剧收场。

一类是需要不断完善的“小电线”，是家庭根据自身情况、根据孩子的具体情况量身打造的。父母从生活的细微处入手，通过鲜活的案例和分析，耐心地给孩子讲清楚规则对生活的重要性。比如，培养幼儿养成早晚刷牙的好习惯。但是这个年龄段的孩子，他们无法真正理解食物残渣和龋齿的关系，不喜欢成人拿着牙刷在自己嘴里搅来搅去，自己动手又无法清洁干净。怎么办？父母就需要想办法了：带孩子观看如何保护牙齿的动画片，把刷牙的过程变成战胜牙斑菌的游戏情节。这种游戏化情节，会让孩子慢慢接受规则，从而形成习惯。

有时候，孩子的一些“越轨”行为是他们探索周围世界的表现。只要这些行为对孩子的安全没有危害，父母就不要武断制止，否则会抹杀这些行为背后孩子的无限创意。比如，孩子在墙上乱涂乱画，将自己的玩具拆得七零八落，这些都是他们创造力萌发、动手动脑能力发展的良好契机，只要父母理解孩子行为，把握尺度，恰当引导，让孩子知道应该遵守怎样的规则，并持之以恒，他们就会形成正确的观念意识，养成良好的行为习惯。

第二，家庭规则要请孩子共同参与制定。

任何规则，只有孩子能理解、做得到，才有可能坚持下去。在制定家庭规则时，父母一定要把孩子当作一个独立的人对待，要尊重孩子的意见，因为他是规则的执行者之一。我们和孩子一起商定规则，教给孩子遵守规则的方法，做好执行规则的示范者和监督者。

1. 规则要求要适宜，符合孩子的年龄特征。比如，3—4 岁的孩子，如果家长希望孩子专注力超过 30 分钟，那么显然不合实际。

2. 规则表述要清楚，易于理解。4—5 岁的孩子，对语言的理解还处在具体形象直接表达的阶段，所以成人提出规则要表述清楚，让孩子能够理解。比如：当你发现孩子边看电视边吃饭时，你对孩子说："你快点吃!"孩子会理解为"加快速度，狼吞虎咽地吃"，而不能正确理解你的意思：让他吃饭要细嚼慢咽，不做别的事情。可以采用孩子能够看懂的图示来表现，可以请孩子自己画出规则，张贴在家庭醒目的位置，在出现不遵守规则的倾向时，给予一定的提醒。

第三，父母做孩子的榜样，共同遵守规则。

父母在孩子面前遵从规则，便是给了孩子做人端正的榜样。而为人端正，决定了孩子未来在社会人眼中的分量。苏霍姆林斯基说过："任何一种教育现象，孩子在其中越少感觉到教育者的意图，它的教育效果就越大。"所以，家长要把握生活契机，让他们感受到规则的存在，萌发幼儿的规则意识。

第四，家庭成员对孩子的要求要一致。

现在的孩子，情商都特别高，会看眼色行事，他明白规则在谁那里会形同虚设，在谁那里没有余地，他会试探挑战家长的底线。所以特别要提醒家长，家庭成员一定要要求一致，该遵守的"高压线"规则一定要严格遵守，不要让孩子有机可乘，否则就会变成两面派，这对孩子的品德养成非常不利。

比如有时早上送孩子去幼儿园，起得很早，却还是因为孩子"拖拉"迟到了，急得家长恨铁不成钢。其实，并非孩子故意拖拉，而是穿衣、洗漱等动作太慢，不得要领。那么，家长就要教给孩子做事的方法，帮助他们提高生活技能，培养自理能力。而不要为了省时间，剥夺孩子自我锻炼的机会，由他人包办代替了。否则时间一久，孩子就会形成看人脸色做事的不良习惯。所以，当我们决定做这件事情，全家人一定要要求一致，坚持下来，持之以恒。让孩子在生活中逐步建立和完善规则，并认真执行，最终实现习惯成自然。

把握孩子年龄心理特点，用爱心、耐心和童心去呵护培养，让他们在习惯养成、规则建立的重要时期形成科学规律的饮食习惯和养成自理能力，是让他们受益终身的事情。

混龄户外体育活动的观察与思考

山东省济南市七里山幼儿园　孔乐乐

培养幼儿对体育活动的兴趣，需要根据幼儿的特点，组织有趣、多样化的体育活动，来达到吸引幼儿主动参与其中的目的。当今社会，精神生活较为丰富且高楼林立，导致一些家长在进行幼儿教育时大多数选择室内教育，这也对幼儿产生一定的影响，导致幼儿的户外体育活动越来越少，所以我们需要通过一些途径，来达到提升幼儿户外体育活动的目的。

1. 确立活动主题，注重科学化

在幼儿体育活动开展前，教师可以根据日常生活中幼儿比较喜欢聊的话题，设定一个体育活动主题，来开展幼儿体育活动；通过布置相关的活动场景，提升幼儿体育活动的气氛，来满足幼儿的心理需求。幼儿处于成长期，心理成长并不完全，一旦遇到感兴趣的事情便会全身心投入其中，这种利用幼儿兴趣的方式对于提升幼儿活动积极性非常有效。例如：某幼儿园在世界杯期间，组织一场主题为"我为世界杯喝彩"的主题体育活动，在教室中，教师播放世界杯录像给幼儿看，然后对幼儿讲解一些足球的规则，并且通过播放世界杯主题曲等方式，来达到提升班级气氛的目的，室内课程完成后，教师组织一场足球赛，幼儿玩得不亦乐乎。教师通过这种方式，来达到提高幼儿户外运动量的目的。

2. 创设情境运动环境，引发幼儿兴趣

好的情景运动环境，不仅能够引发幼儿的活动热情，还能够锻炼幼儿的身体机能，锻炼幼儿的四肢协调能力，此外对幼儿的认知也起到非常重要的作用。例如：某教师带幼儿活动过程中，将幼儿活动按年龄段分成三个区域，分别为游乐场、登长城、攀高峰。其中游乐场是一个滑梯，幼儿园在滑梯周边墙体画出一些其他游乐场娱乐项目，通过这种方式，让幼儿觉得自己处在游乐场之中。登长城是幼儿园的一个大拱桥，拱桥旁边运用轮胎等物品将拱桥围在中间，以保障幼儿安全，桥洞中并没有水，幼儿背着自己的书包，运用各种方式进行攀登，从而达到锻炼腿部力量的目的。攀高峰是一条通向二楼的楼梯，经过教师的引导，幼儿在潜意识中认为自己将要攀登高峰。通过创设情景模式，让幼儿的运动充满意义，不仅能够提高幼儿参与积极性，还能锻炼幼儿的身体。

3. 按需分配，提供符合幼儿能力的器械

户外混龄体育活动是指按照幼儿身体情况以及身体素质目标，建立多个运动区域。幼儿园通过这种方式，将不同的运动器械放置在混龄活动区，让幼儿打破年龄、班级的束缚，以实现不同班级、不同年龄段幼儿之间的接触交往，从而达到扩展幼儿交际面的目的。例如：某幼儿园采用混龄活动的方式，将混龄活动区分为跳区、车区、平衡区等，其中跳区放置羊角球、跳跳球、跳绳等，幼儿可以根据自己的喜好，自行选择喜欢的活动项目。车区投放扭扭车、大小不同的三轮车等，幼儿园在设置车区时，在车区内布置人行道、车道、停车场等现实社会中的场景，通过这种方式来培养幼儿的初级法律意识，从而为将来学习法律常识奠定良好基础。幼儿在混龄活动区进行活动时，能够依照自己喜欢的方式玩耍，而且还能够结识新的朋友，为幼儿综合素质提升起到非常重要的作用。

4. 悉心观察幼儿活动，给予适当帮助

幼儿园在混龄户外活动开启方式上，一般采取分时段开放，这种方式让幼儿对混龄活动开放充满期待，一旦混龄户外活动开启，幼儿将会以一个非常积极主动的态度完成活动目标，幼儿能够对于自己喜欢的活动进行判断、选择。在活动开启时，幼儿会根据自己的判断，第一时间投入喜欢的项目中，也因此，在混龄活动区域开放期间，会存在一些因为争抢运动器械发生争执的情况，所以教师在幼儿活动期间，需要对幼儿进行悉心观察，了解幼儿的需求，发现一些问题存在后，有针对性地给予引导以及帮助。例如：在车区中，一名幼儿从没有接触过扭扭车，尽管教师对他说了玩法，他也总是玩不好，也引起其他幼儿发出笑声，他看着其他幼儿玩扭扭车非常自如，有些沮丧。教师看到这种情况，适时介入，通过观看手机上播放的扭扭车教学视频，幼儿很快便掌握了扭扭车的使用技巧。教师的这种做法在满足幼儿需求的同时，还能够有效提升幼儿的自信心，对幼儿未来的发展起到非常重要的作用。

综上所述，混龄户外体育活动，对幼儿的成长具有良好的作用。根据本文分析可知，幼儿户外体育活动教育可以采取确立主题、引入情境运动模式等方式进行，通过这些方式，不仅能够激发幼儿的运动欲望，还能锻炼幼儿的各项身体机能，也对幼儿在认知、情感以及社会化方面的发展起到积极的作用。

小班幼儿德育教育问题及对策研究

江苏省苏州市工业园区宋庆龄幼儿园　徐佳琪

在素质教育背景下，立德树人已成为幼儿教育的特殊性任务之一，而引进立德树人的德育方法，可以培养幼儿的综合素养，让幼儿的德、智、体、美得以综合性发展。许多幼儿园也开始着重关注幼儿的行为品质、道德素养以及综合素养等，并在幼儿教育发展中全方位贯彻立德树人思想，对小班幼儿进行思想道德与优秀品格重塑，让幼儿人格更加健全，且形成正确的世界观。在小班幼儿教育发展中，尽早开展德育教育，可以让幼儿的人格更加健全，对幼儿今后的发展产生重要意义，让幼儿在学习以及生活中重视自我素质培育。

一、小班幼儿德育教育的现状

在幼儿园小班，引进立德树人模式，大力开展幼儿德育教育，可以让幼儿接受更为全面和系统的教育。然而，就现阶段我国小班幼儿的德育教育实际情况来看，并不是非常理想。比如，在小班幼儿的思想道德熏陶、日常礼仪教育方面，情况不是很乐观。家长平时在家与幼儿相处时，经常忽视幼儿的道德教育，有些家长甚至会采用物质上的溺爱行为方式。幼儿长期在这样的教育教养方式下会形成一些不规范的道德思想和行为，这些不良道德意识和行为一旦在孩子的意识中成为“正确的思想”，会给幼儿园的德育教育带来巨大的困难。

不光如此，现如今很多幼儿园对于幼儿在德育方面的培养也不是很到位。教师在德育教育上没有采用正确的引导方式，在选择德育的内容上也没有规范地根据班级幼儿的特点选择。比如，教师在制定德育教育的目标时不够明确、具体，只是很宽泛地描述了一个框架。我们应该结合幼儿的身心发展规律，多给幼儿实践表达的机会，多多关注一些需要特殊照顾的幼儿，而不是一味地采用集体教学的方式。这就需要教师能有善于发现的眼睛，尊重幼儿的个体差异性，以及能够细心挑选适合幼儿的个性化教育。

通过小班幼儿德育教育情况可以明显看到，现如今虽然有许多幼儿园在发展中已经采取相应措施与方法，但我国小班幼儿的德育教育成效并不显著。当下的德育教育还需要改善，其中仍然存在着诸多困难需要教师去进行不断地改进。

二、小班幼儿德育教育存在的问题

（一）教师的榜样作用尚未充分发挥

小班幼儿拥有良好的模仿能力，擅长模仿家长或者教师的行为。但对于现如今小班幼儿德育教育开展而言，还有一部分教师的榜样作用尚未得以充分发挥。这部分教师在幼儿德育教育中没有深入分析每一位幼儿的学习情况以及需求，且不注重个人的品德形象与人格魅力，个别教师还会辱骂幼儿，给幼儿身心健康发展带来严重的威胁，不利于幼儿健康成长。

（二）在日常生活中没有渗透德育

幼儿日常生活是开展德育的重要素材。在幼儿一日生活中，许多细节都可以成为德育教育的灵感。但就现如今小班幼儿德育教育发展情况来看，大多数幼儿园都比较关注幼儿的主题德育活动，在一日生活中没有重点挖掘德育素材，对幼儿睡觉、吃饭、日常人际交往、与其他同伴的合作关系等缺乏高度关注，德育教育处于相对低下的水平。同时，在这种教育背景下，也会导致德育教育和幼儿日常生活脱节，进而影响到幼儿的健康成长。

（三）缺乏丰富多彩的主题活动

主题活动发展中，往往紧扣某一个德育问题来开展活动。但通过对小班幼儿德育活动的发展分析可以看到，在主题活动方面还存在着一些不足。例如，主题活动内容比较单一，缺乏多样性，无法充分吸引幼儿参与。或者部分主题活动没有充分考虑到幼儿的身心特征以及知识接受能力、领悟能力等。对于这种主题活动而言，其德育教育价值往往大打折扣。

三、小班幼儿德育教育的具体实施对策

（一）幼儿教师规范自身从教行为

在小班幼儿中开展德育教育，对幼儿教师的相关行为规范要求比较高，要求必须要满足当下的道德规范要求。所以，对于幼儿教师而言，在落实德育工作的过程中，也要高度重视自身的专业道德素质，利用道德素质去对幼儿进行培养和感染，让幼儿充分领悟到教师身上的人格魅力。对于教师的言传身教而言，其对幼儿的影响是不知不觉、循序渐进的，可以在无形中影响幼儿自身的思想道德品质与行为。对于小班阶段的幼儿来说，教师必须要重视自身的言传身教，大力开展各种德育活动来感染幼儿。立足于小班幼儿的学习行为及相关特征，教师可充分利用幼儿擅长模仿的心理以及学习特性，来进一步引导德育工作的发展。在小班幼儿的发展中，许多幼儿在学习活动认知方面存在着能力薄弱现象。因此，对于德育教育而言，需要幼儿教师依托自身的实际行动，去充分感染幼儿，引进道德感染教育模式。

（二）在幼儿日常活动中渗透德育教育

幼儿园的日常生活从表面上看比较普通，但这往往就是幼儿教师开展德育教育的主要场所，且教师应在一日生活中渗透相应的德育教育。一方面，这样有助于充分体现出幼儿园以德树人的良好思想观念；另一方面，在日常生活中渗透德育教育，有助于增强幼儿对德育的印象和记忆力，从而达到更好的德育教育效果。这是由于在幼儿园的日常生活中，很多细节都可以为德育教育的开展提供条件，有助于更好地培养幼儿道德思想认知能力，并规范幼儿的行为礼仪及相关习惯，让德育效果得以充分提高。例如，幼儿教师可以设计这样的德育活动：在上学、放学中，要求幼儿主动与亲人长辈或者同伴打招呼。这可以让幼儿充分掌握问候礼仪，并对幼儿的良好行为习惯进行培养。或者在吃饭过程中，有意识地鼓励幼儿不要浪费粮食、不挑食以及不打闹，这可以培养幼儿的良好餐桌礼仪。除此之外，也可以在其他的一日生活过程中引导幼儿养成谦让的品德。所以，在小班幼儿德育教育开展中，在日常生活中贯彻德育，往往可以达到事半功倍的效果，对幼儿的成长和发展具有重要意义。

（三）开展主题活动进行德育工作

在小班幼儿的成长与发展中，从立德树人的教育思想方面出发，大力开展德育教育工作，这可以让幼儿的德育教育工作质量得以显著性地提高。例如，幼儿教师在活动中可以引进丰富多彩的内容，关注小班幼儿的学习特征，将多样性活动当作德育工作的核心载体，这可以化抽象为具体，让小班幼儿充分理解德育教学的内容。具体的德育活动可以让幼儿掌握德育的主题思想，在丰富的主题活动中领悟德育的魅力，让教育质量得以充分提高，从而更好地开展德育教育工作，全方面贯彻立德树人的科学教育思想。除此之外，幼儿教师还可以在同一个主题活动内部设计不一样的德育主题，这可以让幼儿充分掌握德育教育的核心内容，并实现立德树人的目标。比如，教师可以充分组织幼儿，让幼儿参与各种玩具分享活动，在这些活动中，引导幼儿形成分享的美好品质，通过幼儿之间的互相分享，可以为幼儿带来幸福感，让幼儿充分领悟到分享的乐趣，让幼儿在今后的生活中乐于分享。

四、结论

综上所述，德育教育是幼儿园小班教育的重点内容，本文通过研究得出，为更好地开展德育教育，需采取如下的方法：第一，应当充分发挥出教师的榜样作用，通过教师的言传身教来感染幼儿，帮助幼儿形成优秀品质与健全人格。第二，在日常生活中，可以设计各种德育活动，通过生活化教育来塑造幼儿的良好行为。第三，可设计丰富多彩的主题活动，让幼儿充分掌握德育教育的核心思想与主题。

以常思园本课程为依托促进教师专业成长的实践研究

广东省珠海市香洲教育幼儿园　蔡如玉

一、常思园本课程

“常思”课程以“人本主义”为课程理论。人本主义课程理论是由美国心理学家罗杰斯创立的，以人本主义心理学为基础，强调人的主观能动性，对人采取积极乐观的看法，注重个人的内在价值和主观体验。从课程目的的角度来看，人本主义课程理论把满足学生个人自由发展和自我实现的需要作为课程的目的。常思课程在实施过程中以支持幼儿走向自主、教师走向独立为预期目的。从课程内容的选择角度来看，人本主义课程论从自我实现的课程目标出发，提出了课程内容选择的适切性原则，是以学习者为中心的原则，不是单一地传授教材，而是展开范围，真正地学习，使儿童参与到学习当中。学习者能从课程内容中提高自己的能力，培养自己的兴趣，满足需要。从课程结果的组织角度来看，人本主义课程理论在课程组织上重视“整合”。从课程的实施角度来看，人本主义课程理论要求在师生之间建立起的良好情感关系的背景中实施课程。从课程的评价角度来看，人本主义课程理论在课程评价上反对各种测量和考试，强调多元化评价，重视学生的积极参与。

二、教师专业成长

教育部于2012年1月颁布了《幼儿园教师专业标准(试行)》(以下简称《标准》)，该标准对幼儿园教师的专业要求进行了界定，设置了三个维度，即专业理念与师德、专业知识、专业能力。每个维度下设若干领域，其中“专业理念与师德”维度有四个领域，“专业知识”维度有四个领域，“专业能力”维度有五个领域，共涉及十三个领域，每个领域又设了若干“基本要求”，一共设有五十八项基本要求。

幼儿园教师是履行幼儿园教育工作职责的专业人员，需要经过严格的培养与培训，具有良好的职业道德，掌握系统的专业知识和专业技能。《标准》是国家对合格幼儿园教师专业素质的基本要求，是幼儿园教师开展保教活动的基本规范，是引领幼儿园教师专业发展的基本准则，是幼儿园教师培养、准入、培训、考核等工作的重要依据。在本研究中，教师专业成长是指在专业理念、教学领导和组织领导上通过学习完善，不断提高的过程。

三、以中班组教师专业成长为例

(一)教师队伍分析

本学期中班级组共 4 个班级，12 名保教人员。其中，主班教师是工作 10 年以上的老教师，副班教师是刚毕业出来工作未满三年的具有学士学位的青年教师，从整体情况分析来看，目前级组教师的教育理念比较统一，老中青搭配比例协调，年轻教师有较高的教育理论水平，老教师专业能力扎实、工作经验丰富；年轻教师基础素质良好，学习能力强，有创造力，但缺乏实际工作经验。

(二)课程存在的缺失问题

现在课程大致存在以下几个问题：教师课程研讨能力薄弱；教师对幼儿个体的关注不足；教师课程做得很好，但课程脉络不够清晰，在理论的提炼上稍欠缺。因此，我们以园本常思课程建设为依托，秉承“让每个孩子拥有良好的人生开端”的办园宗旨和“将孩子塑造为体魄强健、自主管理、拥有快乐思维、身心和谐发展的一代新人”的培养目标，级组统一构建一个主题、四个分支的教研模式，确立了“四大家”(生活家、社会家、艺术家、探索家)板块的“常思课程”架构，以期达成“支持幼儿走向独立、教师走向自主”的园本课程愿景。让班本课程、级组课程为园本课程服务，将一个课程做精做细做深。

(三)以“常思”园本课程为依托，构建级组课程

级组四个班级负责不同的方面——生活家、探索家、艺术家、社会家，“我的班级我做主”班本课程构建：根据中班年龄特点，以班级为单位，由教师在幼儿感兴趣的活动中生成的班本主题活动为主；各班凸显个性开展主题活动，每次主题结束后各班进行课程审议及总结。班级通过初次级组课程计划审议，根据班级孩子特点、教师特长、兴趣预设班级课程主题。

中一班：探索家“食与科学”。自古以来，民以食为天。食物是大地对人类的馈赠，人类也用自己的智慧和勤劳创造出一载载繁荣。人类与大地的关系有着内在的关系法则，道法自然，唯有循天地规律，着本草韵律，人类与大地才能生生不息。因此，每一种食物都有来自天然土地的原始滋养。开启食与科学之旅是很有意义和有趣的一件事情。

中二班：艺术家“食与艺术——音乐戏剧心灵滋养”，通过戏剧表演，或者经由字句、姿态、韵律、各种动作以及情感表现的练习，可以唤起一些也许一生当中都一直处于沉睡状态的感觉和能力，如对艺术的鉴赏能力、节奏感、对形式的感受力和用身体表达的能力等。这些感觉和能力对人的一生都有决定性的影响，而不只是外在和审美方面的暂时性影响。当孩子站在台前表演时，未来的图景都隐藏在他们的身心中；当孩子退回到舞台边时，人生的大戏即将在他们身后拉开序幕。

中三班：生活家“料理与食”，借食育之机弘扬中国传统饮食文化。在食育中融入传统文化与就餐礼仪，弘扬感恩自然、敬畏生命的大善之心和谦恭敬让、勤俭节约的大国之道，让博大精深的中国饮食文化坚定文化自信，形成互渗、互融、互通的文化共育体系。食育是“舌尖上的教育”、营养的教育、生命的教育，既是一种回归生活的教育，也是一种回归教育的生活。身为幼教工作者，食育也是我们能够让孩子终身受益的教育。

中四班：社会家“节庆活动与食”，春、夏、秋、冬四季交替，节日是一年中最华丽的音符，华德福教育很注重传统节日庆典，在这里，我们将以传统的方式，带领幼儿在这都市繁华中和自然对话，重拾心中那份静谧，悠然。

(四)具体工作及措施

1. 充分利用青年教师的优势，任命课程正副组长，由课程正副组长带领组员进行课程

审议，随时指导课程动态发展，为组员厘清课程开展的思路，并引领组员进行课程的反思总结、理论层面的提升等。

2. 课程审议，班级研讨常态化。级组课程审议时间：周一下午接完孩子，周二至周五早上 8：20—9：20。班级审议时间：每天下午放学后。教师可以根据班级课程开展的情况进行讨论和信息整理。

3. 定期教研，提高教师教研主动性。召开年级组教研活动，每月一次大教研活动、一次小教研活动，由四个班级轮流组织，在年级组中形成交流分享、互动反思的良好氛围。日常带班中出现的任何问题大家都可以一起讨论，共同寻找解决的办法；一起交流分享各自班级工作所取得的经验和成绩；互相观摩平行班的常规，帮助带课的教师反思教学活动中的得与失。

四、总结

以“人本主义”为课程理论的“常思”课程为依托，级组统一构建一个主题、四个分支的教研模式，确立了“四大家”板块的“常思课程”架构，以期达成“支持幼儿走向独立、教师走向自主”的园本课程愿景。教师在这样的共同愿景和课程开展中充分发挥主班骨干教师的引领带头作用，促进其专业的进一步成长，级组形成“师徒带教”“骨干引领，青年创新”的学习氛围，引领级组成员在课程教研方面走向深入。定期组织级组教师开展更深入的教研活动，确保教师们可以及时学习，积累到更新颖、丰富的理论知识，以及更先进的教育方法与技术手段。认真对待教师和保育老师的培养工作，尤其是对于青年教师的培养要给予足够的重视，结合实际情况，从不同层面来帮助、指导青年教师不断提升自身思想业务水平。在级组课程建构方面，引领级组成员构建梳理班本课程的主题线索，通过课程审议的各种形式及内容来推进班本课程的实施，落实三级审议机制，保证班本化课程实施的质量，真正实现教师从单一的课程实践向课程推进的华丽转身。

幼儿园手工课程教学中思政元素的融入研究

广东省珠海市香洲区教育幼儿园　逯艳华

3—6 岁是儿童成长的关键期，幼儿身心发展不完善，幼儿的认知和判断能力有限，无法甄别吸收到的知识和信息。因此，此阶段受到的教育、影响的积极和正确与否关乎儿童今后一生的成长和发展的方向。因此，利用思政元素中符合幼儿认知能力和发展需求的方面，践行社会主义核心价值观去引导幼儿成长和发展，是符合幼儿成长需要的，也是幼儿教师育人的职业属性决定的，是学前教育育人功能的内在要求，也是幼儿奠定一生良好发展基础的必然要求。

一、幼儿园手工活动的重要性

手工活动是幼儿园美术教育的一种形式，是幼儿运用工具对各种材料（如自然材料、废旧物品）进行加工改造，以立体的艺术表征形式来表达自我对外界的感知和体验的一种活动。手工活动是幼儿思维、感知、行动的过程，是幼儿手脑并用的过程。手工活动不仅促进幼儿的精细动作的发展、手眼协调能力的提高，还有助于幼儿想象力与创造力的发展，并在手工制作的过程中培养幼儿的专注性、耐心、细心等良好的个性品质。

二、幼儿园开展手工活动的形式

手工活动是幼儿园的艺术活动之一，幼儿可以通过手工创作活动反映现实生活。手工活动与幼儿的智力发展具有重要关系，是幼儿教育中非常重要的过程。幼儿手工活动形式多样，如纸工、泥塑、编织、布艺等，幼儿园可根据自身的资源和幼儿的发展特点安排手工活动课程。

通常幼儿园会根据幼儿的特点开设一些手工类游戏教学课程，在幼儿动手的过程中培养幼儿的思维能力、促进智力的发育。手工课程最好能够与幼儿的生活紧密地结合起来，这样更能让幼儿理解和掌握教学中的知识，促进幼儿的智力发育。在幼儿园中开展的手工课程，大多数是在老师的引导和带领下进行的，并且老师会在生活中寻找一些教学的素材，并且把这些素材进行筛选，在课堂中带领幼儿一起进行手工活动。幼儿园老师会在幼儿进行手工活动的过程中细心地指导幼儿，帮助他们完成自己的作品。

三、思政教育在幼儿园传统文化手工活动中融合的可行性

幼儿园的教育更多的是对幼儿的行为习惯、思维模式、语言能力、动手能力、人际交往能力的一种锻炼，这一时期要引导幼儿树立正确的思想观念，才能将他们引入正途，让他们逐渐树立正确的世界观、价值观、人生观，获得积极向上的思想启蒙。将思政元素融入幼儿园的手工活动中，实际上就是通过不同的手工背景实践基础，让幼儿和在教师共同完成手工作品的过程中进行学习和提炼，并趁机对幼儿进行思想教育和引导，这种思想引导对于幼儿的成长发展意义重大。所以，将思政元素融入幼儿园手工活动中，不仅提升了学前教育的质量，还促进了幼儿的健康成长，为培养高素质人才奠定基础。

四、思政教育与手工活动融合的有效策略

(一)注重传统文化

幼儿期是一个人行为习惯和品格养成的关键期，幼儿的人生底色在幼儿期形成，会如同血液一般流到幼儿身体的每个角落，与其相伴一生，因此幼儿园开展传统文化教育意义重大。要想将思政教育融入幼儿手工活动过程中，相关手工活动的创设应该深度挖掘具有中国传统文化特色的思政元素，利用中国传统节日，结合思想政治教育，积极引导幼儿共同参与，以思政教育为主要目标之一，设计与思政教育有关系的手工活动主题，有效地围绕探究目标循序地展开，并注重孩子学习的能动性和参与性。开展过程中，学习内容、学习方法、探索导入的内容和形式都要充分考虑孩子的自主性，教师要充分尊重孩子的能力和兴趣，以支持者的角色协助、支持、引导幼儿的学习，充分体现主题内容的特点。培养幼儿多方面的素质，帮助他们树立正确的世界观、人生观、价值观，促进他们的身心健康发展。

(二)定期开展主题手工课程，体现思政教育的全面性

幼儿的思政教育应该是全面的，在幼儿园开学期间，要定期更换主题，保证思政教育的全面性。勤俭、节约、诚实、守信是中华民族传统美德。教师要把幼儿的思想品德教育渗透到课程中，贯穿于活动的各个环节，使廉洁美德得以延续和发展。可以开展相关手工活动，弘扬民族美德。针对幼儿年龄特点，开展廉洁教育主题手工活动，利用回收的废品做手工，讲中国故事，了解历史名人、革命领袖廉洁自律的小故事，学习做人应具备的优良品质。传统故事能够帮助幼儿体会优秀传统文化故事中的道理和情感。我国自古就是礼仪之邦，有很多广为传颂的传统美德故事，这些故事能够帮助幼儿理解感恩和孝敬。如《孟母三迁》的故事讲述了学习的重要性和环境对人的影响，《六尺巷》的故事生动地描绘了谦让、和谐的快乐，这些故事不仅闪烁着人性的光辉，更深刻地演绎着孝、悌、礼、信等关乎民族传承的道理。通过传统文化小故事，幼儿可以增长知识和经验，发展智力和想象，感悟人生和成长，从而提升修养，完善品格。

幼儿园可以在不同节日的来临之际，开展不同主题的思政教育手工活动，例如，在母亲节来临之际，幼儿园适时对幼儿进行感恩教育，通过一系列的活动，激发幼儿爱妈妈的情感，让幼儿感受亲情，表达感恩之情，让幼儿在感恩中收获幸福。比如，制作爱心卡片、美丽花束等，并鼓励幼儿回家献给妈妈，以此来祝妈妈节日快乐，表达对妈妈的感恩之情。通过活动，孩子们懂得了妈妈的付出与对自己的爱，孩子们也能学会用自己的方式和行动表达对妈妈的爱，懂得母亲的伟大。

五、总结

综上所述，传统文化手工活动和思政教育实际上是相互联系的。教师要在手工活动中融入思政理念，注重激发幼儿的主动性，通过多样化的主题手工活动开展，充分挖掘课程的思政功能，使得幼儿园手工活动和思政课程同向同行，形成协同育人效应，充分实现思政内容和幼儿手工活动的融合，促进幼儿全面发展。

浅谈幼儿园教师的专业化发展

广东省深圳市龙华区华南实验学校附属滢水山庄幼儿园　郭伟玲

深圳作为中国四大一线城市之一，正以它年轻、崭新的面貌屹立，从40年前的小渔村发展到现在的国际化大都市，称得上是翻天覆地的变化。同时，深圳也是一所年轻人的城市，是一所让人来了就不想走的城市，“来了就是深圳人”，这是深圳独特的标语，这座年轻的城市吸引了全国各地的年轻人来此发展，实现自己的梦想，而深圳的教育，也在这股大潮流之下，逐渐走向专业化与规范化。近两年，深圳的幼儿园正在进行“民转公”的改变，此举正是为了进一步提高深圳幼儿园的教育质量，提高幼儿教师的专业素质，为孩子提供更优质的教育。在如今的21世纪，我们的幼儿教育正在稳步向前迈进，大浪淘沙，依旧在一线的教育工作者通过岁月的洗礼与实践的磨炼，正在向专业化的道路发展。

一、抓住机遇，贯彻落实国家指导文件

一个园所的顺利运行，需要的是完善的制度；一个园所的底蕴，需要的是构建完善的人文理念及课程体系，而我们的课程，需要专业的指导文件作为依托。近年来，国家不断发布一系列幼儿教育相关的指导文件，从这些文件中可以看出，幼儿教育不只是简单地带孩子玩乐，而需要幼儿教育工作者更加科学化地组织幼儿的一日生活。如今，幼儿教育正在进行一个里程碑式的跨越，幼儿未来的发展取决于学前教育，幼儿教育是基础教育的重要组成部分，是我国学校教育和终身教育的基础。熟知《指南》，熟知国家各类法律法规文件，是每一个教师的必修课程，只有思想观念的统一，扎实的实践基础，我们的教育质量才能稳步提升。

二、稳抓学历，提升教师队伍的整体质量

10年前，幼儿教师的学历普遍比较低，一个园所的教师多数以中专生为主，只要在学校选修了“幼儿教师”这门课程，读过教育学和心理学，能唱会跳，基本就没有多大问题。那时候的街坊邻居，茶余饭后会聊谁家的女儿读书怎么样，对学习跟不上的孩子都会建议读幼师，因为幼师分数低，而且不需要太多专业知识，只要会带孩子玩就行了。现如今，深圳幼儿教师对学历的要求为本科毕业，且新型公办园招聘助教老师的门槛都是全日制本科毕业，对有经验的班主任，鼓励其不断学习，提升学历，达到本科，而对于幼儿园的教研员，则要求为研究生学历。这些要求说明在如今社会，从国家到城市，幼儿教师这个行业已经被重视起来，高级保姆式地带小孩的年代已经过去，作为教育行业从业者，幼儿教师在教育的过程中，不仅仅是知识的传递者，更是幼儿学习活动的支持者、引导者及合作者，教师的言行举止是幼儿模仿的榜样，对幼儿的身心发展起着潜移默化的作用。《幼儿教师专业标准》一书中提出：我们要重视幼儿园教师职业特点，加强学前教育学科和专业建设。重视幼儿园教师职业道德教育，重视社会实践和教育实习，加强从事幼儿园教师教育的师资队伍建设，建立科学的质量评价制度。因此，一名合格的幼儿教师，不仅需要有学历作为敲门砖，更重要的是需要通过学校的系统化学习，从而持证上岗，还要重视教师的师德师风，保证每一位教师的个人素养及专业素质。

三、改变观念，致力于可持续发展的课程

课程是一个幼儿园的灵魂所在，每个幼儿园，都有其立足于本园现状的课程及教育愿景，一个幼儿园要走专业发展道路，顶层设计的课程必不可少。过去，我们过于注重五大领域的学习，而现在，幼儿园课程改革加速推进，国家先后颁发了《纲要》《指南》，为幼儿园的课程改革和发展明确了方向，所有的课程都基于国家的指导文件之下，与幼儿园的现状相结合，将低质量的幼儿教育转化为高质量、可持续发展的教育。而如今课程的加入，打破了我们原有的定势思维，《指南》中明确指出，幼儿园的学习要最大限度地支持和满足幼儿通过直接感知、实际操作和亲身体验获取经验的需要。幼儿不同于其他年龄段的学生，我们的教育应更注重于让孩子通过感知获取，这个世界是未知的，孩子是懵懂的，在相对安全的前提下，把最好的空间还给孩子，教师应退到幼儿的身后，通过观察看到儿童生活和游戏中的需要，提供适宜的环境和低结构材料，支持儿童的学习与发展，而不是机械式地诵读，机械化的教育只会遏制孩子的创造性思维。未来社会是人工智能的社会，我们的课程应将五大领域学科进行融合，相互渗透，重视整体，关注个体，体现幼儿的全面发展，不只重视幼儿知识的习得，更多重视的是幼儿的学习品质及探究能力的培养。课程是让我们打破原有的框架及思维的，指导我们将幼儿的学习融入生活，与自然、社会相互融合。

四、园本研修，促进教师专业发展

专业的人做专业的事，专业的事要有专业的理论知识作为依托，幼儿园教师的专业理念和专业能力提升是园本教研和培训的主要目的，聚焦幼儿园教师的核心专业要素——深度理解儿童、把握核心内容、创新适宜方法——三位一体的综合性能力的提高，已经成为园本教研的新重点、新任务。深圳作为一个一线城市，近年来为幼儿教育从业者提供的外出学习机会越来越多，如骨干园长两年学习计划、骨干教师两年学习计划等，从区的层面，为我们不同岗位的教师制订了一系列系统的学习计划，如专家讲座、外出参观、名师对话等形式。两年来，我们走到上海、北京、武汉或本市省级园等地方，学习每个地方幼儿园教育的精髓，“走出去，引进来”，开阔眼界与思维，让每一位学习者受益，从而激发学习研究的灵感，促进专业思考，并在本园加以研究实践。以我园为例，我园重视教师的专业化发展，成立以教学园长带头的园所教研小组，由教学主任担任教研组长，级组长担任小组组长，师徒结对，分级组、分目标层次对幼儿园的新手教师与骨干教师进行培训，每周固定一次大教研、一次小教研，级组长不定期组织小组教研，通过头脑风暴、互动观摩分享、世界咖啡等教研方式，充分挖掘教师在教研活动中的作用，促进教师的思考。碰撞才能出火花，专业化的教师队伍更要走好教研这一条路。

“弹唱跳”，这个属于幼师的标签已经贴在我们的身上太久太久了，在传统的观念里，幼儿教师就只会教孩子唱歌、跳舞、认识汉字。但对于21世纪的教师来说，我们追求的是教育的高境界——认识儿童，了解儿童，观察儿童，尊重儿童。《儿童的一百种语言》中说到，尊重儿童不仅仅是在理论上肯定他们的潜能，而是要发现和重视他们的思想与行为，不管这些思想与行为在成人的常规下显得多么微不足道。如果我们跟随这种思考轨迹，有一件事就显而易见了——必须给儿童提供那些可以引发他们兴趣和天赋，并增强他们实践和思考的环境。就拿我们本次的毕业典礼来说，因为疫情，我们不能像往常一样，邀请所有的家长来参与，但是我们可以通过网络的形式，进行一场直播。制定方案之前，我们集中商讨，认为这是一场孩子们的毕业典礼，那就要由孩子做主，从主题名称的选定、节目的选定、服装的选定到作品的展示，在教师的支持下，全程由孩子参与，投票得出来，充分尊重每一个孩子的想法，调动每一个孩子的兴趣，他们更能欣然地接受未知的一切，而不是在成人的要求下，由于传统教条的制约和无趣，形成一股反作用力。在幼儿园里，基于儿童的立场，把问题还给儿童，充分发挥幼儿的主人翁意识，当幼儿被赋予"重任"时，他才能下意识地去做好每一件事。

五、更新换代，教育需要不断地深入思考

在信息化的今天，一场疫情，给了我们一个"在家办公、学习"的机会。我们通过腾讯会议与教师进行跨越空间的连接，每一次的线上会议、每一次的教研，都让我们的居家生活充实而又满足，同时，我们充分利用各类的资源——线上名师课堂学习、公益课学习、学习强国等学习途径，激发每一位教师对本职工作的思考。线上模式的应运而生，也让我们由衷地感受到，未来的路上，我们正在与信息化技术接轨，而技术，也正在悄然改变着我们的教育方式。

我们常说，幸福的人用童年治愈一生，不幸的人用一生治愈童年。愿每一个教育者，都能充分发挥自身的专业，眼里有光，心里有火，成为点亮孩子童年的一盏明灯。

浅议后勤园长如何做好服务工作

广东省深圳市龙华区华南实验学校附属滢水山庄幼儿园　黄碧娜

幼儿园是幼儿开始受到教育的地方，对幼儿的健康长大起着不可替代的作用。而幼儿园的后勤管理工作，又决定着幼儿园里面的一切能不能按照正常秩序进行，同时也决定着幼儿园里面的幼儿有没有一个很好的生活、学习环境。所以，要重视幼儿园的后勤服务工作，给老师和幼儿带来一个舒适、安全的学习环境与生活环境，这样才能够推动教学质量的发展。

一、明确工作思路和目标

"麻雀虽小，五脏俱全"，幼儿园管理基础要点包括人、物、财、事等，均要借助后勤工作才可以进行，假设没有清晰的想法与目的，遇到一件事处理一件事，发生了麻烦再找人解决，肯定会导致整个幼儿园的工作不能正常运转。由此可以看出，幼儿园的后勤工作虽然不是很起眼，但是每一件事情都会影响到幼儿园生活、学习的正常进行。所以，后勤园长要计划好自己的工作目标与思路，遵循"安全第一，服务先行"的原则，有序地开展好后勤服务工作，防止问题的发生，尽可能地满足所有幼儿和教职工的生活与学习需求，为幼儿的生活和学习尽可能地提供优秀的环境。

二、突出重点提高工作效率

幼儿园的后勤工作非常琐碎，怎么使自己从忙碌的事务里面解脱出来，把服务工作干得漂亮？唯有把心思放在幼儿园上，抓紧日常管理，提升自己的工作效率，懂得怎么充分利用好每个人的优势，分配好工作上的细节，厘清工作思路，找到工作的重心，与同事团结起来，起到互帮互助、取长补短的效果，这样就可以加快整体的工作速度。同时，我们还要区分好后勤各项工作的轻重缓急，千万不要出现丢了西瓜捡芝麻的情况。安全问题是幼儿园最重要的事情，是我们需要着重考虑和进行的，一定要确保幼儿园不存在重大的安全隐患。除了安全方面的问题，其他方面工作的轻重缓急应该怎么区分和处理呢？第一，要进入一线工作，做到“多沟通、多观察、多思考”。只有进入工作里面，注意观察、交流，掌握教职工的工作状况，了解第一手资料，工作才可以获得发言权、主动权，这样才可以实时地协助教职工提高办事效率。并且，和各个岗位的教职工的频繁沟通，可以使同事之间的距离大大缩短，许多事情就可以很容易地解决，相互之间也会慢慢在工作中产生默契，在工作的时候就可以花费更少的力气、时间，办成更多的事情。第二，每日工作都要有一个详细的计划，区分好事情的重要性，抓好工作的重心，决定开展的工作就拼尽全力，不要拖拖拉拉，真真正正地贯彻好“今日事，今日毕”的理念。第三，计划好每个学期的工作安排，并且把工作计划具体到每个月、每周，乃至每天，突出工作里面的重心，进行好协调分配的任务。把需要赶快完成的工作规划好，抓紧时间，保证质量地做完，防止出现耽搁的情况。

三、为教师和后勤人员搭好沟通桥梁

后勤人员与一线教师都是幼儿园少不了的两个组成部分。假如两方人员组成各种小团体，对互相的工作不管不顾，时间一旦久了，后勤人员和一线教师之间的心理距离就会越来越远。为防止这种现象的发生，后勤园长要经常举办教师和后勤人员的会议，加强他们之间的相互沟通。借助这种沟通，后勤人员会意识到一线教师从早到晚都和孩子相处，精神上一直都是紧绷着的，并且一线教师还有着许多的科研教研工作，十分辛苦。教师们也可以意识到自身工作的展开离不开后勤人员的配合、支持，会对后勤人员更加尊重。教师和后勤人员之间的相互谅解，会让工作氛围变得更加融洽，工作的时候肯定会更加得心应手、更加身心舒畅。此外，在实际工作的时候，还可以举办许多活动使他们多进行合作。例如：让安全主任进班上安全课、保健医生进班开展健康宣讲，在特别的节日，让教师带着小朋友们制作精美的感恩卡送到厨房工作人员手上。如此，不但可以促进他们的情感，还可以有效地推动双方工作的进行。

四、创设和谐的园文化

和谐的园文化是幼儿园人文精神的重要表现，体现的是教职工一致的认识与追求，是幼儿园的主要精神所在，引领着幼儿园前进的方向。通过构造和谐的氛围，用心地创造园所文化，让幼儿园富有更加浓郁的感染力，变成激发与凝聚教职工共同进步、向前迈进的动力，幼儿园的后勤服务工作才可以更进一步。第一，为了给教职工建设一个美好的物质文化环境，幼儿园要为教职工提供先进的设施，教职工可以依据需求随时在网络上查阅学习资料，不但使眼界更加开阔，还加快了工作效率。先进的设备可以使员工更加爱学习、善于学习，使和谐的园所管理建设迈出了踏实的一步。第二，尽力给教职工解决难题，想尽办法给教职工带来利益，争取把每项事情都很好地完成。关注教职工日常生活，督促他们进行适当的体育健身活动，消除或降低教职工的心理压力，使他们维持好心态，保持一颗平常心，处理好工作与生活里面的问题，不断地提高与超过自己，达到自身的发展和完善。第三，积极开展工会活动，尽力为教职工做好事情、做实际的事情，展现人文关怀，比如给教职工庆祝生日的时候提供一张温馨的小卡片、一份精美的礼物、一份真诚的祝福，让教职工感觉幼儿园和家一样温暖。此外，后勤园长还需要给幼儿园带来积极、阳光的形象，根据实际情况，给所有的教职工与孩子带来优质服务，进行好幼儿园的特色教育，提高后勤服务质量与效率。如此，不但可以充分展现幼儿园的优秀教学环境，还可以获得家长的赞赏，提高幼儿园在社会中的知名度，推动幼儿园朝着更优秀、更好的方向发展。

幼儿园是基础性的教育机构，对每一个幼儿的身心发展都有着举足轻重的作用，幼儿们是祖国的花朵，幼儿能不能健康地成长直接关系到祖国的未来。幼儿园的后勤工作与管理，会影响到孩子的生活、学习环境。所以，为了确保幼儿园的每项工作都可以平稳、有序地开展，后勤园长必须抓好幼儿园的后勤管理工作，加强后勤人员的工作能力，并且随时处理好教师和学生遇到的问题，让幼儿可以在一个适宜的环境当中快乐、健康地长大。

浅析教师如何把握好幼儿活动中的进与退

福建省宁化县第二实验幼儿园 张 雯 邹冬财

《指南》指出，幼儿在活动过程中表现出的积极态度和良好行为倾向是终身学习与发展所必需的宝贵品质。要充分尊重和保护幼儿的好奇心和学习兴趣，帮助幼儿逐步养成积极主动、认真专注、不怕困难、敢于探究和尝试、乐于想象和创造等良好学习品质。忽视幼儿学习品质的培养，单纯追求知识技能学习的做法是短视而有害的。

那么作为幼儿教师，我们应该如何把握好在幼儿活动中的进与退的尺度，掌握好幼儿“主动学”和教师“有效教”呢？我以表演游戏“松丸子”为例，进行阐述。

一、表演主题选择中的进与退

我们都知道，幼儿的学习应来源于生活，服务于生活，越和幼儿生活贴近的内容，越容易引发幼儿主动探究和主动学习的兴趣。老师们应该坚决贯彻这一特点。

进——客家美食种类繁多，每种食物的背后都有一个动人的故事，每种食物的背后都是文化的沉淀。面对外来文化的冲击，如何让孩子深刻地了解客家的美食文化，做好传承与发扬工作呢？教师决定用表演的形式让幼儿从听一听、说一说、看一看、演一演，亲身体验客家美食背后的文化韵味。

退——宁化客家美食多种多样，那怎样确定一个孩子们感兴趣的主题呢？为了更好地了解幼儿的想法，老师在前期选择表演主题时选择了不直接确定表演主题，由孩子们自己来确定。我们对孩子们进行了一个问卷调查，遵从大多数幼儿的意愿，选择了从“松丸子”开始进行故事剧表演。

二、表演剧本创编的进与退

活动主题确定后，老师如何做好剧本创编的进与退？

进——开展多种活动，让幼儿与松丸子的故事亲密接触。

欣赏活动——“松丸子怎么做?”

亲子活动——“品尝松丸子”(家长资源)

讲述活动——“松丸子的故事”

手工活动——“制作松丸子”

图画书制作——“松丸子的故事”

角色游戏——“酒店也卖松丸子”

这些活动可充分利用区域活动来完成。

退——不急于形成剧本，不急于表演。

摆正好老师进与退的位置后，接下来要考虑幼儿喜欢怎么演？如何创编幼儿喜欢演的剧本？首先要有变幻的剧情，其次要有丰富的角色，最后要有有趣的台词。

1. 变幻的剧情哪里来？老师和幼儿一起讨论故事原型，一起探讨怎样把一个故事分割成有起伏转折的章节。

2. 丰富的角色从哪里来？故事中原有的角色是：豆腐店老板、老板妻子、客人，但这远远无法满足参与表演的孩子的需求，那么还可以从这个故事里衍生出哪些角色呢？其实对于孩子来说，一切皆可以成为他们表演的角色。于是在后面的讨论中，雨点、香菇、木薯粉、豆腐碎、肉末、香葱、胡萝卜等均成了一个个独立的角色，并以自己诙谐幽默的角色语言成功地融入到了故事剧表演当中，给故事剧表演添上了灵动的一笔。

3. 有趣的台词从哪里来？好的台词未必是孩子喜欢的台词，因为幼儿的喜好和经验积累的不同，孩子们喜欢的表达方式也不同。因此，老师首先要和孩子一起探讨和梳理出角色的对话，这样的对话可以很好地吸引幼儿的兴趣。

三、编排表演的进与退

进入编排表演后，老师不是一个总导演，而是一个主持人，要给予儿童空间和界限。

进——通过讨论、模仿等方式，帮助幼儿明确角色的性格特征，并引导幼儿用恰当的语言、表情、动作来表现出来。

退——孩子们自己竞选想要表演的角色，他们根据要求逐一展示，并由大家投票决定由谁扮演。然后选定相应的组长，自己进行分组排练。

四、道具服装准备的进与退

进——老师引导孩子一起商定各角色在表演时所需要的服装、道具，并通过家长资源等途径帮忙准备相应的制作材料。

退——幼儿自己制作、装饰喜欢的服装、道具，自己布置表演场景，自己化妆。

在这个故事剧表演中，我们可以看到，从“营造氛围”到“寻机生长”，再到“顺水推舟”，一个精彩的活动孕育而生，而这当中最重要的就是尊重儿童，师幼都能随心所欲而不逾矩，这就是“科学地把握教师的进与退，充分发挥幼儿的主动性”这一方法的魅力所在。

五、在其他日常教育教学中运用进与退

(一)其他同类型的表演游戏

“科学地把握教师的进与退，充分发挥幼儿的主动性”这一方法，除了适用于表演游戏“松丸子”外，同样适用于每一个表演活动。好方法不能只用来感叹、仰望，更应该用来尝试、践行。例如，在上次“童玩”大串烧游戏活动中，我们尝试把该方法应用于指导表演游戏“三只蝴蝶”，孩子们自己选主题，自己想台词，自己编剧本，自己做道具……老师在孩子们有需要的时候适时地托一把，让他们更上一个台阶。传统的老故事有了新的生机，表演游戏的趣味性又进一步得到拓展。当然，上次的尝试还只是初探皮毛，有待老师们进行更深入的探究、实践。

(二)生成的节日主题活动

“科学地把握教师的进与退”也可以应用于迎新年系列主题活动中，孩子制作新年美食愿望单调查表，自己动手制作自助餐的装饰物，自己帮忙布置自助餐场地等，孩子的亲身参与，赋予了自助餐更多快乐，这也是一次生动的实践。再如六一儿童节系列活动、端午节系列活动、大班毕业典礼等，都可以参照以上模式来执行，让教师和幼儿都充分地表达自己的愿望，展示自己的才干。

老师们，让我们划好适当的界限，在不放弃自己主动作为的情况下，多给孩子腾出时间，腾出空间，让他们表达他们的想法，尝试他们的想法，最大限度地激发他们主动学习的欲望，而老师要做的就是多观察他们，多分析他们，并在恰当的时机予以他们恰当的帮助，助推幼儿的游戏向前发展！

如何培养幼儿语言运用能力

山西省吕梁市汾阳市府学东街幼儿园 徐 娟

幼儿语言能力是在运用中发展起来的，发展幼儿语言能力的关键不是让幼儿记住大量的词汇，而是创设一个能让他们想说、喜欢说、有机会说，并能得到积极应答的环境，是引导幼儿乐意与人交谈，能大胆、清楚地说出自己想说的事。正如《纲要》中所说的，鼓励幼儿大胆、清楚地表达自己的想法和感受，发展语言表达能力和思维能力，使幼儿能健康快乐地成长。从一个侧面我们可以看到，现在幼儿语言教育淡化了纯粹重视学前儿童形式学习的要求，强调语言教育过程中重视语言交际和功能，重视学前儿童在使用语言的过程中语言的学习。

一、通过调查分析，力争因势利导

幼儿来自各个家庭，由于遗传因素和家庭环境的不同，孩子的性格特点和语言发展水平都不一样，为了能有效地促进幼儿语言运用表达能力的发展，必须对幼儿的实际情况有所了解。于是每个班级的老师针对自己班的幼儿在语言发展情况上做了调查，通过平时老师的观察和交流，来了解幼儿的实际水平，并做了观察记录。在观察中，发现有的幼儿由于家庭环境的影响和家长的重视，能大胆清楚地用语言表达自己的思想，乐于在同伴面前运用语言展示自己，能用丰富的词汇和连贯的语言叙述事情的发生过程。但也有好多孩子不愿交流，上课时不敢、不愿发言，运用语言也不完整。针对各种年龄层次、不同类型的幼儿，教师们调查了解后，写了调查报告，对本班幼儿的语言发展状况进行了分析，并提出了针对性的策略和方法，以便在以后的教育教学活动过程中能因势利导、有的放矢，采用恰当的方法来培养幼儿的语言运用和表达能力，取得最佳的效果。

二、挖掘各种因素，获得感性经验

只有丰富的生活环境和生活经验，幼儿才会有话可说，有表达的愿望。幼儿的一日活动中，教师要充分挖掘幼儿生活、环境中可以被利用的、可展开的一切教育因素，让幼儿在充分感受、理解的基础上获得感性经验，在日常生活与环境的交互中自然获得语言。在活动室和环境布置上，设计一些常规性、知识性、趣味性的图片，让幼儿利用自由活动时间，引导幼儿运用语言来表达，讲给老师、同伴听，讲给家长听。还可以让幼儿利用谈话时间来讲述“你最喜欢的电视”“小小气象员”“餐前播报”等，让幼儿把生活中的所见所闻所学，通过自己的表述来传达给周围的人，与他人一起分享，体验分享的快乐，同时也培养幼儿倾听的习惯，提高幼儿的表达能力，树立幼儿的自信心。

三、创设愉悦氛围，提高交流兴趣

在实践过程中，要创设愉悦的交流氛围，始终做到每天和幼儿交流，和每一个幼儿交流。教师与幼儿交流的时间和地点是因人而异的，教师虽然是有意识地与幼儿沟通交流，但幼儿却感到是随意、自然地与老师聊天。这种交流，一方面教师可以动态了解幼儿的语言发展变化，另一方面有助于增加幼儿与教师交流的机会，激发幼儿用语言表达、敢于表达的兴趣和愿望。尽量让幼儿与同伴进行谈话交流，同伴之间的交流是提高幼儿语言水平良好的途径之一。他们在交流过程中会大胆地表达情感思想，会用自己喜欢和熟悉的语言进行交流，教师需要给孩子创设轻松自由氛围，适当增加自由活动的时间，使幼儿有更多的机会进行交流和表达，改变以往一个集体活动接着一个集体活动，幼儿完全在老师的控制下，失去了好多用语言交流的机会的情况。

四、创设游戏环境，提高表达能力

游戏是幼儿快乐自主的一项实践活动。在游戏中，幼儿自由支配自己的行动，愉快地与同伴交流，作为思维工具的语言，始终伴随着游戏的进行，因此，游戏是幼儿学习语言、运用语言、培养交往能力的最佳途径。活动中的表演游戏在促进幼儿语言能力的提高方面具有独特的教育意义，在教师的启发鼓励下，孩子们快乐地进入角色，沉浸在游戏的良好语境中，就连能力较弱的幼儿也在众多小朋友的影响下，能积极地在其中扮演角色，展示自己。幼儿在轻松愉快的环境里，不仅避免了机械单调的语言学习，而且学习发展了语言运用能力。

五、利用家庭、社区资源，与之亲密对话

家庭是幼儿生活的重要组成部分，家庭环境直接影响孩子的成长与发展，也会对幼儿语言的发展和运用起着至关重要的作用，要让家长了解、关注孩子语言的发展，向家长宣传为孩子创设有利于语言发展的家庭环境。通过家园联系卡、与家长面对面的交流、家长座谈会、家访等多种形式，帮助家长营造语言交流的氛围。在家庭中，创设良好的人际关系，家长与孩子平等相待，尊重理解孩子，对孩子提出的问题能给予适当的解答，对于稚气的拷问能做出反应，尽可能地去满足孩子探索的需要。鼓励家长经常带孩子外出，为孩子创造与他人交往的机会。如陪孩子到同伴家做客、到商店去买小商品等，鼓励幼儿自己用语言去交往，不断丰富孩子的生活经验，拓宽知识面，这样孩子胆子大了，自信心增强了，思维敏捷了，情感也丰富了，语言也就得到了发展。

对幼儿语言能力的培养不仅要渗透在教育教学活动中，更要寓于一日活动中，不能忽视日常生活的各个环节，让幼儿在愉悦自信中发展语言，培养他们的语言运用和表达能力。

区域活动中的观察与记录

山西省吕梁市汾阳市府学东街幼儿园　王秋香　高媛媛

幼儿在不同主题的区域活动中所呈现的诸多个体差异，为教师解读幼儿提供了大量鲜活的素材，教师可观察到幼儿在活动现场的丰富表现，并透过现象理解幼儿行为背后的思维逻辑，并及时地以适宜的方式应答，形成合作探究的师生互动。教师只有通过细致的观察与反思，才能从中找到调整材料的依据，才能精准地投放适合幼儿兴趣与能力的生动材料，才能使材料真正成为引发幼儿探究愿望和行为、推动幼儿思维进程和发展的教育要素。区角观察，也促使教师进一步确立尊重幼儿生命特征、尊重教育规律的理念。

一、创设观察记录条件，落实观察记录行为

区域活动中，教师的观察必不可少，只有通过观察，教师才能获得真实、系统、有效的信息，才能提出合适的应对性策略。教师应在区角的平台上更多地观察幼儿，理解他们的需要，更多地观察材料，发现调整的依据。

1. 区域的设置有利于教师的观察记录

开展区域活动前根据主题进行区域活动的设计是很有必要的。这为开展幼儿区域活动奠定基础，使教师更全面、系统地审视活动的规划布局，也使区域活动的开展具有更明确的目标，强化主题意识。在区域的创设过程中，我们不仅会根据幼儿的年龄特点创设相宜的区域，而且在空间形式上会考虑到区域之间的联系、影响，让幼儿的活动更顺畅，同时保证了教师观察记录的及时性、真实性、有效性。

2. 设计观察记录表，让教师的观察记录客观真实、简便有效

在开学初，我们根据原记录表的优势与不足重新设计了观察记录表。将原来以符号为主的记录，变成了表格式的记录表，教师可根据幼儿的活动状况灵活运用多种观察记录方法。在不断的实践中，我们的记录表也在不断更新。从记录方式到记录内容，让我们的记录与实践有效结合起来，实现观察记录与指导并行，更有利于我们策略的整理提升、经验的有效总结。

二、实践观察方法，保障观察质量

观察是游戏准备工作的基础，是介入幼儿游戏的前提。观察点的确定是非常重要的，它直接影响制约着教师的指导。

1. 找准观察点，让教师的观察更有针对性

观察点的确定，考验着一个教师的能力、素质。确定适宜的观察点，会让教师的指导更有针对性。不同区域不同发展阶段的幼儿，他们的观察点也各不相同。找准观察点至关重要。

在开学初，我们结合实际情况，将观察点重点定位在了幼儿的规则意识方面。无论什么区域，无形中都有一些自身的规则潜在其中。而规则是决定区域活动开展顺利有效的关键因素之一。从入区到操作再到整理收区，都有一定的规则渗透其中。在观察中，我们又将观察点精准到各个环节。我们观察、记录、分析了幼儿存在、出现的问题，及时采取了有效措施。如在整理环节中，我们发现幼儿有整理意识，但在动作的精准方面比较欠缺，尤其是在水区与干果区中，幼儿整理的顺序、细节等都不太好。针对观察到的现象，结合幼儿的年龄特点，我们采用了图示法，将整理顺序用图示的方式呈现出来，辅助幼儿。在此基础上我们又跟进了“订正线”，物品回归柜子时与线对齐，有效解决了幼儿材料的整理。在此过程中，教师的观察记录与指导得到有效的统一。

2. 扩大观察视野，不断推进幼儿的发展

活动区中材料的投放也是教师观察记录的重中之重。徐平指出，教师提供的游戏材料要注意多层次性、递进性，以满足幼儿的不同需求。它要求教师要从幼儿的发展需要、兴趣、年龄特点等出发，开阔观察视野，促进教师的指导不断推进。秦元东、陈芳等在《如何有效实施幼儿园主题性区域活动》中提出，材料观的转变主要体现在材料的内涵与投放两方面。

在科学区中，我投放了十二生肖盒，为幼儿提供了一张生肖照片以及剪下的十二生肖图卡。在观察中发现，孩子们对这一材料十分感兴趣，但持续性不高：有的幼儿很快便按图示排好了，重复几次草草而收；有的幼儿对老师提供的生肖图案辨认不清，以致排列错误，没了兴致；有的幼儿不熟悉其排列顺序，而照片中的排列是环形式的，依据不足，摆弄一阵儿便也作罢。根据观察到的现象，我们及时对材料进行了调整：首先，将生肖图案更换为更清晰的图案小样，利于幼儿辨认；其次，对提供的照片参照物进行了起始标志，利于幼儿参照；最后，在层次方面做了提升，将生肖盒改为三层，第一层按参照物排列；第二层自己按序排列，第三层找生肖，计算年龄。这样每个层面的幼儿在操作中都会得到提升与发展。在此过程中，教师的观察记录有效推动了幼儿的发展。

三、拓展记录形式，有效提升观察效率

观察和记录是了解幼儿的过程和手段，要确切地保存观察的即时信息，为制定教育策略提供依据，记录成为观察过程中不可或缺的重要环节。在以往的记录中，教师的记录形式多以文字、符号为主。在不断学习中，我们尝试了多样的记录形式。

1. 平面图加分析的记录形式

平面图的记录方式有利于教师对全班幼儿的整体活动态势有基本的了解，且直观地反映了幼儿对材料的兴趣与关注度，这是评价材料合适与否的参考之一。

每个主题的开展我们都会根据不同主题进行相应的环境创设。面对新的环境，新的区域材料，孩子们的兴趣如何？我以平面图形标出我班各个区域的位置，利用符号记录了简单的信息。通过分析了解到，孩子们对科学区、美工区特别关注，对植物角、干果区的关注程度不高。在科学区中，男孩子的参与率明显优于女孩子，而美工区中女孩子则明显多于男孩子。我们及时对区域材料进行了调整，收到了明显的成效。

2. 自制表格式的记录形式

表格式的记录方便简洁，信息量大，并且能根据不同的内容自己设计表格，可根据观察对象设计，也可根据观察区域进行设计，比较灵活，应用面广。在记录过程中，可以用文字，也可以用符号。

3. 个案追踪的记录形式

这一记录形式比较真实全面地反映了幼儿的活动过程，为解读幼儿提供了极其鲜活的素材，为教育策略提供了客观的依据。

总之，区域活动需要教师不断观察记录以及指导，同时，教师的观察记录也是自我行为转变、观念提升的一个过程。作为一名教师，不仅要树立全面指导的观念，同时还需要一种敏锐的洞察力与较高的教育智慧技巧，这样才能在一种最自然的状态下，根据幼儿的需求进行有目的的指导。我相信，有了教师的用心观察及用心指导，幼儿的区域活动一定会不断完善，提升！

在教师专业成长的道路上前行

——第十八届“当代杯”全国幼儿教师职业技能大赛获奖作品选（下册）

苏　津　主编

首都师范大学出版社
CAPITAL NORMAL UNIVERSITY PRESS

图书在版编目(CIP)数据

在教师专业成长的道路上前行：第十八届“当代杯”全国幼儿教师职业技能大赛获奖作品选 / 苏津主编．—北京：首都师范大学出版社，2021.10

ISBN 978-7-5656-6686-5

Ⅰ.①在…　Ⅱ.①苏…　Ⅲ.①幼教人员－职业技能－教师培训－文集
Ⅳ.①G615-53

中国版本图书馆 CIP 数据核字(2021)第 205659 号

在教师专业成长的道路上前行

——第十八届“当代杯”全国幼儿教师职业技能大赛获奖作品选(下册)

苏　津　主编

责任编辑　禹　冰　许　蔚

首都师范大学出版社出版发行

地　　址　北京西三环北路 105 号

邮　　编　100048

电　　话　68418523(总编室)　68982468(发行部)

网　　址　http://cnupn.cnu.edu.cn

印　　刷　中煤(北京)印务有限公司

经　　销　全国新华书店

版　　次　2021 年 10 月第 1 版

印　　次　2021 年 10 月第 1 次印刷

开　　本　787mm×1092mm　1/16

印　　张　53.25

字　　数　1500 千

定　　价　162.00 元(全三册)

编委会名单

前　言

改革开放以来，特别是新世纪以来，我国学前教育取得长足发展，普及程度逐步提高。办好学前教育，关系亿万儿童的健康成长，关系千家万户的切身利益，关系国家和民族的未来。

学前教育事业的健康发展，最重要的保障是师资，《国务院关于当前发展学前教育的若干意见》要求：各级政府要充分认识发展学前教育的重要性和紧迫性，将大力发展学前教育作为贯彻落实教育规划纲要的突破口；作为推动教育事业科学发展的重要任务；作为建设社会主义和谐社会的重大民生工程，纳入政府工作重要议事日程，切实抓紧抓好，加快建设一支师德高尚、热爱儿童、业务精良、结构合理的幼儿教师队伍。

开展职业技能型比赛活动，就是培养和提升合格师资队伍的有效途径之一。

其一，比赛是对参赛幼儿教师能力和水平的一次全面展示和检阅。人才是教育之本，教师是学校之本，技能是教师之本，拥有过硬的职业技能是每位教师必须具备的基本条件，竞赛是全面磨炼、展示和提高这一素质的最有效的形式。

其二，比赛是提高教师能力、水平和质量的一种重要途径。比赛为教师提供了提高教育能力和教育水平的机会，作为参赛者的教师在准备过程中可以得到前辈及同事们的指点和帮助，竞赛的准备和比赛过程会使教师得到锻炼和提高，并在展示自己的同时，与其他参赛教师进行各个层面的广泛的交流，互相学习，共同进步。

其三，比赛是促进教师成长的重要手段。通过竞赛活动，正确引领教师在专业上进步。竞赛同时可以引导参赛教师关注最新的教育理念，潜移默化地培养他们的创新意识和学习意识。此外，竞赛还是帮助教师树立良好的师德、教育观念和提升能力的最好方式，使教师经历一次全面、完整的过程训练。

由《幼儿教育导读》杂志社、当代学前教育网、当代学前教育研究会以及多家机构联合举办的“当代杯”全国幼儿教师职业技能大赛，是当前幼儿教师培养培训的有效补充，也是促进教育教学质量提高、培养合格幼儿教师的辅助手段，通过比赛的形式，有助于提高全国幼儿教师的职业素养，有助于增加教师之间的专业交流，有助于促进教师之间的专业分享。

第十八届“当代杯”全国幼儿教师职业技能大赛，历时 3 个月，围绕 10 个比赛项目展开，得到了全国各地幼儿园及幼儿教师的积极响应。比赛中，涌现了一批具有专业理念和创新意识的作品，经过大赛组委会的甄别，从其中的文字作品中遴选出部分优秀的获奖作品结集出版。我们希望通过作品分享展示的形式，促进广大幼儿教师的交流，促进幼儿教师的专业化发展。

本书的编辑出版过程中，我们得到了来自全国各地幼儿园、参赛选手、教科研领域的专家以及出版社同人的大力支持和帮助，在此，谨代表大赛活动的主办机构、组委会深表感谢。

为了更好地提升“当代杯”全国幼儿教师职业技能大赛的整体品质，我们将继续聆听行业的诉求、建议和期盼，借鉴历届大赛的经验，将今后的大赛活动会更加丰富、成熟，更加具有社会价值，我们将继续在幼儿教师专业成长的道路上，不断奉献我们的微薄之力。

祝愿当代幼儿教师专业化长足发展，祝愿我国学前教育事业不断进步！

目　录

教　案

教育随笔

观察记录

案例分析

论 文

教　案

案　卷

猫和老鼠

吉林省通化市通化钢铁集团有限责任公司第一幼儿园　赵坤宁

教学领域	语言	班级	中班
设计意图	幼儿是教学活动的主体，在具体的活动开展中，要遵循发展性原则。我将就幼儿的基本情况进行简单的分析。大班幼儿语言能力有了更进一步的发展，抽象逻辑思维开始萌芽，能够结合情境理解一些相对复杂的句子，能有序、连贯、清楚地讲述一件事情，因此我将本次活动的重点放在了引导幼儿互相交流讨论想法、主动表达故事内容方面。并且结合幼儿的实际水平，运用角色表演的形式，促使幼儿更深一步地了解故事内容，从而促使幼儿富有个性地发展。		
活动目标	1. 认知目标：知道动画故事中角色的主要特征，了解基本的故事内容。 2. 能力目标：能够用语言清晰、准确地表达动画故事《猫和老鼠》的主要内容。 3. 情感目标：感受动画片中节奏的不同，乐于参与表演活动。		
重点难点	重点：感知故事中各角色的不同表现，感受故事中人物的不同情感。 难点：初步尝试对动画故事进行角色表演，大胆地进行展示。		
活动准备	物质准备：音频、手偶、动画片《猫和老鼠》、教学挂图、音乐等。 经验准备：对猫和老鼠的形象有了解，知道相关的故事内容。		
活动过程	**一、播放各种动物叫声的音频，激发幼儿探索的兴趣** 在活动的开始我会提出问题：动物园运动会开始了，都有哪些动物来参加？导入活动并请幼儿有目的地倾听音频中各种动物的叫声，激发幼儿参与本次活动的探究兴趣。在这个过程中，对故事中涉及的动物如猫和老鼠，我会着重模仿它们的叫声，加强幼儿对它们的感知。 **二、播放动物故事片《猫和老鼠》引导幼儿初步感知故事** 首先，我会播放动画片《猫和老鼠》，通过动画片中猫和老鼠的各种动作表现，幼儿更加真实地感受故事中动画的形象。在这个过程中，我会引导幼儿一定要认真地倾听故事中的语言表达，感受故事角色在不同情境下的不同语气，例如当猫看到老鼠拿走芝士而置之不理的时候，猫会说："哎呀，不就是一块芝士吗？拿走吧。"其次，我会在幼儿观看完动画片之后向幼儿提问：故事中的猫和老鼠发生了什么事情？猫为什么不去捉老鼠？通过提问，引导幼儿了解故事的基本内容，进一步加深幼儿对故事的感知理解能力。 **三、教师出示相关的挂图，用多种方式引导幼儿体验作品的人物关系** 首先，我会出示和动画故事有关的教学挂图，引导幼儿根据挂图循序渐进地、一点点地了解故事的内容，同时在出示每张挂图的时候，我会引导幼儿在我讲解的时候主动地表达对故事的理解。最后，我会在整篇讲解之后，请幼儿自由地表述自己对故事的想法，提高幼儿参与活动的积极性，让幼儿做教学活动的小主人。 **四、教师引导幼儿分角色表演故事，感受故事中不同角色的表现** 接下来我会和幼儿一起交流讨论故事中角色的情感，并请幼儿用简单的故事语言进行对话，感受故事中不同语气的特点。随后再邀请幼儿自由选择所需要的动物手偶，进行故事表演。在这个过程中，我会播放故事动画片，也会巡回指导，让幼儿在愉快的氛围中富有个性地表现故事内容。		
活动反思	幼儿教师要适时开展有助于教学活动的游戏，以此将枯燥乏味的学习转为幼儿乐学的活动，让幼儿在游戏中潜移默化地学习新知，真正地让幼儿体验玩中学、学中玩，让每位幼儿成为自己学习的主人。同时，幼儿语言能力培养具有长期性、连续性，需要把对语言能力的培养渗透到各个领域当中，以此来促进幼儿语言能力的发展。		

美丽的华西我们的家

江苏省无锡市江阴市华西村幼儿园　耿美浓

教学领域	语言	班级	大班
设计意图	《幼儿园教育指导纲要(试行)》指出，幼儿园“应充分利用社会资源，引导幼儿实际感受祖国文化的丰富与优秀，感受家乡的变化和发展，激发幼儿爱家乡、爱祖国的情感”。我们用快板这种轻快的表现形式，营造了一种轻松愉快的学习氛围，让幼儿感受家乡幸福生活的来之不易，激发幼儿热爱家乡的美好情感。		
活动目标	1. 感受快板的表现特点，学说快板的第一部分。 2. 在理解快板词的同时，了解华西村幸福生活的来之不易。 3. 激发幼儿爱家乡的情感。		
重点难点	重点：感受快板的表现特点，学说快板的第一部分。 难点：理解“穷山恶水”“名不扬”“战天斗地”的意思。		
活动准备	物质准备：竹板、图片、视频、伴奏音乐。 经验准备：了解家乡的景点；对华西村的过去有所了解，知道是吴仁宝带领华西人民富了起来。		
活动过程	**一、认识“快板”** 1. 师：耿老师最近学了个新本领，你们想看我表演吗？ 2. 师：你看到了什么？听到了什么？ 3. 师小结：这是竹板，利用竹板把儿歌有节奏地说出来叫“快板”。 **二、分段学说** 第一段 1. 师：今天我们就来学快板《美丽的华西我们的家》。 2. 师(出示图片 1)：谁知道这是华西的哪里？ 3. 师：你还知道华西村的哪些景点？人们是怎么评价华西村的？ 4. 师小结：我们一个小村庄就有这么多有名的景点，而且被称为“天下第一村”！作为华西人，你的心里有什么感受？ 5. 师：让我们用一段快板来表达我们爱华西。 (出示图片片 2)师指图文，带领幼儿缓慢有节奏地朗诵第一段。 6. 师：我们一起说一说。 师：你们说得很好，试着跟上老师的节奏。请先听一下节奏(师慢打竹板)。 7. 师(快打竹板)：这一次你还能跟上吗？请先听一下节奏。 8. 师：你们真棒，奖励你们一个西瓜。 第二段 1. 师：现在的华西村这么好，那过去也是这样吗？(出示图片 3)谁看懂了？你是怎么知道的？ 2. 师说第二段(缓慢，注意语气的轻重)。 3. 师：爷爷奶奶是怎么说的？ 4. 师：这一段你有哪些听不懂的地方？		

续表

<table>
<tr><td>活动过程</td><td>5. 师：谁知道“穷山恶水”“名不扬”是什么意思？
6. 师：大家一起说说第二段。
7. 师：你们说得很好，试着跟上老师的节奏。先听一下节奏(老师慢打竹板)。
8. 师(快打竹板)：这一次你还能跟上吗？先听一下节奏。
9. 师：你们太棒了，再奖励你们一面小红旗。
第三段
1. 师：过去的华西村那么穷，现在却成了“天下第一村”。是谁为我们改变了生活，带来了幸福？(出示图片 4)吴仁宝爷爷是我们的村支书。
2. 师：我们一起来看一看，吴仁宝爷爷是怎样带领大家建设华西村的。(播放 30 秒视频)
3. 师：谁来说说看？(开会、干活、牛)
幼儿 1：水牛在车水，华西人民就像牛一样勤劳肯干！
幼儿 2：那是吴仁宝爷爷在给大家指导工作呢！
幼儿 3：吴仁宝爷爷带着大家不停地干活。
4.(出示图片 5)师指图缓慢有节奏地说快板第三段。
5. 师：谁知道“战天斗地”是什么意思？
6. 师：看到环境变好了，大家相互鼓励、加油！老师教你们一个加油口号“1、2，嚯嘿！1、2，嚯嘿!”听到了加油的口号，大家劳动就更有力气了。这就是豪情高！
7. 师带幼儿说快板：我们一起有豪情地读一读这一段。
师：你们说得很好，试着跟上老师的节奏。先听一下节奏(师慢打竹板)。
8. 师(快打竹板)：这一次你还能跟上吗？先听一下节奏。
9. 师：你们说得真好。庆贺一下！
三、完整复述
1. 师：三段我们都试着说过了，你们自己把它完整地说一说吧！
2. 师(加入配乐)：我不光会打着竹板说，还会跟着音乐说呢！你们听一听。
3. 师带幼儿随乐表演。
师：你们也来试一试吧！</td></tr>
<tr><td>活动反思</td><td>通过本次活动，幼儿对家乡的已有经验得到进一步梳理，通过交流与讨论，幼儿学会了分享彼此的已有经验。幼儿掌握得不错，但快板准备不充分，可以提供幼儿人手一对快板，让幼儿尝试着打一打快板。</td></tr>
</table>

两只小鸡

北京师范大学实验幼儿园　崔馨月

<table>
<tr><td>教学领域</td><td>语言</td><td>班级</td><td>小班</td></tr>
<tr><td>设计意图</td><td colspan="3">“两只小鸡”是一节充满童趣的主题活动，是通过幼儿的生活经验以及对儿歌的理解，从尊重幼儿学习特点和探究兴趣的角度出发而设计的涉及语言、社会两大核心领域的主题活动。在进行了关于小鸡外形的活动后，幼儿对小鸡已经有了初步的认识，此时再开展“两只小鸡”的主题活动，将内容进一步延伸至社会领域，促进幼儿与同伴友好相处，促进幼儿社会性的发展。</td></tr>
</table>

续表

<table>
<tr><td>活动目标</td><td>1. 能够看图片理解儿歌内容。
2. 能够口齿清楚地朗诵儿歌。
3. 能够懂得不争抢、不独霸玩具，与同伴友好相处。</td></tr>
<tr><td>重点难点</td><td>重点：理解儿歌内容，能够跟随律动有感情地朗诵儿歌。
难点：懂得礼让并与同伴友好相处。</td></tr>
<tr><td>活动准备</td><td>物质准备：多媒体课件、小鸡头饰两个、虫子图饰四个。
经验准备：幼儿对小鸡已经有了初步的认识。</td></tr>
<tr><td>活动过程</td><td>一、导入
用小鸡图片导入教学内容。
师：小朋友们，看一看图片上是什么小动物啊？
幼儿：小鸡！
师：对，是《可爱的小鸡》中的小鸡。今天啊，老师为小朋友们带来的这两个小伙伴，发生了一些故事，我们一起来看一看吧。
二、新授
1. 播放《两只小鸡》的儿歌，并向幼儿提问，在儿歌中都听到了什么？
师：小朋友们，现在老师要播放一首好听的儿歌，请小朋友们仔细听，听一听儿歌里面唱的是什么呢？（播放儿歌）
幼儿：两只小鸡/两只小鸡争虫子吃。
师：没错，是两只小鸡在找虫子吃，但是，它们好像发生了一些不愉快的事，我们一起来看一看，说说它们做得对不对。
2. 播放PPT，跟随图片讲解儿歌，并向幼儿提问。
两只小鸡，叽叽叽；跑来跑去吃东西。找到一条小虫子；你争我抢不客气。拉过来，扯过去。哎哟！拉断了虫子，摔疼了小鸡。
师：小朋友们，这两只小鸡做了什么？做得对吗？
师：小朋友们如果是这两只小鸡，会怎样做呢？
3. 教师带领全体幼儿跟随音乐朗诵儿歌。
师：小朋友们都说得很好，大家也都知道这两只小鸡做得不对。那现在我们再一起读一读吧！
4. 引导幼儿进行角色扮演，加深对儿歌内容的理解。
师：现在，老师又有问题了，你们在和小伙伴们一起玩耍的时候，有没有碰到过只有一件玩具但是大家都想玩的情况？那你们最后又是怎么解决的呢？
师：小朋友们说得都非常好！如果现在你们变成了故事里的小鸡，又会发生什么样的事情呢？老师为小朋友们准备了小鸡的头饰以及几条小虫子，有哪两位小朋友愿意上来表演一下，如果你们是这两只小鸡会怎样做？
(1)请幼儿自由选择角色。
(2)引导幼儿表演，并允许幼儿自由发挥和表达情感。
(3)对幼儿的表现进行评价。
三、总结
师：小朋友们真聪明，大家都能朗诵这首儿歌了，也都明白了儿歌的意思，那以后我们和小伙伴们一起玩的时候，大家对于喜欢的东西要怎么做呢？
幼儿：不能争抢。
师：没错，我们要不争抢，要谦让！</td></tr>
</table>

续表

活动反思	通过儿歌的形式，将两只小鸡争抢虫子的故事用生动形象的语言表达出来。这次活动基本能够使幼儿完全掌握本次教学活动所学的内容，但在活动实施的过程中仍存在一些不足，需要进行反思。 首先，活动目标中的情感目标设置偏难。根据幼儿现有的认知水平，幼儿能够流利地朗诵儿歌，但在和同伴相处时，还会出现争抢玩具等情况。应该在活动过程中多添加一些与幼儿生活经验相关联的内容，以帮助幼儿更好地理解。 其次，活动趣味性的设计有待加强。本次活动是针对小班幼儿展开的，设计的游戏内容较少，导致活动对幼儿的吸引力较小。可以尝试增加"你会怎样做"这一环节，先为幼儿准备好几个具体情境，再根据具体情境让幼儿自由发言，说说他们会怎样做。

送垃圾回家

广东省佛山市南海区狮山威尔兰迪幼儿园　张秀枚

教学领域	社会	班级	小班
设计意图	随着城市的快速发展，我们人类产生的垃圾也日益增多，它们正以惊人的速度充斥着我们美丽的星球。而垃圾分类可以有效减少垃圾对环境造成的伤害，因此我设计了本次活动，让小朋友们在生活中学会垃圾分类，减少垃圾的产生。		
活动目标	1. 认识垃圾分类桶的颜色和名称。 2. 送不同种类的垃圾回家。 3. 在活动中体验垃圾分类的乐趣。 4. 帮助孩子在生活中形成垃圾分类的习惯。		
重点难点	重点：能够认识垃圾桶的名称。 难点：能够将不同的垃圾进行分类。		
活动准备	各种颜色的垃圾桶、各种垃圾、视频。		
活动过程	**一、谈话导入** 教师播放视频《生活中的垃圾》。 师：小朋友们，你们知道吗？我们每个人在生活中都会产生大量的垃圾，我们每个人一生大约产生8吨垃圾，相当于8头大象那么重。 师：这么多的垃圾我们能不能把它们变废为宝呢？（幼儿自由回答） 师：这个办法就是将垃圾进行分类，给每种垃圾找到它的家。 **二、认识垃圾桶的颜色和名称** 出示垃圾桶，提问幼儿：这是什么颜色的垃圾桶，它有什么标志吗？它是用来装哪些垃圾的？（请幼儿回答） 总结：这是红色的垃圾桶，它有一个红色的交叉符号，并且写着"有害垃圾"的字样，说明它是装有毒有害化学物质的垃圾桶。如：废电池、过期药品、废旧光管、杀虫剂、废弃水银温度计、过期化妆品等。 出示垃圾桶，提问幼儿：这是什么颜色的垃圾桶？它有什么标志吗？你知道它是装什么垃圾的吗？为什么？（请幼儿回答）		

续表

活动过程	总结：这是绿色垃圾桶，有鱼骨头和果皮的符号，并且写着“厨余垃圾”的字样，说明它是装厨房产生的食物类垃圾及果皮等废物的。如：骨骼、内脏、菜梗菜叶、果皮、果壳、剩饭剩菜、植物残枝等。 出示垃圾桶，提问幼儿：这是什么颜色的垃圾桶？它有什么标志？它是装什么垃圾的？（请幼儿回答） 总结：这是蓝色的垃圾桶，它有三个循环箭头的符号，代表它是可以循环利用的，还写着“可回收物”的字样，说明它是能进入废品回收渠道的垃圾。如：旧书、可乐罐、饮料瓶、奶粉罐等。 出示垃圾桶，提问幼儿：这是什么颜色的垃圾桶，它有什么标志吗？它是装什么垃圾的？（请幼儿回答） 总结：这是黄色的垃圾桶，它的箭头符号是往下的，写着“其他垃圾”的字样，说明除了可回收垃圾、有害垃圾、厨余垃圾之外的垃圾就要放在黄色的垃圾桶里。如：污染过的纸杯、卫生纸、塑料品、烟头等。 **三、垃圾大分类** 师：老师这里收集了好多垃圾，但它们不知道哪个垃圾桶是它们的家了，你们来帮帮它好吗？这是什么垃圾？哪个垃圾桶是它的家，还有什么垃圾是蓝色垃圾桶里的？（请幼儿说一说、找一找） 师：这是什么垃圾？哪个垃圾桶是它的家？还有谁的家是绿色（红色、黄色）垃圾桶？（请幼儿说一说、找一找） 请幼儿将教师桌面的垃圾进行分类，把它们送回相对应的垃圾桶。 **四、活动延伸** 请家长和幼儿从我做起，在生活中进行垃圾分类，培养幼儿良好的垃圾分类习惯，树立垃圾分类意识。
活动反思	在活动中幼儿能积极参与并发言讨论。教师通过《生活中的垃圾》视频吸引孩子的注意力，让孩子了解垃圾的来源，从而学会如何减少垃圾的产生。在活动中，孩子们认识了垃圾分类桶，知道垃圾可分为可回收垃圾、有害垃圾、厨余垃圾、其他垃圾。通过游戏活动，孩子们能将垃圾进行简单的分类，我知道孩子们想要做好垃圾分类会有困难，所以我以垃圾分类为主题，创设班级环创，设置各种垃圾分类的小游戏，加深孩子的印象，巩固他们对垃圾分类的知识。

我换牙了

陕西省西安市雁塔区第四幼儿园　范　帅

教学领域	健康	班级	大班
设计意图	大班幼儿正是换牙的时期，最近我们班上许多孩子都在换牙。有一天，小房子的妈妈跟我沟通说，孩子说自己掉牙太难看了，都不想上幼儿园了，害怕其他小朋友笑话她。		
设计意图	这样的谈话引起了我的思考，何不开展一节健康活动来告诉孩子们，换牙是每个孩子必须经历的一个过程？换牙标志着小朋友的成长，帮助他们正确认识这一生理现象，了解牙齿的保健常识，使幼儿坦然面对换牙、护牙，并初步养成良好的刷牙、漱口习惯。于是就生成了这节大班健康活动“我换牙了”。		

续表

活动目标	1. 了解换牙的过程，知道换牙时要注意的问题。 2. 巩固正确的刷牙方法，养成早晚刷牙、饭后漱口的好习惯。 3. 体会换牙给自己带来的特殊感受，并与大家分享换牙期所带来的成长喜悦和烦恼。
重点难点	重点：了解换牙的过程，知道换牙时要注意的问题。 难点：巩固正确的刷牙方法，养成早晚刷牙、饭后漱口的好习惯。
活动准备	物质准备：《宝贝牙旅行记》、小镜子若干、饼干若干、牙齿模型、纸、记号笔、牙刷、牙膏、杯子、小桌子一个、方桌子三个、盘子、音乐《刷牙歌》、展示板、小夹子、胶带。 经验准备：提前了解一些关于换牙的小常识。
活动过程	**一、阅读《宝贝牙旅行记》** 1. 师：这个故事你们之前听过吗？里面的主人公是谁？发生了一件怎样的事？ 2. 师：最近你们有换牙的现象吗？ 3. 个别小朋友分享换牙的感受。 4. 师小结：小朋友换牙时最初总感到害怕、担心。其实，换牙是我们每个人都要经历的过程。换牙的特殊经历标志着你们长大了！ **二、照镜子画牙齿** 1. 幼儿照镜子画牙齿，用小镜子照口腔，观察自己牙齿的形状，把它画下来。 2. 展示作品。 3. 交流：哪颗牙齿掉了。 **三、观察牙齿模型** 1. 讲解牙齿的构造(认识门牙、尖牙、磨牙)。 2. 了解换牙的过程(先换门牙，再换尖牙，最后换磨牙)。 3. 知道换牙时要注意的问题(第一，不要吸吮手指，咬指甲、铅笔或硬东西等。第二，不要用舌头舔刚长出来的新牙。第三，恒牙长出来的时候，如果乳牙还没有掉，就到医院去拔掉，使恒牙长在正常的位置。第四，适当补钙)。 **四、分享饼干** 1. 请幼儿品尝饼干。 师：提问：你们是用什么牙咬的？用什么牙磨碎的？(感知不同形状和不同位置的牙齿有不同的作用) 2. 讨论 师：牙齿上有什么？我们只吃了一小块饼干，牙齿上就留下了这么多残渣。如果不及时清理，这些残渣对牙齿有什么影响呢？ 3. 讨论刷牙的正确方法。 4. 讨论牙齿还有什么作用？(还能帮助我们正确地发音，说话清楚。) **五、音乐律动《刷牙歌》并小结** 师小结：换牙时期是非常重要的，希望小朋友记住正确的刷牙方法，还希望你们每次刷牙后都用小镜子检查检查，让镜子成为你护牙的小帮手。 **六、活动延伸** 美工区：制作创意牙刷(手工活动)。 科学区：探究不同牙刷的区别。 生活区：练习刷牙，知道刷牙的正确方法。

续表

活动过程	表演区：表演《刷牙歌》舞蹈。
活动反思	本节活动幼儿兴趣一直很高，因为他们正处于换牙的阶段，所以孩子们整节活动讨论激烈，知识技能掌握得也比较好。在我和孩子们的默契配合下，目标也基本达成了。 孩子们都能说出换牙的过程，知道换牙时要注意的问题，知道早晚刷牙的重要性，唯一的缺憾就是现场条件有限，没有让幼儿现场刷牙，如果当场刷牙，孩子的兴趣点可能更高，本节活动会更加高效且有价值。 《3—6岁儿童学习与发展指南》“生活习惯与生活能力”中明确指出5—6岁幼儿应该养成每天早晚主动刷牙的好习惯，所以在幼儿的行为习惯上我会多督促、多引导，争取让每个孩子都顺利、健康地度过换牙期，拥有一口漂亮白皙的牙齿。

森林医生

黑龙江省大庆市幼教中心第十一幼儿园　杜　薇

教学领域	艺术	班级	大班
设计意图	音乐欣赏《森林医生》选自一首意大利民歌音乐，全曲的结构是ABC三段，乐曲节奏鲜明、形象具体，适合大班儿童欣赏。A段乐曲节奏平稳流畅(可理解为啄木鸟妈妈叫醒宝宝去森林寻找生病的大树)，B段乐曲节奏跳跃(可理解为啄木鸟捉虫)，C段乐曲优美流畅(可理解为啄木鸟和大树跳舞)。 在组织本活动的过程中，我采取了三个策略：1. 借助故事情节，初步感知、理解音乐内涵。2. 借助图谱，加深幼儿对音乐结构的理解，培养幼儿的欣赏能力。3. 调动幼儿多种感官参与活动，培养幼儿的创造表达能力。通过听觉(耳听音乐)、视觉(眼看图谱)、活动觉(创编动作)同步开放的参与方式，幼儿充分地体验和感受乐曲的美，并能用不同的体态语言来表达对音乐的感受，创造和表达的能力也得到了锻炼和发展。		
活动目标	1. 在理解乐曲的基础上，初步感知乐曲的三段体结构。 2. 尝试用乐器和动作表达乐曲内容。 3. 激发幼儿爱护啄木鸟的情感。		
重点难点	重点：理解乐曲三段体结构。 难点：用乐器和肢体动作表达乐曲内容。		
活动准备	物质准备：《森林医生》音乐、图谱、啄木鸟以及大树头饰、乐器。 经验准备：会使用打击乐器。		
活动过程	**一、开始部分** 1. 引入活动，激发兴趣。 教师通过创设故事情境，激发幼儿兴趣。 2. 教师播放音乐，幼儿第一次倾听音乐。 幼儿自由表达对音乐旋律及表现情感的感受。		

续表

活动过程	**二、基本部分** (一)分段欣赏乐曲 1. 欣赏第一段音乐 (1)幼儿跟随教师利用图谱以圆圈游戏的形式欣赏音乐。(出示图谱 1) (2)再次欣赏音乐，幼儿随音乐表演。(圆圈游戏) 2. 欣赏第二段音乐 (1)幼儿跟随教师利用图谱以角色游戏的形式欣赏音乐。(出示图谱 2) (2)再次欣赏音乐，幼儿随音乐表演。(角色游戏) 3. 欣赏第三段音乐 (1)幼儿跟随教师利用图谱以舞蹈的形式欣赏音乐。(出示图谱 3) (2)再次欣赏音乐，幼儿随音乐表演。(舞蹈) (二)完整欣赏并表演音乐 幼儿看图谱，随音乐用语言和肢体动作表现音乐。(出示完整的图谱) 教师小结(乐曲的三段体结构)，并引导幼儿说出每一段的内容。 (三)使用乐器感受音乐 引导幼儿使用单响筒为音乐伴奏，感受音乐节奏和段落。 (四)使用道具分角色表演音乐 幼儿使用道具、分角色用肢体动作表演乐曲，自由表达对音乐的理解和感受。 **三、结束部分** 激发幼儿保护啄木鸟、爱护环境的情感，幼儿随音乐退场。
活动反思	开始的故事导入环节局限了幼儿的思想；在创编环节由于教师的固定动作较为明显，幼儿在创编时动作较为单调。在最后的表演环节，幼儿比较兴奋，稍显凌乱。希望在以后的音乐欣赏教学活动中，能改掉本次活动中的缺点及不足，尽量做得更好。

找规律

辽宁省营口市站前区睿童幼儿园　胡　敏

教学领域	科学	班级	大班
设计意图	大班幼儿已经开始对生活中按一定规律排列的物体感兴趣。因此我想通过引导幼儿在周围环境中寻找规律、发现规律特征，启发幼儿创编出新的规律，并运用到生活中，让幼儿进一步认识物体的排列规律。		
活动目标	1. 能仔细地观察、分析，发现物体的排列规律，体验不同的排列方法。 2. 初步感知数学中的规律，并能清楚地说出发现的规律，培养幼儿的多样性思维。 3. 激发幼儿学习数学的兴趣，感受生活和数学的联系，并学会欣赏规律美。		
重点难点	重点：幼儿能在各种事物中找出其排列的规律。 难点：能用合理、清晰的语言阐述自己所发现的规律，并学会创造规律。		
活动准备	物质准备：一串项链、课件、幼儿操作卡、音乐《献给爱丽丝》。 经验准备：幼儿在中班已经接触过简单的规律。		

续表

<table>
<tr><td>活动过程</td><td>一、导入
师：今天老师带来一串漂亮的项链，我要送给最爱动脑筋的小朋友。（请幼儿仔细观察，并说说这串项链有什么秘密，引导幼儿说出规律。）
师(揭示课题)：刚才，小朋友找到了我们这串项链中的规律，这正是我们这节课要学习的内容——找规律。
二、发现规律
以“帮助小熊铺路”的情境，引导幼儿发现并讲出小路排列的规律。
师：老师接到熊妈妈的求助，说小熊一大早就去采蜂蜜，到现在还没回来，请小朋友帮忙找小熊。你们愿意帮这个忙吗？让我们出发吧！
师(出示课件)：原来小熊回家的小路被破坏了，它回不了家，我们帮它把小路铺好吧。
师：小朋友看看，这条路是怎样铺的呢？
师：想一想，黄色的砖后面一个应是什么颜色的砖？接下来还应该怎样铺路呢？（是根据一块黄色的砖、一块红色的砖依次不断地重复排列这个规律知道答案的。）
（体验不同的排序方法，引导幼儿发现并尝试接着规律排列。）
师：熊妈妈为了感谢小朋友，邀请大家去小熊家做客。
师(出示课件)：小熊要过生日，熊妈妈正在为小熊布置开生日派对的房间，我们来帮忙吧！（小组讨论）
气球一：按两种不同颜色的彩旗来排列。
气球二：按气球的大小(一块大的、两块小的)规律地排列。
气球三：按不同形状排列。
教师引导幼儿观察气球的不同点，并请幼儿说出每串气球上气球的排序规律。
三、创造规律——表演规律
1. 教师引导幼儿用动作表现规律美。
师：我们来给小熊唱首《生日快乐》歌吧！
师：下面跟老师一起随着音乐活动活动吧！
师：说一说是按什么规律跳的？（左拍一下，右拍一下，左挥一下，右挥一下）
再次跟着音乐跳起来。
2. 让幼儿用声音创造规律美。
师：小朋友和老师一起发现了动作可以表现规律，那能不能用声音有规律地表演呢？表演得有规律了，熊妈妈会奖励大大的笑脸哦！
3. 指名幼儿创造规律。
师：（奖励笑脸娃娃，贴出规律，再引导幼儿说出规律）今天在小熊家玩得真开心呀！时间不早了，快坐上小火车回家吧！
（教师模仿火车的声音，请小朋友说出规律）轰隆——，轰隆——，火车开得太慢了，谁可以让火车开得快一些呢？（请小朋友自己总结规律。）
四、寻找身边的规律
师：小熊的家藏了这么多规律，细心的你会发现我们的生活中也有很多规律！
1. 引导幼儿发现我们身上衣服的规律。
2. 引导幼儿发现室内的规律。（座位、床位的规律）
3. 欣赏生活中的规律美。（出示课件）</td></tr>
</table>

续表

活动过程	**五、动手创造规律** 1. 幼儿操作 师(播放音乐《献给爱丽丝》)：小朋友们表现得这么好，奖励自己一份小礼物吧！ 教师发给每个小朋友一份没有完成的礼物，让他们先注意观察，然后用水彩笔完成。 2. 幼儿排序，教师巡视。 3. 展示创造的规律美。 师：生活中很多有规律的事物会给我们一种美的享受。只要小朋友多观察，多动脑筋，也一定会创造出更多更好的规律来。
活动反思	本次活动"找规律"，以情景贯穿主线。第一个环节通过让幼儿自己观察去发现图形排列是有规律的，训练初步的判断推理能力。第二个环节通过布置房间让幼儿感受按规律排序的乐趣。第三个环节创造规律的游戏，再一次巩固了本次活动的内容，突破了本次活动的难点。

沉与浮

辽宁省营口市站前区睿童幼儿园 丁思朦

教学领域	科学	班级	大班
设计意图	幼儿在玩水的过程中，会发现很多有趣而新奇的现象。因此，我选择了物体在水中沉浮的现象，作为科学教育对象。活动中我会为幼儿提供丰富的材料，使孩子多感官、多方式地进行科学探索、交流、分享。		
活动目标	1. 知识目标 (1)感知物体在水中的沉浮现象。 (2)学会用简单的图标来表示物体的上浮和下沉。 2. 技能目标 (1)能按照要求有序地完成实验。 (2)能与同伴沟通、交流和合作来探索、调节物体沉浮的方法。 3. 情感目标 (1)愿意参加探索沉与浮的小实验。 (2)初步形成对科学活动的兴趣。		
重点难点	重点：感知物体在水中的沉浮现象。 难点：学会用简单的图标来记录结果，表示物体的上浮和下沉。		
活动准备	物质准备：每人一个盛水容器、擦手毛巾或纸巾、石头、瓶子、树叶、橡皮泥、乒乓球、记录纸、笔。 经验准备：幼儿具备一定的动手操作能力。		
活动过程	**一、认识实验材料** 师：今天我们班来了许多物品宝宝，我们要做一个有趣的小实验，让我们看看都有什么物品宝宝呢？(教师指导幼儿分别拿出各类小物品并说出名称，让幼儿感知物品的大小、轻重、材料的不同)		

续表

活动过程	**二、猜想** 师：下面请小朋友们来猜一猜，把这些物品放入水中会发生什么现象呢？(等待幼儿回答)好！下面我们把猜想的结果用符号表示出来。 师(出示↑↓图标)：现在小朋友们看老师手中的卡片，一条竖线，上面加一个小帽子就表示物体浮上来，那么物体沉下去呢？(引导幼儿说出：一条竖线，下面加一个小帽子。) 师：下面我们把猜想的结果记录在卡片上，左侧表示的是物品，右侧第一栏是我的猜想，快把你们猜想的结果用符号记录下来吧！ **三、实验、操作** 师：物品宝宝是不是和我们猜想的一样呢？老师准备好水了，我们一起试一试。实验结果记录在"验证沉浮↑↓"这一列中。 提问：有试验结果和猜测结果不一样的吗？ 总结(出示表格和实物并演示)：通过实验我们知道浮上来的东西有……沉下去的东西有…… **四、提升实验** 1. 师：小朋友们，有一个物品宝宝需要你们的帮助。看，橡皮泥和树叶是好朋友，它们想一起浮在水面上玩，我们来帮帮它们！ 2. 可以给幼儿1—2分钟的时间尝试、讨论，如果没有小朋友想出办法再引导。 3. 师：现在橡皮泥宝宝能和树叶宝宝一起玩了，它好开心。可它有一个问题想问小朋友们"我的体重没变，为什么我有时候在水上，有时候在水下呢？" 4. 可以先让幼儿思考、交流和讨论1—2分钟。如果幼儿还回答不出，教师再引导。 5. 师小结：当橡皮泥宝宝是球状时，与水的接触面较小，容易下沉；而当做成船时，与水接触面增大，就会浮起来。 **五、活动延伸** 师：我们刚刚让橡皮泥宝宝和树叶宝宝在一起玩了，它们玩得非常开心。还有物品宝宝需要帮忙，我们的瓶子和石头也是好朋友，它们好想一起沉在水下面玩，请小朋友回家和爸爸妈妈共同完成这个小任务，明天和老师一起分享你们的实验结果吧！ **六、总结** 师：小朋友们，这节课我们通过有趣的实验，简单地了解了物体沉浮的科学现象，探索了改变沉与浮的小奥秘，还学会了用符号表示沉与浮。生活中的沉浮现象有很多，希望小朋友们在生活中善于观察周围事物，把你看到的沉浮现象分享给老师和小朋友们。
活动反思	"沉与浮"是一项科学活动，幼儿的科学教育应该更多地从身边选取材料，以引导幼儿为主，吸引兴趣。本次活动我采用提问的方式调动幼儿的积极性，抓住幼儿的学习兴趣。但在操作过程中，教师干预得太多，应该创造条件让幼儿多动手操作。

小水滴旅行记

辽宁省营口市站前区睿童幼儿园　宋　婷

教学领域	科学	班级	大班
设计意图	幼儿总是对奇妙的自然界产生好奇，他们总是会问为什么？雨是从哪里来的？雪又是怎么形成的？为了解开这些谜题，我设计了本次活动。		
活动目标	1. 了解水的三态变化，知道雨、雪的形成过程。 2. 幼儿操作实验，培养幼儿的观察能力和动手操作能力。 3. 了解水与生活的密切关系，鼓励幼儿节约用水。		
重点难点	了解水的三态变化及雨、雪的形成过程。		
活动准备	物质准备：视频、歌曲、酒精灯、支架、烧杯、水、冰等。 经验准备：认识水蒸气、水和冰。		
活动过程	**一、情景导入** 师：今天老师带来了一首好听的歌曲，让我们欣赏一下吧！（播放音乐《撒雪花》） 师：雪花哪儿去了？ 幼：雪花融化了。 师：雪花为什么融化了？ 幼：因为手上温度高。 师：对！因为手心的温度比雪花的温度高，所以雪花遇热就融化了，雪花融化后变成了什么？ 幼：变成了小水点儿。 师：对，在歌词里听到了，雪花融化后变成了一滴晶晶亮亮的小水点儿。 师：嘘！小水滴在说话，让我来听听小水滴在说什么。 师：哦！小水滴说想去旅行，让我们看看小水滴是如何旅行的吧！（播放视频《小水滴旅行记》） **二、师幼操作** 师：小水滴离开了妈妈，请太阳公公帮忙，太阳公公把小水滴变成什么么了？ 幼：变成了水蒸气。 师：水蒸气飞呀，飞呀，飞到了云妈妈的怀抱，云妈妈带着水滴宝宝飞到了北冰洋，水滴宝宝又变成什么了？ 幼：变成了小雪花。 师：你们瞧水滴宝宝被请到了咱们班。 1. 教师示范实验 师：瓶子里有许多的水滴宝宝，请仔细观察水都有哪些特征？（引导幼儿说出水是无色、无味的） 师：水滴宝宝是可以流动的（晃动瓶子里的水，这是水的第一种形态），水滴宝宝要开始旅行喽！ 师：想让水滴宝宝变成水蒸气应该怎么做？（引导幼儿说出经过太阳照射和给水加热） 教师操作实验讲解：水经过加热可以变成水蒸气，如烧水、炒菜，雨后地面上的水一部分流入水井里，一部分被太阳公公一晒变成了水蒸气升到空中，升到空中的水蒸气就是水的第二种形态——气态。水蒸气上升到一定高度后遇冷又变成小水滴，这些小		

续表

<table>
<tr><td>活动过程</td><td>水滴组成云，越来越多的小水滴在云里相互碰撞合并成大水滴，当这些大水滴大到空气托不住的时候就会从云中降落下来形成雨。雨在降落的过程中遇到冷空气会凝结成小冰晶，就是小朋友们看见的雪花。冬天河里的水会结冰，冰箱里的水冷冻后会结冰，这些冰和小雪花就是水的第三种形态——固态。
2. 幼儿操作实验
师：水滴宝宝想在小朋友面前完成一次旅行。(幼儿操作实验，教师巡视指导)
三、活动延伸
师小结：水有很多的用处，如洗衣服、洗澡等，为什么要节约用水呢？其实水资源也是有限的。节约用水并不是不用水，而是将水用在有用的地方，发挥它的作用。比如，可以用洗菜的水冲厕所，洗完手后及时关掉水龙头等。从今天开始老师提出一个倡议：让我们一起做“节水小能手”吧！</td></tr>
<tr><td>活动反思</td><td>水是幼儿生活中息息相关的伙伴，幼儿园的活动要贴近幼儿的生活，选择其感兴趣的事物去探究。
1. 幼儿的学习受好奇心的直接驱动
雨是从哪里来的？雪又是怎么形成的？在本次活动中，我采用情境导入的方法模拟下雪的情境，激发幼儿的学习兴趣，接着提出疑问：雪花哪去了？活跃了幼儿的思维，激发了幼儿探索的欲望。
2. 幼儿的学习以直接经验为基础
幼儿对知识的认识是具体的、形象的，是以直接经验为基础的。授新部分我采用实验操作的方法让幼儿直观地了解雨、雪的形成过程。
3. 幼儿的学习与生活融为一体
用生活中的一些自然现象作为学习探究的对象，更能激发幼儿的探索欲望，从而让幼儿的学习真正地融入生活。</td></tr>
</table>

抱 抱

山东省东营市经济开发区海河幼儿园　燕雪霞

<table>
<tr><td>教学领域</td><td>社会</td><td>班级</td><td>小班</td></tr>
<tr><td>设计意图</td><td colspan="3">绘本《抱抱》以小猩猩波波为主线，跟随波波的脚步感受动物之间表达爱的方式。绘本中全篇只有“抱抱”和“妈妈”这几个词语，画面温馨感人，深受小班幼儿喜爱，易于小班幼儿阅读与欣赏。</td></tr>
<tr><td>活动目标</td><td colspan="3">1. 理解故事内容，了解动物之间表达爱的方式。
2. 模仿妈妈抱抱孩子的动作。</td></tr>
<tr><td>重点难点</td><td colspan="3">了解动物之间表达爱的方式，体验抱抱的乐趣，感受爱的滋味。</td></tr>
<tr><td>活动准备</td><td colspan="3">PPT 课件、背景音乐。</td></tr>
<tr><td>活动过程</td><td colspan="3">一、故事导入，激发兴趣
师：有一只调皮的小猩猩，它悄悄地离开了妈妈，一个人跑到森林里去玩了。看，它遇到了谁？</td></tr>
</table>

续表

<table>
<tr><td rowspan="1">活动过程</td><td>二、模仿动物间不同的拥抱方式，感受抱抱的快乐
1. 模仿大象的拥抱方式，初步感受抱抱的乐趣。
师：故事里的大象用鼻子做什么呢？我们一起玩一个有趣的抱抱游戏！
2. 观察蛇的拥抱方式，进一步了解不同的抱抱方式。
师：小猩猩继续向前走，前面是谁呢？蛇妈妈和蛇宝宝在干什么？它们怎么抱抱？
3. 观察小猩猩的表情，理解小猩猩渴望被拥抱的心情。
师：小猩猩看到小象、小蛇都和妈妈拥抱在一起，小猩猩的心情怎么样了？那它会怎么办呢？
4. 观察长颈鹿的拥抱方式，感受妈妈和宝宝之间的爱。
师：长颈鹿也在抱抱，是怎么抱的？猜猜它们会说什么好听的话？
5. 观察、模仿狮子的拥抱方式，感受抱抱的甜蜜和快乐。
师：狮子妈妈和小狮子是怎么抱抱的？一下子抱了几只小狮子？狮子妈妈的怀抱大不大？今天老师也是狮子妈妈，看我今天能抱到几只狮子宝宝。
6. 帮助小猩猩找妈妈，感受小猩猩和妈妈团聚的快乐。
师：怎样才能让小猩猩快点见到妈妈？我们也来帮它喊妈妈好吗？小猩猩一下子跳进了妈妈温暖的怀抱，它悄悄地趴在妈妈的耳朵上说了什么？
7. 体验用拥抱表达对朋友的感谢。
师：为什么要和大象抱抱？
小结：原来想谢谢别人的时候可以抱一抱。你们有想谢谢的朋友吗？现在可以去抱抱他。
三、了解生活中的拥抱，感受拥抱的不同意义
师：其实我们的身边也有一些温暖的抱抱，小朋友哭后老师安慰的抱抱、过生日时祝福的抱抱、获奖时开心的抱抱、相爱的人的甜蜜抱抱、离别时伤感的抱抱、一家人温馨的抱抱。我们一起用拥抱来表达对老师的感谢。</td></tr>
<tr><td>活动反思</td><td>一本绘本往往蕴含丰富的教育价值，教师借助绘本开展本次活动。
活动以幼儿为主体，通过课件呈现故事内容，用启发式的提问，引导孩子仔细观察画面和动物的表情，给孩子想象的空间，鼓励他们表达自己的发现，观察、模仿森林中小动物和妈妈抱抱的动作，以此了解故事情节线索、小猩猩的心理变化，体验、感受动物之间真挚的情感。随着故事情节的发展，教师巧妙地创设了有趣的情境，和教师妈妈抱抱，当教师伸开双臂时，孩子们情感自然流露，一下子扑到教师的怀抱中。最后，在音乐背景和教师语言的烘托下，幼儿和朋友、教师抱抱，进一步感受故事所表达的浓浓爱意，感受亲切的拥抱带来的幸福感和安全感，体验拥抱的不同意义。
爱是永恒不变的话题，是世间最美好的事物，整个活动气氛温馨，师幼互动亲切自然，使孩子们能够感同身受地跟绘本对话，有效突破了活动的重难点。
“随风潜入夜，润物细无声”，相信通过本节活动定会把爱的种子播撒到每一个孩子的心田。</td></tr>
</table>

保护身体我能行

山东省济南市齐鲁师范学院　邹晓彤

<table>
<tr><td>教学领域</td><td>健康</td><td>班级</td><td>中班</td></tr>
<tr><td>设计意图</td><td colspan="3">在当今社会中，儿童性侵害事件时有发生，给家庭带来痛苦，更给天真活泼的孩子带来一生难以抚平的伤痛。受传统文化的制约，家庭或幼儿园较少对幼儿进行性教育，因此向孩子传递系统的保护身体的知识就变得十分重要。
研究表明，3—6 岁是学前儿童的性别意识发生、发展的关键期，幼儿对于保护自己的隐私部位有一定的了解，但大多没有形成性意识，身体保护的意识和方法有待提升。
《幼儿园教育指导纲要(试行)》指出：“密切结合幼儿的生活和活动进行安全、保健等方面的教育，以提高幼儿的自我保护能力。教师应该把保护幼儿的生命和促进幼儿的健康放在教育工作的首要位置。”</td></tr>
<tr><td>活动目标</td><td colspan="3">1. 在认识自己身体隐私部位的基础上，进一步了解保护隐私部位的重要性。
2. 能够识别侵犯隐私部位的行为，并能对侵犯行为大声说“不”。
3. 萌发对自己身体的珍爱之情。</td></tr>
<tr><td>重点难点</td><td colspan="3">重点：能欣赏身体的美感，了解保护隐私部位的重要性。
难点：能够识别侵犯隐私部位的行为，并能对侵犯行为大声说“不”。</td></tr>
<tr><td>活动准备</td><td colspan="3">物质准备：教学 PPT、贴纸教具、视频、音乐。
经验准备：幼儿知道身体的隐私部位；幼儿知道不能让他人碰自己身体的隐私部位。</td></tr>
<tr><td>活动过程</td><td colspan="3">一、魔法视频导入，吸引幼儿兴趣
1. 引导幼儿观看魔法视频，提问：视频中讲的隐私部位是哪里？这些隐私部位我们可以给别人看和摸吗？(幼儿回答)
2. 提问：如果有坏人来到了你身边要看和摸你的隐私部位，你应该怎么保护自己呢？(组织幼儿讨论交流)
二、提供魔法情境，幼儿讨论并回答
情境一：邻居牛爷爷邀请你去他家里单独吃糖果，小朋友们会去吗？(幼儿 1：去，有糖吃；幼儿 2：不去，一定有危险，他可能会伤害我……)
追问：如果牛爷爷说，让他摸一摸身体，他就给你吃不完的糖果，小朋友们会怎么做呢？(幼儿回答)
情境二：爸爸的朋友张叔叔来家里玩，叔叔让你脱衣服，要给你拍好看的照片，你会怎么办呀？(幼儿 1：表述不明白；幼儿 2：流利地说出自己的做法，“我会大声说‘不’”，告诉他我会告诉爸爸妈妈的……)
小结：是啊，大声说不，是一种很好的保护自己的方式。让我们对这些行为一起说“不”！
三、认识身体
给隐私部位穿衣服，分组抢答，获得魔法果果。
1. 观看拉斐尔画作《金雀翅圣母》，幼儿分享自己的感受。
2. 观察图片，进一步观察画作，提问：应该在哪里帮没有穿衣服的小朋友穿上衣服呢？为什么呢？
(教师出示身体图，幼儿上台。)</td></tr>
</table>

续表

活动过程	师小结：小朋友们贴得又快又好！日常生活中也要记得穿好衣服，保护自己的身体呀。 **四、展示游戏结果，互相评价** 总结：小朋友们，在生活中我们一定要好好地保护自己的身体，不要让身体受伤难过，你们一定可以的！现在让我们看一看魔法果果，小朋友们请互相鼓励一下吧！ **五、活动延伸** 1. 娃娃家放置魔法粘贴宝箱，供幼儿玩耍。 2. 鼓励幼儿把自我保护的方法用喜欢的方式记录下来，装到自制的“自我保护小花册”里。
活动反思	本次活动幼儿普遍掌握良好，学习热情高涨，参与率达到80%。但活动时长偏长，导致部分幼儿精力分散，我将会从减少时长、提升幼儿注意力、加强配班教师管理等方面进行调整。

小鸭捉鱼

甘肃省酒泉市第二幼儿园　马　芳

教学领域	科学	班级	小班
设计意图	以游戏为主线贯穿整个活动，让幼儿在玩中学、学中乐，体验数学的乐趣。		
活动目标	1. 初步感知、学习点数5以内物体的量。 2. 通过操作，摆弄、体验物体与数量的对应关系。		
重点难点	重点：掌握5以内数的点数，说出总数。 难点：学会手口一致地点数，并学会一一对应的关系。		
活动准备	物质准备：头饰、小鱼图片、纸盘、模拟池塘、黑板、桌子。 经验准备：幼儿已认识圆点，掌握点数的方法。		
活动过程	**一、情景导入** 幼儿和教师戴好头饰，一起扮鸭子走进活动室。 师：今天妈妈带你们去捉鱼，我们边走边数，做热身运动吧。(带幼儿跳一下，点2下头，叫3声，扇4下翅膀，向前走游5下。) **二、捕鱼大作战(游戏)** 1. 集体去捉鱼 师：到池塘啦，鸭宝们听好，音乐响起就进池塘捉鱼，音乐停止，就带着鱼回家(座位)。 2. 小结：点数5以内物体 师：鸭宝们真能干，谁想告诉妈妈你捉了几条鱼？ 师：(请几个坐得端正的宝宝回答)你捉了几条鱼？(幼儿回答：1、2、3、4、5)我们一起伸出手指数一数他说得对不对。(请5名分别捉了1、2、3、4、5条鱼的幼儿，将他们捉的鱼分别展示到黑板上，引导幼儿一起伸出手指，手口一致地数。) 师：现在你们自己点数捉了几条鱼。(教幼儿一手捏住鱼，另一手点数，幼儿相互说一说。) 师：好，请鸭宝们把鱼送到篮子里，一会儿我们做鱼干好不好？(教师拿着篮子让幼儿送鱼。)		

续表

活动过程	**三、帮妈妈晒鱼干** 1. 教师边示范边交代要求，最后回到座位上。 师：冬天要来了，妈妈想做鱼干准备过冬(拿起盘子)。餐桌上有圆点，每个点上粘一条鱼晾上，有几个点就粘几条，你们谁愿意帮助妈妈呢？ 2. 全体幼儿晒鱼干(教师为幼儿发纸盘，每人一张，幼儿晒鱼干，教师指导)。 3. 师：我们一起来看看他们晒得对不对。 验证幼儿的作品，并及时评价、肯定幼儿的表现。 师：鸭宝宝们今天真棒！学会了捉鱼，点数鱼，还帮妈妈晒鱼干，真的很能干！ **四、结束活动** 师：鸭宝们真能干，我们一起把鱼拿到院子里太阳下去晒干吧。(放音乐，请幼儿将餐盘交给鸭妈妈。)
活动反思	本次活动的目标和环节完全根据我班幼儿的认知发展水平而设计，环节之间比较紧凑，以游戏为主线，孩子们兴趣浓厚，参与积极性很高，活动目标基本达成。但是在捉鱼环节个别幼儿手快捉了6条、7条等，当时纠结于是否应该设定每位幼儿捉鱼的数量不超过5条的要求，由于没有设定，导致个别孩子点数自己鱼的数量时超过了本次活动的目标(5个物体的量)，这方面还需要再斟酌设计。

分一分

北京市昌平区桃洼学校幼儿园　姚慧晶

教学领域	科学	班级	中班
设计意图	科学活动的核心是激发幼儿的探究兴趣，体验探究乐趣，发展初步探究能力。根据这一目标和要求，结合中班幼儿的年龄特点及近期我对孩子们的观察发现，在收活动区的时候，孩子们经常错放玩具和图书，导致出现后续教师和幼儿再收拾整理的情况。而数学活动就是要解决生活中的实际问题，我设计的这节活动来源于幼儿的生活，帮助他们解决生活中的问题。		
活动目标	1. 运用已有经验解决生活中的问题，体验分类活动的有用和有趣。 2. 能按照物品的一种特征进行分类。 3. 能够认真倾听他人讲话，大胆交流、分享操作的过程和结果。		
重点难点	重点：能够按照图形及物品的一种特征尝试分类。 难点：能够找出图形及物品的相同特征。		
活动准备	物质准备：颜色及形状不同的图形、图书、玩具。 经验准备：认识各种图形、颜色，熟悉玩具和图书。		
活动过程	**一、回忆制作图形标记的活动，布置新的任务，激发幼儿的兴趣** 1. 出示各种图形，让幼儿感知图形的颜色及形状。 2. 出示混放在一起的各种图形，引导幼儿感知混放图形的凌乱，不便找到，激发幼儿分类摆放图形的愿望。 提问：(1)小朋友们前几天和老师一起做了许多图形，看一看都有什么？		

续表

活动过程	(2)我们的图形都混在了一起，我要找不同的图形，这样好找吗？为什么？我们应该怎么做，便于我们快速地找到需要的图形？ 3. 引导幼儿说出自己的整理方法。你觉得什么样的图形可以放在一起？ **二、尝试图形分类，发现图形的颜色、形状等特征** 1. 教师提出任务与要求。 师：请你按照自己的想法把混乱的图形分开放。 2. 幼儿根据自己的意愿尝试把混乱的图形分开放，教师观察幼儿的分类操作情况。 3. 经验分享。 师：你是怎么分的？ 师小结：帮助幼儿归纳分类的方法，可以把图形按照颜色或者形状进行分类。 **三、尝试运用分类经验为班级物品进行分类，解决生活中的问题** 1. 出示照片，引导幼儿观察发现物品摆放混乱的问题。(出示班级中拼插玩具混放、图书区图书混乱的图片) 2. 请幼儿尝试对图书和玩具进行分类，教师巡回指导。 3. 经验分享。 提问：(1)你是用什么方法分的？ (2)请小朋友说一说与分之前有什么不一样？ 4. 出示图书和玩具分类前后的照片，引导幼儿通过对比感知图书、玩具分类摆放的便捷。 师：我们把玩具和图书分类摆放，可以让我们快速地找到需要的玩具(图书)，让我们的生活变得更加方便。 **四、结束活动** 为图书、玩具做分类标记，体验分类活动的有用和有趣。利用之前制作的图形标记，为玩具筐贴标记。
活动反思	从今天的活动可以看出，本次活动通过幼儿自主发现问题、分析解决问题，不但调动了幼儿的积极性，锻炼了幼儿的思维和分享交流能力，幼儿的兴趣也能贯穿于整节活动。《3—6岁儿童学习与发展指南》强调幼儿的思维特点是以具体形象为主，应注重引导幼儿通过直接感知、亲身体验和实际操作进行学习。让幼儿大胆地尝试分类，只要能说出自己的道理，符合情理，我都给予充分的肯定。在今后的活动中，我会寻找更多适合中班幼儿的分类活动，为幼儿创造更多的机会，让幼儿在分类活动中体验数学活动的有用和有趣，感受数学活动的快乐。

高个子与矮个子

湖北省襄阳市南漳县城关中心幼儿园　彭丽群

教学领域	艺术	班级	小班
设计意图	《幼儿园教育指导纲要(试行)》中指出：让幼儿喜欢参加艺术活动，并能大胆地表现自己的情感和体验。音乐《高高低低》旋律轻快动听，高低音区别明显。于是，我根据小班幼儿的年龄特点和兴趣设计了小班音乐游戏活动“高个了与矮个子”，让幼儿在游戏中分辨音的高低，体验音乐游戏的快乐。		

续表

活动目标	1. 能在活动中倾听音乐，感知和分辨音的高低。 2. 能根据音的高低不同做相应的动作，模仿高个子、矮个子散步的样子。 3. 能够大胆地参与游戏表演，体验音乐游戏的快乐。
重点难点	重点：感知和区分音的高和低。 难点：根据音的高低大胆地表现高个子与矮个子走路的样子。
活动准备	物质准备：三角铁、响板、音乐、PPT、苹果树和草莓丛。 经验准备：幼儿初步了解三角铁和响板的音色，会蹲步走。
活动过程	**一、认识高个子和矮个子** 1. 师：今天我们幼儿园里来了两个新朋友，他们一个叫高个子，一个叫矮个子。 2. 师：今天他们来幼儿园是想请宝宝们帮个忙。高个子和矮个子是一对好朋友，他们天天都要一起到树林里散步，可是今天他们来到树林时发现以前散步时的音乐搞混了，小朋友你们能帮助他们找找看吗？ **二、辨别高个子与矮个子的音乐，初步感受高低音** 1. 幼儿听，分辨高个子和矮个子的音乐。 师：老师告诉你们一个秘密，高个子的音乐是高高的，矮个子的音乐是低低的。请你们认真听一听，帮他们分分看。(播放两段音乐，请幼儿分辨) 2. 和幼儿讨论。 师：宝宝们真厉害，找到高个子和矮个子走路的音乐了。那你们知道高个子是怎么走的，矮个子是怎么走的吗？宝宝们想出的动作真多，那我请一位宝宝来做高个子，一个宝宝来做矮个子，我们来一起学一学。 3. 教师引导幼儿跟着音乐进行高个子走和矮个子走。 师：接下来，请所有宝贝试试来做高个子和矮个子。请听好音乐是高高的还是低低的哦！当高高的音乐响起来的时候，我们就变成高个子走，当低低的音乐响起来的时候，我们就变成矮个子走。(播放完整音乐，请幼儿一起进行游戏) **三、高个子与矮个子的礼物** 师：到达树林，高个子和矮个子为了感谢你们，给你们准备了礼物，每个小朋友一个苹果和一颗草莓。瞧，苹果在高高的大树上，草莓在矮矮的草莓丛中。请你们按照高个子和矮个子的走路方式，去拿到礼物哦！(音乐起，游戏开始) **四、高个子和矮个子的好朋友** 师：宝宝们真厉害，高音和低音都分得很清楚了。接下来看看这是什么？(展示乐器)这两个是乐器宝宝，你们知道是什么乐器吗？这两个乐器一个是高个子的好朋友，一个是矮个子的好朋友，我们来猜猜哪个是高个子的朋友呢？(演奏乐器，请幼儿分辨，高个子的朋友是三角铁，矮个子的朋友是响板。) **五、结束部分** 师：今天我们一起分享了一段好听的乐曲，名字叫《高高低低》，其实在生活中有许多高高低低的声音，老师发现我们的小脚也能发出高低不同的声音，你想试试吗？小脚怎样能发出高的声音呢？(使劲踏步)怎样能发出低的声音？(轻轻踏步) 教师和幼儿一起根据音乐的高低用走的动作表现。(音乐起，带领幼儿退场) **六、活动延伸** 幼儿和教师一起寻找生活中更多的高音和低音，比如小汽车的喇叭声和大卡车的喇叭声等。

续表

活动反思	活动中幼儿已经较好地掌握了歌曲的内容和旋律，能够感知和分辨音的高低，能根据音的高低不同做相应的动作，模仿高个子、矮个子散步的样子。但在活动中幼儿进行游戏时，游戏规则还讲得不够清晰，导致有些幼儿未能遵守游戏规则，在以后的音乐活动中也应该多加强对幼儿游戏规则意识的培养。同时，在活动中还应多让幼儿完整地欣赏几遍乐曲。

小蓝和小黄

四川省成都市金牛区机关第二幼儿园　倪海燕

教学领域	语言	班级	小班
设计意图	《小蓝和小黄》是一本经典的绘本故事，它的经典在于作者用简单的颜色和场景，深入浅出地诉说着有趣的故事。小班幼儿在这种简单的画面中更能轻松地将自己的生活经验融入进去，并大胆想象。因此我在设计活动的时候，把语言和美术进行了结合，丰富了幼儿的体验。		
活动目标	1. 阅读《小蓝和小黄》的故事，感受有趣的故事情节，体会阅读的乐趣。 2. 体会颜色变化的乐趣，尝试了解黄蓝两色"拥抱"后的变化。 3. 能边摇晃魔法瓶边念出魔法咒语："摇一摇，晃一晃，××，××快出来。"		
重点难点	重点：理解故事内容，体会小蓝和小黄的心情变化。 难点：蓝色和黄色碰在一起会变成绿色。		
活动准备	物质准备：绘本课件、水粉颜料、瓶子、盖子。 经验准备：有一种颜色和另一种颜色碰在一起会变色的经验。		
活动过程	**一、导入：出示 PPT 吸引幼儿，引出绘本故事** 教师引导幼儿观察绘本中小蓝的颜色。 师：今天老师请来了一个新朋友，我们一起看看它是谁啊？ **二、教师引导幼儿观察图片，鼓励幼儿大胆猜测和分析故事内容** 1. 出示小蓝一家人的图片，鼓励幼儿根据图形形象猜测家庭成员。 2. 出示小蓝的好朋友，引导幼儿根据颜色猜测名字。 3. 出示小蓝和小黄"拥抱"变成绿色的图片，引导幼儿理解黄蓝两色拥抱发生的变化。 4. 鼓励幼儿大胆猜测小蓝和小黄变成小绿后，爸爸妈妈的反应。 5. 出示小蓝和小黄哭泣的图片，引导幼儿体会小蓝和小黄变成小绿后的心情。 6. 引导幼儿体会小蓝和小黄变回自己后愉快有趣的结局。 **三、教师完整讲述故事，幼儿边看 PPT 边欣赏故事** 1. 出示封面图片，猜绘本名字。 2. 教师完整地讲述绘本。 **四、开展魔法瓶游戏** 1. 出示魔法瓶，引导幼儿观察魔法瓶中水的颜色。 2. 鼓励幼儿大声说出魔法咒语"摇一摇，晃一晃，小蓝小蓝快出来"。 3. 教师演示魔术的变化(透明水变蓝)。 4. 幼儿尝试边大声说出咒语边摇魔法瓶，将透明水变成蓝色。		

续表

<table>
<tr><td>活动过程</td><td>5. 教师鼓励幼儿自己更换涂有黄色颜料的魔法瓶盖子。
6. 教师引导幼儿猜测此次魔法水颜色的变化，并尝试创编咒语“摇一摇，晃一晃，小绿小绿快出来”。
7. 师幼再次念咒语，摇动魔法瓶，将蓝色的水变成绿色。
五、师幼共同总结，活动结束
1. 教师引导幼儿总结：原来小黄和小蓝在一起会变成小绿。
2. 活动结束。
师：一起去找一找我们生活中的小黄、小蓝和小绿吧！</td></tr>
<tr><td>活动反思</td><td>在设计时，我想了几种小蓝和小黄变成小绿的方法：颜料涂在白纸上、彩色纸黏土混在一起等，但是始终达不到我想要的快速而明显的变化。有一天看视频时，我看见一个化学实验，突然灵机一动：用透明的瓶子装上颜色水，不是能看得清楚两种颜色相加时的变化吗？如果再加上一些孩子们喜欢的魔法元素，那就更能吸引孩子的注意力了。
活动时，这一环节真的像我想象的一样，孩子们看见快速变化的颜色时就感觉是在看变魔术，他们的兴奋点一下子就被点燃了。</td></tr>
</table>

两只羊的故事

北京市大兴区瀛海镇第二中心幼儿园　高　冉

<table>
<tr><td>教学领域</td><td>语言</td><td>班级</td><td>中班</td></tr>
<tr><td>设计意图</td><td colspan="3">幼儿对绘本故事很感兴趣，我想，既然幼儿有兴趣，那我们就从幼儿感兴趣的点出发，在强调以幼儿为主的情况下，根据《幼儿园教育指导纲要(试行)》及《3—6岁儿童学习与发展指南》提出的相关要求，设计了本次语言活动“两只羊的故事”。</td></tr>
<tr><td>活动目标</td><td colspan="3">1. 观察画面，大胆猜测故事内容，并愿意说一说自己的想法。
2. 了解故事内容，知道如何和同伴友好相处，并用完整的语言进行表述。
3. 感受绘本的图画美和文字美，获得初步的情感体验。</td></tr>
<tr><td>重点难点</td><td colspan="3">重点：观察画面，大胆猜测故事内容，并愿意说一说自己的想法。
难点：了解故事内容，知道如何和同伴友好相处，并用完整的语言进行表述。</td></tr>
<tr><td>活动准备</td><td colspan="3">物质准备：课件《两只羊的故事》。
经验准备：幼儿已有阅读绘本的经验。</td></tr>
<tr><td>活动过程</td><td colspan="3">一、图片展示，激发幼儿参与活动的兴趣
教师出示故事中的两只羊，引导幼儿仔细观察。
提问：今天呀，老师请来了小客人，它们是谁呀？有几只羊？(幼儿回答：两只。一只是小黑羊，一只是小白羊。)
教师：那我们请两只羊自我介绍一下吧。
1. 教师播放音频。
师：原来是小黑羊和小白羊呀！你们知道羊有什么本领吗？(抛东西、跳高等)那它们会为我们带来什么样的故事呢？</td></tr>
</table>

续表

<table>
<tr><td>活动过程</td><td>2. 出示绘本《两只羊的故事》的封面。
师：我们一起来看一看《两只羊的故事》吧。
二、仔细观察，感知绘本的画面
1. 教师出示小黑羊和小白羊饿得皮包骨头的样子，引导幼儿观察并讲述。
师：小黑羊和小白羊和我们刚才看到的样子一样吗？它们为什么会这样？
师：小黑羊的主人在挤过奶之后将它放在哪里？那小白羊呢？你们看这个图片在告诉我们什么呀？那他们为什么要围栅栏呀？小黑羊和小白羊又在干什么呢？
2. 出示图片，引导幼儿讲述小黑羊和小白羊是怎么吃到自己喜欢的食物的。
(1)教师出示围了栅栏的农场图片。
师：小黑羊和小白羊是怎么做的？
(2)教师出示农场主围了木栅栏的农场图片。
师：现在呢？谁来说一说？
引导幼儿用完整的语句进行表述。
(3)教师出示围了砖墙的农场图片。
师：农场主将木栅栏换成了砖墙，这可怎么办呀？小黑羊和小白羊该怎么交换食物呢？
(4)教师出示填上水泥的砖墙。
师：谁能说一说小黑羊和小白羊怎么交换食物？那你们觉得这时候农场主会想什么办法阻止小羊们交换食物？你觉得这次农场主们成功了吗？他们为什么想要在农场边加那么高的围墙？
3. 教师再次出示小黑羊和小白羊饿得皮包骨头的样子。
师：现在，你们觉得小黑羊和小白羊为什么饿得皮包骨头？还有吗？
教师出示农场主精心准备的食物。
师：这里有小黑羊爱吃的卷心菜和小白羊爱吃的萝卜，可是小黑羊和小白羊为什么不吃这些食物呢？
农场主回家开拖拉机将砖墙推倒了。
师：为什么农场主将砖墙推倒了呀？
三、观看课件，整体感知故事内容
教师播放轻音乐、课件，帮助幼儿对故事内容有整体的认知。知道要和睦相处、互相关心，才会开心、快乐。
四、我来说一说两只羊的故事后续
师：你觉得在农场主拆除砖墙之后，两只羊还会发生什么样的故事呢？(引导幼儿用完整的语言进行表述)</td></tr>
<tr><td>活动反思</td><td>在本次活动中，我将活动目标定位为三点：一是认知目标。让幼儿观察画面，大胆猜测故事内容，并愿意说一说自己的想法。二是技能目标。了解故事内容，知道如何和同伴友好相处，并用完整的语言进行表述。三是情感目标。感受绘本的图画美和文字美，获得初步的情感体验。教学重难点得当，能引发幼儿阅读和思考。本次活动动静交替，寓教育于生活、游戏之中，幼儿在看一看、想一想、做一做、讲一讲中快乐地学习。教学过程中，我始终以幼儿为主体，以探究活动为载体，让幼儿在观察、思考、体验中习得方法和经验。</td></tr>
</table>

有趣的小桥

北京市东城区崇文第三幼儿园　张　扬

教学领域	健康	班级	中班
设计意图	4岁左右是幼儿平衡能力发展的关键期，也是发展平衡动作的最佳时机，只有抓住这个阶段，才能达到事半功倍的效果。兴趣是幼儿最好的老师，以小鸡去森林里游戏的情景导入，让幼儿以小鸡的角色参与其中，增加了幼儿参与游戏的积极性。我以平衡为目标开展了“有趣的小桥”的体育活动。		
活动目标	1. 幼儿愿意参加平衡游戏，勇敢、大胆地走平衡桥。 2. 幼儿能够听指令做动作，走过小桥，提高身体的平衡能力。		
重点难点	重点：能够用正确的动作走过小桥。 难点：单脚站立持续20秒以上。		
活动准备	物质准备：泡沫积木若干、木质积木块、木质平衡触觉板、感统建构岛平衡桥、平衡木。 经验准备：幼儿有搭建小桥的经验。		
活动过程	**一、热身活动** 教师带领幼儿用泡沫积木做游戏，幼儿认真听指令跟教师做动作：又快又稳地站在积木上，单脚独立持续20秒。 **二、游戏“小鸡过桥躲野兽”** 师：前面就是森林，森林里有许多小桥，请你找个空地安家吧！(请幼儿把积木分散放在场地上的空地。) 玩法：森林里很不安全，会有野兽出没，只要你认真听妈妈的哨声跟着做，你就会很安全。幼儿任选一座桥，过小桥，听哨声，一声哨小鸡站在积木上，看谁站得快又稳，两声哨小鸡单脚独立站，看谁坚持时间长。 以过桥儿歌引导：“手伸平，上身直。眼看路，大胆走。” **三、游戏“小鸡搭桥到对岸”** 1. 搭建高低不平的桥。 (1)师：森林的对面有好吃的，我们怎么才能到对岸去呢？ (2)任选材料，从起点开始，可以合作搭建，搭建完成快速回到起点处。搭建拿取材料时注意安全，保护自己，也要保护他人。 (3)引导幼儿关注小桥的三个起点，提示幼儿从起点开始搭建小桥。 (4)幼儿自由搭建，教师指导。 2. 幼儿自由尝试走过小桥。 3. 用儿歌提示幼儿走过小桥的动作要领，保持平衡，注意安全。 4. 教师协助指导个别幼儿。 **四、放松游戏** 请幼儿坐在桥上，放松四肢。在自己身上从上往下捏一捏四肢，小朋友互相捏捏后背。帮助妈妈把玩具送回家，游戏自然结束。		
活动反思	1. 根据目标开展活动 以发展平衡动作为目标，开展活动。首先，注重活动的层次，在热身环节加入了单脚独立的动作，平稳地站在积木上，帮助幼儿感知平衡的动作。其次，游戏中创设了难		

续表

活动反思	易程度不同的小桥，通过教师的引导选择适合自己的小桥，体验过桥的平衡动作，在听指令做单脚站立的动作时，也是循序渐进地从短时间到长时间，增加了幼儿平衡持续的时间，还培养了幼儿坚持性的品质，从而使幼儿获得成功感。指导幼儿合作搭建高高低低的桥，桥的长度增加，进一步增加难度，让幼儿在过桥游戏中挑战难度，再次练习动作和提升能力。各个环节都围绕目标进行，在感知、体验、提升的过程中帮助幼儿掌握动作的要点，挑战自己，提升自信心。 2. 共同游戏吸收经验 根据观察、了解，我发现本班幼儿在平衡能力和动作协调性上发展比较薄弱，而且水平参差不齐。对于幼儿来说，同伴间学习是最好的学习方式，运用同伴间的相互学习，模仿同伴过桥的动作，让幼儿主动吸取经验，获得有益的启发，更益于纠正和调整自己的动作，丰富自己的已有经验。 3. 个体差异不同策略 《3—6岁儿童学习与发展指南》中提出：尊重幼儿发展的个体差异。每个幼儿的动作发展水平都是不同的，针对不同的幼儿，实施不同的策略。对于喜欢挑战高难度的幼儿，教师站在最危险的位置保护幼儿，创设不同斜度、不同高度、不同面的平衡桥，让幼儿获得满足感，发展自己的平衡能力。对于动作发展比较薄弱的幼儿，通过教师循环播放儿歌“手伸平，上身直。眼看路，大胆走”，帮助幼儿使用正确的动作，鼓励幼儿大胆尝试。

狮子歌

广西壮族自治区桂林市解放西路幼儿园　谢　丽

教学领域	语言	班级	中班
设计意图	中班幼儿的发音水平在整个幼儿期是逐步提高的。在班上我们也开展了一些说童谣的活动，孩子们对用桂林话念童谣都表现出很大的兴趣。《3—6岁儿童学习与发展指南》在语言领域中也指出：会说本地区的语言，发音正确清晰；能口齿清楚地说儿歌、童谣。 童谣《狮子歌》语言简洁明快，朗朗上口，既富有趣味性，又体现出地区的文化特色，舞狮这一民俗活动对于孩子们来说并不陌生，逢年过节，锣鼓喧嚣，热闹非凡。在活动区，我们投放了一些舞狮子的道具，孩子们都很喜欢拿着这些道具模仿舞狮活动。结合这些兴趣，我设计了本次活动。活动中，孩子们既可以领略到桂林童谣的真、善、美，又能对传统的舞狮文化有一定的了解，从而更加热爱自己的家乡。		
活动目标	1. 通过学习童谣，对传统舞狮文化有一定的了解。 2. 会用桂林本地方言较清楚地念出童谣。 3. 喜欢念童谣，参与语言游戏活动。		
重点难点	会念童谣进行语言游戏。		
活动准备	物质准备：PPT、鼓、舞狮狮头若干、录音等。 经验准备：听过八仙过海的传说故事。		

续表

<table>
<tr><td>活动过程</td><td>一、导入活动
1. 教师拿狮头念童谣，带领幼儿入场，鼓励幼儿大胆表现。
2. 引导幼儿用桂林话打招呼。
师：小朋友们好！哎，刚才我们说的是什么话？我们桂林话可有意思了，在我们桂林也有很多好听的童谣，刚才舞狮子的时候我也念了一首，谁还记得我是怎么念的？
二、学习童谣
1. 教师播放录音，引导幼儿欣赏童谣。
2. 根据幼儿的回答展示 PPT，帮助幼儿进一步理解童谣内容。
师："打不隆咚呛咚呛"是什么东西发出的声音？(锣鼓)
师：狮子头上三点青，三点青是什么？(在舞狮子的时候，人们为了让狮子看起来更有灵性，更有活力，会在狮子头上点上三点，也象征着吉祥如意。)
师：狮子里头两个人，谁在舞狮子？(热闹的舞狮子活动把八仙中的韩湘子和吕洞宾都吸引来了。)
3. 教师带领幼儿以集体、小组、个别的形式学念童谣。
三、舞狮游戏，帮助幼儿进一步学念童谣
1. 介绍游戏玩法：请两名幼儿舞动狮子，其他幼儿念童谣，鼓励幼儿用桂林话说出舞狮人的名字。
2. 游戏两三次，鼓励幼儿大胆念童谣。
四、集体舞狮，自然结束
幼儿两人一组跟随鼓点，边念童谣边舞狮，活动自然结束。
附：童谣
狮子歌
打不隆咚呛咚呛，
打不隆咚呛咚呛，
狮子头上三点青，
狮子里头两个人，
前头那是韩湘子，
后头那是吕洞宾。</td></tr>
<tr><td>活动反思</td><td>首先，地方语言是传承地方文化的重要符号，桂林童谣是民族文化的缩影，具有鲜明的民族风格和地方色彩，反映风土民俗，展示道德风范，传递智慧信息，对地方文化有很重要的传承意义。
其次，游戏是孩子们的天性，所以整个活动我都以游戏为主线，开场我边念童谣边舞狮，吸引孩子的注意力，引发孩子参与活动的兴趣。在随后的环节中，我以引导者的身份让孩子对童谣进行大胆的猜测、倾听、理解。中班孩子的思维能力还是以直观、具体形象为主，为此，我利用形象的 PPT 图片帮助孩子加深对童谣内容的理解，在孩子理解的过程中鼓励他们大胆地说童谣。这样比教师直接地给予更能激发孩子的自主性。
最后，利用舞狮游戏鼓励孩子在体验传统民俗活动的过程中用桂林话说童谣，大胆地将自己的名字带入童谣中。
但活动中仍有以下不足。
1. 在幼儿倾听童谣录音时，没有给予更多机会让他们去感受，导致幼儿在听第一遍时还不是很清楚，就进入了理解环节，应给予幼儿再一次倾听的机会。
2. 在幼儿能否会用桂林话说出自己名字方面，前期铺垫没有做好，导致幼儿在进行游戏时，将自己名字带入童谣中有些吃力。没有很好地了解幼儿说本地方言的能力。</td></tr>
</table>

夸夸自己

广西壮族自治区桂林市解放西路幼儿园 唐榕敏

教学领域	健康	班级	大班
设计意图	5—6 岁是幼儿自我意识发展的关键时期，他们能够初步认识到自己在班级中的位置，能够意识到自己的外部行为和内部活动，并形成了对自我的某种看法。因此，大班时期是幼儿逐渐形成自尊心、自信心、坚持性等性情特征的时期。《3—6 岁儿童学习与发展指南》中指出：要为幼儿创设温暖关爱的集体生活氛围，建立良好的师生关系，让幼儿在积极健康的人际关系中建立安全感和信任感，发展自信和自尊。作为教师，有责任给幼儿积极的影响，帮助幼儿发现自身的美好，形成积极的自我意识，从而促进幼儿心理的健康发展。 在平常和孩子们的相处中，我发现，多数幼儿在对自己进行评价时存在羞于表达的情况，也很难自信地总结出自己的特点和优点，缺乏一定的自信心。于是我想通过一些活动帮助幼儿发现自身的美好，建立正确的对自我的评价和态度。帮助幼儿了解自己的独特性，发现自身的美好之处，引导幼儿形成积极的自我意识和自我评价。		
活动目标	1. 知道世界上有各种各样的人，每个人都是不一样的。 2. 在集体中展示自己的特点或优点，学习正面地进行自我评价，对自己充满自信。 3. 从同伴的评价中发现自己独特的、美好的地方，体验自豪感。		
重点难点	重点：发现自己的特点和优点，学习正确、正面地自我评价。 难点：敢于正面、自信地在集体中表述自己的特点或优点。		
活动准备	物质准备：PPT 课件、镜子、白纸、画板、画笔。 经验准备：幼儿对自己同伴的特点、优点有所了解，并能表达出来。		
活动过程	**一、导入活动，引入话题** 1. 出示 PPT 中的“人脸墙”和“人”字，引入话题。 2. 幼儿讨论自己见过的人。 **二、阅读绘本，发现各种各样的人的不同** 1. 引导幼儿观察课件画面，发现画面中的人长得不一样。 2. 鼓励幼儿说出画面中的人的不同，引出“独一无二”。 **三、互动游戏，发现自己的美好之处** 1. 幼幼互动，发现同伴的美好之处。 2. 猜测游戏，能用不同的词语表述外貌和声音的独特。 3. 感知同伴的独特之处，如兴趣、爱好、优点。 4. 照镜子，发现自己的特点和优点，并大胆自信地表达出来。 **四、幼儿绘画，展现自己的美好之处** 1. 鼓励幼儿大胆地将自己的特点或优点画出来。 2. 用散文诗接龙的形式，引导幼儿大胆地把自己的特点或优点表达出来。 **五、扩展延伸** 鼓励幼儿每天夸夸自己，多爱自己一点，让更多人认识自己。		
活动反思	环节一通过课程帮助幼儿建立正确的自我认知，知道每个人都是不同的，而自己也不同于别人。这为后面的体验打下了基础。幼儿更善于评价他人而不善于评价自己，幼儿的自我评价也是逐渐从轻信他人的评价发展到可以独立评价自己的。为此，在第二		

续表

活动反思	环节设计了让同伴互相评价的环节，让幼儿认识到同伴眼中自己的独特和美好之处，从而产生积极的、自豪的体验。当幼儿评价同伴或从同伴那里听到对自己的评价时，他们都是在学习建立自己的评价标准和评价体系，这也为第三环节的自我评价做好了铺垫。在第三环节中，给幼儿创造机会，用多种形式表达对自我的认识，最后通过绘画、散文诗接龙的形式，渲染了积极向上的氛围，强化了幼儿积极的自我体验，将整个活动推向了高潮。当幼儿看到全班小朋友的照片以爱心形状出现在屏幕上，并听到教师表达对他们的爱时，他们的内心是被爱包围着的。

肚子里有个火车站

广东省深圳市家和盛世花园幼儿园　谢慧柔

教学领域	健康	班级	大班
设计意图	俗话说，书中自有黄金屋。儿童的绘本是充满童趣的，正是引导他们阅读理解、观察以及进行创想的好读物，适合与幼儿一起探索，了解图文内容，感受故事的含义。结合幼儿在进餐时总是会出现挑食、狼吞虎咽、饮食不规范等现象，《肚子里有个火车站》这本绘本正符合对幼儿的饮食教育。		
活动目标	1. 仔细观察画面，理解肚子火车站里发生的有趣的故事情节，并能用较完整的语言表述，让幼儿大胆想象。 2. 有探究食物过程的兴趣，知道吃饭时要细嚼慢咽，不暴饮暴食。 3. 初步了解人体消化系统和消化食物的基本过程。		
重点难点	1. 根据故事情节进行想象。 2. 了解正确的进食方式。		
活动准备	绘本、PPT、音乐。		
活动过程	**一、封面导入** 1. 师：小朋友们听，这是什么声音？（火车声音） 2. 师：小朋友们，你们坐过火车吗？今天这个小女孩的肚子里也发生了一段旅行，你们猜猜这是怎么了呢？（观察解读） 3. 师：正好，今天我们也有一场旅行，你们想去参加吗？我们去火车站坐上火车，一起开启奇妙的旅行吧。 **二、共同阅读故事** 演示 PPT，讲述故事。 1. 第 1—4 页：这个小姑娘叫茱莉娅，在回家的路上突然有个声音，你们知道这个声音是从哪里来的吗？ 教师述说声音来源，引入下一情境，对茱莉娅的肚子一探究竟。 2. 第 5—6 页：这幅图中都有什么？他们在干什么？是一群怎样的小精灵呀？ （鼓励幼儿大胆猜测） 3. 第 7—8 页：这个小精灵在干什么？我们来夸夸小精灵吧。 4. 第 9—10 页：你看到了什么？茱莉娅在干什么？吃进去的面条会掉进哪里呢？（结合生活经验述说）		

续表

活动过程	5. 第 11 页：小精灵遭到了什么攻击？发生了什么事？ 与幼儿一起讨论：发生这样的事，小精灵们会开心吗？为什么呢？ 6. 第 12—13 页：小精灵为什么会被砸到？ 引导幼儿续讲火车的下一站：我们一起跟着小精灵导游去看看吧。 7. 第 14—19 页：原来火车的终点在哪里？火车行进过程中会有什么出现？ 8. 第 20—21 页：什么叫狼吞虎咽？你觉得这样吃饭好吗？为什么？ 9. 第 22—29 页：小精灵们为什么不工作了，茱莉娅吃了什么？茱莉亚会怎么样呢？ 10. 第 30—35 页：有什么能让茱莉娅好起来的？小精灵最后高兴了吗？ **三、解读重点页面，引发幼儿思考** 回顾小精灵抗议和茱莉娅生病的图片。 师：如果我们不嚼食物就吞进肚子里会怎么样呢？乱吃东西和吃冷冻的食物会发生什么？（狼吞虎咽会让我们的胃难受，吃冷冻食物会拉肚子、生病发烧等。） **四、加深幼儿对小精灵工作的重要性的理解，并对绘本结尾进行创想** 1. 师：小朋友们，你们知道小精灵们的工作是什么吗？（它们的工作就是帮助我们消化吃到肚子里的食物，让我们更好地吸收营养，让身体变得更强壮。） 2. 师：每个小朋友都跟茱莉娅一样，肚子里也有一座火车站和许多小精灵，平时怎样做才能让肚子里的小精灵高高兴兴地工作？如果你是肚子小精灵，你会对小朋友说什么？ **五、小结** 师：我们已经知道自己吃的食物要经过消化，才能更好地吸收。为了保护自己的身体，要养成健康的饮食习惯。但是，如果小朋友一下吃了太多的东西，小精灵就会忙不过来，所以小朋友在吃东西的时候要细嚼慢咽。大家可以到阅读区继续阅读《肚子里有个火车站》的故事，小朋友们再见！
活动反思	活动中，幼儿的兴致很高，对于饮食习惯有了新的认知，在进餐时也有了很大的成效，他们明白了进餐时不应狼吞虎咽，不吃生冷食物，应正确饮食。 活动中还存在不足：活动中大部分是让幼儿开放讨论，幼儿对于每一个问题兴趣点都很高，在进行下一环节时不能马上收回，日后更应学习怎样调节气氛。

甜甜的苹果

北京市密云区小博士幼儿园　赵　跃

教学领域	艺术	班级	小班
设计意图	苹果是我们生活中最常见的水果之一，也是幼儿园小朋友经常吃的水果。偶然一次我听到有的小朋友说幼儿园吃的苹果是红色的，他在家里吃的苹果是绿色的。基于孩子对苹果颜色的兴趣点，根据《3—6 岁儿童学习与发展指南》指出："3—4 岁幼儿喜欢涂涂画画、粘粘贴贴，喜欢进行艺术活动并大胆表现！"特设计此次课程。		
活动目标	1. 可以运用多种材料装饰苹果。 2. 能够通过美工材料和自然物涂、画、剪、贴等方法来装饰苹果。 3. 喜欢参加美术活动并体验成功的喜悦。		

续表

重点难点	重点：可以运用多种材料装饰苹果。 难点：能够运用涂、画、剪、贴等多种方式装饰苹果。
活动准备	物质准备：毛球、彩色卡纸、彩色瓶盖、亮片、剪刀、苹果轮廓图、油画棒、彩笔、背景音乐、大的苹果树画纸一张、实物苹果、魔法盒子、魔法斗篷服饰、不高兴的表情一个、高兴的表情一个、苹果笑脸卡片若干。 经验准备：已具有画苹果的经验。
活动过程	**一、开始部分** 师(加入背景音乐)：小朋友们，大家好！我是你们的赵老师，哈哈，看我今天有什么不一样吗？ 幼：老师穿了大斗篷！ 师：今天啊，赵老师从太阳城堡学了一个新本领——变魔法！看！我带来的这个是什么？我猜啊，小朋友们都不知道，它非常厉害，因为它可以变出很多好玩、好看的东西，还有吃的东西，它就是魔法盒子！接下来，我就要请小朋友帮一帮老师，猜一猜、看一看、摸一摸，里面装了什么东西？ 师：×××来了，你把小手伸进去摸一摸，它是什么形状的呢？它还有一个把儿？又有一点凉凉的！ 幼：是水果吗？ 师：那就请你拿出来给大家看一看，哦！原来是它，我们的老朋友“苹果”！下面请小朋友看一看老师拿的苹果和你们见过的苹果有什么不一样的地方吗？你见过的苹果都是什么颜色的？ 幼儿作答。 师：小朋友们说得非常棒！ **二、基础部分** 师：今天老师在来幼儿园的路上，看到了一大棵苹果树，但是苹果树已经光秃秃的了，看起来不高兴的样子，因为它的苹果宝宝都被农民伯伯摘下来运回家了(教师出示事先准备好的难过的大树)。小朋友们你们想不想帮助苹果树爷爷，让它高兴起来呢？要是你，你会怎么做呢？你们想怎么装饰苹果树呢？ 幼：老师，我要用毛球做苹果！ 幼：老师我要把我画的大苹果涂成红色。 幼：老师，我要用亮片装饰大苹果，帮助苹果树爷爷。 …… 幼儿自己装饰做大苹果，请配班教师指导幼儿将装饰好的苹果粘贴在苹果树上，主班教师巡视指导幼儿。等大部分幼儿将自己装饰的苹果粘贴在苹果树上后，教师组织幼儿看这棵苹果树，请幼儿观察苹果树爷爷有什么变化。 师：对！苹果树爷爷的脸上露出了笑容(用高兴的表情替换不高兴的表情)。 **三、结束部分** 师：请听！这是谁的声音？ 播放录音：小朋友们，谢谢你们帮助爷爷把苹果宝贝带回家，爷爷非常地开心。我有一份礼物要送给你们，现在请赵老师帮我送给你们吧！

续表

活动过程	师：苹果树爷爷好开心啊，今天啊，老师将这份礼物带来了，我要请一位小朋友帮助老师打开，看看到底是什么礼物呢？ 师：哇！是苹果树爷爷制作的苹果笑脸卡片。小朋友们拿好自己的苹果笑脸卡片和苹果树爷爷一起合影吧，留下这最美的时刻！
活动反思	在此次美术活动中，大部分幼儿可以独立完成作品，大胆运用玉米柱、彩色瓶盖、亮片、毛球进行粘贴，用剪刀修剪皱纹纸、彩纸进行装饰，自由选择喜欢的画笔、油画棒对苹果进行涂色。幼儿对本次活动十分感兴趣，他们不仅可以运用多种方式装饰苹果，还体会到了独立完成美术作品的喜悦，从而更喜欢参与美术活动。我们要多尊重幼儿的想法，多为幼儿提供想象及创造的机会，让幼儿在施展个性的同时促使其个性化地发展！

会跳舞的手指

湖北省武汉理工大学马房山校区幼儿园　肖　莹

教学领域	艺术	班级	小班
设计意图	小班上学期，大部分幼儿绘画水平还处于涂鸦期，对绘画非常有兴趣，但表达、表现能力还不够，日常单纯的绘画作品效果不理想，不能很好地满足孩子的成就感，也不利于孩子对美的艺术作品的欣赏。 黑格尔在《美学》一书中指出："音乐和绘画有着密切的亲族关系，两门艺术里内心生活的表现都占较大比重！"这也充分说明了绘画是凝固的音乐，音乐是流动的绘画。 《幼儿园教育指导纲要(试行)》中也指出："创造条件让幼儿接触多种艺术形式和作品。"于是，我整合对美术、音乐的理解，结合对绘画大师艺术作品的欣赏，设计了小班美术活动"会跳舞的手指"，旨在提高幼儿对艺术的欣赏、表达和表现的能力。		
活动目标	1. 尝试跟随音乐的旋律，用手指蘸上颜料自由地在纸上进行手指点画，并添画一些短竖线和短斜线。 2. 初步感受音乐的旋律、节奏与绘画色彩、点之间的联系。 3. 喜欢欣赏美的艺术作品并乐于表达、表现。		
重点难点	体会音乐旋律、节奏与点的密集、松散之间的关系。		
活动准备	物质准备：PPT、水粉纸、颜料、抹布、调色盘、水彩笔。 经验准备：对手指点画有过接触，有初步手指点画的常规习惯。		
活动过程	**一、欣赏音乐，启发联想** 1. 请幼儿闭上眼睛欣赏钢琴曲《四小天鹅》。 2. 分组自由充分表达自己刚才听到、想到、看到了什么。 **二、感受音乐的节奏，尝试在桌子上弹奏** 1. 模仿游戏"小小钢琴家" 师：大家想着刚才脑海中的画面，边听音乐边随着音乐的节奏，在桌子上弹动手指。在弹奏的过程中，对音乐的节奏变换给予幼儿一定的提示和指导。 2. 弹奏结束后，提问并讨论 提问：节奏快时你是怎么弹奏的？节奏慢时你又是怎么弹奏的？		

续表

活动过程	3. 请几名幼儿尝试演示并表述。 4. 教师总结幼儿的表述并演示。 **三、欣赏吴冠中的作品《绿草地》，感受名画的色彩以及点与线的关系** 1. 出示吴冠中的作品《绿草地》。 2. 师：大家看到了什么？画面中哪里美？ 3. 引导幼儿从色彩、感受、想象等方面谈一谈。 **四、表达表现：用指尖来跳舞** 1. 幼儿用手指蘸上颜料，再次听音乐，在水粉纸上随音乐节奏自由弹奏，节奏快时点很密集，节奏慢时点很松散。 2. 给幼儿提供黑色水彩笔，让幼儿自由地在花丛中添画草和花茎（短竖线和短斜线）。 **五、作品展评** 自由欣赏，说说自己最喜欢的画面以及为什么喜欢。
活动反思	艺术活动"会跳舞的手指"，让幼儿在一种轻松愉悦的、游戏化的环境中，在看似无意，实则有心的体验过程中感受色、线、形等美术的基本元素，为之后的自我表现打下坚实的基础。 孩子欣赏着音乐，合着音乐的节拍，有节奏地用手指在纸上跳舞，对艺术的感受自然而然地倾泻于指尖。红、黄、蓝三原色颜料，让画面有了多种色彩的可能性。 于是，一幅幅色彩和谐、画面效果完美的艺术作品跃然纸上，孩子们也对绘画更加感兴趣，获得了成就感。如果在构图或者打破常规画面方面，尝试分组集体合作完成一幅大的作品，可能效果会更好。 在活动最后的评价环节，我将重点放在感受方面。孩子之间、孩子与教师之间自由、轻松地说说、看看，这种自由的欣赏已经是一个相互学习的过程。这个时候，每个孩子都充分调动主人翁意识，静下心寻找自己和同伴们哪怕一点点的闪光点，相互欣赏、相互鼓励，感受成功，体验自信！

巧手做风筝

内蒙古自治区包头市新世纪民族幼儿园第四分园　苏玲玉

教学领域	美术、科学	班级	大班
设计意图	风筝是我国的传统手工艺，希望能够通过本节课了解传统风筝的制作方法和过程，感受传统手工艺的魅力，让孩子多角度、多层次地了解风筝这一民间艺术。激发幼儿参与活动的兴趣，引导幼儿感受美、欣赏美、创造美，因此设计了本次活动。		
活动目标	1. 通过观察图片，了解风筝的图案及对称的特点，以及风筝的起源、构造和常见材质，能够对制作风筝感兴趣。 2. 通过观看视频和幼儿分组合作，了解制作风筝的步骤及材料，能够分组制作出独特的风筝。		
重点难点	重点：了解风筝的制作材料、图案及结构，学习什么是对称。 难点：引导幼儿选用差别材料，运用简单明快的色彩、对称的方法制作风筝。		

续表

<table>
<tr><td>活动准备</td><td>物质准备：视频、PPT、A4 纸、彩笔、勾线笔、吸管、胶带纸、剪刀、皱纹纸。
经验准备：有一定的剪纸及绘画技能。</td></tr>
<tr><td>活动过程</td><td>一、谈话导入，激发幼儿参与活动的兴趣
1. 师：春天是一个美丽的季节，小朋友们可以去户外做各种各样的游戏，参加不同的活动。
2. 师：在春天里你们都喜欢做些什么游戏？其实还有一个好玩的游戏，那就是放风筝。小朋友们了解风筝吗？下面我们一起来看个短片。
二、了解风筝的起源
师：(播放视频)我们来看一看风筝是谁最先发明的。
师小结：风筝由我国古代劳动人民发明于春秋战国时期，至今已有两千多年了，我们的祖先真是好伟大呀！
三、了解风筝对称的特点
出示风筝 PPT，请幼儿观察和回答风筝对称的特点。
1. 师：我们先来看看这只美丽的蝴蝶风筝。你能说说蝴蝶身上都有哪些图案和颜色吗？
2. 师：再观察左右两边的形状、大小，你还发现了什么？
师小结：像这种左右两边形状、大小、颜色、图案都一样的，我们就叫作对称。
3. 师：为什么要做成对称的？(为了保持平衡和美观)
4. 按照同样方法讲述图二(金鱼)和图三(蜻蜓)，侧重对称。
师：看了这么多风筝，你能说出风筝是什么样的吗？风筝都由面、线和骨架组成，都是左右对称的，图案丰富，颜色鲜艳。
四、观看视频了解如何制作风筝，学做风筝
1. 师：你知道制作风筝需要哪些材料吗？
出示 PPT 图片，材料：白纸、彩笔、皱纹纸等。
2. 出示 PPT 图片，帮助幼儿明晰风筝的制作方法。
师：小朋友们看过刚才的视频之后，还记得制作风筝的步骤吗？
3. (1)在 A4 纸上设计并画出漂亮的图案，注意图案的两边要对称。如何做到对称，教师用 A4 纸举例示范。
师：首先将两条长的边对齐，把另一条边折成一条线，折好后我们沿着对折的边画出你喜欢的形状，沿着边缘剪下来。
(2)剪出画好的图案，再剪出风筝的尾巴，然后粘贴在风筝面上。
(3)将吸管粘在风筝的反面中间做风筝的骨架，用棉线穿过中间的一根吸管打结即可。
五、操作环节
指导幼儿和同伴分工合作，运用画、交叉剪、粘贴的方法制作简单的风筝。幼儿自由选择材料，创造性地制作不同造型的风筝。
师：为了更好更快地完成风筝的制作，需要 3 个小朋友共同完成，歌曲播放完请把你们组设计好的风筝交给我。我们比比哪个小组做得又快又好看。
六、展示作品
风筝制作完成，教师点评。</td></tr>
<tr><td>活动反思</td><td>1. 本节课材料准备比较充分，基本完成了本节课预设的教学目标，幼儿对教师的提问积极响应，与教师互动很好。
2. 孩子们在活动中感受到合作的快乐。</td></tr>
</table>

续表

活动反思	3. 因为时间有限，大多数孩子做得比较慢，没有全部做完，而且不能让每个人都做一个自己喜欢的风筝，有些遗憾。 4. 本节课引导不够到位，要多让幼儿表达，多注意对幼儿语言的培养。

我的小伞真漂亮

河北省定州市城旺中心幼儿园　王秀卿

教学领域	艺术	班级	小班
设计意图	最近接连下了好几场春雨，很多孩子都非常勇敢，自己打着伞坚持来幼儿园。瑞瑞带来的雨伞一下子吸引了很多孩子的注意力，“你的伞真漂亮!”“对啊，我的伞上有小动物的。”“这不是真的，是画上去的。”“我的伞上也有……”“我的伞上也有……”孩子们一下子对雨伞产生了浓厚的兴趣。针对以上情况，我设计了此次活动，以下雨为切入点，将美术活动融入故事情节中，鼓励幼儿大胆为伞创造图案，并从中激发幼儿的想象力。通过幼儿自己为雨伞命名的方式，进一步培养孩子的语言表达能力。		
活动目标	1. 鼓励幼儿在伞面上大胆创作图案。 2. 尝试为自己的伞命名，体验命名的乐趣。		
重点难点	重点：向幼儿介绍各种伞的花纹、颜色。 难点：在伞面上创作图案。		
活动准备	物质准备：伞、图片、PPT、图画纸、画笔、音乐。 经验准备：幼儿熟悉伞，有过雨天打伞的经验。		
活动过程	**一、情景导入** 师：下雨了，雨天也阻挡不了行人的脚步。瞧！各种形状、颜色的小伞构成了与平时不同的风景。 师：小朋友说一说自己喜欢哪把小伞？你喜欢的小伞是什么样子的？用完整的语言向同伴讲述。(出示图片) **二、引导幼儿进一步认识伞** 出示PPT，让幼儿欣赏各种伞的图片，让幼儿了解伞的不同颜色、花纹、样式、材质等，让幼儿感受伞的造型美。 让幼儿选出自己喜欢的伞，并说出自己喜欢的原因，着重引导幼儿感知颜色和图案的美。 根据幼儿的生活经验，说一说什么时候会用到伞？对幼儿进行用伞的安全教育。(出示PPT) **三、激发幼儿的创作欲望** 让幼儿观看PPT，了解各种不同的颜色、线条、图案，以及用这些颜色、线条和图案来装饰小伞的方法。 师：小朋友想不想用这些颜色、线条和图案来装饰小伞呢？(出示PPT) **四、鼓励幼儿大胆创作** 师：请你做个小小设计师，使用自己喜欢的颜色、线条、图案装饰出自己喜欢的小伞。 幼儿大胆设计，教师巡视，适时指导。		

续表

活动过程	**五、为自己装饰的小伞起名** 师：小朋友们装饰的小伞真漂亮，给我们装饰的小伞起个名字吧！ **六、分享、展示幼儿作品** 播放背景音乐，请幼儿拿着自己装饰的小伞，有节奏地在雨中嬉戏。 最后大家把自己的作品展示到美工区。
活动反思	雨伞是日常生活中不可或缺的物品，幼儿都比较了解。活动过程中幼儿在教师的引导下，通过观看 PPT，系统了解了一些线条、图案，以及适合装饰小伞的花纹、颜色等。教师在幼儿参与活动的过程中播放音乐《大雨和小雨》，让幼儿有身临其境的感觉，尤其在游戏环节，幼儿更加投入。整个活动进行得比较顺利，活动效果很好。不足之处是个别幼儿在创作伞的过程中，仅使用一种颜色。在创作过程中，教师及时提醒，适时指导，让幼儿创作出更满意的作品。

教育随笔

用心发现，静待花期

中国人民解放军 91404 部队幼儿园　彭雪霏

如果说母爱是最纯洁、最神圣的爱，那教师的爱则是最博大、最无私的爱。母爱的由来，源自血缘的联系，而教师的爱则更是一种不要求回报的尊重、理解、发现与爱护。

新的学期，我带的班级是小班，经过一个多月和孩子们的朝夕相处，大多数孩子建立了规则意识，但有一个孩子却总是让老师头疼。

晨晨在其他人眼里是个调皮捣蛋、不遵守纪律的孩子。别的小朋友都在跟着老师学唱歌，他却一会儿摸摸墙上的装饰，一会儿想办法跟其他小朋友说话。户外活动时，小朋友都拉着小火车排着队，按老师的指令活动，但晨晨明明听到老师的口令，却故意离开队伍，去玩儿其他的项目。

午休更是晨晨的老大难问题，每次躺在床上，他一会儿鼻子不舒服，一会儿要去厕所，一会儿发出怪声，一刻都不安宁。这次我坐到他的身边，温柔地对他说："今天老师陪你。"我给他盖好被子，轻轻地拍着他的后背，不一会儿工夫，他就安心地睡着了。我发现他是个缺乏安全感的孩子，回想起他平时调皮捣蛋，他是想故意引起老师的注意。于是我上课鼓励他回答问题，让他来前面展示我教过的"手指谣"，让他来当"小老师"，没想到晨晨竟然能把很多首歌谣都展示出来，其实他是个非常聪明的孩子。

玩拼插玩具时，我鼓励晨晨和其他小朋友一起搭建一个幼儿园，大家分工合作，这次他主动和其他小朋友合作，过了一会儿，他们小组第一个完成了作品，他高举着作品对我说："老师，您看我们搭建的幼儿园，还有可以变形的秋千呢!""你们的作品真的很有创意，老师很喜欢你们的想法！你们像小建筑师。"我由衷地赞美道。听了我的表扬，晨晨骄傲的小脸上露出了开心的笑容。

每当晨晨想调皮的时候，我都用鼓励的方式引导他，让他有安全感，更自信。现在的晨晨越来越遵守纪律，越来越优秀。

用心的发现、理解与爱使我更能发现每个孩子的性格特点，让爱在每个孩子心中生根发芽，因材施教使孩子更能发挥自己的优势，增强自信心。每一朵花都有不同的姿态，每一个孩子都有自己的优点，要拥有善于发现的眼睛，用不同的方式启发和引导，相信我的孩子们都能健康茁壮地成长，静待花期的到来。

抓住契机，随机教育

中国人民解放军 91404 部队幼儿园　徐姗姗

这是发生在我班幼儿吃加餐时的一件趣事。这天午睡起床后，孩子们正在吃火龙果。突然，佑佑小朋友惊奇地大声喊："老师，老师，这个火龙果里面有好多黑芝麻呀!"我听到后不禁被孩子的天真逗笑了，我笑着问佑佑："你为什么说这是黑芝麻呢?"佑佑一脸认真地回答道："我吃过的饼干上面就有这个黑芝麻，奶奶告诉过我它的名字。还说吃黑芝麻有营养，对身体好呢!"这时，红豆小朋友听到后笑嘻嘻地对我说："老师，佑佑说得不对。火龙果里面的不是黑芝麻，是火龙果的种子，这是妈妈告诉我的。"再看全班小朋友都一脸疑惑地看着我，都在等我给予正确的答案。

于是，我思考：孩子之所以会把黑芝麻与火龙果的种子混淆，这和家长与老师平时对孩子在科学认知方面的知识经验缺乏累积是有很大关系的，应引起我们的重视与反思。于是，我决定抓住这个契机，对孩子们开展一次关于“芝麻与火龙果”的科学认知教育活动，让孩子们充分了解两者的区别和特征。于是我对孩子们说：“既然观点不同，大家都想知道正确的答案，那我们一起来探究了解，寻找答案吧!”孩子们听后都非常感兴趣，纷纷期待着。我马上搜索有关资料，并到厨房拿来火龙果和一些炒熟的黑芝麻。接下来，我们分别观察了解了芝麻与火龙果的生长过程、外形特征及种类，然后带领幼儿观察对比实物火龙果种子和黑芝麻的外形大小，细细品尝，感受味道的不同。通过探究了解及亲身体验，孩子们得到了最终的答案：火龙果里面的不是黑芝麻，而是它的种子。火龙果里的黑点与黑芝麻是两种不同植物的种子，只是外形、颜色有些相似而已。紧接着我与孩子们讨论交流，火龙果与芝麻都有哪些营养价值，它们能做成哪些美食。最后我们将火龙果的种子与芝麻进行种植，放到班级自然角进行观察，记录生长过程。通过此次随机教育活动，孩子们不仅疑惑得以解答，而且丰富了知识经验，孩子们都很开心、满足。

随机教育是教师对孩子的一种十分重要的教育形式。孩子的日常生活中蕴藏着丰富的教育契机，我们的头脑里应该建立起随机教育的观念，只要我们善于观察、捕捉各种随机教育的机会，并且适用得当，就可以取得良好的教育效果。

每一天都是新的

中国人民解放军 91404 部队幼儿园　王丽杰

太阳每天是新的，要开心快乐地生活！“老师早上好”！一张张甜甜的笑脸，一声声奶声奶气的问候，把早晨的清爽带给了我。是从什么时候开始，孩子们给我带来了这么多的喜悦？

有人说：“教师是天底下最光荣的职业!”因为在每个孩子的心中老师都非常神圣，每个老师都深受所有孩子们的喜欢，老师在孩子们的心中有着最亲切、最伟大的形象。

带班以来很多孩子在我的心中都留下了深刻的印象，我经常会回味他们带给我的快乐。对现在这批孩子我总是觉得不如原来的孩子，家长事也多，反正不如原来带过的孩子讨人喜欢。

思虑再三，这个世界上没有一模一样的事物，我怎么能要求孩子都一样呢？我们的工作年复一年地重复：打扫卫生、常规培养、游戏活动等，而工作的对象却在不断地变化。孩子不同，我们就得采用不同的方法。

记得原来带过的孩子的学习能力、自理能力、动手操作能力都很不错，有几个能力稍差的也不是很明显。相比较而言，现在这批孩子能力弱的就比较多了。特别是小博、小铭和小瀚，他们的动手操作能力、自理能力都比较弱，我和家长认真交流了之后，家长不以为意。我们班有一个小女生名字叫小溪，整整哭了有一个学期，真的很让人头疼。有几个孩子自由散漫、过分好动，整个学期我都觉得没怎么适应，似乎这些孩子们也都不适应我。

相比之下，原来带过的孩子我都喜欢，而现在的这些孩子们玩的时候都不知道应该怎么玩。总之这些孩子给我的感觉就是让我觉得很无助。

很快，一个学期过去了，新的学期我并不抱有太大希望。没想到经过了一个学期孩子们竟然出现了非常大的进步：爱哭的小女孩变得每天阳光灿烂；班里心灵手巧的孩子越来越多了；原来那几个特别内向的孩子，性格也变得开朗了很多，慢慢地和我嬉戏打闹……我突然惊喜地发现他们身上原有的闪光点越来越引人注目了，虽然我付出的努力比上学期多，但是我真的在孩子们的身上看到了曙光。

对于教师来说，每一天都要重复单调的工作，但是每一天又都是新的一天，只要我们每一天都保持着新鲜感，对每一个孩子都抱有新的希望，抱着欣赏孩子们的态度，那么以后的每一天都会收获让我们意想不到的惊喜！

抓狂的妈妈

北京市大兴区爱湾幼儿园　苏明玉

早上墨墨迟到了，但墨墨妈妈并没有和我请假，于是我发微信问孩子是否来园，她回的消息让我心都揪起来了："苏老师，今天早上墨墨不肯起床，他爸揍他了，花了一个小时喊他起床、穿衣服，我觉得自己想死的心都有了。"

孩子眼睛含着泪来了，哭着主动和我说起早上的事情："晚上八点半就睡觉了，早上还是很困想睡觉。"

放学后我当面和墨墨的妈妈沟通，她反馈说每天墨墨都非要妈妈帮他穿衣服，必须等妈妈穿。有时候给孩子讲道理："你答应妈妈起床就自己穿衣服的，现在大了要好好练习，如果衣服再穿得歪三扭四，形象这么不好，以后我就再也不帮你穿了。"孩子对妈妈以后再也不帮忙穿衣服这件事很在意，一说他更哭闹着不穿，妈妈就更恼火了，告诉他，靠墙罚站 30 分钟，不用去幼儿园了。孩子哭得太大声了，因为之前他的声音太大，就被邻居投诉过几次，妈妈就紧张地警告孩子要安静，但孩子根本听不进去。家长觉得孩子不听话就打屁股，打完之后孩子哭得更凶了。妈妈说起这些的时候眼泪直掉，手都控制不住地抖，带着哭腔的声音让我深刻地感受到她的无助。

认真地倾听完墨墨妈妈的诉说，我走上前给了墨墨妈妈一个拥抱，并给了她一些建议，帮助她分析这件事情为什么这么让人抓狂。

幼儿园阶段的小朋友缺乏时间概念，自控能力和自律能力都较弱，不懂得根据时间和大人的安排来约束自己，当孩子出现不想起床的情绪时，要适当地理解孩子，要学会鼓励他阶段性地完成自主起床、穿衣服的目标，避免激发孩子的抵触情绪。如果孩子在日常生活中，每一件事都需要父母决策安排，在听到指令的时候就会用磨蹭表现出内心的消极反抗。而当大人生气时惩罚孩子，只会让孩子在大人生气和打屁股之间建立联系，不理解是自己一连串的行为所导致的后果，更不能吸取经验。我也建议改变每天叫墨墨起床的单调方式，可以播放孩子喜欢的音乐，告诉墨墨每天幼儿园有趣的活动，让孩子对每一天都充满期待，让他在起床时充满美好的情感体验。当孩子的行为近乎失控时，应该抛掉自己对孩子行为的解读，克服内心的愤怒与挫折，尽量与孩子共情，引导孩子不要以自我为中心，看见别人的情绪，关注他人的需要，从而遵守必要的规定和约定。

墨墨妈妈握着我的手说一定回家试试，从自己身上改变，让孩子每天愿意起床，培养孩子独立自主的能力。

一名教研员的思与行

广东省深圳市龙岗区龙城街道家和盛世花园幼儿园　张娟娟

2020 年 8 月，我参加了区教育局的教研员考试，并顺利地分配到现在的这所幼儿园，一所在 2020 年的 2 月由民办园转型为公办园的 18 个班额的大园。新到这所幼儿园，如何开展教研活动，我思考了很多，迫切需要了解以下的信息：首先要了解教师队伍情况，了解教师们的理论水平和教学经验；其次，了解教师对培训的需求。开学前的两天时间，我逐一走到班级，走进教师们中间，详细地记录下教师们的基本情况和对培训的需求，但是在与教师们的交流中，我发现，他们不敢也不知道怎么去表达自己的需求，或者说很多教师没有想法，他们针对我的提问有些报以腼腆的笑，有些说目前还没有想到，只有个别教师比较胆怯地说出了自己的想法。

通过与保教主任和园长的沟通，我发现领导管理中也存在一些问题：他们习惯用自己的想法和要求去规定老师们做事情，总说老师们的各种缺点，反馈老师们环境创设不行，家长工作开展不好……对于老师们的评价都是满满的负能量。所以我明白了在对老师们进行访谈的时候，为什么老师们没有想法或者不敢说想法了。

针对此种情况，我猜想：老师们都不敢说出自己的想法甚至没有想法，那么，在教学活动中，我们的孩子又会怎么样呢？会不会孩子们也很少有自己的想法呢？开学后，通过蹲班印证了我的猜想，在幼儿园的晨谈活动中，老师们“一言堂”的现象特别严重，给予孩子们表达想法的机会很少，都是老师讲述居多。

所以我调整了教研思路，首先转变教师的观念。例如在培训晨谈活动的时候，给教师观看了优秀园所里的教师组织晨谈的视频，当老师们看到视频中孩子们积极踊跃地发言时，当他们意识到教师在晨谈活动中抛砖引玉的身份时，我们的老师们惊呆了。原来，晨谈还可以这么有趣，孩子们能说这么多有趣的语言。从培训中让老师们转变观念，鼓励他们放权，让孩子们有更多的机会去表达自己。

其次，加强专业理论的学习。首先带老师们学习《3—6 岁儿童学习与发展指南》和《幼儿园教育指导纲要(试行)》，了解 3—6 岁幼儿的学习和发展特点，理解五大领域中幼儿的学习发展目标，让教师们清楚每个年龄段的幼儿应该知道什么，能做什么，大致可以达到什么发展水平。通过学习，为老师们日常的带班以及与家长的沟通交流提供专业理论的支撑。

除此以外，给予教师更多的鼓励和肯定。当老师们遇到困难和问题时，最大程度地帮助他们，引导他们探索问题的解决办法……

这是一个漫长且艰辛的过程，十年树木，百年树人，转变教师们的观念，提高教师的专业性，我们会不断地学习、实践、反思、调整、进步。

正视幼儿的性格养成习惯

广东省深圳市龙岗区龙城街道家和盛世花园幼儿园　汤杏兰

2020 年我带的是小班，小班的年龄段正是对事物好奇、喜欢模仿的阶段。班上的滟滟小朋友性格比较活泼好动，很喜欢来园上学，由于滟滟的体质特殊，发烧时易发生高热惊厥，在身体条件不太允许的情况下，家长仍想送滟滟来幼儿园体验集体生活，但又担心孩子身体抵抗力弱，所以滟滟只来园半天，在中午午饭前被接回家。

在小长假过后，滟滟因为咳嗽没好全，等到完全恢复了才返园。那一天早上滟滟是跑着进来幼儿园大厅晨检的，看到我在门口接园，她异常地兴奋，家长也跟我反映滟滟知道今天要来幼儿园，极其兴奋。

滟滟很想来园，但在园的常规却没有其他的小朋友好，因为身体的原因，教师们都有意识地照顾她。我明白滟滟想和小朋友一起玩耍的心情，但滟滟是比较好动的，在学习活动时她坐不住，要去娃娃家的小厨房玩，她穿着鞋子，手里拿着一辆汽车，就在区域里开始她的“工作”了。小朋友们看到此情此景纷纷找我告状：“汤老师，滟滟在玩玩具。”“汤老师，她没有脱鞋就进区了。”……诸如此类的话语陆陆续续地从其他小朋友的口中说出。

在户外活动时间，我们开始进行课间操了，滟滟看到彩虹伞，很兴奋，马上过来一起玩。但开始做操时，她却不干了，到彩虹伞底下跑来跑去，其他小朋友看到滟滟跑来跑去就开始模仿，也在彩虹伞底下跑。看到这里，我马上让陈老师带着滟滟去玩跷跷板转移一下情绪，因为滟滟已经开始影响我们全班小朋友了。滟滟被陈老师拉走的时候就哇哇大哭，还大声尖叫，陈老师安抚滟滟的情绪效果不大，我又走过去牵着滟滟的手，拉着她一起做操，在我身边时滟滟能正常做操，一旦我没牵着她，她马上就跑开了。

看到滟滟的情绪波动如此之大，我们三位老师在当天下午再次召开了班级会议，决定要有一位老师看管滟滟，不能让滟滟打乱全班的常规。经过老师的引导与教育，现在滟滟哭闹的次数明显减少，在教室里能够像其他小朋友一样坐在位置上进行集体活动了，还懂得了一些基本的常规礼仪，这是我看到的最让人开心的事情。

我也将继续和滟滟的妈妈保持联系，加强家园共育的手段，引导滟滟的家人与老师保持一致的教育手段，在园时多鼓励滟滟参与集体活动，多加关注滟滟与小朋友的交往情况，如有需要会及时采取干预措施，希望能够早日将滟滟教育得更棒!

做孩子成长路上的支持者

广东省深圳市龙岗区龙城街道家和盛世花园幼儿园　何　丽

一天我们在户外玩脚环球的体育器械，滔滔小朋友跳了一会儿脚环球，然后就拉着脚环球在操场上走来走去，接着他跑过来说：“老师，我们来玩‘遛小狗’的游戏吧!”我看着他拉着的脚环球明白了：他是把那个脚环球绳子末端的小球当成小狗了，“遛小狗”的游戏就是拉着脚环球绳子末端的小球出去玩儿。于是孩子们就跟着他一起玩儿“遛小狗”的游戏，孩子们一会儿假装遛着“小狗”去公园，一会儿假装遛着“小狗”去广场，一会儿假装遛着“小狗”去河边……孩子们脸上都带着微笑。滔滔摸着“小狗”说：“我来给你取个名字，你就叫毛毛吧!”旁边的小朋友们看见了也纷纷模仿他来给自己的“小狗”取名字，有的给“小狗”取名叫豆豆，有的叫贝贝，有的叫卡卡……每个孩子都很兴奋，有的交流着自己“小狗”的名字，有的和“小狗”说话，有的遛着自己的“小狗”出去玩儿。

游戏结束了，我们把当作“小狗”的脚环球放回玩具柜里，然后就回到班里了。过了一会儿，滔滔跑出班级，走到玩具柜拿脚环球，继续玩儿遛小狗的游戏。老师跟着滔滔出去并跟他说，我们要学会保护自己，不要随便跑出教室，如果你很喜欢你的这条“小狗”，你可以把“小狗”带到教室里去。于是滔滔把一个当作“小狗”的脚环球带回了教室里。

放学后，滔滔和妈妈从回家的路上返回幼儿园找我，原来，滔滔说"小狗毛毛"在幼儿园，他想把"小狗毛毛"带回家。我跟滔滔妈妈说了一下"遛小狗"事情的经过。然后跟幼儿园的领导打了招呼，领导同意以后，我们让滔滔把"小狗毛毛"暂时带回家里玩儿一下。滔滔妈妈跟滔滔说："这是幼儿园的'小狗'，我们明天要把'小狗'带回幼儿园哟！"

第二天，滔滔早早地来幼儿园，并且把他的"小狗"带回幼儿园了。孩子特别开心地把"小狗"送回玩具柜里。

看着滔滔脸上甜甜的笑容，我觉得孩子有他们自己独特的想法，老师可以站在孩子的视角去考虑问题，尊重幼儿的想法，并在安全的范围内支持孩子的想法，做孩子成长路上的支持者。

把机会给每一位孩子

河北省廊坊市广阳区金果实幼儿园　何　爽

户外活动前的排队真让人头疼。我发出"站队"的口令后，孩子们就会疯狂地向站队的地方冲去，有的孩子连小椅子都顾不上放好，就迅速跑过去，你推我，我挤你。经常会听到"老师，他插队""我站在这儿"。站在前面的几个孩子，有的抱着我的腿，有的抓住我的手，有的拉着我的衣服，我只能用更大的声音盖过他们，或者一一把他们的手拿开，批评他们一顿，可效果并不好。我琢磨，老是这么乱可不是事儿，于是着手调查其中的原因。

我把总爱向前挤的孩子叫到身边。"你们为什么排队时总爱向前挤?""我想当排头!""你们为什么想当排头呢?""当排头多好，当排头走在最前面，离老师最近，能帮老师干活，还能得到老师表扬……"我又把经常当排头的孩子叫到身边问："你们喜欢当排头吗?"有的孩子说："喜欢!"有的孩子说："有时喜欢，有时不喜欢。"在每次的活动中，每位幼儿都争着做排头，但教师只是选取几个能力比较强的幼儿担任排头。时间长了，能力弱的幼儿只有羡慕的眼光。

怎么能使每一位幼儿既得到锻炼，又能让他们互相谦让着排好队呢？我决定和孩子们一起讨论一下，听一听他们的意见。于是，我说："咱们一起来想个办法吧!"孩子们你一言，我一语，各抒己见。我又问孩子："大家都想当排头，可排头只能有一个，咱们怎样做才能让大家都能当上排头呢?"辰辰说："看谁的表现好，就让谁当排头。"其他孩子立刻反对："不行，这样还是有很多人当不上的。"小侯说："能够轮换着当，今天你当，明天我当。"孩子们争论不休。最后我们确定"轮流当排头"，每天选两名小朋友当排头。

轮流当排头的办法实施后，孩子们都很高兴，他们再也不去挤着当排头了。我也归纳反思了自我的不足：我们总是请能力强的孩子帮老师做事，只注重孩子的义务而忽视了孩子的权利，只注重孩子的服从而忽视了孩子的自主。日久天长，我们就剥夺了能力强的孩子选择的权利，也剥夺了能力弱的孩子自我锻炼、自我发展的权利。孩子们都是在人生最初的起跑线上，作为教师要把锻炼的机会分给每个孩子，不是吗？

故事的魅力

河北省廊坊市广阳区金果实幼儿园　何鹏丽

一天，我班举行创编故事比赛，比赛开始了，小朋友们个个争先恐后地举起了手："老师，我来讲，我来讲……”我班的子珊首先抢着站到前面讲了起来：“一天，乌龟和兔子去拔萝卜……”刚讲到那里，小朋友们就大叫起来：“不对，不对！是乌龟和兔子赛跑，不是拔萝卜，小兔子才拔萝卜呢！”小朋友们你一言，我一语，把讲故事的子珊说得面红耳赤，十分尴尬。我正着急，茁尧急中生智说：“上次，是龟兔赛跑，乌龟胜了，小兔输了。乌龟虽然胜了，但它还愿意和小兔做好朋友。所以乌龟就去帮小兔拔萝卜。”其他小朋友还是不服气，又嚷嚷道：“乌龟又不吃萝卜，它们拔萝卜干什么？这样编不行！”

这时我请小朋友安静下来：“大家想一想，乌龟和兔子赛跑这个故事中，乌龟胜利了，但是乌龟还想多学本领，爱劳动，出去拔萝卜有什么不好？而且很愿意帮忙别人，尊敬他人，请小朋友们一起来编这个故事，看谁编得好。”

过了几分钟，我请小朋友自由发言，有的说：“乌龟很爱劳动，拔了萝卜和伙伴一起分享。”有的说：“兔妈妈生病了，年纪大了，拔萝卜给兔妈妈吃。”还有的说：“小兔快过生日了，乌龟想拔萝卜送给小兔做生日礼物。”

听了小朋友们的发言，我也跟着孩子们的思路一起编完了故事。

通过这次幼儿创编故事，我感受到幼儿丰富的想象力和解决问题的潜力。在教育活动中，我们要为幼儿创设民主宽松的氛围，激发幼儿主动学习的兴趣和愿望，让幼儿在思考和讨论中寻找答案，培养他们主动解决问题的能力。

玩中学，玩要学习两不误

四川省成都市高新区顺江幼儿园　蔡　佳

在大班主题活动“交通工具博览会”中，有一个活动是“制作纸飞机”。在该活动中，我为小朋友提供了多种不同材质的纸张，让孩子们自由选择材料制作飞机，并动脑筋制作出与众不同的、独特的、能飞得更高更远的飞机。

有的孩子用纸折出了有点难度的三叉头飞机，并将尾翼往上折，说：“那样飞机就可以在空中转弯。”有的孩子则根据近期在时事新闻中了解到的知识，在制作的纸飞机机翼上各贴一张纸条，说：“那是飞机的导弹发射器，可以发射导弹，参加战斗。”并为其取名为“隐形飞机”。还有的飞机被折成长长的尖头的“火箭飞机”，这种纸飞机的飞行速度很快。

孩子们在玩耍纸飞机时会一次次地把飞机扔到空中，看它们飞行和降落，相互比较谁折的飞机飞得高，飞得远，飞得快，玩得乐此不疲，却说不出它们为什么会飞那么快，那么高，那么远。

想到孩子们对自制的纸飞机如此感兴趣，对新知识、新事物吸收很快，根据《幼儿园教育指导纲要(试行)》中提出的“培养幼儿的求知欲望，给予一定的预知知识，为幼儿将来发展打下一定基础”，我有意识地告诉孩子们一些科学性强的术语，如：“火箭飞机”的“头”很尖、很细长，这样它在飞行中能迅速穿过气流而不受阻碍，所以飞行速度很快；参加作战打仗的飞机一般统称为战斗机等，这些间接加强了幼儿对科学知识的认识和了解，培养幼儿从小对科学探索的兴趣。

虽然孩子们现在不一定能听懂，不一定能清楚地理解“气流”“阻碍”等专业词汇的含义，但我相信在他们将来的学习中再遇到这些词，一定会想起这次活动中的情景和老师告诉他们的这些知识，从而对这些词汇不再感到陌生，反而更容易理解它们的含义。

小树事件

云南师范大学附属俊发城幼儿园　余小杰

不知什么时候幼儿园里的桃树上结满了桃子，那小歪桃树正好长在我们操场门外，许多老师都说："等桃树嫁接后，这一棵桃树结出的桃子就很好吃了。"同时也为我们幼儿园增添了一道风景线。但是早上孩子们出来户外活动时，却拼命摇树，或用小手打树枝，虽然当时制止了，过后还是记不住。我便讲了一个树婆婆的故事给孩子们听，故事说的是一棵年纪大的树，有很多小鸟来树上做窝，树婆婆腰弯了，背驼了，鸟妈妈领着孩子搬走了，树才觉得身子轻松了……现在春天了，你们看树叶有什么变化？孩子们回答："长新叶了。"我们还能够看到什么颜色？孩子们回答："绿色。"通过故事告诉幼儿栽树很辛苦，幼儿园的树木可以绿化环境，美化生活，我们应该爱护树木，保护环境。孩子虽然小，但听了故事后，下午出来活动时，再也没有出现打树枝的现象。这时新的问题出现了：偶尔有几个孩子把泥土抠出来玩，我们就顺势说："叶子没有了，树也就没有了，如果土壤不给树营养，小树会怎么样呢?"孩子回答："会死的。""那你们为什么要把泥弄出来?"孩子们说："我们是看小蚂蚁的。"我一看，的确看到一群蚂蚁在繁忙地来来往往，如何接住孩子的话呢？我突然看到抛出的蚂蚁往泥土深处躲藏起来了，说："哦，小蚂蚁很勤快嘛，原来它们是给小树松土的，这样小树才长得更好，咱们别去打扰蚂蚁工作，你们说对吗?"孩子们回答："对。"通过这件事，我们知道孩子的心是千奇百态的，单靠说教，他们是根本不会理会的，还是需要从平凡生活中获得认知。这正好折射出我们的工作，日复一日的常规性工作，总会让人感觉平淡和枯燥，但教育的真谛也许就是应该从平凡中获取幸福和前进的动力。《3—6岁儿童学习与发展指南》也提出，要珍视游戏和生活的独特价值，创设丰富的教育环境，合理安排一日生活，最大程度地支持和满足幼儿通过直接感知、实际操作和亲身体验获取经验的需要。

生活中，也许你不知道如何进入幼儿的角色，但当你融入幼儿中时，你会深受启迪：孩子是年幼的，但他们的天空是五彩的，只要你与他们进行心与心的交流，接受孩子的引领，就可以走进他们，唤醒封存在我们心底的童心，重新做一个纯真的人。这才是健康之本，幸福之本。幼儿需要我们随时鼓励，增强他们的兴趣。

喜欢"开飞机"的孩子们

云南师范大学附属俊发城幼儿园　赵　蕊

喜欢玩游戏是孩子们的天性，一天户外自由活动时，文藉、国军在玩"开飞机"的游戏，两只手臂打开，上下摇摆扮成飞机在同伴中横冲直撞，影响了正在拍球、踢毽子的小朋友，孩子们都跑过来告诉老师他们违反了规则。我告诫他们不能影响别的小朋友，可过了一会儿，他们又把我的话忘记得一干二净了。过了几天，又是户外自由活动的时候，只见文藉、国军把手伸平，嘴里"嗡嗡"地叫着，又玩儿起了"开飞机"的游戏。这时候我灵机一动，大声说："我是飞行员队长，现在接到命令，需要执行森林灭火的任务，请文藉、国军一起配合完成任务。小飞行员执行任务飞行的时候，一定要注意安全，看到前面有'障碍'就要绕过去，千万不能相撞，如果发生相撞事故，你们就不是一名合格的飞行员了，也不能参加森林灭火了。”说完我就带着他们避开拍球、跳绳、踢毽子的孩子，飞过了“高山”，越过了“丛林”，渡过了“小河”，最后安全降落在“森林火灾现场”开始火速救火。在我们共同的努力下，大火迅速扑灭，我和小飞行员们一起举起双手，庆祝灭火成功。我及时鼓励他们：“小飞行员今天表现不错，没有去撞别的小朋友，而是安全、顺利地到达了‘火灾现场’，及时扑灭了大火，保护了森林资源。以后你们就是优秀的小飞行员啦！”文藉、国军听了，高兴地笑了。在接下来的户外游戏中，他们还邀请同伴一起玩“开飞机”的游戏，一起分配角色、讨论游戏规则，再也没有发生“飞机相撞”的现象了，他们成了好朋友，经常一起玩游戏、学习。

作为孩子的启蒙教育者，结合4—5岁这一阶段的幼儿年龄特点，幼儿已经具备了遵守社会公德的意识，知道在公共场所自觉遵守规则是一种良好的道德行为，教师应进行正确引导，让幼儿感受规则的意义，并能基本遵守规则。教师在发现幼儿与同伴做游戏和交往中出现了问题时，可以参与到孩子们的游戏中，一起自觉遵守游戏规则。在游戏中教师应站在孩子的立场上，透过孩子的行动去把握他们的内心，理解孩子独特的感受方式。教师要做个有心人，因势利导、循循善诱、因人而异，正确引导孩子在遵守规则的情况下，学会和同伴讨论、合作，一起参与游戏，促进孩子在人际交往中的社会性发展，交往到经常一起游戏、玩耍的伙伴，感受到和同伴一起游戏的快乐。

节奏区里的探索

云南师范大学附属俊发城幼儿园　朱　波

又到了自选活动的时间，孩子们都根据自己的意愿选择喜欢的活动。当我走到音乐区时，看到孩子们将自制的椰子汁沙锤竖着放在一个大箩筐里，然后把沙锤一个一个叠放在一起，叠成一个类似金字塔的造型，沙锤一共叠放了三层(教师没有去干预孩子们)。这时小雨指挥着其他孩子说：“好了，不要放了，让我来试试。”(活动中有合作、分工)说着她用纸棒往最上面的一个沙锤上一击，这个沙锤就“咚”的一声落在操作台上，周围的孩子们欢呼“好听”，其他的孩子也像小雨一样进行这项操作。

当每一个孩子都操作过两次后(孩子们在游戏中自觉遵守规则)，光光对其他孩子说：“我再在上面放一个试试。”(探索不断升级）说着又把塔尖加高了一个沙锤，但他们发现了问题：虽然加高了沙锤，但一个沙锤击落后落在操作台上的声音和原来没有加高时的几乎一样。颖颖在旁边想了一会儿说：“不要让沙锤掉到外面，就让它掉到这个箩筐里。”(提出解决方法来解决问题)他们照着这个方法一试，发现沙锤落在操作台上和落在箩筐里的声音不一样：落在操作台上的沙锤发出的声音又响又脆，而落在箩筐里的沙锤发出的声音有点沉闷。他们每次轮流击倒两个或三个沙锤，让这些沙锤落在不同的地方，发出“咚啪”“咚咚啪啪”有趣的声响。孩子们享受着探索的愉悦。

在整个探索活动中教师只是一个旁观者，静静地看，享受着孩子们探索的喜悦。我们的老师有时总是不放心让孩子们自主玩，总是从玩的方法上限制幼儿，规定他们只能这样玩、不能那样玩，孩子们在类似的规定中真的玩得开心吗？答案肯定是不开心，其实教师对于一些玩法的担忧是多余的，当发现孩子们不一样的操作时，教师要做的是不要过多地干预或把自己的意愿强加给幼儿，在幼儿需要时再给予具体的帮助。

向孩子撒娇的老师

山东省济南市中共山东省委机关幼儿园　张文婷

我，一个成年人，现在要学着向孩子撒娇。听上去有些让人匪夷所思，但作为一名幼儿教师，你可以试着、学着向孩子们撒娇，会有意想不到的发现和惊喜。

午休是孩子们的另一个欢乐时光，爬上温暖的小床，躺在舒服的小被窝儿里，别提多惬意了。这时教室里的电话突然响了，虽然孩子们都躺好了，但如果我这时出去，回来就会看到这样的场景：离得近的孩子们难免会情不自禁地打开话匣子，好动的小家伙也会忍不住抬起头来四下瞧瞧……为了防止这种情况发生，我离开前对着孩子们撒了一个娇："张老师要去接一下电话，你们能不能答应我乖乖的？"孩子们异口同声地说："能。"我接着说："那不能骗我呀？""不骗，不骗。"小大人儿远远接着说："不骗你，你再不出去，电话该挂了。"哎，撒娇遭到"嫌弃"了。我出去接完电话跑回来发现，学着向孩子撒娇真的有用，班里的宝贝一个个的都很乖，没有说话，也没有抬头，他们真的没有骗我，心里暖暖的。

这天，练习完早操，再加上最近咽炎也来凑热闹，嗓子非常不舒服，面对精力旺盛的孩子们，在维持纪律时我真的是心有余而力不足，于是我做了一个暂停的手势，并指了指自己的嗓子说："张老师的嗓子好疼，你们可不可以安静一会儿呢？心疼一下我好不好？"说完我用期待的眼神看着班里的孩子们。"好！"孩子们异口同声地回答道，让我感动的是孩子们真的说到做到。

又到了午餐时间，我在推车分餐，正好挡住了后排孩子们的视线，"张老师，您挡着我了。"听到了孩子们的"抗议"，可我一时也不能放下手边的工作，于是我又一次向孩子们撒娇："就挡一下下，让我为你们分完餐好吗？"听到这里，孩子们反而安慰我说："不着急，不着急。"看着仰着的小脸，来回摆着的小手，我感觉自己真是个幸福的老师，是一个被孩子们宠爱着的老师。

向孩子撒娇，是一种教师与幼儿不同以往的相处方式，看似是成人向幼儿示弱，其实是给幼儿创造更多机会去体会人与人之间相互关怀的温暖，让孩子们知道不是身为孩子就可以无节制地向大人索取关爱；让幼儿能够理解自己在得到爱的同时，也要将自己的爱分享给其他人。不仅如此，在幼儿关爱他人的过程中也能够帮助他们树立自信心。向孩子撒娇，是一种身份的互换，更是成人与幼儿之间心灵的沟通。我愿意做那个在孩子面前永远长不大的老师，做那个向孩子撒娇的老师。

爱上吃饭的小家伙

新疆维吾尔自治区石河子市实验幼儿园　蒙奎洁

贺贺是我们班个子最高的小男孩儿，他刚来幼儿园时我觉得这位小朋友一定是吃饭特别好，才能长得比别人高一大截。结果大跌眼镜，刚入园的两个月贺贺基本上都需要老师的帮助才能吃完每一顿饭。

于是老师们采取积极鼓励和小组成员相互争做吃饭小能手的策略。当贺贺自己主动拿餐具吃饭时，我们及时地表扬和鼓励，加强他对吃饭的信心。在寒假前贺贺已经由厌食、老师喂转向可以自己慢慢地吃完，这是非常大的进步。为了让贺贺能一直保持良好的饮食习惯，在寒假中老师经常与贺贺的家长交流。提醒贺贺妈妈孩子吃得慢没关系，但是一定要让他自己吃，鼓励他自己吃。当他吃饭变快的时候要及时奖励，让良好的吃饭习惯慢慢内化为贺贺自己的行为。

本学期开始，贺贺明显爱上了幼儿园的美食，班里新增"小小值日生"的活动，每天吃饭最快的小朋友能当上值日生。这让爱帮助他人的贺贺有了一定要把饭吃得又快又干净的决心。

一年的幼儿园生活将要进入尾声，我们的贺贺也从哇哇大哭不愿意吃饭的小家伙成长为爱吃美食的小帅哥。老师宽容，鼓励孩子，与家长密切交流孩子在园在家的情况，为孩子营造愉悦的氛围，鼓励孩子去尝试与探索，让老师与孩子一起成长。

教育活动后的反思：食育是对孩子最好的爱，教会孩子好好吃饭，孩子才能健康地成长，有良好的身体才不会影响孩子的健康成长，而健康的第一步主要取决于从小养成良好的饮食习惯，摄取营养丰富的食品。针对贺贺在幼儿园刚开始的时候对吃饭有的抵触的心理，我从以下方面进行教育。

1. 家园配合，引导家长养成正确的饮食习惯

"言传不如身教"，经过与孩子的家人交谈，得到了家长的配合和支持，让家长在家中用消退法配合对孩子进行矫正，不能迁就孩子，达到家园同步，教育一致，从而取得好的效果。

2. 在日常生活中，注意贺贺的进餐情景

孩子肚子不饿，当然吃不下饭，若只一味地强迫孩子进食，反而会造成反效果，试着促进孩子的食欲，如：增加孩子的活动量，孩子的肚子真正感到饿了，自然不会抗拒吃饭。可适当减少孩子的饭、菜量，树立孩子的自信心，再逐渐增加食物量。

3. 遵循循序渐进的原则

挑食的习惯不是一天两天能够改掉的，需要具有足够的信心和耐心。老师和家长应坚持鼓励和引导，逐渐培养孩子良好、健康的饮食习惯。

我们的"创客工坊"

——"能工巧匠"区诞生记

新疆维吾尔自治区石河子市实验幼儿园　朱佳栋

一、木工区的诞生

记得一次家长会上我提出为孩子们开设木工区的想法，有位爸爸大声打断："老师，我没有考虑过让孩子将来朝木工的方向发展。"这诘问让我无言以对。

一天，一则"创客工坊"的宣传广告给我留下了深刻的印象，当我们还在考虑安全问题时，"创客工坊"的孩子们已经学习使用电动工具创造组合了。设立美工区不一定是为了培养艺术家，设立角色区不一定是为了培养演员，设立木工区更不是为了培养木匠。教育者要建立一种理念：木工区旨在引导孩子运用真实的材料进行设计、构思、组装、搭建，在实践中培养孩子动手制作、工具使用、创意设计、空间想象、解决问题的能力，以促进孩子主动学习和全面发展。由此，我们开始着手为孩子们创设"能工巧匠"木工坊，并与孩子们共同商议制定了游戏规则。

二、木工区的材料

儿童的智慧源于操作，幼儿是在对材料的操作、摆弄过程中获得发展的，材料为幼儿和知识之间搭起了一座桥梁。为了给孩子们创设一个自由的创作空间，我们开始四处搜寻材料，几经周折，物流箱外包装变成了细木条、门板变成了工作台、破抽斗变成了工具箱……木工造型活动是一种手脑并用的实践操作活动，有层次的工具和材料才能激发幼儿的操作欲望，助推孩子们进行创造性活动。为此，我们又自费购置了台钳、小锤、铁钉、锯、刨子、锉等工具，材料的提供引起了孩子们极大的兴趣。我们一直以为只有男孩子爱玩的锯木头、敲钉子、刨木头，女孩子竟然也爱不释手。孩子们在拧拧拆拆、拼拼装装中发现：木料不仅可以用螺丝连接，还可以用钉子连接，螺丝的型号直接影响连接的成败，孩子们在敲敲打打中既满足了兴趣，又提高了各自的能力。

三、木工区的成果

幼儿的游戏故事分享，不仅可以了解幼儿的发展水平，而且还可以激发幼儿玩游戏的积极性。因此我们以分享游戏成果为抓手，最大程度地满足孩子自我实现的需要，让孩子真正体验成功的快乐。虽然钉子钉得歪歪扭扭，木头刨得坑坑洼洼，完工的作品不论在大人眼里多么不形象，多么简单，但都凝聚了孩子的智慧，每一件稚拙的作品，孩子都能画出、讲出一个精彩的游戏故事，所有参与的幼儿都从中获得了成功的喜悦，增强了自信心。

看着孩子们一边敲打，一边兴奋地议论，我们心里体会到的不仅仅是满足，还有比满足更重要的领悟——知难而进。在敲敲打打中能实现梦想，在寻寻觅觅中亦能获得满足。

想当进步明星的“女汉子”

新疆维吾尔自治区石河子市实验幼儿园　庄小雪

这已经是董洛歌第三次偷偷把别的小朋友的奖状带回家了。跟前两次不一样的是，她这次不只自己拿了一张，还拿了很多空的奖状给别的小朋友，声称：“每个小朋友一张，让小朋友的爸爸妈妈看了都高兴。”想评选她，可是“礼貌待人”“文明进餐”“孝老爱亲”“团结友爱”，她跟其中哪一项感觉都挨不着边，每天都能听见小朋友们由于各种原因告她的状，打人、推人、咬人，抓任紫萱的脸，抢王一诺的椅子，抢张昊泽的橘子，把户外活动的跨栏当杠铃举起来，把饭倒进垃圾桶里，把自己的饭拨到何雨琦的碗里，会在任何时间趁我猝不及防之时突然扑过来紧紧抱住我的大腿……着实是个“女汉子”。静下心来想想为什么她会这样，分析了一番觉得跟主、客观因素都有关系。

董洛歌非常爱玩，精力比较旺盛，一些情感不知道用什么途径宣泄，所以会去攻击别人。她性子急，缺乏自律性，所以才会一发生冲突就立马攻击别人，也会经常出现“多管闲事”的现象。所以，首先要提高她的认知水平，让她知道什么是自己的事情，要先做好自己的事情再去管别人的事情，在日常生活中也要让她能够忍受延迟满足，逐渐培养她的耐心。而她抢别人的橘子、馒头是因为小班幼儿的物权意识还比较弱，并不是很在乎东西是你的、我的还是他的，老师不能一味地批评，要积极引导劝说，告诉她想吃还可以再问老师要。记得最开始她抢了同组何雨琦的馒头和小菜，我们教育了她。没两天，她吃完了自己手里的，又一把抢过何雨琦的蒸饼，这次她犹豫了一下，掰了一半还给了何雨琦。我们没有因为她又抢了别人的东西而批评她，而是让她把剩下一半还给别人，赶快给她拿了一块并肯定了她的进步，希望她下次能更友好，可以吃完以后直接向老师要。

铁打的“女汉子”也有生病的时候，董洛歌的妈妈打电话问：“她这两天没来，你们好过多了吧?”我开玩笑说：“才不是呢，突然没人抱我们大腿都觉得不习惯了。”那边董洛歌听见了，用她嘶哑的声音喊道：“老师，等我好了就去抱你们大腿噢。”淘气却也可爱。她就是这样一个爱上幼儿园，不让来都哭鼻子的孩子。她是勇敢、坚强、活跃的“女汉子”，她是开朗、乐观、热情的“女汉子”，她是积极、上进、要强的“女汉子”。或许你会觉得她调皮淘气、没礼貌、攻击性强，但这些都是浮在水面上的冰山一角，实际上，她热情大方、乐于交往、积极进取，她渴望得到友谊、得到认可、得到荣誉。我们看见的孩子的行为都是他们情绪和感受的体现，而感受来源于他们内心深处的期待和渴望，当我们静下心来分析，放宽心来接纳，用心来发现“水面下的冰山”，我们的教育行为才不会因此而触礁。

正确引导幼儿原谅别人的无心之举

北京市顺义区牛栏山第一幼儿园　李海玲

幼儿们在操场玩皮球，忽然小玉跑来告状：“老师，西西打我。”“他怎么打你了?”“他的球打到我的脸了。”我连忙把西西叫过来问：“西西，你用皮球打到小玉的脸了吗?”西西着急地说：“老师我没打她，是她低头捡皮球，我的球跳起来碰到她的脸了，我没打她。”我看看小玉说：“是这样吗?”“嗯，他皮球打到我的脸了。”听完他俩的话，我对西西说：“西西，你的球不小心碰到了小玉，你该怎么办呢?”西西看了看我说：“老师我错了，小玉对不起，是我不小心碰到你了，我给你揉揉吧。”西西边说边伸出手帮小玉揉了揉脸蛋，还嘟嘴吹了吹。小玉拉着我的手说：“老师，他的球打到我了，我不和他玩儿了。”我摸着小玉的头对她说：“西西的球不小心碰到了你的脸，这不是打，他不是故意的。而且他知道错了，又向你道了歉，大家都是好朋友，你该原谅他才对。”小玉看着我想了想，点了点头说：“嗯，那我原谅他吧。”转头她对西西说：“没关系西西，你不是故意的。”西西听了，咧开嘴笑了，说：“老师说大家都是好朋友，我们一起玩儿吧。”“好。”说完，他俩拉着小手到一边开心地玩儿去了。

反思：

对于小班新生来说，许多幼儿都不会正确交往，经常告状，“老师，××打我。”“老师，××碰我……”究其原因，一是幼儿接触同伴较少，不能正确地判断别人的行为是无心还是有意的。二是幼儿多是独生子女，全家围着一个孩子转，家长护子心切，别人碰一下就认为自家孩子受欺负了，就会告诉孩子打回去或者告诉老师，容不得孩子受任何一点挫折。三是小班幼儿年龄较小，相互之间缺乏友谊、礼貌意识和大度的品德。

此次事件中，小玉由于长期由爷爷奶奶带大，比较娇惯，不能正确地理解小朋友的行为，对同伴行为的认知有偏差。西西年龄稍大，语言表达能力较强，能清楚地说明事情原委，也能认识到自己的过错，愿意承认并改正，能够和同伴友好相处。

措施：

1. 平时多教育幼儿大家都是好朋友，要一起友好地玩耍。

2. 利用幼儿喜欢的故事、图书等引导幼儿友好相处。

3. 利用歌曲、音乐游戏等形式多组织幼儿玩“找朋友”的游戏，建立友好的同伴友谊。

4. 家园配合，多带孩子接触其他小朋友，学会正确交往，理解同伴善意、友好的行为。

5. 要潜移默化地对幼儿进行礼貌教育，学会正确处理问题，培养宽广大度的胸怀，原谅别人的无心之举。

今天我来做“妈妈”

北京市顺义区张镇中心幼儿园　李晨曦

班内开展“我爱妈妈”的活动，激起了幼儿想当妈妈的渴望。延续这个活动，我们组织幼儿开展“我当鸡妈妈来照顾蛋宝宝”活动。把这个消息告诉家长，家园配合共同完成。早晨家长们为幼儿准备好鸡蛋，并提示幼儿怎样保护蛋宝宝，在去幼儿园的路上蛋宝宝才不会被破坏。有的幼儿用瓶子装好捧在手里，有的装在袋子里用手提着，还有的用自己的小衣服裹着……到了班上，蛋宝宝一天都跟随在幼儿的身边，陪着幼儿一起进餐、游戏、睡觉……最后，虽然大部分幼儿的蛋宝宝已经不小心摔破了，但在这一天照顾的过程中，幼儿明白了什么是呵护，体验了照顾宝宝的辛苦。在活动中，我们看到了幼儿轻拿轻放蛋宝宝；把蛋宝宝捧在手心里轻轻地爱抚；为了不让蛋宝宝在户外活动时被破坏，把蛋宝宝藏在娃娃家的一个小角落里等。

趁着幼儿对鸡蛋有兴致，班内开展了“我爱小鸡”的主题活动。我们不断地为幼儿创造条件，让幼儿了解更多关于蛋和鸡的故事。我们在班内为幼儿准备了孵化器，让幼儿观察鸡蛋变成小鸡的奇妙现象。带领幼儿一起讨论小鸡的妈妈是谁？母鸡和小鸡有什么区别？在小鸡出生后，带领幼儿一起讨论小鸡吃什么、喝什么？梳理爱吃的食物和每次的进食量。最后，幼儿体验“我当鸡妈妈”给小鸡喂食和打扫小鸡的家。通过一系列的活动，幼儿对小鸡的爱意只增不减，每次早来园和过渡环节都争先恐后地来看看小鸡，还从家里给小鸡带来最爱吃的小米。

因为对小鸡的喜爱，幼儿对一切关于小鸡的活动参与都非常积极。因此，我们把区域活动和小鸡相结合，让幼儿感受区域游戏的快乐。娃娃家的小朋友帮助厨房阿姨择菜、给全园小朋友准备午饭。用剩下的菜叶喂小鸡、给小鸡做炒米吃，吃饱了推着小鸡去外边逛逛；小鸡来到我们班上，可是它们还没有舒服的家呢，科学益智区的小朋友帮忙用纸箱子给小鸡搭建家；拼插区的小朋友利用拼插玩具帮小鸡拼出一个游乐场；搭建区的小朋友用积木给小鸡搭建宽敞漂亮的房子、结实的院子和宽敞的马路；美工区的小朋友利用我们吃剩下的小蛋壳来粘画装饰班级、刷蛋壳，用装饰好的小蛋壳种豆子；表演区的小朋友演唱歌曲《小鸡小鸭》、表演舞蹈《小小蛋儿把门开》。幼儿不仅在能力方面得到了提高，而且每次收区时，都会高兴地向小朋友喋喋不休地展示自己为小鸡所做的事情。

孩子们和小鸡的故事才刚刚开始……

孩子在犯错中成长

河北省保定市高新区张庄幼儿园　李云峰

我们班最近发生了一件这样的事，使我感触颇深。

一天童童的爸爸在看童童的书包时，发现他的书包里多了一块手机模型的橡皮。爸爸问他从哪里来的，他说是寄托给他的。第二天，爸爸送童童来幼儿园时，老师问童童看没看见寄托的橡皮(寄托的奶奶送寄托入园时，已经告诉我们说寄托的橡皮丢了)。童童爸爸明白了，他没有立即指责孩子，而是和老师共同商量对策，怎样妥善处理这件事。于是我们设计了一个假想游戏“小白象要回家”。通过这个活动，童童认识到自己的这种做法是不对的，主动向老师承认了错误，并把橡皮还给了寄托，还向他道了歉。

在这一事件中，孩子犯了错，家长不是一味地批评指责，而是和老师商量对策，采取有效的教育措施，让孩子自己发现错误，然后改正错误，这样做是对的。然而，生活中有多少家长能这样做呢？他们不能容忍孩子犯错，一旦发现孩子犯了错，就横加指责，甚至棍棒相加。

我认为，这样做对孩子是极不公正的，孩子在各方面发展还不成熟，难道我们小的时候没犯过错吗？犯错只是孩子成长过程中的必然。发展心理学家认为，孩子小的时候就像一盘录音带，会对所有的情绪与行为进行预演和体验，并留下一定的痕迹。在今后成长的道路上，这些痕迹可以成为孩子解决问题的方法。

我们不是鼓励孩子犯错误，而是主张教育顺乎孩子的天性，“顺其自然”。他们的心灵本应轻松、自由、快乐，他们应该在相对真实的环境中多感知、多体验、多操作、多活动，可是他们也有权搞点小动作，调点小皮，搞点恶作剧什么的。经历越多，孩子获得的益处就越多。

许多父母不愿意让孩子受到伤害，但是在孩子社会化的成长过程中，这是必然的，同时也是一种锻炼。如果家长能让孩子从沮丧的情绪回到兴奋的情绪中，在这个快速的过程中，孩子的整个脑系统都会得到锻炼，从而促进认知部位与情感部位的发展。真正有害的是家长无法帮助孩子从这些感觉中获得成长的资源。

孩子是一个发展中的人，独立自主的活动更有利于他的成长。父母不要竭尽全力预防孩子犯错误，也不要在孩子犯错误以后想方设法让其避免惩罚，而是要多给孩子“尝试—犯错—完善”的机会，把犯错看成教育机会，使孩子在犯错误中成长。

爱孩子

上海市浦东新区百灵鸟幼儿园　代天红

有一天，我在给小萱梳头发时，小辰兴冲冲地跑过来说：“代老师，我好想抱抱您!”“你为什么要抱我呀?”我笑着对他说。小辰害羞地回答道：“因为……因为我喜欢您呀!”“代老师在给小萱梳头发，腾不出手来，但是你可以抱我一下哦!”于是小辰给我一个大大的拥抱后，便心满意足地回到座位上，继续投入到与同伴的游戏中了。过了没一会儿，小辰又蹑手蹑脚地跑到我身边，我看着他的眼睛，问他：“小辰，你怎么又来了呀?”他显得有些害羞，低下头说：“代老师，我还想抱抱您!”看着他真诚而充满渴望的眼神，我突然意识到自己刚刚的做法欠妥。于是我停下了手里的活，深情地将小辰抱了抱。过了2分钟，他又来了，这次他没有让我抱他，或许他觉得再让我抱他，我可能不同意吧！他吞吞吐吐地说道：“代老师，我想坐在您旁边……可以吗?”我摸了摸他的头说：“可以哦。”于是他安安静静地坐在我旁边，乖巧中带着一丝落寞，于是我问他：“小辰，你是不是和小朋友闹别扭了呀?”他说：“代老师，我想和您待在一起。”

后来，我和小辰的妈妈聊到当天的情境，我才知道，原来那天在来幼儿园的时候，妈妈对小辰发火了，所以他特别想得到老师的安慰和关怀，可是又不知道怎么表达，所以才一会儿想要与我拥抱，一会儿想让我安静地陪陪他。

反思：

什么是爱孩子？我也时常问自己：我爱孩子吗？究竟怎么做才算是真正爱孩子呢？一次偶然的机会，捧起于漪老师的书籍，我惊奇地发现于漪老师在从教前几年也曾思考过这个问题，正如我一样，她当时也没有找到答案。随着时间的积累，在教育实践的过程中，于漪老师明白了："爱"只是一个空泛的概念，"天工造物十分奇妙，每个学生都有自己的独特性……每个生命都值得尊重，都必须关心"。于漪老师将这种众生平等的师爱称为"超越亲子之爱"，学生身上的事都是她的关心事，学生都是她的儿女。

我感到既佩服，又有一丝惭愧。一方面，很少有老师能够像于漪老师那样摒弃自己的好恶，做到平等地对待所有学生；另一方面，我感到目前的自己与于漪老师所达到的境界仍有一定的距离。但是我希望有朝一日能够真正理解并践行，我也会倾尽一生学着去做一个爱孩子的好老师，正如于漪老师说的一样，"与其说我做了一辈子教师，不如说我是在一辈子学做教师"。在理解什么是真正地爱孩子的道路上，我作为一名青年教师还有很长一段路要走，但是此时此刻我想说，我希望能够像孩子爱我们那样纯粹地爱他们，用心去对待每一个孩子，真正走进他们的内心。

学会倾听，不插嘴

广东省深圳市石岩街道中心幼儿园石岩湖分园　陈淑珍

倾听是一种人际交往的礼仪，同时也是获取信息的重要方式。我们班的孩子读完这一学期就要升入小学成为一名小学生了，但是大部分孩子都很难做到认真倾听别人说话，特别是在集体活动时，他们总是喜欢一边举手一边回答问题，在别人回答问题时，总喜欢插嘴或者做一些小动作，不能做到耐心听讲，举手发言。

今天在集体活动时，我们准备跟孩子们一起讨论"我心目中的小学"这一话题，孩子们的积极性和参与性都很高，都能很积极地举手，想要表达自己的想法，但是当别人在回答问题的时候，却总有小朋友在一旁插嘴，不认真倾听。余宜娟小朋友今天上课特别认真，也很积极地动脑思考问题，在老师提问时，小手举得可好了，所以我请她来回答问题，但是当她一开口说话时，张文静小朋友就开始抱怨说："为什么不请我，我的小手也举得很好，我知道小学是这样子的，小学的操场很大……"慢慢地小朋友也跟着起哄，各说各的想法，乱哄哄地嚷成一片。随后我再次和小朋友们强调学会倾听的重要性。

我请余宜娟小朋友说说她在回答问题时却没有人听她讲话的心情，她说："我感觉没有人听我回答问题，因为太吵了，所以我都没办法把我想说的话分享给大家听，然后我就不想说了。"随后我又问了那些上课比较认真的小朋友，他们的感受是什么，他们都觉得因为小朋友太吵，所以他们都听不见余宜娟说了什么。紧接着我们又一起讨论、制定了"上课规则"，这次我请了班上经常喜欢插嘴的几个小朋友说说他们的想法，希望他们能说到做到，遵守自己制定的"上课规则"。

为了能够让文静小朋友更深刻地感悟到"学会倾听，不插嘴"的重要性，在午睡前，我特意请她给班上的小朋友讲睡前故事。但是当她一开口准备讲的时候，小朋友都在小声说话，嘻嘻哈哈的没有人认真听，这时她低着头跟我说："老师，没有人听我讲故事。"我回答道："这下你能体会别人的感受了吗？"

良好的倾听习惯是提高幼儿倾听能力的重要保证，在日常生活中，一些孩子因不注意倾听或不耐心倾听而无法按要求完成任务，幼儿倾听习惯的培养也是小学学习中一个重要的部分，良好的倾听习惯是孩子进入正式学习的保证。

小小士兵

广东省深圳市宝安区石岩中心幼儿园石岩湖分园　刘建英

幼儿对身边事物的感受不同于成人，也有着不同于他人的独特的表达方式。通过观察会发现他们常用绘画、符号和图形来表现自己的感受、经验和想象。

还记得有一个星期，班里学习了新的手指游戏“小小士兵”，在那一个星期里淇淇小朋友自己在美工区通过使用各种材料、绘画粘贴等方式制作了小小士兵的一日生活，区域回顾的时候他拿着自己的作品完整地讲述了小士兵的生活流程：这里是床，小士兵(木棒小人做成的)在这里睡觉，然后去吃食物(雪糕棒做的热狗和雪糕)，下面是门(两张纸粘在一起漏出的洞)，吃完饭就出门了，晚上回来开了灯(用纸制作成的)，准备睡觉的时候就把灯关了睡觉。其实“小小士兵”的手指游戏中是没有体现出小士兵的生活的，而淇淇是学习了这个游戏，对小士兵这个人物感兴趣，然后再通过自己的想象，结合现实的生活经验制作了这一作品。

认真观察、了解孩子们的作品，我发现孩子的观察、想象能力和绘画表现能力都在慢慢地增强。在小班刚开始的时候，他们会把观察到的东西通过涂鸦的方式表现出来，成人眼中的几个点点，通过孩子介绍、分享自己的作品之后，我们会了解其实点点是豆豆，不同的颜色代表不同种类的豆豆；看上去像是乱涂乱画的圈圈是风，经过孩子们的描述，龙卷风是很厉害的，会把房子吹倒，把人卷到天上去……在询问了解孩子的想法之后，我发现这些大多数是他们在生活中发现的一些事物。到了中班的时候，孩子们会慢慢地把生活经验和想象结合在一起，比如这周的家长会，和小朋友谈论家长会的准备工作，有位小朋友就能在美工区把自己想象的班里小朋友家长参加家长会的场景画出来，并画上了我们准备的一些信封等。

在生活中我们也鼓励孩子们进行自我创作，不过多要求孩子一定要画什么像什么，尊重孩子的成果，让孩子有信心继续创作艺术作品，我觉得孩子的记录方式也是我要学习的，随记随画，过一段时间再翻出来看的时候会学习到更多。

幼儿园午睡反思随笔

——创设优质的睡眠环境，促进幼儿身心健康发展

广东省深圳市宝安区石岩中心幼儿园石岩湖分园　唐芝云

优质的睡眠能有效地促进幼儿身体正常发育和机能的协调发展，增强体质。《幼儿园教育指导纲要(试行)》指出：“环境是重要的教育资源，应通过创设环境，并有效地利用环境，促进幼儿的发展。”它要求教师不仅要创设，更要充分、有效地利用好“环境”这一教育资源。怎样进行有效的睡前活动，同时创设良好的睡眠环境呢？以下三个环节缺一不可。

一、有效组织睡前活动

美味的午餐过后，孩子们要养成自觉漱口、擦嘴的好习惯。老师在餐后组织活动，幼

儿午睡前的游戏以静为原则，老师带领幼儿在园内散步，培养他们的观察能力。不仅可以培养幼儿相互之间的合作能力，同时也能提高幼儿的口语表达能力、交往能力。

睡前认真观察幼儿的皮肤、脸色以及精神状况等有无异常，检查幼儿有无携带不安全物品进入睡室。对于入睡困难的幼儿，老师会采用适当的陪伴、延缓上床时间、与其有个美好的约定等方式，逐步改善幼儿的不良午睡习惯。

环境对于幼儿入睡起着不可替代的作用。为了保障幼儿的高质量睡眠，培养良好的生活习惯，午睡室一定要经常开窗通风，保证孩子们的每次午睡都能呼吸到新鲜的空气。舒适的环境已经准备就绪了，拉上窗帘，播放着轻音乐、安静祥和的睡前故事……

二、不可忽视的睡中环节

虽然孩子们已经进入甜美的梦乡，但老师们依然在忙碌着，值班老师会10—15分钟巡视小朋友，全面关注幼儿的午睡情况，随时巡视：为蹬被子的幼儿盖好被子；用轻柔的语言提示、温柔的动作调整，帮助幼儿保持正确睡姿。保持午睡室内空气清新；避免对流风吹在幼儿身上；轻声提醒并照顾常尿床的幼儿起床如厕，发现幼儿尿床要及时换洗、晾晒寝具；鼓励幼儿在感觉身体不舒服或发现同伴有异常情况时及时告诉老师；等等。这些情况我们都必须时刻关注，一旦幼儿出现高烧、惊厥、腹痛等紧急情况，应及时通知保健医生或相关人员……

三、愉快的起床后整理

起床时间到了，孩子们被轻柔的音乐声唤醒，教师组织幼儿开展自己的事情自己做的活动，利用儿歌教会孩子叠被子，穿脱衣服、鞋子等生活技能，仔细检查幼儿衣服穿戴是否整齐，鞋子有无穿反，并帮助调整。帮助幼儿梳头，组织幼儿如厕、盥洗、喝水。起床后开窗通风，整理床铺，保持午睡室内整洁有序。

满足孩子的特殊需要，从多方面为每个孩子的发展创设良好的环境，为每一位孩子提供表现自我和均等发展的机会，让每一位孩子在老师的精心呵护下幸福健康地成长。

家长最讨厌的沙坑，“脏！”“脏！”“脏！”

河北省定州市齐堡中心幼儿园　陈　红

家长最讨厌的脏沙坑，是孩子的最爱。孩子们下课了就直奔向沙坑，进了沙坑就玩儿不够。

今天刚下过雨的沙坑，给孩子们提供了最好的“建筑材料”。因为沙坑的吸水性能好，所以下过小雨的沙坑不会弄湿孩子的鞋子和衣服，沙子既松软又好成形，恰恰孩子们发现了这个特性。孩子们围在一起开始了创作，你捧一把沙子，我捧一把沙子；你拍一下，我拍一下。一会儿，一座高高的城堡建成了。接下来，孩子们根据自己的想象，设计一座城堡的造型，你捏一个小球，我捏一个小球，不一会儿，一座漂亮的城堡呈现在孩子们的面前。孩子们的目的还没有达到，他们不只是建造漂亮的城堡，还要玩城堡游戏“挖宝藏”，于是孩子们从不同方向向城堡中心挖，你挖出一把沙子，我挖出一把沙子，很快孩子们的小手挖到了一起，“哇！挖通喽！挖通喽！”

看来，孩子们最喜欢玩儿的东西，我们不能剥夺，这等于抹杀了孩子的兴趣爱好，限制了孩子的自由选择权。当时我在现场，看着就好奇，拿起手机赶紧抓拍，留住孩子们筑城堡时快乐的情景，留住孩子们快乐的瞬间。每一次新的发现都会有奇迹般的感觉，但这样的发现不会重演，所以我们要时刻留神孩子们的动态，把孩子们天真活泼、放松自如的瞬间抓住，可以永远保存在我们的手机里面，到孩子大班毕业的时候，还可以欣赏一下他们自己的成长记录，作为一个小礼物送给孩子们，让他们自己珍藏起来，直到大学毕业，甚至到孩子们成为家长，回过头来再看自己的成长记录，仿佛还可以穿越回童年。

我们把孩子们的真实情况反馈给了家长，几张小小的图片道出了孩子们的心声，同时也勾起了家长儿时的记忆。他们在无拘无束的大自然中享受自由快乐的玩耍时光。他们喜欢用自己的方法玩耍。这时候没有大人多余的干预，孩子们充分按照自己的意愿自由玩耍。玩沙可以练习手的协调性，促进手部肌肉发展，可以让肢体更加协调，不断促进身心发展，也促进大脑的发展。

为了让孩子们快乐健康地成长，我们希望得到家长的理解，不要把自己的想法强加给孩子，多站在孩子的角度看问题，多想想孩子的童年是不是快乐的，孩子的身心是不是健康的。我替孩子们说一声："爸爸妈妈，请让我们亲近大自然，拥抱大自然!"

蹲下来跟孩子做朋友

北京市海淀区世纪汇佳幼儿园　范婷婷

加入幼教行业近两年，作为一名幼儿教师，每天和小朋友朝夕相处，我们要说很多的话，而我们每天说的最多的就是"小朋友好!""这位小朋友你真棒!"……说多了也就习惯了，也没有什么特别之处。其实，仔细一想，正是它体现了教师与幼儿之间的一种朋友关系。

说到"朋友"，我们如何才能跟孩子成为朋友呢？这正是一个值得我们探索的问题。记得自己刚加入幼教这个行业时，面对天真可爱的孩子，心想：孩子会喜欢我吗？我能加入他们吗？转念想：孩子小，没有什么复杂的想法，很容易就是朋友了。

经过时间的证明，当初的我想法很简单，孩子们的想法超乎我们的想象，他们喜欢或者不喜欢都会直接表现出来，这时候，我们如果站在大人的角度和他们交流、沟通，那是无法成为朋友的。面对孩子，如果我们总站着与孩子交流，那我们与孩子的距离就不仅是身高的距离，还是一颗心与一颗心之间的距离。

一次区域游戏时，文文小朋友跑到我跟前说："老师我能不能跟您说个小秘密?"因为我和其他几个小朋友在折纸，所以她说完，我说了一声"老师过会儿听"就继续折纸。结果餐前活动文文一直闷闷不乐，吃饭时也不高兴，一问原因，原来是她跟我分享秘密时我没能及时回应。于是，饭后我再次走到她面前，蹲下来跟她说："范老师刚才没有听你的秘密，你还愿意跟范老师分享吗?"我话刚说完，她就高高兴兴地跟我再次说了她的秘密，"今天我过生日，妈妈给我买了一个新的玩具"。我及时回应她"生日快乐"，同时也跟她分享了一个自己的秘密。的确，老师和孩子在交流时要有耐心，以一个朋友的身份去和孩子交流而不是老师。一些简单的动作就能拉近和孩子的距离，比如蹲下来和孩子说话，虽然是一个简单的动作，但是蹲下后就和她在同一个高度上，能够互相对视和听见对方说的话。同等高度还意味着谈话双方的地位平等，愿意融入孩子的世界。如果是站着跟孩子交流的话，是从高高在上的成人角度跟孩子说话的，亲切感大减。

无论与孩子说什么，都要学会蹲下，以平等的姿态和他们交流。蹲下来，听孩子说，对孩子来说是一种极大的关心与理解，是孩子能够接受的一种爱护；蹲下来，孩子与我们之间的距离就会缩短；蹲下来，观察他们的行为，想象自己是他们的一分子，是与他们一起正在玩游戏的小朋友，而此刻的我们并不是老师，也能发现更多有趣的事情，从而用孩子的角度去看待他们眼中的世界，用一颗童心去理解他们的发现和行为。

让我们以朋友的身份进入孩子的世界，陪伴他们健康快乐地成长。

和孩子一起成长

北京市海淀区世纪汇佳幼儿园　郭淋涵

作为一名新任幼儿园老师，我是非常幸运的，因为我分配到新一届的小班，这意味着我能够见证孩子们的一点一滴，他们的每一次进步、每一点收获，我都能够参与其中。虽然作为新任幼师就和小班的幼儿相处也会有很多的问题与困扰，不过正因如此，孩子的每一次变化我才会更深刻，才能更快地成长。

在幼儿园刚开学的一周，许多孩子都有哭闹的现象。随着孩子与老师慢慢相处，大家之间从陌生变得熟悉，孩子们也能与我开心地游戏，这是一个漫长的过程。作为一名教师我能做的就是给孩子们足够的安全感与归属感，让孩子们信任我，也信赖我。

陶行知先生曾说过："要想学生好学，必须先生好学。唯有学而不厌的先生才能教出学而不厌的学生。"每一名幼儿的成长过程都只有一次。在这个过程中幼儿会有意无意地模仿身边成人的行为举止。在这个过程中我认为我要做的就是做好自己，以身作则。当老师给幼儿展现的都是积极正面的影响时，我相信孩子是能从中学到很多东西的，所以我更要不断地去学习去充实自己，给孩子们带来更多更好的影响。在我学习的过程中不只我是获益的，我的孩子们也能从中获得益处。

这些感悟都能从日常生活中得到体现。当我学会很多新的歌曲和"手指谣"时，我们班的孩子也能在日常活动中学到这些。当我读了与专业相关的书时，我在与孩子相处的过程中遇到问题时就能很快地从脑海中找到答案去解决这些问题。

在学习生活中，其实不只是我能带给幼儿很多影响，孩子们自己的话语、行动也会给我很多影响。当我在工作感到劳累时，孩子们一句"谢谢老师"，我又会感到自己充满了能量。当我在进行教学活动时，孩子的一个小建议能给我带来不一样的灵感。虽然说老师要能够从孩子的角度出发看待问题，但是当我不能将自己代入孩子的角度时，只有孩子给我的反馈才能让我更贴近孩子。

曾经有人说过这样一句话："为别人照亮道路，自己必须放出光芒。"作为一名幼儿教师，我也要更加努力，让自己绽放出更耀眼的光芒，为我的孩子们照亮未来的道路。作为教师，最大的幸福就是看到孩子们在成长，我希望我能够为他们的成长之梯添砖加瓦。

爱没有答案

北京市海淀区世纪汇佳幼儿园　穆晓丽

很好奇孩子眼中的我到底是什么样子的？答案会有哪些？这天我问孩子们，你们眼中的穆老师是什么样子的？

晨晨说是绿色的。哦，我想在晨晨心里，穆老师可能是一棵大树，春天倚着我幻想，夏天倚着我繁茂，秋天倚着我成熟，冬天倚着我沉思。你们在幼儿园里的日子就像四季的轮回，从最初的懵懂到最后的成长，一年又一年，风风雨雨，一日又一日，日出日落，看着你们慢慢长大。

安娜说是蓝色的。哦，我想在安娜心里，穆老师是一片无边无际的大海，慈爱无边，包罗万象。那里清澈透明，那里恬静悠远，泛起的微微浪花是我们灿烂的笑容，我们在大海里乘风破浪，我们在大海里嬉戏玩耍，那里的爱是水，温柔而深沉。

羊羊说是红色的。哦，我想在羊羊心里，穆老师是火红的太阳、灿烂的阳光，炽热而光明，在他们内心害怕孤独、没有安全感的时候，融化他们周围的冰川，使他们净化心灵，生机蓬勃。生活中没有了太阳，就没有了生命万物，原来穆老师在他们心里是温暖的太阳。

隽隽说是粉色的。哦，我想在隽隽心里，穆老师是粉红色的康乃馨，没有雍容华贵的姿态，没有浓香四溢的味道，只有平平淡淡的样子，为他们布置教室，设计各种活动，不断地提醒他们多喝水，注意安全，眼观六路、耳听八方地注意着每一个孩子，就这样平凡而伟大地日夜操劳，毫无怨言。

小宝说是透明的。哦，我想在小宝心里，穆老师是无处不在的空气，那是满满的爱温暖着孩子们的幼小心灵。虽然看不到，摸不着，却让人们赖以生存。这种爱像空气包围在每一个孩子身边。

大宝说是七彩的。哦，我想在大宝心里，穆老师是弯弯的彩虹，给他们展现世间所有的美好，就像他们刚入园时，我每天面带微笑，声音轻柔地安抚每一个孩子，减轻他们的分离焦虑，让孩子更快地适应新的环境，像五颜六色的彩虹，带给他们希望和爱。

我越来越找不到答案，我在这些孩子的心里到底是什么样子的，也许只是老师，也许是朋友，也许是妈妈，也许穆老师的样子还有很多种，像无敌的美少女战士，像超级飞侠，像托马斯，像米奇……但我想这些形容词在孩子们幼小的心灵里都是美好的词汇，我终于明白这个问题没有固定的答案，因为爱没有答案。

我愿意用尽我对孩子们一生的爱去浇灌每一朵萌芽的小花蕊，让孩子们眼中这个多姿多彩的我在未来更绚丽地绽放，让没有答案的爱永远包围在每一个孩子身边。

“蹲下来”看孩子眼中的世界

湖南省怀化市鹤城区第二幼儿园　曾　晶

10月的树叶渐渐开始泛黄，慢慢地，树叶就变成金黄色的了。于是，它们的到来成为孩子们关注的焦点。3—4岁的孩子对周围世界充满浓厚的兴趣，对新鲜事物也具有强烈的好奇心。他们年纪小，多半记得少、忘得快，但令人惊喜的是，对秋天飘落的树叶却情有独钟。我猜想，大概是因为秋叶灵动又活泼，有趣又多变。

秋冬交接之际，还是有些寒意的。这一天，孩子们早早地来到幼儿园，我站在门口微笑着迎接我的孩子们。我以为他们会像往常一样对我笑脸相迎，我以为他们会像往常一样冲我大声喊一句“曾老师早上好”，哪曾想，孩子们一个劲儿地往前冲，跑到园内的院子里去捡地上的树叶。我目瞪口呆，惊讶地看着他们的同时也不忘跟着跑过去看个究竟，心里想到底是哪里的魔法把孩子们吸引过去了。噢，原来是树叶！他们几乎人手一片叶子，于是我也弯下腰，蹲过去凑热闹，拿起一片树叶看了看。说实话，以我成年人的视角，实在是看不出有什么不一样，又靠近闻了闻，但还是不觉得有什么特别之处呀。最终，我以旁观者的视角，不打扰也不制止，安静地看着他们你一言我一语的。

早餐时间到了，保育老师组织孩子们洗手吃早餐，打断了他们的观察和讨论，连同我也一起被组织进教室了。我心想，我也要参与他们的话题讨论，也要和他们做好朋友，一起探索这树叶的奇妙之处。于是，我决定抓住这次教育契机，偷偷地藏起几片树叶带进教室，准备开展关于树叶的谈话分享活动。

不说不知道，一说“吓一跳”，孩子们的想法还真是不可思议呢！

彤彤说：“树叶像手掌，它是红色的。”

琳琳说：“树叶上面有很多线线，一条一条的，像马路。”

桐桐说：“它就是一把扇子，夏天的时候能让人凉快。”

皓皓说：“它像飞机，会从天上飞下来，掉在地上。”

阳阳说：“它和我奶奶的脸一样，是皱起来的。”

娜娜说：“它有好多黑色点点，我们给它取名叫作‘黑子叶子’好吗？”

……

孩子们似乎还有很多想法，多得说不完。就这样，我们伴随着轻松愉悦的音乐结束了本次临时起意的活动。

这是一群天使般的孩子，也是一群“恶魔”，他们在每一次的活动中都能展现出自己的另一面，偶尔带给我惊喜，偶尔又给予我感动。总有人问我当幼师的幸福感何来，我想，幸福不过如此——成就孩子的兴趣爱好，陪伴孩子们健康成长！

一杯牛奶

中国人民解放军78438部队八一保育院　雷　蕾

“老师，老师，他把牛奶打倒了。”一旁的小朋友正积极地向我“举报”，我转过头看到的画面是一整杯牛奶一滴不剩地洒了一桌子，宇豪噘着嘴、扣着手指望着我。我本想责备几句，但孩子不知所措、胆怯的神情让我欲言又止，我顺势向“举报”的那位小朋友提了个问题：“那你来说说，现在该怎么办呀?”孩子说：“擦了。”我继续追问：“谁来擦呢?”孩子说：“要自己擦。”于是，我对着宇豪重复了一遍小朋友的回答：“要自己擦。”得到提示的宇豪迅速地从盥洗室里拿来了擦桌布，在我和他的共同合作下，把桌子擦干净了。

事实上打倒牛奶的情况，班上也时常发生，每个孩子的反应都各不相同，能力发展强一些的孩子会找纸巾或用自己的衣袖，赶快处理弄洒的“牛奶现场”，不让老师发现；能力较弱的孩子情绪上的反应会多一些，如害怕、胆怯、不敢动等表现。为此我也进行过观察和反思，不能一味地责备，这样解决不了问题，只会加重孩子的情绪负担。由于幼儿的年龄特点，犯了错不知如何处理，会逃避责任，没有解决的方法，每次打倒了牛奶时，我不能总请能干的小朋友去解决，虽然小朋友们都乐于帮助同伴，但同时也剥夺了能力较弱的孩子锻炼的机会，这部分孩子的能力就始终得不到发展。

为了解决发生的问题，我组织小朋友们进行了话题讨论：我们如何解决生活中的小问题？我们实行了值日生工作，每次出现一些问题或小状况时，冲锋陷阵的便是值日生，大家轮流来做。后来又发现小朋友们负面情绪少了，但只会等待值日生来处理，没有主动自己解决问题的意识。后期的策略调整中，我们又进行了一次讨论“做自己的小勇士”，如弄洒牛奶时、没有发到用餐毛巾和筷子时、打倒饭菜时等，不沮丧、不胆怯、不理所当然，会通过语言寻求帮助、会积累经验、会动脑筋用行动解决问题。

对成年人来说，这些也许只是微不足道的生活小事，但对于幼儿园的孩子们来说，是一个从心理转变到行为转变的体验过程。他们会为此感到自信和自豪，从亲身体验中真正感受到老师常挂在嘴边的那句“犯错误不要紧，要用正确的方法解决问题”的良言，成为勇敢的担当者、问题解决者，美好人格品质也深远地影响着每一个孩子。

会说话的兔子

中国人民解放军78438部队八一保育院　江　娜

小班“快乐书吧”里迎来了一批新材料——动物手偶，梦然第一个发现了放在书架里的手偶玩具。只见梦然拿出了几个手偶摆在地毯上，翻来翻去挨个看了又看，摸了又摸。最后拿起小白兔玩偶抱在怀里摇啊摇。不一会儿梦然又拿起了粉色大象手偶，拿在手上观察了很久。只见梦然把大象提起来，另一只手试图从洞洞里伸进去，眼睛里充满了疑惑。大象有了小手的支撑立起来了。梦然像发现了新大陆一样把每一个手偶都戴在手上试了一遍。

我的思考：梦然对图书区的新材料充满好奇，开始以为是娃娃家的布偶，玩起了抱娃娃睡觉的游戏。我需要做的就是观察等待，等待梦然自己去探索发现。梦然在多次的尝试操作中终于发现了手偶的正确用法——戴在手上。我的等待是有效的，此时的我与梦然一样开心。

梦然最后选择了戴上小白兔手偶，把手立起来，摇晃着手里的小兔子，朝我挥了挥手。

“你好，小白兔。”我走过来，看了看梦然，又对着手偶兔子说。

只见小白兔在梦然的小手控制下动了动，向后折下了腰。梦然马上取下了小兔子，这样的折腰不是她要的结果。梦然立刻将兔子翻转一面再次戴到了手上，这时她再次笑着举起小白兔手偶和兔子卡片。很显然梦然在操作小兔子时发现兔子戴反了，小手不太容易控制，马上想到了将兔子的正面贴近手心一面戴上。梦然很小心翼翼地看着小白兔的再一次动作，动动手兔子就朝我弯下了腰，小兔子在向我敬礼呢！可是没有任何声音。

我的分析：从发现方法到尝试操作，在整个过程中梦然没有一丝气馁，也没有出现放弃的念头。始终坚持自主探索，发现问题，调整操作方式，以便完成自己的动作。

“你好，小白兔，你会说话吗？告诉我你在干什么好吗？”我对着兔子手偶说话，说完又看看梦然。

梦然看看小兔子，又看看我，终于明白我想表达的意思了。梦然灵活地舞动着手里的小白兔手偶，骄傲地说：“老师好，兔妈妈送我来上幼儿园啦。”说着小白兔又朝我敬个礼。

聪明、善于发现的梦然变成了一只会说话的小兔子，现在已经能够自如地操作手偶并配合语言表演了。我相信梦然的想象力一定会让“快乐书吧”变得热闹起来，毕竟已经有小朋友在梦然的感染下尝试着拿起手偶探究了。随着听到的故事越来越多，在“快乐书吧”提供相应的动物手偶，期待爱听故事与表演的梦然，把图书区变成自己的小剧场，带领着小朋友们来一场动物王国的交流会。

我需要一个拥抱

广东省清远市连山壮族瑶族自治县小三江镇中心幼儿园　何云娇

班里有个留守儿童叫宇宇，入园已经一个月了，是小班年龄最小的孩子。父母长期外出打工不在身边，由爷爷奶奶抚养。由于受家庭环境影响，爷爷奶奶是少数民族，只会讲方言，导致宇宇不会讲普通话，只会用简单的方言与人沟通。对于这个孩子，我和他交流很少，因为我不会讲也听不懂方言，这让我很苦恼。通常班里另外两位老师和宇宇互动较多。

今天午睡时，宇宇一直不肯入睡，哭闹着要回家找奶奶，平常带着他的两位老师哄了很久也没有用。这时，我发现他偶尔会看着我，我走过去抚摸他的小脑袋对他说："宇宇，是想奶奶了吗？没关系的，可以哭。可以小声一点吗？有小朋友睡觉。"宇宇居然真的小声一点了。我接着安慰他说："下午放学就能见到奶奶了。"我不知道宇宇能不能听懂我的话，我希望能给他一丝安慰。宇宇听完后更小声了。接着我轻轻地抱起了宇宇，告诉他我会在旁边陪着他。没想到宇宇慢慢停止了哭泣，十分钟之后，在我的怀抱中睡着了。

起床的时候，我想到中午的情景，于是对宇宇说："宇宇，我需要你的拥抱。"便微笑着展开双手。不知道宇宇是否能感受到我此时此刻的心情，是否听懂了我的话。他好像犹豫了，静静地看着我。我的双手就一直打开没有放下，对他说："宇宇，我需要一个拥抱。"宇宇过来了，我得到了他的拥抱！我的眼眶湿润了，原来语言并不是障碍，我和这个孩子缺少联系，他渴望我的关注。他没有归属感，感觉不到自己是重要的，他需要我的爱。宇宇需要的是一个拥抱！拥抱的力量如此强大，拥抱的背后是关注，是理解，是认同，要用平等的态度对待幼儿，让幼儿感受到自己被尊重。孩子需要爱，需要归属感，老师的态度和行为深深影响着孩子。我感谢这个孩子，作为老师，我应是孩子的"发现者"，帮助宇宇感受到师生情谊，感受到我对他的爱，从而建立良好的师生关系，再帮助他融入集体生活，学习与人友好交往，在积极健康的人际关系中获得安全感、归属感、信任感。

反思：

1."共情"的重要性：当幼儿经历某一种情绪时，往往是想要被理解和关注，有人倾听和接受，而不是批判，可以采用共情的方式和孩子沟通交流。

2. 新学期入园的幼儿，往往情绪焦虑，要给幼儿提供交朋友的机会，帮助他们认识新朋友，养成对同伴、老师亲近的态度，提高语言表达能力，学习与人交往的技能。

最明亮的那颗星

广东省深圳市龙岗区龙岗街道金地凯旋幼儿园　石云英

9月入学季我们班迎来了32名可爱的小朋友，从此，工作拉开了新的序幕。开学经过一段时间的观察，发现胖胖熊小朋友行为有些异常，他的眼神躲闪，基本不看老师，对于老师的指令完全不听，也不能理解，也没办法理解常规游戏。他爱独自在积木区里玩，喜欢一个人搭积木，从不参与别的角色类的游戏，我与他谈话时他只能说出两个字的词语，语言发展特别缓慢。在上幼儿园的第二个月，他的爸爸欣喜地告诉我："石老师，我家宝宝会叫爸爸了。"在别的孩子那里常见的两个字，却给这个家庭带来了这么大的欣喜。在与他的家长沟通后，我了解到小朋友原来是在儿童医院检查出了孤独症加语言发育迟缓的症状，那一刻我终于明白了，当时他们边说边泪目，原来是因为他们平时工作很忙，孩子在两岁半前由保姆带，少了家长的陪伴，当家长发现问题后，开始对孩子重视起来，我也非常同情并极力配合家长。

一次偶然的机会，我有幸参加了区里的"儿童适应行为的培训"，对于孤独症儿童有了更全面的了解。培训对于我来说是场及时雨，让我把在培训中学到的知识运用到教育实践中，配合胖胖熊家长做好胖胖熊的干预治疗工作。经过一个学期的时间，胖胖熊的语言能力进入飞速发展的状态，从只会说一个字到完整地说出一句话，在玩儿点名游戏时，大家要说出好朋友的名字，这时他的好朋友从一直是我的名字变成了另外一个小朋友的名字。我开心地把这个消息告诉他的妈妈，我知道这对于孩子来说是一个非常大的进步，说明他开始有了初步的社交能力，一切都在向好的方面发展。

当胖胖熊在大家的共同努力下发生了很大的变化，我开心地无以言表，同时感受到作为幼儿教师的幸福感和价值感。作为教师，我们要公平公正地对待每一个孩子，对于这种特殊群体的幼儿，我们要给予他们更多的关注和关爱，在日后的工作中，我依然会用母亲般的温柔守护每一个天使，感受孩子成长的喜悦。

生气的原因

广东省佛山市顺德区梁銶琚夫人幼儿园　曾苑羚

祺哲是一个有很多“奇思妙想”的小家伙，最喜欢问“为什么”。但是最近我发现祺哲喜欢发脾气，叉着腰，瞪着眼，无论怎么问他，他都不理人，也不说话。但是等他冷静下来，问他怎么了，他说：“我也不知道。”自那次之后，祺哲又有过几次发脾气的现象，且发生了一件让我们都很意外的事，不得不引起重视。

一次教学活动结束后，小朋友都在上厕所、喝水，突然从厕所里传来了浩桐大叫的声音。我走近一看，发现祺哲双手插着腰，气鼓鼓地看着趴在地上的浩桐。经过检查，幸好浩桐没有受伤。为了了解情况，我拉着祺哲走出厕所，他甩开我的手，双手叉在腰上，皱着眉，瞪着眼睛看着我，表情很是生气的样子。经过多次询问、引导，他都用很生气的表情看着我，就是不说话。我就从其他方面入手，但还是不知道祺哲推人的原因。

与祺哲多次沟通，祺哲都说“不知道”。为了了解他生气的原因，我们和家长进行了多次沟通和在班观察，发现原因有两个：一是家庭原因。祺哲的父母平时工作都比较忙，陪伴祺哲的时间较少，主要是奶奶照顾他。奶奶对祺哲很是溺爱，只要是祺哲想要的，奶奶都会满足。二是自身原因。祺哲的动手能力较弱，特别是生活习惯方面，如更换衣服时脱不下来，裤子穿得歪七扭八的，走路还经常摔跤，加上祺哲比较好强，不喜欢别人笑话他，每次有人笑话他，他都会瞪着眼睛。

分析了祺哲爱生气的原因后，我们发现祺哲不知道如何处理自己的负面情绪，导致生气。为了更好地帮助祺哲，我们与家长达成共识，双管齐下，帮助祺哲疏导负面情绪。

1. 通过微信、电话、面谈的方式告知家长祺哲在园的表现，让家长在家发现祺哲出现负面情绪时，要等他冷静下来后再进行疏导。

2. 祺哲喜欢看书、听故事，可以通过故事引导祺哲学习正确处理自己情绪。

3. 平时多与祺哲分享开心的事，多到户外游戏，接触其他小朋友，培养祺哲正确与人相处。

4. 在班时，我们也随时留意祺哲的情绪，当他生气时告诉祺哲，生气不能解决问题；让他做深呼吸，吐气，反复数次，直到不生气为止；出现动手打人、推人等不良行为时，要明确告诉祺哲，这些行为是不对的、不文明的。

5. 多与祺哲说“祺哲笑一笑就更帅了”。

经过一段时间的观察和引导，祺哲的情况有所改变，生气的次数明显地减少了，变得爱笑了，与同伴相处时也友好了。我相信通过我们与家长的正确引导，祺哲的表现会越来越好。

用爱交流

中国音乐学院附属艺术幼儿园 侯 雪

班级有 31 名宝贝，男生 14 名，女生 17 名，男女比例适中，听起来会有一个很安静的氛围。但实际情况稍有偏差。

每个宝贝都是独立的个体，有自己的特点。但很多时候难免有消极想法：如果我每天只面对一名宝贝，那无论他多吵，我也可以搞定。但我面对的是一个群体，所以，有时候会为自己的暴躁找点合理的理由。

班里有一名男孩，叫小泽，瘦瘦高高的，眼睛比较大，能吃能喝也能睡，但情绪很不稳定，语言表达能力和社会交往能力欠缺，外加感统失调。这样一名宝贝，确实会发生很多让老师和小朋友甚至家长都头疼的事情。例如某个环节突然尖叫，把同伴吓哭；追着老师打；把整只手塞到嘴巴里吃等现象。

在群体中照顾这样一名宝贝，确实压力大！因此，必须寻求家长的帮助。但沟通之前，我必须做足够的准备：了解宝贝自身及家庭情况，和园领导沟通报备；调整自己的状态，保持一颗平常心。

和家长沟通时，我并没有着急，先请家长说说小泽在家的情况，说说家长有没有想特别了解的情况，然后我客观轻松地表达自己观察到的小泽在园的情况，并且细致表达一个环节：有一天站队，小泽没有和大家一起，而是冲到了最前面，第一个进班，我没有着急制止并批评他，因为我想知道他要做什么。下一秒，他打开了班级的灯，然后笑着看我。看到这儿，我明白了，他就是想帮大家开灯，我相信一定是他平时看到我从户外回来开灯的细节。我当时立即特别大声地表扬、肯定了他！在那之后我也会特意给他安排小任务，我发现每一个任务他都愿意去完成，而且很专注。所以我也建议小泽的妈妈在家也可以给他安排任务，做对的事情要及时鼓励、肯定，让孩子得到妈妈的认可。

在我讲述这一现象时，我发现小泽的妈妈哭了，因为她觉得老师很细心，对她的孩子非常有爱，而且很有方法。最后我才简洁地向他妈妈建议，虽然我们老师特别爱他，也可以照顾他，但总体上小泽的情况确实有些特别，所以建议家长带孩子去检查一下，例如感统方面。

我们的沟通结束后，小泽的妈妈特别感激地说："谢谢侯老师，真是太幸运遇到您这么负责又有爱的老师了。我明天就带小泽去检查!"

其实能达到这样的效果，沟通前我自己也很不确定。但好在我调整了自己的心态。要以尊重的态度来面对小泽，并更多地关注、观察他，这为我和家长的有效沟通起了非常重要的作用。再就是从爱的立场出发，肯定小泽的每一个对的举动。

所以，面对幼儿时，尊重的心态、欣赏的眼光和爱的语言意义非凡!

要求完美的孩子

中国音乐学院附属艺术幼儿园　周彤珂

3月19日这天，区域活动像往常一样进行着，加加吃完间餐，开始拿起区域计划进行设计。这个月我们的月主题是“古老的民间艺术”，所有相对应的区域和月主题相关。

加加计划的区域目标是搭建前门。进入建构区之后，加加很快就拿起了4块5号板进行搭建，第一层搭完了。接着我听到小朋友和加加说我们搭的太小了，再横着连接4块5号板吧！加加听取了小朋友的意见，开始搭建拱门，拱门搭建好了，开始了第一层的封顶。封顶结束之后，加加拿起一个长板，一开始我不知道他拿长板干什么，我便继续观察，后来发现，加加在用长板找齐。就这样前门的四个面都进行了找齐，每一个面都是那么整齐，没有丝毫的错乱。找齐结束后，马上进行第二层的搭建，加加刚拿来一个8号圆柱，就发现他刚刚找齐的第一层发生了一点错乱，赶紧进行了整理。在第二层的圆柱马上就要搭建完成时，他发现第一层又歪了，又开始了整理，在搭建圆柱的过程中整理了6次。我准备转身离开建构区的时候，他把刚搭好的第一层封顶全部拆了，我转身问他：“为什么要拆掉?”他说：“我们来回拿材料都把它蹭歪了。”说这句话的时他整个脸都红了。紧接着一个小朋友说：“我们好不容易搭建好的，要好好爱护。”经过这个小朋友的提醒，整个建构区的小朋友都有了爱护玩具的意识，慢慢地，第二层也封顶了。在整个搭建的过程中，加加小朋友都是拿着自己的区域目标在进行一比一的搭建。当区域活动结束后，我发现他们的建筑只完成了两层的搭建，还有一层并未搭建。加加在指挥小朋友拿木板时，对建构区所有材料的大小、长短非常熟悉，能够很熟练地叫出自己所需要的材料序号。

经过这次区域观察，我发现加加是一个特别追求完美的小朋友，他参与搭建的所有建筑都非常整齐。后来我慢慢才知道，加加的爸爸是建筑设计师，在日常生活中注重让他观察周围的事物，并进行绘画，在绘画的过程中非常注意细节。所以加加在建构区才会呈现出如此完美的作品。但这也体现出一个合作的问题，如果在设置区域目标时，所有选择建构区的小朋友能在一起设置目标，并且标注自己所需要的材料，这样每个小朋友都会熟悉搭建的位置和材料。在此次活动中，都以加加一人为中心进行指挥，如果能够在区域前进行整个建筑的规划，那么在区域活动中就能给我们呈现更加完美的作品了。

我的“小区搭建”之旅

四川省成都市龙泉驿区柏合幼儿园　魏芹芹　张凤林

建构游戏是幼儿园常见的游戏活动之一，它能使幼儿在动手操作游戏的过程中实现自己的想法，再现自己的生活经验。在主题“盖房子”中，小朋友们对搭建小区非常感兴趣，为了追随幼儿的兴趣，我们班开展了建构游戏“小区搭建”。

有了前期的观察、分享和记录，小区搭建就进入了操作阶段。任宇小朋友在建构区搭建小区，只见他和佳佳一起搭建楼房，他们搭建的是三层高楼，可是在搭建第三层的时候楼房总是还没有修好就倒了。区角时间结束了，请小朋友来分享的时候，我特意请了任宇小朋友来分享。任宇说：“我们要搭建一栋三层的楼房，可是第三层总是搭一半就倒了。”班级中其他小朋友也说自己有类似的情况。

于是我们就来了一次关于“楼房搭不高，怎么办?”的讨论，萌萌说：“下面的材料要大一点，上面的材料要小一点。”彬彬说：“第一层的材料要多一些，这样才会更稳，不会倒。”家妍说：“把上下两层楼的材料对整齐。”苗苗说：“两层楼的柱子上面的两块接在一起的材料，上面一定要用一根柱子压住，这样才不会分开，更牢固。”分享后小朋友们用图画的方式呈现出来并展示到建构区，为以后的搭建提供支持。

有了小朋友们分享的方法，楼房搭建的稳固性得到了解决，但随着搭建的推进，新的问题又出现了，小朋友们搭建的小区都只有一栋一栋独立的房子。当发现这个问题之后，我请小朋友们回去再次观察自己的小区里面有什么，怎样才能把小区连接起来?

第二天小朋友们来到幼儿园都迫不及待地分享自己的办法，月月说：“在小区里种一些花草。”琦琦说：“在小区里修一些路把房子连接起来。”浩浩说：“在小区里搭建一些健身器材和游乐设施。”睿睿说：“要修一个停车场。”果果说：“要修一个大门。”经过大家的分享，小朋友将可行的建议用图画的方式记录下来，老师展示到区角墙上为幼儿搭建提供支持。

建构游戏不仅给孩子们带来快乐，还提高了孩子们的建构技能，发展了孩子们的想象力和创造力，使孩子们学会了思考，学会了合作和交流！经过一段时间的搭建，小朋友们搭建的小区有了一定的规模，但在房间的细节布局和区域的划分上还需要不断地细化，相信在以后的搭建过程中小朋友们会不断思考，发现问题、解决问题。

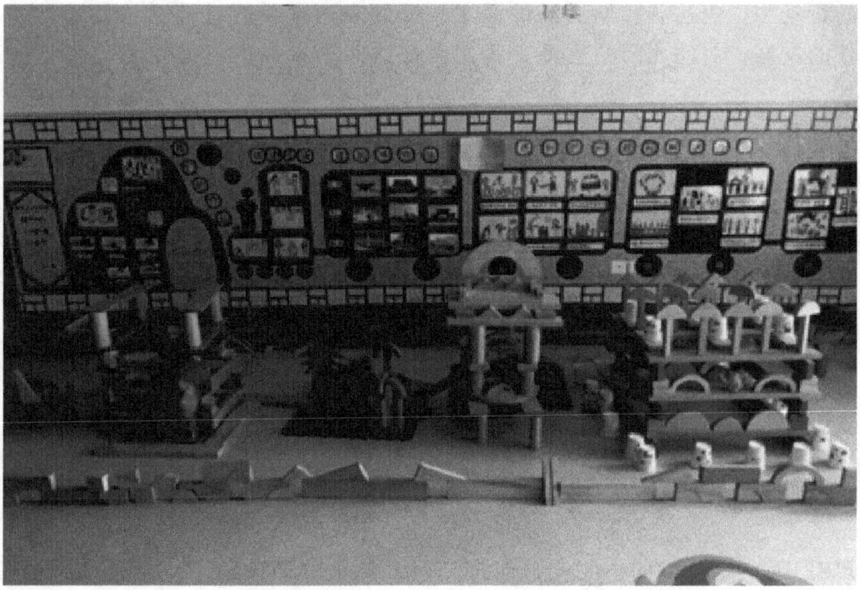

爱在身边，走进爱的分享会

北京市通州区教工幼儿园　倪春雪

在这百花竞相开放的日子里，春风拂面、阳光充裕，这是一个努力成长的季节，孩子们喜欢并愿意走进大自然，亲近大自然。因此，借助春季里的节日、节气，老师和孩子们一起开启了春天里的系列主题活动。我们以开学初期小朋友们刚刚来到幼儿园，为了彼此相互认识、相互熟悉、相互关爱为活动契机，鼓励孩子们发挥自己的想象、创意，亲自参与策划本次的一月一节活动。孩子们为它起名为“爱的分享会”，爱自己、爱家人、爱朋友、爱幼儿园、爱祖国……孩子们用自己的方式表达自己的所想、所知、所见。同时，爱的种子也在幼小的心灵中播撒。

一、发现爱

一年之计在于春，一日之计在于晨。春天是一个充满了爱与阳光的季节。爱，是一个简单的字眼，只要细细去品味就会感觉到它像小鸟、像蝴蝶，在我们身边飞来飞去；它像空气，紧紧包围着我们；它像清泉，滋润着我们的心田……在我们来到幼儿园的一个月中，发现了身边许许多多的爱……

二、感受爱

幼儿园的每一天都充满了爱，有伙伴的友爱，老师的关爱，对玩具的喜爱……爱在身边，爱在每一天，爱在分享日，爱在我们心中……

三、表达爱

在这个春意盎然、一切静好的日子，我们用自己的方式表达我们的爱意。“爱园大行动”中，我们倡导小朋友们用自己独特的方式表达对幼儿园的爱，照顾小玩具、给我最爱的玩具小车洗澡等，这些都是我们力所能及的事情。“小剧场”“乌鸦反哺”“爱心剧场”等表演中，我们用自己的特色演出表达着我们感受到的身边的爱。

在这次“爱的分享会”活动里，我们自己动手搬运活动材料、自己整理负责的区域，在一点一滴的行动中，表达着我们满满的爱意！爱的表达是我们对自己的鼓励，对老师的敬爱，对伙伴的友好，对幼儿园的喜爱，我们会把这些小幸福牢牢握在手心里，永远做快乐的小娃娃！

四、传递爱

春风吹来的不仅仅是温暖，还有无限的爱，在这里我们收获了太多太多。让我们一起把爱传递下去，我们将爱传递给了其他小朋友和弟弟妹妹、哥哥姐姐们，希望他们同我们一样快乐；我们将爱传递给了老师，希望老师们用幸福抵消疲劳；我们将爱传递给了保洁、保安、厨师叔叔和阿姨们，希望这些爱可以报答他们的辛勤劳动；我们将爱传递给了家人，希望家人看到我们的成长能够笑容满面。

调皮的孩子也有亮点

广东省深圳市龙岗区机关幼儿园　王　飞

我们班有一个叫 Poko 的小朋友，他是一般人眼里的调皮孩子，总是不听老师的引导，总是毫无顾忌地快速奔跑，总是撞到小朋友们……他身上有不少令人头疼的问题。但是今天发生了两件很特殊的事情，这两件事情不仅是对我的一个提醒，也让我对 Poko 有了新的看法。

下午孩子们盥洗之后，到分餐桌那里自助取牛奶。一个孩子刚刚端起自己的牛奶，就被人撞到了手肘，牛奶洒到了他的衣服上，他立马大声哭了起来。闻讯赶来的赵老师问道："怎么了，谁撞洒了你的牛奶?"那孩子说是 Poko 撞的他，赵老师对 Poko 说："真的是你不小心撞到小朋友的话就要诚心地道歉哦。"Poko 非常委屈地说："不是我。"站在远处观察的我赶紧走过去，对赵老师解释是站在他右手边的那个小朋友碰到他的，当时 Poko 站在他对面，并没有碰到他。赵老师马上蹲下来安慰两个小朋友："没关系，衣服湿了就赶快去换吧，Poko 小朋友，对不起哦，老师错怪你了。"Poko 马上回答没关系，然后竟然主动帮忙把洒在桌子上的牛奶擦干净了。这让我觉得他原来是一个这么暖心的孩子。

吃过午点以后，到了英语集体活动的时候，今天是表演课"三只蝴蝶"。我问："谁愿意扮演小蝴蝶啊?"好多小朋友都把小手举得高高的，这让我犯了难，该请谁来表演呢？我想到最近孩子们在集体活动时，总是喜欢自己讨论，我就对孩子们说："我请刚才一直很安静并且认真倾听的 Hanny 小朋友扮演红蝴蝶，请坐得笔直的 Nancy 来扮演黄蝴蝶，请谁来扮演蓝蝴蝶呢?"我故意拖长声音，给孩子们时间安静下来，调整坐姿。这时，我发现 Poko 非常安静，坐姿非常好，眼睛里充满表演欲望地看着我。我抓住机会，当着全班的面表扬道："Poko 今天认真回答问题，发表自己的意见，并且安静地倾听，那现在我就请他来扮演蓝蝴蝶吧!"他不负众望地把蓝蝴蝶的语言表达得很好，模仿蝴蝶飞舞的姿势也很到位。到了放学的时间，我发现 Poko 还会提醒孩子们拿水壶，给忘记了拿水壶的小朋友送去水壶。

通过这两件事，我发现 Poko 其实是一个非常暖心并且会主动帮助小朋友和老师的孩子。他的调皮是天性使然，并没有故意不听谁的话，他会在撞到小朋友以后马上诚心地道歉，会主动帮助老师和小朋友们，还会询问未来园的小朋友是不是身体不舒服。孩子的心灵都是美好的，我们应该用平常心平等地对待每一个孩子，发现他们身上的闪光点，绝不能以管窥豹。

蹲下来跟孩子一起看世界

广东省深圳市龙岗区机关幼儿园　刘　琳

蹲下来看看孩子的世界，这是一位热心于传播蒙台梭利教法的老师常说的一句话。让我感兴趣的是，在一次日常的户外活动中，跟孩子一起蹲下来观察毛毛虫，观察花朵和小草，感受春天的来临，我突然觉得这句话并不是一种抽象的观念，而是需要时时被传达和践行的。在一次普通的户外活动中，很多孩子围成一圈观察地上的毛毛虫、花朵、绿叶，围绕这些的还有几只快乐的蝴蝶和蜜蜂。孩子们此刻特别享受，我被他们专注的样子吸引了，蹲下来跟他们一起观察地上的毛毛虫、含苞待放的花朵。孩子们看到我蹲下来一起观察，特别兴奋又小声地跟我介绍这些花和看起来很普通的小动物，害怕吓走它们。看着他们发光的眼神，我突然觉得平时随处可见的景色变得异常有趣。此刻，花更香了，蝴蝶、蜜蜂都有各自的名字，春天真的来临了。这些都是蹲下来跟孩子们一起观察、体验到的，我觉得自己收获满满。

曾经听过一个故事，爱逛街的妈妈总带着 4 岁的宝贝去商场，当妈妈沉浸在琳琅满目的商品中时，她觉得孩子也一定会喜欢这个热闹非凡的乐园。可是让她很意外的是，孩子淡淡地说："我不喜欢去商场，全部都是屁股。"妈妈觉得意外，说："什么屁股?"孩子直视前方回答："你看，对吗?"孩子一点儿也高兴不起来，甚至有点害怕，吵着要回家。妈妈不明白，一向喜欢玩的孩子怎么会排斥漂亮又热闹的商场？但是当她蹲下来的时候，她明白了。在孩子的角度，只能看见人们的背影，还有一些高高长长的柜子，这些一点也不能让人赏心悦目，反倒让人非常不舒服。这位妈妈突然意识到在和孩子相处的时候，应该经常蹲下来，站在孩子的角度看世界，理解孩子的听觉、视觉与理解特性。许多爸爸妈妈一般都是从大人的角度和孩子互动，间接或直接安排，有意或无意甚至命令孩子怎么做、怎么玩、玩什么，或者跟谁玩、不跟谁玩。其实孩子就是孩子，他本身是独立的个体，他首先是他自己，然后才是孩子，他的身体和思想的高度都还有待成长。

成人有自己固定的思维，也有已成形的人生观，因此，在对待孩子的问题上，也习惯了从自己的角度出发，成人的出发点、看问题的角度和孩子完全不同。同一件事情，孩子看见的和成人看见的可能完全不一样。因理解而共情，我想这句话也适合于我们的教育，蹲下来，感受孩子的情绪，一起从他们的视角看世界。

小拥抱，大教育

湖南省怀化市鹤城区第二幼儿园　龙　艳

陶行知说："真教育是心心相印的活动，唯独从心里出发，才能打动心灵深处。"我同时也坚信，只有足够的爱才能唤起孩子们的笑脸。

这学期最引人注目的是一个小男生，叫作宸宸，他长着一双大大的眼睛，但眼里总是含有泪水，说话的声音也像小猫咪一样。入园第一天，宸宸上午哭了一下就没有再哭闹，我以为他的适应能力不错，一周后入学的情绪应该可以稳定了。直到一周后的一天晚上，宸宸妈妈给我打电话，较为焦急地问我说："老师，宸宸从上学开始，回家后就一直哭闹，没有停过，总是念叨不去幼儿园、不去幼儿园。"听着电话那头伴随传来的孩子哭声，我心里顿时很不是滋味，一边安慰宸宸妈妈，一边默默地想着对策。跟宸宸妈妈聊了大概一个小时，也说到之前遇到过的小朋友哭闹的经历。

第二天，下车后脚刚着地，急切的铃声打破了静谧的清晨，我拿出手机一看，宸宸妈妈四个大字映入眼帘。接通电话后，宸宸妈妈那头传来尖锐的哭闹声，同时还在重复着宝宝"不要上幼儿园""不要吃饭""不要睡觉"这几个字。这哭声一听就是宸宸的，这时我连忙安慰宸宸说道："不上学不上学，就是来幼儿园玩一下，今天妈妈会早点来接你的。"紧接着宸宸妈妈说："早上一醒就开始哭，等会我再送过来，别哭啦。"同时听到"砰"的一声电话被挂断。我心里带着忐忑走进幼儿园，过了20分钟的样子，熟悉的哭声响彻幼儿园的大厅，告别宸宸妈妈的不舍，我立马把宸宸抱进了教室。接下来就是一场恶战，转移注意力、奖励棒棒糖、玩玩具、给妈妈打电话发信息、玩滑梯等都不行，宸宸还是在哭。别说他在哭，连我这个自诩"老老师"的人都想陪着一起哭。可是我不能，我要想办法不能让孩子这样哭下去，一是身体受不了，二是班级还要开展其他活动。我想着要不然就抱抱孩子，问问他的想法。虽然抱着宸宸后他还是在哭，不过哭声已经明显小了很多。第二天，宸宸的哭声时刻提醒着我，"拥抱"还要继续实施，同时我也暗自下定决心，一定要通过我的努力，让宸宸爱上幼儿园。随后教室里多了类似"宸宸你能帮忙把扫把给我吗""宸宸抱一个"的声音，慢慢地孩子也习惯了我的拥抱，脸上也时常会露出愉快的笑容。

学会拥抱，让那些细腻的情感开在明媚的角落；学会拥抱，让那些开心的笑脸充满校园；学会拥抱，让那些不敢明说的爱表达出来。小小的拥抱大大的教育，我们一直在路上。

温情护蛋之旅

山东省日照市日照街道中心幼儿园　丁明静

为了让孩子们培养保护某一事物的责任心，我们开展了"保护蛋宝宝"一日活动。

在活动前一天晚上，我给孩子们布置了作业：认真选择一颗生鸡蛋作为蛋宝宝，并给你的蛋宝宝取一个独一无二的名字，想一想该如何保护蛋宝宝。第二天早上孩子们兴高采烈地走进班级，向我展示着自己的蛋宝宝，有的是将蛋宝宝放到盒子里进行保护，有的是放在一个装满棉花的袋子里，有的是放在小包里并挂在脖子上，等等。当然他们也为蛋宝宝取了名字：小花、全家福、奥特曼蛋等，这些名字不仅展示出孩子们一颗童真的心，还有内心美好的愿望，就像父母给宝宝取名字一样具有特殊的含义或者美好的期盼，代表着独一无二。

保护蛋宝宝之旅开始了。孩子们用各种各样的办法保护自己的蛋宝宝。张浩宇在洗手时会把蛋宝宝放在装肥皂的铁盒上；李钰宸和李国鹏为了更好地投球，把蛋宝宝放在衣服后边的帽子里；马欣钰为了保护蛋宝宝放弃了器械游戏，一直把蛋宝宝放在手心里。但是尽管孩子们很小心，蛋宝宝还是发生了意外。采贝的蛋宝宝在搬凳子时摔落到地上，"啪"的一声摔坏了；楷皓的蛋宝宝在玩区域时，不小心被宋雨洋碰到地上，出现了裂缝，他因为这件事伤心了一整天；张滨铄搞错了盒子的方向，蛋宝宝从里边掉了出来，"牺牲"了；彭博的蛋宝宝被小朋友撞倒在地上摔碎了，他太伤心了，大声哭了很久很久。即使后来我再询问起来，他的眼泪还是会大颗大颗地往下掉。在这个过程中孩子们体验到和蛋宝宝一起玩耍的快乐，照顾蛋宝宝的辛苦，也有失去蛋宝宝的自责与难过。

下午的时候，当我看到孩子们与蛋宝宝一天的情感变化，组织了“请把心里话告诉蛋宝宝”活动，我非常荣幸地看到了孩子们的情感表达，也给了我内心一个柔软的触动。田雯心说：“蛋宝宝，我喜欢你，很高兴和你成为朋友。”李梓菲说：“蛋宝宝，你是不是很热，早知道就不给你盖被子了。”李语萱说：“我把你摔坏了，对不起。”冯俊涵说：“蛋宝宝，你要快快长大，我会给你唱歌听哦!”牟书昊说：“蛋宝宝，我好想你。”言语中孩子们表达了对蛋宝宝的喜爱，他们就像父母一样想到蛋宝宝的冷暖、开心与不开心，期待蛋宝宝的成长，为蛋宝宝做自己力所能及的事情。

这是一段非常有意义的保护蛋宝宝之旅，在这个过程中，孩子们增强了责任感，而我也从孩子们的身上感受到了温情。

让孩子成为游戏的小主人

广西壮族自治区南宁市吉祥路幼儿园　甘彩珍

2021年是中国共产党成立100周年，为了庆祝建党100周年，我们在班级里开展了“童心向党，致敬红色经典”观影活动。

观影活动结束后，几个男孩子跑过来和我说：“老师，刚才《地道战》的电影真好看，我觉得里面的八路军都非常聪明，挖了长长的地道躲避日本侵略者。一会儿，区域游戏我们几个可以做‘地道战’的游戏计划吗?”“当然可以呀!”几个男孩子开心地喊道：“老师说我们一会儿可以玩‘地道战’，谁想加入我们的游戏?”不一会儿，很多小朋友一起加入了这个游戏。有的看着“地道战”计划图开始搭建地道；有的开始利用班级的玩具拼搭武器；有的在表演区换上小军人的服装后，拿着“望远镜”站上瞭望台；有的把“手榴弹”设置在各个出口，设下一道道陷阱。

“地道”搭建完毕，孩子们一窝蜂地全部涌进地道中，地道一下子“崩塌”了。我走了过去询问：“刚才发生了什么事情？为什么你们的地道倒塌了?”孩子们争先恐后地回答道：“刚才太多人挤进来了，他们都不排队。”“地道搭建得太小了。”“我觉得这个地道有一点儿亮，不像电影里是黑黑的，不容易让坏人发现，我们要找东西盖在上面。”听了孩子们的小结分享，我不由得为他们竖起了大拇指说：“孩子们，你们刚才说得真好，都开动小脑筋思考了，小眼睛也观察到了问题。那接下来，我们就一起想办法修补地道吧!”这时，有一个孩子问道：“老师，我们可以用桌子做地道口，这样地道口变大了，我们就不挤了。”我说：“班级里的材料你们都可以使用，只要不损坏材料就好。”经过一番修补，“地道”终于完工了，孩子们全部躲避在“地道”中。

在这次区域游戏活动中，孩子们利用很短的时间，通过合作讨论，一起制订出游戏计划，一起玩转《地道战》电影情节。在《3—6岁儿童学习与发展指南》社会领域中指出，大班年龄特点的孩子在与同伴游戏时，能主动发起游戏活动，能与同伴分工合作，遇到困难能一起克服。通过这次的游戏，老师发现了孩子们爱学习、爱思考的良好学习品质。

幼儿在探索游戏过程中，需要自己动脑思考，亲身探索来获得经验，我们教师应把游戏权力还给孩子，让孩子成为游戏的小主人，让他们自由地发挥想象，通过自身实践得到成长，为进入小学做好准备！

小小复读机

广西壮族自治区南宁高新技术产业开发区直属幼儿园　陆晓芳

在调查了本园5—6岁这个年龄段孩子的口语发展现状后，发现本园5—6岁的孩子的口语表达能力相对欠缺，体现在口语表达不连贯、断断续续不完整、发音不准确等方面。我们前期进行了几次开会研讨，根据该年龄段孩子口语发展的水平，在一日生活中设计了丰富的游戏活动，以此促进孩子口语的发展，通过由浅入深的游戏进行练习。前期我们进行了小小复读机活动，在锻炼倾听能力的同时，我们请孩子扮演小小复读机，口语复述他们所听到的故事内容。第一阶段我们会播放3分钟左右的故事录音，请孩子复述故事的名称、故事里出现的人或动物，每一次，旭浩跟罗萱都能最快地抢答出来。到了第二阶段，我们选取5分钟以内的故事录音，请孩子们用自己的话讲述故事的内容。奕臻虽然偶尔跟伙伴讨论，但是依然能把故事的内容复述出来，期间老师需要给予一定的提示。平时老师一提问，罗萱小朋友就不敢说话，我们不断地鼓励，罗萱终于开口了，小声地说出了故事的名称——丢三落四的小猪。在老师一个又一个地提问引导下，罗萱能够简单地回答问题，但是口语表达很不完整。到了第三阶段，我们选择的是10分钟的故事，根据第二阶段孩子的口语发展情况，我们针对性地请罗萱还有几个孩子来当小小复读机，这一次，罗萱自己能够大胆地进行口语复述，但是口语表达还是有些不完整，只能进行短句复述，需要老师进行引导。

总体来说，在这个小小复读机活动里，大部分孩子从一开始不敢说，需要老师进行引导，慢慢地，成长到敢于开口锻炼自己，这是非常让人欣慰的。虽然离我们的目标还有距离，但没关系，在后续开展的更多的活动练习里，相信孩子们的口语表达会变得更加完整、流畅。

相信自己可以的

广西壮族自治区南宁高新技术产业开发区直属幼儿园　徐三姣

幼儿园每个班都有几十个孩子，孩子多了就会出现几个特殊的孩子，我们班也不例外。每天早上入园时都能听到孩子们甜甜的声音，和老师打招呼：“老师早上好!”有一个男孩子叫小鸿，他每天进教室都不会和老师打招呼，有时老师和他打招呼他也不理人。但是他和伙伴们一起时又有很多话。

这学期我们有讲故事、诗歌诵读比赛，孩子们自愿参加，小鸿居然也报了讲故事比赛，而且还刚好是我负责指导的那一组。我心想：“这下难办了，怎么样能让金口难开的他讲故事呢?”我和小鸿的妈妈沟通小鸿在家的情况，妈妈说小鸿在家话很多，也会讲故事。通过沟通我知道，原来小鸿也是可以讲故事的。

于是我慢慢地开始和小鸿练习讲故事，刚开始他说得很小声，后来在我的鼓励下慢慢地能把一个故事顺利地讲下来。到了讲故事比赛录制的那一天，我是主班，没办法带他出去录制。于是我让我们班的陈老师带他去三楼录制，我在教室里带班。可是好久都不见小鸿下来，故事只有两三分钟，结果半个小时了都没有下来，这时陈老师气汹汹地带着红眼睛的小鸿回来了。陈老师和我说："小鸿参加不了比赛了，录了那么多次一句都说不出来。一个简单的句子重复很多遍他都不会，我就大声地和他讲，结果我一大声，他直接哭了。"我叫陈老师帮我看一下班上的孩子，我带上去试试。

我们来到录制视频的教室门口，我蹲下来小声地对小鸿说："小鸿，昨天我们讲得很好的，刚才你是不是太紧张了？不用怕，你就当是我们在练习讲故事。我相信你可以的，小鸿能顺利讲完故事的对吗？"说完我抱了抱小鸿，小鸿看着我，慢慢地点点头。我带着小鸿进去，我站在后面微笑地看着他，这次小鸿真的一次就过了。拍完后他可开心了。

从这件事可以看出，小鸿胆子小，不够自信。他的不自信，有部分原因和老师有关，可能是老师的引导不当，孩子缺乏自信。老师应耐心指导，并给予更多的鼓励。在这里要强调一点，如果孩子不自信，唯唯诺诺，不敢表达，对什么事情都畏畏缩缩，而老师却没有足够的耐性去指导，只会把责任全推到孩子身上，这是不对的。自信心并不是与生俱来的，老师应携手家园共育，尽早用合适的方法培养孩子的自信心。自信心对于孩子来说是很重要的品质，必须及早养成，才能对孩子的成长和将来的发展有利。

观察记录

我会制作干花了

北京市第四幼儿园长阳分园　周　宁

【观察对象】王焕荻、赵诗琪　　**【年龄段/班】**大班

【观察时间】3月9日上午

【观察背景】

节日之后，班级中增添了几束鲜花做装扮。幼儿想更长时间地保存鲜花，共同讨论把鲜花制成干花的想法。幼儿之前没有制作干花的经验，对于这项活动的兴趣很大。

【观察目标】

观察王焕荻小朋友在制作干花过程中是如何解决遇到的问题的。

【观察过程】

区域活动开始了，王焕荻与赵诗琪按照计划来到美工区制作干花。她们俩都从植物角拿来一束鲜花，轻轻地放到桌子上，小心翼翼地拆着包装袋。焕荻拆完了自己那束花，拿起一支来闻了闻，对诗琪说："咱们怎么把这些花晾干呢?"诗琪接着说道："是啊，在哪晾好呢?"我走到她们身边，说："想一想，咱们教室里什么地方适合晾干呢?"焕荻说："窗户栏杆上，那里晾衣服干得最快了。"诗琪说："这个地儿可以，可怎么把花挂上去呢?"于是她俩又犯了难。我说道："去找找可以用什么材料。"她俩便走到美工区柜子边，小眼睛扫视着盒子里的材料。焕荻拿起了毛线绳说："我们用绳子把花系上吧。"诗琪说："可我不会系啊。"焕荻又将毛线绳放下，诗琪拿起了毛根说："用这个吧。"诗琪挑选出三支鲜花，一只手将花握成一束，另一只手用毛根缠在花枝上，开始用手拧紧毛根，可怎么拧都不够紧，三朵花还是没扎成一束。她有点着急，小声地喊了声："王焕荻，你帮帮我。"旁边的焕荻见状，放下了自己手里的花，帮她一起拧毛根，终于把毛根拧紧了。又把这束捆扎好的花用毛根系在了衣架上。不一会儿，她们面前完成了好几束鲜花。她们俩一起欣赏着劳动成果，嘴角扬起一片笑意。

幼儿在之前并没有制作干花的经验，因此对制作活动非常感兴趣。在幼儿操作之前，作为教师不需要有过多的指导，而是让幼儿自己熟悉、摆弄。在制作的过程中，幼儿遇到不会系绳的问题，教师不是直接告诉方法，而是鼓励幼儿自己动手寻找解决方法或工具。

【观察分析与措施】

1. 将幼儿的作品进行展示欣赏，表达对幼儿的鼓励与赞赏。

2. 在区域分享环节，请两位幼儿一起为大家讲解制作干花的方法，将经验分享给其他幼儿。

3. 请幼儿将拧毛根的过程中遇到的困难描述出来，大家一起讨论解决办法，激发幼儿的合作意识。

4. 为幼儿提供创作空间及丰富的材料，满足幼儿对制作的需求。

我们的光影小房子

北京市第四幼儿园长阳分园　张　薇

【观察对象】大班多名幼儿　　**【年龄段/班】**大班

【观察时间】2021 年 4 月 14 日上午

【观察背景】

幼儿乐意与同伴合作完成游戏，在持续的游戏中不断探索。

【观察目标】

知道影子的变化与光和物体的位置有关，积极探索，体验科学探索活动带来的乐趣。

【观察过程】

片段一：伊和诺一起把大纸板竖着围成一个正方形，把另一块纸板放在下面。伊沿着正方形用笔画下来，用剪刀剪，但剪不下来，伊说："我去找老师借把刀。"随后很顺利地把小屋的"屋顶"弄好了，两个人一起把"屋顶"抬到了上面。拿了胶带，把屋顶和墙壁粘贴好。两个人进了小屋，伊对诺说："感觉还是太亮，还要想想办法。"诺说："这个好办，给门安个门帘就好了。"诺找到了不用的桌布，搭在了小屋上，用几个夹子固定。

片段二：宜把晨读的书搬到了光影小屋。宜把书翻到影子游戏那页，学着书上的样子，双手交叉摆出小鸟的样子，桐在后面用手电筒帮忙照着。

片段三：嘉想要制作有颜色的影子。嘉看了看材料盒子，拿了白色纸杯到美工区，用彩笔涂上了颜色，拿回小屋，用手电筒照了一下，墙面上出现了淡淡的绿光，看到颜色不深，嘉又将绿色的彩纸粘在了纸杯上。

片段四：瑶拿了拼插区玩具，希在后面举着手电筒，瑶拿着雪花插片紧贴着手电筒，希说："你看，咱们弄了一个大大的雪花，你再往前面拿一拿，看看雪花会不会更大。"瑶把插片往前拿了一点，希说："我知道了，越靠近手电筒影子越大，插片离远了，影子就变小了。"

片段五：教师投放了透明膜，荷说："我在手机上看小朋友在膜上画画，再用手电筒照着，我也试一试。"随后用彩笔在膜上画了一朵花放在手电筒前面，影子只能呈现出一点点的花瓣。她说："这次画得小一点试试。"荷在膜上画了一条小小的彩虹。

【观察分析与措施】

1. 幼儿对游戏感兴趣，能自主在光影小屋里不断地尝试探索。

2. 能向同伴、老师寻求帮助。可以在其他活动区帮助解决问题。

3. 在过程中很认真、专注，有坚持性，在遇到困难的时候不放弃。

4. 每次游戏都更深入探索，多方面地研究，对自然现象有更多的好奇心。

5. 区域分享时向小朋友介绍自己的新发现、新想法。

6. 引导幼儿在制作过程中用图册的方式记录自己在制作的时候有什么困难和发现，为下次来科学区的小朋友提供图画引导。

7. 在集体面前表扬幼儿的动手能力，注重培养幼儿的专注力、同伴间的配合、新想法、新创意、新发现、新探索。拍照、录像记录下小朋友的活动过程。

图书区幼儿倾听行为的表现

北京市大兴区爱湾幼儿园　王　蕊

【观察对象】阳阳、嘟嘟　**【年龄段/班】**中班

【观察时间】2021 年 3 月 22 日

【观察背景】

本学期幼儿园的教研活动是以教师对图书区的有效指导为重点。在这样的氛围下，教师更关注图书区幼儿的表现，幼儿自主选择区域活动时，加强对幼儿阅读兴趣的培养。师幼共同制定了班级图书区的进区规则，培养了幼儿良好的阅读习惯、阅读能力。在图书区的活动中，我发现有的幼儿很想表达自己的想法，但不能听别人把话讲完，从幼儿语言领域的学习和发展而言，倾听是不可缺少的一种行为能力。

【观察目标】

提高幼儿在图书区的倾听能力。

【观察过程】

活动区时间到了，阳阳和嘟嘟选择到图书区阅读，他俩各自选择了一本图书，翻阅了几分钟，阳阳和旁边的嘟嘟说："嘟嘟，我给你讲讲我刚才看到的这本书吧。"嘟嘟说："好的。"阳阳讲起来，没讲几句，嘟嘟和阳阳说："这本书我也看过。"两个人你一句我一句说起来，没几个回合，只听见嘟嘟讲故事的声音，阳阳不再说话。过了两三分钟，阳阳拿着自己手上的书，没有再看，而是拿在手里随意晃着，对嘟嘟说："嘟嘟，你先别说呢，我想讲的是我这本书，不是你那本。"嘟嘟提高了声音，没有理会阳阳，接着讲了下去，阳阳噘着嘴巴，摇摇手，表示不想听了，来请求老师帮助，给他俩讲讲书中的故事。

【观察分析与措施】

《3—6 岁儿童学习与发展指南》中指出，4—5 岁幼儿愿意与他人交谈，喜欢谈论自己感兴趣的话题，在别人对自己讲话时能回应，能主动使用礼貌用语。阳阳主动给嘟嘟讲故事的表现，符合幼儿发展的年龄特点。嘟嘟和阳阳都不愿意听他人的讲述，在倾听的表现中，老师抓住适宜的时机介入幼儿的区域活动，有目的地引导幼儿，才能帮助幼儿提升倾听的能力，让幼儿获得发展。在运用语言进行交流的同时，也发展着幼儿的人际交往能力、理解他人和判断交往情境的能力。

引导幼儿换位思考，如果自己在讲故事的时候，别人没有听，自己的心情是什么样的，引导幼儿懂得尊重别人；为幼儿创造良好的语言环境，教师通过游戏的形式，引导幼儿在交流时，可以用轮流发言的方法表达自己的想法；创设区域环境，通过和幼儿一起回顾图书区的区域规则，引导幼儿遵守区域规则，做到认真倾听；幼儿寻求教师的帮助，教师适时介入幼儿的活动，和幼儿一起阅读图书。

有趣的探索

北京市通州区新通幼儿园　马弋栎

【观察对象】张锦芯、于果　　【年龄段/班】大班

【观察时间】2020 年 11 月 4 日上午

【观察背景】

大班科学区。

【观察目标】

幼儿能否与同伴一起合作玩天平。

【观察过程】

开区后，张锦芯选择了科学区的天平进行游戏。

"张锦芯，咱们俩能一起玩吗？"

张锦芯说道："咱们俩一起玩多有乐趣。"

于是两个小朋友进行了分工，每人负责离自己近的托盘，通过商量和尝试让天平保持平衡。他们不断地更换砝码进行尝试和比较。

忽然，于果说："我们能不能比较一下我们班的东西？"

张锦芯说："可以。"

两个小朋友开始寻找能进行比较的物品进行比较和记录。活动区时间结束后，向小朋友们分享记录结果。

【观察分析与措施】

张锦芯和于果的计划是合作玩天平，感受天平两边托盘放多少砝码可以平衡。玩了一会儿后，于果提出想对班级其他物品进行重量比较，张锦芯非常同意于果的想法，从而进行观察、探索，用合作的方式，感受天平游戏的乐趣。

《3—6 岁儿童学习与发展指南》中指出，5—6 岁的幼儿能主动发起活动或在活动中出主意、想办法。张锦芯和于果在探索砝码重量后，提出要对科学区能放到天盘上的物品进行重量比较，各自负责距离自己近的托盘，很快就将想探索的物品进行了重量的比较，并完成了记录。

1.《3—6 岁儿童学习与发展指南》中指出，鼓励幼儿自主决定，独立做事，增强其自尊心和自信心。

(1)接受幼儿合理建议：接受于果提出的对其他物品进行重量比较的建议，并支持游戏。

(2)在保证安全的情况下，支持幼儿按自己的想法做事。

(3)区域评价环节——请两位幼儿面向集体进行天平活动小结，向小朋友介绍想法、活动的方案和记录结果，从而增强其自尊和自信。

(4)提供其他比较材料：调整游戏难度，让于果和张锦芯感受经过努力获得的成就感。

①便于比较的水果：例如苹果、橘子、冬枣等。

②幼儿感兴趣的美工区辅助物：例如毛球、奶酪棒、扣子、泡沫球、钥匙扣等，从而发现数量和体积并不是衡量重量的标准。

③幼儿感兴趣的各种材料：让幼儿寻找身边的想比较的物品，带到幼儿园进行重量比较。

2.《3—6 岁儿童学习与发展指南》中指出，理解规则的意义，能与同伴协商制定游戏和活动规则。

(1)制定天平游戏规则：鼓励于果和张锦芯制定其他的天平游戏规则。

(2)完成记录表：按照新制定好的规则完成游戏，并按照试验结果完成记录表。

(3)小组展示：将制定出来的天平规则贴到科学区墙饰上，并对结果进行展示。

小小安全员

四川省成都市高新区尚丰幼儿园　孙　琰

【观察对象】小宇　　**【年龄段/班】**小班

【观察时间】2020 年 10 月

【观察背景】

在小山坡玩时，发现几个小朋友自发地在玩“谁来救救我”游戏。

【观察目标】

幼儿社会能力及语言能力的发展。

【观察过程】

集体活动结束后，我带着小朋友们来到他们特别喜欢的小山坡上玩耍。小朋友们最喜欢从坡下爬上去，小宇很快就爬上了小山坡，并开心地说着笑着。这时，听见有同伴在山坡下大声呼救“谁来救救我？”小宇探头一看，原来是新新在喊，小宇马上走过去对新新说：“我来帮你吧！”小宇站直了身体，伸手去拉新新，但没站稳摇晃了几下，然后停了下来，等站稳后又开始拉，费了好大的力气终于把新新拉上去了，小宇脸上洋溢着开心的笑容。我走过去对小宇说：“你这样站着去拉小朋友，会不会摔下去呀？”小宇没回答我，在那站了几分钟后又去玩了。

过了一会儿，小宇又很快地爬上了小山坡，听见又有同伴在大声呼喊：“谁来帮帮我，可以拉我上去吗？”小宇马上说：“我来帮你。”这一次，小宇先试着蹲下来，然后把手伸向歆歆，用力把她拉了上来，歆歆开心地对着小宇笑，小宇也开心地对着她笑了起来。

小宇在台阶上走来走去，像一个小小的安全巡逻员，听见小树也在大声呼喊：“救救我，我快要掉下去了。”小宇大声对小树说：“你等一下，我来帮你。”小宇一个箭步就冲下去，拉着小树和他一起爬上了小山坡。小宇就这样和小伙伴们自发地玩起了“谁来救救我”的小游戏。

【观察分析与措施】

小宇是一个刚满3岁的小男孩，他平时的表现超出了一个3岁小朋友的认知和能力水平，懂得关心别人，很多事情愿意承担，也愿意帮助有困难的小朋友。在这次的“救人”行动中，小宇第一次拉小朋友是站着的，导致自己重心有点不稳，差点摔下去。但他的平衡能力很好，很快地调整了过来，顺利地把小朋友“救”了上来。小宇听见老师的问题后，进行了观察和思考。在第二次“救人”过程中，他改变了方法，尝试蹲着去“救”。通过实践小宇发现这个办法很好，开心地笑了起来。第三次“救人”时，小宇急切地冲下山坡去“救”别人，说明他是个善良又有爱心的好孩子。

用餐前的活动时间邀请小宇给班上的小朋友分享是怎样“救人”的，通过简单的话语和动作示范，让小朋友们知道正确的攀爬方法。在以后的游戏中，老师会提供更多的游戏情景，让小宇去探索，完成一些挑战性的动作；也会为小宇提供更多帮助别人的机会，去实现他助人为乐的意愿。老师也会通过游戏评选出优秀的“小小安全员”，以此方式带动班上其他小朋友学会关心他人，愿意帮助别人。

体会妈妈对自己的关心和爱

北京市密云区小博士幼儿园　李　琳

【观察对象】顾安然、陈雨菲、邓可心儿　　【年龄段/班】小班

【观察时间】2021年3月8日

【观察背景】

通过妇女节的活动，孩子们表达了妈妈爱自己的各种方式，还讨论了怎样爱自己的妈

妈，想在节日中送妈妈礼物。

【观察目标】

综合能力的提升情况；让幼儿体会妈妈对自己的关心和爱，体验想象、创造作品的快乐。

【观察过程】

区域活动的音乐响起来了，孩子们根据自己的兴趣选择了喜欢的区域。今天我重点指导美工区。因为今天是妇女节，本次活动是向所有的女士表达对她们辛苦付出的感谢，孩子们更加愿意表达对妈妈的爱。所以在今天的区域活动中，孩子们讨论“妈妈是怎样爱我们的？我们怎么样才能表达对妈妈的爱呢?”顾安然说：“每天妈妈都给我做好吃的饭，还陪我玩积木。我要给妈妈叠一个扇子，在她做饭的时候给她扇风用。”邓可心儿说：“我妈妈每天都把我的衣服洗得干干净净的，我要给妈妈画一个按摩椅，让她按摩腰。”陈雨菲说：“妈妈很爱美，每天化好妆后送我上幼儿园，我想送妈妈一条项链。”我又引导幼儿把自己要表达的爱用不同的形式表现出来。孩子们兴致勃勃地拿来材料开始动起手来。陈雨菲画了又擦，擦了又画，反复很多次。于是我就问她：“雨菲你为什么总是反复地擦呢?”她说：“我要送给妈妈一条项链，我一定要画一条特别漂亮的项链才能给妈妈。”顾安然用彩纸折好了一把扇子，然后又拿来剪刀和胶棒在扇面上粘上了红色的小细条。邓可心儿用不同的彩笔画出了一把彩色的按摩椅。她们做好后相互表达着自己的作品，还赞美了同伴的作品。看着她们那认真的样子，我心里在想：多么可爱的孩子呀，对妈妈真的是发自内心地爱。

【观察分析与措施】

现在大部分的孩子都是独生子女，家长对孩子比较溺爱，导致孩子不能理解父母的爱，教师应通过多种形式的活动，让孩子们了解妈妈对自己的爱，从而培养孩子尊敬长辈、孝敬父母的传统美德以及关爱他人、热爱劳动的好习惯。同时了解妈妈为家庭幸福和自己成长付出的艰辛，体会妈妈对自己深深的爱，升华对妈妈的爱。

1. 家园配合，让孩子参与家庭劳动，帮父母做力所能及的事情。

2. 引导幼儿不光可以用绘画、折纸、剪纸、捏轻黏土、粘贴和利用废旧物品制作礼物，还可以帮妈妈做事情。

3. 启发幼儿联想生活中妈妈还有哪些不同的爱自己的方式，自己可以用什么方式爱妈妈。在过渡环节中一起讨论。

培养幼儿良好的一日常规习惯

北京市密云区小博士幼儿园　王　俊

【观察对象】豪豪　　**【年龄段/班】**小班

【观察时间】2021年4月15日

【观察背景】

豪豪是个聪明的小男孩，有强烈的好奇心，他会用各种姿势坐椅子，站的时候需要老师拉着才不会离开自己的位置，小嘴也在不停地讲话，时刻都需要提醒他各个环节的常规要求。

【观察目标】

培养幼儿良好的一日常规习惯。

【观察过程】

上午我在给小朋友们讲绘本时，突然，教室传来“咚”的一声，小朋友们都被吸引了，寻找声音的来源。原来是豪豪在椅子上扭来扭去摔倒了，但他没有哭，而是从地上爬起来坐好。配班老师赶紧过去询问并仔细检查，看豪豪没什么大碍，于是提醒他坐好。老师才离开豪豪的身边，豪豪却没有对自己刚才的行为有所收敛，反而很开心，又断断续续发出奇怪的声音，发现有小朋友回头看他，他更受“鼓舞”。终于，然然举手向我投诉：“老师，豪豪一直在吵，我都听不清您讲的故事了！”听然然这么一说，其他小朋友也陆续表达自己的不满：“老师，豪豪还扯我的头发了。”“他的脚放在我椅子上了。”……

听到这里，我合上绘本问：“那应该怎么办呢？你们有什么方法能让豪豪坐好，和大家一起认真听故事吗？”有的孩子说：“听故事的时候要安静。”有的孩子说：“小嘴巴不讲话。”还有的孩子说：“我悄悄地提醒他。”……总结了孩子们的建议，我就鼓励他们把这些办法落实到日常生活中。

下午又到了集体活动时间，开始豪豪听得很认真，也积极参与和老师的互动，但没一会儿，他就坐不住了，小手伸出来就想摸前面的小朋友，旁边的阳阳低声对他说：“坐好。”豪豪便把小手伸了回来。可是没过多久，小脚又开始出声音，接着，月月把食指放在嘴边，做了一个安静的手势，豪豪无奈地再次坐好。活动结束时，我表扬了豪豪的进步，他低下头，不好意思地笑了。

【观察分析与措施】

1. 小班幼儿养成良好的常规非常重要。豪豪好奇心强，缺乏兴趣时注意力不集中，就会把精力集中到动作上或被其他的事情吸引，加上自制力和规则意识相对较弱，控制不住自己。

2. 孩子们对于老师的话大多数都是左耳进右耳出，老师要时刻提醒，帮助幼儿记忆，才能形成习惯。对于小班下学期的幼儿而言，多数幼儿已经形成了初步的常规意识，个别幼儿的常规培养可以采用榜样示范法、幼儿监督法及互相提示的方式进行。

3. 提醒也需要技巧，呵斥和鼓励是两种不同的常规养成方法。观察到豪豪的变化后及时表扬和鼓励，对他自己遵守常规的行为给予肯定，强化了他的规则意识，有助于常规习惯的培养。

了解五子棋的玩法和规则

北京市密云区小博士幼儿园　任晓尊

【观察对象】浚哲、奕阳　　**【年龄段/班】**大班

【观察时间】2021 年 4 月

【观察背景】

通过玩棋类游戏增进幼儿之间的友谊，以正确的心态对待输赢，提高幼儿的规则意识。

【观察目标】

在游戏中能正确地对待输赢。

【观察过程】

区域活动时间到了，孩子们都自主选择好了区域，我看到浚哲和奕阳来到益智区进行游戏，不一会儿我就听到了浚哲与奕阳发生争执的声音，“我不放这里了。”“放下就不能拿

回去了，你这是悔棋，要赖。”“哼，我不玩了。”听到这些，只见浚哲走过来生气地对我说：“任老师，我不想下棋了，我和奕阳下了两盘棋，他都输了，他还悔棋，耍赖，以后我都不想跟他玩了。”看着他气呼呼地说着，我抬头看了看奕阳，他拿着棋盒难过地坐在位置上，我先安抚了一下浚哲说：“是你太厉害了，他是想赢你一局吧。”听到我这样说，他平静了一点，回答我：“可能是吧。”“要不要再下一局，我给你们做裁判。”他点了点头，我领着浚哲来到了奕阳身边轻轻地问：“奕阳要不要再下一局呀?”奕阳很无助地摇摇头说：“我不太会下五子棋。”我这才知道原来是他不会玩五子棋。我摸摸他的肩膀说：“没关系，我和浚哲教你。”奕阳委屈地说：“浚哲不教我。”浚哲连忙说：“我教他了，可是他就是听不懂。”这时，我提议：“浚哲，我和奕阳两人和你一人对弈怎么样，让我看看你是不是真的很厉害，好不好?”他说：“没问题，我早就会玩了，我都能赢我哥和我妈了。”奕阳也同意了我的提议。我指导奕阳与浚哲对弈着，结果我和奕阳两人获胜了，奕阳开心地笑了，浚哲不服气地说：“我不服，有本事咱俩再来一局。”奕阳也开心地迎战了。

【观察分析与措施】

棋类游戏能训练幼儿的思维，锻炼幼儿的意志力，在我们班比较受幼儿欢迎，而且我发现棋类游戏在本班幼儿中对男孩儿的吸引力要比女孩儿大，有可能和性别差异有关。不过，在棋类游戏中，像五棋子、飞行棋、象棋等，会玩的孩子其实并不多，幼儿对下棋的规则、方法还没有很好地掌握。

1. 在活动室内创设棋类游戏环境，投放多种棋类。
2. 可以让能力强的幼儿带动能力弱的幼儿，如让他做“小教练”。
3. 幼儿在活动中下棋时老师进行指导。
4. 通过家园共育的方法，进行正确有规则的亲子游戏。

进餐时刻

新疆维吾尔自治区和田市嘉兴幼儿园　刁微微

【观察对象】小热　　**【年龄段/班】**中班

【观察时间】进餐时间

【观察背景】

最近几日进餐时，总发现有几个小朋友有挑食和进餐慢的现象，有的小朋友在老师的提醒下能加快速度、快速进餐，但也有小朋友还是存在偏食、挑食的现象。

【观察目标】

1. 培养幼儿良好的饮食习惯(不挑食、不偏食)。
2. 习惯需要从小培养，幼儿阶段正是良好的行为与习惯养成的重要时期。

【观察过程】

今天的晚点是青菜豆腐汤和小蛋糕。在进餐的过程中，我发现小热小朋友不像其他幼儿一样专心吃饭，而是时不时地转头望向老师。在她发现我在看她时，赶紧把头转了过去。我笑着走到小热的跟前，准备看看她在干什么时，发现她的餐盘里有一格摆放着挑出来的很多小豆腐块。

虽然小朋友们已经到了中班，但是挑食的情况也时常发生，有的幼儿不喜欢吃青菜，有的幼儿不喜欢吃西红柿，还有的幼儿不喜欢吃肉。大多数幼儿可能在家里挑食，但一到幼儿园，在大环境下就会改变挑食的情况。在我跟小热交流时，旁边的小朋友说道："老师，这个豆腐软软的，我也不太喜欢吃。"但也有孩子说喜欢吃豆腐，吃了对身体好，说着就把豆腐块放到了嘴里。

【观察分析与措施】

在进餐后，我们就豆腐展开了讨论，如豆腐是什么做成的？它的味道如何？我们为什么要吃豆腐？它对我们身体有什么帮助等一系列话题，孩子们展开了激烈的讨论。小朋友们今天回家要做的就是和爸爸妈妈、爷爷奶奶一起说说豆腐，把他们说的话记录下来，明天分享。

可以采用一些奖励机制，帮助幼儿改善挑食的不良习惯。也可以融入孩子们，说一些引导语，例如"我最爱吃豆腐，所以我都不生病，你们想和老师一样吗？那你们就不能挑食哦！"等。

还可以采用座位调节法，把因偏食而进餐慢的幼儿安排在吃饭好的幼儿身边，幼儿在受到感染和鼓舞后，会渐渐有所改变。

同时也要和家长进行沟通，告诉家长幼儿在园的表现，让家长在家多观察幼儿、引导幼儿，以便更好地帮助孩子改掉这一习惯。

《3—6 岁儿童学习与发展指南》中的健康领域提到：帮助幼儿养成良好的饮食习惯。如合理安排餐点，帮助幼儿养成定点、定时、定量进餐的习惯；帮助幼儿了解食物的营养价值，引导他们不偏食、不挑食。老师利用生活中的一些小谈话、小游戏等手段就可以使幼儿逐渐养成良好的饮食习惯。

午饭后散步

新疆维吾尔自治区和田市嘉兴幼儿园　朱志烨

【观察对象】肖云曦　　**【年龄段/班】**中班

【观察时间】午饭后散步

【观察背景】

在饭后散步这个环节，孩子的兴趣都在"谁站第一个"上，所以孩子在比赛吃饭，看谁第一个吃完，看谁站在第一个。

【观察目标】

增强幼儿的自信心，认可幼儿。

【观察过程】

肖云曦小朋友是我们班的小顽皮鬼，别看她是个小女生，但格外地好动，就是上课也坐不住的那种。每个角落都可以看见她的身影，每天都活蹦乱跳的，吃饭的时候也很贪玩，就连上课她都不安静，都要跟其他小朋友说个话。因为喜欢说话，所以每次她吃饭都比较慢。为了让老师关注她、喜欢她，让老师牵手，她排队的时候就要插队排在第一个。

今天午饭快吃完时，大部分幼儿都已经吃完饭了，我准备带孩子们去户外散步。于是我对小朋友们说：吃完饭的小朋友可以穿好外套，在楼下排队了。我话音刚落，孩子们冲到外面拿外套，穿外套，争先恐后地要站在第一个，因为站在第一个的小朋友可以牵着老师的手。为了抢到第一的位置，肖云曦不顾一切地往前挤，这时还撞到了旁边的小朋友。肖云曦本来吃饭慢，又是个性格活泼的小女生。为了激励肖云曦快点吃饭，能安安静静地坐一会儿，我便说："肖云曦，今天你来晚了，请站在后面。如果明天你第一个吃完饭，老师就奖励你站在第一个。"

【观察分析与措施】

肖云曦比较调皮，在班上不遵守纪律，到处乱跑，打打闹闹总会有她，但她也是最喜欢排在第一个位置的，喜欢牵着老师的手散步。抓住了她这个小心思，我就采取激励她的办法，每次只要她表现好，就会让她站在第一个位置上，因此她为了表现自己，改变了许多，上课回答问题也有她的声音了，下课也会和小朋友们友好地相处。

其实肖云曦是个很聪明的小女生，我们讲过的故事、儿歌，她听两遍就会了，看图讲故事也很厉害，就是有点小调皮。经过最近一段时间的调整，不管是上课还是出去玩，她的自控能力都会好一些了，这些都是值得认可的事情。

在孩子的心里，老师就是她最好的朋友，最信赖的人。孩子都会觉得只有我表现好，老师才会喜欢我，所以我们要和孩子一起努力，一起成长。

户外爬梯子

新疆维吾尔自治区石河子市实验幼儿园　刘　丹

【观察对象】贝贝、悦悦　　**【年龄段/班】**大班

【观察时间】2021 年 4 月 9 日上午

【观察背景】

最近的户外游戏中，我发现小朋友们对爬梯子比较感兴趣，就连平时一向比较胆小的贝贝今天也选择了爬梯子的游戏。

【观察目标】

幼儿愿意积极快乐地参加体育活动。

【观察过程】

贝贝和悦悦在今天的户外游戏中选择了爬梯子，悦悦说："快点贝贝!"并用手拍了拍前面贝贝的屁股。这时贝贝对我说："我好害怕呀，老师。"我没有给予回应。悦悦说："没事儿，你看着前面走就行了。"这时贝贝到了该下的地方(板子搭在梯子上的滑滑梯)。她先伸出一条腿，放回，又换另一条腿，对我说："老师您扶一下我吧。"我说："你很安全。"后面的悦悦轻轻推了一下她。"你别推我呀。"贝贝说。悦悦说："那你快点呀。"这时贝贝迈出一条腿，她又把腿收回，将脚踩在梯子上，然后另一条腿也迈出来，将脚踩在梯子上，看着我说："我害怕。"我说："加油，你可以的。"她有点害怕地把双手放在背后，从板子上滑了下来。下来以后我对她说："哇，好棒，贝贝，再来一次吧。"她抱紧双手说："我有点害怕。"但仍听到鼓励后继续排队开始第二次了。这一次，她爬上梯子后，双腿跪在板子上，很快就爬过去了，要下来时，她的双脚先踩在梯子的一侧，迈出右脚，踩在梯子的另一侧，双手扶紧梯子，然后又将右脚收回了，让左脚先过去，再让右脚过去。这时，贝贝转过头对我说："我还是害怕。"贝贝再坐在梯子上，这时右脚却卡住了，她将右脚绕了一圈才绕过去，最后慢慢再滑下来。滑下来之后看了看我，又看了看梯子，自己笑了笑，抱着头笑着说："我再也不玩这个了，好可怕。"她站在旁边看着悦悦顺利地滑下来，高兴地拍起了手。第三次，她和悦悦一起调整了板子(板子是歪的)，经过多次调试，最终将板子调在了同一水平面上。这一次，贝贝还是双腿跪在板子上一步步爬过去。这次过程很顺利，她滑下来

之后开心地大笑起来。又开始下一次，排队的时候，贝贝对前面的小朋友大声说："前面的人快一点。"这一次她是双腿悬空骑在板子上过去的，滑下来之后哈哈大笑。

【观察分析与措施】

1. 幼儿在一次次的尝试中获得了成功，前面的尝试成为幼儿的经验，为后续的成功奠定了基础。梯子上的板子离地面有1.2米的距离，这符合安吉游戏中提到的幼儿都具有冒险的精神。这个游戏锻炼了幼儿的平衡能力和身体的协调能力。

2.《3—6岁儿童学习与发展指南》中提出：5—6岁的儿童从攀登设备上下来时使用手脚并用的方法，能在攀登设备上较为熟练和灵活地做各种动作。就这一点来看，悦悦达到了这个水平，贝贝的这项能力发展得不是很好。但是我相信在今后的尝试和练习中，贝贝一定可以熟练掌握并且达到应有水平。

3. 这个游戏从开始到结束持续了20分钟，幼儿在整个游戏过程中都很开心。

4. 教师应及时给予幼儿鼓励，增强幼儿的信心。

消防员的故事

新疆维吾尔自治区石河子市实验幼儿园　宋　莹

【观察对象】亦辰、华清　　**【年龄段/班】**小班

【观察时间】2021年3月22日上午

【观察背景】

室内自主游戏过程中，在娃娃家、超市等游戏基础上衍生出游戏情节。

【观察目标】

1. 自主游戏中对幼儿合作行为的观察。

2. 幼儿游戏情节的扩展以及教师情节的跟进。

【观察过程】

游戏开始时，亦辰和华清正在玩娃娃家的游戏，过了一会儿就听到亦辰和华清说"着火啦，我来帮你们灭火吧！"只看到亦辰拿起电话拨打119后说："消防员叔叔，我们这里着火了，赶紧来救火。"他们最先进去的是娃娃家，走到里面看了看，然后大声地对着娃娃家里的"妈妈"说："你们的厨房着火啦，赶快离开这里。"这时候有很多小朋友看见了也一起跟着喊了起来："着火了！着火了！"然后他们一起跑到了教室的后面，只看见亦辰和华清从地上捡起一根白色的PVC管子当作水枪，模仿消防员用水枪灭火的样子对着门扫射起来。接着越来越多的小朋友加入了这个游戏，我就问亦辰和华清："你们的消防局在哪儿呢？"亦辰和华清说："我们没有消防局，着火了我们正在灭火。"

【观察分析与措施】

《3—6岁儿童学习与发展指南》提出：幼儿的社会性主要是在日常生活和游戏中通过观察和模仿培养起来的。在整个游戏过程中，我发现幼儿的自主性越来越强，想象力越来越丰富，从一开始的独自玩耍到慢慢变成了一群人的合作游戏。通过日常的积累，幼儿在消防方面的知识越来越多，不仅仅知道着火要疏散人群，还知道用水枪灭火。在游戏中也没有出现争抢现象，而是大家一起配合，相互合作，最终把大火灭掉。活动中幼儿能与同伴分工协作，遇到困难一起克服。

对于幼儿新出现的游戏情节，我努力做到让幼儿自主地游戏和发展，释放他们自己的

天性和能力。当他们遇到困难和问题时，作为教师我们不能急于干预，可以通过提出质疑、讨论、分享、播放视频、用绘画进行表征使幼儿充分地享受游戏带来的快乐，使游戏的情节更加丰富，满足幼儿角色扮演的乐趣。

好玩的跳棋

北京市顺义区牛栏山第一幼儿园　王　佳

【观察对象】文文、小宇　**【年龄段/班】**大班

【观察时间】2019 年 5 月 10 日

【观察背景】

棋类游戏是大班孩子非常感兴趣的，不仅能锻炼孩子的思维发展能力和逻辑能力，还能促进交往。我们在益智区投放了跳棋游戏，通过这样的方式让每个孩子在玩中发展自己的思维意识，让逻辑思维发展起来。棋类游戏投放后得到了孩子们的喜爱。跳棋有一定的规则，可以培养幼儿的规则意识。

【观察目标】

1. 培养幼儿的逻辑思维能力和解决问题的能力。
2. 促进幼儿语言表达能力的发展，提高幼儿的合作意识。

【观察过程】

今天的区域活动开始了，文文和小宇选择了益智区。文文选择了一盒跳棋说："我们玩这个吧。"小宇说："可是我不会玩啊。"文文说："没关系，我教你玩，我在家玩过这个，这是跳棋。"他们分别选择了红色和绿色的棋子，文文对小宇说："这个得这么玩，只能隔一个子走一步，如果前面没有的话就只能走一步，要是有很多一个一个隔开的，就可以一直一直走了。"文文说完以后就说："那我先开始吧。"他拿起一个红色的棋子向前面走了一步。小宇有些犹豫，他拿起后面的一个棋子往前面走，中间隔了两个棋子。"不对不对，只能隔一个走，必须要按照线路才能走呢。"文文告诉小宇正确的方法，然后他俩又玩了起来，文文一边玩一边给小宇讲解方法，还说："你不能着急，这个就得看好了才能走，这样才能走得更远。我爸爸说玩这个不能着急。"他们一直在玩跳棋，文文的跳棋都要走完了。小宇也在文文的指导下，渐渐地明白了跳棋的玩法，两个人脸上不时地出现兴奋的神色。

【观察分析与措施】

《3—6 岁儿童学习与发展指南》中指出，5—6 岁幼儿能发现事物简单的排列规律。跳棋可以锻炼幼儿的思维发展能力和逻辑能力。在本次观察过程中，文文有过玩跳棋的经验，知道跳棋的基本规则，并能把这些规则说给小宇听，在发现对方走错了的情况下能第一时间发现并且纠正过来，说明他对这个规则已经很熟悉了。小宇没有接触过跳棋，但好奇心和兴趣促使他愿意去尝试、学习和探究。通过文文的分享以及两个人之间的合作交流，让他们共同感受到探究发现的乐趣，促进了两个人思维能力和语言表达能力的发展。

教师对于幼儿的这种分享学习给予肯定和鼓励，在区域中增加相关棋类游戏的玩法示意图，引导幼儿创设不同玩法。幼儿对规则熟悉后，可通过比赛的形式再次激发幼儿的兴趣。建议家长在家多与幼儿进行类似的游戏，促进幼儿的发展。

幼儿自主游戏之“初玩棋”

山西省吕梁市交城县天宁镇坡底幼儿园　曹旭丽

【观察对象】棋区的幼儿　　**【年龄段/班】**大班

【观察时间】2021年3月10日

【观察背景】

在一次来园活动时间，孩子们正在画自己喜欢的动物。老师无意间发现豆豆和涛涛两位小朋友并没有画画，而是在悄悄地玩五子棋……基于观察到的两个孩子玩棋的高涨热情，于是老师在班级开辟了一个小角落设为棋区供孩子们游戏。

【观察目标】

观察幼儿探索棋的玩法，适时根据幼儿兴趣创设区域活动。

【观察过程】

棋区投放了牛角棋、五子棋、跳棋、飞行棋等各类棋。

淼淼、玥玥分别将白色和黑色棋子摆放到棋盘的每个点点上。

林林独自以黑白相间的形式将棋有规律地排序。

可可在棋盘上摆成了一条长长的“蛇”。

小启、丞丞和垚垚三个小朋友商量着、讨论着，在桌子上拼摆着一个“房子”。时不时给老师介绍着：“老师，这个房子的房顶是半圆形的。”“我们摆的这个房子这么大。”“我们在房子里面再摆一个人好不好?”“可是我们还需要好多小石头。”

看到小朋友们把五子棋玩得五花八门，颇有经验的豆豆走过来，大声说：“这个五子棋不是你们这么玩的，要两个人才能玩。涛涛，咱俩一起玩吧，他们不会玩。”于是正在语言区游戏的涛涛便跑了过来和豆豆一起玩了起来，有模有样，俨然两个小棋手，其他小朋友见此情景也围观起来。

【观察分析与措施】

《幼儿教育指导纲要(试行)》指出：幼儿园应当以游戏为基本活动。自主游戏是幼儿在一定的游戏环境中，根据自己的兴趣和需要以快乐和满足为目的，自由选择、自主展开、自发交流的积极主动的活动过程。在初玩棋的过程中，虽然孩子们对五子棋比较陌生，甚至都还不知道这是棋，所以，不能称其为下棋。但是，由于孩子们对五子棋有浓厚的兴趣，他们根据自己的兴趣和想象进行自主游戏，以一物多玩的形式不断探索棋的各种玩法，从而获得游戏的快乐和满足。

正是因为豆豆有一定的玩棋经验，在发现别人和自己玩法不一样的情况下，自主选择同伴进行常规下棋，老师没有进行过多的干预，也没有自由放任，让孩子们更好地开展自主游戏。

1. 支持幼儿游戏行为

(1)老师对孩子们五子棋的创意玩法给予肯定，培养了他们的想象力和创造力。

(2)支持幼儿自主选择。在区域游戏时，支持幼儿自主选择同伴和材料进行游戏，更好地锻炼了幼儿的自主选择能力和社会交往能力。

2. 家园共育

在离园时间通过亲子游戏“玩棋”，家长能够一对一指导，从而使孩子更好地认识棋，掌握棋的常规玩法，为更好地开展班级棋类游戏活动做铺垫。

有心的等待

河南省濮阳市实验幼儿园　张咏梅

【观察对象】丁丁　　**【年龄段/班】**中班

【观察时间】2019 年 9 月 24 日

【观察背景】

区域活动时间，丁丁在做区域计划时想搭一个烤羊肉串的架子。于是我对他进行了观察。

【观察目标】

幼儿自主解决问题的能力。

【观察过程】

丁丁来到建构区，选了两块圆柱体积木，又选了一块薄薄的长方体积木，还选了一块镂空的扁平积木，丁丁把两块圆柱体积木放在地上，又把长方体积木架在两个圆柱体上面，可是总是掉下来，他尝试了三四次，还是没成功。只见他眉头紧皱，显得有点不耐烦了，我发现了他遇到的困难，本想走近给予指导，转念一想又止步了，继续站在旁边观察。

丁丁继续尝试着，他先将两个圆柱体分别向两侧挪了挪，接着在上面盖上长方体积木，这次放稳了，丁丁开心地笑了。他用手碰了碰圆柱体，圆柱体也稳稳的，便很满意地拿来镂空的扁平积木放在最上面，然后拍了拍手高兴地对我说："老师快来看，烤羊肉串的架子搭好了。"

我的等待是值得的，丁丁最后通过自己的努力解决了问题。在这次观察中，我发现丁丁有明确的搭建想法，能将生活中的经验迁移到游戏中，他有目的地选择游戏材料，在自主探索中获得丰富的经验，例如：他选择了一块镂空的扁平积木当作烧烤肉串的篦子，拉大两个圆柱体中间的距离以增加支架的稳定性，等等。在丁丁"失败—调整"的操作中，我看到了他的专注、坚持、不怕困难等积极的学习态度和良好的行为倾向。这些发现也是我下一步有效地支持丁丁游戏、学习的依据。

这次观察也让我对教师在幼儿游戏过程中的指导策略有了新的认识和思考，我认识到有时等待孩子自主去探索、解决问题也是一种支持，这种支持给孩子更广阔的空间，不仅让孩子得以自主发展，还让孩子获得了坚持、锲而不舍等品质。当然，等待不是盲目退出，不是放手不管，要求老师带着目的对孩子进行观察，了解孩子游戏的意愿，支持孩子根据自己的学习节奏进行探索，从而获得自主发展。

告　状

四川省成都市第十四幼儿园　王婧欢

【观察对象】中班幼儿　　**【年龄段/班】**中班

【观察时间】2020 年 11 月 18 日

【观察背景】

最近的活动中，孩子们告状的情况频繁出现，老师的耳边一直围绕着告状的声音："老师，××踩我脚了！""老师！××打我！"一开始，老师听到这些告状的声音时，会了解孩子们争执的原因，帮他们弄清楚谁对谁错，然后教育一番，帮助他们化解矛盾。但是，老师一次次的调解并没有使"告状"现象减少，每天告状声依然不断出现。

【观察目标】

1."告状"现象发生的原因。

2. 作为老师怎样处理事情能够减少"告状"现象。

3. 作为老师怎样回应能解决"告状"带来的问题。

【观察过程】

区域游戏时，艺涵在建构区用纸杯和牙膏盒搭了一个高架子，元宝坐在艺涵身旁叠薯片瓶子，挡住了艺涵的搭建，艺涵推了元宝一把，元宝哭着向我告状说艺涵打她，我把艺涵叫了过来："艺涵，你为什么打她？""我没打她，她碰到我的楼房了。"我又问："你是不是想让她让开一些？"艺涵点点头。"你想想，如果你不用手推她，还能怎么告诉她？""请你让一下。"我听了摸着艺涵的头说："对啊！这样她不就不会告你的状了吗？"艺涵点点头说："我以后不这样了。"活动结束后，我让所有小朋友坐成圈，讲了元宝告状的原因，告诉他们："现在你们是中班的孩子了，大孩子是要学会自己去处理问题的。所以从现在开始，老师希望你们能够自己解决和朋友间的不愉快。你们看，这不是能够解决得很好吗？相信我们班的小朋友都能够自己解决问题，遇到小事不会来和老师告状了对不对？"孩子们异口同声地回答"对！"

【观察分析与措施】

我开始反思自己之前的教育方式是否有误，老师的调解反而让孩子们有了依赖性，每次遇到问题，第一个办法就是告诉老师，让老师来"伸张正义"。为了改善此问题，我决定用另一种方式让孩子们学会独立解决问题，不再"告状"。《幼儿教育指导纲要(试行)》中指出：关心尊重他人，会用礼貌的方式向长辈表达自己的要求和想法。中班幼儿的行为问题增多，更多的是源于中班幼儿社会交往能力的缺乏。作为老师，要不断观察幼儿的社会交往情况，并有针对性地进行指导，使幼儿的社会交往技能不断改善，从而减少行为冲突问题的发生，保证幼儿顺利进入"社会化"。本案例中孩子们既认识到了告状不是一件好事情，又学会了独立解决问题。在孩子成长的路上，有阴天也有阳光，老师要用细心和耐心帮助孩子们消散小乌云，让孩子们在阳光下健康地成长！

爱交流的楠楠

四川省成都市西南民族大学幼儿园　周　贤

【观察对象】楠楠　　【年龄段/班】大班

【观察时间】2021 年 4 月 25 日

【观察背景】

楠楠是班级的小男孩，性格活泼，喜欢与小朋友沟通交流。最近，发现楠楠在课堂上出现和小朋友说话的情况，请楠楠起来回答问题也会出现答非所问的现象，因此根据这一情况进行观察并分析。

【观察目标】

观察幼儿在课堂上的注意力情况。

【观察过程】

在学习《绝句》这一课时，楠楠坐在第一排右边的第一个位置，在课堂的导入部分，能认真地随着老师的问题进行回答。到了课程的中期部分，楠楠就开始和旁边的小朋友窃窃私语，期间向楠楠提问“请楠楠来根据图片解释一下‘一行白鹭上青天’是什么意思呢”。楠楠的回答是“两个黄鹂鸣翠柳，一行白鹭上青天”。楠楠坐下后，坐了有两分钟，又开始和旁边的小朋友说话了……

【观察分析与措施】

从观察可以看出，除去导入部分的 5 分钟时间，在 20 分钟内，楠楠同周围的幼儿说话 5 次，每次说话时间为 30 秒至 1 分钟不等。楠楠这种行为表现的主要原因有：①自制力较差。楠楠自我控制的能力比较差，表现在上课乱说话、做小动作，甚至转过身和后面的小朋友说话。②溺爱。在家里爸爸和妈妈特别溺爱楠楠，平时犯了错误与家长沟通后，家长较少对他进行有效的引导，养成了楠楠以自我为中心的习惯，上课想说话就说话，想做小动作就做小动作，意识不到这样做会影响老师讲课和同学们听课。③缺乏学习兴趣，没有兴趣，上课就可能乱说乱动。解决楠楠的纪律问题，应该从培养、强化孩子的学习兴趣入手。

1. 减少外界干扰。孩子不能集中精力听讲，那是因为外面可能有更吸引他的东西。所以，在上课的时候，一定要保持相对安静，孩子不被外界干扰，自然就会集中精力听老师讲课了。

2. 合理安排作息。必须合理安排孩子的作息。比如孩子上课前没有休息好，自然不能集中精力听讲。所以，孩子上课前，最好能有足够的睡眠。在上课的时候，专注于一件事情，这样也会让孩子不手忙脚乱，注意力集中。

3. 简洁无杂物。孩子学习或者听课精力无法集中，也有可能是他身边有太多的东西吸引他。

4. 引导幼儿在合适的场合与小朋友进行交流，保持课堂纪律，学会认真倾听。

小嘴巴亲一亲

北京市西城区棉花胡同幼儿园　李欣文

【观察对象】元宝　　【年龄段/班】小班

【观察时间】10 月 16 日

【观察背景】

小班幼儿手部小肌肉群还没有发育成熟，有些动作还不够灵活，雪花插片的连接对小班幼儿来说是一个难点。

【观察目标】

1. 幼儿怎样连接雪花插片。

2. 幼儿在游戏中的坚持性。

【观察过程】

在游戏活动时，元宝和祎祎在抢一个球，这个球是老师用雪花插片插成的。老师对元宝和祎祎说："你们喜欢这个球吗?"元宝和祎祎一边点头一边说喜欢。"一个球不够玩的，我们再插一个好不好?"祎祎走开了，元宝拿来两个插片，一手拿一个插片使劲往一起对，可是对了半天，两个插片也没有插在一起。老师对元宝说："你看看小插片上有个小嘴巴。小嘴巴和小嘴巴亲一亲。"元宝依然一个劲儿地往一起对呀对，依旧没有对在一起。老师拿来两个插片，让元宝看清楚插片上面的小嘴巴(缺口)在哪里，然后小嘴巴对着小嘴巴插。对准一使劲，两个插片就插在了一起。元宝也学着老师的样子把两个插片对在一起，可是因为两个小缺口没有对上，他始终没有连接上两个小插片。元宝皱起了眉头，这时老师对元宝说："你把小插片转一转，让小插片的嘴巴对齐。"元宝旋转了一只手的手腕，两个小插片的小嘴巴"亲"在了一起，再一使劲两个插片终于连在了一起。得了要领，元宝又拿来一些插片，一个接着一个地插，插成了一列长长的火车。元宝拿给老师看："老师，您看我插得棒不棒?"元宝脸上挂着得意的笑容，老师给元宝竖起了大拇指。

元宝从活动时间开始一直插到活动时间结束，他插了一列很长很长的大火车。

【观察分析与措施】

1. 从元宝最初游戏时插插片的情况看出，元宝对连接两片插片不得要领。

2. 在元宝插插片的这一过程中，他是通过直接感知、亲身体验、实际操作来学习的。元宝通过反复实践，才习得要领。

3. 当元宝在两片插片连接中不得要领时，老师介入，通过示范与语言指导，帮助元宝掌握两片插片连接的方法。

4. 在活动区小结时，请元宝当小老师，教其他小朋友怎样把两个小插片插在一起，给其他小朋友启示，同时体验成功的喜悦。

5. 与家长沟通，交流元宝在益智区学会了连接两个插片，并且插出长长的大火车。元宝坚持，不放弃，是一种可贵的学习品质。

蒸包子

云南省玉溪市红塔区第二幼儿园　陆睿英

【观察对象】希希、皓皓、润润、琪琪　　**【年龄段/班】**小班

【观察时间】户外游戏活动时

【观察背景】

轮到我班孩子到户外轮胎区域游戏，孩子们兴奋地搬了轮胎滚着玩、坐着玩、跳着玩，玩得很开心。

【观察目标】

1. 游戏中孩子的创造、想象。

2. 游戏中孩子的交流与互动。

【观察过程】

希希把轮胎滚到场地上，遇到滚着轮胎迎面走来的皓皓，希希笑眯眯地对皓皓说："皓皓，把你的轮胎给我搭房子吧。"皓皓说："好吧。"他们一起把两个轮胎摞在一起。之后，皓皓跑了，希希又跑去一次性搬来三个轮胎，垒高成一摞。她扒着最上面的轮胎，看看轮胎内圈里面，接着右手边拍着轮胎边绕着轮胎走了一圈，脸上露出了笑容。

润润滚着一个轮胎走了过来，希希看见了，笑着问："润润，你看得见我的轮胎里面

吗?”润润说:“我看看。”他走到垒高的轮胎旁边,伸头往里看,说:“我看不见。”希希说:“你太矮了。”润润说:“你的轮胎有几个?”希希偏着身子看看轮胎,说:“有……”说着蹲下身子,伸出右手食指点着轮胎数:“1、2、3、4、5,有5个!”润润看看轮胎摞,把他的轮胎搬来平放到旁边,站到轮胎上,扒着最上面的轮胎往里看,说:“里面什么也没有。”希希也跟着往里看,听到润润的话回复说:“是你看不见。”润润跳下来,扶起轮胎滚着走了。希希绕着轮胎摞扒着往里看,边看边说:“就有,你看不到。”

琪琪走过来看到希希,问她:“你要和我玩吗?”希希说:“不玩,我要蒸包子。”琪琪问:“你有哪些包子?”希希说:“有肉的,还有圆圆的,还有馒头。”琪琪说:“我想要买。”希希说:“包子还不熟。”琪琪说:“哦。”说完便走了。

希希边扶着轮胎摞绕圈,边用右手食指在上面点着,绕了一圈,琪琪走过来问:“包子熟了吗?”希希歪着头说:“不熟。”琪琪说:“太慢了。”希希说:“好的就慢,你去别家买。”琪琪走了。

【观察分析与措施】

轮胎是孩子们喜欢的玩具,他们能够投入游戏。小班孩子的游戏具有独立性、随意性,想到什么就玩什么,希希开始时想搭房子,后来在看轮胎摞时又想到了要蒸包子,在游戏的过程中一直在思考、调整。小班孩子的社会性也有了发展,希希能结合生活经验,认为蒸包子的蒸笼是摞高的、好的包子熟得慢、让来买包子的顾客到别家买,游戏生动、丰富、有趣。在游戏过程中,希希能主动和别的孩子交流,还能够坚持自己的想法,是一个有想法、有主见的孩子。

针对希希的游戏,教师可以引导她学着吆喝叫卖,吸引更多的孩子来买包子,让游戏更加有趣,让孩子们在游戏中的交流互动更加自然、和谐。

沙锤的声音

中国人民解放军78438部队八一保育院　魏洪雨

【观察对象】小班幼儿　　**【年龄段/班】**小班

【观察时间】2021年4月

【观察背景】

本周在表演区新投入了沙锤,试图通过打击乐器来培养幼儿的节奏性,同时发现声音与动作力度的关系。但是幼儿只是拿着乐器随意摆弄,或是选择其他乐器代替。

【观察目标】

观察小班幼儿的探究性。

【观察过程】

今天,小朋友们进区之后,立刻开始盛装打扮,随着音乐翩翩起舞。只有你没有打扮,来到乐器架旁,拿了一个沙锤。只见你拿着沙锤在自制的钢琴上乱敲打了起来。过了一会儿,你敲打得更大声了,其他3位小朋友都看着你,馨馨很生气地对你说:“你小声点儿嘛。”

我一直观察着你,正思考是否要介入时,你拿起沙锤轻轻地敲了起来,一下,两下,突然你惊奇地看着沙锤,接着又轻轻地敲了一下,耳朵立刻凑上去听,这样的动作又重复了好几次,你想要听得更清楚,于是就拿起沙锤在耳边敲了一下,突然发出了疑问的语气:

“咦?”接着你的嘴角开始上扬，可能是发现了沙锤“沙沙沙”的声音，接着你不停地摇着手中的沙锤。一个沙锤已经满足不了你了，你又选择了一个相同的沙锤，重复地在自制的钢琴上敲，很快，你改变了方法，把左右两只手的沙锤碰在一起敲，既能听到“沙沙沙”的声音，还能听到“嘭嘭嘭”的声音。这时，你满意地笑了。

【分析与措施】

1. 刚开始表演时，馨馨很生气地说：“你小声点儿嘛。”你没有生气，也没有沮丧，而是听取同伴的建议，开始轻轻地敲击沙锤。对于小班的幼儿来说，这是非常难得的品质。

2. 当幼儿发现沙锤能发出“沙沙沙”的声音后，想要听得更清楚，就拿到耳边来敲击。其实幼儿已经发现了声音的秘密，当我们离声源越近，声音就会越大，听得就会越清楚。

3. 探究沙锤响声的过程并不顺利，但是幼儿遇到了困难没有放弃，在不断的探究中发现了摇和敲两种方法。最后幼儿选择了用摇的方法来演奏沙锤。幼儿坚持不懈的精神真棒。

幼儿这么喜欢沙锤，我可以提供简单的节奏卡片来引导幼儿有节奏地敲打或摇沙锤。有可能幼儿喜欢的是沙锤发出的响声，我也可以提供砂蛋或装上豆子的塑料瓶等乐器，让幼儿不断地探究。对于幼儿没有打扮的情况，提醒幼儿再次进表演区时，可以观察一下其他小朋友的着装，希望幼儿也兴致勃勃地打扮自己，然后帅帅地和同伴一起参加表演。

难倒卡卡的“穿线板”

广东省深圳市龙岗区龙岗街道金地凯旋幼儿园　叶　曼

【观察对象】卡卡　　**【年龄段/班】**小班

【观察时间】2020 年 10 月 18 日上午

【观察背景】

小班年龄段的幼儿自理能力较弱，为加强幼儿在生活中的自理能力，幼儿园开展了“技能月”系列活动。本阶段的幼儿处于自我意识萌发时期，喜欢自己的事情自己做，带着许多“好胜心”。在进行穿线的练习活动时，卡卡常常会去触摸穿线板，但不愿去尝试，多次观察后我思考如何才能帮助卡卡主动尝试，完成穿线活动。

【观察目标】

1. 大胆勇于尝试，提高幼儿的穿线能力。

2. 学会寻求同伴帮助，遇到困难不怕失败。

【观察过程】

区域活动开始了，卡卡选择进入生活区。卡卡很快来到材料柜选择了穿线板，对着不同形状的穿线板他的兴趣很浓厚，忍不住和身边的小伙伴嘟嘟讨论：“这个是葡萄的形状，咬一口好好吃呀!”“你还想吃什么水果呢?”嘟嘟笑了笑，也拿起穿线板进行练习。开始时卡卡也很认真，但是尝试好几次后，线始终穿不进洞洞里，情绪有些不耐烦了，看见嘟嘟成功穿过去后更着急了。嘟嘟想帮助他，卡卡瘪着小嘴说：“不要你帮忙，这是我拿到的。”尝试许多遍后情况还是不太理想，卡卡选择离开生活区。

【观察分析与措施】

卡卡是一位争强好胜的孩子，对自己的能力保持积极的态度，但多次尝试的失败给他带来了挫败感，打消了穿线板练习的积极性；在穿线的过程中存在一定的难度，卡卡练习时无法尽快将线从线板拉伸出来，精细动作发展有待加强；嘟嘟比他先完成穿线，让他觉得自己的能力不如他人，因而产生消极愤怒的情绪，不愿继续游戏。

1. 适当地增加同类材料中不同难度的穿线板，完成后及时鼓励与表扬，让卡卡感受穿线成功后的喜悦感。

2. 利用小组互动的形式让卡卡学会穿线的正确方法。

3. 老师以同伴的身份介入，寻求卡卡的帮助，让他明白“寻求帮助”不是一件很丢脸的事，以此来保护卡卡的自尊心，从不同的角度引导卡卡遇到困难不怕失败，相信多尝试就能成功。

4. 及时与家长进行沟通，使其了解孩子的在园表现，家园合作帮助卡卡学习生活技能，提高自理能力。

案例分析

中班建构游戏“城市立交桥”

云南省昆明市官渡区北京路幼儿园幸福城校区　普　静

一、案例背景

在生活中每个孩子都有乘坐多种交通工具出行的经历，他们走过和见过很多公路及各种桥梁。在我班“来来往往”主题活动中，芊芊、昊南和几个孩子在建构活动过程中玩起了开汽车的游戏。两个小朋友的车在十字路口中间停了下来，互不相让，都要争着自己先过去，还说等红绿灯时间太长了。在他们争执了一段时间后我启发孩子们：能不能想一个既不用等红绿灯又能安全过路口的方法？芊芊提出了“从高架桥上走，就没有红绿灯，应该建一座桥”的想法，由此产生了搭建“城市立交桥”的建构活动。

二、案例描述

芊芊、昊南高兴地进入了建构区，在芊芊的提议下搭了一座桥，大家玩起了开汽车的游戏。玩了一会儿觉得所有车一起从桥上过，还是有点挤，于是把车停了下来。我问他们："怎么不开车啦?"芊芊说："桥太挤啦，不好开。"我接着问："为什么挤呀?"昊南说："只有一座桥。"我观察到他们只是按照以前的经验把平面道路架空变成了单层桥，而没有搭建出架空穿越的立交桥。“老师发现有很多漂亮的立交桥，我们一起来看一看好吗?”我将立交桥图片交给孩子们观摩，引导他们看为什么这些桥叫“立交桥”，这三个字分别是什么意思?是怎样架空和穿过的？立架桥的主体结构与平面桥又有什么不同？怎样用积木等材料来表现立交桥？他们看得非常认真，边看边小声议论。孩子们找来材料，在原先搭好的桥底下搭了横穿的公路，并准备在第一层桥上搭建第二层桥。但在搭高架桥的时候出现了一些小状况，由于挑选的几块桥板材料厚度不一致，在放桥板时连接处总是不平整，反复试了几次都不行，孩子们渐渐地失去了兴趣。芊芊搭的桥也只搭了引桥的上口而没有搭建下口，变成了断头路。这时我扮作兔宝宝说："好漂亮的立交桥呀，兔宝宝要开车上桥来参观一下。"小朋友们一下集中到我的身边。我开车走到昊南搭的桥面上故意说："道路很颠簸，车子很难开呀！是桥面不平，连接处还有很大的缝隙。""那该怎么办呢?"昊南左右环顾发现了旁边柜子上有一盒擦嘴的纸巾，他马上把纸巾盒拿了过来，并叫芊芊帮他用纸巾揉成小纸球塞在缝隙里，然而，这一举动不但没有把缝隙填平，还把桥撑垮了。看着垮塌的桥板，昊南一脸茫然，默默地蹲在一边。此时，芊芊有了新的发现："这块板子太厚啦!"芊芊兴奋地说。昊南听到她的提醒，也凑过来看，随后拿起两块桥板比了起来，的确是两块桥板厚度不一致。昊南又重新取了几块木板来尝试，最后挑选了和前一块厚度一样的木板放了上去，桥面终于平整了，缝隙自然也就很小了。然后我又继续把车开到没有搭下口的桥上说："咦，汽车会开到哪里去呀?"芊芊将我放在桥上的汽车往前开，也明白了自己搭了个断头路，随后也找材料重新搭出了一个下口。但是用一块木板直接搭到地面，坡度很陡，车子很快冲下坡翻倒了。我说："你们把立交桥搭好了，真不错！但是汽车下桥时速度太快了，一下就翻了，想一想为什么会出现这种情况呢？是什么原因造成的？应该怎样解决？等下次游戏再重建一次‘城市立交桥’好吗?"随后孩子们又把他们搭的桥认真检查了一遍，更换了一些认为不合适的材料，然后又找材料把自己搭的桥与其他小朋友搭的桥连接起来。

三、案例分析

本次建构游戏活动为幼儿准备了不同高矮的柱式材料(易拉罐、薯片筒、柱式积木等)，长短不一的板型材料，半圆形积木材料；在墙面上粘贴了弯曲平铺、架空连接、架空穿过、转向连接的技能图示；粘贴了收集的立交桥图片。两位小朋友对建构活动非常感兴趣，游戏活动时大多选择建构区活动，他们有一定的建构基础和建构能力，在搭建时有一定的自主性和想象力，能根据自己的想法大胆地利用各种材料建构自己喜欢的物体，但对于难度较大的结构技能掌握得还不够，建构过程中遇到问题和困难时，缺少解决办法，影响了结构目标的达成。

四、案例措施

中班幼儿的生活经验和认知还不够丰富，对一些事物的观察是局部和片面的，对一些物体整体概念的形成仍在积累之中，所以整体结构安排还不够完整。芊芊、昊南过去进行的建构游戏多为平面搭建，初次接触立体建构，开始只会平行架空，没有穿过架空的意识，凭经验认为只要用不同高矮的柱体把木板架空就是“立交桥”了。在游戏材料的选择上也有一定的随意性，在运用材料进行连接拼搭时，连接处会出现缝隙和不够平整及引桥过陡的问题。在游戏情景里，反映出两位小朋友喜欢参加建构活动，有明确的建构目标，对所要建构的物体有一定的造型经验，通过反复进行的建构游戏活动，幼儿能运用斜坡、直角转向和半圆转向进行连接；会选择适宜的材料做不同层次的桥墩，用穿过的方法使不同层面交叉起来；在完成搭建的时候会取一辆汽车对桥梁进行检测。但小朋友在遇到困难经过几次尝试都没能解决时，缺乏参与游戏的持久性甚至有放弃游戏的想法，后来是在同伴的帮助下才达成建构目的。

五、感悟与体会

中班幼儿已具有一定的建构水平，手部小肌肉动作逐渐发展，思维、生活等经验更加丰富，建构的目的性在增强，建构的坚持性也在增强，建构水平由单一的建构向整体布局过渡，由平面建构向立体建构发展。在活动过程中，教师仅是为幼儿活动提供丰富的材料，积极为幼儿顺利开展活动创造必要的条件，没有直接左右孩子如何做，而是掌握好适时的机会进行恰当的启发和引导，让孩子自己发现问题，主动去探究出现问题的原因和找出解决问题的方法。引导幼儿学会有目的、有计划、有顺序地搭建，知道了为什么要架桥和怎样架桥的原理，对幼儿学习架空连接、架空穿过等建构技能有很大的帮助，能进一步促进幼儿空间概念的形成。幼儿在探索、发现问题和解决问题的过程中，在与同伴合作共同完成一个物体的搭建过程中，丰富了幼儿的经验，培养了幼儿的团结互助精神，进一步激发了他们的游戏兴趣，并在体验成功的快乐的同时，使自己的认知水平和动手能力得到提高，整个活动取得了较好的效果。教师指导的方式和方法也不是一成不变的，要随着幼儿的不同表现和场景及时进行调整，“耐心观察、适时介入”，始终以启发式的引导方法引导孩子，注重建构过程带给孩子的教育“价值”，而非去追求建构的结果。

快乐扇小球

北京市第四幼儿园长阳分园　高　立

一、案例背景

在开展“扇小球”这项室内游戏的过程中，孩子们能够按照规则游戏，在锻炼上肢、感受游戏的过程中，不断调整扇小球的游戏材料，形成了迷宫式、路线式的游戏方式。为了了解幼儿的游戏状态以及新的推动点，支持幼儿的深度学习与发展，教师在幼儿自主游戏时，进行了有效的观察。

二、案例描述

今天，张浩然和于承烨一起拿着小球和几条长积木开始摆起迷宫，进行扇小球游戏。张浩然快速、用力地扇着，不一会儿，小球滚到了于承烨一边，于承烨说："我比你高这么多，但是没有你力气大，我又输了。"张浩然说："我觉得我比你扇得快。"他看了看于承烨，又说："咱们这个迷宫其实没有意思，咱们弄一个滑道吧，看谁能扇上去。"于承烨说："好呀。"说完，他们拿了一些同样长度的积木，摆成了楼梯的样子，同时，在两边用其他长短的积木进行了阻拦，将用来做滑道的积木摆好。然后，他们来到低处，开始扇小球，让小球沿着滑道从下往上滚动。小球沿着积木向前滚动，掉在了桌子上，于是，张浩然又取来积木摆成了一条路，并在路边用积木进行了围挡，他说："看！这次有了缓冲，一定可以！"他迫不及待地开始扇小球，小球成功滚动到了顶端，他们开心地鼓起掌来，于是轮流开始尝试用这样的方式扇小球。于承烨取来了拱形门样式的积木，架在了路中，这一次，张浩然依然成功了。于承烨扇小球，可是小球到中途就会掉下来，于是他反复尝试了3次。张浩然又来尝试，依然成功了，于承烨纳闷地问："怎么回事儿?"樊子妮在一旁看了半天，说："一定是因为那个拱形门碍事儿。"张浩然拿开了拱形门，这一次于承烨成功地将小球扇到了顶端。

三、案例分析

幼儿是游戏专家，他们对扇小球游戏非常感兴趣，整个过程幼儿在开放、自然、宽松的环境中按照自己的意愿进行探索与游戏，将积木作为低结构材料无限组合，在不断地调整与验证中持续探索。

自由游戏，在宽松的氛围中学习。张浩然能够考虑同伴的心情，主动发起新游戏，且新游戏不是以两人擂台的形式进行，而是一起制作关卡，一起朝着一个目标进行游戏，充分理解、尊重同伴，关爱同伴，也说明孩子在平时积累了很多与滚动、滑道、坡度相关的经验，让他能够通过游戏创造新的游戏。在过程中他们的创造、发现、思考以及解决问题都伴随着自由自在的愉快体验，这样的学习来源于成人的充分信任，来自于可掌控的环境中的自信。

持久探究，在经验中学习与反思。幼儿从自主收取材料，到自主有目的地选择积木进行小球关卡的自主设置，过程中能够合作、商讨，认真而专注。

在创造游戏的过程中，幼儿能够通过观察，发现小球易滚动从而降低了扇动过程中其他影响因素，体验成功后，孩子们很兴奋，但是摆了拱形门后，两人有不同的体验。首先，幼儿没有放弃，反复尝试，产生了质疑。为了验证，张浩然再次成功地尝试，也激发了孩子们进一步反思，当同伴提醒后，进行调整，再次成功。这里又蕴含着风力、阻力的教育目标，幼儿的尝试也引发了他们关于风力的思考。

四、案例措施

持续关注，使学习纵深发展。对于幼儿的表现，及时给予学习品质与幼儿之间情感传递的鼓励。录制视频，记录课程过程，便于后续集中具体的分析。对于创造性游戏的规则与玩法，幼儿进行讨论与梳理，将经验传递给全班幼儿，便于集体经验的形成以及新经验的产生。

与幼儿讨论创作扇小球游戏册，从迷宫过渡到小球上山坡，可投放记录纸、教师拍的照片，记录幼儿的设计以及过程中的疑难点。

对于游戏材料，投放轻重不一样的球、不同高度的拱形门，以及其他低结构的材料，便于幼儿在操作中探索风力、阻力、风向之间的联系，发现其中的关系，使孩子懵懂的感觉体验变为清晰的思考过程。

鼓励家长在家与幼儿一起进行亲子游戏，鼓励幼儿自创关卡进行游戏。

五、感悟与体会

发现儿童的力量。本次案例中，幼儿完全自主进行游戏，教师能够在欣赏中观察、记录幼儿的游戏过程，并发现幼儿细微处的情感、游戏中的目标价值。作为幼儿的支持者、合作者，教师的观察与环境、材料的支持起到了至关重要的作用。

幼儿做游戏的主人。幼儿在整个游戏中，自己决定拿什么材料，怎样摆，没有按照原有游戏内容进行，说明幼儿生活中的已有经验支持他们深入地探索，在宽松、信任的环境中进行自主探究，并发现游戏中的奥秘。自己做主，兴趣是自发的，游戏是专注的，分享是真切的，关心与尊重是自然流露的！

生活经验帮助幼儿与教师遇见惊喜！幼儿游戏的内容与方法，与他们的生活中各种经验密不可分，作为教师要引导家长及时帮助幼儿建构新经验，丰富经验，并致力于将一个个经验串联起来，帮助幼儿获得更为完整的经验，支持幼儿的深度学习与发展，并在过程中肯定幼幼、师幼间美好的情感！

皮影的故事

北京市第四幼儿园长阳分园　王　萌

一、案例背景

孩子们在户外发现了有趣的影子，在班里孩子们也想要玩影子的游戏，想在班里开一个皮影剧场，经过讨论决定演《猪八戒吃西瓜》，于是孩子们开始制作故事里面的人物小像。

二、案例描述

李可欣先把画好的皮影小人的身体拿出来，然后把头和身体用双脚钉钉在一起，接着把两只胳膊和两条腿用同样的方法钉在一起。她看着连在一起的皮影小人用手摆动了几下，开始噘着小嘴说着："哎呀，他的头怎么总是掉下来啊？"我看见李可欣的情绪不高，走过去问她："我可以帮你做什么吗？"可欣慢慢地说："唐僧的头总是掉下来，怎么办呢？"我说："你有什么好办法吗？怎样做头就不左右掉了？""哦，我想到了，我把头用胶条固定住就可以啦！"接着李可欣又去找来吸管，把吸管的一头用剪刀剪开一点，把吸管的头分开放在小人的胳膊上，用胶条把吸管固定在小人的身上，在头上粘了一根吸管，又在胳膊和腿上分别粘了吸管，可欣举着做好的小人说："老师您看我做好了。""哇，你做的小人可以动起来了，我们来试一试吧。"在试的时候可欣说："老师我的手不够用了，您能来帮我一下吗？""现在我可以帮你，但是在表演的时候我就帮不了你了，你发现什么问题了？""我发现我两只手控制不过来。""那你发现哪个是可以去掉也不影响小人动的吗？""我看看啊，头上的那个，我可以把它去掉。"最后在李可欣多次的调整下，唐僧皮影小人做好了，她一边玩一边向别人展示着。

三、案例分析

1.《3—6岁儿童学习与发展指南》中指出，要培养大班幼儿具有初步的探究能力。在活动中，李可欣小朋友根据自己的兴趣，有计划地把没有做完的皮影小人拿出来继续做完，说明幼儿做事能坚持，有始有终。

2. 幼儿在固定小人身体和头的时候能够发现问题，并及时想办法解决，说明幼儿是一个善于思考的小姑娘。在制作过程中幼儿能够发现问题，并主动寻找材料，解决遇到的问题。幼儿尝试多次调整、固定、比较材料、替换材料，最终固定成功，说明幼儿具有一定的观察能力、比较能力和分析能力。

3. 当幼儿做事情情绪低落或是不高涨的时候，老师要根据幼儿情况适时地进行介入指导，帮助幼儿增加活动的信心，鼓励幼儿进一步探究。

4. 我发现幼儿对皮影小人制作时采用的支撑点还不是很清楚，在固定的时候比较盲目，找了胳膊或腿其中一个地方就固定了。

四、案例措施

1. 在区域分享的时候，可以请李可欣小朋友把自己制作的过程和过程中遇到的问题进行分享，提升幼儿的活动经验。

2. 当幼儿有问题需要求助老师的时候，我们可以重复幼儿的问题，把主动思考问题的机会留给孩子，如：你有什么好办法吗？你是怎么想的？你想怎么办呢？用类似的语言支持幼儿，鼓励幼儿多思考。

3. 在观察幼儿游戏时，发现幼儿遇到困难要放弃的时候，利用“海森高语言沟通八字经”，通过重复了解幼儿的意图，通过询问“需要我帮助你做什么吗”“在哪里固定呢”等语言来支持幼儿。

4. 观看皮影制作的相关视频，丰富幼儿的经验，开阔眼界。

五、感悟与体会

这个活动来源于幼儿在户外发现了物体的影子，由此幼儿开始了关于影子的游戏。在制作皮影的时候，幼儿能够根据自己的想法，有目的、有计划地进行皮影的制作活动，幼儿的兴趣很高涨，说明幼儿很喜欢玩皮影的游戏。在过程中遇到问题时，幼儿能够主动想办法解决，在这种亲身体验、操作的过程中，幼儿既能动脑又能动手，在这种探究式的学习中丰富了幼儿的经验。教师在日常生活中可以多开展类似的活动，培养幼儿的好奇心和求知欲，通过自己操作获得的经验对幼儿来说会更深刻，同时也培养了幼儿做事情的专注力。

气球飞上天

北京市第四幼儿园长阳分园　高晨雪

一、案例背景

上周，幼儿探究出打气球的好方法，和幼儿讨论后，他们要尝试用吸管带动气球沿着线飞上天。幼儿经过尝试后，气球本身没有飞起来，于是幼儿继续探究影响气球飞上天的因素。

二、案例描述

第一次尝试，铄铄剪了一根 2 厘米长的细吸管，气球吹大后，用胶带把气球粘在了吸管上。嘉桐抻着绳子，放手后，气球飞到了绳子的三分之一处就飞出去了，铄铄说：“是因为胶带没有粘紧，气球飞到一半就飞走了。”

第二次尝试，还是按照之前的方法，但是这次是在吸管上用了两条胶带交叉粘的方法，尝试后，气球还是飞到了绳子的三分之一处就飞出去了。铄铄说：“咱们换个吸管吧，这个应该不行。”接着铄铄拿了一截粗吸管剪下来穿到了绳子上。

第三次尝试，气球松手后，气球在绳子末端转了两圈。嘉桐说："这个粗的吸管不行，气球老转，还不如细的吸管飞得高。"接着嘉桐从地上捡起了大概 5 厘米的一截吸管。铄铄说："这次咱们把气球吹大一点，我感觉气越多，飞得越高。"这次尝试后，嘉桐说："你们继续吧！我想去益智区玩拼图了。"

第四次尝试，铄铄粘好了气球后，在科学区的楚宜边说着要帮助铄铄，边来拽绳子。楚宜把绳子从自然角的栏杆里套了过去，拉住了绳子，铄铄一松手，果然气球飞到了绳子的一半以上，铄铄惊奇地鼓掌拍手，说着："这次真的飞了起来。"铄铄说，看来绳子得平一点，斜度不能太大了，平缓一点气球会飞得高。

第五次尝试，铄铄依然用以前的方法粘好了气球，楚宜拉进绳子，气球吹得大大的，尝试后，气球真的飞到了天花板上。三个小朋友鼓起掌来。

三、案例分析

1. 在幼儿尝试的过程中，他们发现了交叉粘比直线粘会更牢固，幼儿在粘贴的方法上得到了新经验。

2. 第一次尝试时，幼儿相互合作，一个人拽绳，拿气球，另一个人粘胶带，幼儿能够很顺畅地完成，并且很愉快，体现出幼儿合作的意识。

3. 一次次尝试的过程中，铄铄一步一步地发现问题、分析原因、动脑思考，并且尝试解决问题，有着坚持不放弃、勤于动脑的学习品质。第三次尝试后，嘉桐主动退出游戏，反映出嘉桐失败后不能缓解自己的情绪，遇到挫折容易放弃。

4. 孩子们经过了五次坚持不懈的尝试，气球终于飞到了屋顶，他们用掌声表示着自己的成功，这是幼儿通过不断努力而获得的成功的喜悦。

在区域分享中，铄铄跟同伴介绍了他们尝试的结果。最后，我们一起总结出能让气球飞上天的因素，包括绳子斜度、气球的大小、吸管的粗细等。

四、案例措施

1. 案例中的嘉桐失败多次后主动退出游戏，作为教师，我们应该正确引导幼儿面对困难，和幼儿一起分析原因，必要时给予一定的支持，帮助幼儿建立自信心。

2. 投放更长的绳子让幼儿去挑战，探究如何让气球飞得更高、更远，还能结合游戏创设情景，比如"火箭飞上天"。让幼儿尝试不同材质的绳子对气球飞的高度的影响。

3. 引导幼儿关注和气有关系的玩具、科学现象，支持幼儿探究气的作用及原理。

五、感悟与体会

此次活动中，教师给予幼儿机会，充分尝试操作，最后幼儿探究出影响气球飞上天的各种因素，从中我也看到了幼儿在游戏中的坚持与兴趣。在开展科学探究活动时，我们要注重幼儿的兴趣点，给予幼儿充分的材料去探究，过程中教师要观察幼儿遇到的问题并且及时给予支持。

立秋晾果干

北京市东城区崇文第三幼儿园　黄思妍

一、案例背景

立秋是秋季的第一个节气，为秋季的起点。在过去家家户户节衣缩食的时候，就要在这一节气时将成熟的农作物晾制成干，因为立秋一过，空气中的湿度慢慢减少，天气变得干燥，正是晾干的好时节。这样在即将到来的冬天才能够吃到更丰富的食材。但是现在的孩子们已经没有这样的经历，看着丰富多样的水果，我想可以在立秋时带孩子们尝试晾制果干。

二、案例描述

1. 米饭里的“黑东西”

孩子大口大口地吃着饭菜，这时，我看到橙子将米饭里的葡萄干都挑出来了，我问道：“你怎么把这个都挑出来了？”她说：“这黑东西是什么呀？我不爱吃。”我故作惊讶地说道：“你不是很爱吃葡萄吗？这个就是葡萄啊。”她听了我的话使劲地摇了摇头说：“不对，葡萄是大的，这个这么点儿，不是葡萄。”听了她的话，看着她难以置信的表情，我笑了笑说道：“这个是葡萄干，是葡萄晾成的干。”

旁边的小朋友们听着我俩的对话，也纷纷开始讨论起来，水果是怎么变成水果干的呢？于是我将这个问题留给了小朋友，请他们回家问问爸爸妈妈，水果是怎么变成果干的。

2. 好吃的苹果干

通过在午饭时对葡萄干的发现，我将问题留给了孩子。由于小班幼儿的年龄特点，我也请家长在家带宝贝们了解一下晾果干的方法。

第二天，净宇竟然拿了一小兜苹果干来。于是我将净宇带来的苹果干分给了孩子们品尝，孩子们吃得意犹未尽，似乎还想再来两片。于是我趁热打铁问道：“你们知道你们吃的是什么吗？”睿睿说：“是苹果吧。”大洺赶忙回答道：“不可能，苹果是脆的。”我笑着说：“这个确实是苹果，是苹果干。”孩子们感到惊讶极了，我便请净宇来说说苹果干是怎么制作的。

净宇向小朋友们介绍了苹果干的制作过程：先削皮，再切片，然后平放在干净的盘子里，最后找通风的地方放着，苹果干就做好了。孩子们都专注地听着，还说着我回家也要做苹果干。

3. 水果变果干

根据季节特点和小班幼儿的年龄特点，本月我们班的自然角主题为“丰收的水果”。因此我结合自然角的主题和孩子们这段时间的兴趣与发现，进行了晾果干的活动，并将苹果片放置在自然角的窗台上，让孩子们每天都能观察到苹果的变化。

我们周五将苹果放好，很快周末两天就过去了，周一孩子们来到幼儿园都兴奋地跑到自然角看看两天没见的苹果干有了什么变化。我听着孩子们互相讨论着：“苹果干好像小了？”“苹果干变色了吧？”“还是苹果吗？”我拿出周五的照片给他们看，孩子们更肯定地说道：“苹果干变小了！”

接下来的一周，小朋友们每天都来观察苹果干的变化，不光看一看，有时还要闻一闻，相互之间也会说一说苹果干的变化，原来苹果干越放越小，越来越薄，还会出现一些褶皱，颜色也从黄色变成了橙色。

苹果干已经晾了一周了，我们终于要品尝苹果干的味道了，孩子们都很激动，纷纷抬着小脑袋等待着老师给每个人发苹果干。拿到苹果干以后，孩子们有的赶紧放进了嘴里，有的先用小手掰了掰，有的还摸摸苹果干上面的纹路。终于吃到了苹果干，孩子们的嘴角都露出了笑容。吃完以后我问道：“苹果干好不好吃？是什么味道的呀？”孩子们都异口同声地回答：“好吃！”然后你一言我一语地回答：“苹果干是酸酸甜甜的。”我又问道：“那和我们平时吃的大苹果有什么区别呢？”孩子们听后没有第一时间回答我，想了半天，小罗说：“苹果干不会流汁。”我点点头说：“哦，原来苹果干没有苹果那么多的水了。”

当吃到自己每天看着变化的苹果干，上扬的嘴角、跳动的眉毛，无不表达着喜悦之情，我想每个孩子都通过小小的苹果干感到了骄傲和满足。

4. 神奇烘干机

吃过苹果干以后，孩子们依旧怀念着这个味道，总会问老师，什么时候再晾苹果干。这天小雅带来了一台烘干机，于是我将苹果切片，放入烘干机中，孩子们目不转睛地看着我的一举一动，当烘干机开始运行了，都扒着想看看里面是什么样的。

漫长的两个小时终于要过去了，在孩子们吃午饭的时候，听到了烘干机发出了清脆的“叮”的一声，苹果干制作完成啦！有了苹果干的激励，孩子们的午饭吃得又快又干净，吃完饭每人又美美地吃了一片苹果干，孩子们都感到非常满足。吃完以后我问道：“这次用烘干机制作的苹果干和我们晾干的苹果干有什么不同呢?”孩子们不约而同地说道：“这个是脆的。”原来烘干机把苹果里面的水分完全蒸发掉，比自然晾干的要脆上许多。

三、案例分析

教师根据立秋节气的习俗和幼儿挑食的现象引出了本次案例活动。整个案例以幼儿为主体，教师以提问和家园配合的形式引发了接下来的活动。

通过本次案例，让小班幼儿初步感知晾果干活动中水果水分蒸发的科学现象，也发现了自然通风晾置果干比烘干机晾制果干蒸发水分要慢，是一个可持续发展的科学活动观察案例。

四、案例措施

通过晾果干、尝果干的活动，孩子们不仅更爱吃水果，还对水果有了更多的认识。

这天在户外的时候，柿子树上的柿子成熟了，园里的叔叔送给了我们一枝柿子，让我们放回班去看。拿回班的柿子被我随手放在了自然角，石头走过来问我：“黄老师，这个柿子也能变成果干吗?”我听后笑着点点头说：“当然了，很多水果都能变成果干呢。”

于是我将这个问题也抛给了孩子们，回家找一找还有什么水果可以做成水果干。我还和孩子一起找到并带来了许多果干，有柿子干、葡萄干、山楂干、柠檬干等，我将这些水果干和水果对应着摆放在了自然角，让孩子们能够随时观察。

五、感悟与体会

著名教育家陶行知说过：“生活即教育，一日生活皆课程。”所以幼儿的教育活动取决于幼儿的生活，取决于幼儿在生活中的发现。晾果干的活动，始于幼儿在午饭时的米饭中发现的葡萄干，一粒黑黑的东西引发了幼儿的讨论。教师及时地抓住了幼儿的兴趣，并展开了系列的活动。

立秋，是秋天的第一个节气，标志着秋天的开始，幼儿园的柿子树上也有了沉甸甸的果实，一颗颗柿子挂满了枝头。当晾果干活动在孩子的心中印下深深烙印的同时，孩子们发现柿子掉落了，并联想到柿子也可以晾果干吗。因此教师及时抓住时节特点，进行了更深入的晾果干活动。晾果干的活动还在继续，让我们一起将自然角的水果晾成果干吧！

玩泥记

江苏省盐城市大丰区南阳镇第二中心幼儿园　张　曼

一、案例背景

泥水区是我园课程游戏化建设时新开发的户外游戏区，但是自开始游戏以来，出于一些客观原因(安全、卫生等)，似乎一直有一个潜意识：玩泥区只适合中大班幼儿游戏。但也许是天性使然，也许是看过大班哥哥姐姐们的玩泥游戏，每次户外游戏时，小班的宝贝们总是会不由自主地被泥水区吸引过去。

因此，在更好地实施课程游戏化、建设园本课程的同时，为满足小班幼儿对泥的兴趣需求，在户外游戏时，开始在绘画区投放泥浆、水粉刷、树枝等游戏工具供幼儿自主游戏。

二、案例描述

实录一：泥浆画

4 月 15 日，孩子们第一次尝试用泥浆涂鸦，为防止幼儿扎堆拥挤，教师提前将材料分组，引导幼儿分开涂鸦。孩子们既兴奋又好奇，因为在这之前他们只用水彩笔和颜料作过画，而对于泥浆画画，他们还没有接触过。

游戏时孩子们很专注，各自挥动着自己的画笔(更多的是用泥浆无意识涂鸦)，个别幼儿偶尔跟身边的同伴分享自己的作品(仅限一两句交流)。当然，在这个过程中也会有些小插曲出现。比如个别幼儿在画画时与同伴为了谁先蘸到泥浆画画发生争执，也有幼儿因为同伴不小心将泥浆弄到身上产生矛盾。可是，这些小插曲都没能让他们停止手上的画笔。当他们在画板上自由地挥动着手中的画笔，绘画着自己的快乐时，谁还记得刚刚发生的小插曲呢？

实录二：泥浆画——花草泥相遇

4 月 16 日，有了前一天的玩泥经验，幼儿第二天熟练多了。幼儿自己取材料，来到自己前一天游戏的画板前继续绘画(个别幼儿开始有意识、有目标地绘画)。部分幼儿在绘画过程中开始出现注意泥浆不弄在身上的行为。但是，部分处于无意识涂鸦的幼儿会被身边的其他事物所吸引，游戏专注力较前一天有所下降。

教师开始引导幼儿用身旁的小草、小花装饰自己的作品。幼儿对新的材料产生兴趣，不断地来回采摘花草装饰作品，部分幼儿向同伴分享自己采摘的花草，还有部分幼儿开始向同伴分享自己的作品。

实录三：泥巴“塑”之初

4 月 19 日，由于幼儿的游戏兴趣有所下降，所以投放材料时新增加了可泥塑的泥巴，幼儿的游戏兴趣有所增长。玩泥是幼儿的天性，这一天性在幼儿看到泥巴时发亮的眼睛中尽数显现。他们毫不生涩地抓起泥巴在小手里揉、捏、搓，但仅限于这三种技能。

钱智鑫说：“老师您看我做了一个饺子。”(第一个使用按压技能的幼儿)

我说：“这样的饺子你是怎样做的呢？”

“就是用手使劲按下去，再合起来(折叠)捏一捏啊！”钱智鑫边说边做给我看。其他幼儿看到后也开始跟着模仿使用这一技能。幼儿反复着揉、搓、捏、按、压的动作，感受不同动作下泥巴的不同形态。

(游戏时长 44 分钟，部分幼儿不愿回教室。)

实录四：再玩泥巴(结合幼儿兴趣，设置泥塑主题)

年龄较小的幼儿各自摆弄自己手中的泥巴，偶尔交流几句。李奕可自顾地念叨几句“我们在做蛋糕”(但是没有任何表征性作品呈现)，他开始看向其他正在做蛋糕的幼儿。

胡修远很专注地在做蛋糕，一会儿杨梓峯主动加入一起制作蛋糕。胡修远并不排斥，反而很高兴地一起制作。两人不断地在之前做好的蛋糕(平铺状)上叠加其他泥塑品、花草、树枝等材料。旁边的李圣杰一开始无意识、无目标地在游戏桌旁来回游走，一会儿推小车，一会儿自顾地讲话，一会儿去给其他小朋友捣乱，一会儿随意地拿起一块泥巴无意识地揉搓。可是，就在他将手中的泥巴揉搓成粗短的长条时，惊喜地发现它是一根“香肠”。于是继续揉搓手中的泥团并告诉同伴自己在做香肠。接着，他的“香肠”游戏开始了，并告诉同伴等会儿香肠做好了也一起放在蛋糕上。

三、案例分析

(一)游戏材料与幼儿游戏时长、幼儿兴趣

日期	材料					游戏时长
	泥浆	水粉笔、树枝	花草	泥巴	塑料玩具刀	
4月15日	√	√				游戏时长40分钟
4月16日	√	√	√			游戏时长30分钟
4月19日	√	√	√	√		游戏时长44分钟，部分幼儿不愿回教室
4月20日	√	√	√	√	√(引导制作主题)	游戏时间结束时，幼儿仍有游戏兴趣

通过每一次的游戏时长与材料的投放可以看出幼儿的兴趣在不断地发生变化，材料的变化直接影响幼儿的兴趣。在连续两天的绘画后，幼儿的兴趣开始有所减退。但是，在兴趣减退时增加新的适宜性材料后，幼儿的兴趣又有所增加。

(二)幼儿发展序列分析

1. 社会性发展

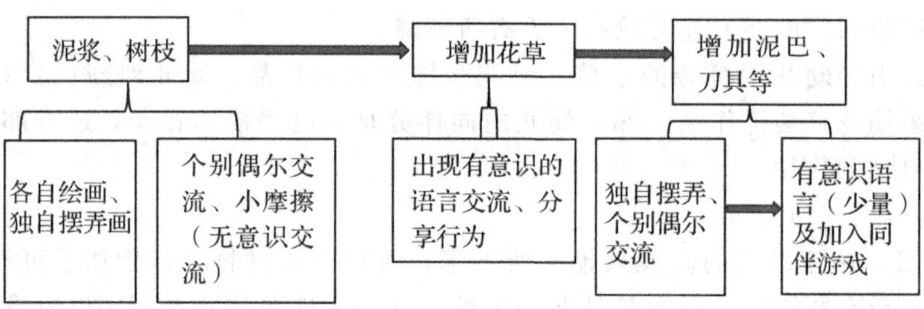

2. 技能发展

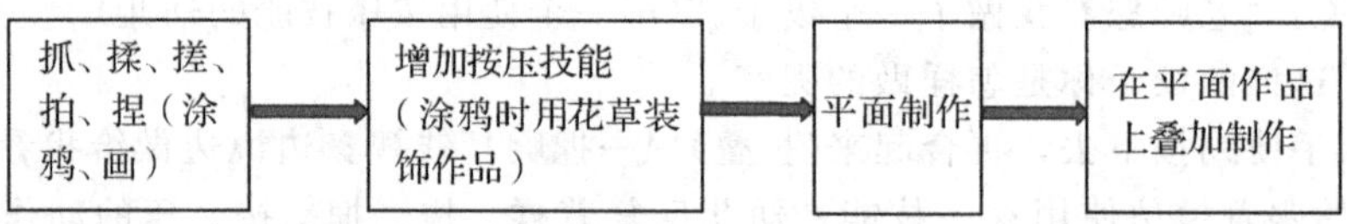

四、案例措施

(一)及时调整材料，但不将此作为唯一的观察目标

兴趣是幼儿游戏、学习和探索的内驱动力，如果缺失兴趣，那么幼儿的活动就是无效的、被动的。这与幼儿的发展特性与规律无疑是相违背的。游戏中激发幼儿兴趣最基本的方法就是投放游戏材料。因此，在发现幼儿游戏兴趣减退时，教师应及时观察、反思幼儿的游戏材料是否满足于幼儿当下的游戏水平。

作为教师，我们的观察重点应该是幼儿，而不是材料。因为我们观察的主要目的是幼儿的发展。观察材料、调整材料都只是为了促进幼儿发展而实施的策略方法。观察幼儿的游戏状态与水平是调整游戏材料不可缺少的一步。在玩泥游戏中，观察到部分幼儿兴趣开始减退时，投入与泥浆不同形态、不同玩法的泥巴，激发幼儿兴趣，于是就有了后面的“泥塑”活动。

(二)细致观察，尊重幼儿主体力量，给予幼儿充分的自由

游戏中，李圣杰一开始无意识、无目标地在游戏桌旁来回游走，一会儿推小车，一会儿自顾地讲话，一会儿去给其他小朋友捣乱，一会儿随意地拿起一块泥巴无意识地揉搓。当他出现一些“破坏”行为时，教师并没有立刻制止或干预。其实，只要相信幼儿，给予他们充分的时间，他们是可以从自己的行动和经验中找到自己的游戏的。于是有了后面的“香肠”游戏，“蛋糕”上也多了一种新的“美味”。

五、感悟与体会

小班幼儿的游戏经验相对来说比较少，那么在提供他们熟悉、可驾驭的材料的同时，可以适当地引导他们有目的、有主题地游戏。这样才能帮助幼儿顺利地向其最近发展区发展。

出于小班幼儿的行动、思维、学习特点，教师需要给予他们更多的时间和自由，让他们在更多的时间和自由里通过自己的行动和体验，去发现、去探索，从而满足他们学习与发展的需求。这应该是作为老师的我们观察和支持幼儿的基本出发点。

以“督”促进幼儿园的发展

云南师范大学附属俊发城幼儿园　张作彦

一、案例背景

责任督学挂牌督导制度是深化教育督导改革，将中国教育督导制度走进大众、深入人心的重要举措。自2015年承担督学工作以来，我根据《中小学校责任督学挂牌督导办法》等系列文件要求和盘龙区督导工作安排，每月对所督学的幼儿园进行专项督导和个性化的督导。在督导过程中针对幼儿园存在的问题，提出自己的意见和建议，并在次月追踪上月存在问题的整改情况。督学的工作任务包括：幼儿园办园资格情况；园务管理和制度执行情况；招生、收费情况；保教工作开展情况；园长和教师持证上岗、师德及专业发展情况；园舍及周边安全情况、幼儿安全教育情况；食堂、食品、饮水及卫生保健情况；办园理念及办园特色建设情况八项工作。

在工作实践中我体会到，责任督学挂牌督导承担的是“教育警察”的角色，与以往的评估督导不同，责任督学挂牌督导属于经常性督导，经常性督导的特点是责任督学要频繁地、不定期地下到幼儿园开展工作。初次下幼儿园，园长们虽然是欢迎的，但对于督学提出的问题及一些意见和建议不能认同。但毕竟督学是上级行政部门派来的，不便参与幼儿园的管理工作，有些工作的改变督学无法细致入微地进行指导。因此，最大的难点是责任督学如何取得园方的信任和配合？如何实实在在地发挥责任督学的作用？

二、案例描述

一天，我来到金色幼儿园进行督导。我作为责任督学，请何爱莲园长谈督导的需求时，园长对我说：“我们最大的困难一是生源的问题；二是如何打造幼儿园的特色；三是如何开展教研活动。请张老师帮我们指导一下，帮我们出出主意。”我告诉她：“生源的问题其实和幼儿园的特色、教育质量是息息相关的，因此，特色和质量的提升要同步抓。这样，你先思考一下，根据现在幼儿园的情况写一份幼儿园的发展规划和办园特色的资料给我。”

三、案例分析

我仔细看了园方发来的幼儿园的发展规划和特色资料，感觉该园虽然有了适合自己的

特色定位及未来发展规划，但问题在短时间内是无法解决的，因为这是该园可持续性发展的关键。目前幼儿园在编教师总体上非常年轻，骨干梯队的形成经过若干年的努力才能完成。所以幼儿园当下最关键的是在抓好特色的同时，做实教研工作和幼儿园的宣传工作。

四、案例措施

明确了幼儿园的发展需求后，第二次去幼儿园督学，在肯定幼儿园教师行动力强、敢想敢干、幼儿园目前总体发展不错的基础上，我对何爱莲园长提出了几点建议。

1. 既然幼儿园是以“阳光、和谐、快乐、健康”为幼儿园的办园特色，那么，健康的理念就不仅仅只是幼儿身体素质的提升，还包括教育环境的和谐、教师及幼儿的心理健康等，特色的打造应该促进幼儿园工作的全面提升，并且要重视特色活动理念在一日活动中的渗透融合。

2. 加大自培与研讨力度，强化教研组对课程的研讨，将课程理念转化为课程行为，更多地关注孩子的学习与发展。教研的开口不能大，也不能贪多。要根据教师在教学中存在的问题，逐步解决。

3. 利用周边小区多的特点，不时地在小区内开展一些能反映幼儿园服务特色、教学特色的亲子活动和宣传活动，扩大幼儿园在周边小区的知名度。同时夯实幼儿园的各项工作，因为本园家长的口碑宣传才能真正让社会信服。

经过一段时间后，金色幼儿园的整体状况有了很大的变化，作为督学给予他们的建议也得到了充分的认可。

五、感悟与体会

本案例中至少有如下四点启示。

一是督学要尽可能凭借敏锐的眼光发现幼儿园最为关键的督导需求，了解他们的“真需求”。督学只有真正关注了“真需求”，为幼儿园把准了脉，开好了对症“药方”，才能更好地为幼儿园的可持续发展服务，体现督学的价值所在。

二是督学要不断学习，提高自身专业素养。

三是在督学的过程中要本着“帮”而不是“管”的心态开展督学工作；要本着为督学幼儿园的可持续发展进行督学，而不仅仅只是为了完成八项督导任务的心态去完成督学工作。

四是多听幼儿园的需求，多回头看存在问题的整改情况，多走进实际的工作场景中去观察和了解。

我认为督学的工作助推了我区公、民办幼儿园向着更好的方向发展，督学正发挥着“教育警察”应有的作用，教育督学任重道远。

独立成长，亲手种植

北京市顺义区牛栏山第一幼儿园　祁　琪

一、案例背景

为全面贯彻党的十九大精神和党的教育方针，高质量地达成遵循学前教育规律、把握学前教育正确发展方向等相关要求，近期我班开展了幼儿亲自种植大蒜的活动，教师全方位跟踪活动。

陶行知先生说：“生活即教育。”教育不能脱离生活，作为一名教师，我常思索如何在日常学习、生活中抓住教育契机，激发幼儿的探究兴趣、引导幼儿持续探索，达到注重学习与发展等各领域之间的相互渗透和整合，从不同角度促进幼儿全面协调发展。我时时刻刻观察孩子们的一举一动，认真聆听孩子们的一言一行。某日，因孩子午餐后发出的疑问，我们班踏上了大蒜的探密之旅……

二、案例描述

（一）蒜黄是怎么来的？

午餐后，孩子们纷纷议论：今天的蒜黄炒鸡蛋真好吃，蒜黄是怎么来的？其他孩子七嘴八舌就说开了，有的说当然是在土里长出来的，有的说水里也能长。这时，一个小女孩说："我奶奶种过蒜，我还吃过呢！"孩子们一听都来了精神，问："那我们能种吗？"一个小男孩说："咱们找老师帮忙吧。"

我决定利用这次机会带领孩子们种植大蒜，借此培养孩子们思考问题、解决问题的能力。

（二）大蒜种在哪里？

午睡后，孩子们看着我为他们找来的大蒜，高兴地说："老师，咱们赶紧种吧。"我问："你们打算用什么种？种在哪里？"孩子们说："我觉得大蒜种在土里，好多植物都是种在土里的。""不，我觉得大蒜是不是泡在水里也可以，就是不知道长得好不好。""老师，要不我们在水里、土里都种上大蒜好不好？"孩子们经过一番讨论，最后决定在土里和水里都种大蒜试一试。

孩子们都充分地参与了讨论和动手操作，渐渐有了实践出真知的思维雏形。

（三）谁先发芽？

种植活动有条不紊地进行着，我借此引导孩子们进一步深入观察大蒜的外形特征。在边种植边聊天的轻松氛围中，孩子们知道了大蒜的基本结构，包括蒜须子、蒜瓣、蒜叶、蒜苗，效果不差于平时授课。"蒜的蒜须子和蒜苗在哪里，怎么没有呢？"孩子们说："老师，咱们不是还没种呢嘛，种完以后就该长出来了。"我继续问："你们觉得是在土里的先发芽还是在水里的先发芽呢？"孩子们立刻你一言我一语地又开始了激烈的争论：有一部分孩子说"水里的先发芽，因为有水分"，另外一部分孩子说"大蒜应该是长在土里的，所以土里的先发芽"。

"谁先发芽"这个问题成了孩子们之后每天观察的动力，他们都盼望自己的猜想先实现。

（四）能长出蒜苗吗？

在种植过程中我发现种成什么样的都有，有的蒜被埋在土里，有的一半在土里一半在外面，还有的就在土的表面轻轻地放着……但不管种成什么样，每个小朋友都有了属于自己的大蒜杯。一天早上有个孩子着急地说："老师您看我的蒜土都干了，还能长蒜苗吗？您看我们班之前种的都长根了，而且有的蒜瓣都长芽了。"我没有直接告诉她答案，而是提议把这个问题告诉大家一起解决。

惊奇的是，孩子们参与的热情十分高涨，并讨论出是浇水的问题。大蒜在孩子们的精心照料下飞快地生长着，有一些一晚上大约就能长高1厘米。孩子们每天记录，生怕错过大蒜的每一次生长，我为孩子们提供了记录本和测量工具，孩子们还从妈妈那里发现，按时浇水、放在阳台上晒太阳大蒜会长得更绿。在观察大蒜生长过程的同时，最让我意外的是，孩子们每次还会定时给旁边的小花浇水。

在种植大蒜的过程中培养了孩子们的耐心，并且也释放出了他们天性中的温情与善意。

（五）蒜苗为什么不是黄色的？

蒜苗长出后，经过孩子们投票表决，我为大家制作了蒜苗炒鸡蛋。孩子们发现"蒜黄炒鸡蛋”与“蒜苗炒鸡蛋”味道不一样，怎么才能种出蒜黄呢？此时孩子们或许有些踌躇，但我已不再担心，因为他们疑惑的双眼都迸发了强烈的好奇心，跃跃欲试的身姿仿佛告诉我，解决问题从来不是难事。我们班的大蒜探秘之旅还在继续……

三、案例分析

（一）“蒜黄是怎么来的？”——培养幼儿善于发现问题的能力

人类的认识是在不断发现和解决问题的社会实践中向前发展的。但实际上，提出一个正确的问题往往比解决一个问题更重要、更困难，因为它是发明创造的前提。

幼儿教育须加强培养幼儿发现问题的能力和生活观察的能力。

（二）“大蒜种在哪里？”——培养幼儿研究问题的思考与协作能力

1. 注重幼儿独立思考

幼儿的成长过程可以看作一个不断自立自强的过程，自立自强的个体是实现中华民族伟大复兴的基石力量。

2. 鼓励幼儿团队合作

团队合作的本质是共同奉献。幼儿发散思维，对种植大蒜过程中出现的种种问题都进行了充分的讨论，大家在互相信任的基础上彼此奉献，有利于班级管理和幼儿身心健康成长。

（三）“蒜苗为什么不是黄色的？”——培养幼儿解决问题的能力

从目前社会文教发展情况来看，幼儿教师、家长往往不会将解决问题的能力放在第一位，但是解决问题的能力同样是教育的重要指标。避免出现思想上的巨人，行动中的矮子，能经过独立思考与团队讨论后进行实践，是幼儿教育中一种比较理想的状态。

四、案例措施

（一）原则

逐步抽离教师在活动中的领导地位，让孩子们自己主导活动。

（二）具体措施

1. 评估种植大蒜在班级开展的可行性。

2. 划出种植角，制定种植小守则。

3. 准备好种植大蒜活动的材料、物品。

4. 在种植活动中教学大蒜及相关种植知识。

5. 指导孩子做好记录与维护工作。

五、感悟与体会

“方寸之间自有天地”，小小的种植角是孩子们尝试、探索、发现的基地，更是孩子们体验劳动和收获快乐的地方。这次活动不仅激发了孩子们对植物的兴趣，更重要的是培养了孩子们的爱心、耐心、责任心以及观察、比较等多种能力。

罗曼·罗兰说过：“人生所有的欢乐都是创造的欢乐，爱、天才、行动——全靠创造这一团烈火迸射出来。”作为一名教师，应引导幼儿自发地进行科学探究活动，使幼儿学会自主学习。在《3—6岁儿童学习与发展指南》科学领域中提出：幼儿科学学习的核心是激发探究兴趣，体验探究过程，发展初步的探究和解决问题的能力，也就是通过科学学习使幼儿形成受益终身的态度和能力。因此，在幼儿的日常生活中教师要善于观察幼儿，抓住日常的教育契机，给予幼儿科学探究的机会与帮助，引导幼儿发现问题、思考问题、解决问题，更好地践行《幼儿园教育指导纲要（试行）》和《3—6岁儿童学习与发展指南》精神，做当代更加优秀的幼儿教师。

可爱的小泥人

新疆维吾尔自治区乌鲁木齐市幼教集团经开区九点阳光幼儿园　唐俊玲

一、案例背景

中国是世界四大文明古国中唯一一个延续下来的国家，民间的各种工艺是几千年来人们智慧的结晶，在弘扬中国传统文化、传承红色基因进校园的活动中，幼儿观看了中国民间手工艺的视频，并与家长进行了有趣的亲子手工制作，发现幼儿对中国民间手工艺非常感兴趣，对不同形态的小泥人的喜爱尤为突出，幼儿会提出很多问题。如：小泥人是怎么做的？小泥人是不是用彩色的泥做的？地上的泥巴能不能做？为了满足幼儿的好奇心和求知欲，教师将幼儿所关注的问题和兴趣点作为活动的内容。

二、案例描述

第一阶段：什么样的泥巴可以做成小泥人？

在教育活动前期，幼儿从家里收集了许多材料，比如花盆里的沙泥、黄泥、红泥等，他们尝试着捏小泥人。在动手实践探究的过程中，幼儿提出"老师，我的泥巴太硬了，捏不住"，老师与幼儿一起动手捏小泥人，并提出"那我们想想有没有什么好办法可以解决？"一名幼儿说："我知道，可以加一点水。"有的幼儿加入了一些水，另一名幼儿说："老师，我的水好像加得太多了。"经过一番讨论、尝试，幼儿得出结论：如果太硬的话就要加水，如果太稀的话就要加土，需要反复地揉，才能获得不硬不稀的泥。

第二阶段：我的小泥人为什么站不起来呢？

幼儿将自己捏好的小泥人摆在展示台上，但发现有的小泥人的胳膊掉了下来，有的脑袋掉了下来。大家都在讨论：为什么会这样？幼儿尝试后发现用胶水粘不住，使劲捏完后还是会散落，用小棒子或者牙签可以把小泥人的胳膊连接起来。通过幼儿自己尝试，最终大家都找到了好办法。

第三阶段：她的小泥人在跳舞，她的小泥人在挥手，我也想做这种的。

在展示环节，幼儿通过分享、欣赏同伴的作品，发现有的小泥人有不同的动作、表情，十分好看，因此也想调整自己的小泥人。于是生成了新的关注点：小泥人的多样化造型。教师引导幼儿观察各种各样的小泥人，幼儿发现小泥人所在的时间、地点、情景不同，造型就会不同。通过观察实物、绘画涂色、游戏扮演等形式，幼儿加深了对小泥人的不同姿势和神态的认识，捏出来的小泥人更富有生机。

第四阶段：我想要五彩的小泥人。

有的幼儿说"我想要五彩的小泥人"，说完便开始涂色，不一会儿，幼儿说："老师，这个好像染色了！""老师，我们什么时候才能涂色呀？"教师说："能不能现在就涂色，我们一起试一试吧？"幼儿通过自己动手后发现：刚刚捏好的泥人是可以上色的，但会染色；等到泥人干了再上色，不仅好看，而且很干净。

三、案例分析

在这节活动中，教师能够紧紧跟随活动过程中幼儿的关注点，始终以幼儿的兴趣点为主线贯穿活动，能够将兴趣性、适宜性、可操作性放在第一位。在幼儿参与活动的过程中，善于运用社会资源和家庭资源，每当幼儿产生新的问题时，教师能够以开放性提问为主，引导幼儿发散思维进行思考，鼓励幼儿用自己喜欢的方式动手动脑探究，并尝试验证和解决自己发现的问题。幼儿不仅感受到民间手工艺的神奇，也体验到动手参与的乐趣，从而获得自我满足感和成就感。

四、案例措施

在整个活动中教师始终采取的是鼓励幼儿自由自主动手实践、发现问题，教师发散性提问平行介入，启发性教学，最终引导幼儿获得知识经验。

五、感悟与体会

幼儿更喜欢参与自己所感兴趣的、操作性强的活动，“可爱的小泥人”的活动是以幼儿的兴趣点为主线开展的，因此幼儿参与活动的积极性高、参与性强。在活动开展的过程中，教师应该更多地以参与者、合作者为主，给予幼儿一定的自主空间，尊重幼儿个体的想法，引导幼儿自己动脑思考，动手实践，更能激发幼儿的想象力和创造力。

由一次和家长沟通对话案例想到的

北京市昌平区北京王府幼儿园　牛　艳

一、案例背景

暑假幼儿园会根据园舍的情况做出装修调整，尤其对安全和消防问题高度重视，装修结束后，请专业人员和相关部门过来检查，有需要整理的地方进行微调。

二、案例描述

某个忙碌的一天结束之后，我嗓子都哑了，接到班级一位家长的电话。以下是我和家长的对话内容，分别用“老师”和“家长”表示各自的谈话内容。

家长：老师好，实在不好意思，冒昧问一下操场上的施工是短期一两天还是长期的？听孩子说有点吵。（请注意，家长其实是有问题要问的，虽然没有任何责备的话，但其实心中有不满和疑问。老师也不要着急，先请家长表达一下自己的困惑或者需求。）

老师：施工是短期的，快结束了，我们已经早早和施工人员协商了，孩子们午觉和在班级的时间是不会施工的，周末和节假日才会施工，只是微调工作时间，施工时间不会太长。我们园长每天都会过来检查，今天他们白天施工了一会儿还被我们园长批评了。（老师首先不要慌乱，实事求是，不要敷衍家长，否则家长的问题更多，而且也起不了解决问题的作用。作为老师，德高为师，身正为范，品德很重要，诚实很重要。但也要告诉家长老师已经提前做了哪些准备工作。还有学校的领导层，他们就这件事情每天做的工作是什么，他们的态度是怎样的，作为园方我们很重视这件事，也希望早日结束工作。请家长们放心，吃定心丸。态度真诚真的很重要，教师品德也非常重要。我们的目标都是一致的，都是为了更好地让我们的孩子生活在一个安全又放心的环境中。）

家长：那太好了，我记得窗外好像是个平台，如果需要切割，有金属的粉尘。味道大的活儿能在学校外面做就最好了。（肯定老师之前做的工作和目前的回复，但仍进一步提出需求。）

老师：没事，应该的，您说的这些我们都考虑到了，我们不会把这种工作放在园所内部做的，请您放心。为了孩子们的健康，最近我们班级还做了一些其他的措施呢，比如我们的新风系统一直开着，另外现在每天早上班里是两个老师整理班务和做消毒工作。孩子们还说等户外操场修好了，要去参观厨房。（强调问题核心点，表示针对这些老师们都已经在做应对的方案了。）

家长：真是太好了，真是辛苦您了。（表示满意）

老师：我们和你们一样注意孩子们的健康，另外我们还告诉孩子在生活中如果遇到家里调整环境，需要注意哪些安全问题。平时班级是非常重视幼儿安全意识和健康意识的培养的，这个您问宝宝，他知道的。（继续积极沟通，让家长知道和了解老师和园所曾经做过什么，老师和园所不仅做了，还在他们之前就做了，而且远远超出他们目前的预期。）

家长：那就放心了，真是辛苦您了。（其实家长在老师这里得到肯定的答案，心里就会很安慰，也会更加放心。）

至此沟通工作顺利结束。

三、案例分析

这个案例虽没有什么特殊的，但是很具有普遍性，记录下来可以提醒自己换个角度想问题，以诚相待，也许事情会不一样。最主要的就是要分析家长的心理，还有就是家长的需求，老师如何应对，老师说话的语气要委婉，态度要真诚，真诚沟通，家长心里自然就放心。

在这个案例中家长关注的点是户外操场施工是否会影响幼儿的健康和安全。教师了解到这个核心诉求后，围绕这个核心诉求，倾听家长的需要。教师努力做到坦诚以待，积极沟通，相互信任，这些都可以使得家长相信教师和园所可以做到更好。

四、案例措施

这个案例中展示的园所与家长的信任，其实是很长时间以来家园共育的结果。良好的家园共育其实离不开各种具体措施的实施和家长的配合。正是有了教师在日常与家长的交流，为家长提供有效的指导，促进幼儿均衡发展，使家长了解、参与幼儿园活动，增强家长对幼儿园工作的认识，才有了案例中和谐和相互信任、理解的一幕。具体措施如下。

1. 根据家长需要和幼儿近期表现，定期更换宣传栏的内容，如周计划、月计划等，定期对家长进行内容反馈和指导。

2. 加强日常接送幼儿时的沟通，促进幼儿养成良好的习惯。

3. 根据幼儿的实际情况，认真填写每月幼儿成长手册和幼儿评估报告，及时反馈幼儿情况。

4. 优化家教环境，鼓励家长参与家长助教活动，发挥家长特长，增强亲子关系。

5. 班级建立微信群，在群内上传当天特色活动照片，及时让家长了解幼儿在园的活动状态。定期为家长提供有效的指导，促进幼儿均衡发展。

6. 发挥家长资源，有效开展以家长课堂为依托的家长沙龙。

7. 通过多种途径展示班内发展动态及近期活动目标。例如幼儿园的开放活动，一对一家长会，园所公众号、电话等，使家长积极参与园所、班级的各种事务，进一步深入了解幼儿在园情况。

8. 发挥家委会的作用。发挥家长志愿者特长，鼓励家长根据自己的领域开展针对家长的分享。对班级有特殊贡献的家长要进行肯定与鼓励，于学期末进行颁奖鼓励。鼓励家长走进幼儿园，走进班级，成为教师，成为贡献班级的一员。

五、感悟与体会

沟通最核心的就是真诚，实事求是。诚如一方对另一方礼貌，积极沟通，如果对方不讲理或者各种挑剔，是不合适的。换位思考，理解家长，我们的目标都是为了孩子更好地成长。

最后特别说明一下，对家长不要说谎，可以实事求是地说明实际情况。撒谎和欺骗是家长非常痛恨的，也是我们教育工作者非常不耻的行为，家长的眼睛都是雪亮的，真诚为幼儿付出，站在幼儿的角度去想问题、做事情的老师，家长也都是非常清楚和了解的。

论　　文

文　列

3—4岁幼儿良好生活习惯的调查与研究

河北省唐山市海港开发区幼儿园　张胜男

一、问题的提出

《幼儿园教育指导纲要(试行)》指出幼儿时期是孩子思维认知以及行为认知形成的关键时期，也是思维最为活跃的时期，这个时期对于外界行为的模仿能力较强。国内知名学者陶行知曾提到，“个人行为习惯以及思维认知的形成，都会在6岁之前完成和培养……这个年龄阶段是人格陶冶的关键时期，一旦形成良好的生活习惯，将会受用一生，而坏习惯的形成也势必会成为幼儿未来发展的阻碍”。教育家陈鹤琴曾说过：“个人的行为往往都是习惯作用下的结果，这种生活习惯通常都是在幼儿时期形成的，习惯不好则终生受其害。”可见在幼儿期养成良好的习惯能让孩子受益一辈子。

二、研究内容和方法

(一)研究内容

依据国家最新制定和颁布的《幼儿园教育指导纲要(试行)》《3—6岁儿童学习与发展指南》中的有关条例，针对幼儿良好习惯的培养可以立足于以下几点：

饮食习惯：引导幼儿正确使用餐具、不挑食、专注进餐、保持就餐环境干净、饭后洗手漱口、按要求喝白开水等。

睡眠习惯：能够睡前完成大小便、自觉按时睡觉、不拖拉、独立睡觉、自觉穿脱衣等。

个人卫生：吃饭前后自觉洗手、知道正确的洗手方法、会用毛巾擦手、大小便能够自理、保持自我干净整洁等。

为了保证此次研究结果的真实性和有效性，我园选取150名小班幼儿作为研究对象，深入剖析当前幼儿良好行为习惯的制约因素，并拟定科学化的改善策略，重申了家庭教育与幼儿园教育同步的重要性。

(二)研究方法

问卷调查法：通过向部分幼儿发放问卷的形式，全面了解孩子在家和在园的生活习惯及表现。

教育情境法：通过为幼儿开设与生活习惯相关的主题情境活动，并根据幼儿的性格特点来鼓励其进行角色扮演，让幼儿在这种愉悦的氛围中养成正确的行为习惯。

教育观察法：对这部分幼儿的日常行为表现进行跟踪调查和记录，以此总结出不同性格、不同年龄段幼儿的行为特色，探索能够引导幼儿养成正确行为习惯的有效路径。

案例分析法：选择比较典型的个案进行分析，为后面的研究提供数据支撑和经验参考。

三、研究结果分析

1. 调查统计

根据调查内容，按照会、基本会、不会三个等级进行评价，记录各个等级的孩子的数量。本次调查，我园抽取的样本容量较大，所有数据都是相对准确的，可由此得出一般的研究结论，为开展幼儿教育提供了依据。

2. 调查结果分析

表 1　3—4 岁幼儿在家生活习惯表现统计表

项目	饮食习惯	睡眠习惯	个人卫生习惯
项目通过率	29.11%	29.56%	50.11%

表 2　3—4 岁幼儿在园生活习惯表现统计表

项目	饮食习惯	睡眠习惯	个人卫生习惯
项目通过率	76.89%	80.33%	82.33%

分析原因：幼儿园老师所制定的各项规定会给幼儿以约束，多数幼儿都能按要求去做，一旦到了家，包办式的家庭教育模式使得幼儿开始自我放纵，吃饭需要家长喂，衣服等着父母穿，什么都不能也不会做了……幼儿的行为习惯又回归到了入园前的状态。

表 3　3—4 岁女孩在园生活习惯表现统计表

项目	饮食习惯	睡眠习惯	个人卫生习惯
项目通过率	78.07%	83.86%	84.91%

表 4　3—4 岁男孩在园生活习惯表现统计表

项目	饮食习惯	睡眠习惯	个人卫生习惯
项目通过率	70.00%	71.67%	78.18%

分析原因：女孩较之男孩自我约束能力更强，从孩子本身的发展来看，女孩在这个时期的模仿能力、理解能力、操作能力普遍都较之男孩更强，特别是一些细节化的动作或者逻辑思维的成熟度要远超男孩，为此女孩较之男孩在行为习惯的养成上相对容易。

表 5　3—4 岁双职工家庭子女生活习惯表现统计表

项目	饮食习惯	睡眠习惯	个人卫生习惯
项目通过率	71.04%	73.77%	79.78%

表 6　3—4 岁其他家庭子女生活习惯表现统计表

项目	饮食习惯	睡眠习惯	个人卫生习惯
项目通过率	77.89%	79.98%	82.75%

分析原因：双职工家庭孩子的父母往往具备较高的文化基础，为此在对幼儿的教育上往往格外重视对其智力和理论知识的传授，却往往忽视了对幼儿良好行为的培养。包办式教育模式在这类家庭中十分突出，没有严格按照幼儿自身发展的需要为其提供更多的动手机会，导致这类孩子的行为能力和自我独立性较差。进城务工人员父母双方通常工作较忙，能够陪伴孩子的时间十分有限，为此对于那些力所能及的事情，这类幼儿都尽可能地独自处理，他们的动手能力较之双职工子女更强，也能在极短的时间内适应一个新的环境。这类孩子具有极强的服从意识，一般都会严格按照老师的要求来执行，家长在教育中所扮演

的角色并不明显。

四、讨论与建议

(一)制度合理，保教一致

幼儿园应当拟定一套相对科学化的作息制度，并由各个班级的老师严格督促执行，在潜移默化中将这种服从意识扎根于幼儿内心深处，以此使幼儿自觉约束其言行，逐步养成按时作息、按时吃饭的好习惯。

教师和保育员的教育方式要一致，保教人员以身作则，坚持正确的教育方法，持之以恒，并给予耐心教育，正确引导。

(二)注意性别差异，全面照顾

在幼儿发展期，女孩往往较之男孩更为成熟。女孩在动作发展以及对事情的处理上往往较之男孩更有见地，对于好习惯的认知和自我培养较之男孩更强，为此老师在引导幼儿进行良好习惯的培养时，应当统筹兼顾幼儿性别的差异，切实保证教育的针对性和结果的有效性。

(三)确定内容，情景教学

根据幼儿不良的生活习惯，应科学化地、有步骤地从幼儿理解程度的差异入手拟定教学计划，包括饮食教育活动、睡眠教育活动、个人卫生教育活动等，目标是培养幼儿良好的生活习惯。

依照教学方向以及幼儿的认知程度，通过不同情景展开教学，如在“娃娃家”让孩子们扮演妈妈的角色给娃娃喂饭、穿衣服，哄宝宝睡觉，收拾房间等。还可以组织幼儿进行比赛，如定期举行穿衣比赛、穿鞋比赛等竞赛活动。利用儿歌加深幼儿的理解，如漱口儿歌：“手拿小花杯，喝口清凉水，昂起小脑袋，闭紧小嘴巴，咕噜咕噜吐出来。”洗手儿歌：“手心手心搓搓，手背手背搓搓，指缝指缝搓搓，指尖指尖搓搓，小手转两圈，用力甩一甩。”切实让每一名幼儿都能在这种愉悦的互动中感知学习的乐趣，纠正其错误的思维认知。

(四)及时表扬，树立信心

由于幼儿年龄小，坚持性和自控能力也差，为了让幼儿能长期把良好习惯坚持下去，每班的教室里给幼儿留一面表扬墙，每天给坚持好的幼儿奖励一朵小红花，贴在自己的照片下，让幼儿直观地看到自己的进步。并定期组织全班幼儿数一数、比一比每人获得的小红花，累计十朵小红花就可获得一个大贴花，通过这种奖励的方式，使孩子们获得成功的快感，从而更加自信自己能行。

(五)家园共育，共同进步

家庭是幼儿园的重要合作伙伴，在幼儿教育中，家庭和幼儿园对孩子的要求要保持一致性，这样才能取得事半功倍的效果。我园通过家长园地、家长委员会、班级微信群、家园联系册、幼儿园公众号等形式，反复向家长介绍幼儿园的教育目标及培养幼儿良好生活习惯的重要性、可行性，以取得家长的支持与理解。

在实践工作中，教师除了做好孩子的导师，还要做好家长的导师，不断总结经验，掌握一定的家庭指导艺术，不断提高自己指导家庭工作的能力，和家长之间相互理解、相互沟通，达到教育的最佳效果。

(六)创设环境，激发兴趣

教师和家长要善于捕捉孩子的闪光点、兴趣点，抓住并利用一日生活中的教育契机，用心去感知幼儿的世界，营造宽松的环境氛围，切实激发幼儿对自我行为的约束力和参与积极性，遵循“以幼儿发展为本”的原则，实施教育，从而发展孩子的能力。

浅议幼儿园音乐游戏教学的优化策略

湖北省武汉市江岸区实验星汇幼儿园 王 楠

幼儿园传统的音乐教育偏重于音乐艺术使命，教师在追求“成品”效果这一框架的约束下，不仅很难因材施教，而且看不到幼儿的潜在创造力。幼儿的教学最根本的任务就是主张启发和引导。游戏作为幼儿生活中的基本活动，在整个幼儿教育中占有极其重要的地位。在音乐游戏的教育过程中，尤其要发挥幼儿的音乐感知和所谓的乐感，让幼儿在音乐游戏中快乐、健康地成长。因此，研究如何优化音乐游戏教学的策略，提升音乐游戏在儿童发展中的价值具有重要意义。对此，我总结了以下几点看法。

一、兼顾音乐性和游戏性

在幼儿园音乐游戏教学中，有时过于关注游戏的外在形式，却忽视了音乐的美感以及音乐素养的培养；有时又过于注重幼儿对音乐的感受而忽略了游戏的情境性、趣味性，从而导致活动无趣，活动目标也很难达成。其实，音乐的选择与游戏的设计是相辅相成的，一个好的音乐游戏教学可以将音乐的元素与游戏的情境很好地融合。

（一）音乐的选择方面

音乐在音乐游戏中起着指挥的作用，好的音乐能激发游戏设计的灵感，推动游戏情节的发展，因此，应尽量选择便于幼儿哼唱的歌曲或节奏鲜明的音乐，便于幼儿欣赏和感知；还应有工整的结构和富有变化的旋律，便于幼儿随音乐想象和表现游戏情节。

例如音乐游戏“小鱼和大鲨”，A段乐曲轻快，富有节奏感、韵律感，那是小鱼在海洋里自由穿梭、追逐、游戏；B段音乐沉闷、急促，让人感觉到危险和害怕，那是大鲨鱼正在追捕小鱼，小鱼四下躲闪。两段音乐形成鲜明的对比，幼儿很容易被音乐所感染而很快进入游戏情境当中。

（二）情节的设计方面

音乐游戏的情节应具有趣味性且应伴随音乐的变化而变化，随情节的发展达到游戏的高潮。一个好的音乐游戏必定是好玩的，充满趣味性的，才能激发幼儿参与的热情，有助于幼儿感受音乐的结构、旋律和节奏变化等。在教学中，不论是哪种形式的音乐，只有设置一定的情节让幼儿去体会、去感觉，从心到身、从身到心，才能使幼儿进入角色、进入音乐。

1. 教师要以自己的情绪表现感染和启发幼儿。不论是唱歌还是舞蹈表演等，都应该充满感情，做到有控制地表现和渲染，和幼儿一起分享音乐的美感和自己的体验，如音乐游戏“小小蛋儿把门开”，教师从开始就引入情节“小小的蛋儿敲敲门，蛋开了，里面有一只毛茸茸的小鸡”，让孩子们意识到小鸡是从蛋壳中出来的，并让他们体会蛋壳圆圆的感觉。幼儿从情节表现中寻找一系列动作的感觉，效果可想而知。教师的语音、体态、表情都应该恰到好处地表现出作品的意蕴。

2. 教师应以不同的身份与幼儿交流，并关注和满足幼儿在音乐活动中产生的各种情感需求。在音乐游戏活动中，教师不仅仅是教师，还可能是小鸡、蛋壳、妈妈、小猫等不同角色。教师要十分乐意和善于扮演这些角色，以逼真的情感和肢体语言带领幼儿进入音乐氛围。继续刚才的音乐游戏，教师在开始的引入部分表演“小小蛋儿把门开，开出一只小鸡”时，应戴着相应的头饰，用圆圆的身体、圆圆的动作表现将蛋儿慢慢打开，里面有一只刚出生的小鸡，再慢慢出现一只可爱的小鸡的过程，准确地表现给幼儿看，要从孩子们跃跃欲试的动作和眼神来观察和分析孩子们是否明白了教师的表演。

3. 教师还应该具备分析和表现音乐作品的各种情感基调的能力。例如音乐游戏“狐狸和石头人”中的情节，狐狸和小动物们走在森林里，当狐狸一回头，小动物们就要立刻扮成不动的“石头人”骗过狐狸。狡猾的狐狸却不上当，它想尽各种办法“扮鬼脸”“挠痒痒”等，识破了小动物的伪装。在这个音乐游戏中，情节随音乐变化而变化，当音乐节奏加快，狐狸对着石头人不停地“扮鬼脸”“挠痒痒”，逗得“石头人”哈哈大笑时，游戏达到高潮。这样的游戏情境更容易抓住孩子那颗爱玩的心。

二、兼顾趣味性和教育性

由于幼儿的年龄特点，枯燥乏味的游戏不能吸引孩子的兴趣，于是教师在组织音乐游戏的过程中，更多关注游戏的情境性与趣味性。快乐的学习固然重要，但情节的设计应充分考虑是否有助于幼儿形成积极健康的心理和正确的价值观。

例如猫和老鼠两个角色，时常被教师运用于音乐游戏教学，有的教师总是习惯性地将小老鼠的角色定位于“偷吃东西的小偷”。游戏中孩子们得扮演成小老鼠，心惊胆战地去厨房偷吃东西，还得时刻提防被老猫发现。如果教师设定游戏情境为：小老鼠到森林里为过冬准备食物，却遇上了老猫，那么这样的角色定位显然要高明许多，也更有利于幼儿的健康成长。

三、兼顾互动性与主体性

（一）教师应尊重幼儿对音乐有不同的理解和想象

比如，一首舒缓、优美的钢琴曲，幼儿可以想象是飞翔的小鸟、起舞的蝴蝶，也可以想象是轻柔的风、潺潺的水流等。只要孩子在大胆想象和表达，我们都要及时地表扬和鼓励，尊重幼儿的不同感受。

（二）教师应给孩子更多自主表现和创造的空间

在音乐游戏中，教师要尊重幼儿的独特见解。评价的效果是要激励每个幼儿动起来、思考起来，培养幼儿与教师讨论的勇气，同时教师要会保护幼儿的学习兴趣和积极性，使幼儿获得一种安全感，这样幼儿才会大胆创新，主动参与活动。在许许多多的活动中，发展幼儿的注意力、记忆力、观察力、思维力，大胆地在集体中操作尝试的勇气，使之充满自信心及获得成功后的喜悦心情……培养幼儿表现与创造的能力，可能会让教师感到起步很慢，效果不明显，但在这个过程中幼儿所获得的点滴知识都不是教师“灌”的，而是自己探求到的，而这恰恰是最重要的。教师应充分相信幼儿的表现力及创造力，音乐游戏中的角色及故事情节都可以由幼儿自己创编。

例如在音乐游戏“狐狸和石头人”中，对狐狸的形象表现可以各不相同，当小动物变成石头时也可以有不一样的造型：可以是独自造型，也可以是合作造型等。又如在音乐游戏“大厨师与小老鼠”中，教师可以引导孩子大胆设计关于小老鼠与大厨师之间发生的趣事，然后分别用不同的动作表现大厨师炒菜及小老鼠嘴犯馋的动作等。

四、兼顾时代性和地域性

教师在音乐的选择及情境的创设方面，继承与发扬传统音乐游戏的同时，还应兼顾时代性和地域性，将地域特点、自域文化及现代元素等整合，为音乐游戏注入新的活力。

（一）融入现代元素

音乐游戏里选用的音乐除一些传统的、经典的音乐外，也可以有甄别地选择一些当下比较流行的音乐，还可将一些时尚元素恰到好处地运用到音乐游戏中，如“恰恰”、说唱等，只要运用恰当便能收到意想不到的效果。音乐游戏里的角色和情境也可以结合当下幼儿最感兴趣的动画形象或影视作品等进行创编，如《爱探险的朵拉》《汪汪队》《海底小纵队》《小猪佩奇》《喜羊羊与灰太狼》《蜜蜂智斗光头强》《有趣的电脑人》等。

（二）考虑地域文化

不同的地域有不同的特点，文化、习俗也都不同，音乐游戏的角色和情境也可以呈现出不一样的地域面貌。

例如：武汉是一个历史悠久的城市，有着深厚的文化底蕴，对幼儿园小朋友来说，丰富的饮食文化是感受最直接、最深刻的，特别是“热干面”，教师巧妙地将“热干面”由七八分熟的碱面加各种佐料变香的过程融入音乐游戏中，创造出新的音乐形象及游戏情境。孩子在音乐游戏的过程中既感受了快乐，又更多地了解了家乡文化。

总之，音乐游戏既具有音乐的特点，又具有游戏的特点，它是一种寓教于乐的游戏。当然，音乐对于幼儿来说还是一个刚刚涉及的方面，音乐能力还不可能一蹴而就，可以在一次次音乐游戏的亲身实践中，通过孩子们的唱、跳、演，一点一点地培养起来。教师应在幼儿园音乐教学过程中不断尝试，不断优化音乐游戏的组织策略，才能有效激发幼儿对音乐活动的兴趣，更好地促进幼儿的发展。

小班幼儿的分享意识和行为初探

湖北省武汉市江岸区实验星汇幼儿园　周　波

“分享”意味着宽容的心，它在这个逐渐物化的社会显得格外珍贵；“分享”也意味着协同能力、交往技巧与合作精神，这是现代人应具备的重要素质。调查表明，我国的学龄前儿童是缺乏分享行为的。尤其是小班幼儿，他们刚从家庭进入幼儿园这个大集体中，角色、生活内容、环境都发生了很大变化。在这样的环境里，幼儿需要与同伴相处，与集体融合。但在几年的教学现状中，我发现小班幼儿的独占（玩具、食物等）行为是一种十分普遍的现象。这个年龄阶段的幼儿十分缺乏分享的意识与行为，而这些表现出强烈独占倾向的幼儿大多性格孤僻，不会与同伴相处，处处以自我为中心，这使我意识到如何培养小班幼儿初步的分享意识和行为是幼儿教育的一个重要问题。作为一名幼儿教师，我在日常工作中提出一些具体的、可操作的办法，对分享意识的培养进行了一些尝试，主要从以下几方面入手。

一、初步认识什么是分享——理解分享的真正含义

（一）从小事做起，形成初步的分享意识

在小班孩子的心里，还不能真正理解“分享”的含义。因此，我们先从教育幼儿爱身边最亲密的人（家人、小朋友）开始，将他们心中天然的爱变为一种具体的行动。如“三八”妇女节为妈妈制作一件小礼物，每天帮妈妈做一件小事，帮助其他小朋友扣扣子、叠衣服。用循序渐进的方式将这些良好的品质保持下去，就形成了一种习惯。慢慢地在孩子幼小的心里就会初步有了“在我的周围有许多人，我可以帮助别人做一些自己会做的事情，去关心他（她）”这样的想法。

（二）组织“交换玩具”活动，培养初步的分享行为

让小班幼儿初步理解“关心身边的人”并不是很困难的事。但是在实际操作中，让幼儿明白“分享”互利性则比较复杂。比如玩玩具，孩子们经常因此引发激烈的矛盾。在涉及自

己切身利益的时候，小班幼儿很难放弃争夺权。为此，我特意安排“交换玩具”，让每位小朋友从家中带一个最心爱的玩具到幼儿园来和大家一起玩。开始，有些幼儿还不会把最喜欢的玩具带来。这时，我就组织小朋友坐在一起，让每位小朋友说说自己的玩具，并请其他小朋友用玩具表演节目。“带来一件玩具就可以玩几十件玩具，还得到了独自玩玩具所得不到的快乐”，这样幼儿就会逐渐把自己最喜爱的玩具带来与大家共享。

二、“分享教育”的多种方式——充分利用教育资源

充分利用身边的教育资源是初步培养幼儿分享意识和行为的好途径。我在平常工作中特别注重这几种教育方法的探索与实践。

（一）讲授教育的运用

讲授教育是“分享教育”的基础，教师和幼儿都比较熟悉这种教育方式。但是为了达到期望的效果，就要形式生动活泼，内容贴切适宜。我根据小班幼儿的年龄特点和心理特征，给幼儿讲故事《萝卜回来了》《冬爷爷的礼物》《猪八戒吃西瓜》，听儿歌《玩具大家玩》《两只梨》《分果果》等，使幼儿在故事和儿歌中受到教育，取得了很好的效果。

（二）典型教育的应用

典型教育就是给幼儿树立一个榜样让他们模仿，从无意到有意，从自发到自觉地去学习典型的行为。小班幼儿特别爱模仿，而教师又是幼儿模仿的重要对象。教师的日常行为、言谈举止和情感态度随时都对幼儿的发展产生潜移默化的影响。所以，教师要做有心人，抓住一切有利时机为幼儿做好行为示范。如在分发物品时，我就有意识地将这些物品以分享的形式分发；当自己有了快乐体验时，要以分享的形式讲给幼儿听；当看到幼儿正在玩玩具时，我可以有意识地走过去对幼儿说：“我可以和你一起玩吗?”或者说：“你可不可以把玩具分给我一些?”待幼儿体验到分享带来的乐趣后，便会自觉产生分享的动机，模仿教师做出类似的行为。同伴是幼儿观察学习的榜样。教师要在同伴中树立有分享行为的好典型让其他幼儿学习，如当幼儿有某种物质分享行为时，教师要做出积极评价和鼓励，这样会激发其他幼儿模仿和学习。

三、创造分享机会——将教育寓于生活之中

（一）设立分享日

设立分享日是指教师根据实际情况在一周中设立一个专门的分享日。比如，“玩具分享日”是让幼儿在这一天将自己喜爱的玩具、宠物带来与别人分享。再如，“经验分享日”是幼儿在这一天，将自己的成功经验和近期完成的作品向他人展示，幼儿在展示和讲述的过程中，既能产生一种成就感，又会产生一种因分享带来的快乐和满足感，还可锻炼他们的口语表达能力。

（二）举办生日会

当某个幼儿有办生日会的需求时，我们可以与家长配合把生日会办成一个分享会。如在上学期我班举办的生日会上，幼儿家长买来的蛋糕、饮料、糖果等成为小朋友共同分享的物品。我在主持生日会的过程中有意识地为幼儿创造分享的机会。如在请大家唱完生日歌、说完祝词之后，请“小寿星”为大家分发生日蛋糕，这是小朋友共同期待的时刻，在这一时刻，大家分享食物，体会着过生日的小朋友快乐的心情以及由分享带来的乐趣。

（三）创设宠物分享角

创设宠物分享角就是在教室中开辟出一个小小的角落来摆放幼儿从家中带来的宠物玩具。在自选游戏时，幼儿可以随时到这个角区来与小伙伴共同分享自己或他人带来的分享物。

四、正面强化——促进幼儿的分享意识和行为的培养

常用的正面强化有两种：口头语言强化和肢体语言强化。

(一)口头语言强化

口头语言强化是指教师用适当的语言肯定幼儿的分享行为，强化幼儿的愉快体验，从而激发幼儿再次尝试分享的愿望。例如在日常游戏中，我们常常看到这样的情景，班上一位幼儿带来一辆新型玩具车，当别的幼儿想与他一起玩却遭到一次次拒绝时，别的幼儿就会说："以后不跟你好了。"这时，带玩具的幼儿马上感到如果不与别人分享玩具，他就可能失去小伙伴，于是就同意将玩具给小伙伴玩。这时，我就要抓住这一教育时机问他："和××一起玩高兴吗?"并进一步强化："有好东西应该和小朋友一起分享才对，你看因为你把玩具分给小伙伴玩，你们在一起才玩得那么高兴，你真了不起!"类似的情景发生后，如果教师都能注意及时强化，幼儿在今后就会逐渐产生分享的动机和行为。但教师在评价时要注意语气、语调，强化时要重点针对行为本身而不是针对个人，这样幼儿才能产生积极的分享行为。

(二)肢体语言强化

肢体语言强化是指教师运用自己的动作、表情、眼神、姿态等变化来表达对幼儿分享行为的肯定。如我班的施施、梦瑶小朋友经常热心帮助别人——帮小朋友搬椅子、叠衣服。我看到后都会及时利用肢体语言向她们点头、微笑、竖起大拇指或用手轻轻抚拍幼儿的肩、头等方式，使幼儿因得到教师的肯定而感到快乐和满足，从而在今后更愿意发生类似的行为，在集体中形成学习与竞争的环境。

以上做法不仅能使小班幼儿得到适当、长效、深刻的行为强化，同时还有助于他们学会注意、体会别人的情绪情感，有助于幼儿社会情感认知的培养。

五、结语

总之，这些方法虽然在培养幼儿分享行为的过程中都发挥着各自独特的作用，但是在实践中，它们总是结合在一起，互相影响、共同发挥作用。实践证明：我们只有通过适当的方法引导幼儿，才能让幼儿产生分享的内在动机与愿望，使幼儿的分享行为更加稳定、自觉，不断促进幼儿分享行为的发展，使幼儿学会体验对方的感情，学会与人共同分享，体验与人共享的快乐、愉悦，为培养幼儿健康的情感和行为打下良好的基础。这对幼儿的个性、品格、行为的发展，甚至是幼儿的一生都是受用无穷的。

让我们在孩子幼小的心里埋下爱的种子；在分享的快乐里体会生活在集体大家庭的幸福!

公共卫生事件影响下的幼儿安全教育策略探究

北京市朝阳区亚奥幼儿园　段星星

《幼儿园教育指导纲要(试行)》明确指出："幼儿园必须把保护幼儿的生命和促进幼儿的健康放在工作的首位。"也就是说，儿童的安全是一切发展的保障。在突发公共卫生事件背景下，每位教师都责无旁贷，力求为孩子的成长保驾护航，营造良好的成长环境。培养和提高幼儿的安全意识和自我保护能力是十分关键和核心的教学部分，但教师如何抓住孩子的心理，设计出既能达到预期目标又能满足安全教育的需求，值得探讨与尝试。本文在分析疫情期间安全教育现状的基础上，将结合工作提出自己的思考，以期能够督促幼儿养成良好的习惯，提升幼儿的自我保护能力。

一、突发公共卫生事件影响下幼儿安全教育的意义

(一)提升幼儿的自我防护能力

幼儿的抵抗力和免疫力尚属于“成长”阶段，属于易感人群，对外界细菌的抵抗能力相对于成年人较差。幼儿天性活泼好动，且很难注意卫生，在日常生活中受到外界细菌感染的可能性更高。在新冠肺炎疫情防控常态化工作的不断推进下，对于幼儿这一特殊群体，教师要学会利用教育手段对幼儿进行及时教育，让幼儿懂得自我保护，在面临困难和挑战的时候要坚毅勇敢。比如：疫情居家期间，由于父母看管疏忽等原因，幼儿很有可能会烧伤、烫伤或摔伤等。后疫情时期，疫情防控教育坚决不能缺失，幼儿教师可以借助网络平台或播放视频等方式对幼儿进行安全教育，提高幼儿的安全防护意识。

(二)丰富幼儿的日常生活知识

新冠肺炎疫情的突然暴发和快速扩散，在社会范围内引起了恐慌，社会各界对新冠疫情防控给予了高度重视。特殊的时间、特殊的假期，教师要利用好这段经历对幼儿的影响，紧抓后疫情时代的教育契机，及时宣传防控知识，包括卫生、健康饮食，日常勤洗手、出门戴口罩，通过教育帮助幼儿养成良好的行为习惯和责任意识。

(三)教育幼儿学会感恩和尊重

对于幼儿来说，生命可能并不是一件具象化的事情，因为他们对于生命的认知太过于陌生。疫情防控期间来自全国各地的逆行者，不顾自身安危逆风而行，舍小家、为大家，这些逆行者身上的品质值得每一个人学习。教师可通过向幼儿讲解逆行者抗击疫情的故事，让孩子产生感恩之情、敬畏之心。借助视频和图片让孩子逐渐认识到生命的价值，同时通过潜移默化的影响，让孩子对生命产生敬畏感和尊重感。引导孩子主动感知生命的美妙，感知世界的美好。

二、突发公共卫生事件影响下的幼儿安全教育现状

(一)安全教育内容不够丰富

公共卫生事件的突发，社会各界的快速响应及国家政策方针在短时间内的落实，给我们带来了很多的启示。调查发现，有的教师所设计的课程内容是“预防感染我行动”“我认识的冠状病毒”，这些课程并没有对日常生活中如何防控做出具体介绍。且教育素材偏离幼儿生活，没有抓住最根本的“身边事教育身边人”这一原则。加之幼儿对图画的感知度要高于文字，教师在设计教学内容时，要确保教育内容不能过于直白、生硬。

(二)安全教育策略不够灵活

教师在设计教学策略时受条件的限制，只利用较为简单的互动游戏和短视频进行教学，整个过程缺乏操作性和趣味性，导致教育策略根本没有重心，孩子也没有办法通过游戏展现出较强的主动性和思维能力。在疫情时期教育策略的选择方面，幼儿教师还要进一步完善。

(三)安全教育方式比较单一

疫情期间，按照国家防控的相关要求，各地相继延后了春季学期的开学时间，但是为了保证教育进度正常，教育部发出“停课不停学”的口号，各地展开了线上教学。幼儿教师也利用线上教学平台展开各项游戏活动，但由于不能和幼儿直接接触，教师很难准确判断幼儿是否掌握了安全知识。有时幼儿的父母忽略了对幼儿的及时监督，线上教学在一定程度上失去了真正的作用，孩子在疫情防控期间所产生的心理压力更无从缓解。总之，安全教育方式目前比较单一，没有真正打开思路去拓展教育途径。

三、突发公共卫生事件影响下幼儿安全教育的策略

（一）丰富教育内容，提高幼儿的获得感

突发公共卫生事件积极防控与每一个人都息息相关，尤其是在此次疫情防控期间，教学模式出现了很大的变化。幼儿的思想单纯，教师要主动进行安全教育，让幼儿知道在突发公共卫生事件过程中，国家和社会、个人所承担的责任和必须要履行的义务。正如陶行知认为的生活无时不含有教育的意义，生活中随处可见的素材都可被当作教学素材，这些教学素材相比于课本，更富有教育内涵，也更为鲜活。如：疫情期间的卡口防控人员、小区门口的执勤人员，以他们作为典型案例，向幼儿传递坚守一线岗位无私奉献的精神。让幼儿学会在困境的时候如何坚强，如何在别人遇到困难的时候帮助他们，让幼儿做一个懂得回报社会的人，让生活教育幼儿，让幼儿主动探索社会的奇妙，对于幼儿教学来说至关重要。

（二）巧用教育策略，增强幼儿的互动感

教师在选择教育策略或设计教学策略的时候，可借鉴陶行知的“捧着一颗心来，不带半根草去”的原则，虽然受到客观条件的制约，但教师也要学会主动求变，可通过直接录制视频或录制故事阅读，不断拓宽教育途径。如疫情期间，与幼儿的家长多沟通、多交流，通过介绍一些互动性、启迪性的小游戏，让孩子在家里也能锻炼肢体力量和思维意识。教师更要抓住关键的细节，例如简短的5—8分钟安全微课，发掘安全微课的特质，让幼儿想学；呈现安全微课的内容，让幼儿明确学什么。

（三）拓宽教育途径，提升幼儿的接纳感

后疫情时期的幼儿教学中，家园合育是最为重要的教育途径。一方面教师依靠线上教学方式引导幼儿做游戏、向幼儿讲故事，让幼儿逐渐提高防范意识。另一方面，家长要主动配合教师教学，如鼓励孩子做家务或帮父母捶背，或者通过小游戏锻炼孩子的协调能力和动手能力，更为重要的是家长还可通过亲子游戏拉近与孩子的距离，提升幼儿对安全知识的接纳感。家园合育让幼儿安全教育质量变得更高，同时家长与教师的及时沟通，从另一个角度上来讲，也是家长支持幼儿教师工作的表现。或许2020年上半年特殊的“假期”对于孩子来说并不是多么美好，但这次特殊时期却让孩子和家长有了更多的相处时间。

四、结论

学前教育中最重要的就是要保护幼儿的生命安全，促进幼儿健康成长。通过开展幼儿安全教育，能够帮助幼儿建立基本的安全意识，提高他们对身边危险因素进行辨识的能力。身为教育工作者，不仅要做好疫情期间幼儿的安全教育，更要让幼儿心中树立对生命的敬畏、对生活的珍惜之情。总之，幼儿教育要关注幼儿，关注生活，从现实生活中挖掘教育资源，多途径、多元化地促进幼儿的身心健康发展，感知身边的美好。

幼儿园教育防止小学化的策略研究

重庆市江津区几江幼儿园　黄舒瑜

目前，在我国大多数幼儿园的教育实践中，教育内容和手段小学化的现象越来越明显。幼儿园为了满足家长的需求，让孩子快速开始学习识字、拼音、数学等，在这种教育中可以使孩子的知识得到明显提高，更容易得到家长的肯定，这也使得幼儿小学教育的趋势明显。然而这种小学化倾向严重违背了幼儿教育的基本规律，不利于幼儿身心健康发展。本文通过对幼儿园小学教育现象的分析，探究导致小学教育的深层次原因，从而探索出消除这种教育误区的对策和方法，以促进幼儿健康、和谐、快乐地成长。

一、幼儿园教育小学化的现状

（一）幼儿教育方式情况

目前，很多幼儿园都是按照固定的课程进行教育，学前教育方式逐渐向小学教育靠拢，这使得幼儿园教学成为制约幼儿思维发展的主要原因。大多数幼儿园把识字、拼音、计算作为教学重点。各学科的教学是相互独立的，并没有形成一个相互观照的整体。幼儿园教育的各个方面都要灵活、有组织，过去幼儿园的兴趣班是为孩子提供兴趣爱好和潜能开发的空间，现在却成了向孩子们灌输知识的捷径。现实中，开设兴趣班的目的大多是培养孩子的专业技能，学习规范化的学科知识，反复练习考试内容和参赛作品，以获得更多的证书。一些不提供等级考试的幼儿园很难得到家长的认可，也很难在竞争中站稳脚跟。

（二）幼儿教育内容情况

目前，幼儿园教育不仅要求孩子只懂简单的英语单词和加减法，而且要通过幼儿园教育的电脑操作，能多写汉字、看报等。大多数幼儿园为小班幼儿实施识字、背诵古诗词和识别数字等教育活动。在中大班，幼儿开始学习小学内容，甚至直接使用小学教材。在这种环境下，孩子们很容易产生一种优越感，从而产生虚荣心。在未来的成长过程中，容易引起各种不良心理反应，导致严重后果。

二、幼儿园教育小学化问题的成因

（一）幼儿教育观念存在缺陷

由于社会竞争日益激烈，人们对学历的关注和追求越来越高，社会各界对高等教育的需求日益突出。这种“学历主义”的社会竞争已经逐渐延伸到幼儿园。从幼儿园开始，幼儿就开始储备知识，为今后的学术竞争打下良好的基础，这是越来越多的家长选择的孩子成长的必由之路。此外，父母在激烈的社会竞争中的生存压力已经开始直接或间接地影响下一代。另外，我国大多数家庭都是独生子女，家长对他们有了更多的要求和更高的期望，这也在一定程度上促成了幼儿园小学化教育的趋势。

（二）教师教育方法滞后

目前，我国的应试教育强化了考试的重要性，用考试成绩来衡量学生的价值。考试制度决定教学制度，教学制度决定学生受教育的命运。目前，我国的教育灌输统一的知识结论，培养具体的技能，让学生被动地掌握。应试教育的影响已逐渐扩大到幼儿教育，许多教师仍然采用传统的教育方式。在追求应试教育的过程中，忽视了孩子个性的塑造，把分数作为评价孩子的识别工具，这对孩子的健康成长非常不利。

（三）幼儿教育管理不到位

市场经济体制的改革，给幼儿园带来了巨大的冲击。幼儿园的管理体制和经费来源发生了很大变化。幼儿园实行自收自支的市场化运作。由于幼儿园的装修、设备、教师工资和宣传费用都是有成本的，幼儿园要维持日常开支，就必须获得更大的经济效益。另外，过去公办幼儿园较少，大多数幼儿园属于民办幼儿园，国家也没有严格的收费依据。因此，大多数幼儿园采取商业化运作模式，为适应应试教育的需要，开设实验、双语、美术等课程，开展大型宣传活动，提高收费标准。这种注重经济效益而忽视教育质量、金钱数额的幼儿园运营模式，成为衡量幼儿教育水平的标尺，使幼儿从小受到不公平的教育。

三、幼儿园教育防止小学化的策略

(一)树立正确的幼儿教育观

要充分认识到幼儿园对儿童生命发展的负面影响，树立科学的教育目标观。教育的目的是培养儿童高尚的品德、健康的身体素质、良好的心理素质、较强的实践能力，促进儿童个性的充分发展。它不仅注重儿童基础知识和技能的培养，更注重培养和形成儿童的学习态度、习惯、情感和价值观，促进儿童全面成长。

儿童是幼儿教育的主体。他们是主动的学习者，而不是被动的接受者。因此，在幼儿教育中，要注意让孩子自发、自主地学习。幼儿园和教师只是儿童的服务提供者。孩子们有自己独特的个性和爱好。在幼儿教育中，孩子们被赋予了根据自己的喜好做出选择的能力和权利。儿童能主动判断和应对外部事物，根据自己的想法创造独特的事物，从而充分发挥主动性和创造性，得到真正的发展。

能否开展高水平的学前教育，促进儿童健康全面发展，关键在于教师的素质。教师作为幼儿教育的引导者和支持者，应充分理解服务教育的内涵，及时转变教学观念，找准教师定位。在教学活动中，要让儿童充分展示自己，尽力解决问题。教师要站在引导者和欣赏者的位置来引导儿童的行为，并从欣赏的角度对儿童的行为进行适当的评价，使儿童真正成为教学活动的主导者。教师不再在儿童活动中占据主导地位，而是更多地成为教学活动的参与者。教师在儿童学习中的角色定位为合作者、参与者和引导者。

(二)提升幼儿教师专业素质

幼儿园教育以教师为主。教师素质和教学水平直接影响教学质量。因此，应以教师素质和专业能力为管理目标，鼓励教师参与部分高校和教育机构对专业素质的深入学习和研究，或在园区内组织“公开讨论”“自我反思”等活动，通过教师之间的互动，提高教师的综合实力。教师素质的提高也需要地方政府与幼儿园共同搭建平台。通过该平台，为幼儿教师提供“幼儿教师教学专家评选”“最受欢迎幼儿教师奖”“幼儿教师基本技能大赛”等一系列展示平台，促进幼儿教师综合实力的不断提高，全面提高幼儿教师的综合实力、身体素质和专业水平，打造和谐幼儿园。

(三)加强幼儿教育的管理

1. 政府部门落实管理职能。学前教育不仅是幼儿园教育，更需要各方面的理解和支持。政府要加强对学前教育的管理，充分发挥监督支持职能，规范幼儿教育行为，杜绝小学教育在体制内出现。政府应将幼儿教育的发展与中华民族的发展相协调，并承担相应的责任。虽然现在的学前教育是一种市场化的运作模式，但它在福利方面仍然不能改变，也不应该改变，应将其纳入教育执法范围，建立科学的评价机制。一方面要对幼儿园进行政策扶持，另一方面要制定相应的业务规则，使幼儿园依法办园、依法教学，从根本上改变这种局面。

《幼儿园工作规程》中指出：幼儿园应当加强与社区的联系和合作，面向社区宣传科学育儿知识，开展灵活多样的公益性早期教育服务，争取社区对幼儿园的多方面支持。因此，相关部门可以积极利用社区环境资源，拓展儿童游戏空间。鼓励家长带孩子到自然的社会环境中去观察、发现、感受，了解成人的工作，走访社区，了解各行各业的工作，与成人交流，丰富孩子的生活体验，了解和体验人与人之间的关系。

2. 幼儿园制定合理的管理措施。幼儿园承担的任务不仅仅是托管工作。如果幼儿园管理不规范，很容易引发问题。因此，幼儿园要加强教育系统内部管理和协调，加强对幼儿园的管理和引导，为幼儿园制定一定的质量评价标准，正确评价幼儿园质量，改变知识技能的短视行为，不能忽视态度、人格和人格修养。在评价孩子时，要注重对情感、兴趣、习惯等自理能力和实践能力的评价，而不是一味地注重知识和技能的掌握。

四、结论

本文对幼儿园教育防止小学化的策略进行了分析，通过分析发现，当前幼儿园教育小学化问题的成因主要包括幼儿教育观念存在缺陷、教师教育方法滞后、幼儿教育管理不到位等。基于此，本文提出了对应的策略，包括树立正确的幼儿教育观、提升幼儿教师专业素质、加强幼儿教育的管理，以期能够为幼儿园教育防止小学化提供一定的借鉴。

地方特色文化资源在幼儿园课程中的应用
——以西南地区重庆市忠县A园为例

重庆市江津区几江幼儿园　丁　彦

近年，随着“三孩”政策的全面开放，我国学前教育事业迎来了新的高潮，正处于一个跨越式发展的重要阶段。《基础教育课程改革纲要(试行)》中提出：基础教育可以积极利用开发地方特色文化资源，融合到幼儿园课程中。由此，各园所可以积极探索、充分利用各种资源(本土特色文化资源)，在此次课程改革中找准自己的位置，探索出适合自己园所发展的途径。《幼儿园教育指导纲要(试行)》中提出，幼儿园应该充分融合各种对孩子发展有益的资源，采取合适的方法与手段，去支持引导幼儿发展。新课改和《幼儿园教育指导纲要(试行)》的颁布与展开，犹如大海中航行的指南针，为如何走出一条适合中国国情发展的学前教育之路开辟了新的航道与方向。因此，各地园所可以考虑结合本土特色文化资源，利用多种教育手段，完善幼儿园课程中这一部分的缺失，促进幼儿全面发展。

一、重庆市忠县文化资源的内容

忠县位于重庆市东部，长江上游地区，是一座具有深厚历史底蕴的县城，是“忠诚文化”的发祥地，因为其丰富的文化资源，被评为国内最具国际影响力的城市之一。2018年，习主席称赞该县的“忠诚文化”，社会呼吁将“忠诚文化”列为中华民族优秀传统文化。

笔者结合在当地生活二十多年的经历，查阅相关文献资料，从忠县的地方特产、民间游戏、传统节日、古代遗址等方面具体了解了忠县文化资源。典型的地方特产有忠州豆腐乳，也称忠县豆腐乳，距今已有一千余年的历史，营养价值丰富，已纳入重庆市非物质文化遗产，远销海内外。此外，忠县也是柑橘的故乡，这两样已成为忠县走出国门的招牌。还有一些典型的民间游戏，如马兰花、定针、踢毽子等，内容丰富，形式多样。

二、忠县忠州文化资源的教育价值

其一，对于幼儿的身心健康发展来说，大有裨益。比如，一些比较有趣的坊间游戏融入幼儿园课程中，孩子们在游戏和活动的过程中获得极大的快乐，在打开自我的过程中学会社会交往。其二，让孩子在日常活动中感受家园文化，给他们艺术的影响，深化对家乡文化的认同感。其三，有利于幼儿全面发展，例如教师通过讲故事的方式，带幼儿走进巴蔓子，语言表达能力在社会性交往的过程中得到提高，并能够让幼儿进一步了解相关的历史知识。其四，忠县的“忠诚文化”是中国忠义文化的发源地，将这样典型的地方精神文化融合到幼儿园课程中，有利于幼儿树立正确的价值观。

三、忠县忠州文化资源在A园课程中的应用现状

(一)教师充分认可地方文化资源的教育价值

笔者以电话访谈的形式，随机选取该园刚入职的新教师、工作3—5年的教师、工作5—10年的经验丰富的教师代表为访谈对象。

总的来说，幼儿园教师普遍认为当地文化具有一定的历史厚度。一方面，将本土文化融入幼儿园课程，对幼儿的发展有着积极的影响；另一方面，让孩子们充分了解当地文化，认可当地文化的价值。

(二)园内有专门研究地方特色文化的课题组

笔者通过访谈发现，园内教师开发利用地方文化的意识还是比较强烈的，因为园内成立了专门的课题组，在教学楼顶层，用了专门的区域进行本土文化的环境创设，例如老街印象(农具博物馆、特色小吃、乌杨白酒)……这个区域一般供中大班使用，总体来说，幼儿园在这方面的支持力度还是特别大的。

(三)教师创新地方课程的能力有待提高

笔者通过电话和微信的访谈形式了解到，教师们普遍认为，自己着手将忠州特色文化资源应用到幼儿园课程中时，整合资源的能力不够，对地方文化的了解不够，还是需要团队的力量。特别是在已有的成就中，如何在有限的资源上进行创新是大家共同的困惑。

访谈记录(片段)

访谈方式：语音通话

访谈对象：A园教师

访谈内容：(Z代表笔者，T代表A园教师)

Z：您认为将忠州文化融合到幼儿园课程中有必要吗？

T：我觉得很有必要，地方文化很有厚度，主要是继承和创新的作用，当然，这仅仅是我个人的想法。

Z：您认为在日常活动中开发利用还是完成任务的比重更大？

T：开发利用的成分更大，因为园内成立了专门的课题组，有比较好的氛围。

Z：您认为在忠州文化融合到幼儿园课程的过程中，最大的挑战是什么？

T：比较典型的就是如何推陈出新，如何用孩子们感兴趣的方式讲述地方文化，要将过去的东西用孩子们感兴趣的方式讲出来。

Z：主要有哪些课程呢？

T：我想一想……我记得忠州文化有简单归纳的几个字，但是我突然想不起来了。因为现在我带的是小班，主要是中大班涉及这些内容。我了解到的有老街印象、农具博物馆、特色小吃等内容。

从以上访谈可以看出，A园教师认为利用地方文化资源很有必要，并且园内成立了专门的研究课题组，普遍的困惑在于如何结合已有的经验推陈出新。

四、忠州文化资源在A园课程中开发利用的建议

忠县的地方文化特色资源在忠县A园课程的应用中取得了一些经验，但就其应用的效果而言，还可进一步深入改善。笔者根据忠县A园对忠州文化资源应用的实践研究，从以下两个方面给出了相关建议。

(一)外部支持方面

1. 教育主管部门及其他部门方面。当地教育主管部门承担着指导、引领当地教育事业前进的责任。因此，教育部门应制定相应的具体政策，如目的、重要性、具体措施、资金

分配和使用等，使幼儿园和教师充分认识到开发利用地方文化资源在幼儿园课程中的重要性。除此之外，应积极地开展相关的课程培训，支持幼教工作者的发展，提高教师整合资源的能力。另外，其他部门也应承担辅助作用，例如文化局，多举办一些富有地方文化特色的活动，利用多媒体加大宣传，营造一个良好的文化氛围。

2. 家长方面。原生家庭对一个人的影响是深刻的、微妙的和持久的。李红卫等研究者在《幼儿良好个性发展与家庭教育重要性的探究》一文中提出，原生家庭对一个孩子一生的发展具有重要影响，因此应努力创建一个对孩子成长有益的家庭氛围与环境。父母教养水平的高低直接影响儿童的发展。作为家长，首先要配合幼儿园的工作，幼儿园需要家长合作的，家长要积极参与；其次，有条件的家长应该多了解家乡文化资源，认识到地方特色文化资源在幼儿园课程中的重要性。在孩子对这方面的内容表现出兴趣时，加以渗透，无形当中施加教育。

（二）幼儿园方面

1. 幼儿园管理者方面。现如今，随着学前教育事业的迅猛发展，各类营利性民办园顺势而生，不少民办园借着一些外国教育思想，打造特色园，从根本上很难落地，不能同中国实际相结合，做到本土化。其实，结合当地特色文化资源打造特色园就是一个很好的方向，可以考虑以此为切入点，利用现有的资源，打造富有当地特色的园本课程，促进幼儿的发展。另外，管理者应多组织地方文化资源在幼儿园课程中的开发利用培训，邀请有经验的专家、特色园所传授经验，提高园内教师开发利用资源的能力。还应加强家校沟通、社区沟通，争取他们的支持，推动此项工作的顺利进行。

2. 幼儿教师方面。其一，教师应该自觉提升忠州文化课程资源开发利用的主体意识，笔者通过研究发现，部分教师认为地方文化资源的开发利用只是园内课题研究专业人员的事，因此教师应该提高关于课程这部分的理论知识，将理论与实践相结合。其二，教师和教师之间需要相互配合，共同成长提高。其三，教师应多进行自我反思和自我总结，陈楷红提出“教师应该经常反思，有利于促进专业成长”。反思和总结有利于教师改进自身的不足，促进专业成长。其四，教师要具有主动性，学会“走出去”和“引进来”。多多走出去与社区加强联系，很多文化资源都在社区当中，努力将优秀资源引进幼儿园，感受地方文化的魅力。

践行《3—6岁儿童学习与发展指南》，有效开展语言教学

吉林省通化市通化钢铁集团有限责任公司第一幼儿园　徐永秀

“山楂酸酸的，玩雪后手是酸酸的。哈密瓜甜甜的，帮爸爸妈妈干完活被夸奖心里是甜甜的。洋葱辣辣的，切洋葱时眼睛是辣辣的。汗水是咸咸的，奶奶做的酱也是咸咸的。”这是我园一名大班幼儿创编的诗歌《味道》，像这类富有童趣的诗歌幼儿已创编了近30首。学期初，班中仍有部分幼儿在语言方面发展缓慢。如有的幼儿与同伴缺少交流，有的幼儿叙述不完整，有的幼儿活动中不积极发言。《3—6岁儿童学习与发展指南》中指出：“幼儿期是幼儿语言发展，特别是口语发展的重要时期。教师应为幼儿创设自由、宽松的语言交流环境，通过多种活动扩展幼儿的生活经验；并引导幼儿自然而然地对文字产生兴趣。”结合幼儿的实际情况和《3—6岁儿童学习与发展指南》中语言领域的教育目标、教育建议，不断调整教学形式和手段，幼儿语言方面的发展取得了明显成效。

一、运用多媒体辅助教学吸引幼儿的学习兴趣

幼儿的注意力不容易集中，控制能力较差，加上他们从小接受的新奇事物又比较多，所以呆板的图片、传统的教学模式已经不能吸引幼儿的注意力；在语言活动中将多媒体引入教学，无疑是给教学注入了新鲜活力，多媒体以其丰富的表现力、强大的交互性深深地吸引着幼儿。

如《风在哪里》诗歌教学中我使用了多媒体手段。当播放带有配乐、配画的诗歌时，幼儿马上被生动的画面、动听的音乐与激情的朗诵所征服，陶醉在诗歌的意境中。当一一点击画面上的各种图案时，幼儿感觉就像在看魔术表演一样精彩，被深深地吸引住了。

在续编故事时，形式新颖的多媒体更是发挥了重要作用，如学习故事《露水面包》后，幼儿虽然像故事中的主人公丁丁那样已经知道了好孩子不应该挑食的道理，但实际情况仍可能是我行我素。为了让幼儿有更深的理解，便利用多媒体与幼儿一起开展了故事创编活动“长大后的丁丁”。幼儿看着多媒体中播放的音乐、画面猜想着，创编着。有的幼儿创编道“丁丁上小学后，饭菜、水果都爱吃了，身体很健康，个子也长高了很多”。有的幼儿创编道“爸爸妈妈带丁丁参加宴会，丁丁什么菜都吃，大家都夸他是好宝宝”……

二、借生动形象的教具帮助幼儿提高口语表达能力

形象生动的头饰、手偶、指偶是今年教学中经常用到的教具，它能化虚为实、化静为动，能将抽象的词汇形象生动地表现出来。如在诗歌《喜欢》中，先出示了颜色鲜艳、形象可爱的头饰让幼儿挑选，然后请他们说说自己最喜欢什么小动物，小动物有什么特点，喜欢在什么地方玩，怎样玩，玩的时候心情是怎样的，表情又是怎样的，可以用什么好听的词汇描述出来。在头饰、手偶和指偶的作用下，一系列递进式的提问可以成功地打开幼儿想说、敢说、喜欢说的表达闸门，让他们用各种贴切的词汇表述出诗歌的内容，从而大大提高了口语表达能力。

此外，学习故事，利用故事中的角色进行角色表演也是提高幼儿口语表达能力的好方法。如故事《打不开的门》，讲述的是一群所谓的聪明人：王子、队长、士兵、大学士被宫殿里的一扇小门困扰着，怎么拉都拉不开，这时仆人的孩子走来，轻轻一推门开了。这是一个有很多人物对话的故事，特别适合角色表演。给幼儿提供了一套形象的人物头饰，带上头饰的幼儿仿佛自己就是故事中的人物，表演得很投入，人物对话也很流畅。

三、在语言教学活动中循序渐进地发展幼儿的听说能力

倾听是幼儿感知和理解语言的行为表现。就幼儿语言学习和发展而言，听是不可缺少的一种能力。只有懂得倾听、乐于倾听、善于倾听，才能真正理解语言的内容、语言的形式和语言运用的方式，掌握与他人进行语言交流的技巧。为吸引幼儿认真倾听，集体活动前要收集各种声效、有声读物。有了这些多媒体加入，幼儿会听得很投入。有时为了吸引幼儿安静地倾听，在范读诗歌和讲故事时要尽量放慢速度，让他们听清每个字的正确发音，特别是针对幼儿难以发出的音或发不准的音，在说话时口型也会稍微夸张些，这样可以让幼儿在听清的同时看清发音的口型，便于他们模仿。

有了认真倾听，交流就顺理成章了，再以提问的方式引导幼儿进行交流。例如：图片中你看到了谁？在做什么？后来怎样了？他做得对吗？如果是你会怎样做？我们应该向谁学习，学习什么？像这样开放式、猜想式和追问式的提问会牢牢地抓住幼儿的注意力，让幼儿间的交流变得更加积极、主动。

幼儿最喜欢的是游戏，在语言集体教学活动中起初可以用接龙游戏导入，如动物接龙、水果接龙、蔬菜接龙、玩具接龙等。这几个游戏很简单，即使性格内向的幼儿也会有兴趣，渐渐地都能自觉地参与进来。

有了说的想法，接下来就是让幼儿敢大声说出来，这时可经常用到的方式是“送大拇指、送拥抱和鼓掌”。千万别小看这几个简单的鼓励方式，它们对幼儿却非常有用，尤其在幼儿分组齐读诗歌的时候往往会收到以点带面的效果，让那些不敢大声说话的幼儿觉得自己也很棒。其实有时教师不能急于求成地要求胆小的幼儿也能像其他幼儿一样站起来就说，而是要在教师一步步引导下，让他们先克服心理障碍，和小朋友一起说，再慢慢地能大方地独自说。

完成了想说、敢说的初级目标，接下来就是引导幼儿会说。语言活动内容大都有重复的句式，例如诗歌《快乐》中是这样的“小鸟喜欢在天空中飞来飞去，小鸟快乐，天空也快乐”。这里出现的重复句式是“××小动物喜欢在××地方做什么，××小动物快乐，××地方也快乐”。幼儿在掌握了句式的规律后，便可以轻松地开始自己的创编活动。如有的把××小动物换成了其他的，变成了“蜻蜓在天空飞来飞去”；有的把××地方换成了其他地点，如“蜻蜓在花丛中飞来飞去”；有的把××动物的动作换成了其他词汇。于是就有了一首首属于幼儿自己创编的诗歌了！

四、运用多种方式更好地整合教学

《幼儿园教育指导纲要(试行)》的主旨中强调：“语言教育应是听、说、读写、观察、想象等行为的整合。”《3—6岁儿童学习与发展指南》语言领域的教育建议中也曾提到“让幼儿在写写画画过程中体验文字符号的功能，培养书写兴趣”。结合此建议，在很多语言集体活动的延伸环节都设置了绘画活动，例如学习《手指数数》后，引导幼儿在纸上随意画出自己想画的物品，画好后数数每种物品画了多少个并说一说。学习《奇怪的雨伞》后，引导幼儿绘制带有很多奇特功能雨伞的图画。

除此之外，还可以组织幼儿开展“装饰汉字”“自制图画书”“设计姓名”等语言领域和美术领域相结合的综合活动。这些“非正规”的书写活动不仅能帮助幼儿建立和巩固纸笔互动的经验，感知文字组成的基本规律，熟悉书面文字的字形，而且有效地提高了幼儿早期书面语言准备水平。其实对于幼儿来说，各领域是相辅相成、密不可分的。有的幼儿在进行各种各样的绘画后，还会和同伴一起讲述自己都画了什么，有的甚至连成了一个故事。这不仅培养了幼儿的书写兴趣，同时也提高了他们的语言表达能力。

五、营造气氛，增添幼儿对文学作品的兴趣

经典的文学作品都有一定的文学意境，音乐是文学意境的催化剂，为此在学习经典的文学作品阅读中，可以选择与主题相匹配的音乐，让幼儿直观地感受文学意境。如在欣赏散文诗《小池塘》《春天在奔跑》等作品时，我以班得瑞的钢琴曲《迷雾森林》《仙境》《春野》等作为背景音乐，为幼儿营造春暖花开、鸟叫虫鸣的意境。在组织诗歌《摇篮》《梦》等教学活动时，舒伯特的《小夜曲》等背景音乐为幼儿营造了恬静、安详、舒适的梦幻情境。为了让幼儿有身临其境的感受，也可以播放音乐让幼儿随音乐有感情地朗诵诗歌。这样做的目的是对幼儿进行一种潜移默化的文学熏陶。

六、规范强化，提高幼儿的语言素养

提高幼儿的语言水平不是一朝一夕之功，教师必须从日常生活入手，时时注意发现和捕捉幼儿口语中的毛病，及时加以纠正。例如，幼儿在交谈中经常会把一些词语说成口语化的语言。因此，为了奠定幼儿入小学后学习书面语言的良好基础，使他们口语表达更加准确明了，教师必须对其进行规范和纠正。

七、结论

幼儿园的语言教学涵盖了丰富的可供幼儿汲取的内容，具有极大的价值，只要教师组织开展得当，对幼儿的一生是有很大帮助的。所以作为教师更要加强学习、反思、研究和实践，和幼儿一起不断提高文学素养，为更好地开展语言教学继续努力！

浅谈幼儿园的传统游戏

吉林省通化市通化钢铁集团有限责任公司第一幼儿园　张凤艳

《幼儿园工作规程》明确指出："游戏是对幼儿进行全面发展教育的重要形式。"游戏是幼儿童年生活不可或缺的一部分，传统游戏作为一种游戏的形式，也恰恰是孩子获得快乐的重要来源，对幼儿的发展具有重要的作用。近年来我园在进行"传统游戏在幼儿园开发与利用的研究"的课题研究中，在《幼儿园教育指导纲要(试行)》精神的引领下，对传统游戏的有效开发和利用进行了一些探索与实践，使传统游戏大大丰富了我园幼儿的生活，让幼儿在玩传统游戏的过程中更加健康快乐地成长。

一、挖掘整理，改编创新

(一)对具有地方特色的传统游戏进行调查分析，并挖掘、整理和研究适合幼儿玩耍的传统游戏

1. 深入家庭、社区调查，向家长及相关社会团体征集传统游戏。为了收集更多的传统游戏，首先，我们召开了家长会，向家长宣传传统游戏在幼儿成长中的重要性，引导家长对传统游戏形成正确的认识，支持幼儿玩传统游戏。其次，全面发放调查问卷，动员全园的家长回忆小时候都玩过哪些传统游戏，师幼、家长一起收集素材。把自己小时候玩过的游戏的名称、玩法、规则和所需材料一一详细记录下来。我们通过各种途径、各种形式，逐渐把多种传统游戏，如"猎人、老虎、枪""编花篮""丢手绢""木头人"等一一展现在大家面前。

2. 根据游戏的不同类型、组织形式等，结合科学性、教育性、适宜性、趣味性等原则，选择一些积极健康的、寓教于乐的、适合幼儿年龄特点的传统游戏，并对其进行适当的分类整理。如根据年龄特点分为适合小班年龄段的传统游戏("指鼻子""丢手绢"等)；适合中班年龄段的传统游戏("切西瓜""木头人"等)；适合大班年龄段的传统游戏("跳皮筋""编花篮"等)。

(二)观察分析幼儿对传统游戏的喜爱程度，对适合幼儿发展的传统游戏进行改编和创新

传统游戏在一定程度上表现出时代和地方的局限性。因此，我们对收集到的第一手民间传统游戏资料，不仅要做到去其糟粕，取其精华，更重要的是要在保持其特有的游戏风格的基础上，对游戏的内容和形式进行适宜的改编与创新，使传统游戏更具科学性、思想性、教育性和可行性。

比如很多传统游戏都配有相应的儿歌、童谣，随着时代的变迁，部分儿歌内容已陈旧，所以我们进行了改编，赋予其新的内容，使之与时代精神、幼儿身心健康的发展相适应。又如有些游戏在进行过程中危险性较大，我们对其玩法、规则进行改编，使其内容与形式更为丰富和灵活，充分满足各年龄阶段幼儿的需要，像常见的"老狼老狼几点钟"，孩子们在往回跑时非常容易摔倒或与其他小朋友碰撞，我们将这个游戏与"我是萝卜"结合起来，

允许幼儿在逃避追逐的过程中立即蹲下说“我是萝卜”(或其他老狼不爱吃的东西)，这样老狼就不可以抓这个小动物了。

二、合理创设游戏环境

《幼儿园教育指导纲要(试行)》指出：“环境是重要的教育资源，应通过环境的创设和利用，有效地促进幼儿的发展。”陈鹤琴先生说过：“怎样的环境就得到怎样的刺激，得到怎样的印象。”为更好地发挥环境的育人功能，我们把幼儿园的环境从整体上进行了全新的布置，全方位、多角度地打造设计，形成了特色鲜明、品味高雅、开放互动的全新育人环境氛围。走入我园，具有民间文化氛围的环境让人流连忘返，只要稍微留意就能阅读出其中蕴含的教育信息。主要包括以下两点。

(一)园内大环境

我园户外场地宽阔，我们充分利用这一资源，为幼儿创设良好、丰富的物质环境，在平整的操场上画上有情趣的五颜六色的大大小小的“圆圈”“格子”“铺上鹅卵石的小路”等，方便幼儿自由自主地玩“钻圈”“跳格子”“走平衡木”等。为幼儿提供丰富的民间游戏材料，如快乐翻绳、篮球、跳绳等。幼儿可以在户外选择玩耍。

在幼儿的视线范围内、楼梯墙面上，我们布置了幼儿游戏时的照片，展示了不同年龄、不同班级的经典游戏，让幼儿在这样的氛围中受到潜移默化的影响。

(二)班内小环境

我园从园内大环境到班级内小环境都彰显出传统文化特色。班班设有传统游戏区角，我们将具有经典性的富有浓郁传统特色的、符合幼儿认知与情感需要的传统游戏在班级不同区域中展现，发挥不同的教育功效。班级根据幼儿的特点开辟了“印染”“剪纸”“棋乐”等特色活动区域，教师有目的、有计划地投放材料，为幼儿走进传统游戏提供了自主活动的空间：剪窗花布置节日的教室，扎染手帕送给妈妈作节日礼物……幼儿在真切、丰富的传统游戏中愉快地参与活动，在与环境的互动中获得有价值的学习经验和情感体验。

三、巧妙融入日常活动

《幼儿园工作规程(试行)》明确指出，“游戏是对幼儿进行全面发展教育的重要形式”，“应因地制宜地为幼儿创设游戏条件”。因此，我们针对幼儿园的实际，将传统游戏作为教育的重要形式，充分利用教育途径让幼儿尽情地玩耍、嬉戏，让他们充分体验传统游戏带来的快乐。

(一)将传统游戏渗透于幼儿一日生活的过渡环节中

《幼儿园教育指导纲要(试行)》指出：“要科学、合理地安排和组织一日生活，尽可能减少消极等待现象。”民间游戏种类丰富，取材方便，而且一般不受时间、场地、人数等条件的限制，具有很大的灵活性。我们进行有效选择，优化一日活动质量，保证各环节过渡自然，以减少活动中幼儿等待的时间。

在组织游戏时，我们按各环节实际要求选择适合的传统游戏，注意活动内容动静交替，环节过渡自然，幼儿等待时间短等。如晨间活动及离园前活动，幼儿在室内玩起了“指鼻子”等传统游戏；餐前饭后幼儿玩“东南西北”等活动量较小、较安静的游戏；活动间隔时的零散时间，选择“翻绳”“石头、剪子、布”等不受时间、场地限制，便于收拢的游戏。

(二)把传统游戏融入幼儿园日常教学中

在日常教学中，我们密切结合教学内容选取适当的传统游戏，以多种形式有目的、有计划地引导幼儿生动、活泼、主动地游戏，尤其是在体育教学活动中。许多传统游戏能促进幼儿走、跑、跳、钻等大肌肉动作，例如“跳绳”“脚尖脚跟脚尖踢”“揪尾巴”等。一部分传统游戏还能发展手的小肌肉群和手眼的配合协调，例如“抓棋子”“弹蚕豆”等。因此，我们在预设活动计划时，按照教育目标适当选用适合年龄特点、班级实际情况的传统游戏。例如，中班上学期促进动作发展目标之一——跑(在一定范围内四散追逐跑)。此目标分别制订在月、周计划中，最后落实于日计划中完成。在预设活动时，我们按班级实际情况分别选择“老狼老狼几点钟”“瞎子摸人”等民间游戏。它们能很好地实现“在一定范围内四散追逐跑”的目标，且游戏形式生动有趣，幼儿在愉快的嬉戏中发展跑的动作，达到目标要求。

(三)让传统游戏走进幼儿园区域活动

在区域活动中，教师有目的、有计划地投放材料，支持幼儿开展民间游戏。把一些适合几个人进行的小型传统游戏收集起来，根据游戏的特点分成益智游戏、美工游戏、语言游戏等，然后在各区角投放相应的民间游戏材料，开展相应的民间游戏活动。如在益智区投放“找东南西北”“玩火柴棒”等，使幼儿在轻松的状态下积极开动脑筋；在探索区投放“陀螺”“捻捻转”等游戏材料，幼儿自己发现或在教师的引导下发现问题，怎么才能使陀螺飞转起来，使幼儿在轻松愉悦的游戏中学会观察与探究；在美工区增加“剪纸”“编织”等材料，在活动中培养了幼儿的细心和耐心，同时也激励了幼儿大胆实践、积极创新，其审美能力也得到了提高；在体育活动区，投放“高跷”“毽子”“风车”“皮筋”等，用幼儿感兴趣的方式发展了基本动作，提高了动作的协调性、灵活性，培养了幼儿坚强、勇敢、不怕困难的意志品质和主动、乐观、合作的态度。

传统游戏是流传于广大人民生活中的嬉戏娱乐活动，是一种朴实生动、取材方便、活动形式多样的游戏。它是我国优秀民间文化的重要组成部分，给很多人带来了童年的欢乐，具有很强的趣味性及鲜明的民族特点和地方特色。不但符合幼儿好动、好学、好模仿、好游戏的心理，而且易懂、易会，能促进幼儿体、智、德、美诸方面的发展。

开展“童心向党·红色基因润童年”主题活动

——培养幼儿“三爱”情感的策略研究

北京市房山区长阳第三幼儿园　张　爽

“爱国主义始终是激昂的主旋律，始终是激励我国各族人民自强不息的强大力量。”习总书记的爱国情怀引领着爱国主义成为中华民族的兴国之魂、强国之魄。育人为本，德育为先！重视和加强对幼儿的爱国、爱党、爱社会主义教育是幼儿园德育工作的核心和灵魂。红色文化具有重要的教育价值，我园基于幼儿的身心特点，以积极向上的形式开展丰富多彩的活动，帮助幼儿从小接受爱国主义教育，继承光荣革命传统，树立正确的价值观，培养幼儿勇敢、坚强、善良的优秀品质，在幼小的心灵中播下爱党、爱国、爱社会主义的种子。

为传承红色基因，强化幼儿爱国、爱党、爱社会主义的情感，让幼儿全面了解红色文化，树立正确理想信念，围绕庆祝中国共产党成立100周年，落实立德树人根本任务，我园以“童心向党·红色基因润童年”为主题，开展主题鲜明、特色突出、形式多样的教育实践活动，学习百年党史，传承红色基因。培养幼儿爱国、爱党的情怀，从小听党话、感党恩、跟党走；厚植爱党、爱国、爱社会主义的情感，努力成长为中国特色社会主义事业的建设者和接班人。

一、以主题教育活动为载体，强化幼儿爱党、爱国、爱社会主义的情感

（一）开展“我向党旗敬个礼”活动

借助幼儿园党员和团员教师开展主题教育活动的契机，利用视频向幼儿展示教师学党史、立志做“四有好教师”的事例。各班教师通过视频和图片，带领幼儿认识党旗、党徽，从幼儿视角出发，以形象的镰刀和锤子为喻，观察、理解党旗的形象和代表意义，感受工人、农民和革命先烈的伟大，激发幼儿爱党、爱国的热情，鼓励幼儿立志在党的关怀下与祖国共同成长，做小小追梦人。

（二）开展“唱支红歌给党听”活动

唱歌活动是幼儿最喜爱的活动之一。我园在晨间入园时间播放红色爱国歌曲，各班在环节过渡时间播放歌颂祖国的优秀歌曲。孩子们沉浸在优美并富有教育意义的歌声中，自然萌发热爱党、热爱祖国的美好情感。组织中大班幼儿唱响歌颂党、歌颂祖国的歌曲。传承红色经典，礼赞百年华诞，用激昂嘹亮的童声表达爱党、爱国之情。

（三）开展“国旗下师幼讲话”活动

爱国既表现为热爱祖国的深厚感情，也表现为矢志不渝的报国之志和脚踏实地的爱国之行。每周一的升旗仪式，全体师幼都会以饱满的精神面貌参加。随着昂扬的音乐，小护旗手们迈着坚定的步伐，整齐划一地走向升旗台。听到小主持人响亮的声音“升国旗，奏国歌，行注目礼”，孩子们肃然起敬，齐唱国歌。随后的“国旗下讲话”环节，小朋友朗诵红色儿歌；“教师致辞”环节则是教师讲述红色主题内容，普及爱国教育知识。升旗仪式让孩子们深刻地体验爱国主义教育，用实际行动践行社会主义核心价值观。

（四）开展“党的故事我来讲”活动

全园开展教师故事巡讲活动，通过向幼儿普及党的故事、革命的故事、英雄的故事，讲述身边优秀共产党员的故事，带领孩子们重温革命历史情怀，感悟党的初心使命，培养孩子们爱党、爱国之情。中大班组织小朋友通过儿歌朗诵、故事演讲的方式，向同伴讲述《小英雄雨来》《一封鸡毛信》《闪闪的红星》等故事，让大家感受故事中小主人公的英勇善战和聪明伶俐，传播红色经典，抒发爱党、爱国的真挚情感。

（五）开展“党旗在我手中飘扬”活动

一把剪刀，一张红纸，一支画笔，一幅作品。小班幼儿在教师的指导下，参照党旗、国旗等标志，粘贴出一面面鲜红的旗帜。中大班幼儿充分发挥想象力，认真专注地创作美术作品，抒发对党、对祖国的一片深情。画面内容丰富多彩：五星红旗、天安门、和平鸽、家乡、幼儿园……一幅幅色彩鲜明、童真童趣的作品表达了对新时代的认知，对美好童年的热爱和对党、对祖国的浓浓敬仰之情。

（六）开展“党的光辉照我心”活动

组织教师观看红色影片，缅怀先烈，聆听党员讲述革命、红色经典故事等活动，丰富教师党史知识。中大班教师结合幼儿年龄特点，用图文并茂的方式向幼儿再现，引导孩子们明白今天的幸福生活从哪里来，明白努力学习、健康成长是为了什么，激发幼儿长大报效祖国之情。

（七）开展“红诗红歌主题汇演”活动

全园组织开展“红诗红歌主题汇演”活动，以班级为单位，采用集体舞蹈、诗歌朗诵、情境表演、合唱等形式，让每位幼儿参与其中。脍炙人口的、耳熟能详的经典歌曲回荡在幼儿园的上空；动情的英雄故事表演和英姿飒爽的士兵舞姿，演绎出孩子们热爱党、热爱祖国、热爱生活的豪情。

二、以社会实践活动为辅助，培养幼儿爱党、爱国、爱社会主义的情感

1. 开展“新闻播报”活动。动员中大班幼儿多关心国家大事，通过看新闻、读报纸等形式，每天晨间进行“新闻播报”活动，让幼儿通过收集与交流信息，了解国家大事，感受祖国的伟大。

2. 开展“比赛我知道”活动。动员中大班幼儿关注体育赛事，观看中国队在国际体育比赛中的情况，为中国队加油助威。感受体育健儿的雄风，鼓励幼儿积极锻炼身体，长大后为祖国争光。

3. 开展“参观博物馆”活动。利用春游、秋游契机，带领幼儿走进红色纪念馆、军事博物馆、烈士陵园，对幼儿进行爱国主义教育。在波澜壮阔的历史和革命故事中震撼幼儿心灵，渗透爱党、爱国情感。

4. 开展“社区宣传员”活动。鼓励中大班幼儿通过绘画、制作手抄报等形式，定期走进社区宣传“革命英雄故事”“爱国歌曲名录”“体育健儿消息”“中国大事”等内容。让幼儿以主人翁的身份进行宣传，既锻炼了幼儿的语言交流能力，又传播了爱党、爱国、爱社会主义的意义，一举多得。

三、通过亲子活动的开展，提高幼儿爱党、爱国、爱社会主义的情感

根据“童心向党·红色基因润童年”主题活动内容，各班通过家长会宣传园所活动动态，宣传爱党、爱国、爱社会主义内容，邀请家长通过“家长进课堂”线上活动，为幼儿分享爱党、爱国、爱社会主义的故事、事例。借助班级家长微信群，开展“听爸爸妈妈、爷爷奶奶讲红色故事”活动，通过倾听和观看家长讲故事的音频、视频，让幼儿感受革命先辈的英勇付出，感受今日幸福生活的来之不易，体会生长在社会主义旗帜下的美好，萌发热爱生活、热爱祖国，长大后报效祖国的情感。倡议家长利用节假日带领幼儿走进红色纪念馆、军事博物馆等地，感受在党的引领下中国的巨大变化，了解革命英雄的光荣事迹，激发幼儿对祖国的热爱之情。

通过开展“童心向党·红色基因润童年”主题实践活动，孩子们进一步了解了党的温暖与祖国的伟大，感受幸福生活的来之不易。在孩子们的心间播下红色基因种子，这些种子一定会茁壮成长，星火燎原。

使命在肩，传承有责。儿童是祖国的未来，是传承中华民族优秀历史文化的希望。培养幼儿爱党、爱国、爱社会主义的情感，是一项长期而艰巨的教育工程，非一日之功。我们要在教育实践中不断探索、不断创新，与时俱进。让我们在鲜艳的五星红旗下，不忘初心，牢记使命，以智慧为笔，以汗水为墨，在时间的画卷上记录赤子深情，在历史的苍穹下书写爱国情怀。让我们在中国共产党的正确领导下，在具有中国特色社会主义道路上披荆斩棘，从胜利走向胜利，实现中华民族的伟大复兴！

让孩子的童年充满色彩

——浅谈小班幼儿色彩感知能力的培养

云南省昆明市官渡区杏园幼儿园　罗瑾怡

色彩是幼儿艺术活动中十分重要的艺术语言之一，可以生动地表现出作品的情感。一个对色彩敏感的幼儿会将画面描绘得色彩斑斓、富有表现力。在教学实际过程中，我发现幼儿色彩知觉力的强弱、敏感程度和个人的知觉品质影响着幼儿美术作品的效果。一幅成功的幼儿作品离不开色彩的装饰，没有了色彩，孩子们无法将自己眼中丰富多彩的世界表现出来。

一、培养小班幼儿色彩感知能力的意义

小班幼儿对于颜色鲜艳、对比强烈的色彩非常感兴趣，红、黄、蓝、绿……这些鲜艳的颜色可以充分激发他们探索色彩的兴趣。大千世界，每个地方、每个角落都存在色彩，从小让幼儿用多种感官感受色彩、认识色彩，能够激发幼儿对美的追求、对美的感受，从而激起表现美的欲望。

心理学家的实验还给我们揭示了这样一些事实：那些对色彩有敏锐感觉的幼儿往往对色彩辨认的知觉度也较强。这类孩子在性格上往往表现出热情开朗，对周围世界感受丰富，心理健康；对新事物的认识有强烈的渴望，善于交际；有较强的表达能力、观察能力和自控能力。因此，根据小班幼儿在成长过程中的心理发展特点，有意识地培养他们的色彩感知觉，对于幼儿良好性格的形成和智力的发展都具有重要的意义。

二、小班幼儿对色彩感知的特点

（一）在感知色彩方面具有敏锐性、丰富性

小班幼儿只对具有较强视觉刺激的色彩感兴趣，会较多地注意色彩对比强烈、颜色鲜艳丰富的物体。如在组织幼儿观察操场边的花草树木时，幼儿明显地对五颜六色、色彩鲜艳的花感兴趣一些，会停下来欣赏，有感知花朵外形、色彩的兴趣。在教学活动出示教具时，色彩对比强烈、颜色鲜艳的教具比色彩暗淡的教具更易引起幼儿的注意，更易激起幼儿感知的兴趣。

（二）在对色彩的审美感知上，幼儿有自己的偏好性

在感知色彩时，幼儿会特别关注自己喜欢的颜色，而忽视了对其他颜色的审美感知。在创作表现时幼儿会较多地用自己喜欢的颜色来表现物体的色彩。如有的幼儿喜欢红色，在观察物体时就会较多地去感知红色的物体；有的幼儿喜欢蓝色，在生活中就会有意识地去寻找并感知蓝色的物体；有的幼儿喜欢黄色，在绘画创造时就会大面积地用黄色来表现物体的色彩。那么在美术活动中，我们如何让幼儿感知色彩、表现色彩、走进色彩的世界呢？

三、小班幼儿色彩感知能力培养的策略

（一）寻找大自然中的色彩，培养幼儿的色彩感知能力

大自然是幼儿获得色彩感知能力最直接的途径。大自然中的色彩是最天然的，便于幼儿认识并在培养色彩的敏感度上有积极的效果。一年四季大自然中的色彩各不相同，教师可以引领幼儿感受色彩的变化。春天绿草红花，夏天碧水蓝天，秋天红叶飘飘，冬天白雪皑皑……引导幼儿观察各季节的色调倾向，让幼儿感受利用色彩能够突出四季的特征。置身于美好的教育环境中，对幼儿的色彩感、审美能力的培养起到潜移默化的作用。

（二）通过多种玩色游戏，激发幼儿对色彩的兴趣

普辛曾讲过："色彩是吸引眼睛注意的诱饵。"小班幼儿好玩好动，为此我们为幼儿创设了多种有趣的玩色游戏，通过这些游戏让幼儿认识颜色，了解颜色的变化过程，逐渐引起幼儿对色彩的兴趣。如我们在幼儿园里常常能看到这样的现象，小班幼儿用他们喜爱的颜色画线条、画圆圈，虽然没有创造什么形象，但孩子们仍乐此不疲。这是因为孩子们对色彩产生了一种情绪表达的需要和欲望。根据这一特点，我让小班幼儿用水粉笔在大张水粉纸上画彩条、圆圈及任意涂抹，用手指、手掌蘸色印画，这样能够提升幼儿对色彩的兴趣。趣味玩色游戏活动能激发幼儿对色彩的强烈兴趣，从而使幼儿更好地感知色彩的丰富性、

多样性、变化性。

(三)通过艺术欣赏，提高幼儿对色彩的审美能力

幼儿对视觉艺术的感知不能仅仅依赖于一般的知觉能力，还需拥有欣赏艺术形式的能力。大师的艺术作品能对提升幼儿的艺术品位、发展幼儿的欣赏能力产生积极的影响力。在引导幼儿欣赏时，我会用通俗易懂的语言引导孩子们结合他们已有的色彩知识，把握作品的色彩方向。让幼儿充分地观察，自由地讨论，然后在欣赏的基础上让幼儿学习、模仿名画中的色彩搭配，并让幼儿尝试着玩一玩、画一画。幼儿有了丰富的色彩感知觉后，才会用色彩来表现他们所看到的事物。我们教师要给幼儿充足的时间让他们自己去探索、尝试，在玩色中提升幼儿对色彩美的感受，让色彩渲染幼儿的心灵。

(四)环境区域的创设，提高幼儿的色彩表现力

色彩感知活动的发展是幼儿本身与环境相互作用的结果，只有提供丰富的物质条件，不断地创新环境，才能满足幼儿对色彩的认识需求。

1. 营造丰富的物质环境。在色彩感知的过程中，我尽力为幼儿提供各种美术活动需要的材料。如在美术活动区域里为幼儿准备各种不同颜色、大小的油画棒、水彩笔、水粉颜料以及不同颜色的橡皮泥、彩纸、珠子等，让幼儿根据喜好自由地选择，自由搭配。不断引导幼儿，使幼儿知道怎么表现颜色、认识颜色，运用更多的颜色，提高幼儿学习的兴趣和乐趣。

2. 创设宽松、自由的色彩创作环境。在宽松、自由、和谐的环境下成长的幼儿，其创造能力和个性发展都比较快。我们还可以利用一些废旧物品让幼儿玩色。例如在废旧玻璃瓶上画画、在石头上涂色、用各种彩色纸浆在纸板上塑造型等，让幼儿充分感觉玩色工具的多变，体验新鲜、好奇的感受，培养幼儿浓厚的绘画兴趣。启发他们选择不同的方法、不同的颜色画一幅画。将色彩的教学融于丰富的组织形式，让幼儿在一次次的摆弄、操作中感受不同画种的魅力，感受色彩的奇妙。

四、小班幼儿色彩感知能力培养的原则

(一)适应性

小班幼儿年龄小，手部肌肉发育不完善，他们对于较大、较重的材料操作和使用较困难，对于较复杂的材料不知如何入手。小班幼儿适合用小型的工具进行活动，“秋天的树叶”充满色彩感，如让小班幼儿用蜡笔和油画棒涂色，他们会感到机械乏味，用水粉笔涂色没有一定技能又不行。报纸揉成的小纸团正好弥补了缺陷，幼儿用纸团随意蘸点颜料进行拓印，在纸上出现的纹理效果正好和树叶的茎相似，颜料之间互相混合产生变色和渐变的效果，幼儿在玩中感受到色彩的韵律美。

(二)递进性

幼儿对色彩的感知有一个较长的过程，我们不能直接向幼儿传授色彩知识和表现方法，要经过感受—兴趣—认知—模仿—尝试—表现这一系列过程。玩色活动中，先让幼儿用纸团印画，感受色彩的变化，他们对色彩玩法有了一定了解后，提供油画棒和喷瓶材料。幼儿在喷色时会发现纸上出现一个图案，他们很好奇，激起他们对油画棒和颜料结合的兴趣。幼儿通过活动感知到油画棒的颜色要与水彩颜料不同，深浅效果才最佳。经过一段时间的玩色，我们再提供小刷子，慢慢地引导幼儿使用水粉笔。孩子们每操作一种新材料都是一次进步，都是对自己色彩认识和表现的一次更新。

(三)生动性

在引导幼儿感知色彩时也应注意生动性。枯燥、贫乏的语言很难吸引孩子的注意力，

我们要用有助于幼儿感受的语言引导。在美术活动"雪花飘飘"中，我边出示所提供的蓝色纸边以神秘的口吻讲述："宝贝们！看！这蓝蓝的是天空！冬天来了，天空中飘起了小雪花！"边说边示范牙刷和梳子配合的动作，孩子们对这样的方式情有独钟，当我提议让他们给天空画雪花时，孩子们都欢呼了起来。在孩子们操作的过程中，他们就把蓝纸叫成了天空。通过具体形象的描述，有了具体的概念，最终把概念转变成创作动力。

我们要珍视幼儿对色彩独特的敏感性和感知力，注重对幼儿色彩感知能力的培养。幼儿有了丰富的色彩感知觉后，才会用色彩表现他们所看到的事物。通过培养幼儿的色彩感，可以帮助幼儿树立正确的审美观，提高幼儿的色彩表现力，增强幼儿的审美情趣。赤、橙、黄、绿、青、蓝、紫，这是大自然赋予我们的最宝贵的礼物，我们应帮助幼儿打开色彩传递的大门，让幼儿走进色彩的世界，让孩子的童年充满色彩。

浅谈幼儿园户外资源的有效利用

云南省昆明市官渡区北京路幼儿园　马　红

《3—6岁儿童学习与发展指南》(以下简称《指南》)中提出："经常带幼儿接触大自然，激发其好奇心与探究欲望。真诚地接纳、多方面支持和鼓励幼儿的探索行为。支持幼儿在接触自然、生活事物和现象中积累有益的直接经验和感性认识。引导幼儿关注和了解自然、科技产品与人们生活的密切关系，逐渐懂得热爱、尊重、保护自然。"著名教育家陶行知先生也指出："处处是创造之地，天天是创造之时，人人是创造之人。"幼儿教育就应顺应幼儿爱探索、爱研究的天性，多支持、鼓励、引导他们去研究、去发现，创设一个自由探索、思考、想象的环境，让幼儿独立思考问题、解决问题，成为学习的主动者。在幼儿园里，户外环境是非常宝贵的教育资源，户外环境的有效利用可以很大程度上支持幼儿主动学习，促进幼儿良好学习品质的培养，为幼儿持续学习与发展奠定良好基础。

一、利用户外自然环境开展自然教育，让幼儿的发展顺应自然、健康和谐

在创设幼儿园户外自然环境中，"自然性"应作为创设的第一个原则。习近平总书记关于人与自然和谐共生的重要论述强调"自然是生命之母，人与自然是生命共同体，人类必须敬畏自然、尊重自然、顺应自然、保护自然"。《幼儿园教育指导纲要(试行)》中明确指出："幼儿园的课程应适合幼儿，幼儿园的教育内容应贴近幼儿的生活，环境是重要的教育资源。"从与自然的链接角度来看，城市中的幼儿接触大自然的机会越来越少，据《学伴自然》一书中的数据统计：20世纪50年代，每个8岁儿童可以独自活动的范围是1600米；从50年代到80年代，这个年龄的儿童独自活动的范围已经锐减到800米；而到2007年，这个数字又缩减到了640米。那么，现在的2021年呢？儿童与自然的断裂在很大程度上和一系列行为和心理问题的产生有直接关系，自然缺失症和肥胖症、注意力缺陷、多动症、抑郁症等，也都有密切的关联。自然教育是以有吸引力的方式，让人在自然体验中学习关于自然的知识和经验，建立与自然的连接，尊重生命，建立生态的世界观，遵照自然规律行事，以期实现人与自然的和谐发展。利用幼儿园户外环境渗透自然教育，对修复幼儿与自然的连接起到积极的作用。例如，在户外花园和种植小菜地增设便于幼儿走进去看一看、闻一闻、摸一摸的路径，让幼儿充分接触和了解自然，感受其中的一花、一草、一木、一虫、一鸟，感受人与自然的密切联系，懂得保护环境、尊重生命，建立初步的生态观。

二、利用户外自然环境引发幼儿的真问题，让幼儿的探索与学习更贴近自然，个性化地成长

《指南》提出：理解幼儿的学习方式和特点。幼儿的学习是以直接经验为基础，在游戏和日常生活中进行的。要珍视游戏和生活的独特价值，创设丰富的教育环境，合理安排一日生活，最大限度地支持和满足幼儿通过直接感知、实际操作和亲身体验获取经验的需要，严禁拔苗助长式的超前教育和强化训练。

什么样的户外环境才能引发幼儿的真问题、支持幼儿自然探索呢？幼儿园的户外环境中要有会呼吸的土地和花草树木，会呼吸的泥土才会养出花草树木来，有了花草树木才会有小虫子、有蝴蝶飞过来，就像鲁迅先生所描绘的他童年生活中装满了那么多生动和深刻记忆的百草园。这样的环境才是幼儿会主动探索的环境，才能引发幼儿的问题和思考。幼儿园的花草树木、一块泥土、一块石头，都是为孩子成长服务的，哪怕长出来的是野花野草，也会成为孩子探究的对象，会成为幼儿园教育的资源和课程生发的生长源。所以在自然环境创设中要有目的地选择种植什么花草树木、铺设哪些材料的路面等，要尽可能在有教育价值的基础上丰富种类。例如在幼儿园里要尽可能种植多种类的树木花草。不同种类的树木会有不同的叶子，开出不同的花，结不同的果实，幼儿在观察的过程中会有许多问题提出，比如“这是什么树？它的叶子为什么这么小？是营养不够吗？它需要的营养是什么？为什么别的树会开花它却不开……”，针对幼儿的兴趣点和提出的问题，教师可带领幼儿对园里树木的数量、外形、科属作调查和统计，观察每种树木不同的生长特点和生长情况，了解小树长虫、果实掉落的原因，思考解决办法，尝试实践验证等。也可以根据教学需要有选择性地把集中体育活动搬到户外，充分利用自然资源开展活动。例如：户外美术活动“神秘花园”、科学探究活动“小蚂蚁去哪儿了”、数学活动“幼儿园里的树”等，都可以利用户外资源优化教学效果。总之，教师要成为幼儿探索和学习的支持者、引导者，追随幼儿脚步，满足幼儿个性发展。

三、利用户外自然资源创设户外自主游戏区，充分满足幼儿兴趣与发展的需要

著名教育家陶行知先生主张让孩子在“玩中学、学中做”的教育理念。心理学的研究发现，游戏能促进儿童各方面的发展，还可以解决儿童情绪上的问题。《幼儿园教育指导纲要(试行)》提出：幼儿教育应以游戏为基本活动。在户外设置自主游戏区，保证了幼儿户外活动时间的充足，又让游戏与自然融合，满足幼儿喜欢在自然环境中游戏、探索的兴趣需要，优化游戏质量与效果。例如：利用灌木丛设计“丛林探险迷宫”，通过调整出入口变换迷宫路径，保持幼儿探索兴趣的同时可以根据不同年龄段随时调整难度，让幼儿尝试辨识方向、找出口，挑战走迷宫。利用水池设计“妙趣戏水池”，提供不同材质的材料，幼儿在玩水的同时也可感知不同物体在水中的沉浮现象，还可提供钓鱼模具进行钓鱼、捞鱼游戏，进行统计和点数等。利用角落小池塘设计“妙趣戏鱼池”，幼儿可以观察小鱼、照顾小鱼，在过程中了解小鱼的外形、活动特点、摄食量等，还可以去写生绘画，在黑板上记录喂食次数、喂食量以及小鱼健康情况等。

四、利用户外活动场地设计户外大循环，增强趣味性，满足幼儿的运动发展及心理需要

幼儿时期作为幼儿学习成长的重要阶段，幼儿教师及幼儿园作为其启蒙者和摇篮，既要做好学科教学引导工作，也要将幼儿心性特点、身体素质及学习理解能力等融入户外体能大循环等体育游戏活动中，这样才能更好地保障、促进幼儿身心健康成长，满足素质教育需求。

幼儿园可根据幼儿体质测查情况，把幼儿园户外场地充分、合理地利用起来，例如结合户外场地特点设计大循环路径，将幼儿需要训练的项目放到其中，让幼儿每天在固定时段进行练习。把体育训练项目与户外场地融合，不仅实现了训练目的，健康绿色的活动场地也让幼儿充满兴趣，优化了训练效果，满足了幼儿的运动发展及心理需要。

五、利用户外资源让幼儿成为环境设计的主人，培养幼儿的自主意识和自我管理能力

德国波兹坦心理学家法寇·莱贝格说："很多孩子被父母宠坏而失去自己动手做的能力，这会成为孩子成长的遗憾。"众多调查显示，中国孩子最大的问题之一就是缺乏自理能力，缺乏自理能力的孩子依赖性强，难以独立，容易缺乏责任感，意志薄弱，遇到困难容易退缩。因此，培养幼儿的自主意识、提升幼儿的自理能力是当下教育面临的一项重要任务。

在幼儿园里，可以通过很多途径培养幼儿的自主意识及自理能力，其中包括环境创设。大部分教师都有意识让孩子参与班级室内环境创设，却没有意识到户外环境创设也可以让幼儿成为设计和布置的小主人，甚至进行自主管理。例如：要不要增设户外饲养角？要养什么小动物呢？饲养角放在哪里比较合适？如何管理饲养角？首先，教师可以带幼儿讨论"幼儿园里要不要增设饲养角？"，再通过小记者采访的方式了解其他班小朋友的意愿和想法，最终通过投票决定是否增设。如果确定增设饲养角，那么要养什么小动物呢？可以让大班小朋友设计调查表，让幼儿和家长一起调查哪些小动物适合在幼儿园饲养、饲养方法是什么，再通过集中讨论确定饲养哪种小动物。饲养角的位置设在哪里、如何管理等同样可以让幼儿参与讨论，让幼儿在环境创设中充分发挥自主性，更让环境发挥教育作用，满足和促进幼儿全面发展。

幼儿园户外资源的有效利用，不仅丰富了教育元素，也拓展了教育空间，让环境最大化地发挥育人作用，对有效推动幼儿园教育质量发展起到积极作用。

浅谈幼儿园绘本教学策略

中国人民解放军91404部队幼儿园　陈继爽

幼儿处在快速认知的关键阶段，由于自身还不具备较强的识字能力，使得图画丰富、内容有趣的绘本成为最佳教育资源。本文通过分析幼儿园绘本教学全过程的教学策略，进一步明确了开展绘本教学的有效性及必要性。

由于学龄前儿童理解文字的能力有限，使得绘本阅读这一方式极为适合幼儿园教学，通过大篇幅插图、文字交织的形式，激发幼儿的阅读兴趣，使其能够较好地理解故事内容，起到了良好的教育效果。在幼儿园绘本教学中，教师需依据循序渐进的方式，逐步培养起幼儿的阅读、审美、辨别等能力，以下就具体的教学策略进行分析。

一、幼儿园绘本教学策略

（一）创设阅读环境

幼儿处于一个喜欢尝试新鲜事物的成长阶段，教师可抓住幼儿的这一心理特点，精心创设出一个良好的阅读环境，使其能够体会到与同伴一起共同阅读的仪式感，慢慢喜欢上阅读这种形式。教师可依据幼儿的认知水平选择一批浅显易懂、插图精美的优质绘本，增强幼儿的专注力。另外，教师需注意一些细节之处，要将绘本放置于幼儿极易获取到的区域。

(二)兼顾趣味性与教育性

为确保绘本阅读的效果，选择绘本时教师要依据幼儿的身心特点，同时需兼顾趣味性与教育性。在小班教学中，要选择情节简单、新鲜有趣、插图较多的绘本；中班幼儿的学习能力及认知能力比小班幼儿要强，此时的绘本可选择具有一定生活经验的故事；大班幼儿已初步具备了自主学习的能力，为使其对各类事物及现象更感兴趣，可选择故事情节稍复杂、层次性更强的绘本。与此同时，教师在选择绘本读物的时候还要具有较强的目的性，通过指导幼儿阅读相应的绘本，使幼儿能够掌握一定的生活技能及培养其良好的品格、习惯。教师要始终将插图作为绘本教学的重点，引导幼儿欣赏书中的插图。另外，要使幼儿能够阅读绘本中的文字内容，通过图片与文字的结合，更能加深印象，获得较为满意的教学效果。

(三)优化绘本教学的细节

1. 激发幼儿的阅读兴趣

幼儿在接触绘本时往往会被封面内容所吸引，从而激发阅读的动力。如幼儿绘本《小猪变形记》，封面上一只长着翅膀的小猪就能够引起幼儿的阅读兴趣。在绘本中，往往从扉页就开始进入故事情节中，使幼儿能够第一时间了解故事的主题，激发继续阅读的动力。很多绘本还会将故事情节从封面一直延续到封底，教师可引导幼儿设计故事的结尾部分，提高幼儿的想象力。

2. 理解故事内容

①采用自主阅读与分享阅读相结合的方式。通过将上述两种方式结合，可培养幼儿自主阅读及分享交流的能力，显著提升阅读效果。其中，分享阅读可以增强幼儿的参与感，感受阅读所带来的乐趣。幼儿在自主阅读一篇绘本后，会对其中的内容有自己的见解，通过分享阅读能够提升幼儿的表达能力，为培养幼儿的想象力及创造力提供了良好的基础。如在《猜猜我有多爱你》绘本故事的教学中，教师可先让幼儿独立阅读，待阅读结束后积极引导幼儿发言，使其能够简单表达出自己对母爱的理解，再要求幼儿之间进行交流，使幼儿能够进一步丰富对绘本的理解。教师还可以根据绘本中的内容，挖掘深层次的细节之处，培养幼儿的想象力及思考能力。

②指导幼儿的细节观察能力。幼儿教学不同于中小学教学，由于幼儿自身知识有限，对某些事物不具备较强的分析能力。因此教师切不可一味地追求绘本阅读的数量，应指导幼儿从细节入手，通过仔细观察及理解，加强对细节的把控，发现细节中所表达的情感。如在《驴小弟变石头》绘本中，作者讲述了驴小弟失踪后的一个细节：原本生长旺盛的花儿枯萎了。这一细节反映出了驴爸爸和驴妈妈的内心感受，教师可引导幼儿将二者联系起来，认识到此种表达方式的魅力。

③运用提问技巧。在绘本教学过程中，教师应依据绘本中的重点内容进行提问，对故事整体性影响较小且可以理解的内容则可简略带过。同时还要巧妙设计问题，使各种问题之间呈现出一定的关联性，逐步启发幼儿的思路。如在《五颗蜜蜜甜的葡萄》绘本中，教师可首先引导幼儿体会小松鼠获得葡萄后的欣喜，并进一步提出问题：小松鼠是怎么分配这些葡萄的？又是因为什么原因使它们甘愿拿到最不好的葡萄？从而体会小松鼠对妈妈深切的爱意。

(四)激发幼儿的想象力

绘本阅读不仅可以使幼儿了解故事内容，还可以在故事细节及插图中提高自身的观察力，激发想象力。绘本简单优美的文字叙述及精美的插图，使幼儿能够在故事中插上想象的翅膀，可有效提升幼儿的想象力及阅图力。教师可将绘本中的场景描写与图片内容相结合，引导幼儿认真观察图片中的细节之处，感受图片中的色彩、形象等所蕴含的情感及意蕴，想象图画之外更为广阔的美丽世界。还有些绘本则利用了一定的重复情节及句式，使多幅图画之间呈现出并列关系。此时教师应利用好此类句型，使幼儿展开丰富的想象，使故事情节更为有趣，在想象中使故事进一步延伸。如在绘本《逃家小兔》中，全篇采用了较为统一的句式，即："如果你变成……，我就变成……"，使故事充满了想象及假设。此时，教师可通过讲述小兔子和妈妈之间的对话，提出相应的问题：如果你是兔妈妈，会变成什么？会让小兔子回家吗？鼓励幼儿积极发言，激发幼儿的想象力，使幼儿依靠自己的想象使故事延续下去，认识到兔妈妈对小兔子饱含深情的爱意，感受到语言的魅力，从而更加喜欢绘本故事。

（五）提升幼儿的看图能力

绘本通过图画与文字共同来表现出一个故事，整合了图片及文字各自特有的表达优势。绘本阅读不同于普通书籍，重点在于图画部分，图画成为与文字同等重要的一部分。优秀的绘本甚至不会出现文字，仅依靠丰富的图片即可使幼儿理解绘本中的内容。另外，绘本书籍不仅在内文中插入了大量的图画，并且从书籍的整体设计风格入手，通过一定的版式设计方法使绘本从封面到封底成为一个有机的整体。因此教师要培养幼儿的看图能力，通过观察各张图片中的事物，使其能够基本判断出故事所要表达的内容。要引导幼儿在绘本插图中了解故事的细节，发现故事中所蕴含的道理。例如在阅读《逃家小兔》绘本时，教师可要求幼儿认真观察图片内容，使幼儿能够认识到图片中各类事物的作用。教师提问：最后为什么兔妈妈给了小兔一根红萝卜？通过分析原因，使幼儿懂得只有妈妈才真正了解自己的孩子。在下一页中，可提另一个问题：妈妈假设寻找小兔子的过程中会经历哪些危险？通过深入分析内容，使幼儿感受妈妈对自己的爱，不是千山万水所能阻隔的。从而增强亲子之间的亲密程度，从小培养幼儿尊重父母、孝敬长辈的良好品德。

（六）提升幼儿的语言表达能力

绘本在创作的过程中，充分考虑了幼儿的身心发展特点，通过采用形象简洁的语言，加深幼儿的印象。绘本教学的主要目标即培养幼儿的语言表达能力，因此在学习过程中，教师要大声朗读绘本内容，做到吐字清晰、感情丰富，使幼儿在教师的带动下，融入饱含深情的情境之中，感受语言所带来的魅力。教师需全身心投入到阅读绘本故事中，使幼儿能够快速学习多种语言及情感的表达方法，如在绘本《猜猜我有多爱你》中，讲述了大兔子和小兔子之间互相表达爱意的故事，使幼儿能够认识到爱意需要通过语言表达出来。教师可充满感情地朗读小兔子对大兔子说的话："我爱你有这么多！"教师可顺势进入下一节对话阅读中。大兔子说："我爱你，一直到你的脚趾够到的地方。"并借助肢体做出形象化的动作。通过引导幼儿参与到阅读之中，使他们可以感受到语言的韵律之美。通过阅读这篇绘本，教师要适当引导幼儿对表达爱的方式，培养幼儿良好的语言表达能力。

三、结语

幼儿园是孩子培养良好品格及能力的场所，绘本教学利用了幼儿的心理特点，以大量图画的形式展示出了众多内容。教师要紧密联系幼儿的实际情况，通过将兴趣点与知识学习相结合，在潜移默化中提升幼儿的阅读能力及品德。教师应在今后的工作中不断研究、优化绘本阅读教学的方法，促进幼儿的全方面发展，为今后的学习及生活奠定良好的基础。

幼儿园小班无边界家园合作实践思考

北京市第五幼儿园　潘　娟

家园合作最早建立于小班，小班家园合作的效果不仅影响幼儿的入园适应，更关系到幼儿在园的可持续发展。将无边界教育理念与小班家园合作相融合进行探究非常必要，也非常及时，研究从分析无边界家园合作内涵特点入手，先了解小班家园合作现状并进行SWOT分析，即优势（Strengths）、劣势（Weaknesses）、机会（Opportunities）与挑战(Threats)，采取共识、共行、共享等多种策略，打破阻碍家园合作的时空、人员、认知等界限，切实提高小班家园合作的质量。

一、无边界家园合作的内涵特点

无边界家园合作指以无边界教育理念为价值取向，以尊重幼儿的个体生命为前提，以促进幼儿全面和谐发展为目标，以打破阻碍家园合作的无形和有形的界限(如时空、人员及认知界限)为依托，家庭和幼儿园以自身为促进幼儿发展的主体，遵循平等、尊重、合作的原则，双方积极主动地相互了解、相互联系、相互配合、相互支持，通过幼儿教师、家长的主动参与、双向互动，充分协调利用双方教育资源，共同促进幼儿身心全面和谐发展、提升教师专业成长、锤炼家长育儿能力的过程。无边界家园合作具有时代性、发展性、双主体性、全面性及协同性的特点，它紧跟疫情防控常态化及家校社协同育人格局态势的时代步伐，以促进幼儿发展为核心，注重发挥幼儿园和家庭的双主体作用，调动幼儿身边的所有人成为教育者，从共识达成出发，通过共行、共享，实现家园育人目标一致、步伐同步、成果共享。

二、幼儿园小班家园合作现状分析

(一)调查对象及方法

研究主要采用问卷调查法、非正式访谈法两种研究方法对我园小班家长及教师进行了调查。家长问卷调查采用线上形式，家长线上作答，涉及4个班级的幼儿共138人，回收有效问卷共126份。教师访谈主要对4个班级的10位教师进行非正式访谈，一是利用午间休息的随意访谈；二是在访谈对象时间较为充裕的情况下，列出访谈提纲，围绕所需要研究的问题而进行半正式的访谈。

(二)调查结果分析

1. 关于家长的问卷调查结果分析。从调查数据来看，大部分家长能够参与家园合作，对家园合作内涵的理解是明确的；有一半以上家长对孩子在幼儿园里的情况是基本了解的；61.9%的家长认为孩子进入幼儿园接受教育的同时非常有必要进行家园合作；还有相当一部分家长(24.6%)还没有主动和教师交流幼儿在家情况的意识。家长比较认可的家园合作方式主要集中在五大方面：手机电话、短信、微信、微信群，占比86.51%；家长会、亲子活动，占比73.81%；接送时交流、约谈、家访，占比69.05%；家长开放日，占比60.32%；家园联系册、幼儿成长档案，占比45.24%。家长对孩子所在班级的家园合作现状非常满意的比例为35.71%，满意的为53.18%。家长在家园合作时会遇到的困难，最多的就是工作太忙，没有时间，比例为68.25%，这是一个非常现实的问题，势必会影响家园合作的质量。从对问卷调查数据的SPSS分析来看，家长认为孩子进入幼儿园接受教育的同时，是否有必要进行家园合作与经常主动向班上教师反馈幼儿在家的相关性是显著的($p<$

0.05)；家长经常主动向班上教师反馈幼儿在家的情况与对孩子在幼儿园里的情况是否了解的相关性是显著的($p<0.05$)；家长对孩子在幼儿园里的情况是否了解和对于孩子所在班级的家园合作现状满意情况的相关性是非常显著的($p<0.01$)。可见家长对家园合作的认知与参与主动性及家园合作的效果是有一定关系的。

2. 关于教师的非正式访谈结果分析。通过非正式访谈可以了解到大部分教师能够积极开展家园合作，对自身在家园合作中应充当的角色是合作伙伴这一点是非常认可的，但参与人员主要是主班和副班教师，其他教师参与的比较少，也有少数教师对如何指导家长缺乏主动意识。随着信息技术的发展和疫情防控常态化，教师在家园合作中运用的方式主要通过每天接送、手机电话、短信、微信、微信群和家长沟通，对"家长志愿者"、学习故事、电子邮箱等的运用较少。教师对家园合作还是很满意的，当然合作中也有一定的挑战。教师在家园合作中的困难主要集中在工作时间内和家长沟通交流的时间不够，不能满足更多家长的需求。

(三)小班家园合作现状SWOT分析

在对家长进行问卷调查和教师非正式访谈调查的基础上，笔者对幼儿园小班家园合作的现状进行了SWOT分析。优势：一是大部分教师和家长对家园合作内涵及家园合作中自身角色的认知非常明确；二是大部分教师重视开展家园合作、家园合作方式多样、家园合作取得了一定效果；三是大部分家长参与家园合作积极性很高、对家园合作满意度很高、对教师的专业水平非常信任；四是大部分家长都认识到家园合作的重要性，也认可丰富多样的家园合作方式。劣势：一是大部分家长工作太忙，没有时间参与家园合作；二是有一部分家长认为家园沟通渠道和沟通时间有限；三是大部分教师觉得和家长沟通交流的时间不足；四是少数教师对如何指导家长还缺少自信。机会：一是家校社协同育人成为2035年教育远景目标的重要内容；二是信息时代幼儿园要充分发挥信息技术优势，打破时空界限，及时为家长推送信息并指导家长进行教育。挑战：一是面对高质量发展新要求，幼儿园需要思考如何形成合作共赢的家园合作共同体；二是面对后疫情时代的要求，幼儿园需要充分调动教师和家长的积极性，提升家园合作的实效性。

三、幼儿园小班无边界家园合作实践策略

实践中我们充分发挥小班家园合作的优势，避免劣势，利用外部机会，迎接挑战，打破阻碍家园合作的各种界限，在共识、共行、共享中实现家园合作。

(一)形成家园合作共同愿景

教师和家长都打破认知界限，不断加强幼儿教育理论和法规政策学习，形成科学的育儿理念，建立班级家园合作共同愿景，共同制订家园合作计划，形成对家园合作内涵、家园合作中自身角色、家园合作的内容、家园合作的形式等家园合作相关理念的共识，为幼儿的健康发展不断探索和改进。

(二)注重不同时期的无微不至的家园沟通

实践中教师打破时间界限，充分利用来园接送、班级微信群、电子邮箱、纸张邮箱、家长园地、网络课堂、App等方式做好入园初期、中期、小班末期的家园合作，让家长能够更多地了解孩子的发展情况，提高对家园合作的满意度。教师和家长还打破认知的界限，双方共同制定明确的沟通目标，学习沟通技巧，遵循真实性、完整性和时效性沟通原则，在相互理解和尊重中高效合作。

(三)拓宽不同内容的无处不在的家园联动

教师在实践中打破场域界限，充分运用家长资源，发挥家长委员会、家长志愿者的作用，通过家长学校、家长开放日、家长助教等形式让家长充分参与幼儿主题活动、节日庆典、亲子活动等；通过发放育儿手册等方式向家长宣传科学育儿理念；走进家庭、社区开展亲子活动、主题活动等；充分利用周边的公园、图书馆、博物馆等社会资源开展活动，实现无处不在的家园联动。

（四）开展面向所有教职工及不同家长的无人不晓的家园联系

实践中打破人员界限，让每位教职工都能参与到家园合作中，如保育老师和家长沟通孩子的生活自理能力情况、食堂老师每周为家长提供菜谱、医务室老师为家长提供保健知识、安全保卫干部为家长提供安全教育知识等；面向不同群体的家长，教师平等对待，通过家长会、电话、面谈等方式和所有家长联系，尤其要重视隔辈家长在家园合作中的参与度，让每位家长都参与到家园合作中，提升家园合作的实效。

（五）能解决不同问题的无所不能的家园携手

实践中教师注重观察孩子的特点，了解孩子的优点及存在的不足（身体动作、语言表达、情绪管理、社会交往等），打破认知界限，不断加强专业知识学习，针对孩子身上存在的不同问题，有针对性地加以引导，并在家园合作中用自己的专业性与家长进行良性互动，提高指导家长的专业自信，也帮助家长提高育儿本领，教育过程同步，提高家园合作的质量。

（六）积极共享无边界家园合作的共育成果

注重边研究边分享，教师打破时空界限，通过幼儿成长档案、学习故事、微信等多种方式，让家长了解孩子在园的学习和游戏情况，为家长推送科学育儿知识，也积极开展家长沙龙、家长会等，让家长分享孩子在家的表现及家长教育的经验，让家园都能享受合力育人的成果。

如何引领幼儿走进昆虫世界

江苏省无锡市江阴市华西村幼儿园　倪晓燕

生活即教育，自然即课程。我们提倡开展“亲近自然”生活课程，但还是有幼儿分不清螳螂和蚱蜢、蝴蝶和飞蛾的区别。这说明我们虽然在亲近自然，但是在昆虫知识的教育上没有进行系统的研究。昆虫世界妙趣横生，只有让幼儿运用五感直接触摸、感受自己喜欢的昆虫，才能揭开六条腿小精灵们的无尽奥秘。我们要遵循幼儿的年龄特点和发展规律，充分挖掘大自然中的教育资源，利用好园部的本土优势，调动家长资源，共同构建轻松、愉悦的学习氛围，满足幼儿主动学习的需要，唤醒幼儿的生命意识。

一、观察探究昆虫的习性

昆虫世界与人类世界并存，生活中随处可见小昆虫们灵动的身影。花丛中翩翩起舞的蝴蝶、“嗡嗡嗡”忙碌的蜜蜂，这些生机盎然的画面常常吸引得幼儿无法自拔，驻足停留。要认识昆虫，就需要做到真实观察、精细观察。在观察中了解昆虫的外形特征，从而激发探索兴趣，主动获取昆虫习性等科学知识。

（一）园内观察

幼儿每天在园的户外活动时间很充裕。离开钢筋水泥造就的教室，来到宽敞空旷的操场、草地，此时正是探索昆虫世界的好时机。教师可以在幼儿体能锻炼达到一定程度时，让他们自由活动。这个时间段，与其让幼儿无所事事地坐着休息，不如教师带头蹲下，和幼儿一起观察花台缝里忙进忙出的蚂蚁，或者是草丛里欢快跳跃的蟋蟀，又或者是一碰就蜷曲的西瓜虫。

每天午饭过后，为了帮助幼儿消食，都会有半个小时的散步时间。幼儿每日在园内来回走动，对幼儿园的每个角落、每条走廊都已经熟记于心。但是如果让幼儿在散步的时候偶尔抬头看看，说不定就会遇见凌霄花上的瓢虫、空中低飞的蜻蜓和梧桐树干上的天牛。

幼儿在园内一起观察，集体的氛围能够很好地调动学习积极性，促使幼儿主动探索，敢于向同伴大胆分享、表达自己对昆虫的认知。这是经验交流互换，可以帮助幼儿快速地积累昆虫知识。这样有趣的休息、散步形式，不仅没有排队的约束，还可以尽情分享喜悦，让幼儿更加喜爱幼儿园生活。

(二)园外观察

对昆虫的认知是没有时间、场地限制的，所以园外也是一个很好的探究场所。教师可以向家长简单介绍“探索昆虫世界”主题活动的初衷、实施过程和最终目的，邀请家长参与到活动中。毕竟每个人的童年多少都会有一些和昆虫有关的趣事吧！家长的力量无穷大，有了家长的加入，园外观察活动会做得更具体有效。爸爸妈妈可以陪伴幼儿在夜晚的草丛中寻找“昆虫夜明珠”——萤火虫，爷爷奶奶可以和幼儿在菜地里一起捕捉一蹦一跳的蚱蜢，幼儿还可以约上小伙伴一起数瓢虫身上的斑点。

(三)捕捉观察

捕捉观察是为了有效、直观地感知昆虫的习性。在捕捉之前需要做好昆虫习性的了解，捕捉之后才能科学正确地进行饲养。

捕虫的方法有很多种。最简便的就是制作一个捕虫网，通过捕虫网抓捕各种各样的小昆虫。当然，更重要的是捕虫网能够有效避免幼儿肢体与昆虫直接接触，更好地保证观察活动的安全性。如果徒手捕捉天牛，其足上的倒刺很可能会划破幼儿娇嫩的肌肤。另外，部分蝴蝶翅膀上的鳞片具有一定的毒性，用手捕捉，不仅手上会沾满毒粉，还易通过口鼻吸入。如果因此引起过敏、红肿或其他严重的身体不适就得不偿失了。

观察是最好的学习方式。有效的观察与记录密不可分。学前阶段的幼儿无须按照一定的规范和要求进行记录，幼儿可以以绘画涂鸦的形式进行记录，这是幼儿对昆虫认知的重新整理和直接表达，是观察结果最好的体现。

二、自主探索，丰富昆虫知识

昆虫是地球上数量最多的动物群体，在生物圈起着重要作用。人类对它们的研究还存在很多未知领域。对于刚进入昆虫世界的幼儿来说，他们脑袋里肯定充满了无数的问号：蜘蛛是昆虫吗？瓢虫是益虫还是害虫？蜻蜓有几只眼睛？……如何呵护好幼儿的好奇心和求知欲，让他们在探索昆虫世界的道路上继续稳步前行，我们可以从以下几个方面入手。

(一)阅读昆虫类书籍

提到昆虫知识类的书籍，就不得不提虫虫世界的“荷马史诗”——法布尔的《昆虫记》。法布尔倾其毕生时间和精力打造的这本书，能开阔幼儿的视野，激发幼儿探索自然的兴趣，启发他们细心发现、大胆钻研。

对于学前阶段的幼儿来说，阅读是枯燥的。但是如果昆虫举行运动会，会是什么样的呢？《昆虫运动会》里的跑步比赛、飞行比赛、拔河比赛，谁会是最终的赢家呢？《蜉蝣的一天》是一本探讨生命的书，字数不多，情节简单，道理也不深奥，但是对幼儿的启发绝不只是一天可以做些什么，更多的是扣人心扉的生命思考。

(二)观看昆虫影像资料

当代科技进步、信息发达、资源丰富，各种视频软件里动态的昆虫影像资料更能打动人心，帮助幼儿打开昆虫世界的兴趣之门，开阔视野、开拓思维。

各类视频软件集结了天下有才之士，只要输入“昆虫”二字就能获得大量信息。如“灯光下有哪些昆虫”中，幼儿可以快速而全面地认识生活中不常见的绿丽金龟、金黄色鱼蛉、鬼脸天蛾、鹰翅天蛾等。短短几十秒的视频不仅画面清晰、代入感强，讲解也是简明扼要、通俗易懂。

纪录片《微观世界》摄人心魄的巨大魅力，可以让幼儿目不转睛、乐此不疲地看好几遍。除此之外，纪录片《吃昆虫能拯救世界吗》《虫子：热带雨林冒险》《自然世界：蚂蚁帝国兴衰记》也非常值得推荐。

符合幼儿年龄特点和审美的电影中，也有一些不错的昆虫动画电影，如《昆虫总动员》《别惹蚂蚁》《昆虫物语》《虫虫危机》等。这些动画电影在遵循昆虫特性的基础上，塑造了一个个可爱、幽默、滑稽的人物形象，带来了无穷无尽的奇思妙想，净化了幼儿的心灵，宣扬着真、善、美。

(三)参观昆虫展

不论以上哪种途径，涵盖的昆虫种类与知识都没有昆虫展丰富。条件允许，还是非常建议幼儿去昆虫博物馆走一走。武汉科技馆“多彩的生命世界”展区里，有一面巨大的昆虫标本墙。各种各样的昆虫图片，配合昆虫镜观看，在幼儿面前呈现的就是色彩斑斓的昆虫世界。陕西杨凌西北农林科技大学的昆虫博物馆和成都华希昆虫博物馆，展览面积大、展品丰富、展览档次高，集成多种现代化展示手段，各种昆虫应有尽有。

三、艺术形式巩固认知，体验乐趣

幼儿世界充满着欢声笑语，在推开昆虫世界的大门之后，幼儿的世界更充盈了。他们想要展现自己对昆虫世界的探究成果，面对这么强烈的表现欲望，我们必须创造机会，让他们尽情发挥。

(一)画画捏捏

表达形式有很多种，画画是最含蓄却又最直白的表达。幼儿通过画昆虫，可以直观地展现自己的所思所想。这不仅仅是画，也是幼儿对美的理解。立体的昆虫形象同样是幼儿科学认知昆虫的产物。一个个鲜艳的泥塑作品，在幼儿灵巧的双手创造下，立马汇集成了一个生机勃勃的昆虫世界。不论何种形式的展现，都无形中透露着幼儿在探索昆虫世界以后获得的无穷乐趣。

(二)说说唱唱

幼儿观察昆虫过程中进行的绘画涂鸦记录，是一个很好的成果展示作品。我们可以组织一个小型的汇报展示活动，鼓励幼儿围绕这些作品大胆表述自己对昆虫世界的认知。同时也可以相互提出疑问，集体交流探讨，营造一个浓烈的探究氛围。比如歌曲《萤火虫》：“小小萤火虫，飞到西飞到东，这边亮，那边亮，好像许多小灯笼。”简短的歌曲，却蕴藏着小智慧。

四、人与昆虫的关系

昆虫是世界上数量最多、种类最丰富多样的生物种群，与人类发展密不可分。昆虫文化对中国古代文学也是有一定贡献的，但是人类与昆虫的战争也是从古至今亘古不变的。夏日到处飞舞的蚊蝇，植物上随处可见的蚜虫，对农业有害的蝗虫，这些都是人类深恶痛绝的昆虫。因此人类界定了益虫、害虫的标准说。总而言之，正如《我的蜜蜂朋友》这本无字科普书警醒我们的：只有善待大自然中的其他生物，人与自然才能和谐共处、合作共赢。

在探索昆虫世界的主题活动中，幼儿的好奇心和求知欲能够得到充分满足。幼儿自主发现、探索、研究、讨论、分享、总结。这样的学习方式同样适用于任何一项探究活动。我们带领幼儿走进昆虫世界，主要是观察、认识各种各样的昆虫，了解它们的习性。通过激发幼儿自主学习的需求，探究昆虫世界的无穷奥秘，同时培养幼儿珍惜生命、爱护生命、尊重生命的意识。昆虫世界蕴藏着丰富的教育财富、无边的学习领域，等待着人类继续开发研究。

爱浸童心，润物无声

——以绘本活动为载体开展幼儿“爱育”的研究

天津市河西区第十四幼儿园　汪同欢

爱是一种伟大的情感，是真诚待人的前提，也是幼儿走入社会需要具备的基本素养。《3—6岁儿童学习与发展指南》中将幼儿的身心健康放在首位，为幼儿营造温馨的环境，让其充分感受爱，并学会爱自己、爱别人。爱于无形，爱围绕在我们身边。绘本作为儿童喜闻乐见的形式，能够将无形的爱通过生动的故事内容、故事形象简单明了地展现出来。因此，在绘本教学中渗透“爱育”，促进幼儿将自己心理的情感需求很好地表达出来，向书中的人学习如何控制、管理好自己的情绪，更好地与同龄的孩子进行情感交流。

一、选择“爱育”绘本的原则

（一）难度适宜，符合幼儿的年龄特点

皮亚杰的认知发展理论强调：不同年龄阶段的幼儿具有不同的特征，因此教师在开展“爱育”绘本阅读时要考虑幼儿年龄特点，并根据本班年龄的认知水平和生活经验，选择适合幼儿阅读的绘本。绘本中的图画和文字要符合幼儿的语言表达与理解特点，易被幼儿理解，才能被幼儿接受，进而激发幼儿爱的情感的共鸣。

例如：《鼠小弟》系列绘本中，画面简单、主人公明确，更易于幼儿抓住故事主线，理解其中的含义，更适合小班幼儿。而《爷爷一定有办法》中，图画分为上下两部分：主人公约瑟一家和小老鼠一家，通过一块布料串联起来，展现了不同的爱，画面丰富，但爱的主题隐藏在爷爷一系列的制作之中，更适合年龄偏大的中大班幼儿。

（二）“爱育”主题内容明确

每本绘本都会有不同的主题内容，由于本研究着重的是“爱育”方面的研究，所以在选择绘本时，教师要认真研读绘本，体会绘本表达的情感与寓意并对绘本进行分类，做出恰当的选择与设计。只有绘本中“爱育”主题明确，才能顺利开展教育活动，让幼儿体会爱的情感，促进爱的情感的激发与表达。例如，《猜猜我有多爱你》全篇将爱具象化，以“丈量爱”为主线贯穿始终，体现母亲对孩子的爱。

（三）具有鲜明的艺术风格

不同的绘本具有不同的艺术风格，这些风格各异的绘本让幼儿体验新鲜的阅读过程，并理解其中传达的故事内容，享受美的阅读过程，在这个过程中带来的赏心悦目和心灵洗涤有助于促进幼儿情感的激发。有的绘本写实，让幼儿在丰富的画面里印象深刻，如《敌人派》中，波动的故事情节和细腻的人物表情，让幼儿学会友好、爱同伴；有的绘本写意，在感性中体会意境美，如《逃家小兔》运用相同的句式，将爱比喻成渔夫、爬山的人、大树等，让幼儿在优美的会意和语境中感受母亲浓浓的爱意。

二、利用绘本教学，提升幼儿爱的情感

(一)教学目标的定位侧重于幼儿爱的情感的激发

活动目标是整个教学活动的导向，在制定目标前，需要充分研读、分析绘本，并充分挖掘绘本中有关爱育的价值点。同时，还要遵循儿童的“最近发展区”的原理，目标的建立应在本班幼儿已有经验的基础上。

目标的制定可以从知识与技能、情绪情感这两个维度着手。本研究中所要实现的知识与技能目标主要体现在能看懂绘本中的内容，并理解绘本所要表达的中心思想，会观察绘本中的细节，洞悉情节的发展变化。而情绪情感目标作为本研究的重点，是建立在知识技能目标的基础上的，制定时要具体明确，需要根据不同的爱的主题绘本所要传达的教育意义，有针对性地制定不同的目标。活动目标的制定对绘本教学活动有定向的作用，也是判断活动中幼儿是否能有效地感受爱、表达爱的直接依据。

例如在绘本《我妈妈》中，每一页每个形象都有妈妈特定的服饰徽章和爱心的形状，作者在细微处向小读者传达着母爱和母亲的无所不能，因此在制定目标时，就应将观察图片作为重点，并以此作为依托结合实际经验进一步深挖母爱的力量。因此我将活动目标制定为：①仔细观察图片，理解画面所表达的内容。②结合生活经验大胆讲述自己对画面内容的理解，感悟真挚深切的亲子深情，夸夸自己的妈妈。目标一主要是认知与技能方面的，侧重于观察理解故事内容，厘清图片之间的脉络联系，而目标二则侧重于感受和理解妈妈对我们的爱并表述出来。

(二)教学设计着重于幼儿爱的情感体验

1. 积极导入，引发思考

为了更好地激发幼儿学习绘本的兴趣，在导入活动中，我们一般采用四个常用的方法：经验导入、猜想讨论导入、游戏导入、情境导入。

第一，经验导入，就是利用幼儿已有的生活经验，通过教师富有感染力的提问导入，从而激发幼儿阅读的愿望。如在绘本活动“我爸爸”的导入环节中，提问道：“这是一个小朋友的爸爸，那你的爸爸是怎么样的？你喜欢你爸爸吗？他有什么比较特别的地方？”引发幼儿思考自己的爸爸，激发幼儿阅读《我爸爸》的兴趣。

第二，游戏导入，就是教师根据绘本故事，创编出与之相关联的游戏活动，让幼儿在游戏中熟悉相关情节，产生进一步了解绘本故事情节的兴趣。如《两棵树》这一绘本中，我们就设计了“找朋友”的游戏导入，幼儿在游戏活动中和同伴们享受着友情的喜悦，由此再让孩子们思考两棵树之间的友情是怎么样的。

第三，猜想讨论导入。绘本的封面是整部绘本的精髓和凝练，由绘本封面情景或主人公引发幼儿联想，抛出开放性问题，激发幼儿阅读兴趣和情感投入。

第四，情境导入。即根据绘本内容创设情景，让幼儿在相同的氛围中产生共情。例如在绘本《落叶跳舞》讲述的时候，我们就选择在秋天落叶纷纷的季节，让幼儿在户外观察后再进行阅读理解，幼儿能够更深切地抒发对大自然的热爱和敬畏。

2. 运用相关策略，有效组织教学活动

第一，积极引导，观察画面。由于绘本以图片为主，所以观察画面的读图能力是至关重要的，况且尚未识字的幼儿更需要通过画面上的细节来理解绘本内容，体会其中表达的意味。

第二，有效提问，生成回应。绘本阅读应该从提问着手，激发幼儿的发散性思维，同

时也引导幼儿更有针对性地观察图片，获得有效的信息。提问的方式很多，猜想式提问可以让幼儿发挥自己的想象，大胆假设；递进式提问可以让幼儿说了又说，思维得到进一步的提升。教师要提高提问的质量，让幼儿迅速领会教师的提问并善于应变，回答出准确且富有创造性的答案，从而让绘本阅读更加有意义。

第三，独立阅读，自主领会。绘本大多数是由丰富的图画和少量的文字组成的生动有趣味的故事，不识字的幼儿认真阅读也能理解其中的大概意思。因此教师可以给幼儿一定的时间，让幼儿静静翻阅自己喜欢的绘本，自主领会其中传达的情感。为了保证幼儿尽可能地关注细节、读懂故事，自主阅读的时间要尽可能充分。

(三)延伸活动，有效帮助幼儿爱的情感的表达

延伸活动是教师在完成了绘本集体教学活动后，为更好地巩固教学内容，以进一步激发幼儿对爱的情感的感受和体验而设计的一切活动，如表演活动、美术活动。

1. 表演活动

表演活动是让幼儿根据绘本中的故事情节，分角色进行演绎，在演绎中体验故事的发展、情感的表达，并在表演中产生对绘本中“爱”的共鸣，从而提升“爱育”的效果。同时，表演游戏不仅仅局限于对原来绘本内容一成不变的表演，幼儿可以把自己对于绘本中爱的理解，通过加入创造性的情节，用表演的形式传递出去。如此一来，幼儿不仅体会了绘本中表达的情感，更能以自己的方式表达出来，从而让身边的人也感受到爱的情感，这正是我们培养幼儿“爱的情感”的目的。

2. 美术活动

幼儿正处于读图阶段，他们对图画有着特殊的爱好，信手涂鸦就是一种表现。因此在爱的主题绘本阅读过程中，教师也可以结合绘画、美工等艺术活动开展延伸活动。美术活动的开展，不仅让幼儿对绘本中所传达的爱的情感有了更深的理解与记忆，还能激发幼儿通过手中的画笔传达出内心的情感，让幼儿的手、脑、心一起参与到爱的情感的创造中来，从而丰富幼儿的情感体验。

在绘本集体教学活动过后，根据绘本中所要表达的爱的主题内容，以故事中的一个主要画面、一个简单情节为切入点，鼓励幼儿用绘画的方式续编故事的情节，或是将自己对于绘本的理解用自己的方式表达出来。

三、结语

通过一段时间的“爱育”绘本教学活动，较好地帮助幼儿发展了情境识别、价值判断的能力，随后的延伸活动将“爱”内化于实际，发展了幼儿的表达、表现能力。我们的社会需要爱的花朵，这就要求我们用心播种爱的种子，让他们在温馨的环境里尽情绽放。

浅谈多媒体在幼儿园美术教学中的运用

天津市河西区第十四幼儿园　贾文凤

随着大数据时代的到来，多媒体技术已经逐渐地被运用到学校的教育教学中。多媒体的加入给幼儿园美术活动带来了巨大的变革。

一、幼儿园美术教学中常用的多媒体方法及存在的误区

(一)幼儿园美术教学中常用的多媒体方法

1. 课件的使用。课件因其独特的优势已经广泛应用于幼儿园美术教学当中，制作课件

常用的软件有 Authware 和 PPT，一个好的课件可以利用生动形象的图片，融合我们需要的音乐、各种声音、动画视频(常用的各种声音和视频处理软件推荐格式工厂)，还可以进行充分的师幼互动，充分调动幼儿的各种感官进行欣赏、讨论和操作，在动手动脑的过程中突破活动的重难点，完成活动目标。

2. 微课的应用。随着“互联网＋教育”的发展，近几年有一种新兴的教学模式应用于幼儿园，那就是微课。微课顾名思义就是微型的课，综合利用 Flash 动画、视频、音频、图像等制作一个短视频。可以被用于整个教学活动，也可以截取其中一个片段。在幼儿园美术教学中，微课视频可以在集体、小组、个别指导等教学形式中被反复使用，在特殊情况下也可以通过网络平台进行远程教学。

(二)多媒体在幼儿园美术教学使用中存在的误区

1. 多媒体素材的选择不够严谨。幼儿学习内容的选择既要有利于其身心健康发展，又要符合其年龄特点，还要能够为实现活动目标服务。在大数据时代，网络资源更丰富，但有些内容并不适合幼儿，有的教师为了追求时尚，把一些不适合幼儿的资源放到课件中，这显然是不合理的。

2. 对多媒体的使用过度依赖，华而不实。在实际的幼儿园美术教学中，有的教师为追求新颖而过度依赖多媒体技术，使得整个美术活动过程只是看图片和录像，缺少有效的教师讲解、幼儿谈论学习、实际创作等师幼互动。

二、多媒体在幼儿园美术教学中应用的有效策略

多媒体技术因其具有丰富多彩的动态图像、生动的声音和动画等，更能吸引幼儿的注意力，使其获得更丰富的感知经验，激发创作兴趣，从而使其在创作中大胆地表现和创作。

(一)积累感性经验，引发幼儿审美兴趣

在幼儿园美术教学活动中，教师应该设法帮助幼儿拓展经验，提高审美意识，但在很多美术活动中会涉及幼儿不熟悉或难以理解的事物和形象，教师不可能把所有的事情都身体力行地进行展示或者把所有实物都搬到教室，这时候多媒体的出现就显得尤为重要，课件可以在短时间内传达大量生动形象的图像或者视频动画，色彩准确，形象声动，给幼儿视觉、听觉等感官强烈的刺激，从而积累感性经验，引发兴趣。

例如，在大班绘画活动“欢快的运动会”中，活动目标是让幼儿画出自己喜欢的运动项目。幼儿对常见的运动项目，比如走、跑、跳、爬、投掷等有一些了解，但对日常生活中没有接触过的运动姿态不够了解，并且有一些运动项目是教师没有办法在活动当中身体力行进行展示的，所以教师用了一些小动画的形式让幼儿先进行详细的观察，比如击剑、体操、跳水等，展示具有代表性的动作截图，让幼儿仔细观察讨论，这样大大地丰富了幼儿的感受经验，幼儿纷纷讨论每项运动的代表性动作是什么样子的，自己想要绘画什么样的运动姿态，为后面的创意绘画奠定了基础。

(二)营造情境氛围，提高美术创作能力

由于传统的幼儿园美术教学形式存在局限性，导致活动重难点的突破成为很多教师比较困惑的地方，而多媒体的技术形式则能够用声音、动画、图像创设生动的情境氛围，让幼儿在看、摸、听、体验中轻松地突破美术活动的重难点，进而完成活动目标。

例如，小班的水粉画《毛茸茸的小鸡》，活动重点是感知小鸡身体毛茸茸的特点，用重叠印画的方法印出小鸡毛茸茸的身体；活动的难点是运用工具印出小鸡的不同身体形态、身体各部位紧密相连。为了突破活动的重点，教师利用动画的效果为幼儿呈现了各种不同姿态的毛茸茸的小鸡，让幼儿感受小鸡毛茸茸的形象；结合实物图片的拼摆让幼儿感受小鸡的不同姿态，从而实现活动重点的突破。而活动难点的突破，教师改掉以往单纯展示示范的方式，把图片和声音用Flash制作成动画，清楚地展示作画的过程和作画工具的使用方法，并且创设作画情境：小鸡身体和头分开时很伤心，而紧密连接在一起时非常开心，让幼儿自己去发现小鸡的身体和头以及腿都应该紧密连接在一起，这样轻松地实现活动难点的突破。

（三）实现寓美于教，促进幼儿自主创新

幼儿园美术活动核心的价值在于让幼儿去表现和创作。在活动欣赏部分，多媒体技术有其自身的优势，可以通过充分调动幼儿的眼睛、耳朵、大脑多种感觉器官，丰富幼儿的感性经验，激发幼儿创作的灵感。而在幼儿创作的过程中，教师也可以利用多媒体的技术，抓拍个体幼儿精彩的创作瞬间，投放在大屏幕上一起分享，从而进一步丰富幼儿的经验，为其自主创新提供多元思路。

例如，中班泥工活动“鸟巢”中，目标是利用团圆造型、盘条造型、水滴造型、空心造型等方法，用黏土制作鸟巢。幼儿先欣赏了大量造型精美的鸟巢，讨论了鸟巢的形态以后，自主进行创意制作鸟巢。教师进行观察指导，发现有一些幼儿在造型上比较简单；有的幼儿完全用盘条“树枝”来做鸟巢，然后用水滴造型的方法进行装饰，创意非常好；有的幼儿用空心造型的方法做鸟巢，用不同的形态来装饰，很有艺术性；还有一位幼儿用团圆的“石头”做鸟巢，很有自己的想法。教师抓拍了精彩的瞬间，把照片呈现在大屏幕上，并让这三位幼儿讲解自己的作品，这样大大地引发了幼儿创作的灵感，在幼儿再次进行制作的时候，做出的造型则丰富很多。多媒体技术的应用促进了幼儿美术创作的自主创新。

（四）进行交互式评价，丰富幼儿审美内涵

幼儿美术作品表达了幼儿当时的内心活动，幼儿自我评价作品是对作品的一个解释，能帮助教师了解其内心活动，加深对作品的理解。另外，美术作品有助于幼儿成为积极的评价主体，提高幼儿的理解能力、观赏能力和口语表达能力。美术作品的评价主体是多元的，多媒体技术可以将幼儿活动当中的作品和创作过程的照片用投影的方式放大展示在大屏幕上，这样教师就可以抓住幼儿在创作过程中的精彩瞬间，以及典型的作品，使幼儿在评价时观看会更方便清晰，也更有利于帮助幼儿提升经验。

例如，中班的线描装饰活动“小小设计师”，目标是让幼儿综合运用多种纹样对服装进行装饰，在最后作品点评的环节，由于有的作品用的纹样比较小、细，如果用传统的形式只是在全体幼儿面前展示作品，会有很多幼儿看不清楚的情况，大大影响了活动的效果，所以，在点评环节教师加入了多媒体手段，在幼儿对自己作品评价的时候将其作品投影到电子屏幕上，这样，在欣赏一些细节的设计的时候把图片放大，所有幼儿都能很清楚地观看，无论从造型上还是细节的装饰上都有了很大的提高，从而达到作品评价的目标。

浅析大班幼儿角色游戏中的规则教育

天津市河北区第十幼儿园　王　静

一、角色游戏中，规则制定的重要性

规则是社会意识的反映。幼儿期是人生发展的奠基阶段。这一阶段所学直接影响一个人未来的生活质量和发展的趋向。大班幼儿正处在规则意识萌芽期，是非观念仍很模糊，自我中心的思维特征明显，因此这一年龄段是幼儿规则意识培养的关键期。与此同时，大

班幼儿处于幼儿角色游戏的黄金时期，幼儿的角色意识大大增强，游戏兴趣显著提高。但在自主选择、自主活动的角色游戏中，如果没有教师的细心管理和善意的帮助，没有规则的约束，对于还处在规则意识萌芽期的孩子来说，就很难使他们形成良好的行为习惯，游戏也就无法发挥其应有的教育作用。因此，教师有必要在角色游戏中帮助孩子增强规则意识。

二、把握幼儿角色游戏中的两种规则

（一）适应性的规则

适应性的规则是指在某一时段内适合相应年龄段幼儿的规则，主要涉及公德、安全、惜物、个人生活作息时间等方面的内容，充分指导幼儿积极探索世界。适应性规则的教育应该充分体现《3—6岁儿童学习与发展指南》中指出的尊重幼儿身心发展的规律和学习特点、关注个体差异这两个原则，做到可变和不变的和谐统一。

（二）临时的规则

临时的规则是指为了顺利地实现某一短期目标而制定的规则，大多数游戏规则属于临时规则，临时规则的教育需要体现灵活性的原则。

三、角色游戏中引发幼儿制定规则的条件和依据

《3—6岁儿童学习与发展指南》中指出，幼儿的学习是以直接经验为基础，在游戏和日常生活中进行的。要珍视游戏和生活的独特价值，创设丰富的教育环境，合理安排一日生活，最大限度地支持和满足幼儿通过直接感知、实际操作和亲身体验获取经验的需要。

大班幼儿对角色游戏有着浓厚的兴趣，我们班的孩子就是这样，尤其喜欢角色扮演。然而，问题和孩子间的纠纷也由此产生。为了争当小医生，三个小朋友各不相让，游戏用的玩具也因此散落一地，没有人管。面对这些，教师不是警察，简单的批评不能解决根本问题，要让孩子们了解规则的重要性。怎样让大班孩子理解并自觉遵守规则呢？我从各个游戏区入手开展了“给角色游戏区定规则”的一系列活动。

（一）通过提出问题引发幼儿确立角色游戏的规则，从而顺利地开展角色游戏

角色游戏是幼儿按自己的需要、兴趣和意愿进行的活动，它给幼儿提供了一个自由开放的活动环境和氛围，在不受外界规则约束的角色游戏中，幼儿之间会互相干扰，游戏活动也就无法顺利开展。因此，教师可以根据角色游戏中的实际问题，以尊重幼儿为原则，以解决问题为目的，引发幼儿进行思考、讨论，确立游戏规则，从而增强规则意识。为了让孩子们充分感受规则的重要性，我用手机将孩子们在区域里吵闹的场景录了下来，播放给大家看。当我问孩子们看完后有什么感觉时，孩子们纷纷表示很乱很吵，听不见小朋友在说什么，也看不出他们在玩什么。那我们应该怎样玩呢？说话声音不能太大，太吵会影响别人的，东西掉了要及时捡起。孩子们热烈地发言，从他们的眼中，我发现他们已经开始意识到需要有一种行为规范来帮助他们解决问题。于是，我请他们想一想由谁来定规则，有人提出由教师来定。我问：“有没有不同意见？”二宝提议：“可以让小朋友自己来定。”我立刻表示赞同：“这真是个好主意！”我的态度将孩子们的兴趣调动了起来。

角色游戏中，大班幼儿比较关注角色行为的规则性。在这个阶段，幼儿开始感知生活中各种人的社会活动，并在大脑中抽象、概括各种人活动的规则，以此来规范游戏中角色的活动。如通过玩食品街游戏，幼儿认识到游戏中的店主是不能吃东西的；通过美容美发角色扮演的游戏，幼儿认识到美发店的工作人员是不能擅自离开自己的岗位的；通过玩银行工作人员角色扮演的游戏，幼儿认识到银行的工作人员是不能随便拿银行的钱的；等等。

通过讨论，大家一致找出了问题发生的原因，同时想出了解决问题的办法。规则是幼

儿自己想办法确立的，游戏中他们能主动遵守规则，并互相监督。幼儿自己解决问题来确立的规则比教师一遍遍强调的规则效果要明显得多。

(二)以角色需求引导幼儿生成角色游戏的规则，让游戏更有序

角色游戏中经常会出现角色争抢这一现象，而幼儿的游戏水平有限，如果在游戏中没有教师的引导势必会影响游戏情节发展和整个游戏的开展。因此，教师根据游戏中出现的角色争抢现象，以尊重幼儿游戏意愿为原则，以满足幼儿角色需求为目的，引导幼儿生成新的游戏规则。

如"照相馆"游戏中，孩子们都喜欢当"摄影师"。游戏刚开始，大宝、诺诺、翔翔挤在"照相馆"里，都争着要做"摄影师"，争抢着"摄影师的衣服"和照相机。当看到我走过去时，他们都抢着说："是我先来的。"我问他们："照相馆里，有室内的摄影师，有没有外景拍摄摄影师呢?"他们都说："有。"我又说："那你们谁愿意当外景拍摄的摄影师呢?"可是他们为了谁先当"摄影师"又争执起来。在我的提醒下，他们用猜拳的方法来决定谁先给顾客拍照。最后，大宝给顾客在室内拍照，翔翔给顾客在室外拍照，诺诺先当摄影助理。过了一段时间后，他们互相交换了角色。游戏结束后，我请他们把好办法介绍给大家，他们都显得非常高兴。在后来的游戏中，不管是"医院"的"医生"还是"理发店"的"理发师"，幼儿都用轮换着"上班"的方法来满足对游戏的意愿和需求。

幼儿自我中心的思维特征决定了他们的行为表现，在角色游戏中常会发生争抢角色等现象，而他们又缺乏一定的生活经验。当孩子由于经验缺乏而无法满足游戏意愿时，教师应及时介入游戏，根据幼儿现有的生活经验给予引导和帮助，引导孩子想办法满足自己和同伴的游戏意愿，在产生好办法的过程中生成新的游戏规则。在这个过程中孩子们既满足了各自的角色需求，又体会到新的游戏规则给他们带来的游戏快乐。

(三)以生活经验牵引幼儿丰富、提升角色游戏规则

幼儿在集体生活中的有意性行为增强了，他们能按成人的指令完成一些力所能及的事。在角色游戏时能将所玩物品归放至原处，但由于受年龄、经验的限制，往往只是简单地收拢放置，不能进行有序的归类摆放。因此，教师应随着孩子的发展变化将已有经验牵引到角色游戏中，丰富并提升原有的游戏规则，促进幼儿在原有基础上有进一步的发展。

将孩子在其他活动中获得的经验牵引到角色游戏中，以讨论、操作的方式和孩子们共同丰富、提升原有的游戏规则。由于游戏规则是孩子们共同丰富、提升的，在游戏中孩子们乐意遵循，而且他们将其运用到其他游戏区，将规则从点延伸到面，使规则完全融入整个游戏之中。游戏中既增强了孩子们的整理能力，也培养了孩子们的规则意识和责任意识。

四、角色游戏中规则的制定应注意的问题

常言道："没有规矩，不成方圆。"作为幼教工作者的我们，更应该明白规则的启蒙教育在幼儿教育中的重要性。

1. 要正确认识规则游戏的发展和教育价值。在指导幼儿游戏时，一方面，必须依据幼儿的发展水平选择游戏的类型；另一方面，应注重恰当地开发、提倡、应用规则在角色游戏中的作用，促进幼儿的发展。

2. 充分发挥幼儿的自主性、创造性。让幼儿获得充分的自由，有充分被尊重的感觉，培养他们发现问题和解决问题的能力。由幼儿自己制定、理解游戏规则，让角色游戏真正成为幼儿生活、发展不可缺少的部分。

五、结论

总之，以解决问题、满足需求、迁移经验来确立、生成和提升角色游戏中的规则，增

强孩子们在角色游戏中的规则意识，使得孩子们在遵守角色游戏规则时学会了调节自己的行为，控制自己行为的不稳定性和随意性，发展他们自身行为的自觉性和自制力，也发展孩子们在游戏中的协商、合作、解决问题的能力。但幼儿的规则意识并非一朝一夕能培养的，不仅需要教师充分了解幼儿的年龄特点和心理需求，运用多种方式加以引导，制定适合幼儿能力和兴趣特点的游戏规则，还需要教师在游戏中持之以恒地引导幼儿遵守游戏规则，不随意破坏规则，这样才能增强幼儿的规则意识，养成良好的行为习惯。

浅谈在科学活动中发展小班幼儿的思维能力

天津市河西区第十六幼儿园　苏　悦

幼儿期是培养幼儿的思维能力以及开发、创造潜能的关键时期。幼儿思维能力的发展对其身心全面发展起着至关重要的作用。作为教师更应该重点培养幼儿的思维能力，以及幼儿富于创造的表现力，保护幼儿的好奇心；发展幼儿的创造性想象和思维；培养他们发现问题、提出问题、分析问题、解决问题的能力和勇于探究、敢于动手操作的能力。

通过在幼儿园的实际工作，在与幼儿的实际接触中，我发现科学活动中可以通过以下途径培养幼儿的思维能力。

一、做教育的有心人，改变传统的教育理念，形成新型的师幼关系

幼儿教师以前被认为是知识的传递者、课程的设计者，是幼儿活动的观察者。这就要求教师不仅要向幼儿传递一些知识，还要像母亲一样耐心地照顾他们；不仅是幼儿的老师，还是他们的朋友。而最近的研究发现，幼儿教师还应是幼儿发展的促进者。

换言之，教师不是幼儿的领导者，而应该是和幼儿平等的。教师只有以平等的身份对待幼儿，才能真正了解幼儿，从而启发、鼓励幼儿主动学习、主动探究，发现幼儿的创造力，培养幼儿的创造精神。

二、创设积极、良好的环境，鼓励幼儿积极探索

1. 为幼儿提供适宜的、丰富的高、低结构材料，便于幼儿探究。例如在科学区投放丰富的适合幼儿动手操作的活动材料，为幼儿进行探究活动做好准备。同时，教师也要善于观察，提高幼儿的探究兴趣，使他们对事物和现象产生好奇心，并鼓励他们主动地进行思考和探究。有一次活动区时间，一名幼儿趴在桌子下面，我走过去询问原因。他说："桌子下面有一个小珠珠，我试试能不能用磁棒把它吸过来。"于是我蹲下来看着他，由于那颗小珠珠是塑料的，所以没有和磁铁相吸引。这时我引导他在教室的其他地方找一找："你可以拿着磁棒在教室里试一试，找找我们的活动室里都有哪些是磁棒的好朋友。"幼儿拿着磁棒开心地尝试去了。这样做，既可以满足幼儿的主动探究行为，又支持了他们的主动学习。

2. 保证幼儿充足的探究时间和空间。教师应该为幼儿提供专门进行探究活动的时间和空间，保证探究活动的开展。例如在区角活动中创设科学区；组织幼儿进行专门的科学探究活动，引发幼儿主动进行探究，培养幼儿喜爱参与探究的意识。

3. 用发展的眼光看待幼儿，培养幼儿主动探究的自信心。遇到幼儿做错了的时候，教师要使用具有启发性、艺术性的语言，委婉地教育幼儿，帮幼儿找到问题的同时，保护幼儿的自尊心。这样，幼儿才能从教师的态度中敏锐地感到教师对他们的热爱与信任，使他们鼓起勇气继续尝试，相信自己能行，从而使自己充满自信。在"吹泡泡"的活动中，有的幼儿总是吹不出泡泡来，有点想放弃了。通过观察，我发现幼儿的嘴离吹泡泡的工具较远，而且吹的时候特别卖力气，泡泡没有变圆直接就破了。我鼓励幼儿再试试："把吹泡泡的工具离嘴近一点，慢慢地吹，别着急，小泡泡会出来和你做游戏的。"经过几次这样的尝试，幼儿终于吹出了大泡泡。看着他高兴地吹着泡泡，我知道了自信心在幼儿进行探究的过程中是多么重要！

三、利用生活中的现象，帮助幼儿迁移经验、扩展思维

在组织教育教学活动的过程中，教师要根据本班幼儿的年龄特点和实际发展现状，充分挖掘教学活动中能够提升幼儿创造性发展的内容，培养幼儿主动学习、主动探究的习惯，逐步深入地对幼儿进行创造性能力方面的培养，促进幼儿能力的提升。

小班幼儿小肌肉控制能力有限，在洗手的时候会因为水龙头开得过大弄湿衣服，他们也会被溅起的水花吸引，站在原地玩水。我发现这一情况之后没有盲目地制止孩子，"关上水龙头、节约用水"，而是引导他们发现问题，逐步探究。

通过观察，孩子们看到是由于水龙头开大了，流出来的水多了弄湿了衣服，那么水龙头里由什么控制水流的多少呢？通过查阅资料，孩子们知道了"开关"，开得大，流的水多，开得小，流的水就少。怎样洗手能不弄湿衣服呢？孩子们纷纷说："开关开得小一点，出来的水少了，就不会弄湿衣服了！还能节约用水！"接下来孩子们化身观察员，找找教室里还有哪些地方有开关，它们是干什么用的。

日常活动中我注意观察，当孩子们无意发现了科学现象，及时地抓住教育契机，激发幼儿科学探索的欲望。

四、保护幼儿的好奇心

在任何时间和任何地方，幼儿都会产生好奇心，并贯穿于幼儿一日生活的始终；好奇的内容也相当广泛，包括学习和生活的各个方面。当幼儿对某一事物或现象产生兴趣时，教师适时的引导和积极正面的回应，会对幼儿进行探究活动起到重要的促进作用。雨后的一天，当我带幼儿去户外散步时，有的幼儿发现了墙上的蜗牛。"看，这有一只蜗牛！"一名幼儿兴奋地说道。于是本来整齐的队伍变成圆形的了。我并没有生气，反而觉得这是一个很好的教育契机。我也凑到蜗牛跟前看了起来，引导幼儿仔细观察："蜗牛是什么样子的？""它是怎样爬的？""蜗牛喜欢住在什么样的地方？"……幼儿对此展开了热烈的讨论。最后我们带了几只小蜗牛回到了教室，把它们养在了植物角，方便幼儿观察和了解蜗牛的生活习性。幼儿的好奇心得到了满足，增强了他们乐于发现问题并参与活动的自信心，使幼儿能够更主动地参加探究活动。

五、教师应该因材施教，发展幼儿的思维能力

每个幼儿都有独特的一面，要针对幼儿的具体情况采取正面积极的引导方法，促进幼儿个性的发展。不要将幼儿与别人做横向比较，使幼儿丧失自信和自尊，使幼儿产生自卑的心理。正确的做法是采取纵向比较的方法，让幼儿在和自己比较的过程中看到进步，体验成功。

六、创造条件，提供探究的机会

在橡皮泥沉浮实验中关于如何让橡皮泥浮在水面上的问题，我组织幼儿展开讨论。"把橡皮泥搓成小条。""把橡皮泥团成一小块一小块的。""把橡皮泥压成饼。"……大家兴奋地各抒己见。于是我让幼儿分别进行尝试，通过实践得出最后的答案。幼儿积极参与，动手动脑，思考、尝试，不但在活动过程中发挥了幼儿的想象力、创造力，培养了幼儿解决问题的能力，同时，也为幼儿今后进行探索创新活动提供了前提条件。

七、注重探究的过程

科学探究活动正是幼儿获得知识的良好途径。幼儿通过自己主动探究与操作，在探索事物之间的关系的过程中，掌握知识，获得经验。在活动“纸电话”中，幼儿在操作的过程中发现用这个空心的纸棒可以和别人说话。这时候我没有直接告诉幼儿其中的科学道理，而是又给幼儿提供了中间塞住纸团的纸棒，鼓励幼儿再玩“纸电话”，此时幼儿发现声音听不清楚了，我又引导幼儿仔细观察，看一看现在两个“纸电话”有什么不同，让他们自己发现“纸电话”里面有纸团。教师引导幼儿主动进行探索和发现，并大胆地表达出来，让幼儿在尝试、探索、发现的过程中体验科学的精神和思维方式。

八、调动幼儿的多种感官进行探究活动

活动“自然手镯”中，我带领幼儿在户外采集各种各样的草和落叶，贴在自己胳膊上的透明胶带手镯上，引导幼儿通过观察植物的形状、大小、颜色，闻味道、摸软硬，感受植物的不同，体验科学探究活动的乐趣。通过调动多种感官，丰富幼儿的感性认识，使科学活动更有趣，更能吸引幼儿参与。

幼儿对周围的一切都充满着好奇，他们乐于观察、乐于倾听、乐于动手操作，渴望认识更多的事物，渴望不断地探索和学习。教师和家长及时适当的培养，能更好地发展幼儿的创造力，保护他们的好奇心，从而使他们关心周围的事物，激发他们的探索精神，以及勇于创造的行为，这些正是幼儿身心发展所需要的，也为他们今后的成长奠定了良好的基础。

幼儿园自主性游戏活动指导策略的实践研究

北京市通州区阳光起点幼儿园　冯艳飞

一、幼儿园开展自主性游戏的重要性

自主性游戏对幼儿的全面发展有着非常重要的意义。《3—6 岁儿童学习与发展指南》中指出幼儿的思维特点是以具体形象思维为主，应注重引导幼儿通过直接感知、亲身体验和实际操作进行学习。幼儿园开展自主性游戏有利于增强幼儿对社会的认知，使幼儿在生活中遇到问题时能够积极地处理，促进幼儿之间及幼儿与成人之间的交流，甚至还能够培养幼儿的行为习惯、创新能力，使幼儿获得更多的社会技能。

自主性游戏对幼儿园教师也有着非常重要的要求，尤其是在与幼儿一起生活、带班及教育教学上，需要不断地促进、培养幼儿教师的教学技能，使幼儿一日生活精彩有趣、教学内容和教学方式更加丰富全面，提高教师的专业水平。

二、教师介入自主性游戏的时机

幼儿自主性游戏是幼儿自愿参加的游戏活动，教师应该选择什么样的形式介入幼儿游戏，从而增强幼儿的游戏兴趣，提升幼儿的游戏经验，支持幼儿游戏行为的意念，取决于教师对幼儿的观察和思考。在此基础上对介入幼儿游戏时机的判断和把握采取不同程度及不同角色的介入。

（一）幼儿在自主游戏时频繁更换材料

游戏材料是开展幼儿游戏活动的基础，是实现自我建构和发展的目标，为此，教师会在幼儿自主游戏前依据幼儿发展目标及特点，为幼儿提供各种各样的游戏材料，从而促进幼儿发展。不是材料越多越好，要根据幼儿发展需要交替提供游戏材料。

最近多多老师根据幼儿的兴趣在班级创设了一个烧烤店，为了烧烤店能够生意兴隆，教师制作了各种各样的烤串，有蔬菜，有主食，还有各种肉类，应该说烧烤店的材料还真是丰富呢。但是游戏只进行了一个星期，教师就发现了问题，孩子们的兴趣没有之前那么高了，除了点餐、烤串、吃、结账，就没有其他的活动了，面对琳琅满目、制作精致的材料，生意却很冷清。通过教师仔细分析，决定将教师亲手做的食品减少，将各种半成品材料准备好，幼儿根据顾客需要，自己穿串和设计菜品，就这样烧烤店又再次火热了起来。

(二)在不出现作品范例的情况下教师推动活动发展

《3—6岁儿童学习与发展指南》艺术领域的教育建议中提出"让幼儿用自己喜欢的方式去模仿或创造，成人不做过多要求"，幼儿绘画时不宜提供范画，特别是不应该要求幼儿全部按照范画来画。但是模仿又是幼儿的天性，幼儿在生活与学习中也往往通过模仿来学习，尤其是在艺术方面。幼儿在与外界的接触中，会在自己的认识和理解的水平上，以自己的方式对印象深刻的对象或感兴趣的事物，通过模仿将其再现出来，其中表现的形式多种多样，从美术、音乐、游戏中我们都可以看到幼儿有大量的模仿。那么教师在不出现范例的情况下应采取合适、巧妙的策略推动幼儿自主性游戏的发展。

夏天悄然来了，小班的美美老师想让孩子们画一画蝴蝶、蜜蜂，从而感知夏季的生机。于是美美老师就找来了几张蝴蝶、蜜蜂的图片，将其投放在美工区，在区域活动时老师就引导幼儿观察图片，让幼儿根据图片来画蝴蝶、蜜蜂。但是经过一段时间，教师发现幼儿画的蝴蝶、蜜蜂基本上都是差不多的，并没有发展幼儿更多的游戏水平。于是教师撤走了之前投放的图片，让幼儿多去发现外面的蝴蝶、蜜蜂有什么不一样的地方，可以画出自己心目中的蝴蝶、蜜蜂，就这样经过了一段时间，教师发现这次孩子们画的蝴蝶、蜜蜂确实是各种各样的了。

(三)幼儿难以将游戏进行提升时教师的做法

在开展自主性游戏的过程中，我们不能一味地停留在一个画面或一种程度上，而是应该一步一步顺利进行，使游戏的情节不断深入，内容不断升华，幼儿的发展不断提升。但是在现实情况下，由于幼儿认知事物的能力有限，发展水平及速度不一样，如果任由幼儿自主性游戏，往往会有游戏停滞不前的现象，这样就有可能使游戏失去了本身的意义。这时教师应该及时地介入自主性游戏，使游戏能够顺利地进行、内容不断升华，这样幼儿才能够在游戏中不断地成长起来。

大二班建筑区最近搭建的主题内容是"我的幼儿园"。孩子们经过商量讨论，两三天就将"我的幼儿园"成功搭建完毕，于是教师看到孩子们的作品给予积极的肯定，并再次提问说："我觉得幼儿园可以再丰富一下，你们怎么能够让幼儿园更加漂亮和有趣?"于是孩子们再次商量："要不我们再搭建一些玩具和小兔子、小乌龟居住的地方吧?"还有的幼儿提议再创设点花花草草。通过教师的引导，孩子们有了新的任务和新的提升，并将游戏再次进行下去。

三、教师介入自主性游戏的指导策略

(一)运用全面观察及重点观察策略

观察是教师介入幼儿游戏的首要实践策略，教师只有在观察的基础上，才能更加了解幼儿游戏的需求以及幼儿游戏时发生的各种问题。通过观察发现幼儿游戏的困难，为确定介入的必要性做准备。教师在观察幼儿自主游戏时要有目的地进行观察。落实在一个具体的观察中，清楚自己在观察什么、了解什么。其次，教师要有重点地观察，对个体幼儿发展来说，根据目前的发展状况，从班级的整体情况来看，又要考虑到重点观察的是哪一方面，两者综合起来确定观察的重要目的。在观察过程中要抓住与目的有关的有意义的行为表现，深入了解表现背后的原因、兴趣和学习特点，通过观察的过程以及评价分析确定指导方法。

区域活动时教师发现表演区的瑞瑞小朋友正在穿表演服，弄来弄去半天也没有穿好。正当教师想去帮忙时，只见瑞瑞小朋友主动求助正在化妆的朵朵，两个人研究了一会儿，朵朵就帮助瑞瑞穿好了表演服。

(二)为幼儿自主游戏创造环境的支持

幼儿园的人文环境与物质环境共同组成了幼儿自主性游戏的环境支撑，包含区域创设、材料投放、规则制定。幼儿以形象思维为主，一些颜色鲜艳、低结构的半成品游戏材料更容易激发幼儿的兴趣。幼儿自主游戏时不是材料越多越好，要依据幼儿最近发展需要分阶段、分层次地交替投放。同时，不同的幼儿要依据不同的方式来指导，比如幼儿年龄小，易被无关的因素干扰，没有形成良好的常规，对此教师要有针对性地进行指导，不同个性的幼儿在操作材料时表现会有不同。

比如有的孩子大大咧咧、性格开朗，操作时能够满足于玩游戏的过程本身，对于这样的幼儿教师应肯定其参与活动的积极性，可以准备一些耐心细致的、动作复杂的材料，通过训练培养幼儿做事的坚持性。但有的孩子认真仔细，教师只需要讲一遍，幼儿就会按照教师的要求去做，对于过分仔细、不善变的幼儿，可以在给予肯定的同时鼓励幼儿去创造性地使用材料。

(三)适时介入，引发重要的教育契机

教师直接、间接，或者以角色等不同形式介入幼儿自主游戏时，教师的指导通常都是以弹性指导为主，主要目的是发挥幼儿的主体性，能够最大程度地调动幼儿自主游戏的积极性。在幼儿自主游戏活动中，不是教师的指导在过程中频率越高，幼儿的游戏热情就越高，更不是教师参与幼儿游戏越积极，幼儿游戏发展得就越快。因此，教师要针对幼儿的不同个性、不同的发展水平及游戏中遇到的各种问题能够有足够的耐心和细心，给予适当的支持。这样既让幼儿得到充分尝试解决问题的机会，又能够以积极的情感去体验解决问题的过程，从而使幼儿的发展价值得到很好的实现。

建构区中几名幼儿在搭建大城堡，结果在搭高的过程中发现一到某个环节放上的积木就会使城堡倒塌，于是旁边观察的教师说："大城堡总倒塌太可惜了，是什么原因呢?"于是幼儿也跟着说："是呢，太可惜了，我们找找哪里出了问题吧。"幼儿尝试了几次还是没有成功，教师说："要不我们这样试试吧……"通过教师的语言引导，幼儿不断地尝试，最终解决了问题。

(四)幼儿自主性游戏评价活动

幼儿自主游戏评价也是非常重要的一个环节，正所谓教师是幼儿的支持者、引导者，那么当幼儿游戏活动结束以后我们该如何有效地评价环节呢？这就需要教师不仅有一定的专业能力，还要有善于观察、发现的慧眼。

首先，幼儿游戏结束以后要营造宽松、轻松的环境氛围，使幼儿在自由、放松的状态下乐意参与游戏评价环节。其次，教师在进行幼儿游戏评价环节前要有目的性地观察，或者在幼儿游戏时将评价的观察内容详细地进行分析，并采用提问的形式激发幼儿思考和探索。但有些幼儿在游戏结束以后对当时游戏的事情记不清楚，这也需要教师能够利用图片、视频的形式帮助幼儿找回记忆，提升幼儿游戏的原有经验。最后，就是教师在评价中使用的语言，教师应采用积极、肯定、有价值的语言来引导幼儿思考，如："这个玩具怎么总是不成功呢？我们试一试……”“还有没有更好的办法？”等一些语言，有效地引导幼儿，使之评价环节有价值。

俗话说“世界上没有两片相同的叶子”，每一位幼儿都是独立的个体，教师又是幼儿的引领者，因此教师在幼儿游戏中应采取“一百种对话”来引导幼儿，促进幼儿全面发展。

储蓄·运用·拓展：提升幼儿文学语汇表达能力的实践研究

上海市浦东新区临沂八村幼儿园 郁 贞

随着《3—6 岁儿童学习与发展指南》的颁布与实施，老师们发现孩子们语汇积累很匮乏，孩子能说出绘本中的故事内容，但在使用文学语汇时融会贯通的能力较弱，有的孩子缺乏阅读主动性；有的孩子由于性格内向等原因，不敢大胆地在集体面前进行表演。为什么会出现这种类似的情况？怎样才能扭转局面？基于上述考虑，从孩子使用文学语汇创意表达的现状排查问题，了解阻碍孩子语汇积累、大胆表达的原因如下。

第一，阅读形式单一。幼儿通常以阅读绘本来积累文学语汇，阅读形式相对单一，那么如何找到适合的阅读形式成了关键问题。第二，语汇运用欠缺。每次新学的词语，不运用就会淡忘。孩子们看了那么多的绘本，可是真正记住的语汇有几个？阅读的终极目标是丰富幼儿的词汇量，发展和提升幼儿的语言表达能力，但在日常生活中真正运用的情况更是屈指可数。

本文主要提出通过形式多样来学习——“储蓄文学语汇”；通过生活环节来巩固——“运用文学语汇”；通过游戏过程来发挥——“拓展文学语汇”，帮助孩子提升文学语汇表达的能力。

一、形式多样来学习——储蓄文学语汇

文学语汇的积累和运用是一个循序渐进的过程，帮助幼儿积累丰富的词语有助于他们更准确地表达思想，与人交流时更有自信，表达时更流畅。发展幼儿文学语汇的关键是为幼儿创设一个能说、敢说、喜欢说、有机会说的语言环境。

(一)每日打卡阅读

电子打卡：利用 App、教师设计问卷，每日阅读打卡签到，家长之间能相互督促，也方便教师查阅班级幼儿阅读情况、家长自查阅读情况记录等。

(二)每周好书推荐

第一，家长推荐。一个星期邀请一位家长轮流向班级推荐一本好书，可以是绘本阅读的封面介绍、简单的内容说明，也可以是读后感。电子版和教室宣传栏同步，孩子们在园、在家都能接收到好书推荐的信息。第二，幼儿推荐。以绘本作为载体，邀请幼儿介绍自己最喜欢的一本绘本，以及推荐的理由。在班级开设图书漂流角，每个幼儿自带一本绘本放在漂流书架上，幼儿可以自由选择喜欢的绘本看，看完后在绘本记录卡上做记录。

二、生活环节来巩固——运用文学语汇

在文学作品学习中，通过前期的积累，以多种形式增进幼儿对文学语汇的理解，教师可以运用视觉和动作等刺激帮助幼儿理解文学语汇。教师在呈现画面时可以结合听觉、感知觉等信息，目的是帮助幼儿理解文学语汇。

(一)“见缝插针式”的一日活动

在一日活动中寻找闲暇的时段，巧妙渗透语汇的练习活动。

1.“大缝隙”大交流。一日活动中也有很多时候可以边做边听，这样不仅氛围宽松，学习效果也十分好。比如：午餐前、午睡前、起床后、离园前、娃娃家的讲评环节等，孩子们能集中在一起参与谈话。比如餐前“大缝隙”创设“情境链接”或“精彩瞬间”游戏，“情境链接”结合舞台装扮模仿故事表演。“精彩瞬间”结合主题墙和孩子们的游戏留痕，聊一聊看懂的记录和发生过的事情。

2.“小缝隙”小交流。一日活动中，孩子们的速度不同，有的快，有的慢，所以自主游戏的时长和内容也不相同，比如进餐前后、角色游戏、个别幼儿交流等，教师寻找语汇契机，这些时候可以进行小范围的谈话或是一对一的交流。比如餐后说说今天解决的小问题、绘本里看到的故事等，这些都是孩子们亲身经历的事，很有共鸣，很容易激发孩子们说的积极性。

（二）“散点开花式”的语言游戏

1. 播种基础词汇：基础词汇是语言表达的支持，在游戏中边玩边丰富词汇能助力幼儿掌握更多的词汇，为语言表述奠定基础。

游戏一：“大小声”。掌握入门词汇，可以是名词、形容词、动词等，一般练习名词居多。例如：认识莲蓬，教师先念词语，发音准确，请幼儿小声学念，在学念过程中注意指导个别幼儿的发音吐字，还可以说一说莲蓬的外形特征，丰富游戏内容。

游戏二：“好词好句”。主要学习形容词、动词、短句，词句来自幼儿，回归幼儿，教师帮助梳理、掌握词句含义。操作方法是由幼儿提供一个词语，其他幼儿一起猜测这个词语的含义并学念。例如：一个幼儿提出“蹦蹦跳跳”，大家猜测“蹦蹦跳跳”是什么意思？谁也来说一说念一念？谁也是蹦蹦跳跳的？“蹦蹦跳跳的兔子。”“蹦蹦跳跳的青蛙。”

2. 花式语言句式：语汇练习的形式多样，调动孩子们游戏的积极性。游戏多样性能长期让孩子保持新鲜感，学习效果更好。

游戏一：“传炸弹”。初级阶段把一个词语或句子当作一个炸弹传递下去，同时说出该词语或句子。提升阶段造句练习，把传递的词语说成一句话。

游戏二：“正反话”。初级阶段是说五官游戏，教师如果说“眼睛”，那么幼儿就要指除了眼睛之外的其他五官，并说出名字。提升阶段正反词语，教师说“轻轻的”，幼儿就要说反义词“响响的”“重重的”。此游戏也可转变成幼儿自主游戏。

（三）“集思广益式”的讲述内容

1. 教师预设的主题。主题：“故事改编”。主要以看图讲述的形式开展，锻炼孩子的观察能力，并将所见所想组织成语言，从说词语发展到说句子，再到说一小段故事。例如：图片《小猫钓鱼》，先说这是怎样的一只小猫，也可以说说天气等，然后用一句话说说小猫在干什么，最后完整地说一说这个故事。

2. 幼儿自发的主题。主题：“事件交流”。事件涉及的内容很广泛，只要是孩子生活中的事情都可以展开集体交流。例如：今天吃什么菜，可能是怎么烧的，什么味道的。也可以是孩子们游戏过程中的内容，例如：今天娃娃家发生了什么好玩的事等。话题源自幼儿，教师要把握的是将幼儿的讲述变得精彩丰满，抓住幼儿的好词好句，适时加上形容词语句，帮助幼儿提升文学语汇的表达能力。

三、以游戏拓展文学语汇

（一）小舞台（童话剧）

1. 彩色话剧。演绎童话剧活动，从故事选择到剧本创作都由孩子亲身参与，教师把关。可以是同一内容的不同演绎，也可以是多个内容的形式分组演绎，最后形成童话剧专场演出。形式有亲子的、幼儿自发的、教师指定内容的等。

2. 最佳演员。在日常小舞台游戏中，孩子的表演水平各不相同，发挥表演能力强的孩子的领头作用，带动其他孩子的表演欲望，提高表达、表现水平。隔周评选出幼儿心中的最佳小演员，讨论小演员的优秀特点，如语气、表情、语汇等，进行模仿学习。

(二)“小达人”

1. 金色话筒。孩子的创意表达需要展示平台，金色话筒则是孩子们创意表达的助力。孩子们可以选择自己拿手的语言类系列活动，如讲故事、脱口秀、方言秀等，每周在金色话筒舞台上进行展示。每周安排能力强的孩子搭配能力弱的孩子一起展示，可与家长及早沟通准备，待孩子准备充分再展示，以免打击孩子的自信。可以以教师邀请、孩子自发、家长报名的形式进行。

2. 辩论达人。大班的孩子喜欢辩论的形式，有挑战的刺激性。首先需要孩子了解辩论的模式，学习辩论的方法，如自辩、反驳、总结等，针对每一种辩论方法集体进行练习。其次，由教师选题，请家长帮助准备资料，在班级内练习辩论。再次，开展班级小型辩论赛。最后，进行年级组辩论赛，可邀请全园观摩。期间教师需要为孩子梳理辩论的技巧，锻炼孩子表述的能力和反应能力，还可以组织评选最佳辩手等活动，提高孩子们参与的积极性。

(三)小游戏：配音高手

在感知、理解文学作品的词语、语句以及修辞手法的基础上，能够让幼儿通过口头语言、动作、绘画等多种方式，表现自己对作品中语汇的理解和想象。可以是播放哑剧动画片或者图片，也可以是操作手偶和皮影，请幼儿为它们配音。每期选定一个主题，在了解主要人物和故事情节后，分角色创编台词。如孩子们都听过《三打白骨精》这个故事，并且为故事的主要角色进行了皮影制作，选择这个游戏的几个孩子，自由分配角色后边操作边练习台词，说得不对的地方相互帮助补充对话。

四、结语

经过一段时间的实践与研究，在形式多样的储蓄文学语汇中，班内孩子的阅读记录本已达到平均每月每人一册，多的有三十多页，少的也有十多页。这样直观的词汇累积效果很好，并且隐性的同伴间相互学习的积累也产生大量的词汇记忆，孩子们的词汇量大大提高。在生活环节中运用文学语汇，交往中的语言丰富，直接促进孩子的创造性游戏水平。在表达、表现中拓展文学语汇，不仅锻炼孩子们的胆量，更是表现自己的机会，在学期末的“班级好声音”中，我们班的孩子表现非常优秀，并且取得了许多自我突破的好成绩。最后，教师还可以将语言核心经验重新梳理细化，并向同年龄段推广做法，不断试误，真正帮助孩子提升文学语汇表达的能力。

幼儿园集中教育活动教学目标与活动过程的协同关系

辽宁省营口市站前区睿童幼儿园　杜　磊

一、绪论

(一)选题背景

《3—6 岁儿童学习与发展指南》(简称《指南》)指出：“幼儿园的教育活动，是教师以多种形式有目的、有计划地引导幼儿生动、活泼、主动活动的教育过程。”其中，集中教学活动是幼儿园教育活动的主要载体之一，活动的实施是有目的、有计划地围绕活动目标而展开的。而处于“生存适应”阶段的新手老师们目前存在“理论派不上用场”的问题。从教学活动开始前的入口处——教案书写开始就问题频出，将“活动目标(有目的、有计划)”和“集中活动”分为两个独立的个体，甚至是“为了写目标而写目标”，在进行教育活动时教学目标无法达成，不能达到良好的教育效果。

《2019年全国教育事业发展统计公报》显示，幼儿园专任教师有276.31万人，比2018年增加18.17万人，增长7.04%。由此可见，越来越多的新手教师加入学前教育行业。为了能确实有效地帮助新手教师从理论层面向实际应用层面顺利过渡，需要外界搭建“最近发展区”的脚手架，让教师通过本文了解活动目标，逐步提升教案书写能力，进而提升教育教学能力。

(二)研究现状

目前，大部分专著多在备课环节提及教学目标的制定，从解析活动的三维目标含义、定位，及描述方法等几个方面展开讨论；在学术论文方面，多以分析目标设定、目标存在的问题等为主要内容，可以说从三维目标的定义和本身内涵解析出发的研究较为丰富，且多维度、多视角。但指导新手教师有效地将活动目标应用到活动过程中的相关研究占比不多。

(三)本文研究方向

本文收集2018—2020年Y市R幼儿园新手教师公开课教案并逐一评析后，总结出新手教师书写教案时对待活动目标和活动过程的关系多以“直线型思维”或“颠倒型思维”为主，而导致目标定位的偏误及目标和过程脱节，从而提出“回旋式思维”的思考模式，注重目标和过程的协同关系。

二、教学目标定位的偏误

在R幼儿园年度公开课中新手教师的教案中出现的教学目标偏误主要问题如下。

(一)不明确教学目标的内涵，混淆三维目标

在实际书写过程中，新手教师经常将三维目标混淆。以新手教师教案小班科学领域“颜色变变变”为例，将“在活动中能认真观察、大胆尝试”定位为能力目标。从表达方法上来看，这一条为情感目标。而能力目标，也称技能目标、方法目标，是指新认知向实际生活的应用、解决事情的能力方向的延伸，通常使用“学会……方法”“掌握……技能”“尝试使用……方法”“解决……问题”等词来描述。

(二)教学目标设置过于宽泛

教学目标的设置模板化，每个教案都能套用某种固定的模式，从而不能明确提出适用于相应活动的具体目标。以中班社会领域“文明小乘客”为例，将“能根据提问，大胆且较为连贯地表达自己的想法”定位为情感目标，这一目标的设置同样也适用于其他活动的目标。情感目标，是激发幼儿兴趣，幼儿愿意学而自然产生的热爱生活的美好品质及审美情趣。通常用“大胆……”“体验……的快乐”“对……有好奇心”“敢于……”“积极……”等来阐述情感目标。

(三)教学目标和教学活动安排严重脱节，尤其是情感目标

每一个教学活动的每一个环节都蕴含一定的活动目标和教育意义。新手教师往往将事先写好的教学目标“孤立”。以中班健康领域“我们的鼻子”为例，情感目标是“愿意与同伴分享自己的心得”，而在接下来的活动过程中，并没有引导性的话语体现“同伴之间的心得分享”。

针对以上几点问题，新手教师需明确三维目标的概念。在书写教案时会使用相关词语来阐明目标。制定三维目标后，不能在实际应用中将目标迁移到过程中，主要是由图1和图2两种思维模式造成的。

三、从目标的应用看新手教师的思考模式

(一)直线型思考模式

从2015—2019年的数据看，目前专任教师具有教师资格、专门从事教学工作的人员逐年上升，拥有专业资质和专业能力的学前教师越来越多，其本身具备一定的专业知识。但专业知识应用到实际教学中，不免会出现问题。在书写活动教案时，提及教学目标、教学重难点、教学环节等概念性问题，新手教师是了解的，但教学目标却在应用中被孤立，和活动过程没有关联。新手教师从教学目标到活动的思考过程是从起点到终点的直线型思考模式(见图1)，只为了完成这些环节而完成，而忽略了各个环节的关联。

(二)颠倒型思考模式

除了直线型思考模式，将教学目标和教学过程的书写本末倒置的思考模式是颠倒型思考模式(见图2)。也就是说很多新手教师先写好活动过程，再根据活动过程来写教学目标，从而导致目标和过程严重脱节。

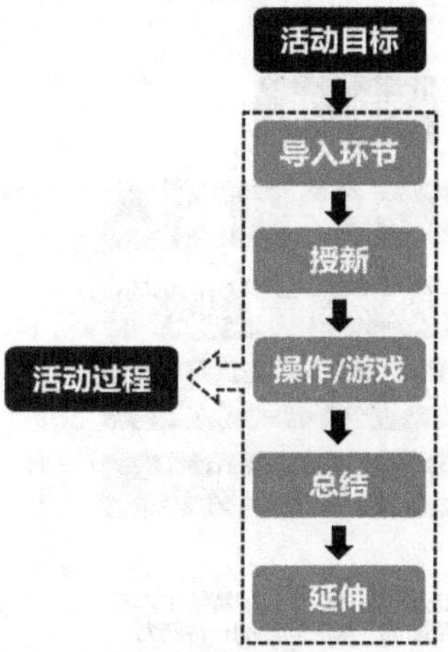

图1　直线型思考模式

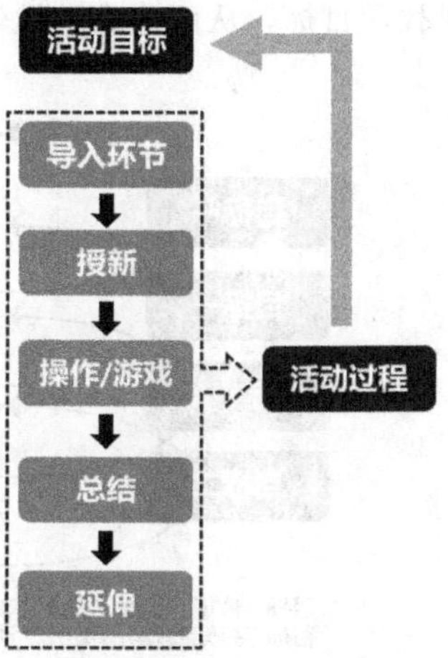

图2　颠倒型思考模式

四、结合实例看"目标"和"过程"的协同关系

(一)协同关系的概念

所谓协同，就是指协调两个或者两个以上的不同资源或者个体，使其一致地完成某一目标的过程或能力。也就是说，写好一份教案，需调动教学活动中涉及的导入、新授、巩固、总结、延伸等环节，协同一致地达到每个教学活动需达到的教学效果。也就是说，新手教师需要明确的一点是，所有的教学环节都是围绕着教学目标及教学重点展开的。

(二)以绘本《大熊有个小麻烦》为例

以绘本《大熊有个小麻烦》的教案(语言领域)为例，笔者设置了两个活动目标，第一个是通过关注画面细节并联系生活经验，推测大熊的麻烦到底是什么；第二个是知道倾听，倾听是帮助别人的一种方法，在真正了解别人的需要后帮助解决麻烦事。从目标定位来看，活动目标具体、实施性强。目标一体现的是通过阅读绘本名称、绘本故事，引导幼儿结合生活经验理解绘本内容，从而推断出大熊的麻烦事，这是知识目标。目标二阐明获得知识目标的同时，知道倾听是幼儿活动的一种社交能力，是能够帮助他人解决问题的一种能力，这是能力目标。

活动过程紧紧围绕这两个活动目标展开。在导入部分(介绍大熊，分享经验，激发兴趣)直接体现第一个活动目标，笔者以大熊的图片导入，模仿大熊的语气说"自己有个小麻

烦”，从活动最开始，就点明本次活动的关键词——小麻烦。接下来通过互动问答，问一问小朋友们的相关经历，进而带着“大熊的麻烦事是什么”的问题开始阅读绘本。在第二部分（分段理解绘本内容），教师模仿故事中的对话，在帽子商店、医院、车站等几个情节处，设置了5个问题及角色猜想，引导幼儿回答大熊叹气的原因，围绕“究竟大熊的麻烦事是什么”，也就是第一个目标设置疑问。在第三部分（归纳梳理，理解故事核心），教师引导幼儿分析“为什么大熊去了那么多地方，麻烦还是没能解决”，是从目标二（善于倾听，帮助他人解决问题）出发，提问并总结出大熊在说话时经常被人打断。教师设计再次阅读，总结出：等他人说完话也是帮助他人的一种方法。第三部分实现了目标一向目标二的过渡，从知识目标升华到能力目标。最后（拓展经验，寻找解决的办法），教师让孩子们自主探索让大熊高兴起来的方法，在拓展延伸的部分体现第二个目标。

教师在设置目标后，并不是将目标和活动过程分割开来，而是每设置一个环节都要回看目标，正如图3所示，想要达成教学目标，就需要在活动过程中不断用不同的教学方法或手段体现教学目标，从而达成教学效果。

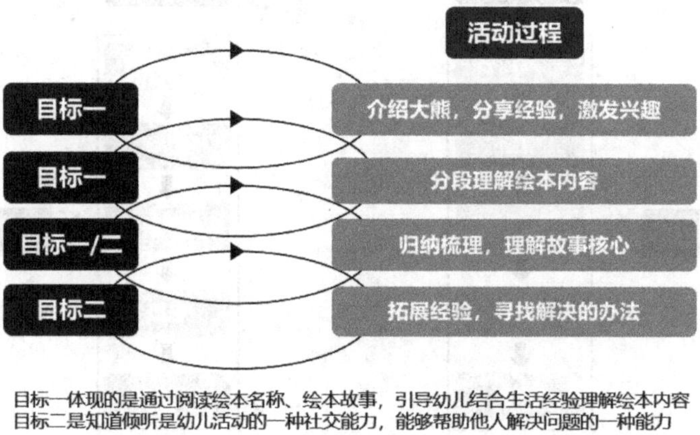

图3 “目标”和“过程”的协同关系(1)

（三）“目标”和“过程”的协同关系

实例进一步证明了目标不是孤立的，每一个教学环节都紧紧围绕着目标，实际书写时要考虑调动一切手段和目标相配合而顺利完成目标。正如图4所示，写好教学目标后，需要不断回看目标、参考目标，再根据相应手段完成每一个环节。

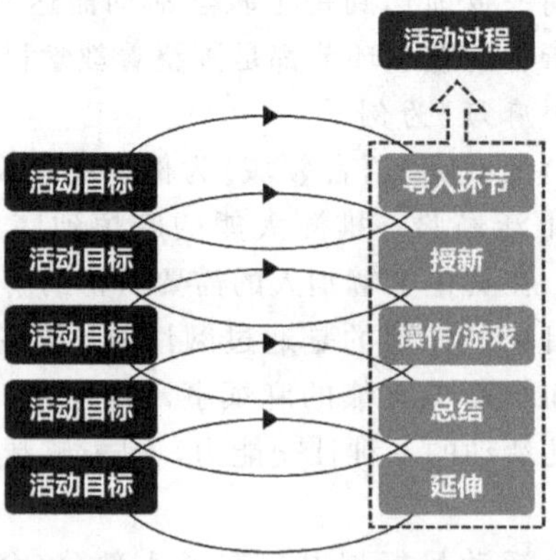

图4 “目标”和“过程”的协同关系(2)

五、总结

本文首先结合Y市R幼儿园新手教师的公开课教案分析目标的书写问题，提出教案书写问题主要是“目标”被孤立，这种“孤立”是由于“直线型思考”和“颠倒型思考”造成的。其次，结合优秀教案分析目标和活动是如何互相关照、相辅相成的，也就是本文提及的“协同关系”。最后，建议新手教师在书写时要注意书写的思路是从目标到导入到目标，再到其他环节的循环往复。

新入园小班娃娃家环境材料投放的研究

北京市平谷区峪口中心幼儿园　陈　晨

小班阶段的孩子正处在从家庭走向社会的特殊时期，十分需要情感的呵护，对于新入园的小班幼儿来说，他们才刚刚入园，对周围陌生的环境会产生一种恐惧感，在这个阶段最重要的是稳定幼儿的情绪，满足他们获得安全感的需要，让他们对班级有归属感。而具有家庭微缩景观之称的娃娃家，恰巧能够满足刚入园幼儿在心理上的这种需求。

一、小班娃娃家游戏材料投放的主要目的

(一)布置温馨、舒适的娃娃家，使刚入园的幼儿在这里感到轻松愉快，有归属感

最开始的时候，我们除了为幼儿提供基本材料，如娃娃、小床、桌椅、餐具、炊具等设备之外，还在家长的帮助下收集一些幼儿在家中常见的物品充实到娃娃家，同时，墙上再挂上一些幼儿及家人的照片等，这样就会使娃娃家更有“家”的感觉，让幼儿觉得像在自己家一样。

(二)适当减少玩具材料的种类，增加每种材料的数量，满足幼儿游戏需要

对于刚入园的孩子而言，需要一段时间熟悉、适应环境，所以在提供玩具给孩子时，要考虑减少玩具的种类。种类太多会使幼儿无从选择，幼儿会徘徊在各种玩具之间，从而影响游戏的进行。所以我们可以适当控制投放材料的种类，保证材料的数量，几周后再更换新材料，更换新材料时可以再次激发幼儿参与游戏的兴趣，不断丰富游戏内容。

(三)充分发挥娃娃家的特殊功能，减轻幼儿的分离焦虑

刚入园的幼儿分离焦虑较严重，常常哭闹，还经常缠着教师给妈妈打电话。每当这个时候我们就可以充分利用娃娃家这个资源，如带着幼儿到娃娃家借“电话”打，并和他们一起在娃娃家玩，一起给娃娃做香喷喷的饭菜来转移幼儿的注意力，并使其在娃娃家中渐渐体验到教师和伙伴的关爱，从而逐渐融入集体，减轻他们的分离焦虑。

二、娃娃家游戏材料投放的重点注意事项

(一)指导幼儿愿意去操作、乐意去摆弄游戏材料

1. 幼儿能被娃娃家中投放的材料吸引，乐意接受并投身于游戏中。幼儿刚离开亲人的怀抱，就要置身于一个陌生的环境中，因而他们对爸爸妈妈的依恋是非常强烈的，娃娃家游戏正好能满足幼儿的这种思念，所以娃娃家游戏材料的投放就要注意是否能满足幼儿的恋家行为。为幼儿创设一个安全、舒适的物质环境，营造一个温馨快乐的家园就是首要的前提。整个教室就是一个家园，里面有一个小家庭，家里有漂亮的洋娃娃、软软的枕头、香香的被子等，这些材料的提供无一不为新小班幼儿找到了家的温暖。

2. 游戏材料的难度使幼儿能够掌握。考虑到小班幼儿特有的年龄特点，在游戏材料的投放上还应该考虑到他们的可掌握程度。小班幼儿的认知能力较弱，进行游戏的过程大部

分是通过与已有经验的相互作用和对身边成人的模仿，如果材料的难度远远大于幼儿现有的可操作水平，他们就会产生一种退却心理，不愿再参与游戏。因而在投放材料时应该注意操作难度对幼儿来说不能太大，并且要是在幼儿生活中所熟悉的、时常看见成人使用过的材料，这样就能使幼儿有迹可循、有据可依，易掌握、易游戏。

（二）游戏材料的可想象性

学前期的幼儿好模仿，已经具有了初步的主体意识，对陌生环境逐渐熟悉，他们渴望像成人那样参加各种活动。他们会在假想的情景下来反映现实的生活。爱因斯坦说："想象力比知识更重要，因为知识是有限的，而想象力概括着世界的一切，推动着进步，并且是知识进化的源泉。"因而教师在提供材料时就要注意以下两点。

1. 游戏材料易于幼儿的想象。"娃娃家"同样为幼儿提供玩具，一个是毛绒小猴子，一个是有长长的头发、四肢活动自如的洋娃娃，对于幼儿来说后者可能更吸引他们，通过想象，他们能帮娃娃梳长长的辫子，摆各种各样的姿势，或站或坐，或跪或躺，让娃娃的灵活多变来激发幼儿的想象。

2. 游戏材料应丰富多样。小班幼儿的思维特点是具体形象性，但同时他们的思维也受到物品的局限性。例如，教师一开始问小朋友："什么圆圆的?"许多幼儿只会回答："太阳。"当教师指指桌上的橙子时，他们又立马说："是橙子!"所以如果教师在游戏时只提供单一的材料，幼儿的思维就会受到一定的局限性，很难进行发散性的想象，因而游戏材料是否丰富间接影响幼儿是否能进行发散性的想象。

（三）游戏材料数量充足

1. 游戏材料的投放有层次。维果茨基提出的最近发展区中，把儿童发展分为两个水平：一是儿童现有的发展水平，二是即将达到的发展水平。教学不能无视学习者的已有经验，应把学习者原有的知识经验作为新知识的生长点，引导学习者从原有的知识经验中生长新的知识经验。所以教师在投放娃娃家材料时更要注意材料的层次性。当幼儿慢慢地对游戏产生了兴趣并有了一定的认知经验后，教师投放材料的难度也可以随之增加，如围裙、抹布、煤气灶等。体现由易到难的层次性。

2. 充足性应体现在游戏材料的数量上。教师在为幼儿投放游戏材料时，常以成人的眼光为幼儿投放各种各样的玩具、餐具，但在实际的游戏中，仍会出现餐具堆满一桌，幼儿却为了使用同一个煤气灶而争执不休的情形。这是由于小班幼儿思维的概括性和灵活性较差，在使用物品进行游戏时"以物代物"的能力不强，使他们在模仿同伴的游戏时，往往追求与同伴相同的玩具材料，如果同样的玩具材料不足，就容易发生争抢。为此，教师在创设游戏区域时，应提供较多的同种操作材料，待幼儿能较熟练地使用这些玩具并且出现新的需要时，再根据幼儿的需要和能力逐步增强其他的游戏材料。

小班幼儿常常以自我为中心，不会考虑其他小朋友的感受，再加上家中长辈对幼儿的疼爱，争抢玩具的事情经常发生。因此，教师在投放娃娃家材料的同时，还应考虑游戏材料的数量是否充足，幼儿是否会争抢等。

（四）根据幼儿的发展，提供可替代的、半成品的游戏材料

新小班幼儿发展水平较差，但他们同样有着丰富的想象力，教师在为幼儿提供游戏材料时，除了提供一些成品的游戏材料，还应为幼儿提供适当的具有多功能替代的材料，也就是一些半成品游戏材料。例如在娃娃家的材料区中，我们为幼儿提供了许多零头布，把花布铺在娃娃家的桌子上，成了美丽的台布。把花布裹在娃娃的身上带娃娃去看病，又成了娃娃的小被子。另外，彩色的皱纹纸、毛线、油泥也是小班幼儿很喜欢的半成品游戏材

料，有了这些材料，他们在娃娃家活动中的体验将会更自主，发展也更加主动。

（五）注重评价，帮助幼儿建立使用游戏材料的规则

同一年龄的幼儿其发展水平、家庭教育也有一定的差异，因此小班幼儿在使用和收放游戏材料方面的表现也是不一样的。有的幼儿能够在娃娃家活动结束后，把材料收放整齐，把做饭的材料放在橱柜里；有的幼儿一放收区音乐就什么也不管了，随手就把娃娃扔在了地上。这个时候教师就应起到引导作用，帮助幼儿建立使用材料的规则。

苏霍姆林斯基说过："成功的快乐是一种巨大的情绪力量，它可以促进儿童好好学习的愿望……缺少这种愿望，教育上的任何巧妙措施都是无济于事的。"游戏结束时，教师与幼儿的共同讲评是对幼儿活动的认可，幼儿通过参与评价，可以感受成功的喜悦，增强自信心，同时也使其他幼儿有学习的榜样，这样对游戏材料的使用规则建立极为有利。

另外，在游戏材料的提供上还要注意以下几点。

1. 新旧材料的提供要保持适当的动态比例，最好为1∶3。

2. 半成品、成品材料的提供也要根据活动中幼儿的发展有一定的比例。

3. 对已经破损的材料要及时取出处理，保证材料使用时的安全性。

总而言之，小班幼儿刚刚离开家庭步入幼儿园，对于新环境的适应，以及多方面能力的培养都是一个从无到有的过程。幼儿在玩娃娃家活动时，不同阶段会出现不同的状况，会经历一个渐进的过程。因此，娃娃家材料的投放要根据幼儿的不同情况具有阶段性和针对性。只有这样才能让娃娃家发挥最大的功效，让孩子们在娃娃家快乐的游戏中得到发展。

浅谈如何提高大班幼儿入学适应性

北京市昌平区桃洼学校幼儿园　谷艳霞

幼小衔接是幼儿园和小学两个相邻教育阶段之间的连接。幼儿从幼儿园进入小学的过渡期为幼小衔接期。幼小衔接时期是儿童一生健康发展过程中面临的一个重大的转折期，有可能影响儿童可持续性发展。

《幼儿园教育指导纲要（试行）》中指出："幼儿园应与家庭、社区密切合作，与小学相互衔接，综合利用各种教学资源，共同为幼儿的发展创造良好的条件。"《3—6 岁儿童学习与发展指南》中提出：要以为幼儿后继的学习和终身发展奠定良好素质基础为目标，以促进幼儿体、智、德、美各方面的协调发展为核心，了解幼儿学习与发展的基本规律和特点，为入学做好心理准备。贯彻落实《3—6 岁儿童学习与发展指南》精神的解决办法之一是积极探索幼儿园和小学的双向衔接，幼儿园要科学、合理地帮助幼儿做好入学准备，小学要重点做好入学后的过渡和适应教育，有针对性地缩小两个阶段在环境、课程、班集体和人际关系方面的差异，减缓学习的坡度和难度。

在我国，学前教育与小学教育在学习和生活制度方面都存在很大的差异，幼儿园是以游戏为基本活动，而小学是以正规的课业学习为主要形式。如何做好幼小两个学段之间的平稳过渡？利用我校小学低年龄段和幼儿园同在一个校区的优势，开展幼儿园大班幼儿的入学适应性的研究实践，旨在完成幼小平稳过渡。

一、通过多种形式的调查研究，客观分析儿童当前入学适应方面的问题

调查法是在教育理论指导下，运用问卷、访谈、个案研究以及测验等方式收集教育问题的资料，从而对教育现状做出科学分析并提出具体工作建议的一套研究活动，是教育科

学研究的常用方法。在本研究中，运用了访谈法和调查问卷法。

(一)通过访谈调查，从小学教师视角了解儿童入学适应情况

访谈法是访问者与被访问者通过面对面的接触，有目的地谈话，以寻求研究资料的方法，访谈是教育研究中经常被使用的一种收集资料的方法，它是调查员通过与调查对象进行交谈、收集口头资料的一种调查方法。

我园毕业的孩子大部分升入本校区的小学，我们运用访谈调查法，通过和小学教师进行交流，从小学教师的视角了解新入学学生在学习和生活习惯方面的问题及表现。

(二)通过问卷调查，从家长视角了解儿童入学适应情况

问卷调查是以书面提出问题的方式收集资料的一种研究方法，研究者将要研究的问题编制成问题表格，以适当方式让调查对象作答，从而了解被试对某一现象或问题的看法和意见。

在与小学教师交流的基础上，向一年级小学生家长发放调查问卷，从儿童的学习能力、社会适应、规则意识和执行能力等方面进行调研。通过分析表明，幼小衔接的问题实质上是主体适应性问题，而要解决这些问题，不是单方面就可以很好地完成的，需要小学与幼儿园双向调整，减缓幼儿园与小学之间的坡度。

二、通过园校互动，梳理提高大班幼儿入学适应性的方法

(一)幼小环境互动，提高儿童的情绪情感适应

教育环境是儿童生活环境中影响其发展的外部条件，包括物质环境和精神环境。

1. 物质环境对儿童入学适应的影响

学校教室的环境创设以汉字、汉语拼音挂图为主，色彩单一，教师是环境创设的主体；幼儿园的环境创设五颜六色，主要是儿童的学习作品、操作材料以及规则，教师和儿童共同参与班级环境的创设。新入学儿童所接触的环境从鲜艳美丽可以操作的环境突然变成了单一的方块字和弯弯曲曲的字母，形成了极大的反差。在此基础上，幼儿园教师和新入学儿童进行交流，98.6%的儿童表示喜欢幼儿园的环境，证实了园校环境的差异能够影响儿童入学的适应。通过分析梳理出了调整法方法。第一，幼儿园为儿童提供创设环境的机会，提高儿童自主做事的意识和能力；第二，小学教师为儿童提供参与设计、创设班级环境机会的同时，要注意增强幼儿的集体自豪感，从而建立归属感。

2. 精神环境对儿童入学适应的影响

新入学儿童入学后往往还沉浸在幼儿园教师妈妈般呵护的氛围中，针对这个问题，我们进行了儿童与教师常态互动的观摩，小学教师体会到幼儿园教师的温柔、细腻，幼儿园教师体会到小学教师的认真、严格。在此基础上提出了对接的方法。第一，幼儿园大班教师在温柔细腻中学会坚定，放手给孩子自主生活、学习、解决问题的空间，为儿童提供一个自主、规则的精神氛围；第二，小学教师在认真严格中成为儿童的朋友，为儿童创设一个宽松、愉悦的氛围。既为儿童营造一个丰富的、可感知的物质环境，又为儿童营造一个宽松、愉快的精神环境，使幼儿在环境互动的作用中愉快、主动、身心和谐地发展。

(二)幼小教学方法互动，提高儿童的学习适应

幼小顺利衔接，固然要求幼儿园为幼儿做好一切入学前的知识、能力、情感的储备，但是靠单方面的努力是不够的，小学方面同样要在教育教学方式上相对进行调整。通过园校互动减缓幼小衔接的坡度，提高幼儿园大班儿童的入学适应性。幼儿园以游戏为基本活动，而小学以正规的课业学习为主要形式。幼儿园和小学在教学组织上如何与小学进行对接，针对这一思考，开展了小学和幼儿园的教学观摩研讨活动。

通过观摩小学一年级姚老师和幼儿园大班吴老师的同一内容的数学活动"找方位"，针对两次同一内容的数学活动观摩，总结出小学和幼儿园教学活动互动的方法：第一，小学教师为学生创设自主学习的平台，让入学初期的儿童在学习方式上有个过渡；第二，小学教师增强亲和力，为儿童创设温馨的学习氛围；第三，幼儿园教师梳理教学语言表达的思路，做到语言规范、严谨、简练、有重点，同时发展儿童根据重点引发思考的能力。

（三）幼小课程内容互动，提高儿童的认知适应

1. 幼儿园课程多元化，提高幼儿学习能力

(1)开展问题引领式主题活动，提高幼儿的发散思维能力

问题引领式主题活动就是以幼儿感兴趣的问题为主线，以促进幼儿全面发展为核心，以师幼共同构建、共同探索、共同发现和解决问题为基本活动方式，形成连续、递进、整体的综合教育过程。

大班幼儿抽象思维开始萌芽，兴趣和需求更加多元化，问题呈现多层次、多角度等特点，因此，我们应关注幼儿的不同需求，梳理、提升、解决各种已有问题和随时出现的新问题。在主题活动中构建问题网，运用多种方式深入解决各种问题，促进幼儿发展。在主题活动开展中，教师以"幕后参谋"的角色，引导幼儿运用猜想、验证、调查等多种途径进行学习，提高幼儿发散思维的能力。

(2)开展探究式集体教育教学活动，提高幼儿自主学习的能力

在五大领域集体教育教学过程中，关注幼儿的探究能力。集体教育教学活动各环节的设计方向是探究在前、梳理总结在后，提高幼儿自主学习的能力。

(3)利用生活活动，提高幼儿解决问题的能力

在生活活动中，把选择的权利交给幼儿，幼儿的自主活动为其创设了更多发现问题和解决问题的机会，教师则以旁观者的身份观察幼儿的需要，教师的"退后"让幼儿在不断解决问题的过程中提高了自身解决问题的能力，为升入小学奠定了基础。

2. 小学课程游戏化，支持幼儿认知能力的过渡

在儿童入学初期，小学教师在教学中开设游戏化课程，减缓衔接的坡度。一些新入学儿童处于抽象逻辑思维萌芽和抽象逻辑思维形成的过渡时期，从运用多种感官具体形象的学习过渡到抽象的视觉、听觉学习需要一个适应过程。所以，在研究中幼儿园教师协助小学教师研讨开设游戏化的小学课程，开展过渡期的教学活动可以减缓幼小衔接儿童学习的坡度。

在幼小衔接工作实践中，应以园校一致为抓手，以教学活动为内容，以提高大班儿童的入学适应性为目的，拓展了园校教师幼小衔接活动开展的思路，强化教师对提升大班儿童入学适应的认识，从而提高大班儿童的入学适应性。

如何培养阿斯伯格综合征幼儿在幼儿园的交往能力

山东省东营市中国石油大学幼儿园　张　锦

阿斯伯格综合征(AS)属于孤独症谱系障碍(ASD)或广泛性发育障碍(PDD)，具有与孤独症同样的社会交往障碍，局限的兴趣和重复、刻板的活动方式。在分类上与孤独症同属于孤独症谱系障碍或广泛性发育障碍，但又不同于孤独症，与孤独症的区别在于此病没有明显的语言和智能障碍。

阿斯伯格综合征患儿在普通幼儿园就读时出现诸多适应性行为问题，给患儿的学习和幼儿园管理带来了很大困难。本文通过对一名就读于普通幼儿园的阿斯伯格综合征儿童典型适应性行为的分析，提出相应的解决对策，以期为阿斯伯格综合征儿童在普通幼儿园的融合教育提供一种研究的思路和可行的方法。

案例：小然，6 岁，入托前被确诊患有阿斯伯格综合征。小班入园，主动语言少，语言主要来源为儿歌或故事当中的句子，经常自言自语，喜欢自由活动，没有规则意识，以自我为中心；中班语言能力发展迅速，开始流畅地说话；大班开始与同学有交流，能流畅地背诵故事，计算 20 以内的加减法，喜欢物体的运动和变化，经常问这方面的问题。听觉敏感，特别喜欢听音乐；精细运动欠佳，喜欢大运动，但运动协调能力不够，不会拍球和跳绳。

一、阿斯伯格综合征儿童小然在普通幼儿园中的交往能力评估

小然愿意与人交往，特别喜欢与同伴玩耍，但是由于缺乏交往技巧，不理解面部表情、肢体动作等非语言表达的信息，采用的交往方式刻板、生硬、程式化，因此难以形成和维持良好的人际关系，不能发展友谊，不能灵活应对各种情景，常被班里的小伙伴孤立，影响了她在幼儿园的生活，并产生了以下问题。

(1)自理能力：有基本的生活自理能力，能动作较快地完成一些事情，可以做到基本的自我服务并能帮助他人完成一些力所能及的事情。

(2)班级常规：不能遵守基本规则，做事情随心所欲。

(3)活动参与：好动，动态活动参与度较静态活动好。

(4)认知学习：喜欢视觉提示和音乐学习。

(5)人际交往：喜欢独处，有简单互动。

(6)语言沟通：较少主动口语行为。不接受教师要求时，会有一些问题行为出现。

综上所述，小然存在以下行为问题：不能遵守基本行为规则，缺乏社交技巧、无法深入维持友谊，更以自我的意愿和感受为主，情绪、情感的识别和控制能力差，在情绪情感方面表达能力比较差等。

二、阿斯伯格综合征儿童普通幼儿园交往问题应对策略

(一)对人感兴趣

1. 逐渐让孩子对人的兴趣要大于对物体和玩具的兴趣。开始可能是被动的，逐渐地期望孩子具有主动交往的兴趣。要珍视孩子主动发起的每一个交往信号，教师应立即给予恰当的应答，让孩子明确感受到他的眼神、表情、动作和语言对物体多数没有作用，但是对人却是有用的。

2. 体验自己和他人的感受。首先是体验自己对诸如甜、苦、痛、冷、热的感受，进而表现出高兴、兴奋、生气、痛苦、愤怒等。在此基础上，在各种日常生活中，开始观察和体会他人的这些感受和心情。

3. 认识情绪，学习正确表达。首先要教患童认识各种情绪，例如，学习“快乐”这个情绪，尽量用各种方法诠释，可以用“如果感到快乐，你就……”的歌曲，或者用快乐笑脸的图片、让人快乐的事件，玩变脸游戏等。可以每天问问孩子在幼儿园什么事情最快乐。掌握了“快乐”的概念，还可以给快乐分等级，学习分辨不同程度的快乐。等患童熟练掌握了某种情绪之后，就要练习相反的情绪，这样比较容易接受。学会了相反情绪，可以适当增加练习不同强度的情绪，如正面的情绪，如爱、喜欢、满足、惊喜等；负面情绪，如生气、焦虑、挫折等；最后练习较为复杂的情绪，如骄傲、嫉妒、窘迫等。认识情绪并非最终目标，目的是结合幼儿园生活，正确表达各种情绪。教师可以通过结合幼儿园的不同情境制作不同的教具和给孩子示范等方法，让孩子学会表达自己的情绪和感受。

（二）增加社会互动，学习双向沟通

1. 教师示范，增强班级包容。幼儿园的孩子年龄小，往往不知道该如何和这类儿童相处，这时教师应当起到很好的示范作用，教师的包容和鼓励会感染班级同学，同学也会模仿教师的样子去做，这时应当对这些同学给予表扬，鼓励他们继续理解和帮助患童。

2. 模仿他人，建立良好行为。阿斯伯格综合征儿童可能不了解上课纪律或者学校活动，以致出现干扰上课或者冲撞同学的行为。这时，教师可以提醒儿童观察同学们在做什么，再看看自己的行为是否恰当，想想自己应该怎样做，经过长期训练，能够学会端正地坐好、安静地做手工，或者有秩序地排队等行为。

3. 鼓励合作，加强社会互动。幼儿园经常会有角色游戏活动，要鼓励阿斯伯格综合征儿童参加这类合作性游戏。首先要教会孩子如何轮流游戏，然后才是技巧性的学习。每一项的训练都是要经过大量的重复练习才能习得的。

4. 同学带动，促进班级融合。阿斯伯格综合征儿童因社会交往障碍，很难一下子融入群体，可以先让几个社会性强的孩子教儿童怎么玩，这些孩子既可作教师的帮手，又可以带动患童。如果有孩子带动患童参与群体活动，就是一个不错的学习机会，同时避免患童因无所事事而干扰别人。

事实上，我们每一个人的能力都是不均衡发展的，只不过阿斯伯格综合征的孩子在不均衡方面更加突出。从将来工作的角度来看，在某些能力方面的不均衡的影响并不如我们想象的那么严重。

的确，对阿斯伯格综合征我们还知之甚少，有些问题还存在一定的学术争议，我们能够提供的帮助还是非常有限的，但我们愿意和家长共同努力，帮助这些特别的孩子们顺利完成学业，实现天生禀赋，成为国家的有用之材。

民办园幼儿教师专业发展的园所保障机制的研究

北京市大兴区爱湾幼儿园 杨 华

一、研究缘由

（一）民办幼儿教师专业发展的现状

2002 年《民办教育促进法》规定，“民办教育事业属于公益性事业，是社会主义教育事业的组成部分”，“民办学校与公办学校具有同等的法律地位”。文件的颁发对推进民办教育事业的发展提供了强有力的政策支持。学校在教师专业发展中具有重要地位，它不仅是培养学生的场所，更是教师专业成长的基地。随着民办教师专业发展的深度推进，研究者们越来越认识到：民办教师的专业发展离不开其成长的真实环境，只有立足于学校，民办教师尤其是民办幼儿教师的专业发展才能真正实现。但是到目前为止，对于民办幼儿教师专业发展的相关研究还非常少见，更多地涉及民办中小学教师专业发展。因此探讨民办幼儿教师专业发展的园所保障问题也变得不可或缺。本研究也在这一方面尝试做一些有益的探索。

（二）民办幼儿园及民办幼儿教师自身发展的需求

民办幼儿园因办学体制等原因对其教师的专业发展有利也有弊。优势在于具有充分的自主权制定和实施教师发展策略，但难以获得与公办幼儿园相同的支持与保障。对于民办幼儿园发展而言，最大的挑战并非资源、技术，而是师资队伍的问题。加强师资队伍建设，不断提高民办幼儿教师的专业素养对创设民办幼儿园健康、和谐的保教环境具有重要的意义。因此，民办幼儿园应该从幼儿园的发展规划及教师的自身需求出发，增强教师培训力度，建设新手教师、成熟教师、骨干教师的发展梯队，从观念、制度、资源等方面切实保障民办幼儿教师专业发展的顺利开展。

二、民办幼儿教师专业发展园所保障的问题

本研究围绕民办幼儿教师专业发展，对园所保障的影响因素、园所保障存在的问题两方面进行调查分析，主要选取北京市旧宫镇、黄村镇、亦庄镇的三所民办幼儿园进行调研。通过量化的形式，收集实证性的数据。在完成对每位教师的观察后，通过访谈法进行深入的了解。对于数据的整理，运用 Excel、Spss12.0、Word 等软件进行处理分析。简言之，研究的总体思路为：选取研究对象—数据的收集与分析—发现问题—提出措施及建议。此项调查研究一共发放观察及访谈问卷 280 份，回收有效问卷 268 份，有效回收率为 95.7%。根据数据统计分析结论如下。

（一）民办幼儿教师专业发展的园所影响因素

幼儿园作为教师教育教学活动的主要场所，在理念、文化、生活等方面对教师专业发展产生不同的影响。通过梳理以往的文献发现国内外学者提及较多的影响因素分别是理念、领导者、资源。另外，师资基础、教师的关键事件、地理位置等也有一定的关系。首先，园所理念对幼儿教师专业发展的影响尤为重大，可以说，没有哲学信念的深层次支撑，任何幼儿教师发展都将是表面的。其次，园所的领导者，主要是园长对民办幼儿教师专业发展的影响极大。如果园长注重民办幼儿教师的专业发展，就会在园所内营造积极向上的学习氛围，引领幼儿教师不断学习，探究提升，获得专业发展。相反，则会阻碍教师的专业发展。最后，从园所资源的角度看，时间、经费等对教师专业发展的影响也尤为突出。富兰等人认为，近十年来，时间已经成为每一个学校变革研究中的关键问题。

（二）园所保障存在的主要问题

1. 民办幼儿教师专业发展的认同与追求

(1)民办幼儿教师对于专业自我的认同度不够

教师对自身专业地位的认同程度，间接地反映出教师对教学工作的基本态度以及学校对教师的吸引力和凝聚力水平，同时也表明教师对教学环境的心理适应状况和悦纳程度。通过调查显示，民办幼儿教师对幼儿教师专业认知有一定了解，但认识得还不够全面。而且对职业和专业的认同感普遍偏低。在学习方式上较为单一，主要是网络、园本培训等渠道，很少有专题的讲座，园本学习讨论及培训质量不高。专业化进程缓慢是民办幼儿教师一种常见的现象，长此以往必然会导致各种幼儿教育问题的出现。

(2)民办幼儿教师对于教育科研积极性不高

通过对民办幼儿教师教育科研方面的调查显示，50%的教师表示对于教育科研的目的并不明确；68%的教师参与教育科研不积极。民办幼儿教师的学历水平偏低，对教育教学工作中的目标以及自身专业发展的关注较少。除此之外，在民办幼儿教师的访谈中还了解到，许多幼儿教师不知道幼儿园的科研项目；加之教研在幼儿教师实际教学中的利用和转化不高，教育教学效果不能直接凸显，使得教育科研未发挥对教师专业发展的作用。

(3)民办幼儿教师普遍缺乏安全感

民办幼儿教师流失问题严重，有多方面的原因。从教师的角度思考，工作量大、家长缺乏理解、工资偏低等都是主要原因。因为教育对象是幼儿，他们自身的运动及保护能力较低，而且师幼比过高，幼儿教师便会经常处于高度的心理紧张状态之下，对于工作本身的热心程度难以持久，极大地阻碍了教师对自身专业发展的关注。因此民办幼儿教师寻求自身稳定远远超越了追求自身的专业发展。

2. 资源保障缺乏

调查表明，现实中民办幼儿教师极度缺乏专业发展的时间、经费、人力等方面的资源保障。另外，民办幼儿教师专业发展的经费主要来源于幼儿的保教费用。从调查的情况来看，民办幼儿教师专业发展的经费保障普遍不足。极少有民办幼儿园针对教师的专业发展设置专项资金，来保障每一位民办幼儿教师的专业发展。幼儿教师专业发展是一个长期而复杂的过程，除了财力也需要园所有充足的人力资源予以保障。除了时间、经费方面的问题，民办幼儿教师专业发展的人力资源保障相当缺乏。

三、园所保障的相关措施

(一)建立学习型园所的发展理念

"学习型"园所在于打造学习的共同体，即具有共同的目标和追求，不仅能够让幼儿教师更好地规划自身的发展，也能够让园所有所发展。同时能够改变传统常规的个人学习方式，倡导以合作、分享为核心的学习体系。通过"师带徒""导师制"等互助形式，利用现有民办幼儿教师的资源，发挥民办优秀教师、骨干教师的带动、引领作用。通过交谈、讨论、讲座等多种形式，促进幼儿教师之间的对话与交流，实现共同成长。作为领导民办幼儿园的园长，必须努力提升自己的职业道德、专业知识和专业能力，不断学习探索，自我修炼，在理念上保障民办幼儿教师专业发展的顺利进行。

(二)从制度上保障民办幼儿教师专业的发展

改变传统的奖惩性教师评价制度，采用过程性评价制度。创设园所教坛新秀、学科带头人、环创达人等不同的评优机制，让每位幼儿教师根据自身的发展需求制定自己的职业发展规划。这样教师能够结合自身的实际情况主动积极地进行专业的发展。

(三)从资源上保障民办幼儿教师的专业发展

1. 设立民办幼儿教师专业发展的专项资金

设立民办幼儿教师发展的专项资金，保障民办幼儿教师专业发展有相对充足的经费。实施"走出去"和"请进来"的专业发展模式，支持民办幼儿教师外出参观与培训，聘请专家学者进行现场指导、讲座等。同时开展跟教师、幼儿等有关的课题研究，对于民办幼儿教师在科研方面取得的成果予以奖励等。

2. 从时间与空间上为民办幼儿教师的专业发展留白

民办幼儿教师除了教育教学任务，还涉及环境创设、教学评比、家长工作等，因而很难有充裕时间参与学习培训。鉴于此，园所管理者应保证民办幼儿教师专业发展与教学相融合，即不增加幼儿教师教育教学以外的压力，同时促进教师的专业发展，如缩短会议时间，减少环境创设更换过于频繁的现象。

隔代教育在幼儿教育中的现状分析

北京市大兴区爱湾幼儿园　王文文

一、研究缘起

隔代教育在近年来幼儿园教育理念中显得愈发重要，而幼儿品格的养成是原生家庭与教育机构共同培养的结果，忽视了家庭教育方式对品格教育的影响力，会导致幼儿不能获得完整的道德教育。

二、文献综述

(一)核心概念界定

隔代教育指的是祖父母辈对孙辈孩子的教育，这是与亲子教育相对应的一种教育方式。由于工作压力大和生活节奏快，很多年轻的父母将孩子交给孩子的祖父母来教养，渐渐地就形成了隔代教育的模式。

除了外界因素，我国传统的文化观点也认为祖辈养育子辈、孙辈是历来的习俗，这也或多或少导致祖父母辈将一些旧习俗传导给幼儿，引发在教育理念和教育方法方面的问题。

(二)对已有研究的述评

史小力认为，隔代教育有助于老年人安排自己的时间，能够使孩子父母放心工作，宽松的生活环境也有利于幼儿的身心成长。侯兴达认为，隔代教育不能取代父母教育，父母教育应当成为幼儿教育中的第一选择，要形成父母教育为主、隔代教育为辅的教育模式。我认为，未来幼儿教育的重点是要承认隔代教养的合理性以及如何提高隔代教养的质量。研究隔代教育，不能只关注其弊端，也要区分农村与城市的地域差别，同时也要关注不同年龄阶段儿童的隔代教育特征。

三、研究方法与设计

(一)研究方法

本研究主要采用调研法、访谈法。

1. 调研法。根据文章选题，查阅图书馆和知网上关于隔代教育的理论著作，概括总结其他学者对该方面问题的研究情况，总结当前隔代教育在幼儿教育中的积极意义以及其导致的消极后果，据此指出隔代教育在幼儿教育中应当完善的地方，并提出建议。

2. 访谈法。通过笔者在教育工作中接触的学生和家长，选择30组有代表性的家庭进行访谈。具体内容为关于该家庭对隔代教育的认知程度、隔代教育的具体实施方式和内容，访谈的对象包括家长和孩子。根据访谈内容，整理概括当前隔代教育存在的问题和需要改进的方面。

(二)研究设计

1. 通过问卷星设置有关了解隔代教育现状的调查问卷，发在家长群与朋友圈。

2. 面对面与家长进行访谈，访谈内容主要围绕了解隔代教育方式为主。

3. 查阅图书馆和知网上关于隔代教育的理论著作，参考其他学者对该方面问题的研究情况。

四、研究结果与分析

通过梳理总结幼儿教育中隔代教育的相关理论研究，结合笔者对教学对象的访谈内容与调查问卷结果，本章主要对隔代教育在幼儿教育中的积极意义和当前存在的问题进行说明。

(一)隔代教育对幼儿教育的积极意义

1. 从祖辈角度。一是有更丰富的育儿经验。在幼儿教育中，相比父辈，祖辈有着更丰富的人生阅历，几十年的生活经历和工作经验使得他们在培养幼儿成长的某些领域有着更高的话语权。二是有更多的时间和耐心。隔代教育中的祖辈大部分已经进入了退休阶段或养老阶段，相比父辈家长，他们可以把更多的时间投入到幼儿教育中。经过岁月的沉淀，祖辈家长褪去了父辈家长身上的易冲动、易发怒、易吵架、缺乏耐心和宽容等缺点，可以为幼儿营造温馨、和谐的成长环境，和睦的环境有益于幼儿身心健康成长。

2. 从父母角度。父辈家长需要承担更多的家庭经济负担，需要花费更多的精力和时间在工作上。隔代教育可以使得父辈家长放心幼儿成长的环境，解除对孩子成长的后顾之忧，既节省了生活花费，又可以保证孩子在亲人身边成长。

3. 从幼儿角度。一是祖辈家长更善于倾听和理解孩子，幼儿成长更需要一个宽松和睦的家庭环境，宽容度高一些的祖辈更容易拉近与孩子在生活上的距离。二是祖辈家长在长期的生活和工作中积累的经验，可以更好地将我们的传统美德传授给幼儿，如尊敬、简朴、友爱、宽容等，既有利于孩子的身心健康，也促进了中华美德的薪火相传。

(二)隔代教育在幼儿教育中存在的问题

1. 溺爱问题。很多祖辈家长在教育幼儿的阶段，经常会有一种“补偿心理”，因此在对待孙辈幼儿时，就容易产生一种补偿的心理，直接导致对幼儿的宠爱和过分的宽容。当幼儿发生不合适的行为时，没有及时予以纠正。幼儿容易养成自私、任性、以自我为中心的不良习惯，不能正确地评价自我，这种溺爱不利于幼儿成长。

2. 幼儿智力发展方面。一是在幼儿大脑智力的开发方面。孩子在幼儿阶段时，大脑是发育最快的，祖辈家长遗留了一些落后的知识，幼儿在这个阶段耳濡目染，可能对幼儿产生消极的后果。

二是在幼儿对待新事物方面。祖辈家长在教育孩子时，经常以旧观念、老套路来教导幼儿，而并非以科学正确的知识引导孩子。这些不利于幼儿接触新事物，学习新知识。

3. 幼儿心理健康方面。一是在社交方面。祖辈家长由于年龄等问题，不如年轻的父辈家长喜欢社交，也很少带幼儿去和其他的小朋友发展人际关系。老年人喜欢居家养生，这些就导致了幼儿成长环境的封闭，不利于培养幼儿活泼开朗的性格。二是在独立性方面。祖辈家长更善于关心、照顾幼儿的起居、衣食住行情况，对孩子的很多事情大包大揽。不让孩子做家务，甚至穿衣吃饭都要爷爷奶奶帮忙。这些幼儿容易对其产生依赖，在生活独立性方面明显弱于其他孩子。

五、完善隔代教育的建议

上文总结了隔代教育在幼儿教育方面的重要意义以及当前隔代教育存在的一些问题，为了完善隔代教育，笔者认为应当从以下几个方面加以完善。

(一)提升祖辈家长的幼儿教育水平

一是在幼儿教育理念方面，祖辈家长要转变以往陈旧的教育理念，以积极正确的关爱代替毫无原则的溺爱，培养孩子健康的心理和正确的价值观。在独立自主方面，要摒弃大包大揽的做法，鼓励幼儿在力所能及的范围内自主完成生活和学习上的事务。二是在幼儿教育方法方面，祖辈家长应当与时俱进，用新知识代替旧思维，以科学逻辑代替错误经验，教导孩子培育正确的世界观和人生观，将科学的理论知识与自己多年的实践经验相结合，启蒙幼儿成长。

(二)转变父辈家长的缺位教育理念

一是认清父辈家长的教育地位。隔代教育不等同于父母教育，父母仍然是孩子的第一任老师，隔代教育只是父母养育孩子的一种补充形式，而非主要形式，因此必须建立起父母教育为主、祖辈家长养育为辅的幼儿教育模式，重新定位父辈家长在孩子教育中的主导地位。二是加强父母对幼儿的关注度。父母要适当增加陪伴孩子的时间，主动关心幼儿在成长阶段遇到的问题，分享幼儿成长的快乐，了解幼儿的心理需求。

（三）加强幼教机构在幼儿隔代教育中的疏导作用

隔代教育并非个别家庭的情况，而是在中国当前人口老龄化、生活快节奏化的社会形势下产生的，因此，解决隔代教育的弊端不能仅仅靠家庭内部，也需要社会组织（托儿所、幼儿园）对其引导和疏通。

一是将幼儿隔代教育问题纳入机构工作内容。建立隔代教育幼儿的学生档案，关注幼儿身心成长的过程，总结成长规律，适时对幼儿的行为予以纠正和引导。二是建立隔代教育家长培训制度，主动增设对隔代教育祖辈家长的培训课程，通过讲解相关理论知识和实践经验，转变祖辈家长的教育理念，提升其幼儿教育水平。

（四）政府和社区应当发挥服务职能

作为整个社会普遍存在的一种现象，我们的政府应当予以重视，要利用社区掌握隔代教育家庭资料的优势，主动发挥社会服务政府职能，引导隔代教育良性发展。

一是社区加强宣传，呼吁全民重视隔代教育现象，营造良好的社会舆论。二是充分发挥青少年宫、社区服务站等社会组织的公益职能，主动对存在隔代教育的家庭进行关心和引导，开展培训活动，提升祖辈老人的育儿水平。

六、总结

真正科学的教育，是对被教育者的主动性、积极性的焕发和培育。隔代教育立方面确实发挥了居家老人育儿方面的优势，节省了孩子父母大量的时间、精力；另一方面，隔代教育由于其产生的原因和教育主体的特殊性，存在一些明显的弊端。

在当前社会形势下，隔代教育有着一定的存在必然性，在这个教育过程中，祖父母辈、父母、社会组织和政府都需要积极主动地参与进来，改变落后的教育方式，使得幼儿拥有一个健康正确的教育环境。

浅谈大班幼儿阅读兴趣的培养

北京市大兴区爱湾幼儿园　赵艳茹

一、研究缘起

成人看书主要看文字，而大班的幼儿只认识少量的文字，他们的阅读重点则是书里的图画。虽然他们掌握了一定的阅读方法，有了一定的阅读习惯，能认识一些字，但同时呈现出阅读兴趣不高的现象。该怎样培养大班幼儿的阅读兴趣呢？本文将对此进行探讨。

二、文献综述

（一）核心概念界定

兴趣是指人们力求认识、探究某种事物的心理倾向，是推动个体活动的内在动机。幼儿的阅读兴趣是他们呈现出对阅读的喜爱倾向，是一种极强烈的动机，能使幼儿成为喜爱阅读的人。

（二）对已有研究的述评

阅读对人生的成长和进步产生重要的作用，是幼儿增长知识、开阔眼界和陶冶情操的有效途径，对幼儿进入书面语言阶段的阅读产生深远的影响。我们只要调动起幼儿的兴趣，正确有效地开展早期阅读教育，不断培养和提高幼儿的阅读能力，就能为幼儿今后的可持续发展打下扎实的基础。

早期培养幼儿对阅读的兴趣，将有助于幼儿成长为对阅读充满热情、渴望并能有效阅读的人。

三、研究方法与设计

(一)研究方法

本研究主要采用持续观察、调查问卷、家园访谈的方式进行。

1. 持续观察法。根据对连续的3届共300名大班幼儿在图书区阅读的持续观察，以及他们做的区域计划表，可以明显看出幼儿选择图书区活动的概率不是很高，平均为1%。

2. 调查问卷法。笔者在园本教研活动中给3届大班教师发放调查问卷共27份，回收27份，95%的教师认为幼儿在阅读兴趣方面需要提升。

3. 家园访谈法。通过笔者在教育工作中和大班幼儿家长沟通幼儿在家庭中的阅读情况，98%的家长认为孩子在家阅读图书的次数偏少，多数情况下是父母规定和孩子一起阅读的时间和次数。根据访谈内容，大班幼儿的阅读兴趣需要提升。

(二)研究设计

1. 通过持续观察寻找大班幼儿阅读兴趣不高的原因，并尝试根据年龄特点、阅读目标等寻找策略。

2. 与家长进行访谈，访谈内容主要围绕家庭中影响幼儿阅读兴趣的因素。

3. 在教研活动中，通过教师在图书区的观察与指导寻找提升幼儿阅读兴趣的策略。

四、研究结果与分析

通过梳理总结大班幼儿阅读兴趣的相关理论研究，结合笔者对观察对象的访谈内容与调查问卷结果，本章主要对培养大班幼儿阅读兴趣的积极意义和当前存在的问题进行说明。

(一)培养大班幼儿阅读兴趣的积极意义

1. 情绪情感方面

经过两年的幼儿园生活，大班幼儿的情绪情感已经稳定。培养幼儿阅读兴趣能有效地提升阅读活动的参与度，使幼儿愿意与他人讨论、当众表达，从而很好地适应大语文的环境。

2. 知识与技能方面

良好的阅读兴趣能有效地促进大班幼儿的识字能力，增加词汇量，比如形容词、同义以及反义词等，提升幼儿的语言表达能力以及能看图有序、连贯地说话。

3. 品质与品德方面

良好的阅读兴趣有助于幼儿专注力的培养以及创编故事、计划阅读和做记录的品质的养成。

(二)大班幼儿阅读兴趣培养中的问题

随着笔者的持续观察、教师的调查问卷以及对家长的访谈，在大班幼儿阅读兴趣中也呈现出了一些问题。

1. 教师方面

(1)能够持续观察，但是对于介入的时机以及语言的把控不是很精准。

(2)环境支持的年龄特点体现不明显。

2. 家长方面

(1)与幼儿的培养脚步不一致，有滞后性。

(2)不能很好地营造阅读氛围。

五、培养阅读兴趣的建议

（一）教师方面

第一，重温、巩固《幼儿园教育指导纲要（试行）》中此年龄阶段的特点，夯实《3—6岁儿童学习与发展指南》中的阅读目标并根据目标想出相应的策略。

第二，观察与指导的时候，要根据区域目标以及幼儿的年龄特点、阅读目标和阅读特点制订计划，确定观察的内容以及采用的方法，做好指导前、指导时以及指导后的准备。尤其是把控好介入的时机以及指导语，给予幼儿“试错”的机会，当幼儿有问题或是有需求的时候鼓励他们“想想还有什么办法解决？相信自己可以的”。当幼儿只浏览画面、频繁换书或是只对部分情节感兴趣的时候，根据大班幼儿能对故事情节进行创编、续编的阅读目标，鼓励他们进行创编、续编故事，然后对照故事的结尾，给幼儿成功的喜悦感，从而激发幼儿的阅读兴趣。

第三，教师和幼儿一起讲述故事，引起幼儿对图书的兴趣和联想，鼓励他们讨论故事情节，在同伴交流中加深对阅读的理解，启迪思维，积累语言，进一步激发幼儿的阅读兴趣。还可以设置问题引发幼儿的兴趣，如“画面里都有谁？”“他们在做什么？心情怎么样？你是从哪里看出来的？”，给予其支撑阅读的框架，在问题中培养阅读兴趣。

第四，教师和幼儿一起采用多种形式进行图书区域的点评，肯定幼儿的阅读行为，比如阅读习惯、方法等，请幼儿自己说一说阅读的故事，其他同伴可以提问交流，激发幼儿下次阅读以及同伴共读的兴趣。

第五，教师在了解了大班幼儿的年龄、阅读目标以及阅读特点后，和幼儿一起认识、了解图书区，一起协商制定区域公约，提升区域“知名度”，为激发幼儿的阅读兴趣做环境支持。之后通过“我最喜爱的图书”调查问卷的方式了解幼儿的阅读需求，依据大班幼儿有强烈的好奇心，思维积极活跃，愿意学习新东西，尤其喜欢有一定挑战性的学习内容、问题情境的特点，投放相应的阅读材料。依据幼儿能认识字，能看懂故事情节的阅读特点以及同伴间互助学习的年龄特点，鼓励幼儿交流、讨论、分享阅读的内容，区域“读书打卡”活动出现。幼儿的阅读兴趣提升了，能不能把阅读的内容用角色扮演等形式展现出来？图书区与表演区成了“好朋友”，在了解了故事的内容和情节后，幼儿分角色自主表演，幼儿的阅读兴趣进一步提升。

第六，环境创设的刺激。都说“环境是第三位教师”“环境具有隐性教育功能”，良好的阅读环境对于幼儿阅读兴趣的培养同样有至关重要的作用。那么怎样才是良好的阅读环境呢？教师在有目的地创设环境的时候同样要从幼儿的需求出发，和幼儿一起创设属于他们自己的阅读环境。大班的阅读环境中有桌椅、描写材料、适宜的图书、有声读物等，应该让幼儿处在安静、光线好的环境中阅读，书架的高度适中，便于幼儿自由取放。除此之外，从日常阅读中的问题出发，和幼儿一起思考问题，想办法解决问题，如图书坏了怎么办？幼儿会想到修补图书、修补工具、修补步骤、注意事项等。又如面对投放图书阅读兴趣平稳的现象，教师鼓励幼儿自制图书。在结合主题教育活动“仓颉造字”中，幼儿积累了一些相关的识字以及文字游戏的经验，使自制图书成为“大势所趋”，教师和幼儿一起整合内容，用图文并茂的形式依据自制图书的步骤进行制作。

（二）家长方面

良好的阅读环境的创设除了幼儿园，还需要家长的同步配合，借助家园共育的力量，如开展“图书借阅”的活动。首先，手绘借阅袋，让图书借阅更有仪式感；其次，制定借阅公约，包括借阅的时间、图书保护等内容；最后，幼儿把书带回家和家长一起阅读，了解故事情节，理解作品的思想。在“图书分享日”中，幼儿会把和家长一起阅读的故事分享给同伴。既提升了幼儿的阅读兴趣，又发挥了家长的力量，同时亲子伴读也增进了亲子关系，有利于家园共育的顺利开展。

六、总结

家园携手了解幼儿的年龄特点、阅读目标以及阅读特点；家园携手营造统一的阅读环境；家园携手给予幼儿同步的阅读支持与引导。家长和教师统一培养幼儿阅读兴趣的脚步，才会创造良好的家庭阅读环境以及利用好社会阅读环境。总之，大班幼儿阅读兴趣的培养离不开成人的支持与引导。

关于我国食育发展的思考

北京市大兴区瀛海镇第二中心幼儿园 李 默

我国美好明天的进步与发展需依靠健康的接班人，若不重视幼儿的身心健康状况，对幼儿的发展是不利的。我国拥有悠久且优秀的饮食文化，如果抛弃了中华民族饮食文化，对我国甚至世界来说都是一种莫大的损失，且与提高我国的文化自信南辕北辙。

一、国内外研究现状

(一)国外研究现状

“食育”一词，最早于1896年由日本著名的养生学家石冢左玄在其著作《食物养生法》中提出。“食育”与传统的“营养教育”和“食品安全教育”不同，既不是单纯的书本知识的学习，也不是儿童的健康教育，而是指从幼儿期对受教育者给予食品及相关知识的教育，将健康的饮食结构变成孩子的饮食习惯。

综观当前国外研究现状，国外的食育研究实施较早，相关研究也相对丰富。日本的食物教育可以说是亚洲食物教育的代表，有学者围绕不同食育实施过程中不同的干预内容、方式和效果进行了大量对比，结果显示干预的效果在所有干预对象中并不是均等的，年龄较低的对象效果明显优于相对年龄较大的对象。这也证实了食育应从幼儿开始的理论。

(二)国内研究现状

在中国知网以“食育”为主题检索出305篇文献，可见“食育”已经引起了我国部分研究者的关注。但是，研究幼儿食育的人相对来说却很少。通过文献分析，研究食育的学者总体上呈上升趋势，由此可见，我国也逐渐开始重视幼儿的食育。

2006年我国开始有关于“食育”的相关研究，中国农业大学食品科学与营养工程学院教授李里特在2006年发表的《“食育”是国民健康的大事》中提到“食育应当是全民的教育，有效的食育应该从儿童，甚至婴幼儿开始”。中国国际贸易协会会长施用海在其《关于日本的食育》《再谈关于日本的食育》等文章中介绍日本食育的具体概念、食育推进计划的现状和过程，他认为“吃什么和怎么吃日益成为摆在国人面前的一个严峻课题，中国需要食育”。

二、我国食育研究困难及现状

(一)法律的匮乏

随着饮食习惯的变迁，中国的饮食习惯也发生了变化，与现代提倡的健康科学饮食文化有所不同。近年来，学者关注饮食教育的重要性，呼吁制定有关饮食教育的法律，但由于各种原因，有关法律到现在还没有完善。在我国，1997年公布的《中国居民膳食指南》日常饮食指导方针被认可，但是，因为没有具体的实施计划，所以没有有效的饮食教育系统。

(二)学校饮食教育的缺乏

学校作为推进孩子饮食教育的重要场所，承担着很大的作用。在日本各科目也有关于饮食教育的记述。从孩子能和人简单交流的时候开始学习有关饮食的知识。通过饮食教育，孩子们一辈子都有健全的身心培养，人格的形成也深受影响。在我国，到现在为止，对学生的食育教育几乎没有，学习是为了入学考试而进行的教育，今后为了确保孩子的身心健康，形成完整的人格，饮食教育应纳入必要的课程。

(三)家庭的饮食教育意识淡薄

关于饮食的信息、知识和文化等，原本是以家庭为中心在地区内共享，世代相传。但是，随着社会环境的变化和饮食生活的多样化，家庭的饮食意识淡薄。目前，学生和父母关于饮食的知识很少，营养失调、生活习惯导致疾病增加等问题泛滥。边吃饭边看电视的孩子很多，饮食的节奏就会崩溃。父母的食育意识淡薄，因为没有良好的饮食教育，所以会引起孩子肥胖、偏食、生活习惯病等饮食问题。另外，父母缺乏饮食方面的知识，不知道选择什么样的食物比较好。

(四)政府、社会团体及食品相关企业对食品的关注不足

在饮食生活中，食品的安全性是基础。近年来，我国发生了很多关于食品安全的事件，已经成为严重的社会问题。其主要原因是食品的生产、流通以及消费等过程中相关人员的食品安全意识淡薄。从国民的关系来看，食品提供者必须提高对生命健康的认识。总之，我认为社会团体和行政部门应该严格监督和管理。在我国，管理者中具备饮食相关专业知识的人才很少。另外，预防生活习惯导致疾病的保健所、保健中心、医疗机构也几乎没有。

(五)媒体影响，在电视节目中适合饮食教育的节目很少

肯德基和麦当劳等广告经常出现在电视上，引导着幼儿的饮食观念。偶尔会播放有关饮食的节目，但多数是关于料理的制作方法、中医的养生理论等节目。总的来说，我国媒体虽然对国民的饮食生活产生了影响，但促进饮食教育可以说没有。

三、我国食育研究的发展思路

(一)法律的完善

从日本的经验来看，顺利实施食育是因为有完整的法律。通过饮食教育的推进，国民培养健全的身心，以培养丰富的人性为目的。我国最近发生了很多饮食问题，有关饮食教育的法律、政策、体制等还没有完善。关于饮食的教育内容多为与营养相关的饮食教育，面向全体国民的饮食教育系统没有构筑。因此，可以说我国的饮食教育处于开始阶段。为了解决上述问题，参考日本《食育基本法》的内容，以自己的饮食习惯为参考，尽快制定有关教育的法律，使我国的饮食教育合法化，并逐渐在全国范围内实行饮食教育推进。总之，为了推进饮食教育，从政府的立场出发采取法治或财政措施，我认为是非常有必要的。

(二)学校饮食教育的推进

在日本，学校教育中的饮食教育从很久以前就开始受到重视。以1954年制定的“学校供餐法”为契机，在小学建立了供餐制度，是为了促进儿童及学生身心健全地成长。另外，高中及大学阶段也有饮食教育的科目。也就是说，日本学校的饮食教育从小学开始，一直持续到大学，在学校学习饮食知识，加深饮食意识。对于我国来说，在学校教育中有必要实施饮食教育，在义务教育阶段的饮食教育，我认为设置专业课比较好。在义务教育阶段传达饮食教育的要旨，这样一来，促进国民饮食教育就变得容易了。从小接受饮食教育，通过饮食教育，养成正确、良好的饮食习惯可以预防习惯病。要想掌握饮食方面的专业知识，营养师是必不可少的。另外，为了有效推进饮食教育，我认为需要各种各样的措施和

教育活动。

（三）家庭饮食教育的必要性

在日本的第二次食育推进计划中，将“通过家庭共食推进对孩子的食育”列为重点，所以可以看出家庭饮食教育的重要性。家庭的饮食教育作为饮食教育的原点，是解决饮食问题的开始，同时对孩子的饮食生活有很大影响。①家人一起边吃饭边交流。②家长通过和孩子一起选择食材、洗蔬菜、做饭等方法，培养孩子对于食物的理解和感谢。③培养选择食品的能力。选择与日常生活相关的食品是很重要的，通过学习对有害食品的识别、健康食品的判断等，使自己的饮食生活更加健康。④基本的生活习惯。在家庭中孩子一边模仿父母，一边养成正确的生活习惯是很重要的。⑤理想的饮食习惯和知识学习。现在，国民对于饮食的知识和意识普遍薄弱。孩子吃饭时如果能掌握与之相关的生活习惯、对食物的重要性的理解以及正确的吃法，对健康有益。

（四）推进地区饮食教育

在中国，为了改善饮食生活问题，有必要增加故乡食品知识的学习。①我国国土辽阔，应针对不同地方的食材采用不同的教育方式。②培养具备专业知识的营养师。③饮食教育推进相关活动的展开。在日本的饮食教育推进中，有“食育月”和“食育日”的规定，在全国推进饮食教育。我国也要学习日本的经验，通过举办地区性的饮食教育交流会、开设饮食教育推进讲座等，推进饮食教育的普及。④表彰食育志愿者。为了推进饮食教育，各地区应该表扬在社会上活跃的居民。通过表彰，当地居民的饮食教育积极性应该会有所提高。

（五）媒体能力的体现

媒体对生活有很大的影响。现在，从孩子到老年人，大部分人每天上网。我国正在大力对营养和科学的饮食教育进行宣传，提高国民的饮食意识，这是很好的信号。

幼儿园户外自主游戏指导策略

广东省深圳市坪山区第一幼教集团第八幼儿园 张 坤

随着学前教育的不断发展，幼儿成长过程中学习品质的培养以及解决问题、社会交往、创造性等方面的能力培养越来越受到重视。《3—6 岁儿童学习与发展指南》指出：“幼儿的学习是以直接经验为基础，在游戏和日常生活中进行的。要珍视游戏和生活的独特价值，创设丰富的教育环境，合理安排一日生活，最大限度地支持和满足幼儿通过直接感知、实际操作和亲身体验获取经验的需要，严禁‘拔苗助长’式的超前教育和强化训练。”这充分体现了对游戏的重视。游戏是幼儿了解世界、发现问题的重要途径，在游戏的过程中，幼儿各方面的能力得到锻炼，随着安吉游戏的发展，户外自主游戏也得到越来越多的青睐，不仅促进了幼儿动作和健康的发展，也为幼儿提供了接触大自然的机会。

一、户外自主游戏的概念

户外游戏包含两种不可分割、相互关联的学习过程，即“学习运动”和“通过运动学习”，它是幼儿“认识自我、认识外部环境的重要方式，它有益于幼儿的身心健康，有助于幼儿身心的全面发展”。

冯婉玲等人(2018)指出，自主游戏是幼儿在游戏中根据自己的意愿自由选择游戏、自由决定游戏目的、选择游戏材料与伙伴、关注游戏的过程，伴以积极的情绪。

户外自主游戏是在若干游戏区域，在一定时间内幼儿根据自己的意愿自主选择游戏、材料、同伴，在游戏中获得经验，获取快乐，促进幼儿学习能力与社会交往能力的发展，促进幼儿自主学习。

二、户外自主游戏的区域创设与材料投放

(一)户外游戏区域创设

户外游戏区的创设要体现多样化，充分利用户外活动空间，既有土地、水池、沙池、草坪、石子路等自然游戏场地，为幼儿创设接触大自然的机会，也要有滑梯、人造草地操场等现代化游戏场地，让幼儿在游戏中锻炼身体和大小肌肉的发展。幼儿园户外游戏区常见的设置有沙区、戏水区、种植区、饲养区、器械区、建构区、探索区、角色区、涂鸦区、骑行区等。

(二)户外游戏场地的材料投放

户外游戏材料的投放要结合场地情况，体现材料的丰富性、安全性，满足幼儿的游戏与发展需要，在游戏场地内设置专门存放材料的区域，做好标识，便于游戏材料分类管理和保存。除运动器械、可移动器材和玩具外，还要有低结构材料，如轮胎、矿泉水桶、牛奶盒、纸箱、PVC管等，其中自然游戏材料也不可缺少，例如竹子、石头、木板、树枝等，根据幼儿的兴趣、发展水平及时更换、调整材料。

三、户外自主游戏的时间安排

幼儿园每日户外活动不少于两小时，体育活动不少于一小时，因园所大小和实际情况不同，幼儿园可根据实际户外游戏区域情况，给予幼儿充分的户外自主游戏时间，使幼儿能在充分的户外自主游戏中发挥想象力，获得满足和喜悦。

四、户外自主游戏中教师的支持与指导

让幼儿成为游戏的主人，并不是教师完全放任不管，但教师也不宜过度干预，虽然幼儿户外自主游戏受到越来越多的重视，但教师的指导能力还不够成熟，还有很大的提升空间，存在一些问题需要解决，我们围绕户外自主游戏中教师指导存在的问题及户外自主游戏的支持策略进行分析。

(一)户外自主游戏中教师观察与指导存在的问题

幼儿教师在户外自主游戏的过程中，考虑幼儿的安全，会巡回“扫视”但只停留在“观看”阶段，并非真正的“观察”。教师的观察记录笼统，类似流水账，没有对游戏中的细节进行描述，不能发现游戏中的教育价值。教师对幼儿行为的评价缺乏客观性，主观随意性强。在指导过程中，教师会不自觉地中止幼儿游戏，忽视幼儿的自主性；教师指导角色不均衡；教师直接干预过多，没有给幼儿足够的时间，缺乏等待；教师忽视游戏结束后的总结与经验提升，多以教师为主体，不能充分挖掘游戏价值，发现幼儿的需要。

(二)户外自主游戏中教师的指导策略

1. 教师的指导角色

Janet R. Moyles(1989)表示成人对游戏适当且正确的指导可以保证幼儿从已有经验中学习和获得知识技能。

华爱华(2003)强调，游戏是儿童自发、自主的活动，游戏的权利是儿童的，因此在游戏中儿童是主人，是儿童在游戏，而不是成人在游戏儿童。因此教师的指导应当符合儿童的需要，尊重儿童的意愿。教师在幼儿游戏中扮演着三种角色：幼儿游戏环境的创设者、游戏过程的观察者和游戏进展的支持者。

李会敏(2006)指出，区域活动中教师的身份是教育指导者和游戏伙伴双重角色，通过观察教师在区域活动中的具体指导行为，她发现如果教师在缺乏观察和等待的情况下直接

介入幼儿的游戏，这样的指导是无效的，还可能会破坏幼儿的游戏状态。

综上所述，教师的指导角色是变换多样的，是幼儿游戏的支持者、观察者，根据不同情境与幼儿需要，教师需以不同角色，运用不同的方法、语言，促进幼儿发展。

2. 教师的指导策略

(1)重视幼儿的自主性

户外自主游戏更多的是幼儿在已有经验的基础上自发形成的游戏，比如孩子们在玩呼啦圈的时候，发现呼啦圈不只可以跳，还可以滚，还可以进行钻爬的游戏，所以在幼儿主动探索的过程中，教师要认真观察，抓住时机，适当介入。教师要想提高支持与指导幼儿游戏的水平，可阅读相关书籍和上网查阅资料，也可以收集分析幼儿户外自主游戏案例，和经验丰富的老教师一起分析学习，在实践中不断调整自已对户外自主游戏的认识，并积累相关经验。

(2)给予幼儿足够的游戏时间，敢于对幼儿放手

户外游戏过程中教师要观察幼儿的游戏状态，发现幼儿的游戏一直停留在一个水平上，这时教师根据情境、材料适当指导幼儿，教师给予幼儿一定的时间和空间，在一定的安全范围内放手，让幼儿自己解决问题，可从两方面考虑：第一，考虑孩子的已有经验能不能达到；第二，游戏是否符合幼儿的年龄特征。教师可以根据幼儿的游戏水平为幼儿提供一些有挑战性的游戏，为幼儿在户外自主游戏中提供不同的体验，不断挖掘幼儿的潜力，促进幼儿多方面能力的发展。

(3)变换角色支持幼儿游戏

教师在户外自主游戏指导的过程中根据幼儿的个性特点、游戏环境及操作材料，站在幼儿的角度判断幼儿是否需要支持与指导，可以通过不同的角色介入游戏。教师在对待游戏水平低的幼儿时，可以站在同伴的角度，以游戏者的身份参与游戏，促进幼儿游戏水平的提高。对于游戏水平已经有一定高度但没有提升的幼儿，教师可以成人的身份引导幼儿向更高水平发展。每个幼儿都是不同的个体，教师的指导应该是多样和不断变化的。

(4)评价交流与经验提升

户外自主游戏后的一个重要环节是幼儿的游戏经验交流与教师对幼儿游戏经验的提炼和评价，可以在游戏原地进行，也可以回到班级后利用谈话环节进行。在此过程中参与游戏的幼儿的参与性、自主性得到肯定，游戏的经验给同伴带来启发，激发更多的小朋友参与户外自主游戏。教师对于幼儿游戏经验的评价能够帮助幼儿发现问题，引导幼儿解决问题，促进幼儿户外自主游戏高质量地发展。对幼儿来说是互相分享和互相学习的过程，不断积累游戏经验。

总体而言，幼儿教师要做到在户外自主游戏的过程中适宜地指导，对幼儿客观正确的评价需要幼儿教师不断提升、更新自己的专业理论知识，不断与同事或专家交流学习，发现问题并解决问题，改进教育教学策略，向专业型教师转变。

户外活动中发展幼儿合作能力的研究

广东省深圳市坪山区第一幼教集团第八幼儿园　沈莉莉

幼儿园阶段是幼儿教育的黄金时期，这一时期的幼儿年龄比较小，思维和智力发展并不成熟，所以教师给予正确的指引，是幼儿成长和进步的关键。合作能力是幼儿未来人生

道路中非常关键的一项基础性能力，能够为幼儿的生活、学习、工作打下坚实的基础。本文针对幼儿园户外活动中幼儿合作能力的培养方法进行分析，希望能够为幼儿未来的发展保驾护航。

一、户外活动中幼儿合作能力培养现状

长久以来，在我国的幼儿教育工作开展阶段，都是把教师作为活动的主体，而教师本身对于幼儿合作能力的理解并不透彻，因此开展教学工作期间，缺乏对于幼儿能力的培养，实践指导工作也并不到位，这严重影响了幼儿合作能力的养成。目前幼儿园户外活动开展的过程中，教师和相应的管理人员数量比较少，很难对幼儿有针对性地进行培养，对于幼儿自身性格的独特情况、不愿意与人交流、胆怯的现象，没有针对性地对其进行引导。特别是在合作能力的培养上，很多教师都不能够系统性地设计出一些符合合作能力的游戏活动内容，这也导致幼儿在参与户外活动的过程中，其性格无法得到锻炼，最终浪费了教育的时机，影响了幼儿的成长。

二、户外活动中发展幼儿合作能力的策略分析

（一）提供协商机会，创造合作活动

在幼儿培养的过程中，《3—6岁儿童学习与发展指南》是我国提出的幼儿教育和培养的重要纲要，其中建议的内容就是要求幼儿园在教育工作开展阶段，能够尽可能地为幼儿提供一些需要大家共同完成的任务内容，以此突出幼儿园合作能力培养的重要性。所以在幼儿园教育阶段也需要依照《3—6岁儿童学习与发展指南》提出的要求，构建符合幼儿发展和成长的户外活动，保证幼儿的合作能力能够得到培养和提升。教师可以针对幼儿的情况，确定户外活动的主题，如以“球”为主题，让幼儿合作设计出一个喜欢的游戏内容，教师先组织大家说出自己的想法，选择优秀的想法结合到游戏活动的设计之中，具体的活动开展流程则由幼儿负责，包括材料的选择、场地的划分、规则的制定等，在制定完成后，共同实施这一户外游戏活动，以此培养幼儿的合作能力，提高幼儿的综合素质。

（二）发挥幼儿主体作用，提升幼儿的合作能力

在户外游戏互动开展阶段，教师想要培养幼儿的合作能力，最主要的就是强调幼儿自主选择的权利，让幼儿能够在自由、放松的状态下进行游戏活动。教师需要注意在整个过程中强调幼儿的主体性，改变以往幼儿被动接受活动内容的角色，以此发挥出合作能力培养的效果。例如：教师可以选择年龄稍长、性格活泼的幼儿带动其他幼儿，共同进行游戏活动内容的开展，并且在实际游戏的开展阶段，遇到问题大家共同协商解决，找到最佳的游戏开展方法，在这样的环境下，能够培养幼儿与他人交往和沟通的能力，也能够培养幼儿清楚表达自己想法的能力，进而更好地保证幼儿在游戏活动开展中的娱乐性，在最符合幼儿年龄、性格特点的背景下，提高幼儿的合作能力。

（三）结合具体情境，教师适时引导

幼儿的年龄比较小，对于很多事情的准确程度拿捏得并不准确，所以也很容易出现在开展户外游戏活动的过程中，幼儿由于失误造成的互相不理解、打闹现象，教师也需要在这样的过程中发挥出自身的作用和能力，充分地对幼儿进行引导和教育，保证幼儿能够根据教师的要求，合理地开展游戏。同时在幼儿遇到困难和问题的时候，也需要教师提出一定的建议，例如：教师可以引导幼儿接受其他人的意见，也可以引导幼儿在遇到困难的时候，学会合作解决。这样才能够保证户外游戏活动更加顺利地开展。同时在教师引导、幼儿配合的情况下，教师也需要给幼儿一定的表扬和鼓励，这样才能够让幼儿更好地约束和要求自己，也能够激发幼儿的合作思维意识，培养幼儿的能力。

(四)注重分享，体验合作的快乐

户外游戏活动开展的过程中，游戏体验的交流也是提高幼儿合作能力的重要途径，教师可以在幼儿游戏活动结束之后，指导他们说出感想以及游戏的乐趣，这样不仅能够让幼儿学会合作，也能够让幼儿感受到合作的力量，更能够提高幼儿的口语表达能力。例如：在"舞龙"游戏结束后，教师可以引导幼儿说出"舞龙"是我国的经典，需要几个人合作才能够让龙飞上天，这样幼儿就能够回味游戏的乐趣，也能够提高合作的能力。

综上所述，综观我国幼儿园教育工作的开展现状能够看出，长久以来，我国幼儿事业的教育方法都存在一定的弊端，造成这一情况的主要原因就是教师的思想意识薄弱，并没有意识到幼儿教育工作开展的重要性，认为仅仅是带领幼儿游戏就能够达到教育的标准，这也影响了幼儿未来的成长和进步。本文针对幼儿园户外活动的开展，提出合作能力的培养方法，希望能够在根本上促进幼儿的成长，发挥幼儿园的教育效果，实现我国人才培养的最终目标。

浅谈在师幼互动中促进幼儿语言发展的实施策略

广西壮族自治区桂林市解放西路幼儿园 左群燕

语言是交流和思维的工具。幼儿期是语言发展，特别是口语发展的重要时期。幼儿语言的发展贯穿于各个领域，也对其他领域的学习与发展有重要的影响。语言的发展对幼儿终身的发展起着至关重要的影响，教师要为幼儿创设自由、宽松的语言交往环境。3—6 岁是幼儿语言发展的基础时期，如果在这个时期能让幼儿对语言学习和表达感兴趣、有自信，将会很好地推动幼儿整体的语言学习与发展。语言环境创设分为两个重要的方面：教师和班级环境创设。教师可以让幼儿真正地听说语言，学会用精准的语言表示，形成良好的表达方式；班级环境的创设可以让幼儿有语言经验的吸收，同时促进同伴的交流。

一、教师在促进幼儿语言发展中的作用

3—6 岁是幼儿语言发展的关键期，这一时期的幼儿从单一的家庭环境进入幼儿园的集体环境，幼儿学习、吸收的语言内容翻倍增加，抓住这一关键语言发展时期，将对幼儿以后的语言发展产生重要的铺垫作用。在幼儿园，教师是幼儿的第一模仿对象，教师的语言教育观念和表达方式都将对幼儿的语言发展有重要影响，我们经常会看到孩子模仿教师的语气语调。所以教师要积极规范自己的语言表达，在与幼儿互动的过程中要时刻抓住促进幼儿语言发展的关键点，坚持正面示范作用，让教师的正向行为影响为幼儿的语言学习与发展创设条件和机会。《3—6 岁儿童学习与发展指南》中在语言领域的目标建议中提出："尊重和接纳幼儿的说话方式，无论幼儿的表达水平如何，都应认真地倾听并给予积极的回应。"这也强调了教师对于幼儿语言发展的重要性。

二、师幼互动——在一日生活中促进幼儿语言发展的实时策略

幼儿在幼儿园里的集体生活中，除了和同伴之间的互动，也会和教师进行互动，师幼互动的质量对幼儿的语言发展产生直接的影响，良性的师幼互动会促进幼儿各方面的发展，显性的表现就是幼儿情绪会是一个愉快状态，在愉快的状态下幼儿会更容易进行语言表达，这就为幼儿语言的发展带来了契机。

(一)亲密的师幼互动增强幼儿语言表达的主动性

教师在一日的带班过程中需要做很多繁杂的事情，往往因为忙碌会忽略幼儿想要对教

师表达的愿望。经常对幼儿的询问或者聊天随口答一句或者简单地应付一下，并没有真的听幼儿说话，久而久之幼儿就不会主动找教师说话，缺失了教师与幼儿之间的良性互动，就错失了教师在幼儿语言学习与发展中应该起到的引导和模范榜样作用。教师是幼儿一切活动的支持者和引导者，教学工作繁杂，作为教师要积极地调整心态，充分利用碎片化时间，如接待幼儿来园时与幼儿亲切地打招呼，并给幼儿一个温暖的拥抱；餐前洗手给孩子卷袖子时和幼儿进行简短的聊天，给幼儿一个鼓励的手势或者一个欣赏的眼神；餐前互动中，肯定幼儿的表现；餐后活动尊重幼儿的选择等，利用这些环节与孩子亲密互动。充分建立起师幼之间的良性互动，增加幼儿与教师的亲密感，让幼儿从心底感受到被接纳和尊重，这样幼儿才有充分的意愿进行语言互动。

(二)游戏化语言的运用调动幼儿语言表达的积极性

游戏是幼儿特有的生活和学习方式，《3—6 岁儿童学习与发展指南》的说明明确指出："幼儿的学习是以直接经验为基础，在游戏和日常生活中进行的。"这就点明了幼儿学习的主要特点是做中学、玩中学、生活中学。幼儿只有这样学习才能学得有趣、学得有效、学得有用。教师游戏化的语言能更好地调动幼儿语言表达的积极性，如在过渡环节中，教师模仿幼儿喜欢的动画人物的语气与幼儿交谈，或者变化讲话的语气、声调，能很快吸引幼儿的注意力，引发幼儿与教师进行语言互动，调动幼儿语言表达的积极性。

(三)规范、正确地进行语言示范，引导幼儿习得正确的表达方式

《3—6 岁儿童学习与发展指南》中指出："幼儿的语言能力是在交流和运用的过程中发展起来的。应为幼儿创设自由、宽松的语言交往环境，鼓励和支持幼儿与成人、同伴交流，让幼儿想说、敢说、喜欢说，并能得到积极的回应。"在以上两个方面的铺垫下，有了和教师的亲密互动，增强了幼儿对教师的信任，用游戏化的语言调动了幼儿的语言表达的积极性。但是幼儿由于身心发展的原因，在语言表达的过程中容易着急、话说不完整等，教师就要用接纳的态度认真听幼儿讲，给幼儿充分表达的机会，然后用正确的方式重复幼儿刚才说过的话，帮助幼儿重构语言。如：幼儿对教师说想要一个杯子，教师就要耐心地询问，谁想要一个杯子，幼儿可能会说我，教师就进一步引导幼儿说出"我想要一个杯子"，还可以在此基础上引导幼儿说出要什么样外形特征的杯子，引导幼儿把话说完整和具体，让幼儿知道只有清楚地表达，别人才会知道你所要表达的意思。在实际交流中让幼儿体验语言交流带来的便利感和成功感。同时教师平时在与幼儿的互动中也要时刻注意自身语言表达的准确性和完整性，给幼儿树立良好的学习和模仿榜样。

三、师幼互动——在班级环境创设中促进幼儿语言发展的实施策略

幼儿语言形式多样，成人既需要学习如何观察、发现儿童的语言，更要创设出能够激发、适宜孩子表达的语言环境。《幼儿园教育指导纲要(试行)》指出："环境是重要的教育资源，应通过环境的创设和利用，有效地促进幼儿的发展。"可见环境对幼儿发展也起到非常重要的作用，教师要积极利用无声的环境给幼儿创设最大化的语言学习支持。

(一)幼儿是环境的主人，尊重幼儿主体地位

在创设班级环境的时候，我们首先要将幼儿放在第一位，幼儿是班级环境的主人。环境的创设除了要美化教室，另外一个重要作用就是要为幼儿学习提供支持和帮助。在考虑颜色搭配、环境创设的高度等问题时，还要注重环境创设的内容，这些内容只有来自于幼儿，和幼儿切身相关，才能够真正地吸引幼儿的注意，才能引起幼儿关注，才能引发幼儿的谈论，在多听、多看的环境氛围中让幼儿感受到语言交流的乐趣，提升幼儿语言经验的储备。

(二)低结构材料的投放，引发幼儿间语言交流

幼儿非常喜欢在活动区活动，活动区内容丰富，幼儿能有足够的自由和创造空间按照自己的想法进行游戏。在活动区中投放低结构材料、半成品材料，引发幼儿自然的语言交流，在交流的过程中，幼儿需要不断表达自己的想法和意见才能和同伴共同游戏，在实际操作、交流中提升幼儿语言表达的准确性。

(三)抓住幼儿的兴趣点，创设语言交流环境

兴趣是幼儿主动学习的内驱力，在幼儿语言的学习与发展过程中，我们时刻关注幼儿的兴趣点，从幼儿的兴趣入手，创设适宜的语言交流环境，如：在庆祝“六一”的活动中，孩子们讨论怎么样庆祝六一国际儿童节，绝大部分孩子提出想玩好玩的玩具，这一提议得到班级其他幼儿的一致响应。于是我就设计“玩具分享会”，幼儿各自从家里带来自己最喜欢的玩具。在活动中，我没有刻意强调活动的规则，就让幼儿按照自己的意愿交换玩具玩，结果在玩的过程中出现了以下3个问题：①“我”不知道这个玩具怎么玩？②其他小朋友弄坏了“我”的玩具。③有小朋友总是抢“我”的玩具。孩子们纷纷找我告状，我便组织幼儿进行讨论，在我的引导下，幼儿对这3个问题进行了讨论，并积极举手说出自己的想法，我注意给幼儿充分表达的机会，最后经过孩子们的讨论得出三条解决办法：①每个人先来介绍自己的玩具怎么玩。②爱护别人的玩具，如果故意弄坏了玩具就不能玩别人的玩具了。③想玩别人的玩具时必须要经过别人的同意。在这个活动中，孩子们通过直接体验发现问题，然后组织语言表达自己的想法，在一步步的讨论中发展了幼儿的语言表达能力，让幼儿想说、敢说，并能得到积极的回应，在实施中体验通过语言解决问题带来的成功感。

幼儿语言的发展不是一朝一夕就可以完成的，必须要在日常生活的点点滴滴中不断地积累，有了充分的吸收，才可以让幼儿有表达的经验。所以我们注重教师本身的语言教育素养，抓住环境创设的积极意义，让幼儿在实践中得到真正的语言知识，使他们的语言能力得到不断地提升，最终促使幼儿语言表达全面发展。

让儿童的建构游戏回归本真

广东省深圳市龙岗区龙城街道家和盛世花园幼儿园 王珍梅

建构游戏是融思维、操作、艺术、创造为一体的活动，幼儿在搭建和拼插各种积木的过程中，能够获得大量的有关数量、图形及空间的概念，也能促进幼儿交往能力的发展；同时，搭建游戏是自主的、充满幻想的，与生活实践密不可分的，因此，我们需要为幼儿提供充足的空间、时间、材料，来保证幼儿建构游戏的有效开展，在这个过程中，教师还要做一个观察者，适当的介入也能帮助幼儿发挥想象力和创造力，满足幼儿自由构建和创意搭建的需要。

一、建构游戏中的环境规划

良好的环境是科学开展游戏的前提和基础，要想有效地开展建构游戏，首先要考虑创设建构游戏环境的问题，包括情感环境、操作环境。

(一)创设宽松、自由的情感环境

美国教育家杜威认为：“要想改变一个人，必先改造他的环境，环境变了，他自然也跟着改变。”环境作为隐性进入幼儿园的课程，教师应该利用墙面或者柜面创设富有“支持性的环境”，如“小心磕伤”等图示提醒幼儿注意不要让积木磕到自己和他人，通过环境中潜移默

化的规则形成自我管理。

(二)创设感兴趣的操作环境

建构游戏是幼儿亲身参与操作的游戏，它依赖幼儿的认知和社会交往能力，在建构游戏中，幼儿能根据想象进行构思，所以，在建构游戏中，要关注幼儿经验的扩展，丰富幼儿对物体表征的认识，也要让幼儿对细节部位反复观察，提供各种实物模型，拓展幼儿建构经验，从而对自己有更高的要求和挑战。

二、建构游戏材料的选取与投放

游戏材料是保证游戏有效开展的载体，是促进幼儿多样化发展的重要支架，材料的选取和投放更是建构游戏的成功的关键。

(一)低结构材料与无结构材料

幼儿园常见的材料主要分为低结构材料和无结构材料。低结构材料主要是指结构简单、操作性强、可变性强的材料，可以让幼儿根据自己的兴趣自由操作与组合。低结构材料主要分为积木类(单元积木、空心积木、彩色积木等)、积塑类(雪花片、齿轮积塑、百变积塑等)、废旧材料类(雪糕棒、水管、矿泉水瓶、易拉罐等)。无结构材料是指不定型的材料，如沙、水、土等，在选取材料时要结合班级幼儿的兴趣与年龄特点，分层次投放。

(二)材料投放的特点

1. 材料投放的丰富性。教师应根据建构区的活动特点，提供足量的材料和玩具，让幼儿自由地根据需要选择材料进行建构游戏，在投放材料时，不同活动内容，不同材料；同一活动内容，多种材料。如积木区除了投放各类积木，还应该根据主题的需要，投放一些辅助材料。

2. 材料投放的情感性。《幼儿园教育指导纲要(试行)》倡导以积极的情绪推动幼儿的认知和学习，充满情感色彩和生活性的材料更能激起幼儿学习的热情和愿望，是他们积极建构的动力和支持力量。建构材料有了情感和灵性，就如同有了生命，可以充分地与幼儿互动、对话，大大地激发幼儿创造的欲望，以及内在动机和积极参与活动的愿望。

3. 材料投放的探索性。在建构区投放的材料应该是能够引发幼儿动手动脑主动探索的材料。怎样可以留给幼儿更多的操作空间，教师要挖掘材料与材料之间的关联，形成具有引导作用的控制点，从而投放一些具有探索性的材料。

三、建构游戏的观察与分析

观察能力是教师的一种专业素养，教师在游戏中的观察对幼儿有很重要的作用，不仅能了解幼儿当前的建构能力、兴趣、建构经验，还能在幼儿游戏遇到困难、秩序受到威胁时扮演“支持者”，充分分析幼儿当前的现状。

(一)建构游戏中的教师

教师建构的观念、态度、能力等因素直接决定其对游戏的指导是否恰当，这对建构游戏有重要的影响。

(二)建构游戏中的幼儿

建构游戏中对幼儿的观察主要包括幼儿游戏中的行为和水平。首先要观察幼儿的身心发展特点、认知能力、社会性发展、情绪情感等；其次要观察幼儿对建构游戏的专注程度、幼儿的兴趣和需要。

(三)建构游戏中的环境

建构游戏中的环境主要包括游戏场地、材料投放、游戏时间：场地的安排是否合理，是否有通道，场地上的界线、标注、路线是否合理；材料投放的数量是否能够满足幼儿的搭建需要，是否出现争抢情况；游戏时间是否合理，游戏中专注时间的长短等，都会影响幼儿建构的兴趣和专注力。

四、教师角色定位及介入策略

(一)教师在游戏中的角色

教师是幼儿游戏中重要的他人，教师的参与可为游戏的开展做准备，随时观察游戏，了解建构游戏的发展情况，在游戏中给予幼儿一定的指导和帮助，促进游戏的发展。教师在建构游戏中的角色是动态变化的，教师需要认识到幼儿的特别需要可能会随着时间的改变而改变，因此，动态变化的角色可以适应幼儿不同时间和不同环境的需求。

(二)教师介入的策略

成人对建构游戏干预的时机的选择主要取决于两个因素，一是幼儿的客观需要，即观察幼儿的建构游戏行为是否自然顺畅，是否需要帮助；二是成人的主观心态和状况，包括成人是否具备投入幼儿建构游戏的热情和精力，在介入前一定要选择合适的时机。主要包括以下四个时机。

(1)当幼儿建构游戏出现困难时介入。幼儿不知道自己该怎么搭建，教师的介入是引导幼儿游戏的开始。

(2)当必要的秩序受到威胁时介入。教师可以用适当的口吻自然制止幼儿的干扰行为，并适当提出活动建议。

(3)当幼儿对建构游戏失去兴趣准备放弃时介入。这时的介入可以帮助幼儿扩展建构游戏内容，进一步激发幼儿游戏的兴趣。

(4)在建构游戏内容发展或者技巧方面发生困难时介入。在这种情况下，教师可以作为游戏的同伴介入建构游戏，给予示范，或者让幼儿相互启发、相互影响，以帮助幼儿克服困难，拓展建构游戏。

五、建构游戏的评价

建构活动中的有效评价，一方面是对幼儿建构游戏方式评价，另一方面还能促进幼儿搭建水平的提升。教师对幼儿的评价将直接影响幼儿的建构活动，因此，建构游戏的评价可以分为幼儿、教师、环境三个方面。

(一)指向幼儿的评价

幼儿是建构游戏的主体，幼儿在游戏中的表现是教师评价的参考，评价主要包括建构能力、自主性发展等方面。

(二)指向教师的评价

在幼儿的建构游戏中，教师的指导能提升幼儿的建构水平，促进幼儿游戏能力和参与度的增加，因此，对教师的评价不仅有利于提升教师的素养和专业水平，还能在活动中更好地观察幼儿，促进幼儿更好地发展。

(三)指向环境的评价

环境和材料是游戏开展的重要前提，空间的布局、大小、颜色等，都能间接地影响幼儿的搭建，对环境的评价能促进教师结合班级情况和幼儿的建构需要，有效地构建环境。

六、总结

皮亚杰的“动态均衡论”提醒我们：知识的发生是在人与环境的不断的互动中，协调内在的建构与外在情境平衡的结果。处于前运算阶段的幼儿正是运用大量的建构经验来不断地修正内在的经验，同化新的知识。在幼儿参与建构游戏的过程中可以看出，积木是一种具有综合性教育价值的教材，让学习发生于无形之中。

浅谈心理学在幼儿园管理中的运用和实施

湖南省怀化市学林雅园幼儿园　张晓娇

世界卫生组织专家委员会曾指出："与人的生命的其他时期相比较，儿童时期的心理健康问题与周围环境有着更为直接的联系。关于这方面，在人的一生中占据重要位置的是学校，学校在人的心理健康形成和发展中起着十分重要的作用。"幼儿园是儿童步入社会的第一个场所，幼儿园的物质环境和精神环境、幼儿园整体的师资队伍素质、班级的科学管理，都与幼儿心理健康的维护和增进有关。那么如何运用心理学对幼儿园做科学的管理，开办教师有归属、幼儿有发展、家长有成长的现代幼儿园？我园在这方面做了一系列的尝试，下面本人结合我园实际情况来谈谈如何运用心理学来进行幼儿园的科学管理。

一、根据3—6岁儿童发展心理学对幼儿园进行环境创设

我国幼教先驱陈鹤琴先生曾提出幼儿园环境是"儿童所接触的，能给他以刺激的一切物质"。正是由于环境是幼儿每天所接触、所感知的，因此，幼儿的身心发展、社会性发展以及个性发展，无一不受到它的影响。因此，幼儿园物质环境与精神环境对幼儿园的日常教育活动起着重要作用。

(一)创设符合幼儿心理发展的物质环境

物质环境主要包括幼儿园如何进行空间布置与材料运用的方方面面。幼儿园物质环境的创设首先要考虑是否符合3—6岁儿童心理的成长与发展。一个好的幼儿园物质环境，一定是美观、简单、和谐的，过于色彩斑斓反而容易分散孩子的注意力。2015年，我们开始创设区角教育。每个活动区教师都根据不同年龄段幼儿心理发展特点，分别提供适宜种类和数量的材料。例如，小班幼儿大都处于平行游戏或独自游戏的阶段，教师就应多准备一些相同种类的玩具和其他材料。而到了中、大班以后，则应更多地为他们准备、提供适宜发展合作性游戏的活动材料。

(二)创设符合幼儿心理发展的精神环境

幼儿园的精神环境主要指幼儿园的人际关系及一般的心理气氛等。具体体现在教师与幼儿、幼儿与幼儿、教师与教师间的相互作用、交往方式等方面。它虽然是无形的，但直接影响着幼儿的情感、交往行为和个性的发展。在班级的人际交往中应该表现出尊重、支持、接纳、关心、友爱。我园有教师每天都要拥抱孩子，蹲下来跟孩子交谈的行为制度。除了人际环境，幼儿园的一日生活常规、园规，也需要符合儿童的心理发展。比如，我们幼儿园的一日生活安排中，午睡必须达到2小时，户外活动不少于2小时。我们的园规是：守时、排队、微笑、问好。我们将儿童心理学运用到日常管理中，促进幼儿健康科学地成长。

二、心理学对师资队伍建设的运用

成功的幼儿园管理应以人为核心，注重教师的优化配置，包括心理素质、情绪稳定、专业素养等。只有充分发挥教师的潜能，尊重教师的地位和权利，才能更好地提高教育质量，实现为育人服务的宗旨。

(一)运用心理学对新旧教师的心理评估

目前在民办幼儿园里，师资的流动相当频繁。如何招聘到适合在自己幼儿园工作的员工，园所要有自己的招聘方法。我园在新教师招聘的时候，除了看教师的个人素质和专业素养以外，经过教师本人同意，会让教师填写四个表格——抑郁量表、焦虑量表、S90心理测试表、个人性格测试。明显有抑郁、焦虑倾向的教师，并不适合马上进入幼儿园工作，要给予提醒进行专业的心理咨询。

江西省对11个地市的幼儿教师心理健康症状的自评中发现：有轻度症状者占总人数的24.2%，中度症状者占11.2%，严重症状者占1.8%。幼儿园教师面对的孩子更小，工作繁杂，安全压力大，除了园所应给予老师支持和帮助外，教师的自我心理承受力必须好。每季度对在园教师进行心理评估，对症状明显的教师进行心理疏导。园所管理者应该对每位教师的心理状态有大致的了解，更有利于园所和班级的和谐。

（二）运用心理学对不同性格老师的岗位安排

教师的性格应该多元化，不同性格的教师可以放在不同的岗位上，根据他们的特点进行培养。教师的性格可以分为老虎型、猫头鹰型、孔雀型、考拉型。老虎型的教师是支配型：权威导向，重实质报酬。说话快速且具有说服力，可以成为团队的领队。猫头鹰型的教师是精确型：喜欢精确，重视专业性。以数据和规则为其主导思想，注重规则和制度，会是幼儿园规章制度的守护人。孔雀型教师是沟通型：同理心强，擅长言语表达，自我宣传。孔雀型教师适合帮助幼儿园做招生、新生接待以及幼儿园宣传部的工作。考拉型教师是耐心型：爱好和平，持之以恒，忍耐度佳。考拉型的教师一定是一位好搭档，但如果想成为一名优秀的班主任，需要不断完善自己的人格。

（三）运用心理学对不同性格教师的沟通方法

沟通能力是园长综合能力素质中必须具备的职业素养之一。除了换位思考、个别交流、不当众数落、平等沟通以外，园长可以根据不同教师的性格进行针对性沟通，肯定会事半功倍。老虎型性格的教师切记啰唆，直切主题最好；猫头鹰型性格的教师不要急着告诉结论，要注意逻辑推理；孔雀型性格的教师切记不要当面给予否定，不要当面告诉他们该怎么做；考拉型性格的教师多营造温馨和谐的氛围，不要逼他们。

（四）运用心理学舒缓教职工的职业倦怠期

中国人民大学公共管理学院组织与人力资源研究所做过一项调查，结果表明，被调查的教师中，超过80%反映压力较大，近30%存在严重的工作倦怠，近90%存在一定的工作倦怠，近40%心理健康状况不佳。幼儿园如何运用心理学舒缓教职员工的职业倦怠？一方面，我园可以多树立典型，多宣传模范教师，定期请他们做报告、谈心得，使他们的事迹广为人知，成为大家学习的标杆。另一方面，选“岗位能手”，给予精神与物质双重奖励，并在评先、提职、晋级上予以倾斜。园所还可以坚持心理疏导，开展“知心、关心、同心”派对等活动，让教职工增加自己的职业认同，减少职业倦怠。

三、运用心理学对班级进行管理

（一）班级教师性格的互补，有利于班级教师的稳定

幼儿教师在身体素质、业务素质、能力素质和心理素质等方面有不同特点和强弱差别。我们除了根据能力匹配、年龄互补等因素，进行班级教师的搭配，性格互补也是一个很重要的因素。比如，老虎型性格的教师和考拉型性格的教师就会是很好的搭档。

（二）班级平均分配四种不同气质的孩子，更有利于孩子的发展

教师管理的是一个班级，而组成班级的是一个个活生生的儿童。他们来自不同的家庭，有着不同的气质。在幼儿园进行新生入学的工作中，我们增加了一项测试工作，由家长填写孩子性格测试表。心理学家艾森克和巴甫洛夫的理论都支持四种气质的划分，可以分为忧郁质、胆汁质、黏液质和多血质。一个班级如果多血质和胆汁质的孩子过多，这个班级

就会过于吵闹；一个班级如果忧郁质和黏液质的孩子过多，这个班级就会过于安静。所以在入学分班的时候，幼儿园管理者除了根据男女比例分班，也要顾及孩子的气质，平均分配，更有利于班级管理。

(三)了解不同气质的孩子有不同的教养方法，更有利于家园共育

不同的孩子有不同的气质，也有不同的教育方法。幼儿是家长与幼儿园的桥梁和纽带。教师要了解不同气质的孩子的教育方法，并且给予家长指导，让家长更容易信服教师、信服幼儿园。忧郁质的孩子平和无主见，不敢于表达，需要家园共育一起建立孩子的自信心，让他们能做自己感兴趣的事情；胆汁质的孩子倔强执拗，需要家长和教师以静制动，以柔克刚；黏液质的孩子敏感多疑，需要家长和教师尊重他、不冤枉他，并且私下教育；多血质的孩子外向活泼，但是健忘，需要家园一起制定统一的规矩。了解孩子的气质以及心理成长规律，鼓励家长学习科学的育儿方法，对家长进行先进科学的育儿指导，更有利于家长配合班级工作。

四、结束语

总之，在幼儿园管理中引入心理学理论，可以指导幼儿园管理者和教师优化幼儿园管理方法；能为幼儿园创设符合幼儿心理需求的物质环境和精神环境；能为幼儿园打造一支身心健康、情绪稳定的高素质的师资队伍；能在幼儿班级管理工作中，对不同性格的教师、不同气质的孩子都有科学的对待方法。我们在幼儿园日常管理中加入心理学的知识，以此对幼儿园进行科学的管理，促进幼儿园的和谐发展，促进幼儿的身心健康。

支架式教学在科学活动中的运用

湖北省武汉市青山区实验科技幼儿园　任谊红

《3—6 岁儿童学习与发展指南》把“喜欢探究”作为科学领域的核心价值。指出“学习科学的过程应该是幼儿主动探索的过程”。教师要让幼儿运用各种感官，亲自动手、动脑去发现问题、解决问题。鼓励幼儿之间的合作，并积极参与幼儿的探索活动。但现在不少科学活动却等同于科学知识的传授，教师只是将知识传授给孩子或者是将操作步骤告诉孩子，让孩子按照步骤去操作一遍。这种教学方式显然与《3—6 岁儿童学习与发展指南》精神相违背，更不利于幼儿的终身发展。在幼儿园的科学活动中有很多种方式，探究式教学就是教师组织幼儿科学教育活动中运用的教学模式之一，探究式教学为幼儿提供了不同的支架，就好像每一步梯子都由很多根支架组成，人们通过支架的帮助一步一步由低向高进发。在幼儿园的科学活动中，教师就应该巧妙地为孩子们搭建一架梯子，让孩子们在“梯子”的帮助下一步一步努力地向科学高峰攀登。

现在就以中班科学活动“有趣的叠加”为例，阐述支架式教学在科学活动中的运用。在支架式的教学过程中，我们也需要根据幼儿能力的强弱、活动的难易程度以及活动进程，巧妙地给幼儿搭建单个或者多个不同层次的支架，促进活动更好地开展。

一、案例描述

(一)支架一：以生活经验导入，激发幼儿的探究兴趣

案例一：在活动前，教师将一个生活场景——到处散乱的书本，摆在孩子们的面前，让孩子们整理这些乱放的书本，并让他们说一说是用什么方法来整理的，让他们初步了解科学的方法——叠加。

幼儿科学活动的先决条件就是必须对所探究的对象有兴趣。兴趣是最好的老师。幼儿有了活动的动机和心理准备，才能促使他们积极主动地去学习、探索和发现。在中班科学活动“有趣的叠加”中，教师利用幼儿的生活经验——整理书本作为活动的导入环节。对于中班的孩子来说，整理书本是一件最平常的事情，当教师问道：“谁愿意帮助老师把这些乱七八糟的书本整理一下呢?”孩子们都很乐意帮助教师做这件事。当整理完成后，我紧接着抛出了一个问题：“你们是用什么办法来整理的?”孩子们纷纷答道：“就是把书本一本一本地叠起来。”这时教师马上跟进：“说得真好，这样一本一本地叠起来，真是一个科学的好办法，这个好办法叫叠加。”教师的小结让孩子们清晰地了解了原来这样做还是一个科学的办法，同时教师辅以手势进一步加以说明：“这个科学的办法可以为我们节约很多空间，又很整齐、干净。看，桌子上刚才堆着横七竖八的书本，现在只用一个小小的箩筐就整理好了。”

利用孩子们的实际生活经验作为“梯子”的第一个支架，能让孩子们感到既轻松有趣，又能很容易接受“叠加”这个科学的方法，同时为下一环节的探索做好了铺垫。

(二)支架二：以教具的巧妙，激励幼儿探究的意识

《3—6 岁儿童学习与发展指南》指出：“引导幼儿利用身边的物品和材料开展活动，发现物品和材料的多种特性和功能。”在中班科学活动“有趣的叠加”中准备的教具——套碗，它是一种常见的生活用品，但又十分巧妙，通过运用不同的叠加方法，而且在难易程度上有递进，能够引导幼儿积极地探索。

案例二：教师出示大小不同的一组套碗，请孩子们将这些套碗摆放整齐。

出示套碗，初步探索叠加的有序性。

在这个环节中，我给孩子们提供了 5 组大小不同的套碗，请孩子们用叠加的办法将这些碗整齐地摆放到桌子上。在活动中，出现了两种情况：①按照从大到小的方式叠加；②无序地叠加。这时，教师马上引导孩子观察并进行讨论：看看谁整理得比较好？为什么？通过教师的提问，激发了孩子的探究欲望，并产生了解决问题的“冲动”。这时会有孩子说：“第一种情况整理得比较好，看起来很整齐。”当然也有部分孩子会持不同的意见，这时，教师通过摇晃桌子的方法，让幼儿具体直观地看到两种情况产生的另一种结果——稳固，有序地叠加不仅能达到整齐的效果，还能使叠加的物体更稳固。

在这一环节中，孩子们因为有上一环节的经验做铺垫，再加上孩子们自己的探索、讨论，大部分孩子都能很顺利地完成对套碗的叠加。通过“摇晃”实验让孩子们对叠加有了进一步的了解，使他们的思维碰撞，引发了他们对叠加的再次思考。

(三)支架三：以情境的创设促进不同层级幼儿探究能力的提高

从教学活动的实践中可以发现，教师通过创设情境，可以激发幼儿的学习兴趣，充分调动他们的学习积极性和主动性。在这个过程中，教师就要根据幼儿的不同水平，提供多个不同层次的支架，提高不同能力幼儿的探究能力。

案例三：教师以“请幼儿帮助整理一个干净的家”为情境，让孩子们能够在具体场景对不同物品运用“叠加”的科学方法，并通过亲身的体验，感受“叠加”带来的便利。

在生活中叠加无处不在，小到书架、鞋架、玩具架和生活用品，大到超市的货架、多层停车场、高楼大厦等。因此在活动中，教师模拟了厨房、客厅、书房的环境，提供了各种不同难易程度的叠加的物品，让不同能力的孩子在真实的场景中将学到的知识予以运用，使他们的探究能力得到提高。

活动中提供了 3 个不同层次的支架，以操作材料为例说明。在情境中提供了套娃、塑

料筐、书本 3 种整理物品。套娃是一种有趣的玩具，不仅仅需要叠套进去，还需要按照大小进行有序排列，才能将套娃成功完成，这一层次支架的提供可以满足能力强的幼儿对探究的需求。塑料筐大小不同，要仔细观察，按照从大到小的顺序就可以叠加起来，这个材料可以让班级里的大部分孩子能跳一跳摘到果子。每个班级都会有能力稍差的孩子，我为他们提供了整理书本的支架，只要把书本一本一本地叠加起来，就可以整理得干干净净。通过三个不同难易程度的搭建，可以让每个孩子都能有探究的空间，共同获得提高。

最后利用 PPT 将多层停车场、高楼大厦以直观的方式呈现，将孩子们的思维带到了一个更广阔的世界，引发他们继续探索、发现甚至创造。幼儿科学教育的内容取材于生活、来源于生活，我们的最终目的也应该应用于生活之中。只有应用于生活，才能使幼儿发现和感受周围世界的神奇，体验和领悟到科学就在我们身边以及科学所带来的力量。这就是支架式科学活动更高层次的体现。科学回归生活，才能培养幼儿真正的内在探究动机，使幼儿保持永久强烈的好奇心和探究欲望。在幼儿的日常生活中蕴藏着丰富的科学知识，我们将幼儿所学到的科学知识在生活中再利用，孩子们不仅会感兴趣，而且还能真正发现知识、形成概念，真正学会、学懂。更重要的是，让孩子逐渐发现和体会到“科学并不遥远，科学就在我们身边”。

二、思考和启发

通过反思，我感受到支架式教学不仅能促进科学活动更加有效地开展，还能让不同能力的幼儿都在科学活动中获得探究的成功体验，并引发一些思考和启发。

（一）支架式教学促进了幼儿主动性学习能力的提高

我们都知道幼儿是一个主动的学习者，教师的作用不再是直接将答案告诉幼儿，也不再是拿出操作实例向幼儿分步讲解、示范，而是支持、启发和引导。支架式的科学教育活动为幼儿的学习逐步搭建支架，不仅解放了幼儿的手脚，更解放了幼儿的头脑，孩子们面对充满了挑战性的学习内容，支架式的科学教育活动充分地支持了幼儿的主动性学习。教师对幼儿的教育方式也从传授式为主转变为引导启发。在支架式的科学教育活动中，孩子们不仅能在活动创设的问题情境中发现新问题，还能在日常的、随机的活动中提出自己的见解和问题。如在散步的途中幼儿会提出“小鱼是怎么睡觉的?”“为什么有些树的叶子掉光了，有些还是绿绿的呢?”这些问题表明幼儿在日常生活中主动学习的迹象和全新的探索意识。

（二）支架式教学促进了幼儿创造性思维的开发

科学教育活动是全面实施素质教育的重要途径，同时，科学活动又是一个创造性思维丰富的领域，创造性思维更多地表现在解决问题的过程中，通过搭建支架让孩子自己探究问题、解决问题。而广泛的科学教育内容和多样的物质材料，宽松、自由的探究环境，给幼儿创造力的发挥提供了广阔的空间，孩子一旦处于主动探究状态，就会爆发出无限的创造火花。

孩子是天生的探究者，他们的身上本来就不缺少“探究”的基因和潜能，我们万万不能忽视。教师是幼儿进行科学活动和探究的引领者、指导者，只要能充分利用幼儿的已有知识和生活经验，为他们搭建适宜的支架并适时引导，循序渐进，从扶到放，让幼儿能够积极动手实验，主动去经历科学探究的全过程，幼儿进行科学活动的学习就能事半功倍，科学的素养就能得到全面提高。

浅谈线上沟通对幼儿园封闭式管理下家园共育的积极影响

北京市昌平区南口镇中心幼儿园 汪紫琪

幼儿园家园共育模式的实施，能有效促进双方的合作，为教学工作的良好落实提供动力。家园共育中做好沟通工作是实现合作目标的保障，而在具体的线上家园共育沟通方面还存在诸多问题有待解决。

一、幼儿园家园共育云课堂沟通的现状

1. 线上沟通次数不均匀

家园共育是新型的教育模式，改变了传统幼儿园教育工作开展的现状，通过家庭和幼儿园良好合作，能促进双方的了解，为幼儿的健康成长和发展提供保障。而现在因为疫情原因，家长无法进入幼儿园，从而影响家长与教师面对面的直接交流，而在家园共育措施的实际实施过程中，双方的沟通方面还存在一些问题，沟通频率不均匀是比较突出的问题，没有做到及时有效沟通。家长不善于和教师沟通、家长怕影响教师工作，导致家长实际上对孩子在幼儿园中的发展和学习状况不是很了解，使得家园共育的作用没有得以充分发挥，这就会影响幼儿的良好成长发展。

2. 线上沟通渠道需要拓展

幼儿园家园共育模式达到高效的沟通效果，需要有相应有效的沟通渠道作为保障。在疫情还未发生的时候，家园共育的模式多为接送幼儿时了解沟通、家长约谈、校园活动以及线下家长会等，但是现在疫情阻碍了家长进园，接送幼儿时时间较为紧张且匆忙，导致家园共育的沟通方式仅仅存在于电话沟通、简单的短信询问，实际上家长并未全面地了解幼儿的整体情况、幼儿在园的表现以及幼儿园的教育教学情况。家长和教师的沟通渠道较为单一，个性化的沟通特点没有凸显出来，这也会造成沟通效率低下的问题，不利于家园共育模式应用目标的实现。

二、开展线上云课堂幼儿园家园共育的积极影响

本园为促进幼儿园家园共育模式的效果，开展了家长云课堂的活动，让家长们虽然没有进入幼儿园，但是了解、熟悉幼儿园的教育活动，知道幼儿园的教育计划、目标与主题，从而从心理上舒缓对封闭式幼儿园管理的疑问与担心。这一系列的云课堂活动需要从沟通环节加强重视，幼儿园和幼儿家庭间的联系要紧密，在沟通的措施上要多样化实施，我从以下几方面进行线上活动的开展。

1. 线上资源提升沟通的效率

线上幼儿园家园共育模式的实际实施过程中，为增加教师和幼儿家长间的沟通频率以及提升沟通效率，需要在现代化技术的应用方面加强重视，通过现代信息网络化技术应用增加彼此沟通的频率，保障家园共育工作的良好推进。我们每日与家长分享微信提示、班级温湿度等基本信息，在开展特色幼儿园活动的时候，及时将拍摄的照片、录制的视频发送到家长群，让家长了解幼儿在园开展、参与的一系列活动，增添家长与幼儿之间的话题，通过微信群、腾讯会议等，为教师和幼儿家长之间提供及时有效的沟通途径，方便教师与家长之间互相了解基本信息，这为教师开展针对性的教学工作起到良好作用。幼儿家长也能通过和教师的沟通了解孩子在幼儿园的表现，为家庭教育工作的个性化开展提供参考依据，并且每日幼儿园生活结束，教师针对有特殊情况的幼儿单独进行沟通，只有提高沟通

的效率，才能实行线上家园共育的促进作用。

2. 积极开拓线上云课堂渠道

线上家园共育模式下幼儿园教学工作的开展需要和幼儿家长相互配合，做好基础沟通的工作，通过家长和教师间形成良好的沟通关系，双方及时有效获得幼儿的学习以及生活的信息，保障幼儿教育工作的良好推进。而拓宽家园沟通的渠道就显得比较重要，教师和幼儿家长间的沟通要及时，从整体上提升家园共育的质量水平。

本园针对封闭式管理的幼儿园，开展了双师课堂的线上家长课堂活动，由班级教师利用现代信息的发展，录制音频、PPT、专家视频，分享到家长群中，家长们再利用自己的空闲时间参与。起初家长们的参与热情并不高，可能是因为初次尝试线上云课堂的模式，家长们还没有正式认识到云课堂的意义与重要，家长们的参与率与重视程度效果并不显著。在教师日常的引导与部分家长的积极带头作用下，每月的双师课堂参与率都逐步上升，家长通过双师课堂可以更加了解幼儿园教师对幼儿培养的计划与目的，并且可以联系家长课堂，切身感受到幼儿的变化与成长。云课堂中还增加了家庭指导的方面与策略，可以让家长们与幼儿园共同携手，在生活中培养幼儿的积极品格，让家长们面对幼儿的一些行为，可以科学地、有方向地进行引导与帮助。虽然目前家长与教师之间的沟通并不像以前一样方便与直接，但是云课堂这一活动的开展，一方面拉近了家长与教师之间的距离，另一方面也让家长学会了成长、学会了教育幼儿的方式方法，变得科学且有爱。由此可见，积极地开展线上沟通平台是十分有必要的，不仅拓宽了教师与家长之间沟通的方式，更架起了家长与幼儿之间沟通的桥梁。线上沟通得到了强化，才能真正为实际教育教学工作的良好推进起到积极促进作用。

3. 线上家园沟通要注重耐心

为了可以更好地和家长进行线上沟通与交流，教师首先要对幼儿的基础信息有完善的掌握与了解，如生活环境、性格特征和素质情况等，做好幼儿的基础信息收集工作，关注幼儿在园的心理和行为变化，长期有目标地进行观察与关心，这样能为后续的家园共育工作的开展起到积极的促进作用，面对家长的询问也可以做到有迹可循，有理可依，获得家长的信任与尊重，让家长知道教师认真地对待每一位幼儿、关注每一个问题。同时，教师要对幼儿家长的教育方式等有充分了解，对家长沟通中提到的相关问题加强重视，积极缓解沟通氛围，积极促进家园沟通效率有效提高。开展云课堂可以针对每位家长的不同教育方式，大家一起交流学习，引导家长使用科学的方式教育幼儿，及时耐心地与家长沟通，转变家长的教育观念，做好长期的追访工作，从而在整体上提升教育质量，只有在沟通中保持耐心，才能有效提升线上的沟通质量。

三、总结

线上沟通是幼儿园封闭式管理的重中之重，通过积极有效的沟通，促进家园共育的实施与落实。教师与家长之间的沟通是一切家园共育的开始，因疫情而开展的线上交流，也需要我们认真思考、落实，有效的沟通是封闭式管理的一剂强心剂，无论是对家长还是教师，都是十分有必要的。在家园共育下进行线上沟通联系，深化教师和家长之间的认识，为幼儿健康成长和发展起到积极作用。

浅谈培养小班幼儿勇敢品格的实施方法

北京市昌平区南口镇中心幼儿园 李 莎

一、培养幼儿面对会害怕的事情，会在成人和同伴的鼓励下勇敢地面对

恐惧是个体对危险、可怕现象的直接反应。幼儿的恐惧包括由耳朵、皮肤等感受到的危险刺激引起的恐惧、与知觉和经验相联系的恐惧、对陌生刺激物的恐惧如怕生，以及预测性恐惧如怕黑、怕坏人等。幼儿由于先天性格不同及成长经历、环境不同，会导致对某些事物有明显的害怕情绪。通过口诀技能的学习与锻炼，帮助幼儿能够在遇到害怕事物的时候有放松心态、克服恐惧的能力，帮助幼儿能够更好地实现社会化发展。

在主题活动的开展中，我们主要通过绘本《鳄鱼怕怕，牙医怕怕》的故事，让幼儿能够初步感知勇敢，做个勇敢的小朋友。在与幼儿的谈话中，我们也了解到有些幼儿特别害怕生病到医院打针，针对这一现象，我们开展了一系列的教育活动，例如“勇敢的孩子”“小小医生”“我不怕打针”“害怕时怎么办”，让幼儿在活动中体验，同时也利用家长资源。班级中有的幼儿家长是护士和医生，所以让家长将自己工作的环境和工作时的照片与幼儿进行分享，让幼儿首先知道医院是当我们不舒服的时候可以看病的地方。然后让幼儿去通过角色扮演体会医生的工作。我们结合了中班的小医院场景，让幼儿进行体验游戏，幼儿都十分感兴趣。在家中，幼儿都有“小医生”的操作玩具，也让幼儿在家和家长一起玩扮演游戏。我们也在娃娃家投放了“小医生”的操作材料，可以尝试给小宝宝看病。通过这些活动，从心理上让幼儿克服恐惧的心理、养成不怕打针的心理，初步学会勇敢的品质。

在《胆小鬼威利》的绘本中，幼儿通过故事内容了解到威利从一个人人欺负的“胆小鬼”，最终逆袭成为能够保护他人的英雄。幼儿也体会到威利锻炼身体让自己变得更强大和强壮。鼓励幼儿在户外活动时勇敢地尝试，我们也根据幼儿的体测，发现幼儿的平衡能力较弱，为了增强幼儿的平衡能力，我们也会有一些相应的游戏。我们开展的“好玩的轮胎”体育活动中，刚开始尝试的时候，有些幼儿就是走的时候会害怕，不敢踩在轮胎上，甚至会出现“东倒西歪”的情况。我们先鼓励和保护幼儿，提示可以打开小手掌握平衡，如果害怕，可以先踩轮胎的中心，准备好再次出发，经过这样的反复练习，现在幼儿有了逐步的提高，而且我们也通过贝壳的游戏，锻炼幼儿的平衡能力。与此同时，我们发现孩子特别喜欢森林爬网，但当我们让孩子去尝试的时候，很多时候他们都会很害怕，所以我们先从植物园的爬网开始练习，让幼儿学会正确的爬网方法，让幼儿逐步获得成功的自信，再慢慢挑战森林爬网。

二、培养幼儿的独立性，建立充足的自信心

孩子许多胆怯行为的发生是因为他们缺乏自信心。刚进入小班的时候，听到最多的一句话就是：老师，我不会。记得午睡起床的时候，只有我们两个老师，忙着给孩子穿衣服、穿鞋子，还要叠被子、拉床，经常是手忙脚乱。一会儿这边喊了“老师，我裤子不会穿……”一会儿那边又喊了“老师，我鞋子不会穿……”在帮助孩子穿的时候，先介绍方法，然后通过鼓励，孩子们慢慢学会了自己穿脱衣服。由于受疫情影响，今年的小班幼儿在入园期间，父母是不能陪同进园的，所以这对小班幼儿来说是一件具有挑战性的事情。学期初有很多幼儿还处于分离焦虑的状态，所以自己走进幼儿园，不管对于家长还是幼儿来说都有一些困难和苦恼，幼儿会出现撕心裂肺的哭喊，有的幼儿则因为没有看到熟悉的老师，

停下了脚步，还有的幼儿因为不认识班级而大哭。而我们要帮助孩子尽快适应并且鼓励幼儿勇敢地走进来。于是，我们在本月的主题活动开展中，围绕勇敢品格开展了一系列的主题教育教学活动。我们开展了“我会安全上楼梯”“找到小五班”“认识小标志”“制作小标志”等活动，在活动中帮助幼儿解决问题，并且帮助幼儿建立自信心，让幼儿能够勇敢地走进幼儿园。现在班级幼儿都能情绪愉快地走进班级。

三、创建宽松的环境，提供幼儿敢说的机会

幼儿能够主动与人打招呼，是小班幼儿需要锻炼的人际交往的技能。幼儿掌握正确的“打招呼”的技能，能够帮助幼儿形成大胆、接近人、主动性等人格品质。《3—6 岁儿童学习与发展指南》中提到：“3—4 岁的幼儿，应该愿意和小朋友们一起游戏，愿意与熟悉的长辈一起活动。成人可以利用走亲戚、到朋友家做客或者有客人来访的时机，鼓励幼儿与他人接触和交往。”

在集体中，总有个别孩子性格内向，上课不敢回答问题，更不用说在活动中展示自己了。因此，在教学和生活中，我们要多为孩子创建宽松和谐的环境，提供展现自我的机会，逐步消除幼儿独立表现的恐惧，让幼儿试着说，增强幼儿大胆表现的欲望，使孩子敢说。我们要经常利用幼儿来园、饭后、游戏、离园等分散时间，有计划、有目的地与幼儿交谈。通过交谈，和幼儿进行感情交流和沟通，使师幼关系更加亲密，消除幼儿的害怕心理。让幼儿有什么事都愿意告诉老师，不论对发展幼儿语言能力，还是形成对事物的正确态度都有积极作用。我们也通过观察和了解，发现有些幼儿不敢大胆表达，因为恐惧而不敢大声说话。区域活动时，引导幼儿在区评时大胆分享自己的作品和想法，鼓励幼儿在过渡环节中自我展现、当众表达等；在生活中遇到困难时不会大哭或手足无措，而是会想办法勇敢地解决或是勇敢地向他人求助。

四、发挥成人评价的积极作用

个体的自我评价是在社会生活中通过交往而逐渐形成的。在这个过程中，起主要作用的是社会上其他人对自己的态度以及个人对自己心理活动的分析等。对于儿童来说，社会上其他人对自己的态度则显得尤为重要。越是年龄小的孩子，越依赖于他人，尤其是父母、教师的评价。这与年龄小的孩子基本上处于“镜像自我”阶段有很大的关系，他们往往将成人的评价作为认识自己的重要依据。如果一个孩子经常受到父母、教师的表扬，会使他感到自己有较强的能力，不断增加把事情做好的自信心；反之，如果一个孩子经常受到父母、教师的批评，久而久之，会使他觉得自己的能力有问题，看不到自己的力量，从而形成消极的自我评价，产生自卑的心理，认为自己干什么都不行。因此，教师和家长一定要高度重视自己对儿童的评价。

当孩子某件事情做不好时，帮他分析原因，进行正确地归因，这一点也是非常重要的。把成功与失败的行为归因于何种因素，直接影响个体以后做事的积极性和情绪情感。如果把失败归因于能力差或任务难，会降低一个人对未来成功的期望，产生消极的情绪体验，易于形成消极的自我评价，所以，成人千万不要轻易以“你真笨”“干什么都不行”“将来不会有出息”等定性的话语来评价孩子，而是尽量帮助他们。这里要注意的是：尤其是在今天，多数家庭都是独生子女。由于多方面的原因，独生子女往往有任性、爱发脾气、生活自理能力差、团结友爱差等弱点，他们是父母的心肝，大都依赖性强、胆小、不善于控制自己的行为和愿望，也往往缺乏自信。我们的培养目标是使幼儿在体、智、德、美诸方面得到全面发展，在这个发展中，幼儿的智力开发是非常重要的，而在智力开发中，当然也包括自信心的培养。因为自信勇敢的培养对智力开发起着催化剂的作用。

“有了自信，勇敢也就成功了一半”，做任何事情都是一样的。自信、勇敢的强弱与环境和教育有密切的关系，特别是教育的作用尤为重要。俗话说“从小看苗”，一个人幼儿时期的表现对将来有着深远的影响。我希望每一个人从幼儿时期就能信心百倍地做事情。

幼儿教育中的爱国主义情感培养

河北省廊坊市广阳区金果实幼儿园　刘　妍

伴随着素质教育的深入，对人的综合素质要求也在不断提高。一个孩子即使再有才华，若没有基本的爱国精神，也无法为社会更好地做贡献。幼儿作为每个人成长的第一个阶段，幼儿教育作为人生的启蒙教育阶段，对每个人价值观的形成、良好性格与习惯的形成具有重要的作用。

一、我国幼儿爱国主义情感教育存在的问题

(一)缺少良性的家庭示范效应

父母是孩子的第一任老师，也是最好的老师，所以对于幼儿爱国主义情感教育来说，更好的家庭示范效应，对于幼儿情感教育的效果以及幼儿心中爱国主义思想的形成是十分有利的。但是，现如今我国很多家庭缺乏这种良性的示范效应，究其根本，很多父母自身并没有形成牢固的爱国主义思想，那么他们就无法言传身教地影响儿童，进而起到示范的作用。

(二)幼儿教师教育观念落后

除了父母与家庭的教育和影响之外，对幼儿来说更多的时间是幼儿教师陪伴度过的，而幼儿教师担负的就是通过科学教育的手段，培养幼儿心中的爱国主义情感，但是很多教师自身的教育观念比较落后，再加上部分教师个人专业素养不过关，在对幼儿的教育当中更多地采取了简单的照本宣科的模式，再加上一些幼儿教师对于爱国主义情感的教育不够重视，这样的教育过程就变成了浮于表面的形式，而无法真正起到教育幼儿内心的效果。

(三)部分地域教育条件落后

由于爱国主义教育不是简单的课堂、课本教育，而是综合性的对幼儿内心爱国主义观念的一种培养，所以在教育的过程中也需要一些足够的外部条件。而我国面临地区经济发展差距较大的现状，一些经济欠发达地区，他们的教育条件比较落后，无法更好地对幼儿进行爱国主义情感教育，往往采取退而求其次的方法，对于整个教育的过程大打折扣。

二、幼儿爱国主义情感教育的主要内容

(一)民族自豪感与自信心的培养

民族自豪感和民族自信心是每个人心中爱国主义情感的根源，只有为民族自豪和自信的人才会对国家有着深沉的热爱。中华民族是世界上历史最悠久的民族之一，中华民族的祖先们创造了灿烂的文明，在世界文明史上都有重要的地位，因此，我们没有理由不为身为中华民族的一员而骄傲，更应当让幼儿从小树立坚定的自豪感与自信心。

(二)传统文化的熏陶与传统美德的培养

爱国主义情感是一种精神的延续，究其根本，是对民族传统文化特别是传统文化中精髓文化、美德文化的一种继承与发扬。因此，对于幼儿的爱国主义情感教育，更要从根本抓起，培养其对传统文化和美德的感情与热爱。

(三)中国共产党革命精神的培养

中华民族是经历过繁荣也经历过苦难的民族，在近代中国的水深火热之中，中国共产党发挥了中流砥柱的作用，领导中国人民战胜了敌人，走上了今天的富强和发展之路。在这一过程中，中国共产党所体现的大无畏革命精神和无数仁人志士为了今天所付出的牺牲，更是需要我们告诉幼儿并引导他们去学习的。

三、培养幼儿爱国主义情感的方式方法

(一)举办爱国仪式性活动

幼儿的年龄还很小，心智还不够成熟，其理解能力的特点是形象思维能力刚刚形成，抽象思维能力几乎为零。所以，要想更好地对幼儿进行爱国主义情感教育，必须让他们更加直观地感受到什么是爱国主义情感以及这份情感的重要与庄严，因此，定期举办相应的爱国仪式性活动就变得尤为重要和可行。

(二)开展节日纪念、传统文化宣传活动

目前，为了加强全民的爱国主义教育，我国已经通过立法的形式确定了很多纪念日，在此基础上还有一些民间、地区性的组织发起了传统文化宣传等活动。例如抗日战争胜利纪念日、南京大屠杀公祭日等。这些活动更应当在幼儿教育中广泛开展，让幼儿从小就对这些纪念日和活动印象深刻，有利于其爱国主义情感的形成。

(三)家校合作，创设幼儿爱国情感教育情境

爱国主义情感教育对于幼儿来说应当是全面的、立体的、综合性的，因此，仅仅依靠学校的教育是远远不够的。对于幼儿来说，耳濡目染是最好的教育方法之一，因此，学校教育与家庭教育应当广泛合作，为广大幼儿创造出一个可行的爱国主义情感教育的最佳环境。

(四)优化幼儿爱国主义教育相关课程设计

幼儿的爱国主义教育不能只是一句简单的口号，而应当是可行并且切实落实的政策与制度。所以，必须把针对幼儿的爱国主义教育制度化。具体来说，需要建立一个科学合理的爱国主义教育课程，在此基础上优化爱国主义教育相关课程的设计与实施，充分调动起幼儿心中的积极性与主动性。

综上所述，中华民族有着悠久的历史，其中传统文化更是我们的宝贵遗产，将这些优秀的传统道德习惯与爱国主义情感相结合，采取德育教育的方式以及心灵引导的模式让孩子们用心感知、用心体会，最终在他们幼小的心灵里生根发芽，这不仅仅是幼儿教育者的义务，也是每一个孩子成长的关键。当然，除了学校教育之外还需要教师、家长的共同努力，最重要的就是要用心去引导孩子，精诚所至，金石为开，特别是爱国主义情感是每一个中国人内心深处的共鸣，对于幼儿来说，只要方法得当，必然事半功倍。

新入园幼儿哭闹现象的原因及对策研究

北京市密云区小博士幼儿园　张红娜

一、当代幼儿家庭抚养状况及对幼儿入园的影响

随着时代的变迁，孩子们的个性和家庭抚养方式也随着时代变化而有所不同，包括家庭地位、家长期望值、自身能力水平等，都是我们关注的重点内容。每一个孩子都是独特的个体，随着当代家长素质、家庭教育质量的提高，家长对幼儿园、对教师的期望也随之

提高，都希望教师能够充分关注自己的孩子。新入园孩子不仅存在适应性问题，也存在家长焦虑的问题。在参考诸多解决方法后，我认为家长的作用是不可忽视的，要在孩子入园前进行家访，了解孩子家庭的抚养习惯，并与家长探讨孩子入园时的适应方式等。本次论文的研究，我将侧重点放在幼儿家庭抚养和家长的情绪以及家长在孩子入园前的准备工作方面。同时，教师和孩子的亲密度也能让孩子对教师产生依恋情绪，促进孩子尽快适应幼儿园生活。

二、新入园幼儿哭闹的原因及分析

(一)新学期幼儿的哭闹问题

对于教师来说，每年九月是“战争”的开始；对于家长来说，九月是对孩子放手的第一步，也是不忍和焦虑的开始；对于新入园的孩子来说，九月是他们离开家庭走向集体的第一步，也是他们迈向社会的第一步，是幼儿人生的一大转折点。幼儿有的哭闹不止，有的情绪不安，有的不爱说话，有的甚至拒绝进食。如何让幼儿尽快适应幼儿园生活，需要幼儿园、教师、家长的相互配合，共同努力帮助幼儿迈出步入社会的第一步。

(二)幼儿哭闹现象产生的原因

1. 幼儿入园产生分离焦虑

分离焦虑是指个体与其依恋对象分离或与其家庭分离时产生的过度焦虑和发展性不适。幼儿分离焦虑障碍指孩子与依恋对象(通常是父母)分离时，孩子因过度担忧对象安全，害怕分离及与对象再也不能相聚而表现出的过度焦虑行为。刚入园幼儿的哭闹行为是在离开经常抚养人和父母等亲人，来到一个陌生的环境所产生的正常的自我保护反射行为。因孩子的气质特征不同，焦虑时间也有所差异，有的孩子持续时间较长，这类孩子一般抚养人单一，极少与外人接触，对直接抚养人的依恋较强；一些孩子的焦虑时间较短，这类孩子多数都是由多人抚养或经常与不同的人接触，能够较快进行依恋转移。

2. 幼儿没有安全感和归属感

幼儿在家庭里具有天然的归属感，但当他们来到幼儿园面对各种陌生的人和事物，谈何归属？马斯洛提出人有五种“需要”，包括生理需要、安全需要、归属和爱的需要、自尊需要、自我实现的需要。低层次需要满足后，才会逐渐上升到高层次的需要。刚入园的幼儿所处的环境都是陌生的，陌生的幼儿园、陌生的教师、陌生的同伴。直接抚养人的离开和陌生的环境让孩子产生一定的恐惧不安感；幼儿认为这里不是自己的家，不是自己熟悉的亲人和伙伴，没有归属感。处在这样一个心理和物质的环境里，孩子们会用哭闹等来表达自己的情绪和需要。

3. 家长的焦虑情绪影响

随着时代进步和家长受教育水平的提高，对孩子的关注度也同样提高，同时爷爷奶奶、姥姥姥爷、爸爸妈妈都围着一个孩子转，孩子在家中处于中心地位，出现的任何表情、变化、需求都牵动着他们的心。当孩子进入幼儿园表现出哭闹不安的焦虑情绪时，家长在家同样会出现各种担心和焦虑情绪，也会产生各种联想：孩子自己在幼儿园还哭吗？老师有没有关注自己的孩子？吃饭、睡觉了吗？会不会被其他小朋友欺负？等等。孩子回到家后，家长们迫切地想知道幼儿在园情况，就会向幼儿提出引导性问题：老师喜欢你吗？老师抱你了吗？小朋友欺负你了吗？老师喂你吃饭了吗？你是不是一直哭呢？每一个孩子的焦虑情绪表现不同，个别孩子在家会出现一些过激反应，如：入睡时哭闹、坐立不安等，家长看到后会增强担忧与焦虑的情绪并表现出来，孩子就会被家庭中这种不安和焦虑的氛围所感染，以至于增强了幼儿的焦虑感。

4. 幼儿园秩序的约束感

幼儿园是孩子步入社会的第一步，也是孩子社会性发展的开端，当孩子进入幼儿园后，会被班里的各项规则所制约，如按时午睡用餐、饭前便后洗手、在指定区域游戏、要学会排队和自己收拾、整理物品等。刚进入幼儿园的孩子被这些规则所制约会产生不适应感，就会排斥幼儿园生活。

三、幼儿刚入园时的哭闹表现

（一）脾气暴躁型

这类孩子的表现是大声哭闹、满地打滚，扔东西、打人，甚至伤害自己，但闹过之后就能很快平静下来。他们很容易被新奇的事物所吸引，前一秒钟还在哭闹，看到桌上新奇的玩具就会凑上前去摆弄，但当对玩具失去兴趣时就会立刻哭喊着要回家。

（二）依依不舍型

这类孩子的典型特征是独立性较差，来到幼儿园搂着家长不放手。他们一般在家都得到父母和长辈过分的宠爱，不愿意离开朝夕相处的亲人。这类幼儿是早上来园表现最激烈的，当走到班级门口时，他们会抱着家长不放手。这时就会出现“抢孩子”镜头。

（三）喋喋不休型

这类孩子会很快将依恋情绪移情到教师身上，会跟着教师不停地问同样的问题。他们的分离焦虑表现为不停地追着老师问各种问题，例如“我妈妈几点接我呀?”“几点能回家?”也会表现出对教师的依恋，“老师您抱抱我”“老师您去哪呀”，这时你会发现教师身边通常会多出一个“小尾巴”。

（四）默默伤心型

这类孩子的表现是默默不语或悄悄流泪，有的甚至拒绝吃饭。他们一般比较懂事，自控能力强，感情不外露，不会像其他小朋友似的大哭大闹、纠缠着家长不放手，只是在一旁默默地流眼泪，看着让人心疼。

四、应对幼儿哭闹现象的策略

（一）新学期准备工作

教师做好新学期的准备工作：①幼儿入园前进行家访，了解幼儿的家庭环境和幼儿的爱好，如与幼儿家人聊天、和幼儿一起游戏，消除幼儿间的陌生感，为幼儿顺利入园做准备。②请家长配合让孩子在家养成良好的一日生活常规，如自己穿脱衣服，独立用餐，独自入睡等。③请家长带孩子熟悉幼儿园环境，陪同幼儿在园游戏，参与亲子活动，教师尽可能与幼儿沟通，并逐步增加幼儿与家长分离的时间。

（二）创设适宜的环境

创设家一样的环境，用游戏的方式接待幼儿入园，使孩子有归属感。归属感就是回到家的感觉，家里安全、放松，有关爱、认同、包容、和谐与温暖。通过适宜有效的活动，使幼儿情绪稳定，逐步适应幼儿园生活，愿意来园。

（三）教师的亲和力

教师以和蔼可亲的态度接纳幼儿，使幼儿感到温暖、安全，逐步建立起与教师的依恋关系。幼儿对父母有深厚的依恋感，这是因为亲情效应的存在，教师应该像妈妈一样体贴、关爱幼儿。对于孩子来说，在幼儿园与教师产生依恋，得到教师的安慰和帮助是非常关键和重要的。首先，我们要做到耐心地倾听和细心地引导、安慰，对于孩子喋喋不休的各种问题，我们要积极应答，让孩子对教师产生信赖感；其次，还要寻找各种机会与幼儿亲近，增强与幼儿之间的依恋感等，以促进幼儿尽快适应幼儿园生活，减少孩子哭闹现象的发生。

（四）情绪表达

关注幼儿的情绪变化，引导幼儿表达自己的情绪。教师应理解和接纳小班幼儿"情绪化"特点，不要把自己的意志强加给孩子。如不高兴时可以寻求教师的帮助，想让教师抱抱就用语言告诉教师等。

五、总结

新入园幼儿情绪不稳定是普遍存在也是不可避免的现象，但怎样才能让我们的孩子尽快适应幼儿园，让他们能够愉快地在园生活呢？首先，作为幼儿教师要做到接纳孩子们的这种情绪，帮助他们尽快克服这种焦虑情绪。其次，需要教师用爱心、耐心、责任心来关注孩子、引导孩子。再次，帮助家长了解幼儿园、了解教师、了解孩子的性格特征，使家长对我们的工作产生信心，相信教师、相信孩子。最后，帮助家长在家正确引导孩子的情绪和行为，减少孩子在家的焦虑情绪。我相信孩子们会用最好的方式来回馈我们的爱。

幼儿园"支架式"微教研的实践探索

北京市房山区教师进修学校 李艳辉

教研是教师专业成长的有效途径。支架式微教研从问题支架、课例支架、多媒体支架入手，重点关注策略跟进。通过问题前置，聚焦共性问题和热点问题，导引个性问题。通过课例前置，开展一课多研、重点分研、多点一研，凸显重点，捕捉亮点，解决难点，从而创新教研实践，实现教研由虚向实的跨越，有效助推教师专业成长。

一、找准切入点，开启微教研之旅

微教研的开启与传统的园本教研开启方式有所不同。传统的园本教研需要有正规的研究议题、较为固定的人员和固定的地点，而微教研可以随机发现问题，随时展开研讨，也可以借助微信等网络手段展开。因此，微教研的开启更加灵活，方式更多样。但微教研同样需要找准切入点，发现真问题，这样才能研而有用，研而有效。随机发现问题，并找准问题切入点，即时开展的微教研会让教研参与者更具有目的性和针对性，教研的内容也更加生动朴实，贴近教师工作。

我在一次入园常规指导中，目光偶然落在中班某班级儿童画袋的作品上，有的作品规规整整、主题突出、绘画技巧娴熟、颜色涂得也很平整，但成人指导的痕迹太明显；有的作品不经解释看不太懂。我对这些作品产生了好奇：儿童的作品要表达什么？我们应该如何欣赏儿童作品呢？我挑选了一些作品和该班教师进行了沟通，开启了微教研之旅。

这次教研的切入点落在儿童作品表达的内容以及如何欣赏儿童作品上。第一个问题非常个性化，探究的内容也很具体，第二个问题则具有共性。由个性化的问题切入，再逐步引发或解决共性的问题，也是微教研具有的优势。它常常是常规教研或者集体教研的"先遣部队"。

二、把握关键点，推进微教研进程

微教研开展过程中，内容、人员、场地具有即时性的特点，让每个参与教研的人都可以是教研的发起者和组织者，让教研参与者更具有主人翁的意识和感觉。诱发教研参与者的自我意识是微教研的关键。

我将挑选的作品和班级教师展开讨论。我先请老师介绍我看不懂的作品 1。老师一看到这幅作品，便滔滔不绝地讲述起该作品和作品背后的故事。老师说："这是轩轩的作品，当时他画完我们也觉得奇怪，根本看不懂，我就问他画的什么，他说：‘这是数字的家，1、2、3、4想出去玩，但是它们被关在家里出不来，后来，它们出来了，去找数字9，数字9也被爸爸妈妈关在家里，它们救不出数字9，只好走了。后来，1、2、3、4也被关起来了，1、2、3被关在一个地方，4被关在一个地方，它们这次跑不出去了。’这是孩子当时的解释。这个孩子经常画这样的画，还有几张画都是这种格子的、方框的，里面是数字、字母，有时还有字。”

我觉得很好奇，感觉这一定和家庭教育有很大关系，追问道：“那这个孩子的爸妈对孩子平时的教育是什么状态，了解过没有?”

老师说：“因为孩子平时不活泼，总是很安静地坐着，画画的内容表达也很奇怪，我也和他的父母交流过。父母对孩子要求很高，很早就开始让他认识数字、拼音和汉字，还学钢琴，孩子根本没有玩的时间，他现在认识的字比班上其他孩子要多很多。我们也跟孩子父母说这样对孩子不适宜，会让孩子失去学习兴趣，但他的爸妈一致认为孩子需要早期培养，而且他们很为儿子认识很多字而自豪。交流了几次，但效果都不明显。孩子自己也说天天要写数字、认字，爸妈不带他出去玩，他想玩。”

我指着画说：“他的画面中几乎没有别的东西出现，孩子情感上对丰富多彩的大自然和游戏生活的向往被硬生生地折断了。这么大的画面，就出现这么一个小小的人，被挤在画的最中间，很突出的位置，却很不起眼，多像小孩子自己啊，看似被父母包围着、宠着，其实却微不足道，他的愿望、情感都被漠视。”

老师非常赞同地点了点头，又指着作品2说：“这是我们开展‘我和动物做朋友’的主题，我带孩子们去观察咱们园的小鸡和小兔子，回班之后孩子们根据他们观察的动物画的。洋洋说她很喜欢小鸡，就画了这幅画，名字叫‘我和小鸡做朋友’。这孩子在班里是比较自由、不受约束的，她比较善于表达自己的情感和想法，还有一点就是她画画从来不用笔勾外形，都是直接拿油画棒画，非常自信洒脱。她对小鸡满满的爱都跃然纸上了。”

我说：“在孩子的眼中，小鸡和她是平等的，运用夸张的手法把小鸡画得和她一样高，就是要表达对小鸡的喜欢，真正感觉她和小鸡是好朋友。她在小鸡中间，伸展着双臂，像是和小鸡在玩游戏，多么开心的画面。她画的小鸡虽然看上去不像，但有神似之处。她和小鸡占了整幅画面，感觉她完全沉浸在和小鸡做朋友的喜悦中，整个画面都透着孩子的自信和对小鸡满满的喜爱。”

本次教研活动由我引发，但过程中我们可以看到教师做了非常积极的回应，并主动表达了自己的很多想法和做法。我反思之所以出现这样的情况，是因为这是教师熟悉的、关注的，也是渴望表达的内容。因此，找准切入点，让教师能够成为教研中的积极参与者与发起者，这是微教研的关键。在这段教研中，我了解了作品背后的故事，也激发了教师教研的欲望。

三、挖掘潜藏点，把握微教研方向

微教研的切入点常常是个性化的问题，而在切入并解决个性问题的过程中，我们却可以进一步深入挖掘其背后共性的问题，这种潜藏在个性问题背后的共性问题，往往会成为教研的方向。

我们如何欣赏儿童美术作品？

我指着同在桌子上的作品3和作品4问：“老师，看了前两幅作品，再看这两幅，你有什么感受?”

老师非常认真地说：“刚才的两幅作品，总体感觉是作品中反映了孩子的情绪情感，还有自己看到的东西。第 3 幅和第 4 幅作品是我们班绘画技能比较好的孩子画的，他们学习过美术，从技能上看，线条、画面布局、色彩，包括第 3 幅作品遮挡关系的处理、第 4 幅作品颜色的渐变等，做得确实不错，但看不出孩子的情感。”

我接着说：“从第 3、4 幅作品中，我们能感受到绘画突出的是技能技巧，是美术本身的特点，而缺失了儿童自身的特点，画背后的观念实际上是成人世界中的美，这反映了绘画教学中美术学科的目标取向。而前两幅作品我们能感受到绘画突出了儿童的情绪情感和生活，展现的是儿童眼中的世界，这反映的实际上是儿童发展取向的教育目标。那究竟该如何欣赏儿童美术作品呢？”

老师说：“以前确实没太关注过这点。经过这次讨论，我觉得儿童美术应该让儿童大胆表达自己的想法和情感，以及他的生活，而不是只重视技能技巧的训练。要从孩子的视角看儿童的作品。了解孩子的作品要表达什么，倾听孩子对作品的解释，要能通过欣赏大师作品、写生、参观等方法丰富儿童头脑中的形象，鼓励儿童自主探索，富有个性地表现。用欣赏的眼光去看，发现儿童作品中的独特价值。”之后，我们进一步分析了儿童美术是儿童生理发展的需要，是儿童用绘画等方法表达情绪情感和需要、记录生活的一种手段，也是儿童理解外部世界的关系的一种需要。

如何欣赏儿童美术作品？这是一个教师共性的观念性的问题，观念不同会导致对幼儿作品的看法和评价不同。因此，我们从幼儿作品表达的内涵延伸出从儿童的视角欣赏儿童美术作品，这对其他教师欣赏儿童美术作品起到了理念上的引领和欣赏视角的启发的作用。这正是微教研的独到之处。当然，微教研并不一定强调要从个性化的问题挖掘出共性的问题，但倘若如此，微教研将发挥更大的作用。

四、提升闪光点，拓展微教研成果

微教研中获得的成果如果要更大范围地使用，那就需要进一步推广，让更多的教师受益。因此，在上述微教研后的一段时间，我们通过查阅资料—分析儿童美术作品—开展教学研讨等途径，在小组范围内开展了系列教研活动，让教师系统地了解儿童美术和儿童美术作品的价值，了解儿童美术教育的取向，并通过分析作品让教师理解如何评价儿童美术作品，同时，结合《3—6 岁儿童学习与发展指南》，通过多样化的实践活动，探索适合儿童美术教育的途径和方法。

这次微教研让我深切感受到，教研从问题情境出发，用真实的材料作支撑，才能研而有效，研而有用。微教研因其即时性和随机性等特点具有独特的价值，随着时代的发展，微教研将成为幼儿园园本教研中重要的组成部分。

浅析如何在课程实施中师幼共构班本主题

——以小班班本主题“好吃的橘子”为例

江苏省苏州市幼儿师范高等专科学校附属花朵幼儿园 谈 蕾

师幼共同构建班本主题是在教师观察幼儿的基础上，结合班级、社区、幼儿园等大环境，师幼共同建构的适合幼儿身心和谐发展的课程。在主题实施的过程中，教师秉持开放的观念思考问题和解决问题，始终践行让教育回归生活，在生活中不断提升、拓展幼儿经验，因此“好吃的橘子”班本主题得以在实践中不断完善，在实践中发现问题并解决问题，师幼共同构建具有特色的班本主题。

一、在班本主题实施前，教师给予幼儿宽松的环境，让幼儿自主行动体验，并以此作为班本主题实施的切入口

开学初，当我们来到种植园地时，孩子们看到了一棵橘子树，纷纷围拢了过去，被挂在树上的一个个小橘子吸引住了。我发现孩子们对橘子树有着浓厚的兴趣，当前正在开展的主题是“蔬菜水果人人爱”，其中只有一个关于橘子的集体教学活动，不能比较深入地探究橘子树。十月是收获的季节，综合幼儿的兴趣、季节特征、幼儿园资源、家长资源等因素，开展班本主题“好吃的橘子”正当时。

(一)由一个有洞洞的橘子引发的讨论

一个有洞洞的橘子引起了孩子们的注意，他们进行了大胆的猜测：可能是蚂蚁偷吃了橘子，可能是小鸟啄出来的。为此，爱树心切的孩子们想出了很多妙招：请负责绿化的爷爷喷药水打虫子；在树上方拉一个网不让小鸟啄橘子；提醒幼儿园的小朋友们不要采橘子，一起保护橘子树。

(二)保护我们的橘子树

孩子们决定：要保护橘子树，把橘子树围起来。于是我们买来了小栅栏，孩子们挖土，我把栅栏固定在地上。教师对幼儿给予充分的鼓励，尊重和满足幼儿的需要兴趣，给予他们足够自由的权利和空间，幼儿在这样宽松的环境中体验行动。

二、在班本主题实施的过程中，教师需具有随机应变的能力，师幼共同创造性地构建班本主题

在班本主题实施过程中教师要灵活，充分体现创造性。教师及时反思、总结、提升经验，灵活有效地对班本主题进行调整。在具体实施过程中，再根据幼儿的表现、回馈，进一步丰富课程内容。除此之外，教师、家长、社会等因素也是关键点。

自从孩子们认领橘子树为班级树后，经常主动浇水，越来越关心橘子树的变化。孩子们制作了班级树牌，挂在了树上，橘子树有了“身份证”啦！

幼儿是鲜活的个体，每个幼儿在课程实施中的反应、表现都是不一样的，教师应尽量敏锐地捕捉来自不同幼儿的信息，充分发挥自己的教育机智，更好地激发幼儿的主动性和积极性。

橘子树成了小朋友心中的“明星树”，每天都要去看看橘子树有没有新的变化。于是我们开展了活动“我和橘子做朋友”。孩子们每人认领了一个橘子，并在橘子上贴上自己的姓名贴，每位小朋友都有了自己的“橘子朋友”。每天孩子们都有新发现：我的橘子变大了；找到橘子树上最大的橘子啦；我的橘子变黄啦；我的橘子在最上面……

三、在班本主题实施过程中，开放性地利用园内外的各种课程资源，以取得课程实施的最大效益

“好吃的橘子”主题开展后，引起了家长们的关注，几位家长建议，组织一次亲子采摘活动，主动提供了采摘橘子的资源。家长提前联系好，橘子树的高度正好能让孩子们摘到橘子。

亲子采摘后，有热心家长主动教孩子们制作“橘乐圆子”。教师将幼儿分成三大组，有了家长志愿者配合教师，三组幼儿就能同时搓小圆子，并能及时得到成人的指导和帮助。在活动前教师提前和家长沟通好，如何示范讲解将面粉变成面团，如何搓小圆子等，尽量鼓励幼儿独立操作。家长没有包办代替，而是让孩子们自己尝试，孩子们完成了搓小圆子的工作，乐滋滋地品尝了自己做的美食。

《幼儿园教育指导纲要(试行)》中明确指出，“幼儿园应与家庭、社区密切配合，与小学相互衔接，综合利用各种教育资源，共同为幼儿的发展创造良好的条件”。在师幼互动、幼幼互动、家园互动的过程中开放性地利用园内外的各种课程资源，以取得课程实施的最大效益。

四、师幼共同构建班本主题，体现了班本化的特点，是课程实施的重要方面

课程实施的主体——幼儿，他们来自不同的家庭，有着迥然不同的家庭背景和个性特点，每个班级的教师也有属于自己的保教风格。在教师与幼儿共同构建班本主题的过程中，班级会形成富有特色的教育环境，使课程实施呈现出班本化的特点。在这个过程中，幼儿、教师与课程的互动形成了属于“我们的”课程。

例如：“找找橘子的秘密”活动。幼儿通过剥橘子，探索橘子的秘密。孩子们发现从橘子的“肚脐眼”开始剥橘子皮，就比较容易剥。谯远一边剥一边把橘子皮剥成了一朵向日葵。帅帅把橘子皮剪成了又细又长的“面条”，剪好的橘子皮可以清洁后放入娃娃家作为游戏材料。沅沅吃到了果核，他把果核放在桌子上排好队，数出是 6 粒果核。

综上所述，幼儿的生活是充满生机智慧的，蕴含着无限的教育契机。在“好吃的橘子”班本主题中，小班幼儿的年龄特点、已有经验决定了主题以幼儿自身为中心逐渐向其所熟悉的周遭环境过渡，这些内容都是立足在幼儿的已有经验之上，以幼儿感兴趣的内容展开活动，随着主题的发展推向下一个活动，循序渐进，环环相扣。

例如：“为橘子树制作爱心卡”活动。孩子们在爱心卡上留下了对橘子树说的话，孩子们讲出了自己对橘子树的感受，希望橘子树爱自己、接纳自己、喜欢自己。这个活动使孩子的情感获得极大的满足。

欣芮说：“橘子树喜欢我吗？橘子在对我笑呢！”

伊诺说：“妈妈和我是好朋友，橘子树你的好朋友是我吗？”

承逸说：“橘子树快快长大，小朋友们不能吃掉它。”

依梦说：“橘子树越长越高，我要快快长大！”

正如《3—6 岁儿童学习与发展指南》中所说：“幼儿的学习是以直接经验为基础，在游戏和日常生活中进行的。”杜威认为“教育即生长，教育即生活”。幼儿是好动的，喜欢在行动中学习并有所体验。对他们来说，只有亲身经历过的经验才是完整的、有效的，也只有通过体验才能让他们的心灵更充实，情感更丰富。这种直接知识是幼儿通过在实际生活中照料动植物而获得的。教师引导幼儿去体验、尝试、积极探究、操作和交往，这才是课程实施的目的所在。

教师根据幼儿的兴趣爱好以及突发事件等不定因素，调整教育教学活动，要充分考虑课程实施的原则，在幼儿参与体验的过程中转化为他们的经验，实现课程目标，体现课程价值。幼儿园课程的目标是全面性和启蒙性的，内容是生活性和整体性的，课程实施是幼儿多感官参与的，是活动性的、多形式的。

1. 提高教师课程实施的能力

教师对课程实施的驾驭能力直接决定了课程的效果，因此对教师的要求不再仅仅是在课堂中独立完成教学行为。而是在一日生活各个环节中与幼儿的互动。这一生态化的教学过程对教师的工作方式提出了更高的要求，需要教师对幼儿持续地、细致地观察，并及时利用自己的专业知识进行分析和调整。

2. 教师是促进班本主题发展的关键

教师是课程建设的开发者、研究者和实施者，教师的专业水平是课程实施的效果之一。教师不仅仅是课程的实施者，更是课程的建构者，在课程实施中主动探索、不断调整，与幼儿共同在课程中走向深入，因此教师理念的更新是课程有效实施的保证。

3. 教师应大胆创设适宜的班本主题

适宜的班本主题是在观察幼儿的基础上，结合班级、幼儿园等大环境，幼儿和教师共同建构适合自己班级幼儿的课程。教师充分挖掘地方文化、民俗节日、节气时令、社会事件及园所环境等资源，并结合幼儿一日生活、幼儿社会实践及偶发事件等，可以灵活生成一系列的班本主题。教师在生成和实施班本主题活动时，不仅可以更加放手大胆，而且可根据幼儿的年龄、习惯等不相同，开展不同类别主题，这也是促成更多班本主题形成的源泉之一。

手环设备之于幼儿园区域活动的应用研究

上海市杨浦区翔殷幼稚园　李　玮

区域活动开展效果的优劣直接体现了幼儿园的办学软实力与硬实力；关系到幼儿的身心健康发展和积极的学习态度、生活态度的形成，其重要性不言而喻。但传统的、基于观察法的对区域活动的评价往往易受教师主观因素的影响，对区域活动实际效果的评价往往不够完整，具有片面性。本研究尝试将手环设备引入区域活动，通过手环来记录区域活动的活动数据，辅助教师更加全面、客观地评价区域活动的开展情况。

本文利用手环记录为期三周的区域活动情况，每周为一个记录周期，通过每个区域每一周的“日均时间”、“日均人数”以及“人均时间”来反映活动情况，将这些统计数据“翻译”成区域中存在的问题。

一、区域活动方案

(一)方案布局

将区域活动的场地划分成8个内容的活动区域：生活区、阅读区、语言区、益智区、数学区、动作区、建构区和美工区。具体布局见图1。

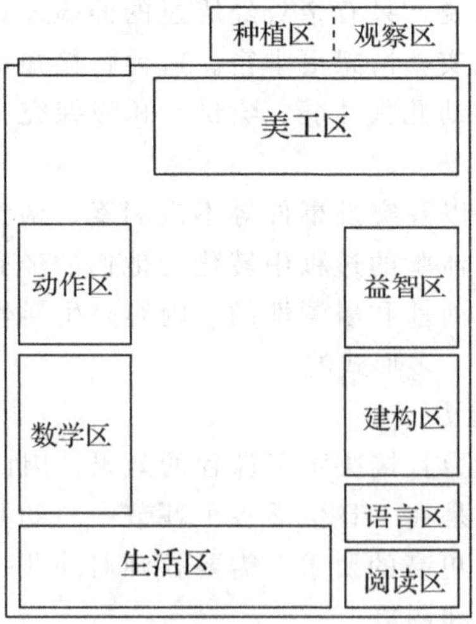

图1　区域活动布局

(二)方案描述

参与研究的班级幼儿总人数为 30 名，为了使整个班级幼儿可以比较均衡地在区域中活动，每个活动区域平均 4 名幼儿左右，这样每个区域的大小应该至少保证 4 名幼儿的活动空间。对于活动空间相对较小或者活动私密度较高的区域在人数上进行适度的限制。

根据各个区域的活动特性进行位置的安排。另外，教室中对于各个区域的整体布局要规划合理。在各个区域空间墙面上贴着代表活动区域内容的标志。

二、手环数据采集与输出

(一)手环与信标

本研究所用手环和信标如图 2 和图 3 所示。手环的功率为 0.4 mW，低功耗保证长达三年的续航，免去了教师经常充电的烦恼。信标的覆盖半径范围为 0～5m，可以把每个活动区域都 100%覆盖；边界误差为±0.1m，保证区域间不会串信号，确保活动数据不会混淆。

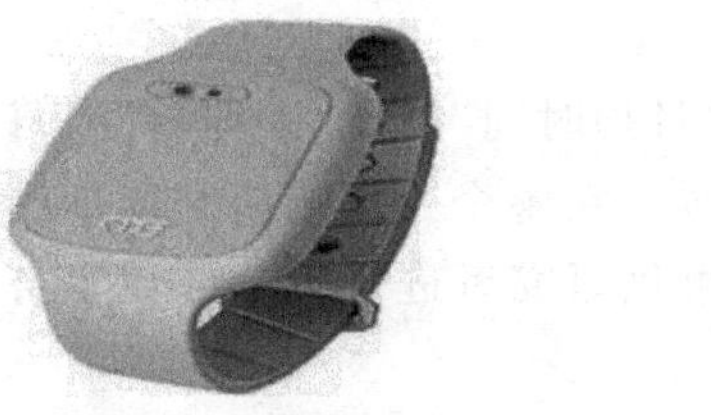

图 2　研究用手环

图 3　研究用信标

(二)手环数据采集方案

开展为期三周的配备手环设备的区域活动，在每个活动区域的中心位置安装上信标设备。进入区域活动的每名幼儿都在手腕上佩戴了手环，每次进出一个区域以及逗留时间都会被记录。

每次活动后，手环设备提供两组数据给教师：每个区域进入的幼儿数量以及幼儿的活动时间。把这两组数据每周做一次累加，得到的是一周总量，统计示意图见图 4。

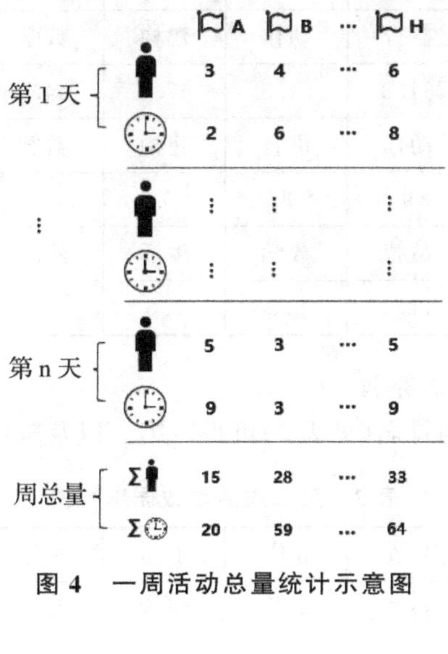

图 4　一周活动总量统计示意图

为了去掉每周工作日不统一的影响，把周总量除以当周天数，即得到了“日均人数”以及“日均时间”。“日均人数”反映了区域的最初级的吸引力，即该区域能吸引多少幼儿进入。“日均时间”则反映了该区域的吸引力的持续性，即可玩性，可以理解为该区域能够吸引幼儿游戏的时间。试想一下，假如一个区域的“日均人数”很高，但“日均时间”很少，也不能说明该区域到底是好还是不好。在此引入“人均时间”的概念，即上述两项指标相除，表示每个进入区域活动的幼儿的平均时间，是综合指标。活动平均量的统计示意图见图5。

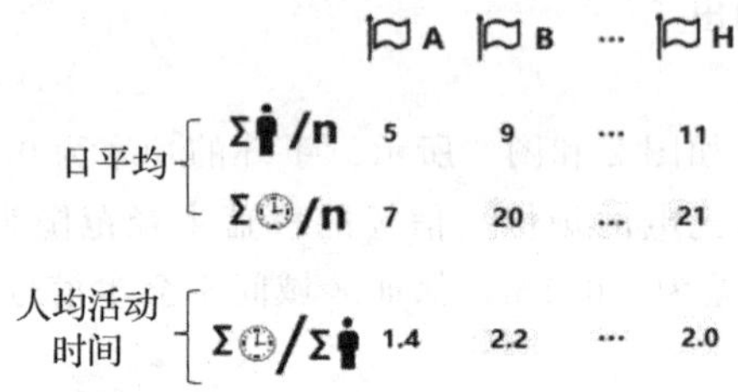

图5　活动平均量统计示意图

（三）手环数据输出

研究者将各个区域的“日均人数”、“日均时间”以及“人均时间”每周进行一次排名，分析当周的“热门”与“冷门”区域并分析差异。在整个三周的研究周期内，将每个区域的数据的发展变化情况以折线图的方式输出，可供研究者进行每个区域本身横向的比较以及各个区域之间纵向的比较。

三、基于手环数据的区域活动情况及分析

（一）区域活动第一周排名分析

根据第一周所得的数据(见表1)，美工区在三个排名中均占第一；而阅读区在三个排名中均处于最末；生活区在“日均时间”和“日均人数”上排名倒数第二，但“人均时间”处于中游水平；语言区的“人均时间”处于倒数第二。

表1　第一周活动数据排行榜

排行榜	1位	2位	3位	4位	5位	6位	7位	8位
日均时间排行	美工	益智	动作	建构	数学	语言	生活	阅读
日均时间(分钟)	155.8	64.3	54.3	47.7	44.4	38.2	34.3	3.9
日均人数排行	美工	动作	语言	建构	益智	数学	生活	阅读
日均参与人数(人)	12	9	8	7	6	5	5	1
人均时间排行	美工	益智	数学	生活	建构	动作	语言	阅读
人均时间(分钟)	13.4	11.5	9.3	7.5	7.2	5.8	4.8	2.8

（二）区域活动第二周排名分析

根据第二周手环收集到的排名(见表2)可得，第一以及末两位没有变化。

表2　第二周活动数据排行榜

排行榜	1位	2位	3位	4位	5位	6位	7位	8位
日均时间排行	美工	益智	动作	建构	数学	语言	生活	阅读

续表

排行榜	1位	2位	3位	4位	5位	6位	7位	8位
日均时间(分钟)	149.9	69.1	53.6	45.9	41.2	39.7	31.7	7.3
日均人数排行	美工	动作	语言	建构	益智	数学	生活	阅读
日均参与人数(人)	12	9	8	7	6	5	4	2
人均时间排行	美工	益智	数学	生活	建构	动作	语言	阅读
人均时间(分钟)	12.5	11.7	8.5	7.2	6.8	5.7	5.1	3.3

(三)区域活动第三周排名分析

根据第三周手环数据排名(见表3)，活动情况与前两周相似。

表3 第三周活动数据排行榜

排行榜	1位	2位	3位	4位	5位	6位	7位	8位
日均时间排行	美工	益智	建构	动作	数学	语言	生活	阅读
日均时间(分钟)	157.7	74.1	54.2	51.7	45.4	31.3	26.1	6.1
日均人数排行	美工	动作	建构	语言	益智	数学	生活	阅读
日均参与人数(人)	13	8	7	7	7	5	4	2
人均时间排行	美工	益智	数学	建构	动作	生活	语言	阅读
人均时间(分钟)	12.4	11.2	8.7	7.3	6.2	5.9	4.5	3.3

综合三周的排行来看，区域活动的开展情况可以得出一些规律和推论假设，比如：

(1)美术区域的热门程度远远高于其他区域，美术区对幼儿的吸引力过大，造成活动情况极不均衡。

(2)阅读区的活动情况在8个区域中垫底，环境创设与材料投放都存在较大的问题。

(3)生活区的“日均时间”和“日均人数”均处于落后，但“人均时间”处于中游，可能是生活区吸引了较少数但相对固定的幼儿。

(4)语言区的“人均时间”一直处于倒数第二，但“日均时间”和“日均人数”处于中游左右，可能是语言区的材料或者环境不能“吸引住”幼儿。

(四)“日均时间”、“日均人数”以及“人均时间”的发展变化

如图6所示，从各区域的“日均时间”可以得到：

(1)美工区的日均活动时长远远高于其他区域，而阅读区的时间垫底。

(2)日均活动时长可分成三个集团，处于第一集团的美工区的领先优势和处于第三集团的阅读区的落后劣势要大于中间集团其他区域间的差距。

如图7所示，从各区域的“日均人数”可以得到：

(1)美工区日均人数最多，最受欢迎；阅读区日均人数最少，最受冷落；两者的日均活动人数最大相差为11人。

(2)日均活动人数中位数在6～7人，4个区域在其下，4个区域在其之上。

如图8所示，从各区域的“人均时间”可以得到：

(1)美工区的人均活动时长，可玩性最强；阅读区的人均活动时长最短，最“留不住”幼儿；两者的人均活动时长最大相差10分钟。

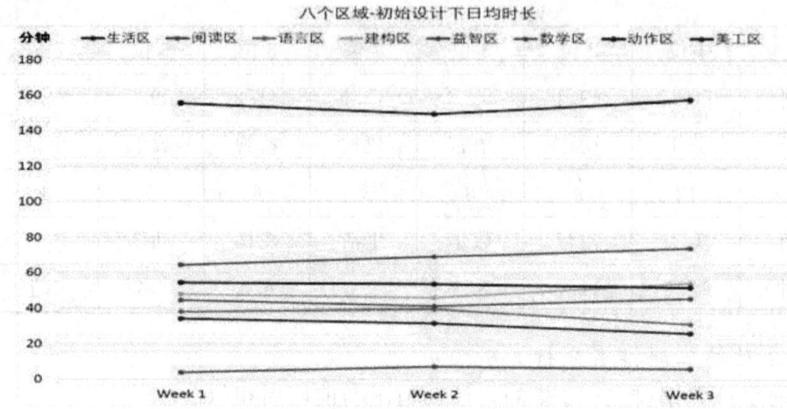

图 6　各区域日均时间

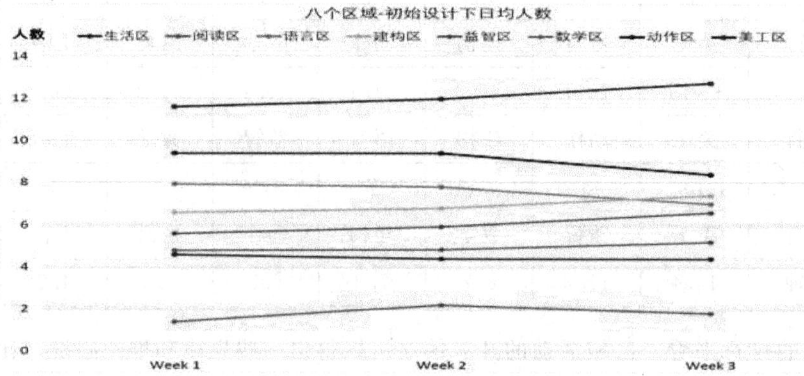

图 7　各区域日均人数

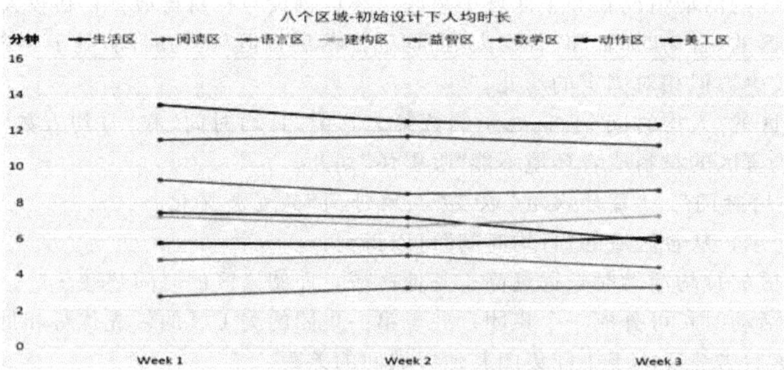

图 8　各区域人均时长

(2)人均活动时长的中位数在 8～9 分钟，4 个区域在其上，4 个区域在其之下。

综合来看，可以得出的总结有：

(1)前三周的变化趋势较为平稳，可见在手环介入之前，幼儿对区域活动的内容已经熟悉，并且初始设计下的喜好较为固定。

(2)日均人数少说明该区域缺乏对幼儿的吸引；但反之，日均人数多不能说明该区域设计合理，还需要结合人均时间共同评估，如果人均时间短，只能说明该区域能吸引幼儿进入该区域，但不能使幼儿较长时间地探索材料，不能称之为设计合理的区域。

(3)阅读区、语言区和生活区常列于折线图的底部区域，需要具体分析这 3 个区域存在的问题。

四、基于幼儿访谈的区域活动情况及分析

对幼儿的访谈主要集中在两个问题，“你最喜欢哪个区域”以及“你觉得哪个区域最没有意思”，并且要说明理由。全班 30 名幼儿，回答最喜欢美工区的有 12 名幼儿，占全班比例的 40%；回答阅读区最没意思的有 9 名幼儿，占 30%；回答语言区最没意思的有 8 名幼儿，占 26.7%。通过幼儿访谈得出的最受欢迎区域投票结果见图 9，认为“最无趣”投票结果见图 10。

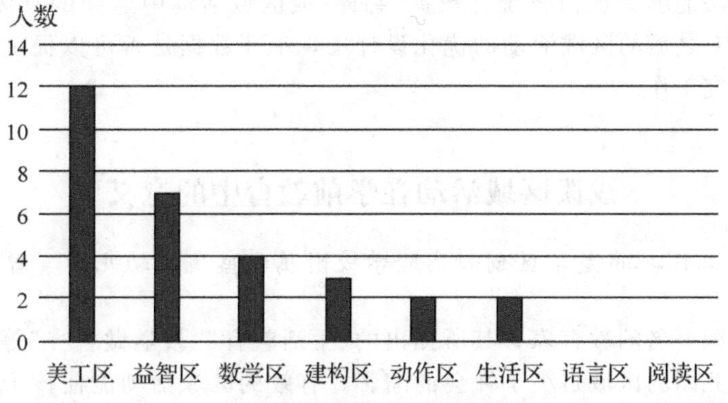

图 9　最受欢迎区域投票数

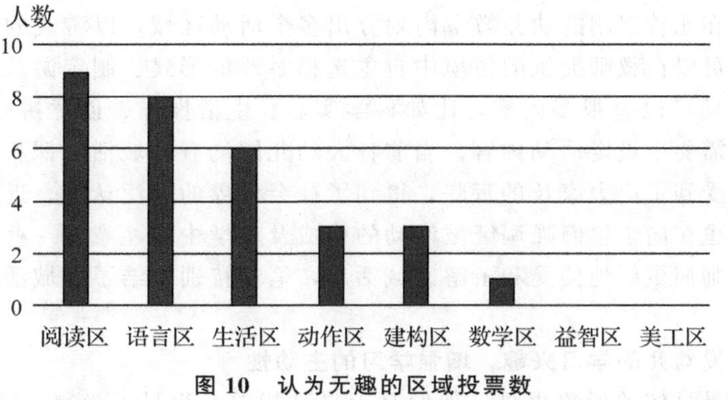

图 10　认为无趣的区域投票数

对于美工区的喜好原因以及对阅读区和生活区冷落的原因，经过整理后结果如下。

·“为什么经常到这个区域来活动？”

·针对美工区的回答：①出于对画画的喜好；②便于给家长展示；③出于对投放材料的好奇；④对教师鼓励的回报。

·“为什么不去这里活动？”

·针对阅读区的回答：①无聊且无法交流；②场地拥挤、环境不利；③材料(书籍)内容无法理解。

·针对语言区的回答：①不懂规则；②环境不利于操作。

·“为什么那么快就离开了？”

· 针对阅读区的回答：①看书是学习而非游戏；②材料（书籍）搜寻困难。

· 针对语言区的回答：①同伴不配合；②材料较为缺乏。

五、结语

通过比较基于手环数据所反映的区域活动情况以及基于幼儿访谈所得到的区域活动情况，可以得出以下结论。

(1)手环数据所直接反映出来的区域活动中的喜好，在幼儿访谈中得到了证实。

(2)根据手环数据所得出的推论在幼儿访谈中得到了验证。

(3)手环数据之于区域活动的观察具有客观性和准确性，可以辅助教师更加全面地评估区域活动。

综上所述，本文对基于手环数据的区域活动评价及分析做了详细说明，文中所用到的手环数据分析方法能够为如何将统计数据“翻译”成区域活动中遇到的具体问题提供借鉴；更进一步地，在对之后的区域活动的优化设计中，手环数据是否可以提供借鉴和参考，还需要继续开展研究工作。

浅谈区域活动在学前教育中的意义

广东省深圳市龙华区创新实验学校附属华盛珑悦幼儿园　曾圆圆

陶行知是我国著名的教育家，其所提出的“生活教育”“教学做合一”等理论，对幼儿教育意义重大。幼儿园的区域是小小社会的缩影，有效的区域活动能使孩子们获得良好的情绪体验、知识经验和技能储备。在区域活动中，将陶行知先生的思想有效渗透，对教师规划区域、创设环境以及投放材料有着重要的启示和指导作用。

区域活动是在比较封闭的幼儿教室内划分出多个活动区域，以游戏的形式为幼儿提供各种情境，幼儿可以在教师提供的情境中自主选择游戏的形式、制定游戏的规则、安排游戏的顺序等。活动可以有很多内容，比如科学实验、生活操作、创意拼摆、手工制作等，教师也可以根据需要来设定活动内容。当前各大幼儿园均有区域活动课程，不仅得到了小朋友的欢迎，也受到了广大家长的青睐，得到了社会各界的广泛认可。近年来，在学前教育专业教学中，也在向学生们强调区域活动的构成及教学中应注意的一些问题，为了能够让未来的幼儿教师们更好地接受和了解区域活动，笔者特别总结了区域活动在学前教育中的重要意义。

一、能够激发幼儿的学习兴趣，增强学习的主动性

幼儿的思维是具体的形象思维，他们对于自己能够看得见、摸得着的内容更感兴趣，也更容易接受。在给幼儿上课时，不能靠教师简单地口述内容，还要配合相应的图形和动作，最好能够实现情景再现，这样才能够让幼儿愿意去接触和了解。区域活动内的各种游戏恰好满足了幼儿在这一方面的需求，很多游戏的材料、情境都是根据真实的事物模拟的，而幼儿的想象力是非常发达的，他们能够根据一个简单的物体联想出许许多多丰富的内容。区域活动为幼儿提供了他们大脑中所想的情境，这些熟悉的物品和布置会让幼儿感到安全和兴奋。比如区域活动里面的“超市游戏”就非常贴近上面的描述，这里有超市货架、收银台、各种商品、购物车、购物篮，这些精美的塑料仿制品让幼儿爱不释手，这个时候教师再适时地引导幼儿了解超市的相关知识就会非常轻松了，可以让孩子们边说边做，相比于以往教师拿着图片给幼儿讲解，幼儿的兴趣要浓厚得多。

幼儿先天具有对知识的探索精神，关键是我们怎样给他们创设情境，只要是幼儿感兴趣的内容，他们对知识的汲取能力是惊人的。区域活动因为具有游戏性比较强的特点，非常吸引幼儿去探索和发现，教师无须再利用语言去调动幼儿学习，幼儿通过自己的探索就能够掌握90%以上，这也就是我们常说的变被动学习为主动学习。

二、有利于幼儿多元智能的发展

我们知道3—6岁阶段是幼儿大脑发育最快的时期，很多影响幼儿一生学习及生活的习惯也在这个时期形成，所以多给幼儿机会去接触和发现是促进幼儿大脑神经发育最好的方法。区域活动内容范围广、种类多，幼儿可以在各个领域亲身经历和感受，既可以在科学实验区通过对实验器材的操作了解实验的流程、规则，又可以在美术区根据自己的喜好随意涂鸦，不必受到任何约束和限制，还可以在厨艺区一展身手去烹饪，不必担心家长的阻挠，在扮演区则可以随意选取自己喜欢的穿搭……在各个区角的体验都构成了幼儿学习生活经验中的一部分，很多正处于某一时段敏感期的幼儿通过在区角的游戏活动而使敏感期的行为得到了充分缓解，这是在家和以往的学习形式中学不到的内容。区域活动是轮换进行的，所以每一名幼儿都有机会去实践和感知每一个区角，这对幼儿的脑神经发展起到了非常大的作用，培养了幼儿的各项能力，使他们的能力得到了均衡发展。传统教学是"一对多"的形式，在教师授课中，那些踊跃表现的幼儿将会得到更多的机会，而那些不太爱说话的幼儿则缺少关注。区域活动则有效解决了这一问题，因为是小组式的游戏，每名幼儿都有自己负责的内容，这样每一名幼儿都有机会展现自己的能力，不会因为不爱说话而使自己的才能得不到发挥。所以说区域活动对幼儿的多元智能发展非常有利。

三、促进幼儿发展个人兴趣，培养创新思维

前文提到区域活动对幼儿多元智能发展的作用，而在多元智能发展的基础上，通过区域活动，幼儿能够发现自己的兴趣所在，个性逐渐彰显，自信心得到建立和巩固，这一点也是因为区角内的活动内容而实现的。对于幼儿来说，他们对一切新鲜事物都感兴趣，什么都愿意去尝试，并且在尝试的最初也是非常喜欢和乐于接受的。但是随着时间的推移，他们会对一些内容失去兴趣，这个时间段长短不一，有的持续一年，有的两三个月就失去兴趣了。在幼儿园内的区域活动中，幼儿通过亲身实践每一种活动，并且是重复多次实践，逐渐就会对某一些活动情有独钟了，而且会在这一方面因为喜欢做而越做越好，做得好又会反过来刺激幼儿更加积极地去做这件事，特长就这样慢慢形成。这一点也可以帮助家长们了解幼儿的兴趣点在哪里，应该朝着哪个方向去培养。在区域活动中，虽然前期的材料准备、场景布置是由教师或与幼儿共同协商决定的，但是一旦活动开始幼儿便成了主体，如何选择已有的材料、怎样利用材料、呈现什么样的形式都是幼儿来决定的，甚至包括一些活动的规则、顺序、节奏都是幼儿掌握着。所有的这些都需要幼儿根据自己的经验和现有的条件来判断如何去做，等做完之后又根据结果的好坏来进行调整和改进，整个过程充分发挥了幼儿的主动思考能力，而通过思考解决问题就是培养创造性思维的第一步。

四、增进幼儿间的合作、沟通

区域活动基本上以小组活动为主，一个小组要完成一个共同的目标，势必要涉及幼儿间的配合。3—6岁正是幼儿从以自我为中心逐步过渡到学会沟通合作的阶段，利用合作游戏的形式让他们强化这一过渡阶段，会让他们在未来的学习、生活中更好地与他人合作。区域活动的大主题是由教师来选择和制定的，而完成过程则要由幼儿自己来设定。每一名幼儿在游戏的最初阶段都会经历不愿意听从别人的建议、合作中想要别人全部听从自己的安排、合作时发生争吵和冲突等一系列问题，教师根据每组幼儿出现的情况进行引导，强调相互沟通。而通过对同一目标游戏的反复操作，加上教师的引导，幼儿逐渐总结出实现目标的最有效途径，虽然有哭闹和争吵，但正是因为经历了这些无用的操作后，幼儿才懂得了沟通与合作的重要性。这样与实践相结合教育幼儿与别人合作和沟通，相比于播放一些看得见、摸不着的动画，幼儿理解得要深刻得多。

五、督促幼儿教师自主学习和成长

以上谈到了很多区域活动对于幼儿的重要意义，事实上对于学前教育专业的幼儿教师而言，区域活动也有利于促进在职教师的自主学习。上文一直在强调区域活动中幼儿的主体地位，就像教育改革中提到的将课堂的主体由教师转到学生当中，幼儿园内的区域活动则充分发挥了幼儿的主体作用和教师的引导作用。虽然教师在区域活动中起引导作用，但是因为学前教育的特殊性，教师面对的是认知发展不够全面、是非分辨不清的幼儿，所以所有活动的内容、目标、总体流程都是教师来制定的，包括教师要提前预设好活动中可能出现的问题及解决办法，特别是教师在提供解决办法的时候，不能一次性告知，而是要逐步启发和引导，让幼儿朝着正确的答案一步步迈进。这些内容需要教师提前准备好大量的材料，因为区域活动涉及的领域较多，所以还需要教师对各个领域的内容都有所了解才行，这无形中就促使教师学习各种新的知识，不断丰富自己的知识储备，以便达到更好的教学效果。总之，区域活动是当下提升学前教育效果最好的形式，无论是对幼儿教师还是对幼儿自身发展，都起到了积极的作用，是推动我国学前教育发展的有效动力。

幼儿攻击性行为分析及教育措施初探

吉林省长春市吉林大学附属第三幼儿园　刘　刚

攻击性行为是儿童中比较常见的一种社会行为，是个性发展的一种不良倾向，往往造成人与人之间的矛盾、冲突，不利于形成人际间的良好关系。如果交往中常常有攻击性行为，与其他幼儿的关系处理不好，就常常会受到别人的排挤。长此以往，会影响幼儿身心健康，对儿童的人格和品质都有消极影响。攻击性行为作为幼儿健康教育的一个重要问题，一致受到发展心理学和教育学研究的重视，越来越受到幼教工作者的关注。幼儿期是实行心理卫生教育的黄金时期，正确认识、分析幼儿攻击性行为，并对其行为进行有效控制、及早矫正，将对幼儿的心理健康发展起到积极作用。

一、幼儿攻击性行为的成因分析

幼儿攻击性行为的形成受诸多因素影响，它往往受生理、心理、环境和教育等因素影响。

（一）心理因素影响

在发生攻击性行为时，有时幼儿是为了引起别人的注意，有时是因为其行为受挫。当幼儿的攻击性行为得到默许或赞同时，攻击的欲望会更加增强，有时别人的不当评价也会引发幼儿的攻击性行为。心理不健全的幼儿也容易产生攻击性行为。

（二）家长的因素影响

家长不恰当的教育方式和不和谐的家庭生活方式、对孩子的态度等对儿童攻击性行为的形成起重要的作用。家长的极端教育方式，如“过度溺爱”“过度权威”“过分放任”等教育方式都容易滋生儿童的攻击性行为。

（三）环境因素影响

周围人和电影、电视、网络中的攻击行为、暴力场面，也会给幼儿提供攻击性样板。幼儿辨别是非的能力差，缺乏必要的社会交往经验，受一些攻击性影响，出于模仿或自己需要，他们也学会了身体攻击和语言攻击。

（四）教师的不当保教因素影响

教师一日活动安排不科学、不合理，也会促使儿童攻击性行为产生。《幼儿园工作规程》中明确指出，“幼儿一日活动的组织应动静交替……”，这是由幼儿神经系统发育尚不完善、易疲劳的特点决定的。而有时在幼儿园由于种种原因，孩子终日无事可做，便以打闹等各种不良方式发泄其烦躁的消极情绪。或者孩子长时间在户外“放羊”，这种长时间的抑制和长时间的兴奋，使孩子的情绪极为不稳定并出现了较多的攻击性行为。如果让幼儿处在一个繁杂、拥挤的活动空间，或者玩具数量的不足等也会增加儿童的攻击性行为。

无论是哪种原因造成的幼儿攻击性行为，其危害都是很大的，都会对幼儿的认识情感、个性、道德的发展产生极其深刻的影响。

二、幼儿攻击性行为矫正的教育措施实践探索

（一）科学的儿童观和教育观

幼儿的大部分时间是在幼儿园度过的，幼儿教师的教导对幼儿的身心起了相当重要的作用。良好的师生关系是促进幼儿心理健康的前提。教师应给幼儿真诚的爱，公平对待每一位幼儿，要学会观察幼儿的心理活动，了解他们的心理状态及所能接受的教育方法，因材施教，尽可能给予每个幼儿情感上的支持和关怀，不以自己的喜恶影响幼儿与同伴的关系，给幼儿一个健康的心理成长空间。对幼儿的攻击性行为，更多强调平静、温和的教育，为他们的健康和心理发展奠定基础。

（二）优化幼儿的活动环境

要合理组织幼儿的一日活动，要创造不利于幼儿攻击性行为滋生的环境，为幼儿提供足够的空间、材料、玩具和图书等，注意避免为幼儿提供有攻击性倾向的材料，要减少因为拥挤、干扰等因素而诱发的攻击性行为。教师还要营造融洽、积极的人际互动氛围，创设和谐、温馨、舒畅的心理环境。开设“发泄区”“发泄室”，让幼儿释放内心的不愉快，这样也会减少攻击行为的出现。

（三）强化榜样和示范的作用

幼儿模仿力强，可以通过模仿学会谦让、互助、分享和合作等社会行为。教师可通过故事里的好形象感染幼儿，给幼儿树立好榜样，在日常生活中善于发现小朋友间的好人好事，通过表扬等方式使幼儿形成正确的是非观、道德观，用“榜样效应”影响有不良行为的小朋友“改过自新”，提高幼儿分辨是非的能力。

（四）学习转移情绪，宣泄情感

研究表明，儿童的移情能力越高，攻击性越低，移情能力将有效地减少幼儿的攻击性行为。移情能力的培养我们可以从以下几方面入手。

(1)让幼儿学会倾诉。通过回忆自己经历过的情感体验，学会表达内心的感受。

(2)让幼儿学习模拟换位。通过转换到别人的位置去体验这些事件，认识到伤害他人是不对的。

(3)让幼儿学会规范约束自己，通过故事、交流、讨论等形式学习控制自己的行为，有效地抑制攻击行为。

(五)鼓励儿童的亲社会行为，提高认知水平

亲社会行为对儿童的品德陶冶具有重要意义。幼儿的亲社会行为包括倾听、谦让、帮助、分享、合作等，这些都是从积极的角度防范和矫正儿童的攻击性行为，对幼儿所表现出来的亲社会行为，如分享玩具、合作等，教师要及时多鼓励。这样会有效地减少儿童间的身体和语言攻击行为，降低攻击的频率。

幼儿攻击性行为多与其认知水平较低有直接的关系，幼儿在攻击他人时总是自认为有理。在幼儿出现攻击性行为后，我们要帮助幼儿学会判断应该怎样做，帮助幼儿建立良好的同伴关系，教育幼儿以宽容的态度对待同伴，不断提高他们的认知水平。

对有攻击性行为的幼儿，心理辅导是整个教育过程的关键。我们要给予他们更多的关爱，特别要注重培养他们的爱心和善良的品格。每个有攻击性倾向的幼儿的原因都不同，我们要学会了解孩子的想法，对症下药，这样才能从根本上铲除孩子攻击性行为产生的土壤，让幼儿掌握良好的行为准则，学习与他人建立融洽的关系，形成关心他人、与他人通力合作的良好品质，那么随着时间的推移，幼儿的“攻击性”行为自然就会好转。

教师对幼儿开展心理健康教育是幼儿健康成长的需要，也是社会发展对人的素质要求的需要。教师的心理健康状况直接影响幼儿的心理健康水平和幼儿健康人格的形成。爱心、耐心是检验每一位教师心理健康的重要因素。教师要不断学习、不断丰富自己的知识，提高自己的能力，掌握先进的信息，并争取社会、家长的支持与配合，一起帮助孩子建构和谐的身心状态，为孩子一生的发展奠定良好的基础。

教师介入中班区域活动现状研究

天津市河西区第十六幼儿园　王佳妮

2016 年版的《幼儿园工作规程》中明确指出，幼儿园教育应“以游戏为基本活动，寓教育于各项活动之中”。随着学前教育的不断改革以及对学龄前儿童发现学习重要性认识的日益加深，幼儿园不再将幼师主导的集体教学活动作为重点，而是转向实施个别化教育组织形式，也就是我们常说的区域活动。在区域活动中，儿童可以自由选择、大胆操作，既可以很好地完成教育目标，又可以更好地促进儿童身心全面发展，让他们的心灵真正地得到满足。

一、教师介入中班区域游戏的现状

(一)教师介入中班区域活动行为时机及频率

在我国，幼儿园区域活动的时间大概是 40 分钟，本人为研究教师介入幼儿游戏的行为持续观察了一个月，每周观察 1—2 次。下表记录的是教师介入幼儿游戏的时机及频率。

表 1　教师介入游戏的时机统计表

介入时机	举例子	频率(次)
1. 幼儿之间出现矛盾，无法解决时	幼儿出现过激行为，争抢玩具，教师去解决问题	69
2. 幼儿游戏时出现困难和挫折，不能继续游戏	幼儿有时会主动向教师提出请求	40

续表

介入时机	举例子	频率(次)
3. 幼儿存在不安全动作	教师要求幼儿正确使用工具，例如儿童剪刀	17
4. 幼儿出现不符合班级规范的消极内容	教师制止幼儿大喊大叫、乱扔玩具等违规行为	97
5. 幼儿长时间停留在某一环节，缺乏创新和拓展时	教师提供新玩法的思路，引导幼儿创新游戏	37
6. 幼儿的行为让教师不解	幼儿长时间没有游戏动作，教师主动介入	18
7. 幼儿邀请教师共同游戏	幼儿渴望得到教师的关注	27
8. 幼儿的行为值得表扬	教师想对幼儿提出表扬，让其他幼儿向他学习	9

在表1中，教师因幼儿出现不符合班级规范的消极内容时介入活动频率最高，介入活动解决幼儿矛盾次之，频率最低的则是“幼儿行为值得表扬”，此时教师应介入指导。由此可见，在幼儿园活动中，教师将大多数的指导机会都放在了管理幼儿常规秩序和解决同伴间的矛盾上，而忽略了幼儿的个体游戏情况，不能及时地给予个别幼儿积极反应。

(二)教师介入中班区域活动的行为效果

根据观察内容，本人将教师介入游戏的效果界定为正向效果、负向效果、无效果三种。在观察过程中得出正向效果占多半的结论，这说明教师介入对幼儿游戏有一定的积极作用，同时也说明教师介入活动的水平仍有待提高。教师对幼儿游戏的重要体现在游戏可以充分发挥幼儿的主体地位，因此在介入指导时要密切关注幼儿的主观意愿。在区域活动中，教师应该分清幼儿和成人的不同，教师要站在幼儿的角度去看待事物，切忌以自己的认知去指导幼儿。

二、教师介入中班区域活动的影响因素

(一)从幼儿角度

幼儿园中班处于承上启下的年龄阶段。幼儿动作更灵活，更有顺序感，好动是这一年龄阶段的突出特点。中班幼儿对于游戏的需求更大，好奇心更强，敢于探索游戏中的奥秘。中班幼儿由平行游戏向协同游戏过渡，同伴之间出现了交流合作现象，但因年龄特点的限制，导致幼儿在一些情况下不知道该如何与同伴互动和继续游戏，所以此时教师的介入指导是必要的。而且中班幼儿不会和小班幼儿一样听从教师指令，总是想着自我探索，脱离教师的规则束缚，自律性不强，所以在游戏过程中经常会出现纪律问题，教师也要介入游戏制止幼儿的不当行为，避免出现危险后果。

(二)从教师角度

1. 教师的专业知识和原有经验

我在某幼儿园中班观察此项研究，其实包含班内的三位教师，教师编号为A、B、C。A教师为幼儿园高级教师，有30年教龄，学前教育专业本科学历。B教师为新职教师，舞蹈专业本科学历。C教师为保育员，有近20年经验，中专学历。在观察中，我发现经验丰富的主班A教师从不会盲目地介入幼儿游戏，她的第一步是观察，然后有针对性地对幼儿进行介入引导。我得出结论：具有丰富教育经验的教师对游戏中会出现的问题比较熟悉，可以得心应手地解决。副班B教师是新职教师，她对于专业知识了解较少而且理解得很浅显，所以当突发事件发生时，第一反应往往是直接介入和指导，在专业与实际结合过程中会措手不及。保育员C教师，她的教龄足够长，可由于受教育程度的限制，她只在乎孩子是否安全。

2. 日常师幼互动关系

幼儿的心灵不成熟且敏感，在教师和幼儿接触的每一天中，幼儿都会在教师的一言一行中捕捉“我的老师是否爱我”。每一个幼儿都需要尊重，当教师面对幼儿时要做到的就是蹲下来，给予幼儿一个微笑或是拥抱，每一个细微的动作都是在向幼儿传递一个信号：我很爱你。师幼之间良好的关系以及由此产生的温馨和谐的氛围是促进师幼积极互动的心理前提，在这样积极的情感氛围内，教师和幼儿都会更加放松，师幼之间的互动心理越舒服，教师介入幼儿游戏的有效性就会越高。

三、教师介入中班区域活动现状研究结论

在观察结果中得知，首先，教师因解决纪律等消极社会规范问题，介入幼儿区域游戏的频率较高，造成此现象的原因是教师要在规定的区域活动时间内保证幼儿有序安静地开展活动，完成预设的教育目标。教师与幼儿的比例约为 1∶7，教师急于完成教育目标的想法与幼儿自由游戏的意愿相矛盾，在很多情况下教师完全替代了幼儿游戏的主体位置，幼儿碍于教师的威严，也只能被迫接受教师的指导。教师将幼儿严格地束缚在教育目标的框架下就会打断幼儿自主游戏的想法，也中断了幼儿创造性及个性的发展，造成不良影响。长此以往，幼儿游戏发展水平不能提高，且无效介入行为也越来越多。其次，低教龄教师在组织幼儿进行区域游戏时，因自身实际教学经验不足且教学效能感低，又出于对幼儿游戏中混乱秩序的紧张程度过高，仅仅是讲解游戏规则和维持班级秩序介入，导致介入总次数多，对幼儿游戏能力的实际发展没有积极的意义。最后，我认为教师的观察能力较低。教师不能感受到幼儿真实的内心需求，在没有准确了解幼儿当前的游戏水平时，盲目介入游戏。或者是在幼儿对游戏疑惑不解时，教师过早地提供解决方式和答案，并没有留给幼儿独立发现的机会，消除了幼儿自身具备的解决问题的能力。

四、教师介入中班区域活动有效性建议

1. 介入前——教师是观察者，做好角色定位

在介入前，教师应思考自己在幼儿游戏中的角色定位，要在认识幼儿游戏的基础上同时认清自己的定位。在观察中，常常会发现两种极端现象：因犹豫如何介入而最后选择放弃或者是成为幼儿游戏的代替者。这样的行为充分说明了教师在活动前并没有找到自身的角色定位，从而错失了介入指导的机会。教师介入频率与活动效果成反比，介入频率高可效果并不理想，表明教师的介入缺乏必要的观察，教师的观察指导能力缺乏专业性。教师的观察行为不可带有刻板效应，要用敏锐的洞察力去捕捉幼儿发出的信息，然后再根据幼儿的意愿和需要，把握有效的介入时机，给予幼儿及时且积极的指导反馈。我认为教师要观察到更深层的虚化的东西，即幼儿的游戏行为反映出什么本质内容。

2. 介入时——掌握介入时机，选用介入方法

在介入指导活动中，教师面临的实质性问题就是选择恰当的时机。在幼儿学习的过程中的确少不了教师的帮助和指导，但这并不能成为教师不分时机介入幼儿游戏的理由。教师要在幼儿没有察觉的情况下加入活动，不着痕迹地对幼儿施以引导和帮助，这样既没有打断幼儿的游戏思路和节奏，又适时地进行教育，达到了“润物细无声”的效果。在活动中，教师要时刻记得，教师不是幼儿活动的操控者。如果在活动过程中，教师发现自己的介入行为并没有达到预先的效果，应及时在不干扰幼儿游戏进程的前提下退出，适时介入和适时退出都是提升教师介入幼儿游戏水平的关键要素。教师在介入时可先深入观察，面对不同情况选用最恰当的介入方法，顺势掌握介入时机，让自己的介入指导效果达到最大，切

勿贸然地介入活动影响幼儿。

3. 介入后——教师多反思，提高自身的介入指导能力

在每一次区域活动后，教师应做到勤反思，思考一下该怎么和幼儿沟通，怎么才可以做到透过幼儿表面的现象看本质。想要组织好区域活动，需要教师与幼儿共同进步。幼儿的年龄特征和身心发展规律具有普遍性，所以幼儿在区域活动中出现的种种问题存在很大的相似性，教师有必要在游戏活动后自行整理案例并进行活动反思，对活动中出现的问题进行归类，总结经验，对日后介入指导行为也有一定的指导意义。

园本课程引导下的学前教育专业美术课题建设

广东省深圳市盐田区明珠幼儿园　王大玲

一、学前教育美术课题的理念

现代艺术教育的内容、表现形式丰富多样，层出不穷，学前教育是整个教育体系的重要内容，不可忽视。而学前美术课程作为学前教育的一门基础课程，具有不可替代的地位。我所在的幼儿园环境、班级环境也是在美术活动开展中一步步和幼儿一起打造出来的。然而环境又会影响我们的情绪、建立关系能力及工作和生活质量、健康等，早期的集体环境对于幼儿的学习和发展有特别重要的作用。我在一本书上看到，幼儿期是儿童大脑快速发展的时期。在这一时期，儿童大脑发展了更多能使用的神经元突触或联结，当未被儿童使用的神经元突触被剪除时，那些已使用的突触会形成强大的联结，儿童的经历在此起决定性的作用。美国科学育事会儿童发展协会比较了人的大脑发展，指出"正如正确材料的缺乏会导致蓝图的改变，适宜的经历也会引起基因计划的变更"。因为儿童的经历受制于他们的周围环境，我们为儿童提供的环境对他们大脑的发展有至关重要的影响。早期的集体环境在儿童发展中扮演着重要的角色。这能反映出教师的儿童教育理念价值观以及有关儿童学习的信念。

著名的环境设计师安妮塔·鲁伊·奥尔兹认为，我们应该为创造奇迹而创设儿童早期环境。她说："儿童是奇迹。相信每位儿童是奇迹，能改变我们的培养方式。"当这样的"奇迹"来到我们的生活中，我们应该为他们提供良好的成长环境，而美术课程作为学前教育的一门基础课程，更具有不可替代的地位。

二、学前教育美术课程现状及存在问题

第一，传统的艺术教育以知识的内在逻辑联系而把艺术课程人为分割成音乐、美术等学科来教学，以知识为本把美术作为实施德育、智育的手段，作为完成某一中心任务的从属部分，但没有自身的独立地位和体系。

第二，学前儿童不应局限于绘画的原始水平，过多地是让他们用水彩、蜡笔、线条等绘画方法去创造联系。绘画出来的内容仅仅是一些简单固定的场景或者模仿教师的作品或欣赏到的大师作品，禁锢了儿童思维想象。因个体差异和家庭教育的影响，部分幼儿已经开始尝试把自己的想法通过绘画展示出来。美术需要发挥的是想象力和创造力，学前教育专业的美术课程一般沿用传统的美术教育理念、方式及内容，缺乏适应新形势下的创新模式。

第三，实践是教育的重要组成部分，其在美术教学中的重要性更为明显。学前教育专业的美术活动缺乏足够的实践。简单的区域活动与美术活动很难培养扎实的专业技能。艺

术的概念渗透到我们日常生活的每一个细节，在一日生活中不能忽视儿童艺术概念的建立。而幼儿教师美术专业性缺失也会影响幼儿艺术观念的形成。

三、学前教育美术教学思想、理念的更新

(一)借鉴蒙氏教育思想的特色与优势

蒙台梭利的教育理论和方法对于我国学前教育的改革和发展具有可借鉴之处。在园本课程的开展下，美术课题的研究应该把蒙台梭利教育法之精髓取其精华，为我所用，将美术融入一日生活、融入教学、融入游戏。不断提高幼儿教师的美术综合素质，加强幼儿教师美术实践能力的培养，让幼儿教师具有良好的艺术修养和艺术感知力，用于对幼儿进行心理、思想、情操和人格的素质培养，培养幼儿的创造意识、想象力与合作精神及动脑、动手、独立解决问题的能力，引导幼儿参与文化的传承和感知。我们还应积极探索，以蒙台梭利新理念为指导，认真研读世界各大美术教育体系，融合现代教育思想，渗入多元化美术艺术元素，挖掘发展幼儿潜能的游戏活动模式，全面提升美术课题的生成质量。

蒙台梭利说："教育对儿童的巨大影响，是以环境作为工具，让儿童受到环境的浸染，从环境中获得一切，并将其化为已有。"她认为儿童应该发现能激励他们的环境，这样才能兴致勃勃地投入到活动中，并且想要"实施他自己的经验"。蒙台梭利是20世纪享誉全球的幼儿教育家，她利用科学的方法研究儿童成长的过程、规律、法则，打破学科限制，与其他领域教学相融合，将立体化活动内容贯穿始终，倡导适应儿童天性，关注幼儿综合素养的提升、团体合作能力与个性化的发展，使儿童通过自己的直接经验和自我教育逐步发展，培养自主、专注、秩序、持续的学习工作习惯。把蒙台梭利思想的真正价值充分运用在幼儿教育美术课题的改革与发展上，用科学模式建构幼儿潜在的创造力、想象力、独立性、自制力和自信心，彰显蒙氏教育的特色与优势，让孩子在以自然发展为基础，自主管理教育的环境下进行美术欣赏和美术创造活动，在宽松、自由、和谐的氛围下培养审美能力和实践能力，最终促进幼儿人格和谐发展。蒙台梭利主张的环境目标是"尽量使成长中的儿童从成人那里独立出来"。这指的是要为儿童提供一个能让他们自我服务——自己生活没有成人及时帮助的环境。这既符合园本课程里的一日生活皆课程，也符合师幼共同打造的幼儿环境。

蒙台梭利教育打破了学科限制，顺应儿童认识事物的心理顺序而将相关艺术课程进行了综合。在美术教育中，既要注意造型教学本身的体系和系统，也要注意各科间的相互联系，以及美术活动与其他活动的联系、与整个教育理念的联系，不仅能关注幼儿美术知识经验的积累、技能技巧的练习、实践的探索，还能发展幼儿的创造性、独立性、自主性。

(二)美术课题思想理念与实践相互整合及应用

蒙台梭利的指导思想倡导适应儿童天性的教育，反对以成人为中心的传统教育，强调以孩子为课程组织的中心，以动作发展及感官训练为主，将理论与实践结合起来，利用发展性、实践性、创造性原则因材施教。进行儿童美术活动时，清晰儿童年龄特点下能接受的范围，并处理好儿童当前需要与长远发展的关系，要尊重学前儿童的个体差异，因材施教，从而研讨创设出可持续发展的具有弹性研究空间的美术课程。引导儿童积极参与美术实践，在实践中发展和培养他们的美术能力和兴趣，让学前儿童通过多种感官通道进行美术活动，避免纯理论和纯抽象的思想内容说教。美术活动是一种手脑并用的实践操作活动，利用美术活动本身所具有的创造性，发展学前儿童的创造力，丰富教育内容，帮助学前儿童积累多种经验。

学前教育教师除具备艺术素质外，应具有语言、逻辑、分析、写作等方面的能力，还要密切关注学前教育发展新动向，使教学内容贴近学前教育学生实际，在课堂教学中穿插运用，为学生将来从事学前美术教育工作打下良好基础。同时采用“请进来，走出去”的思路，加强校际间合作交流，邀请学前教育专家和有专业教学经验的幼儿艺术教师到学校讲课或辅导，了解实际教学需要，到幼儿园观摩学习、互相探讨。

幼儿园建立专业的美术特色课题课程体系，在课程内容上通过基础知识和拓展练习、不同美术门类之间的交叉融合，运用现代教学媒体教学，力求做到思想性、科学性、艺术性和实用性相统一。此外，还要根据当地的经济发展、文化习俗，发掘当地独特的美术资源，对时尚前沿与民间美术有效补充，引导学生感受和体验艺术魅力。针对课时少的问题，除加大美术课课时外，还可以采取短期作业与长期作业结合的方式来弥补。幼儿教师需要做出调整，运用赏识教育，激发学习兴趣，围绕创新和实践能力价值观进行多元化评价。学前儿童进行美术活动时，适当运用表扬、赞许和挑战、竞争来强化幼儿对美术活动的兴趣，培养幼儿的积极性。

学前教育专业美术课题研究与探索正在路上，借鉴、融合东西方幼儿教育，不断优化，共同发展，更新当下的教学活动模式，幼儿教师要有较高的课程理念，挖掘更广阔的多元材料的材质与种类，并不断丰富多样化的教学创作方式，研发多样的、创造性的美术课题，从各方面提炼“套餐式”的支持策略，更多地实现手工操作与学科融合，有效地达成“技能、赏美、思维、创造、表达”之间的平衡发展，从而发挥启智辅德、怡美育人的价值。在当今现代化教学的引领下，希望不久的将来我们的学前专业美术课题研究会有重大的突破，发展更加有特色的美术课程。

教师对幼儿角色游戏行为的观察及有效介入

广东省广州市黄埔区九龙中心幼儿园　刘凤彩

一般来说幼儿刚刚进入幼儿园容易缺乏安全感，游戏即生活，通过游戏渐渐地引导幼儿，在角色游戏中教师和幼儿都是必要的参与者，他们共同作用，相互影响。教师要编写游戏的准备时间和场地、材料、游戏的主题内容，并了解每一个孩子的特点，才能够进行合理的角色分配，给予建议以及帮助。

一、教师介入幼儿角色游戏的教育意义

(一)教师的指导能够为角色游戏的开展创造适宜的条件

进行角色游戏需要有一定的物质条件，在实际情况中教师选择的素材可能并不适合孩子本身的年龄特征。幼儿玩这些游戏的时候，同时也需要有相关经验的教师做准备工作。教师就可以起到很好的引导作用，在进行游戏前可以让幼儿观看一些电影或给他们讲故事，让孩子能够更好地了解游戏，让游戏可以顺利开展下来。

(二)教师的指导有助于促成游戏功能的实现

游戏贯穿于日常，游戏是非常重要的教育工具，在游戏前，教师可以使用相关的方式来进行一定的引导，这样能够有效地开阔幼儿的视野。在进行游戏的时候，教师需要引导孩子进行分享、交流以及合作，让他们学会处理好跟小朋友之间的关系和矛盾，引导幼儿遵守一定的规则。在游戏结束以后，教师需引导、鼓励幼儿将游戏里面的材料以及玩具归位，并对场地进行清理，培养良好的习惯。在教师的引导之下，可以促进游戏教育目标的顺利实现。

二、教师介入幼儿角色游戏存在的问题

(一)游戏认知概念模糊

较多教师对角色游戏的概念并不清楚，无法非常清晰地区分什么是角色游戏，什么是表演游戏。他们觉得教学的活动就应该让教师进行控制和安排，如果教师介入游戏就会在很大的程度上影响孩子在游戏时的积极性。教师认为只要孩子在整个游戏里面活动就能主动地发展，其实不然，角色扮演是儿童的主观活动。

(二)教师对幼儿游戏的观察不深入

在角色游戏中，幼儿的游戏不受外显规则的限制，却有着内隐的游戏规则。旁观者如果没有经过仔细地观察，很难理解幼儿游戏行为所包含的意义。作为幼儿角色游戏的指导者，只有参与到幼儿的游戏中，或长期观察研究幼儿的角色游戏，才能准确了解幼儿角色游戏中的规则及游戏中幼儿的一言一行。

(三)教师武断干预幼儿游戏

以教师身份直接干预，据观察而言，教师对幼儿角色游戏的引导主要是在维护游戏的过程中。例如幼儿应该积极寻求帮助；解决相关的矛盾；而扰乱游戏秩序或是在游戏的时候影响了别的小朋友，都需要进行干预；孩子在进行游戏的时候不适合使用危险的物质，需要在教师的引导下进行，而老师一般都是把自己当成幼儿的教育者、游戏的管理者，孩子尽可能受教育，很少引导幼儿进行思考。

三、提升幼儿教师角色游戏介入能力的策略

(一)树立正确的角色游戏观

教师需要能够从各个方面对整个内容进行理解，知道游戏的本质特点以及孩子发展的相关价值，从意识角度看幼儿发展，角色游戏在幼儿园教学中的作用是无法取代的。另外，也要了解幼儿发展的特点，正确解读幼儿在游戏心理与行为博弈中的作用。幼儿正在发展，个人所获得的生活形象并不总是正确的。游戏中的儿童需要教师的指导，这将有助于幼儿树立正确的人物游戏理念。

(二)细致观察判断介入需求

观察幼儿的活动，第一，可以使用扫描观察的方式，在整个游戏开始之前，教师能够全面、大概地进行观察，这样就能够知道孩子游戏的相关情况；第二，聚焦观察，在比赛的时候进行，这个时候教师需要选择特定的孩子进行观察，主要是在一些比较特定的场景下进行观察；第三，个人的观察，也是在游戏进行的时候进行的，教师需要选择某个孩子进行观察，知道孩子在整个游戏里面的具体表现以及相关的行为。

【案例一】娃娃家：凌乱地堆放

班上平时非常干净整齐的娃娃家的床上、坐垫上凌乱地放着冰激凌、遮阳帽和遮阳伞。可见，“夏天所需品”的许多商品被娃娃家的爸爸妈妈们买回了“家”，但是，这时幼儿却不知如何使用它们……

通过观察教师发现：幼儿的兴趣只是想要去买东西，享受这种过程，但是不知道遮阳帽和遮阳伞在夏天有什么用处。

就在这时，教师灵机一动，作为幼儿的同伴，以“客人”的身份来到了“娃娃家”，招呼娃娃家的爸爸和妈妈说：“我们等会要跟他们一起去植物园玩，一定要记得带上你们的遮阳帽和遮阳伞，出门的时候别让太阳晒伤了!”幼儿听了，马上行动了起来。于是，在游戏里，瞬间多了几名小游客，戴着帽子和伞观看着风景。

分析：在角色游戏中，教师发现娃娃家的床上、坐垫上凌乱地堆放着冰激凌、遮阳帽

和遮阳伞等物品，幼儿不知道该如何使用。

根据观察得到的信息，教师没有犹豫，而是理性地做出判断，发现幼儿的兴趣点是购买物品，但对于物品的使用缺少一定的认知经验。此案例结合小班幼儿好模仿的特点，教师适时、适宜地以干预的方式参与到幼儿的游戏中，巧妙地运用引导性语言指导幼儿的游戏行为，丰富了游戏的情节。

（三）理性选择干预方式

角色游戏的指导原则是基于观察的指导。在角色游戏的指导中需把握两点：第一，对幼儿而言，是基于需要的指导；第二，对教师而言，是基于观察的指导。不能为了指导而指导，“盲目”的危害要提前知悉，应当理性地观察，根据观察得到信息，经过思考、分析之后再做出判断，再决定角色游戏是否需要指导。还需考虑应在怎样的情形下指导，如果需要指导，应该用哪种指导方式，是内在干预还是外在干预？

【案例二】美食城：烤肠撒了一地

“哇”的一声，在烧烤摊，盘子中的烤肠撒落了一地。刘老师刚巧路过，便对烧烤摊的厨师美美说：“烤肠撒在地上，这可怎么办啊？”美美不屑地说：“捡起来啊，再卖掉就可以啦！”刘老师说：“食物脏了，吃进肚子里要肚子疼了，我可不敢买你们烧烤摊上的东西了。”说罢便走开了。

就在此时，卢卢作为客人，正好过来买烤肠。美美便说：“等一下，可以吗？我重新去拿干净新鲜的来，刚才烤肠掉地上了，不能吃了！”说着，美美做了重新摆放烤肠的动作便说：“好了，这些都是干净新鲜的，你选吧！”

分析：在“美食城”的游戏中，教师听到“哇”的声音，但没有立刻参与到游戏中，而是细心、敏锐地观察并捕捉游戏的指导时机，以外在干预的方法指导美美和卢卢的“烧烤”游戏。

教师在观察后理性地做出适时、适宜的指导，可以让幼儿将消极的游戏行为转化为积极的游戏行为，从负能量转化为正能量，让幼儿懂得“正确的事”，不能做利己不利人的事，这正是教幼儿学做人、学做事。同时，在游戏中注重培养孩子积极的做事态度和良好的行为习惯，也是为幼儿终身学习和发展打好基础，正所谓“3岁看大，7岁看老”，好的品质是非常必要的。

游戏在整个幼儿园教育里面是占据比重较大的一部分，同时在整个教育里有着很大的影响和作用。角色扮演的游戏也是学龄前儿童的经典游戏，也是学龄前儿童最重要的游戏活动之一，对于孩子的发展具有独特的价值。为充分发挥游戏功能的作用，实现其教育价值，要求幼儿教师有针对性地观察和干预儿童角色游戏。基于此，在通过实地研究后提出了自己的见解，期望对以后的研究能有所帮助。

一日生活皆课程背景下小班“进餐”的实践探究

广东省深圳市龙岗区机关幼儿园　蒋　佳

著名教育家陶行知提出：“生活即教育，一日生活皆课程。”也就是说，我们不能只把集体活动看作幼儿的学习活动，而应该让幼儿的一日生活的各个环节都赋予教育意义，要做到生活教育化、教育生活化。《3—6岁儿童学习与发展指南》重申，“一日活动皆课程”。在贯彻《3—6岁儿童学习与发展指南》精神中，如何有效地利用各个生活环节对幼儿进行适时的教育是现在幼儿园课程的探究重点，我园也在不断地思考如何把幼儿生活活动变成一种有阶段、有目标、有教育意义的课程，让幼儿在生活化的环境中学习、成长。

一、反思幼儿饮食现状，提出策略

在园幼儿的进餐是一日生活活动中很重要的一个环节，《3—6 岁儿童学习与发展指南》中提出“为幼儿提供营养均衡和健康的饮食，帮助儿童养成良好的饮食习惯。帮助儿童了解各种新鲜食物及其主要营养价值，养成不偏食、不挑食的习惯”。众所周知，幼儿期是良好习惯养成的关键时期，良好饮食习惯的养成将对幼儿一生的健康成长起到重要作用。在实际工作中也经常看到由于家长对孩子的宠爱、迁就，结果饮食中出现了许多这样那样的问题——许多孩子都有挑食的习惯：喜欢吃的猛吃，看到不喜欢的饭菜就摇头，不会咀嚼，因此让幼儿养成不挑食、不偏食的习惯，懂得食物的合理搭配是我们健康教育的重要内容之一。以往在培养幼儿良好饮食习惯的教育过程中，我们往往会采取集中讲故事、看图说话、情境讲述等形式达到教育目标。

通过对“一日生活皆课程”的深入理解，我在思考如何在进餐的生活环节中寻找最佳的教育契机，让幼儿通过简单、愉快的实践活动把在园餐点环节融入健康教育的课程，把健康饮食知识逐渐变成自己的健康饮食的行为和习惯，从而达到以往集中教育所要达到的教育目标。

二、以生活化课程模式开展实践、探究

幼儿的年龄特点决定了他们对事物的认识还是感性的、具体形象的。我们根据当下孩子的饮食习惯进行调查分析。

对亲子调查表进行分析，归纳出以下几个问题。

(1)虽然三孩政策已放开，但经过数据分析，大多数幼儿还是独生子，家里 6 位或 4 位大人面对一个小孩，父母忙于工作，更多的是老人照顾孩子的日常生活起居。

(2)幼儿家庭的教育意识不够，虽然幼儿的父母都是高学历，但是他们对学前教育的培养目标并不清晰。

(3)现状调查数据统计：

从不动手的幼儿占 53%，偶尔动手的占 38%，自己独立完成的占 9%。

(4)我们的思考。

关于经验：分析幼儿已有经验和幼儿年龄特点，关注个体差异。

关于资源：家长资源、书籍资源、环境资源(人、物)。

关于课程：翻阅文献、查阅资料，研讨适宜的课程内容及开展方式。

关于幼儿：帮助幼儿梳理，激励幼儿建构解决问题。

以进餐为例(见图 1)：

1. 来源生活——如何减少剩余的饭菜

如何让“一些”和“一点”不会在日积月累中养成习惯，变成现象？——小朋友思考的问题。

从而产生了一种思考：为什么要光盘？自身身体需要、为他人着想、情感需求“光盘”行动的思考者。一个疑问：你能光盘吗？行动调查——由知道转化为行动。

有什么好办法实现光盘？集大家智慧——三主九辅(主：①光盘点灯；②饭团；③制作食谱。辅：①自主选餐；②陪餐；③运动；④手环；⑤音乐助力轻松氛围；⑥幼儿相互鼓励；⑦书籍、视频、儿歌图片；⑧礼仪；⑨区域)。

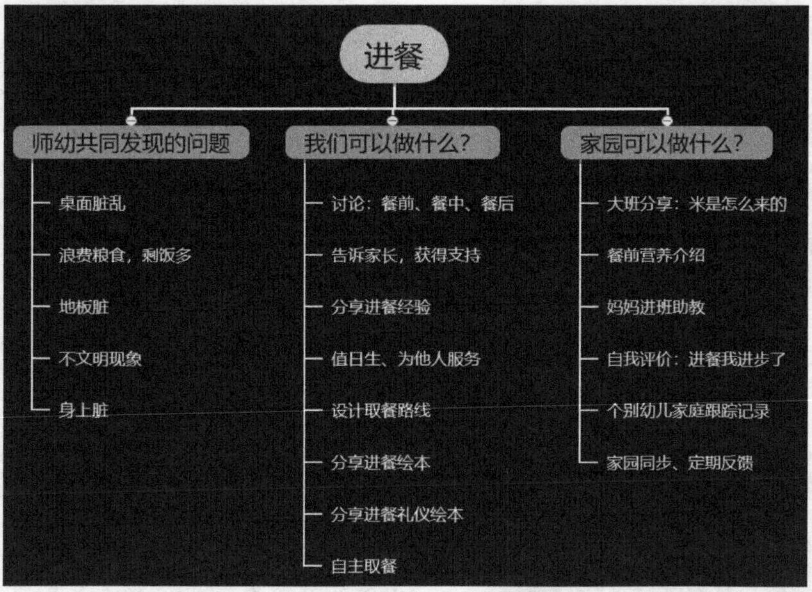

图1　进餐模式梳理

2. 融入生活——自主

策略一：光盘行动。培养幼儿独立进餐及保持良好的食欲是培养良好饮食习惯的关键因素之一。如何让幼儿学会独立进餐及保持良好食欲呢？很显然，只要是幼儿喜爱的食物，就能激起他们进餐的欲望，从而能愉快进餐，享受美食。以往的教育策略是通过故事、情境讲述来告诉孩子要自己吃饭并吃完自己的那份饭菜，这样的过程往往是幼儿被动地接受道理，在实际的一餐两点中效果并不是很明显。通过思考我们尝试着能不能换一种教育策略，让幼儿主动地爱上美食，于是我们推出了“光盘行动”(见图2)，让幼儿对自己每天在园的进餐进行自我鼓励。

策略二：模型饭团。根据幼儿的年龄特点，提高幼儿的积极性、动手能力，促进幼儿全面发展。幼儿根据自己喜欢的模型做出自己喜欢吃的饭团，促进幼儿的食欲以及感官，从而提高幼儿的进餐效率。

策略三：制作健康食谱(见图3)。关注地方特色、个人喜好、营养摄入量、粗细粮食搭配、干湿搭配、荤素搭配、软硬搭配。

经过统计选出食谱如下：主食有蛋炒饭、米饭，荤菜有鸡腿、牛肉、肉丸，素菜有胡萝卜、西蓝花，汤有猪骨汤、玉米排骨汤、鸡汤等。

我经常听到孩子说：“今天的蛋糕太好吃了，又香又甜。”逐渐地，幼儿在相互交流的过程中就会不断获知一些健康的膳食理念，从而把别人的快乐美食体验迁移到自己身上，逐渐克服了挑食、偏食的不良习惯。

3. 体验生活——亲子“稻米”之路

2020年11月21日，小一班的宝贝们和爸爸妈妈一起来到欢乐田园进行了一次有趣又有爱的“稻米之路”亲子活动，我们开展了很多有趣的活动(见图4)。

(1)迷路的小熊与热心的宝贝

这一天，熊宝宝在前往寻找小伙伴的路途中不小心走错路了，跑到了农民伯伯的庄稼地里，在稻田里迷了路。于是，善良的小宝贝们便踏上了送小熊回家的“稻米之路”……

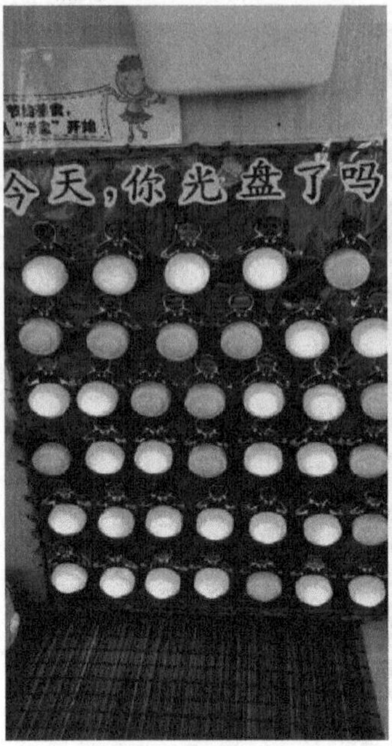

图2　光盘行动

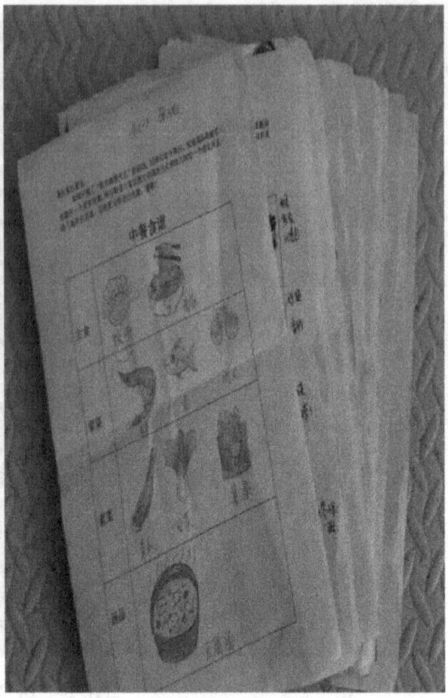

图3　健康食谱

图4　活动照片

(2)稻田“寻肉”记

在农民伯伯的邀请下，宝贝们都愿意一起努力送小熊先回家，可是，已经迷路了这么久的小熊却迟迟找不到它喜欢吃的肉，农民伯伯给它的糖果它又不喜欢吃。

我们的宝贝们决定，一同前往稻田为小熊找肉吃，小熊也开心地答应了。如果小朋友们可以找到它爱吃的火腿肠，它就拿它手中的糖果跟大家作为礼物来交换！

(3)为了农民伯伯的大米加油呀！

在帮助小熊吃上了它爱吃的火腿肠后，农民伯伯告诉孩子们，小熊在迷路时不小心把农民伯伯辛苦晒好的谷子给弄撒了。农民伯伯也很不容易，宝贝们可不可以帮助农民伯伯，和小熊一起把这些沉甸甸的谷子收集回来呢？

这样的活动很自然地融入了幼儿的生活，让幼儿体验了稻米中辛劳收获的过程，可以说这样一个劳作过程拉近了食物与幼儿间的距离，同时让幼儿感受到这些食材取之不易，从而对食物产生珍惜之情。

(4)稻香午餐宴——制作美食

提着一袋又一袋的谷子，宝贝们和爸爸妈妈都满载而归。转眼间就到了中午时分，热心的农民伯伯拿出了自家上好的大米，煮成了香喷喷的大米饭，并拿出了其他食材，邀请宝贝们和爸爸一起做一次饭团，喝一碗绿豆沙……可爱的宝妈们更是化身稻田厨娘，几个妈妈轮流煎蛋给大家分享……这一次稻香中的午餐让所有人都印象深刻!

对幼儿来说制作美食这一活动既有乐趣，又能满足他们的好奇心，每个幼儿都很乐意参与到趣味烹饪活动中，幼儿在参与制作的过程中不仅学到了许多营养方面的知识，更重要的是对食物建立了一种亲切感，当孩子们感受到这是自己亲手制作的食品时，感受到这是自己辛勤劳作后得到的美食时，很珍惜自己的劳动成果，愉快地吃完了自己的美食。

三、实践后的思考

这一年来，我们把幼儿在进餐环节的“光盘行动”融入课程，让幼儿在生活化的背景中学习健康饮食知识，培养良好饮食习惯的同时又把学到的知识、技能运用到生活实际中。这样的教育策略改变了以往的教育方式、方法，我们发现幼儿总是在一种积极的、主动的、自主的情绪下接受健康知识，通过快乐的实践活动幼儿逐步形成对健康饮食的牢固记忆和良好的饮食习惯。在一系列的活动过程中我们也在反思，在“一日生活皆课程”的背景下进餐的生活环节要达到良好的教育目的，还要注意以下两个方面。

1. 注重幼儿个体差异

活动过程中教师要留心观察幼儿在日常生活中的行为，这样就能根据幼儿行为的个体差异进行不同的引导，以便促进每个幼儿在不同水平上有所发展，让幼儿体验良好的生活习惯带来的好处。

2. 寻找最佳的教育契机

教师要及时捕捉教育契机，善于发现问题、勤于思考，主动发现有价值的素材，随时做好观察记录。在指导过程中避免说教，多给幼儿一些操作、体验、互动的机会，同时不要过早地给幼儿灌输道理，让幼儿在亲自操作中体验和感受。

浅谈在学前教育教学中信息化技术的运用

江苏省盐城市射阳县港城实验幼儿园　陈晶燕

一、信息化教育在幼儿教育教学中的重要性

在某种程度上，教育技术能够看作教育教学的最终理论和实践，它选用相应的教育技术理论来整合教育教学过程中各种资源的规划、开发、使用和点评办理。事实上，信息化教育技术与传统教育技术并无本质区别。强调信息化教育技术的正是教育技术的相关理论、办法和成果的吸收，这使得教育技术愈加先进。在信息化教育理论的基础上，信息化教育技术是传统教育技术的更好延伸。信息化教育技术包含多媒体网络技术、虚拟仿真技术、人工智能技术、视听技术、卫星通信技术等。

(一)信息化教育技术促进幼儿素质教育发展

素质教育不同于传统的教育教学形式。传统教育只重视理论常识在讲堂上的灌输，而忽视了学生能力的培育。素质教育被列为信息化教育的首要使命，是教育方针中最重要的使命。传统的教育办法仅仅向幼儿灌输常识，无论这些常识在幼儿时期是否能被承受，也无论教育办法如何，许多幼儿都有不想学、怕学的心理。幼儿的常识没有增加，他们的学习能力也没有得到进步。因此，在幼儿教育教学中实施素质教育能够有效促进幼儿个性的全面发展，这是素质教育向先进的信息化教育教学理念的回归。幼儿园和幼儿教师应改变旧的教育理念形式，选用先进的信息化教育技术渗透到与幼儿教育相关的素质教育中，真正做到以幼儿为教育主题，实施幼儿信息化素质教育。

（二）信息化教育技术促进幼儿教学模式的更新

信息化教育技术在幼儿教育教学中的使用充分体现了这一信息化教育理念。信息化教育技术是基于以人为本的教育目的，从幼儿的品格塑造、品格培养和权利享受的角度，来提高当时幼儿的教育水平。从幼儿的性格培养和本质塑造方面来看，它不仅能够促进幼儿的知识吸收效率，并且能够弥补传统教育观念的缺点，使幼儿德才兼备、全面发展，让幼儿认为学习是一种乐趣，而不是一项使命。幼儿应该自主学习，成为学习的主人，让幼儿思维活跃、勇于探索，多考虑，多发问，在愉快的气氛中学习。信息化教育技术在幼儿教育教学中的广泛使用，弥补了原有传统教育形式的不足，让幼儿主动探求、思考、善于动手、勇于开口、用心创造，让幼儿在探求和学习的快乐氛围中学习知识。

（三）信息化教育技术促进幼儿教学过程的优化

运用信息化教育技术能够直观形象地展现学习体会。在信息化教育技术中运用多媒体教育，能够完成教育内容的先进性和教育形式的改革。信息化教育媒体的多样性、灵活性等特点能够关联幼儿教育和教育环境的创设，能够有效地将幼儿的课堂学习添加到相关的娱乐元素中，让幼儿在和谐愉快的游戏氛围中活跃学习，激起幼儿的学习热情，促进幼儿的思维发展，充分体现幼儿的学习主体位置。在幼儿教育教学中，信息化教育技术有助于在幼儿教育课堂中构建互动参与的环境，从而有效激起幼儿的兴趣和活跃性，提高幼儿的学习能力。信息化教育技术契合年代发展的需求，重视幼儿品格的健康发展，有助于提高幼儿教育的效率，优化幼儿教育的全过程。

二、信息化教育技术在幼儿教育教学中的运用措施

（一）设置电视栏目，增强幼儿的自控力

幼儿处于低自制力阶段。因而如果想让幼儿在教育过程中集中注意力，就应该让课堂活动充溢娱乐性，让幼儿感到生动有趣，并主动将注意力转向学习，如播放动画片、讲述《猴子过桥》故事等，让幼儿理解不可能像动画中的猴子一样推着对方过桥，只有谦让才能让他们一大家人顺畅过河。让幼儿知道应该自觉排队，遵守纪律，尊重长辈。

还可以通过奖励机制将幼儿的注意力集中在学习上。谁答对了问题，谁就能得到奖励，比如 1 块糖或 1 朵花。为了得到教师的表扬，幼儿将努力完成他们的教育方针。这样，学生的自律性也得到了进步，教师在教育过程中可以多开展类似的活动。

（二）设计有趣的课堂知识活动

幼儿启蒙教育更多的是协助幼儿养成良好的学习和生活习惯，探索未知的事物。这一方针的完成需要幼儿和教师充分协作，以到达理想的教育效果。在这种规划理念下，信息化教育技术的使用更契合实际情况，幼儿能够经过课堂活动愉快地学习一些简略的启蒙常识，这一点在传统的教育办法中是没有的。活动规划应重视交互性的完成，为幼儿创造更多的相互协作的机会，这样能够增进幼儿之间的友谊，并且在集体活动中，幼儿的情感发展会愈加合理。活动应该更具创新性，频繁的类似活动会打消幼儿参与的积极性。爱好应该是课堂活动规划的首要前提，这样教师才能更好地处理常见问题。

(三)运用多媒体设备来组织课堂纪律

幼儿更活泼、更活跃，课堂纪律的安排成了教育过程中的一个难点。同时，幼儿的自律性也相对较差。口头强调纪律很难在幼儿心中留下印象，也很难使幼儿养成良好的习惯。但是，在幼儿教育的发展过程中，运用多媒体设备能够有效地处理这个问题。详细的办法是设定一个固定的时间，在这段时间里，会播放一些有助于幼儿成长的短片，内容生动新颖。当幼儿看短片时，课堂纪律也得到保证。每天看的短片会逐渐积累，协助幼儿健康成长。多媒体设备的运用应控制时间，调查幼儿的反馈，防止幼儿在教育计划中过多依赖多媒体设备，导致无法与教师协作完成课堂上的其他游戏互动。在播放短片前，教师应就一些学科问题向幼儿发问，让幼儿带着问题观看视频，引导幼儿构成常识，总结良好的学习习惯。这些都是使用信息化教育技术产生的积极作用。

(四)创设课堂情景，提升幼儿学习能力

信息化教育中最重要的是幼儿素质的进步。为了让幼儿得到充分锻炼，有更多的机会在课堂上表演，教师应该设计更多的课堂场景，让幼儿在场景中成长，让他们成为特性化的个体。例如，做一个 PPT，幼儿能够选择自己喜爱的图片进行言语操练和描述，或者让幼儿依据图片向教师发问，他们有更多的机会考虑，这样他们的才能能够得到充分的发挥。

信息化教育技术的使用能够补偿教师“一刀切”的教育缺陷，促进幼儿特性的发展。在幼儿教育中，教师能够创设相关情境，有效地进行特性化教育。例如，在言语教育中，教师能够通过网络调用存储在服务器上的自制 CAI 课件，并将幼儿需要掌握的相关内容图标转移到桌面上。让幼儿能够在教师的指导下，依据自己的喜好和现有的水平，选择图片页进行口语操练。

三、信息化教育技术运用需要注意的要点

在从传统教育方法向信息化技术的过渡中，教师应该考虑幼儿对知识内容接受的差异，以及教育计划是否能为幼儿提供更多的自由发展空间。在信息化教育技术中，教师应该在科学合理的范围内留意幼儿特性的发展，过度的自在会让幼儿逐渐养成一些不良习惯。传统教育理念与信息化技术相结合时，应取长补短，处理使用中的矛盾和抵触。在这种环境下，更有利于实现既定的教育方针，为深入教育计划创设有利条件。

四、结语

综上所述，在科学技术不断发展的背景下，教师应该清醒地认识到信息化技术在促进幼儿教育发展中的重要性，为幼儿创设相关的教育情境，采用多样化的教育方法和手段，激发幼儿的爱好，充分调动他们的思想。此外，教师应该努力学习，不断提高。为了促进幼儿教育的可持续发展，幼儿教师应该推动教育朝着信息化的方向发展。

美术中的STEM游戏课程

——以“走进蒙德里安的格子世界”为例

江苏省南通市海门区少年宫幼儿园　陆静舒

一、问题产生

某天早晨茜茜带来了新的绘本故事书《花格子大象艾玛》，孩子们一下子就被那有趣的封面吸引了。“艾玛的花格子衣服可真好看!”“我也想要一件这样的衣服!”我发现孩子们对

“花格子”图案特别感兴趣，大大小小、颜色各异的格子如果组合在一起，会变成一幅怎样的图画呢？这让我想起了著名的“蒙德里安的格子”。

蒙德里安是著名的新造型主义代表画家，他以几何图形为基本元素创作作品，色彩鲜明、风格突出，尽管只有色块和线条，却能让孩子产生丰富的联想，获得别具一格的审美体验，为儿童提供一个不受拘束、自由想象、自由创造的广阔空间。于是，孩子们与我一起走进“蒙德里安的格子世界”，探索格子的奥秘。

二、品味欣赏

1. 欣赏图一

师：看到这幅画让你想到了什么？

甜甜：我看到了蓝色，我想到了大海。

希希：我看到了小小的黄色，我觉得就像秋天时候的叶子变黄了。

小凯：我想到了黄色是香蕉，红色是苹果，蓝色是蓝莓。

雯雯：我觉得让我想到了蓝色的大海、黄色的月亮、红色的太阳。

总结：这幅画叫《红黄蓝的构成》。画面上有红黄蓝三原色，红色让人想起红红的太阳，黄色则像太阳的光芒，照在人身上暖暖的。红色、黄色是暖色调。蓝色让人想起天空和蓝蓝的大海，看起来很凉爽，是冷色调。这幅画仿佛让我们看到了大自然的生命和力量。

2. 欣赏图二

师：看到这幅画让你想到了什么？

琪琪：我看到有很多白色、灰色，让我想到了冬天和雪花。

浩浩：我看到灰色，让我想到了水泥，红色、蓝色、黄色是热气球，黑色是小黑屋。

洋洋：黑色让我想到了僵尸，很恐怖。

总结：这幅画有许多线条和色块。横的线和竖的线，它们走着走着碰在一起变成了正方形和长方形的格子，这种画叫格子画。黑色的线条和色块看起来让人有点害怕、有点伤心，因为这幅画是画家在战争时期画的作品。

3. 欣赏图三

师：看到这幅画让你想到了什么？

天天：我觉得这幅画很乱，就像迷宫似的。

小圆：我觉得小方块就像游戏中的场景。

诗诗：这张画就像地铁线路图。

然然：让我想到了彩色的二维码。

毛毛：我觉得小方块很像加油站，还有来加油的汽车。

总结：这幅画叫《百老汇的爵士乐》，百老汇是美国纽约的一条街道，爵士乐是一种音乐类型。作者在百老汇看到拔地而起的摩天大楼，看到整齐的街道和来来往往的车辆，还有闪烁的霓虹灯，听着欢快的爵士乐画出了这幅画。这幅画不再是黑色的线条和大的色块，而是明亮的彩色线中有无数的小色块在跳跃，就像音乐的节奏，让人感觉轻松、快乐。

这三幅作品的构图由简单到复杂，孩子们在欣赏交流的过程中了解到蒙德里安格子画的特点，感受到画中色彩和线条的排列。

三、创想行动

1. 为小鱼设计服装(难度 1.0)

师：从蒙德里安的作品元素出发，玩一玩“借行想象”的游戏，让我们为小鱼设计一款“蒙德里安”同款服装吧！

茜茜说：快看我这件衣服很适合深海中的灯笼鱼！非常时尚！

一幅幅小小的格子画不仅仅是幼儿对美的感受，更是创造力的激发。

2. 格子的创想(难度 2.0)

蒙德里安出现在我们生活的各个角落里，有可以吃的“格子”，可以住的“格子”，可以“穿”的格子。孩子们说也要设计一款“格子”的东西，于是大家集思广益，纷纷行动起来，大家利用各种材料，剪剪、拼拼、粘粘，完成了一幅幅精美绝伦的作品。

“我最喜欢各种各样的交通工具，我用红黄蓝设计了飞机、轮船和汽车。”

“这是我设计的蒙德里安风格的火车，快看！它已经出发了。”

“看看我画的蒙德里安风格的大树，只要你靠近它，你也会变成跟它一样的颜色。”

“你愿意住蒙德里安风格的房子吗?”

“花瓶的图案也可以是蒙德里安的格子，这样子也很好看。”

3. 材料的丰富利用(难度 3.0)

(1)创意 T 恤

我们也来制作一个属于自己的独一无二的作品。看！先准备好各种各样的材料，我们用红黄蓝即时贴、黑色线条即时贴开始在白色 T 恤上面装扮我们的作品了。

(2)纸盘上、纸杯上的“蒙德里安”

我们除了可以在白纸上画出蒙德里安的格子，还能在不同的材料上面发挥创意，在纸盘上、纸杯上都能体现。

(3)乐高里的“蒙德里安”

让我们利用乐高积木设计蒙德里安格子吧！我们需要红、黄、蓝、黑、白色乐高积木，用黑色的乐高积木纵横排列组合，用不同颜色的乐高积木填满格子。我们发现了不同的排列组合会有不一样的效果。

四、活动反思

《幼儿园教育指导纲要(试行)》指出，每个幼儿都有热爱美好事物的天性和学习艺术的潜能。作为教师，要多提供贴近幼儿生活经验的美术作品，引导幼儿通过欣赏、认识作品所表现的事物和主题含义，感受作品的美感和特点，了解作品的表现方法。激发幼儿感受美、表现美的情趣，丰富他们的审美经验，使幼儿体验自由表达和创造的快乐。

孩子们欣赏着蒙德里安的画，体验着纯粹的抽象。从感受与欣赏、表现与创造两个方面出发，在活动中他们学会发现和感受自然界与生活中美的东西，欣赏多种艺术形式和作品，萌生对美的感受和体验，进一步培养了幼儿的艺术表现能力与创造能力，从而鼓励和支持幼儿自发地创造出属于自己独特风格的艺术作品。活动由浅入深、由简入难，在探索过程中，孩子们通过观察、比较、想象、创作等方法，掌握了蒙德里安格子的特点，在语言、艺术、科学等方面融会贯通，获得了全方面、多方位的学习与发展。

罚单演变史

——借助“交通主题游戏”促进大班幼儿前书写经验发展的实践研究

云南省昆明市盘龙区联盟幼儿园　辛　梅

“交通主题游戏”作为特色游戏，是为实践研究幼儿园品行课程的一种策略手段，目的是培养幼儿仁爱有礼、自信自立、互助共享的良好品行。在交通主题游戏中幼儿运用已有的交通生活经验，通过扮演司机、行人、交警等角色，模拟并创造与角色相应行为的主题式自主性游戏。将生活融入游戏，将游戏回归生活。在“真情境”“真游戏”中不断促进幼儿良好品行的发展。

一、来源：引发前书写的契机

在一次交通主题游戏过程中，扮演交警的星星看到很多小司机们闯红灯、乱停车、压线等违章行为，于是拿着警棍，吹着口哨，指挥他们遵守交通规则。可是小司机们根本不听他的劝解和指挥，依然“肆无忌惮”地违反交通规则。皱着眉头、翘着嘴巴的星星对着违章的小司机们大声地说：“你们再这样，我就开罚单了。”听到星星这么一说，我突发奇想，为什么不在交警的角色里加入开罚单的行为呢？让孩子们在游戏中不只出现单一指挥交通的动作、语言，还可以有与纸笔互动的书面语言机会，在游戏中提高幼儿的前书写能力的发展。

二、了解：罚单中的前书写经验现状

星星在游戏中自然萌发出罚单想法后，他随后找了一张白纸和一支笔进行了第一次开罚单。通过观察其第一次罚单书写的方式、罚单书写的内容，进而分析现阶段游戏中罚单书写的现状。具体案例如下。

镜头 1：星星让一个骑着三轮车的男孩 A 停了下来，并说：“你开错道了。”“什么开错道了？”男孩问。星星说：“你开反道了。”星星挥着手里的警棍，让司机停靠在路边，接着拿来了纸和笔，在纸上画了一根竖线，说：“你刚才逆行了。”男孩问：“逆行是啥意思？”“就是你开反道了，所以我要给你开一张罚单。”接着星星蹲下身体看了看三轮车的车牌号，嘴里念叨着，边看边将车牌号写在竖线右边(从左往右写)。“3，3，3……”男孩及围观同伴说，星星看了看车牌，将数字 3 写在 0 的上端(因为写不下)。写完车牌号，又在 C 前面画了一个圆圈，连接着圆圈下面画了一个向上的箭头，最后换行在纸的最右侧写上了自己的名字。

(一)书写无计划性

幼儿因为数字 3 写不下，因此将 3 写在 0 的上方。整张 A4 纸，幼儿将全部的内容写在纸的上端。在写完车牌后，又到同一行的左边写。先写什么，再写什么，幼儿没有想过罚单内容如何排版，可以看出幼儿书写罚单缺少计划性。

(二)书写有自创符号

罚单中出现，根据幼儿介绍，了解到这个整体符号代表的是司机逆行的意思。箭头代表直行车道，圆圈代表司机，竖线代表道路分界线。

(三)书写附自己姓名

在罚单最后，幼儿写下了自己的名字。幼儿会写完整的名字，但这几个汉字之间的间隔不均匀，明显后面的两个字挨得很紧，甚至有点看不清。

三、实录：巧变罚单，推进前书写发展

(一)罚单演变阶段一：白纸 4 线

在上次游戏结束后教师与幼儿进行了谈话：你们看得懂交警叔叔的罚单吗？幼儿表示只能看懂车牌号、名字，对于星星自创的符号并不知道。因此教师让星星给班级孩子介绍了自己开的罚单内容。针对星星第一次罚单的散乱，教师组织了专门活动：如何让违章司机看得更清楚一点呢？通过看真实的罚单、幼儿的讨论及教师的引导，最终决定在白纸上画线，让交警的罚单内容更加清楚。在本次游戏开始之前，教师还进行了家园合作，鼓励家长带领幼儿观察生活中的车牌号，并写一写车牌号，让幼儿对车牌号的汉字、数字、字母之间的组成有更进一步的认识。

镜头 2：店员说他没压到线，星星就趴在地上开始写罚单。他在第一行上写了浙、A.、1014 己，在第二排中间画了一只鸭的形状，后面画了｜，左手挠了下耳朵的同时向右转身，停顿 11 秒。男孩 B 问："这是谁的?"星星说道："后面是什么我忘了!"

案例分析：从上述案例中看出这次罚单的书写布局比第一次要更加清楚，数字、字母的间隔也逐渐统一。星星在书写车牌时，有出现模仿汉字字形的行为。在第二行他画了一只鸭子和一条线，星星说鸭子的鸭表示压线的"压"，他用画出某个字的读音的办法来代替自己不会写的字。并且画了一条线表示压线的"线"，用画出某个字的意思来代替不会写的字。从这个行为可以看出幼儿的创意书写表达的经验在稳定阶段的水平。但星星在写完第二行后忘记下面罚单的内容是什么了，使得星星开不了罚单，交通游戏也没有得到很好的推动。

(二)罚单演变阶段二：罚单抬头，白纸 5 线

根据阶段一幼儿游戏中的问题，教师与幼儿进行讨论"罚单开了一半忘记了怎么办"，通过讨论与交流，幼儿表示在罚单每行开头都写上"抬头"，提示自己要写的罚单内容。在讨论过程中，幼儿表示罚单都是有时间限制的，因此在罚单内容上加了一行时间(日期；见图 1)。

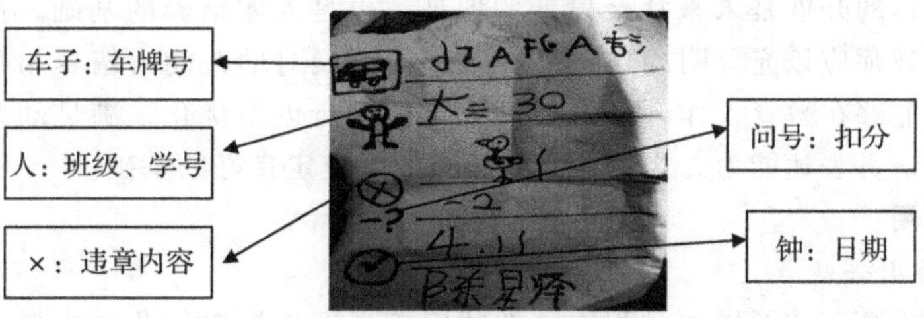

图 1　罚单抬头解释图

通过与幼儿激烈地讨论与交流，幼儿主动提出采用"增加一条线""罚单抬头"来帮助幼儿记住罚单内容，提升前书写核心经验的发展，保证游戏的顺利进行。

案例分析：在上述行为中，星星的罚单内容上名字之间的间隔逐步统一大小了，从这两点可以看出星星感知、理解汉字结构的经验逐渐处于拓展阶段。在一次游戏中，星星用了不同的办法记录罚单内容，充分说明星星已经掌握了多种方式进行创意书写表达。但游戏中发现星星开罚单需要花很长的时间，导致有些违章车主就"跑走了"的现象。另外，幼儿将罚单给违章车主后，游戏就结束了，违章车主也没有做相应的处理，游戏没有得到发展。

(三)罚单演变阶段三：难变简，提效率

根据阶段二游戏出现的问题，教师再次与幼儿进行讨论"有什么办法可以让罚单开得快一点"和"违章车主拿到罚单以后怎么办"。星星表示每次画鸭子和车子都需要很久，不知道怎么办。经过幼儿讨论后，提出把鸭子、车子、人形画得简单一点就可以了。在车主拿到罚单以后，幼儿则表示可以拿到交警大队进行消分处理，为了能让车主和交警大队都能有罚单，并且不重复开罚单，教师为孩子提供了复写纸的材料。

案例分析：从幼儿的罚单中发现罚单抬头、违章内容发生了变化。从复杂的车子图形，到用正方形＋两个轮子代替原来车牌号的意思；从整体的人形变成简单的头像、肩膀轮廓。超速原本是用复杂的车子＋较复杂的云朵图形表示，现在用一个圆圈＋简单的符号表达超速的意思。越来越简化的图画能够使得前书写更流畅，能减少开罚单的时间，更好地推动

游戏的开展。

四、成效与收获

通过对罚单进行改进，从布局散乱、没有规划性，到现在的布局整齐，具有一定的计划性，让幼儿在书写的过程中，不仅发展了前书写经验，也提高了幼儿的生活及行为习惯，逐渐让幼儿养成做计划的良好习惯。

在本次交通游戏中，幼儿通过交通主题游戏在无形中充分地与纸笔进行了互动，也尝试用绘画、符号、记录的方式在游戏中记录与表达自己的意思，让幼儿在游戏中“有话可说”，进一步加强了口头语言能力。在后期的活动中，幼儿通过更多的积累与想象，将“前书写”记录与表达的行为运用在更多的游戏中，幼儿有了用多种创意书写的策略来表达自己的想法。

利用表演游戏提高幼儿语言表达能力的实践与研究

新疆维吾尔自治区乌鲁木齐市幼教集团经开区九点阳光幼儿园　禹　红

幼儿教育工作的开展是未来社会发展的保证，也是人才培养的基础。在开展幼儿教育工作的过程中，教师应该充分明确这一教育工作的开展对幼儿能力培养与身心成长发展的重要影响，从而能够在教育工作开展的过程中不断进行创新优化，满足幼儿成长发展的需求，提高幼儿的语言表达能力，为幼儿的成长与发展奠定良好的基础。

一、积极作用

（一）提高幼儿兴趣

在当下幼儿教育工作开展的过程中，教师应该高度重视对幼儿进行参与游戏的兴趣培养，促使幼儿能够以高度的积极性参与到表演游戏中，最终能够充分促进幼儿语言表达能力的培养和提升。在进行幼儿教育工作中，教师应该高度明确幼儿语言表达能力的培养对幼儿的未来成长与发展的重要影响，从而能够充分落实、满足幼儿发展的需求。通过在教育教学工作中对幼儿开展表演游戏，能够充分满足幼儿的能力培养要求，促进幼儿语言表达能力的提高，促进幼儿身心健康成长与发展。

（二）落实以人为本

在当下幼儿教育工作开展的过程中，教师应该高度重视落实以人为本的教育理念，促使幼儿能够在参与教育工作的过程中充分巩固主体地位，促使幼儿能够得到身心全面发展。在幼儿教育工作开展的过程中，应用表演游戏对幼儿进行语言表达能力的培养，能够促使幼儿在参与游戏活动的过程中得到能力的充分提升，满足这一阶段幼儿主体地位的巩固要求，促进幼儿自主性的高效培养，为幼儿的能力提升奠定良好的基础。教师应该在教育工作开展的过程中充分发挥自身的引导作用，从而保证幼儿在参与活动的过程中能够提升能力，促进幼儿身心健康成长与发展。

（三）营造良好氛围

在进行幼儿教育工作时，教师应该充分明确这一阶段的教育工作中幼儿年龄小、能力弱的特点，从而保证在幼儿教育工作开展的过程中营造良好的氛围，促使幼儿能够在良好的氛围下得到能力的提升，促进教育工作的高效开展。但是，在传统的幼儿教育工作开展的过程中，教师对幼儿进行语言表达能力的培养，往往不能重视这点要求，导致在教育工作开展的过程中不能明确良好氛围对幼儿的成长与发展具有的重要影响，最终导致幼儿参与积极性不强，严重影响幼儿的身心成长与发展。

二、开展策略

(一)转变开展理念

在进行幼儿教育工作时，教师对幼儿进行表演游戏的应用，促使幼儿能够在参与游戏的过程中培养兴趣，最终满足幼儿语言表达能力的培养要求。教师应该高度重视对幼儿进行理念的转变，保证幼儿在参与表演游戏的过程中具有高度的参与兴趣，最终才能够保证幼儿语言表达能力的提升。如，在进行幼儿表演游戏开展的过程中，教师应用情境教学的方法展开教学。通过对幼儿进行角色转换，促使幼儿能够以小动物或者卡通人物等形象进行交流，最终充分提高幼儿参与的积极性，促进幼儿语言表达能力的提升。

(二)创新开展方法

在进行幼儿表演游戏开展的过程中，教师应该高度重视对幼儿进行开展方法的创新，促使幼儿能够在参与游戏的过程中得到充分的自主性培养，满足幼儿自主学习能力培养的要求，促进幼儿语言表达能力的充分提升。如，在进行幼儿表演游戏开展的过程中，教师应该充分巩固幼儿的参与主体地位，从而保证幼儿自主性的提升。通过小组合作的方式开展表演游戏能够充分满足幼儿的能力培养要求，落实以人为本的教育理念，促进幼儿能力的提升。

(三)美化教育环境

在进行表演游戏开展的过程中，教师应该高度重视这一阶段幼儿对于游戏氛围的要求，从而保证在开展表演游戏的过程中幼儿可以自主地对环境进行美化，自主地营造良好的游戏氛围，促进幼儿语言表达能力的提升。

三、结语

随着人们对于幼儿教育工作的高度重视，对幼儿教育工作中幼儿的语言表达能力培养提出了高度要求。教师应该重视这一能力的培养对幼儿成长与发展的重要影响，从而能够应用表演游戏创新优化，促进幼儿身心发展。

小班幼儿良好的生活与卫生行为研究

新疆维吾尔自治区乌鲁木齐市幼教集团经开区九点阳光幼儿园　金　欢

一、研究的理论意义和实际意义

本研究为了丰富培养小班幼儿生活与卫生行为习惯的理论基础，通过对小班幼儿一日生活的调查，从多方面了解幼儿生活与卫生习惯，更深层次地了解幼儿生活与卫生行为习惯的现状，并从中分析现存的问题，以期找到解决的方法。为提高教师意识、更新家长教育观念提供理论依据，促进教师和家长更多的沟通，充分利用各方面资源，调动社会的力量，为幼儿提供良好的环境。

幼儿拥有良好的生活与卫生行为习惯不但是幼儿园的教育目的，也是家长的最大期望。研究者从幼儿一日生活中观察小班幼儿的生活与卫生行为习惯，并且分析教师怎样培养幼儿良好的生活与卫生习惯，教师在开展活动中有意识地将良好的生活与卫生习惯贯穿其中，不但有利于幼儿的健康发展，也有利于活动的开展。

二、小班幼儿生活与卫生行为习惯原因分析

(一)幼儿自身

3—4 岁的幼儿可以自主行动，认知范围逐渐增大，在游戏中逐渐形成一些生活经验。幼儿很容易受到外界事物及自身情绪的影响，而且因为其身体机能发展不成熟，幼儿的行为容易受到情绪的支配，且情绪不太稳定。

小班幼儿在家庭中以自我为中心，到幼儿园后开始集体生活，因此会出现不适应。离开父母，进入幼儿园时很容易产生分离焦虑，在新的环境下没有熟悉的家人的陪伴，他们会感觉不安，从而反应为用不好的行为来反抗，或者处于消极的状态。

(二)幼儿教师

1. 缺乏正确的教育理念

研究者通过在幼儿园实习期间观察发现，幼儿教师会受到教育理念的影响，常常处于领导者的地位，幼儿则处于被动地位，在幼儿园经常会听到教师发出一些指令，如“不可以”“不能做”等。在教师看来，小班幼儿年纪太小，没有办法约束自己，因此幼儿教师只能不断地重复，反复提醒幼儿应该怎么做、不能怎么做，并且经常会使用命令式的语言，不利于教师与幼儿的情感沟通。

2. 活动形式较单一

培养幼儿养成良好的生活与卫生行为习惯的活动形式较为单一。幼儿教师大多重视幼儿的集体活动，教师培养幼儿生活与卫生行为的方式主要是为了方便教学，没有运用多种活动方式。例如：幼儿园教师经常利用晨谈和离园总结时和幼儿共同探讨在这一天中哪些行为是不对的，通过这种方式帮助幼儿改正不良的生活与卫生行为习惯。

3. 缺乏家长的配合

在培养幼儿生活与卫生行为习惯中，幼儿教师缺乏和家长的沟通，因此会有家园要求不一致、家长忙到忽视幼儿生活与卫生行为习惯的培养的现象，因此会出现在幼儿园养成的良好习惯，在家休息两天就忘记了，回到幼儿园又要重新建立。幼儿教师通常会觉得疲倦，尤其对于小班幼儿来说，每周要花费两三天重新帮助幼儿养成习惯，而这段时间的正常活动就无法开展。

(三)幼儿家长

1. 家长溺爱幼儿

在问卷调查中研究者发现，幼儿家长大多是公务员或者商人，大多数幼儿是独生子女，家长陪伴孩子的时间太少，就比较溺爱孩子。

2. 家长工作较忙，缺乏教育理念

幼儿园要求家长要给孩子勤剪指甲、勤洗澡，但有时候家长加班就会直接将幼儿带到加班的地方，或者送到爷爷奶奶家，或者交给保姆、早教班，很少有机会帮助幼儿剪指甲、洗澡。研究者通过和家长交流发现，家长大多认为，“将幼儿送到幼儿园就是因为平时没有时间照顾，不指望在幼儿园学到什么”“技能才比较重要，多带她参加技能班，才是最主要的”等，家长缺乏正确的育儿观念。

三、培养小班幼儿良好的生活与卫生行为习惯对策

(一)幼儿自身

1. 尊重幼儿发展规律

幼儿教师和家长都应该遵循幼儿发展的客观规律，把握幼儿发展的快速时期，让幼儿拥有良好的生活与卫生行为习惯。幼儿的发展是个循序渐进的过程，习惯的养成更是一个

长期的过程，培养幼儿良好的生活与卫生习惯要重视幼儿的发展规律。

2. 鼓励幼儿，给予适当的期望

维果斯基认为：幼儿在现有水平的基础上，如果成人给予他们鼓励，并且帮助他们，他们可以达到更高的水平。这就要求教师对待幼儿的期望是适度的，让幼儿跳一跳就可以够得到，同一个班里的幼儿水平参差不齐，每个幼儿都是不同的，因此教师要公平地对待每一个幼儿，对不同的幼儿采用不同的教育方法。小班幼儿情绪波动很大，且容易受到其他小朋友的影响，这一时期他们需要的是鼓励和期望，当他们做对了时，教师和家长要及时给予肯定。

(二)幼儿教师

1. 加强幼儿教师的责任意识和专业知识

幼儿的身体和心理决定幼儿教师必须拥有强烈的责任意识和专业知识。

3—4岁是幼儿各方面都在逐渐完善的时期，这期间幼儿的探索能力和模仿能力都很强，他们会不自觉地模仿教师的行为，并且很崇拜教师，对教师说的话很信任。但是这一时期的幼儿身体机能正在发展，缺少自我保护能力，这就需要教师有很强的责任意识和专业知识。

2. 加强教师与家长的沟通能力

家园合作是促进共同进步的重要方式，这就要求教师学会正确与家长沟通，及时反馈幼儿在园的情况，而不是当幼儿发生意外时教师才与家长沟通。教师主动与家长沟通交流，将有利于教师开展活动并且得到家长的理解，相互交流才能达到一致的教育目标，你做你的，我要求我的，只会让幼儿受到伤害，反而不利于幼儿养成良好的生活与卫生行为习惯，因此双向的沟通，才能促进幼儿更好地发展。

3. 教师言传身教，提高自身素养

小班幼儿处于对教师特别崇拜的阶段，比起家长他们更愿意听教师的要求，而且小班幼儿特别喜欢模仿自己喜欢的教师。教师作为幼儿模仿的对象，不但要重视自身的仪容仪表，在日常生活中也要以身作则，树立好榜样。

4. 在游戏中培养幼儿

游戏是幼儿生活的重要组成部分，更能够提高幼儿的自理能力，促进幼儿发展。游戏在规范幼儿生活与卫生行为习惯中起着重要作用。

(三)幼儿家长

1. 促进家长继续学习，更新教育观念

现在的家长比较重视早期教育，在幼儿很小时就报了各种早教班，既让幼儿学习了技能，又可以让家长抽出时间做自己的事情，因此家长更多地选择这种省时又省力的早教班。但这不利于幼儿未来的发展。这就需要家长更新教育观念，认清楚什么是幼儿健康成长的关键，家长应该积极和幼儿教师沟通，不能片面地看待问题，重视幼儿的生活与卫生行为习惯，保障幼儿健康成长。

2. 家长以身作则，树立榜样

研究者通过与家长谈话发现，幼儿在家经常边玩边吃，或者边吃饭边看动画片，这些习惯通常是模仿家长的行为。家长的生活习惯不规律，影响着幼儿的生活与卫生行为习惯，有时候家长在休息日也会赖床，不做饭，随便吃点零食，这些习惯影响着幼儿。家庭中家长要求幼儿改变不好的习惯，但是家长却没有意识到自身的不良习惯对幼儿产生的影响。家长是孩子最好的老师，影响着幼儿，因此家长要以身作则，树立榜样。

3. 家园共育，共同合作

当小班幼儿面临家庭和幼儿园两种不同的环境时，常常不能自如地转换，两种环境的要求不一样，所以有时候幼儿会比较迷茫，不知所措。当在幼儿园集体生活的大环境中，要求幼儿一日生活要服从集体，要遵守规则，但是在家时幼儿则更加轻松、自由，父母的约束力要小很多，在家比较娇惯，因此会出现家庭与幼儿园要求不一致的现象。

4. 家长重视，反复强化

习惯是在日积月累中养成的，而不是一朝一夕的事情，要使幼儿养成良好的生活与卫生行为习惯，更要在家长和教师的反复强调中形成，因此家长的重视非常重要。家长是陪伴孩子最久的人，在日常生活中家长时时刻刻的提醒有助于幼儿主动养成良好的生活与卫生行为习惯。

幼儿园开展自然教育的实践探讨

中国人民解放军32069部队机关幼儿园（原前哨幼儿园）　王　慧

幼儿园的孩子正处在生长发育迅速的阶段，处在长知识及行为习惯、道德品质形成的最初阶段，良好的行为习惯的形成将使幼儿一生都受益匪浅。然而大自然教学如何对幼儿园教学起到重要作用呢？我们又如何将大自然渗透到幼儿的一日活动中呢？如何利用大自然的环境开展丰富的活动呢？这就需要我们教师有较强的工作热情，处处都做有心人，善于在幼儿的日常生活中的各个环节寻找、捕捉发生在幼儿身边的教育内容，切实有效地将大自然与我们的教育内容有机结合，在不知不觉中传授幼儿知识，起到一举两得、事半功倍的教育效果。

一、自然教育对于幼儿园的影响

1. 热爱大自然、走近科学

在现代社会，对于幼儿园的孩子来讲，自然教育是相对比较陌生的。随着经济水平的不断上升，在发展的过程中忽略了对自然的保护，特别是在城市地区，自然环境相对较少，幼儿在日常的学习和生活之中无法直接接触大自然，所以自然教育课程的教学难度就会增加。但是，对于幼儿来讲，自然课程是成长过程中的必修课，通过自然教育可以了解大自然的魅力，增加幼儿的知识储备，对幼儿今后的发展具有促进作用。同时自然教育会不断加深幼儿对于自然环境和人文地理的了解，通过不断学习可以对大自然保持敬畏之心，并不断地提升对大自然的热爱，而自然教育也使得幼儿更加热爱科学，激发了幼儿的思维方式。

2. 多种途径，增强爱科学的情感

在自然教育中幼儿可以收获更多的自然知识，由于这些知识是在大自然中学到的，所以幼儿的理解能力会不断地增强，同时不断地树立起对大自然的热爱和向往。而大多数自然知识都以科学知识为基础，所以幼儿在学习的过程中也不断地提升了对于科学知识的兴趣，使得幼儿在成长的过程中可以保持知识的多元化，增长幼儿的见识。

二、自然教育对于幼儿园的重要性

1. 利用大自然进行环保教育

将幼儿带到大自然中游玩是幼儿最喜欢的活动之一，而在大自然中通过游戏向幼儿进行环保教育，幼儿最易接受，从而使幼儿在活动中自然而然地养成良好的行为习惯。

如亲子春游，带领幼儿到公园游玩时，孩子们发现了草坪上的垃圾，有的孩子很主动地捡起垃圾，而有的孩子则是若无其事地玩耍。在此情况下，我设计了“公园环保小卫士”的游戏环节，在集体前宣布主动捡垃圾的孩子为“公园环保小卫士”，从而引导其他幼儿发现垃圾影响了公园的环境。活动开展得很成功，也正是这样的活动让幼儿在大自然中获取了环保知识，通过这样的活动让幼儿有了较强的环保意识。

2. 利用大自然进行课堂教学

教学活动是幼儿一日活动中的主要活动之一，幼儿通过教师组织有趣的教学活动来掌握粗浅的知识，从而发展幼儿的创造、思维、记忆及语言表达能力。然而如何将大自然结合在各科的教学活动中，仍需要教师通过平时观察，了解、掌握第一手资料，然后再有的放矢地对幼儿进行教授。

3. 幼儿园的自然角也是大自然的重要组成部分

自然角是幼儿认识自然界的一个小小的窗口，幼儿通过种植植物、饲养动物来了解自然界，使幼儿逐步认识到保护动植物就是培养责任心和爱心。如当我发现幼儿不爱护鱼缸里的小鱼时，就及时引导幼儿观察鱼缸里的小鱼，使幼儿感到小鱼是很可爱的，它们是鱼妈妈的小宝贝，要和教师一起把小鱼养好，千万不可以用手抓。再如午餐后我带幼儿散步，来到了种植园地观察，使幼儿了解各种植物。

三、幼儿园自然教育具体实施的改善措施

利用大自然的教育与幼儿园的教育教学是紧密联系的，我们平时的一些主题教学都离不开大自然。例如根据季节的变化组织幼儿春游，在游玩的过程中引导幼儿认识季节动植物，这样的教学效果会比在幼儿园内开展要更有效。那么如何有效地在大自然中进行教学呢？

1. 提升幼儿的主体地位

对于幼儿园的孩子来说，在学习的过程中需要以幼儿为主体，不断地提升幼儿的学习地位，在自然教育的课程上也是一样的，需要不断地加强幼儿的主体地位，在学习中让幼儿充分地了解自然知识对于自身的影响，在教学过程中提升幼儿的参与程度。举例来讲，在部分幼儿园的自然课堂上幼儿可以采取分组的形式进行学习，例如在对于相关花朵知识的学习中，小组成员可以分别从家里带来不同品种的花卉，在课堂上进行小组内的展示，幼儿在展示的过程中可以增加自己的介绍，并对花朵的相关知识进行简介，小组成员可以获得更加丰富的知识。同时这种教学方式也使得课堂成为幼儿学习的主体，在整个学习过程中以自身的参与不断地完善知识结构，同时增加了对于自然课程的参与感。

2. 增加幼儿的实践机会

自然教育与其他学科的不同之处就在于自然教育需要学生进行操作和实践，需要通过观看得出相关的结论和研究，而传统的教学方式不能适应自然教育的正常进行，需要孩子通过自身的实践，这样才可以更加感受到课程的魅力。例如在幼儿园开展一些活动来帮助幼儿贴近自然，真正地感受到自然学科对于幼儿的影响，在实践中增加对于自然的理解程度。教师可以通过对于自然环境内生物的介绍增加幼儿对于自然生物的了解，并学会识别大自然中的景物特征和相关的生活习性。由于幼儿园的幼儿年龄较小，所以在自然的环境下学习的效率会提升，同时幼儿也可以更加直接地接触所学知识，加深对于相关知识的理解。

3. 教师自身行为的影响

幼儿具有模仿性强和易暗示的特点，教师的一言一行都直接影响着他们。因此教师的榜样作用是无穷的。例如在带领幼儿到自然角观察时，教师主动喂养小金鱼，将种植园地的杂草锄干净，小朋友们看在眼里、记在心里，久而久之他们也学会了照顾动植物。

4. 引导幼儿把认识转化为自身行为

在平时的各种活动中，我们经常利用游戏来组织教学活动，从而把认识转化为幼儿的自身行为。其实在大自然也可以做到这点。例如：在组织幼儿去郊游的路途中，让幼儿感受马路上各种不同的声音，感受不同声音的不同体验，使幼儿自己会分辨哪些声音好听，哪些声音不好听。从而使他们明白了为什么要轻轻地搬动桌椅，为什么要轻轻地走路，为什么不要大声吵闹的道理。

自然教育是认识自然、珍惜自然、敬畏自然的一种教育课程，幼儿园利用自然资源进行相关自然课程的教育，充分挖掘自然资源开展活动的教育价值，遵循幼儿的发展规律，总结经验，扬长避短，促进幼儿身心健康和谐发展，对于幼儿教育的健康发展很有意义。这不仅仅是教学理念的一次转变，同时在这个过程中幼儿也可以更加感受到自然带给人的影响，提升对于大自然的热爱程度，提升动手实践的能力，并在今后的学习和生活中不断地促进幼儿的全面发展和综合能力的提升。

浅谈小班幼儿终身受益品质——自主、有序

中国人民解放军32069部队机关幼儿园(原前哨幼儿园)　骆玲玲

什么是自主、有序？它们在幼儿的日常生活中是什么样的依存关系，起什么样的作用呢？这还要从我们的日常生活常规说起。

常规是幼儿园在一日生活的各种活动中应该遵守的基本行为规则。幼儿期是培养良好习惯的关键时期，科学合理的常规有利于促进幼儿良好习惯的养成，激发幼儿良好的情绪，还可以促进他们对生活及社会知识技能的掌握，增强行为的目的性、意识性，发展自律能力。这其中的点点滴滴便是有序，即幼儿在生活中所表现出来的稳定性、规则性、重复性和相互的因果关联性。那么常规的培养与建立是不是等同于高控、高管？幼儿是不是就要完全听从于教师？当然不是，在培养幼儿有序的同时，我们还会帮助幼儿学会自主，有自己的想法与思考，不受他人支配。唯有这样，幼儿才能真正从生活上、思维上成为一个独立的社会人。自主与有序是教师在组织半日活动中收放平衡、活而不乱的法宝，是幼儿在展现半日活动中张弛有度、动而不羁的标志。

我们都知道，小班幼儿刚刚尝试减少对父母的依赖，由个体生活过渡到集体生活，这其中存在很大的差别。我们需要帮助幼儿逐步适应集体生活，了解各环节的安排及要求，学习自己做事，以不断体验、内化自己的行为，进而做到生活独立，形成有序。但有序不等于一成不变，小班幼儿好动，爱模仿，认识靠行动，常把假想当真实，因此游戏是最适宜他们的活动。一日生活中，幼儿均可以根据自己的需要和意愿选择材料、活动内容及玩伴，进而做到思维独立，形成自主。下面我将结合《3—6岁儿童学习与发展指南》《幼儿园教育指导纲要(试行)》精神，从自身的教育教学实践出发，谈谈如何培养小班幼儿的自主和有序。

一、形式的多样性

小班幼儿大脑皮层易兴奋，注意力易转移，在活动组织形式上适宜丰富多样、动静交替的活动。针对这一特点，我园安排了两段式户外活动回来后，为了帮助小班幼儿缓解肌

肉疲劳，平复室外活动的激动情绪，我会选取并利用适宜的音乐游戏过渡，分批有序地请幼儿如厕盥洗，进而避免消极等待及拥挤。户外活动回来，临近午餐时间，为了给幼儿提前营造安静、温馨的进餐环境，我会利用绘本图书，和幼儿分享有趣的小故事。组织形式多样的活动，使幼儿始终处于变化中，一动一静，符合小班幼儿身心发展规律，为幼儿更好更有序地参与每一个环节起到了承上启下的作用。

二、内容的趣味性

游戏化的一日生活体现了对小班幼儿年龄特点的尊重。顾名思义，游戏化的一日生活即将游戏与幼儿的日常生活相结合，贯穿始终，引发幼儿的积极情绪。为此，在游戏的同时，我们还要注重内容的趣味性。

（一）语言的趣味性

基于小班幼儿常把假想当现实的特点，一日生活中，我通常用游戏口吻与他们交流，有时我和幼儿都会成为某个角色。这会使幼儿在园的情绪更加愉快，也让有序的生活习惯养成变得越来越轻松。盥洗环节，小班幼儿经常小手还在不断地滴水就离开了，弄得地上湿漉漉的，很容易滑倒。对此，我引导幼儿双手合十，小手边上下晃动边说：“谢谢水龙头。”这样一来，幼儿在游戏中可将手自动甩干。而后，我还会进一步引导幼儿将双手手心对着自己竖着摊开，“看看自己的水帘洞还在滴水吗？”擦手时，他们最初都将毛巾攥成一团，对此，我用有趣的语言说：“快给自己的小烙饼多抹点油，闻闻谁的小烙饼最香？”进而引导他们打开毛巾擦手。一日生活环节虽然不是游戏，但融入了许多游戏因素，有效地调动了幼儿积极的情感，从而使教育的要求变成了幼儿自身活动的需求，为幼儿有序的生活增添了趣味。

（二）环境暗示的趣味性

教育环境是幼儿生活环境中影响其发展的外部条件，幼儿的发展是在与环境的相互作用中实现的。班级的每个环境、每个角落都能起到潜移默化的作用。小班幼儿大脑对肌肉的控制力弱，注意力易分散，空间方位调节能力低，因此户外活动前排队时总是出现拥堵、推挤的现象。为了使幼儿能够直观感受，且控制好自己的身体动作，我们利用“火车开来啦”游戏形式，邀请小朋友当火车头和车厢，幼儿就会高高兴兴地有序排成一节节火车车厢。这样既让幼儿对空间方位有了感知，同时培养了幼儿有序排队的良好习惯。

三、自主性

（一）生活自主

小班幼儿处于生活适应和基本生活能力的初步发展时期，在日常生活中，要防止包办代替，凡是幼儿能做的，应给幼儿机会做，在做的过程中，自然引发幼儿的思考：做什么？怎么做？喝水前，我们鼓励最先洗完手的幼儿为大家服务：发小桌布、发加餐零食，并在一旁引导他（她）：“想一想，小桌布怎么发更整齐？”喝水时，我们为幼儿准备了大小适宜的玻璃水壶，鼓励幼儿自己倒水喝，“看看谁是神枪手，能够不洒水？”幼儿在这一过程中学会了生活，体验自我服务的乐趣和满足。

（二）游戏自主

有的教师对自主游戏的教育目标与功能在认识与行为方面存在不一致的情况。如我们通过自主游戏要培养幼儿的自主性，有的教师虽然在思想上也意识到了这一点，但是他们在行为上却有相反的表现。例如孩子们玩什么教师都要管，结果导致游戏内容并非幼儿所向往的，因此降低了幼儿玩自主游戏的兴趣，不利于调动他们的积极性。为此，我们要求教师在游戏内容设计方面放权，让孩子们根据自己的兴趣自由设计游戏内容，同时还能有效发挥他们的游戏自主性。

在娃娃家角色表演自主游戏中，孩子们会根据已有的经验自行设计丰富多变的故事情节，从而让游戏内容满足他们的心理需求，也更加贴近他们的现实生活，从而有利于提高他们游戏的主动性。如在娃娃家"照顾宝宝"的角色表演游戏中，有的孩子和小伙伴通过商量的形式决定了游戏的内容：爸爸和妈妈一起哄小宝宝睡觉，在睡觉前爸爸妈妈要给小宝宝换尿不湿。孩子们在自己的意愿下确定了游戏内容，并玩得不亦乐乎。由此可见，由幼儿自主设计游戏内容不但可以发挥幼儿的游戏自主性，同时可以改善游戏的效果，使孩子们充分感受到游戏的乐趣。

综上所述，在幼儿园的日常生活中，自主与有序相辅相成，缺了哪一个，都会制约幼儿的自身发展。作为一个独立的社会人，自主、有序应是两个非常重要的品质伴随其一生。

大班幼儿前书写能力培养的策略探讨

重庆市陆军军医大学校直幼儿园　李虹静

在幼儿具备认知能力的早期阶段，培养其前书写能力、积累前书写经验对幼儿未来发展具有关键作用。幼儿利用符号与涂鸦，以前书写的形式传递信息、展现自我、表达自身情感动态，在纸笔互动的过程中开拓思维、开发智能、积累表达经验、了解书面语言的表达形式及特征，进而掌握书面表达技巧，为后续进行阅读及写作夯实基础。

一、大班幼儿前书写活动的问题分析

我国汉字字形结构复杂、烦琐且海量，如何准确高效地掌握字形结构、正确把握字词用法已是长久以来教育工作者不断探索研究的重要课题。如今已步入新时代社会，学前教育工作者对识字教学展开了更深层次的研究与探索，创设对幼儿终身有用的多元化、兴趣化教学体系，已是目前教育界的核心热点话题。但综观当前大班幼儿前书写活动开展的现状，部分教师受固有观念限制，无法明确理解前书写活动开展的优势，仍以偏难、偏复杂的小学化书写模式为主。

以"文"的认识活动为例，教师通过生词卡片询问学生该字读音，当学生正确回答后便随之提问"文"的笔画。部分幼儿对笔画概念掌握尚浅、模棱两可，其在书写过程中虽具备正确的读字能力，但仍无法以正确的笔画写出该字，仅有小部分幼儿可正确无误地写出该字。教师无法有效结合大班幼儿的身心发展规律与汉字学习技巧，致使书写活动枯燥乏味，教学成效与理想预期背道而驰。

二、培养大班幼儿前书写能力措施

(一)明确前书写的目标

首先，大班幼儿认知、辨析、情感态度等能力已初具雏形，教师需以其身心发展状态及书写需求为依托，以激发幼儿书写兴趣、培养幼儿书写能力为目标，助力幼儿在乐教乐学的前书写活动中提升自我，形成一定表达能力，学会利用前书写形式表达自身所想。其次，作为学前教育向正式教育的过渡阶段，大班教师应循循善诱，悉心引导幼儿用笔规范，了解基础书写工具的用法，并正确掌握临摹、仿写、感知笔画的能力，进而可独立通过书写表达感情。

(二)创设适宜环境

适宜的书写环境是幼儿开展前书写活动的根本，对其前书写能力的形成具有极为重要

的意义。首先，教师应时刻备好供幼儿使用的书写工具等材料，并引导幼儿积极展开探索、开拓思维，寻找周边可利用素材，以满足幼儿进行实时涂鸦、书写的需求。其次，教师可在园内不同区域摆放书写材料，以充分满足幼儿涂鸦的需要。譬如，在有游乐设施的区域摆放沙盘、树枝、橡皮泥等书写材料；在教室内摆放水彩笔、橡皮、油画棒等工具，便于幼儿实时记录所见所闻。

（三）有机融合生活与游戏，调动幼儿进行前书写的积极性

全语言理论指出：语言是一个整体，是无法被拆分的技能。语言学习需在完整、真实的情景中完成。如此可得，为培养幼儿具有真实意义、表达明确的语言能力，教师应结合实际教学目标及幼儿生活经验，创设具备实际意义的教学情景及环境。教师可结合幼儿的生活经验及趣味性游戏，激发幼儿的表达欲望，鼓励幼儿积极表达自我。例如，教师可抽取部分教学时间，每日定时为幼儿发放书写材料，让幼儿在纸张中以前书写形式记录每日心情及天气，并在学期结束后装订成册，留作纪念。如此一来，教师可在潜移默化中调动幼儿进行前书写的兴趣，助力其在早期形成书写能力。

（四）示范书写，帮助幼儿积累经验

据相关研究表明，幼儿虽年龄较小，但已具备观察、表达周边文字信息，积累初级书面语言知识的能力。教师以自身为榜样，言传身教示范书写，可帮助幼儿在无形中理解书面、口头语言表达技巧，感知语言的形成过程，形成书面、口头语言表达能力，帮助幼儿逐步积累前书写经验。教师可在课堂中将幼儿的口头语言表达记录于黑板，并带领幼儿进行阅读，理解其中含义；再者，教师可带领幼儿开展绘画活动，并将幼儿的绘画作品以文字形式记录于卡片之上，分发给幼儿，带领幼儿理解其中描述及含义。在潜移默化的示范书写中，幼儿将逐步熟悉部分汉字的字音、字形，在无形中掌握语言表达技巧。

（五）开展家园共育活动

孩子个性的全面形成发展需以幼儿园、家庭、社会三位一体为依托，共同辅助孩子健康成长。幼儿园、教师的教育对孩子成长起主导作用，家庭及社会培养孩子责任意识的形成，引导孩子树立正确的价值观。家长是孩子参与教育过程中不可或缺的一环，家园共育作为中间枢纽，整合内外资源，提升家长的育儿能力，保障家庭教育及幼儿园教育双方力量均衡，为家园双方构建沟通交流渠道，助力家长认可、理解园方文化的传承与发展。为此，教师需发挥自身导向作用，联动广大家长力量，以双方之力齐驱并进、双管齐下，共同助力幼儿前书写能力的形成。

在家庭教育中，教师需引导家长在家中提供幼儿更多的书写机会，给予孩子更好的书写条件。家长可在家摆放书写材料以供幼儿实时记录所思所想，同时家长可利用闲暇时间与幼儿共同开展书写活动，鼓励其多思、多想、多看、多做，引导幼儿积极记录所闻所见，为其构建书写信心，与幼儿共同感受书写的价值及导向作用，以此拓展孩子的思维，助力双方关系更为亲密和谐。同时，家长作为幼儿智能发展的榜样，应帮助幼儿掌握基础书写工具的正确使用方法，时刻关注其书写姿势，如有错误及时纠正，进而培养幼儿正确的书写习惯。

（六）提高文字应用能力

大班幼儿开展前书写活动的目的与动机存在必然联系，教师需将前书写能力的培养落实到具体行动中，引导幼儿将前书写活动灵活应用于自身生活中，切实发挥前书写活动的语言能力培养功能。教师可带领幼儿为父母绘制生日贺卡，鼓励幼儿尽量表达内心所想、所感，使之通过涂鸦与文字的相互结合，表达对父母养育之恩的感激。

前书写活动是幼儿反馈信息、表达情感的根本，其作为学前教育中最为重要的核心环节，对幼儿成长与发展具有不可或缺的意义。为此，学前教师需以幼儿身心发展特征为前提，根据幼儿学习能力与个性化特征，探索教育契机，创设新兴多元化教学模式，以趣味满满、行之有效的前书写活动为切入点，寓教于乐，调动幼儿前书写兴趣，促进幼儿语言意识及行为的形成与发展，为其后续进行识字、阅读、写作等活动夯实基础，实现幼儿快乐阅读、快乐成长。

在幼儿园律动操中"玩"转民间游戏

上海市杨浦区市东幼儿园　徐惠莉

一、"玩"转民间游戏，选择幼儿园律动操内容

在幼儿律动操中融入民间游戏是一个长期研究的动态过程，而不是一蹴而就的单一工作，更不是简单地将民间游戏直接加入律动操中，而是需要大量的收集、筛选与分析。

(一)在众多的民间游戏中进行筛选

前期我们向青年教师收集关于民间游戏与律动操相结合的方案，对于收集到的方案，根据民间游戏的内容与幼儿身心发展的特点进行梳理与分类、选择与整理。我们在筛选时，尽量注意游戏的科学性、趣味性和教育性的原则。比如大班的律动操中，我们之所以选择民间游戏"舞龙"，主要有两个原因。第一，是因为舞龙游戏适合集体游戏，可以在教师的带领下开展；第二，结合我园的园本特色(传统节庆活动)，幼儿对于春节的舞龙游戏非常熟悉、感兴趣。于是我们决定将民间游戏舞龙与传统的武术操相结合，让每位幼儿都能参与其中，在舞龙律动中体验民间游戏的乐趣，感受中国传统民族文化的魅力。

(二)在选择的民间游戏中进行精化

首先，我们要对游戏进行精化，尽量保持游戏的原汁原味，以安全、实用、有趣为原则将其应用。其次，在选择游戏时还要根据年龄进行分段，针对小、中、大班初步划分，采取简、中、较难不同程度的游戏，并参照《3—6岁儿童学习与发展指南》、《上海市幼儿园办园质量评价指南》以及教师参考用书《运动》对民间游戏进行分类。最后，努力让我们精化后的游戏既能符合幼儿年龄特点，幼儿能够理解游戏内容，也更适合集体操节。这样，幼儿对游戏的兴趣维持性就越长，活动的积极性也就越高。

【案例一】

大班律动操中结合了民间游戏"小皮球"，经过几次尝试，精化动作，让幼儿爱上律动操。

初期阶段：我们将跳橡皮筋的玩法告诉幼儿以后，结合民间童谣进行了尝试，大家"群魔乱舞"，有些幼儿跟不上节奏，有些幼儿被橡皮筋勾住了脚，有些地方人很多、跳不起来等。第一次尝试宣告失败。

中期阶段：跳橡皮筋的幼儿分成了4组，请4名幼儿绑橡皮筋，改善了拥挤现象，但是由于方向不一致，最后撞到了一起，不安全。

后期阶段：大家事先商量好方向以及跳法，随着童谣踩点，慢慢变换队形。最后，一节完整的"小皮球"成功地融入律动操中。

因此，民间游戏不是拿来就能在律动操中直接运用的，还是要根据幼儿年龄的需求，适当对动作进行简化、精化和细化，创设情境，运用童谣，变换队形等，增强游戏的趣味

性，使幼儿在身体动作、想象力和创造力及合作意识方面都有一定程度的提高与发展。

二、"玩"转民间游戏，创新幼儿园律动操模式

现阶段的律动操中，都以音乐加简单的肢体运动为主，达不到较好的运动效果；千篇一律的律动操不容易吸引幼儿的注意力，从而达不到设置的目的。所以，要强化幼儿游戏的效果，在融入民间游戏的过程中，还需要创新律动操的模式。

(一)趣——内容设计有趣

整个幼儿园律动操的内容设计围绕着趣味性进行，通过民间游戏的游戏性、有趣性提升幼儿参与律动操的兴趣，提高幼儿的参与度，让幼儿在律动操中感受快乐的同时，各种基本动作还能得到发展。

1. 在律动操中师生一起参与多变的游戏，增强趣味

【案例二】

在中班律动操中，我们结合了民间游戏"笃笃笃，卖糖粥"，教师扮演老伯伯，幼儿围圈坐在彩虹伞上拍手扮演小花狗，一边念儿歌一边玩点小狗的游戏，在有趣的民间游戏情景中，幼儿情趣盎然地快乐做操。当然角色还可以变换，幼儿也可以扮演老伯伯，变换游戏的主体，让幼儿在情景体验和同伴互动中感受律动操的乐趣，发展幼儿的动作，更具有趣性。

2. 在律动操中通过幼儿的语言调动趣味

【案例三】

大班律动操的开场部分舞龙，幼儿拿着彩圈，在龙头的带领下，一边舞龙，一边大喊"啊"，出场瞬间变得具有气势；练武术时，大喊一声"哈"，共同说唱，增加了做律动操的积极性，使律动操更具趣味。做操时，幼儿与幼儿、幼儿与教师、幼儿与音乐里的对白一应一合，不仅能把音乐自然地衔接在一起，还可以利用幼儿与教师的语言互动调动幼儿的情绪，增进趣味。

(二)活——编排形式灵活

民间游戏融入律动操后在编排形式上打破了原有操节的单一，在形式上力求多变。整套律动操根据不同的游戏，分为不同的环节，每个环节都穿插不同的队形变换。队形的分、合变换对幼儿来说是极具吸引力的。另外，同一个游戏也能有不同的组合方式，大家可以在做律动操前约定好是分小组合作还是集体进行游戏。

【案例四】

大班律动操中的"炒黄豆"游戏，玩法一：幼儿可以两人一组，边说儿歌边牵手，左右摇摆手臂炒黄豆，说到"炒好黄豆翻跟斗"时两名幼儿同时从一侧翻过。那么，在对游戏熟练之后，还可以加入玩法二：与同伴结组游戏，多人进行侧身翻，发展动作的灵活性和协调性。但无论是三人一组还是四人一组，在做律动操前同伴之间要进行规则的约定。

因此，活动的形式是灵活的，编排时要互相渗透，通过多种形式的组合、变化激发幼儿做律动操的兴趣。

(三)新——音乐编辑新颖

在音乐的选择上，从经典出发，结合民间游戏中的儿歌、童谣，配上节奏感强、旋律优美、富有童趣的音乐，如小班的"落雨了"、中班的"笃笃笃，卖糖粥"、大班的"炒黄豆"等。

除了使用民间游戏固有的童谣外，我们还大胆地将这些童谣歌曲进行改编，融入律动操的背景音乐中，增加背景音乐的趣味性，比如：中班自编童谣《你拍一，我拍一》，"你拍

一，我拍一，一个宝宝坐飞机；你拍二，我拍二，两个宝宝吃汉堡……”。通过幼儿自编的童谣，增加了律动操的趣味，同时提高民间游戏的融入度，保证民间游戏与律动操高度契合。

(四)异——律动材料异同

在律动材料的选择上，除了要美观、安全、有利于幼儿动作发展之外，还要结合每个阶段幼儿的年龄特点，以及民间游戏的游戏需求，选择适合不同年龄需求的律动材料。在整个材料的选择过程中，我们反复研讨材料、实践材料、修改材料、创新材料，并听取了运动专家的意见，最终决定小班使用长彩布，幼儿在彩布上爬出，然后坐在彩布上玩民间游戏“摇啊摇”，以游戏加简单武术为主；中班使用彩虹伞玩民间游戏，利用彩虹伞围圈，坐在彩虹伞上玩民间游戏，以游戏加武术为主；大班使用龙头玩舞龙游戏，彩圈进行武术游戏，跳橡皮筋玩小皮球游戏，以游戏加轻器械武术为主。

这些材料中，除了现成的律动材料之外，我们还请大班的家长参与，利用废旧材料，开展亲子制作舞龙的龙头，龙头轻巧，便于幼儿在律动操中使用，真的是可谓“来之民间，用之民间”。

三、“玩”转民间游戏，收获幼儿园律动操成效

(一)民间游戏融入律动操后对幼儿的影响

自从民间游戏融入幼儿园律动操以后，孩子们每天最期待的就是律动音乐的响起，伴随着音乐孩子们个个精神抖擞、满怀热情、充满朝气，在一个个耳熟能详的童谣中“玩”转民间游戏，在一个个有趣的民间游戏中感受传统的魅力，潜移默化地提升了幼儿爱国主义的情感以及民族自豪感。

(二)家长对民间游戏融入律动操后的反响

通过开放家长观摩活动，家长们看到幼儿精彩的律动操，纷纷竖起大拇指。在每年的学期末的家长问卷、家长反馈中可以看出，家长们普遍对我们幼儿园的律动操非常满意，他们觉得这样的律动操标新立异，让人耳目一新、别有趣味。

(三)同行对民间游戏融入律动操后的反馈

在几次对外公开展示活动中，我们将这套富有传统民间游戏特色的律动操进行展示，孩子们在律动操中的活泼身影给教师留下了深刻的印象，大家都表示这样的有效融入对于中国传统民族文化的传承与发展具有重要的意义。

总之，民间游戏融入幼儿园律动操中，不仅是一种尝试，更是一种新的体验。这条道路任重而道远，需要我们在今后的实践中不断完善和优化，让幼儿在律动操中健康发展，在民间游戏中快乐成长！真正地做到在幼儿园律动操中“玩”转民间游戏，使民间游戏在我们民族的世代传承中发扬光大！

儿童视角中的幼儿园环境创设
——基于马赛克方法

上海市杨浦区市东幼儿园　蒋　莹

一、教师对于幼儿园环境创设的现状和困惑

作为一名一线教师，研究者在日常工作过程中经常会发现，作为幼儿园环境的策划者和组织者，以及实际操作者，教师承担了整个过程中的绝大部分责任，环境可谓一次比一次精致、美观。但是，却很少听到幼儿的声音。幼儿园的环境是为了儿童而设计，却唯独没有倾听儿童的声音，忽略了儿童的要求。

1. 教师作为环境创设主体，幼儿作为被动参与者

虽然随着儿童观被进一步认识，一线教师开始重视幼儿的自主性。但是，在实际的环境创设过程中，教师依然占据了主导的地位。首先，教师出于以往的工作习惯，往往为了追求目标的达成度，处于高控制状态，主导性较强。其次，教师对于幼儿能力的不确定性。究其原因，教师从根本上还不相信幼儿有能力参与到整个环境的创设过程之中。另外，教师出于成人的思维模式，认为完成环境的创设需要较高的能力。因此，教师往往代替幼儿承担了设计、创作、布置等一系列环节。而幼儿的作品往往最后被教师摆放于固定的位置，作为一种展示品，从而忽略了幼儿的主动参与性，导致幼儿对于环境的兴趣是短暂的，不能产生长期良好的互动。

2. 环境过分注重美观性，忽略幼儿发展的差异性

在环境创设和布置的过程中，我发现由于每个孩子的发展程度并不相同，展现作品的方式和最终状态也各不相同。有的孩子个性开朗、外向，很容易融入集体，有自己的想法，表达表现能力较强，因此在幼儿园的环境创设中往往能乐于表现。而有的孩子个性较为内向，不太容易主动和同伴交流，在表达表现和动手操作方面能力确实较弱，往往不主动参与，以观望为主。

二、"儿童视角"中的幼儿园环境创设

1. 关于创设环境的内容

幼儿更倾向于在环境创设中，展现与自己的家人、朋友、教师等与之生活密切相关的人有关的事物和情感。

在重阳节的节日环境布置中，在教师的引导下，幼儿先分组进行讨论，然后集体进行创设。结果大家讨论下来，都觉得做贺卡不错，而且可以把送给祖辈的礼物用画画的方法画在贺卡里。贺卡是大号粉色手工纸做的，比较软，有幼儿建议可以装饰在教室里，也有幼儿提出是不是可以贴在教室门口的活动展示区域，大部分幼儿表示同意，共同创作完成这面"爱心墙"。

当讨论到在爱心贺卡上究竟画什么礼物的时候，有的孩子认为，要在贺卡上画上重阳糕。当问到为什么要画重阳糕的时候，儿童表示"重阳糕就是甜糕，甜甜的，真好吃"。他们认为自己喜欢的东西，爷爷奶奶也应该会喜欢的。也有儿童观察到祖辈的牙都掉了，换了假牙。"爷爷奶奶牙齿很不好的，咬不动，只能吃软的。"也有的幼儿画上了为爷爷奶奶做家务、表演弹钢琴等场景，希望可以借助贺卡表示对祖辈的感谢。一张张贺卡积攒了浓浓的感恩之情。原来情感无关于年龄，也无关于阅历，年龄小的儿童对于亲人之间情感的体验是那么细腻准确。"爱心墙"的创设中，引发了孩子们无限美好的回忆，也寄托了孩子们心里的愿望。

2. 关于创设材料的互动性

幼儿更喜欢自制的、可操作的、方便更新内容的环境。

在一部分教师准备的环境中，幼儿对于纯粹的操作材料性质的作品和装饰并没有太大的关注，即使有关注，也会关注自己和好朋友的作品。当然，也有幼儿会主动带着好朋友前去欣赏，并且要求好朋友对此进行评价。但是，这样的关注度并没有维持较长的时间。而一些可以操作的、方便更新的或是呈现出多元化的内容更能吸引幼儿与环境的互动。例如，在小班娃娃家主题创设的时候，教师自制了一个由无纺布做成的妈妈的裙子，裙子不单单可以扣纽扣，还可以让孩子们进行各类材料的装饰，妈妈的头像也可以更换，这是让

孩子们流连忘返的地方。又如，在大班“我是中国人”主题活动时，幼儿利用点读笔和可以录音的粘纸，粘贴在墙面的主题位置。一开始，都是由教师把故事事先录好，孩子们可以用点读笔点读后，倾听故事。教师很快就发现，孩子们把自己的声音录了进去，自己讲故事，倒也十分有趣。很多孩子都十分喜欢这个区域。

三、基于儿童视角创设幼儿园环境，儿童的参与能力与公民意识得以发展

1. 通过儿童视角的研究，提升儿童参与的自我价值

儿童视角唤醒儿童参与的意识。儿童通过不同的方式，或者同一方式的多次尝试，能够越来越清晰自己对于参与环境创设的意义。这个意识类似于一种公民的意识。儿童明白，自己拥有对周围环境的话语权、选择权、决策权，也可以邀请成人加入，与成人一同参与到活动中。事实上，越是更高层次的活动，越不局限于活动的形式。因为儿童已经知道自己拥有与成人一样的权利，如果此时有成人压抑他们，他们也会向成人发问，并提出自己的观点。

2. 随着儿童参与水平不断提高，儿童的公民意识凸显

通过教师不断尝试，突破以往的以成人为主导的参与模式，逐步放手，让儿童由浅至深地参与到环境创设中，让儿童的主动性充分得到体现。而在这个过程中，我们非常明显地发现，儿童的参与水平逐步提高，他们逐渐意识到自己也是这个集体之中的一员，是这个小小社会的一个重要组成部分。对于环境创设的参与，他们可以通过分组讨论进行活动计划、材料准备，他们还会自己策划，并且要求成人的协助和邀请成人共同参与。甚至对于不合理的方面，他们也会提出质疑和建议。

3. 儿童作为一名公民，不仅享受到权利，还体验到责任意识

在活动之中，儿童作为公民的权利得到了尊重，他们体验着这种感觉。但是权利的相对面则是责任和义务。当他们把自己当作一名公民的时候，他们也会自觉地承担起自己的责任。例如，在准备新年装饰品的时候，儿童自行分工，分别带来了不同颜色、类型的装饰物。儿童非常清楚，他们已经具备了承担起责任的能力，尽管他们的肩膀还很稚嫩，处理问题的方式还比较简单，但是他们已经有了这个意识，他们也是一名小公民，和成人公民一样，享受权利的同时也承担起自己应尽的义务和职责。

4. 对于环境的评价标准

对于环境的评价标准从成人化、单一化到标准的去成人化和多元化。对于环境的评价，往往是由成人进行的，因为成人被认为是有能力表述自己感受和体验的个体。有趣的是，幼儿园(主体为幼儿)环境的美与丑、有趣与否，依旧是非参与者的成人在进行判断。

通过研究让儿童自主评价对幼儿园环境的体验。成人需要提供的只是儿童表达的工具和手段，例如绘画、摄影、投票等，儿童自然能够讲清楚他们的感受和需求。另外，儿童对于活动的评价标准丰富多样。在情感方面，儿童追求的是丰富而美好的情感体验，如愉悦感、成就感、安全感；在表现能力方面，儿童展现出不同的能力，如沟通力、想象力、执行力、动手能力。儿童的标准更多元和广泛，每一个儿童都应当得到尊重。

脚尖上的音符

——捕捉小班音乐游戏的精彩

上海市杨浦区市东幼儿园　徐佳旎

音乐无国界，音乐是世界的语言，音乐是人类之间情感的纽带。德国著名音乐教育家

奥尔夫说过："每个孩子心里都有一颗音乐的种子。"教师的任务就是让每颗种子都发芽，而音乐游戏则是促使每颗种子都发芽的有效手段。一个高质量的音乐游戏能调动幼儿学习音乐的积极主动性和兴趣，有助于促进幼儿表现能力的发展。用通俗的话来说，其实音乐游戏就是幼儿舞蹈的另外一种表现形式，因为它非常有趣，所以深得幼儿的喜爱。

当前，我国幼儿早期教育已经从之前的重视专业学习，慢慢地向培养幼儿综合素质方向靠拢。事实上，让幼儿参与到音乐游戏中绝不仅仅是技能技巧的训练，在这个过程中对幼儿心理、情感、性格、表达表现能力等方面所产生的影响远远超过专业学习本身。

一、幼儿音乐游戏活动设计的原则

《幼儿园教育指导纲要(试行)》中指出：通过艺术活动激发情趣，体验审美感，体现成就感。音乐游戏是以唱歌、舞蹈、音乐欣赏等为基础设计的游戏，是融音乐、游戏为一体的艺术教育。它是最易为幼儿接受、喜爱、理解的一种综合性艺术形式，是培养幼儿乐感与美感的一条有效途径，音乐游戏对幼儿动作、情感的发展和社会发展都有良好的促进作用。

欣赏音乐绝不是要从音乐中听出什么特定含义，而是体验音乐本身的声音之美。赖声川在《赖声川的创意学》中提到，生活周遭任何经验、任何情绪与感受，都能成为创造的材料。因此，音乐游戏中有关创造性的活动，可以取材自日常生活中的各种经验，透过对事物直觉的感受丰富幼儿的美感经验，提升幼儿的艺术表现兴趣，并以创造的想象方式引导活动的进行。

二、音乐游戏的元素及种类

1. 音乐元素：幼儿音乐游戏中的音乐元素，可以包含音色、力度、速度、节奏、旋律以及和声等。

2. 游戏种类：肢体律动、听音活动、声音活动。

三、小班幼儿音乐游戏的方式

首先，小班幼儿喜欢团体式以及互动式的游戏方式，小朋友可以在团体中互相学习许多技能。团体游戏有许多较难控制的地方，比如秩序的掌控、进度的分配及活动的进行等。针对具体问题，可以通过几种具体的方法改善，如循序教学游戏动作口令化、用语口诀化、游戏节奏化、困难分解化以及引导等方法。另外，在进行团体游戏时，为了配合个别差异，可以将游戏分组进行，根据对象提供不同的内容或数量。

其次，小班幼儿容易对新鲜事物产生兴趣，但是兴趣不够持久，同时，对于音乐的感受能力较差。因此，利用音乐游戏培养小班幼儿的艺术兴趣需要增加多种形式，且要与幼儿的生活经验息息相关。小班幼儿处于对世界好奇心浓重的时期，丰富的活动游戏形式能够激发幼儿的兴趣，在活动进行的同时，要符合幼儿的学习规律，由易到难、由浅入深。小班幼儿的学习特点是直观、形象、单一，因此，教师选择设计游戏时结合一些情景，内容相对较为简单，逐步引导幼儿获得感知，才能进一步培养幼儿的艺术兴趣。

四、小班幼儿音乐游戏的设计

(一)身体游戏

肢体律动游戏是幼儿音乐游戏中最常见的一种游戏，也是最适合小班幼儿的游戏之一。根据肢体律动游戏的特点，幼儿能够在律动中调节及配合他们的呼吸，可避免出现律动的不协调。同时，肢体动作的能力是学习节奏感所必备的，为了让幼儿更好地理解音乐，感受音乐中描绘的角色，教师可以根据教学内容来设计比较有趣的角色，让幼儿体会每个角色的情绪和形象。

游戏名称：茶壶精灵。

音乐元素：节奏、速度。

活动目标：尝试用身体的动作来表演歌曲的内容。

游戏步骤：

(1)以水烧开发出的声音和图片引起幼儿兴趣。

(2)模仿茶壶胖嘟嘟的模样，大胆使用肢体动作表达茶壶倒水的情境。

(3)跟着歌曲节奏、两两组合，用肢体动作表演歌曲内容。

说明：为了让幼儿体验互相倒茶时高兴的情绪，使他们充满激情地进入角色，教师设计了茶壶和茶杯的形态动作，吸引幼儿的注意，引起幼儿的兴趣。在游戏时，提醒幼儿倾听音乐，跟随节奏、速度，大胆尝试着做出动作，并注意遵守游戏规则，两两组合，模仿茶壶和茶杯。通过将歌曲与动作整合，使孩子们有了自由的表现空间，大胆表现肢体语言。经过反复游戏，幼儿不仅对这首歌曲产生兴趣，而且能更深刻地体验与同伴游戏的快乐。

(二)听音游戏

幼儿音乐概念的学习通过感官经验建构而成，除了视觉和身体动作的感觉之外，听觉的观察对于音乐领域更重要，主要是含有听的练习。

游戏名称：小魔女的魔法棒。

音乐元素：音色、音源。

活动目标：尝试听辨音源的方向，提高听音能力。

游戏步骤：

(1)情境导入，认识小魔女和怪兽。

(2)自选角色，佩戴头饰，快乐舞蹈。

(3)怪兽出现，遮住眼睛，跟着小魔女手中乐器的声音走路，躲避怪兽。

说明：整个活动浸入情境之中，游戏化、情境化的表演确实很符合小班孩子的年龄特点，孩子们喜欢演绎不同的角色，模仿不同的声响。因此，加入了多个角色，如大树、小草、花朵、小动物等，让孩子们可以根据自己的喜好和性格选择喜欢的角色，让他们有的放矢，乐在其中。活动需要孩子们蒙眼走路，遵守游戏规则是整个游戏不可或缺的前提，采用情境性的提问始终贯穿于游戏之中，让孩子能主动、愉快地参与游戏，尝试听辨音源的方向，提高听音能力。

(三)声音游戏

音乐游戏应该抓住一切契机渗透各种音乐元素，更好地帮助孩子能跟着音乐的节奏模仿熊走路的动作(重重地、慢慢地)，提高幼儿的节奏感、重量感。结合了儿歌的形式，既便于幼儿感受音乐，又能引导幼儿跟着音乐节奏模仿熊走路。

游戏名称：熊来了。

音乐元素：力度。

活动目标：愿意跟随不同音乐模仿小动物和熊，表现出熊走路的样子。

游戏步骤：

(1)观察画面，跟随音乐，用肢体动作模仿小动物。

(2)欣赏音乐，感受熊来了，模仿熊重重地、慢慢地走路的样子。

(3)听辨音乐，熊来了，小动物保持身体不动，不被熊抓住。

说明：游戏是孩子的基本活动形式，好奇、好模仿是小班幼儿的年龄特点。在整个设计中，我坚持以游戏情境贯穿始终，积极引发孩子参与学习的兴趣，让孩子充分感受音乐，敢于表达表现。

五、提升小班音乐游戏的魅力

教师支持性的态度，一个微笑、一个鼓励的眼神、一个表扬的手势等都会让幼儿更积极地参与游戏，更乐于表现自己的能力。所以，在音乐游戏中，教师要用积极的情绪鼓励幼儿参与游戏活动。当幼儿没有很好地完成游戏任务的时候，教师应该给予幼儿情感上的支持，而不是责备和指令性的语言。教师可以通过问题讨论的方式来引导幼儿发现问题、解决问题，或者间接给幼儿提出解决问题的方法。教师可以作为一个聆听者，认真倾听幼儿在游戏中的需求，也可以作为一个观察者，观察幼儿在游戏中的需要等。教师不能以不满的态度面对幼儿的游戏行为，或者是单方面地控制幼儿的行为，这种师幼互动是失效的，是不利于幼儿良好情绪的形成和游戏水平的提高的。

本次研究的目的是引领幼儿进入音乐的感知，从简单的音乐活动中体会音乐的美妙，激发幼儿艺术表现的能力和潜力。由于面对的是小班幼儿，所以本次游戏活动设计符合其年龄特征，并非要求幼儿熟悉音阶、音符等元素，只需要幼儿在倾听中去感知。

幼儿有着不同于成人的想象力、模仿力和塑造力，他们对各种各样的活动充满兴趣，甚至可以自发地创造一些游戏形式。教师利用幼儿的好奇心让幼儿尽情地在游戏中表达他们的喜爱和创造力。在引导幼儿游戏的过程中，教师发挥引领者角色，带领幼儿熟悉音乐和节奏，诱发幼儿的好奇心和兴趣，使幼儿积极地投入到音乐活动中主动学习，从而培养幼儿的艺术兴趣和能力。

总之，对于处在并未形成良好学习意识的幼儿来说，利用音乐游戏的形式激发他们的艺术兴趣，实现利用音乐帮助小班幼儿形成良好的交流能力，并能够促进其智力的开发。在日后的教学工作中，教师应全面发挥音乐游戏的作用和价值，为幼儿开展音乐专业的启蒙教育，为促进幼儿的健康成长和发展奠定良好的基础。

浅谈幼儿数学活动在游戏中的渗透

北京市昌平区南口镇中心幼儿园　郝冬然

数学教学游戏主要有以下类型：情节性的教学游戏、操作性的教学游戏、运用各种感官的教学游戏、数学智力游戏。设计数学教学游戏，必须根据幼儿数学教育的内容与要求，选择符合幼儿年龄特点和贴近幼儿生活的游戏。

中班的幼儿活泼、好动，喜欢游戏。抓住孩子们这一特点，并结合《幼儿园教育指导纲要(试行)》(以下简称《纲要》)科学领域目标中指出的“能从生活和游戏中感受事物的数量关系，体验数学的重要和有趣”，设计形式多样的数学活动。

一、尊重幼儿的需要，提供适宜的环境

一个良好的游戏环境需渗透着教育者意图的、极具美感的且充满智慧的，是幼儿情趣的生活空间，不光是一般意义上的客观环境。从某种程度上来说，物质环境和社会环境也应实现内部的整合。游戏空间位置及其逻辑空间的布局对游戏的开展十分重要，即教学游戏要注意室内外空间的有机结合，提供的游戏材料布局应反映教学活动的主题。此外，为促进儿童游戏兴趣、创造性表达、情绪表现和游戏探索，需要强调游戏材料的多样性和创造性。通过数学活动“我和夹子做游戏”更好地促进幼儿喜欢参加数学活动的兴趣。

夹子是幼儿在生活中常见的物品，从小班开始孩子们就非常喜欢玩夹子类的游戏，而且百玩不厌。正因为我发现孩子们对夹子如此感兴趣，同时为了增强教学活动的兴趣性、直观性及操作性，便以夹子为教具，将一系列的游戏贯穿于整个活动过程中，让幼儿在玩中学，在学中乐，在乐中获得发展。

《纲要》中提出：创设一个宽松的环境，让每个幼儿都有机会参与探究活动，进行尝试，感受参与的乐趣，并能鼓励幼儿大胆发表自己的想法。教师应是幼儿活动的观察者、支持者、引导者、合作者，所以在活动中，我采用以下两种方法。

(1)游戏法：从寻找小夹子到给小动物夹夹子，再到送动物宝宝回家，活动过程始终以游戏贯穿。

(2)操作法：幼儿在与材料的互动中，通过动手操作直观地感受数学、学习数学。

二、注重幼儿的年龄差异和个体差异，安排适当的数学教学游戏

以幼儿活动为中心，根据幼儿的年龄特点和个体差异，以满足不同发展水平幼儿的需要，我采用了层层深入的形式组织此活动，活动过程为：激发兴趣—在游戏中尝试—在尝试中学习—在学习中体验快乐。

1. 导入形式自然巧妙，吸引幼儿主动参与

刚升入中班的幼儿还是无意注意占优势，有意注意在逐步发展，呈现出无意注意向有意注意转化的趋势。因此在活动过程中我采用直观的教具夹子来吸引幼儿的注意，引导幼儿正确点数夹子个数的同时引出活动的主题。

2. 在游戏中探索，在解决问题的过程中学习数学

在学习数学的过程中，幼儿往往会觉得枯燥无趣，而游戏是每个幼儿都感兴趣的活动。《纲要》细则中要求教师要保障幼儿游戏的权利，为幼儿提供充足的游戏条件，尊重幼儿游戏的意愿，使幼儿在游戏中获得自身的满足和发展。

游戏一：我和夹子捉迷藏

兴趣是最好的老师，为了使幼儿轻松、愉快地掌握枯燥的数学概念，激发幼儿学习的兴趣，我利用孩子们喜爱的捉迷藏游戏，引导幼儿一边听着音乐一边在寻找夹子的过程中尝试往衣服上夹夹子做记录。在这个环节，重点是鼓励幼儿在找夹子的过程中能够语言流畅地正确点数并说出总数。

游戏二：小夹子找朋友

在数学教学中必须强调让幼儿亲手操作材料，在实际的操作中探索和学习，幼儿只有在“做”的过程中，才可能对数学活动本身有所体验，才可能获得直接的经验。本环节我为幼儿创设了一个有准备的环境，把抽象、枯燥的数学内容与有趣的游戏活动进行整合。我为幼儿提供充分丰富的操作材料，利用游戏的形式鼓励孩子们给小夹子找朋友。这一环节是重难点环节，我先引导幼儿观察动物身上的数字，使幼儿知道动物身上是数字几就对应夹几个夹子，让幼儿在游戏的真实情境中自主学习、解决问题，以自己的方式体验数学的实际意义，真正体现幼儿在活动中的主体地位。

游戏三：送动物宝宝回家

为了让孩子们对数物对应关系有更深的理解，在这一环节，我在动物的家门上设置了图形门牌号，引导幼儿点数图形的个数，体验数字与物品数量的对应关系。我鼓励幼儿大胆与同伴交流，使幼儿在交流的过程中再次体验数学的重要性和意义，并感受活动的乐趣。

三、善用教师的指导，引导幼儿主动学数学

在新的教育理念下，教师不再是活动内容的传递者，而是活动的引导者，甚至是游戏的开发者。这种角色的转变给如今的教师提出了更高的要求，师幼之间不再是教与授的关

系，而是一种平等互动的关系。

作为教师，我不仅要为孩子提供材料以及环境上的准备，还需要根据游戏的具体内容以及目标创设适宜的环境，并营造良好的心理氛围，在“我和夹子捉迷藏”的过程中，为幼儿提供熟悉的音乐，让孩子们在愉快的音乐声中开心地完成点数的活动。幼儿虽然在活动中表现得很主动，但难免会遇到困难，这时教师就需要对幼儿游戏进行干预，促使游戏顺利进行，如在“找夹子”这一环节，我以“游戏者”的身份介入游戏，引导孩子们找到更多的小夹子。鼓励对幼儿来说是主动学习的最大动力，中班的孩子喜欢听到他人对自己的赞扬，尤其是得到教师的肯定。因此，在活动中我毫不吝啬地表扬孩子们的行为，如“你真棒”“你的小眼睛真厉害”“你可真聪明”等，孩子们从教师的表扬中可以感受到自己被关注，会更有自信，对学习数学也会更有兴趣。

可以说生活中到处是数学，我们生活在一个数学的世界中。在孩子的一日生活里也到处充满数学，在教师有意识地引导下，通过观察比较，促使幼儿在不经意间学会很多新的数学知识，从而领略到学习的快乐。

通过开展活动，我认为只要教师肯充分挖掘生活中的幼儿数学教学资源，实现数学教学向生活的回归，不仅有助于解决数学教育内容的抽象性与幼儿思维水平的具体形象性之间的矛盾，更利于从小培养幼儿的探究兴趣和问题意识，从中更好地积累和发展数学经验。因此我们完全可以让孩子在生活和游戏中学习数学，将相应的有关数、量、形、时空等方面的数学内容较自然地与幼儿的一日生活和游戏相整合，促进孩子多方面发展。相信只要我们不断地去观察，不断地去发现，不断地去探索，我们就能感受到幼儿数学带给我们的无穷魅力。这也需要我们教师做个有心人，把握各种契机培养幼儿对数学的兴趣，激发他们对数学活动的兴趣，让我们的数学变得更加有趣、更加生动！

基于家园合作模式下实施的素质教育

广东省东莞市寮步镇中心幼儿园 曾 斌

一、对素质教育的认识

教育其实是具有社会属性的一个系统工程，并且在教育系统当中包含了学校教育、社会教育以及家庭教育三大模块。随着现代文化的教育水平一直处于上升的状态，家长对子女的教育重视程度也在上升，社会对素质教育的呼声日益高涨。那么随之而来的问题就是素质教育的具体含义以及定义到底是什么呢？部分教师和家长把素质教育理解为以下几点：①素质教育等于学生“减负”，因此有些学校把学生的作业减少说成素质教育；②素质教育等于学习特长，有些家长认为多花钱、创造条件给孩子报各种特长班、兴趣班，培养孩子的各种特长，使孩子刚刚从课堂中“解放”出来，又陷入异常忙碌的星期六和星期天；③素质教育就等于轻松教学，有些教师抱着这样的想法，若是在上课过程中使得学生拥有不断换座位的权利，同时可以不必背着手起身回答教师的问题，进而使得整个课堂环境更加轻松愉悦，这就是素质教育；④素质教育＝培养能力，因而各个学校不断地加强学生的动手能力和技能的培养（这个观点在学校和教师当中非常普遍），而所谓的动手能力就是训练做家务、搞活动、参加比赛，技能就是学电脑、上英语兴趣班……其实，素质教育是一个系统工程，如果我们执迷于任一点有可能走向极端。

二、幼儿园对素质教育的实施

人的素质需要从小开始培养，幼儿教育是基础教育的奠基阶段，因而必须从幼儿园开始实施素质教育，以为幼儿奠定良好的素质基础为最终目的。现在的学校和幼儿园纷纷从以往的应试教育向素质教育转变，表现为以下几点。

（一）从面向少数儿童转向面向所有儿童

基础教育具有以下三个性质，首先是基础性，其次是全面性，最后是全民性，而幼儿教育则是基础教育当中具有有机性质的一大组成部分，也就是说幼儿教育所面对的对象群体必须是全体儿童。这里就严格要求无论是幼儿园园长还是内部教师，都必须要树立起极其正确的儿童观以及教育观，只有当教师们能够充分地认识到每个幼儿都拥有得到适合自身发展水平的教学的权力，并且还需要充分地了解儿童这一大群体所拥有的知识水平，才能使得每个儿童都能够得到发展机会，使得其能够在原来的基础上进一步向前发展。其中必须注意个别幼儿的不同需要，创设各种各样的环境与活动条件，给个别幼儿提供适合他们特点的学习和活动的时间、空间。

（二）从只重视知识传授转向儿童素质的全面提高

在过去的一段时间内，首先，由于大部分幼儿园对于知识教育的重视程度过大，进而也就导致了在进行相关教学的过程中过于重视对于儿童知识的教育，而忽略了其他方面的教育。其次，在小学阶段的时候，对于知识的高程度教育模式越来越严重，教师往往认为教育的职责只是简单地把教材上所展现的知识点传授给孩子们，却严重忽略了对于孩子们其他各个方面的发展教育，例如品德、情感以及社会性的发展等不同的方面。教师需根据每个孩子不同的年龄特点进行不同的教育模式实施以及内容教学，从而不断地促进孩子们得到全面性的人生发展，这里就可以利用各种各样的活动来进行娱乐性教学，使得孩子们能够全方面、健康地快速发展。

（三）从只重视教师教学转向重视儿童主动学习

在很长的一段时间内，大部分人都抱着这样的观点，也就是教育才是教育活动的主体对象，受教育者也就是孩子们，处于一个被动的状态，而教师的教学过程是最重要的一个部分。但现代心理学和教育的研究都已表明：幼儿从来都不是被动的，而是主动地、有选择地接受影响的，幼儿才是学习和发展的主体，教师组织的任何活动都是以充分发挥幼儿的主动性、积极性和创造性为原则的。

三、家庭教育对素质教育的重要性

家庭、社会、学校或者公共场所都是十分重要的，也就是说社会风气（具体的社会环境）会影响孩子的发展。据调查，中国科技大学某班中，70％的学生来自知识分子家庭，显然他们的家庭对他们的成才起了积极作用。意大利诗人但丁曾经说过这样的话："如果说白松的种子掉进了英国的石头缝里，那么白松只能长成一棵非常矮小的小树，但是，要是白松能够在南方肥沃的土地里成长，那么它就能长成一棵大树。"

正如家庭教育不能代替学校教育，家庭教育也是学校教育及其他教育无法代替的，它对幼儿的思想品德、行为习惯、意志品质、心理人格等的基本形成有着特殊而重要的作用，并长期甚至终生作用于幼儿的学习和工作。家长们对孩子潜移默化的影响，有可能播下希望的种子，使孩子从小就受到良好的氛围的熏陶，也有可能埋下行为品质的隐患。家庭教育不是无足轻重，而是举足轻重；不是可有可无，而应当是有所作为；不能随意为之，应当讲究方法。

四、家园结合，成绩显著；家园脱节，事倍功半

当前国际社会也非常重视对于学校教育的开发，同时非常重视关于社区教育的具体实际发展。并且还将学校、家长以及处于其他社区内部的力量当作能够帮助受教育者不断健康、快速发展的关键要素，还极度强调了学校与家长之间的高效合作。儿童教育仅仅靠学校的力量是难以完成的，必须依靠社会的各种力量。家庭是社会的重要组成部分，家庭教育影响人的一生，它对教育的推动力量是不容忽略的。在家庭教育的过程中，只有教师和家长能够形成高效的互动与配合，不断使得家庭教育更加完善，才能够使得学生的发展更加快速、健康。

有关调查研究表明，家庭与幼儿园教育的不一致使幼儿出现了这样一种倾向：在园里表现好，可一旦接回家就变样了。教育出现了差异，一方面和幼儿园所施展的教育在做抵消；另一方面却也间接地使得孩子们形成了具有两面性质的性格，这对于孩子的健康和身心发展是非常不利的。

例如在培养幼儿良好习惯和自理能力方面，采用家园合作的办法，效果良好。首先，我们需要利用家长会进行学校与家长之间的高效合作与交流，不断地向家长宣传培养幼儿良好的习惯、自理能力的重要性及现实意义，并且还要和家长交流对于孩子的具体培养目标，最终达成共识。其次，我们需要将设立好的具体培养目标传送给家长，并且必须要将其中的明细内容、要求、方法、建议全部公示透明，使得家长和学校能够成功做到同步教育。最后，在发展过程当中出现了具体的问题，教师与家长必须进行及时的交流和沟通，并且还需要分别进行观察以及评价。在施展双方教育的过程之中，教师必须做到适当地与家长及时交流、沟通，并且分享其他家长的成功经验。经过家园的合作教育，我班的幼儿自理能力显著提高，大部分幼儿能做到在家在园一个样。

上述事例表明：家园结合，成效显著；家园脱节，事倍功半。这就是一个非常强力的支撑，只有当家庭与幼儿园形成合作关系，才能够高效地提高孩子的综合素质。

五、提高认识，更新观念，推进家园合作

家庭教育作为教育体系中不可替代的力量，理应成为学校教育的助手和推动力量。但由于多种客观条件的存在，使得家庭教育出现了一些误区，如：过分保护、“高压”政策、重智轻德、溺爱娇惯、打骂教育等。也就是说这些负面的家庭教育在一定程度上妨碍了学校教育的继续进行，同时还妨碍其正面影响，因此教师和家长的合作是非常重要的，也是当务之急，是家庭教育以及学校教育的需要。

为了更好地适应幼儿园实施素质教育，我们必须不断地加强普及家庭教育知识活动的力度，使得家庭教育和幼儿园教育之间的步调一致。应加强家园共育，把幼儿的家庭教育工作纳入幼儿园工作范畴，提高家庭教育质量，发挥其应有作用。

学校教育是主体，家庭教育是基础，只有家庭教育与学校教育协调一致，密切配合，才能产生最好的教育效果。教师只有走进家庭教育，用科学的教育思想影响家长的教育理念和方法，从而完善家教环境、改进家教方法、发挥家庭教育的特殊作用，使其与学校教育相辅相成、相互促进，使学校教育成果得到巩固，才能提高教育教学质量和效果，从而培养出新世纪的人才。

儿童文化视角下优化幼儿园餐后散步活动的策略研究

江苏省南京市翠屏山幼儿园　胡春燕

幼儿园一日活动包括集体教学活动、游戏活动、生活活动，餐后散步活动包含在生活活动中，是十分重要的一个环节。一日活动皆课程，在散步活动中，幼儿不仅可以习得良好的生活习惯、健康的生活方式，亦能与周围环境良好互动，与同伴社会性交往。但如何在儿童文化视角下，借助一定的策略，帮助幼儿实现自我发展，需要我们深入研究。

一、儿童文化的内涵

学术界对于儿童文化的内涵并无确切定论，属于一个相对概念。通过梳理国内外关于儿童文化概念的论述，可以帮助我们了解儿童文化的内涵。学者边霞(2001)认为，儿童文化即儿童自己的文化，儿童通过自己的思想和行为来决定某一事物价值的文化。学者刘晓东(2006)在此基础上详细叙述了儿童文化的含义，提出儿童文化是儿童表现自发内在的兴趣、需要、言语、活动价值观念以及儿童群体共有的精神生活和物质生活的总和。学者毛曙阳(2008)指出这一文化是儿童期特有的，充满生命力、蕴含无限可能、天真纯洁的文化。总体来说，儿童文化第一个特点即是儿童群体特有的；第二个特点即由儿童根据自己的思想来界定这一世界的"游戏规则"，尊重儿童的主体地位；第三个特点即包含物质和精神两大方面，由儿童生活组成，是有序的整体。

二、餐后散步的问题

(一)走不走

幼儿园餐后散步活动是一项比较轻松的活动，占据时间不长，没有明确要求，因此大部分教师对于散步活动的认识不足，流于形式，有时间就走一走，没有时间就此作罢。

(二)走哪里

散步活动没有明确具体的要求，充满着自由、宽松、随机的特性，教师在散步活动中掌握着比较大的自主权，行进路线往往没有明确目的，很多教师只要带着小朋友在教室外走一走，无论走哪里，走多久，美其名曰"散步"了。

(三)怎么走

出于对幼儿在散步活动中的主体性认识不足，以及对散步活动的安全考虑，教师存在过于高控的现象，往往主班教师在前领队，配班教师在后方配合，带领一纵队小朋友从幼儿园的一角走到幼儿园另一角。

三、散步活动的优化策略

(一)教师观念的提升

幼儿是独特的个体，有着自己的想法、需要和特点，幼儿教师须站在儿童文化的视角，充分尊重幼儿在散步活动中的主体地位，摒弃散步完全按照自己主观意愿进行的习惯，还幼儿一个真正的自由自主的活动空间，多听一听幼儿的真实想法，做他们的支持者、引导者。

(二)散步形式的多样

常见的散步活动多是主班教师在前领队，幼儿排成一纵队，配班教师在后方负责维持秩序，这样的散步形式限制了幼儿的主动权，幼儿的主体地位得不到应有的尊重。在儿童文化观念的引导下，在建立班级良好常规的基础上，依据幼儿的想法与兴趣，进行形式多样的散步活动，比如班级内小组散步，哥哥姐姐、弟弟妹妹搭配散步，慢步式走路、慢与快步式走路搭配，走与“动物”跳相结合的方式等，将普通的散步巧妙转化为游戏化的趣味性、教育性活动。

（三）散步内容的丰富

1. 针对年龄特点，丰富散步内容

小班幼儿年龄小、自制力差、规则意识不强，在进行散步活动时主要以安全为主。但是小班幼儿刚进入幼儿园，幼儿园的一切对他们来说非常新鲜、好奇、有趣，借此机会，教师可以带领小班幼儿在每次散步活动中有目的、有计划地观赏幼儿园的环境，比如墙面文化环境、户外自然环境等。中班幼儿自制力、规则意识有一定发展，对于幼儿园有了一定的熟悉度，在每次散步活动前多和小朋友聊一聊，想去哪里散步，从哪条路线行走。大班幼儿喜欢接受挑战，且分工合作能力不断提升，针对这个特点，教师可以添加“小侦探游戏”，事先在某一特定角落潜藏一个班级小朋友熟悉的物品，将潜藏的地点拍摄成一张照片，活动的难度依据照片的清晰度。小朋友化身“小侦探”，根据图片的提示，在幼儿园寻找。在这一活动中既达到了趣味性散步的目的，满足了幼儿的自主发展要求，也提升了小朋友逻辑思维以及分工合作的能力。

2. 针对主题活动，丰富散步内容

一日活动皆课程，幼儿园的活动多以主题式进行，在散步环节进行主题核心经验的延伸，既有利于幼儿整体经验的习得，又丰富了散步活动，使得散步活动不再流于形式，毫无教育价值。例如春天到了，幼儿园小、中、大班不约而同进入春天的主题，幼儿园的春天有哪些不一样呢？散步环节可以带着小朋友有目的地进行观察，积累前期经验，如果小朋友对幼儿园的果树感兴趣，可以在每次的散步环节和小朋友仔细观察今天的果树和昨天的果树有什么不一样，哪里不一样，附上照片，一周、一个月、一个季度……随着时间的延长，果树在不同时期有了变化，和小朋友再次回顾这一路的实际感知、亲身体验的探究历程，丰满了散步活动的同时，也建构了对于果树的认知，提升了科学观察与探究能力。

散步活动的合理进行，有利于幼儿饭后消化，养成良好的生活习惯；有利于满足幼儿户外活动的需要；有利于发挥生活活动的教育价值。提升散步活动的科学合理性，仍需要一线教师基于儿童文化视角出发，不断地观察幼儿的实际需要，发现问题，探究问题，真正为幼儿营造一个宽松、自主、有趣的散步环境。

从偶遇到入住“女儿国”

——非学前教育专业新入职男教师跨专业成长

浙江省绍兴市嵊州市仙湖幼教集团　蒋　奇

一、进入“女儿国”不适情感产生的原因

（一）职业认同度差距较大

入职适应是每位非学前教育专业新入职教师都必须面对和经历的一个过程，也是非常重要的一部分。并且每位非学前教育专业新入职教师对自己职业的认同度，将对未来的发展产生巨大的影响。

有调查数据显示，有将近一半的研究对象选择在幼儿园任职是因为其热爱学前教育事业，想在学前教育领域长期施展自己的才华。还有一部分非学前教育专业的新入职幼儿教师选择在幼儿园工作，是因为其暂时没有找到更好的工作，家人觉得幼儿园工作稳定，希

望其在幼儿园工作，先解决生计问题，若有机会，便可更换到其他行业。还有一部分是因为其毕业后不想从事自己本专业的工作，而其他行业要求相对较高，用人单位一般都选择相近的专业的人员。而学前教育行业由于广纳人才，所以对专业的要求相对宽松，使得非专新教师填补了幼儿教师队伍的空缺。由此可见，不同的非专业新教师对职业认同的差异是比较大的。本人就是一位非学前教育专业新入职男教师，也是在偶然情况下才选择了幼教职业。大学所读的是绘画专业，毕业后一次偶然的机会看到幼儿园在招聘幼儿美术教师，出于对幼教行业的好奇和憧憬而且条件符合就选择了应聘，然后就踏入了幼教行业。

(二)原有专业或工作经历对幼教职业产生干扰

非学前教育专业新入职的教师由于没有接触过学前教育，甚至还有一些知识都是与教育无关的，所以相对的学前教育相关的知识储备几乎为零，也没有相应的职业技能，他们入职后一部分靠着自己的一腔热血，另一部分靠着自己原有的专业或者工作经历、经验进行任教。由于掌握的知识储备和专业技能比较单一，很难适应幼儿园的教学环境和工作安排，往往会犯一些错误。例如作为“门外汉”的他们不清楚幼儿的身心发展，不知道 3—6 岁的幼儿应该知道些什么、能做些什么等。

(三)男教师入“女儿国”易添心理压力

如今大部分幼儿园都存在教师男女比例失调的现象，男生往往占少数，数量上的劣势和性别上的差异使男教师往往很难融入教师集体。女教师谈论的话题，男教师往往都不了解，除了工作和学习，共同话题非常少。处于一个女性化的世界中，数量稀少的男教师往往会缺少正常的同伴间的交流，会导致他们缺乏集体归属感，更何况是非学前教育专业新入职的男教师，连工作上的共同话题有时候都参与不进去。长此以往，由于环境的巨大差距，非学前教育专业新入职的男教师可能会出现心烦、郁闷和孤独等心理，最终有可能会产生离职的念头。刚入职时我面对这个陌生的环境也很迷茫，一切都是陌生的，陌生的工作、陌生的同事，让我产生了孤独感。但是同事的关怀和孩子的可爱天真，让我渐渐地适应了这个新的环境。

二、如何成为一名合格的“女儿国居民”

(一)面对迷茫，调整心态

做一行爱一行，入职后应及时调整心态，积极地适应环境，面对陌生的环境不能有害怕的心态，负面的心态会对工作产生消极的影响，乐观积极地面对一切，转变思想，把新职业的快速适应当作一种挑战，积极地战胜它。同时也要检讨自我，尽可能地去发现自己的优缺点，扬长避短，发挥优势。

案例：刚入职的时候，主班教师让我做自我介绍时，面对幼儿的我甚至有点紧张。“各位小朋友好，我是你们的新老师，我姓蒋，你们可以叫我蒋老师。”听完我的介绍，小朋友面无表情，可能在思考问题，过了一会儿有个小朋友举手说：“老师，是哪个蒋？”我下意识地答了一句“蒋介石的蒋”。刚回答完，我就呆住了，才反应过来孩子们根本就不知道蒋介石是谁，“蒋”字该怎么写。不懂如何和幼儿相处，成了入职后的第一难题，我对未来也变得迷茫。

刚入职时的迷茫让我想过退缩和放弃，但是面对这个陌生的环境，我渐渐地调整了心态。

领导的单独谈话让我感受到了他们的期望，这种期望是我之前的工作经历中所不曾碰到过的。之前的工作经历，领导只是要求试试看，有种不行就走的感觉，让我没有归属感，心不定，所以无法知难而上，下意识地选择了换岗位甚至换职业。但是我们幼儿园领导的期望让我有了努力工作的动力，在遇到困难的时候选择了坚持。

在我们班有个小朋友让我想到了自己的童年。小时候我们家搬到城里，爸妈工作忙，几乎没时间陪我，所以自己的情绪很不稳定，当时的老师也没有过多关注我，所以我有点孤僻，不爱交朋友。我们班有个小朋友也是这样，他很胆小，在班级里也只有一个比较好的朋友。我在他身上看到了自己小时候的影子，就非常想和他做朋友，他从一开始对我不理睬，到每天早上问好，再到愿意和我分享自己的快乐，让我有种满足感，也使我发现在这个陌生环境有了一个好朋友，变得不孤单了。我在陪伴孩子的成长过程中，孩子也陪伴了我的成长，孩子们的天真、可爱、善良也让我坚定了要继续走下去的想法。

面对着完全陌生的行业和环境，我想过退缩和逃避，但既然已经来了，就把它当作一种挑战，克服困难才能看见彩虹，才能看见不一样的幼儿园风光。如果每次遇到困难首先想到的是逃避，连自己都否定了自己，也就没有了未来。所以我刚入职时每次遇到困难总是告诉自己不要怕，不要急，给自己加油打气，肯定自己。虽然工作很陌生，但每次都是尝试着去做，挑战“不可能”。

(二)认清自己，提高素养

非学前教育专业新入职男教师要明白自己的不足，提高认知，主动参加各种专业培训来充实自己。要使培训达到目的，非专业新教师需要认真地思考自己在实践中的问题，反思教育教学活动的意义，探究其中的规律，并把所学知识灵活运用在实践中并加以检验。同时也要积极备课，吃透教本。想上好课，必须备好课。新教师入职后必须有实干精神，要在备课上下足功夫，“不打没有准备的战斗”。必须充分研究教材，吃透教本，预设幼儿的问题和回答，并做出相应的回应。课后及时反思和记录，把课堂上的不足之处记录下来，及时做出修改，并请老教师给予批评和建议。在我入职的第一学期，参加了园里的备课、教研和全体教师的备课活动，也参加了市里组织的新教师培训活动等，让我对一无所知的行业有了初步的认识和思考。师傅也安排我上了许多课，每次课前都会告知我需要做什么准备，每次课后都会对我进行指点。例如“恐龙”主题中“我所认识的恐龙”一课，我准备了教案、教材等，但是师傅告诉我得先进行已有经验的调查，于是我做了调查表，在课程开始前分发给幼儿，让幼儿进行填写、绘画，掌握他们的已有经验再进行上课。

三、如何立足“女儿国”

非学前教育专业新入职男教师是一个小众群体，如何更好地立足“女儿国”是每一位教师都应该思考的。我结合第一学期的经历总结了以下两点。

(一)学以致用，发挥所长

第一学期入职后我就结合自己的专业，一直在思考能为幼儿园做些什么，并积极主动地去实行。我是绘画专业毕业的，入职前就想过可以参加幼儿园的环创工作，这样能更快地融入这个新的集体和环境，加快对同事的了解和对幼儿园工作的了解。入职后，我就进入了环创组，在幼儿园的环创工作中贡献自己的一分力(见图 1 和图 2)，在每次环创中都积极完成工作，完成领导布置的任务的同时，也会提出我自己的一些想法，领导也会和我共同讨论，这让我非常喜欢我们幼儿园的氛围，因为没有了之前工作经历中领导的盛气凌人和一意孤行，让我非常惊喜的同时也很开心。之后环创得到了同事的一些肯定，也让我有了被人所需的感觉，从刚入职的害怕到适应再到开心，让我渐渐地喜欢上了幼儿园这个陌生的环境。

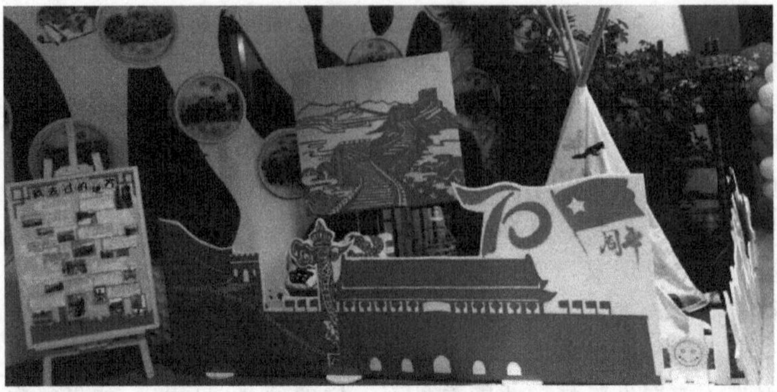

图 1　环创展示(1)

图 2　环创展示(2)

再到后来的墙绘(见图 3)，让我的专业有了用武之地，从“越乡小镇”的墙绘到垃圾分类的墙绘，以及由我带领其他教师完成的涂鸦墙的创设，都变成了幼儿园的网红打卡点，也得到了同事的好评，特别是得到了孩子们的喜欢，让我感觉其实自己这个“门外汉”也被孩子们所喜欢着，并非一无是处，这让我感到非常欣慰。

图 3　环创展示(3)

(二)学以致用，创设特色

每位非学前教育专业新入职男教师都应该思考如何把自己的专业与幼儿教育结合起来，创设特色课程，扬长避短。幼儿美术教育的主要任务是“初步培养幼儿对大自然、对社会生活的欣赏力和表现力，培养幼儿对美术的兴趣爱好，发展其观察力、记忆力、想象力、创造力和形象思维能力；初步熟悉并掌握简单的美术知识及用法，以及运用已学的知识技能自由地表达自己对生活的感受”。在幼儿美术教育中，教师其实是幼儿的启蒙者，我作为绘画专业的本科毕业生，在第一学期的课程中把自己的专业简单地融入教学中，例如一些平时课程中所需的图片，以及我自己创设的幼儿板画技法。

非学前教育专业新入职男教师是时代的产物，是不可避免的，其前途是光明的，但是道路是曲折的。走在这条路上，会有来自社会、亲友等各个方面的压力，对此非学前教育专业新入职男教师要有充分的思想准备，调整好自己的心态，找准自己的价值定位，踏踏实实，一步一步走下去。

幼儿美术教育活动中幼儿创造力的培养

重庆市涪陵区清溪中心幼儿园　许晓雁

幼儿园美术活动对于幼儿来说不但是学习的过程，更是创造性思维的表现。幼儿园美术教育更注重提高幼儿发现美的能力和创新意识，并且通过绘画等方式表现幼儿的心理，体现幼儿的创造能力。幼儿借助一支笔和一张纸就能充分表现出丰富多彩的神奇世界，在绘画过程中充分体验绘画创作带来的种种乐趣，也能表达出幼儿对美好生活和事物的态度，提高审美素质。那么在美术教学中怎样对幼儿进行创造力的培养呢？本文就从当前美术活动创造力培养中存在的误区进行研究，并提出了相关策略。

一、幼儿园美术活动的主要形式和价值

美术欣赏开阔了幼儿的视野，提高了幼儿对美的感受力。绘画与手工是幼儿在美术活动中具体的操作表现，体验从活动中得来的各种感受，同时又提高美术欣赏力。应该说绘画、手工和欣赏是相互联系、相互促进的三个方面，它们在幼儿美术教育活动中构成了一个不可分割的整体。

（一）绘画

绘画活动是教师引导儿童用各种笔、纸等工具和材料，运用线条、造型、色彩、构图等艺术语言创造出视觉形象，从而表达作者思想情感的一种活动。

绘画是一种创造性的活动。大多数幼儿喜欢到处涂涂抹抹，常常寻找一些可以涂画的工具和材料，随处即兴地进行涂鸦。他们看重的不是结果而是过程，过程才是幼儿愉快的“自我挖掘”的感觉经历，他们是在创造“艺术”，是用自己独有的方法传达情感。

（二）手工

手工活动是指学前儿童徒手或借助简单工具，运用折叠、组合等加工、变形手段或物质材料，形成占有一定空间的具体形象的造型活动。

手工制作材料具有很强的可塑性，能有效激发幼儿的创作兴趣，培养幼儿多方面的能力，尤其是对幼儿创造力的培养，有着很大程度上的促进作用。

（三）欣赏

欣赏活动是指教师引导儿童欣赏和感受美术作品。美术欣赏活动是帮助孩子发现美、感受美、表现美和创造美的源泉，美术欣赏没有固定的答案，对于同一项内容，每个人都有自己独特的见解。

二、幼儿美术活动中培养幼儿创造性的误区

(一)教师在美术活动中缺乏正确的美术教育观念

1. 重形式与结果，轻过程与情感

美术教育可以促进幼儿想象力、创造力等的发展。过去强调基本功、技能技巧的训练，以临摹为主，从而造成幼儿作品模式化、统一化、概念化的局面，这样容易阻碍他们思维和想象的发展，扼杀他们潜在的创造意识。培养幼儿的创造性就要有富有创造力的教育者，然而目前有部分幼儿教师并没有把培养幼儿创造性当作自己最起码的职责与基本要求，缺乏正确的教育观念，严重影响了幼儿美术教育功能的发挥。

2. 忽视幼儿个体差异，未能因人施教

幼儿是存在个体差异性的，每一位幼儿都有自己独特的个性，在美术活动中尽情表现自我、释放自我。然而部分教师在组织活动时，大都是单一的命题画，教师以画得像不像作为绘画的评价标准，来判断幼儿的绘画能力。忽视能够表现幼儿想象力、创造力的意愿画，活动时也仅仅只注意能力较好的幼儿，忽视了发展相对缓慢的幼儿。这样会使能力强的幼儿能力更强，发展慢的幼儿就得不到好的教育。

3. 绘画内容单调，以教师为主

当前幼儿教师在美术教学活动中总是按套路上课：看示范—教师示范—幼儿画—评价作品。结果，教育的效果不理想，幼儿缺乏创造力，作品千篇一律，毫无生气和创造性，使幼儿成了“复印机”，没有“自我”，违背了美术教育开发思维、拓展想象力的学科优势和学习目的。

4. 过分强调儿童的自然发展

平日让幼儿想怎么画就怎么画，至于绘画的主题、方式技巧，教师干预得很少，这就是通常入园后及离园前所开展的自选美术活动，即所谓的“涂鸦式”绘画。这种绘画方式产生的消极效果可能导致幼儿的绘画总体水平停滞不前。幼儿园美术活动应该是多种多样的，其根本目标是发展幼儿的创造性，培养幼儿的创造力。

(二)忽视良好的美术活动环境的创设

1. 物质环境

(1)环境布置过于花哨，没有隐性教育的存在

许多幼儿园都存在布置得五花八门的问题，虽说表面上会让人觉得幼儿园及教师下足了功夫去创设环境，但如果我们深入地看就能发现许多问题。比如，墙面的装饰物多，吊饰物过于烦琐，颜色杂乱等，看着让人压抑，毫无教育的价值。

(2)过于单调，不能激发幼儿的兴趣

有些幼儿园在环境创设方面不注重，布置环境纯属是为了完成任务。例如，美工区的布置就单单放几把剪刀、几支笔、几张纸，没有一点吸引人的地方，激发不了幼儿的兴趣。

2. 精神环境

丰富多彩、健康向上的幼儿园美术活动，能够开阔孩子的美术视野，激发幼儿参与美术活动的浓厚兴趣，丰富幼儿的美术实践经验，促进幼儿创造性地发展。

三、幼儿美术活动中培养幼儿创造力的策略

(一) 创设环境，培养幼儿的创新兴趣

1. 环境准备

(1)背景音乐。选择轻柔舒缓、优美动听的音乐，避免选择一些欢快、热烈的曲子，或者是音乐的选择和进行的活动内容有关联，音乐的音量要合适，不能过高。

(2)创设区域。为幼儿提供实用的材料。包括各种可供幼儿拓印的蔬菜、水果、纸团、印章、玩具等；各种颜料、纸、笔、胶棒等；教师和幼儿共同制作的自制玩具等。

2. 培养幼儿的创新兴趣

好奇好问、好玩好动是幼儿的天性，通过观察周边的环境，触摸和拆卸各种东西，从而获得对事物丰富的认识。教师要利用好环境资源，幼儿园所有能操作、能看的材料，在幼儿需要的时候，适当地引导幼儿，激发幼儿的创造性灵感，有效培养幼儿的创新兴趣。

(二)激发想象，促进幼儿创新活动的开展

1. 激发想象

想象力在幼儿时期发生和发展得最活跃。教师可以提供一些能展开丰富想象的、有益于表现的音乐，通过肢体、语言表达对音乐的理解，鼓励幼儿大胆想象，尝试绘画。还要为幼儿提供半成品的材料，让幼儿在制作过程中想象、制造、加工。

2. 开展幼儿创新活动

例如在大班美术活动“未来汽车设计展”中，教师让孩子们先了解汽车的不同功能，再让幼儿根据他们不同的需要，大胆地想象和设计各种未来汽车的功能。幼儿通过大胆想象、创造，设计出了新型汽车，增进了幼儿的创新认识。

(三)活动以幼儿发展为中心，以促进幼儿发展为根本目的。

1. 给予幼儿充分的信任，营造宽松的心理环境

鼓励幼儿通过绘画张扬自己的个性，自由大胆地表达自己的思想，要欣赏幼儿的标新立异，赞赏幼儿的独到见解和创意。

2. 尊重个体差异

世界上没有两片完全相同的树叶，也不会有两个完全相同的孩子。我们要允许每个幼儿以不同的路径、方法、速度完成探索学习，这是对孩子学习过程的尊重。

(四)通过操作实践，培养幼儿的创新能力

苏霍姆林斯基在《给教师的建议》中谈道：“儿童的智慧在他的手指尖上。”从这句话可以看出，美术活动中要发展幼儿的创造力，需要幼儿手脑结合，动手动脑。操作实践是发展幼儿创新能力的一条非常有效的途径。要尽量让幼儿自己动手操作，教师不要包办，放开手让幼儿自己去探索。

(五)改进方法，培养幼儿的创新精神

“教育有法而无定法”，在美术活动中，教师要以发展幼儿的创造力为主要目标，通过各种方式和途径，有效开展美术活动。那么怎样培养幼儿的创新精神呢？

1. 在美术教学中教师设计的问题不能封闭，要开放，打破幼儿原有的思维方式。通过实验摸索进行改革创新，是发展幼儿求异思维的有效途径。

2. 教学模式多样化、评价方法灵活化，鼓励幼儿大胆创新，是培养幼儿创新精神的有效手段。

(六)成果展评，体验创新乐趣

1. 对幼儿评价的方式

教师应充分肯定幼儿的作品，通过幼儿的自我评价、同伴互评、全体讲评、分层主评等多种形式，有效地对幼儿的作品进行积极的评价。

2. 教师应怎么做

(1)对完成质量好及有进步的幼儿教师给予表扬，并引导幼儿谈一谈自己在制作过程中的体验。

(2)对发展较慢的幼儿教师不能否定，可适当提出有针对性的建议，在此过程中切记要用商量的语言方式提出改进意见，让幼儿认同并接受建议。

(3)对那些有自己思想和独特见解的作品，教师更应给予大力的鼓励和表扬，使幼儿的创新意识得到激发，创新能力得到进一步培养。幼儿从中体验获得成功的快乐，逐渐树立自信心，并能主动地进行创造，从而更有效地培养创新能力。

幼儿角色游戏开展中存在的问题

内蒙古自治区呼和浩特市新城区第十五幼儿园　张攀廷

一、角色游戏的概念及作用

游戏在幼儿的身心发展和全面教育中起着重要的作用，在众多游戏形式中，角色游戏更能锻炼和发展幼儿的社会性。

角色游戏是幼儿通过角色扮演，创造性地反映现实生活的一种游戏，有利于培养幼儿的主动性和创造性，有利于幼儿的社会性发展。

二、幼儿园角色游戏开展存在的问题

(一)主题单一，内容简单，缺乏新颖性

幼儿角色扮演的来源大部分来自幼儿的生活经验，大部分幼儿主要的生活范围就是和自己的家人一起生活，因此他们的思维和观察范围就被局限了。所以幼儿们经常想到并开展的角色游戏就是“娃娃家”。然而角色游戏不仅有“娃娃家”，还有很多角色主题的扮演，例如：舞台模特，医院里的病人、护士、医生，还有学校里的教师和学生等。如果经常让幼儿玩主题单一、内容长期不变的角色游戏，会让幼儿失去对角色游戏的兴趣。

(二)教师对角色游戏缺乏正确的指导

1. 不重视对游戏的指导

教师依旧重上课、轻游戏，常常忽略游戏带给幼儿的重要意义。这类教师把角色游戏当作自由活动和自己的休息时间，经常把玩具、材料随便一掷便不再过目幼儿的活动，没有引导幼儿体会角色游戏带来的乐趣。

2. 过度注重对游戏的指导

为了让孩子体验更多角色，经常给幼儿设定一些在其生活中没有经历过的主题，从成人的角度考虑和设计游戏，使游戏缺乏童趣，导致幼儿对角色不熟悉、不喜欢，甚至脱离了现实，致使游戏无法进行。

(三)教师无法正确把握介入角色游戏的时机

教师在幼儿充分自由活动的前提下，要抓住适宜的时间和有利的机会，给幼儿一些可以扩展思维的建议，启发幼儿开展更多的游戏主题。

然而经常会出现一些教师的介入没有价值意义或者出现消极影响的现象。

有些教师独自做决定，把自己想做的事直接实施到幼儿原来计划好的游戏中。还有些教师为了教导游戏规则，在幼儿角色分配合理、故事情节完整、玩得十分开心的过程中，强制中断游戏，不仅毁了游戏的趣味性，还阻碍了幼儿进行游戏的自主性和积极性。

【案例】中班角色游戏“去医院看病”

到了角色游戏的活动时间，李老师带领孩子们来到活动区域，告诉孩子们今天玩“去医院看病”，从游戏开始到结束，几乎都是李老师一个人在安排。“涵涵你是医生，给病人治

病。豆豆你是病人，找医生解决问题。洋洋你是护士，给病人拿药、打针。好了，开始游戏!”孩子们在教师的安排下进行角色游戏，“病人说哪里难受了吗？怎么突然就开药?”涵涵说：“病人说头疼，我就给他止痛药!”李老师说：“你让他先去挂号，再来找你看病。”游戏被教师中止，幼儿只好重新开始游戏。

(四)游戏材料不丰富，投放的数量、种类欠妥

教师把游戏材料投放多、投放的材料漂亮，看作材料的正确投放，但是忽略了材料带来的操作性。比如娃娃家中，教师为小班的孩子们准备了很多新颖的玩具，有逼真的沙发、电视、床铺等，娃娃家游戏活动开始，孩子们争先恐后地加入娃娃家角色游戏。但一段时间过后，孩子们渐渐失去了对娃娃家角色游戏的兴趣，电视机只能用来看电视，沙发只能用来休息，很多玩具失去了操作性，孩子们对娃娃家失去了操作兴趣。这些材料虽然吸引了孩子，激发了幼儿参与游戏的兴趣，但这些游戏现象都是暂时的，因为没有真正地体现幼儿在游戏中的创造性、主动性。

教师通常认为角色游戏的材料仅仅是靠教师一个人准备的，很少有幼儿共同参与准备游戏材料。这就导致游戏材料的数量少，更新时间长，很多幼儿没有材料可拿，出现争抢玩具的现象。比如“照相店”里，很多顾客来拍照，但是服装不足，导致一些孩子出现争抢服装来拍照的局面。

教师准备的材料与幼儿的年龄不匹配，与生活经验相脱节。如若在游戏中幼儿对材料不了解，他们就会不断地追问教师，这就会导致幼儿的游戏产生中断的现象。

教师的玩具材料过于新颖和过于老旧都会出现许多安全隐患。一些新玩具由于玩耍的次数少，棱角没有被磨平，就会出现划伤幼儿的现象。一些旧玩具由于长时间玩耍，会出现一些破损的地方，如若教师未能及时发现，就会产生安全隐患。

(五)游戏开展的时间不足

幼儿在角色游戏中是否有充足的游戏时间，直接影响幼儿在游戏中能否获得满足。角色游戏需要幼儿明确游戏的主题，分配角色，选取材料、情节等，整个游戏的过程花费时间较长、占用空间较大。

但很多幼儿园将角色游戏的时间压缩，导致角色游戏很难有一个完美的过程，这些幼儿由于经常在短时间内进行角色游戏，养成了快速进行游戏的习惯，幼儿把明明需要慢慢享受的过程很快地就过了一遍，说明幼儿并没有真正地投入到游戏中，角色游戏的开展也没有达到应有的目的。

(六)欠缺对游戏结束时的指导

一些教师只是注重游戏的开始或游戏的过程，往往忽略了对游戏结束时的指导，导致幼儿还没有玩得很愉快就要匆忙收场，大大地降低了幼儿玩游戏的积极性。一些幼儿在没有教师的指导下，往往忽略了对游戏材料、玩具的收拾整理，没有养成一个良好的游戏习惯，同时对幼儿的游戏表现缺少评价和鼓励，缺少对游戏的总结。

三、总结

在玩角色游戏时，孩子们的个性和能力都在游戏中充分体现，孩子们在生活中看到的，通过自己的加工表现在游戏中，为孩子的个性发展提供了舞台。同时发展了孩子的认知能力、语言交流能力和社交能力。孩子们在角色游戏中互帮互助，积累了解决问题的能力。孩子们在游戏中感到了快乐，激发了他们的潜能和自主性，使角色游戏充满了生命力，有利于孩子们的健康发展。同时，教师还需要不断地更新自己的教育思想和教学方法，不断地反思和改进，针对存在的问题要积极解决，让幼儿成为角色游戏的主人，让角色游戏成

为真正能够促进幼儿身心和谐发展的有效途径。

移情对幼儿冲突解决方式的影响

贵州省遵义市北京师范大学遵义附校幼儿园　申友娟

当今社会，大部分的孩子都是在家长“包办替代”和娇生惯养的环境下长大，加上3—6岁的幼儿心理发展不成熟，有着一切以自我为中心、思维不可逆等特点，所以在一日生活中极易发生冲突。冲突的产生在生活中是不可避免且无处不有的，能否有效地解决幼儿之间的冲突直接影响幼儿的身心健康及今后的性格形成。为此本文主要通过对移情策略进行探讨，从幼儿的身心发展特点出发来解决幼儿之间的冲突。因此我们有必要了解移情对幼儿冲突的解决方式具体有哪些影响。

一、移情的概述

在我国有关移情的研究中，研究者多把移情界定为一种替代性的情绪反应能力，主要是指个体在觉察他人情绪反应时所体验到的与他人共有的情绪。

二、幼儿同伴冲突

冲突是主体与主体之间存在着观点或者是意见的分歧而产生的对抗。幼儿的冲突划分为外在冲突和内在冲突。外在冲突主要是受外在因素的影响所引发的冲突，如言语冲突、动作冲突、材料型冲突，这些都是由于外在因素所引发的冲突。内在冲突是由于内在的因素即自身原因所引发的冲突。比如社会的认知水平、社会交往技能、个人气质、情境状态等都会引发幼儿的冲突。幼儿冲突的形成受很多因素的影响，包括个人因素和环境因素。其中个人因素主要是幼儿自身的因素；环境因素主要包括教师因素、社会因素、家庭因素等。

三、移情对幼儿冲突化解的意义

从儿童心理健康发展看，解决冲突的目的不是消灭冲突或预防冲突的发生，而是让幼儿通过体验和学习选择适宜的方法化解冲突，由此发展幼儿主动建构和自我解决冲突的能力，从而提升幼儿的社会交往能力、亲社会行为和社会适应能力，促进幼儿社会性的发展，移情则是达成这些目标的有效方法之一，这是因为移情在促进幼儿冲突的解决中有如下意义。

(一)移情有利于促进幼儿道德感的发展

在生活中发现，幼儿道德感的良好程度与和他人发生冲突的概率成反比，道德感良好的幼儿冲突行为也相应地较少，反之亦然。道德感好的幼儿善于关心和帮助他人，容易对他人的不幸产生同情和积极的情感，很少主动招惹他人，并且有较高的底线，即使发生冲突时，也能够宽容和理解他人行为，从而避免冲突的产生。

(二)移情促进幼儿亲社会行为的发展

幼儿亲社会行为的发展直接影响幼儿发生冲突的频率，在日常生活中亲社会行为较好的幼儿较少主动与同伴发生冲突，无论是在制造冲突方面，还是在冲突的化解方面都有着积极的影响。移情对提高幼儿亲社会的发展有着重要的促进作用，帮助幼儿在冲突面前懂得换位思考，为了降低他人痛苦从而减少冲突的产生。比如：幼儿在对同伴伸出援助之手前，首先是因为他看到同伴不幸的处境时，心里产生了一种消极的情绪(对他人的不幸表示同情)，其次才促使幼儿有了一种想降低他人痛苦的动机，最后才有幼儿伸出援助之手等亲社会行为的产生。

(三)移情促进社会交往技能的发展

幼儿之间的冲突大部分是因为交往技能不足导致的，移情可以帮助幼儿在理解和体验同伴的感受后，用同伴可以接纳的方式与之相处。多数幼儿因为不知道如何以同伴喜欢的方式交往，所以往往相处下来都不尽人意，冲突不断。而移情在促进幼儿交往技能发展的同时可以有效地避免冲突的产生，引发幼儿换位思考，从而慢慢学会如何以同伴喜欢的方式相处。

四、移情策略对幼儿冲突解决效果的影响

移情策略广泛运用于心理学中，移情策略主要有：角色扮演法、情绪追忆法、认知提示法、情境讨论法等。根据移情策略对幼儿进行有针对性的移情训练对提高幼儿的交往技能、认知水平等的发展都有一定的效果。而上文中也提到幼儿之间的冲突大部分都是因为幼儿的认知水平低、社会交往技能不足等引起的。当幼儿通过移情策略使其认知水平和社会交往技能都得到提升时，那么幼儿之间出现冲突的频率、化解冲突的方式、冲突的解决效果也会向积极的方面发展。

(一)角色扮演法

角色扮演是指在一定的情境中，通过模仿他人的角色来理解他人的处境和内心的情感，这对幼儿冲突的化解有积极的意义。比如：教师可以有目的地让幼儿们扮演《动物王国》的中的人物。“动物王国里住着很多可爱的小动物，它们都过着互帮互助很平静的生活，但是有一天老虎来了，它打破了所有的宁静，因为它总是借着自己凶恶的表情去吓唬和欺负其他小动物，经常与同伴们争吵打闹。”教师可以让平时经常与同伴发生冲突的幼儿扮演被欺负的对象，询问他“你被老虎欺负了是什么感受?”“你喜欢像老虎这样经常欺负他人的同伴吗?”“假如你是老虎，你应该怎么做才能受同伴的欢迎?”通过角色扮演的方法引发幼儿换位思考，从而减少幼儿的冲突。

(二)情绪追忆法

情绪追忆即教育者有目的、有计划地引导幼儿对过去情感记忆进行回忆。教育者可通过情绪追忆法来唤起儿童内心深处的记忆。教师在遇到幼儿与同伴即将发生冲突时可及时提醒，比如：“你上次就因为与同伴发生冲突把某某小朋友弄伤了送去医院，事后你后悔莫及并且说都怪自己太冲动了，当时你向大家保证过以后遇事好好沟通、忍耐，实在没有办法解决就告诉老师，你还记得你上次说的吗?”这时幼儿通过大脑迅速地追忆之前发生的与之相似的事情，回想当时自己的处理方式带来了哪些后果，于是幼儿为了避免犯同样的错误让自己后悔，就会停止冲突。通过情绪追忆的方式对幼儿进行教育，对促进幼儿冲突的解决有着积极的作用。

(三)认知提示法

认知提示法是指在社会性认识(如人际关系、行为规范、道德法律等)上给幼儿以提示和教育，使幼儿能够及时想到自己应该遵守的社会规范或行为准则，从而促进幼儿认知水平的发展。皮亚杰提出幼儿冲突的产生往往是因为他们的认知水平较低，因此提高幼儿的认知水平是减少冲突的一个有效途径。

幼儿之间的冲突现象有很多，有些小的冲突教师可能忽视，但有些冲突关于幼儿今后行为习惯的养成，教师需要采取一定的措施。例如：对于因为坐错位置而发生的冲突，教师采取认知提示法。重复一下当初所交代的规则，如果不按教师的安排坐座位要给予什么样的惩罚。如果幼儿仍然意识不到错误，教师可以说：“你上次的位置是坐哪里？按老师的要求坐了吗？上次你不是答应老师不乱坐他人的位置吗？”在冲突发生之前通过认知提示的方式对幼儿进行提醒，有利于减少冲突。

(四)情境讨论法

情境讨论法是指教师在教学过程中，有目的、有计划地引入或创设具有一定情绪色彩、形象生动的场景，引导幼儿们积极讨论并分享情感和态度体验。比如：幼儿观看动画片《我们都是一家人》，“森林里有一只有礼貌、乐于助人又勤快的小老鼠，却遭到很多动物的讨厌，小猪、小狗都欺负它……”。看完之后对幼儿进行情境提问，引导幼儿讨论“小朋友们，我们的小老鼠是一只怎么样的老鼠？为什么其他动物总是说它的坏话而且欺负它呢？假如你是其中的一只小动物你会怎么做……”。在情境的讨论过程中逐渐地引发幼儿的情绪反应和情感体验，从而提高幼儿的移情能力。幼儿以道德评判标准的方式来讲述怎样做才能使他们融洽相处、如何解决困难，遇到冲突时该怎么做。通过提问在潜移默化中提高了幼儿的人际交往能力，从而减少冲突的发生频率。

(五)分享体验法

分享体验法可以让幼儿把自己的东西分享给同伴，形成合作共享。在一日生活中，由于材料的限制经常会导致资源分配不均，这样容易引起幼儿因为争抢兴趣物而发生冲突，这时教师应当注重培养幼儿的分享意识。如：幼儿们在建构区时，教师可以针对那些争抢兴趣物的现象进行指导，提醒幼儿如果几个小朋友把材料相互分享，共同搭建出来又会是什么样呢？教师再对因为分享而取得的成绩给予及时的表扬，这样不仅能让幼儿资源共享，减少幼儿之间的冲突，而且也利于幼儿养成良好的分享习惯，对幼儿今后的发展也起到积极的作用。

本文主要通过对移情策略进行探讨，从幼儿的身心发展特点出发来解决幼儿之间的冲突。家长们都期待孩子从小就养成善解人意的习惯，少一些冲突的行为，而移情策略则可实现这个目的。

混龄教育对幼儿社会性发展的促进作用研究

广东省深圳市龙岗区机关幼儿园　陈金明

一、混龄教育对幼儿社会性发展的概述

(一)混龄教育

混龄教育发展至今，已经是美国、德国、日本、丹麦、英国等国家学前教育中的普遍模式。在这些混龄教育的幼儿课堂上，一般都是由一些年龄不等的学生构成，他们在一起学习之余，还会一起参与活动。当然，并不是说一些年龄较大的学生时时刻刻都会与幼儿一起学习，一般高年级的学生上午是正常上课的，到了下午或是他们的课外时间，这些幼儿就可以在一起，或是活动，或是游戏，或是讨论。

(二)幼儿社会性发展

幼儿社会性发展即幼儿的社会化，是指幼儿从自然人逐步掌握并内化社会道德行为规范与技能，成长为社会人的过程。不同年龄段的幼儿发展，其社会性的内容与特点不同，幼儿期是社会性发展的快速、不平衡和奠基性时期。

社会学习理论认为，他人具体的指导和幼儿自我的观察学习都会增加幼儿亲社会性发生的频率，其中社会经验起到了重要的作用。混龄活动中，幼儿能在与同伴的互动过程中

逐渐了解他人和自己的形象，体验他人的感受，促进情感交流，培养良好的生活习惯和行为准则。

二、混龄教育对我国幼儿教育的意义

(一)有利于促进幼儿的智力和语言的发展

混龄教育的发展有利于促进幼儿的智力发展与语言的发展，幼儿在小的时候语言能力本身就不是非常健全，还在不断地学习阶段，此时有一个好的学习环境，年龄较大的学生语言和学习能力都相对丰富，可以为年龄较小的学生树立一个很好的榜样。

(二)有利于幼儿的创造性和实践能力的提高

混龄教育有利于幼儿的创造性与实践能力的提高，据科学研究表明，每一个学生在其发展的不同阶段都会具有各自不同的特点，所以其发展的方向与速度也都是不相同的。

(三)有利于有效地促进幼儿社会性的发展

混龄教育的发展有利于促进幼儿社会性的发展。由于大多数家庭都是独生子女，使得他们在生活当中会娇生惯养，以自我为中心。而混龄教育的发展就很好地适应了这一现象的发展，在这种耳濡目染的环境之下，幼儿也会培养出很好的责任感，其交往能力与独立性都会有很好的提高，大大提高了幼儿的社会性。

三、混龄教育在幼儿社会性发展中的促进作用

(一)混龄教育能促进幼儿社会认知的发展

混龄教育有利于促进幼儿语言的社会化进程，在大龄儿童各种各样的语言示范下，包括儿歌、故事、诗歌，让小龄幼儿自己去感知、体会、理解、记忆，在这个真实的环境中积累词汇，吸收新的句式和表现手法，转化为自己的语言，表达自己所要表达的情感。

(二)混龄教育能促进幼儿社会情感的发展

混龄教育让独生子女享受兄弟姐妹情。幼儿独生子女居多，社会交往能力比较弱，没有兄弟姐妹情，加上家庭过分的保护，溺爱问题严重，以自我为中心，形成了“小皇帝”、“小公主”的心态。在游戏中，幼儿对扮演角色的能力和需求也不同，如一些年龄大的孩子或能力强的孩子，喜欢组织领导别人，而年龄小及行为能力较差的孩子则很乐意扮演配角和受人保护的角色，这样使游戏开展得很顺利，在异龄互动中可以让幼儿各得其所，各求所需，共同发展。

(三)混龄教育能促进幼儿社会行为的发展

“孔融让梨”你会了吗？正确谦让和分享，是幼儿应该从小就开始培养的行为习惯。今天，我们所面对的孩子大多是独生子女，来自长辈的溺爱和迁就让他们养成了以自我为中心的性格特点。针对这些问题，在孩子开始有与人交往的意愿时，父母、教师就该努力给孩子创造一个不分年龄、性别的社交范围。混龄扩大了幼儿的接触面，使他们学会与不同年龄的幼儿交往，班级即是社会的雏形。

四、混龄教育研究的反思和展望

通过文献的梳理发现，现行混龄教育研究集中在混龄教育的概念内涵、内容、特点、价值、问题及原因、对策等方面。研究者根据其自身的视角，对混龄教育进行不同程度的深入探讨，有利于混龄教育实践的开展和研究的深化。笔者同时认为混龄教育研究在以下几方面存在一些不足，有待进一步研究完善。

(一)混龄教育理论研究需要进一步提升

混龄教育是我国儿童教育中一个重要的实践问题，解决这些问题需要理论研究和实践经验的不断支持。在混龄教育概念上，有学者将“混龄教育”与“混龄交往”等同，概念的不清晰不利于研究的纵深发展，需要进一步深入探索，以推进理论和实践的发展。

(二)混龄教育研究的本土化

通过文献整理发现，部分学者的研究是在借鉴西方混龄教育的研究成果基础上的研究。中西方文化、经济、社会发展的不同，使得同一教育理念难以同时适用于不同国家。必须开展相关调查研究，形成符合中国儿童生理、心理特点的本土化研究。研究方法的多元化有待加强。

(三)研究的对象可以适当拓展

现行研究对于家长、教师、学校有一定的研究，但是儿童的发展还会受到同伴的影响，如交往的对象及所在的群体等。

五、结论

混龄教育有其实施的必要性，可以有效地促进幼儿社会性的发展，有利于幼儿良好个性的形成，而且可以有效地培养幼儿解决问题的能力与社会交往技能，全面了解幼儿的身心发展，接受混龄的教学模式，实行同科目、同内容不同要求，同科目、不同内容不同要求，同内容、不同科目不同要求的教学方式。另外，虽然间断性混龄是现阶段我国所采用的一种教育形式，我国也有部分幼儿园实行，但是我认为它不如连续性混龄对幼儿发展的帮助大，连续性混龄真正发挥“儿童教育儿童”的混合优势，这样才更有利于幼儿长期的发展。

在教师专业成长的道路上前行

——第十八届“当代杯”全国幼儿教师职业技能大赛获奖作品选（中册）

苏 津 主编

首都师范大学出版社
CAPITAL NORMAL UNIVERSITY PRESS

图书在版编目(CIP)数据

在教师专业成长的道路上前行：第十八届“当代杯”全国幼儿教师职业技能大赛获奖作品选 / 苏津主编 .—北京：首都师范大学出版社，2021.10

ISBN 978-7-5656-6686-5

Ⅰ.①在… Ⅱ.①苏… Ⅲ.①幼教人员—职业技能—教师培训—文集 Ⅳ.①G615-53

中国版本图书馆 CIP 数据核字(2021)第 205659 号

在教师专业成长的道路上前行

——第十八届“当代杯”全国幼儿教师职业技能大赛获奖作品选(中册)

苏　津　主编

责任编辑　禹　冰　许　蔚

首都师范大学出版社出版发行

地　　址　北京西三环北路 105 号

邮　　编　100048

电　　话　68418523(总编室)　68982468(发行部)

网　　址　http://cnupn.cnu.edu.cn

印　　刷　中煤(北京)印务有限公司

经　　销　全国新华书店

版　　次　2021 年 10 月第 1 版

印　　次　2021 年 10 月第 1 次印刷

开　　本　787mm×1092mm　1/16

印　　张　53.25

字　　数　1500 千

定　　价　162.00 元(全三册)

编委会名单

前　言

改革开放以来，特别是新世纪以来，我国学前教育取得长足发展，普及程度逐步提高。办好学前教育，关系亿万儿童的健康成长，关系千家万户的切身利益，关系国家和民族的未来。

学前教育事业的健康发展，最重要的保障是师资，《国务院关于当前发展学前教育的若干意见》要求：各级政府要充分认识发展学前教育的重要性和紧迫性，将大力发展学前教育作为贯彻落实教育规划纲要的突破口；作为推动教育事业科学发展的重要任务；作为建设社会主义和谐社会的重大民生工程，纳入政府工作重要议事日程，切实抓紧抓好，加快建设一支师德高尚、热爱儿童、业务精良、结构合理的幼儿教师队伍。

开展职业技能型比赛活动，就是培养和提升合格师资队伍的有效途径之一。

其一，比赛是对参赛幼儿教师能力和水平的一次全面展示和检阅。人才是教育之本，教师是学校之本，技能是教师之本，拥有过硬的职业技能是每位教师必须具备的基本条件，竞赛是全面磨炼、展示和提高这一素质的最有效的形式。

其二，比赛是提高教师能力、水平和质量的一种重要途径。比赛为教师提供了提高教育能力和教育水平的机会，作为参赛者的教师在准备过程中可以得到前辈及同事们的指点和帮助，竞赛的准备和比赛过程会使教师得到锻炼和提高，并在展示自己的同时，与其他参赛教师进行各个层面的广泛的交流，互相学习，共同进步。

其三，比赛是促进教师成长的重要手段。通过竞赛活动，正确引领教师在专业上进步。竞赛同时可以引导参赛教师关注最新的教育理念，潜移默化地培养他们的创新意识和学习意识。此外，竞赛还是帮助教师树立良好的师德、教育观念和提升能力的最好方式，使教师经历一次全面、完整的过程训练。

由《幼儿教育导读》杂志社、当代学前教育网、当代学前教育研究会以及多家机构联合举办的“当代杯”全国幼儿教师职业技能大赛，是当前幼儿教师培养培训的有效补充，也是促进教育教学质量提高、培养合格幼儿教师的辅助手段，通过比赛的形式，有助于提高全国幼儿教师的职业素养，有助于增加教师之间的专业交流，有助于促进教师之间的专业分享。

第十八届“当代杯”全国幼儿教师职业技能大赛，历时 3 个月，围绕 10 个比赛项目展开，得到了全国各地幼儿园及幼儿教师的积极响应。比赛中，涌现了一批具有专业理念和创新意识的作品，经过大赛组委会的甄别，从其中的文字作品中遴选出部分优秀的获奖作品结集出版。我们希望通过作品分享展示的形式，促进广大幼儿教师的交流，促进幼儿教师的专业化发展。

本书的编辑出版过程中，我们得到了来自全国各地幼儿园、参赛选手、教科研领域的专家以及出版社同人的大力支持和帮助，在此，谨代表大赛活动的主办机构、组委会深表感谢。

为了更好地提升“当代杯”全国幼儿教师职业技能大赛的整体品质，我们将继续聆听行业的诉求、建议和期盼，借鉴历届大赛的经验，将今后的大赛活动会更加丰富、成熟，更加具有社会价值，我们将继续在幼儿教师专业成长的道路上，不断奉献我们的微薄之力。

祝愿当代幼儿教师专业化长足发展，祝愿我国学前教育事业不断进步！

目　　录

教　　案

教育随笔

观察记录

案例分析

论 文

教　案

探秘植物

广东省深圳市盐田区明珠幼儿园　黄守惠

<table>
<tr><td>教学领域</td><td>综合</td><td>班级</td><td>中班</td></tr>
<tr><td>设计意图</td><td colspan="3">一草一木皆生命，我们感受大自然中生命的生长变化，一起拥抱春天，种下美好。每一个孩子，都是一名科学家。
本学期中班结合季节特征和孩子的兴趣，开展了以植物为主题的探究活动。老师带着孩子们一起观察幼儿园里的各种植物，观察每种植物的特征与不同，相信孩子们的一双双慧眼能发现很多关于“植物”的秘密。
在生活中发现，在环境中发现，在情境中发现，所有的发现都源于孩子们的主动探索。在探究中体验发现的乐趣，有了发现，才有问题，有了问题，才会想办法解决，在这个周而复始的过程中，孩子们体验的是快乐，获得的是成长！</td></tr>
<tr><td>活动目标</td><td colspan="3">1. 能识别常见的蔬菜，知道不同的蔬菜有不同的特征，通过观察其形状进行创作。
2. 在探究过程中，学会观察，学会发现问题，并能通过讨论，合作解决问题，尝试记录探究的结果。
3. 在探究的过程中感受植物世界的多姿多彩，体验自主探究带来的乐趣。</td></tr>
<tr><td>活动准备</td><td colspan="3">1. 收集各种落叶、树枝，准备各种生活中常见的蔬菜。
2. 准备各色轻黏土、胶水、双面胶、剪刀、毛线、纽扣、各色卡纸、白色手绢、白色帽子、扎染颜料。
3. 茶具、茶叶、水壶。
4. 环保袋、彩色塑料袋、布、胶带、夹子、音乐。</td></tr>
<tr><td>活动过程</td><td colspan="3">一、导入
图片欣赏：蔬菜变身记、树叶粘贴画。
师：小朋友们可以猜出来，这些是用哪些青菜创意制作出来的吗？
师：老师今天在各个活动区域里给大家准备了蔬菜、落叶，还有很多创作材料，小朋友们可以根据自己的兴趣，去选择活动，一会儿活动结束，我们一起进行分享。
二、主动探究，自主建构
(一)生活区——品茶、蔬菜变身记
1. 创设饮茶区，泡茶、品茶。
2. 果蔬创意造型，让它们成为独一无二的艺术品，培养幼儿的创新意识和对事物美的认知。
(二)美工区——树叶粘贴画、扎染
1. 鼓励幼儿尝试用各种方式制作树叶标本。
2. 制作树叶粘贴画。
3. 用植物染料扎染手绢、帽子。
(三)语言区——制作植物小书
1. 在语言区投放有关植物的绘本，探索树叶的秘密。在探究的过程中，思考怎样保持落叶不枯萎，最后把落叶做成“标本”保存起来。
2. 小朋友们将收集的落叶、树枝、废旧绘本，通过修剪、粘贴，制作成小书。
(四)表演区——蔬菜舞会
1. 幼儿一起收集了包装袋、环保袋，通过同伴间合作、商讨，确定自己想扮成哪种蔬菜，利用材料制作自己的服饰。</td></tr>
</table>

续表

活动过程	2. 幼儿合作完成创意作品后，一起着装表演。 **三、作品欣赏分享** 师：请小朋友们来分享你们的创作吧。 **四、活动延伸** 1. 收集各种蔬菜的根进行创作。 2. 尝试将香菜根、红薯种在水里，观察会发生什么变化。
活动反思	本次活动中，教师组织幼儿欣赏蔬菜变身记，使其产生创作兴趣；以师幼讨论的形式，引导幼儿进行自主探索；根据幼儿已有的生活经验，鼓励幼儿进行大胆创作，让幼儿在活动中轻松地掌握知识。教师通过鼓励、协助支持让幼儿的经验和想法得到有效提升，帮助幼儿逐步养成敢于探究和尝试、乐于想象和创造等良好学习品质。 在这一系列的活动中，幼儿从理论到实践，既掌握植物的特征及不同，又体验到创作的快乐。活动后期的观察植物生长的过程，还蕴含着许多的教育价值。随着植物的不断生长，幼儿要对其进行细心的照顾，这在无形中培养了幼儿的责任感，同时幼儿在此过程中，了解植物生长的过程，并从中体验到生命的神奇。

翻转魔法书

江苏省南京市玄武区香禾幼儿园　张晚枫

教学领域	美术	班级	大班
设计意图	我偶然在微博上看到一个国外的视频，画者利用一张纸不断地对折、翻转、添画，制作了一本包含多个事物的小书。我觉得这个创意非常适合大班幼儿。因为纸张在不断翻折、打开的过程中会产生各种线条和形象，趣味性强，可变性大，幼儿借助一次次的添画再创作，能够充分发挥想象力和创造力。		
活动目标	1. 尝试依据画面中的局部线条进行想象添画，表现事物的简单造型。 2. 了解折叠、翻转创作的特点，感受不同艺术表现形式的趣与美。 3. 体验折叠、添画的乐趣，在想象创作中获得成功感。		
重点难点	1. 幼儿根据折纸图示自主折叠出魔法书。 2. 在每一步翻折的过程中，依据线条形象进行想象添画，表现出不同的物体。		
活动准备	物质准备：视频课件、不同颜色的底纸、折纸步骤图、背景音乐。 经验准备：幼儿有一定的看图折纸经验。		
活动过程	**一、视频激趣，导入活动** 欣赏折叠画创作视频，感受意趣美，初步了解折叠画的创作方法。 师：有一本神奇的魔法书，它可以变出各种有趣的东西，我们来一起看一看书里藏了些什么。(播放视频) 师：视频里的魔法书里面藏了些什么？ 幼儿自由表达：鱼→老鼠→大象→长颈鹿→鲨鱼→鸟→豹子。 **二、基本部分** 1. 师幼合作，在探索操作中了解并熟悉折叠、添画的基本方法和步骤 (1)教师即兴封面创作。		

续表

活动过程	师：瞧，老师也带来了一本魔法书，请你们和我一起来试一试。（出示书的封面） 师：这是书的封面，你们想在封面上画什么？（幼儿提议，教师即兴绘画） 师：接下来要请你们和我一起玩魔法喽！ (2)引导幼儿借助折叠、翻转后留存的线条进行想象添画。 师：仔细看好喽，我把魔法书打开一半，留下一半，留下的图形像什么？又能变成什么？（幼儿依据留存的线条进行想象并表达，邀请个别幼儿在范例上添画） 师：现在我们再打开另一半，看看留下的图形像什么，又能变成什么呢？（变换纸的方位引导幼儿思考想象，邀请个别幼儿在范例上添画） 师：接下来，魔法还能怎么变？（口头和幼儿讨论想象，多方位思考） 2. 出示折纸图示，调动幼儿已有经验，引导其自主观察，熟悉折叠步骤 根据幼儿情况，教师适时进行支持性的引导。 师：想不想做魔法书？那我们要先干什么？ 师：（出示折纸步骤图）你们都能看懂图示吗？有什么问题？哪一步看不懂？（空手折一下） 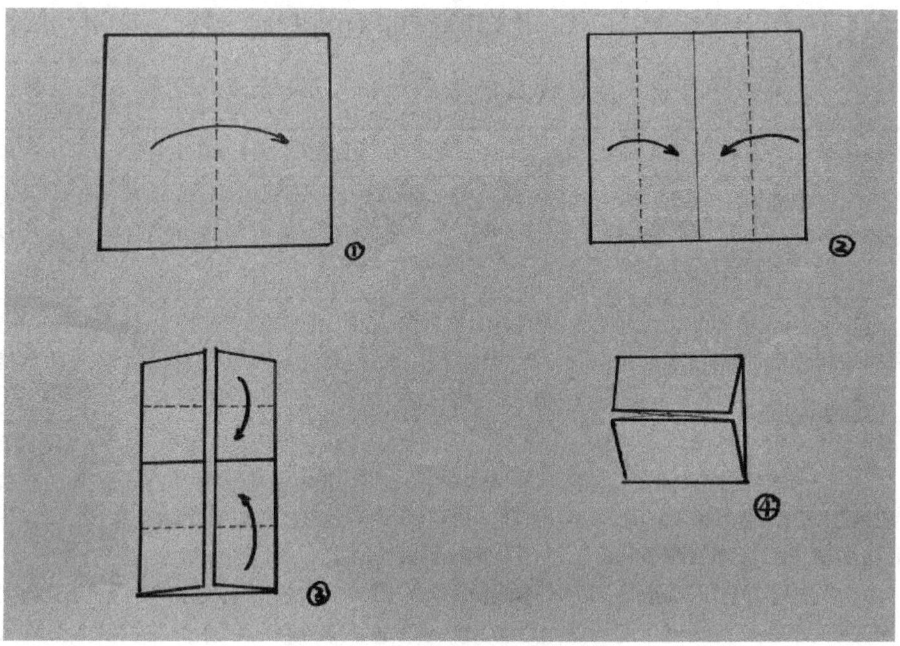 **折纸步骤图** 3. 提出要求，幼儿创作，教师巡回指导 师：书折好以后，先在封面上画下你喜欢的图案，再翻一翻、想一想、转一转、画一画，就能变出各种有趣的东西。 幼儿自主选择底纸进行翻转魔法书的创作。 **三、幼儿相互交流欣赏自己及同伴的作品** 师：说一说你的魔法书里都藏着些什么？

续表

活动反思	本次活动中，幼儿始终保持浓厚的兴趣。视频激趣既打开了幼儿的想象空间，又将翻折的过程展现在幼儿眼前，给予了幼儿丰富的创作初体验。“幼儿在前，教师在后”的师幼合作方式将创作的权力完全交给幼儿，让他们充分地自主想象，添画自己想表达的形象，而教师仅仅是起着语言引导和难点帮助的作用。活动中，幼儿脑洞大开，借助翻折留下的形象想象了许多他们感兴趣的物品。当发现有些幼儿想象受阻的时候，教师及时引导他们：转一转，变换方位去观察，幼儿就有了新的思路。个体创作阶段，教师提供了四组不同层次的材料让幼儿自由选择。前三组是不同色的底纸，色彩背景起到了辅助想象的作用(如有的幼儿在蓝色底纸上想象了一组海洋动物)；第四组是白纸和炫彩棒，幼儿在无拘无束地想象、添画线条之后，有富余的时间可以选择去涂色，增加魔法书的艺术美感。综观整个活动，幼儿的兴趣、主动性、自主性、想象力、创作表现力均得到了较好的发展，实现了《指南》中大班年段发展的领域目标和学习品质的相关发展指标。

儿童绘画能力的发展

广西壮族自治区崇左市崇左幼儿师范高等专科学校　王　磊

教学领域	美术	班级	小班
设计意图	理解并识记儿童绘画能力的发展阶段及各阶段的主要发展特点，能运用本章知识点分析幼儿美术作品，能针对不同年龄阶段幼儿美术能力发展的特点进行指导，给出合理的教育建议。		
活动目标	1. 理解并识记儿童绘画能力的发展阶段及各阶段的主要特点。 2. 能运用本章知识点分析幼儿美术作品，能针对不同年龄阶段幼儿美术能力发展的特点进行指导，给出合理的教育建议。		
重点难点	1. 熟练掌握涂鸦阶段(约 1.5—3.5 岁)、象征阶段(约 3.5—5 岁)、图式阶段(约 5—7 岁)的特点。重点把握具体实践中，每个幼儿由于先天素质存在差异而会提前或推后绘画能力的发展阶段，但对幼儿自身来说学习的过程应遵循这个轨迹。 2. 思考我们为什么要学习儿童绘画能力在各个时间阶段发展的特点。 3. 能够准确把握各个年龄阶段的儿童绘画能力发展的特点及主要形成原因之间的关系。 4. 能运用本章知识点分析幼儿美术作品，能针对不同年龄阶段幼儿美术能力发展的特点进行指导，给出合理的教育建议。		
活动准备	物质准备：儿童不同绘画阶段绘画案例照片。 经验准备：参考教材《美术与幼儿美术创作》。		
活动过程	**一、导入课程** 小班幼儿家长：我很重视培养孩子的绘画能力，前两天看他自己画出了像人的图画，所以我这几天开始教他画人，可是他画来画去还是那个样子，我都急死了。我该怎么办啊？ **二、儿童绘画能力的发展特点** 儿童绘画能力的发展是遵循一定规律阶段式地逐步上升的。根据发展中的各种现象和		

续表

<table>
<tr><td>活动过程</td><td>特征，可分为三个阶段：涂鸦阶段(约 1.5—3.5 岁)、象征阶段(约 3.5—5 岁)、图式阶段(约 5—7 岁)。
(一)涂鸦阶段(约 1.5—3.5 岁)
1. 无控制的涂鸦。
2. 有控制的涂鸦。
3. 命名涂鸦阶段。
(二)象征阶段(约 3.5—5 岁)
1. 造型方面
仅仅是简单的几何图形和线条的组合。幼儿知觉不完善，对事物缺乏概括能力，画出来的形象缺乏完整性，是按照自己想法任意夸大，随意地造型。
早、中期：“蝌蚪人”案例。
后期：已经能够较多地掌握基本图形和线条的组合。
2. 色彩方面
能认识主要色相，辨色能力提高较快，有了明显的个人偏好。
早期：不受固有色的限制，幼儿常常选择自己喜欢的颜色表现自己偏好的物体，自由涂抹。
中、后期：幼儿逐步可以按照固有色进行着色。涂色控制能力增强，可以向着同一个方向涂色。
3. 构图方面
早、中期：儿童作品中往往不止一个形象，但是形象和形象之间没有任何联系。想到什么就画什么，是一种想到什么就画什么的片段罗列。没有精心组织，只是将自认为与主题有关的物体共同放在一个画面上而已。所以这个阶段的构图是凌乱式构图。
后期：出现基底线，这说明儿童能够感受到空间的秩序性，开始意识到自己也是环境的一部分。开始尝试将所画的人、物都放在基底线上。出现基线式构图和并列式构图。
(三)图式阶段(约 5—7 岁)
1. 造型方面
相比上个阶段，儿童除了能画出大的轮廓，还能非常注重细节的描述。
2. 色彩方面
对色彩的感受性越来越精细，对色彩的明度、饱和度等方面的辨别力有了较大的提升。会使用固有色，开始学习使用暖色、冷色和对比色进行绘画。有时会出现主色调，能较好地控制自己的动作，手眼协调能力进一步提高，能完全在轮廓线以内涂色，而且涂色较为均匀。
3. 构图方面
这个阶段的主要构图方式有：基线式构图、多层并列式构图、主题式构图。</td></tr>
<tr><td>活动反思</td><td>教师讲解时，以儿童各个阶段的绘画案例照片和理论相结合的方式，能够帮助学生更好地理解理论，把所学到的理论真正内化了解，在幼儿园的美术活动中将幼儿表现与绘画能力阶段相结合，促进幼儿各项能力的共同发展。不足之处是需要让学生更多地实践。</td></tr>
</table>

制作忠信花灯

广东省河源市直属机关幼儿园　李　频

<table>
<tr><td>教学领域</td><td>美术</td><td>班级</td><td>大班</td></tr>
<tr><td>设计意图</td><td colspan="3">作为国家级、省级非物质文化遗产，忠信花灯绽放着客家忠诚信义的精神光芒，形象地反映了客家居民的生产生活和理想追求。它不仅蕴含着丰富的文化内涵，而且还具有极高的审美价值。因此，传承与发展忠信花灯，具有重要意义。</td></tr>
<tr><td>活动目标</td><td colspan="3">1. 初步了解忠信花灯的来历、作用和制作过程。
2. 在活动中能发挥创造力，大胆地尝试制作花灯，进行积极探索。
3. 提高审美情趣，体会民间传统手工制作的乐趣。</td></tr>
<tr><td>重点难点</td><td colspan="3">重点：大胆尝试制作花灯，积极探索。
难点：能够进一步体会河源客家人元宵节的特别庆祝方式，感受活动的乐趣。</td></tr>
<tr><td>活动准备</td><td colspan="3">物质准备：半成品花灯骨架，各色纸，各种彩笔，剪刀，各种粘贴材料，制作花灯的图片、课件、视频。
经验准备：幼儿已有绘画经验；活动前幼儿对河源忠信花灯有所认知，观看忠信花灯节的视频。</td></tr>
<tr><td>活动过程</td><td colspan="3">一、观看忠信花灯节的视频，以谈话激发幼儿的兴趣
师：在过元宵节时，我们河源有一项很独特的庆祝活动，就是花灯节。大家来看看我们河源人的花灯节是怎样的，你知道为什么会有花灯节吗？(请幼儿自由讨论，激发他们的活动兴趣)
(播放 PPT)教师小结河源忠信花灯节的由来：忠信花灯节是广东省河源市连平县忠信镇周边地区独特的节日，按照忠信的传统风俗，忠信花灯有一个特别的吊灯仪式。吊灯仪式一般有放灯绳、选灯、迎灯、上灯、暖灯、化灯 6 道程序，其间，还有客家锣鼓、舞龙舞狮、祭祖、饮灯酒等热闹场景，十分壮观。吊一盏花灯就是一次盛会。忠信吊灯习俗借物寓意，寄托祈盼，抒发敬祖情怀，还对增进宗族团结、促进民间艺术的发展起到了积极的推动作用，也大大丰富了民间群众的精神文化生活，是忠信地区一笔宝贵的民俗文化遗产。
二、观看忠信花灯的制作视频，讨论制作材料，回顾制作步骤
师：小朋友，刚刚我们看了忠信花灯的制作视频，请你想一想制作一个花灯都需要哪些材料。(幼儿分组讨论)
师：请每组小朋友派一位代表说一说你们的讨论结果。
三、出示图片，进行小结
观看民间艺人制作花灯的图片，归纳制作步骤。
四、幼儿动手制作、装饰花灯
1. 师：今天请小朋友自己尝试装饰花灯。(提供半成品花灯骨架、各色纸、各种彩笔、剪刀、各种粘贴材料)
2. 幼儿分组活动，老师巡回指导。
3. 幼儿介绍并评价自己制作的花灯。
五、活动结束
以音乐游戏客家童谣《忠信花灯》结束本次活动。</td></tr>
</table>

续表

活动反思	《纲要》中指出：活动要来源于幼儿的生活，开展幼儿感兴趣的活动。孩子们对今天的活动表现得非常感兴趣，尤其是在讨论选用材料时他们的奇思妙想让我震惊。还有在制作过程中，他们敢于尝试利用自己的方法及材料进行制作，极大地发挥了他们的创造力、想象力。在作品展示时，孩子们大胆地介绍自己的灯笼。在这自然的环境中为孩子们营造氛围，使他们轻松地表达自己的心声，从而收到了良好的教育效果。

走进围龙屋

广东省河源市直属机关幼儿园　吴胜红

教学领域	综合	班级	中班
设计意图	“河源客家文化”主题活动进行到“客家建筑”这一部分时，幼儿对客家建筑产生了浓厚的兴趣，并在感受、欣赏客家建筑的过程中提出各种疑问。于是教师趁热打铁设计了“走进围龙屋”活动，让幼儿了解客家围龙屋的外观及建筑特点，培养幼儿热爱家乡的情感。		
活动目标	1. 认识客家围龙屋的外观及建筑特点。 2. 通过线描、垒搭、粘贴等方法表现心目中的围龙屋。 3. 了解客家人建造围龙屋的初衷，培养幼儿热爱家乡的情感。		
重点难点	重点：了解各类客家围龙屋的特点。 难点：幼儿创作出自己喜欢的围龙屋。		
活动准备	物质准备：PPT、围龙屋实景图片、围龙屋实景模型、美工材料(画纸、描线笔、玉米粒、纸箱、纸屑、稻草、粘贴材料等)、大小积木。 经验准备：幼儿参与过有关客家文化的教育教学活动。		
活动过程	**一、游戏互动导入** 师：小朋友们，早上好！ 师：我们一起来玩客家儿歌的对答游戏吧！ 什么生来四四方？什么又是圆叮当？ 什么生来像天堂？什么样子像城墙？ 我家就是四四方，我家围屋圆叮当， 我家里面像天堂，高大围楼像城墙。 团团圆，四四方，祖祖辈辈住中央， 风里来，雨里去，围龙屋里享安详。 **二、通过讲授初步感知围龙屋** 1. 引出课题 师：小朋友，我们玩的对答游戏里面说到了围龙屋，是吗？ 生：是的。 师：今天老师就给小朋友们讲一个关于围龙屋的故事。 2. 利用PPT讲围龙屋的故事内容。以故事的形式讲授围龙屋的种类、外观特点及其作用。(教师自己创编的故事)		

续表

<table>
<tr><td>活动过程</td><td>三、幼儿谈话讨论，梳理思路和知识
1. 幼儿讨论自己观察到的围龙屋，并且回答相关问题。
问题 1：这个故事中的三位小朋友建了什么形状的围龙屋？
问题 2：你最喜欢哪种围龙屋？为什么？
问题 3：客家人为什么要建造围龙屋？围龙屋有什么作用？
2. 通过观察围龙屋的实景造型及整理经验图表让幼儿直观感知围龙屋的特点及作用。
(1)围龙屋分为圆围、半围和方围三种造型。
(2)围龙屋的特点、建造围龙屋的初衷。
共同点：它们坚固、安全、封闭，大家可以住在一起。
不同点：圆围一楼没有窗户；方形围龙屋中间有天井，坚固的多层角楼，既可用来储备粮食、草料，又可居高临下射击来犯之敌；半围前面有池塘可以养鱼、防火，中间有禾坪晾晒东西。
建造围龙屋的初衷：为了团结御侮求生存，客家人不得不聚族而居，也不得不建造具有防御性的城堡式住宅，以抵御盗匪和当地人的侵扰。
四、实践操作
幼儿自由分组，合作创建自己心目中的围龙屋。
师：刚才我们一起了解了各种各样的围龙屋，今天老师也准备了很多可以搭建和创作围龙屋的材料，想请小朋友们学习客家人团结合作的精神，搭建、描绘出你心目中的围龙屋。
第一组：准备好纸和笔描绘出围龙屋。
引导：纸和笔可以怎样表现围龙屋？
第二组：准备好积木。
引导：小朋友，你认为如何用积木搭建坚固、安全的围龙屋，搭建的时候要注意什么？
第三组：准备制作围龙屋的纸箱、粘贴材料、玉米粒等。
引导：怎样使用这些材料制作围龙屋？
五、活动小结
1. 幼儿分享前面的制作过程。
2. 客家音乐律动《排排坐唱山歌》。</td></tr>
<tr><td>活动反思</td><td>本次活动让幼儿了解了客家建筑，活动内容深受幼儿喜爱，师幼互动良好。教师通过讲故事、谈话、观察、描绘等方式达到了教学目标。活动中幼儿讨论出了创作连环场景画的想法，也有小组创作出了围龙屋的微景观，幼儿从中获得了自信心和成就感。通过反思发现由于幼儿在日常生活中较难接触到客家建筑，所以创作能力受限，今后开展此类活动前需要做好幼儿的前期经验准备。</td></tr>
</table>

有趣的电池

江苏省淮安市新星幼儿园 杨 磊

教学领域	科学	班级	大班
设计意图	日常生活中电池无处不在，被广泛地运用到我们的生活用品中，也成了幼儿经常接触的物品。大班幼儿已经有了一定的生活经验，对于电池有一定的了解和使用经验，但是对于电池的了解都是以安装使用为主。设计本活动，通过观察、分析、安装、实验，让幼儿初步了解电池，知道电池的基础应用。通过生活经验的分享，电池的实际操作应用，问题的产生与解决，电池的动画解密，满足幼儿对于科学探究的需求。		
活动目标	1. 感受电池在生活中的重要作用，了解电池的相关常识。 2. 尝试组装不同类型的电池，激发幼儿对科学探究活动的兴趣。		
重点难点	重点：了解电池的相关常识，区分正负极。 难点：操作中正确区分正负极。		
活动准备	物质准备：电子白板教师演示课件一套、西沃白板软件、多套操作材料、西沃电子白板一体机。 经验准备：初步了解如何使用电池。		
活动过程	**一、谈话导入，激发幼儿学习兴趣** 师：小朋友们，今天杨老师和大家来聊一聊一个很有趣的东西——电池。 利用电子白板展示电池充电动图。 设计意图：通过聊天和出示动态电池充电图，调动幼儿的经验，极大地激发了幼儿参与活动的兴趣。 师：你用过或见过什么形状的电池？ 利用动画效果，将幼儿描述的电池对应显示。 设计意图：通过孩子描述，出示对应电池图片，提高孩子参与活动的热情。 **二、观察电池，分享发现** 1. 观察电池。 师：今天老师给大家提供2种电池(7号电池、纽扣电池)，请大家观察一下电池，看看有什么？ 2. 分享发现，提高经验。 师：谁来分享一下自己的发现？ **三、操作实践，安装电池，组装手电** 师：这些电池是其他小朋友从老师的手电中拆出来的。能不能请小朋友帮我把电池安装回去，让小手电亮起来。 师：刚刚安装小手电时你们有没有遇到问题，你是怎么解决的？(安装时候区分正负极) **四、了解正负极定义** 师：刚刚我们都知道要正确安装正负极，那我们一起来了解电池正负极的秘密。 利用白板的动画功能，将正负极定义进行形象展示。 设计意图：用白板上的动画功能，展示电流从正极出来，通过导线、开关、负载、导线回到负极，介绍电池的正负极定义。		

续表

活动过程	**五、通过操作，尝试搭建基础闭合电路** 师：我们了解了电池的正负极秘密，老师这有电池、导线、开关、小灯泡。小朋友们，你们想不想自己来组装一个能够让小灯泡亮起来的电路？（两人一组，一人操作一人记录，完成实验后交换操作） **六、记录分享自己的操作经验** 师：谁愿意分享一下自己的记录？ 师：老师也记录了一下，大家看看和你的一样吗？ 利用西沃助手动画功能，展示闭合电路。 设计意图：幼儿操作完成后展示自己的记录成果，老师展示记录表，提高幼儿画图记录的准确性。
活动反思	多媒体信息技术教学通过新颖的动画、蒙层等功能进行立体的、动态的画面演示，新颖生动地作用于幼儿的感官，激发学习的内在兴趣，营造了生动的学习氛围，增强幼儿的参与意识、主体意识，使教学活动变得生动有趣，更富生命力。激发了孩子学习的动力，变成活动的主人。

壮家小绣球

广西壮族自治区河池市直属机关幼儿园　韦莹莹

教学领域	社会	班级	大班
设计意图	壮族，是中国少数民族中人口最多的一个民族。主要分布在广西壮族自治区、云南、广东和贵州等省区。在我们广西，绣球不仅是壮族男女传递情意的信物，也是我们壮乡人民的吉祥物。壮族绣球多用红、黄、绿等色做底，采用布制成花瓣，并在花瓣上绣上壮族人民所熟悉和喜爱的图案。 儿童歌谣《壮家小绣球》是我们将大班幼儿歌唱的年龄特点和社会主义核心价值观相结合而创作的歌曲。歌谣中，我们利用绣球绣出的图案并结合社会主义核心价值观内容“富强、民主、文明、和谐；自由、平等、公正、法治；爱国、敬业、诚信、友善”进行作词，帮助幼儿理解壮家绣球的魅力。通过歌唱活动，孩子们能够在游玩中、嬉戏中、学习中慢慢了解社会主义核心价值观并形成正确的人生观、价值观，切合儿歌节主题“歌颂祖国，歌唱家乡”。		
活动目标	1. 感受壮家儿童歌谣的风趣及乐观向上的精神风貌。 2. 学会有节奏地唱念歌谣。 3. 初步培养幼儿爱祖国、爱社会、爱他人的意识。		
重点难点	重点：通过欣赏歌谣，掌握歌词内容，并学会唱念歌谣。 难点：学会有节奏地进行唱歌活动及表演活动。		
活动准备	物质准备：《绣球传情》小视频、《壮家小绣球》音乐视频、自制 PPT 课件、绣球若干。 经验准备：了解社会主义核心价值观的内容。		

续表

活动过程	**一、导入环节** 教师出示绣球，引出课题。 师：小朋友们，早上好，我是绣球姐姐，今天我给大家带来了好看的小礼物，你们知道它是什么吗？ 师：对的，绣球，今天我们就请绣球和小朋友们一起来唱歌谣。 **二、基本部分：学习歌谣** 1. 认识绣球。 (1)播放视频《绣球传情》让幼儿欣赏。 师：你们想不想知道关于绣球有什么样的故事呢，我们一起来看看吧。 小结：在我们壮族，绣球不仅是男女传递情意的信物，也是我们壮乡人民的吉祥物，象征着兴旺、平安。 (2)请幼儿看一看、摸一摸，感知绣球的外形、刺绣的图案。 师：绣球姐姐带来了很多绣球，请小朋友们去看看，把你看到的绣球告诉我。 (3)讨论：你看到了什么？ 小结：绣球是用布做的，一般是以红、黄、绿三色做底，有 12 瓣，每瓣上都采用单线刺绣的方式绣出各种图案，比如燕子、龙、凤、花等。 2. 初步感知歌谣内容。 (1)欣赏教师表演歌谣《壮家小绣球》。 师：我们的绣球有很多漂亮图案，但是今天绣球姐姐带来了一个非常特别的绣球，它身上绣的不是花草，是什么呢？它就藏在好听的歌谣里，请小朋友们用你们的小耳朵仔细听一听吧！ (2)谈话：说一说你听到壮家小绣球绣了什么？ (3)欣赏音乐视频《壮家小绣球》，进一步感知歌谣，加深幼儿记忆并初步理解歌词内容(社会主义核心价值观：富强、民主、文明、和谐；自由、平等、公正、法治；爱国、敬业、诚信、友善)。 (4)师小结：我们的壮家绣球很特别，绣出的名字很好听，这是因为希望我们小朋友从小团结互助，努力学习，从身边小事做起，争当文明好宝宝。 3. 教师逐一播放图谱，学习歌谣。 (1)教师播放 PPT，引导幼儿利用图谱分段学习。 师：现在绣球姐姐想邀请小朋友跟我一起来唱歌谣。 (2)采用集体和分组游戏形式进行歌唱游戏，并用肢体语言根据儿歌内容大胆表现。 (3)通过一问一答的游戏形式来进行歌唱活动，帮助幼儿进一步加深歌词记忆。 4. 跟随音乐完整地演唱和表演歌谣。 师：现在我们请小朋友们和绣球姐姐一起跟随好听的歌谣尽情表演吧。 **三、结束部分** 让幼儿在歌唱和表演歌谣中，自然结束活动。 结束语：小朋友们今天都表现得很棒，回到家也把学到的本领唱给爸爸妈妈们听听吧。 **四、活动延伸** 后续开展“壮乡娃娃中国梦”绘画活动，让幼儿通过自己的画笔，根据自己已有的生活经验，描绘自己的美好未来，积极鼓励孩子们要从小立志好好学习，长大以后为祖国建设做贡献。

续表

活动反思	幼儿能通过图谱结合的方式，理解歌词并学会演唱和表演歌谣，积极参加整个活动，精神风貌都很好。虽然小朋友现在还不是很理解社会主义核心价值观的含义，但是，我们可以从日常小事做起，比如：养成良好的生活和学习习惯，自己的事情自己做，和小朋友要团结互助，讲卫生讲文明，等等。这也是好娃娃、好公民的体现。 活动需要改善的地方：对教师的课堂掌控能力有一定的考验，虽然教师的语言表达尽量简单明了、生动活泼，并用肢体动作来带动孩子的活动兴趣，但教师的课堂构思还不够全面丰富，孩子在有些环节还不能完全跟着老师走。

我的春游故事

北京市东城区春江幼儿园　恒　迪

教学领域	语言	班级	大班
设计意图	幼儿园开展了亲子春游活动，在春游的过程中，教师和教官带着幼儿和爸爸妈妈们一起做了许多有趣的游戏，有“保护蛋宝宝”、买菜、做饭、种植等多种活动，小朋友兴致盎然。回幼儿园后很长一段时间，幼儿都还在回味春游的乐趣，并通过绘画、制作画报、照片故事、连环画等多种形式记录了春游的场景。春游是幼儿亲身体验和感知过的，幼儿对春游有直观感受，能够较丰富地讲述自己有趣的春游故事。		
活动目标	1. 利用已有的春游经验，构思故事情节，编构春游故事。 2. 能用丰富的语言讲述自己的春游趣事。		
重点难点	重点：构思故事情节，编构春游故事。 难点：用丰富的语言讲述春游趣事。		
活动准备	物质准备：相册、电子图片、幼儿制作的春游图册。 经验准备：有春游的经历。		
活动过程	**一、相册播放，回忆春游** 师：小朋友们还记得上次的春游活动吗？咱们一起来看一看老师给小朋友们带来的春游相册。 指导重点：引导幼儿仔细观察图片，大胆表达自己的感受。 **二、说说春游中感兴趣的事** 师：春游中你们最感兴趣的是什么？请你简单讲一讲。 指导重点：引导幼儿大胆讲述自己最感兴趣的春游活动。 **三、编构、讲述春游故事** 引导语：小朋友们都将自己的春游活动记录下来了，今天就请你编成故事，讲一讲。还可以将一些好听的词编进你的故事里，让你的故事更生动。 指导重点：有针对性地指导幼儿编构故事时将春游的过程讲述清楚。 **四、分享讲述故事，梳理新经验** 师：谁来和我们分享你的故事？在讲的时候，其他小朋友要仔细听别人的故事，听听故事中哪个地方讲得有趣？谁和他讲得不一样？哪些地方不一样呢？ 指导重点：鼓励幼儿倾听同伴讲述，学习发现他人故事中有趣的地方。		

续表

活动过程	**五、为故事起名字** 师：请小朋友为你的故事起一个好听的名字。 指导重点：帮助幼儿梳理给故事起名字的方法。
活动反思	在日常活动中我们也做了很多准备：春游是一系列的活动，包括幼儿前期制订的计划，我们也开展了说明性的讲述——《我的春游计划》。春游活动时，幼儿体验春游的乐趣，爸爸妈妈也捕捉了很多春游时孩子们的照片、录像等。春游结束后，幼儿将春游故事进行了收集，有的幼儿和爸爸妈妈一起制作了照片故事；有的幼儿图文并茂地将故事进行了记录，还有的幼儿制作成图书、连环画、简报等多种形式，放到我们班图书区和小伙伴分享。 本活动在创设情境方面，教师运用了电子相册的呈现方式吸引幼儿，与幼儿一起梳理回忆春游时的场景和发生的事情，引导幼儿说说自己认为最有趣、最感兴趣的事情，为后面的编构、讲述作铺垫。 在活动中，可以发现幼儿能用丰富的词汇、语句完整连贯地讲述自己的春游趣事，幼儿能够编构出有趣的故事情节，聆听同伴讲述时能够发现同伴使用的比喻、拟人、夸张等修辞手法。如：在形容小朋友寻找鸡蛋时，有的幼儿讲“我们像饥饿的小猫一样扑了上去，抓住了鸡蛋”；在形容天气的时候，有的幼儿讲“春风像吹着口哨给我们伴奏”，有的讲“小朋友一下车就感受到了风沙的气息”等。幼儿相互欣赏，相互学习他人的新经验．使故事更加生动有趣。

小兔种萝卜

北京市东城区春江幼儿园　许丽娜

教学领域	语言	班级	中班
设计意图	中班幼儿语言表达能力有了很大的提高，在复述故事、续编故事和排图讲述活动中，幼儿参与的积极性提高了，排图讲述活动可以发展幼儿创造性编故事的能力，还能提高幼儿完整地进行表达的能力。 幼儿在讲述方面已具备了完整并清楚地讲述单张图片内容的能力，但在讲述时，不能运用时间词语把故事连接起来，不能按照事情的发展顺序进行讲述，讲故事时运用的词语比较少。为了提高幼儿观察图片的能力和语言表达能力，将故事的一些基本要素如时间、地点、人物、发生了什么、事情中人物的心情和动作等表达清楚、完整，我设计了这节教育活动。另外幼儿在自然角有过观察萝卜生长过程的生活经验，选择“小兔种萝卜”这节，幼儿可利用已有的相关生活经验来讲述。		
活动目标	1. 能在阅读图片的基础上，尝试按事物的发展顺序排图。 2. 尝试用较清楚的语言简单讲述故事内容。 3. 喜欢参与排图讲述活动，感受给同伴讲故事的乐趣。		
重点难点	重点：按顺序排图，并用较清楚的语言简述故事内容。 难点：讲故事时能运用时间词语连贯起来。		
活动准备	物质准备：教师用图一幅、幼儿用小图片每人一套、排序板。 经验准备：幼儿有种植植物的经历，了解植物生长的简单规律。		

续表

<table>
<tr><td>活动过程</td><td>一、看图片，讲故事
1. 出示第 4 幅图片，引导幼儿仔细观察。
师：图片上有谁？在干什么？它在想什么？它的心情是什么样的？
指导重点：简单熟悉故事内容，并大胆猜想。
2. 同时出示另外 3 幅图片，引导幼儿仔细观察。
师：请小朋友说一说你最喜欢哪一张图片，图上的小兔在干什么？
指导重点：引导幼儿仔细阅读每张图片的内容。
二、想一想，排一排
1. 幼儿排图片讲故事。
师：请小朋友们仔细地观察自己手中的小图片，想一想，哪张图片排在前面，哪张图片排在后面，讲一个好听的故事。
指导重点：观察幼儿排图的过程，引导幼儿根据自己排的图片顺序讲一讲。
2. 分享幼儿排的图片。
师：请小朋友说一说你是怎么排图片的，为什么？谁的图片排得更好？
指导重点：引导幼儿按照事物的发展顺序进行排图。
三、讲故事，真好听
1. 幼儿互相讲故事。
师：小朋友的图片排得真好，跟你的好朋友一起把故事讲一讲。
指导重点：引导幼儿用较清楚的语言讲故事。
2. 请个别幼儿讲故事。
师：小朋友们仔细听，这个小朋友的故事里用了哪些好词？
指导重点：鼓励幼儿讲故事时能用一些好听的词语。</td></tr>
<tr><td>活动反思</td><td>活动中幼儿的讲述兴趣比较高，我注意发挥幼儿主动学习的意识，大部分幼儿能观察到画面的内容并进行讲述。活动中幼儿能积极主动地发言，用自己的语言表达，有的幼儿在讲单张图片时，能运用好词语，如天气晴朗、累得直冒汗、汗流浃背等，我便让幼儿一起来说一说，丰富他们在讲故事中的词语。
为了更好地完成活动的重点部分，我充分调动幼儿学习的自主性，先自己排，再分享排图的结果；先自己讲故事，再进行同伴分享，让幼儿有充分自我表达的机会。活动中我运用了集体讲、小组讲、个别讲的方式，给予幼儿充足的讲述时间，目的是鼓励幼儿充分排图讲述。
在活动的难点部分，讲述时应该更好地运用一些生动的词语。当幼儿表达有些单一时，我的随机指导应该更到位一些。
整节活动中，我注意对幼儿进行随机指导，如幼儿表达时运用了一些好词语，便会鼓励全体幼儿一起学习，利于其他幼儿在自己讲故事时的运用。同时引导幼儿用不同的语言讲述同一张图片，让幼儿了解讲故事的语言是不同的，并让幼儿发现同伴在讲故事时用到的新的词语。</td></tr>
</table>

美丽的冰花

北京市顺义区木林中心幼儿园 吴克艳

教学领域	科学	班级	中班
设计意图	《幼儿园教育指导纲要》中科学领域的指导要点强调：要尽量创造条件让幼儿实际参加探究活动，使他们感受科学探究的过程和方法，体验发现的乐趣。幼儿科学教育应密切联系幼儿的实际生活进行，利用身边的事物与现象作为科学探究的对象。冰花是冬天里特有的一种自然现象，是水在低温下的华丽变身。中班年龄的幼儿对周围的事物、现象感兴趣，有着强烈的好奇心和求知欲。老师要积极鼓励幼儿主动观察、探索周围常见事物——水与冰在形成美丽的冰花这一过程的差异与变化，并从中体会到愉快。结合冬天的自然条件和我班幼儿的年龄特点及对自然现象的强烈好奇心，我开展了"美丽的冰花"这节科学活动。		
活动目标	1. 能对自然界中的水与冰进行连续的观察与比较，发现其差异和变化。 2. 能利用身边的自然物制作手工艺品，美化自己的生活和展开观察生活。 3. 对周围的事物、现象感兴趣，有好奇心和求知欲。		
重点难点	重点：能利用身边的自然物制作手工艺品，美化自己生活和展开观察生活。 难点：能对自然界中的水与冰进行连续的观察与比较，发现其差异和变化。		
活动准备	物质准备：中班幼儿用书 12 月分册，不同形状的广口容器、饰物、毛线、水。 经验准备：观察冬天玻璃窗上、树叶上冰花的颜色、形状。		
活动过程	1. 引导幼儿欣赏冰花，激发制作兴趣。 (1)展示大班幼儿的冰花作品。 (2)观察冰花的形状、颜色，鼓励幼儿用语言描述冰花的样子。 (3)想一想，冰花是怎么制成的，里面的饰物是怎样装进去的? 2. 鼓励幼儿看图制作。 (1)引导幼儿看图，了解制作过程。 (2)鼓励幼儿自由选容器和饰物进行制作。 重点：提醒幼儿将饰物放在容器的中间。 3. 利用户外活动的时间，带幼儿观察容器中水的变化。 4. 巧取冰花。 待水变成冰后，请幼儿尝试自己取出冰花，相互欣赏不同容器制作出的不同形状的冰花。 重点：引导幼儿了解冰遇热融化，容易取出。 5. 挂冰花。 在教师的帮助下，用冰花装饰幼儿园的户外环境。 6. 延伸。 (1)本活动分两次进行，第一次冻冰花，第二次取冰花和挂冰花。 (2)鼓励幼儿在家和父母一起制作冰花，装饰院子或窗户。 (3)家长和幼儿一起收集冰灯的照片或图片，在阅读区分享。		

续表

活动反思	秉承《纲要》和《指南》精神的科学教育活动是以幼儿为主体的，让幼儿在动手动脑的探究活动中进一步形成积极的科学态度，提升科学探究能力，获得丰富的科学知识，积累多方面的科学经验。要实现这样的目的，教师就要真正成为幼儿探究过程的引领者、支持者、帮助者。科学教育活动要力图实现“幼儿积极主动地学，教师积极有效地教”这样一种互动与同构的教学过程。

郊 游

中国人民解放军31675部队幼儿园　贺　娟

教学领域	艺术	班级	大班
设计意图	区域活动时，美工区的小朋友用剪刀剪着彩色的卡纸。甜甜时不时地皱着眉头，若有所思。我问：“甜甜，你在做什么？”甜甜不开心地说：“我想把和爸爸妈妈去郊游时看到的桃花林剪出来，可是怎么也剪不好。”《指南》中艺术领域要求我们要培养幼儿喜欢艺术活动并能大胆表现，鼓励幼儿用不同的艺术形式大胆地表达自己的情感、理解和想象。看到孩子们对剪纸很感兴趣，又恰逢春天，所以我设计了这次创意剪纸活动“郊游”。		
活动目标	1. 学习根据物体外轮廓特点，运用剪纸的技巧制作剪纸作品。 2. 让幼儿大胆表现郊游时的所见所想，培养幼儿的想象力和创造力。 3. 使幼儿从小热爱剪纸艺术，锻炼手部肌肉的灵活性。		
重点难点	重点：学习根据物体外轮廓特点，运用剪纸的技巧制作剪纸作品。 难点：让幼儿大胆表现郊游时的所见所想，培养幼儿的想象力和创造力。		
活动准备	物质准备：音乐《一起去郊游》、挂图5幅、黑色勾线笔2支、儿童安全剪刀、收纳盒(数量根据幼儿人数确定)、胶棒、彩色卡纸、黑色卡纸若干。 经验准备：有郊游的经历，会正确使用剪刀。		
活动过程	**一、音乐导入** (播放《一起去郊游》)音乐起，教师和幼儿进行律动表演。 教师带幼儿随着音乐节奏做着律动进入教室，表现出看到白云、高山、美景的喜悦之情。 **二、学习根据物体外轮廓特点，运用剪纸的技巧制作剪纸作品** (一)出示挂图，展示郊游的不同形式。 师：今天，老师要带小朋友们一起去郊游，请大家仔细看一看，我们去了哪里？做了些什么？ 幼儿自主回答。		

续表

<table>
<tr>
<td>活动过程</td>
<td>

(二)选择一张幼儿喜欢的图片，观察风景和人物的外轮廓特点。
1. 游戏：你追我赶。
请一名小朋友上台，和教师各拿一支笔，相隔 10 厘米。教师在前面用黑色勾线笔沿着图案外轮廓画线，幼儿在后面沿着轮廓线追逐，追到教师即获胜。双方交换位置继续游戏，直到把整幅图画完。
2. 全体小朋友，伸出右手食指在空中画出这张图的轮廓线，感受剪纸时的线路。
(三)幼儿操作，运用剪纸的技巧制作剪纸作品。
1. 师：小朋友们，图片中的图案我们可以用什么图形来表现呢？
2. 幼儿尝试将图案简化成图形，沿外轮廓线剪出图中的风景或人物。
三、让幼儿大胆表现郊游时的所见所想，培养幼儿的想象力和创造力
1. 师：小朋友们，你们和爸爸妈妈或好朋友都去过哪里？做过什么呢？
幼儿自主回答。
2. 请幼儿构想出一幅“郊游图”，用手指在卡纸上画出外轮廓线，感受剪纸的路线。
3. 幼儿操作，教师巡回指导。能力强的幼儿还可以对折局部卡纸，尝试剪出花纹。
4. 作品展示。

</td>
</tr>
</table>

续表

活动过程	**四、活动延伸** 师：小朋友们，你们今天的作品都非常有创意，我们把它们贴到展示墙，请其他班的小朋友一起来欣赏吧！
活动反思	《3—6岁儿童学习与发展指南》指出，艺术是人类感受美、表现美和创造美的重要形式，也是表达自己对周围世界的认识和情绪态度的独特方式。此次活动用音乐导入，活跃气氛，引出主题。在区域游戏时，孩子们较难掌握剪复杂的图案，所以我把学习根据物体外轮廓特点，运用剪纸的技巧制作剪纸作品设为重点。我选择了卡通图片，使幼儿更容易观察到边缘线条，再把图案简化成图形，幼儿操作起来也得心应手。只根据图片进行操作，会局限幼儿的想象，所以我把让幼儿表现郊游时的所见所想作为难点。首先让幼儿自主构思画面，有了想法再运用已有经验大胆表现。通过实践，我认为大班幼儿都有很高的兴趣，能仔细观察并大胆创作，培养了幼儿的想象力、创造力，锻炼了动手能力，达到较好的教育效果。

摇　篮

中国人民解放军31675部队幼儿园　李　莉

教学领域	艺术	班级	大班
设计意图	歌唱是人表达情感的一种方式，不同的歌曲风格要有不同的表现形式。在幼儿园中，幼儿演唱的歌曲主要是欢快活泼的歌曲，而舒缓安静的歌，幼儿接触得很少，因此我选择了一首节奏舒缓、情绪较安静的歌曲——《摇篮》，进而让幼儿体会摇篮曲安静、舒缓、优美的风格特点。我们在歌唱教学中不仅要让幼儿能够演唱歌曲，更重要的是要采取不同的演唱技巧让幼儿从中体会到歌曲的美，引导幼儿表现美，创造美，因此我设计了此活动。		
活动目标	1. 学习演唱歌曲《摇篮》，感受摇篮曲的意境美。 2. 能随着音乐完整地演唱歌曲，学习用多种演唱形式表现歌曲，体验合作的乐趣。 3. 培养幼儿对音乐的感受力，激发幼儿对妈妈的感恩之情。		
重点难点	1. 学习演唱歌曲《摇篮》，感受摇篮曲的意境美。 2. 学习用多种演唱形式表现歌曲。		
活动准备	物质准备：多媒体课件、头饰(与幼儿人数相等)、音乐。 经验准备：幼儿在家入睡前要做的事情，以及妈妈对幼儿的照顾。		
活动过程	**一、幼儿做律动“小鱼游”** 1.“鱼妈妈”(教师扮演)带领“鱼宝宝”(幼儿扮演)听着音乐自由地游来游去。 师：小朋友们，我是鱼妈妈。你们谁愿意做我的鱼宝宝？那请你听着音乐做最美的动作，我就让你变成我的鱼宝宝。(教师给每个幼儿贴上鱼的图片)现在请鱼宝宝和我一起尽情地游吧！游的动作要美。 2. 幼儿边游边随着音乐做出不同的动作。		

续表

活动过程	**二、欣赏歌曲，并播放歌曲画面，让幼儿感受摇篮曲的意境美** 1. 提问：(1)鱼宝宝都游累了吧！那你们累了想做什么呀？ (2)你的妈妈是怎么哄你睡觉的？ 师：现在你们看看鱼妈妈是怎么哄鱼宝宝睡觉的。(幼儿观察画面) 2. 教师边表演动作边演唱歌曲，幼儿欣赏。 提问：你们听了这首歌有什么感觉？ 3. 教师总结：这是一首好听的四四拍的摇篮曲，名字叫《摇篮》。 师：我们再听一遍，听听里面都唱到了谁？ 4. 幼儿边欣赏画面边再一次完整欣赏歌曲。 5. 教师根据幼儿的回答分别出示图片(大海、浪花、小鱼)。 师：歌词里面说的大海是什么？摇着谁？浪花怎么了？鱼宝宝怎么了？ **三、幼儿学唱歌曲，学习用伴唱的形式表现歌曲** (一)幼儿学习歌词 1. 幼儿看着图片分别说出四句歌词。 2. 幼儿听音乐完整地按照节奏说歌词。 (二)幼儿跟唱歌曲 师：现在我们跟着音乐唱唱吧！ 1. 请幼儿随着伴奏跟唱。 2. 幼儿创编动作，做着动作跟唱。 (三)用伴唱的形式进行演唱 1. 幼儿听着音乐练习用鼻子哼鸣的方法哼出旋律。 2. 幼儿听着音乐用“啊”演唱。 3. 幼儿用鼻子哼鸣的方式为老师的演唱伴唱。 4. 幼儿用“啊”为老师的演唱伴唱。 5. 幼儿演唱歌曲的主旋律，老师伴唱。 6. 幼儿分成两个组，一组演唱主旋律，一组伴唱，进行合作练习。 **四、活动延伸** 幼儿创编新的歌词和动作。
活动反思	教学活动是老师和幼儿共同表演的舞台，而幼儿是学习活动的主体，教师的表演以及活动中所呈现的一切都必须为幼儿的学习服务。《指南》告诉我们，应充分考虑幼儿的学习特点和认识规律，注意趣味性，寓教于生活、游戏之中。因此，我在本次活动中注重调动幼儿的兴趣，通过趣味的问答，利用幼儿生活中的经验，并利用多媒体手段，让幼儿从画面中寻求答案，采用体验学习和多种感官参与的方法，引导幼儿在体验中学习，通过想一想、说一说、看一看、听一听、学一学、唱一唱等多种感官的活动，学习演唱歌曲。

我爱蹦蹦跳

山西省太原市山西工商学院　高　娜

<table>
<tr><td>教学领域</td><td>体育</td><td>班级</td><td>小班</td></tr>
<tr><td>设计意图</td><td colspan="3">帮助幼儿掌握跳的方法及技巧。</td></tr>
<tr><td>活动目标</td><td colspan="3">1. 了解并掌握蹦跳知识，能够双脚蹦跳，与同伴合作跳。
2. 基本掌握蹦跳的方法技巧，锻炼幼儿身体协调能力。
3. 激发幼儿对运动的兴趣，培养团队合作能力，培养乐感。</td></tr>
<tr><td>重点难点</td><td colspan="3">重点：双脚并拢连续向前行蹦跳。
难点：与同伴合作进行蹦跳。</td></tr>
<tr><td>活动准备</td><td colspan="3">物质准备：音乐、PPT、视频、小兔子图片、小青蛙图片、小青蛙与小兔子的家。
经验准备：有基础的蹦跳经验，认识并初步了解青蛙与兔子的基本特征与习性。</td></tr>
<tr><td>活动过程</td><td colspan="3">一、热身运动
老师播放音乐，营造氛围，带动幼儿一起做热身运动(伸展上肢、下蹲、整理运动)。
二、基本部分
1. 幼儿模仿小动物跳。(播放音乐《我爱蹦蹦跳》)
师：小朋友们，这两个动物认识吗?
幼儿：认识。
师：它们都有一个本领——跳，现在咱们来学一学它们是怎么跳的吧，我们轻轻地走到小动物家来玩一玩，学一学它们的本领。
幼儿：好!
师：小朋友们，小兔子和小青蛙分别是怎么跳的呢?
2. 幼儿跟着视频中的小兔子和小青蛙练习蹦跳。
3. 老师指导并规范幼儿的蹦跳动作。
4. 老师为幼儿示范正确的蹦跳姿势。
5. 幼儿规范自己的动作，跟着音乐一起蹦跳。
三、分组合作
1. 将幼儿分为两组，一组模仿小兔子，一组模仿小青蛙。
2. 老师为幼儿强调规则，主班老师与配班老师讲解并示范动作。
3. 两组比赛，看哪个小组模仿得又快又好。
四、放松阶段
听轻音乐，伸展身体，老师与幼儿共同收拾东西，幼儿回去与家长一起模仿小动物双脚并拢蹦跳。</td></tr>
<tr><td>活动反思</td><td colspan="3">活动结束后，我认真反思了这节课，教育活动应根据幼儿的需要、兴趣、经验来开展，活动中，教师应该是参与者、指导者，而幼儿是活动的主体。在创设的情境中，幼儿分组与同伴进行蹦跳，使幼儿体验到自主游戏的快乐，进一步激发幼儿活动的兴趣。在活动中，我对自己角色的定位是一个参与者、指导者，我希望和孩子共同发现、探讨、寻找，让孩子在观察时享受探索的快乐。一节课下来，我个人认为，我设计的这节课符合幼儿的年龄特点，增强了幼儿同伴间的合作意识。</td></tr>
</table>

感谢您，妈妈！

山西省吕梁市交城县天宁镇坡底幼儿园　李武英

<table>
<tr><td>教学领域</td><td>社会</td><td>班级</td><td>大班</td></tr>
<tr><td>设计意图</td><td colspan="3">现在的孩子很多是独生子女，生活上受到了父母无微不至的照顾，这样也造成了他们以自我为中心，不懂感恩的性格。同时，升入大班的小朋友因为好奇心强，喜欢对新鲜、感兴趣的事物询问、探索，经常会向家长提出“我从哪里来”这样的问题，而家长往往不能给孩子直接而科学的解释。因此，结合《纲要》中提出的“幼儿的情感来源于生活”，我设计了本次社会活动，让幼儿通过观看课件、亲身体验、情景重现，初步了解自己从哪儿来，感知母亲孕育、养育自己的辛苦和不易，从而萌发对母亲的感恩之情。</td></tr>
<tr><td>活动目标</td><td colspan="3">初步了解自己从哪儿来，是如何长大的。
感知母亲孕育、养育自己的辛苦，萌发对母亲的感恩之情。</td></tr>
<tr><td>重点难点</td><td colspan="3">重点：了解自己从哪儿来，感知母亲孕育、养育自己的辛苦。
难点：怎样从平时的小事做起来感恩、回报父母。</td></tr>
<tr><td>活动准备</td><td colspan="3">物质准备：课件“我从哪里来”、幼儿不同阶段的照片、气球每人一个。
经验准备：了解母亲的职业，知道妈妈每天除了上班还要做哪些事。</td></tr>
<tr><td>活动过程</td><td colspan="3">一、开始部分：了解“我从哪里来”
1. 谈话导入：小朋友，你知道孙悟空是从哪儿来的吗？那你们又是从哪儿来的啊？
2. 我们一起来看一段动画片，看看我们在出生以前是什么样子的？
（播放课件“我从哪里来”）
二、基本部分：了解在自己成长的过程中妈妈付出的辛苦
1. 根据故事内容提问，帮助幼儿了解自己出生以前是生活在妈妈的子宫里的，想一想随着宝宝的长大会给妈妈的生活带来哪些不方便。
2. 幼儿角色扮演，体验怀孕妈妈的不易。
每人把一个气球塞到衣服下面，在老师的指挥下幼儿依次做“睡觉—起床—脱鞋—穿鞋—小心走路—弯腰擦地板—洗衣服—轻轻坐下”等一系列动作。
3. 结合刚才的体验说说自己的感受，假装十个月到了，宝宝出生了，幼儿取出气球。
4. 观察宝宝出生后不同阶段的图片，说说宝宝出生后妈妈是怎样照顾的。
5. 说说此刻妈妈在做什么？你回家后妈妈又在做什么？
引导幼儿了解妈妈除了上班还要照顾家人、做家务，有时候也会累，也会生病，也会需要我们的关心和帮助。
三、结束部分：知道如何用实际行动感恩母亲
1. 我们应该怎样来回报妈妈的爱呢？
小结：除了用语言，我们还可以用行动来感谢妈妈，比如：自己的事情自己做，好好学习，珍惜妈妈的劳动成果，在特殊的日子如生日、母亲节、妇女节时为妈妈送上一句祝福或者一份礼物。
2. 妈妈有没有批评过你？那你讨厌她吗？
小结：我们犯错时，妈妈会严肃批评我们，那是爱我们的表现，希望我们变得明理、懂事。</td></tr>
</table>

续表

活动反思	本次活动以课件“我从哪里来”导入，让孩子们直观形象地了解孕育生命的奥秘，并通过扮演孕妇的游戏让幼儿亲自体验了孕育生命的辛苦。随后结合一系列孩子成长过程的图片，帮助孩子回忆自己成长中的每一步都离不开母亲的关爱。这些经验是他们生活中已有的，很容易引起他们情感的共鸣。知道母亲为我们的健康成长付出了很多，要爱妈妈，感恩妈妈，并且懂得父母批评我们也是爱我们的表现。整个活动充分体现了以幼儿为主体，动静结合，让孩子在轻松愉快的环境中接受了一次感恩教育。本次活动有三个亮点：一是教具新，利用课件直观形象地帮助孩子了解了孕育生命的奥秘，把气球当作胎儿让孩子扮演孕妇，巧妙地体现了胎儿的娇嫩；二是选材新，以往的传统教育对幼儿的性教育采取回避态度，而本次活动大胆从幼儿感兴趣的问题“我从哪里来”导入；三是教法新，“纸上得来终觉浅”，通过看看、讲讲、演演等多种形式让孩子们在体验中感悟，在感悟中成长。在活动实施的过程中，孩子们兴趣浓厚，参与的积极性强，目标基本完成。

劳动娃娃最光荣

河北省迁安市首钢矿山第二幼儿园　姜　博

教学领域	社会	班级	大班
设计意图	尊重劳动人民，认识各行各业的劳动人民，知道劳动成果来之不易。		
活动目标	1. 引导幼儿认识劳动，热爱劳动，尊重劳动，知道珍惜劳动成果。 2. 尊重劳动人民，认识各行各业的劳动人民，知道劳动成果来之不易。 3. 尝试做一些力所能及的事，积极参与劳动，养成爱劳动的好习惯。		
重点难点	重点：引导幼儿认识劳动，热爱劳动，尊重劳动，知道珍惜劳动成果。 难点：引导幼儿尊重劳动人民，认识各行各业的劳动人民，知道劳动成果来之不易。		
活动准备	物质准备：各行各业劳动者的视频、“劳动节的由来”课件、歌曲《劳动最光荣》。 经验准备：了解自己爸爸妈妈的职业。		
活动过程	**一、开始部分** 师：小朋友们，看，这是谁啊？（出示小蜜蜂图片） 生：勤劳的小蜜蜂。 **二、基本部分** 1. 五一劳动节是国家的法定节假日，了解劳动节的由来。五一劳动节是所有劳动人民的节日，今天我们拥有的一切，都凝聚着劳动者的聪明才智，浸透着劳动者的辛勤汗水。 2. 尊重劳动——感恩各行各业劳动者的付出。 3. 组织幼儿观看课件、小视频，聆听故事，认识身边各行各业的劳动者。引导幼儿感受到劳动创造美好生活，学会尊重劳动者。尤其是去年的新冠肺炎疫情来势汹汹，正是因为有了医生、警察、社区工作人员等的辛勤付出，我们国内的疫情才得到了基本控制，我们才能平安幸福地学习、生活。引导幼儿致敬劳动人民，感恩劳动人民。 4. 赞美劳动——弘扬劳动精神，歌唱《劳动最光荣》。 美德需传承，劳动记心中。让孩子们在优美的旋律中知道劳动最美丽，劳动最光荣，		

续表

活动过程	让孩子们用童声歌唱劳动节，致敬新时代的劳动者。 5. 学会劳动——开展劳动教育，传承劳动技能。 劳动勤于手，美德践于行。孩子们慢慢理解劳动，尊重劳动，热爱劳动。幼儿自理能力不断提升，自主自立、友爱互助等良好品德逐渐养成。 **三、结束部分** 播放歌曲《劳动最光荣》。 **四、活动延伸** 热爱劳动——行动起来，我们都是光荣的劳动者。 以劳动节为契机，开展“我是爱劳动的乖宝宝”劳动实践活动，鼓励孩子在家中帮助家长做力所能及的小事，让家园形成教育合力，在实践中进一步提高孩子的劳动能力。
活动反思	此次“五一”活动的开展，让孩子们在“自己动手，亲身体验”中了解国际劳动节的意义，感受劳动的辛苦，体验劳动的快乐，学会了劳动的技能，同时培养了孩子们热爱劳动、尊重劳动、学会劳动的传统美德。希望孩子们能够从中体验劳动的快乐，养成爱劳动的好习惯。

小刺猬的项链

北京市大兴区第六幼儿园　范玉妍

教学领域	数学	班级	中班
设计意图	中班下学期，幼儿逐渐有较强的规则意识，对于规律比较敏感，更想去探索、去发现事物之间的联系与规律，与此同时，幼儿在之前有过简单的规律排序教学活动，具备浅显的规律排序经验，大部分已掌握 AB 样式的排序能力。因此，基于幼儿年龄特点及兴趣所在，设计了此次数学活动，旨在帮助幼儿巩固已学知识，学习新的排序规律。		
活动目标	1. 在故事情境中，感知间接排序的规律。 2. 能够发现并掌握 ABC、ABB、AAB 样式的排列规律，运用其规律串项链。 3. 喜欢参与规律排序的活动，感受数学的有趣。		
重点难点	重点：能够主动发现排列的规律。 难点：学习按规律 ABC、ABB、AAB 样式的方法进行排列。		
活动准备	经验准备：了解并掌握 AB 样式的排序规律。 物质准备：“小刺猬的项链”课件、音乐《动物舞会》、4 盒雪花插片(每盒 3 种颜色、插片若干)、绳子每人 1 根。		
活动过程	**一、故事导入，激发幼儿兴趣** 今天老师给大家带来了一个好听的故事。在听故事之前，我先来考一考你们，故事里有一个小动物，它浑身长满了刺，你们知道它是谁吗？那我们来看一看是不是小刺猬呀？(出示小刺猬的封面图片) 师：这就是小刺猬，它叫什么名字？(拉亚)那我们来看一看拉亚发生了什么故事呢？ **二、听故事，感知故事中的规律** 1. 出示课件 1—4 页，让幼儿感知 AB 样式的排列规律。		

续表

活动过程	(1)这条项链美不美啊？为什么说它美丽呢？(颜色不同，有规律) (2)那这个项链是怎样排列的？ 2. 出示课件5—8页，让幼儿感知ABC样式的排列规律。 (1)我们一起来看看小兔子的项链，你发现小兔子的项链和小刺猬的项链又有什么不一样呢？都用什么颜色？怎么串的？ (2)出示课件，引导幼儿观察小猴子的项链颜色的秘密，共同串完项链。 3. 出示课件9，引导幼儿对比ABB、AAB样式的排列规律。 现在宝宝兔和胖胖猪也做了一个项链，请小朋友们看一看它们两个项链的规律有什么不一样？(一红两黄、两红一黄，三个为一组，一直重复排列的) 4. 巩固排序规律：小朋友们还记得小兔子串的项链是什么规律吗？小兔子和小猴子呢？这两个是谁的？ 小结：小朋友们太棒啦，小兔子、小猴子、宝宝兔、胖胖猪都是三个为一组，进行有规律的排序的。 **三、分组进行规律排列的操作，教师巡回指导** 师：小动物们都拥有了漂亮的项链，你们想要这样一条美丽的项链吗？那让我们一起动手做一做吧！不过，小刺猬有要求了，它希望小朋友们的项链也能像它们制作的项链一样有规律地排列哦。 **四、分享评价** 请幼儿介绍自己的项链是按什么规律排列的。 **五、活动结束** 师：小朋友们做出了美丽的项链，小刺猬邀请我们戴着项链一起去参加小动物们的舞会，让我们出发吧！
活动反思	结合班级幼儿的已有经验，设计了新的目标。98%的幼儿能够达到目标，按照要求的规律串项链。 整个数学活动，都是以“小刺猬串项链”的故事为问题情景，激发幼儿学习的兴趣，增强活动趣味性，让幼儿在游戏中感知数学的有序、有趣。 活动中幼儿的参与性较高，能够积极主动地跟随教师思考问题，寻找规律。过程中，有个别幼儿表达自己没学会这个规律，我利用教具充分带幼儿感知，并让其他幼儿巩固复习AB、ABC、AAB、ABB样式的规律，进而使得每位幼儿都充分掌握。

巧玩纸盒

中国人民解放军海军第九七一医院幼儿园 张 辉

教学领域	健康	班级	中班
设计意图	好动是中班这一年龄阶段幼儿的突出特点，幼儿动作能力明显发展起来，活动的积极性有了很大的提高，能够独立地探索有趣的材料事物。活动中，我创设了“小小搬运工”的情境，以“给建筑工地搬运砖头”为游戏主线，引导幼儿学习夹盒子跳、背、顶的动作，在玩纸盒中幼儿能玩出自己的想法，愿意主动参与活动，利用纸盒这一简单的器械，发展了跳跃、平衡、合作的能力，完成体育活动中对动作发展的要求。		

续表

活动目标	1. 大胆尝试探索利用纸盒进行一物多玩。 2. 发展跳跃、平衡的能力，掌握基本动作。 3. 游戏中幼儿能遵守规则，体验与同伴共同游戏的快乐。 4. 促进幼儿创造思维的发展。
重点难点	重点：大胆尝试探索利用纸盒进行一物多玩。 难点：发展跳跃、平衡的能力。
活动准备	每个幼儿一个彩色纸盒，平衡木，呼啦圈，用长条木质积木围成两个建筑工地。
活动过程	**一、热身活动“纸盒操”，激发幼儿的活动兴趣** 幼儿每人拿一个彩色纸盒跟随音乐做动作，教师在与幼儿充分的互动中重点引导幼儿练习上肢、转体等动作来热身，使幼儿身体各个关节得到了舒展，肌肉得到放松，快速达到热身的效果。 **二、游戏“快乐训练场”，自由玩纸盒，探索纸盒的不同玩法** 1. 自主探索玩纸盒的方法。 师：今天纸盒宝宝和小朋友做游戏，小朋友想一想纸盒可以怎么玩？别太用力把纸盒宝宝弄疼哦。(幼儿自由玩纸盒) 鼓励幼儿大胆说出自己的玩法，并为他们提供充足的时间，引导他们创造出多种方法玩纸盒。(双脚夹盒跳，双脚跳，单脚跳过，头顶盒子，背着盒子，坐在盒子上，拖着盒子等) 2. 师幼共同交流展示纸盒的不同玩法，发现并梳理跳、背、顶、夹等的玩法。幼儿在创造、探索纸盒玩法的过程中，启发幼儿互相观察和学习，创造出有锻炼价值的玩法。 提问：你是怎么和盒子宝宝玩的？我们一起来学一学吧！ 在幼儿学习的过程中梳理纸盒的玩法和动作要领。 **三、游戏“盖高楼”，引导幼儿进一步巩固练习跨跳的动作要领，体验与同伴挑战成功的乐趣** 1. 运用器械设置障碍，鼓励“小搬运工人”背纸盒走，头顶纸盒走平衡木，跨小河(纸盒)，鼓励幼儿在参与游戏的过程中练习跨跳，把盒子送到终点。 师：刚才老师接到一个电话，前面的建筑工地要盖高楼，但是缺搬运的工人，想请小朋友去帮帮忙运砖，你们愿意吗？ 2. 第一遍游戏请你用自己喜欢的方法运盒子，到达终点，铺地基。你想用什么方法把砖头运过去？(幼儿说出自己的想法并开始运砖)表扬小朋友能把砖运到终点。 第二遍游戏是用自己喜欢的方法运盒子，通过平衡木，到达终点垒高楼房。 师：小朋友看看路上有什么变化？怎样能拿着砖又快又稳地通过独木桥？ 3. 增加跨跳，提高游戏难度，增加活动的兴趣和挑战性。 第三遍游戏，跳圈，过独木桥同时跨过小河(跨跳)，到达终点，继续垒高。 师：现在我们要运砖的工地更远了，前面有沼泽又有山和河，怎样才能安全到达终点？ 第四遍游戏，跳圈，过独木桥，跨过小河，楼房封顶。这次要两组比赛看哪组先到达终点。 4. 结合自己的能力水平，练习合作玩纸盒的技能。教师巡回指导鼓励幼儿合作玩。 **四、放松整理** 教师带领幼儿在轻松的音乐中活动全身，并组织幼儿相互鼓励，增进团队友谊。

续表

活动反思	本次活动借助“小小搬运工”的游戏情境，以“给建筑工地搬运砖头”为游戏主线，引导幼儿学习夹盒子跳、背、顶的动作，鼓励幼儿在活动中通过讨论，尝试并总结“怎样运得快”的方法，掌握纸盒的多种玩法，幼儿的合作能力、集体荣誉感也得到培养，这也正符合《指南》中所倡导“用幼儿感兴趣的方式发展基本动作，提高动作的协调性、灵活性。充分尊重幼儿个体，充分利用空间和时间探索尝试游戏”的思想。

长长的

北京市京源学校幼儿部　崔艳平

教学领域	语言	班级	小班
设计意图	我班现开展“有趣的小动物”主题活动，本班幼儿比较喜欢模仿小动物的动作，同时幼儿比较喜欢用语言描述小动物的特征，由于孩子年龄较小，所运用的词汇比较单一。为了丰富幼儿语言词汇，进一步感受动物“长长的”特征，我设计了本次语言教育活动。“长长的”绘本故事是非常有趣的。故事中通过可爱的动物形象，使幼儿直观地感受了动物长长的特征。故事中采用了重复的语言句式，特别符合小班幼儿年龄的特点，能使幼儿更好地理解长长的特征，我以游戏为切入点激发幼儿参与活动的兴趣，以绘本故事为载体，带幼儿感受、体验。		
活动目标	1. 通过对画面的观察和理解，建立“长长的”正确概念。 2. 愿意大胆讲述，并掌握“长长的……像……”的句式。 3. 感受语言游戏带来的快乐。		
重点难点	重点：观察、理解故事中动物身体局部或动物组合，形成“长长的”概念。 难点：大胆讲述，掌握“长长的……像……”的句式。		
活动准备	物质准备：白板课件、互动课桌课件。 经验准备：与家长共同收集“长长的”视频，有初步操作互动的经验。		
活动过程	**一、活动导入** 给幼儿介绍几种玩具，它们有长长的部分。请幼儿将从家中带来具有“长长的”特征的玩具分享给同伴。 **二、集体阅读(活动重点)** 1. 播放故事视频，整体欣赏。 师：视频中的动物有什么部位是长长的? 鼓励幼儿大胆猜测表达自己的看法。 媒体运用：链接视频，整体欣赏故事内容，提出问题。 2. 分段讲述故事内容。 提问：说一说你最喜欢书中的哪个动物，它有什么是长长的？用肢体动作表现出来。 媒体运用：利用白板课件分段讲述故事内容，巩固幼儿对故事的理解。 **三、有趣的游戏(活动难点)** 1. 白板游戏：引导幼儿复述故事中的句式，用“长长的……像……”“长长的……可以……”，并用肢体表现出来。 媒体运用：利用拖拽功能使幼儿复述故事中的句式。		

续表

活动过程	2. 集体游戏：出示故事中动物，幼儿模仿动物，边模仿边说句式“长长的……像……”“长长的……可以……”。 师小结：动物身体中有长长的部位，那么在生活中还有哪些是长长的呢，请小朋友回家以后去找一找。 **四、活动结束** 略。
活动反思	**一、优势** 1. 调动家长资源，使幼儿参与兴趣更强。孩子教育离不开家庭，在幼儿园教育中要重视家长的参与性，我充分利用家庭资源，请家长和幼儿在家里寻找“长长的”，并用视频的方式记录下来和其他小朋友一起分享。在课堂中我以儿歌游戏的方式激发孩子的兴趣，利用白板中聚光灯的功能引导孩子观察、参与，让孩子的思维动起来。我将传统教学与现代教学相结合，设计“你家有什么动物？哪儿是长长的？”这样的问题，让幼儿更直观感受到动物“长长的”特征，通过触觉激发幼儿认知的兴趣，锻炼孩子大胆表达的能力。 2. 游戏化的多媒体手段，让绘本阅读更完整。绘本故事我分为两个层次以便幼儿理解：一是完整阅读，我采用视频的方式使幼儿更直观、更生动地观察故事。二是分段阅读，采用白板课件分段讲述，结合图片和语音加深幼儿对故事的理解。 **二、不足** 时间：活动的导入部分分享玩具的讲述时，占用时间较长；幼儿在白板上讲述这个环节没有进行，此环节可以作为第二节活动。 提问：在活动过程中的提问应根据幼儿的年龄特点，出示相应的图片。 经验：在经验准备方面，幼儿应更充分些，有对于鼹鼠、飞鱼的特征的了解。

丢失的珍珠

辽宁省大连市大连理工大学幼儿园　田若茜

教学领域	科学	班级	大班
设计意图	我班幼儿对图书区中一本破案的书产生了很大的兴趣。于是我设计了这个科学游戏“丢失的珍珠”，让幼儿能通过观察、比较与分析，发现并描述不同种类物体的特征或某个事物前后的变化，并能用一定的方法验证自己的猜测。		
活动目标	1. 运用观察、分类、比较、猜想、判断、排除的科学方法探索盒子里的秘密。 2. 能乐于与大家分享自己的发现。 3. 感受探索盒子的乐趣。		
重点难点	1. 将亲身感受联系实际，快速在已有经验中搜索答案，大胆猜测并用排除法得出答案。 2. 团队合作意识，在分组竞赛中能够积极参与并互相配合完成任务。		
活动准备	1. 每组8个盒子。里面分别装能明显感觉到的物品（积木、珠子、铃铛、石头）和不易感觉到的物品（棉花、羽毛、树叶、餐巾纸）。 2. 尺子、笔、铃铛、石头、小碗、积木、珠子、胶棒。 3. 呈现破案线索的PPT。		

续表

<table>
<tr><td>活动过程</td><td>一、游戏导入
引导幼儿通过直接观察，初次探索暂时不能打开的盒子，激发幼儿对活动的兴趣，并调动幼儿的原有经验。
二、游戏一
通过 PPT 出示“小侦探”给出的第一条线索。
小侦探：布朗太太丢失了一样非常喜欢的东西，这样东西就藏在桌子上这些暂时不能打开的盒子里面，你们能帮我找找，哪些盒子里面有东西吗？
小朋友分两组自行探索。
游戏规则：1. 盒子不能打开，如果打开则取消游戏资格。
2. 小组配合，一找到有东西的盒子就要马上返回座位并将盒子放在托盘中。
3. 最先全部回到座位并全都找到有东西的盒子的组为胜。
总结：判断盒子里面是否有东西可以用晃、听、掂轻重的方法。
三、游戏二
引导幼儿再次探索暂时不能打开的盒子，并尝试利用分析、比较、推理的思维方法，判断盒子里的物品。
1. 通过 PPT 出示第二条线索，并出示准备物品。
小侦探：布朗太太告诉我们，盒子里有可能会装有这些物品，小朋友们能帮我想想，哪些东西会在盒子里面，哪些不会呢？
按照体积大小排除尺子、笔、小碗、胶棒。
2. 引导幼儿分小组探索盒子里的物品，并用图片做记录。
请小朋友一起讨论并将讨论结果按照盒子上的号码进行标记。
3. 引导幼儿分享各自的探索结果和依据。
每组派一名幼儿代表进行分享，各组讨论结果。
4. 共同验证盒子里的东西。
四、游戏三
引导幼儿第三次探索盒子的秘密。
1. 通过 PPT 出示第三条线索。
小侦探：布朗太太丢失的是一件白色的东西。
小侦探：丢失的东西也许真的藏在我们认为没有东西的盒子里呢？布朗太太到底丢了什么？我们怎么会感觉不到它的存在呢？
2. 通过 PPT 出示第四条线索。
小侦探：那个盒子上有点香味，如果找到有香味的盒子我们就成功啦！
让幼儿大胆猜想。（棉花、羽毛、树叶、餐巾纸）
打开空盒子发现棉花、羽毛、树叶、餐巾纸。
五、总结回顾
1. 和幼儿共同回顾使用了哪些方式帮助小侦探破案的。（听、闻、掂、比较、排除等各种方法）
2. 和幼儿一起讨论今后如何当好小侦探。孩子们都表示要努力寻找各种线索，不放过任何细节。</td></tr>
</table>

续表

活动反思	小朋友们对小侦探的游戏充满好奇并愿意跟着老师的线索探索求证。第一次活动中，由于游戏材料摆放位置不合理，孩子们的注意力都集中在桌面的盒子中。教师在引导过程中忽略了对游戏规则的强调，导致一名幼儿一开始就将盒子打开，游戏进展不顺利。第二次活动中，改变了材料摆放的位置，教师也在游戏过程中强调了游戏规则，活动进展很顺利。通过第二次活动发现物品内容稍简单，虽然孩子们兴趣十足，但是在猜测过程中所获得的成就感不足。所以此游戏还需更换更具有挑战性的游戏材料，使孩子在游戏过程中获得更多的体验以及成就感。

有趣的小枕头

辽宁省大连市大连理工大学幼儿园　秦晓宇

教学领域	健康	班级	小班
设计意图	《纲要》提出，教育内容要贴近幼儿生活来选择幼儿感兴趣的事物和问题。小枕头是幼儿熟悉并每天都用到的东西，通过讨论小枕头的不同玩法，打破常规思维模式，尝试一物多玩的乐趣。同时《指南》中健康领域动作发展目标是：具有一定的平衡能力，动作协调、灵敏。针对小班幼儿我设计了本活动，让幼儿在游戏中发展动作的协调能力。		
活动目标	1. 知识与技能：探索小枕头的多种玩法，一物多玩。 2. 过程与方法：在活动中提高身体灵活性和协调性。 3. 情感态度与价值观：体会游戏的乐趣，热爱体育运动。		
重点难点	在活动中，提高身体的灵活性和协调能力。		
活动准备	小枕头每人一个、各种小动物玩偶若干、热身音乐《健康歌》、放松音乐《寻》、游戏中音乐《Trip》、标志物两个。		
活动过程	**一、热身活动** 1. 师：小朋友们，你们看，老师手里有什么？我们跟“枕头宝宝”打声招呼吧。 师：摸一摸是什么感觉？抱一抱是什么感觉？ 2. 师：我们拿着小枕头做个热身运动吧！ **二、尝试一物多玩** 1. 师：你们喜欢小枕头吗？你们想跟“枕头宝宝”做游戏吗？想一想，我们可以怎样和“枕头宝宝”一起玩儿呢？ 2. 幼儿自由探讨活动，教师观察并适当指导。 3. 请幼儿展示，其他幼儿一起学习。对幼儿的展示提出表扬并总结。(如：幼儿是用双手抛小枕头，然后接住。师：他可真厉害，想到了抛枕头。)还可以怎么玩呢？请幼儿做展示。 4. 师：小朋友真聪明，想出了这么多好玩的方法，给你们点赞。 **三、集体游戏：小动物过河** 设置情境，引导幼儿逐步加深思考，打破惯性思维，一物多玩进行游戏。 1. 师：森林里的小动物要去参加森林舞会，遇到了一条小河(两个标志物之间表示小河，标志物的距离是所有枕头竖着摆的长度)。小动物们要过小河，可是小河太深了，它们过不去，怎么办啊？与幼儿讨论过河的方法。一起找到幼儿都认同的合适方法。		

续表

活动过程	搭一座小桥，幼儿一起用小枕头搭出了小桥。(发现幼儿横着摆了之后，提示幼儿这个桥长度不够，怎么办？让幼儿自己发现要将小枕头竖着放) 2. 师：我们先试一下小桥坚固吗？请幼儿排好队走小桥，再走回来，这个小桥真不错，请你们将小动物送过河吧。每个幼儿手里拿着一个小动物走过小桥。小动物对幼儿的帮助表扬并感谢，再请走回来。 3. 师：天黑了，森林舞会结束了，我们需要把小动物们送回家，可是河水把小桥冲断了，现在我们怎么做呢？再想一想我们还可以用小枕头当什么，送小动物回家？ (幼儿提出划船)那要怎样划船呢？请幼儿示范。 师：大家都学会了划船，我们去接小动物们吧！ 教师再次示范划船动作划过小河，将小动物放在怀里划过小河并上岸，将动物送回家。活动时幼儿伴随欢快的音乐进行游戏，教师关注幼儿并有针对性地指导。 **四、放松活动** 师：小动物都安全到家了，真开心啊，我们坐下来放松一下。(听音乐做放松动作) 边做动作边对幼儿表现提出表扬，进行鼓励。 **五、活动延伸** 小朋友们回家与爸爸妈妈一起想一想还有没有其他玩法？
活动反思	本次活动，活动的材料选择贴近幼儿生活，幼儿非常喜爱，活动过程中尊重幼儿主体性，让幼儿自由发现一物多玩的乐趣，打破原有的惯性思维。通过游戏，引导幼儿发现问题并解决问题，在参与游戏的同时突破活动的重难点，发展幼儿的身体协调能力和身体的灵活性。

各种各样的纸

山东省青岛市胶州市实验幼儿园　张一萍

教学领域	社会	班级	中班
设计意图	中班幼儿对纸有一定的认识，生活中常用到卫生纸、餐巾纸，游戏活动中常常接触画纸、皱纹纸、宣纸等。本次活动引导幼儿收集各种各样的纸，进一步了解纸的种类和用途，引发幼儿关注、探究纸的兴趣，鼓励幼儿在操作实践中感知纸的不同特征，感受纸给人们生活带来的便利。		
活动目标	1. 了解常见纸的名称及用途，感知纸的厚薄、软硬、色彩等特征，知道中国人最早发明了纸。 2. 积极与同伴分享收集的关于纸的信息，能按学习、家用、装饰、包装等用途将纸分类。 3. 感受纸的多样性及其给人们生活带来的方便，产生作为中国人的自豪感。		
重点难点	重点：了解常见纸的名称、用途、特征，知道中国人最早发明了纸。 难点：将纸按不同的用途进行分类。		

续表

活动准备	物质准备： 1. 师幼共同收集生活中不同的纸。 2. 情境创设“纸乐园”：投放报纸、纸箱、彩纸等。 3. 贴有标志的活动架。 4. 供幼儿制作用的瓶子、彩笔、剪刀及各种用纸等。 5. 课件视频：蔡伦造纸。 经验准备：丰富幼儿对纸的认识。
活动过程	**一、玩一玩，在游戏中感知纸的多样性和特性** 创设“纸乐园”游戏情境，鼓励幼儿自由玩皱纹纸、瓦楞纸、电光纸、蜡光纸、画纸、纸壳等各种各样的纸，并引导幼儿看一看、摸一摸、比一比它们有什么不同。 师：你们玩的是什么纸？摸一摸、比一比它们有什么不同？你们知道纸怕什么吗？ 师小结：刚才我们玩了皱纹纸、瓦楞纸、电光纸、画纸等各种各样的纸，它们有的厚有的薄，有的软有的硬，有的摸起来很光滑有的粗糙，颜色也都不一样。纸还怕火、怕水、怕撕。 **二、说一说，在交流中了解各种纸的名称、用途，并学习分类** 1. 幼儿介绍自己带来的纸的名称、用途并学习分类。 师：你带的是什么纸？有什么用途？ 出示标志分类架，引导幼儿将自己的纸按标志尝试分类。 师小结：小朋友们带来卫生纸、宣纸、写字纸等各种纸，它们有的可以写字、画画、学习知识，属于学习用纸；有可以做手工、装饰房间教室，属于装饰用纸；有的可以包装礼物、物品，属于包装用纸；还有可以帮我们讲卫生的，属于家庭用纸。 2. 出示特殊用途的纸，幼儿说说其名称和不同用途。 出示人民币、旅游门票、照片纸，请幼儿自由选择一张观察探究。 师：看一看它是什么样子的？是什么纸？它有什么特殊用途？ 师小结：纸在我们生活中的作用可真大，我们的生活处处都离不开纸。 **三、做一做，在制作中进一步感知纸的用途** 创设“送生日礼物”的游戏情境，请幼儿帮忙制作“许愿瓶”。 讨论：做许愿瓶都需要什么材料？刚清洗完的瓶子有水怎么办？用卫生纸擦完瓶子还能再做什么？可以用到哪些纸？玻璃瓶子怕摔碎怎么办？想写祝福语可以用什么纸？ 幼儿自主选择、分工合作，制作并包装许愿瓶。 师小结：谢谢小朋友用不同用途的纸帮老师制作给朋友的生日礼物。 **四、看一看，在观看视频中萌发作为中国人的自豪感** (观看蔡伦造纸视频)师：看完视频，你知道纸是谁发明的吗？蔡伦是哪个国家的？你觉得我们中国人怎么样？ 小结：纸是中国人蔡伦发明的，我们中国人很了不起！相信你们长大了一定也可以发明更多不同用途的纸。
活动反思	科学活动重在激发幼儿的认识兴趣和探究欲望，在活动中让幼儿实际参与探究活动，从而感知科学探究的过程和方法。在活动中，我通过游戏情境，激发幼儿的探究兴趣，让幼儿通过看、说、做等方式运用多种感官，在亲身探索体验中认识、了解、对比纸的特征、名称、用途等，并采用集体游戏和独立完成相结合的形式，鼓励幼儿大胆分享交流自己的发现，帮助幼儿及时梳理和提升新的经验。

“光盘”行动，从我做起

湖北省十堰市房县城关镇中心幼儿园　王君霞

教学领域	社会	班级	中班
设计意图	节约是中华民族的传统美德，随着“光盘”这个词的流行，越来越多的人加入到“光盘行动”中来。我们城关镇中心幼儿园在全体师幼及家长中开展了“光盘行动，从我做起”的活动。幼儿通过活动，不仅明白爱惜粮食的意义，同时也知道粮食的来之不易，并用行动告诉大家“提倡节约，拒绝浪费”，每个孩子、家长和教师都成为“光盘达人小明星”。		
活动目标	1. 情感目标：萌发幼儿的节约意识，争做“光盘小明星”。 2. 认知目标：知道粮食的生长过程以及食物的来之不易。 3. 能力目标：了解“光盘行动”的意义，能大胆说出节约粮食的办法，并在日常生活中做到节约粮食。		
重点难点	重点：帮助幼儿感知粮食的来之不易，不能随便浪费，萌发幼儿的节约意识。 难点：了解“光盘行动”的意义，能大胆说出节约粮食的办法，并在日常生活中做到节约粮食。		
活动准备	经验准备：在日常生活中幼儿对浪费粮食的行为已经有了认识。 物质准备：视频、PPT、轻音乐、A4 白纸、彩笔(同幼儿数)。		
活动过程	**一、播放沙画《节约粮食宣传片》，幼儿欣赏** 师：小朋友们，你们从视频中看到了什么？ **二、播放“光盘”公益广告，引导幼儿初步理解“光盘”的概念** 1. 教师播放“光盘”公益广告。 2. 提问：这段广告在告诉我们什么？(引出词语：光盘) 3. 教师小结：光盘的意思就是把盘子里的东西吃完。 **三、为什么要进行光盘行动呢？引发幼儿想象** 1. 播放 PPT(幼儿及各餐饮店进餐时的浪费现象)。 除了我们刚刚在视频里看到的那些浪费食物的现象，其实我们身边这种浪费现象随处可见。 师：这是哪里？你在图片中看到了什么？图片中有谁？在干什么？他们做的对不对？为什么？ 2. 播放 PPT(了解粮食是怎么来的)。 师：图片上的人在干什么？你知道粮食是怎么来的了吗？ 师小结：大家知道粮食是农民伯伯辛辛苦苦种出来的，我们都要珍惜农民伯伯的劳动成果。那怎样做才是珍惜粮食呢？(请幼儿说出节约粮食的方法) 3. 播放幼儿在园吃饭的表现，激发幼儿参与活动的兴趣。 师小结：小朋友们在幼儿园里都把碗里的饭全部吃完，这种行为就叫作“光盘行动”，“光盘行动”要求人们就餐时不浪费饭菜，吃饭时要吃光盘子里的东西，吃不完的饭菜要打包带走。 4. 播放 PPT(山区贫困儿童图片)。 小朋友你们看到了什么？看了这些图片请想想我们以后应该怎么做？		

续表

活动过程	师小结：世界上还有很多地方的人们没有吃的，而我们身边却一直有人在浪费粮食。开展“光盘行动”不仅可以减少浪费，更重要的是帮助你们从小养成勤俭节约的好习惯，光盘行动，人人有责。节约光荣，浪费可耻。 **四、活动延伸：设计“光盘”标志，争做“光盘小明星”** 小朋友们，你们真是爱动脑筋的好孩子，想了很多节约粮食的方法。接下来老师想请你们当小小设计师，一起画一画“光盘行动”的标志，争做“光盘小明星”，让更多的人懂得爱惜粮食、节约粮食。
活动反思	1. 本次活动借助视频和图片，丰富和拓展幼儿的经验，特别是观看图片了解到贫穷地区孩子生活的艰辛和粮食的稀缺，唤起了幼儿对珍惜粮食的情感。在活动最后环节，引导幼儿设计“光盘行动”标志，争做“光盘小明星”，让幼儿将所思所想付诸切实可行的行动。本节社会活动，源于幼儿的生活，回归幼儿的生活，更适于幼儿学习。 2. 时间把握不够准确，幼儿出现躁动现象，平时要加强班级常规训练。养成“光盘”好习惯非一日之功。我会在班级再次深入开展“光盘行动”主题活动，和孩子们一起设计“光盘行动”的海报，向家长们宣传“光盘行动”的重要性，通过孩子将“光盘行动”的好习惯延伸到每个家庭。

困难我不怕

新疆维吾尔自治区克拉玛依市克拉玛依区中心幼儿园　黎文芳

教学领域	社会	班级	中班
设计意图	困难对于生活在社会群体中的个体来说是会经常遇到的，不管是成人还是幼儿。幼儿社会领域的学习与发展过程是其社会性不断完善并奠定健全人格基础的过程，幼儿通过这个过程不断发展适应社会生活的能力。为了让幼儿更好地适应社会生活，具有健康的身心发展，设计了此活动“困难我不怕”。		
活动目标	1. 知道每个人在生活中都会遇到各种各样的困难，只有努力才会获得成功。 2. 能大胆地讲述成功与失败的经历。 3. 培养勇敢面对困难的能力，感受成功的快乐。		
重点难点	知道每个人在生活中都会遇到各种各样的困难，只有努力才会获得成功。		
活动准备	物质准备：幼儿每人一张迷宫图、一只记号笔，每组一张记录表、一张五角星贴纸。 经验准备：在活动前幼儿遇到过困难，有面对困难的经验。		
活动过程	**一、开始部分** 谈话导入：老师给小朋友带来了新游戏，请小朋友认真完成。 **二、基本部分** (一) 幼儿进行游戏，初步感受和表述成功与失败的不同心情。 游戏 1：走迷宫。 1. 讲解游戏及记录规则。 师：看，老师这里有很多迷宫，一会儿玩的时候，如果你在规定的时间里用记号笔画出正确的路线就成功，然后找到自己的名字，到迷宫这一栏上打上钩。如果你暂时没有成功，请在这一格打上叉。听老师的小铃，小铃一响，不管你有没有完成都要停下来！		

续表

<table>
<tr><td>活动过程</td><td>能做到吗？
2. 幼儿游戏，并把结果记录在表格中。
3. 幼儿大胆谈谈自己成功与失败的感受。
游戏 2：系鞋带。
1. 讲解游戏规则。
出示没有系好鞋带的鞋子。
师：请你们在规定的时间里系好鞋带，不能打死结，但要系紧，不松散。听到老师摇铃，不管你有没有完成都要停下来，把你的情况记录在表格上，能做到吗？
2. 幼儿游戏，记录结果。
3. 幼儿大胆谈谈自己成功与失败的感受。
(二)教师讲述自己的故事，让幼儿感受失败与成功的心情。
师：老师也碰到过困难的，那你们想不想听一下老师碰到困难的故事呢？我上学的时候，去游泳馆学游泳，可是我很怕水，总是不敢下水，怎么也学不会。当时，我难过极了，我的脸变成了这样(做个伤心的表情)，心想还是不学了吧，可是，又想：为什么别人都学得会，我就学不会呢？于是，我就去问旁边会游泳的人，他们说，这并不难，只要你勇敢一点，不要怕，经常游，经常练，就一定能学会了。我听了他们的话，鼓起勇气，勇敢地跳到水里去，几次下来，终于发现自己不怕水了，已经学会游泳了。于是，我的脸就变成这样了(做个开心的表情)。
师：这就是我“碰到困难不可怕”的故事，那么在你们学习、生活的时候有没有碰到这样的困难呢？那现在先把你“碰到困难不可怕”的事讲给你的好朋友听。
(三)幼儿讲述发生在自己身上的故事。
现在请小朋友来讲一下“碰到困难不可怕”的故事。
师小结：刚才我们听了小朋友自己的故事，其实我们每一个人在生活学习中都会遇到各种各样的困难，但是，只要我们诚实地、勇敢地面对困难和失败，坚持不懈地努力，那我们就一定能成功。
(四)儿歌《困难不可怕》。
师：老师这里还有一首《困难不可怕》的儿歌，在你碰到困难时你就念一下儿歌，这样你就会变得很勇敢，困难就一定能解决了。幼儿跟念儿歌。
遇到困难不要怕，只要勇敢去面对，开动自己的小脑筋，困难一定能解决。
三、结束部分
师：好，小朋友真能干，一会儿工夫就把儿歌学会了，现在我们去念给班级里其他小朋友听吧！</td></tr>
<tr><td>活动反思</td><td>本次活动为幼儿创造了一个相对自由、宽松的交往环境，让幼儿在轻松、愉快的状态下体验了战胜困难的过程，引导幼儿知道面对困难时要想办法去解决困难，不放弃，培养了幼儿做事的坚持性。活动中采用了实践练习法、讨论法和观察法来引导幼儿体验学习，特别是实践练习法，不但让幼儿在实践过程中去真正体会遇到困难、面对困难、想办法解决困难、战胜困难这一系列感受，让幼儿切身体会、积累经验，而且还在这个过程中体验到战胜困难的成功，增强了幼儿的自信心，满足了幼儿的自尊心的需求。</td></tr>
</table>

跳皮筋

新疆维吾尔自治区克拉玛依市克拉玛依区中心幼儿园 乔 明

教学领域	健康	班级	大班
设计意图	由于3—6岁的幼儿正处于身体发育的关键时期，民间传统体育游戏大多都具有跑、跳、躲、闪的动作，可以满足幼儿锻炼身体的需要。这些游戏一般要求幼儿具备敏捷的反应能力，既可以满足幼儿好动的天性，也可以在游戏的过程中锻炼幼儿的体能，开发幼儿运动和协调能力，并在此过程中生动具体地教给幼儿体育锻炼的方法。所以我为幼儿带来了皮筋，让幼儿在跳皮筋游戏中找到快乐。		
活动目标	1. 练习单脚、双脚跳，肢体动作协调、灵敏。 2. 通过有趣的游戏活动，初步领会跳皮筋的方式。 3. 培养在游戏、学习中不怕苦、不怕累的良好品质。		
重点难点	重点：锻炼单脚、双脚交替跳皮筋的能力。 难点：对民间体育游戏有兴致，体会协作游戏的愉快。		
活动准备	物质准备：7根皮筋、1段跳皮筋的视频。 经验准备：会念民间儿歌《马兰开花》。		
活动过程	**一、开始部分** 1. 小动物跳。 模仿小动物跳，看谁跳得最像。 2. 热身操。 师：让我们一起来活动活动身体吧！ （头部运动、上肢运动、下蹲运动、体侧运动、腹背运动、跳跃运动、整理运动） **二、基本部分** 1. 通过游戏，初步领会跳皮筋的方式。 师：今天老师带来了皮筋，我们一起做游戏：看谁跳得高。 玩法：分别请两名幼儿撑皮筋，其他幼儿跳过去。高度不断提升：脚踝、小腿、膝盖、大腿、腰部。 师小结：跳皮筋好玩吗？虽然难度增加了，需要小朋友使劲地高高跳起来，有的小朋友是单脚跳，有的小朋友是双脚跳，但是都通过了关卡，游戏也变得更有趣了！ 2. 自由探索，分散练习，启发孩子尝试着探究跳皮筋的基本方式。 师：今日老师带来了好几根皮筋，请你找一个空地方与好伙伴一块儿玩玩。 教师巡回指导。 3. 请幼儿集中，示范。 师：你们玩得怎么样啦？谁愿意表演给大家看？（请一名幼儿为大家做示范） 师：让我们一起来学学他，一条腿抬起来，先跳进皮筋里，另一只脚再跳进去。老师还有新的玩法，我们一起学一学吧！ 引导幼儿看视频。 师：视频里的小朋友是怎么跳的？（边念儿歌边跳）让我们一起去学一学吧！ 4. 幼儿练习，教师指导。 融合民间儿歌《马兰开花》，练习单脚内外跳皮筋。（孩子围成圈圈，单脚撑皮筋，另一只脚练习跳）		

续表

活动过程	融合民间儿歌《马兰开花》，尝试双脚更替绕圈跳。 师小结：原来跳皮筋和儿歌是好朋友，我们跳的这一段皮筋唱的就是《马兰开花》。 5. 幼儿再次练习。 请一组配合好的幼儿为大家展示。 6. 跳皮筋比赛。 师：此刻我们要开展跳皮筋比赛啦，看哪一组跟着儿歌的节拍跳得又快又齐整。 幼儿游戏。（2次） 7. 教师小结。 师：小朋友们都学会了单脚和双脚跳皮筋，还会边念儿歌边跳，真棒！ **三、结束部分** 师幼一起做放松操。
活动反思	跳皮筋是一项民间传统的游戏活动，较为普及。经常参加跳皮筋游戏活动，不但能够提高跳跃能力，同时也能发展协调性和灵敏性。跳皮筋的方法很多，有单人跳、双人跳、多人跳，以及单脚跳、双脚跳、花式跳等，还可以自己创编一些跳跃方法来跳皮筋。 本课教学主要是幼儿单脚跳、双脚跳、边念儿歌边跳皮筋，学会基本的双起双落动作，加强同伴间的合作。在练习前的准备活动中，引导幼儿模仿动物跳，充分活动各关节部位，避免因活动不充分导致跳跃时扭伤踝关节等意外事故的发生。主要以小组形式进行，分组时特别注意了强弱搭配，达到互帮互学的教学效果。 但在练习中，还是有部分幼儿不能很好地与同伴交流合作，表现出不愿意撑皮筋、跳不过去就不开心等情况，我及时地发现这些问题并鼓励、安慰幼儿，要和睦相处，友好合作，养成在游戏、学习中不怕苦、不怕累的良好品质。

教育随笔

秋天的水果

广西壮族自治区南宁经济技术开发区第二幼儿园　邓丽娟

这段时间我们班的主题活动是“秋天的水果”。

今天上午的主题活动结束，就到了区域活动的时间。活动前我组织幼儿进行进区前的谈话，让小朋友说一说今天打算在区域里进行哪些活动。唯伊说：“我要到手工区去玩，我要做许许多多的水果。”我问她为什么要做那么多的水果呢？她说：“秋天到了，好多的果子都成熟了，我喜欢吃水果，所以我要做许许多多的水果。”

进到区域里，唯伊迫不及待地拿出了装黏土的盒子，一边拿出黏土一边说：“今天我想做苹果、雪梨、香蕉，这些都是我爱吃的水果。”璩嫣、瑶瑶今天也选择了手工区，受到唯伊的影响，她们也决定和唯伊一起制作水果。三个小女孩分工合作，每人制作一种水果。

唯伊首先用绿色的黏土通过揉、压等方式，很快就做好了两个苹果。瑶瑶正在做香蕉，黄色的黏土在她那灵巧的双手下很快就变成了一根根弯弯的香蕉。璩嫣正在制作雪梨，一边制作一边看着身边的小朋友，忽然她好像发现了什么，对唯伊说：“唯伊，秋天到了，苹果已经开始成熟了，应该变成红色的才对啊！你要做一些红色的苹果，红红的苹果很好吃。”“好吧，那我做一些红苹果。”唯伊说完，赶紧拿出红色的黏土，快速地制作起来。

瑶瑶的速度也很快，她的桌面很快就堆积了许多根香蕉，看着那些香蕉，她有点茫然，不知道接下来要做些什么。我看了看，对她说：“瑶瑶，你的香蕉好多啊！香蕉从哪里来呢？它们是怎样排列的呢？”璩嫣听了，回答说：“香蕉是从香蕉树上摘下来的，我外婆家有香蕉树，树叶很大，香蕉是一串长长的，有很多个香蕉！”我假装惊讶地说：“真的？我从来没有见过挂在树上的香蕉哦，你们能不能做一棵香蕉树给我看看呢？我也想知道香蕉是怎么挂在树上的。”听到我的话，璩嫣开心地回答：“可以，没问题！”说完马上和瑶瑶商量如何做出一棵香蕉树。唯伊看到了，也自言自语地说：“我也要做一棵苹果树，果树上面还要挂满苹果。”随后就拿出褐色的黏土开始制作树干。

区域活动结束前，三个女孩子拿着她们的水果和班上的孩子一起分享。教育主要的核心不正是让孩子学会分享和爱吗？看到孩子们的表现，我很欣慰。

《幼儿园工作规程》明确指出：幼儿园教育应当“以游戏为基本活动，寓教育于活动当中”。本次区域活动中，我没有以老师的身份对幼儿进行指导，而是充分尊重幼儿的主观能动性，用师生互动、生生互动及情境法让幼儿在轻松愉悦的氛围下完成自己的设想和创构。

教育的智慧源于爱

江苏省南京市玄武区香禾幼儿园　张晚枫

· 解围

宁宁是班上极为内向、鲜被关注的一个孩子，在老师和家长的口中，除了“乖”，似乎找不到其他的词汇来形容她。

一天早上，宁宁的妈妈怒气冲冲地跑来幼儿园，见到我们就指着身后正在轻轻抽泣的宁宁，说她偷拿了幼儿园的玩具，宁宁妈妈气愤地叙述着她对于孩子今后品德发展的担忧，此刻宁宁脸上写满了恐惧、慌乱、无助、委屈……我悄悄地牵了牵宁宁妈妈的衣角让她平静下来，然后帮宁宁擦拭泪水，突然她大哭起来。为了帮宁宁解围我便说："宁宁不哭，哦——老师想起来了，昨天下午我们和××小朋友还一起玩这个玩具呢，后来爸爸来接的时候，老师请宁宁帮忙整理小椅子，所以你才忘了把玩具放回玩具柜了，是吗?"听我这么说，宁宁抬起了她挂满泪痕的小脸，看着我不知所措地点了点头。一旁的宁宁妈妈不愿相信，还要说什么，我用目光制止了她。

·徘徊

多年的教育经验告诉我：宁宁拿玩具回家并非真的如我所说是一种无意识的行为，当时只是情急之下避免孩子被家长尖利的语言所伤所做的一番托词，如果事情就此结束无异于我们师生集体说谎，老师的纵容会对孩子的品行发展造成不良的后果。那么直接说教吗？会不会再次伤害孩子敏感的心理？两难之下，我决定采取"迂回战术"。

·迂回

午餐后，我把早已酝酿好的有关列宁的《诚实的孩子》的故事娓娓道来。故事讲完后，阐明了不能说谎的道理。自始至终，我都没有看过宁宁一眼，但是我成竹在胸。

·收获

下午起床，宁宁主动向我承认了错误，怯生生地说："老师，我下次——再也不把玩具拿回家了!"我长舒了一口气："老师一直都相信宁宁是个诚实的好孩子！玩具虽然好玩，但它不是属于我们自己的东西，是不可以拿回去的……"我尽量用着简单的语言、温和的语气让孩子懂得其中的大是大非。并让她回家后跟妈妈再说一遍，我提前联系了宁宁妈妈，道明所有，宁宁妈妈向我表示感谢。

·反思

作为教师，在事件之初我为了解围而说谎。这到底是对还是错呢？其实像她这么小的孩子，这种行为的出现常常是兴趣的本能所致，是未加深思的后果，需要的是及时的纠正而不是严厉的指责。我的谎言让她避开了家长不冷静处理的锋芒，保护了孩子弱小的自尊，这难道不也是爱孩子的表现吗？而事后的教育，我摒弃了简单生硬的说教，而是采取了隐性的、让孩子自省的方式，这对其不又是一次心灵的洗礼吗？想到这，我释然了……

真相有时是残酷的，谎言则未必不是善意的。当真相遭遇谎言时，教育的智慧源于爱。

我的教育随笔之理想

广东省广州市从化区广州华夏职业学院　刁兰兰

十一年了，我时常停下来反思，顿悟之时很庆幸自己花费了十一年的时间真正理解了学前人的理想和骄傲。十一年前，我还是美术特长生，那时候我的梦想是当一名画家，画出我见到的、听到的、想到的、感受到的所有美好的画面，那时候的我天真烂漫，那时候的梦想也充满纯真。

缘分是很奇妙的存在，就像命运其实冥冥之中便已注定一样。阴差阳错，我就来到了学前教育专业，学前也有美术课程，但不是我的梦想。随着大学四年专业课程的学习，我对学前专业有了不一样的情愫和新的认知，甚至，对学前教育这个行业也充满了好奇和蠢蠢欲动的探索欲。

七年前，我大三实习，第一次踏入幼儿园这个美好的神奇乐园，迎面的是一群可爱的小朋友，一双双清澈的小眼睛，冲着我眨巴眨巴；一副副稚嫩的脸庞，嫩得可以捏出水来；

一个个活泼可爱的身影，活跃在幼儿园的任何角落里，我感觉自己进入了奇妙的儿童乐园，一切都是美好而幸福的。

所有的美好都是需要精心呵护的。在幼儿园工作的两年中，我非常快乐，但也发现了两个重要的问题：我国的幼儿园教师质量参差不齐；专业的幼儿园教师缺口较大，且幼儿非常喜爱男教师，可全国的幼儿园男教师屈指可数。不知不觉间我竟萌生了要改变这个现状的想法。

于是我选择继续深造，两年的研究生学习生涯，让我更加深入地了解了我国学前教育的发展现状。为了我国学前教育事业的发展，我们秉承艰苦奋斗的优良传统，积极奋斗，勤恳耕耘，栽花养果。于是我成了一名学前教育专业的大学老师，立志培养更多的专业幼儿园教师，积极引导男性力量加入学前教育事业，共同促进我国幼儿教育事业的全面发展。

我的理想没有多么华丽，也没有多么"高大上"，因为热爱，所以它是我们学前人一辈子为之奋斗的事业。未来我可能读博，也可能留学深造，但不论在做什么，我都是在为培养优秀的幼儿园教师而努力奋斗，壮志凌云，全力以赴，勇往直前，为我国学前教育事业的发展添砖加瓦，付出自己的一生。

美丽的蝴蝶结

北京市平谷区南独乐河幼儿园　马立萍

今天，子桐头上戴了一个很特别的蝴蝶结头花，我走过去一看，原来是将糖纸做成的蝴蝶结用卡子夹在头发上，我觉得很别致，就对她说："子桐，这漂亮的蝴蝶结是谁给你做的呀？""我自己做的。"我很意外，接着问："你怎么想到用糖纸做蝴蝶结呢？""佳晴想出来的。""哦，原来是这样啊，她出创意，你动手做，你们两个配合得真好，蝴蝶结真漂亮！"子桐、佳晴听了，美滋滋地笑了。

第二天，我发现头上戴蝴蝶结的小女孩多了，而且还有用其他材料做的。看，倚杉用一块皮质带有蕾丝花边的材料做成一个蝴蝶结，戴在头顶，真像个小公主；依晨用一块大大的糖纸做成蝴蝶结夹在小辫上；如玉用一大一小两块糖纸做成两个蝴蝶结一起夹在头发上。她们戴着自己制作的蝴蝶结心里不知道有多美！于是我马上组织孩子们对糖纸进行讨论：请他们说说糖纸像什么？糖纸还可以做成什么？并在美术创意活动中安排了这样一项内容：发给每个孩子一张糖纸让他们随意折叠制作，然后请每位孩子说说你的糖纸变成了什么？经过孩子们的创作，小小的糖纸变成了"蝴蝶""小鱼""窗帘"等。随后我挑选了几张具有代表性的糖纸进行处理，制作供孩子们欣赏的作品。由于孩子们已经有了创作想象的过程，这样一来就解决了个别孩子在绘画上的困难。正是有了这样一个过渡的过程，孩子们在后面的绘画过程中不再感到困难和无从下手。

反思：

1. 每一个孩子都有自己独特的思想，我们要接纳每一个孩子独特的思想，并在赞赏孩子点滴创造的基础上将孩子奇特的想法介绍给大家，这样，别的孩子在教师适时有效的引导下，也会展开想象的翅膀，用他们独特的绘画语言描绘出富有童趣、情趣、乐趣的绘画作品。

2. 在整个活动中我和孩子们一起沉浸在想象的天地里，我钦佩孩子们想象力如此丰富大胆，同时也发现教师的观察与指导是很重要的。教师在幼儿最需要帮助的时候，及时参与，给予支持，因此较为有效地推动幼儿的创新行为。在探索过程中，孩子们懂得了创造美、欣赏美。让孩子们在想象中创造、在创造中想象是我开展此次活动的真正目的。

点评：教师能够及时抓住孩子中的热点问题，并恰当地加以引导，引出相关的活动，充分发展幼儿的想象力和创造力。

眼藏星河，静听童语

山西省太原市山西工商学院　杜永霞

幼儿园的生活一如往常，我带的豆芽四班是中班。今天我准备了有趣的过渡小游戏——帮助小兔妞妞。游戏效果不错，但还有很多地方需要改进，游戏很好地锻炼了孩子们的肢体协调能力，同时也增强了孩子们对水果和蔬菜的认识。游戏过后，阿美稚嫩的小脸上洋溢着欢乐，眼睛如星星般一眨一眨，对着我说："老师，妞妞开心，我也开心，老师开心，我也开心。"多简单的一句话，让我作为一名教师的幸福感油然而生，我所有辛苦都甘之如饴。小孩子的世界很简单，在他们看来，妞妞是个真实的存在，孩子们有保护世界的愿望，他们保持善良美好，这不就是一个老师的教学目的吗？

游戏使幼儿快乐的同时，也在无形中带给他们积极阳光的一面。这次游戏中，有很多小朋友积极地进行团队合作与沟通，也有几个孩子比较害羞胆怯，我的焦点被积极的孩子们带走了，所以我和那几个害羞的小不点的互动有点少，以后我应该多关注他们，积极和他们沟通，让他们也能够畅所欲言，了解他们的心思，让他们更好地融入班级。壮壮最近总是玩一小会儿就出汗，比别的小朋友更容易出汗，在园时我们时刻关注着，同时还要及时和他的家长沟通了解。

暖洋洋的下午，我和配班老师带着孩子们在室外建构区游戏，孩子们自由选择大型积木搭建房子、城堡、飞机等。我和他们一起玩，询问他们搭什么，鼓励他们用自己的方法搭建，从而引导他们发展不一样的思维，无形中给了他们更多的帮助和自由。其间家栋告状说岳岳抢了丹丹的积木，丹丹在生气地哭闹，我过去抱了抱丹丹，轻拍他的背来安慰他，陪着他去拿回积木，表扬了家栋的知道关心别人，帮助需要帮助的人。孩子的告状行为不能一概予以禁止，应该分清告状动机而采取不同的措施，此次家栋的告状行为是他自我道德感提升的表现，应对其予以表扬，但要注意处理此类事时的角度，防止幼儿为获得表扬而出现乱告状的问题。旁边小班的孩子们在做操，但王老师一直在大声呼喊他们，问他们看着老师的右腿怎么还会分不清楚自己的右腿在哪里，要求他们整齐划一。此时的孩子们眼里失去了光芒，一个指挥的世界和一个自由的世界就这样同时产生了。我想，孩子们进行户外活动的目的是锻炼身体素质，同时激发他们的实践动手能力，而绝不仅仅是塑造一个个复制粘贴的、无思想的个体，活动中虽要有规则和秩序，但这种小学化现象绝不可以出现在幼儿园，我们要好好反思。

让爱在平凡中闪光

陕西省西咸新区沣西新城第三幼儿园　孙　媛

两年前那个叫悦洋的小朋友走进教室，我热情地对他说“早上好!”，他却低着头不说话，以至初次见面他就给我留下了内向不爱说话的印象。接下来这个孩子让我伤透了脑筋，活动时他总自言自语，任凭怎么叫他都听不到；区域游戏时，他总是“破坏大王”，有他的地方就有“断不完的官司”。跟他奶奶沟通时，奶奶说一定好好教育，可并没有改变，时间长了我也就没有了耐心。记得那天下午我将他留在教室，等他奶奶一进门我冲上前去说：“这孩子我带不了了。”“老师真对不起，他又犯错误了吧……”没等他奶奶说完我就说了他一大堆的问题，当时我真的太生气了，甚至都没有给他奶奶插话的机会，他奶奶一下子哭了起来。我愣住了，开始觉得是不是自己说重了。他奶奶用不标准的普通话说，悦洋入园前，他的妈妈突发性脑溢血昏迷了一个月，醒来后生活不能自理，她时不时会不认识家人，不认识悦洋，甚至还会打悦洋，孩子对妈妈只剩下了害怕。听到这里我开始后悔了，后悔自己怎么就不能再多一点耐心，多一点包容。那天看着他们离开的背影，我心里有说不出的感觉，这个瘦瘦小小的男孩竟生活在这样一个家庭里，没有妈妈的关怀，还要面对发病打他的妈妈。那么小的身体该怎样承受这一切？那天之后我对这个特殊的孩子开始投入更多的关注。慢慢地，他开始抬起头看我了，慢慢地，他开始跟我聊天了，慢慢地，他也可以和小朋友一起做游戏了。这让我又感受到了自己作为幼儿教师存在的意义，就如同十年前的初心一般，在平凡的岗位上尽全力爱我的每一个学生。这学期悦洋转走了，他奶奶只告诉我由于爸爸工作的原因，他们带孩子去北京了。不知道现在他过得好不好，不知道那里的老师会不会像我当初一样没有耐心，更不知道生病的妈妈还会不会打他。写到这，真的是万般无奈，只愿他一切安好，健康快乐地成长。

现在我终于明白，爱不仅仅是心灵上的慰藉，也蕴含着神圣的责任。因为爱，我读懂了孩子们一双双明亮的眼睛中的那份天真与烂漫；因为爱，我明白了孩子们纯真的笑容和稚嫩的声音背后的那份无忧与快乐；因为爱，我深深地感受到一种人与人之间真实的力量，那就是爱的力量。

我愿用自己的青春铺就爱心之路，用心灵的清泉细心浇灌青春的小苗，我愿守着平凡遥望未来，我愿牵着孩子们的手迈向明天。

亲爱的老师们，为了让我们的幼儿园真正成为“爱的乐园”，让我们的“爱”在我们平凡的事业中永远发光吧！

小水坑大乐趣

北京市丰台区芳群第二幼儿园　梅春霞

雨后的操场上散布着大大小小、不同形状、深浅不一的小水坑。我们排着队来到操场上准备户外活动，我指着小水坑对孩子们说：“看，地上有许多小水坑，我们要小心躲过小水坑哦!”话音刚落就听到“啪”的一声，循声看过去，柏柏正用一只脚使劲踩小水坑，看到溅起的水花他“咯咯”地笑了起来。有的孩子想趁老师不注意也去踩水坑，于是我问孩子们：“想和小水坑做游戏吗，你们想怎么玩？跳水？踩水?”孩子们欢呼雀跃：“踩水，我们穿的鞋不合适，如果太深会把鞋弄湿的。”雨果大声说：“那就跳水坑，我们不踩在水里。”随着雨果的一声令下，孩子们跃跃欲试，开始了跳水坑的游戏。我也参与孩子们的游戏，并观察孩子们的玩法，他们有直接跳过去的，有冲刺跨过去的，还有的幼儿比较稳，从旁边绕过去。孩子们开始自己玩自己的，慢慢地孩子们出现了交流，雨果对晰晰说：“你知道我是怎样跳的吗?”还没等晰晰猜，雨果就迫不及待地说：“我是单脚跳过去的，你看我厉害吗?”晰晰听了也尝试用单脚跳过去。这时我听见另外一边几个小伙伴喊起来：“一、二、三……你连续跳了六个小水坑，你快数数我跳几个。”场地中间有一个大的水坑，好多孩子都围在那里想怎么过去呢？有的说“我使劲跳”，有的说“你跳不过去，鞋会湿的”。他们推搡着，但是都不敢过。这时千千发现了户外材料平衡墩，她开始往水里放平衡墩，就这样大水坑里出现了几块垫脚的积木，孩子们小心翼翼地踩着平衡墩走了过去。孩子们特别兴奋地欢呼着：“成功了，我们成功了。”户外一个小时的时间就要结束了，孩子们乐此不疲。

《纲要》《指南》都指出要尊重幼儿的兴趣与需求。小水坑的游戏给了我很大启发，既然孩子们喜欢小水坑，想和小水坑做游戏，那我为什么不尊重幼儿的想法，支持幼儿的自主游戏呢？于是我调整自己已定的活动目标，追随孩子们的活动。但是尊重孩子不等于放纵孩子，教师要抓住教育契机实施引导，让孩子的“玩”变得更加有意义。小小的跳水坑游戏，发挥了教育和娱乐的双重作用，引导幼儿探索跳水坑的不同方法，让幼儿充分感受小水坑带来的乐趣。生活中其实有许多有利于教育的因素，我们要善于发现幼儿感兴趣的事物、游戏以及偶发事件中的教育价值，把握时机，积极引导，灵活地运用到工作中，让孩子们的活动资源更丰富，让孩子们的游戏更快乐！

我们是彼此的“小欢喜”

北京市大兴区青云店镇中心幼儿园　苑凤娇

在幼儿园工作的四年多的时间里，每一次接新班级都能发现孩子们的性格和学习习惯不尽相同：有的孩子学习不专注，有的爱打架，有的不爱说话，有的挑食，等等。为了培养幼儿良好的学习习惯和生活习惯，培养幼儿活泼开朗的性格，我平等地欣赏、对待身边的每一位孩子。不管是胖的还是瘦的，不管是家庭条件好的还是家庭条件困难的，不管是聪明还是不聪明的，我没有厚此薄彼，助长孩子的自负或伤害孩子的自尊。我唯一能做的是关爱有加，为每一位孩子提供均等的发展机会，让每一位孩子像花一样幸福健康地成长。

记得坤坤刚来班里的那段时间，做活动时经常坐在位子上，一言不发，闷闷不乐。为培养他的自信心，培养他活泼开朗的性格，我在日常工作中开始有意地去锻炼他，请他为小朋友发水果，请他给大家唱儿歌，请他帮老师拿东西。慢慢地，他逐渐适应了幼儿园的生活，做事不再那样拘谨。在活动课上，经常看到他高举的双手；活动间隙，时常能听到他爽朗开心的笑声。

每个幼儿来自不同的家庭，性格、爱好各有不同，小马是一个有音乐天赋的女孩子，乐感很强，每次放音乐她都会情不自禁地随着音乐翩翩起舞；梦瑶有“大将风度”，在各种集体活动中很有组织才能；二宝既调皮又机灵，在游戏中常常能玩出新花样，但一不小心就会闯祸，得多加注意；艺馨温顺懂事，但是不敢当众讲话，需要适当鼓励和引导……凡此种种我都细心地记录下来，用不同的方式来教导他们，并注意和家长沟通，使每个孩子都能自由而健全地发展自己的个性。看着他们飞快地成长，看着家长露出满意的笑脸，我由衷地感到骄傲。每一个孩子都是一块有待雕琢的宝石。在幼儿一日生活中，我养成了一种习惯——观察孩子，一方面是为了维持纪律，提醒他们注意安全，另一方面是为了了解每个孩子的兴趣爱好和性格特点，以便挖掘潜质，修正不足，因材施教。

我付出着也收获着，在幼儿园这片沃土中，我与孩子们每天朝夕相处，共同成长。用汗水和爱心浇灌着孩子们稚嫩的心田，同样孩子们也用他们的天真、坦率和真诚感染着我，激励着我。我用自己的真心、热心、爱心、耐心、责任心勤勤恳恳地在自己的工作岗位上耕耘着，匠心求实，真情奉献，“不驰于空想，不骛于虚生”，用爱撒播一粒粒生命的种子，谱写一曲曲教育的赞歌，点燃一个个新的希望，用自己的实际行动实践我的教育理想。

用爱诠释　用心聆听

河北省唐山市南堡经济开发区第一幼儿园　张西惠

有人把教师比作一名乐师，他说：“孩子的心灵就像一把琴，只要拨动琴弦，就会发出美妙的声音，其间的奥秘就在于教师怎样去拨动它！”我是一名普通幼儿教师，从事的工作平凡而富有创意。但是，我仍以拥有这份平凡和富有创意的事业而骄傲、自豪。我正用心聆听，用爱诠释着这一曲曲孩子们演奏的幸福的乐章。

作为一名幼儿教师，我始终坚信“爱”是走进童心世界的前提，实际工作中，我努力为孩子们创设一个充满爱的“池塘”。当孩子有困难时，我会随时关注并给予帮助。尤其对有特殊情况的孩子，我更是给予格外的爱护。记得我曾经接到了这样一个孩子：从他的外表看，他是一个非常可爱的孩子，但当你和他交流时会发现他存在语言交流的障碍。他只会学你讲话。为了让他体验到和同伴交流的乐趣，我和班中的两位老师经常利用活动休息时间和他聊天，慢慢地，原来只能听懂几句话而且你我不分的孩子，能使用简单的句子和我们交流了，和同伴们一起游戏了。这让我感到非常欣慰，因为我从孩子的脸上又看到了灿烂的笑容，从家长的眼中看到了感激和肯定的目光。

作为一名幼儿教师，最重要的不是教给孩子多少知识，而是善于去寻找和发现每一个孩子的闪光点，加以鼓励和引导，帮助他们树立自信心，让他们学会如何尊重别人，培养他们良好的生活和学习习惯，教导他们自己动手寻找答案。这些对于孩子来说，都是一辈子受益的。因此，在教学中我总是根据不同孩子的年龄特点，精心选择教学方法，充分准备教具，做到有针对性地设计活动目标，以幼儿终身发展为前提，让孩子跳一跳就能摘到属于自己的那颗果实。

有人说“孩子是父母的作品”，但作为老师，孩子又何尝不是我们的作品呢？让孩子进步、成长，是我们和家长共同的心愿。工作中，我通过幼儿入园离园时间、电话、网络等多种形式，及时和家长交流、反馈，得到了家长的认可和信任。生活中，也正是这些孩子架起了我和家长之间的桥梁，让我们成为生活中的朋友。

在多年的班主任工作中，有欢笑，也有泪水。每天的清晨，我都是用亲切的笑容、轻声的问候、温暖的双手迎接每一个孩子，看到孩子们灿烂的笑容，我就看到了希望。我相信，通过不断地总结经验和吸取教训，不断地学习与探索，自己一定会成为一个更加出色的、让每个孩子都喜欢的“孩子王”。

自主游戏的快乐

中国科学院第六幼儿园　王莹捷

自主游戏是幼儿园活动中常常出现的游戏方式，我们在观察幼儿的自主游戏的过程中能够发现幼儿有很多的奇思妙想和不一样的游戏方式，让我们眼前一亮，不得不佩服孩子们丰富的想象力和动手操作的能力。我们在观察中遇到很多需要我们去思考去解决的问题。例如：采取哪些方式或提供哪些帮助能够促进幼儿的自主游戏，如何在游戏中适度引导等。一切的问题都需要教师用心观察，投入幼儿的世界去感受和体会。

在幼儿自主游戏的过程中，我发现幼儿的专注度是非常高的，而且思维很活跃，想法很多，在操作中不断地去实验，去探索，小组或小伙伴一起讨论，不同的想法进行碰撞。建筑区游戏的时候，幼儿来到建筑区搭建城堡、公园、动物园等，随着班级主题的不断深入，幼儿对于主题的理解和兴趣在不断提高。建筑区的幼儿们想到要搭建衣架，都去拿积木来尝试搭建，开始的时候搭建并不是很顺利，积木搭建高了以后就不稳，倒下了。幼儿们小声地交流着倒下的原因，继续尝试搭建，一次，两次，到第三次的时候，兜兜提出来："我们观察一下班级里的晾衣架吧！看看都由哪些部分组成，为什么我们搭建后总是缺少东西呢?"观察了班级中的衣架，发现横杆应是圆杆，之前搭建的衣架都是因为横杆而失败的。幼儿们陷入了沉思，展展道："那我们是不是可以用绳子来代替呢？我去找绳子。"用绳子尝试搭建后，发现绳子不好固定，而且幼儿的力气小，拉不紧绳子，挂不了衣服。很快一个小时的区域活动时间结束了。幼儿们在自主游戏期间，不断地发现问题，自己想办法去解决问题，不断地尝试。在区域分享的时候幼儿们也提出了自己的问题。

之后的搭建中幼儿再次利用管道玩具，尝试把管道玩具进行拼接，拼成了圆形的横杆，只要搭建底座，衣服就能够放在上面了，最后问题解决了。教师在幼儿的游戏中不是主导者而是服务者。幼儿在自主游戏中收获很多，不仅仅是快乐，还开拓了思维。我们作为老师要做的是提供适宜的材料、丰富的物质去满足幼儿在游戏中的物质需求。根据幼儿的需求，我们把拼插区和建筑区合并来满足孩子的需求。

教师要观察幼儿，鼓励他们自主游戏和主动思考，也要在幼儿需要帮助的时候及时给予帮助，在幼儿不需要帮助的时候做观察者。教师在游戏中也要不断地摸索，找准时机合适地介入和离开。

幼儿自主游戏的快乐，与我们有关。

从主角变配角

上海大学附属实验幼儿园　张　波

对于已在幼儿园从教多年的我来说，经验主义让我对自己的角色定位非常清晰：教师要会上好课、上优质课，争取在课堂上给予孩子更多。

然而2017年来到上大附幼，我被卷入一场"户外自主游戏"的改革之中，身处游戏中的我经常问自己：孩子就这样玩有意义吗？没有老师的引导，孩子会探究吗？

有一天，我发现几个孩子不断地将几种材料放进澡盆中，不停摆弄，一会儿拿起一会儿放下(如图1)。我问："同样大小的球，为什么有的浮在水面上，有的却沉下去了呢?"赫

图 1

赫抬起头告诉我："因为有的球重，有的球轻。""你怎么知道有的球重，有的球轻？""我拿在手上感到的呀。"

听到孩子的回答，我简直不敢相信，"沉浮"这个科学活动，曾经有多少老师讲授过，甚至很多人都会拿来作公开教学活动，然而今天，没有主角——老师的引导，他们竟然在小小的自发游戏中获得了沉浮的科学经验。

试问，集体教学活动是不是要被替代了？教师是不是真的不再是主角了？

又一次，我看到轩轩用活动水管和透明白管连接做了一根管道，并往管道放入了5个球，将水倒进去，随着水不断倒进，黄球慢慢浮起，最底下的红球不动，再一次倒水时黄球浮得更高了，而红球却还是未动，当轩轩第三次倒水时，黄球终于涌出了水管，而红球却仍然在水管底部(如图 2)。

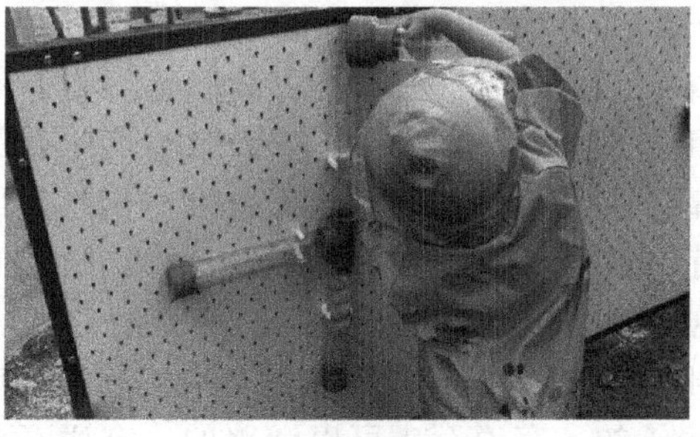

图 2

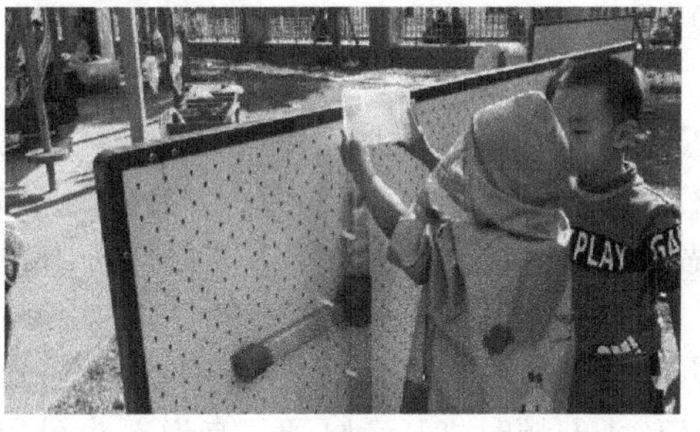

图 3

"红球怎么一直不动呢？"我问。

轩轩说："红色的球重。"

这时有其他孩子喊我，我离开了一会儿。等我回来时发现轩轩将红球与黄球的顺序做了改变，将红球放在了4个黄球的上面，再多次倒水，红球在4个黄球的托举下慢慢浮起来了，最后5个球都浮了出来(如图 3)。

"你是怎么想到这个主意的呀？"我问。

轩轩说："黄球轻，它可以帮助红球一起浮起来。"

这个过程完全是孩子不断想办法解决问题的过程，游戏的结果也让孩子了解到了物体沉浮状态的可变性，这要是做成一节课，孩子未必能明白其中的道理，因为在老师指挥下操作探究，试错、反思的机会就少了。

至此，我突然明白：原来真实问题情境就是这样激发孩子创造力的，原来孩子的游戏承载了如此有价值的学习，他们就是自己的主角。

就这样，我从"课堂主导者"变成了"游戏观察者和支持者"，我不再迷信于教师的主导作用，而是更相信游戏的价值，更相信孩子在游戏中惊人的创造力。

尽管从主角变成了配角，但我却更有成就感与获得感了，因为我找到了自己专业的真正价值。

不起眼的小石头

上海大学附属实验幼儿园　鲁　璐

深秋的一日，天高气爽，我带着孩子们在花园里捡树叶，看到金灿灿的树叶纷纷飘落，甚是欢喜。不经意间，我发现角落里躺着几块小石头，圆圆的、滑溜溜的样子很可爱，就招呼小朋友来看，并提议捡一些回教室。可是身边的几位小朋友有点讶异地看着我，问道："干吗要捡这些石头？脏兮兮的样子，很难看。""真的很难看吗？我不觉得呢。"于是我没有让孩子们继续捡石头，只是独自带了一些小石头回教室。

第二天，我从家里找来了平日里收藏的"宝贝"，一只寿山石雕的大象、一块大理石镇纸、一个玉刻的笔筒。我悄悄地把它们和捡来的石头一起放在显眼的架子上，孩子们只要一进教室就能看到。果然，孩子们很快就被这些工艺品吸引了，围在一起纷纷讨论："真漂亮啊！这是什么呀？"有的小朋友忍不住伸手想摸一摸，立刻就有人阻止说："不能乱碰，坏了怎么办？"

孩子们好奇可爱的样子，我看在眼里，乐在心里。我问孩子们："你们觉得它们漂亮吗？"孩子们异口同声地说："好漂亮啊。"我又问："你们知道这些工艺品都是用什么做的吗？"有的孩子不是很确定地说："好像是石头吧。""是的。"我指着"宝贝"说："它们都是用石头做的，石头的种类有许多，有的叫寿山石，有的叫大理石，还有珍贵的玉石。"

"哇！"孩子们忍不住惊叹道，"原来石头是这么漂亮的。"

我趁热打铁接着问："石头不但很漂亮，而且有很多用处，你们知道石头还有哪些用处吗？"孩子们顿时打开话匣子，有说石头可以造房子的，有说石头可以铺路的，有说石头可以做公园的雕像的，等等。真是包罗万象，五花八门。

慢慢地，教室的展示架上多了许多新朋友，都是孩子们带来的各色各样的石头，教室俨然成了一座有趣的"石头村"。

每个孩子都有一双发现艺术的眼睛，但有时会被习以为常遮住眼睛。老师只要在他们的心门上打开一扇窗，当和暖的阳光照进心房的时候，他们就会感受到大自然的力量和美丽。引导他们关注身边的一切，告诉他们这些都是大自然的馈赠，哪怕只是一块小小的不起眼的石头。不起眼的小石头，可以陪孩子们走过一条条漫漫的石头路。这些路漫长而朴实，孩子们走走看看，一路欣赏，一路感受。此时，小石头已不再是当初的那块不起眼的小石头，因为它被赋予了意义而更加美好。

仍记得导师对我的教诲："孩子学习艺术，就如同在河里划船，虽然慢了一点，但两岸的风景尽收眼底；反之，快速到达终点，但什么风景都没看到。"

谨以此文献给热爱孩子的幼教工作者，愿你也能放慢脚步，陪伴孩子们走过漫漫"石头路"。

做好一面"镜子"

新疆维吾尔自治区克拉玛依市克拉玛依区中心幼儿园　李　丽

孩子就像是老师的一面镜子，我们在面对孩子的时候，一定要注意自己的言行，因为孩子的模仿能力很强，老师怎么做，孩子也会学着这样做。老师要时常观察幼儿，在这面

"镜子"前照一照，找一找自己的影子，发现污点，不要怕孩子笑话，主动承认不足之处，及时擦掉污点，擦亮"镜子"，让孩子们在老师的影响下，个个成为"干净"的小影子，成为有礼貌、有能力的好孩子。

这是发生在午睡室里的一件事情，当我说："小朋友们，下午好！起床了。"孩子们一个个都起来了，大家都挤在小床间的走道里，有的在穿衣服，有的在聊天。我急着去帮一些动作稍微慢些的小朋友穿衣服，就匆忙地从小茉莉的身边走过去，身体却没把握好平衡，差点摔跤，就听翕诚说了一句："李老师，你要小心呀，下次走路的时候要看好，别摔跤！那样会很疼的。"看着孩子半是责备、半是担心的样子，我心里头温暖极了。这些幼儿虽然在班级才一个多学期，有时还会不肯来上学，有时还会哭哭闹闹，但他们已经与我们建立了很深厚的感情。在孩子小小的心灵中，他们关心老师，就像老师关爱他们一样。孩子说的这句话，不就跟我们平时教育、嘱咐孩子差不多吗？

模仿是小班幼儿的年龄特点，但是他们更愿意模仿与自己亲近和喜欢的人。有些孩子对于班级老师说话的语气语调，还有穿着打扮，都很留意。这些孩子对我们很细心。他们会注意到我们的每一个变化，有时还会很天真地请爸爸妈妈都来学一学。在孩子的眼里，老师的每一个动作和表情都是对的、好的。

所以作为教师，我们在幼儿面前要注意说话的语气和言行举止。有时不经意的一句话、一个动作，都会成为幼儿的模仿对象，并在他们的行为中反映出来。所以孩子就是我们的一面"镜子"，我们在"镜子"里表现，孩子用自己的行为来回报我们。

老师是孩子的榜样，孩子是老师的一面"镜子"，在孩子面前老师要三思而后行！

玩橡皮泥想到的

新疆维吾尔自治区克拉玛依市克拉玛依区中心幼儿园　张海燕

听说要用橡皮泥制作水果，小朋友都很兴奋，拿到橡皮泥和泥工板后都迫不及待地动起手来。刚开始他们有的捏，有的压，有的印，有时还相互轻声讨论，玩得不亦乐乎。可才过了短短几分钟，就有小朋友在喊"老师，我水果做好了"。我抬头一看，是乐乐。于是我走上去："让老师看看你做了些什么水果。"一看全是印章印出来的菠萝、香蕉。这时，旁边又有几位小朋友在叫："老师，我也做好了。""老师，我不想玩了。"其余的小朋友也是一副无精打采的样子。看看时间，还早呢，是收还是不收呢？我正思索着，低头看见了桌子上的几张动物图片，我灵机一动，从中挑了一张大河马的图片。我举起图片问小朋友："你们看，这是什么动物呀？""大河马。"小朋友好奇地看着我。"大河马肚子饿了，它很想吃你们做的水果，它喜欢各种不同的水果。我们一起来做给它吃吧。""好！"小朋友一下子来了精神。不一会儿，尚尚捧着水果上来了，我举着河马"啊呜啊呜"地"吃"掉了她做的苹果、香蕉、橘子。她乐呵呵地说："老师，我还要做其他水果给大河马吃。""好的，大河马还没吃饱呢！"然后她又乐呵呵地捧着泥工板下去了，还不忘向同桌炫耀："大河马吃我的水果了。"

一盘又一盘的水果被送给大河马吃，然后他们又不厌其烦地继续做着其他水果。看看时间快做间操了，我要求小朋友收起橡皮泥，可多个声音响起来："海燕老师，我们还要做水果给大河马吃。""小朋友，今天大河马吃了你们做的那么多水果，它已经吃饱了，再吃下去，它会吃坏肚子的。我们下次再玩的时候，还可以做给它吃，也可以做礼物给它呢，好吗？"他们相视一笑，大声说："好。"

在这次玩橡皮泥的过程中，孩子们的游戏积极性很短暂，我通过河马吃水果延续了他们的游戏兴趣。由此，我想到了，在我们的游戏活动及教学活动中，要善于发现幼儿感兴趣的事物、游戏和偶发事件中所隐含的教育价值，把握时机，积极引导。要创设一个宽松平等、积极向上的精神环境，师生之间建立良好、和谐、民主的关系，幼儿之间建立友好、融洽、和谐、健康的人际关系。教师的语言应充满激情，鼓励每一个幼儿充分参与活动，使幼儿多种感官处于积极状态。如果遇到幼儿不感兴趣的活动，教师可以充分发挥自己的语言技巧，为活动增加一些神秘感，把孩子们的注意力都集中、吸引过来。教师还可多用赞扬、欣赏的语气，提高幼儿参加活动的兴趣和信心。

沙子能溶解吗?

北京市密云区第七幼儿园　赵　敏

活动区里“溶解”实验正在进行。我突然听到雨航说：“老师，试管里的盐不见了!”我看她正在专注地看着自己的试管。我走到雨航身边问：“盐去哪儿了呢?”雨航想了想说：“嗯！因为里面有水，所以盐都被水吃了吧?”我笑了笑：“雨航的想象力还挺丰富的！不过雨航说得很对，盐被水‘吃’掉了，这就是‘溶解现象’。”雨航点点头说：“噢！我知道了。”接下来，雨航又用沙子做了实验，雨航跑过来告诉我：“赵老师，沙子不能溶解在水里!”我继续问：“雨航是怎么知道沙子不能溶解在水里的呢?”雨航说：“可能是沙子太重了吧？我使劲摇晃它还在水里！最后它就沉在试管下面了！您看！现在我的试管里还有沙子呢!”我为雨航认真实验的精神和积极思考的态度竖起了大拇指：“雨航真是一个爱动脑筋的孩子啊！一会儿请雨航和小朋友们一起分享你的发现好吗?”雨航说：“嗯！好！我要把沙子不能溶解的秘密告诉大家！但是我刚刚还用盐做了实验呢，盐是能溶解的!”

雨航在实验中神情特别专注，说明她做事情非常认真并且能够积极思考，敢于大胆尝试。在回答我的问题时，雨航不是随便想说什么就说什么，而是能够先思考再做回答，说明她是一个爱动脑筋的孩子。在尝试用盐实验后，雨航习得了“溶解”这个词语，于是雨航在用沙子做实验后能够告诉我“沙子不能溶解在水里”。雨航能很好地运用“溶解”这个词语，说明雨航有很强的经验迁移能力以及良好的倾听习惯。在实验过程中雨航能够积极探索，把自己的发现和大家分享，说明她观察能力较强并且敢于表达自己的想法。在日后的活动中，我也会为幼儿提供更多的表现机会，比如：我会以照片、录像等形式记录他们的“精彩瞬间”；利用过渡环节带领幼儿讨论、分享自己日常生活中的“精彩发现”，保护幼儿的好奇心，深入开展班级主题活动；在科学区为小朋友提供更多关于“溶解”实验的材料(沙子、盐、金属、石子、糖……)，让他们有更多的探究机会，提高幼儿发现和解决问题的能力；鼓励幼儿把自己的发现用绘画的形式表现出来并讲述，进而促进幼儿的想象力和语言表达能力的发展等。

我会在反思中不断成长，做一个善于思考的人，在今后的教学中我也要学会反思自己的教育教学行为，记录教育教学过程中的发现，不断创新，提高教育教学水平。我会为幼儿提供丰富的操作材料和更多表达与表现的机会，为他们创造更多“发现精彩”的可能性。

父亲的关怀

四川省成都市新津区兰湾幼儿园　庄　婷

提起父爱，每个人对父爱的理解都截然不同。大家向来都称赞母爱的伟大、母亲的细腻，但是又有谁知道一位默默关心却没有只言片语的高大威猛的人会一直为你撑起一片天。

一次父亲节活动，我们让孩子们向自己的爸爸说一句最想说的话，有一位孩子说："爸爸，我爱你，你可以多留点时间陪我玩一玩吗？"我关注着孩子的表情，脸上满是无奈、渴望。这就是孩子心里最真实的呼喊，他们渴望自己多被关注一点，渴望工作忙碌的父亲多一点时间陪伴。这是一句多么简洁的话，没有天花乱坠的百般修饰，孩子用自己最简单、最纯真的语言表达内心最真实的想法。孩子们各种各样的回答使整个教室里充满了爱。

当播放孩子们想对父亲说的话时，各位父亲的表情有了变化。"爸爸，您少抽点烟，您的健康是我最大的希望。""爸爸您开车小心点，不要喝酒！"……孩子们的语言都深深地表达了对父亲的爱。这仅仅是活动的一部分。随后的环节当我播放各位父亲与孩子的合照，孩子们早已按捺不住激动的心情，合照是爸爸唯一需要为孩子做的准备。当我抽到一位孩子问："在视频中你看到了什么？"孩子站起来时满脸的失落，低着头说："老师，里面没有我和爸爸。"我安慰鼓励了孩子。

活动进行了一大半，最后一项活动是孩子与爸爸互相回答最喜欢的食物、运动、颜色等。我带着孩子回到教室和在教室中的各位父亲交换答案，比对 30 对父亲与孩子的回答，只有一对父亲与孩子的回答一模一样。教室从之前的热闹鼎沸变得鸦雀无声。这时参加活动的父亲早已心知肚明，当抛开工作与孩子静静相处，全身心地投入了解孩子，才会发现孩子的点滴变化，才会知道孩子最需要的是什么。

实际上，在养育孩子的过程中，父亲的角色是母亲不能完全代替的。如果把培养教育孩子的重担完全交给母亲承担，是不利于孩子的健康成长的。男性一般具有实践丰富、心胸开阔、性格刚强等特点，对教育子女是一种优势。父亲在子女个性形成和行为塑造方面起着非常重要的作用。父亲对于孩子教育承担的主要是人格教育、创新教育、性别角色示范教育、人文素质教育等。儿童心理学研究表明，孩子种种同性别角色相符合的行为，与他们婴幼儿时期父亲的教养是分不开的。幼儿期是孩子形成正确性别角色的关键时期，男孩从父亲那里观察、模仿男性的语言和行为，逐步树立起"男子汉"的气概；女孩则从父亲那里接纳、学习同异性接触和交往的经验，这对孩子身心健康和人格发展有极大的促进作用。许多父亲没有意识到自己在塑造孩子人格和行为方面的作用。孩子的成长离不开父亲的关怀，他们需要父亲的关注。

这一方小天地

新疆维吾尔自治区乌鲁木齐市天山幼儿园　朱　瑶

2021 年下半学期，我所在的小二班来了一位插班生，她叫雅梦。她个子小小的，五官也是小小的，坚强勇敢的她在入园第一天没有哭。走在幼儿园里，她紧紧地拉着我的手。我给她介绍我们漂亮的幼儿园："这里是操场，早上我们可以在这里做操、活动；那里是花园，小朋友们前几天才种下种子，我们可以经常来看看它，给它浇水、除草、施肥；那里是我们的大型玩具设施，有滑梯、攀爬架、攀爬网、蹬蹬木……”

小小的她在班里不爱说话，老师经常告诉小朋友们“我们是相亲相爱的一家人，小朋友之间要互相照顾，互相关心”。小朋友们在班里也很照顾她，喝水时会牵着她的手告诉她在哪里拿杯子，怎么摁饮水机，吃完饭的餐盘要放哪里……

园里的厕所是自动冲水，雅梦之前没有使用过，所以每次上厕所她都会很紧张，很害怕，紧紧抓着老师的手，一遍遍和老师确认：“它等一下会响吗？它等一下会响吗？我害怕它响!”这时牵着她手的我也直接地感受到了她的惧怕，明白在这个时候我应该给予她信任与安全感。我也一遍一遍不厌其烦地回应她：“它等一下会响，你蹲下和站起的时候它都会响，但你别怕，老师在呢!”旁边的小女生也附和着说：“雅梦，你别怕，我们也在陪着你!”这时我们正是相亲相爱的一家人，一同给予雅梦安全感，告诉她你不是一个人，还有老师和小朋友们在陪伴你。尽管如此，雅梦在非常紧张的时候还是会憋着。我们和她的家长进行了线上沟通，家长在家也常给她疏导放松以帮助她攻克难关。

慢慢地，她从需要紧握老师的手才能上厕所转变成老师在旁边陪着她就可以，再到能和小朋友一起上厕所。终于，她可以自己去上厕所了。老师和小朋友们都替她高兴。

通过雅梦的这件事情，我深深地体会到了老师对于初进幼儿园的幼儿的重要性。他们从出生到3岁前都一直在熟悉又安心的家庭环境中长大，而在步入幼儿园这一方小天地时，他们离开了安心的环境，迈出了第一步，来到了一个陌生孤独的环境。此时他们或许是惧怕的、紧张的、开心的……而这时幼儿园老师将是他们唯一可以依靠的人，是他们前进路上的指路人，因此老师更要用心呵护幼儿，给予他们信任与回应，让家长能放心工作生活。

这一方小天地，有你有我，请你相信我，我会给予你温暖关心，我们互相成长，手牵手勇往直前。

运用思维导图陪伴幼儿阅读绘本的小感悟

——以绘本《我喜欢自己》为例

广东省清远市连州市第二幼儿园　徐香莲

2020年6月，我申报的县级课题“绘本故事对幼儿品德养成有效影响的行动研究”得以立项。期间，我向我的组员推荐了袁坚老师的《带上思维导图读绘本》这本书时，我至今还记得她们一脸的茫然和不可置信的表情。她们带的都是小班，而她们对思维导图了解甚少，于她们而言，思维导图很晦涩，她们认为孩子们根本没办法操作，怎么带着思维导图读绘本呢？

一、思维导图与绘本阅读的关联

思维导图是一种将思维形象化的方法，既有图像又有文字，方便记忆，也符合孩子们的思维特点。《指南》指出，孩子能够利用图画与阅读的文字进行互动，通过简单的语言来展现出幼儿对图画内容的理解，得到书面语言与口语之间的关系，从而提升幼儿的阅读能力。思维导图最显著的能力就是通过绘画与图片等方式对问题展开思考，在拓展绘本内容的过程中，养成获取更多答案的习惯。

二、思维导图在绘本阅读中的运用

（一）贴思维导图

由于小班幼儿第一次用思维导图进行阅读绘本，如果要她们画导图，确实有难度。于是，我们把绘本相对应的情节图片彩印出来，孩子们自主阅读后，把自己对绘本的理解用排图的方式进行思维导图的操作。如小班的绘本《我喜欢自己》，老师准备空的气泡图，孩子们阅读绘本后，动手把绘本相对应的图片贴在气泡图上，通过形象的导图，加深孩子们对绘本的理解，如右图所示。

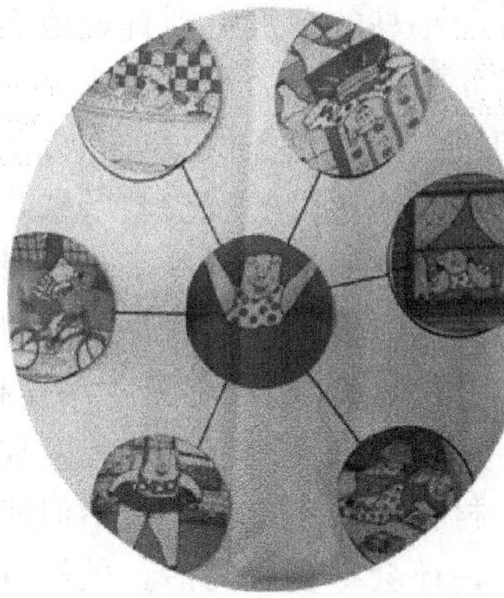

（二）画思维导图

当孩子多次接触思维导图，在脑海中有了印象后，孩子们就可以动手画思维导图了。我们应该知道，绘本故事内容很丰富，扩展性也很强，孩子们阅读绘本后，就会结合绘本联系自己的生活进行代入阅读。于是，孩子们就可以用思维导图（幼儿绘画，老师辅以文字说明）的形式把自己喜欢的事情画出来了。

（三）思维导图的呈现

在思维导图成功绘制后，老师要善于把幼儿的导图呈现出来，布置在语言区或其他可以展示的地方，让幼儿能够再次阅读，方便幼儿向其他小朋友进行绘本内容的阐述，并且有成功的喜悦感，更加激发幼儿阅读绘本的兴趣。

带着思维导图读绘本，能够让幼儿把相关的绘图与对应的元素在同一张图下排布，还能够让幼儿更直观地了解到其中的关系，促进幼儿思维的形成，让抽象的内容显得更加直观，从而进一步培养孩子发散思考的习惯，激发阅读的兴趣，展现出绘本阅读的最大效益。

用心引导幼儿语言发展

北京市海淀区四季青镇巨山幼儿园　杨　霞

《指南》中指出："语言是交流和思维的工具。"其中目标 1 中指出："幼儿需要认真听并能听懂常用语言。"

中班新学期开始的时候，我班新转来一名幼儿小马，他的父母平时比较忙，陪伴他的时间较少，而且没有找到正确教育他的方法，从而导致小马的语言发展较弱。

小马才来幼儿园时只会说妈妈、爸爸，老师让小马吃饭、喝水、上厕所等他都听不懂。小马很喜欢和小朋友玩，但是因为语言匮乏，无法沟通，所以经常会造成在玩玩具的时候小马抢别人的玩具，不然就是小朋友刚搭好的房子小马过去直接就推倒，长久这样下来，小朋友就都不喜欢和小马玩。

小马的案例特别直观地表现了幼儿在运用语言交流的同时也在发展着人际交往能力。幼儿的语言能力是在交流和运用的过程中发展起来的，为了帮助小马发展语言，我抓住一切机会给小马提供倾听和交谈的机会。当我看到小马在区域里对某个玩具感兴趣时，我就主动教他玩具的玩法，后来我发现，当他知道玩具和游戏怎么玩后，就不会推倒积木，也不会抢小朋友的玩具了。这时候，我就鼓励班中的幼儿多与小马进行交流，小马与小朋友聊天的时候也潜移默化地学习了一些语言，同时我还经常不厌其烦地教他说一些日常用语，如“早上好”“老师再见”“保安叔叔再见”等。

通过日常的观察，我发现他对美工活动很感兴趣，因此在区域活动的时候给他讲解美工材料的使用方法，他不但能够坚持在美工区玩，而且在我给他讲解各种材料的使用方法时，还会重复我的话。虽然有时只能两个字或三个字地说，但他愿意说的时候我都会耐心地陪着他练习。后来我又发现他对恐龙图书很感兴趣，于是我就给他讲恐龙的故事，我会告诉他恐龙的名字，他也会和我一起重复恐龙的名字，在这个过程中，他的语言表达能力得到提高。一个学期后，小马的语言表达能力进步很大，能简单地与老师、小朋友交流了。

在培养小马的语言能力的时候，我为小马创设了自由、轻松的语言交往环境，鼓励和支持小马与成人、同伴交流，并为小马提供了丰富、适宜的读物，经常与小马一起看书、讲故事，丰富小马的语言表达能力，培养小马的阅读兴趣，进一步拓展学习经验；为小马创造了说话的机会，让小马慢慢地体会着语言交往的乐趣。在这个过程中我深刻地感受到应该尊重和接纳幼儿，虽然小马的表达水平不高，但是我都认真地倾听并给小马积极的回应，并且我还经常鼓励和支持小马与其他幼儿一起玩耍、交谈。

每个幼儿都是一朵独特的花，有的花早早就盛开了，有些花需要耐心再耐心一点，去静待花开。

拼地板

新疆维吾尔自治区克拉玛依市克拉玛依区雅典娜幼儿园　信红莹

建构室一直是幼儿最喜欢的地方，幼儿的创意和想象在这里都得到了实现，很多的城堡、高楼在幼儿手里一个个地建构出来，每次结束的时候幼儿介绍自己的作品，我都想他们肯定是伟大的建筑师。

今天我们又来到了建构室，小远放弃木制积木和泡沫积木，直接跑到了这一堆“新鲜”的材料——木板面前。其他小朋友看到了木板也纷纷搭起了房子，但是小远拿起了木板开始在地上摆了起来。真好奇小远在摆什么，于是我在旁边默默地看着他(见图 1)。

慢慢地，小远的“大作”好像初具规模了。看着小远严丝合缝地摆放着，尽量让每块木板都对齐，中间一点小缝隙都不被允许。拼的时候小远发现两个短的板子放在一起差不多是一个长的板子的长度，便开始尝试调整板子的位置，让他们看起来更加整齐(见图 2)。

其他的小朋友也很好奇他在做些什么，逐渐地开始加入。小远和晨晨开始商量着把每块木板摆在哪里合适。“放这里吧，这里放得还不够严实。”他们配合得很默契(见图 3)。

图 1

图 2

图 3

小远的杰作终于完成了，高兴地说："我家的地板终于拼完了。"他在地板上开心地跑着。我把小远的作品推荐给了更多的小朋友。小朋友都喜欢极了，纷纷上来体验小远做的地板，小远真的很棒。

在活动中小远把游戏和生活结合在一起，想象力非同一般，利用大木板发挥了创造力，把它们做成了地板。在地板的制作过程中我看到了小远的认真和细腻。他通过自己的探索也发现了几个短板子拼在一起就和一个长板子一样长了。

建构游戏能让幼儿获得自由和快乐，发展幼儿想象力、动手能力和创造力。了解各种建构材料的性质，学习空间关系的知识，理解整体与部分的概念，增强对数量和图形的认识，这些促进了幼儿感知觉、思维的发展，提高建构造型的审美能力，培养耐心、协作、互助、坚持等良好的学习品质和行为品质。以后教师在指导建构游戏时要重视与数学领域知识进行整合，目的性不断增强。在观察幼儿建构的过程中要关注到细节部分所呈现的数学经验，提供更多有趣的材料，让幼儿一起发动想象力，做出更加有趣的东西。

给孩子一个说话的机会

山东省聊城市茌平区第三实验幼儿园　齐盈盈

给孩子一个说话的机会，他会给你一个不一样的答案，有一天，我班轩轩小朋友就给我上了一堂生动的人生哲学课，使我深刻体会到了它的深刻寓意。

今天下午，已经快到离园的时间了，我们三个教师忙着做离园准备，这时轩轩低着头沮丧地走到我们面前，不说话，手还使劲地拧着衣服，我用手一摸他的衣服，前面全湿了，马上就要离园了，这孩子怎么把衣服给弄湿了呢，我一时之间有点儿着急，问他："轩轩，怎么回事，衣服怎么湿了?"轩轩平时就性格内向，不爱说话，在我这一连串的追问下他更是说不出话来。我尽量用平静的声音对他说："是不是想开水龙头洗手，用力过大，把水溅得满身都是?"轩轩还是低着头，红着脸，支支吾吾不说话。我接着问他："是不是其他小朋友不小心，把水弄到你身上了?"轩轩还是不说话……

轩轩百问不答，马上就要离园了，该怎样给家长交代。我想责任一定在他身上，要不为什么不说话？为什么不告诉我原因？这个时候我真想发火，孩子一天在幼儿园快快乐乐、开开心心的，快放学的时候，他居然全身湿透，他的家人会怎么认为，是我在一天中没有照顾好孩子？如果孩子因此感冒怎么办？一整天，我很辛苦，可能这一整天的辛苦，都会因为孩子的衣服湿透了而被否定。

这个时候，我正要发火，但看看他噘起的小嘴、湿了的衣服，便压下火，心想：等等吧，也许缓缓后，他会给我一个答案。于是，我给他换下湿衣服，准备把湿衣服装起来，给他带回家，这时，轩轩低着头走过来，轻声说：“老师，我刚才上厕所，想用水冲下去。我用盆接水往下冲，不小心，盆里的水就洒身上，但是我把大便冲下去了。”我瞬间哽咽，多懂事的孩子。轩轩接着说：“这样就不臭了。”我紧紧地抱着轩轩，这个时候，我还能说什么呢？我差点因为自己的自以为是伤了孩子的心。

我们总是因为自己是大人，有很多的想当然，并且把这个想当然当作孩子真的做过的事情，殊不知，我们这样自以为是会伤了孩子的心。

给孩子一个说话的机会吧，也许他会给你一个不一样的答案。

奶奶，我长大了

吉林省长春汽车经济技术开发区奔驰幼儿园　肖　瑶

刚入园时，他只是拿着小手绢自己擦眼泪；在户外游戏时，就站在我旁边；吃午饭时，会看着食物等待喂；午睡时，会看着我说“奶奶”。

一个月的幼儿园生活过去了，他每天喊着“奶奶”。放学时我和他妈妈进行沟通，了解他是由奶奶照顾长大的，每天和奶奶待在家里看电视、吃饭喂饭、喝水拿杯、水果榨汁、玩玩具。

因为没有家庭语言环境，他只能说一些简单的叠音字。在园日常活动时，我会鼓励他勇于表达，培养自信心，给他展示的机会。集体活动时，安排较活泼的幼儿与其合作游戏。他渐渐地喜欢与同伴玩耍，并能进行简单交流，但自理能力比较差，且不喜欢和小朋友分享。

孩子的成长离不开家庭的教育。我和他奶奶简单地沟通，希望奶奶饭后带他接触同伴并进行简单的沟通来减少分离焦虑；自己的事情自己做，培养他的自我服务意识和自理能力；睡前讲20分钟故事，丰富表达能力，培养阅读兴趣。渐渐地，奶奶在家和他说普通话，会带领他出去和同伴玩，但还是不能放手让他自己去做任何事情。

我在班级群发送幼儿吃饭、喝水、穿衣的视频，奶奶在群里看到视频很惊讶，和同龄的孩子相比较，他什么也不会，奶奶找到我要制订家庭自理小计划。奶奶看到自己家的孩子不吃饭在桌子上哇哇大哭，心里很不是滋味。但想起视频中的孩子们，狠下心不喂他，自己继续拿勺子吃饭不看他。他看到奶奶不会帮他，只好模仿奶奶用勺子吃饭。在奶奶的坚持下，他有了很大的进步，我看到他会用勺子吃饭，会穿衣服，能自己睡觉，懂得和伙伴分享。他已经喜欢并融入集体生活了。

在某天放学后，我和他奶奶讲他的进步并鼓励奶奶要继续坚持。她拉着我的手说：“以前觉得孩子还小，不能让孩子做任何事，但是自从看了其他孩子的视频，发现我管得太多，以后孩子能做的事情我不会再做。”

包办代替的爱是溺爱。面对老人的溺爱，我们老师应该怎么做？第一，不要直接和老人说孩子的缺点并进行批评。要肯定老人的付出和对孩子的爱。可以采用展示真实案例的方法，让老人意识到孩子身上存在的缺点，对成长有什么影响。第二，委婉地给老人教育孩子的建议。在溺爱孩子的时候，老人并不知道这种程度的关爱已经达到了溺爱，让老人意识到问题的严重性，再给出一些意见。虽然过分的溺爱会对孩子产生不良的影响，但这都是老人对孩子的爱，要适当地提出建议，把握好分寸，不要让老人寒了心。

我不喜欢妹妹

吉林省长春汽车经济技术开发区奔驰幼儿园　杨新馨

小班幼儿阔阔来幼儿园一年，已经适应了幼儿园生活。可早上阔阔在姥姥怀里号啕大哭，喊着不来幼儿园。我还发现阔阔在区域活动时抢小朋友玩具，午睡时把小朋友们喊醒，把蹲下换鞋的小朋友全都推倒……放学后我与阔阔姥姥沟通后发现，自从有了小妹妹，阔阔就变得喜怒无常，昨天晚上10点不睡觉非要爸爸出去买小汽车，不给买就躺在地上打滚。前天用铁质的汽车打妹妹的头，家人百般劝阻都不管用……

随着二孩政策的全面放开，很多家庭选择成为二孩家庭，二宝的到来，给家庭带来喜悦，也给幼儿的教育带来了挑战。本班有26名幼儿，其中有9个是二孩家庭，约占班级人数的三分之一。经过调查、观察与分析，通过与一些二孩家庭沟通，发现家长在应对二宝到来后大宝的一系列变化上存在一些偏颇与误区。如何应对二宝来到后大宝的诸多改变与挑战，是已经有二宝的家庭急需面对和解决的问题。通过与家长的沟通，总结阔阔的变化原因如下：

第一，给父母精力带来挑战。妹妹到来后，父母可支配的时间不充足，减少了照顾阔阔的精力，出现了阔阔被强制性要求长大的现象，可能导致阔阔产生了某些心理障碍。

第二，忽视大宝出现的变化。全家人的精力转移到妹妹身上，阔阔无法适应失去了宠爱与关注的状态，因此故意做出一些极端行为吸引家长的注意力，家人没有耐心进行引导，反而会打骂他。

如何才能帮助阔阔适应家里的新成员呢？

第一，我在班级组织集体教学活动“我有弟弟妹妹了”，请阔阔介绍妹妹并讲一讲妹妹的趣事，让阔阔为自己有妹妹感到骄傲。

第二，班级开展“我是哥哥姐姐”谈话活动，请小朋友们观察中、大班的哥哥姐姐是如何照顾小班的弟弟妹妹的，鼓励阔阔说说在家如何帮助父母照顾妹妹，增强阔阔的责任感。

第三，我每天在班级多拥抱、亲吻阔阔，在阔阔出现情绪及行为变化时，尽量理解和接纳阔阔的想法，让阔阔感受到关爱和安全感。

第四，我利用放学后时间，组织二孩家庭家长相互交流，了解其他二孩家庭出现的一些现象如何应对。

通过我与阔阔家长的共同努力，根据阔阔的转变不断地改变相应策略，帮助阔阔平稳度过了这一时期。

在二孩甚至三孩时代来临的背景下，学前教育学方向增添了许多新的理论与话题，我将不断地汲取新知识，结合自身所学专业知识与经验，帮助二孩家庭家长解决一系列孩子教育所面对的问题，与家长共同努力，为幼儿教育增添无限可能。

爱与阳光伴你成长

湖北省武汉市江岸区实验星汇幼儿园　王　芳

孩子的童年离不开游戏和运动。孩子的游戏充满了快乐与激情，也传达出充沛的活力，这就是孩子的生活，他们在游戏中体现着生命的本真。在户外体育游戏中，如何让活动变得有趣？让孩子们爱玩，乐意参与？这确实需要教师花费一番心思，需要教师关注活动中孩子的心理需求，需要老师付出更多的爱心、细心与耐心。

户外体能循环游戏开始了，高高壮壮的哲哲在助跑后快速地冲向跨栏，十分从容地跨过一个又一个的跨栏。紧随其后的“小不点”果果跑到了跨栏跟前就犹豫了，没有加速冲过去，而是停顿了一下，在保证安全的情况下从跨栏上慢慢地跨了过去。我看出了果果的紧张，第二轮游戏时，我走到果果身边鼓励他说：“不要怕，冲过去不要停，你很快就会跨过去啦，勇敢尝试一下，我相信你哟!”他看着我犹豫地说：“好的。”轮到他了，我在一旁给他加油，但他跑到跨栏跟前时还是犹豫了，没有一鼓作气地跑跨过去。他回头看了看我，脸上露出了难过的神色。

这个游戏果果是有挫败感的，没有体验到游戏该有的成就感与快乐。我也进行了反思，高高壮壮的哲哲和“小不点”果果在身体素质上是具有差异的且在性格上哲哲乐观开朗，果果内向胆怯，两人的生理、心理都差距较大。因此在同一个项目上表现截然不同。《指南》指出：“以欣赏的态度对待幼儿。注意发现幼儿的优点，接纳他们的个体差异，不简单与同伴做横向比较。”通过对班级整体幼儿情况的研究分析，我就改变了游戏玩法，投放了两组不同高度的跨栏。让不同层次水平的孩子能自主选择可以完成的高度进行挑战，做到了兼顾个体差异性。经过调整后，果果开心地选择了适合他能力的跨栏，看见了他跨跳过去后开心的笑脸，那一刻我的心中也是满满成就感。

《指南》中指出：“鼓励幼儿，营造温暖、轻松的心理环境，让幼儿形成安全感和信赖感。”在游戏中，幼儿完全有能力做得很好，而老师需要细心地观察发现，适时地鼓励，多给幼儿一些机会，而不是简单地要求重来或纠错，这样才能让孩子们充分体验到成功的愉悦。

做一个爱孩子的教师很容易，但做一个专业的有教育智慧且细心观察孩子的教师不易。需要我们不断地去学习，提高自身素质，才能更好地引领幼儿，在专业领域给予更多更正确的指导。体能游戏不但要锻炼孩子身体，更要多关注孩子的内心需求，培养孩子坚韧不拔的意志。多给孩子一分宽容，他就还你一片晴天，充分尊重孩子，让孩子在爱与阳光的相伴中快乐成长。

青青长廊快乐游

山东省东营市利津县第一实验幼儿园　孟凡华

这一周我们班的户外区域自主游戏场地是“青青长廊”，孩子们对这一区域很感兴趣。下午，一阵小雨过后我们便来到了长廊。来到长廊刚一解散，许多孩子便被长廊上方红色的吊球所吸引，纷纷跳跃、击打。但是对于小班的小朋友们来说似乎有点高，就连一直被尊称为“大哥哥”的一铭都没能够到。但是吊球的吸引力实在是太大了，他们没有放弃，转身上了旁边的小木凳并自觉地一字排开。一铭第一个起跳，瞄准、憋气、半蹲、双手高举起跳！这次他终于拍到了吊球，一铭的成功给了旁边小朋友很大的鼓舞，一个个更加跃跃欲试。第二个挑战的是小柚子，柚子腿长胳膊长，瞄准、起跳，柚子也成功地拍到了吊球。浩泽、佳明个头不高都有点着急，第一次扑了个空，我给他们取来一个小木凳，他们立马转身又上了小木凳准备下一轮的起跳……一次又一次，在不断的尝试和挑战中终于成功拍到了吊球。一轮又一轮，孩子们玩得不亦乐乎……

长廊里面“快乐涂鸦墙”前，悦悦和雅涵开心地忙碌着她们的作品《郊游》，边画边念儿歌给好朋友听：“小朋友，手拉手，开开心心去郊游！”

“老师！看我是小蜘蛛！”长廊边墙的侧网上，晨赫趴在那里一动不动，原来他把自己变成了一只“小蜘蛛”。“老师，我要爬到房顶上去透透气，哇！老师我看到教学楼顶上的大铅笔啦！”站得高，望得远，不一会儿便引来了更多的“小蜘蛛”一起“登高望远”！

雨后的一摊摊小水洼给孩子们带来了无限的乐趣。“老师我是小青蛙，呱呱呱。”“呱呱呱……”很快一只只快乐的“小青蛙”围着小水洼开心地蹦来蹦去，开心的笑声在长廊里回荡。

孩子的想象力是无穷尽的，一切创新性的活动都是从想象开始的。游戏中教师要充分保护孩子的这种天性，给孩子提供创造想象的时间和空间，为孩子提供各种不同游戏材料和玩具，为孩子插上想象的翅膀，让孩子在自由、宽松的氛围中尽情地发挥想象，进而从中得到多方面的发展，收获无尽的快乐。

追随儿童的脚步

广东省深圳市福田区第八幼儿园　施燕君

如果把幼儿教育比作一部电影，儿童无疑是主角，无论是灯光的布置和材料的准备，还是角色的分配和故事情节的发展，都应该由儿童去设计，教师只是引导者。马拉古兹提出了“儿童的一百种语言”，儿童有着自己独特的思维模式，有着独特的语言表达方式。孩子有一百种语言，一百个想法，一百种思考、游戏、说话的方式。老师要做的事情就是追随儿童的脚步，及时给予帮助。

然而，现实中很多大人们还在用自己认为的“成人的儿童视角”主导着他们，很少把幼儿放在主角的位置，儿童无法真正地用自己的方式去解决问题。真正有意义的课程不是成人事先设想好的课程，这样的课程虽然蕴含着成人所认为的教育意义，但并不一定是最适合幼儿当下情况的课程。

课程应该始于对儿童的观察，在与儿童谈话中读懂儿童的需求，在给予儿童支持中引发儿童有意义的探究和学习。只要观察和倾听，儿童就会告诉你什么是他们需要的环境。儿童利用自己已有的经验，加上环境影响，不断游戏，不断获得经验。

幼儿园想拍毕业照，教师改变了以往的由摄影师和教师来决定拍摄的做法，而是让教师观察孩子们，开展谈话，了解孩子们的需求，比如：想要在哪里拍毕业照(在这个场地拍照需要跟谁借场地)、跟谁拍(怎么去邀请想一起拍照的人)、穿什么衣服(怎么搭配比较适合)、用什么道具，整个拍毕业照的流程赋予儿童参与课程建设的权利，让孩子们一起讨论并用自己的方式去做这件事情。

这个过程虽然很漫长，但是孩子们却乐在其中，这样儿童才真正参与到课程建设中。在儿童已有的经验中，教师提供环境，不断去拓展孩子的已有经验，让儿童获得更多的经验。

幼儿园课程的出发点不只有知识，孩子在生活中遇到的问题才是他们学习的宝贵资源，这个过程培养了儿童解决问题的思维能力和创造能力。比如：有一次我观察孩子的行为，发现孩子们总是不知道把看完的绘本归位。于是，我设计了“如何把书宝宝送回家”的集体教学活动，让儿童想一想解决问题的方法。他们把三个书架分别命名为“爸爸”“哥哥”“弟弟”，然后我就引导孩子们思考怎么摆放才会像超市那样整齐，并引导孩子自己贴标签。从这个意义上说，是儿童的问题决定了教学的内容和方式，儿童参与了教学活动的设计。

在教学活动中，让我们不断追随孩子的脚步吧，倾听他们的声音，做孩子的朋友。

什么是教育？

广东省深圳市福田区第八幼儿园　段颖娟

赫伯特·斯宾塞曾经说过：“教育是为了让孩子成为快乐的人，教育的手段和方法也应该是快乐的。”那么，究竟什么是教育呢？在我看来，“教育就像一根细小的芦苇管，你从这头输进去的如果是苦涩的汁水，在另一端流出的也绝不会是甘甜的蜜汁”。

在班级里，有一个小女孩，名叫妙妙，性格非常内向，不爱与其他小朋友多交流，老师主动和她问好，她也是很害羞地低着头不敢看，在课堂上也从来不主动举手回答问题。为了提升妙妙的自信心，我不断地鼓励她，抱着她和她谈话、交流，并告诉她老师就是她的好朋友，还尝试用各种方法帮助妙妙建立自信心。

记得有一次在手工课上，我意外地发现她的手工作品做得异常出彩，我非常惊喜，立即当着全班孩子的面表扬了她，并请她为小朋友们讲一讲自己制作的过程。刚开始，她显得非常不好意思，低着头，说话的声音也很小。我便不断鼓励她、赞扬她、给她竖起大拇指，并告诉其他小朋友当别人在说话的时候要学会倾听，同时也要表扬自己的小伙伴，发现她们的优点。在老师、小朋友的鼓励与等待下，妙妙终于大声地说出了自己制作的步骤，随后得到了一阵掌声。妙妙开心地笑了，依稀记得这个笑容是妙妙从未表露过的笑容。这件事情过后，我惊讶地发现，妙妙不但敢在课堂上主动举手回答老师的问题，甚至连性格也开朗了许多，会主动加入到小朋友的队伍中一起玩耍，看见有小朋友遇到困难会主动帮助。妙妙还很爱在老师面前表现，常常做一些值得表扬的事情，每次做完就会用两只水灵灵的大眼睛望着我，很渴望老师对她的肯定与表扬。

每当想到这些事，我都会感触万千，教育不正是如此吗？教育是什么？在我看来，教育是随机鼓励，善于发现孩子的闪光点。绝不仅仅只是一份工作，一份薪资，对于我来说，幼儿园就是我的家，同事就是我的家人，那一群活泼可爱的孩子，就像我自己的孩子一样，他们做得好的时候，我会及时表扬他们，鼓励他们，由衷地为他们感到高兴；他们犯错的时候，我也会正确引导他们，让他们认识自己的错误，并及时改正。当我教育他们的时候，看着他们委屈的小脸，我也会心疼，但是原则问题我不会让步，爱不是宠溺与纵容，而是正确的关心与指引。

教育，就是用爱引导孩子们，用心聆听，鼓励和肯定孩子；教育，就是搭建爱的桥梁，让孩子们开心快乐地成长；教育，就是不忘初心，用自己的力量，让孩子们在蓝天下茁壮成长！

用心去爱

广东省深圳市福田区第八幼儿园　熊　薇

“老师！嘟嘟推我！”“嘟嘟，你把我衣服弄湿了！”最近，嘟嘟的名字时常在我耳边响起，这学期嘟嘟的表现可谓是180°大转弯。

在接下来的几天，我观察到嘟嘟经常和小朋友发生不愉快的事情，在排队当小队长时，往后“倒车”，把后面的小朋友挤倒在地上；在吃饭时，端着碗来回走动，米粒掉得到处都是……

这让我不禁想起上学期，那时嘟嘟可是老师的好帮手，也是同伴间的“可爱天使”。嘟嘟待人有礼貌，在其他小朋友因想妈妈哭闹时，会拿纸巾为他们擦眼泪，并安慰他们说妈妈很快就会来接我们的。

是什么让嘟嘟改变的？我带着疑惑的心情，与嘟嘟妈妈进行了沟通，了解到嘟嘟爸爸妈妈一起开了公司，随着公司的壮大和家里弟弟一天天长大，现在能陪伴嘟嘟的时间十分有限。经我提醒后嘟嘟妈妈才想到嘟嘟在家里也沉默了许多，总是独自玩着玩具，没想到嘟嘟可能是有了心结，是不是觉得爸爸妈妈不爱他了。

很多大宝会因为二宝的到来而感到焦虑、不安，甚至会因此争宠，做出许多吸引家长眼球的事情。弟弟的出生，让家里人的注意力都放到他的身上；亲情的缺失，让敏感的嘟嘟产生了心理问题；家长在幼儿教育方面知识的局限，导致嘟嘟出现了一些行为偏差。作为老师，应该运用专业知识，让“可爱天使”重新回到小朋友和老师的身边！

春雨“润物细无声”，让嘟嘟改变并不是一朝一夕能做到的，需要家长与老师形成合力，让嘟嘟知道爸爸妈妈对他时时刻刻的爱，老师对他无处不在的爱，小伙伴们对他热情真挚的爱。

有一天，嘟嘟在分区时选择了去“娃娃家”，嘟嘟一会儿照顾“娃娃家”里的宝宝喝奶，一会儿替他盖好被子，哄他入睡，我见嘟嘟对待宝宝充满了爱心，觉得正是解开嘟嘟心结的契机：“平时爸爸妈妈是怎么照顾你的呢？”嘟嘟陷入了回忆，在我的引导下，嘟嘟回忆起越来越多爸爸妈妈关心、爱护他的事情。看他渐渐展露的笑容，我瞬时被打动。

我向嘟嘟妈妈及时反映嘟嘟在“娃娃家”的表现，让他们要告诉嘟嘟他们对他的爱，并请嘟嘟一起来照顾弟弟，和嘟嘟说，你这么小的时候，爸爸妈妈也是这样照顾你的！请爸爸妈妈在家要多关注嘟嘟，嘟嘟得到了尊重、爱护，他自然会将爱传递给弟弟。

慢慢地，我发现以前的嘟嘟回来了，再也没有小朋友告状，而是和嘟嘟开心地玩在了一起。

看到嘟嘟的转变，嘟嘟父母很欣慰，作为老师的我也很骄傲，没有什么比孩子的进步更让我开心了，我坚信：用我的心灵去映照和温暖孩子的心灵，用我最柔软的心去关爱孩子，去引导每一个孩子的成长，都会有美好的收获。

哭　声

广东省深圳市福田区第八幼儿园　李楚萍

深处的呐喊

疫情过后，幼儿回到幼儿园正式上学。当我们全班的小朋友都在跳绳时，突然传来了南南尖锐的哭喊声：“你们都是坏人，我要去报警，把你们都抓起来。”我走了过去，拉起南南的手走到一边，看着他激动又崩溃的样子，于是我给予了孩子平复情绪的时间，给孩子递纸巾、擦鼻涕，抚摸轻拍后背。一开始南南有些抗拒，在慢慢轻抚后，他情绪也稳定下来了。这时候，我问南南："怎么哭啦？还哭得这么伤心？"南南哭着说了一句："我不喜欢你们，不喜欢这个幼儿园，你们都是坏人。"准备回教室了，我拉起他的小手，微笑跟南南说："你现在不喜欢老师，没关系，老师喜欢你就可以了。"

"秘密"的阴影

半个月后的一个中午，在进餐时南南将骨渣吐到别人身上，小朋友向我告状，我走过去蹲下来对他说："南南，为什么不吐到骨渣盘里，而吐在别人身上呢？"南南突然起身直冲到班级门口，一边用手指着分餐老师，一边哭喊道："我要打110报警，你们都是坏人，我一定要警察把你们全都抓起来。"

这一幕太过突然，一直深深地印在我的脑海里。究竟是什么导致南南的情绪波动这么大？为什么这么敏感呢？终于，在一次与南南妈妈的深入交谈中才得知一件事，在老家的时候，南南外出走丢了，那一次走丢给南南带来了很大的心理阴影。虽然南南去看了医生，可从那以后，南南的内心很是敏感，自己也很没有信心，严重缺乏安全感。

没想到背后竟有如此让人心疼的真相。知道这件事后，在平时的日常生活中，我会给南南适当的关注，在区域活动的时候，给他自我思考、想象的时间与空间。在他需要帮助的时候，站出来，一步步引导他走向胜利，让孩子自己收获这一成功的过程。在他午休睡不着的时候，坐在床边陪着他，轻拍后背，照顾他慢慢睡着。在他想了解某本书又不识字的情况下，我拿起书，坐在他的旁边，将这本书读给南南听。在南南做好事情时，我会大力地肯定他，表扬他；在他犯错的时候，我在尊重他的同时，多点耐心去与他交流，用爱感化他。给他足够的爱与信任，让南南逐渐自信起来。

此外，我也与南南的家长做了沟通，及时地与妈妈了解和反馈孩子的真实情况，做到家园共育，帮助南南更好地建立自信心，信任老师，爱上幼儿园。

慢慢改变的她

北京市朝阳区北京朝莘蓝岛幼儿园(慧忠园)　张云霞

午睡时间到了，小朋友们在进行午睡前的准备。点点坐在椅子上专注地看着远方，我走过去蹲下来轻声说："点点，你怎么不脱衣服呢？"她没有理我继续注视着远方。我等待了几秒说："午睡时间到了。"她只是看了我一眼。我继续说："换好鞋子，脱完衣服，我们睡觉吧！"她一动不动。"让我看看你的小手有多能干，先把鞋子上的'机关'打开。"她看了一眼鞋子，并没有采取行动。"那让张老师试试吧！"我故意打不开，"气急败坏"地对她说："鞋子上的机关真难开，我现在需要帮助，你可以帮我吗？"她犹豫着点点头，手慢慢地伸向鞋子，只听"刺啦"一声，打开了。"你的小手真能干。"在我的夸奖声中，她盯着另一只鞋子看。"你可以把另一只鞋子上的'机关'也打开吗？"她弯腰打开了另一只鞋子上的"机关"。我又问："现在'机关'都打开了，该做什么了呢？"她看着自己的脚欲言又止。我接着问："什么时候脱袜子呀？你能告诉我吗？"她深吸一口气，像在给自己打气，说"睡觉时脱"。"你一下子就说出来了，你对脱衣服的顺序真熟悉。接着该干吗了？""脱袜子"。"回答正确，表扬你。"在我的夸奖声中她的嘴角微微上扬。我继续问："接下来呢？"她大声地说："脱裤子。""嗯，声音洪亮，我听得特别清楚。"她开始动手脱裤子了，但是脱了一半之后就不动了，只是看着我。我问："怎么了？"她说："我脱不下来。""老师可以帮助你呀！"我教给了她方法，她有些困难地曲着腿，烦躁地拉着裤腿，在她成功之后，我连忙为她鼓掌，夸赞她已经掌握脱裤子的技巧了，她似乎体会到了成功的喜悦，接着把另一条裤腿也脱了下来。她看看手里的裤子，像在思考什么，过了一会儿抬头看着我说："我不会叠。""你会主动寻求帮助了，真棒!"在我的指导下，她很快叠好了裤子。在她把衣物摆放整齐后，她大声告诉我："老师我叠好了。"我微笑着向她竖起了大拇指。她看见后开心地走进了睡眠室。

案例中，根据马斯洛的需要层次理论，幼儿只有在满足了较低层次的安全、归属和爱的需要时，才会向较高层次的成长发展。通过观察，捕捉孩子的内心，使我与孩子之间有效地建立了信任感，让她向我靠近。采用激励式的互动策略，在互动中以提问、鼓励的方式，教师给予幼儿情感态度上的支持和肯定。语言催化，教师运用生动形象、富有感情的语言激励幼儿的行为，使她有安全感、愉悦感和被信任感，通过自主学习提高自理能力，作为教师能读懂孩子是我们的基本功，同时多给孩子一些耐心，他们才能发展得更加精彩。

孩子们的欢乐

北京市朝阳区北京朝芊蓝岛幼儿园(慧忠园)　刘雪燕

春天，万物萌发，花红柳绿，莺歌燕舞……幼儿园里一片生机勃勃、春意盎然。孩子们在幼儿园的生活也是非常丰富多彩的。在他们的生活中常常充满着惊喜，充满着乐趣，充满着意外……细细留意，会在孩子们的一言一行中发现他们关注的焦点，找到他们欢乐的源泉。

今天的户外活动时间，小朋友们在练习拍篮球，争论的声音引起了我的注意，在大树下几位小朋友蹲在一起热烈地讨论着什么。我静悄悄地走过去，生怕打扰到他们。只听见闹闹兴奋地对其他小朋友们说："快看呀，快看呀，我发现了蚯蚓!"一旁的冰冰好奇地问："在哪呢，在哪呢?"闹闹指着地上的一小堆小圆颗粒堆成的土堆说："这是蚯蚓拉的粑粑，有蚯蚓拉粑粑的地方就会有蚯蚓。"然后他又自豪地补充一句："这是我爸爸告诉我的!"冰冰又问："为什么蚯蚓的粑粑是土色的呢?"萌萌恰巧知道这个答案，她还没有等闹闹开口就抢着大声说道："因为蚯蚓是吃土的，所以它拉的粑粑是土色的。"这时思远也迫不及待地加入这场"讨论会"，他想用手去把蚯蚓的粑粑给打掉，被冰冰给拦住了。冰冰语气坚定地说："不许动，动了蚯蚓就找不到家了!"其他小朋友一起说："对！不能动！动了就没有家了!"看着小朋友们从最初对蚯蚓的好奇到后来的一脸正义，我笑了。

《指南》指出：成人要善于发现和保护幼儿的好奇心，充分利用自然和实际生活机会，引导幼儿通过观察、比较、操作、实验等方法，学习发现问题、分析问题和解决问题；帮助幼儿不断积累经验，并运用于新的学习活动，形成终身受益的学习态度和能力。幼儿天性活泼、好动、好奇，大自然时刻在我们身边，借助自然中的材料和资源，幼儿在其中亲身的体验和直观的感受时刻激发着他们无穷的想象力。只有当孩子们有足够的时间和空间自由融入自然环境时，他们才会慢慢建立和自然之间的联系；只有在无穷的机会中随心所欲地探索自然的奥秘，才会萌发幼儿欣赏与热爱大自然的情感。教师应重视、关注幼儿活动的过程及教育价值，让我们尽可能多给幼儿一些自由的时间，让他们在大自然中充分享受无忧无虑、无拘无束的美好时光，这就是属于孩子们的欢乐。

我们是棒棒的小画家

湖南省吉首市湘西土家族苗族自治州幼儿园　张俊姿

小班幼儿由于年龄小，刚从家庭走向新环境，对绘画几乎是一无所知，发展水平只是处于“涂鸦期”。比如，我组织了“神奇的笔”（绘画）一课时，让幼儿为一只气球涂色，开始时大家兴趣都很高，但是由于他们不清楚应该如何涂色，虽然老师示范过，但他们不懂得如何运用色彩，有的用各种颜色的笔在气球上东画一笔、西画一笔，有的索性画在气球外面……针对这种情况，我认为老师千万不能急于求成，不必强调幼儿画得好不好、像不像，这样会让他们失去绘画的兴趣和热情。我们应该去引导、呵护和培养他们。比如：给气球涂色时，小朋友常常把颜色涂到轮廓外面去，这时候老师应该引导孩子尽量注意不要涂到气球的外面去，不小心涂到外面去了，气球就会“嘭”的一声爆掉了。这样说小朋友都开心地笑了，在涂色的时候都格外小心了。所以我觉得老师在培养幼儿绘画时，首先要从兴趣出发，调动他们的积极性，然后再教育指导他们该怎样画才会更好看。

幼儿的绘画潜能是多样的，思维空间是广阔的，所以老师在和幼儿一起观赏自己的作品、讲评自己的作品时，应该注意多用正面的、鼓励的语言，对他们的作品给予肯定和认可。即使画得不好，也要先表扬再建议。比如：为气球涂色时，小楠涂得很不均匀，而且只涂了一小部分，这时我就对她说：“我觉得你涂得很漂亮，但你看这里还是白白的纸，我觉得如果你把它都涂满了，一定会更漂亮的，你觉得呢？”小楠听了我的话，点点头继续涂了起来。

其实每个幼儿都是一名十分出色的画家，老师应该尊重每个幼儿，激发他们表现美和创造美的情趣，让他们体验到成功的喜悦。“世界有多大，幼儿想象的翅膀就有多大；世界有多宽，幼儿创造的天地就有多宽。”如果我们只是一味地责怪、批评幼儿的不对、不足之处，只会使他们失去绘画的兴趣，磨灭他们的积极性，抑制他们的情感，这样做孩子的身心就得不到和谐健康的发展。

一切为了孩子，为了孩子的一切，为了一切孩子。作为幼教工作者，我们要有一种积极向上、不断进取的精神，用自己的一言一行，用自己的心境去引导每个孩子，用爱心、责任心去滋润每个孩子的心。

你们是真的“爱”我吗？

新疆维吾尔自治区克拉玛依市白碱滩区金龙幼儿园　李　娜

我们班的乐乐快四岁了，在班上不爱说话。上周一早上他来得特别早，和我问过好之后他就搬凳子去区角玩了。我忙着打扫卫生也就没来得及和他聊天。过了一会儿，我就感觉有人站在我的身后，我回头一看是他。只见他泪眼蒙眬两手不停地来回揉搓，我赶紧把他抱在怀里低声询问。刚开始的时候他就是不说话，只是一味地抽泣。过了一会儿，他在我的耳边怯怯地说：“老师，为什么别的小朋友今天不来幼儿园？”“来啊，他们一会儿就来了。”我急忙回答道。“我以为他们不来了呢，那今天就没有人陪我玩了。”他还是边说边抽泣。

这件事之后我就有意无意地对他多了一些关注，抽时间我找乐乐妈妈聊天，在聊天中得知他爸爸妈妈离婚了，他归妈妈抚养，但是爸爸又拒给抚养费，乐乐妈妈情绪特别不稳定，有时会对乐乐大喊大叫，责骂乐乐。慢慢地，乐乐就变得胆小、敏感、脆弱。

孩子虽小，可他的世界一点都不简单。他的小眼睛在用他独有的视角观察着这个世界里的人和事，有些事情不要以为孩子不理解，有时候他比成人理解得更好。孩子眼中的幸福就是爸爸妈妈能一块陪我去玩，就是爸爸妈妈不吵架。曾经看过这样一篇文章，其中讲到在每个孩子面前，都有一个“情绪的箱子”等着被爱填满。当一个孩子真正地感受到被爱，他就会正常健康地成长。但当那个箱子空了的时候，孩子就有了问题行为。而多数有问题的行为，都是因为孩子对“空箱子”中的爱的渴求所激发的。而乐乐就是因为面前的“情绪的箱子”越来越空。

作为父母，一定要知道爱不是绑架，爱是快乐的给予。你强迫给孩子的爱，孩子消化不了。孩子不吃饭，你逼迫他吃，还美其名曰：“我是为你好，我这么爱你。”可是你有没有蹲下来问问孩子为什么不想吃，是饭菜不合胃口还是哪里不舒服。你连情况都没有摸清楚就急于施爱，那和绑架有什么两样？爱也不是撕心裂肺，爱是春风化雨，你对孩子的爱如若春风化雨，润泽万物，那必定会收获遍地绿茵。孩子的天性是爱父母的，你为孩子做的一切，孩子都目睹并默默记在心里。同样我也想到了作为教师，更应该在平常的教学中用自己的专业素养敏锐地捕捉幼儿的心理变化，适时给予疏导和帮助，不要让自己认为的“为你好”变成捆绑幼儿的“枷锁”。

最后，我想说请学会真正爱孩子吧！成人的世界可以五味杂陈，但孩子的世界必须是干净透明的。不要让生活中的“废弃颜料”在孩子的“干净画板”上涂洒，还蛮横地打着“爱”的幌子！

老师，我害怕

北京市朝阳区佳华安琪幼儿园　王瑞伏

今日早间来园，宝马一把抱住我，用头蹭着小声说：“王老师，我害怕。”“为什么？”“爸爸说我奶奶要回老家给死了的人烧纸，老师，人为什么会死？他们死后去了哪里？”我回答他：“他们并没有死，而是活在我们心中。”听我说完后他看看我，有些沮丧地继续找小朋友进行建构活动。但是从他的表情中可以看出他还是不高兴。

回到班级中，小朋友们在自然角里面发现，蒜黄和蒜薹都长得很高，蒜黄尖已顶到盒子顶部并且稍稍弯下来了。这时，我突然想到这不就是生命力吗！可以将宝马的疑问转移到蒜苗的生长上，心理学中称其为注意的转移。在晨间谈话过程中，我以疑问句的方式向小朋友们提问：“如果蒜黄和蒜薹被剪下来还会再长出来吗？”幼儿们听到后嘘声一片，大声喊着“不要呀！王老师它们会很疼，就活不了了。”在唏嘘声的背后有另一道声音在说着什么，班级里幼儿发生一阵激烈的讨论，就听到讨论中似乎有另一个声音。“没事儿，就算它死了也没关系，就像人一样死后灵魂还是在的。再说它也不会死，肯定还会再长出来！”哦，是恩乐。我问道：“为什么？”“不长您就不会剪，要不然咱们就一盆剪一根，这样要是不长也没事儿，反正还有其他的。”“好，王老师剪掉了。”

过程中我观察宝马一直都在聚精会神地听着恩乐刚刚说的那番话，当恩乐说完后我再次观察宝马的表情，发现他没有那样疑惑而是平和许多。

我们再次对蒜黄和蒜苗进行观察，小朋友们发现被剪掉的两根长出新的梗了，而没有剪掉的顶尖部已经变蔫儿。这时我再次激发幼儿进行讨论："为什么会变蔫儿了?"幼儿回答道："因为它们变老了，就会枯萎！就像我们人一样也会变老。""那被剪掉呢?""它们又重新生长了。""就像我们的生命力一样坚强不息。""是的。"

借助两盆植物的生长我进行注意的转移，宝马害怕的事情也以《指南》精神为准绳，鼓励幼儿观察、感受、大胆想象、推理，让幼儿发现生命力的坚强不息。同时也保护宝马的好奇心，让他感受到生命力的顽强而不是"害怕"。我们要让孩子学会解决问题以及面对问题，而非让遇到的问题变成一个问题点，否则这个点就会一直变成疑问，时间久之，幼儿就会产生真正的害怕，严重的，幼儿会形成初步的焦虑和恐惧。所以我们要关注幼儿，发现幼儿问题，随时根据幼儿状况进行因材施教，做幼儿的支持者、合作者、引导者。

巧妙地调动孩子的积极性

广东省佛山市顺德区容桂振华幼儿园　梁敏英

餐后的那段时间，是孩子们自主的时间，也是孩子们最感兴趣的时间。为什么？因为我们每天有丰富的活动等着他们，搭积木、画画、折纸……在这每天都变化着的活动中，孩子们不同的技能也得到了锻炼和提高。

今天又是折纸时间，先吃完饭的孩子已乖乖地拿过纸开始折着小船、房子等。可是有几个调皮的男孩子就忍不住了，他们折出的火箭开始在教室中飞翔、遨游，于是兴奋不免就开始，骚动也开始。而且有些孩子折的东西都是那几样，没有进展。我发现活动目的缺少，孩子就容易乱。可在这段时间还学习，过于紧张，我也于心不忍。这时，我看见平时不太说话的铠昕小朋友正在认真地折小鱼，这可是以前小朋友很少有人会折的。我马上请铠昕小朋友到前面来："小朋友们，今天老师想请铠昕来做小老师，教你们折小鱼，你们想不想学啊?""想!"在一片响亮的"想"字声中，铠昕开始了"小老师"的教学。虽然孩子的教学不可能如同大人般清晰，需要老师在一旁帮忙，可是铠昕"小老师"教得投入，下面的小朋友也学得很认真，这种场面从来没有见过。没想到一遍下来，居然有半数的孩子学会了。然后我再请这部分学会的孩子做"小老师"，教旁边的小朋友。就这样，今天午饭后，孩子们成功地学会了折小鱼。"老师，我下次再教小朋友折东南西北，好不好?"铠昕这个平时不善言辞的孩子居然主动请缨，真让我惊奇。而同时其他的几个孩子也纷纷说："老师，我会折小猫。下次我来教大家折，好不好?""老师，妈妈教我折小狗了，下次我也来教大家折，好吗?"真没想到，孩子们的热情这么高。"行，以后我们每次都请一个小朋友做小老师，不过小老师教的本领必须是以前我们小朋友不会的，谁有新本领，就请谁做老师。"就这样，每周一次的折纸变成了孩子切磋折纸能力的时间。几周时间下来，我发现这招还真奏效，孩子们折纸本领强了，也有秩序了，孩子们的学习积极性也提高了，之间的交流也多了。

这件事使我感到，每项活动，孩子们的兴趣和积极性都来自于老师的正确引导和鼓励，只要教师能巧妙地调动起孩子的兴趣和积极性，孩子们的技能、语言表达能力就会得到进一步的提高。

问题·分析·重构："一盏茶时光"引发的观察记录研训活动

广东省深圳市龙华区龙华中心小学附属启智幼儿园　高伊莎

教师的专业成长离不开园本教研，作为我园教研员，我发现教师在撰写轶事记录中存在一些共性问题，基于此，一场关于观察中轶事记录撰写要点的研训活动应运而生。

一、审思现状，厘清思路

活动伊始，我利用幼儿穿珠子的视频导入话题：观察记录需要把看到的信息都记录下来吗?

答案显然非也，动态的教育现场存在着大量信息，若是没有观察目的和预设，抓不住重点进行记录，不仅让人一头雾水，更是让记录文本流于形式，失去意义。因此，我从理论依托出发，就描写小肌肉动作的三条观察记录为例，在教师猜测、分析、判断后阐释轶事描写中记录的重点、要点，同时强调，观察记录是幼儿发展到某一阶段的证据。

明确了观察重点，接下来便是围绕重点进行完整记录。然而，在现有文本撰写中，我们或多或少地会缺失某些项目，忽视这些信息下隐藏的价值。明确观察线索能够让我们有针对性地收集信息，让记录更全面、更有价值。

在分析具体例子的过程中，"如何描述，怎样的描述是客观的?"这一问题的抛出引发研训现场教师的思考，以往强调的儿童视角、我们都是儿童研究者、旨在儿童观重塑的各种教研活动给了我们些许答案，那就是我们的描述要尽可能地摒弃标签和主观臆断，努力在科学、准确观察的基础上理解孩子，从孩子可视化的具体行为表现中有理有据地分析。

二、关联实践，横向研思

经过对现有记录文本整理归纳，梳理轶事记录撰写的各项要点后，我们开始面对面研讨实操。教师围绕幼儿年龄特点，对标相应观察重点，在梳理的撰写要点中对记录文本进行分析，在做中研，在研中思。

三、思考与感悟

教育者的价值观该是教育者本人的儿童观、教育观，记录的方式可以多元化，但只有立足幼儿发展水平，树立正确的儿童观，教师才能不囿于方法的桎梏。与结构完整的观察记录相比，教育更需要教师视域的落地，不仅要看见一日生活中的儿童，更要看见儿童背后的发展与成长。

都说教育者要有"牵着蜗牛去散步"的心态，在一步一隅一景中，在偶遇山涧的小溪潺潺流水时，教师能够与孩子一同俯身驻足，屏息聆听，这一刻，我们离孩子最近，朱光潜那句"慢慢走，欣赏啊"的意境，就在教师观察孩子的过程中，随着花开之声，缓缓铺陈。

我为律动经验作铺垫

云南省对外经贸委幼儿园　范　俐

艺术教育应该始终把对幼儿的个性、情感的尊重放在首位，强调幼儿精神获得满足、愉悦的同时，培养其对美的感受能力。我们班的孩子很喜欢听节奏感强、欢快的音乐，节奏的欢快激起幼儿对活动的兴趣，简单的歌词孩子们也容易理解。另外，孩子们加入的表情、肢体动作，自发性的表现和创作体现着孩子们与生俱来的艺术潜能。

作为年轻教师，我在音乐教育的方法上常常会存在许多误区，在一次次教育实践中慢慢体现出来。在“三只小猫”律动教学中幼儿的表现能力高于表现技能，很多时候教师过多教授示范动作，掌控多，强调幼儿一遍遍地模仿老师，让音乐活动不知不觉变得千篇一律，另外孩子们受生活环境的制约，舞蹈动作积累较少，对动作缺乏创新。

为此我有了很多感悟：孩子们在各领域的活动中都蕴含着不同形式的艺术美，如体育锻炼的身体姿态美、动作节奏美，自然角中植物的形态美。通过不同的情景体验引起儿童情绪上的兴奋，对美好事物产生敏锐的感知，发现美的特征，从而激起他们审美欣赏的兴趣、进行艺术创作的动机。

律动课程中，大多数幼儿舞蹈动作的积累较少，难以想到其他舞蹈动作来表现音乐，让我联想到《指南》中的一段话：“在真实情景中感知真实的事物，通过观察外部世界加以模仿，从而获得经验并由此积累起丰富的感知经验，才有利于儿童进行艺术创作，从而提高艺术表现的能力。”当然音乐活动光感受是远远不够的，应当充分利用孩子的一日生活，通过听、看多种形式让幼儿体验音乐的丰富有趣。

于是我利用课后时间，让孩子们观看一些风格迥异、各国各民族丰富多样的舞蹈，对视觉进行刺激，丰富孩子们对音乐的认识，让孩子们更生动形象地了解音乐，还能了解到各地不同的文化习俗，更加喜欢音乐。

舞蹈动作规律可以分为从大的整体动作到小的精细动作，从不移动动作到移动动作，从单纯动作到复合动作。还可以尝试生活中常见的动作，比如走、跑、跳、拍手、点头等；律动模仿动作，比如模仿动物的动作，模仿自然界的现象；经过多年积累，已习得的舞蹈动作。教师引导式的提问，让幼儿根据律动和音乐主题对某个动作展开联想，以此激发孩子们的创造力和想象力。

另外在探索和创编中邀请幼儿表现，根据幼儿表现的情况，教师加以提炼美化动作，鼓励幼儿自由借鉴同伴好的动作，幼儿再次表现时，经验得到迁移才能创编出更多的动作。

美术活动对幼儿发展的重要性

云南省对外经贸委幼儿园　杨　炯

美术教育是艺术教育的一个组成部分，美术活动是一件特别愉快的事情，深受幼儿喜爱。幼儿借助绘画舒展内心的喜好和兴趣，表达着对外部世界的认识和感受，往往会画出成人意想不到的作品。

通过几十年的美术教学，我认为幼儿园美术教育在于培养和锻炼幼儿观察、记忆、想象表现和创造能力。在美术教育时应充分调动幼儿的积极性，每个幼儿有不同的看法和角度，因此画出来的风格是截然不同的，要善于引导幼儿去观察认识，体会生活中美好的东西，为幼儿营造宽松的环境，没有自由就没有创造。孩子会自己创作，从而获得更大的发展。要懂得欣赏幼儿的作品，正确面对他们在画中表现出来的内容。

洋洋是个想象力丰富的孩子，每次问他画的是什么，他能把一幅我们看不懂的画讲得栩栩如生，把我们带进了他的世界里。乱涂乱画对孩子来说是正常的，他有独特的感知和视角，所以我没制止也没批评他，而是去尊重他、欣赏他。孩子天生是艺术家，他们稚嫩的创造萌芽需要教师去发现、去接纳、去引导。所以不要忽视幼儿在绘画活动中的“说”，通过洋洋的表达，我脑海里瞬间浮现出一幅很美丽的画面。对于幼儿这种不符合常规的画法教师不要急着去否定，而是之后再去慢慢引导，使幼儿的绘画水平和语言得到发展。

恰当的指导、鼓励和评价，能激发幼儿创作的热情。培养孩子的动手能力和绘画兴趣要多鼓励多引导，不能一味地批评和指导。批评会造成厌学，指导会造成依赖。霏霏一节课自己什么都没完成只会哭，问她只会说“我不会，要老师帮我”，我们就多鼓励、引导、锻炼她，一学期下来霏霏进步了很多。孩子动手能力较弱，在活动中表现出不同层次的能力，为此我增添了提高动手操作能力的材料：线、图案简单的描红素材、简单的泥工制作、线条剪纸。活动中鼓励孩子大胆尝试，多表扬增强自信心。同时也和家长沟通，在家提供能锻炼手部精细动作的机会，不管完成得好与坏，不打压、不批评孩子，多给予孩子鼓励和引导，当遇到困难时引导孩子尝试去解决，培养孩子的毅力。让孩子在一个有尊重有爱的环境下健康成长。

这样下来孩子动手能力有了很大的提高，每次活动中遇到难题也能积极面对。所以画画对幼儿来说是百利而无一害，从小养成幼儿爱画画对幼儿的成长是很重要的。

一场语言“交易”

江苏省泰州市大浦中心小学附属幼儿园(碧桂园分园)　顾珊珊

“老师，老师!”我听到有孩子在叫我，像一只小小的黄鹂鸟，声音微弱而清脆。放下手头的工作，我回头去看——啊，果然是她呢！黑色的短发、偏黑的皮肤、小小的个子、红红的衣服，还有一个好长的新疆名字，大家都喜欢直呼她的姓——穆尼热。

学期初，穆尼热刚从新疆转学过来，因为年纪小，汉语学习时间短，与她使用普通话沟通存在一定的困难。时间久了，穆尼热变得更加不爱说话了，也不喜欢和其他小朋友一起玩，只是用那双黑葡萄一样的眼睛静静地看着我，我看在眼里，急在心里。

“穆尼热，早上好!”清晨，我站在班级门口迎接孩子们，穆尼热背着小书包走进来，我笑眯眯地摇了摇手，向她打招呼。穆尼热也笑着说：“早!”她的汉语还不够熟练，但是经过练习，简单的招呼语已经吐字十分清晰了。

这天我们正在户外游戏，突然有只小手拉着我的衣角拽了拽，很小声地说了句：“la sasa。”“嗯？什么?”我蹲下来拉着她的小手问：“怎么啦，穆尼热?”她又重复了一遍“la sasa”。我半猜半答地问道：“是要上厕所吗?”她看着我眨眨眼睛。我把她带到卫生间又问了一下：“是要小便吗?”她冲我抿嘴一笑。“la sasa，是这样说吗?”我也对着她笑了笑说：“呦，我也学会一句新疆话咯!”我想这是一个和她亲近的好机会，“穆尼热，我觉得会说新疆话很厉害，你愿意教教老师吗?”我蹲在她面前，摸摸她的头：“老师没去过你的家乡，但是听说新疆的好吃的、好玩的可多啦，你以后给老师讲讲好不好?”小姑娘点点头，我们的“交易”就这样达成了。这段时间，我们开始各自交上自己的“宝物”，我教她一句，她教我一句，因为年龄小，她对复杂的新疆话掌握也比较有限，但是教我一些“早上好”“吃了没”等简单的问候绰绰有余。就这样，普通话和新疆话的双语“交易”先在我们师生之间开展起来了。

一段时间后，穆尼热对普通话的熟悉程度越来越高，我开始组织班上的小朋友一起做游戏，比如：轮流讲故事，讲一讲家乡的方言，一起排一个小剧本等。“交易”活动扩展到孩子们之间，小朋友们总是拉着穆尼热，热心地教她普通话，穆尼热也成了大家的新疆话“小老师”，现在小姑娘在班级里收获了很多的友情，比刚入园时活泼了许多，普通话也越来越流利。

通过帮助穆尼热融入和适应班级，我渐渐明白，对于幼儿来说，他们也很希望自己的价值被肯定，不想被当作弱者、被帮助，而是贡献自己的价值，去换取真正的友谊，他们需要的不是同情，而是认可。

用付出感受爱

吉林省长春汽车经济技术开发区锦程幼儿园　张君雪

我带的是大班的孩子，开学时班级里就来了一位与众不同的男孩，入班两天一句话也不说，适应能力较差，他不喜欢和同伴交流，喜欢独自一个人玩。我耐心地找话题和他说话，他却只是看着我，经过了一个月的接触，才偶尔与我说几个词。与他交流时，他口齿不清楚，说话时一个字要重复好几次才能接着说下去，在集体教学活动中回答问题时这种情况特别严重，在着急或兴奋时也有结巴的现象。

与家长沟通后初步判断，这个男孩属于常见的模仿型口吃。男孩的父母都是做生意的，比较忙，孩子是由奶奶带大的，除了阴天、下雨下雪天，基本上每天奶奶都带孩子出去玩耍，隔壁每天都和男孩一起玩的小宇口吃，男孩因为好奇，觉得好玩，就学小宇说话，有了轻度结巴的问题。在原来的幼儿园，小朋友们总是笑话他，这给男孩的内心造成了很大的伤害。

了解这一情况后，我更加关注和关心他，私下总是悄悄地提醒他说话时不要急，慢慢说，平时还多与男孩交流，叮嘱他在说话时不要太用力，要放低音量，当说一句话的第一个字时，要缓慢地、轻轻地发出音，并逐渐变响，然后过渡到第二个字。慢慢地，男孩说“老师，早上好”的时候速度明显变快，有时候我还特别用心地挑选关于口吃的小故事讲给他听，让他了解口吃形成的原因以及矫正的方法，并引导小朋友之间遇到问题一定要相互关心，相亲相爱，多照顾男孩一些。还与男孩的家长沟通，在家一定要给孩子创造一个愉快安定的环境，消除他的思想负担，当孩子有口吃时，不要训斥，引导孩子讲话时放慢速度，多给孩子安慰和鼓励，要减少孩子口吃行为的有意注意，多让孩子听故事、讲故事，引导孩子树立克服口吃的自信心。男孩口吃现象有了明显的好转，虽然有时还会有口吃发生，但这已经是很大的进步了。他性格也开朗了许多，在班里有了许多的朋友，他现在并不在乎别人对他的看法，班里每个孩子都非常喜欢他，没有一个人会因为他的口吃而取笑他。这对纠正他的口吃非常有利，增强了他的信心，现在他也能很有信心地表达自己的见解，紧张情绪也明显减少。现在的他，每天一进教室就抱着我流利地问好，孩子在幼儿园点点滴滴的进步我都看在眼里，记在心里。

一个微笑赞赏、一个关注目光、一个信任点头，老师的付出都能让孩子感受到爱并回报以爱。

剪一剪

吉林省长春汽车经济技术开发区锦程幼儿园　栾　慧

为了丰富幼儿的手工活动，在美工区里纸工游戏的开展越来越多。我设计了“剪面条”活动，在“剪面条”的环节，我发现有的幼儿根本不会用剪刀，有的幼儿使用剪刀的方法不正确，甚至有的幼儿都不敢使用剪刀，看见宝贝们一个个眉头紧锁，我急中生智，想起了孩子们最爱玩的黏土，我立即用黏土代替了纸条，宝贝们的一个个小脸上又重新绽放出笑容。

通过此次活动，我在想为什么孩子们使用剪刀的能力会不足？于是我开始调查原因，了解到现在很多家长对于幼儿过度保护，把一切有隐患的事物排除在孩子的世界之外，剪刀就是其中之一，家长怕孩子玩剪刀时会受伤，经常阻止幼儿接触剪刀，长此以往幼儿缺少锻炼的机会，能力自然会下降。

在教学活动中，教师大多以撕纸、揉纸、贴纸为主，剪刀的运用相对较少，幼儿不了解使用剪刀的正确方法，从而缺少练习；幼儿有时把剪刀当玩具，出现相互打闹的现象，幼儿的安全意识不强，迫使老师平时也尽量不使用剪刀。现在，多数幼儿动手能力不足，大部分幼儿初次使用剪刀，个别协调能力较弱的幼儿更是如此，时间一久就形成畏惧心理。

我翻阅了《3—6岁儿童学习与发展指南》(以下简称《指南》)，根据《指南》健康领域中手的动作灵活协调中的内容，3—4岁幼儿能用剪刀沿直线剪，边线基本吻合。我打算让幼儿学会正确使用剪刀。

我先以讲故事的形式对幼儿进行安全教育，告诉幼儿正确使用剪刀的方法，让幼儿认识剪刀，并说明正确拿剪刀的方法，增强幼儿的安全意识。为了让幼儿不再畏惧使用剪刀，让使用剪刀变成一种快乐，我设计了“钻山洞”的游戏，利用幼儿最爱的手指游戏进行创编，使幼儿快乐学习。我鼓励幼儿随意剪，怎么剪都可以，在他剪下来时及时鼓励，做得好的给予及时的表扬，使幼儿获得成就感，这样幼儿就会大胆地使用剪刀，反复练习，乐此不疲。我准备当幼儿熟练时提高难度，做一些简单的拼贴画，在幼儿完成作品时给予粘贴纸的奖励，鼓励和表扬孩子们。

当然，对幼儿安全并正确使用剪刀的培养还不够，还需要带班教师和家长共同参与，一起挖掘多种途径和方法，充分发挥尝试教学、游戏活动的作用，以使幼儿得到更好的发展。让我们“一切为了孩子，为了一切孩子，为了孩子的一切”！让孩子能够变得更开心、更活泼，让我们与孩子为共同成长而更加努力向上！

班里来了个“小捣蛋”

贵州省贵阳市白云区第二幼儿园　王庆芬

这学期我们班转来了一个新生，孩子们都叫她“小苹果”，她长得白白净净的，看起来文文静静的，但是似乎她的长相和她的行为、性格不太一样，经常会有小朋友来告诉我：“王老师，小苹果用魔尺打我的头。”“小苹果把垃圾丢到我的牛奶杯里面了。”“小苹果又插队了。”“小苹果又和小赞一起欺负小朋友了。”……就连我上课的时候也专门跑到后面去，不仅不认真听，而且从来不回答问题，经常开小差，对于这种情况，我心里无数次想：这个小苹果，我得好好治治她！

刚开始上课时，每次小苹果坐到后面时，我总会把她拉到前面，然而上着上着课，有时候还会跑到后面去坐，每次活动我也会刻意叫她起来回答问题，可是她总是不愿意起来，不愿回答，有时甚至不起来，这可是让我不知怎么办了。

接下来一段时间，我忙于主题活动的审议和调整，也没有太多时间关注她了。最近我们的主题活动是“大画西游”，我们根据主题活动设计了教学活动“小猴画名字”“小猴写名字”，这天我在进行教学活动“小猴画名字”的时候，当我说“谁愿意上来设计一下自己的名字”时，其他小朋友都低着头，这时我看见一双白白的小手举起，我一看是小苹果，还有点不相信是她，她主动大方地上来用水彩笔很快地设计出来自己的名字，我把1块钱(我们班自己打印的纸币)奖励给了她，顿时她活蹦乱跳地把钱放进了自己的存钱罐，整个活动中她都很开心，很专注，这是这么久以来，我见过她最认真的一次。接下来，一次数学活动“认识人民币”，她直接主动地坐在了第一排中间，而且整个活动中积极举手回答问题，尤其在我出数学题的时候，她听得非常专注，我说：“我今天要去买一些水果，苹果1元，梨子5元，香蕉5元，这些水果一共要多少钱?”当小朋友们还在思考时，她第一个回答对了，这一次她又获得了1元钱作为奖励。

渐渐地，小苹果喜欢坐前面，喜欢听老师上课，不再是以前那个“小捣蛋”了。同时我也发现了小苹果身上的闪光点，区域活动她喜欢玩搭建，喜欢玩动脑、思维训练等游戏，特别喜欢拼魔尺，也喜欢和不同的小朋友一起玩了，和别人相处也知道谦让了。

看到小苹果的转变，我时刻反思自己的教育行为，时刻反思我给孩子们设计的主题活动。看到孩子们的变化和成长，我坚信自己的方向是对的，我也会和孩子们一起去玩“西游”，让孩子们主动去探寻和学习《西游记》里面的精华，去倾听孩子内心，我们真心给予孩子尊重和肯定，孩子们也会跟随你。

在阅读的花园里收获成长

山东省济南市市中区舜苑幼儿园　牛余雪

阅读能力是一个人未来从事各项工作必备的能力，也是获得成功的基本条件。孩子通过阅读，可以获得对所生活的这个世界的各种知识，提高对事物的认知能力。那么，如何培养幼儿的早期阅读习惯呢？我认为兴趣是最好的老师，孩子只有对阅读产生兴趣，才能感受到阅读之乐。

在一日活动中，班里的孩子们最喜欢听我给他们讲绘本故事了，记得我给他们讲《谁咬了我的大饼》这个绘本故事时，他们被故事中的情节深深吸引了。整本书充满了悬念，每个片段都很精彩，通过“牙印”贯穿故事的始终，最后的结局令人意外。一只小猪躺在一块看起来就很美味的大饼上，此时的大饼是完整的，小朋友继续看下去就会发现，在大饼上出现了半圆形状的缺口。“是谁咬了小猪的大饼呢?”带着这样的疑问，故事就这样展开了，小猪开始寻觅那个咬大饼“小偷”。它遇到了小鸟、小兔、鳄鱼、河马等小动物，便询问小动物们有没有咬它的大饼，小动物们通过咬一口大饼，证明它们牙齿的咬痕都与半圆形状的缺口对不上，从而证明了自己的清白。摸不清头脑的小猪在结尾再次提问：“到底是谁咬了我的大饼呢?”孩子们对动物们的咬痕进行了分析，最后判断是小猪自己咬了大饼。整节绘本活动，孩子们都表现得饶有兴致。所以，我以本次绘本故事为主线，举行了“故事大王”比赛，让孩子们通过讲述、表达、演绎这个故事，来提高孩子们的理解能力，发展孩子们的语言表达能力，引导幼儿爱上绘本，爱上阅读。

我在班级区域布置中，增加了绘本表演区域，孩子们自主进区进行绘本演绎。有一次，孩子们自主演绎了绘本故事《最好吃的蛋糕》，他们戴着故事中的小动物头饰，语言与动作惟妙惟肖，感情表达可爱有趣，把小动物们的天真演绎得很到位。《小熊拔牙》的故事也是孩子们最爱演绎的，小朋友将小熊的贪吃形象完美演绎了出来，羊医生的拔牙动作也很生动地展现了出来。绘本表演活动也培养了幼儿的想象力与创新思维。

阅读习惯的养成，不是一朝一夕的事，培养孩子阅读习惯的养成是天长日久不断重复的结果，贵在持之以恒。听故事是每个孩子的天性，讲故事是老师和家长的天职。阅读的世界广阔无限，充满想象、好奇与机遇。爱阅读的孩子理想远大，梦想无穷，愿每一位孩子都可以在阅读的花园中收获成长！

青青成长记

黑龙江省伊春市嘉荫县第一幼儿园　王洪娟

《3—6 岁儿童学习与发展指南》指出："发育良好的身体，愉快的情绪，强健的体质，协调的动作，良好的生活习惯和基本生活能力，是幼儿身心健康的标志，也是其他领域学习发展的基础。""幼儿的身心发育尚未成熟，需要成人的精心呵护和照顾，但是不宜过度保护和包办代替，以免剥夺了幼儿自主学习的机会，养成过于依赖的不良习惯影响其主动性独立性的发展。"

新学期开始了，班级转来了一个叫青青的小朋友。他的自理能力和肢体协调能力都较弱。穿脱衣服和吃饭都比别人慢，户外活动时也只能在地上跑跑跳跳，从不敢去大型器械上玩。

为了让青青得到全面健康的发展，我先和家长沟通，了解了孩子在家的情况。不出所料，青青妈妈是个急性子，嫌他吃饭慢就喂，嫌他穿衣慢就帮忙……我以专业的角度帮她分析孩子慢的原因，那就是家长包办代替太多了，无意中剥夺了孩子自主学习的能力。妈妈表示愿意配合我们，让他自己的事情自己做，和其他小朋友一样得到应有的锻炼。

得到了家长的配合与支持以后，我又在幼儿园一日生活中，有意锻炼孩子的生活自理能力和肢体协调能力。在穿衣服的时候，我教他《穿衣歌》，学习穿衣技巧，鼓励他不要着急，慢慢来。无论他穿得多慢，我绝不伸手，就是耐心地等待和及时地鼓励。大概过了一个月左右，青青穿脱衣物和吃饭的速度基本上和其他小朋友一样了。

有了一定的生活自理能力后，我又开始锻炼他的肢体协调能力。因为他的胆子小，不敢上大型的器械上去玩。我就鼓励他："不要怕，勇敢地往前走，我就在你的身边，我会保护你的。"过独木桥的时候，他的腿抖个不停。我先给他一只手，让他扶着我的手往前走。走过几次后，再鼓励他张开双臂自己走。他在上面走的时候，我就张开双臂保护他，给予他足够的安全感。慢慢地，他的腿不抖了，过独木桥的动作也越来越熟练了，而且还和别人一样，敢从高高的架子上跳下来了。

看着青青的进步，我觉得很欣慰。我的努力和付出终于没有白费，又一个孩子得到了全面健康的发展。在幼儿园里，像青青这样的孩子还有很多，家长的过度包办代替和溺爱无意中剥夺了孩子们全面发展的机会。作为幼儿园老师的我们，有责任和义务用我们专业的知识去帮助和引领更多的家长配合我们的工作，让所有的孩子都能得到全面健康的发展，长大后成为祖国的栋梁。

躬身入局

广东省深圳市南山区科技第三幼儿园　朱　晶

清朝名臣曾国藩说过："天下事，在局外呐喊议论，总是无益，必须躬身入局，挺膺负责，方有成事之可冀。"这句话的意思是，无论干什么事情，光是站在局外讨论，注定是没有用的，必须积极投身到其中，挺起胸膛担负起该担的责任，才有可能实现目标、收获成功。"得到"App创始人罗振宇在2019年"得到"跨年演讲中，就借用曾国藩先生的"躬身入局"，提出从旁观者变成置身其中的人，把自己放进去，解决问题。"躬身入局"，让我联想到教师的教育实践问题。

小班第一学期，有一次户外活动的自选活动时间，孩子们大多选择在大型玩具区游戏，有的孩子在有一下没一下地滑着滑梯，有的孩子在滑梯下捡树叶，出现在我面前的是一张张熟悉而漠然的脸庞。想来也是，在户外活动时间里，老师们反复强调的是安全问题，孩子们在诸多的规则面前，对游戏有些乏味。于是，我走到一个滑梯前面，看着正在滑滑梯的孩子，开始数数："1，2，3……"他看着我笑了，滑下来后马上又上楼梯，接着又滑了一次。另一个孩子看到了，加入他的队伍中，我还是继续数："5，6，7……"慢慢地，越来越多的孩子加入进来，不到一会儿工夫，他们自发地形成一个循环的小圆圈，一个跟着一个上楼梯，一个跟着一个滑下来，就这样我不间断地数了100下，数到100的时候，孩子们兴奋地大声欢呼，终于看到了一张张洋溢着灿烂笑容的脸庞！

这次的数数滑梯游戏被孩子们保留了下来，每次来到大型玩具区，孩子们都会要求我来数数，他们来滑滑梯。更让我意外的是，在一次数学活动的时候，发现孩子们可以连续数好多的数字，我想这也许是数数滑梯游戏的效应吧。回想起来，我一个小小的举动，引发孩子们自主创造了一个小游戏，这真让我惊讶和感叹。躬身入局，将自己放到孩子们的各种游戏和活动中，多一些小举动，多一些小思考，做孩子的伙伴、资源提供者与指导者，让孩子们重拾笑容，体验开心，体验成就，让孩子们探索、发展和收获，是多大的一件幸事。

观察记录

烧烤店开张啦

江苏省淮安市新星幼儿园　田小娟

【观察对象】元宝　　**【年龄段/班】**大班

【观察时间】2020 年 12 月

【观察背景】

班级每日上午自主游戏时间，孩子们在班级或者阳台进行自主游戏活动，元宝自创了烧烤店的游戏。

【观察目标】

了解元宝在角色游戏中的经验。

【观察过程】

实录 1：

元宝在搭建积木，忽听到旁边有叫卖声，转头一看，其他几个孩子用积木搭建了烧烤架，用泡沫垫当起了食物，他们在卖烧烤。老师见到这种初见雏形的烧烤店食材全是替代品，便询问："你们的烧烤店有什么食材可以卖?"三个孩子均能说出卖的是什么。问他们烧烤店的分工是怎么样的？三个孩子均能说出自己所扮演的角色。

讨论：在烧烤店中有替代物但是不多，我们可不可以自己动手做，更形象一些？来方便老板或者顾客认识？

经过孩子们的讨论，他们决定利用家中的纸箱、纸盒进行改造变成烧烤炉，里面的食材可以自己画，穿食物的竹签为了安全可以用细条硬纸板去代替，为了更结实可以用外卖里面送的一次性筷子或者塑料吸管。

实录 2：

纸箱做的烧烤架是元宝前一天晚上自己在家做好，第二天一早带入幼儿园的，带来以后在游戏时间就开起了一家烧烤店。她自己还配备了很多自制的烧烤的材料、调味瓶以及打包盒、打包袋。但是来购买的人寥寥无几。

讨论：如何让自己烧烤店的顾客多起来，生意好起来？

孩子们提供了很多方案：可以吆喝；可以买一送一；可以在手机上点外卖；可以邀请隔壁中班、小班的弟弟妹妹们来购买；等等。

实录 3：

烧烤店开张以后生意很火爆，店里有厨师、服务员，顾客也很多，还吸引了周围班级的小朋友。元宝能主动地邀请同楼层的中班、小班的弟弟妹妹们来她的烧烤店进行品尝。离开的时候，尽职的服务员还不忘叫弟弟妹妹们付完钱(用魔尺拼出方块代替二维码)再走。

【观察分析与措施】

分析：通过以上 3 个案例，可以看出元宝各方面都发展得很好，每次的烧烤游戏都能够持续性地玩 25—30 分钟，游戏中会以物代物。在角色游戏中，能够清楚自己是"烧烤店店长"的身份，对自己的"店员"有明确的角色分工。从游戏情节中的语言交流来看，元宝在游戏中基本上能够以角色的身份与同伴进行对话，而且不仅能与"烧烤店的店员"合作，还能主动找同楼层的中班、小班弟弟妹妹进行积极的互动，与多名幼儿进行合作游戏。在游戏中遇到问题的时候，能够主动地使用各种方法与同伴共同解决问题，提升经验。

措施：

1. 通过梳理对元宝的观察、作品分析、游戏经验和教师记录的游戏观察表，与幼儿共同商讨如何进行下一步的烧烤店游戏。

经过讨论，幼儿建议可以进行烧烤店的宣传，让同楼层更多班级的小朋友都来我们班级的烧烤店进行游戏，还可以通过吆喝、买一送一、在手机上点外卖、邀请隔壁中班和小班的弟弟妹妹们来购买等方式，吸引更多的顾客。

2. 为幼儿的发展制定目标

谁?	元宝
做什么?	制作宣传海报或者宣传 PPT
在哪里做?	美工区或家中，然后到其他班级宣传
怎样做或多久做一次?	根据自己想法做
在什么时候?	一周后

3. 活动计划和实施

教师鼓励元宝独自或者小组合作制作宣传海报或者请家人制作 PPT，元宝自己和其他感兴趣的幼儿担当小小宣讲员，到其他班级进行宣讲。

给幼儿欣赏真实的烧烤店场景或者请家长带孩子们体验烧烤店，让他们能够进一步提升经验。

帮助科科学爱护小动物

广西壮族自治区南宁经济技术开发区第一幼儿园　梁树桂

【观察对象】科科　　**【年龄段/班】**中班

【观察时间】2020 年 5 月 12 日、2020 年 5 月 19 日

【观察背景】

科科喜欢独来独往，他不善于与别人交流。有一次，隔壁班的老师过来跟我说，科科把他们班饲养的金鱼弄死了。如果成人对科科这种行为不能及时给予引导和纠正，科科将会继续这样做，甚至形成恶劣行为。我们将通过观察、及时引导，教育科科改掉不良行为。

【观察目标】

1. 了解科科伤害小动物的行为和原因，激发科科爱护小动物的情感。

2. 通过教师和家长的干预，让科科逐渐学会主动与别人交流。

【观察过程】

2020 年 5 月 12 日

手工活动中，科科尝试着用剪刀剪纸做手工，别人都利索地进行操作，但是他似乎很难完成手里的手工作品。当小朋友们专注地用剪刀进行手工制作时，科科突然拿着剪刀走到鱼缸旁，趁大家不注意时把剪刀伸进鱼缸里，等老师飞奔过去制止的时候，很可惜，已来不及了，科科的剪刀一下子剪掉了金鱼的尾巴，金鱼在鱼缸里扑腾，下午金鱼便死了。

2020 年 5 月 19 日

户外活动中，幼儿三五成群、自由结伴自主选择材料游戏。科科先是这边看看，那边

瞧瞧，没能融入小朋友的游戏当中。他望了望，看见彦彦在玩摇船，他就跑了过去推摇船。过了一会儿，彦彦跑过来委屈地跟老师说："老师，科科推我。"老师过去问原因，调解矛盾。又过了一会儿，彦彦又急急地跑过来说："老师，科科用手抓鱼缸里的鱼！"结果，那条金鱼也死了。

【观察分析与措施】

分析：经过与父母沟通，了解到科科的爸爸是军人，妈妈忙于经营皮包店，科科周末到其母亲皮包店所在的商场独自玩耍，很少与同龄人交往。其父母在物质上尽量满足孩子，却忽略了孩子的情感需求。科科自理能力较弱，又是插班生，对陌生的环境产生精神压力，在格格不入的人际关系里无所适从。当他无法对父母和小朋友、老师发泄情绪时，温顺可爱的小动物就自然成了他缓解心理压力的发泄对象，通过虐待小动物显示自己的力量，以获得心理安慰、平衡。

措施：1. 给孩子一个能感受爱和关怀的环境。家长和老师多观察、多关注、多关心幼儿，鼓励科科跟别的孩子一起玩，给他们爱的教育。教师要经常鼓励别的幼儿和科科多多交往，与小朋友发生矛盾时，教师要及时引导科科使用交往技巧，多体验与小朋友游戏的乐趣，增强科科的自信心。

2. 让孩子了解动物的死亡的不可逆转。通过让幼儿饲养动物，并一起做饲养前的筹备工作，为它准备好食物、养分、空间，了解所有生命都是平等的，激发幼儿爱惜小动物、不伤害小动物的情感。

3. 家长的配合必不可少。引导父母多与幼儿沟通交流，以免精神压力转化为行为发泄。

小班美术活动中的教师指导行为

广西壮族自治区南宁市广西演艺职业学院　莫诗蕾

【观察对象】南宁市 A 幼儿园 B 教师　　**【年龄段/班】**小班

【观察时间】2021 年 4 月 9 日 15：40

【观察背景】

艺术教育中美术教育的环境对于幼儿想象力和创造力、审美能力等有着重要影响，教师的高控课堂、过分指导甚至代替完成等不当行为会使美术教学偏离轨道。

【观察目标】

推测教师教学的三维目标，分析 A 幼儿园 B 教师在美术活动中的指导行为，有针对性地提出改进措施，同时也是幼儿园的教研活动。

【观察过程】

课堂内容：美术教学活动"宝宝的毛巾"。

教师示范：拿出空白格子毛巾，在一个格子上填涂绿色(参照《指南》小班幼儿对颜色的审美情况)，并询问幼儿"涂上绿色好看吗"，只有几个幼儿进行肯定回答。教师应该乐于倾听幼儿真实的感受和想法，领会和尊重幼儿，不能用成人的标准要求幼儿。教师之后又填涂了橘黄色和紫色。

开始分发空白格子毛巾图，让幼儿填涂。填涂前教师提醒幼儿不能撕破油画棒的"衣服"，让幼儿爱护油画棒。

在幼儿填涂时出现的情况如下：

1. 幼儿在填涂时仔细认真，涂完每个格子之后都会精心地去挑选下一种颜色的油画棒，乐在其中。

2. 大部分幼儿首先填涂的格子的颜色与教师示范时填涂的格子的颜色相同。之后填涂的颜色都是绿色、橘黄色和紫色的邻近色，即教师示范色。幼儿好模仿，对颜色的审美是一个长期的过程。

3. 只有少部分幼儿是按照教师说的从上至下的方法进行填涂。小班幼儿对从“上”到“下”这个方向不够敏感，也不能完全达到教师的要求。多数幼儿选择从格子最中心的地方向外涂，从最安全的地方开始填涂，以适应教师“不能涂到格子外”的要求。

4. 班中教师直接握住幼儿的手按照教的方法进行填涂。在进行指导之后，给幼儿更多自由操作的时间，让幼儿更好地探索。

5. 在幼儿选择某种颜色时，教师提出“这个颜色不好看，换一个”。教师在引导幼儿选择颜色时带有太强的主观意识，并强加在幼儿行为上。

6. 有幼儿同时填涂两种颜色，并且在教师提出修改意见之后仍然坚持自己的做法。在填涂过程中，幼儿有告状行为，并能根据教师所提的填涂要求准确指出告状对象的行为。幼儿通过记住教师要求，观察同伴行为等方式吸引教师注意力。

7. 按照教师所述进行填涂的幼儿受到表扬，作品被拿出来当作范例，反之则被批评。

【观察分析与措施】

纵观整个教学活动，可以看出教师对于所授知识有一定了解和计划，在指导幼儿时存在个人意志较强的问题，能及时对幼儿进行指导和提供帮助。活动计划明确，说话条理清晰，环节衔接自然紧凑。在拓展延伸上教师并未作过多说明。

一个吻

中国人民解放军32151部队幼儿园　冀艳敏

【观察对象】鸣鸣　　**【年龄段/班】**小班

【观察时间】2020年9月22—24日

【观察背景】

鸣鸣为新入园幼儿，由于身体原因经常请假，所以入园将近一个月还不能适应幼儿园生活，早上和午睡有哭闹现象。

【观察目标】

通过观察幼儿哭闹等行为表现，分析幼儿心理状态，正确引导，安抚幼儿。引导幼儿能愉快地来园。

【观察过程】

午睡时，病刚好的一鸣又开始哭闹着找妈妈。为了不让吵闹声打扰其他幼儿午睡。我便把他带到活动室，故意把玩具撒在地上让他帮忙捡起来放好，转移他的注意力。等其他幼儿都睡着了，鸣鸣已经在活动室坐好。我轻轻地走过去问他：“鸣鸣，老师拍拍你睡觉，好吗?”一鸣带着哭腔说：“我不睡，我要找妈妈。”我赶紧说：“好，不睡，老师陪着你玩。”在陪伴中他的情绪渐渐稳定。

到了第二天午睡时，鸣鸣情绪仍然低落，不愿意午睡，我便把他轻轻地搂在怀里说：“鸣鸣，老师像妈妈一样抱着你保护你，你闭上眼休息一会儿，好吗?”他轻轻点点头，慢慢闭上眼睛睡着了。离园时，在和她妈妈的沟通中了解到，鸣鸣爸爸妈妈工作忙，平时由爷爷奶奶照顾。老人比较溺爱他，对他的事情大包大揽，到现在不会自己吃饭、不敢独立如厕，造成了他过分依赖，缺乏安全感。临走时我和鸣鸣妈妈达成共识并提醒她坚持送鸣鸣来园，保证来园连续性，逐渐适应幼儿园生活。

到了第三天中午，鸣鸣情绪已经比较稳定，我没有急于让他睡觉，而是安排他做了我的小跟班，负责陪伴小朋友睡觉。当所有小朋友都睡着后，他竟然主动躺在了床上并看着我，好像在等待什么。我走过去在他的脸上亲了一下说："最棒的鸣鸣，睡觉吧！做个好梦，梦里一定要有老师哦。"他开心地抱住我回吻了我一下，闭上眼睛睡着了。晚上妈妈来接时，他兴奋地说："老师也像妈妈一样亲我了。她也能保护我，陪我睡觉，我明天还要来幼儿园。"听着孩子稚嫩的声音，我心里很欣慰，谢谢鸣鸣妈妈告诉我他每天睡觉前都要妈妈一个吻才能睡着。原来面对他，不需要太多，只需要一个吻啊。

【观察分析与措施】

新生入园哭闹是很正常的现象，作为老师要及时和家长沟通，了解幼儿家庭教育的模式，在家园共同配合下针对性地教育幼儿克服入园焦虑。对于过分依赖的幼儿，老师要时刻保持有爱心、耐心和解决问题的信心。让幼儿感受到老师像妈妈一样的关爱，让他有安全感，尽快适应幼儿园的生活。

大型室内阳光积木

北京市京源学校幼儿部　于雅迪

【观察对象】积木区幼儿　　**【年龄段/班】**大班

【观察时间】2021 年 4 月 8 日

【观察背景】

阳光积木是我们幼儿园大班建构的一个新亮点。它色彩明亮，种类多变，有 15 种不同形状的积木，根据幼儿不同年龄阶段的特点，可以进行不同难度的拼搭，满足幼儿不同的发展水平。

【观察目标】

1. 在主题搭建中，不断丰富情节，运用多种技能搭建结构更复杂和富有创造性的物体。

2. 能主动协商，协助建构。

【观察过程】

建构区是大班小朋友特别喜欢去的地方，在这里，每天都"直播"着孩子们探索、尝试、学习的故事。这一天，几位好朋友相约选择了去建构区，来，看一看他们会有什么有趣的故事发生呢?

(一)情景一：第一次"闪亮登场"的海盗船

进入建构区后，恒恒、宁宁两兄弟开始了海盗船的搭建。宁宁负责船的前半部分，他先用三角形的空心砖搭了一个尖尖的船头，用了长方形的空心砖当地基，围成大船的前半部分，然后用大长方形继续延长船体。恒恒则不同于弟弟的思路，用小实心的长方砖来搭建船体的后半部分。

这时，成长和禹贤被兄弟俩的搭建吸引，过来围观，此时成长对恒恒提了一个小问题："恒恒，我参观过大轮船，船上都有个船长，他还有自己的驾驶座位呢!"恒恒、宁宁一听同伴的这个想法，觉得很好，立马去收纳架上选择材料。几位朋友一起搭建一轮海盗船(见图1)。

图1 首次亮相的海盗船

(二)情景二：丰富我们的游乐园

由于海盗船的“惊艳”亮相，游乐园的设计团队又加入了几位新的设计师。

雅婷和博滢两位是旋转木马的设计师。因为看到了海盗船方向盘而受到了启发。用圆柱把“方向盘”横着穿过来变成旋转木马的旋转柱。但很快她俩就遇到了问题。上面的“旋转柱”太沉了，立不住。我观察了一会儿，过来鼓励她们：“柱子立不住了是因为什么?”博滢说：“上面太沉了。柱子受不住。”我说：“既然你已经知道问题在哪里，你觉得应该怎么解决它呢?”雅婷想了想，又看了看收纳架上的阳光积木，选择了一个方形、可拼插的蜂窝积木，于是，我们一起尝试给旋转木马安装底座(见图2)。

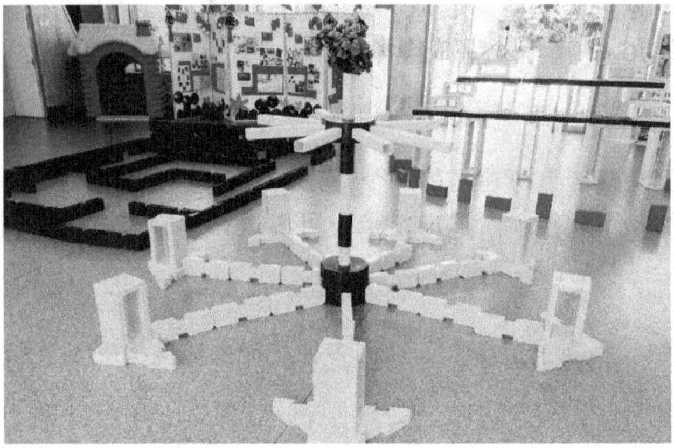

图2 加固后的旋转木马稳固又结实

【观察分析与措施】

教师在建构活动最开始时，第一，先由幼儿自由选择同伴。这样的组合较坚固，同伴之间很少产生争执和矛盾。潜移默化地引导幼儿体验与同伴合作的快乐。第二，自主选择搭建主题。这里教师可以引导幼儿从身边熟悉的方面来确定主题。幼儿对搭建的主题越熟悉，后面他们搭建的过程就会越得心应手。第三，鼓励幼儿使用多种形式来对搭建物进行设计，如画设计图、找与之相关的图片等来帮助自己构建大体的框架，逐步学会先计划、设计再动手搭建。

分水果

——生活活动中的数学探究与学习

山东省淄博市市直机关第三幼儿园　钟雪娇

【观察对象】禾禾、睿睿　　**【年龄段/班】**小班

【观察时间】2021 年 3 月 15 日

【观察背景】

在为小伙伴们准备水果的过程中，两个孩子遇到了难题：每桌 5 人或 6 人，每人 1 块香蕉、2 个圣女果，要把这些水果准确地放在 1 个水果盘里，该怎么办呢？

【观察目标】

小班幼儿如何根据人数来分水果。

【观察过程】

准备水果的时间到了，禾禾说她想为大家来准备。

今天水果是香蕉和圣女果，我简单示范后，禾禾开始切香蕉，她将香蕉一切为二，并放在水果盘里。

我说："我们不仅要切好香蕉，还要给每桌的小朋友把水果放在盘子里。"

"好的，老师，有的桌子 5 个人，有的桌子 6 个人。"说完，就边数边把香蕉放在水果盘里。

（禾禾很善于观察，她发现每张桌子旁坐的人数不一样，知道要根据人数分水果。）

睿睿看见了，说："禾禾，我们一起来数吧！"

"好啊！"

他们开始往一个水果盘里放香蕉，禾禾发现两人一起放，数量和自己数的不一样，她说："咱们别往一个盘子里放了，我一个盘子，你一个盘子，自己分自己的。"

于是，他们分别往盘子里放香蕉，每人 1 块，很快就分完了。

该分圣女果了，我说："每人 2 个圣女果，你们来分吧。"

开始分了，"1，2，3，4，5，6。"他们边数边放，可一个盘子里却只有 6 个圣女果，我问："每人 2 个，数数看，你们放进盘子里的够每人 2 个吗？"

禾禾指着盘子："1，2，3，4，5，6，不够，只够每人 1 个！"说完，她又开始放，边放边说："老师，我不知道放了几个人的了，一个人 2 个，怎么数啊？"

（对于小班孩子来说，每人 1 个香蕉比较简单，但每人 2 个圣女果，每桌有 5 人或 6 人，就有难度了。）

"我会这样数，"我右手一次拿 2 个圣女果，往盘子里放一次，左手就伸一个手指，1，2，3，4，5，指头全伸完了，圣女果也分完了，"这是我的办法，你们的呢？"

（当孩子遇到困难时，我选择用示范的方式，既给了孩子方法的引领，又引导他们思考。）

睿睿想了想，拿起圣女果，"1，2；1，2……"数起来，每数一次，就伸出一个手指头，伸到 4 个手指的时候，已经放好的圣女果没有了，她又拿了 2 个放到盘子里，看了看左手，说："老师，我数完了。"

（睿睿没有用我的方法，因为盘子里已经有放好的水果，她数一次"1，2"，就代表够了一个人的，这个方法很实用。）

禾禾呢？她把水果盘里的香蕉靠在盘子一侧摆整齐，一次拿出 2 个圣女果，对应的放在每一块香蕉的后面，直到每一块香蕉的后面都有了 2 个圣女果。

（用对应的方法来放，一个香蕉后面对应 2 个圣女果，这个方法很巧妙。）

【观察分析与措施】

两个孩子用自己的方法又各自准备了一盘水果，并且把水果盘端到小朋友的桌子上，端的时候，他们先仔细看，有 6 个人的桌子上就放 6 人份的盘子，5 个人的桌子就放 5 人份的盘子。

分水果活动提升了孩子的生活技能，更让他们在实践中发现问题，思考问题，最终学会解决问题。

合作游戏乐趣多，生活经验来帮忙

湖北省省直机关第三幼儿园　谢文思

【观察对象】乐乐、煊煊、姗姗　　**【年龄段/班】**小班

【观察时间】2020 年 6 月 18 日

【观察背景】

在昨天的区域游戏中，乐乐小朋友选择了拼插积木，不一会儿我就听到他的喊叫："谢老师，你快来!"随着他兴奋的叫喊声，我来到了他的身边。"你看我拼的是什么!"我看着桌子上一堆摊开的积木，摇摇脑袋说："我完全看不到呀！你拼的什么?""隐形飞机!"他骄傲地说道。这时同一组的两个男孩子听到了，目光随我一同落到了那堆积木上。只见他从积木堆里"抽"出了他的飞机。"哇！我也要拼。""我们一起玩吧!"一次有趣的合作游戏就此展开。

【观察目标】

1. 材料的充足性与多样性如何推动幼儿自主进行区域合作游戏。

2. 日常生活中累积的生活经验在区域游戏中如何凸显。

【观察过程】

区域游戏开始后，煊煊小朋友选择了他最近最感兴趣的乐高积木，只见他将一小筐积木放到了桌子上，不一会儿的工夫就拼搭出了一个房子的形状。这时，乐乐小朋友看到了，连忙问道："你这是什么?""警察局，抓坏人的!""那警察局里有枪吗?"乐乐是个不折不扣的"军事迷"。煊煊回答道："还没有建好，没有枪。"只见乐乐转身去了建构区，拿出了水管积木："我来拼一把最厉害的机关枪给你!"不一会儿，一把"机关枪"摆在了"警察局"的门口。煊煊和乐乐玩得不亦乐乎，这时一旁的姗姗也想加入他们的游戏，于是姗姗将两个水管积木拼插到一起，做成了一排电话。"这个是报警电话!"姗姗边说边接起了电话："喂，这里是警察局，可以帮助你吗?"三个小朋友像模像样地玩起了警察局的游戏。

【观察分析与措施】

1. 小班幼儿大部分社会交往能力都是在游戏中体现的，教师应该在合理地投放区域材料的同时，充分给予幼儿自主交流、自由合作地进行区域游戏的机会，并能指导幼儿在合作游戏中友好地提出加入请求。

2. 幼儿的社会性主要是在日常生活中通过观察和模仿潜移默化地发展起来的。我们可以利用生活机会和角色游戏，帮助幼儿了解身边与自己相关的社会服务机构及其工作，体

会机构给大家带来的便利和服务。

3.《指南》解读中将建构区域规划为表现性活动区，指出建构游戏是融合思维、操作、艺术、创作为一体的活动，是幼儿阶段不可缺少的一种体验，我们必须提供足够的空间、充足的材料以及充分的时间，保障幼儿建构游戏的开展。

我们一起送船靠岸

广东省深圳市龙华区龙华第二小学附属美丽365幼儿园　胡凯平

【观察对象】幼儿　　**【年龄段/班】**大班

【观察时间】2021年4月

【观察背景】

探究沙水游戏活动。

【观察目标】

了解幼儿在沙水活动中实施的过程。

【观察过程】

在幼儿已有的前期经验基础上，开展了“我们一起送船靠岸”的沙水游戏活动。刚踏入沙水池，小朋友们就争先恐后地去拿材料。老师说：“小朋友们，你们谁负责设计图纸呢？谁负责拿材料呢？”在教师介入后，晨熙小朋友说：“那我来负责设计图纸，你们负责拿材料。”于是其他小朋友去拿材料准备搭建。在取材料的过程中，晨熙已经把图纸设计好：“我们要先建造一个斜坡，从斜坡这里上去，然后再直直的，快到终点时直接滑下来。”豆豆小朋友说：“那我们开始搭建吧。”过了几分钟后，馨宝接着说：“这很简单，对不对？你看我们都搭建好了，我们现在可以送船靠岸了。”豆豆小朋友拿了小船试了试：“这个是斜坡的，上不去了，我们搭建错了。”馨宝说：“我们设计图就是这样的，没有搭建错。”两个人谁也不让谁拿，吵起来了。胡老师说：“那我们的船现在上不去，你们想想是哪里出问题了呢？先观察然后再解决，胡老师相信你们可以做到的。”就在这时。晨熙紧接着说：“那我们就要更改设计图，把这个斜坡重新更改。”小宝说：“对啊，我可以先做管道，但是需要另外一个小朋友扶着。”晨熙说：“还要再加长一点。”发现问题后，在没有老师的介入下，小朋友自己解决了问题。他们再次把管道搭建好了，却发现船过不去。这时候豆豆小朋友说：“船过不去，是因为你的坡度是从高到低，这边比较高，船都过不去了。”于是大家又继续调整后，准备送船靠岸，豆豆小朋友又说：“水要大点，这样才有冲力，实心球才能流下来；船太轻了，我们可以在船的后面加上实心球。这样子水流下去的时候就有浮力能冲下去了。”

【观察分析与措施】

1. 在活动过程中，教师给予幼儿足够的游戏时间，鼓励他们进一步深入地思考。

2. 在游戏中，孩子们主动探索、相互合作，既体会到分工协作的乐趣，还提升了沟通技巧和社交能力。

3. 沙水活动过程中，孩子们通过观察船和小球的流动，感受水的浮力和水的流动性。

期待已久的沙水游戏课

广东省深圳市龙华区龙华第二小学附属美丽365幼儿园　李敏菲

【观察对象】萌萌　　**【年龄段/班】**中班

【观察时间】2020年12月14日

【观察背景】

沙水游戏“激流勇进”。

【观察目标】

了解幼儿在沙水游戏中的已有经验及最近发展区。

【观察过程】

小朋友们最期待的沙水活动课马上要开始了，萌萌小朋友主动请缨参与今天的活动课。活动开始了，今天的沙水活动主题是搭建“激流勇进”设施，老师问小朋友们：“小朋友们，你们知道什么是‘激流勇进’游戏吗？在什么地方看见过？是怎么玩的？有什么特点？”萌萌小朋友眼珠子一转，很快就形象地比喻出来：“我知道，它是在游乐场里面，从高高的地方，有一艘船滑下来，然后下面有水。”

在一番了解以后，老师请小朋友尝试搭建“激流勇进”通道，萌萌小朋友很快就按部就班地执行去了，她主动邀请好朋友小云和然然加入一起完成，一边搭建着一边说：“水是往低处流的，我要搭高一点。”她搭建的支架阶梯分别是1阶、3阶、6阶、8阶、9阶，再拿起剖面直管从低到高铺上，然后很开心地和小伙伴们说：“耶，我们完成了。”然然说：“我们加入水试一试吧。”大家应和着说：“好啊，我们请老师帮忙加水吧。”

于是老师帮忙接水给萌萌倒入以后，发现会漏水。“怎么这里会漏水啊？”一旁的小云观察着。萌萌见状：“老师，我想要把这个剖面直管放在下面。”稍作调整以后，终于成功了，几个小朋友开心不已：“萌萌，我们太厉害了对不对？”“我们加上小船，来玩‘激流勇进’的游戏吧。”“好啊。”

【观察分析与措施】

在游戏中，萌萌对“激流勇进”设施有社会经验，所以很清楚地说出它的特征，并懂得基本的搭建步骤，先是搭支架，然后再搭平面主体，能逐步增加支架的数量，但还不能有规律地增加，如 1 阶，3 阶，5 阶，7 阶，9 阶…… 可以对萌萌提出更高的要求。这样，她有了奇数概念，对往后的沙水搭建活动能起到重要的帮助作用。

在社会交往方面，她能在相互的游戏中，主动邀请好友合作、思考与交流，遇到困难时能主动请求老师的帮助。

黄瓜宝宝，我们来照顾你

浙江省杭州市西湖区文苑幼儿园　文世兰

【观察对象】杭杭、小爱　　**【年龄段/班】**小班

【观察时间】2021 年 4 月

【观察背景】

在上次的班本课程中，孩子对黄瓜产生了浓厚兴趣。小班的孩子喜欢玩表演和角色类的游戏，会自编自演进入游戏角色里。为了让孩子获得更多的游戏自主空间，应该给孩子创造自主游戏的环境，让他们自主选择游戏的玩法，体验游戏带来的快乐！

【观察目标】

1. 观察幼儿在游戏中生发出的游戏情节。
2. 了解幼儿的兴趣需要，为幼儿提供多种支持。

【观察过程】

在娃娃家区域游戏时，杭杭对小爱说："带黄瓜宝宝去哪里玩好呢？我一点也不想在教室里玩。"老师："你们想带黄瓜宝宝去哪里玩？"杭杭抬头看了一眼窗外的滑梯说："我想带黄瓜宝宝去滑滑梯。"老师："你的想法很好哦！老师支持你们带黄瓜宝宝去滑滑梯。"

杭杭上滑梯时不小心把黄瓜宝宝掉在地上摔断了，杭杭失落地捡了起来。小爱说："黄瓜宝宝受伤了，摔得好痛。我们赶紧送他去医院。"杭杭说："我是医生。""医生"检查了黄瓜宝宝，给黄瓜宝宝贴上了创可贴，认为摔得很重，现在需要妈妈来照顾了。

小爱提醒道："你忘记给黄瓜宝宝吃药了。""医生"立刻跑到娃娃家给黄瓜宝宝拿"药水"，小爱接过药瓶假装给黄瓜宝宝喝药。这时杭杭说："药不够了，我们要去多加点药。"两人用榨汁杯一起"生产药水"，沉浸在"医生"的角色里。

两位"医生"站在桌子旁，把黄瓜宝宝放在筐里休息，小爱说："我们药水不够，要多加一点。"杭杭："黄瓜宝宝伤得太重了，要很多很多。"五分钟后，小爱："我把药做好了。"杭杭："药很苦，你去把黄瓜宝宝抱好，我把药喂给黄瓜宝宝喝，药喝完，宝宝的病就好了。"

在这次游戏中，幼儿基于生活中对医生病人的了解，通过角色扮演感受黄瓜受伤救治的过程。幼儿"用榨汁杯来生产药水"并用"我来给宝宝喂药"的语言创设游戏情境，以角色身份与同伴说话，获得了丰富的游戏体验。幼儿的学习就是以自己特有的方式与周围环境互动的过程。

【观察分析与措施】

教师始终以观察者、支持者、分析者、判断者、倾听者的身份，倾听幼儿的声音，尊重幼儿的意愿，满足幼儿的需求，助推幼儿大胆去想象。黄瓜"受伤"事件中，教师可以利用游戏分享环节引导幼儿一起总结经验、分享感受，讨论需要哪些游戏材料，为下次游戏做好准备。

搭建“停车场”

广东省深圳市宝安区福永凤凰幼儿园　王　敏

【观察对象】迈迈　　**【年龄段/班】**大班

【观察时间】2021 年 4 月 27 日

【观察背景】

大班幼儿进行搭建停车场的主题已有一周的时间，鉴于这样的情况，想了解本班幼儿的搭建水平到哪一个阶段。

【观察目标】

了解幼儿现有的搭建水平以及发现问题、解决问题的能力，在游戏中需要得到哪些支持。

【观察过程】

区域活动时积木区的两个小朋友正在进行“停车场”的搭建，在进行到一半时，迈迈说：“搭屋顶吧。”小 A 转头看了一眼迈迈的搭建说：“这是消防车吗，盖不下的。”迈迈听完走到材料柜，拿来有一定高度的 4 个圆柱体积木做底部支架，在停车场的中间摆成了一个正方形的造型，又利用一块长方形的积木片盖在两个圆柱体上，尝试两次后发现不稳，又取来了 4 块短一些的长方形积木片，慢慢地放在两个圆柱体上，最后又取来 3 块木片将屋顶全部封住。迈迈说：“可以放消防车，你看。”然后将消防车放进了“停车场”。

【观察分析与措施】

分析：从搭建停车场的过程来看，该幼儿基本能够符合 5—6 岁科学领域中的“数学认知”子领域“感知形状和空间关系”中的典型行为表现——“能用常见的几何图形拼搭出物体的基本造型”。活动过程中孩子的自主学习与游戏的状态是非常专注的。幼儿有明确的搭建想法，他们将生活中的经验迁移到游戏中，通过搭建实现自己的想法。搭建过程中小朋友能够发现问题，并尝试解决问题，在发现容纳不了消防车时，迅速调整材料，选择有一定高度的圆柱体来搭建，说明幼儿对物体形状、空间关系有较清晰的认识。在盖顶的过程中通过“试误”获取新经验的提升，即选用相对较短的长方形木片，增加物体的稳定性，这是迈迈在自主探索中获得的直接经验。根据孩子的搭建作品，幼儿在材料的选择运用上相对较单一，搭建作品缺乏挑战性。

措施：1. 利用回顾环节向同伴分享，引导幼儿进行自我评价，及时肯定幼儿的成果，培养其自信心，适时对幼儿提出新的挑战，让幼儿的搭建更加丰富，支持幼儿获得更大的发展。

2. 投放各类停车场的图片供幼儿参考，如平面停车场、多层停车场等，拓宽幼儿的眼界，丰富幼儿的搭建技能。

3. 用多种方法帮助幼儿在物体与几何图形之间建立联系。比如：引导幼儿观察生活中各种各样物品(如盘子、桌子、车轮)的形状特征，并尝试识别和描述；日常生活中引导幼儿按形状分类整理物品。

玩沙区的趣味游戏

广东省深圳市宝安区福永凤凰幼儿园 杨凤兰

【观察对象】班里的女孩子　　**【年龄段/班】**大班

【观察时间】2021 年 3 月 19 日

【观察背景】

以往孩子们在户外玩沙区玩，基本上都是挖“宝藏”或者在沙子里找小石头和贝壳来开展相应游戏。

【观察目标】

了解幼儿游戏水平以及与材料的互动情况。

【观察过程】

今天在户外玩沙区，孩子们准备好玩沙的工具，便开始忙碌起来了。她们你一铲我一铲的，把所有的沙子放到筛子里，甜甜说：“我要把筛子抖动起来啦。”马上引来了其他同伴的围观，然而抖动时沙子并没有落下来，她们停了下来。小颖说：“我们放的沙子太多了，你看，这里的沙子太满了，它都没有位置流下来。”

她们找到了原因后，先凑到一起商量，一起分工好，选择好自己负责的器械。小颖说：“还是由我来放沙子，你们几个人来抖动。希希，你来运沙子。小晗，你用铲子把沙子分开，不让沙子堆在一起。”小芸说：“漏下来的沙子我来装。”她们商量好后又开始忙起来。

十分钟后，她们又尝试了第二次，小颖说道：“等一下我看见沙子漏完了，叫你们放，你们才放。”装好沙子后她们排着队等小颖叫“倒”才放到筛子里，这次大家都没有急着把沙子往里堆，按分工来做，很快她们看见了很细很软的沙子流下来了，大家开心地笑了起来。“成功了！”她们大声欢呼起来，终于体验到成功的喜悦。

【观察分析与措施】

分析：在整个游戏过程中，幼儿能较好地运用现有的材料进行游戏，如用各种大小不一的桶、车子运沙子，用铲子挖沙子，用筛子漏沙等。

活动中当她们发现沙子漏不下来时，会停下来商量对策，说明幼儿遇到困难会想办法解决，基本能达到《指南》社会领域人际交往中“能与同伴友好相处，能与同伴进行分工合作，遇到困难能够一起想办法克服”。经过反复尝试，她们体验到了成功的喜悦。从孩子与材料的互动当中可以看出，她们是开心的、愉悦的，是非常满足的。

措施：1. 根据大班幼儿游戏水平，我们还可以在玩沙区添加一些锅、碗、瓢、盘等辅助材料，丰富幼儿的想象力和游戏内容，让幼儿对材料自由探索和发现，发展游戏水平。

2. 利用晨谈、区域小结或餐前分享时间给予孩子肯定及表扬，鼓励每一个幼儿遇到困难时，要思考问题并学会想办法解决困难，来提升自己解决问题的能力。

井盖里的秘密

广东省深圳市宝安区福永凤凰幼儿园　陈桢桢

【观察对象】阿宸、阿明、阿钧、天天　　**【年龄段/班】**中班

【观察时间】2021 年 3 月 17 日

【观察背景】

孩子们在户外活动的时候，发现下水道井盖里面有玩具，很迷惑里面为什么有玩具，就对如何取出玩具展开讨论和行动。

【观察目标】

观察幼儿在发现问题时能否用适宜的方式表达、交流探索的过程和结果。

【观察过程】

户外活动时，阿宸在一个井盖旁兴奋地看了 2 分钟，然后跑来对我说："老师，快来看，这里面有玩具。"

旁边的阿明也看着下水道进口，对着其他孩子大喊："你们来看这里面有好多玩具呢。"

天天："里面有玩具，那为什么会有玩具呢？"

阿宸："可能是小朋友玩的时候不小心掉进去的。"

天天："那我们要不要想办法把玩具拿出来？"

阿钧："肯定要啦！"

阿宸："老师，玩具要怎么才可以出来呢？"

小朋友们在不停地说着自己的想法，讨论要用什么样的方法才能把玩具拿出来。

孩子们在讨论的同时也把大家的想法一一地实践，最后借助毛线，把毛线绑在磁片玩具上把下水道里的玩具吸了上来。

【观察分析与措施】

分析：小朋友们对幼儿园里的井盖都充满了好奇，平时孩子们经过井盖时会问老师井盖下面到底有什么呢？会有虫子吗？

孩子们对新鲜、未知以及不了解的事物有强烈的好奇心和求知欲，于是在好奇心的驱使下，孩子们就会无意识地想要去探究。这些探究行为是孩子想了解环境的一种欲望，它会出现在孩子的日常活动之中。

措施：幼儿平时的议论以及这次的事情引起了我的反思，为什么不进行一次井盖大探秘，让幼儿深层次地了解井盖，解除孩子们的疑惑？基于幼儿的兴趣，以及他们对井盖有着强烈的探索欲望，根据幼儿的意愿，我们展开了有关探秘井盖的活动。带着问题，幼儿一起实地探索，同时经过老师的讲解、观看视频以及家庭的探讨后，幼儿对井盖有了更加深入的认识。

好奇心是幼儿兴趣的表现形式之一，也是短暂的探索行为之一，但这是幼儿求知欲的出发点。阿宸发现下水道洞口里面的玩具，是好奇心的驱使，我们应该在保护孩子的好奇心的同时满足孩子的求知欲，让孩子从中学到知识，懂得道理。当教师观察发现孩子对某一件事情或者某一件物品感兴趣的时候，教师作为孩子的支持者、合作者和引导者，要抓住这良好的教育契机，针对孩子的问题和讨论及时给予支持，促进他们学习发展。

兴趣驱动游戏

广东省深圳市宝安区福永凤凰幼儿园　宋子玲

【观察对象】花花　　**【年龄段/班】**中班

【观察时间】2021 年 3 月 11 日—18 日

【观察背景】

花花小朋友平时在班级比较安静，不大和其他小伙伴主动交流，也很少见到她选择大部分人都喜欢的积木区、角色区等，我决定跟踪观察一下花花感兴趣的游戏。

【观察目标】

观察幼儿的兴趣点及需求，并及时给予有效的指导。

【观察过程】

3 月 16 日，花花选择了阅读区，进到区域之后她拿出名字帖，模仿名字帖写自己的名字，她一笔一画地描写自己的名字，反复描写了 5 分钟之后，她把材料放回去。又拿出了“找朋友”这份材料，她把操作单上水果对应的字宝宝全部拆下来，摆在旁边之后开始操作。过了 10 分钟左右，我结束了美工区的指导，看到花花还是在拿着“找朋友”中的字宝宝看，但是并没有将字宝宝贴到对应的地方。

我：“花花，你认识这些字宝宝吗？”

花花：“不认识。”

我：“那我跟你一块儿玩吧，我们来石头剪刀布，赢了的人就先选择自己喜欢的水果字宝宝贴到对应的水果旁边，好吗？”

花花点了点头，然后我们开始玩石头剪刀布的游戏，第一局花花赢了，她想了一会儿选择了哈密瓜。

我：“哈密瓜的字宝宝是哪个呢？”花花想了一会儿没有说话。

我：“哈密瓜有几个字？”

花花扳着指头数了说是三个字，恰巧字宝宝中三个字的只有哈密瓜，花花拿起了哈密瓜的字宝宝给我看，问：“这个对吗？”我们一起玩了一会儿之后，旁边的可可小朋友也过来加入我们的游戏，可可识字量比较多，水果宝宝对应的字她都能认识，接着可可就和花花一起操作这份材料，直到区域活动时间结束。

【观察分析与措施】

分析：根据花花在区域活动中的表现来看，花花对材料持续操作的时间比较久，有比较好的专注力，能根据自己的兴趣爱好选择材料。但是花花社会交往方面比较弱，在操作“找朋友”材料时，花花遇到困难并没有主动求助伙伴或老师，导致她想玩的游戏进行不下去。投放的材料没有考虑到幼儿的个体差异，在老师及时介入后，游戏才正常地进行。

措施：1. 提供有层次性的材料，从易到难。简单的，如每一组的字宝宝和图片用颜色来区分，方便幼儿认读和校对。

2. 主动亲近、关心幼儿，经常和她一起游戏或活动，建立亲密的师生关系；创造交往的机会，鼓励幼儿邀请小朋友一起参与游戏；引导幼儿遇到困难时可以寻求帮助。

超轻黏土变变变

广东省深圳市宝安区福永凤凰幼儿园　时　莹

【观察对象】乐乐　　**【年龄段/班】**大班

【观察时间】2021 年 4 月

【观察背景】

根据孩子原有的发展水平，在区域里提供了新的材料——超轻黏土，从而观察孩子能否创新玩法。

【观察目标】

了解幼儿的兴趣点及需求，并感知材料的特点和玩法。

【观察过程】

记录一：

乐乐来到美工区，他在两边的材料柜看了 3 分钟左右，翻找了一会儿之后拿出了一盒超轻黏土和一个椭圆形的石头。他拿出白色和红色的彩泥，用红色的彩泥包裹石头……15 分钟后，当我在巡视其他的区域时，乐乐走到我面前给我看他的作品。区域结束之后，乐乐和大家分享了他的小汽车制作过程。

记录二：

区域活动开始了，乐乐拿出计划本做完计划，又到了美工区。看了美工区的材料后，对我说："时老师，我需要两个纸杯。"我在美工区看了一下，美工区少了纸杯的材料。我看了下操作区有多的，于是我拿了两个纸杯给他，并问："今天准备做什么呀?"乐乐："我在妈妈的手机上看到一条鱼被鲨鱼吃了，很好玩，我要做那个。""这样啊，好的，等会儿期待你的作品噢。"

区域分享时——

乐乐："大家好，我是乐乐，我今天在美工区做了'小鱼给鲨鱼吃掉了'。"

师："这个玩具看上去很好玩哦，你给大家介绍一下你是怎么做的?"

乐乐："需要两个杯子，先剪这个杯子，然后这个杯子上画小鱼，这个杯子上画大鲨鱼，就好了。"

睿睿："哇，乐乐你好厉害呀，我也想做一个。"

萱萱："明天我也去美工区做一个。"

【观察分析与措施】

分析：通过乐乐在区域的表现可以看出，乐乐是一位有想法的孩子，比如：不经意看见妈妈手机上的图片"小鱼被鲨鱼吃了"，就敢于尝试去做，之后还愿意分享自己的作品。他的发展水平符合《指南》艺术领域目标："愿意和别人分享、交流自己喜爱的艺术作品和美感体验。"

措施：1. 基于孩子的原有水平，在美工区除投放超轻黏土外，还可以投放多样形式的材料，如：各种颜色的彩纸、纽扣、"眼睛"等，及时满足孩子们的需求，拓展其思维。

2. 对美工区材料进行归纳和整理，一份材料一个托盘；辅助材料全部分类放在分类盒；纸类、笔类、半成品在置物架放好，方便幼儿取放。

3. 创造机会和条件，利用区域小结、餐前活动，让幼儿与同伴一起分享，给予幼儿表达表现的机会。

建构区观察记录

广东省深圳市福田区第八幼儿园　陈建平

【观察对象】路路、瑶瑶、天天、小砺　　**【年龄段/班】**中班

【观察时间】2021 年 4 月 29 日

【观察背景】

游戏之前教师给幼儿分享了其他幼儿园幼儿的搭建图片，路路、瑶瑶、天天、小砺四位小朋友一起在建构区进行搭建。

【观察目标】

1. 观察幼儿是否会使用搭建技巧垒高的方法，在搭建的过程中是否掌握搭建的逻辑性。
2. 观察幼儿在活动中是否会进行计划和合作。

【观察过程】

游戏之前，教师与幼儿分享了在其他幼儿园参观时拍下的搭建成品图片，请幼儿仔细观察图片上的房子在搭建时用了什么方法？为什么不会倒？请幼儿观察和回忆之前学习过的搭建技巧，在搭建的过程中可以用什么方法来垒高。

分享完图片后，路路、瑶瑶、天天、小砺四位小朋友一起来到了建构区。路路、瑶瑶、天天讨论今天要做的工作，然后进行了分工，而小砺没有参与讨论就自行开始搭建。幼儿讨论的结果是：路路、天天搭建高大的城堡，瑶瑶搭建城堡门口的喷泉。这时，路路、天天又进行了分工。路路负责拿大积木，天天负责拿小积木。大积木做拱桥底，接着是大长方体、圆柱体，两个人分工合作，很快就把第一个城堡搭建好了，接着用同样的方法搭建第二座城堡。这个时候瑶瑶也已经用三角形和小圆柱搭好了一个半圆形的喷泉，而小砺却一直游离之外，这里看看，那里看看，没有专注地参与到搭建中。活动结束时，他们合作搭好了一座带有喷泉的城堡。收区时仍然是分工合作，每人先收拾一种形状的积木将其放回原处，很快就把区域收拾干净。

【观察分析与措施】

在这个搭建的过程中，有三名幼儿进行了计划合作，还会根据搭建的过程进行精细化分工，体现了幼儿社会化交往能力的提升。大积木打底和每一层对齐的方法说明幼儿已经对搭建的技巧和逻辑有了初步的认识，知道要先把地基打牢固才不会倒。小砺在活动中缺乏积极参与和社会交往能力。在活动结束时教师与小砺沟通，鼓励他下次去建构区时积极主动参与到小伙伴的讨论和建构中来。

老师，我不会

北京市朝阳区中育万科青青幼儿园　唐　荣

【观察对象】糖豆　　**【年龄段/班】**中班

【观察时间】2021 年 4 月

【观察背景】

区域活动——美工区。

【观察目标】

培养幼儿自主学习的习惯。

【观察过程】

区域活动开始，糖豆来到美工区，拿了超轻黏土筐放在桌子上，找出蓝色，坐下后从袋子里拿出一部分，捏了2分钟黏土都没有成形。这时我正在拼插区，他看向我，我想他应该遇到困难了，于是我走过去问："糖豆，有什么事情吗？""唐老师，我想捏个恐龙。""可以呀！我很期待你的恐龙。""可是我不会。""啊？那怎么办？""你帮我吧！"我想了想，回答说："可是我也不会，怎么办？""你会，上一次你还送我一个软陶恐龙了。"我突然有些慌，本想让他自己想办法，结果被他识破。我灵机一动："时间这么久，我忘记怎么做啦！当时我是照着书上，一步一步做出来的。""书？"他的眼睛开始在玩具柜子上巡视，看到后小跑着去拿书，高兴地说："唐老师，我找到啦，是这本吧，我找到三角龙啦。""嗯嗯！对！"他翻到三角龙那一页，开始一步一步照着做。20分钟后，他拿着作品过来找我："唐老师，看我的三角龙。""不错呀，还是蓝色的三角龙。"

区域评价时，糖豆举手，我请他来分享，"我今天进了美工区，用超轻黏土做了一只三角龙。"我借此机会问道："你在做的时候遇到了什么困难吗？"糖豆想了想说："我不会，我照着书做的。""那你能和小朋友介绍一下是哪一本书吗？"他走到区域里拿出书举起来说："就是这本书。"小朋友们看到书的封面上还有很多可爱的小动物，纷纷惊叹："哇，好看。"我说："看样子小朋友们都很喜欢这本书，你们在区域活动的时候也可以像糖豆一样，按照上面的内容一步一步地做自己喜欢的作品。"

【观察分析与措施】

糖豆很喜欢恐龙，家里有很多恐龙模型。刚开始他看向我，我知道他有困难，想引导他自己解决困难，发挥自主学习意识，有需求才有自主学习的动力。后来我引导他查阅书本，学会利用工具、辅助材料、书来满足自己学习、游戏的需求，培养幼儿自主学习的能力。

在区域评价时有目的地请糖豆分享自己的区域活动，一是想让糖豆更坚定自己可以独立自主地完成一件事情，遇到困难不怕，学会自己想办法解决困难。二是可以带动同伴一起用图书做出自己喜欢的动物、物品。

教师需要在幼儿需要的时候像同伴一样，一起想办法解决问题，引导幼儿多思考；也可以请同伴之间分享自己遇到的困难、解决的方法，引导幼儿学习别人的优点。

斜坡·快乐

内蒙古自治区赤峰市红山区第二幼儿园　于　洋

【观察对象】中二班部分幼儿　　**【年龄段/班】**中班

【观察时间】2020年11月9日—10日

【观察背景】

幼儿的快乐时光就是自主游戏时间，他们快乐地忙碌，积极、主动、团结地协作，有的在搬运体能垫，有的拿来溜溜布……你瞧，故事已经悄悄上演了。

【观察目标】

观察并记录一群5岁幼儿在自主游戏活动中的发展水平。

【观察过程】

游戏是快乐的，当游戏成为幼儿自主、自由、自发的活动时，他们才能够真正成为游戏的主人。

第一天：11月份的天气比较冷，孩子们来到廊道活动。一阵欢呼声吸引了我们，原来有人跑到台阶上，用小屁股往下挪。

萱萱："这样要是坐不稳，容易摔伤。"

师："的确如此，怎么办呢？"

奕辰："有危险就不能玩，可是想玩。"

楠楠想了一个办法进行演示，危险少了，孩子们都赞同，纷纷尝试。

萱萱："台阶像是有斜坡的滑梯，就是太高还不平！"

大家找来体能垫，搭成了平坦的斜坡。

游戏时间结束，孩子们却意犹未尽，交流后大家记录活动内容，约定明天继续。

收获：小朋友能利用台阶的斜坡游戏，借助垫子主动尝试新玩法。

第二天：有了经验的孩子不满足于几层台阶，要把斜坡摆到最上面，参与的孩子也多了。

师："为什么眼前这个不行呢？"

楠楠："这个垫子太短。"

梦清："还有几块，怎么放在一起？"

楠楠："垫子虽然短但是可用，垫子变长能够到上面，可是一滑垫子就塌了，而且是麻布的，有阻力。"

几个孩子商量着找来光滑的溜溜布放在垫子上。楠楠和萱萱不同意："溜溜布虽然是滑的，但垫子短，不够长。"孩子们反复尝试，最终求助老师，固定垫子和溜溜布。

在老师的帮助下，斜坡终于成功，但孩子们想要的不仅仅是一个斜坡。萱萱又有了新的想法，孩子们赶紧来帮忙，问题又来了：怎样上去呢？（第一次走楼梯的）想尝试的孩子耐心等待着……雨轩说："这样耽误时间。"为了不让雨轩的担心成为现实，我取来绳子。大家动手把绳子固定在楼梯扶手上，拉着绳子向上走。

全过程大家七嘴八舌地讨论着，萱萱和雨轩甚至发生了分歧。

【观察分析与措施】

幼儿经过争执、谈论，得出结论，垫子不能直接作为滑梯，因为块小、粗糙，但固定后能变大，再固定上溜溜布，问题就解决了。

幼儿的社会性得到发展，逐步学会与同伴交往、协作，发生矛盾是最深切的人际关系体验，这为幼儿日后的人际交往打下初步的基础。

班级里的斜坡、滚动游戏相继而出，材料和玩法更多了，孩子们在游戏中不断地探索、收获和成长。

我陪你下象棋

北京市大兴区第六幼儿园　安　烨

【观察对象】小于　　**【年龄段/班】**大班

【观察时间】2021 年 4 月 9 日

【观察背景】

班级新投入了象棋，班中有部分幼儿会下象棋，大部分幼儿不会下象棋。但是幼儿对于象棋很感兴趣，因此，鼓励会下象棋的幼儿教一教不会下象棋的幼儿。

【观察目标】

愿意和同伴交往，并能够将自己掌握的下象棋方法慷慨地教授给同伴。

【观察过程】

我们班的保育老师把自己家里的象棋带来让幼儿学习。班中有三名幼儿会下象棋。为了了解他们的棋技，我们开展了一次象棋比赛。涵涵的象棋是跟爷爷学的，小于的象棋是跟姥爷学的。在下棋过程中能够明显看出小于下得比涵涵好一些。不一会儿，小于就吃了涵涵好几颗棋子，涵涵看自己连丢了好几颗棋子，脸上开始出现不知所措的表情。

【观察分析与措施】

分析：大班幼儿好胜心比较强，小于在下棋的过程中表现得果断、敏捷，涵涵的棋技不如小于，小于依然将涵涵的棋子吃了好几颗。在与人相处中，幼儿要学会理解、关心他人的情绪、情感，能主动关心和安慰他人。能友好地与他人交往，体验互助的快乐。因此，小于应考虑一下同伴的感受，同时可将自己下棋小妙招分享给涵涵，在下棋的过程中教会涵涵一些相关知识。

措施：1. 引导小于观察涵涵的表情，然后小于和涵涵对换座位感受涵涵的情绪，让小于体会到涵涵内心的失落，从而产生同情心理。

2. 鼓励小于将自己走的每一步的缘由讲给涵涵听，让她知道为什么自己会丢棋子和小于走棋的原因。

奶茶店的故事

内蒙古自治区赤峰市红山区东三眼井幼儿园　贺晓波

【观察对象】高粱班幼儿　　**【年龄段/班】**中班

【观察时间】2021 年 5 月 7 日

【观察背景】

每到户外自主游戏时间，沙池游戏总能给孩子们带来很多欢乐。高粱班的孩子们早已迫不及待地取走自己喜欢的玩沙工具，玩起了游戏。可是辰辰却与大家的步伐完全不一致，他很专注地进行着自己的游戏活动。

【观察目标】

幼儿在沙池活动中的游戏发展水平，独立解决问题以及分工、合作的能力。

【观察过程】

游戏进行了一会儿，小博发现辰辰独自一人玩游戏，便问："辰辰，你在干什么?"辰辰没理睬。小博又问，辰辰抬头说："我在做奶茶。"小博："我可以和你一起吗?"辰辰不太情愿地说："好吧!"小博找来大小不一的杯、桶、碗和辰辰一起做"奶茶"。辰辰和小博制作的"奶茶"很多，小博打电话呼叫美琪："请问是美琪吗？我这里做了'奶茶'，你想喝吗?"美琪："我们在搭建城堡，没时间取!"小博："你要几杯，我可以送。"美琪："三杯。""好的，马上到。"小博让辰辰提上三杯"奶茶""送外卖"。辰辰刚把"奶茶"送到，又有人点"奶茶"，辰辰快速跑回去继续"送外卖"。订货的人越来越多，他俩忙不过来，还请来帮手。

美琪又给小博打电话："你好，我们太热了，想吃冰激凌！你们店里有吗?"小博："马上送到!"只见孩子们快速地找出小型容器，填满，装饰，就这样美味可口的"冰激凌"做好了。辰辰找来一个大桶，把"奶茶""冰激凌"装进去，可是太沉提不动，他取出一些再次尝试，直到能提起为止……游戏就这样循环往复。

【观察分析与措施】

辰辰专注地制作，不愿意理睬人，他性格内向，做事认真、有主见。小博性格外向，乐于交往，能力强。小博的加入使独自游戏发展成为合作游戏。

辰辰的情绪和状态伴随着活动发生着变化。从中看出，小博和辰辰具有较强的解决问题的能力，能根据需要邀请伙伴参与活动，分工明确，各司其职，使游戏有序开展；美琪想吃"冰激凌"，小博接单、制作，小博有领导和随机应变的能力；桶里的"奶茶""冰激凌"太多，辰辰反复尝试，终于可提起并"送外卖"，他对游戏充满热情，遇到问题，自己尝试解决且认真、执着；小伙伴们间积极配合，团结与协调等能力都得到发展。

今后，教师应为幼儿多提供与同伴自主交往、交流的机会，在提供丰富多样的低结构材料的同时，引发更丰富的游戏内容，提升幼儿的游戏水平。

超市围墙

——建构区活动观察记录

广东省广州市花都区圆玄幼稚园　蔡丹燕

【观察对象】小宇　　**【年龄段/班】**中班

【观察时间】2021年4月21日

【观察背景】

小宇是个合作意识和规则意识都较为薄弱的孩子，在日常的学习活动中也不爱思考，随意跟风，但是在几次区域活动中发现，小宇很喜欢建构游戏。

【观察目标】

通过建构区活动提高幼儿的合作能力，培养幼儿主动学习和思考的习惯。

【观察过程】

建构区中，小宇用单元积木搭建超市围墙，但是垒到一半，积木用完了，小宇试图从其他小朋友的作品中拿单元积木，被其他小朋友生气地制止了，他只好去到柜子前徘徊。突然小宇看到了红牛罐，于是开始用红牛罐一个叠一个地垒高，堵住围墙缝隙，但垒到第4个，红牛罐就倒了。小宇继续用红牛罐进行单一垒高，可是这次到了第3层就倒了，小宇沮丧地说："怎么老是倒呢?"他看了看用单元积木间隔垒高的围墙，于是尝试将上层的红牛罐错开摆放，到了第3层，红牛罐没有倒下来，小旭被小宇的搭建吸引了过来，小宇兴奋地说："要跟我一样摆才可以。"小宇教他错开摆放红牛罐，他们一直搭到8层高，红牛罐围墙都没有倒。

【观察分析与措施】

分析：幼儿对建构活动兴趣的持久性，能够促进其自我控制能力的发展。当单元积木用完后，小宇能积极想办法寻找材料继续进行搭建，中途没有放弃搭围墙的想法，愿意动脑思考。

建构是幼儿多方面思考技能方法的机会。当小宇发现了红牛罐后，能大胆进行尝试，在不断的倒塌与重建中，他进行了经验的迁移，将间隔垒高方法运用到了红牛罐的多层搭建中，并且适当调整罐与罐之间的距离，让摆放到上层的红牛罐能稳稳地矗立。

建构活动能够让幼儿产生愉快的情绪体验，让幼儿愿意与他人积极交往。当同伴想要加入小宇的搭建时，小宇兴奋地与他分享方法，两个人合作进行材料的搬运和拼搭，社会交往技能有了进一步的发展。

措施：首先，实施建构计划策略，让选择了建构区的小朋友合作设计搭建图纸，并协商分工，再一起进区搭建。让小宇感受合作的力量，进一步学习合作的方法。

其次，丰富积木的形状类型和辅助材料类型，让小宇感知体验不同形状之间的关系，同时指导小宇比较间隔垒高和间隔架空垒高两种技能的区别，提高他的搭建认知和水平。

最后，丰富小宇对超市结构的完整认知，在建构区活动中逐渐理解“整体—部分”的概念及整体内各元素之间的交互作用关系，持续进行超市搭建，一步步完善建构作品。

超级恐龙乐园

山东省德州市齐河县胡官屯镇中心幼儿园　孙会会

【观察对象】明哲　　**【年龄段/班】**小班

【观察时间】2021 年 3 月 12 日

【观察背景】

老师在建构区投放了恐龙玩具，孩子们拿到手里很欣喜。刚开始的时候孩子们手拿恐龙开始对话表演：我是翼龙，我是霸王龙，我是三角龙，我要吃掉你……孩子们互相对话，饶有兴趣。过了大概十分钟，明哲提议：我要给小恐龙搭一个家！于是孩子们开始自发搬运积木，其中晴晴一口气从建构区扛来了三条长木板。小小“建筑师”们各自忙碌着，孩子们你一言我一句地交流着。“老师，老师，我去过动物园……”明哲开心地忙碌起来。

【观察目标】

1. 幼儿对建构游戏感兴趣。

2. 体验游戏过程的快乐。

【观察过程】

相较之前，孩子们这次的作品看上去构造稍复杂了些。明哲先将两根长木板立着做底基，上面平铺上稍短一些的木板，然后开始增高。增高的方法又不一样了，他立即找来更短一些的木板开始进行围合，并将“小房间”分隔成了两块，完成后立即小心翼翼地将大家的不同的恐龙摆好位置。不一会儿，好朋友之间玩起了角色游戏，指着说：“这个咬人，这个不咬人……”

孩子们玩得有滋有味，一名孩子突然闯入场地，明哲大喊一声“哎呀，倒了”，但是也不妨碍他专心致志地重新拼搭。同时，找来粗细不同的圆柱体，一根一根地竖立着放在四周。我指着这四周立着的圆柱体问："为什么要这样放呀?"明哲说："这样恶兽就不会进来了。"接着说："围墙建好了。"最后，将一根长条木板搭接在另一根上形成长长的路状，经我询问，原来是"通往恐龙动物园的一条小路"，在小路的一端手扶一根圆柱体积木，他开心地说："可以假装成路人一步一步地走进入口。"

【观察分析与措施】

1. 从作品造型来看，比如分隔成两个房间以及将圆柱体放在四侧防止怪兽来等细节，孩子们能够将生活中的经验顺畅地迁移到作品的创作当中，也看出明哲有丰富的生活经验。

2. 搭建过程中，明哲一直专注于建构游戏，并运用了简单的堆叠、平铺、延长、围封的建构技能。游戏中明哲对倒塌的积木进行重建，看出对建构游戏非常感兴趣。

3. 幼儿在游戏过程中不停地堆积、拿放、搬运，锻炼了小肌肉，同时促进大肌肉运动的协调发展。幼儿在游戏过程中边表演边对话，并用了"谢谢"等文明用语。

4. 小班幼儿的作品结构较为简单。建构活动中，幼儿比较感兴趣于搭建的动作，在建构中常常更换建构作品的名称，比如恐龙乐园、恐龙动物园。搭建过程中还进行了角色游戏并运用到了以物代物的要素，丰富了游戏的情境和内容。

案例分析

儿童绘画心理分析

——谁是孩子心中最重要的人？

广西壮族自治区崇左市崇左幼儿师范高等专科学校　王　磊

一、案例背景

小龙，男，8岁半。

父亲常年在外工作，母亲在本地工作，对孩子管教严格。父亲觉得孩子性格有点压抑，很担心。

二、案例描述

爸爸对画面及绘画背景的描述：第一幅是他过年的时候画的。

当他画完之后，他问我知不知道哪个是我？我说中间那个，他说是的，因为中间那个腿最长，腿稍微短一点的是妈妈，最短的是自己。我问他说怎么没有爷爷奶奶，他说不会画爷爷奶奶，不会画老人。老人有白头发和皱纹，自己画不好。

第二幅画画的时候他哭了，因为我从2019年10月1日到现在一直没回家。我问他全家福为什么要画春节，他说春节的时候一家人才能在一块儿。

这孩子我感觉有时候挺内向，好多事都藏在心里，不善于表达。有一次我给他发视频，他不理我，把手机扔在一边，他自己在一边哭。那次应该也是因为我很久没回去，他不开心。

他第一幅画没有交给老师，开始也没有告诉我有这么一幅画，直到我让他画全家福，他才告诉我。

第二幅画是我跟他视频让他画的，他画的时候我通过摄像头偷偷看着，他并不知道我在看他。

视频时我让他画全家福，他说知道全家福的意思，有爸爸、妈妈、爷爷、奶奶，还有自己，然后他说直接在原来的一幅画上加两个人就行了。我听了才问他这之前画的什么，他才拿出来。我说你就重新画一幅吧。大概40分钟左右吧，他就画好了。

最先画的树、鞭炮、烟花，然后是他自己、我、他妈妈、星星、月亮、雪人，“春节快乐”那个门是最后画的。

三、案例分析

从整幅画面的大小来看还是不错，画面完整流畅，一家人其乐融融。人物的刻画在画面纸张中略小，能看出画者是有一些拘谨、胆怯和害羞的倾向。画面中形象整体偏右一点，父亲对孩子影响更大一点，线条以流畅的曲线为主，能看出孩子的控制力和状态还是不错的。色彩上大部分使用了红色、黄色等暖色，以及少量的蓝色和绿色。暖色更多一些说明孩子还是比较积极开朗的。最先画的树、鞭炮、烟花都是春节必备元素，孩子愿意使用这些元素正如孩子所说，春节自己才能和爸爸妈妈在一起，这里表达了孩子内心的愿望。然后画了他自己，之后到爸爸，再到妈妈，这里的三个人物绘画的先后顺序能看出孩子跟爸爸和妈妈之间的亲密关系：孩子和爸爸挨在一起距离较近，仔细观察会发现孩子的手和爸爸的手是有接触的，说明爸爸对于孩子的影响更大一点，跟妈妈还是有一定的距离，可能妈妈在与孩子相处交流和教育的过程中存在一些问题。在完成上述形象后孩子又补充了星星、月亮、雪人、“春节快乐”的门，两个星星、两个雪人、两个花朵，还有成双的烟花，成双成对的形象在画面中代表着孩子需要陪伴。整幅画面没有涂改，很流畅，说明孩子思路清晰、诉求明确。作画大概用时 40 分钟，孩子很有耐心地、很认真地在完成这幅画。爸爸说通过摄像头看到孩子在绘画的过程中还哭了，这说明通过这幅画孩子对于爸爸的想念得到了宣泄和表达，由于孩子的性格等原因对于父亲的想念可能不会用特别的语言去充分而形象地表达，但是在绘画中却是毫无保留、淋漓尽致地表达出来。画面中没有出现房子，应该是孩子对于家的感受不是很好，可能跟爸爸长时间不在家有一定关系。画面中的自己、爸爸和妈妈面带笑容，代表孩子的心态和状态还是不错的。人物的手和手指都画了出来，脚和腿也挺长说明孩子的行动力是不错的，画面中所有人物都没有画耳朵，说明孩子可能对于别人的话不太能听得进去。人物是敞开双臂的，代表孩子还是喜欢与人交流的，抱有开放的态度。雪人代表着童真，烟花的刻画很细致，使用了细小的点，这种刻画方式象征着孩子谨慎细腻。地面的描绘也是一种安全感的表现。这里的一扇门是打开的，也说明孩子是渴望沟通和交流的，我们以什么样的方式跟孩子交流，他更容易接受呢，这是父母需要思考的。

通过以上画面中特征的对应含义，我们可以发现孩子在家庭中对爸爸的感受会更好一点，或者说父亲对孩子的影响更大一点。爸爸已经很久没回家，春节这一孩子知道的可以团圆的日子，爸爸都没有回来，孩子不免有失落和不满的情绪。通过这幅画孩子对于爸爸的想念得到了充分的宣泄和表达。由于孩子的性格等原因对于父亲的想念不会用语言表达给父母，但是在绘画这一儿童擅长的领域中却是毫无保留地表达出来。孩子选择春节作为背景就是渴望一家人团聚，见到想念的爸爸。画面上多次出现的成双成对的形象都是孩子渴望陪伴的内心诉求。根据画面的元素整体偏小、笔触较轻、长线条和圆滑线条居多、喜欢描绘细节等特征，该儿童属于抑郁质的气质特征，抑郁质儿童内心敏感、细腻，缺乏自信心。建议妈妈在跟孩子交流时，不宜对这个年龄段的儿童进行严厉批评，更不宜使用激将法，应多鼓励其参与各种讨论和决策，积极采纳他的意见，以提高他的自信心。既然爸爸跟孩子的关系更好一些，那爸爸是不是可以做得更多，多花些时间跟孩子交流，能更多地了解孩子的情绪状态以及个人诉求。孩子每次不知如何表达，只是哭泣，跟孩子的性格有关，也跟家长与孩子的沟通交流的方式有关。

四、案例措施

通过画面分析和跟父亲的沟通，建议父亲可以尽量多回家陪伴孩子，如果不能常常回家，也可以在休假时专门抽出大量的时间跟孩子一起参与一些活动。

对于母亲与孩子的沟通和教育方式，后期再做了解与培训，争取有所改善，让孩子跟母亲的关系更加亲近些。

五、感悟与体会

孩子需要陪伴，孩子在这方面是有缺失和诉求的，我们应该关注到孩子的诉求和情绪，如何更好地与孩子进行交流，什么样的教育方式更适合孩子，这是我们年轻家长陪伴孩子一直需要学习和成长的。

沟通小能手

浙江省杭州市兰苑幼儿园　邵玲玲

一、案例背景

雨哗啦啦下，一遇到下雨天，幼儿园就会进行家庭式室内微运动游戏。大中小的幼儿组成一个小家庭，分别是老大、老二、老三。今天的主人公老大是晏池、老二是奕涵，老三是安晴。老大晏池是独生子女，爸爸妈妈较忙，由保姆接送，性格开朗，能说会道，能主动与人交往。老二奕涵，家中独生子女，很有主见，总是按照自己的想法，不会照顾他人的感受，性格外向。老三安晴性格内向，做事谨慎，敏感，情绪不稳定，喜欢哭闹。这一天老三安晴的心情和天气一样很糟糕，一个人默默躲在角落里，低头哭泣想妈妈。

二、案例描述

事件一：游戏开始了，老大晏池快速跑到秘密基地去找老二、老三。“安晴呢？我怎么没有看到她，她今天来了吗？”老大向老二问道。“我看到她了，早上我还到小班和她打招呼，可是她心情不好没有理我。”老二两手摊开无奈地回答道。“我们一起去找妹妹吧。”两个人一起手拉手去寻找妹妹。

她们在小班的图书区找到安晴，她正在哭泣。“安晴，游戏已经开始了，我们一起去做游戏好不好？”老大晏池说道。“不好，不好，我想回家，我想找我的妈妈，我想念家里的布娃娃。”老三安晴边哭边说道。“你先不要哭了，待会儿妈妈就来接你了。”老大晏池继续劝说道。“对啊，别哭别哭，我们先去玩吧。”老二也帮忙一起劝说。可是安晴继续哭泣，没有理会两位姐姐。“安晴，求求你不要哭了，你总是这样哭，我要崩溃了。”晏池开始不耐烦，嘟着嘴说道：“为什么总是哭啊，真是太烦了。”两个人劝说无用决定放弃，抛下妹妹自己先去玩。

两个人来到三楼的“翻山越岭”游戏点进行游戏。“你们好像少一位家庭成员呀，你们的老三呢？”我故意问道。“老三安晴总是哭，我都不知道怎么办好。”老大晏池说道。“哦，安晴肯定很伤心。”我继续回应道。“对哦，我要去找妹妹和她一起玩，她一个人太危险了，万一她遇到危险怎么办？”老大晏池一脸认真说着。“老二，快点，我们要去找妹妹了，妹妹一个人太危险了，玩好这轮游戏我们就要去找妹妹了。”晏池大声叫道。

事件二：老大和老二下楼找老三。“安晴，别哭了。”老大晏池拿来餐巾纸给哭泣的妹妹擦眼泪。老二摸摸老三的头：“妈妈会来接你的，你不用担心，我们会陪你的。”三个人坐在教室的图书区一起相互抱抱，她们坐在安晴的旁边陪着她。老二继续说道：“安晴，你知道吗？我们刚才去三楼玩了一个很有趣很特别的游戏，你没有玩过的。”“好玩的游戏？”哭泣的安晴停止了哭声：“什么好玩的游戏？”“只要你不要哭，我就会带你去。”老二继续说道。嘿，这招可真灵，原本伤心的安晴被老二的话吸引，擦干眼泪。“奕涵，你可真厉害，妹妹在你的劝说下不哭了。”老大大叫：“我们终于可以去做游戏喽！”三个人开心结伴，手拉手进行游戏。

三、案例分析

老三安晴是年纪最小的小朋友，由于刚进入小班，安晴具有较明显的入园焦虑，总是想妈妈，不愿意投入到游戏中。由此可见安晴性格内向，适应能力与交往能力较弱。直到姐姐说会带她玩一个特别有意思的游戏的时候，安晴被这件事吸引才从悲伤中走出，快乐地投入到游戏中。

老大和老二具有良好的沟通与交往能力，知道如何去照顾、帮助比她弱小的孩子。在开始环节，老大晏池很有耐心地劝说与安慰安晴，具有责任感；会关心老三，告诉安晴不要哭泣。但是当安晴仍然沉浸在伤心中，没有理会两位姐姐的时候，老大晏池的情绪崩溃了，她开始失去耐心，决定丢下安晴和老二结伴游戏。但是在老师的提示下，老大发现自己的行为是不对的，妹妹万一遇到危险怎么办呢？于是两个人重新回去寻找妹妹，并且关心与安慰妹妹。

老二是个沟通能力较强的幼儿，在姐姐劝说无用的情况下，老二想出了好办法，说带安晴去玩一个特别的游戏，这个好办法成功转移安晴的注意，帮助安晴投入到游戏中，具有良好的沟通技巧。

四、案例措施

1. 增加共情意识

老大晏池具有关心他人的责任感，但是缺少耐心与共情意识。因此我将晏池小班的照片拿给她看，晏池看到自己的小班照片说："原来我小班的时候也是个爱哭的小朋友。"她意识到原来曾经的自己也是个爱哭的小女孩，理解老三哭泣的原因，于是她产生了共情意识，知道照顾妹妹。

2. 增加感情

在游戏的开始环节，三位家庭成员之间彼此不够熟悉，老大晏池会不顾妹妹的感受，和老二游戏。因此在生活环节与游戏环节，增加她们相处的时间，让她们增进感情，让老大知道自己是姐姐，要学会照顾妹妹的感受。

3. 增加榜样示范

在评价环节，请具有责任感的幼儿分享自己的故事，将自己在游戏过程中的照顾他人的情况向大家讲述，起到同伴学习的作用，增加榜样的示范。

五、感悟与体会

通过混龄游戏我们发现，每个幼儿都想表现出自己最好的一面，特别是老大晏池和老二奕涵，通过大带小，强帮弱，充分体现自己的能力。而老三安晴在混龄游戏中获得了帮助，在团队协作中突破个人能力和经验的局限，有了更多获得成功和肯定的机会，这些都进一步培养与提升了幼儿的自信心，每个人都觉得我在这个"小家庭"里有作用，在家庭式混龄活动中每个人都体现自己的价值。

通过家庭式混龄游戏的不断推进，培养了幼儿们异龄兄弟姐妹的亲情，更激发了本园区幼儿对幼儿园这个大家庭的依恋，幼儿从对自己"小家庭"兄弟姐妹的关心照顾发展到关爱同伴、关爱同学、关爱师长，懂得分享，不断地付出情感，收获情感，从而达到我们研究的最终目的，在幼儿园生活中提升幼儿的幸福感。

生活教育静待花开

北京市顺义区木林中心幼儿园　郭红艳

一、案例背景

区域活动，是幼儿在园一日学习、游戏和生活中较为重要的一部分。在这段时间里，孩子们可以自由地选择自己感兴趣的活动区进行游戏。同时，这期间也是幼儿与同伴、老师交往、游戏和共同学习的好机会。如何能够顺利开展丰富多彩的区域活动，并引导幼儿积极地参与游戏，这需要教师在活动中不断调整自己的角色，既是活动的引导者也是支持者和参与者。关注幼儿的活动需要，及时地回应幼儿的需求，在游戏中促进幼儿良好社会性的发展。

二、案例描述

早餐时间结束了，孩子们都兴致勃勃地开始选择自己喜欢的区域进行游戏。有的来到娃娃家，有模有样地学着爸爸妈妈的样子，开始给娃娃喂饭、收拾家务；有的来到建筑区，用不同形状的积塑，发挥自己无限的想象，和同伴一起搭建着梦想中的乐园；还有的来到图书区，在温馨书屋中安安静静地坐下来，挑选一本心爱的图书，一页一页认真翻看起来。可有一个小朋友却呆呆地站在那里，一动也不动，她这是怎么了？

她叫菲菲，是我们小一班的一名插班生，今年三岁了。以前菲菲上过幼儿园，对于幼儿园的一些常规要求比较明白，所以转园带来的分离焦虑现象并不明显，没有哭闹现象。在日常生活中菲菲性格内向，不太主动与同伴、教师交往，偶尔会就自己感兴趣的话题与老师说上几句。

下面我就菲菲从不愿参加区域活动，到经过我的引导能够在区域活动中自主进行游戏，最后快乐地与同伴进行游戏的情况做说明。在这期间，我做了一些引导，采取了一些措施让菲菲更好地进行区域游戏，使她快乐地开始每一天的幼儿园生活。

区域活动开始了，可是菲菲并没有什么反应，依旧呆呆地站在那里，低着头。我想也许是她刚来我们班不久，还不太清楚有什么活动区，都能干些什么，再加上幼儿平时也不爱说话，和同伴还不熟，就给她推荐道："菲菲，去图书区看看吧！那里有许多好看的新书呢！"菲菲听了我说的话，仍然站着原地，时而低下头看看自己的进区卡，时而看看其他小朋友。时间一分一秒地过去了，看见菲菲的样子，我很着急。孩子这是怎么了？为什么那么多新的玩具，都引不起孩子的兴趣？带着这些疑问，我再一次来到她身边，并关切地说："菲菲，别站着了，进活动区玩！"可菲菲还跟没听见一样，仍不理睬我。于是我试着拉着她一起往旁边的美工区走。这时，孩子终于有了反应。她倔强地不肯移动身体，我能明显地感觉到她在和我较着劲，力气还不小。突然菲菲喃喃地低声说："我不想玩，我就想坐着！"听到孩子有了回应，我又惊又喜，惊的是孩子居然不想玩，喜的是孩子终于对我的话有了反应，能够做出简单的回答。顺势，我说："菲菲，那你找个座位坐下来，别站在那儿了。"看得出菲菲虽然不太情愿，但还是找了个离自己最近的地方坐了下来。而我也在她身边坐了下来。我看着低着头若有所思的菲菲，低声地问道："菲菲，为什么不想玩呢？"她没有回答，甚至连头都没有抬起来，看见孩子这样的反应，我便没有再强求什么。

三、案例分析

我猜想孩子之所以有这样的反应，肯定是在之前受到过什么伤害，才导致了今天的情况。喜欢游戏是孩子的天性。今天既然幼儿选择静坐而不是游戏，那么作为教师，我首先要做的是在尊重幼儿意愿的基础上，先请她坐下，再积极主动地引导幼儿，用自己的热情来感染幼儿。幼儿呆呆站在那里不动，教师不能不闻不问，漠不关心。其次，在我的初次引导下，并没有起到什么效果。我立刻意识到这需要我给予更多的关注，不能因为幼儿的反应而冷漠对待。于是，我边忙手头的工作边不时地关注着菲菲的反应。最后，要在恰当时机，了解幼儿的内心世界，探究问题的根本所在，帮助幼儿走出来，快乐地游戏。

四、案例措施

《纲要》中提到，一日生活中要给予幼儿充分的自主游戏时间和空间。教师要在活动中，起到支持者、引导者和合作者的作用。因此，针对菲菲现在不想玩的现象，第一步，我将自己定为幼儿活动的引导者。这天，吃完饭，又到区域活动时间，菲菲还是像往常一样，呆呆地站在那里，我主动出击，邀约道："菲菲，一会儿帮老师一个忙好吗？到美工区先坐下来等我。"

菲菲有点犹豫，但还是慢慢地朝美工区走去，坐了下来。看见孩子坐定，我赶紧拿出事先准备好的蝴蝶简笔画，迎了过去。经过观察和了解，我知道菲菲喜欢蝴蝶，认识许多种不同种类的蝴蝶，平日里，孩子的涂色技能发展得很好。于是我今天结合本班主题"夏天的微笑"，创设了这么一个情境：夏天来了，请菲菲给小蝴蝶穿上漂亮的新衣服！没想到，菲菲的话匣子一下子就被打开了！她饶有兴致地给我介绍说："老师，你知道吗？漂亮的蝴蝶是由毛毛虫变来的。以前它可没有这么漂亮的衣服！"我假装好奇和崇拜地说："是吗？你懂得可真多啊！待会儿咱们给蝴蝶穿上漂亮的衣服，再一起给全班小朋友讲讲吧！"菲菲没有回答，而是认真地涂了起来。

在涂画过程中，我们一同挑选鲜艳的颜色，一起商量着给小蝴蝶涂色的位置，不一会儿一幅漂亮的画就完成了！我赞许地说道："小蝴蝶真高兴啊，咱们给它穿上了这么漂亮的外衣。一会儿给其他小朋友介绍介绍吧！"听我这么一说，菲菲有点激动和紧张，我鼓励道："没关系，待会儿我和你一起上台。"这样做的目的，是为了帮助幼儿重拾自信，告诉幼儿她的作品会得到大家的欣赏和认可，老师也会将她的作品摆到展示台，供其他小朋友学习，老师也喜欢并尊重她的劳动成果。

五、感悟与体会

通过我班菲菲小朋友的一系列变化，我发现作为教师在活动中的引导、支持作用十分重要。同时，教师要时刻注意自己的言行对于幼儿的影响。要保护幼儿的自尊心，避免自己不经意的一句话或者一个动作给幼儿造成伤害。小班的幼儿善于模仿，教师应该在生活中的各个环节，注重自身对于幼儿的影响，正所谓身教重于言教。要用自己的行为感染幼儿，一点一滴地帮助幼儿形成良好的社会性，促进幼儿全面健康地发展！

缺乏信任的家长工作管理案例

辽宁省沈阳市大东区教育局小北幼儿园　刘彩霞

一、案例背景

托班的一名幼儿多次咬伤其他小朋友，其他家长对他都很有意见，班级老师多次与他家长沟通，但他家长对老师很不认可，主动要求调班。经幼儿园领导班子研究，考虑孩子比较活泼，破例同意调到小班进行生活和学习，当时家长很高兴，感谢幼儿园遵从家长意愿给予调班。

二、案例描述

调到小班后，这名幼儿又出现了和小朋友互相打闹的情况，一次被另一名幼儿拿玩具划破脸。另一次与幼儿拿绳子玩时剐蹭到了脖子，老师及时制止没有发生意外事故。为此家长又找到幼儿园，以孩子挨打为理由再次提出调班要求。

幼儿园本着幼儿的性格特点和园里班级的实际情况，拒绝了家长再次调班的要求。家长情绪激动提出要报警查看全部监控录像的要求，并且随后到大东区教育局上访。

三、案例分析

1. 幼儿此阶段缺少逆商教育，在遇到不合自己心意的事情时，不会用正确的方式解决。

2. 教师缺少经验，对于这样任性、脾气大、不会与小朋友交往的幼儿缺少教育经验与方法。

3. 教师没有与家长进行有效良好的沟通，在沟通的方式方法以及态度方面让家长难以接受。

4. 幼儿入园时间较短，家长内心过于焦虑。

5. 幼儿园应根据规定进行处理，不给予家长破例。

6. 幼儿园对于教师培训不到位。

四、案例措施

(一)增加课程，不放弃每一个孩子

1. 开设心理教室，专设心理教师。对于脾气暴躁、行为特殊的幼儿进行个别指导、个别教育，让幼儿能够健康快乐地成长。

2. 在班级图书区增加对于幼儿逆商管理的图书绘本，教师在日常教育教学活动中为幼儿讲解遇到问题的正确处理方法。

(二)完善教师培训，从实际问题出发

1. 把教师培训“你讲我听”的形式，改变为沉浸式教研。把在以往经历中所遇到的家长问题列举出来，两个教师为一组，由一名教师充当家长，另一名教师解决此家长提出的问题。互动结束后，由评委教师给予意见以及改进方法。

2. 让老教师把自己的家长工作经验直接讲解给新教师听，让新教师快速汲取经验，飞速成长。

(三)家长大讲堂，家园同步促幼儿成长

开展家长讲座，让家长了解幼儿园的教育理念以及应该如何配合老师对幼儿进行教育，还要了解幼儿每个阶段的关键期是什么，并应该用什么样的方式进行教育。

五、感悟与体会

通过这一案例，我认为家园同步教育思想、同步教育方法是至关重要的。家园同步进行对幼儿的教育才会达到事半功倍的效果。孩子的教育最初就是从家庭教育开始的，父母是孩子的第一任老师，孩子的性格、心理、行为都深深地受着父母影响。所以幼儿园在对幼儿进行教育的同时，也应该对于孩子家长进行思想上的引导以及教育方法上的指导。

好玩的油桶

宁夏回族自治区银川市贺兰县西幼幼儿园　李雪梅

一、案例背景

太阳岛是孩子们喜欢的户外活动地点之一，不光是中国地图造型吸引了大班孩子的眼球，更有各种轮胎、攀爬架、沙袋、油桶等，满足孩子们尝试挑战的同时，让孩子们发展想象，放飞自我。孩子们尤其喜欢玩油桶，投放的油桶给喜欢挑战自我的孩子提供了空间，孩子们可以把油桶立起来跳下，还可以在两个油桶之间搭上梯子爬过去；还有的把油桶围成堡垒。有一天油桶被放倒，孩子们面对面推了起来，当孩子们推来推去玩过之后，有孩子站了上去……就这样一个油桶上的故事拉开了帷幕。

二、案例描述

户外区域活动时间到了，开心走到油桶跟前就往上踩，油桶滚动起来，开心一下子掉了下来。环顾四周，开心把油桶靠在麻袋上，再次上去，这次她两只脚一点一点向前移动，油桶速度慢慢加快，开心才跳了下来。过了一会儿朵儿来了，对开心说 ："我们一起玩吧。"就这样朵儿也加入了滚油桶的行列。朵儿上去后，开心在旁边说："别着急，油桶滚得慢才稳，脚要一点点地走，会越来越好的。"

就这样，她俩交换游戏，互相鼓励，快结束时能踩油桶走一米远。回到班里大家开始分享自己的游戏，轮到她们讲时，我把她们的游戏视频和照片放给大家看。开心说："油桶放倒了可以滚着走，但是上去很不容易，油桶很容易滚跑。"我说："油桶为什么会滚呢?"开心说："油桶是圆柱体，它两头圆，一踩上去就会滚。我把它靠在沙袋上它就稳了。"朵儿说："站上去不要着急走，不然速度一快还会掉下来，还要把两手伸平，也会走得远一点。"我鼓励道："你们想了这么多方法，那我们明天再去太阳岛试试，看能不能走得更稳更远一些。"第二天户外活动，我们再次来到太阳岛，她们直奔着油桶走去，一人选了一个，开心说："把油桶靠到沙袋上，两手伸平，眼睛向前看，一点一点向后挪动脚步。"朵儿说："如果快掉了，赶快下来，别摔了。"在她们的坚持下油桶已经能滚两三米远了。

第三天自选区域她俩再次选择了油桶。我说："你们还能不能玩出更新鲜的游戏?"她们看了看对方，开心笑着说："朵儿，我俩比一比看谁滚得远吧?"她先站到油桶上面，走了三四米掉下来，然后换朵儿玩，她俩在比赛下越玩越好。今天她俩已经走四五米远了，开心说："我俩一人踩一个油桶玩吧。"她俩各踩一个玩了起来，当她俩快要撞在一起的时候，开心说："等一等，我俩来试着换油桶吧?"朵儿一听露出喜悦的表情。她俩慢慢滚向彼此，快要靠在一起的时候，开心迈出了一只脚，站到朵儿的油桶上，然后跳了下来，拍着胸脯说："太刺激了。"说完又一次站到油桶上面走向对方，这次开心小心翼翼地走过去，当开心把脚迈到朵儿的油桶上时，先站住了，脚一点一点地挪动，又向前走开了。她俩面对滚，背着滚，不知不觉在油桶上还学会了转身……

三、案例分析

根据大班幼儿敢于尝试、想要挑战的特点，幼儿园投放低结构材料油桶，为幼儿游戏创造了条件，满足幼儿的心理需要。开心的尝试激起了小朋友的探究精神，从孩子的回答中我们可以看到，孩子们在游戏中考虑借助身边的材料和人解决问题。经过尝试和讨论，幼儿积累了丰富的经验，并且找到平衡点：身体协调控制油桶的滚动速度，她们刚站上去不急于走，调整好在油桶上的站位，先小步向前或向后移动。在移动时，上身不能晃动，保持直立。孩子们在游戏中经历了“发现问题—提出解决方法—再次尝试”的学习过程。当她们成功地站在油桶上熟练了玩法时，开始新的尝试，让游戏一次次升级。这样的学习是符合幼儿的学习方式和特点的，具有丰富的发展价值。她们在做中学、学中玩，通过亲身体验和实际操作获得了经验，有助于形成喜欢探究、大胆尝试、用于创造、克服困难、善于坚持等良好的学习品质，为今后的深入学习奠定良好的基础。

四、案例措施

1. 学会放手，鼓励自主探索

开心平时就是一个胆大心细的女孩子，面对油桶这样的大玩具，有的女孩显得胆怯，她却充满热情，和同伴合作也能友好地玩，当同伴向她提出加入时，她欣然接受，在游戏中相互鼓励，勇于挑战，最终越玩越好，令人叹服。

2. 关注需求，给予引导支持

在游戏中我们为幼儿创设更安全的环境，移走障碍，提供更大的空间。面对新鲜的事物，孩子们充满好奇，除了给孩子一定的思索和探究的空间，当孩子挑战有难度的游戏时，及时肯定，增强孩子的自信心，对孩子取得的成绩及时表扬。

3. 家园互动，共育成长

向家长及时反馈开心的幼儿园的点滴生活，让家长知道幼儿园不仅做小游戏，还给孩子学习品质、社会交往储存能量。我们后期把情况反馈给家长后，家长很感谢老师的关注，更对幼儿园这样的活动表示赞赏，回家后对孩子具体需求也进行针对性的指导。

五、感悟与体会

《3—6 岁儿童学习与发展指南》中提到：幼儿喜欢探究，常常动手动脑探索物体和材料，并乐在其中。幼儿阶段也是儿童身体发育和机能发展极为迅速的时期，也是形成安全感和乐观态度的重要阶段。发育良好的身体、愉快的情绪、强健的体质、协调的动作，是幼儿身心健康的重要标志，也是其他领域学习与发展的基础。

1. 油桶游戏有利于发展幼儿的平衡能力及身体的协调性

幼儿阶段是动作发展的重要时期，幼儿身体动作的协调发展对其适应社会生活以及实现自身发展具有重要意义。在滚油桶时，幼儿的上下反应、身体协调动作得到了很好的发展。

2. 油桶自主游戏有利于提升学习品质的发展

幼儿在游戏中初步确定了要玩什么，并清楚地知道自己每一步要做什么。幼儿期是各种合作素质形成的关键期。在掌握滚油桶的方法后，接纳同伴，在相互鼓励游戏时，从各玩各的，到一起玩一个油桶，又合作换油桶，让幼儿彼此学习，互促成长，这些都体现了幼儿的社交与合作能力、合作意识，这将为幼儿未来的成长带来诸多裨益。

3. 油桶游戏有利于促进社会性与情绪情感

当幼儿成功地踩上油桶滚动时，幼儿产生了自信。其实在幼儿完成每一次尝试的同时，获得更多的是幸福的成就感。她在集体活动中更加积极，变得更专注、耐心。

吹泡泡

宁夏回族自治区银川市贺兰县西幼幼儿园 马 佳

一、案例背景

我设计的这节科学活动“吹泡泡”来源于幼儿的生活，它通过幼儿对不同材料的探究来制作泡泡水，培养他们发现问题、解决问题，勤动手、爱动脑的良好品质，为幼儿的一生发展奠定良好的基础。

二、案例描述

数学活动“认识圆形”结束后，坤坤跑到我面前问：“老师，那个瓶子里装的是什么?”我一边用小棍搅动瓶里的泡泡液一边说：“你猜?”坤坤说：“它好像不是水，里面有小泡泡，还黏黏的，白开水是不黏的。”“那你觉得什么水是黏黏的，搓一搓还有小泡泡?”“洗手液、洗洁精，还有洗衣液都有泡泡。”“那明天的科学活动上我们一起试试，看看你说的这些能不能吹出泡泡，好吗?”坤坤充满期待地说：“好，我一定能吹出泡泡。”

第二天我随机生成了一节科学活动“吹泡泡”。开始做实验了，坤坤迫不及待地将洗手液倒在小瓶子里，兑了点水，使劲地摇，兴奋地说：“哇！老师你看，里面有很多的泡泡。”看着她开心的样子，我说：“你试一试，看看能吹出泡泡吗?”坤坤高兴地吹泡泡，可是尝试了几次都没有吹出来。她有些失望：“看来吹泡泡的水不是洗手液的水。”

我说：“你想想还有什么东西有泡沫?”她若有所思地转身走开，回到座位不停地摆弄着瓶子。她说：“肥皂有泡泡，我要把它加进去。”我和她一起将肥皂化成液体加了进去，结果又失败了。坤坤像一个泄了气的气球：“老师，我怎么还吹不出泡泡呢?”我说：“没关系，我们把其他东西加进去再试试，好吗?”突然，她好像悟到了什么：“可以加洗衣液吗?”她再次打起精神，把洗衣液倒进瓶子再次尝试，终于吹出来了一个小泡泡。坤坤高兴地欢呼：“我终于吹出泡泡啦!”她激动地将自己的发现告诉了身边的小朋友。玩了一会儿她又发现问题了：“老师，为什么我吹不出多多的泡泡呢?”于是她又将洗洁精、洗衣粉加进去，竟然吹出两个泡泡了，这下可把她高兴坏了：“老师，为什么放了这么多的东西才能吹出两个泡泡，你的泡泡水为什么一下可以吹出这么多的泡泡?”我说：“今天你回到家再准备更多的材料，试试看能不能吹出更多的泡泡。”虽然只吹出了几个小泡泡，但是坤坤的脸上还是洋溢着成功的喜悦。

晚上我和孩子妈妈分享了在幼儿园与孩子的探究过程，肯定了孩子坚持不懈的学习品质。妈妈也很欣喜，并表示对孩子的这次“吹泡泡”之旅大力配合。爸爸妈妈带着她一同查阅了资料，找到了一个制作出超级泡泡更好的方法。他们把香皂切成小薄片溶化后加入适量的砂糖和袋袋茶，盖好盖子放置一夜，第二天果然吹出了好多好多的泡泡。坤坤把自己制作的超级泡泡液拿到班里，自豪地向小朋友展示她的成果，看到其他小朋友都围着她和泡泡跳着笑着，她快乐极了。

三、案例分析

孩子们对吹泡泡充满了好奇，不停地摆弄、尝试，同时也产生了很多疑问。面对孩子们疑惑的表情和强烈的探究欲望，我没有将答案告诉他们，而是通过追问、把问题还给幼儿等方式，引发他们更深入地思考，引导他们带着问题去尝试。我希望幼儿通过自己的探究找到答案，同时幼儿投入探索尝试的状态也引发了我的思考。根据幼儿对周围事物充满好奇和探索的欲望，将幼儿感兴趣的活动生成为有价值的教育活动，培养他们探索的兴趣，让幼儿体验成功的喜悦，这样的活动才是幼儿真正需要的。而教师能做的是给幼儿一个探究的机会、适合的环境以及及时的介入，利用各种资源给予幼儿全力的支持与帮助，这样既能提高幼儿的观察、思考能力，还能增强幼儿的自信心，提高幼儿的社会交往能力。

四、案例措施

（一）兴趣和问题的捕捉是关键

本次游戏主题是幼儿在自主交流中产生的，教师灵敏地抓住这个兴趣点，引导幼儿探究，充分尊重了幼儿的意见和想法，给幼儿提供了宽松自主的环境，因此，教师对幼儿的充分关注、积极支持，增强了幼儿的自信，激发了更多的游戏灵感。在探究中，针对探究中出现的问题，教师及时评估幼儿原有经验和挑战间的距离，依据不同情况灵活采用策略，适时提问和引导，让幼儿"踮脚"摘到"最近发展区"的"果子"，从而促进幼儿游戏水平的提升、探究能力的快速发展。

（二）相信幼儿，支持幼儿自主探索和学习

《幼儿园教育指导纲要》指出：教师要善于发现幼儿感兴趣的事物、游戏和偶发事件中所隐含的教育价值，把握时机，积极引导。吹泡泡是幼儿特别喜欢的游戏，具有很强的操作性及创造性。作为教师，我们应该给幼儿创设宽松、自主的探究环境，鼓励幼儿保有好奇心和求知欲，鼓励幼儿自主探究。

（三）巧设活动，提升自主探究的能力

真正的自主探究以幼儿为主，根据幼儿的兴趣和生活经验来选择探究的内容，幼儿在探索的过程中，教师对幼儿的心理支持是第一步，对幼儿的主动探索给予充分的肯定；其次是提供探索的时间、空间和人际支持。在提供心理支持的过程中，不干涉幼儿在探索中遇到的小困难，对幼儿在探索中的遇到的困惑不急于表态，不急于帮助。退后一点，静观其变。

五、感悟与体会

在实践中促进幼儿多方面的发展：

1. 认知发展

(1)思维能力

坤坤观察能力很强，胆大心细，能主动地去尝试，遇到困难能积极开动脑筋想办法去解决，思路很清晰，是一个善于思考的孩子。

(2)语言能力

在实验探索的过程中坤坤能够主动提出问题，并用清晰完整的语言来表述，语言能力得到提高。

2. 社会性情绪与情感

当坤坤在活动中，她的自信由内向外散发着，从嘴角上扬的表情上可以看出她体验到了成功的快乐，也获得了成就感。坤坤是一个性格腼腆的女孩，也是一个心思细腻的孩子，这一次成功让她获得了极大的满足感与成就感。

3. 学习品质

(1)专注力

当坤坤在探索泡泡水的制作方法时，完全不受外界的干扰，自始至终都专注投入地进行探索，没有游离和退缩。这说明有挑战性的游戏内容、丰富的游戏材料、高质量的教师陪伴能大大提升幼儿的学习品质。

(2)自主探索的能力

在探索时，坤坤自己动脑想办法，不仅使自己得到了快乐，而且吸引了同伴参与，让别人也得到了快乐。

(3)不服输

在经历了一次次的失败，坤坤没有就此放弃，而是锲而不舍，继续探究，体现了孩子坚毅的品格。

做错事只说对不起就够了吗?

山东省青岛市海军青岛示范幼儿园　夏语苒

一、案例背景

在一次区角活动结束后，孩子们忙着收拾玩过的玩具。

二、案例描述

贺贺在收拾玩具的过程中，不小心用玩具碰到了菡菡的脸，菡菡立刻哭起来，嚷着贺贺打人，贺贺在一旁嘟囔着“对不起”。菡菡哭得伤心，根本不理贺贺，贺贺转身就要离开放玩具。这时我走到他们身边，问贺贺为什么要离开，怎么也不安慰菡菡，没想到他回了我一句“可是我已经说过对不起了”。

三、案例分析

从他的话语中我发现仿佛在他的心里做错事后说一句“对不起”就是灵丹妙药，他认为只要说了“对不起”，菡菡就一定会说“没关系”，接下来就没事了。在他眼里一句“对不起”几乎是万能的。所以，他才理所当然地在说完“对不起”后就像没事人一样离开。

出现这样的情况，我反思了平日我们处理幼儿矛盾时的方法。我们普遍用的方法是：当孩子做错事时，我们会先要求孩子说“对不起”，然后很仔细地告诉孩子他究竟错在了哪里，为什么这样做是不对的。当孩子道了歉，也表示理解及同意老师的说理时，这个管教就结束了。但是这整个过程中，却缺少一个非常重要的内容——对自己的行为负责任。

四、案例措施

我把贺贺叫到跟前，对贺贺说：“虽然你已经说了对不起，但是菡菡还是在哭啊，是不是可以哄哄她，给她擦擦眼泪呢?”贺贺若有所思地点点头。贺贺走到菡菡的面前，轻轻地摸了摸碰到的地方，轻声哄道：“对不起菡菡，我不是故意的，妈妈说痛的地方揉揉吹吹就不疼了，我给你揉揉，你别哭了。”果然，菡菡慢慢止住了哭泣，对贺贺说：“没关系，我不疼了。”俩人开心地拉着手走了。

五、感悟与体会

幼儿因为经验不足，很容易犯错。重要的是，当他做错事的时候，老师的回应将影响下一次他犯错时的反应。幼儿做错事，我们管教的重点应该是让幼儿体会到，他做这件事情会造成什么样的后果，更重要的是，他必须为这件事的后果承担责任，比如让幼儿帮助对方揉揉被打的部位、擦擦眼泪等。这样，幼儿通过对自己的行为后果负责，不仅有机会释放心中的愧疚，而且还可以让他们渐渐学会在行动之前多想想行为的后果，这样对孩子才更有教育意义。

奇怪的泥洞

上海大学附属实验幼儿园　张　敏

一、案例背景

这是我们第一次玩泥，也是孩子们第一次接触这么多的泥，他们都非常兴奋，在本区域的中间有一座泥堆成的小山，这座小山就成了孩子们每天探索的基地。今天我发现几个孩子一直反复地取水、倒水，他们到底在干什么呢？这样反复的行为有什么意义吗？我带着疑惑开始观察他们看似无意义的"反复"行为。

二、案例描述

1. 游戏时，一直看到宸宸在取水，然后去倒水，我好奇地跟了过去，只看到宸宸取了水之后往中间小土坡上倒水，仔细看那边还有一个小洞，宸宸看到我在看他，对我解释："这是我们的船，我在给船加油。"

旁边的沐沐跑过来说："我们加了好多油都没有加满。"

教师："你们加了多少啊？"

宸宸："我都加了 5 瓶水了。"

沐沐："我也加了 3 瓶啊。那一共加了 8 瓶啦，都没有加满。"

宸宸："我还在加。加了好久了。"

教师："为什么加不满啊？这个洞哪里来的？"

沐沐："这是宸宸用木桶的把手挖的。"

宸宸："我后来还用手指挖了。"

说着用手指挖给我看。

宸宸："怎么就是加不满呢。加不满我的船就不能开了。"

沐沐又去取了一桶水回来，继续往里面倒，一边倒一边看着。

沐沐："有水流出来了，宸宸你过来看，水从洞口流出来了，肯定装不满啊。"

宸宸："我刚刚没有流啊，你的瓶口没有对准，肯定流出来的。"

宸宸又拿了一瓶水往里面灌水，对着沐沐说："你看，不流了吧，但是还是没有满啊。"

2. 在游戏分享环节分享他们的游戏。

我们先看了视频，然后孩子们就"为什么灌不满洞"进行了讨论。

幼儿的应答如下：

捷安："我看到有些水流出来了。"

宸宸："但很多没有流出来，我们倒了很多，很大的桶倒的。"

晴晴："是不是从另外一个洞流出去了。"

沐沐："我后来看到旁边有一个地方也有洞的，肯定是从那边流走了。"

宸宸："那个洞是其他人挖的。"

安安：" 我觉得里面有可能很深，水都到里面去了。"

墨墨："我觉得是里面的泥把水'吃'了，泥把水吸干了，我们倒在泥上面的水就被泥吸干了，要么倒很多的水才有用。"

兔兔："说不定是里面的树根把水喝了，旁边都是树，还有小草要喝水，所以水一直倒不满。"

玥玥："有可能里面有很多小路，很多的洞，所以倒不满。"

3. 第二天，沐沐找来了一根绳子，他拿着绳子往洞里面塞。但是绳子塞不进去。

过了一会儿，又有些小朋友来挖山。

教师："你们在干吗？"

宸宸："我们想挖开看看里面什么样子。"

沐沐："绳子塞不进去，不知道里面多大。"

宸宸："但是泥太硬了，挖不动。"

由于泥山太大，孩子们最终没有把山挖开。

三、案例分析

1. 幼儿的猜测是从他们已有经验或者日常观察所得

在游戏分享环节中可以看出孩子们在思考问题的时候是根据他们日常的观察和经验，并不是天马行空地乱猜。如有的回答：有可能被泥吸干了，她的猜测来源于她的已有经验，看到水倒在泥上水会被吸干；有的孩子觉得是被树喝了，这是来源于她对周围事物的观察发现，观察到周围有很多树，才有了这个猜测；等等。

2. 游戏中也渗透着数的学习

看似简单"重复"的游戏中也潜移默化地代入了数的学习，如已经取了几瓶水，又取了几瓶水，一共几瓶水等，这让孩子在日常游戏中对数有更为实际的了解和运用，数不再只是纸上的数字，而是孩子们在游戏时可以使用的工具。

四、案例措施

1. 游戏中观察分析，适当介入了解幼儿游戏目的

我刚开始没有注意到他们，但他们多次重复取水倒水引起了我的注意。观察之后我发现他们只是重复地往洞里面倒水，我不理解他们的行为，于是我采取了介入询问，这不仅让我了解了孩子们的游戏内容，也让我知道了他们的重复是在探究这个泥洞，同时在对话中也让我看到了他们在游戏中的思考，如对泥洞装不满水的各种猜测、解释。

2. 游戏后借用交流分享，引发幼儿深入思考分析游戏

游戏之后进行了交流分享，在交流中引导启发孩子对"为什么灌不满洞"这个问题进行讨论，就这样孩子们从个人思考转向集体讨论，纷纷表达基于自己经验基础上的对于问题的看法，试图分析解释这个现象。

五、感悟与体会

1. 重复行为有孩子自己的用意的

当孩子们重复做一件事的时候是有他们的理由和用意的，如很有可能是在探究某一件事物，就像宸宸他们重复取水、倒水，看似简单重复的动作，其实是他们在探究的一个过程，我们不能错过这些看似简单重复的事情。

2. 包容、理解孩子的重复行为才能读懂孩子

当我们不懂时可以去问问孩子们，这样我们才能读懂孩子，了解孩子重复行为的背后意义，也不会错过他们精彩的游戏过程。如本案例中，宸宸和沐沐不停地重复取水倒水，有可能在成人的眼中这只是无聊、没有意义的行为，但我并没有去阻止，而是带着好奇心、带着疑问去走进孩子的游戏，了解孩子的游戏内容，从而理解孩子的重复行为的意义。

小步进步的兜兜

上海大学附属实验幼儿园　任　俊

一、案例背景

这是我们班新生入园后的第三周，作为我们班里个子比较小，胆子也不是很大的小女孩，兜兜平时都不太敢玩那些对她来说看起来有些“刺激”的游戏，尤其是刚入园的时候，天天哭着要找奶奶，但随着分离焦虑的缓解，她渐渐开始愿意玩起来。

二、案例描述

1. 第一次的攀爬经历

自主游戏时间，兜兜看到草地上有一个弯弯桥，她尝试着从下往上爬。弯弯桥有点摇晃，兜兜爬得很慢。爬到了第三格，她停了下来，看了看我。我问：“兜兜，要不要我帮忙?”兜兜没回答，继续向上爬。快到顶端的时候，弯弯桥晃得更厉害了。这次，兜兜的两只小手紧紧地抓着弯弯桥前方的栏杆，屁股翘得高高的。于是，我又上前问：“兜兜，需不需要我帮忙？可以的话就自己试试看。”

兜兜试着往前挪了一下，然后又停下来。接着，她又试着把脚往上，想要踩上去一格，但是没有成功，这时她抬头看看我。我向她伸出手，说：“别怕，我在这里，害怕的话可以拉着我的手。”这次，兜兜拉着我的手，慢慢地站起来，直起身子，像走楼梯一样，一格一格走到了弯弯桥的最下面。

游戏结束前，兜兜又去爬了旁边的“飞碟”。这次，兜兜没有寻求我的帮助，一个人从下面爬到了“飞碟”的顶端。

2. 新挑战：差点儿成功的一次攀爬游戏

游戏时间，兜兜和小马一起爬足球网，爬了两三格，兜兜就嘴里边说害怕边往后退，小马在一旁边摇手边安慰她：“不害怕，不害怕，勇敢点。”看到小马很快地爬下去，兜兜好像也很想下去，但她还是有点害怕，于是一直将身体靠在网上，等小马来。小马尝试教兜兜方法，让她跟着自己，先两个脚都踩进网格里，一个脚先上去，另一个脚再找空的网格踩进去。

小马想要牵着兜兜爬，但是兜兜甩手拒绝了。接下来，兜兜给自己打气：“兜兜加油，兜兜勇敢。”但在几次的尝试后，兜兜一边朝老师伸出手，一边喊道：“要升国旗了……”

三、案例分析

1. 游戏给了孩子逐渐确认自己能力的机会

上述案例中的兜兜是一个年龄较小的女孩子，平时也比较小心谨慎，她自认为比较“危险”的游戏，通常不太会主动去玩，更多的时候是在一旁看其他小朋友玩。但在这么一个宽松、自主的环境中，周围的孩子都在按照自己的意愿玩自己喜欢的游戏，其实也对兜兜起到了一个“同伴影响”的作用，她也有了游戏的意愿。于是，在第一次攀爬游戏的尝试过程

中，即使有害怕，有不确定，但最终在她自己的努力下，在老师的鼓励下，踏出了勇敢的第一步，完成了这个对她来说有点“刺激”的游戏。在这过程中，我看到了孩子是怎么在游戏中小步进步的。

2. 通过主动示弱来让自己摆脱“危险的困境”也算是一种很正能量的情绪表现

在第二次的攀爬游戏中，显然经过之前一次的攀爬经历，兜兜这次顺利多了，在攀爬的过程中她一边爬，一边给自己“打气”，这其实是一个为自己“壮胆”的表现，但快到顶时，兜兜她还是害怕了，虽然老师有试探：“快要成功了，你要再试一试吗?”但她考虑之后还是放弃了。游戏中遇到自己克服不了的困难，兜兜通过主动示弱来让自己摆脱“危险的困境”，这其实也算是一种很正能量的情绪表现。但游戏的最终，她并没有为自己的“一次失败”而感到挫败，在后续的游戏时间里依然开心地进行其他游戏。和成人的“目的性”比起来，我从她身上看到了比游戏结果更宝贵的一种学习品质，显然她更具有良好的情绪转换的能力，而这也是在游戏中孩子们的获得。

四、案例措施

1. 多赋予孩子们积极的同伴影响的作用，将这种正能量、正向引导始终贯穿于一日生活中的各方面，如自主游戏中、生活环节中等。

兜兜是一个比较胆小谨慎的孩子，在游戏中她通常会选择一些难度较低的游戏，或者她可以驾驭的游戏。在看到小马能很容易地爬上足球网，兜兜也有了尝试的欲望，这是一个同伴影响的作用。

2. 多鼓励，多肯定，但并不强求幼儿的游戏结果，尊重孩子的游戏意愿。

虽然，这一次的攀爬最终以老师伸出援手结束。但在游戏中，兜兜对自己的能力有一个很明确的评估，在她发现有难度的时候，她并没有盲目地进行尝试，而是先对老师、同伴说出了自己的担忧，通过他人，通过自身给予加油鼓劲，给自己一定程度的心理暗示：“兜兜很勇敢，兜兜快要爬到了。”

五、感悟与体会

每个幼儿都是有个体差异的。他们每个人都按照自己的节奏在成长，在游戏中也是如此。有的幼儿玩这个游戏可能毫无压力，非常顺利；有的幼儿可能因为没接触过这类材料，或者比较小心谨慎，所以不敢轻易尝试。但当我们把自主、宽容的环境给予幼儿，在同伴的影响下，他也会有玩这个游戏的欲望。与此同时，老师耐心等待、不催促，并在幼儿需要的时候给予支持和帮助。因为有了这种宽容、支持、等待、轻松的环境和氛围，幼儿就愿意去尝试。有了第一次，就会有第二次，然后会去挑战更有难度的游戏。这个案例告诉我们：自由的、自主的游戏会给予幼儿机会，让幼儿在游戏中慢慢地进步，慢慢成长，同时也提醒我自己，作为教师，我不能用同一标准去要求每个幼儿，要看到幼儿自身的纵向成长，而不是仅和其他幼儿做横向比较，这才是我们做老师的正确理念，才是正确对待孩子的态度。

游戏主题变更后

上海大学附属实验幼儿园　郭　骅

一、案例背景

这是我们中班孩子第三天玩角色游戏。在游戏开始前，雅晴和小黄金计划今天要玩娃娃家。两人花了近一个小时搭建了娃娃家的外墙，接下来她们会按照计划继续娃娃家的主题游戏吗？地上散落的玩具是否对继续游戏有影响呢？

二、案例描述

雅晴看见地上有一块背面有卡扣的三角板，说："我们用这个做一把椅子吧！"她把三角板有卡扣的一面朝下，想坐上去。尝试了两次后，雅晴发现这个椅子站不稳。接着，雅晴张开双臂，先一只脚踩上三角板，另一只脚再跟上。她摇摇晃晃地站在三角板上，咧开嘴笑了起来。

雅晴回到平地上，环顾四周，发现不远处还有一块空调图案的泡沫板。她把泡沫板和三角板靠在一起，后退几步看了看，又从材料筐里拿了一块三角板放在泡沫板的对侧。

她拉着黄金说："黄金，你站在这个上面。"小黄金很困惑，她扶着雅晴的手小心翼翼地站上去，在三角板上摇晃了一会儿才稳住。然后雅晴站上另一块板，打开手臂尝试保持平衡。

过了几分钟，雅晴离开了三角板。她捡起不远处掉落在地上的两根水管，相互敲击了几次，听到"砰砰"的声音之后，她笑了。她又拿了两根水管，把水管递给小黄金："这个给你。"小黄金接过水管。两个人站在三角板上，一边敲击对方的水管，一边保持平衡。

雅晴说："黄金先这样。"她边说边蹲下，用两根水管同时敲击泡沫板。小黄金也蹲下，模仿雅晴的动作。随后雅晴敲了几次泡沫板，再用两根水管相互敲了几次。小黄金模仿雅晴的动作也开始敲了起来。随后雅晴用自己的水管敲击小黄金的水管，小黄金也笑着用自己的水管敲击雅晴的水管。

雅晴和小黄金相互敲击了几个来回后，离开了三角板，她找到了两块长方形的木板。她把木板放在三角板的前面，接着再次站到三角板上，小黄金也跟着站到板上。

雅晴面朝长方形的木板，用水管相互敲击了两次，再蹲下用水管敲击了两下长方形木板。小黄金边看边学。雅晴一直观察着小黄金，等小黄金敲完，才继续下一个动作。

小黄金走到雅晴旁边，一只脚迈向雅晴的三角板。雅晴也立刻站到了小黄金原先站立的三角板上。经过之前的几轮敲击，小黄金渐渐掌握了这个游戏的规律：先敲两下水管，再敲两下木板。

现在两个人差不多能同时敲了。

经过几个八拍之后，雅晴突然说"跳一下"，便跳到长方形板上等小黄金。小黄金也反应过来，跟着跳到长方形板上。雅晴在原地边跳边敲，黄金也跟着做。

雅晴一步跨回三角板，在三角板上转了一圈。小黄金也跨回三角板上，不过她没有转圈，而是拿着水管做出击打的动作。

三、案例分析

回顾整个游戏过程，这两个孩子并没有一直坚持自己最初的游戏计划，这可能是因为中班孩子游戏的目的性没有那么强，且注意力易受外界吸引而转移，正如两个孩子被地上散落的材料吸引，变更了游戏主题。看到她们已经偏离了自己原先的游戏计划"玩娃娃家"

时，我没有放弃观察她们，而是更好奇这两个孩子到底要做什么，所以决定继续观察她们的游戏。

随着观察，我发现在她们的游戏中，和鼓棒造型相似的水管变成了“打击乐器”，是相似物替代，而雅晴用长方形木板当作鼓面，是追求功能性的抽象性替代。同时长方形板一会儿是鼓面，一会儿又是可以站立的地方，孩子们想到什么就变成什么，即所谓的“一物多用”，可见，有时候越是简单的、易于变化的事物，在孩子们的角色游戏中运用的空间越大。

看到这里，我有点明白了：这两个孩子用角色游戏的材料创造出一个音乐游戏。在找到新的游戏兴趣后，这两个孩子也一直沉浸在自己发明的音乐游戏中，直到收玩具。

四、案例措施

1. 老师没看懂时千万不要随意打扰幼儿的游戏

在游戏过程中，幼儿可以自由选择游戏类型。我十分庆幸，在幼儿转变游戏目的时没有随意介入，选择了在一旁继续观察。游戏是属于幼儿自己的，他们可以按照自己的想法操作游戏材料，多角度尝试各种玩法，不断思考和探索解决问题的方法，也有更多机会合作完成更复杂的任务。

2. 教师要在观察的基础上，鼓励和强化幼儿的替代行为

只有如此，才能使某些材料成为幼儿的替代物，并使幼儿有新的发展和创造，这样幼儿在角色游戏中才能充分发挥自己的想象力和表现力，使角色游戏中幼儿的各方面能力都能得到最大的发展。

五、感悟与体会

1. 低结构材料更合适幼儿

替代物的出现表示幼儿的游戏水平在不断提高。在角色游戏初期逼真材料确实能够吸引幼儿的注意，但当他们的游戏发展到一定水平后，这样的材料反而会局限他们的思维。低结构材料能鼓励幼儿结合角色和情节的发展，自主寻找替代材料。正如案例中，两个孩子将低结构的木板当作鼓面、水管当作鼓棒，这样不仅能提高孩子使用替代物的能力，而且也刺激了他们游戏的愿望和兴趣，丰富了游戏的情节。

2. 坚信“游戏是幼儿的基本活动”这一教育理念

游戏中，我发现幼儿能不断挑战自己。在一开始站上三角板保持平衡的游戏中，孩子先是张开双手保持平衡，又是蹲下，站起来保持平衡，对身体平衡的考验逐步递增；两个孩子从敲击自己的水管—敲击对方的水管—敲击水管再敲击泡沫板—有规律地敲击水管敲击木板—有规律地敲击加上无规律出现的跳一下，玩法越来越复杂，这是她们自己发起的挑战，她们成功了。她们在挑战自我能力的极限，而这一行为皆源于自身的兴趣、意愿；整个过程中，雅晴一直关注着小黄金的状态，她以自己的水平、能力发现问题、调整自己，以达到和朋友共同游戏的目的，多么了不起！在游戏中幼儿按照自己的意愿进行学习，她们勇敢、大方、热情、快乐。

分汤圆

新疆维吾尔自治区克拉玛依市克拉玛依区中心幼儿园　徐　娜

一、案例背景

小班有一部分幼儿握勺姿势是错误的，为了让幼儿更好地掌握正确的握勺方法，同时结合数学的分类活动，特在数学区域活动中开展了“分汤圆”的活动，让幼儿能够通过此游戏，掌握正确握勺的姿势，同时对所学的分类活动有一个更好的复习和巩固。

二、案例描述

小班数学区域活动中，欢欢用小勺从一筐彩色珠子中挑选紫色珠子并将它们一颗一颗舀到小盒里。在一旁的乐乐对她说：“你可以用手抓呀。”于是，欢欢放下小勺开始用手挑选紫色珠子。乐乐也用手来筐里抓珠子，欢欢制止他：“不能这样抓，要相同的颜色。”接着她问老师：“小菲老师，是不是不要不同的颜色，要相同的颜色?”然后继续挑选紫色珠子。她用左手抓起一把珠子时突然掉了一颗，她趴在地上四处找，将珠子找回并放到筐里，继续寻找筐里的紫色珠子。翻找了几遍后，她对老师说：“紫色没有了，我可以放粉色的吗?”老师说：“欢欢，你是不是落了一个重要的东西?”“不知道。”她说完以后继续翻找筐里的珠子。老师说：“看看你的材料都用到了吗?”“没有。”“哪个材料你没用到？哪个工具你没有用到?”欢欢停了一下，把刚刚分好的紫色珠子倒回筐里。老师继续说：“看看你把什么遗忘了?”“不知道。”“你最旁边的那是什么？你遗忘了什么?”“勺子。”于是欢欢拿起勺子开始舀珠子，再次问老师：“老师，可以做五颜六色的汤圆吗?”老师说：“你想怎么玩就怎么玩。”于是，欢欢开始一勺一勺舀着彩色珠子。在一旁的乐乐也加入其中，她把勺子递给乐乐说：“必须要用勺子。”并指着乐乐之前玩的材料说：“乐乐，你先把这个放回去。”乐乐将玩具放回原处，继续和欢欢舀汤圆……

三、案例分析

1. 幼儿的学习方式与特点

《指南》指出：幼儿是通过直接感知、实际操作和亲身体验获得直接经验的，是在做的过程中学习。案例中的欢欢通过用手从彩色珠子中挑选紫色珠子并将其放在同一个盒子的操作过程中学会了按物体颜色进行分类，并能用“相同的颜色”进行概括。幼儿之间的合作与交流也是他们学习的方式。案例中的乐乐能够在欢欢的提醒和帮助下尝试按珠子颜色进行分类，欢欢也在这个过程中更加深入理解分类。当欢欢提醒乐乐将玩具放回原处时，乐乐从她身上学到了规则意识，而乐乐一次次的遵照执行也成就了欢欢的指挥能力。

2. 幼儿的学习品质

案例中的欢欢一直专注于“分汤圆”的活动中，并且有目的地进行操作，她清楚地知道自己“不要不同的颜色，要相同的颜色”。她也能够听取他人的意见并具有一定的判断力，当乐乐提醒她可以用手抓时，她想了想，觉得用手抓比用勺舀更快更方便，于是接受建议，很快完成了紫色珠子的挑选；当老师提醒她忘了使用工具时，她知道老师的要求是用勺子舀珠子，于是接受建议，按要求进行操作。

在与同伴合作游戏中，欢欢有较强的指挥能力，她能根据自己的目标要求乐乐选择相同颜色的珠子；乐乐参与游戏时，她如领导一般命令乐乐“必须要用勺子”；当看到乐乐没有将玩具放回原位时，她会马上提醒乐乐放回去。

在活动中，欢欢总是能够遵守游戏规则：她严格按照相同颜色的标准对珠子进行分类；

当乐乐参与活动时，她也及时提醒乐乐要找相同颜色的珠子；当珠子不小心掉落时，她会细心寻找并将其放回筐里；老师提醒她需要用勺子时，她会立即改正，并告诉同伴乐乐也要按规则和要求进行操作；在看到乐乐没有将玩具放回原处时，她也会及时提醒。

3. 师幼互动

案例中的教师为幼儿提供丰富的、可操作的材料，能够结合小班幼儿的年龄特点将珠子视为“汤圆”，并为幼儿提供宽松自由的操作环境，虽然她一定要求幼儿按规则用勺子舀“汤圆”，但是当欢欢询问是否能做五颜六色的汤圆时，她并没有约束幼儿，而是说“你想怎么玩就怎么玩”。

但是教师的介入并没有尊重幼儿的游戏意愿，当欢欢分完紫色珠子询问是否可以放粉色时，她打断欢欢原有的按颜色分类的思路，而是让她必须用勺子。教师的介入并没有帮助幼儿获得新的经验，提升幼儿的游戏水平，欢欢原本已经能够按照颜色进行分类，但是教师提醒她必须使用勺子时，欢欢的游戏从分类转到了随意操作中，原本的数学分类活动变成了小工具的使用。

四、案例措施

1. 引导幼儿注意观察生活物品的图形特征，鼓励他们按形状、颜色、大小分类整理物品。例如观察小朋友穿的衣服，并尝试按颜色进行分类。

2. 为幼儿提供不同颜色、形状的图形，辅助幼儿探索更多的分类。

3. 教师在介入指导时要充分尊重幼儿的游戏意愿，应让欢欢继续分出粉色的、绿色的珠子，而不是过早地提醒她一定要使用勺子。

4. 待幼儿完成按珠子颜色分类的活动后，教师帮助幼儿总结现有的经验，并引导幼儿迁移已有的分类经验为其他物体分类。

五、感悟与体会

从案例中可以看出，同伴之间的交往不仅良好地促进幼儿良好社会性的发展，也给予幼儿间相互学习、共同进步的机会。教师应多鼓励幼儿相互学习，同时为幼儿提供一些有趣的探究工具，用自己的好奇心和探究积极性感染和带动幼儿，也要真诚地接纳、支持和鼓励幼儿的想法，做一名观察者、引导者和支持者。

论　　文

文 彩

以亲子阅读抵达心灵深处

广东省深圳市盐田区明珠幼儿园　赵彦燕

《3—6 岁儿童学习与发展指南》中指出，语言是交流和思维的工具。幼儿期是语言发展，特别是口语发展的重要时期。幼儿语言的发展贯穿于各个领域，也对其他领域的学习与发展有着重要的影响：幼儿在运用语言进行交流的同时，也在发展着人际交往能力、理解他人和判断交往情境的能力、组织自己思想的能力。通过语言获取信息，幼儿的学习逐步超越个体的直接感知。

幼儿的语言能力是在交流和运用的过程中发展起来的。为幼儿提供丰富、适宜的低幼读物，经常和幼儿一起看图书、讲故事，丰富其语言表达能力，培养阅读兴趣和良好的阅读习惯，进一步拓展学习经验。

幼儿很愿意在与爸爸、妈妈的阅读中表达自己对故事内容的理解。幼儿可以用自己喜欢的表现形式，创造性地、自主地建构知识体系，成为阅读的主人。

一、亲子阅读的概念

亲子阅读即共同分享阅读，是由家长陪伴孩子进行的一种分享式阅读法。家长在陪伴孩子阅读或者共同阅读的过程中，分享的同时对孩子进行一定程度上的帮助和指导，培养孩子的听力辨音、听力理解和听觉记忆能力。这个能力越强，孩子安静听故事也就越容易实现。在共同阅读的过程中多给幼儿提供倾听和交谈的机会，和幼儿一起阅读时注意结合图书中和生活中幼儿的直接经验和幼儿感兴趣的话题，使用便于幼儿理解的语言。让幼儿与家长之间愉快地交流，勇敢地提出自己的问题，说出自己的想法，家长要耐心认真地倾听孩子的讲话并给予积极的回应，从而建立家长和孩子之间良好的沟通桥梁。

二、亲子阅读的重要性

幼儿阅读能力的培养，不仅仅是幼儿园教育教学重要的组成部分，同时也是家庭不可推卸的责任。再好的学校、再优秀的老师，都比不上父母的陪伴阅读。真正的阅读是一种潜阅读，是一种分享式阅读。当幼儿意识到他在接受阅读的时候，阅读的意义已经大打折扣。亲子共读正是培养幼儿独立阅读能力的最初级的良好方式。亲子阅读，不仅仅是一种阅读的方式，同样也是家长和孩子之间沟通交流、融入彼此的一种方式。就幼儿的本性而言，亲子阅读是高质量的亲子陪伴；亲子阅读可以培养孩子的终生的阅读习惯；亲子阅读可以提高孩子的情商；亲子阅读可以培养孩子的创造力……通过彼此之间的阅读、交流，家长可以教导幼儿愿意与他人交谈，喜欢谈论自己感兴趣的话题并可以讲述自己的所见所闻，热爱生活、享受生活。在这样培养的过程中，得到收获和成长的不仅仅是孩子，也包括家长。

（一）建立一个小书吧

家长和幼儿一起动手在家里建立一个属于家庭的小书吧，一个相对安静可以吸引并保证幼儿觉得舒适且适合静心阅读的小天地。

（二）共同选择一本书

有了一个适合读书的环境，还要有能激发阅读兴趣的书籍。家长可以根据幼儿的年龄特点和身心发展需求帮助幼儿一起选书，对书籍的内容和形式进行把关，并针对幼儿的不同阶段，引导其选择相应阶段的书籍。同时保证家里书籍的类型和数量，及时保障幼儿书籍的更换。例如，3—4岁幼儿选择以图片为主，少量甚至没有文字，韵律感强的图书；4—5岁幼儿选择的图书，图片和文字的比例各占一半，幼儿通过亲子阅读，可以把看过的图书讲给别人听；而5—6岁的幼儿则需要以文字为主，图片为辅的读物，幼儿可以把图书的内容和故事与他人一起讨论。

（三）统筹安排做计划

每日阅读时间的规划有利于阅读习惯的培养和坚持。每天固定的阅读时间，能够帮助幼儿和家长形成一种稳定的阅读习惯。家长要发挥榜样的作用，每天固定的时间进行有效的阅读，为幼儿做出表率。作家莫言曾说："智力不是最重要的，比智力重要的是意志，比意志重要的是胸怀，比胸怀重要的是一个人的品德。"意志、胸怀、品德等这些最重要的因素，不是仅通过学校老师的教育教出来的，还要通过父母的行为，即"潜教育"融入孩子的血肉里。这样既有利于激发幼儿的阅读兴趣，又有利于激励幼儿和家长一起坚持阅读下去，养成良好的阅读习惯，进而有效地培养幼儿的阅读能力。因此，亲子阅读对幼儿阅读能力的培养有着重要的作用。

三、亲子阅读对家长的期望

（一）支持领先

家长要在物质和精神上积极地支持幼儿进行阅读，为幼儿提供童谣、绘本、故事等不同体裁的、富有童趣的儿童图画书，让幼儿可以自主地选择和阅读；为幼儿准备随时可以使用的纸、笔等材料，以便幼儿将自己感兴趣的事情画下来；坚持经常和幼儿一起阅读，引导幼儿以自己的经验为基础理解图书的内容，激发幼儿的阅读兴趣。

（二）引导为主

家长要以引导为主，尽可能地满足幼儿的要求。引导幼儿体会标识、文字符号、文字的用途等；引导幼儿依据图片讲故事，大胆创想，改编或续编故事，并给自己创编的故事配插图，制成图书。通过表情、动作和抑扬顿挫的声音传递书中的情感，有意识地引导幼儿欣赏文学美。

（三）积极参与

亲子阅读的过程，家长要扮演积极参与的角色。当幼儿遇到感兴趣的事物或问题时，和他一起查阅图书资料，让他体会通过亲子阅读获取信息的快乐，切身感受到图书的作用。家长和孩子共同参与其中，使阅读有趣，使故事充满跌宕起伏。

四、亲子阅读的指导方法

（一）确定立场情景移情法

为了帮助幼儿对故事角色的处境、心情等情感的理解和加深，培养幼儿移情、思维及解决问题的能力，可以让幼儿置身于故事的某一个角色的立场思考问题，提出想法并敢于表达愿望。比如：如果你是那只乌鸦，你听到狐狸的美言后，你会怎么做呢？

（二）随时翻阅自由阅读法

鼓励幼儿自主阅读，通过幼儿自由地翻阅讲述，或听录音翻阅的方法，培养幼儿的自主性、自律能力及独立阅读能力。同时有效地反馈幼儿在阅读兴趣、能力、习惯等方面的发展情况。

（三）拓展思路改编情节法

在阅读中拓宽幼儿思路，鼓励幼儿积极根据自己的理解和思维，对故事中原有的情节进行改编。发展幼儿的创造性思维，使幼儿体验到成功的乐趣，激发幼儿继续阅读的兴趣。

（四）鼓励创想延伸想象法

亲子阅读中，鼓励幼儿在直接经验的基础上发挥想象力，想象在阅读材料所提供的情节之前或之后可能发生的情节，增强幼儿的自信心。

亲子阅读是一种耐人寻味的阅读方式。在生活中常引导、陪伴、支持幼儿阅读，潜移默化的言传身教可能在幼儿长大一些，或到青年，到中年，甚至步入晚年时，才会更深刻地感受到，感念父母对自己人生的影响，以至于在自觉或不自觉中，模仿着当年父母对自己的阅读教育方式来教育自己的孩子。每个幼儿的亲子之路都要经历无数次心理地震，父母就是他们最坚实的后盾。回归阅读的起点，让亲子阅读成为抵达心灵深处最有效的陪伴方式。

在幼儿园一日生活中如何开展礼仪教育研究

广西壮族自治区南宁经济技术开发区第二幼儿园　肖晶莹

《3—6 岁儿童学习与发展指南》指出：幼儿教育为幼儿的近期和终身发展奠定良好的素质基础。同时，向幼儿进行道德教育是培养他们团结友爱、诚实、勇敢、不怕困难、有礼貌、守纪律等优良品德、文明行为，是根据我国的教育目的、品德形成和发展的规律，结合幼儿的年龄特征制定的。良好的礼仪教育，对幼儿塑造良好的道德素质有着重要的作用。《国家中长期教育改革和发展规划纲要(2010—2020 年)》中提出："坚持以人为本、推进素质教育是教育改革发展的战略主题。"幼儿时期不仅仅是智力开发的重要阶段，更是塑造良好道德品质、良好行为习惯的关键时期。在幼儿园中加强礼仪养成教育，不仅是塑造幼儿健全人格、培养幼儿良好行为习惯、奠基人生最佳开端的工作，更是提高全民族素质，构建和谐社会的需要。儿童离不开生活，生活离不开礼仪，儿童的生活是丰富多彩的，礼仪养成教育也应把握时机。如何抓住这一关键时期，上好礼仪教育这一孩子人生之初的必修课呢？笔者根据本园开展礼仪课题的研究经验，认为要抓好幼儿在园礼仪教育研究可以从以下几点入手。

一、创造良好环境，让教师走进礼仪教育研究

在幼儿园，教师是对幼儿实施礼仪教育的主要引导者。在幼儿园，教师上一两节礼仪课还游刃有余，但是，一旦涉及课题研究等内容，教师就会退却、畏惧，觉得课题研究高深、难懂，难以把控。为了揭开这层神秘的面纱，去除教师对课题研究的畏惧心理，我们可以分三个阶段引领教师逐步走进礼仪教育研究。

（一）集中学习和个人学习相结合，提升教师师德素养

我们可以采用集中培训和个人学习相结合的形式，比如：组织教师认真学习《教师礼仪规范》《走向新师德》《教师礼仪的细节》《教育就是培养习惯》等有关教师礼仪及有关幼儿礼仪教育的书籍，供教师自由借阅，并在每个月提供 1—2 次集体阅读学习交流时间，让教师充分发言、探讨，并撰写读书笔记或摘抄经典句子。教师通过集中学习、个人学习、交流、反思等形式，基本理解礼仪教育在幼儿园活动中的重要性。

（二）以年级组为单位，开展礼仪微课题研究

为了让每个教师都能积极参与到课题研究当中来，我们可以采取化整为零、整体推进的方式，让年级组长牵头，根据年级组整体出现或班级个别出现的礼仪教育问题或困惑开展微课题研究。当教师们理解到问题即课题，教学即研究，课题研究就是研究与自己每天

的教学工作实践息息相关、与自己每天接触的孩子息息相关的内容，他们要做的就是用朴素生动的事例来讲述自己在礼仪工作上的经验或困惑时，他们就会觉得课题研究并不可怕，甚至喜欢上这样的研究形式，从而在全园形成“班班有课题，人人参与课题研究”的局面。

在课题研究的过程中，我们要求班级教师认真进行个案观察，认真撰写相关的个案观察事例和教育随笔。教师写随笔，可以围绕课题研究内容进行记录，主要表达自己的思想感悟或者教育反思和应对措施等。

例如：在中班的一个角色游戏中，孩子们正在玩“过家家”的游戏，正在观察的我忍不住想参与其中，于是，我走过去问孩子：“请问，我能到你们家做客吗?”孩子们立刻出现了不一致的意见，一个孩子说“可以”，另一个孩子说“不行”。我又问：“为什么不行?”那个孩子说：“因为您是陌生人。”活动即将结束时，教师问：“今天的活动有什么问题吗?”孩子们把这个问题提了出来。教师围绕这个问题让孩子进行了讨论：“说说你为什么同意(不同意)让客人老师和你们一起玩游戏?”孩子们都很认真地提出了自己的看法。同意方认为：客人老师是客人，不让他们一起玩游戏没有礼貌。反对方认为：爷爷奶奶说，不要和陌生人一起玩。教师说：“两边好像都有道理，现在我们来分析分析，早上客人老师来的时候，老师已经介绍你们认识了，客人老师还算是陌生人吗?”孩子们一边思考，一边摇着头说：“不算。”教师又问：“你们现在是否同意让客人老师和你们一起玩游戏呢?”全班孩子一致通过：“同意。”

这样一件小事，教师能及时发现其中的教育价值，及时抓住教育的契机，远比过后任何的说教都来得有效。

类似的随笔可以让教师们清楚地记录随时随地发生的事情，也可以记录自己突然之间的灵感顿悟，还可以记录对教育的一些思考。通过一系列以年级组为单位的教研开展，教师能学会有质量的“备”与“磨”，有效的“教”与“思”，有重点的“评”与“改”。

在礼仪微课题研讨的过程中，总会有教师提出来：我们班××小朋友(或家长)很特殊，难教育，特别难沟通……于是，我们再一次抛出了问题：为什么个别孩子(或家长)会有这样的表现？是个人原因还是家庭原因？是沟通力度不够还是沟通方式不对？你希望如何改变？你打算怎么做？……

针对出现的问题，我们可以引导教师利用个案追踪表格记录的方式，尝试着记录班级里特殊的孩子(或家长)的行为表现，并进行适当的分析，提出应对策略并实施，观察效果。

作为一线教师，我们的研究有别于专业学者研究的问题，主要研究的是我们自己在实践中遇到的具体的、真实的问题，对于教师自身具有指导实践和专业提升的意义。不同于专业学者研究的那些能揭示某种普遍教育规律的、具有共同性、普适性、理论性的问题。我们关注的是教师的实践问题的解决，关注教师的教育智慧的提高，所以，我们应该强化一个操作点，以行动研究为主，遵从“实践—研究—实践—调整”的循环上升研究过程，直至问题的解决或行为的真正改善。

(三)充分利用区域环境和集体教育活动的作用，进一步深化礼仪教育研究

幼儿每天接触最多、接触时间最长的是幼儿园的区域环境和集体教育活动，首先，我们可以将礼仪教育的意义、内容、方法，以及关于教师、幼儿、家长的各项具体行为规范、日常文明用语等融合在幼儿园的区域环境布置中：走廊、家教园地、各班的礼仪专栏、值日生工作要求、区域活动要求、班级行为评价等，教师们都将礼仪教育通过图文并茂的形式展示其中。通过幼儿身边的这些环境，积极影响着幼儿，从而培养幼儿间的合作、谦让、协商能力。

其次，每天的集体教育活动环节也是很好的教育时机，我们可以通过以下六步优化幼儿园的集体教育活动环节：1. 质疑——提出问题、引起思索；2. 分析——找到问题症结，深入分析原因；3. 互动——针对问题、讨论对策；4. 行动——将对策付诸实践，在实践中反思，在实践中学习；5. 调整——在行动中不断质疑、不断释疑；6. 完善——形成较为有效的礼仪课程实施方案，提高有效性。

二、抓住契机，开展丰富多彩的礼仪活动，为幼儿提供礼仪学习的广阔舞台

幼儿园是幼儿主要的社交场所之一，在这个小社会里有机渗透礼仪教育，我们可以积极组织开展各种各样的礼仪教育活动，关注幼儿的感知和体验，让幼儿在活动中知礼、懂礼、学礼、用礼。根据具身认知理论，认知等高级心理过程是在身体及其活动方式塑造出来的，认知是在身体和环境的互动中产生的，特别对于儿童而言，设置相应的情境会促进儿童的学习与发展。如经常带幼儿参加一些群体性的活动。使幼儿"乐群、合群"，学习并践行同伴交往礼仪。再如举行节日家园共庆活动、文艺表演、比赛等活动，丰富幼儿生活，让幼儿在良好的社会环境及文化的熏陶中学会遵守礼仪行为规范和准则，建立基本的礼仪文化认同感。例如，我们可以根据传统节日文化，适时开展节日礼仪教育：春节、元宵节、妇女节、清明节、端午节、中秋节、国庆节、重阳节等，我们可以分别从节日起源变迁、历史文化讯息、文学和艺术作品、节日习俗、节日食品、娱乐活动、家园、亲子和社区内人际互动等方面支持和引导幼儿在节日庆典活动中进行人际交往，体验和学习各种节日礼仪。

三、发挥家庭教育的重要作用

家园共育是现代教育的倡导理念，理念落实行动，必须将家园共育融入幼儿园日常教育行为之中，切实发挥家庭教育的作用。《幼儿园教育指导纲要》指出："幼儿园应与家庭、社区密切合作，综合利用各种教育资源，共同为幼儿的发展创设良好的条件"。家园合作，可以理解为在两个层面实施：一是幼儿园、家庭、社会各教育环境层面上的合作；二是教师、幼儿、家长等在教育因素方面的合作。

我们可以充分利用家园直通车、幼儿园礼仪之窗、幼儿园公开展板等平台，向家长介绍礼仪教育的途径和方法以及对幼儿家长的要求，家长们利用接送幼儿的时间可以了解近期幼儿园、班级的礼仪教育内容，为配合幼儿园的礼仪教育做到心中有数；同时，还可以通过开展专项礼仪专题讲座，转变家长的教育思想观念，育人先正己，家长要发挥好示范模范作用，当好幼儿的第一任老师。

规范农村学前教育管理　促进农村学前教育发展

广东省广州市广州华夏职业学院　刁兰兰

一、中国农村学前教育管理概述

目前，学前教育处于教育体系的边缘，政府预算更倾向于中小学，农村学前教育尤其受到忽视。大多数幼儿园需要自筹资金，办起来很难。学前教育经费的缺乏导致了农村幼儿园的严重短缺。虽然一些地区新建或扩建了乡镇幼儿园，但全国儿童较多，小规模的扩建不能满足儿童的需要。而乡镇中心幼儿园虽然可以满足附近儿童的需要，但农村人口仍然比较分散。从2005年《中国教育年鉴》中可以看出，58％的农村幼儿教育服务是由学前班提供的。学前班一般由村委会主办，由村小学管理；有些学前班附属于小学，有些则作为单独的单位开办。农村幼儿园是目前农村幼儿教育的另一支柱。幼儿园的蓬勃发展为3—6岁的农村儿童提供了更多接受教育和护理服务的机会。然而，农村幼儿园的发展却存在着明显的地域差异。

二、中国农村学前教育管理现状

1. 教学需求和质量要求分析

幼儿园是为3—6岁儿童提供的主要正规幼儿教育类型。补充项目包括为期一年的学前教育和其他非正式的替代方案，如周末课程、季节性课程和游戏小组。目前，我国儿童中有近一半通过正规幼儿园接受学前教育。

2. 存在的具体问题分析

由于政府资金有限，大部分资金分配给城市幼儿园，留给农村幼儿教育机构的公共财政资源更少。大多数学前班和乡村幼儿园只能通过向儿童家庭收取学费才能生存。政府的资金分配存在区域差异。

此外，在课程设计方面，在农村地区，许多教师还没有根据《指南》框架改变他们最初的教学观念。他们更倾向于使用更适合小学的课程和教学方法。从初选到学前教育的下行压力已经存在很长一段时间了，并且已经成为一个亟待解决的关键问题。

三、农村学前教育的措施再思考

1. 优化教师队伍，提升教学质量

教师是学前教育发展的关键。建设稳定的专业素质教师队伍是农村学前教育健康发展的根本保证。政府应通过财政拨款或专项补助等方式提高农村幼儿园教师的工资水平，实现农村幼儿园教师，尤其是部分非政府财政支薪教师的同工同酬，减少流动性。同时，通过多种方式为农村幼儿园教师的在职培训提供更多的机会。教育主管部门应将农村幼儿教师业务培训纳入“国家计划”“省计划”“助计划”，提高农村教师的业务水平。

另一个可行战略是将农村幼儿园与当地小学重新联系起来，这一战略已在一些农村地区实施。这种公共形式的农村幼儿教育的好处是，地方政府已经为小学提供了有保障的资金，而且在边支系统中能够更好地招聘和留住合格的教师。一旦这些合格的农村幼儿教育教师被纳入小学系统的专业人才库，他们的专业学习和动机以及他们作为专业人员的自我认同就可以得到培养。这种结构性变化可能是招聘、维持和最终提高农村教师质量的关键。事实上，附属于当地公立小学的幼儿园在不久的将来可能成为农村幼儿教育的主要形式。该策略可以解决农村教师在本研究中普遍存在的社会地位低下、效益低下、缺乏教学资源和持续的专业发展机会等问题。

2. 幼儿园应建立和实施科学的管理制度

幼儿园管理体制是幼儿园发展的重要保障。办好乡村教育，必须在学前教育改革上下功夫。关键要扩大农村公办幼儿园资源。扩大普惠性学前教育资源供给，每年新增一批农村幼儿园集团化管理资源中心，以城镇中心幼儿园为“龙头”，辐射带动农村集镇幼儿园发展。优化农村幼儿园布局调整，对于居住相对分散的偏远乡村，将幼儿园办在小学教学点上，帮助适龄儿童实现就近入园。稳步提升农村学前教育三年入园率，争取至少一年学前教育实现全覆盖。不断提高农村幼儿园的保育水平，落实幼儿园以游戏为基本活动要求，强化实施农村学前教育儿童营养改善计划，配齐保育师、专职保安等，指导各地规范幼儿园开(关)园时间，方便家长接送。在提高农村幼儿园管理者科学管理素质的基础上，幼儿园应真正落实校长负责制，完善各项规章制度。首先，有必要建立一个健全的组织结构，这样事务都会得到管理，各种问题都可得到解决。其次，幼儿园管理者必须建立和完善幼儿园的交通制度、备课制度、工作责任制度等规章制度。对于幼儿教师，管理者应按照《幼儿园教师专业标准(试行)》和《关于加强幼儿园教师队伍建设的意见》的规定，建立考核、奖惩制度。根据幼儿园的具体情况，制定了幼儿园教师评价制度，对幼儿园教师的日常工作表现如出勤率、教学能力等进行考核，并将考核结果与教师工资、职称相结合。

四、小结

提高农村幼儿教育质量是一个长期的过程。全社会的支持对提高农村幼儿教育水平具有重要作用。通过加强政府对幼儿园的投入、监督和管理，提高幼儿园的管理水平和幼儿教师的业务能力。随着家长教育观念的更新，引导家长参与农村幼儿教育进程，农村幼儿教育质量有待提高。

幼儿园书香文化建设的实践与思考

广西壮族自治区南宁经济技术开发区第一幼儿园　雷海云

一、建设制度文化，树立良好的师生阅读氛围

幼儿园制度文化是园所文化的框架。建设制度文化，对于规范办学行为及师生员工的行为有着不可替代的作用。幼儿园的各项制度贯穿园内生活的所有领域，各项规章制度完善严格，是我园教育目标实现和园所文化开展的有力保障。

根据我园“内涵发展，树立品牌”的办园目标及“以幼儿的发展为本”的教育理念，我们设计了颇具园本书香特色的园风、教风、学风、班风、园标、园歌、园服，制定了《经开一幼教职工手册》《各年龄段幼儿一日礼仪规范要求》《家长行为规范》《经开一幼管理制度》等制度规范，制度规范里渗透与书香文化有关的内容。制度的建立，明确了教师、幼儿和家长行为的规范要求。如：我们对师生的阅读习惯、阅读能力、班级书香特色、书香环境创设等有具体要求，着力塑造园所的文化形象。由于我园完善了各种规章制度，明确了师生的行为约束，大大激发了师生的阅读兴趣、阅读习惯，师生、家长之间也能产生更好的互动作用，树立了本园良好的师生文化形象。

二、创设“书香文化”环境，营造温馨和谐的园所环境

学校物质文化是学校文化的“外壳”，是指在校园内对师生的学习和生活产生一切物质条件影响的一切物质条件的总和，它为学校文化的存在和发展奠定了物质基础。幼儿园物质文化对激发幼儿兴趣爱好、主动学习、自主游戏等有着潜移默化的作用，所以，幼儿园应该创设温馨和谐的园所文化环境，让幼儿在园所文化氛围的熏陶中得到发展。

幼儿园物质环境建设最根本的目的就是寓情于环境之中，寓教育于景物之中，因此，我们在环境的创设中渗透书香的文化，努力营造温馨和谐的阅读氛围。首先，我们将班级、走廊、楼梯环境布置成为幼儿绘本图书和亲子阅读的通道，将幼儿在一日活动中阅读绘本、制作绘本、朗诵表演等行为照片和作品进行全方位展示，并适时更换内容，让幼儿感觉到自己是环境的主人，让他们在潜移默化中受到教育，感受温馨和谐的教育氛围。其次，让阅读成为教师坚持每天打卡的习惯，进而转化成最爱，凸显人文气息。为此，我们设立了“教师书吧”，为教师们提供舒适的阅读环境，同时幼儿园购买了大量的书籍供教师借阅，让教师们在工作休闲之余，可以喝着咖啡、品着茗茶，拿着一本自己喜欢的书细细品读。在教师分享阅读中领略不同类型书籍的内容，此时的分享阅读似与众人博览群书。

幼儿与教师处在欣赏相关的活动照片、作品展示、书吧乐园的创设等充满书香氛围的环境中，让师生处于积极向上的氛围里，感受到一种美好，一种充满生机的浓郁文化气息，领略充满着浓郁的书香文化的教育氛围。一段时间后，教师的整体素质得到了前所未有的提升，幼儿的阅读兴趣、自主学习、习惯养成效果显著。

三、开展园本主题特色活动，将书香文化“内化于心，外化于行”

精神文化和行为文化将我园师生在精神生活、实践过程中体现出来。我们坚持通过开展丰富多彩并具有园本特色的主题活动，深入实施书香文化活动。如：班级开展书香微课题、全园读书节、经典诵读比赛等主题教育活动，定期推送阅读(师生、亲子)微信公众号，为师生提供阅读和书香环境的舞台，关注幼儿的感知和体验，让幼儿在活动中将书香文化“内化于心，外化于行”。

1. 组织开展读书活动系列，倡导师生共读。近几年我园相继开展了以“享受阅读乐趣，同创书香校园”“全民阅读日”“八桂书香　父母同行”“亲子绘本图书”“亲子绘本阅读卡”“幼儿经典诵读大赛”“书香校园　阅读梦想”“亲子阅读摄影赛”“图书跳蚤市场义卖”“木偶剧表演活动”“优秀点灯人、小小读书郎评选”等为主题的读书系列活动。系列活动围绕书香文化为主线，以培养师生阅读兴趣，创设书香文化氛围为目的，致力于提升教师素质，着力打造全园阅读的生态环境，形成浓厚的书香文化特色，深入实施本园书香文化教育，培养幼儿兴趣和良好阅读习惯，使阅读氛围成为常态化。

2. 开展书香文化节，展示书香教育特色和幼儿风采，全面展现我园师生书香气息的良好精神风貌。我们连续几年在4月份举行以“书香文化”为主题的庆祝活动，有幼儿、家长以及教师的参与，在歌舞表演、情景表演、儿童剧、诗歌朗诵、经典诵读的展示中，围绕本园书香氛围的培养目标，着眼于一日生活活动，助推“爱、敬、谦、诚、雅”的办园目的的达成。节目精彩而有教育意义，让幼儿在良好的社会环境及文化的熏陶中得到发展。

四、开展家园共育，助燃书香校园文化

家园共育是现代教育的倡导理念，是教育发展的大趋势。家长作为孩子的第一任老师，一言一行对幼儿有深远的影响，建立温馨的家庭书香氛围，培养幼儿的阅读兴趣和阅读习惯，为书香园所文化建设助力。

开展与阅读相关的家长讲座。专家讲座均以书香校园或阅读习惯相关为主题的内容，转变家长的教育思想观念，鼓励家长积极开展亲子阅读，育人先正己，让家长了解如何正确进行阅读习惯的养成和创建家庭阅读氛围，积极发挥家长的示范作用，做幼儿阅读的陪伴者；充分利用微信公众号、家园直通车、阅读之窗、阅读展板等平台，让家长了解幼儿园或班级开展的书香阅读教育内容、书香文化内容，从而做到家园共育的一致性。

总之，经过三年的创建，我园以书香文化为教育特色的园本教育初见成效，既培养了幼儿良好的阅读习惯，转变了教师的书香文化教育观念，又促进了教师素质的提高和专业成长，推动我园形成了书香文化的特色教育，丰富了我园的文化内涵发展。目前，书香文化教育已正式成为我园校园文化建设的一个重要部分，它将长远地影响着我园的后续发展，给予身处幼儿园的领导、教师、幼儿及家长们以文化熏陶，最终内化为个人的固定行为。

关于幼儿园垃圾分类生活课程的实践与探索的调查报告(教师版)

广西壮族自治区南宁经济技术开发区第三幼儿园　丁堃雯

近十年来，垃圾围城等生态危机频现，全国上下都在密切关注生态危机问题，积极开展行动。2020 年 4 月 29 日，十三届全国人大常委会第十七次会议审议通过了修订后的《中华人民共和国固体废物污染环境防治法》，明确提出“学校应当开展生活垃圾分类以及其他固体废物污染环境防治知识普及和教育”。目前，南宁市建成区公共机构、居住区、公共场所已基本实现垃圾分类全面覆盖，相关企业的覆盖率稳步提升，但是投放设施建设标准还普遍偏低，混装混投的情况还普遍存在。随着垃圾分类工作的持续深入推进，2021 年将重点考核投放设施标准化建设、规范化管理以及投放准确率等方面的内容。作为一所 2019 年始办的公办园，本园积极回应时代的需求，计划、实施垃圾分类生活课程，希望通过教育幼儿，让幼儿影响一个家庭，带动一个社区，培养一代新人。教育幼儿之前，我们也要了解教师平时是否有垃圾分类的意识，对垃圾分类知识的掌握程度，相关教育理念及课程意识等。我园于 2020 年 11 月 20—25 日对教师进行了此问卷的调查，辅以各年级教师抽样深度访谈和日常观察，以下是调查的数据结果及分析。

一、调查范围

用问卷“幼儿园垃圾分类生活课程的实践与探索”对全园 37 名教师进行了调查，约占全体教职工的 70%，问卷每人 1 份，回收 37 份，有效问卷 37 份；访谈小、中、大班教师代表共 5 名；观察部分为对全园教师的日常观察、进班听课等进行有益补充，确保调查有典型性和普遍性。

问卷数据结果：本次有 37 名教师参加问卷调查，有效问卷 37 份。91—100 分，0 人；80—90 分，有 7 人，占 18.92%；70—79 分，有 10 人，占 27.03%；60—69 分，有 13 人，占 35.13%；40—59 分，有 7 人，占 18.92%；0—39 分，0 人。整个数据呈现两头小，中间大的情况，其中 60—69 分最多，有 13 人，占 35.1%。

具体情况如下：

分值范围(分)	人数(人)	占比(%)
80—90	7	18.92
70—79	10	27.03
60—69	13	35.13
40—59	7	18.92

二、调查情况分析

(一)教师的垃圾分类环保意识

1. 教师的垃圾分类意识情况

通过此次调查，我们了解到教师们在家庭中、日常生活中对垃圾分类的意识并不强，认真关注南宁市目前已出台的垃圾分类配套政策法规的占 32.4%；在平时的日常生活中有认真进行垃圾分类习惯的占 32.4%；其他教师在家庭中都是所有垃圾都丢在一个垃圾袋里。

2. 教师的垃圾分类知识掌握情况

从本次问卷来看，达到 80 分以上的教师只占 18.92%；在家庭中能够进行垃圾分类的教师占 48.6%；其他教师分不清楚垃圾的正确分类。现在上海市垃圾分类分为：可回收物、有害垃圾、干垃圾，湿垃圾；无锡市生活垃圾分类分为：有害垃圾、可回收物、易腐垃圾、其他垃圾；南宁市垃圾分类则分为：可回收物、其他垃圾、有害垃圾、厨余垃圾。

3. 部分教师代表的观点

• 关于一些垃圾的精准分类，我们也不是太了解，怕教错孩子，那就会变成误人子弟。

• 虽然现在垃圾分类很流行，网上也有很多各类各样的资料，而实际上网上的资料良莠不齐，我们难以分辨真伪。

• 平时工作比较忙，家里垃圾都是放在一个垃圾桶，丢小区垃圾桶，可回收物卖钱也不多，收集起来还占地方，懒得做。

(二)教师垃圾分类课程意识

1. 教师的垃圾分类课程意识

在调查中，教师认为所在班级每周至少要有一次垃圾分类教育活动；教师认为幼儿在五大领域中开展垃圾分类教育活动是否有必要：2 名教师认为无必要，占 5%，17 名教师认为有必要，占 46%，18 名教师认为非常有必要，占 49%；教师基本都有垃圾分类教育的意识，均同意进行垃圾分类课程。

2. 日常生活中有关垃圾分类的教育情况

在教学过程中，教师们对在五大领域中开展垃圾分类的难易程度进行排序：科学＞语言＞健康＞艺术＞社会。每个班教室都放三个垃圾桶(厨余垃圾、其他垃圾、可回收物)。但在幼儿园一日生活中，大家在垃圾分类教育上随机进行，一般是生活活动，如喝牛奶后牛奶盒的处理，餐后骨头剩饭菜处理等。一日生活各环节很紧凑，一环扣一环，垃圾分类教育未必能保证进行。教师希望能有一整套系统垃圾分类教育活动，可以根据班级实际需要情况，直接拿来就可以上。

3. 部分教师对于垃圾分类课程的态度

• 班上活动太多，垃圾分类教育难以抽出时间进行。

• 幼儿在园的一日活动是一环扣一环，每个环节都有固定的活动，五大领域课程、户外活动，还要有安全教育、生活活动，每个都很重要，垃圾课程很难抽时间进行。

• 关于垃圾分类我们更多地在生活活动中随机进行，如孩子吃水果时提醒果皮丢哪里，喝牛奶时牛奶盒子丢哪里。其他缺乏相应课程及配套的资料。

• 我们也尝试进行垃圾分类的课程研究，有时觉得无从下手，少了一些理论水平，缺乏专家引领。

• 一个班 30 多个孩子，一天下来能平平安安的教师就已经很开心了。现在要做研究要带班，还要做环创和区域，大家有些力不从心。每天都要加班，家里意见很大，家庭矛盾激化，心力交瘁。

(三)家园共育垃圾分类教育

据问卷显示，所在班级对幼儿开展垃圾分类教育活动的态度都是 100%支持。在访谈中教师对于垃圾分类教育中家园共育存在困惑：不少家长认为垃圾分类教育就是幼儿园的任务，和家长没有关系；家长对幼儿垃圾分类教育重视程度不高，家庭在垃圾分类的实施存在一定欠缺，家长的不重视和忽略，出现幼儿园一套和家里一套，让幼儿感到迷茫不知所措。

家长对垃圾分类的态度：

• 家庭中没有爷爷奶奶帮忙带孩子，夫妻都要上班，晚上又要辅导小学的孩子做作业，对于垃圾分类教育没有时间进行。

• 我们都是很支持学校进行垃圾分类教育，我们读书少，没有文化，不懂教育孩子，教育是学校的事情。

• 家里老人会收集一些矿泉水瓶、纸皮之类的来卖，填补家用。

三、相关建议及对策

(一)提高教师专业水平，增强教师对垃圾分类环保教育的意识

让教师多参加一些环保教育的培训课程，提高教师的专业技能和素养，培养教师要从他律到自律，从低层次到高层次，从别人要我进行垃圾分类到自觉进行垃圾分类；同时教师个人阅读关于垃圾分类课题的论文、书籍与同伴交流学习；多利用网络、手机公众号等进行自学，让教师关注“南宁市垃圾分类”公众号，了解绿城南宁生活垃圾分类的新闻快讯及垃圾分类的相关知识。

(二)积极推动相关的课程实践，相关生活资源形成垃圾分类课程资源，进行垃圾分类生活课程文本设计，形成垃圾分类教育课程

结合幼儿园的实际情况，按年级组进行子课题小班、中班、大班垃圾分类生活课程初期探索与研究，参考现有垃圾分类资料，进行课题研究，形成园本课程。在教学活动的过程中，教师要依据幼儿的兴趣掌握对应的教学方式，结合幼儿课程中五大领域，在区域中、在幼儿一日生活中增强环保意识的渗透。同时，利用节日如植树节、劳动节、环境日等各种节假日进行环保方面的活动。

(三)开展家园共育活动，进行环保教育

现在家长虽然都很关注环保教育，但是相对缺少实际的行动。“父母是孩子的第一任老师”，而现在却体现不了家长榜样的作用。有的家长在家中没有将垃圾进行分类，乱丢垃圾，自身没有良好的行为习惯也就无法影响孩子。一方面，社会加大宣传教育力度，帮助家长形成良好的环保意识。另一方面，社区管理层应该多举行环保教育活动，让社区成员积极参加，并且在社区专栏张贴环保小知识等。另外，幼儿园可举办一些家园合作，开设讲座，进行可回收物手工展示等，以此提高家长的环保意识。以孩子带动家长，影响一个家庭，带动一个社区。

做好家园共育工作，加大宣传环保教育的力度，帮助家长提升环保意识和素养，家园合作共促幼儿发展。

幼儿园厨余垃圾资源化策略研究

广西壮族自治区南宁市南宁经济技术开发区第三幼儿园 黄燕君

一、厨余垃圾资源化的意义

(一)生活垃圾分类意义

第一是减少占地，即生活垃圾中有些物质不易降解，使土地受到严重侵蚀；第二是减少污染，目前我国的垃圾处理多采用卫生填埋甚至简易填埋的方式，占用上万亩土地并且虫蝇乱飞、污水四溢，严重污染环境；第三是变废为宝。

(二)厨余垃圾资源化的必要性

1. 减少环境污染：厨余垃圾的含水率和有机物含量较高，其性状和气味都会对环境造成污染。

2. 降低厨余垃圾处理压力。

二、幼儿园厨余垃圾现状

幼儿在园一日活动中，生活环节占非常大的比重，其中进餐环节是生活环节的重要组

成部分，部分幼儿园实行两餐两点，部分幼儿园实行三餐两点。不管是几餐几点，都会在进餐环节中产生大量的厨余垃圾。

现在幼儿园厨余垃圾的处理主要分为两种方式：一种方式是在城市厨余垃圾处理能力范围内，由再生能源有限公司进行统一收运和处理；另一种方式主要存在于私立的小型幼儿园或看护点，由私人单位上门收运厨余垃圾，至于厨余垃圾流向无法追踪。

减少幼儿园厨余垃圾对环境的污染，提高就地收集和处理的能力，将厨余垃圾资源化与幼儿园生活紧密相连，是幼儿园贯彻生活垃圾分类精神的重要内容，是对生活垃圾分类意义的深度探索和体现。

三、幼儿园厨余垃圾资源化策略

(一)规范厨余垃圾收运

1. 建立厨余垃圾收集运输制度

依据幼儿园实际需求，制定厨余垃圾收集制度，明确厨余垃圾归集和运输时间、责任人、归集地点，将需要收集发酵的厨余垃圾与需要由再生能源公司运输的厨余垃圾分开收集。

2. 创设规范厨余垃圾收运的环境

区分可在幼儿园进行资源化的厨余垃圾与不适合在幼儿园进行再利用的厨余垃圾。各教室应投放厨余垃圾资源化收集桶和不适合在幼儿园进行再利用的厨余垃圾收集桶，便于将可进行资源化的厨余垃圾统一收集发酵，同时也便于将不适合在幼儿园进行再利用的厨余垃圾统一归集到厨房潲水桶，由专门的再生能源公司收集、运输和处理。

3. 设立规范收运督察小组

(二)厨余垃圾资源化与幼儿在园一日活动相结合

陈鹤琴先生的活教育理论指出“大自然、大社会，都是活教材”，我们要的教育、教材是活的，方法是活的，课本也是活的。学习来源于生活，在生活中探索问题和解决问题。

厨余垃圾产生于幼儿生活活动，要将生活活动中的厨余垃圾资源与课程相结合，发挥厨余垃圾积极的意义，即厨余垃圾资源化生活课程。从幼儿在园一日活动分析，可将厨余垃圾资源化渗透在区域活动及环境、教学活动及环境、幼儿园环境创设、种植区角活动等环节中，实现厨余垃圾资源化与生活课程的有效结合。

1. 厨余垃圾资源化与区域活动相结合

教师要善于发现生活环节资源的价值，创设宽松、适宜的区域主题内容和环境材料，为厨余垃圾资源化与区域活动相结合提供可能。教师应留意幼儿园经常出现的食物种类，预测每月、每周甚至每天可能会在教室里产生的厨余垃圾。如教室经常出现的鸡蛋壳、花生壳，幼儿收集后，可在区域里进行再创作，用于小班的粘贴画、中班的创意粘贴画、大班的创意组合利用绘画等；又比如教室经常出现的苹果皮，置于科学区，让幼儿感受氧化的过程；再比如收集到的玉米棒子，清洗干净并晾晒后，小班投放到美工区进行拓印画、投放到益智区进行点数对应，中班投放到益智区操作按规律排队，等等。只要教师留心发现，用心营造区域环境，就能将收集到的厨余垃圾巧妙运用到区域中。

2. 厨余垃圾资源化与教学活动相结合

为幼儿提供充足的操作材料是保证教学效果的重要手段。从幼儿的生活环境出发，从幼儿喜闻乐见的生活事件中寻找幼儿易于理解的教学问题是教学活动的出发点，厨余垃圾为教学活动提供充足的教学活动材料。如春天种植主题，从厨余垃圾中挑选使用的橘子种子进行播种，让幼儿观察发现：原来我们喜欢吃的橘子种子是这样发芽的，橘子树是长这样的，橘子树需要我们这样护理，等等。网络发达的今天，许多教师在抖音、微信公众号等网络平台发现许多有创意的美术活动，却在现实教学活动中疲于寻找大量的创意美术操作材料，于是选择常规的涂鸦画、线条画，千篇一律。如果教师在做教学活动计划时，看一看食谱，提前预知可收集到的厨余垃圾，再去网络寻找相关材料的创意美术活动，亦为将厨余垃圾与教学活动相结合提供了可能，实现教学活动中的厨余垃圾资源化。

3. 厨余垃圾与环境创设及各类主题活动相结合

《幼儿园教育指导纲要(试行)》指出，环境是重要的教育资源，应通过环境的创设和利用，有效地促进幼儿的发展。

收集厨余垃圾中的种子，密封放置在透明袋、透明瓶子中，创设“认识种子”的主题环境；将厨余垃圾中的瓜果皮收集并晒干，创设“不一样的瓜果皮”主题环境；将瓜果皮、瓜果种子和瓜果实物一起投放设置“瓜果连连看”主题，幼儿拿着实物寻找对应的种子和表皮，能加深幼儿对于瓜果菜等的深入认识。这些厨余垃圾的运用能让幼儿园环境呈现出动态性，与幼儿产生互动性，实现环境的教育价值。

(三)领悟生活垃圾分类的意义，深度挖掘幼儿园厨余垃圾的处理方法，将厨余垃圾资源化与幼儿园种植区有机结合

1. 各班级设置厨余垃圾收集点

幼儿园里各班级每日产生的厨余垃圾种类类似，数量有限，设置厨余垃圾收集点，方便教师分类收运，否则容易出现下班前其他垃圾、可回收物、厨余垃圾“一锅丢”的情况。同时，班级设置厨余垃圾收集点，能够及时收集到可进行资源化的厨余垃圾，为与种植区的有效结合提供保障。

2. 幼儿园投放厨余垃圾发酵桶，设置厨余垃圾发酵点

(1)合理投放厨余垃圾发酵桶

幼儿园根据班级数以及每日、每周产生的厨余垃圾量投放相应数量、容量的发酵桶。以笔者所在幼儿园为例，幼儿园 12 个班级，每班每日产生 0.2—2 千克的厨余垃圾。考虑方便管理及后期使用便利，厨余垃圾发酵桶使用的是 25 千克容量，每周产生的厨余垃圾统一投放到 1—2 个发酵桶内，下周产生的厨余垃圾投放另外的发酵桶发酵。这样的投放方式既能有效收集每周产生的厨余垃圾，保证幼儿及时观察发酵桶内的发酵情况，也不会出现每天使用 1 个发酵桶导致浪费资源的情况。

(2)设置厨余垃圾发酵点，放置厨余垃圾发酵桶

厨余垃圾发酵点应充分考虑通风透气的位置。厨余垃圾发酵过程中会因有机物的分解产生异味。在开盖换气或者开盖使用的过程中，异味和发酵产生的有害气体会散发到空气中，选择通风透气的位置尤为重要。

厨余垃圾发酵点要临近种植区。厨余垃圾经过发酵，应用于种植区沤肥。厨余垃圾在发酵过程中，总重量变化甚微，几十千克的厨余垃圾桶搬运到种植区进行沤肥是关于力量的考验，所以厨余垃圾发酵点应临近种植区，便于使用操作。

3. 为每班或每个级组准备一块种植区域

厨余垃圾收集发酵的最终目的是为种植区提供肥料。有条件的幼儿园应为每个班级划分一块专属种植区，户外面积小的幼儿园考虑每个级组一块。幼儿将收集发酵后的厨余垃圾施肥于自己种植的区域内，观察植物生长，享受种植快乐，分享种植收获，既能得到知识的增长，又提高了种植的技能，是陈鹤琴先生“活教育”的体现。

4. 加大宣传，提高厨余垃圾资源化的意识

厨余垃圾在发酵过程中有一定的异味，幼儿、家长、教师在刚开始接触时会存在抵触或者观望的情况。为解决这一现状，调动幼儿、教师参与厨余垃圾资源化的积极性，争取家长对幼儿园开展厨余垃圾资源化的认同，提高家长对厨余垃圾资源化意义的认识，需要开展形式多样的宣传活动。

首先，应坚持将种植区收获食物的权利留给幼儿和教师。通过收获，幼儿和教师亲身体验厨余垃圾资源化带来的成果。

其次，坚持让幼儿和教师将种植区收获的食物带回班级，幼儿和教师一起对食物进行清洗、切配和烹饪，享受制作的快乐。

再次，将种植区收获、加工的美食自己品尝并美食分享，感受收获的快乐、分享的自豪，激发幼儿和教师将厨余垃圾资源化的热情。

最后，还可以将种植区收获的瓜果、蔬菜进行售卖，体验当"小老板"的过程。

幼儿园教师团队建设的实践与研究

江苏省苏州工业园区名城旺墩幼儿园　周丽娟

幼儿园日常发展不仅需要依靠教师个人力量的发挥，更要依靠教师团队协作才能有效达成预期目标。幼儿园教师团队的建设决定了园所的发展方向和文化品质。因此，幼儿园建设一支师德高尚、业务精湛、充满活力的高素质专业队伍至关重要。如何保障队伍的稳步发展？如何让新进教师快速成长起来？现从以下几个方面阐述我园在教师团队建设方面的一些实践与方法。

一、坚持教育初心，稳步建构文化理念

（一）加强师德师风的建设

教师队伍建设，师德为先。我园每学期按计划组织教师进行师德学习，根据《关于层转教育部新时代教师职业行为十项准则的通知》（苏教人师〔2019〕2号）文件精神，深入贯彻落实《十项准则》，推动教师师德师风建设，切实提高园内教师职业道德水平，我园开展了"树典型，榜样的力量"系列师德培训活动。使每个教师做到热爱幼儿、信任幼儿、关心幼儿。全园教师进行逐条学习《幼儿园教师违反职业道德行为处理办法（试行）》及《新时代教师职业行为十项准则》、签订师德承诺书、师德美文分享、最美教师微视频、师德标兵典型宣讲等系列活动。通过领会文件、先锋引领、细节落实、选树典型、加强宣传、凝聚和传递正能量。引导广大教师争做有理想信念、有道德情操、有扎实学识、有仁爱之心的"四有"好教师。

（二）建立和谐的人文环境

良好的工作环境、和谐的人际关系有利于稳定教职工队伍，提高其工作和学习的积极性。幼儿园管理者要真诚地关心爱护员工，尊重教师的人格，尊重教师的合理需求，积极倡导全园员工互相帮助，互相学习。工作中发现教师的闪光点，及时记录，并在集体会议时表扬，树立学习榜样。每学期评选师德标兵、优秀班主任、优秀教师等；每月开展教师生日会，生日会由教师轮流组织，每次形式不一，如：开展互动游戏、歌舞秀、生日祝福大家说等活动。采用适宜的方式与每位教职工沟通交流，缩短与教师之间的距离，每学期末与每位教师进行一对一面谈，帮助教师解决工作中存在的问题，了解教师的发展需求，

坚持“以人为本”的管理理念，培育富有特色的园所(企业)精神和健康向上的人文环境。日常巡班时与带班教师积极沟通交流，关心教师身心健康，当察觉教师身心状态不佳或有困难时，及时沟通，尽快帮助教师解决困难。

(三)以人为本的发展愿景

指导教师制订个人发展规划，结合教师个人发展规划，将个人发展规划与组织的发展目标结合起来，进行有针对性的培训。同时结合园本培训工作，根据教师个人特点与兴趣爱好开展专项培训，为教师实现职业生涯规划提供支持。根据教师的需求，联系相关专家来园为教师进行讲座。

二、坚持质量并重，逐步提升教师素质

我园以年轻教师为主，根据教师不同的工作年限，我们将教师分为三个梯队：5 年以上骨干教师，3—5 年成熟型教师，3 年以下新教师。面对我园幼儿教师队伍的现状，园本培训及开展园本特色教研是我园保教工作发展的关键所在。通过园本教研，让教师成长于学习之中，发展于工作之中。在施教的同时，自己不断积累知识和才能，不断地提升自身的价值和品位，从合格教师逐步成长为优秀教师、专家型教师，从而更好地实现自身的价值。

(一)全面培训，夯实基础

为确保园本培训落到实处，学期初制订了园本培训工作的计划，我们把园本培训工作列入幼儿园每周活动设计中，定时召开园本培训活动。本学期依托多形式的有效教研来提升教师的专业素养，如：日常专题式观摩研讨《如何在课程游戏化背景下打造班级阅读区》，教师先交流研讨不同年龄段阅读区创设要点，然后各班根据孩子的兴趣点及研讨的要点进行班级阅读区创设，最后通过班级展示，大家再进行研讨，分享好的及需要改进的地方；跟进式观摩研讨“师幼关系”，上学期教研重点是“师幼小秘密”，本学期继续延伸，并与本学期的阅读区相结合，跟进研讨“阅读区的师幼关系”；小组式沙龙“主题审议”“级组活动研讨”等活动。

(二)搭建平台，专业成长

鼓励教师积极参与教师基本功比赛，引导教师结合自身的教育教学工作实际，挖掘日常生活中的教育价值，结合园所绘本特色，我们顺利开展了“教师基本功绘本自制比赛活动”，让人人都有参与和施展才能的机会。教师通过分享与学习，对我们园本课程的开展，园所特色的打造，也都有了进一步认识。教师自制的绘本，扫码就可收听故事，布置到楼梯墙面，既有教育价值，又能突显教师的能力，得到了外来参观人员的一致好评。

(三)骨干辐射，突出重点

为使教师获得专业成长，给教师“压担子”，开展不同的业务大练兵活动，鼓励教师积极参加各级各类的技能比赛，本学期末进行了骨干教师展示课，成熟型教师和青年教师汇报课，大家相互观摩。通过观摩和评课，教师感受颇多，成熟型教师稳中求进，骨干教师感受到了新鲜血液的注入，纷纷为青年教师们指点迷津。教师们的业务水平在原有基础上得到了相应的提升。期末教师交流时，青年教师都认为这样的活动很好，希望以后有更多展示和学习的机会。

(四)荣誉评定，提供支持

教师职称的评定是对教师在其专业领域的贡献与成就进行的评价并予以公开的级别认证的一项工作，在 7 月初进行的本年度职称评定工作中，我们积极帮助达标的教师参与职称评定，并给予指导。我园 10 名教师申报了二级教师职称评定，1 名教师参与一级教师的评定工作，其中 6 名教师获得二级职称。后续也将继续鼓励达到相关要求的教师积极参与，并给予力所能及的支持和帮助。

（五）专家引领，传经送宝

结合园本课程的开展，每学期至少有一次邀请在相关领域有经验的专家学者亲临指导或开设讲座，解答教师的疑难问题，使全新的教育教学理念和管理理念深入人心，让教师开阔视野。日常根据不同层次教师的需求，提供外出培训、区级培训（网络培训）、基地培训等机会，不断给教师以新鲜信息的滋润，拓展思路，开阔眼界，使教师的思想更具前瞻性。

三、坚持开拓创新，激发队伍生机活力

（一）创新管理制度

我园转变管理理念，革新管理模式，教师都是园所的管理者，鼓励教师积极参与园所的管理，为园所的发展献计献策，给予教师充分的参与权。成立园代会，考核、教师晋升、家长活动、发展指导委员会等大大小小的事宜，都可通过园代会一起商议。关注教师的发展需求，将职称评定、岗位聘任、工资提升、职务晋升结合起来，为教师的职业发展提供公平竞争的平台。在提倡人文关怀、推崇个性发展的今天，个人发展的道路也应该多样化，职业人不但可以把升职作为目标，还可以着眼于提升个人价值上，达到与个体价值观相符、与个人内心需求吻合的选择多样性。

（二）看见个体价值

每个孩子都是独立的个体，都是有价值的人，我们的教师也是一样。我们发现挖掘每位教师的价值，根据教师的特长成立不同的职能部门，让每位教师都能发挥所长，如：环境组、家园组、后勤组、宣传组等。在学期初进行竞聘，各教师根据自己的特长及兴趣选择职能组。对各职能组长在管理上进行培养，发挥教师的内驱力。客观认识教师的价值，有利于增强教师的责任感和职业幸福感，也有利于教师劳动价值的最大实现。

我们的幼儿教师都是一个个快乐美丽的老师，大家用自己的人格魅力感染别人，带动别人，从而使幼教事业蒸蒸日上。以上是我园对教师团队建设的一些实践与思考，我相信只要通过幼儿园全体教职工坚持不懈的努力，幼儿园的整个团队将无坚不摧。

课程游戏化背景下幼儿自我意识的发展与评价

江苏省苏州工业园区名城旺墩幼儿园　于　玲

自我意识是意识的一种形式，它是一种认知心理结构，它组织、调整、综合着人自身的行为。它包括自我认识、自我评价、自我调节、自我控制等，构成了个性的基础。自我意识的发展，是学前儿童个性形成的重要组成部分。积极正面的自我意识，是一个人不断进步不可缺少的内在动力，对于幼儿健全人格的形成和认知的建构与发展起着重要作用。幼儿的自我意识是逐渐形成的，在自我意识中，反映着幼儿评价自己实际行动的能力和对自己内部状态的注意，自我意识使幼儿形成独特的个性。

一、培养幼儿积极的自我意识

幼儿积极的自我意识的发展，对幼儿的个性、社会交往的发展具有重要的意义。自我意识的发展，让幼儿从“自我中心”中摆脱出来，正确认识自己，并能正确认识别人。幼儿积极的自我意识往往来源于教师对他的评价。因此，教师要注意在日常的教育教学活动中，正确认识和评价每个孩子，要多鼓励少批评，让幼儿在鼓励中健康成长。教师要帮助个别幼儿克服胆小、自卑的心理，帮助其找朋友，建立良好的个体与群体的关系，从而增强其自信心。另外，教师要尊重幼儿、相信幼儿，让幼儿每时每刻都感觉到别人对自己的尊重，从而形成积极健康的自我认识。

二、寓自我意识培养于生活中

幼儿园的日常生活包括盥洗、进餐、喝水、午睡等环节，这些看起来很琐碎的事情，却在幼儿的一日生活中占有相当多的时间，所以我们要抓住日常生活中的每一个契机，培养幼儿正确的自我意识。

1. 培养幼儿自我服务能力和简单的劳动技能，增强其自信心

现在的孩子在家中倍受呵护和关爱，有的家长一味包办代替，这在一定程度上造成了孩子自理能力差，依赖性强。针对这些情况，我们在日常生活中经常开展一些竞赛活动或采用游戏的形式，锻炼幼儿的生活能力。如：开展看谁穿衣服快，被子叠得好、叠得快等比赛游戏，幼儿在轻松愉快的气氛中提高了自理能力。另外我们还引导幼儿学习一些简单的值日生劳动技能，如扫地、拖地、擦桌椅、摆桌椅、整理床铺等，尽可能多地安排那些缺乏自信心的幼儿做值日生。每当这些幼儿有点滴的进步，都及时给予肯定，并引导其他幼儿看到这些幼儿的长处，从而使这些缺乏自信的幼儿知道自己也很能干。在获得多次成功体验后，这些幼儿进一步正确认识了自我，增强了自信心。

2. 创设良好的环境，帮助幼儿认识自己，了解自己

幼儿教育本身应注重环境的创设。幼儿需在互相平等、尊重、信任的环境中生活，教育要给幼儿营造一个轻松、和谐的氛围。对于那些自信心差、胆小畏缩、缺乏上进心的孩子，教师要给予他们多一些爱护和关心，用亲切的微笑、和蔼的语言来打动他们，让他们从教师的每一个眼神、每一个动作和每一句话中都感受到老师对他们的喜爱。如：早晨来园，微笑着向孩子问好；离园时帮他们整理衣装；交谈时摸摸他们的头，都可以让幼儿感受到老师的喜欢。

教师要利用各种活动后的谈话，让幼儿认识自己，评价自己，并学习评价他人。如：在区域活动、绘画课、做完操以后，教师可以问问幼儿“你是在哪个活动区活动，玩得怎样?”“你画的画好吗？好在哪里？还有谁画得好，为什么?”另外，教师在一日生活中注意时时用鼓励的、积极的语言来评价幼儿，让他们对自己有一种全新的认识。

三、在活动中引导幼儿正确认识自我，评价自我，学习自我控制，继而发展到正确评价他人

我们要有计划地设计一系列活动，作为培养幼儿正确自我意识的主要手段。在设计活动时，我们的原则是根据幼儿的具体情况，针对不同个体，使每个幼儿的自我意识得到有计划的发展。那些胆小、怕困难、做事畏首畏尾，缺乏自信心的幼儿通过正确认识自我、评价自我、评价他人，增强自信心，加强自我意识；而那些过分自信，目中无人，觉得自己什么都好，别人都比不上自己的幼儿，能看到别人的优点，正确地认识自己，正确地评价他人。

1. 帮助幼儿认识自我、了解自我，学会自我评价

在“我自己”活动中，幼儿观看了有关婴儿出生及成长的录像，了解了生命的诞生与成长。他们有的把自己从小到大的照片带到幼儿园，给小朋友和老师看，同时讲自己小时候的趣事，告诉大家“我”喜欢什么，不喜欢什么……在认识自我的系列活动中我们还开展了“自画像”“我的进步”“我很棒” “我的优点”“我的不足”等活动。通过这些活动，幼儿认识到“我”是很独特的，有好听的名字、黑色的头发、小小的嘴巴、大大的眼睛；“我”很能干，

能用自己的双手吃饭、穿衣、剪纸、绘画，能用自己的双脚走路、奔跑、跳跃、攀登，能用自己的鼻子闻出多种不同的味道，能用自己的耳朵听出各种奇妙的声音；“我”有许多优点，当然也有些缺点，不过，经过努力，“我”能改正自己的缺点，做个好孩子，与他人相比既有相同之处，又有自己独特的与众不同的地方。幼儿在认识“我”的同时，也修正了对“我”的认识的偏差，并能尝试设想自己的将来。

2. 在评价自我的基础上，学习正确评价他人

幼儿自我意识的发展，主要表现为自我评价的发展。幼儿自我评价能力不高，常常依赖于成人的评价，而且自我评价带有主观情绪性，并受认识水平的影响。幼儿学习评价主要通过成人正确评价的示范。因此首先要求教师对孩子做出评价时要客观、具体。(1)客观。每个孩子的特点不可能都是优点或者都是缺点，在体育活动中有的幼儿速度快、动作灵敏，但缺乏耐力，有的幼儿动作发展一般，但遵守纪律、刻苦练习。教师在评价一个孩子时，应引导他少与别人比，多与自己比，既指出他优秀的地方，又要指出他的不足。应避免过高或过低地评价孩子，这会使幼儿形成不正确的自我评价，影响良好个性的发展。(2)具体。教师评价孩子时，要有论据，论据要清楚、具体、明确，幼儿能理解并达到，如：×××小朋友锻炼认真，能遵守比赛规则，老师要求的每个练习都能认真完成。在教师的具体示范下，幼儿不仅明确了体育活动的要求，积极调整自己的行为，努力达到目标，而且学会了评价的方法。

3. 在每周五的下午我们都要进行一周小结，在此过程中幼儿就像一个小老师能较客观地评价自己与同伴，如：我这几天吃饭好，但睡觉不好；××小朋友这一周值日生当得好；××小朋友很聪明，但他老欺负其他小朋友。在宽松和谐的气氛中学会了正确评价自己与他人，发现自己和别人的优缺点，并虚心向同伴学习，改正自己的不足。

四、取得家长支持，家园共育，帮助幼儿形成良好的自我意识

家庭教育是幼儿教育的重要组成部分。成人的评价直接影响幼儿对自己的认识和评价。一个经常得到父母积极评价的幼儿，往往会对自己产生一种积极的看法，能比较有信心地去面对各种问题，敢于面对失败。家长的支持与配合对幼儿自我意识的培养具有十分重要的作用。

1. 家长要树立正确观念，认识幼儿自我意识培养的重要性。

2. 帮助家长全面了解自己的孩子。孩子在家和在幼儿园的表现不一定完全一致，因此，教师要经常和家长进行交流，通过面谈、请家长观摩活动、家长委员会、家园联系册、家访等形式使家长了解孩子在幼儿园的表现，并向家长了解孩子在家的表现，家园共同配合进行教育。

3. 对孩子进行正确评价。幼儿常常模仿成人的语气去评价自我和他人，许多孩子说不出自己有什么优点和缺点，只是简单地重复成人对自己评价的话。因此家长不要将孩子同别的孩子做横向比较，以免挫折孩子的自尊心。家长要注意发现孩子的优点，多给予支持和鼓励，帮助孩子正确地认识和评价自己。

总之，在幼儿期培养孩子的心理健康是极为重要的。因为只有从小具有良好的心理素质，才会在今后的生活中不怕困难、不怕挫折，所以，这样的重任是我们幼教工作者刻不容缓的使命，也是义不容辞的职责。教师的评价对幼儿自我意识特别是自我评价有着十分重要的影响。教师对幼儿的评价应该是科学的、恰当的评价，过高容易使幼儿沾沾自喜、骄傲自满；而过低又会使幼儿失去信心和上进心，从而对学习产生消极甚至逆反的心理。同时，教师还要用发展的眼光看待幼儿，不要只看到他们的不足，要善于发现幼儿身上的

闪光点和进步，鼓励他们说“我行”“一定可以学会”，鼓励幼儿的奇思异想，相信自己将来会发展得比现在更好。

浅析幼儿园沙水游戏开展和实施的有效策略

广东省深圳市龙华区龙华第二小学附属美丽365幼儿园　刘红丽

一、沙水游戏活动案例描述

在一次沙水游戏活动中，活动的主题是“拯救小鱼”。池子里的水干枯了，小鱼儿在呼喊“救命”，需要小朋友们来帮忙。孩子们听到鱼儿们的呼救，一起商量怎么样才能把水引到鱼塘里。孩子们分好工后，各自忙起来了，每个人手拿沙铲，开始把沙子挖开，很快一条水渠挖通了，开始灌水，有的提起水桶的水往里倒，有的拿水舀把水舀进水渠，这时，旁边的土豆小朋友说：“我觉得好奇怪，倒在水渠里的水怎么一下子都不见了？水还会变魔术吗?”旁边的贝贝小朋友解释说：“是沙子太干了，就像我们口渴了一样，有水就会马上喝掉啦。我们要另外想个办法才行。”于是，孩子们又展开了一番讨论，这次他们找来支架底座、支架管、剖面直管等材料，有的开始放底座，有的在支架底座上放支架管，有的在支架管上面放上剖面直管，这时，乐乐说：“我的剖面直管不够长，放不上去。”我说：“要怎么样才能把这个剖面直管放在上面呢?”土豆看了看说：“我在这中间再放上底座和支架管，应该就可以了。”土豆在中间增加了一个支架，剖面直管可以放上去了，水渠终于搭成功了，他们开始往剖面直管上面做“注水”实验，水流到中间过不去。我说：“中间高，水流不过去，有什么办法呢?”贝贝说：“我们把高的地方，取下1个或2个支架管看看。”贝贝拆下了1个支架管，然后注水试试，还是有点高，于是再拆1个支架管，现在这一节的剖面直管比上一节的矮了一点，再进行一次试水，这次水流通畅，水很快就流进了干枯的鱼塘，孩子们欢呼雀跃，直说：“小鱼得救了。”我对小朋友说：“小鱼儿告诉我呀，要谢谢小朋友们，你们太能干了，是你们及时给它送水，它终于可以自由自在地游泳了。”小朋友们听了，有的拍拍手，有的抱在一起，别提多高兴了。

二、沙水活动案例分析与反思

通过案例分析，我们要给孩子们充分的活动空间，允许他们有不同的兴趣点，当发现问题时，可以引导孩子想办法解决问题。教师只有提供足够的材料，合适的时间、好的策略介入活动，才能激发孩子的积极性、主动性、创造性。在游戏活动中，孩子们与材料更好地互动，对沙水更好地了解和利用，萌发创新意识，给我们带来很多惊喜。

1. 幼儿的能力发展与幼儿的游戏

同年龄段的孩子有不同的学习方法和能力，孩子天生具备很强的观察能力和模仿能力，每个孩子都是独立的个体。在这个游戏中，中班的孩子有很强的好奇心和求知欲，认知能力也在不断地提高。因此，要扩大他们的认知范围，通过大营救的方式满足他们的好奇心，激发他们的求知欲，在能力强的孩子的带领下，一步一步找到解决问题的方法，调整策略去尝试，最终完成挑战。

本来，这个游戏最开始是以挖水渠为主，挖完水渠注水过程中，发现水被沙子吸干了，没有办法把水引到水塘，这时有两个小朋友是比较突出的，他们通过自己的观察和思考，找到其他的辅助材料来进行游戏，成功解决了水被沙子吸干的问题。另外，在搭建水渠过程中，同样遇到了高低连接和长短的问题，孩子们通过观察、比较底座摆放位置和剖面直管的长短的区别，还想到了从比较高的位置上取下 1 个或 2 个支架管，保证从高到低或平衡，感知水流是从高处往低处流。通过游戏，孩子们很好地掌握了这个知识点，这样有助于促进孩子的观察能力和动作发展。

2. 辅助材料的投放与幼儿的游戏

对于孩子来说，游戏是获得知识的源泉，兴趣是最好的原动力。因此，教师要从孩子的兴趣出发设计活动内容和选择适合的内容。教师设计的“拯救小鱼”活动，是孩子们比较感兴趣的，沙和水是生活中最为常见，也是唾手可得的材料。游戏中孩子们发展了挖、堆、拍、架空、高低连接等动作，发现了水遇到干沙后会一下子不见了，于是孩子们还找来了支架底座、支架管、剖面直管来做水渠，他们利用这些材料想出其他游戏方法，遇到水不能过去时，孩子们学会观察、调整支架数量，使水渠高度由高至低，最终把水顺利引到水塘，小鱼儿得救了。在这个案例中，可以看到孩子们运用三个步骤的学习方法：提出问题—寻求方法—调整策略。在活动中，从不同的角度促使孩子情感、态度、知识、能力、技能等方面得到了一定的发展。

3. 教师的肯定和鼓励与幼儿的游戏

《幼儿园教育指导纲要》明确指出，教师必须以“支持者、合作者、引导者”的角色参与到孩子的活动中，与孩子互动交往。在游戏活动中，我们不难看到，孩子们之间能够友好交往，相互合作，教师以“尊重、信任、接纳”的态度与孩子们交往，让孩子们能够在感受和支持的良好环境中尽情游戏。当小朋友们成功解救了小鱼，教师用小鱼的口吻和小朋友们对话，肯定了孩子们的付出，在情境中，师幼之间情感的交流，有利于和谐的师生关系的建立。游戏中，幼儿无论在认知方面、创造方面，还是交往能力等方面，都得到了很大的发展，孩子们能够大胆尝试、大胆操作、大胆想象，教师充分给予孩子自由活动的时间和空间，及时肯定孩子，从而促进孩子的身心健康和谐发展。

4. 活动内容设计和选择与幼儿的游戏

在沙水游戏开展实施的过程中，创造性地投放更多的辅助材料，孩子们根据游戏内容来选择游戏材料，在游戏中，通过与材料的互动，更好地对沙水进行了解与利用，萌发创新意识；在游戏中，能够与同伴友好交往，能够与同伴合作；在游戏中，能够发现问题，并协商提出解决问题的方法；在游戏中，教师提供了最大限度的支持和指导，让幼儿通过直接感知、实际操作和亲身体验获取必要的经验。“一沙一世界，一水一天地”，让孩子亲近自然，感受自然，以游戏为载体，促进幼儿与材料更好地互动，帮助幼儿在自主探索中获得经验，在合作中共同成长。

从教学角度谈幼儿园区域活动开展

广东省深圳市龙华区龙华第二小学附属美丽 365 幼儿园　唐　蓉

在幼儿教育实践工作开展的过程中，有时尽管教师精心布置不同的活动区域，但是在进行活动时，幼儿并不愿意参与到区域活动中，对于各类活动开展的积极性不高，参与度不高。针对这一情况，对其中的问题进行分析，可以看出有如下不愿意参与活动的原因。

1. 材料准备不充分

首先，教师在进行活动区域的组织和规划时，尽管已经考虑到不同区域的功能区分，但是对于区域内部的各类物品的摆放以及材料准备工作都没有合理有效地完成，导致在整个活动区域中，物品内容相对较少，而且摆放位置错乱，幼儿在寻找各类物品的时候，往往会发现自己难以快速找到。而即便找到的内容，幼儿玩闹的兴趣也不够浓厚，这些内容要么过时，要么和幼儿的日常生活联系较少，没有让幼儿产生较大兴趣。所以，在进行功能区划分的时候，教师疏于对各类教学内容和教学材料的管理与规划，导致采买过程中缺乏了一些重要的材料资源。而材料资源不丰富，致使对幼儿参与活动的积极性造成了负面影响。

2. 功能划分模糊

由于不同功能区有各自不同的功能分组，而这些功能和幼儿日常生活之间应该保持一定联系。但是，如果功能划分不明确，那么往往会使幼儿在参与活动中感到迷惑。例如：教师需要幼儿进入阅读区进行绘本故事阅读，但是绘本却和有些美术材料放在一起。对于这一区域究竟应该划分为美术区域还是划分为绘本区域，幼儿的内心就产生了迷惑的情绪。还有区域划分边界感不强，使用了通透的玩具柜，使得区域材料混合使用，也会让幼儿不敢选择，相对地活动的参与积极性也就会相应降低。

3. 缺乏有效引导

教师在规划布置完各个不同的功能区域以后，就认为自己已经完成了任务，在日常教学工作开展的过程中，没有及时对幼儿进行有效引导理解各个功能区的作用，也没有及时告知幼儿。幼儿在进入功能区以后，尽管可以看到不同材料，也可以任意选用，但是缺乏教师的明确要求，幼儿在完成任务的时候往往缺乏使命感，也缺乏有效的方向，就导致幼儿“三分钟热度”的情绪表现出来，不愿意积极参与到活动中来，而只是希望简单地敷衍了事。

针对上述原因，提出了下列解决措施，以此为提升幼儿的积极性和创造性提供了良好的准备。

1. 增加材料储备

为了使得功能区的吸引力得到最大限度的呈现，教师在进行功能区布置时，除了初期的材料准备工作以外，还需要在教学管理工作开展的过程中进一步加强各类材料的设置，尽可能地增加多元化的材料，给予幼儿丰富的选择，让每一个幼儿都可以在活动的过程中，友好地分享各类不同材料，最大化地突破自己的想象力的边界，积极动手，主动发挥创造力和聪明才智，选择多元化的材料表现形式，使得自己的作品更加丰富，创新性更强。

2. 明确功能划分

对于不同的活动区域，需要进一步有效区分各区域的功能，对功能进行明确有效的划分，尽量避免出现功能交叉的情况。由于幼儿的认知仍然存在一定的局限性，因此，就需要帮助幼儿形成正确的功能认知，让每一个孩子知道自己在该功能区内可以完成什么样的活动，可以进行什么样的任务，更好地促进幼儿选择正确的区域开展活动，帮助幼儿养成良好的秩序意识和行为习惯。

3. 增加教师引导

教师引导，对幼儿参与各类活动具有不可或缺的重要意义。如果缺乏有效的教师引导，那么幼儿在进行活动时，就会如同无头苍蝇般毫无头绪，不知道该从何处着手，不知道该如何继续进行下去。但是，如果教师可以把要求和任务，以细节的方式告知幼儿，那么，幼儿就可以根据教师的提醒，一步一步地完成任务，甚至还可以积极发挥自己的艺术创想，在每一个任务开展的过程中大胆加入自己的创意，使得作品具有别具一格的特殊性和艺术魅力。因此，教师首先需要做好引导工作；其次要把幼儿放在教育教学工作的主体位置上，激励幼儿完成每一项任务，积极参与到活动中来；最后要及时给予幼儿鼓励和嘉奖，使幼儿的积极性和创造性能够得到更大程度的维护。

本地非遗文化在幼儿园课程中的渗透与研究

广西壮族自治区河池市直属机关幼儿园　韦莹莹　黄雪萍

一、核心概念界定

1. 非遗：非物质文化遗产是以技艺为形式，以人为载体进行传承的"活态"文化遗产，它无法直接感知，需要用心灵和情感进行体验。联合国教科文组织将其定义为被各群体、团体，有时为个人视为其文化遗产的各种实践、表演、表现形式、知识体系和技能及其有关的工具、实物、工艺品和文化场所。

2. 课程：富有教育价值的、能够转化为学校课程或服务于学校课程的各种条件的总和。

二、国内区内及国外研究现状述评

1. 国内区内研究现状述评

(1)保护河池地区民族文化的重要性。文化遗产的保护具有迫切性。河池地区少数民族文化独具特色，各民族的非物质文化遗产非常丰富。民间文学、音乐、舞蹈、民间工艺、建筑艺术等艺术种类丰富，历史悠久，思想艺术价值独特，成为文化宝库中的重要组成部分。然而随着生活方式的转变，城市化步伐的加快以及外来文化的冲击，少数民族地区的文化遗产面临流失的困境。因而，如何让河池少数民族地区的珍贵文化遗产在得到完整保护的同时，又能够可持续性地传承与发展，已成为当前一项迫切的任务。

(2)河池非遗民族文化的丰富性。河池市非遗物质文化遗产种类多样，包含民族语言类、民间文学类、民间曲艺类、民间舞蹈类、岁时节令、传统体育竞技、民俗类等 11 类，这些文化资源，依附于特定地域而发展兴盛，是河池少数民族勤劳智慧的结晶，是维系河池经济、社会和谐发展、推动民族文化生存和延续的主要元素，同时，是推动中华民族文化发展的重要组成部分。目前，河池市非物质文化遗产有 8 项，其中刘三姐歌谣、毛南族肥套、仫佬族依饭节、壮族蚂拐节等 6 个项目入选首批国家级非物质文化遗产保护名录；有 23 项已列入自治区级名录，如壮族蚂拐舞、壮族春榔舞、瑶族猴鼓舞、贡川砂纸制作工艺等；有 28 人被确认为自治区级项目代表性人物。

(3)非遗民族文化价值巨大。非遗作为一种独特的文化现象，是以人为本的活态文化遗产，它强调的是以人为核心的技艺、经验、精神，特点是活态流变，文化内容具有传统性、地域性，对于我们来说是一笔宝贵的财富。将非遗融入幼儿园课程，可以使幼儿接触到独具特色的本土民俗文化。

(4)传承面临危机。河池在保护民间非物质文化遗产方面虽然取得了一定成效，但面临的形势依然严峻。一是一些依靠口头和行为传承的民间文艺、礼仪、歌谣、舞蹈、音乐、民俗等文化遗产正在不断消失。如毛南族摊文化，现如今社会发展和人们价值观念的变化使毛南族青年大多不愿意学习和传承摊文化，摊文化已经处于濒危状态。二是项目传承人后继乏人，一些传统文化艺术、艺技濒临断代或灭绝。三是民间传统文化生态环境不容乐观。在现代功利主义和商业化气息冲击下，民间传统文化的生存屏障十分脆弱。

2. 国外研究现状述评

(1)国外非遗物质文化遗产保护已历经两百多年的历史。欧洲在文化遗产地保护，美国、澳大利亚等国家在自然与文化遗产国家公园的立法、管理，日本、韩国等国家在非物质文化遗产立法与保护等方面，都具有较为成熟的保护理念与经验。与国外非物质文化遗产活态保护历史相比，我国非物质文化遗产的动态性保护尚处于发展期，各项保护实践与理念在亦步亦趋中探求与摸索。由于非物质文化遗产保护现实性与时效性的特征，注定了非物质文化遗产研究主题需与保护行动紧密结合的特征，实践性探讨必不可少。

(2)联合国教科文组织在《宣布人类口头和非物质文化遗产代表作申报书编写指南》中指出："在世界全球化的今天，此种文化遗产的诸多形式受到文化单一化、武装冲突化、工业化、旅游化、农业人口流失、移民和环境恶化的威胁，正面临着消失的危险。"正如全国政协委员、中国文艺家协会主席冯骥才所说："民族文化的传承人每分钟都在逝去，民间文化每一分钟都在消亡。"可见，非物质文化遗产保护已经成为一个世界范围内普遍面临的课题。

三、选题意义和研究价值

《幼儿园教育改革纲要》明确提出"幼儿园应与家庭、社区密切合作，与小学相互衔接，综合利用各种教育资源，共同为幼儿的发展创造良好的条件"。"充分利用社会资源，引导幼儿实际感受祖国文化的丰富与优秀，感受家乡的变化和发展，激发幼儿爱家乡、爱祖国的情感。"课程资源的开发利用对幼儿发展的作用巨大，而本民族的民族文化，是优质的课程资源来源。

1. 非遗文化进校园及其重要性

党的十八大报告指出："文化是民族的血脉，是人民的精神家园。"实现中华文化的创造性转化，是习近平总书记高度重视的一件大事。习近平总书记调查考研非遗足迹时表示"要重视少数民族文化保护和传承"。中国的非物质文化遗产资源多种多样，它们一直伴随着中华民族的发展史，是中华文化的重要组成部分，是保持中华文明传承发展的重要根基，然而，民间传统文化正在不断萎缩和衰亡，面临消失的风险。因此，我们要积极开展非物质文化遗产进校园活动。在地方非物质文化遗产传承方面校园有着得天独厚的优势，为民族文化传承提供了可靠的平台。

2. 非遗文化在幼儿园课程中渗透的可行性

非物质文化遗产是人类文明发展史的智慧与经验，是一个民族文化的灵魂，是一个国家未来发展的根脉。而学校作为培养人才和知识传播的场所，是传承、发展和保护非物质文化遗产的重要平台，所以非遗进校园具有许多的宝贵价值和重要意义。其一，非遗进校园在理论和实践方面都不成熟、不完善，但这些问题并未受到社会足够重视。因此从相关理论和实践方面来研究非物质文化遗产进校园，能够逐渐丰富非遗价值。其二，非遗进校园正处在起步阶段，还没有深入到日常制度化操作层面等，因此，我们更应从中总结一些经验以备解决一些难题。其三，幼儿是祖国未来的花朵，把非遗引进校园能够让他们认识、了解中华民族的优秀文化，进一步增强他们的民族自信心和爱国情感。从这个角度看，对非遗进校园的研究具有非常重要的现实意义。幼儿阶段是接受各方面文化的关键期，并且终身受益，河池本地的非物质文化遗产丰富，传统舞蹈、传统音乐等需要继承发扬，将本地非遗文化融入幼儿园课程，既是对文化的保护传承，也对幼儿的民族文化学习与发展提供了更加系统全面的支持。

非遗物质文化遗产是一个民族的宝贵精神财富，而河池市的非物质文化遗产种类丰富，民族特色鲜明，因此，我们将本地非遗文化渗透到幼儿园课程中进行研究，是非常具有理论研究价值意义的。

浅谈家庭教育对幼儿心理健康的影响

广西经贸职业技术学院智慧商务产业学院　蓝晶晶

根据相关调查显示：我国多个城市儿童行为问题的检出率为12.97%。另据某地区对3000名4—6岁幼儿心理的调查，8.8%的幼儿有不良行为，11%的幼儿情绪抑郁、自卑，8.5%的幼儿忧虑、紧张。由此可见，我国幼儿心理健康的现状不容乐观。幼儿阶段年龄在3—6岁是心理发展速度最快、最易稳固的阶段。因此在这一阶段加强对幼儿的家庭心理健康教育，维护和促进幼儿的心理健康是非常重要和必要的。

一、影响幼儿心理的主要原因

1. 动机

幼儿在活动中不断产生需要和满足需要，但也有受挫的时候。所以，幼儿要有一定的心理承受能力和处理动机冲突的简单技巧，以协调动机需要与现实的反差，保持平衡的心态。

2. 自我意识

幼儿的自我意识虽不成熟、不稳定，但对其人格发展和行为适应影响很大。幼儿通常是通过成人的评价和态度，通过与同伴的比较，通过在游戏与交往中的成败来认识自我、评价自我、调节行为与情绪。自我意识不强的幼儿，对挫折、冲突缺乏预测性和处理技巧，往往造成任性执拗、攻击性行为、退缩行为等情绪和行为障碍。所以，应该加强自我意识的培养，保护幼儿的心理健康。

3. 情绪

焦虑、恐惧的情绪对幼儿心理健康起着消极作用。焦虑使幼儿怀疑自己的能力，夸大自己的失败，常处于紧张与不安之中。恐惧会使幼儿产生剧烈的生理和心理变化，过度的焦虑严重损害幼儿的心理健康。

二、良好的家庭心理教育对幼儿发展的重要性

心理学大师弗洛伊德分析：童年的经历虽然会随着时光的流逝而被淡忘，甚至消失于意识层中，却会在潜意识中被保留下来，对人的一生产生恒久的影响。因此，童年时期产生的自卑感通常会伴随人的一生。而童年对孩子影响最大的莫过于环境，尤其是家庭环境，可以说孩子的自卑和自信多半来自父母的态度。如果孩子在外面受到了不公平的对待，回到家中，家长可以及时地给予安慰和鼓励，那么孩子的自卑或许就可以被扼杀在萌芽状态。而假如连父母都不认可孩子，一味地打击孩子，那么孩子很容易就会产生悲观、自卑的情绪。可见，要想让孩子健康阳光地成长，就要努力给孩子创造一个充满信任、温暖和爱的环境，宽容地接纳孩子的一切，杜绝所有打击和贬低孩子自尊心与自信心的表现与行为。也就是说，家长的信任与赏识，是帮助孩子消除自卑、树立自信的良药。对于幼儿的心理问题，如果不及时干预会引起严重的心理和精神障碍，影响幼儿适应社会的能力、人际交往能力和学业成绩，给家庭和社会带来负担。

三、幼儿家庭心理教育的方法

1. 鼓励法

幼儿有一种需要承认、需要鼓励的心理，他们喜欢成功，喜欢得到大人的认同和赞扬。因此，家长就要经常鼓励孩子，孩子通过不断地被鼓励和赞扬，自身的行为得到肯定，由

肯定产生心理升华。

2. 反问法

语言是沟通幼儿心灵的工具，因此，家长和孩子谈话时要试探、发问、反问，这样才有利于提高幼儿自身的分析和判断能力，发展创造性思维。

3. 出难题法

给孩子出点难题，让他们知道什么叫困难，并要让其自己解决，只有经过风雨见过世面，经受失败和挫折，才能获得经验和教训。

4. 反面教育法

家长利用反面教材让孩子分清是非，以生活中的反面事物对孩子给予引导，使其提高分析和判断能力，有利于孩子具有是非辨别能力。

5. 宽严结合法

对孩子过宽过严都是不正确的，要培养孩子健康的心理状态和较强的心理素质。既要严教又要宽容，既要有组织纪律又要有个人的爱好，一旦孩子犯了错要批评得严一些，应既指出其危害，又要给予爱护和关心。

四、良好家庭心理教育环境的营造途径

1. 榜样示范给学前儿童树立正确的榜样

幼儿从出生到成长为社会人的过程中，家庭是第一教育场所，父母是第一任老师，家庭教育在幼儿成长过程中起着重要作用。孔子说得好："其身正，不令而行，其身不正，虽令不从。"陆世仪在《思辨录》中说："教子须是一身率先。"指出了父母要为儿童做出正面的榜样，将言教与身教统一。父母是孩子的榜样，孩子是父母的镜子，父母的言行举止都会影响到孩子。因此父母要严于律己，时刻以自己的正确言行为孩子树立榜样，引导幼儿正确的学习。

2. 家长要掌握幼儿的心理

幼儿的成长既包括身体的成长，也包括心理的发育。要促进幼儿的健康成长，家长必须走进幼儿的内心世界，去了解幼儿的所思所想，必须做到"幼儿的世界我要懂"，这样才能更好地与其进行沟通，才能从其实际需求出发进行教育。这要求家长平时要多读一些关于幼儿心理学的书籍，增加理论知识，丰富理论素养。更重要的是父母要多与幼儿进行沟通，幼儿从3周岁开始基本能够表达出自己的思想，只有在沟通交流中父母才能了解幼儿的真实想法。

3. 家长与幼儿保持平等的关系

著名的儿童教育家科尔伯格博士指出："培养一个有道德的孩子的第一步是用道德的方式对待孩子。"在科尔伯格博士看来，用道德方式对待孩子的意思是说把他们作为一个跟我们一样的个人来看待。

五、小结

幼儿期是一个人身心健康发展的奠基时期，从小培养幼儿健康的心理具有极其重要的意义，家长对孩子教育是积极的，孩子的身心就会得以健康成长，幼儿心理也自然得以健康发展，所以家庭教育对幼儿心理健康起着至关重要的作用。

美育贯穿现代幼儿家庭教育

广西经贸职业技术学院智慧商务产业学院　莫兰燕

一、国内外关于美育的研究

1. 国外美育的研究

西方早在古希腊时期，在城邦保卫者的教育中就有许多关于艺术教育的内容。德国美学家席勒于18世纪末首先提出并建立了美育理论。席勒在他的《美育书简》中提出：“为了在经验中解决政治问题，就必须通过美育的途径，因为正是通过美，人们才可以达到自由。”“有促进健康的教育，有促进认识的教育，有促进道德的教育，还有促进鉴赏力和美的教育。最后一种教育的目的在于，培养我们感性和精神力量的整体达到尽可能和谐。”苏霍姆林斯基说：“教育如果没有美，没有艺术，那是不可思议的。”席勒不仅首次提出了“美育”的概念，而且首次将美育界定为“情感教育”。捷克教育家夸美纽斯曾在《大教学论》中说：“人的教育是艺术中的艺术。”曾提出美学现实主义教学理念的西格尔认为：“教育的目的就是要使受教育者热爱这个世界。”

2. 我国美育的研究

蔡元培在《普通教育与职业教育》中说道：“所谓健全的人格，内分四育，即体育、智育、德育、美育。”美育以陶冶我们的情操为目的，从而使我们具有美的理想、美的情操、美的品格、美的素养，具有欣赏美和创造美的能力，他对美育的性质、特点和目的都做了明确的说明，指出“美育者，应用美学之原理于教育，以陶养感情为目的者也”。美育可以使人超脱利害，减少占有的冲动，获得精神的自由，激发创造的活力。“以美育代宗教”的主张是蔡元培美育思想的一个重要的内容，他还全面论述了美育的实施途径和方法，提出美育包括家庭美育、学校美育和社会美育三个方面，并指出美育是从生到老以至死的终生的教育，可以说美育无处不在，无时不在。

二、为什么现代幼儿家庭要贯穿美育

1. 美育塑造学前儿童完美的人格，形成儿童良好的个性心理品质

美育对学前儿童来说，主要是强调感受美和审美情绪的体验，激发儿童愉快的审美情绪。因此，正确地实施学前儿童美育，能有效地促进儿童社会情感的发展，有益于他们接受良好的情感教育，有益于改善他们整个学习的习惯，使其积累一些愉快的学习体验，有助于培养儿童的学习兴趣与学习能力的形成，良好的美育能有效地帮助儿童形成积极的个性特征。美育活动可引导儿童建立良好的社会人际关系，培养他们的交往能力，使之富有同情心，善于和勇于帮助他人，能为同伴的进步和成就而感到愉快。

2. 学前儿童美育是全面发展教育的重要组成部分

美育具有德育、智育所不能取代的独立功能，对于培养人的敏锐感受力、丰富的个性、广泛的知识、高尚的审美情趣和道德情操，以及创造力都具有特殊的功能。美育有助于形成整个社会的审美化，形成美的社会风气，建立美的人际关系。美育与德育、智育、体育有密切关系，能促进各育的发展，同时也渗透在各育之中，成为全面发展教育不可分割的一部分，它们互相配合，相辅相成，但又各有自己的职责和特点，不能互相取代。

3. 美育是教育学前儿童的有效手段

学前儿童的思维具体、形象，情感占优势，认识过程常常受情绪和兴趣的支配。“美”

具有形象、具体、可感知的特点，它符合学前儿童思维的发展特点，我们可以利用美育对学前儿童实施有效的教育。例如：艺术作品和生活中的美好事物，具有鲜艳的色彩、动听的旋律、生动的形象，这对学前儿童有着巨大的吸引力和感染力，极易引起学前儿童的注意和兴趣，也极易为他们所理解和接受。

三、美育如何贯穿现代幼儿家庭教育

1. 创造良好的家庭教育环境和氛围

家庭里有自序的、整洁的、和谐的、欢乐的家庭教育环境，可以保证幼儿美育的顺利进行。学前儿童的审美情趣是在环境的影响下逐步形成的。美好的环境可以给学前儿童经常和持久的美的享受，使学前儿童在潜移默化中形成健康的审美情趣。因此，为学前儿童提供美的环境，是美育最基本的内容之一。

2.“榜样示范法”给学前儿童树立正确的榜样

幼儿自出生起，家庭是其第一教育场所，父母是其第一任老师，家庭教育在幼儿的成长过程中起着不可估量的作用。陆世仪在《思辨录》中说：“教子须是一身率先。”马卡连柯也指出：“父母对自己的要求，父母对自己的家庭的尊敬，父母对自己一举一动的检点，这是首要和最基本的教育方法。”父母是孩子的榜样，孩子模仿父母，父母的言行举止都会影响孩子。因此，父母要严于律己，规范自己的行为，为孩子树立榜样，将身教融于生活中，引导幼儿正确的学习美育。

3. 利用生活中美好的事物

社会生活是以人的活动为中心组成的，社会中到处充满着美好的事物，要选择其中能为学前儿童所理解的事物，引导学前儿童去认识、去感受和观察，从而培养学前儿童对社会生活美的感受力、鉴别力，激发学前儿童对美好生活的热爱和追求。如：社会各行各业劳动者的爱岗敬业，好人好事、一方有难八方支援的感人事迹，一些平凡人的英勇、坚韧忍让、宽容等优良品德，都是感染和教育学前儿童的素材，培养学前儿童美好心灵的土壤。

四、结论

在如今人工智能飞速发展的形势下，更多人开始思考生而为人的特别，而审美正是答案之一。家庭美育对于幼儿来说是至关重要的，从小抓起，从幼儿本身抓起，从家庭抓起，将来必定是一个质的飞跃。

以博兰论坛为载体，聚焦班本化课程管理与实践

浙江省杭州市兰苑幼儿园 潘芙蓉

一、背景分析及研究价值

通过2017学年的园本研修，提升了我园教师的观察、识别幼儿的学习，积极回应与支持幼儿学习等专业能力，激发了教师课程建构的主体意识，达成了“以学定教”的课程理念共识，初步探索形成了“以学习故事孕育教育故事”的园本化课程策略与实施路径。主要存在的问题是：教师缺乏班本课程建构理论知识和不同情境下课程生成与建构能力。

二、核心概念

1. 班本化课程：本文所指班本化课程分三个步骤实施，一是写班本微课程故事，“行”中发现故事，“思”中撰写故事。引导教师明确课程的基本理论与内涵，捕捉与识别游戏中本班幼儿的兴趣和经验基础，能顺着幼儿发展轨迹拓展核心经验，梳理出个性化学习微课

程，并以教育故事的记录方式呈现出来。二是分享微课程故事。“研”中分享故事，即线上线下讲、演、研和课程审议。三是优化班本课程故事，形成典型案例成果。

2. 博兰论坛：优化“博兰”研修三大品牌系列活动，丰富研训内容，落实分层互动培养，提升教师园本课程建构能力。根据教师的不同教学经历实施个性化分层培养，引导教师自我对话、自我建构、持续发展，培养各层次教师高质量成长。针对教师的不同需求，重点指导教师在自主游戏中的观察、识别与回应，对教师的班本课程建构进行理论培训和实践调研及推进，以提高教师对课程的认知，提升课程建构能力。关注园本课程的适宜性、研究性、班本化。

三、实施策略

• 模块一：“博兰教师大讲堂”系列活动——外延内化，拓宽理念

“博兰教师大讲堂”主要对教师进行课程建构理论培训，有外聘专家讲座、园内各级骨干教师草根讲座组。挖掘教师开阔知识视野、发掘学科兴趣和增强专业功底的第二通道，开展班本课程实施系列专题培训，外聘专家讲座、园内各级骨干教师草根讲座组，注重本园骨干教师资源的挖掘，开展草根讲座传授教育经验。

• 模块二：“博兰教师发展论坛”系列活动——智者对话，共同成长

1. 撰写班本微课程故事，多形式分享。融合教育叙事的方法，引导教师发现、整合自身亲历的教育实践中的微课程故事。分享班本故事、教研组课程故事，展示为一项常规性学习活动贯穿于园本教研过程中，旨在让更多的教师能够有机会讲述自己的教育故事，发表自己的教育见解，让每位教师在同伴中形象更立体。在论坛活动中我们有不同的主题，通过教育叙事、经验交流、教育辩论会、观点报告等一线的教师与全体教师分享他们的智慧。同伴间的知识经验的分享促进了相互学习，教师的个人学习和研究也将得到同伴们的鼓舞与认同。

2. 共研课程审议。通过小组合作线、分层互助线和课题专项推进线“三线联动”，进行基于主题目标的合作研读、基于主题教材的研读以及主题环境的创设研究。

3. 园本课程线上论坛。在线上教师专业成长平台开辟“兰韵课程故事”专题论坛，激发教师积极发布班本课程故事，并在论坛中进行积极畅所欲言的跟帖与讨论。

4. 围炉论道，教育有方。聚焦园本课程化深度研究专题论坛活动。

• 模块三：“博兰教师岗位练兵论坛”系列活动——有效课堂，学科引领

以“博兰杯”研修月和技能展评为载体，通过教育叙事、现场调研、经验交流、辩论会、观点报告、技能比武等，促进教师发表见解、主动反思、学会合作、善于分享，呈现“兰韵”园本课程、班本化课程实施，让课程“看得见”“做得了”“写得出”“说得好”，体现预设与生成的动态统一，使教师能在观念和实践两个层面解决基本问题。开展“聚焦幼儿语言核心经验”“写班本微课程故事”“演教研组微课程故事”专项比赛活动。每学年一次优质课评比活动，把它变成有效课堂的范例。初赛阶段由成熟型教师与骨干教师分层参与同一主题的教案设计、说课，由园内的教学管理组评议推荐10名左右教师参加现场教学展示，教研组负责团队研修磨课，全体教师观摩学习，活动由课堂展示、团队研修介绍、草根评课、名师点评等环节组成；具有竞争性与选拔性，让有能力和职业发展需求旺盛的成熟型教师崭露头角，逐步走进骨干优秀教师的行列中，让骨干教师挑重担上好示范课，引领课堂教学。

• 模块四：“幽兰行动”系列活动——分层研修，完善机制

针对“幽兰、馨兰、博兰”不同层次教师的不同需求，重点指导教师在自主游戏中的观察、识别与回应，对教师的班本课程建构进行理论培训和实践调研，以提高教师对课程的

认知，提升课程建构能力。

1. 夯实基础，培育骨干新苗——会问、会学、会行。对教龄在1—3年的幽兰组新教师，请园内业务能力强、政治思想好的教师全方位带教，培养其作为教师的责任意识，学会组织幼儿一日活动的基本技能。对新教师进行个性化指导，例如：幼儿园主题课程班本化实施的理论和实践培训，以提高新教师对现有主题课程的认识，提高主题背景下游戏和集体教学活动设计指导水平。开展“我行我秀”新教师课堂教学技能评比岗位练兵活动，通过班本微课程故事评比、主题环境设计、现场教学汇报展示等，聚焦课堂，重视教学实践能力培训，提升新教师的基本功。

2. 适压重担，坚固中坚力量——乐问、乐学、乐行。熟练运用教育叙事的方式记录游戏中的微课程故事，完整呈现支持幼儿个性化学习的项目微课程建构过程。持续指导成熟型教师发现儿童的学习现状继而生成课程的能力，从本班幼儿的游戏行为中科学分析核心经验生长区，制订个性化学习计划，研发班本化微课程。开展“我研我析”经验型教师评课讲课岗位练兵活动，通过视频研讨、优质活动评比，重点关注体现“教育叙事孵化园本课程”的核心思想，加强观察力、执行力、反思力和课程力的综合培养。鼓励成熟型教师积极申报园骨干、区骨干、市秀等，进一步加强骨干教师的培养力度，不断扩大优秀教师群体。

3. 层次晋升，优化骨干力量——善学、善思、善为。通过中层设岗锻炼、轮岗、竞岗等制度形式，以“示范引领、激励帮带、高端修炼”为策略，建构完善的骨干教师培养体系，引领教师群体成长。以“导师引领、项目认领、跟岗锻炼、中层竞岗”等路径，优化骨干教师激励机制，提高中层干部、教研组长的专业理论水平、教科研能力、组织管理能力和实务工作能力。开展“我评我论”博兰大讲堂岗位练兵活动，打造研训活动策划团队，提升骨干教师既可参谋，又可领军的角色意识及业务素质。

四、评价与管理

1. 内化：反思总结，择优分享

将幼儿各年龄阶段的教育目标都进行内化，每个教师了然于胸。每个自主主题实施完成，幼儿园都要求教师将自己开发的主题进行总结呈现，有文档，有PPT。在总结主题的过程中，其实就是教师对自己的班本化课程进行再思考、再完善的过程。教师从班本化程度多少的角度来反思自己主题的得与失，在反思与总结中教师已经拥有第一阶段的班本化课程实施能力的专业提升。

2. 细化：展板呈现，评比奖励

将幼儿各年龄阶段的教育目标都进行细化，细化至每个月，这样教师在实施大约一个月之久的主题内容时有目标可遵循。教研制度上还有自主开发案例“疲弊奖励”一栏，以此进一步推动教师开展班本课程实施的积极性。教师要面对年级组、全园呈现PPT，向大家介绍自己的主题，通过学习他人的主题来对比反思自己的主题，获得第二阶段的班本化课程实施能力的专业提升。

3. 优化：剖析提升，经典留存

将细化至每个月的幼儿各年龄阶段教育目标优化，教师在实施主题时内容的选择与设计上与孩子的年龄发展目标紧紧相扣。教研组对各个主题进行剖析和优化的专业研讨，对主题进行肯定，根据主题开展情况进行优化，获得奖励的自主案例在一定程度上代表了一定的教师实施班本课程的水平，可作为园内经典案例留存，在下一轮“案例再利用”时作为范例出现在大家眼前。教师获得第三阶段的班本化课程实施能力的专业提升。

陈鹤琴幼儿家庭教育观念的探析

广西壮族自治区南宁市广西演艺职业学院　黄羽西

陈鹤琴先生作为我国现代教育史上把家庭教育实践与科学理论紧密结合的开拓者，其家庭教育思想对中国的家庭教育影响深刻。他总结出儿童喜欢游戏、模仿、野外生活、合群，乐于被称赞且好奇的特点，用平实的言语并附之以鲜活的例子讲述家庭教育的诸多原则；更是以一个过来人的视角，结合其他父母的经验教训，提供十分切实可靠的家庭教育指导，在今天看来，对家庭教育中教育者的观念仍有重大的参考和借鉴意义。

一、家庭教育者的基本观念

(一)喜爱儿童

无论是否基于家庭教育的理论化的理念，喜爱儿童都是最基本的原则。陈鹤琴先生非常喜爱儿童，他九旬高龄，即使两腿已失去功能，仍在节日时与鼓楼幼儿园的小朋友联欢。喜爱儿童是发自内心的真挚的情感，因为喜爱，所以愿意尽己所能为儿童的更好发展而奋斗；也愿意对每个儿童予以无条件的爱。这无关伟大亦无关功利，只是很纯粹地顺从自己的内心去做自己喜欢的事情。先有爱，方有爱之道。爱而有度、爱而有方，这些都基于爱。喜爱儿童还要表现出来。就教育者本身而言，无论是儿童之间，还是成人与儿童、成人与成人之间的交流交往，不要因为任何原因吝于表达自己对儿童的喜爱。

(二)尊重儿童

人生而平等，每个儿童都是一个独立的个体，都应该得到尊重。成人与儿童的地位不存在高低之分。许多教育误区都是教育者对儿童的不尊重。节假日在公园里能看到许多家长带着儿童游玩，在拍照时家长总是要幼儿按着自己的要求摆造型；过年家庭聚餐时要求儿童表演节目助兴；在与儿童交流时成人的“绝对正确”以及儿童要绝对服从；儿童参与做家务是添乱；不堪儿童烦扰而敷衍满足儿童的要求……这些出现在很多家庭中的经典的“事件”都表明了成人对儿童的不尊重。喜爱儿童是立教育之观，而尊重儿童则是正教育之观。教育者应当与儿童站在同一高度平视儿童，而不是站在高位俯视儿童。成人对儿童的不尊重与青年人对老人的不尊重似乎有所呼应，老人的地位与儿童的地位在一定程度是相似的。每个个体都是独立而平等的，在教育中，尊重会得到更为规范的提升，而在道德伦理中，则得到感情的升华。

二、家庭教育者的教育观

(一)重视阅读

早在1928年，陈鹤琴先生就和张宗麟先生合著《幼稚园的读法》，书中对幼儿园是否开展识字教育的讨论十分精彩。他们主张在大班开展识字教育，为进入小学做准备。同样地，家庭中的阅读教育也十分重要。家庭教育者对儿童的识字阅读教育应当符合儿童的认知发展规律，比如“老、鼠”两个字有时候比“三、四”两个字更容易认，教育者讲述一个关于老鼠的故事，儿童很快就能将老鼠与“老、鼠”对应。儿童的识字阅读不应当是强迫性的。儿童阅读的压力往往不是来自于阅读内容的难度，而是教师或家长的考问。而现在我们面临的一个很大的问题似乎不是家庭识字阅读教育的方式，而是在家庭教育中，阅读很容易被忽视。从幼儿园到小学、中学、大学，阅读受重视程度越来越高，大学里几乎每个教师都会强调阅读。很多家庭教育者把识字阅读教育的任务交给幼儿园，而其实家庭中的阅读和幼儿园的阅读是有区别的，家庭阅读是其他组织机构都无法替代的。阅读期间父母的陪伴、父母价值观的渗透都是独一无二的。阅读中全神贯注地投入、探索阅读世界的好奇心和耐心等可贵的品质影响着的儿童的精神品质，也影响着精神的发育。良好的阅读丰富了儿童的内心世界，对儿童精神的熏陶和性格的养成有很大帮助。

（二）爱而有方

陈鹤琴先生在长期的调查研究中指出了很多家庭教育的弊端，包办代替就是其中之一。有一个很讽刺的故事，联合国教科文组织给孩子们做问卷调查：请就世界上其他国家粮食短缺问题谈谈自己的看法。看完题目后，非洲小朋友问“什么叫粮食”，欧洲小朋友问“什么叫短缺”，美国小朋友问“什么叫其他国家”，中国小朋友问“什么叫自己的看法”。这个事例讽刺而现实，引人深思。在学前教育事业的不断改革和发展中，创造力这个词越发被抬到高位，而我们也在很努力地培养儿童的创造力。其实，顽固保守的老旧思想是创造力最大的克星，而中国家庭中的传统思想，特别是教育的儿童思想存在很大的误区。诸多类似“我们吃的盐比你们吃的饭还多”的俗语表明了成人在经验阅历上拥有强大的优势，而成人总是一副“一切都是为了孩子好”的样子替孩子做判断和决定，也会直接代替行动以此来展现自己的能力与经验。对于成人来说，儿童的判断力和行动力都比较弱，在面临问题时，成人已经拥有丰富的经验及较强的行动力，儿童则表现得“笨拙”。家庭教育者包办代替，影响了儿童判断力的成熟和智慧的发展，儿童很容易产生消极被动的无能感。“永远正确的家长最失败”，活在成人权威的阴影下，儿童会产生依赖心理，不愿意思考，而认定了绝对权威的存在，判断力得不到很好的发展，选择能力也会受到影响。“父母之爱子，则为之计深远”，孩子以后要自己走人生之路，家庭应当给他们提供一片天空，而不是为他们插上翅膀。爱是无条件的，但是爱要有原则，有正确的方向。陈鹤琴先生家庭教育思想中的自立教育思想，“让孩子自己做自己想”这个观点在任何时候都是受用的。

（三）以身作则

以身作则，一则行动，二则思想。“近朱者赤，近墨者黑”，家庭教育者的言行深深地影响着儿童。家庭教育者首先得明确自己的责任、角色和儿童的角色。树人者必先树己，首先是行动上的榜样，说一不二、说到做到等行为直接影响着儿童的价值判断，儿童的绝大部分时间都是与家人一起度过的，儿童好模仿的天性让儿童乐于模仿周围的人的行为，这对儿童养成良好习惯产生重大影响。我们提倡儿童良好习惯要在日常生活环境中自然习得，成人在儿童面前应注意言行，树立好榜样。思想上的以身作则同样重要。儿童是非观薄弱，家人的思考方式、价值观、世界观、人生观等会在与儿童相处的过程中渗透在教育当中，对儿童的思维发展产生影响，一言一行都有可能被模仿。因此，家庭教育者在教育过程中应该时刻注意自己的行为与思考，有则改之，无则加勉，在人生道路上给孩子正确的引领。

儿童身上的秘密很多，家庭教育者应当倾尽气力去了解儿童，顺应儿童天性，掌握儿童发展的规律和特点，树立正确的儿童观和教育观，有方向、有方法地为儿童健康快乐成长而努力。

浅谈生活化主题活动开展的有效策略

北京市平谷区南独乐河镇中心幼儿园 张 旭

陶行知说过“生活即教育”，生活是人类一切实践活动的总称。遵循发展规律以生活教育为主题，以生活需求激发为发展动力，以生活过程中问题解决为课程载体，以引导幼儿提高发现问题和解决问题的能力为重点，从而深入生活化主题活动的探索。以主题活动的形式让孩子们自主探索，感知事物发展过程，理解知识产生发展的顺序。真正让孩子成为幼儿园的主人，让主题活动来源于幼儿，服务于幼儿，支持幼儿有序经验的建立。以尊重幼儿学习特点、发展目标为基础，结合实际情况，形成我园生活化主题活动框架。

一、真实的经验情境产生促使孩子们思考问题

生活主题活动，就是在幼儿真实生活环境条件下激发生活需要，幼儿通过体验社会生产和生活实践活动的方式，构建反映认知发展的有序经验。生活中，鼓励幼儿热爱生活、感受生活、发现生活中的点点滴滴，并对生活中遇到的问题和困惑敢于质疑和反思。户外活动时带领幼儿探索园内每一个角落，在探索中发现问题，在问题中引发思考。因此，在生活中，教师不仅要自身具备较强的观察能力，同时能够从幼儿语言和行为中引导幼儿发现问题，从而开展进一步探究活动。

小班生活化主题“乐探小水杯”就是从孩子们真实生活中引发的。户外活动时，总会有几个小朋友要跑进屋内喝水，但到教室喝水需要一定的时间。有的孩子觉得太麻烦就会忍着一个小时都不喝水。发现问题后，老师询问孩子怎么办？一个小朋友说：“妈妈带我出去玩，会拿水杯。”就是这样的一句话改变了小朋友之前的所有想法，纷纷附和着说，可以把水杯带到户外，渴了在外面喝。追随着孩子们的想法，形成了生活化主题。大(3)班小朋友发现班里的小椅子坏了，几次找到后勤老师，发现后勤老师都正在忙。面对这样的情况，他们选择从库房找来工具自己进行修理，在修理的过程中产生兴趣，提出了：园里还有哪些物品需要修理？形成了主题“叮叮当当”。往往生活中的一件小事，只要教师能够抓住，有继续发展的可能性，孩子们感兴趣，愿意思考，乐于实践，就可以形成主题。

二、围绕问题，建立知识资料库

虽然我们的主题来源于生活，但往往这些生活问题中却蕴含各领域的知识和专业内容。想要支持幼儿进一步的探索和实践，就需要教师有着丰富的相关知识积淀。因此，在明确主题内容后，教师需要根据问题进行全面的知识储备，既要有直接的相关知识，又要有间接的相关内容，还要有延伸领域的知识。专业书籍、网络信息、集体思考、经验汇总等都是资料储备的方法。最后形成相关知识的思维导图，帮助教师支撑主题开展。

三、明确方向，形成主题网络图

在建立知识资源储备之后，教师会根据幼儿已有经验、各领域发展目标和生活化主题理念，筛选出根植于实际生活，通过实践、创新解决问题，并得到新认知和经验，不断创新生活的内容。挖掘生活经验中蕴含的五大领域教育价值，与五大领域融合也是在粗浅生活经验的基础上获得丰富深刻的认知，促进幼儿在情绪、情感、态度、能力、技能等方面的全面发展。

四、实践探索，促进有序经验建立

(一)提出问题，鼓励讨论和表达

幼儿在3—6岁是各方面飞速发展的阶段，特别是语言表达能力的进步尤为明显。《幼儿园教育指导纲要》指出，要创造一个自由、宽松的语言交往环境，支持、鼓励、吸引幼儿与教师、同伴或其他人交谈，体验语言交流的乐趣，并且要鼓励幼儿大胆、清楚地表达自己的想法和感受。因此，在初步确定问题后，结合幼儿已有经验表达自己的想法，并尝试表达解决问题的办法。过程中幼儿运用思维进行推理，主动建构经验。如对问题的答案、结果以及探究过程和要使用的方法进行猜想和假设并说出理由。主题"布布惊新"来源于中班区域游戏时，发现后面的幕布坏了，孩子们把看到的情况告诉了老师。老师没有直接处理而是将现状告诉了全班小朋友，大家一起想办法。孩子们从开始的思路窄，不好意思表达，到一两个小朋友抛砖引玉后，大家展开奇思妙想。让孩子们有了借助已有经验充分思考的时间和机会。

(二)明确思路，制订并实践计划

在充分讨论后，尊重幼儿的已有经验，明确问题解决的实践方向。鼓励幼儿用多种形式将自己的想法制订成计划，包括准备、方法、人员、时间等，形成更有效的实施方法。主题"'盒'你在一起"中，孩子们在讨论自己对纸巾盒的认识后，利用绘画的形式将制作纸巾盒的材料、工具、制作方式、功能都一一进行了细致的绘画。对后来的有效实施计划起到了很大的作用。因此，计划的制订是主题开展中的重要环节，特别是在中大班，这是自我表达的重要环节，往往通过这个环节能够引发幼儿解决问题的再思考。

完成计划后，幼儿可以在园内、家中、自然环境和社区等途径进行材料、工具的准备。具备实践准备后，可以根据情况进行主题实践。在实践的过程中注重幼儿动手操作、表达表现、实践创新等多方面能力的融合培养，形成整体的经验建立。

实践过程中，教师要有目的地进行观察，了解幼儿实践中好的方法、出现的问题、幼儿的情绪情感及生成性有价值的瞬间。在活动后，能够针对材料、方法的适宜性，问题解决的方法，良好品质，情绪情感和问题展现进行有针对性的总结和提升，为接下来的主题开展奠定基础。

(三)发现问题，调整计划再实践

有了初步的实践后，幼儿就会有更深一步的思考。他们会发现游戏材料对问题的解决是临时性的，不能够真正解决生活中的问题。他们开始由游戏材料向生活材料过渡，相应地工具也从游戏工具转向真实的生活工具，建立真实的生活经验。当然，这种转变不是一两次实践就能有明显转变的，而是通过一次又一次不断的计划、实践、调整计划、再实践的过程才转变的。教师主题开展的过程中，要尽量提供相对宽松的空间和充足的时间，鼓励幼儿有序经验的建立。

在主题"小小建筑师"的开展过程中，孩子们最先想到制作楼梯的材料纸箱，但当他们真正投放纸箱后，发现纸箱不结实也不防雨，没有几天就会坏。发现材料存在的问题后，教师没有直接提炼问题，而是在幼儿替换了几次纸箱后，他们自己提出了对材料的质疑。接下来，他们再一次选择材料。这次选择材料时，就考虑到材料的结实性和防雨性。

(四)检验结果，建立有序经验

问题解决了，也有了初步的实践和创新。接下来就是检验成果了。我们将孩子们实践后的成品，投放到实际生活中进行检验。通过一段时间的使用，确定是否解决真实的生活问题。整个过程，培养幼儿良好的实践能力和不断探索、创新的精神。

在整个主题的开展过程中，教师要随时关注主题开展方向，了解幼儿的想法，把握主题开展的脉络，明确五大领域的发展目标。根据主题开展的实际情况培养幼儿的合作意识、实践能力、创新精神和五大领域目标的融合与落实。

(五)反思与推广，全园形成合力

组织幼儿针对主题开展过程中的方向和实践进行全面反思梳理，帮助幼儿形成真实的生活经验，为未来生活奠定基础，并根据主题内容的适宜性进行全园宣传和推广。鼓励幼儿自主宣传，锻炼幼儿表达过程中的条理性。

主题活动不再拘泥于某一领域，而是从幼儿生活的直接经验出发。不仅能够促进幼儿的整体性发展，实现领域之间、目标之间的相互渗透和整合，而且能够使幼儿个性得到发展。通过研究发现：幼儿对于认知过程没有明确的界限，他们的经验是整体的。所以，我们在主题活动的开展中，注重各领域目标之间的整合，从学科领域回到经验生活，用生活化主题活动统帅幼儿的一日生活。

学前教育专业中舞蹈课程问题的反思

山东省济南市山东圣翰财贸职业学院 鲁 鑫

在学前教育专业课中，理论教育与技能教育是其中的两大主体内容。舞蹈是技能教育中的又一项重要技能。从另一个角度来看，舞蹈在学前教育专业中属于交叉学科，幼儿舞蹈的教学将学前教育理论知识与舞蹈专业知识相结合。其作为一项技能，将陪伴着幼师职业生涯的一生，无论是教学还是技能评估，都或多或少充当着重要的地位。

随着时代的发展与进步，对于学前教育专业也提出了更高层次的要求，培养技能扎实、理论扎实的学前教育新人才是各大学校的教学目标，这对于舞蹈教学也提出了更高的教学要求。

一、主要面临的问题

舞蹈教学在学前教育专业中面临着不少问题：课程目标还不够明确，学生基础较差，教学课时少等。作为学前教育教师，我们将如何制定解决问题的办法，成了我们的重中之重。

1. 课程目标不够明确

在设置课程目标时，经常设置为“幼儿舞蹈编创”与“幼儿舞蹈”，课程目标为完成相应的幼儿舞蹈组合。但在教学中，我发现幼儿舞蹈学习需要打基础，而每个学期的舞蹈教学目标常常是幼儿舞蹈的学习。这缘于目前的学前教育课程中的专业负责人重学前理论，并未重视到技能的实践基础及实践带给学生的发展。因此需要明确各个学期的课程目标。由于学前教育专业的专业原因，舞蹈与学前学科都了解的专业教师少，这就使得舞蹈在学前教育专业中的教学重点很少是联系学前专业自身进行设置的，目前我国学前教育专业迫切需要进行学前教育专业舞蹈课程发展的相关探讨并编写适合学前教育专业学生的舞蹈教材。

2. 学生基础较差

学前教育专业学生大部分在入学前未学习过舞蹈，在进行学习时比较吃力，需要从基础部分进行教学。学生基础差就造成了其对于此门课产生排斥心理。学生基础差并不代表学生在今后的舞蹈学习中不出成绩。学生基础差的综合因素有很多，如自身协调性差、自身软开性差、从未接触过舞蹈、单纯不喜欢等。这些原因决定了我们在进行教学时要综合全班学生的问题授课，尽量照顾各类情况的学生。

学生对于舞蹈课程的喜爱程度将是推进舞蹈课程改革的一大因素，学生是教育的主体，学生对课程的喜爱程度将影响推课、组课的进度及难易程度。我采取了调查问卷的方法，以山东部分学前教育专业学生为调查对象，学历层次为：中专、大专、本科。问题设置为，①对舞蹈课的喜爱程度：非常喜欢、一般喜欢、喜欢、不喜欢。②学习专业课之前有无舞蹈学习经历：有、无。

参加此次问卷调查的学生共有249名，其中中专生98名，大学生(大专、本科)151名。调查结果如下。

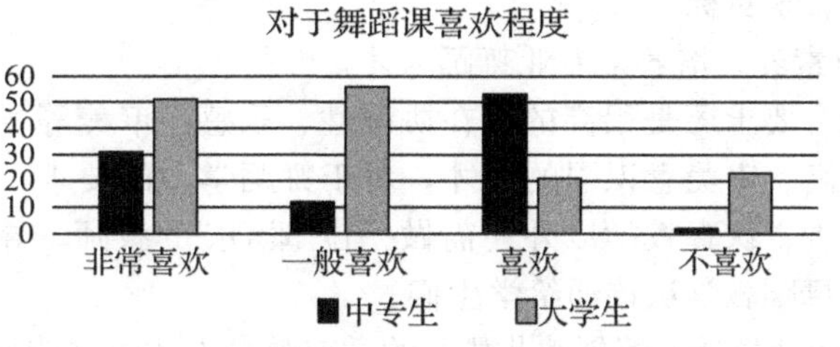

（单位：名）

调查对象	非常喜欢	一般喜欢	喜欢	不喜欢
中专生	31	12	53	2
大学生	51	56	21	23

从问卷结果来看，专业学生对于舞蹈课程的喜爱程度还是很高的，仅有10%的学生不喜欢舞蹈课。在我看来，兴趣是最好的老师，学生兴趣高，课程效果也将不错。结果表明，学生对于舞蹈的喜爱程度对舞蹈教学问题的影响不大。

3. 教学课时少

目前，学前教育专业的舞蹈课程课时是有限的，主要的教学重点放在理论学习上，而舞蹈是一个需要长时间练习的专业，在进行教学时，若分配的时间少，学生们将会忽视舞蹈的重要性。课时的安排决定课程教学的整体效果，舞蹈作为其专业必修技能课，需要进行深入的学习，教学质量的提升离不开课时量的保证。

二、为什么要重视学前教育专业舞蹈技能的培养

学生在进入社会工作时，有一门自己的专长是锦上添花的事情。在学校，学生有大量时间可以进行学习，舞蹈课程学习的长时间可贯穿学生的大学时光，这对于学生养成良好的体型体态也有一定的帮助。在各项技能比赛中，我们发现授课时的体型体态、自信心、表情等都影响着学生的表现，我们常说，舞蹈学好，学前教育专业表演类的各项技能也会好，因为这都是有共通之处的。

一个专业的进步与发展是需要各类课程向前推进的，目前部分高职院校把理论课放置首位，在笔者看来，高职院校更应该将理论与技能并重，学生自身的学习情况是不如本科生的理论学习能力的，技能学习会帮助学生们提升个人的综合能力，帮助学生们在今后的就业工作中找到自己的优势。

三、解决对策

对于解决现在学前教育舞蹈教学中出现的问题，我认为应注意以下几点。

1. 舞蹈教学目标需明确，组合适合本专业学生

舞蹈是一门肢体语言，对于舞蹈的天生感觉并不是所有人都有的，学前教育舞蹈教学的课程目标并不明确，在教学实践过程中，舞蹈软开度训练及民间舞风格训练是学前专业学生掌握较为吃力的两大难点。在此次问卷调查过程中，249人中仅有39人在之前接触过

舞蹈学习，占总调查人数的16%，舞蹈基础相对较差，因此，在制定教学目标时也过于简单。笔者认为，在舞蹈教学当中，舞蹈教师应充分发挥自身的专业优势，将学前教育舞蹈教学与舞蹈专业教学相联系，对于基训课的要求需提高，民间舞的教学也应与现阶段专业舞蹈课程大纲相配合，编创适合学前教育学生的组合，并不是一味地吸收专业舞蹈组合或片面使用幼儿舞蹈考级组合。除此以外，还需要制定相应的学期目标，每个目标进行教学细致化，制定合理的教学目标。

2. 提高学生专业素养，培养半专业舞蹈人才

舞蹈对于人的综合要求还是很高的，在协调性、乐感、审美等方面都有要求。作为教师，需培养专业素养高、审美意识强的人才，对于舞蹈学习的要求，也应达到半专业的程度。这就要求教师负责、认真教学以外还需做一位“聪明”的教师，寻求新教学法，在教授舞蹈知识的同时也将舞蹈教学法传递给学生们。

培养不仅会跳，还会教授并编创幼儿舞蹈的学前教育人才，这能解决现阶段幼儿园出现的“缺乏艺术教师进园”的现状，对于儿童美育也会产生积极作用。在教学过程中，笔者曾进行教学实验，在给不同基础的学生进行授课时，采用联系其本专业的模拟教学实践，也极大地调动了学生的积极性。这样在进行教学的同时还可以深入学生教学法的学习与练习。

3. 教学课时需配套增加

大部分学校对于学前教育专业技能课并不重视，教授效果较差，舞蹈教师多为专业院校毕业，初入职对于舞蹈教学要求较高，但由于舞蹈课时的分配较少，成绩并不突出，教学自信受到打击，教学质量也会受到一定影响。舞蹈的学习是一个缓慢的进步过程，低年级课时量增加有利于基础的把握学习，中高年级专业性越来越强，课时量略减少，舞蹈学习的能力也会增强，舞蹈技能的提高对于学生的考学就业提供了更广阔的选择，教师的教学自信也会提高。很多学校进行单双周上课，这并不利于学生的学习与巩固，在舞蹈教学时，应避免单双周课程教学。

舞蹈教学并不是仅仅为提升学生的舞蹈技能，在教学过程中，也会练习学生的形体、态势语、肢体语言等，还会提高学生的自信心、表现力、综合表演能力等；在学习的过程中会综合提升学生的个人技能，对于声乐台风、儿童故事态势语等需要表现力的技能课程都有帮助，因此，要重视学前教育的舞蹈课程教学。

随着对于舞蹈教学的深入，学生的能力也将得到相应的提升，对于学前教育学科、舞蹈学科来说都将发挥自身的优势，为学生提供更好的学习条件，使学前教育工作者更加专业，更加顺应时代发展进步对于学前行业提出的新要求、新目标。

构建高质量家园合作　看见幼儿成长

吉林省长春汽车经济技术开发区实验幼儿园　丁　颖

让每个孩子拥有幸福快乐的童年，保证他们的身心健康成长，是所有父母的愿望，也是学前教育者的责任。让每个孩子接受适宜的教育，促进他们在原有基础上的不断发展，是《3—6岁儿童学习与发展指南》的要求，也是世界幼儿教育的追求。家长们望子成龙、望女成凤的心情，让原本应该无忧无虑、幸福成长的童年，变成了兴趣班的各种赶场，他们站在不同的阶梯上，从不同的起点开始起步。当孩子们跌跌撞撞地被大人们推上一层又一层台阶时，我们有没有考虑孩子是否站稳，是否做好迈向更高一层的准备。

给教师、家长的建议：只有构建高质量的家园合作，才能让教育事半功倍。因为家园共育过程中存在着教师和家长“双主体”，两者地位平等。如果在日常工作中能够灵活运用一些家长工作的策略和方法，会让我们的家长工作开创新局面，迈向新台阶。

一、家长工作的七个策略

1. 将每个孩子放在心里

一个家庭选择了一所幼儿园，在前期都是对其有所了解和认同的，对于直接和孩子产生密切关系的班级老师也是有所期待的。

在家长的内心中，无论是年长的老师还是年轻的老师，无论是业务能力强的老师还是一般的老师，最重要的一点是这位老师有没有爱心，是不是将孩子放在自己的心里。首先是喜欢自己的孩子，其次是喜欢所有的孩子，这是家长最本质的需要。

2. 把握家访时机

在幼儿园的工作中，每年都有一次家访的机会。对于新生来说，家长和老师之间还很陌生，家长也不太了解幼儿园的运作流程和老师的带班方式。在这样的情况下，老师要抓住家访时机，将孩子上幼儿园之后可能会出现的情况及家长需要配合注意的事项，尽可能说清楚，防患于未然。

3. 拥有良好师德，拒收礼物

家长选择了幼儿园和老师，总是希望老师能够对自己的孩子更加关注一些，因而送老师礼物以求照顾，同时也担心，万一别的小朋友家长都送了，而自己没有表示，老师会有想法。这是正常的心理。但是作为老师来说，收受家长的礼物不合乎师德，更是使自己陷入了被动局面：对孩子照顾多些，家长会在内心认为这是因为自己送了礼物的原因，老师是势利的；对孩子的关注一如既往，家长又认为老师怎么不懂“规矩”。正确的做法是一概坚决婉拒所有家长的任何礼物并微笑着说上一句：“心意老师领了，所有孩子的礼物我们都不收，大家是一样的。”这样家长就放心了，反而对老师更加敬重，觉得幼儿园的管理非常规范。

4. 学会换位思考

对于同一个问题，家长有家长的立场，老师有老师的角度，因而处理起来会产生不一样的想法。对于家长提出的一些额外要求，老师要做两点分析：第一，这个要求是不是损害了其他小朋友的利益，对其他人公平吗？如果不公平要学会婉拒，并提出新的解决方法。第二，家长为什么会有这样的想法？老师能够从家长的角度来看待问题，设身处地地为家长着想必然会受到家长的欢迎。

5. 如实汇报幼儿情况并由衷地表示高兴与担忧

家长很想知道幼儿在园生活的细节，老师如若能够关注到每一个孩子，在家长来接的时候，简要说上一两件当天发生的事情，家长会觉得老师很关注自己的孩子。有些家长非常在意孩子在园的表现，经常和老师沟通交流。老师要如实反映幼儿在园的情况，由衷地表示高兴和担忧。如果老师一味地夸奖孩子家长也会产生疑虑，难道自己的孩子一点缺点都没有吗？所以教师要站在客观的立场上分析孩子的各种行为，对于孩子的小缺点要和家长一起努力，这样家长才会觉得老师是真心实意地教育我的孩子，进而会很感激，也为以后的家园合作奠定良好的基础。

6. 认真对待忽略儿

在班级中，孩子会分好几类，认真能干的孩子，活泼调皮的孩子，表现普通的孩子。老师往往对第一类和第二类的孩子比较关注。对于第三类的孩子，如果家长经常和老师沟通，老师还能够多关注，而家长很少和老师沟通的孩子，老师也可能稍稍忽略，其实这部分的孩子更需要老师的目光，每个小朋友都是鲜活的个体，有自己的喜怒哀乐，有自己的思想感情，老师爱的阳光通过语言和行为也均匀地洒在这些孩子身上，对于孩子和家长来说会备觉温暖。

7. 姿态公正机会均等。

一个班级中，所有的孩子都是平等的，不因相貌漂亮与否，不因家庭情况如何，不因聪明伶俐与否，不因乖巧可爱与否。每个孩子都有表现的欲望，都有被肯定的愿望，也都有自己的长处。班级管理中，老师经常会设置小班长、小老师、小小值日生、小排头之类的角色。教师既要做到公平地给予幼儿机会，又要调动幼儿努力获得机会的积极性，这样班级氛围就会呈现蓬勃向上的状态。家长也因孩子获得老师的肯定而欣慰。

二、家长工作的七个做法

1. 家访

家庭访问是进行家园沟通共育的一种常用的有效方式，简称家访。幼儿园的家访可以分为新生入园家访、老生部分随访、个别儿童重点家访和对生病儿童的情感性家访四类。由于后三类家访建立在教师和家长、幼儿已经熟悉融洽的基础上，所以，第一种家访在教师和家长心中显得更加重要，关注度也更高。

2. 家长园地

又称家园联系栏目，目的在于向家长传递班级教育情况，使家长明白如何与幼儿园配合，形成教育合力，是家园合作的重要形式之一，也是家园合作的纽带和沟通的桥梁。

3. 面谈

面谈的话题主要围绕两个方面，一是家庭教育中家长解决不了的问题，需要老师出面与孩子沟通。二是家长根据孩子回家叙述幼儿园的情况，有些疑惑，需要向老师求证。在面谈的时候要注意面谈的氛围、面谈的技巧以及面谈的底线，不要当着孩子的面谈问题。

4. 半日活动

家长半日活动是让家长了解幼儿在园生活和表现的非常直观和重要的时机，也是展示幼儿园管理与班级情况的好机会。在半日活动中，家长可以观察孩子在幼儿园的生活情况、学习情况、交友情况，大致判断孩子在幼儿园的发展。在家长半日活动中，老师要尽可能地让所有的孩子都有展示的机会，让所有的家长都能真切地看到孩子在幼儿园的真实表现。

5. 沙龙

同一班级的孩子在同一问题上表现会有差异，同样的问题，家长的看法也会有差异。家长在教育孩子方面有许多优于老师的经验，他们的经验是通过自己的尝试得到的，并且是有效的。因此，这种宝贵的经验也应该介绍给更多的家长，这样既可以调动家长参与教育的积极性，又可以弥补我们在教育中的不足。在引导家长参与讨论，集思广益，互相学习，和老师探讨的同时，也向其他家长学习，会有意想不到的效果，这样的经验介绍和互相学习的活动可以用沙龙的方式来进行。围绕孩子共性的问题，一起谈一谈各自的观点、方法和效果，促进彼此育儿经验的丰富。

6. 论坛

随着科技的发展，网络已经深入生活，现在的家长依赖于班级的网络论坛，不用到幼儿园就可以了解孩子的在园情况，论坛需要教师经常维护与引导，教师还要养成及时拍摄、上传照片的习惯。每天将幼儿园的活动和小朋友的表现拍摄成照片或录像传送到网上。这样虽然给教师的日常工作提出了更高的要求，但同时对家长工作和班级活动资料的积累也起到了不可估量的作用。

7. 电话及短信

家长给幼儿请假、询问老师对于班级活动的安排和通知，都可以通过手机短信、微信等，老师在带班的时间是不可以随时接听电话的，家长可以将请假或者询问问题的短信发给老师，等待老师有时间给予解答。

幼儿园的教育涉及千家万户，幼儿园教育质量影响着国家未来建设者的素质。作为中国幼儿教育研究的发源地，传播陈鹤琴的教育思想，探索科学幼儿教育之路是我们的责任。

沉浸式的园本教研促进教师的知行合一

——幼小衔接教学的研讨实践

吉林省长春汽车经济技术开发区实验幼儿园 丁 颖

我们强调，建立持续沉浸式教研制度，以儿童为主体的课程必须持续跟踪儿童的学习活动，掌握其学习特征，才能制定或调整教育方案。我们在读、研、审、思的四进阶沉浸式教研中让幼小衔接教学形成园本课程框架，充满生命的张力。

一、读——深思熟读，追随儿童

在这里，因为我们研讨的主体是幼小衔接，那么我们要读懂幼小衔接阶段的幼儿。衔接原来是指事物的首尾连接。“幼小衔接”这个词是针对早期教育阶段与初等教育阶段的衔接而言的。幼小衔接实质上指的就是儿童连续的不断发展的社会性，心理和身体发展上的衔接。关于幼小衔接，有的也叫幼小入学准备。

(一)幼小衔接教学创生源于儿童视角

教育家杜威曾经说过，教育不是一次告诉和被告知的事情，而是一个主动的建设性的过程。基于幼儿问题的综合探究活动，深度刻画了儿童之问、儿童之思、儿童之学、关注儿童的问题，使教育回归了儿童立场，有助于我们理解幼儿的思考。而观察和理解不是最终目的，教师如何支持幼儿的学习和思考才是最重要的。

1. 追随儿童的兴趣问题

每一个人的视角都是独一无二的，而每一个儿童都是独特的，我们要站在儿童的视角动态地、多元化地观察，只有立足于儿童视角才能更好地理解他们到底需要什么，所以基于儿童视角的教研才是园本教研的灵魂。例如：在大班开展“美丽长春，我的家”主题活动的时候，我们研究了长春的一些标志性建筑。幼儿了解到集购物、娱乐、餐饮于一体的长春市最大的综合商场——欧亚卖场。教师布置了一项亲子活动：让家长在周末带着孩子们去欧亚卖场逛一逛。结合大多数幼儿的兴趣，这个班级就生成了“当当城职业体验馆”主题活动，以幼儿的问题为导向来自主开展活动，如当当警署、牙医诊所等。在这样的活动中，我们看到了幼儿的自主、愉悦、惊奇和专注。实施以幼儿问题为导向的自主学习活动，幼儿始终是活动的主人。

2. 理解儿童的学习方式

《3—6 岁儿童学习与发展指南》中指出：“理解幼儿的学习方式和特点。幼儿的学习是以直接经验为基础的，在游戏和日常生活中进行的，我们要合理安排一日生活，最大限度地支持和满足幼儿通过直接感知、实际操作、亲身体验获取经验的需要。”作为教师要尽可能地创设生动有趣的情境，提供多元互动的环境，理解儿童，反思自己的教育行为，让幼小衔接教育成为儿童深度学习发生的最幼小的载体。

3. 支持儿童的经验发展

园本教研的终极目标就是要促进幼儿的发展，也是为了儿童某种经验的习得。我们应该源源不断地汲取有价值的东西，更新理念，转变行为，尊重他们的能力和个性，把握关键经验的基础性、交互性、反复性，才能更好地拓展儿童的思维，更好地延伸课程，更好地理解儿童。

（二）幼小衔接教育基于儿童生活

陶行知先生指出：教育即生活。在幼小衔接教育推进过程中，我们基于儿童生活、触及儿童经验、推动儿童发展策略，在回顾、梳理、反思、分享中架构孩子需要的课程，从而延展教育活动的广度和深度。例如：教育部规定，小学生的阅读量要达到145万字，初中已经开始要求整本书的阅读，高考卷面字数从7000字增加到5万字，对阅读能力的要求逐步提升。所以，阅读兴趣和阅读能力的培养必须要营造。即便是进入小学之后，6—12岁的孩子也不能把全部的精力都投入到课本和作业当中，仍然要拿出时间大量地阅读。

二、研——精磨细研，采撷资源

课程资源是园本教研的重要资源，幼儿园应该基于资源开发生成内容，可以清理存货、盘活资源、提取精华，将园本显性和隐形的资源梳理并充分利用。清点、梳理中，我们要求教师按需分类，可以在自然资源和社会资源中进行细致整理，如数家珍，了如指掌；盘活和整合中，创造性地开展活动，有助于激发幼儿的学习主动性，培养他们爱家乡、爱祖国的情感，我们可以借助区域的幼、小、初、高、大联盟体，整合我园的资源，开展“我要上学了”“心中的小学”等活动。

三、审——多维共审，助推教学

“没有教师的发展，就没有教学的发展。”教师的专业成长与园本教研的建设是相辅相成、相得益彰的动态过程。首先，园级审议，保证价值均衡；其次，教研组长审议，关注教学的价值，仔细推敲活动的目标是否适宜，内容的选择是否贴近幼儿生活，活动实施的方式方法是否符合幼儿的现有水平和身心特点。

在中期审议中，主要是调整问题，持续跟进，要关注孩子的生活经验及经验运用中反馈的调整。在活动开展中洞悉幼儿的探究过程、学习特点，关注幼儿生成兴趣与预设课程之间的练习和冲突，及时调整主题的走向。激发幼儿产生新的问题，开展更有价值的活动，我们按“揭问题”“解问题”“捋经验”“延问题”四个行进路径进行跟进，且做且思，寻找更适宜的方式，支持孩子的学习。

四、思——审思明辨，重构提升

在园本教研中，我们对幼小衔接教学的研究，还侧重于孩子们的能力培养，要做好幼小顺利衔接过渡，各方面能力起着至关重要的作用。

第一，要培养大班幼儿的独立性与生活自理能力。我们小学一年级的教师经常会捡到铅笔、橡皮，并且没人认领；有的孩子认领了别人的物品，回家之后遭到了斥责，因为学具不是幼儿自己整理，他也不知道是不是自己的。我们通常习惯把任务在班级的微信群里直接布置给家长，觉得简单省事儿，园长也提醒我们教师注意。幼儿的任务意识没有被培养起来，大班阶段可以进行今天我值日、小小记事本等能力培养的任务。

第二，要培养大班幼儿的规划能力与时间观念。进入小学首先要适应按时上学，按时上下课，坐在固定的座位上，不随便说话和走动，上课时尽量不去厕所等。幼升小的假期里，我们要指导家长和孩子一起列出一个相对有规律的假期生活作息时间表。可以让幼儿用绘画、表格等方式来记录自己的一日生活。

第三，要培养大班幼儿的倾听能力与专注力。在学习习惯当中，我认为对于幼儿来讲，倾听是所有好习惯的基础。所以“聪明”的“聪”是“耳”字旁。进入小学之后，最主要的学习方式就是听。认真听，认真思考，对老师的提问积极回应。听得如何会直接影响学的效果。反过来，儿童正在专注地做一件事，比如读书、搭积木，家长也不要轻易地去打断，因为专注力的培养同样重要。

第四，要培养大班幼儿在身体适应及运动协调方面的能力。孩子都是喜欢活动的，哪怕是伙伴间的追逐和疯跑，这是孩子的天性。我们要指导家长每天带孩子做适量的运动，在幼儿园里更要保证孩子的户外活动时间。到了小学之后，因为老师没有办法一对一地去看护每一个孩子，身体协调能力强的孩子可以减少在户外活动当中的意外伤害，能够更好地保护自己的健康和安全。

在幼小衔接教学过程中，我们的园本教研会跟进研讨，提升教师的反思意识。围绕孩子的实际能力和学习特点，我们在审议环节过后，要反思总结目标落实情况、环境创设情况、活动与幼儿的认知经验、发展特点的匹配度、游戏材料的提供等。园本教研教师要淡泊名利、不浮不躁、知难而进、潜心研究，教师只有不断前行，才会有收获，只要教师回到教育的原点，智慧地开展园本教研，将幼小衔接教学扎根于幼儿发展的理念中，就一定会让我们的幼小衔接教学充满张力！

幼儿园健康课程与户外游戏教育研究分析

陕西省西咸新区沣西新城文教园第一幼儿园　张　倩

幼儿园的健康教育活动是五大领域中的关键一环，指以保护和促进幼儿的健康为主要目标，以身体锻炼和身体保健的有关知识、技能为主要内容而实施的多种形式的教育过程。它是幼儿园教育活动的重要组成部分。在施行过程中结合幼儿游戏活动，始终贯穿于幼儿园生活的方方面面。

《幼儿园教育指导纲要(试行)》中指出：“幼儿园应以游戏为基本活动。”幼儿生性爱玩好动，而游戏正是一种集合自由、兴趣、需要、快乐、满足于一体，以幼儿为主体的积极主动的活动过程。户外游戏我们本着以玩为主。玩，在户外活动中占有极其重要的位置，它能促进幼儿智力的发展。通过户外游戏不仅使幼儿休息大脑、活动神经，同时，也发展和培养幼儿的语言、智力及想象力、创造力。要抓住幼儿爱玩、好玩这一特点，积极引导和组织幼儿开展一系列的集趣味性、艺术性、创造性于一体的游戏活动。我国著名幼儿教育家陈鹤琴也这样认为：“小孩子是生来好动的，是以游戏为生命的。”苏联教育家马卡连柯曾说过：“游戏在幼儿活动中具有极重要的意义，具有与成人活动、工作和劳动同样重要的意义。”在户外游戏中，孩子可以不受限制地模仿各类人物，模拟各种事件，他们的情绪是积极的、高涨的。同时，在户外游戏中孩子们也需要老师，他们需要老师成为他们共同游戏的朋友、伙伴，或者需要老师帮助他们解决那些他们难以解决的问题。《纲要》中指出：“教师应关注幼儿在活动中的表现和反应，敏锐地察觉他们的需要”。

一、户外游戏活动的意义

《幼儿园工作规程》指出，“幼儿园的任务是：实行保育和保教相结合的原则，对幼儿实施体、智、德、美诸方面的教育，促进其身心健康的发展”。《幼儿园工作规程》之所以将幼儿体育放在幼儿园各项教育之首，是因为幼儿体育教育是保护和促进幼儿身心健康的重要途径和手段，不仅为幼儿的生存和良好的生活提供了重要的物质基础，而且健康的身体也是幼儿接受全面发展教育的重要保障。

户外游戏活动是利用户外的自然环境来进行游戏活动，拥有足够的空间。幼儿处在心理自由和心理安全的环境中能充分发展个性，激发他们的主动性、积极性。在户外活动中，幼儿尽情地活动、编花篮、跳房子、跳皮筋等。其身体的协调性、运动机能和体质有了明显的提高，户外游戏中的幼儿自由自在地参与游戏，变得更加自信、乐观、开朗、勇敢、喜欢与伙伴结交，并在户外游戏中学会了协调、合作等品质。在游戏规则中幼儿懂得了相互谦让，学会了帮助别人，在轻松嬉戏中增长了知识、开启了心智。幼儿身体的健康成长、智力的开发、良好习惯的培养，都依托于活动。幼儿户外游戏活动，能够有力地促进幼儿身心健康发展。

二、户外游戏活动的作用

1. 有利于锻炼幼儿的机体

幼儿在户外游戏中奔跑、跳跃、投掷等，能加强中枢神经系统的支配性以及心脏、血液循环、呼吸系统的运动，加上运动器官大小肌肉的积极活动，使各器官系统的生理机能都得到锻炼和改善，能更好地促进新陈代谢，从而达到增强体质的目的。户外游戏通过反复练习各项基本动作进行身体锻炼，不仅可使基本动作得到进一步发展和完善，基本活动能力得到进一步提高，而且由于幼儿基本动作做得正确、协调、灵活、自如，给他们的实际生活带来许多便利。同时，通过户外游戏使得幼儿充分地接触新鲜空气和阳光，还提高了他们对外界环境的适应能力，增强了身体的抵抗力，更好地成长。

2. 有利于幼儿智力的发展

循环加快，从而改善脑的运行供应，促进脑的发育，为幼儿智力的发展提供更好的物质基础；同时户外游戏可以培养幼儿的思维能力、创造能力和竞争能力，使幼儿对外界的刺激反应更加迅速、准确，加强大脑综合分析的能力；张弛结合的户外游戏中，幼儿神经系统的灵活性和均衡得到改善，从而能使他们在学习和生活中精神饱满、精力充沛、思维灵活。此外，户外游戏的内容、情节和规则还可以使幼儿学到一些知识，培养幼儿对知识的应用能力，对概念的理解以及发展幼儿的注意力、观察力、想象力、记忆力。

3. 有利于培养幼儿的意志品质

户外游戏一般都有规则，而规则具有一定的品德教育的内在因素。游戏规则贯穿于游戏的全过程，要求每个幼儿必须学会控制自己的行为，一是自己遵守游戏规则，保持和伙伴的协调一致；二是注意观察其他幼儿是否有违反规则的行为，以保证游戏的顺利进行。如："老狼老狼几点了"游戏中，老师请一位小朋友扮演老狼，其他小朋友做小白兔。大家一起念"老狼老狼几点了？""1点了。""老狼老狼几点了？""2点了。"……一直到6点了，天黑了。其他小朋友需要马上蹲下，因为老狼要来抓小朋友了。再换另外的小朋友继续重复玩这个游戏。这个游戏培养幼儿的注意力、耐力和对信号的反应力。因此，体育游戏能培养幼儿参加集体活动时关心集体，相互协作，自觉遵守规则的习惯。同时，教师对游戏规则一贯严格认真的要求，还可以锻炼幼儿在完成游戏任务时克服自私、自利情绪的能力。

4. 有利于培养幼儿的美感

在户外游戏中，各种队列都要求幼儿动作准确、姿势优美、精神集中，从而发展他们的美感；整齐划一的活动形式，很大程度上表现了游戏场面的美，是参加者本人可以感受到的；户外游戏中还附有许多感情色彩鲜明、语言优美、富有节律、节奏感的儿歌和对话，配以音乐、摆放有序的器材标志、地上色彩鲜艳的线条图案，这无疑也大大地丰富了游戏的美学特征，可以借此培养幼儿的美感。另外，通过户外游戏的规则、角色、情节以及幼儿之间的相互关系，还可以培养幼儿的心灵美。

三、户外游戏活动的特点分析

1. 自主性

幼儿可以按自己的兴趣、需要选择游戏活动，自己决定操作的时间、速度、次数，同伴间相互干扰的现象远较室内区域活动少。在户外，幼儿可以选择户外器械，也可以是大型玩具，还可以自主游戏，比如跳绳、翻花绳、丢沙包等。孩子们分工合作，脸上满是兴奋与满足。

2. 多样性

一是户外游戏活动空间的设置能体现多样化，根据幼儿的特点设置封闭的、半封闭的或开放的活动空间，能满足喜欢独处、喜欢交往等不同个性的幼儿的需求；二是户外游戏活动的内容是丰富多样的，能满足幼儿不同的兴趣需要和表征特点。

3. 探索性

在大自然中，幼儿有充分的空间、时间去通过与材料的相互作用进行思考，解决面临的各种问题，积累各种经验。如：我们大班将跳绳引入了户外游戏活动中，通过游戏，让孩子探索绳的多种玩法。因为跳绳对幼儿身心健康和智力发展有诸多好处：能促进幼儿健康发育，跳绳能加快胃肠蠕动和血液循环，促进机体的新陈代谢；能提高幼儿记忆能力等，有利于幼儿健康成长。绳的玩法多种多样，有单人跳、双人跳、多人合作跳，跳绳器械简单，场地到处都是，简单易行，是一项适合大众的户外游戏健身运动。

总之，健康教育在五大领域中处于至关重要的一环，在新课改下，结合游戏活动贯穿幼儿园生活。当一个游戏产生或进行的时候，创设一个宽松的教学环境和心理环境，尝试着做一个旁观者静静地观察一段时间，并给予孩子们适当的帮助，以孩子的兴趣为支点生成新游戏挑战或思考，使得游戏自始至终洋溢着幼儿欢乐的笑声。

户外游戏活动中我们和幼儿共同成长着，幼儿的健康是我们最大的安慰。然而幼儿毕竟还小，作为幼儿的引导者，在活动中要做个有心人，时时注意幼儿的实际需要，尽量减少幼儿的心理和生理负担，科学合理地安排每一次活动，在实践中不断地反思、不断地调整、不断地总结，让幼儿得到最大的发展。

音乐教育现状调查研究

陕西省西咸新区沣西新城文教园第一幼儿园　国鹏越

一、研究背景和意义

随着国家经济的快速发展，全民生活质量和水平的提高，教育事业得到了高度的关注与支持，素质教育变得越来越重要。音乐教育是构成素质教育的关键因素之一，不仅对幼儿的智力开发起着促进作用，而且在塑造幼儿的性格与情操方面也至关重要。幼儿园音乐教育在培养幼儿健全思想和良好美学发展方面发挥着巨大作用。有必要将《幼儿园工作条例》的目标作为幼儿园工作的重要组成部分，促进幼儿全面均衡发展。然而，幼儿园音乐教育现状还是比较严峻的。造成这样的情况主要是因为多方面的原因，例如缺乏制度层面的硬性规定，幼儿教师音乐素养的局限，没有合理地运用教学资源等。

本文以音乐教育学理论作为支撑点，通过调查四所幼儿园的音乐教育现状，发现教学中的问题所在，找到改进的方法，并为未来音乐教育的发展提出建议。在此次调研中，作者也期望经过对数据的认真分析，进行对比研究，将理论带入实践，为幼儿园音乐教育提供一些有价值的内容。在进行调研之前，作者查阅了大量的相关文献，发现在幼儿园音乐教育这个领域已经有许多前人进行了相关的研究，但是笔者发现研究幼儿园音乐教育的内容还没有，所以通过本文的研究，笔者希望能够为教育发展做一点贡献。

二、改善幼儿园音乐教育现状建议

1. 改变对幼儿园音乐教育的认识

目前各方面包括教育主管部门、园所领导、教师以及家长，都不够重视幼儿园音乐教育。受原有教育理念的影响，幼儿园音乐教育不能很好地发展。音乐教育水平要有一个质的改变，首先得转变我们的观念，提高音乐教育在幼儿园教育中的地位，向教师以及管理层普及音乐教育对幼儿成长的作用，并能在日常的学习生活中处处体现音乐，从点点滴滴的事情中对教育者形成潜移默化的作用，认识到幼儿园音乐教育的重要性。

2. 加强幼儿园音乐教育教师队伍建设

幼儿园中的管理体制应该进一步完善，建立科学严格的管理制度保障，制定出必要和充分的措施，充分调动教师的积极主动性。严格管理教师资格，优化整体教师队伍。鼓励和倡导教师深化自身的教学能力与教学素质，建议对没有接受过专业学习的教师进行再教育，让他们更具专业素质与专业能力。

教师要通过自身的不断学习进修来自我提升，自己进修是非常重要的，可以通过各种平台、网络、书本以及报刊等途径进行学习。教师要合理安排自己的学习时间，不仅可以看些文字内容，也可以多找些教学视频积累经验，请教本领域的专家。幼儿教师树立自我提高的观念并逐渐形成习惯是提高教师音乐素质的根本保证。园所应该注重教师的专业进修频次，至少一个月一次专业性培训学习，提高教师们的专业能力与基本素养。

3. 教学方式的改善

针对幼儿园的音乐教育过程缺乏生命力、枯燥、乏味、教学方式单一、思维僵化死板的问题，教师应该怎样来改变这种现状，使幼儿园音乐教学过程变得有亮点、有趣味并且有意义，成为我们着重要去分析与解决的问题，结合实践经验可以采取将音乐教学与绘画相结合，把游戏融入音乐教学中，将故事合并到音乐活动课程中，并为音乐课程中的音乐欣赏创建音乐会场景。改变以往的教学方式，打破教学场所固定在音乐教室的局限，将音乐教育带到室外课堂进行，欣赏美妙大自然与神奇音乐擦出的火花，试试放手由孩子们来给予我们教育灵感，把孩子作为音乐教学的主体，将他们带给我们的新鲜灵感注入音乐教学中。改变传统的“教”，赋予音乐教育生命。

4. 教学设备的改善

鉴于幼儿园的现状，每所幼儿园应在实际条件下配备至少一架钢琴，每班配备打击乐器，保证基本的音乐教学实施，并应设有专门的音乐活动室，如无法达到也应该能够在教室设立专门的音乐活动区角，为音乐教学活动创设良好的环境与氛围。音乐教学设施的不完善会在很大程度上影响幼儿园音乐教学的效果。幼儿在音乐活动中从来没有感受不一样的乐器带给他们的不同感受，就不会拥有真正的音乐审美体验，所以对音乐没有多大兴趣。可以由教师、幼儿、家长共同制作专属于你们的音乐器材，DIY 音乐设备等。所以，政府和教育相关部门、幼儿园园长要高度重视和给予支持，加大对幼儿园音乐教育资金的投入，为幼儿提供足够的设备，确保幼儿音乐教育的顺利发展。

三、结语

幼儿园的音乐教育与每个孩子的全面发展密切相关。要培养全面的创新人才。孩子是生动的、活泼的，并且是自己的特质在不断发展的个体，教师更应去关注、去了解、去研究孩子们的内心活动以及他们的种种需要。目前，由于幼儿园的性质、环境、认知各方面的原因，各幼儿园音乐教育还有许多问题与差别，这就需要我们教师队伍的不懈坚持与努力，去不断地摸索、探究更适用于幼儿园音乐教育的方法，总结可以灵活调整的音乐教学内容。要提高幼儿园音乐教育的质量，最关键的还是教师对自我的严格要求，不断提高自身的综合素质。因此，无论是从幼儿家庭、社会还是幼儿园方面都应充分认识到幼儿园音乐教育的重要性，并且能够重视起来。

幼儿园文化建设的路径

——以沈阳市小北幼儿园“彩虹文化”为例

辽宁省沈阳市大东区教育局小北幼儿园　刘　丹

文化是人类社会发展过程中积淀下来的精神成果以及由此具体化的外在表现。幼儿园文化建设是办园不可缺少的重要组成部分，优秀的园所文化是幼儿园的整体形象和独特气质，是凝聚和激励保教人员共同奋进的精神力量，是幼儿园可持续发展的不竭动力。优秀的园所文化能充分发挥环境育人的积极作用，使教师和幼儿都能在潜移默化中成为积极向上、具有正能量的人。文化建设的过程，就是师生共同成长的过程，就是教育理念优化和教育质量提高的过程。

一、凝练精神文化，提升园所品质

精神文化是指幼儿园工作人员共同追求的价值取向、理想信仰、审美情趣、思维方式等。精神文化是幼儿园文化的核心部分，是凝聚人心的信仰。精神文化是看不见的、无形的，却像空气一样不可或缺。

《3—6 岁儿童学习与发展指南》指出，“关注幼儿学习与发展的整体性”，“尊重幼儿发展的个体差异”，“幼儿的学习是以直接经验为基础，在游戏和日常生活中进行的。要珍视游戏和生活的独特价值，创设丰富的教育环境”。以此为依据，结合杜威的“教育即生活”的教育理念，我园确立了“用多彩的教育，描绘孩子多彩的未来”的教育思路，逐渐构建了师生共同成长的“多彩教育”及彩虹园所文化。

“多彩教育”的“多”指教育的丰富度与深厚度，强调教育的多元、多样与多领域，强调通过量的丰富性，注重多个领域之间的相互渗透和整合，注重幼儿学习与发展的整体性，促进幼儿身心全面协调发展。“多彩教育”的“彩”指教育的品质与境界，精彩、风采、个性发展，强调通过质的高品质，注重幼儿良好习惯的养成，关注幼儿发展的个体差异，为幼儿提供适合其天赋的教育，使幼儿能够在不同的活动中发现自己的兴趣所在，使每个幼儿做最好的自己。“多彩教育”在整体上既注重对幼儿实施整体性的、全面性的教育，又注重培养幼儿良好习惯的养成，发展幼儿个性特长的多样性，并以游戏化教学的模式，让幼儿在游戏体验中获取知识、体验生活、体验成长、收获快乐。让每名幼儿都享有适合其个性发展的教育，完成润物细无声的教育，为幼儿的近期和终身发展奠定良好的素质基础。

每一个孩子都是独特的个体，都有不同的色彩，每一种色彩都能绽放出耀眼的光芒，所有的光芒汇聚在一起，形成一座座彩虹桥。孩子们通过彩虹桥走出多彩的人生；教师们通过彩虹桥实现自身价值；家长们通过彩虹桥完成家园共育，让我们共同培养具有好习惯、善表达、会交往、爱学习、敢想象的全面发展的未来人才。

二、打造管理文化，提升团队凝聚力

幼儿园管理的重要目的就是形成一个和谐、稳定、道德的秩序团队，它是智慧的展示，而不是简单的技术运用。幼儿园管理活动中内部的控制虽然能取得暂时的成就，但更理想的控制来自于个体。内在的自觉，而这种自觉的养成则要依靠文化引领。

（一）开展活动，锻造“彩虹团队”

自小北幼儿园建园以来，我们以活动为载体，凝聚了教职工的向心力，丰富了他们的业余文化生活，他们不但从中感受到温馨快乐，也展示了“彩虹团队”的风采。

幼儿园先后组织开展了教职工趣味运动会、“感恩食物”面食制作、教师风采展示、基本功大赛等活动，让教师在轻松愉快的环境中分享快乐、交流经验，获得自信与成长。同时幼儿园还组织教师参加省、市、区教育部门组织的各类活动，如评优课、基本功、征文、书画比赛等，形成了融洽、和谐的共事氛围，打造出团结奋进的“彩虹团队”，教师们在这样的团队中快乐工作、幸福成长！

（二）人文关怀，提升教师幸福感

渗透人文关怀，变程序化、事务性的管理为人性化管理，着力建设宽严有度的“多彩之家”，让教师有愉悦感和归属感，为教师构建尊重人、理解人、关心人的和谐的发展空间。大到幼儿园的办学理念，小到各项活动的标语设计，幼儿园都发动教师一起参与。让每个人都能在参与中找到主人般的存在感，让每个人都能看到自己智慧与心血的结晶。

三、建设物质文化，营造“多彩氛围”

物质文化建设是幼儿园的显性文化，是现实目的的突进和载体，是精神文化的显性表现，是幼儿园文化建设的重要组成部分和必要支撑。它包括幼儿园整体规划、建筑设计、设备的配置使用等，物质文化可以对幼儿园成员的价值观念、心理品质的形成产生潜移默化的作用。

（一）环境蕴藏文化价值

幼儿园宽阔的操场是幼儿最喜欢的地方，有饲养区、种植区、休闲区、投掷区、攀爬区、平衡区等，百余种玩具满足了幼儿体能训练和游戏的需要。幼儿的作品装点着幼儿园教学楼的每一个角落，超轻黏土的小鸟、小纸盒改造的鸟巢、3D打印的飞机、稻草编的猫头鹰……童心、童趣、童艺，让这里成为每个幼儿流连忘返的多彩天地。

在这个全体教师为幼儿精心打造的多彩环境中，幼儿和教师一起在春天的操场上给绽放的桃花写生，在夏天的阳光下用水枪激战，在秋天的树下拾取各色的叶片，在冬天的雪地里肆意地打雪仗。童年的每一天，都在这里涂抹上浓墨重彩的一笔；幼儿园的每一张面庞，都绽放着彩虹般美丽的笑容。

（二）环境体现教育理念

幼儿园利用一切可利用空间，实施环境的潜移默化教育，比如每个班级都设有安全教育专栏，内容定期更换，从火灾逃生常识到交通规则、食品安全，从小主题开始，对幼儿实施大教育。

幼儿最喜爱的活动区里，也蕴含着小小的教育内容：小超市货架上标的物价是数字1—10；货架上的物品分类摆放；每个玩具在玩具柜里都有固定的位置，洗手池前面的地上整齐的脚印贴……小小的细节里充满了教育契机。这些熟悉的、喜爱的多彩环境，让幼儿每天都流连忘返在这多彩的小北幼儿园。

四、构建课程文化，提升教育内涵

课程是幼儿园教育实施的基本载体，办园思想、园训口号终归要通过课程来实现，因此构建课程文化是提升幼儿园核心发展力的必由之路。

(一)创新实践，构建园本课程

依据《3—6岁儿童学习与发展指南》及本园幼儿发展需要，形成了“建筑大师拼搭课程”“礼仪养成生活课程”“平安长大安全课程”“古韵中华传统文化”“处处有爱感恩教育”“小小士兵磨砺课程”等十一项多彩园本课程。

(二)多彩教研，促进教师成长

教科研活动是教学工作的先导，是提高幼儿园保教质量，提高教师业务素质的关键所在，也是提高教师反思能力的一条有效途径。小北幼儿园通过三条主线进行多彩教科研活动，一是以幼儿发展为主线，在平行层面分享教师的经验与收获；二是以教师发展为基本，由下而上产生教研主题，满足教师多方面需要的各种形式的教学研讨；三是以幼儿园发展为目标，由上至下确定培训目标，开展各种主题培训式教研。多彩教研促进教师积极思考，领悟《指南》精髓，建立正确的教育观，让教师用更加正确的眼光看待幼儿教育和幼儿，用更加科学的方法从事教育和教学活动。

五、建设制度文化，夯实园所实力

制度是幼儿园各项工作有序进行的重要保障。建设以人为本的制度文化是办园的必要手段。

(一)坚持民主化原则

我们充分相信教师，尊重教师的参与权，依靠全园教职工实行民主管理，充分发挥他们的聪明才智。通过教职工代表大会，充分听取群众意见，突出教师的主体意识，做到从群众中来再到群众中去，使幼儿园制度得到大家的认可并能主动遵守。

(二)坚持动态化原则

幼儿园制度不是一成不变的，应随着时间、人员、任务等因素的变化而不断调整、补充、完善，做到与时俱进，使制度真正发挥规范教职工行为的作用，做到公平、公正、公开，保证制度面前人人平等，形成科学规范的制度文化。

六、结语

园所文化在日常教育中有着广泛而深刻的内涵，直接影响着教师及幼儿的精神面貌和教育效果，关系着幼儿园建设质量。加强幼儿园文化建设，不仅可以为师生营造一个良好的学习、生活、工作环境，还可以通过我们的教育，辐射社会，影响家庭，推动社会精神文明建设。幼儿园只有拥有优秀的园所文化，才能实现高质量的教育，才能形成核心竞争力，才能成为独具特色的幼儿园。

小图标 大用途

——小班常规习惯培养中图标运用的初探

新疆维吾尔自治区昌吉州木垒哈萨克自治县幼儿园 张海灵

著名的幼儿教育专家陈鹤琴说过：人类的动作十分之八九是习惯，而这种习惯又大部分是在幼年养成的……习惯养得好，终身受其福；习惯养不好，则终身受其害。幼儿期是良好生活习惯形成的关键期，幼儿良好的生活习惯包括：进餐、睡眠、上课、盥洗、穿脱衣服等多个环节。幼儿园应该通过不同形式的活动培养幼儿养成良好的常规行为习惯。

小班幼儿正处在习惯养成的起点，但入园后大多数小班幼儿进入活动室时处于混乱状态，在生活方面表现出不会自己进餐、不会自理大小便、不会洗手、不愿独立午睡。幼儿任性、娇气、自理能力差、依赖性强，身上存在一些不良的生活习惯，抗拒幼儿园的集体规则。孩子们严重的自我中心现象及进入新环境所产生的陌生感，造成了学期初班级常规及游戏材料摆放混乱等现象。为了改善这些现象，我园开展了“幼儿园小班常规习惯培养中图标的运用研究”的小课题研究。我们认为，在幼儿习惯养成的初级阶段，有必要通过快速有效的方法在短时间内帮助小班幼儿建立起遵守行为规则的意识。图标，具有一定的规则内涵；游戏，是小班幼儿一日活动的主要形式，合理运用图标，不仅能使活动有效开展，还能培养幼儿的习惯能力。所以，适宜的图标就成为教师最好的选择。简单明了的图形、符号最直观地反映出对小班幼儿的基本要求，既有利于幼儿生活习惯的培养，为幼儿一生打下坚实基础，又有利于教师一日生活中各项活动的顺利开展。

《幼儿园教育指导纲要》中指出：“幼儿园应为幼儿提供健康、丰富的生活和活动环境，满足幼儿多方面发展的需要，使他们在快乐的童年生活中获得有益于身心发展的经验。”幼儿主要是通过在实际生活和活动中积累有关的经验和体验而学习的。教师应注意通过环境影响、感染幼儿，教师根据幼儿游戏整理规则，将设计的图标张贴在游戏区中，如玩具柜上的整理玩具图标、阅读区爱护图书的图标等，既美化了班级环境，又发挥了图标的暗示作用。那么如何借助图标培养小班幼儿的常规习惯呢？在此次研究过程中，我每日留心观察幼儿的游戏生活情况，将一些现象记录下来加以分析。

一、在图标的引领下逐步树立幼儿规则意识，尽快适应群体生活

对小班幼儿来说，幼儿园的生活环境比较陌生，自控、自理能力较差，对于一些必须遵守的强制规则缺乏足够的认识，常出现行为偏差。因此，我们认为可以利用直观形象的图标来帮助小班幼儿认识理解规则。如：入园环节是教师迎接幼儿入园的第一环节，刚入园的幼儿大多数不能适应集体生活，一来幼儿园就哭闹，让父母很烦恼，在这一环节我们为幼儿设计了色彩鲜艳、造型可爱的“开心入园”图标。通过游戏和儿歌“小朋友起得早，入园先问老师好，见到同伴点头笑，人人夸我好宝宝”，让幼儿认识图标，知道图标的意义，能够做到每天开开心心来幼儿园。

幼儿园以游戏为基本活动，我们把常规教育和游戏结合起来，让幼儿在玩中认识图标，感悟规则，在玩中养成习惯。例如，喝水环节，虽然有图标，但仍有许多幼儿拥挤、不按规则排队、等待。于是我们设计了“红绿灯”的游戏，让幼儿在“红灯停，绿灯行，黄灯站住等一等”的游戏中体会和感悟图标。小朋友在愉快的游戏中学会了排队和等待，久而久之便熟悉了班级常规，自觉地按规则进行。

二、图标、儿歌相结合，帮助幼儿养习惯

儿歌形式短小精悍、内容浅显易懂、韵律朗朗上口，便于幼儿接受。给图标配上儿歌，更有利于幼儿对图标内容的有效掌握。通过听觉与视觉的双重刺激，让幼儿做出相应的反应。比如：学习图标“我会叠衣服”，我们利用“叠衣服”的活动，根据儿歌《衣服宝宝来做操》，“一只小手抱一抱，两只小手抱一抱。身体往上翘一翘，衣服乐得哈哈笑”。我们把图标张贴在孩子们的衣物准备室，让孩子们看见图标就知道自己整理衣物，并能及时提醒同伴每天来园自己整理衣物，把衣服叠整齐，其他物品摆放好。总之，图标与儿歌的有效结合，激发了幼儿的探索欲望，促进了幼儿生活技能的掌握，也初步形成了良好的生活习惯。

三、在故事中认识图标，感悟规则，养成习惯

针对幼儿喜欢听故事这一特点，我们把常规教育和故事结合起来，让幼儿在故事中感悟规则，同时教师把这些规则绘成图标，让幼儿结合故事认识图标并愿意遵守规则。例如：在教育幼儿不能乱摘花的过程中，我们设计故事《大树妈妈笑了》，并绘制图标，让幼儿边看图标边听故事，在过程中感悟规则。让幼儿知道美丽的花朵是让大家一起欣赏的，而不是乱摘的，幼儿在活动中进一步感受花的美丽可爱及其美化环境的作用，以激发幼儿对花的喜爱之情，最后大家一起动手为大树妈妈送上美丽的花朵，看到大树妈妈开心地笑了，幼儿也从中产生出“花儿好看我不摘”的美好心愿。

四、运用指引性图标，培养幼儿的习惯

幼儿年龄小，自制力差、易忘记，我们把生活中各种规则绘制成形象生动的彩图，设置在相应的环境中来指引幼儿去遵守。例如：我们在盥洗室挂上洗手的流程图，帮助幼儿掌握洗手的方法、步骤和规则；在楼梯上和幼儿一起贴上脚丫图标，让幼儿知道上下楼梯不能拥挤要靠右行，利用图标引导幼儿主动学习。

五、运用鼓励性图标，巩固幼儿的良好习惯

我们要学会赏识幼儿，鼓励幼儿的进步。当幼儿有进步或遵守规则时，我们要用鼓励性的图标：笑脸、礼貌宝宝、最棒宝宝、竖起的大拇指等来及时鼓励幼儿，以此来带动更多的幼儿遵守、效仿，使好的习惯不仅得到巩固而且影响了更多的幼儿。

六、多方配合，加深幼儿对图标的认识及生活习惯的养成

图标作为一种简洁而包含具体意义的生活符号，非常适合幼儿的年龄特点，符合幼儿思维的具体形象性，可激发幼儿产生活动兴趣，驱使幼儿自觉进行良好行为的有益尝试。通过图标，教师可以轻松地向幼儿传递各种活动信息和要求，将成人“要幼儿去做”变成“幼儿主动去做”，让图标成为幼儿生活活动的支持者、合作者、引导者。

利用图标培养幼儿良好生活习惯并非一朝一夕就能养成的，而是一个长期的、循序渐进的过程，这就要求我们幼儿园、家庭、社会都要努力为幼儿创造一个有利于养成良好行为习惯的氛围，使幼儿在耳濡目染、潜移默化中逐步养成各种良好的行为习惯，为一生的发展打下坚实的基础。

浅析故事教学促进少数民族大班幼儿普通话发展的策略

新疆维吾尔自治区昌吉州木垒哈萨克自治县乌孜别克族乡中心幼儿园　李瑞燕

大南沟乌孜别克族乡中心幼儿园是全国唯一一所乌孜别克族幼儿园，幼儿园少数民族幼儿比例为100%。在教育中发现，幼儿入园时，95%以上的幼儿听不懂和不会讲普通话。在保教工作中，小班幼儿入园后，我们的重点工作就是和幼儿用普通话交流、依据幼儿兴趣给幼儿讲故事，开展普通话听说能力的培养。虽然幼儿园竭力为少数民族幼儿进行普通话教学，但是幼儿园的少数民族幼儿很多都是刚从山上下来的，长期的游牧生活让他们无法静下心来学习，另外这些幼儿没有一点普通话听说基础，语言基础相当薄弱，尽管在小班教学中我们强化幼儿普通话集中学习，效果也不是很好。教学中我们发现通过幼儿讲故事、表演故事学习普通话，幼儿的普通话学习得较快。因此我们可以充分地利用少数民族幼儿对喜欢听故事、讲故事、表演故事的感兴趣来进行普通话的学习。

《幼儿园教育指导纲要》中指出：幼儿的语言是在交流和运用中发展起来的，应为幼儿创造一个自由、宽松的语言交往环境，支持、鼓励、吸引幼儿与教师、同伴交流、体验语言的乐趣。特别是大班，要做好普通话的教学就显得尤为重要。因此我园开展了“借助故事促进少数民族大班幼儿普通话学习的行动研究”的小课题研究。我们认为，为避免小学化倾向，让幼儿在快乐中学习普通话，可以选择幼儿感兴趣的故事学习。那么如何借助故事教学促进少数民族大班幼儿的普通话发展？

一、选择适合幼儿年龄特点阅读的故事，确定有效的学习方法

根据幼儿的年龄特点和认知能力，选取了童趣、幽默、风趣、短小精悍的故事。

1. 从故事内容中明白道理。例如：《小白兔和小灰兔》语言质朴、明快、口语化、趣味性强，孩子们喜欢边讲故事边表演故事中的小白兔的角色，说明孩子们理解了故事内容，也懂得了只有自己种菜才有吃不完的菜。

2. 从故事中得到科学知识。例如：《小企鹅化水》，孩子们听了企鹅妈妈和小企鹅的对话(小企鹅想洗热水澡，但是妈妈说停水了，明天再洗吧)，再引导幼儿观察画面想办法帮助小企鹅(画面是冬季)。孩子们就开始讨论，在讨论环节，我给孩子充裕的时间去说，不管是否合乎常理，大家都参与到普通话的听说过程中，最后我带孩子们到户外拿雪回教室，孩子们在观察中不仅知道了科学知识而且自己完整地把故事的结尾讲述了出来。

3. 从故事中知道自我保护的知识。例如：《火警电话 119》，我们在设计活动时把故事中小动物报警时说的地址改为我们乌孜别克族乡中心幼儿园、乌孜别克族乡南沟村等。让孩子们更容易理解故事，清楚报警时要说自己所处的位置。

二、在故事教学活动中梳理有效学习普通话的方法

1. 讲述富有感情

为了表达好故事内容，收到良好的教学效果，教师在讲述故事时，要注意让自己的语言融入感情，语调要随角色变化而变化，要适宜角色的口吻。

例如：故事《小人书，你别哭》教育小朋友要爱护图书，采用拟人化修辞手法，以“小人书伤心地哭了”来表明小朋友不爱护书的行为的错误。故事中对话较多，句式相似，角色较少，简单易记，主要通过对话让孩子理解故事内容，让孩子感受撕破与修补图书的对错，从而受到品德教育。让幼儿猜一猜故事内容然后用难过的声音来表现小人书的话，而补小人书的小朋友则要表现得自豪。用语言感情感染孩子，让小朋友们和同伴说一说、演一演，把故事中的对话迁移到日常交流中。《猴子捞月亮》中，小猴子声音顽皮明亮，老猴子的声音则要变沉、变粗一些，这样能让幼儿很自然地区分出故事的不同人物及人物的性别、性格。孩子们会模仿并能更好地理解、讲述故事，学习故事中的对话。

2. 适当遮盖，设置猜想

可以将画面中的人物、动物和情节做一些适当的遮盖，设置疑问、悬念，让幼儿猜想，可以发展幼儿的思维能力。也可以采用这种方法以引导幼儿进行思考、联想、表述。

例如：《三只蝴蝶》，根据白蝴蝶和白花的对话让幼儿猜想红蝴蝶、黄蝴蝶与花儿的对话，不是一味地讲解灌输，而是让孩子有思考的空间。利用白蝴蝶和白花的对话，引导孩子将知识转换为能力，师幼互动幼儿才会不觉得枯燥。接着播放故事视频并提出问题。让幼儿在整体感知故事的同时有针对性地思考问题，理解故事中的重点。真实形象的画面深深地吸引了幼儿的注意力。欣赏故事视频时，幼儿听到黄花、红花和小蝴蝶之间的对话与他们说的一样，更能调动和激发幼儿的积极性。

3. 幼儿整体读图

幼儿整体读图，从读图中尝试猜想讲述故事的主要内容，大胆地表述自己的看法和对图片的理解。

4. 投放图书、图片、头饰、话筒

在晨间阅读、区域活动中投放图书、图片，会促使孩子联想图片事物发生之前之后、图片之间之外的情节。幼儿在教师的引导下，去感知、理解、表演讲述图片中的故事内容。所以，我们在固定的教育活动之外，创设良好的语言环境，让孩子们在丰富的情境中，愉快地、充分地、无拘无束地讲述。

三、在活动中反复地尝试不同的方法

首先，我们采用先让孩子完整听完故事再提出问题，最后梳理故事的主要情节的方法。在这个过程中培养了孩子的普通话的倾听能力和表达能力。其次，我们采用逐图出示讲故事，让幼儿根据故事开始部分猜想故事中间部分和结尾部分，发展幼儿的思维能力和表述能力。最后，采用出示故事整体图片，幼儿整体读图故事内容并表述自己对图的理解，教师再完整讲故事，让幼儿与自己的想法进行比较、提问故事主要内容并续编故事。孩子们在整体读图中不受任何的干扰，能大胆表述自己对图片的理解。孩子们在听故事时与自己的想法进行比较，孩子们有听的欲望并在自己的猜想与故事内容相符时获得了成就感。把更多的时间留给孩子来说普通话。

在故事教学中，活动内容的选择一定要贴近幼儿的生活，符合幼儿的年龄。给孩子自由想象的空间，活动形式以表演游戏、情境创设、角色扮演为主，创设幼儿参与、交流的环境。让幼儿在游戏中习得语言并在交流和运用中得到发展。

浅谈幼儿园冬季户外活动的开展

山西省吕梁市交城县天宁镇坡底幼儿园 杨 健

北方的冬季，万木凋零，寒风刺骨，很多幼儿园会随着冬天的到来减少甚至取消幼儿户外活动时间。而《幼儿园工作规程》中明确指出：“在正常情况下，幼儿户外活动时间(包括户外体育活动时间)每天不得少于两小时。”基于这一矛盾，我有以下几点思考。

第一，很多幼儿园冬季户外活动减少甚至取消的原因是什么？

老师如是说：天气这么冷，把小朋友冻感冒了没法跟家长交代！再说，我也不愿意从温暖的室内到寒冷的户外去。

家长如是说：孩子这么小，动不动就发烧咳嗽流鼻涕，看着都心疼，天冷了就不要让他到院子里玩去了！

孩子如是说：我在堆雪人打雪仗的时候，其实一点儿也不冷！还冒汗呢！

作为成年人的我们会觉得冬天天气太冷，不适合户外运动，而对于活泼好动的小朋友来说，能在户外自由自在地玩耍，特别是能在雪地里追逐嬉闹是他们最快乐、最向往的事情。

第二，冬季坚持户外活动到底好不好？

前段时间，在网络上看到了一篇文章《日本在培养“狼娃”，我们在培养“娘娃”!》，讲的是日本幼儿园的孩子，冬天无论多么冷的天，都穿短裤上学。每年的大寒节气，老师还会组织小朋友脱掉衣服，半赤裸地运动，训练身体素质。日本的父母从小就不让孩子多穿，目的是让孩子有健康的体魄，顽强的意志。半裸上身的小朋友，即使在冬天也很有活力地在户外玩。久而久之，孩子们都锻炼出了抗寒的能力，很少再有发烧感冒的情况出现。这种残酷近乎野蛮式的训练，培养出的是一个个充满阳刚和狼性的孩子。而我们呢？近年来，网络上惊现了一些颠覆我们传统审美观念的诸如“小鲜肉”“伪娘”“娘炮”“巨婴”“妈宝男”形象，不能不引发我们的深思。与日本的“狼娃”相比而言，我们的确在培养一个个身体素质低，自理能力弱的“娘娃”。日本“狼娃”的成长告诉我们，寒冷的天气更有利于培养出孩子健康的体魄和顽强的毅力。这是因为当接触寒冷空气时，孩子皮肤内的毛细血管会收缩而使血液的流量减少；当接触温暖空气时，毛细血管则会扩张，而使血液流量增多，以此调节体温。经过频繁的刺激，皮肤能自然地适应气温变化，鼻腔黏膜及其他器官也有同样的适应调节过程。因此，各器官功能会变得强壮，从而增加孩子抵抗寒冷、疾病的能力。同时，在冷空气中运动，由于其心肺功能的增强而使孩子脸色红润，胃口大开，吃得多，睡得好，长得也快；而长期待在温暖室内的孩子，食欲不好，没有血气，得病的概率也会更高。由此可见，冬季户外活动是一定要坚持的。

第三，冬季应该怎样开展户外活动？

参加冬季锻炼要有循序渐进的过程，更要有顽强的毅力，持之以恒的精神，才能收到良好的效果。要注意以下几点。

1. 适当调整户外活动的时间段。与其他季节相比，冬季户外活动要避开早晚气温较低的时间段，可以选择阳光充裕的上午十点到下午四点之间。除此之外，还应该避开空气质量较差的雾霾天。

2. 适当增减衣服。很多成人认为，到了冬天，感冒的原因一定是穿得少而导致的着凉。事实上，很多时候，感冒是因为没有根据天气变化及时增减衣物或者穿衣不当造成的。在北方，一到冬天，很多孩子都会被爸妈裹成“粽子”，一出门，就里三层外三层，在室内也不放松警惕。其实，孩子与成人一样，体内都有很好的恒温系统，如果穿得太多，孩子身体内部的温度调节功能就会失调，这样更容易感冒。

3. 坚持“三层穿衣法则”。芬兰幼儿园森林课堂，每天早上九点至中午一点，会进行长达四个小时的完全户外运动教学，即使是在冬天也是如此。据了解，他们对孩子御寒保护、穿衣方法和运动保护是很重要的一项管理。他们实行的“三层穿衣法则”即内薄、中轻、外厚暖，值得我们借鉴。“内薄”指贴身的要穿速干非全棉的秋衣！（对国内孩子而言，可以选择普通秋衣，运动时间上保证不要太出汗）；“中轻”指秋衣外穿抓绒卫衣或运动毛衣（忌讳厚毛衣）；“外厚”指棉外套，最好耐脏防风运动型带内夹层的外套。另外，为了预防幼儿冻伤，还可以为幼儿准备非棉质运动手套、冬季运动鞋、厚袜子、运动帽子等。带幼儿出来运动，衣服不宜穿得太多。锻炼结束时，要做好整理活动，及时穿上衣服，注意保暖。如果出汗，要把身上的汗迹擦干，换上干燥的内衣，或事先在幼儿背部塞一条毛巾用来吸汗，活动后再抽出来，这样幼儿就舒服多了，也不会感冒。

4. 做好准备活动。活动前的热身准备活动能够使中枢神经的兴奋性提高，心脏和肺脏的功能加强，血液循环和物质代谢得到改善，更好地适应激烈运动的需要。由于肌肉关节都活动开了，不仅可取得较好的锻炼效果，而且也能防止肌肉拉伤、关节扭伤等现象。

5. 学会用鼻呼吸。冬季的气候干燥寒冷，锻炼时，要教幼儿学会用鼻子呼吸，并注意呼吸的节律，鼻黏膜的血管丰富，腔道也比较弯曲，对空气有加温加湿的作用，所以要用鼻子呼吸，气体不够用时，可轻轻咬住牙，舌头舐住上腭，让空气从牙缝里进去，不要大口喘气。

孩子的童心世界里对户外游戏是情有独钟的，冬季户外活动对他们来说也是非常重要的。孩子在户外玩耍，既开阔了视野，又愉悦了心情；既增强了消化功能，又呼吸了新鲜空气，促进新陈代谢，提高了肌体抗病能力。因此，在寒冷的冬季，教师更应该根据孩子的年龄特点，设计出适合他们生理、心理需要且富有趣味性又可锻炼身体的游戏，提高孩子对户外活动的兴趣。同时，为了若干年后我们的孩子能够打赢日本“狼娃”，我们的爸爸妈妈们，也应该与幼儿园一起行动起来，放下手机，带上我们的宝贝与大自然，与阳光、空气多一些亲密接触吧！让我们的中国娃在户外活动中练就健康的体魄、坚强的意志！

活用信息技术进行教育教学使自主思维成习惯

陕西省西咸新区沣西新城第三幼儿园 王凯康

随着社会不断发展，对人才的培养也有了新的要求。相比其他课程，信息技术学科更需要顺时应变。考虑到幼儿的年龄和认知特点，笔者从思维习惯培养入手，大胆活用教材，寻求信息技术学科教学的突破，从自主思维、创新思维和应用思维三个层面进行研究，收到了较好的教学效果。

一、活用信息技术教材，不间断地引领，使自主思维成习惯

3—6 岁幼儿处于极微妙的思维发展阶段。一方面，他们还保留着孩童时期的直观和感性；另一方面，他们正在由形象思维向逻辑思维过渡。不少信息技术的概念和知识技巧显得相对抽象、单调，如果教师照本宣科，一成不变地按顺序进行教学，效果未必理想。笔者从激发兴趣开始，鼓励学生自主思考，让学习活动带上一种情绪的色彩，来实现预期的教学目标。

比如：在信息技术教学过程中，笔者把“输入小档案，记录我成长”调整到前面，以教师辅助的方式，为学生提供相应的模板，让他们进行点击和选择，为自己的信息技术学习之旅制作简单的档案卡，用通俗易懂的方式让学生把学习的收获一点点地装进去。接着，笔者教给学生键盘区域分布和其他知识。学生内心深处抱有期待，就会更感兴趣，许多方面都能自主参与，实践操作也更积极。不要小看这样的“微调”，偶尔来一些合理的调整，灵活运用教材内容，再加上不间断地引领，能够形成良性的刺激，让学生摆脱对书本和教师的依赖，渐渐养成自主思维习惯。这样，学生的学习状态就会被激活，思维层次自然也会不断提高。

二、创设信息技术活动，不间断地引领，使创新思维成习惯

孩子们喜动不喜静，注意力也不够持久，教师需要发挥教育智慧，创设丰富多彩、有趣的信息技术活动，把信息技术知识和游戏训练进行融通，帮助学生发散思维，从而使之迸发创新意识的火花。

比如：教学《练习键盘指法》一课时，如果只用常规手法反复训练，便如沿着同一跑道锻炼，虽有足够强度和效果，但因为途径单一无须过多思考，显得没有乐趣，在培养学生思维上，自然无法收到最佳效果。那么，怎么才能让学生既掌握既定的手法技巧，又能够有推陈出新的效果呢？游戏活动和组队竞争都可以起到很好的效果。因此，笔者选择多媒体模拟实践的方式，进行指法操作游戏训练。借用指法软件，开展“打气球”“字母打靶”“趣味五子棋”活动。笔者要求学生四个人一组，组与组之间互相 PK，按照约定的方式得到训练的积分，并和同伴分享自己是怎样做到既快又准的。笔者一边巡视，一边对应指导，鼓励学生大胆尝试，发现新的技巧。师生、生生之间不断地交流看法，做到既有新意又有实效。另外，笔者利用多媒体网络室的控制平台功能，把不同的训练技巧心得和优胜学生的情况展示在大屏幕上，让在指法训练中开动脑筋的学生有成就感，而其他学生也从伙伴的创新中获得技巧，从而提高自己的学习效果，培养求新求好的创新思维习惯。

三、基于问题的计算思维教学方法

1. 将教学内容转变为问题

基于问题的教学，创设问题是关键。在选择问题时，教师要以课程标准为依据，以教材内容、知识点为中心，将教材内容转化为问题提供给学生学习。也可以结合当地人文思想，选择学生关心的问题，指导学生发现问题、生成问题、围绕问题展开学习。

2. 引导学生提出问题

问题可以由教师提出，也可以由学生提出。由学生提出问题，有助于提高学生应用信息技术的能力。引导学生提出问题，是在情境“引”的作用下“导”出问题。所以，要发挥教师和情境的作用，让学生勤于观察、善于观察，从观察中发现问题、提出问题。并要求学生观察图形，找出区别，明确问题所在，培养学生发现问题、提出问题的能力。通过一条相关联的“问题链”，引导和促进学生的思维活动。

3. 会分析和解决问题

分析问题和解决问题是创新学习的一种方法。在教学中，教师向学生提供分析问题、解决问题的有关线索，提供获取信息资源的线索，引导学生积极探索，讨论和交流，补充和完善解决问题的方案。让学生充分展现自我，提高自信心。通过教学环节，学生积极参与到教学中，主动研究与探索，寻找解决问题的方法，并获得相应的知识和技能，唤醒计算思维的能力。

4. 注重评价、拓展思维

在所有的课堂教学中，评价是必不可少的重要环节。教师不仅要对学生在问题探索过程中的表现进行评价，而且也要检验他们的最终求解方法对学生的学习效果，并进行总结评价。需要注意的是，教师在评价时，要根据课堂的动态过程，适时给出有价值的评价和引导。在赞扬学生及肯定其优点的同时，要有针对性地指出存在的问题，使学生进一步明确后续学习中需要改进的地方，促进学习的深入。

四、鼓励信息综合实践，不间断地引领，使应用思维成习惯

随着信息技术的普及，仅仅能够懂得阅读和搜集信息显然是不够的。基于学科特色，教师还需要不间断地引领，教会学生处理和应用信息，让应用思维也能渐成习惯。

比如：在“初始画图软件”系列课程中，笔者教学生画卡车、画大楼、画星空，给予他们更大的空间，鼓励他们运用画图软件，画出相应的作品，并应用到生活中。如母亲节到了，让学生用画图软件设计卡片，配上动人的祝福话语，由笔者帮忙把这份特别的作业发送给妈妈们。又如：把画图软件的学习内容和后边的网络之旅、体验网络结合起来，引导学生绘制电子美术作品，向相关的少儿比赛活动投稿，将信息技术课堂所学知识应用到学习及生活领域，进一步培养学生的信息技术应用思维习惯。

为了充分发挥学生的主体作用，让信息技术学习打破课堂的束缚，笔者还尝试进行课余综合性应用，让学生初步感受信息技术无处不在、无处不可用的时代特点。

五、结语

总之，在信息技术教学中，教师要运用多种手法，为学生创设契合年龄特点的学习环境，拓宽他们化解问题的思路，充分调动学生的兴趣。学生身处其中，逐渐形成良好的思维习惯；整个信息技术课堂也因此得到了推动，向着理想的方向稳步发展。

幼儿园区域活动的重要性

河北省迁安市首钢矿山第二幼儿园 印 涛

环境是重要的教育资源，有效利用环境资源，创设和谐的人际环境，对幼儿的身心健康发展有着至关重要的现实意义。教育环境是幼儿生活环境中一切影响其发展的外部条件，它既包括幼儿生活的物质条件，又包括幼儿生活的精神环境。

幼儿园提供的物质环境是指各种设备配置(如玩具、教具、学具和各种材料等)以及园内的场地、自然景物等。幼儿的发展是在与周围环境的相互作用中实现的。幼儿由于受年龄、经验、能力的限制，具体形象思维占主导，对事物的认知尚处于感性认识阶段，因此幼儿教师更要注重践行生活教育理论，重视在丰富的体验中促进幼儿发展。

一、让幼儿与自然资源对话，丰富活动内容

“生活即教育”理论认为“教育是从生活中得来的”，教育离不开生活，教育不能脱离社会生活，要利用生活中的各种资源进行。0—6 岁是对幼儿进行感知觉教育的最佳时期，教师要利用各种教学资源鼓励幼儿通过视觉、嗅觉、触觉、听觉等多种感官来认识这个世界。幼儿园的游戏活动主题要定期更换，以吸引幼儿游戏兴趣。教师对各个区域的游戏材料投放都要大费心思。自然资源以丰富、生动、直观、具体的形象时刻吸引着每个孩子，合理投放自然资源进入幼儿游戏活动，可促使幼儿感知觉的发展，也可以丰富活动内容。

二、让活动与生活资源结合，实现手脑并用

小朋友根据近期的生活经验，自然地把生活经验迁移到了区域活动中，当教师提供的材料中没有他想要的材料时，幼儿就会根据所需要的材料，提出要求。例如：有位小女孩，妈妈给她买了一条漂亮的裙子，她想要在美工区做一条类似的裙子，她发现美工区没有她所需要的材料，却观察到隔壁班有她想要的玉米皮，玉米皮呈米黄色，是一片一片的，接近她裙子的样子，这充分体现了她的观察力和想象力。帮助幼儿结合生活资源充分发挥想象、创造能力。简单的树叶、玉米皮等生活资源与幼儿的活动相结合，幼儿在活动中，将他们的想象及创造能力得到充分的展示和发展，实现了“做学合一”“手脑并用”。

三、让教师主导与幼儿主体并行，发展幼儿能力

陶行知在师生关系问题上提出“教师领导与学生行动主体”的关系，认为教师是课堂活动的领导者，而幼儿才是课堂的主体，这就要求课堂上充分发挥幼儿的主体作用，幼儿和教师积极参与课堂活动，进行良性互动，使课堂“活动”起来，从而发展幼儿的交往能力。幼儿园利用生活资源开展的区域活动过程中，教师要调动孩子的主观能动性，让其自由表达想法，自主探究不受约束和干扰，增进幼儿游戏的兴趣和信心，培养幼儿与他人合作的精神，促进幼儿交流和合作能力的发展。

幼儿在区域游戏中，相互的沟通、交流、合作，是幼儿在游戏中开展的社会活动。幼儿学习表达想法，加强合作，学会身在其位，尽职尽责，形成了初步的责任感。在活动中，教师主导课堂教学内容，布置幼儿任务后纯粹做了一个旁观者，没有进行任何干涉，给幼儿创造了一个自由宽松的游戏环境，让幼儿成为游戏的主人，操控着游戏，从中学会交往、合作的能力。正如《幼儿园教育指导纲要》中指出，教师应该成为幼儿学习活动的支持者、合作者、引导者。而幼儿是区域活动的主体，在自主性开展以生活资源为内容的活动中，充分发挥主观能动性，创造自由想象的空间，实现了交流和合作能力的发展。

四、总结与反思

社会是个广阔的天地，幼儿教师带领幼儿走进大自然、社会，充分发挥生活资源的教育价值是幼儿学习发展的关键，它可以使幼儿亲近生活，认识事物的特征；可以促进幼儿手脑协调发展，满足未来社会对高素质人才的需求；可以发展幼儿的沟通交流和分工合作的能力。教师主动地、创造性地利用一切可用的生活资源，充分挖掘各种资源的潜力和深层次价值，提高利用率，将生活资源融入幼儿园活动中，符合幼儿园的教育特点，也符合教育改革的方向和发展要求。在今后的幼儿教育区域活动中，教师要多带领幼儿感受生活，寻找有利于幼儿各方面发展的生活资源，开发开设相关活动课程，真正发挥生活资源在幼儿园教育中的积极作用，以促进教师专业素养和幼儿各方面能力的共同发展。

运用陶行知生活教育理论培养幼儿良好行为习惯

中国人民解放军 32151 部队幼儿园　张立英

学前教育对幼儿行为习惯的养成具有非常重要的作用，这一阶段能否养成良好的行为习惯，将直接影响到幼儿今后的成长与发展。但是由于受到传统教学理念的影响，幼儿教师在课堂上往往对孩子进行知识的灌输教学，造成学前教育教学效率不高，甚至个别家长对于幼儿园的教育产生疑惑。而家庭中过多地为幼儿进行文化知识的传授，造成对幼儿学习潜力挖掘不足，甚至是容易忽视幼儿行为习惯的养成，不能对幼儿的个性发展进行针对化的教学。要知道幼儿阶段是培养幼儿行为习惯的关键时期，教师需要在对幼儿进行文化知识教学的同时，进行学习习惯的养成教育。生活化的教育理念主要包含三个层次的含义，分别是：生活即教育、社会即学校、教学做合一。

一、陶行知生活教育理念的含义

在陶行知教育理念中，“生活即教育”其核心思想，对于后期的教育发展起到了非常重要的作用，是幼儿教育的中心；“社会即学校”主要是说生活教育理论在学校与社会问题间的联系；“教学做合一”是教师在课堂上所使用的具体教学方法。

在开展教学的过程中，“生活即教育”主要是强调生活中的行为习惯，对幼儿的教育作用，处在幼儿阶段的幼儿接触最多的就是生活实际，或者说家庭生活对幼儿的影响更为显著，对幼儿的影响是潜移默化的过程，幼儿的很多行为习惯，都来自于日常生活。对于幼儿来说，在这个过程中形成的习惯可能会对他们产生深远的影响，这在以后的学习和生活过程中是很难改变的。因此，在生活实际中帮助幼儿养成良好的行为习惯，对于幼儿的成长具有非常重要的作用。“社会即学校”主要体现社会与学校之间的相互关联性，学校的教育不应该与社会问题相隔离，应该打通学校与社会之间的联系，在实现学校与社会相互关联之后，学生不仅可以学习到丰富的文化知识，而且能够掌握良好的社会交往能力，这样才能够引导幼儿把课堂上所学习的知识运用到实际生活中，提高幼儿的生活化素养。“教学做合一”指的是一个统一的学习过程，教师在课堂教学中根据学生的实际情况展开的教学。幼儿教学是建立在实践操作的基础之上，也蕴含着教师的“教”和学生的“学”互动性的特点，只有两者有效结合起来才能够达到预期的教学目标。尤其是对于幼儿的教学更应该做到如此，让幼儿在教师的引导下养成良好的行为习惯。

二、运用陶行知生活教育理念培养幼儿行为习惯的策略

1. 注重幼儿良好社交习惯的养成

在培养幼儿养成良好行为习惯的过程中，社会交往能力对于孩子的成长与发展，具有非常关键的作用。因此，幼儿教师需要充分做好幼儿社交工作引导，帮助幼儿在学习文化知识的基础上，学会与他人交流交往。教师在课堂教学的过程中，可以为幼儿创造社会交往学习的情境，让幼儿在相关的情境中进行自由的表达交流。幼儿在进行表达交流的过程中，教师需要对幼儿的表达方式和表达内容进行指导，让幼儿在生活中做一个有礼貌、有道德的人。而且幼儿在社会中与他人交往的同时，也能够养成良好的行为习惯。例如：教师可以让幼儿在课堂上扮演生活中的角色，引导幼儿购物、问路，在请求他人帮助的时候，需要幼儿言语礼貌，通过幼儿与他人之间的交流沟通，来帮助幼儿掌握生活中的礼貌用语，如“谢谢您、对不起、再见”等，为幼儿更好地进行社会交往打下基础。幼儿教师对于幼儿今后的长远发展具有非常重要的意义，在帮助幼儿养成良好行为习惯的时候，教师需要通过实际生活对幼儿进行引导和鼓励，可以与幼儿的家长进行沟通交流，让他们在生活中注重培养幼儿讲礼貌、懂文明，培养正确的社会交往能力，让幼儿通过实际生活的训练，认识到家长和老师的辛苦与不易，从而改变自己的日常行为，促使幼儿在生活中主动孝敬师长，做到礼貌待人，为幼儿今后更好的发展打下基础。

2. 注重树立平等的师生合作关系

在传统的幼儿教育过程中，教师忽视幼儿在学习过程中的主体地位，在教学过程中也是一味地要求幼儿在课堂上认真听讲，不能调皮，否则就批评幼儿不遵守课堂教学纪律。这是对幼儿的个性需求发展不重视的行为，这种传统教学思想在一定程度上限制了幼儿教学水平的发展，不利于幼儿在教师的带领下长远地发展。要提高幼儿学前教育水平，让幼儿在教师的引导下，养成良好的行为习惯，就必须丢弃传统的教学理念，在课堂教学的过程中，教师要坚持让幼儿作为学习的主体，通过与幼儿平等和谐地相处，幼儿的学习能力得到明显提升。鼓励幼儿在学好文化知识的同时，个性能力得到一定程度的发展，最大限度地激发幼儿文化知识学习的兴趣，从而促进幼儿的全面发展。例如：教师在日常教学过程中，可以多和幼儿进行沟通交流，利用课下时间关心幼儿的日常学习和生活习惯，了解他们与父母相处的情况，让幼儿敢于和教师进行表达沟通交流。对于平时表现良好，但是在课堂上不认真的孩子，教师要了解幼儿在家中是否与家长闹矛盾，导致幼儿出现注意力转移的情况。只有教师在平时的教学过程中多关注幼儿，注重和幼儿之间构建良好的师生关系，才能够促使幼儿在教师的带领下，养成良好的行为习惯。

3. 帮助幼儿树立榜样，引导幼儿模仿

幼儿阶段，帮助幼儿树立学习榜样，对于他们的成长和发展具有非常大的作用，幼儿的眼光是纯洁的，他们善于用自己明亮的眼睛观察周围的一切，对于幼儿来说，模仿教师的行为是他们生活中习以为常的事情。教师在教学的过程中，要为幼儿树立榜样，要以行动引导幼儿树立良好的行为规范。要学会激发幼儿参与学习的兴趣，在他们有所行动的时候，教师要给予及时的表扬和鼓励，让幼儿乐于参与其中，养成良好的行为习惯。例如：教师在带领幼儿进行游戏活动的时候，经常会督促幼儿把自己的玩具整理好，但是在游戏最后环节，总是还有很多玩具没有整理好，虽然命令幼儿整理了好几遍，但幼儿总是不甘心、不情愿。为了调动幼儿进行游戏活动玩具整理的积极性，幼儿教师可以为幼儿树立榜样，亲自为幼儿进行玩具的整理。此时幼儿就会受到教师的熏陶，积极主动地帮助教师进行游戏玩具的整理。在以后的学习和游戏过程中，教师要善于帮助幼儿树立榜样，让幼儿

模仿教师的一举一动，即使在自己的家中幼儿玩玩具之后也会进行整理。

4. 注重幼儿园与家庭的合作与交流

学前教育对于幼儿的成长与发展具有非常重要的作用，解决当前家庭教育理念和教师教学观念之间的差距，是推动幼儿教育长远发展的重要途径。需要幼儿教师在日常的教学活动过程中，积极与幼儿家长进行沟通交流。对孩子在园的表现，要让家长清楚了解，并且根据教师的指导对孩子进行教育。这会对幼儿的成长与发展起到非常积极的作用，给学前儿童的成长和发展带来积极影响。幼儿教师需要在日常教学工作中加强和家长的沟通交流，有针对性地对孩子进行教育引导，有利于幼儿未来的长远发展。例如：幼儿教师可以通过与家长之间开展座谈会，或者亲子活动等方式来加强沟通交流，通过这些活动，不仅能够有利于教师对幼儿的了解，更能够增进幼儿与父母之间的感情。家长对幼儿在校园里的学习和生活情况有一个充分的掌握，并且根据教师在课堂上的讲解，有针对性地对幼儿进行行为习惯的养成。做到幼儿园的教育和家庭教育系统化、连贯化，促使幼儿的综合素质在教师的带领下得到有效提升。

三、结语

针对幼儿的实际情况，促使幼儿养成良好的行为习惯是一个复杂而且漫长的过程，陶行知先生曾经说过：我们对于儿童教育存在两种极端的心理，其实对幼儿的成长与发展都是不利的，一个是忽视儿童行为习惯的养成，另一个是对幼儿有过高的期望。在培养孩子养成良好行为习惯时，既不能够忽视孩子个性的发展，也不能急于求成，而是需要保持长久的教学耐心，坚持发挥教育对幼儿良好的导向作用，让幼儿在教师的引导中潜移默化地优化自己的行为习惯。

幼儿园户外体育游戏中教师指导策略的研究

河北省衡水市枣强县教育局教科所　赵雪梅

一、课题研究的背景

提高教师指导策略，打造以体育游戏为特色的幼儿园是我们奋斗的目标。《幼儿户外体育游戏中教师指导策略的研究》这一课题正是在这样的背景下提出来的。

二、课题研究的目标

1. 开展规范幼儿户外体育游戏活动，推动我园户外体育游戏活动的组织与管理，提高幼儿户外体育活动的质量。

2. 通过对幼儿户外体育游戏中教师指导方法和策略的研究，构建适合幼儿园幼儿户外体育游戏的管理模式。

3. 和家长实时沟通，营造家园共育幼儿的良好氛围。

三、课题研究内容

1. 体现游戏中以教师为主导、幼儿为主体，充分发挥幼儿的自主性。

2. 如何帮助幼儿建立游戏规则。

3. 教师怎样以适当的方式和适当的身份介入游戏、指导游戏。

4. 根据幼儿的个体差异提供难易不同、有选择性的游戏活动材料。

5. 组织教师挖掘生活中的材料资源，和发动家长用废旧物品制作体育游戏器械，同时幼儿园购买添置成品的体育器械，自制成玩教具充分运用到幼儿园活动中。

6. 把传统体育游戏融入其中，并创新玩法。

四、研究结果与成效

（一）教师应具备相关体育知识指导幼儿

做幼儿体育游戏的设计者、支持者、引导者。首先教师自己应具备相关的体育知识，恰当地确立活动重点和难点，设置活动目标。

（二）创设游戏情境，促进幼儿的主动发展

创设游戏情境提高体育游戏活动的质量与效果。

1. 运用生动的语言故事创设户外体育游戏的情境。中小班主要表现为故事情节再现。大班幼儿适当引入竞赛机制，将幼儿的社会基础体验过程融入游戏。

2. 通过场地器械创设户外体育游戏的情境。根据户外体育游戏内容在幼儿园玩具活动区域重新装饰。教师、家长自制玩教具，通过不同高度、宽度、难度的游戏器械，为不同能力水平的幼儿选择合适的玩教具。

（三）凭借观察的方法策略指导、介入、参与游戏

幼儿园观察的重要性不言而喻。教师对观察的流程和教师介入的方式、介入的时机存在一定的困惑。针对以上问题，我园进行了专门的研究并将游戏观察贯彻到户外游戏的每一个环节。

首先通过理论学习了解观察游戏的流程。其次是付诸实践，在活动中改变教师游戏介入的方式、时机。最后经过精心提炼，确定了游戏介入的七大时机：

1. 游戏有不安全的倾向时；

2. 幼儿主动寻求帮助时；

3. 幼儿因遇到困难、挫折、纠纷，难以实现游戏愿望时；

4. 游戏中出现过激行为时；

5. 游戏中出现不符合社会规范的消极内容时；

6. 当游戏内容贫乏时，需要教师画龙点睛地启发、诱导，使幼儿创造丰富多彩的活动；

7. 当教师需要进一步了解情况时，教师把握指导时机，及时介入游戏，实施指导策略。

（四）鼓励“一物多玩”，引导幼儿创造性发展

在教学过程中教师如何引导幼儿去探索“一物多玩”呢？

游戏过程尊重幼儿的创新举动，活动材料满足幼儿的创新需求，善于反思提高教师的创新素养。

（五）开展有效评价，发挥教师的指导作用

在实际实施户外体育游戏的过程中，有一项重要的工作就是游戏结束之后的评价工作。教师引导幼儿进行游戏经验总结、成果分享，对游戏中遇到的问题以及解决问题的方案进行讨论，通过整合幼儿游戏获得经验、分享问题、合作解决问题等方式建立有效的经验评价体系。

五、存在问题及改进措施

1. 在研究过程中，教师的积极性高，能努力学习游戏理论，总结实践经验。但是在理论层面缺乏创新，缺乏深度。

2. 对积累资料和分析不够全面，忙于设计和组织活动。不善于及时归纳和总结自己在实践中好的经验，需要进一步培养总结提升能力。

3. 从幼儿园长远的发展来看，通过本课题的研究，关注了幼儿园突出的特色，研究活动能按时有效地开展，但还未上升到构建园本文化的层次。

新媒体技术在幼儿教学中的应用

河北省衡水市恩察镇中心幼儿园　靳　凤　冯　华

一、新媒体技术应用在幼儿教育中的优势

(一)丰富教学内容

开展幼儿教育活动时应用新媒体技术，能丰富教材内容，使教学内容变得生动、形象，更加鲜明，同时也能优化教学方法，把教学转变成可听、可见的内容，使幼儿更容易理解与感知。幼儿教育中教师应用新媒体技术搜集大量信息资源，可拓宽幼儿的学习范围，使幼儿及时了解与学习新知识，帮助幼儿理解事物的本质与内涵。

(二)构建轻松的教学情境

幼儿的学习氛围应该是轻松、愉悦的。构建轻松、愉悦的学习环境，可调动幼儿的学习热情与积极性，培养幼儿的学习兴趣。幼儿教育通过新媒体技术，能构建多姿多彩的信息传递平台，使幼儿在轻松的情境中学习，积极参与教育活动。同时，幼儿教育活动中应用新媒体技术，能构建丰富的教学情境，缓解幼儿的学习压力，加强幼儿教育活动的趣味性，实现情境交融，从而提高课堂教学质量。

(三)优化教学流程

幼儿教育中应用新媒体技术，可加强教学活动的灵活性，实现交互。幼儿教师通过新媒体技术能够向幼儿展现画面与声音，防止在录像机、录音机等设备播放过程中，出现幼儿注意力分散或是播放中断等问题，从而使幼儿教师可以合理掌控教育活动，提供课堂教育效果。

(四)提高信息交互性，增加师生互动

在我国传统教学模式中，因为管理方式存在的问题，这也是历史原因的沉淀，大多数的学习过程都是传递与被动接受的过程，师生间的关系大都处于一种随时提防的状态，这给知识的有效传达与运营造成了很大阻碍。但是随着时代发展，技术日新月异，新媒体也被逐步引入到课堂教学过程中，课堂知识通过图文和视频等方式直观地传达给学生，师生间的交流变得丰富、有效，教师也从学生的发问中填补了很多自身知识、教学体系的盲区。

二、新媒体技术在幼儿教育中的应用趋势

(一)新媒体技术在幼儿教育应用中越来越普遍

无论是幼儿教学还是其他教学，传统媒体与新媒体融合的程度不断加深，很多学校还专门开设了网络传播或新媒体专业，很多教师便开始紧跟潮流，将新媒体技术更为广泛地应用到教学领域中，有的利用投影仪、PPT 等形式，在大屏幕上设置自己喜欢的展示动态。这种形式广泛应用在幼儿课堂教学中，可以增加每节课向学生传达的知识内容，提高了学生的学习兴趣与教师的教学质量。新媒体走进幼儿园，走进孩子们的生活，是时代和教学改革的需要，也是多媒体教学调动幼儿学习积极性，增强与发展幼儿认知能力的一大捷径。

(二)新媒体技术用于幼儿的思维开发

1. 新媒体启发幼儿认真思考，开发幼儿智力，促进幼儿创造性思维的产生。我国著名数学家华罗庚曾说过，人之可贵在于能创造性地思维。在家中，幼儿可以通过电脑和手机玩益智游戏，开发他们的智力，启发他们认真思考，让他们在游戏中获得乐趣，在游戏中培养他们的创新思维。在学校中，教师通过多媒体进行教学，使教学多元化，幼儿在学习中获得了乐趣，促进了幼儿创造性思维的培养。

2. 新媒体激发幼儿的好奇心和求知欲，利于幼儿创造性思维的产生。苏霍姆林斯基曾说过，求知欲、好奇心是人的永恒的、不可改变的特性。哪里没有求知欲，哪里便没有学校。

(三)运用新媒体新技术，调动幼儿对活动的兴趣

幼儿注意的主要特点是无意注意向有意注意逐渐发展，而无意注意占主要地位，有意注意处于发展的初级阶段，其水平低，稳定性差，要依赖于教师有意识的组织与引导。因此，在活动中，教师应运用新媒体新技术创设一定的教学情境，使活动内容更加形象化、生动化，也可应用新媒体新技术的拖拉与倒计时功能，让幼儿自主操作，以此来调动幼儿对活动的兴趣。

例如：在音乐游戏"两只小鸟"活动中，借助放大镜、聚光灯的功能让幼儿在"找朋友"游戏中，寻找躲在树上的丁丁和东东，引出歌曲《两只小鸟》，接着播放 Flash 动画，用声音、图像、视频结合的动画效果使幼儿身临其境，运用视觉、听觉相结合的方式让幼儿更加直观地理解歌词内容，为接下来的游戏做好铺垫。同时将幼儿情绪充分地调动起来，以此激发幼儿对活动的兴趣。

(四)运用新媒体技术，解决教学活动的重难点问题

新媒体技术给教师们提供的教学途径是更有效、更方便的，并且教师在自己制作课件的过程中，也能够不断提高新媒体技术的运用能力。运用新媒体技术不仅可以提高幼儿活动的积极性，还可以突破教学活动中的重点和难点问题，帮助幼儿对教学内容进行理解与吸收，还可利用电子白板的屏幕遮盖功能，提高活动难度，使幼儿在原有经验上得到提升。

例如：在大班语言活动"电视新闻"中，本次活动的重难点即让幼儿学习完整地叙述或描述一件事情。那么如何让幼儿很好地讲述新闻，幼儿可能不明白讲述新闻所涵盖的几个要点，即时间、地点、人物、事情，这时我们就可以利用新媒体技术向幼儿展示思维导图记录表，让幼儿直观地结合思维导图的提示学习完整讲述新闻，以此来解决本次活动的重难点问题。

三、新媒体技术在幼儿教育中的应用策略

(一)幼儿科学教学中的应用

幼儿科学教育指教师引导幼儿观察、感知身边的事物，然后发现问题并解决问题。因为幼儿的日常生活范围小，经验不足，其思维特点是直接行动思维，且幼儿对世界的认知单一化。所以幼儿教师开展抽象科学教育活动过程中，幼儿基本是一知半解。而应用新媒体技术开展科学教育活动，能够降低科学教育的复杂程度，把生活中的物质变化转变成生动、形象的视频课件，并向幼儿展现。

例如："黄豆爷爷找宝宝"科学活动教学过程中，以"豆制品为黄豆爷爷庆祝生日"为主题，帮助幼儿了解豆制品的相关分类。针对教学活动中的难点与重点，应用新媒体课件向幼儿演示，不仅拓展幼儿的知识面，还激发幼儿的探知欲望与学习科学兴趣。

(二)幼儿语言教学中的应用

新媒体技术可实现化静为动，虚实结合，化抽象为形象。通过新媒体技术可实现抽象内容的生动化、形象化，是实现音像结合的关键载体。教师应用新媒体技术可把语言词汇与现象等生动地展现出来，调动幼儿的沟通、交流意识，从而加强幼儿的口语交际能力。

例如："挖土机找水喝"教学，本节内容为挖土机寻找水喝的过程。因为幼儿年龄小，对挖土机缺乏一定的认识，若是仅通过图片开展教学活动，就会导致幼儿缺乏感性体验，难以表达出挖土机的内心感受。教学时应用新媒体技术，通过生动、形象的真实场景，激发幼儿的学习兴趣，减小幼儿学习难度，加强幼儿感性认知，同时也利于幼儿深入观察与分析，有效培养幼儿的语言逻辑与思维能力。

（三）幼儿美术教学中的应用

美术主要指应用物质材料，并根据独特的艺术语言所塑造的课时形象，通过反映课堂事物，实现作者思想情感与生活情感表达的一种造型意识。传统幼儿教学中，教师普遍重视知识技能讲解，基本是展示范例—讲解范例—幼儿模仿—教师讲评，这样幼儿的美术作品千篇一律，缺乏个性。例如："美丽的蝴蝶"教学，教师应用新媒体课件向幼儿展示多种多样的蝴蝶形象，帮助幼儿了解蝴蝶的基本特点和图像画法，调动幼儿绘画的积极性，拓展幼儿视野，加强幼儿的想象能力。

四、结论

开展幼儿教育活动时应用新媒体技术是社会与时代进步的必然趋势。应用新媒体技术开展幼儿教学，能够丰富幼儿教学内容，构建轻松、愉悦的教学情境，优化课堂教学过程。但是幼儿教学时应用新媒体技术必须重视与传统教学方法的结合，及新媒体技术的合理与科学应用。因此，幼儿教师开展教学活动，要根据教学内容与幼儿特点，选择合理的新媒体技术教学方法，设计完善的新媒体教学课件，从而推动幼儿的全面发展，保证课堂教学效率与质量。

基于杨凌农科资源背景下的科学探究活动

——以"种小麦"案例为例

陕西省杨凌农业高新技术产业示范区杨凌高新幼儿园　梁　杰

《幼儿园教育指导纲要》明确指出："幼儿园应与家庭、社区进行密切合作，综合利用各种教育资源，共同为幼儿的发展创造良好的条件，城乡各类幼儿园应该充分利用当地各种资源，设置适合当地幼儿发展的课程。"我园处于杨凌农科城，这个承载着百年农科文化的地方，我们也不断尝试以"挖掘杨凌农科资源"为目标，探索园本课程内容，一方面丰富幼儿园课程结构，另一方面引导幼儿进一步了解家乡，建立初步的家乡归属感。

大一班的孩子在区域活动时来到小农场掰玉米，金黄的玉米使孩子有无限遐想，琪琪说"这个可以煮着吃"，莎莎说"炒着吃才好吃呢"，多多在一旁将玉米掰下来，在地面上搭建一座"玉米房子"，"成熟后的玉米黄黄的，硬硬的，玉米皮干干的，好似一个个咧开嘴的胖娃娃"，就在这时大家都认真地在想玉米可以怎么做时，欢欢说："玉米都被我们拿走了，这片地也空着，那么我们接下来应该做点什么呢?"有的孩子说"种蔬菜"，孩子们随之由新问题"地里种什么"进行了热烈的讨论。孩子的每一个提问都是活动开展的动力源泉，凝结孩子们的思考，是教师进行生成科学活动的重要依据。

作为陕西人，面条、馒头等是我们的主食，为能够掌握孩子对种植的已有经验和可采用的社会资源、家长资源等基本情况，我们制作了相应的经验调查问卷，并结合孩子日常的生活习惯，与孩子、家长进行讨论。在活动的探究前，组织召开家长委员会，得知有位家长是位小麦育种专家，能够提供相应的小麦种植技术和相关理论支持，且结合近日孩子剩饭、倒饭等浪费粮食的行为越发严重，根据资源分析与孩子们的商讨，确定了以"种小麦"为主题的科学探究活动。小麦的种子颜色与形状各不相同，通过科学集体教学活动"小麦知多少"，家长进课堂"种植小能手"等系列课程，孩子能够不断尝试种植，对比、辨认小麦的品种；记录小麦生长过程中的变化；通过多种形式记录小麦种植活动……从幼儿园课程五大领域相互渗透，开始了种植课程的探究之旅，在活动的开展中我感受到 STEM 农科资源探究活动是一次独特的体验，更是一次大胆的尝试，有了新的思考。

一、幼儿是活动开展的引领者

幼儿热衷于在自然中寻找科学的奥秘，从幼儿园“农科资源”环境的创建，孩子能够直观地与农作物进行互动，感受农作物进入幼儿园的乐趣，孩子从一个“种植小白”到“科学探究小能手”。随着经验的不断累积也能从相关的活动中获得感悟，并表达疑惑和想法，孩子在整个活动中都有融入STEM的精神，正因为一个个提问，不断地推动活动开展，如“地里种什么”引出对幼儿经验的分析，开展相关家园共育讨论，幼儿对科学不断探究，教师和家长作为辅助力量，为幼儿的学习与发展提供物质和理论支架。例如：孩子们对“吃”较感兴趣，最先想到的是面食，根据这个契机，将种植内容指向小麦，孩子们积极提问，乐于探究，展现科学探究素养。

二、运用地域特征开展“接地气”的课程

陈鹤琴先生说：“大自然、大社会都是活教材。”那么孩子的学习应该取自于自然，用之于自然，在社会中感知，在生活中实践，但事实上重要的是教师“接地气”的教学引导，看似平常的农作物竟然从“全景”角度帮助孩子们学习。

《幼儿园教育指导纲要》指出：“环境是重要的教育资源，应通过环境的创设和利用，有效地促进幼儿的发展。”“充分利用自然环境和社区的教育资源，扩展幼儿生活和学习的空间。”“充分利用社会资源，引导幼儿实际感受祖国文化的丰富与优秀，感受家乡的变化和发展，激发幼儿爱家乡、爱祖国的情感。”作为教师，在课程实施前，需要从各方面搜集活动所需的资源：教师、幼儿对小麦的已知经验，幼儿园的环境创设与场地资源，家长资源等。通过前期的准备，我们首先调查了解幼儿的已知经验以及想要在活动中获得的经验；其次了解幼儿园使环境创设的“本土化”也是非常关键的，从“玉米地”变成了“小麦基地”，前期的充分准备也促使课程开展的相对全面和完整，教师教学需要对经验准备和物质准备等方面提前考察，并需要隐藏预设性，形式以“农科文化”为主实则包含着隐藏的教育意义，例如：农科型环境创设，为幼儿提供探索的途径和方向；种植农科资源杨陵当地的特色农作物，为孩子了解农科资源提供支架；小麦来源于生活，教育是生活的高级产物，借助家长资源促进教育活动的开展，使想法最终落实到孩子的日常活动中。

三、家长是课程开展的后备军

活动探究前，通过召开家长会，发现家长中有小麦育种专家，在指定课程计划的过程中，不断和家长沟通，了解小麦的专业性知识，并将其转换成适合本班孩子的内容。在课程实施中，定期邀请家长进行助教，带领老师和孩子进行种植实践，我们一开始种小麦时就邀请到了可可妈妈来园进行助教，带领我们认识了不同种类的小麦种子，了解了它们的不同特征和功能，接着在试验田分类种下了小麦，做好标记牌。过程中，利用班级家长资源请到琪琪妈妈，共同带领孩子们交流探讨种子发芽的过程，并在实验室中观察种子生长的全过程，也观看过无土栽培新型技术。

家长资源的合理利用是课程开展的重要方式，专业的知识引领了解小麦的种类、育苗的方法以及种植的要求，彰显着家长资源在课程建设的推动作用。家长以专业的科学探究模式，从“S”“T”“E”“M”多个维度帮助幼儿建立科学探究模型，基于农科资源的背后同时具有家长资源、社会资源，合理地运用这些“后备军”，是我们教师所需要思考的内容。

带上工具，带上小麦种子，我们向高新小农场出发！我们小心翼翼地将小麦种子一粒一粒放入土中，盖上土，浇上水，期待它们快快长大，开展科学探究活动。“小麦种植记”活动看似结束了，事实上，孩子们种下的不只是一粒小麦种子，更是孩子们对科学的好奇心和探究欲。

基于杨凌农科资源的园本课程建设

陕西省杨凌农业高新技术产业示范区杨凌高新幼儿园　梁　杰

《幼儿园教育指导纲要》明确指出："幼儿园应与家庭、社区密切合作，与小学相互衔接，综合利用各种教育资源，共同为幼儿的发展创造良好的条件。"本土文化的内容与幼儿日常生活密切相关，在幼儿教育中充分利用本土文化资源，不仅能够扩展幼儿生活和学习的空间，而且符合幼儿认知"近"和"具体"的规律，更能增强幼儿对家乡的认同感、自豪感。

杨凌高新幼儿园一直致力于园本课程的探索与实践，该园位于杨陵——中国四大农科城之一。杨陵示范区总面积 135 平方千米，是中国第一个农业高新技术产业示范区，为开发课程提供了得天独厚的条件。四千多年前，中国历史上最早的农官——后稷在此"教民稼穑，树艺五谷"，杨陵因此成为中国农业的发祥地之一。其地方农业非常具有特色，良种业发达，无公害精细蔬菜、猕猴桃、草莓、樱桃、酿酒葡萄等畅销全国各地；后稷教稼园、周尧昆虫博物馆、现代技术产业园区、水保所人工降雨大厅、中国克隆动物基地、新天地设施农业园等一大批富有科普内容的旅游景点蜚声海外；亚洲第一规模的水上运动中心、邰城休闲广场、杨陵"蘸水面"、绿色无公害蔬菜等令游人流连忘返、赞不绝口……幼儿的生活植根于所处的本土环境中，但本园幼儿对农科资源的认识还处于基本的生活经验层面，没有深入和全面的认识。怎样将这些资源有效地整合并开发利用，建构独具特色的园本课程，让优秀的农科文化得以传承成为现阶段本园课程建设需要思考的事情。基于这样的背景，我们提出了构建基于杨凌农科资源的系统的园本课程的设想，初步探索出基于杨凌农科资源的园本课程建设实施策略。

一、整合农科资源，明确课程目标

以"三向"思路，即向大自然取材、向社会寻资源、向家长求合作的思路建构整合并开发课程资源。根据研究需要，编制农科资源调查问卷，面向全体教师和家长发放。收集整理并建立农科资源分类表、筛选适宜的农科资源作为幼儿园课程建设的资源。包括农作物资源：木耳、蘑菇、草莓、小麦、玉米、西瓜、火龙果等；人力资源：农学院专家、种植基地人员等；历史文化资源：后稷教稼园、周尧昆虫博物馆、现代技术产业园区等。

表 1　杨凌农科资源分类

分类		内容
自然资源	农作物资源	木耳、蘑菇、草莓、小麦、玉米、西瓜、火龙果等
社会资源	人力资源	农学院专家、种植基地人员等
	历史文化资源	后稷教稼园、周尧昆虫博物馆、现代技术产业园区等

同时，构建课程管理组织，梳理课程实施思路，明确农科资源课程目标，即知识经验目标：获取广泛的关于农科资源的知识经验；对农科资源在感性认识的基础上形成科学、全面的认识。方法能力目标：能动手动脑，探究问题；能用适当的方式表达，交流对农科资源探索的过程和结果。情感态度目标：对农科资源感兴趣，有好奇心和求知欲；萌发对杨凌的热爱之情。根据园级课程总目标制定年级、班级层级目标。

二、立足园本实际，构建课程体系

《幼儿园教育指导纲要》中强调："幼儿园应为幼儿提供健康、丰富的生活和活动环境，满足他们多方面发展的需要，使他们在快乐的童年生活中获得有益于身心发展的经验。”以此为依据，我们把农科资源课程纳入园本课程体系建设中，秉承“儿童为本，快乐共生”的课程理念，形成以“乐生活、乐运动、乐探究、乐创造”为目标，以主题课程为基础，以音乐、农科资源课程为特色的“乐享”课程体系，进一步丰富了幼儿园的课程内容，注重在一日活动中的各领域教学目标的落实，促进幼儿的全面发展。

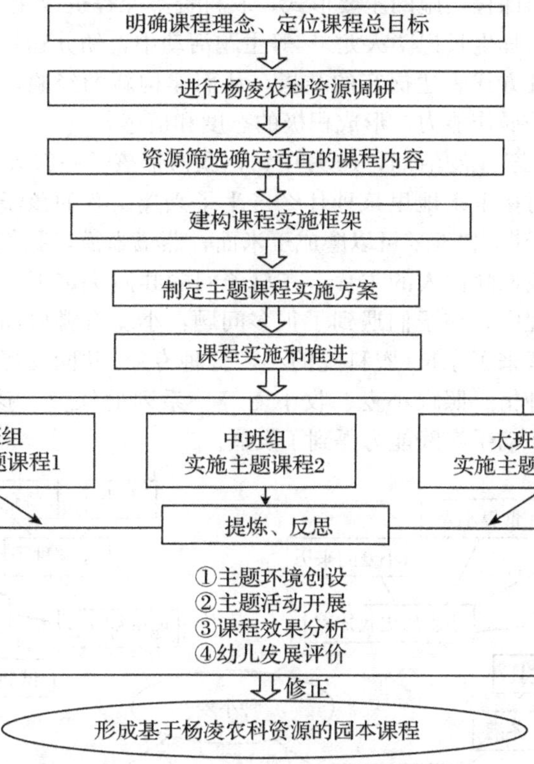

图 1　农科资源课程实施思路

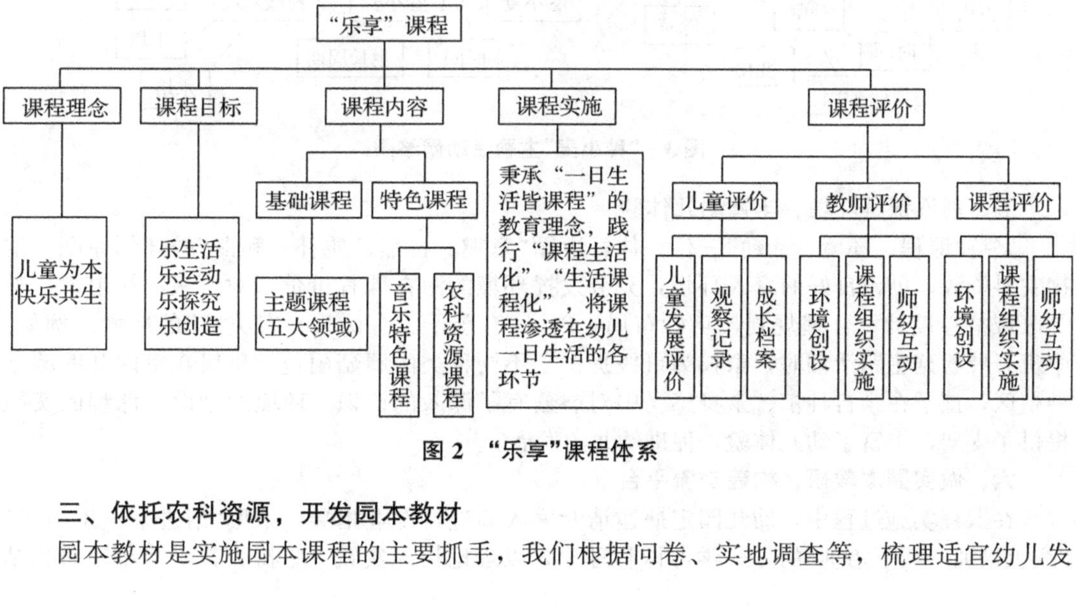

图 2　“乐享”课程体系

三、依托农科资源，开发园本教材

园本教材是实施园本课程的主要抓手，我们根据问卷、实地调查等，梳理适宜幼儿发展的杨凌农科资源，研发幼儿读本。经过课程小组的多次研讨，形成了《奇蔬异果》《木耳》《后稷故事》《小麦生长记》《猕猴桃》《挖野菜》等一系列园本教材，为课程的开展提供了借鉴资源。如《小麦生长记》，绘本以儿童视角出发，内容涵盖小麦的生长过程及其食用价值，图文并茂、通俗易懂的读本更有效地支撑了主题活动的开展。

四、扎实主题活动，深化课程实施

主题活动是幼儿园课程实施的主要形式，农科资源课程也以主题活动形式开展。在“蘑菇的探究”“种小麦”“木耳生长记”“火龙果”等主题活动中，幼儿运用已有经验对农科资源进行深入探究，并以多种方式表达探究的结果，从而建构新的经验，提高了思维能力、创造能力、交往能力和动手操作能力，形成积极的态度和情感。

例如：大班“种小麦”主题活动，10月中旬，我们带孩子一起去幼儿园的小农场掰玉米，活动结束后，孩子们对接下来地里该种什么产生了兴趣。有的孩子说“种水果”；有的孩子说“种蔬菜”；有的孩子提出“玉米可以磨成玉米面，蒸玉米馍，我们能不能种蒸白馍的小麦呢?”馒头、面条都是我们陕西人的主食，在孩子们的共同决定下，大班开始种小麦的探究之旅。在种小麦的过程中，孩子们遇到了很多问题：小麦有哪些品种？种子从哪里来？带着这样的问题，我们请来了家长(农科院的小麦育种专家)共同支撑活动的有效开展。经过认识小麦种子、亲身种植、照顾小麦、收小麦等一系列的探究，孩子们对小麦有了科学、深入的认识，探究欲、动手实践能力得到了发展。

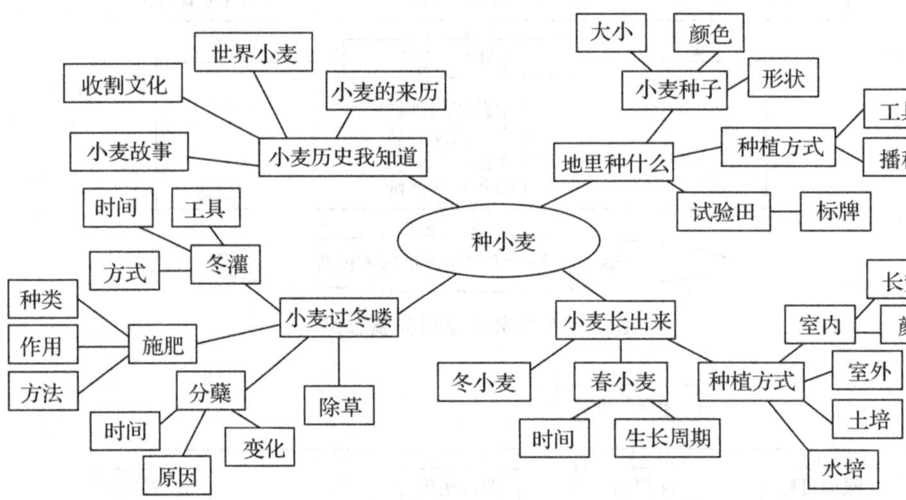

图3 “种小麦”主题活动网络图

五、创设课程环境，丰富幼儿体验

坚持“课程、环境、活动”三位一体，遵循“童趣、自然、质朴、和谐”的环创原则，挖掘农科资源，创设良好的育人环境，充分发挥环境的潜在课程价值。对班级、楼道、户外等区域精心设计，合理规划，巧妙布局，创设“有孩子、有课程、有美感”的环境。例如：中班开展蘑菇主题活动时，家长为班级提供了不同种类的蘑菇菌包，班级在室内开辟蘑菇种植区，孩子在亲自种植、亲身感受中对蘑菇有了深入的认识。环境的创设为课程的实施提供了支架，丰富了幼儿体验，促进幼儿的发展。

六、做实园本教研，构建交流平台

在课程实施过程中，幼儿园定期邀请专家入园进行专业指导。采用“请进来＋走出去”“线上培训＋线下培训”的方式学习课程理论，以理论指导实践。坚持大教研与小教研相结合，基于课程开展中的问题进行交流研讨，在教研过程中，提升了教师的活动设计能力、组织实施能力、观察分析能力以及诊断改善能力。

七、完善课程评价，提升课程质量

为保障“园本课程”的实施效果，我们不断完善课程评价。一是对幼儿发展的评价。利用观察记录、教育随笔等方式对幼儿进行全面了解，依据科学的教育理论进行有效分析，最终对幼儿的发展做出客观的评价。二是对教师发展的评价。教师是课程的设计者和实施者，因此，课程评价要对教师的课程制定、课程设计、课程实施及课后反思进行评价。通过日常检查、听评课、教师互评和自评，幼儿园对教师进行综合考核评价等方式帮助教师客观地审视园本课程构建中的问题，促使教师专业更快发展。三是对课程实施的评价。幼儿园将幼儿发展评价与教师发展评价有机结合，通过观察、访谈、课程评估、专家评价、家长评价等方式检验幼儿园课程实施的成效。

八、深耕课程建设，着眼共同发展

以课程为载体，构建幼儿、教师、家长的发展共同体。在对农科资源进行探究的过程中，促进幼儿健康快乐成长；同时通过培训教研提升教师的课程实施能力；充分挖掘家长资源，通过参与性支持(故事妈妈、家长进课堂等)、专业性支持(家长助教)、督导性支持(家委会、活动评审等)鼓励支持家长参与课程建设。幼儿、教师、家长在课程的开展中获得了成长和发展。

幼儿园课程的实施不是静态的、固定的框架，而是持续性发展的动态过程，我们将继续努力实践，不断积累和整合杨凌农科资源，构建发展适宜性课程。让孩子在课程道路上体验成长，让教师、家长在课程实践中学习提高，让幼儿园在课程建设中不断发展。

探索儿童哲学视角下的幼儿生命教育

吉林省长春汽车经济技术开发区杨柳幼儿园　刘　辉

由21世纪以来世界各国教育改革的趋势分析，我们大致可以看到两个重要方向：一方面，各个国家都把目光聚焦在如何更好地发挥教育在国家强盛中所具有的力量；另一方面，各个国家也都在思考教育如何更好地为人的生命注入力量。教育正在为生命寻找着成长的突破口，为人类寻找未来的出路。

一、对生命教育的概念认识

生命教育是美国学者杰·唐纳·华特士于1968年首次提出。生命教育有广义与狭义两种，狭义的生命教育指的是对生命本身的关注。广义的生命教育是一种全人的教育，它不仅包括对生命的关注，而且包括对生存能力的培养和生命价值的提升。开展生命教育是人之需要、时代之需要，也是教育以人为本之需要。

通过参加儿童哲学课题的研修与实践，让我们认识到教育的真正目的在于“用知识启迪智慧，将智慧融入生命，最终提升生命的意义”。为此，把关注儿童的成长与幸福完整作为教育的重要价值追求。我园尝试以儿童哲学为切入点，将生命教育融入园本课程体系中，促进幼儿全面、富有个性地发展，将培养完整儿童作为幼儿园的发展方向。

二、对生命教育的内涵理解

苏联教育家苏霍姆林斯基说：“教育学方面真正的人道主义精神就在于珍惜学生有权享受的快乐和幸福。”生命幸福既是结果也是过程。幸福以生命为载体，生命的有限性要求人们不仅要把幸福作为生命的终极目的，而且要使幸福贯穿于生活的全过程中。基于这样的理解，我们致力于展现生命活力，挖掘生命潜力，实现幸福人生。

生命教育是立足于生命视野对教育的一种重新认识和理解。它以生命为教育的基点，生命教育不仅只是教会幼儿珍爱生命，更要启发幼儿完整理解生命的意义，积极创造生命的价值。

三、实施生命教育的资源、平台

（一）平台：健康、情感、价值

我园生命教育的平台落实在：以健康为基础，即健康的身体、健康的心理、健康的人格；以情感为纽带，即珍惜、热爱、尊重生命；以价值为导向，让幼儿认识到生命的意义，感悟到生命的可贵，走好人生每一步，促进他们健康成长，和谐发展。

（二）优势资源

1. 自然资源：陈鹤琴指出“大自然是活教材”。从自然界四季的变化—生命的繁衍—环保意识的增强，都能够让孩子从哲学的视角看待事物的变化，从而更深层次地理解美好、和谐的自然环境对生命的重要性。

2. 社会资源：借助各种节日（父亲节、母亲节、中秋节等）、社会一些重要大事件，让幼儿亲身感受和体验人与人之间的关系和责任，培养良好的意志、品质，形成正确的情感、态度。

3. 课题资源：我园参加长春市教研室开展的“儿童哲学”科研课题组。通过专家引领、园际交流，开阔教师的视野，提升教师的教育观、价值观和经验观，从而也为生命教育的开展提供强有力的理论与实践的支撑。

4. 教师资源：近几年来，我园先后参加了国家、省、市多项科研课题，拥有一支专业精深的教师队伍，能够实现促进幼儿真实、全面地发展的教育目标。

5. 家长资源：《幼儿园教育指导纲要》指出，“家庭是幼儿园重要的合作伙伴，应本着尊重、平等、合作的原则，争取家长的理解、支持和主动参与。”来自不同行业、各具专长的家长群体是最丰厚的教育资源，可为深入推进生命教育注入新的“血液”和活力。

四、以哲学的视角，探索实施生命教育的有效途径

我园以课题研究为切入点，在生命教育中引入哲学的思维和视角，让幼儿逐步从思维逻辑、认识观、价值观、审美观等诸方面学会辩证思考；从通常的思维方式转向反思性思维方式，从不假思索转向深思熟虑，从日常的思维转向批判性思维。

（一）课程的维度

课程开展遵循由点及面，从简到繁，层层递进，逐步丰富、深化发展。

维度一：人与己（关爱自我）

目的：认识自己，认同自己，关爱自己；喜欢自己、为自己的健康负责、培养健康的心理、发展良好的性格。

维度二：人与人（人我感受）

目的：从家庭和团队、社会等层面出发，学习关注他人，尊重他人，认识自己和他人的关系，学习与之相处和互助，学习如何交往，成为一名负责任的家庭成员，发展健康和谐的关系。

维度三：人与自然社会（珍惜环境、关注社会）

目的：通过对比调查、资料收集、实践活动、自由畅想，让幼儿关注身边的环境，了解自然物和生物，感知自然界的现象，尝试从生活细节中参与保护环境，从我做起，从小事做起。

（二）课程实施的途径

1. 途径一：从儿童哲学的视角创设互动环境

珍爱生命、关注健康是生命教育的核心。开展经常性的幼儿安全教育活动，创编安全教育儿歌20首。全园开设“安全教育”课程，在公共区域张贴幼儿安全教育图板，鼓励幼儿和家长用绘画和文字的形式发表自己的观点和想法。楼梯两侧陈列精选的几米漫画，让幼儿和成人从不同角度解读自己眼中的世界。当孩子们用稚嫩的话语和画笔对“我的错都是大人的错”进行讨论，已经在不知不觉中学习以哲学的视角来看待生命的意义和价值。

2. 途径二：以儿童哲学的视角探索教育策略

在开展生命教育的过程中，我们根据儿童心理发展的内在规律和不同阶段的认知能力，采用通俗易懂的语言、富于哲理的故事，运用对话的形式引起儿童的思考，诱发孩子们自己提出问题，最后让他们在集体探究、讨论中自己找到答案。

策略一：倾听儿童的声音。在开展关注生命的主题活动中，每名幼儿都有发表自己想法的权力，教师倾听幼儿的原生音，分析这些声音，并慢慢尝试走进儿童缤纷的内心世界。

策略二：挖掘课程哲学点。儿童天生就是哲学家，在活动中教师给予儿童更多表达自己观点的机会。如：在开展“运动的常见分类”活动时，孩子的观点大大出乎教师的意料，他们认为，打篮球和跳高都要使劲跳起来，当然算一类；滑冰和赛车都要靠轮子，所以分一类。可见儿童不会像成人那样常规性、标准化地划分事物，而是有着自己的视角和不同层面的理解，虽然不科学规范，但都是智慧的闪光，教师应给予尊重。

策略三：思辨性的提问。提问是基于儿童哲学的教育活动设计和实施，它直接影响孩子们的思维和表达，更影响着教师、幼儿和活动内容三者之间的互动效果。我园在实践中总结了如下思辨性提问类型：换位思考型问题，矛盾冲突型问题，生活经验与感受型问题，关怀性思考型问题。

策略四：“物化”儿童的想法和疑惑。儿童成长必然会经历从感性到理性、从直接到间接经验的过渡。只有亲身的体验才会有想象、感悟和思考。如：在“关爱生命”主题活动中，为了让孩子充分感受到个体与集体相互包涵的意义，教师设计了拼图游戏，让小朋友一起拼一幅圆形拼图，但孩子们无论怎么拼也不能完成，这时孩子们意识到我们的集体里面除了所有小朋友还有老师。再邀请老师加入到拼拼图中，一幅完整的圆形拼图终于拼好了，通过亲身体会让幼儿真真切切地感受到了个人与集体的关系，体验到了活动的意义。

从以上的活动实例可以看出，儿童哲学其实并不深奥，它就在我们身边。儿童哲学的教育理念，不仅能让教师更好地走进儿童、了解儿童，而且有助于教师主动探索促进孩子发展、意义建构的教育方法。

3. 途径三：让儿童哲学课题研修成为生命教育的有力支撑

生命教育是一个不断深入、不断完善、动态调整的过程，它依托于实施过程中的每一位教师的不断思考、实践、质疑和修正。因此，我园首先从教师入手，提高教师的哲学素养，感悟生命的价值，激活教师的职业激情。

4. 途径四：以活动为载体彰显生命教育成果

在探索生命教育的过程中，我们时刻提醒自己不要忘记幼儿教育的终极目标——促进幼儿全面真实地发展。因此，我们充分利用多种机会为幼儿提供展示的机会与舞台，定期举办阳光体育节、童话剧表演、“国庆”模拟游行会、“汽车走进幼儿园”、毕业典礼、“经典红歌会”、亲子童话剧表演、亲子图书制作等各具特色的活动，使其成为实施生命教育的有效载体和推进平台。

以儿童哲学的视角，探索幼儿生命教育于我们而言，是一个崭新的命题，必然还要经历一个漫长的实践、发展的过程。未来，我园将不断深化生命教育研究，促进每个孩子健康成长，全面发展，用教育之美润泽幼儿生命！

幼儿园动态课程

——幼儿体能的研究

吉林省长春汽车经济技术开发区杨柳幼儿园　牛春颖

幼儿健康是幼儿园课程的第一目标。幼儿体育应当以幼儿健康发展为中心，促进幼儿身心和谐发展。幼儿园体能训练要促进幼儿身体的生长发育，发展各种基本动作，培养最基本的身体素质。习近平总书记提出："孩子们要文明精神，野蛮体魄。"提升幼儿健康水平，提升幼儿体能，既是奠定幼儿个体一生发展的基础，又关系着国家和民族未来的健康和可持续发展。发育良好的身体、强健的体质、协调的动作是幼儿体质和身心发展的基础，建构适宜、合理的幼儿园体能活动课程体系，可以提升幼儿体能的系统性、科学性、适宜性、目的性，让幼儿获得身心的全面发展。幼儿全面发展需要环境、家长、幼儿等多方因素的支撑。

一、确立体能目标，完善教学课程体系

以幼儿的年龄特点为核心，托、小、中、大四个年龄段分组划分目标，目标来源于《指南》、《国民体质测定标准手册(幼儿部分)》、各国《学前儿童课程标准》的设定。每个年龄段由力量、耐力、速度、灵敏、柔韧、平衡六个维度构成，每个维度下有多个锻炼的主目标，每个主目标下会有三个循序渐进阶段性子目标来支撑幼儿体能游戏活动达到一定量的标准。

如：2.5—3 岁组(托班组)

锻炼目标：跑步 40 米，学习正确的呼吸。

阶段目标：1. 走跑交替 20 米；2. 慢跑 30 米；3. 跑步 40 米，每天一次。

我园充分挖掘体能游戏活动的本土、本园特色。在疫情期间，老师们由此设计了"走"的多种活动。如：民间创新游戏"抢椅子""两人三足""一起去郊游""小猪盖房子""小蚂蚁运木材""小小运水员"等，并制作游戏视频同步与体能课题组的老师们分享交流适宜性，并准备逐步推广于长春市各园所，促进家园共育。

班级定期发布适合本班锻炼项目的视频，提供文字及视频双向解析，协助家园为幼儿体能的共同目标达成共识。

二、遵循发展规律，尊重幼儿个性发展

1. 明确体能活动的目的

教师要明确开展幼儿体质体能锻炼的目的：促进幼儿身体正常生长发育和技能的协调发展，增强体质和培养幼儿参加体育活动的兴趣，从而促进幼儿的整体发展。

2. 运动密度和运动强度

严格掌握幼儿运动密度和运动强度。对体质体能锻炼进行科学指导，实行全程跟踪。随时观察幼儿进行体质体能锻炼过程中的各项生理指标的变化，发现异常及时处理。

3. 坚持循序渐进的原则

按照活动量由小到大，动作由易到难，循序渐进的原则开展活动。要坚持不懈、持之以恒地锻炼身体。教师要重视活动过程，积极为幼儿提供与发展相适应的活动。在组织锻炼过程中要注意身体差异，切忌“一刀切”。量化不是唯一标准，结合幼儿的特点和实际参照方案进行活动指导。

4. 提供优良的精神环境

在组织活动中，教师要为幼儿提供优良的精神环境，注重培养幼儿勇敢坚强、克服困难的自信心及良好的心理素质等学习品质。

三、深化实践研究，开展体能多元评价

1. 确立评价的原则

坚持幼儿为本，适宜幼儿的身心发展规律。幼儿运动时需要承受一定的生理和心理负荷，负荷过小效果差，过大则超过身体的承受极限。因此，合理安排适合的生理负荷和心理负荷的运动量，是评价运动效果的一项重要指标。

2. 确立评价的内容

以教师的实践研究及幼儿体能目标为依据，因人而异；设立评价的内容，各年龄段有所差异，注重幼儿的个体差异。

3. 科学获取评价信息

从幼儿的身体发育、动作发展、体质发展、心理发展等采用多元的评价方式进行评价，科学地获取评价信息。

四、注重师资培训，促进体能持续发展

1. 坚持每周入班指导、每月科研交流、每学期总结各年龄段的教学指导制度，各年龄段由教研组长引领，集思广益，研发课程；园长定向指导，给予理论、方法、路径的支持。理论与实践相结合，探究课程设置中存在的问题，找出问题症结，及时修正，再实践、完善。

2. 遵循“教、科、研一体化”的原则，开展科研和教研的捆绑式研究，将教研组研讨内容与课题研究一一对应，针对托、小、中、大各年龄段的特点，构建适合不同年龄段幼儿开展的体能活动内容，探究多元有效的幼儿园体能活动组织形式、途径、方法，做好一些活动的实录拍摄，撰写教学活动案例，为课题收集研究资料。

3. 发挥“一优一带”教研的引领辐射作用，以本园为核心，形成教研共同体，定期开展教研活动，促进各园所间教研水平及教育教学质量的提升。

4. 通过自修、内培、外培等多种形式，不断更新与充实教育理论知识、科研知识；借助各实验园所研究经验进行学习，结合本园的研究重点汲取长处，作为课题研究的有利理论支撑，努力达成课题开展与教师专业发展同步提升。

体能发展可以使幼儿运动系统、呼吸系统、神经系统、内分泌、免疫系统和消化系统正常发育，并增强它们调节身体各部分动作和灵活控制身体的能力，使幼儿的动作逐步协调且姿势正确。

体能的提升不是一蹴而就的，需要幼儿园、家长、教师、幼儿等多因素的共同合力下方可顺利完成。幼儿园动态课程——幼儿体能的研究之路刚刚起步，在不断的研发及实践过程中，我们将吸纳多方资源及养分，并臻于至善。

以“汉字演变”为例谈互动式美术主题教育活动

新疆维吾尔自治区伊犁哈萨克自治州苗苗幼儿园　余世霞

理想状态下的美术主题教育活动，应当是教师选择幼儿感兴趣的、贴近幼儿生活的话题开展创意美术活动。在师幼互动的过程中，教师对幼儿的需要和感兴趣的自然事物进行价值判断，不断调整活动以生成帮助幼儿获得情感、道德、知识技能全面发展的课程。然而近年来，文字意识的习得是儿童早期发展的重要组成部分。刘宝根(2011)指出，5 岁是儿童文字意识发展的转折点，儿童在这一时期有强烈的兴趣与愿望来关注和探索文字。

互动式教学就是通过营造多边互动的教学环境，教师与幼儿在平等交流探讨的过程中，达到不同观点的碰撞交融，进而激发幼儿对事物的主动性和探索性，达成提高教学效果的一种教学方式。互动式美术主题教育活动中的“师幼互动”“幼幼互动”“家长与幼儿互动”“幼儿与环境互动”，都是关乎良好的师幼关系、亲子关系构建和良好的学习环境创造的至关重要的因素。在良好的互动关系中能激发幼儿的学习兴趣、审美情趣和创造能力。因此，我们借助“汉字演变”为载体，让幼儿了解中国汉字，开展以“中国汉字”为主题的系列创意美术活动，尝试用多元互动的方式感受、感知中国汉字，让儿童的在美术活动中关注和探索文字。

一、基于“师幼互动”，在互动中发展幼儿想象力

《幼儿园教育指导纲要》中明确提出：“关注幼儿在活动中的表现和反应，敏感地观察他们的需要，及时以适当的方式应答，形成合作探究式的师幼互动。”在主题活动“有趣的象形文字”中，我们开展了创意美术活动“象形文字变变变”，幼儿借助教师准备的《仓颉造字》动画片、象形文字的图片、字卡等多种形式的资料，在观看动画、欣赏故事、观察图片中了解汉字的起源。在师幼互动过程中认识一些简单的象形文字，并能将与之对应的现代文字进行对比，尝试绘画了“象形文字变变变”。孩子们自创的象形文字也十分有趣，有大自然的独特景象，如：树叶、花朵、蝴蝶飞飞、小鸟飞过云层、山洞等；还有有趣的游戏，如：抛球、射箭、走过独木桥等；甚至还有一些情绪的表达，如：哭泣的人，快乐的小人等。在交流中，孩子们还用自己创造的象形文字讲述了有趣的故事……五花八门，无奇不有，真是一幅幅想象文字的动画版！主题活动“有趣的象形文字”使教师与幼儿了解到象形文字是最早的文字之一，知道了汉字是华夏民族智慧的结晶，在一次次想象力的碰撞交流中，萌发了幼儿作为一个中国人的自豪感。

师幼互动是指在教师和幼儿之间发生的各种形式、各种性质和各种程度的相互作用和影响。在他们眼里，汉字的演变过程中石头、竹简、碗、书本都是新鲜有趣的。教师应该了解大班孩子阅读的年龄特点，通过为孩子提供提问、评论的机会，延续儿童对文字的探索。

二、基于“幼幼互动”，在互动中发展幼儿创造力

镜头一：今天，诚诚画了一间房子，在房子中间写了一个歪歪扭扭的“诚”字，琪琪问诚诚：“为啥要画房子呢?”诚诚告诉琪琪：“房子是‘家’的意思。”琪琪笑着说：“那我画两个气球吧，因为我叫‘琪琪’。”

镜头二：瑞瑞在白纸中间大大地写上了自己的名字，又在名字的后面用波浪线、折线、直线等将名字作为绘画主体进行了线条的分割，还在线条中间画上了许多小东西。一边画一边告诉宁宁：“我喜欢汽车，我喜欢蜘蛛侠，我喜欢冰激凌，我喜欢……”过了一会儿，

宁宁的名字周围也有了线条的分割和添画，一边画一边说："我也喜欢汽车，我的汽车是房车，可以睡觉、吃饭……"

教师本着尊重、平等、自主的原则，营造和谐友爱的环境，能够理解、关爱、支持、赏识幼儿，关注幼儿的兴趣和感受，支持幼儿对绘画的探索和操作，让幼儿在主动探索和发展的空间中再创造出新的作品。课程的出发点和落脚点都是幼儿。教师允许幼儿按照自己的想法大胆尝试，在探索与交流的过程中获得直接的体验，使幼儿真正经历知识的再创造过程。促进幼儿同伴间生活经验、知识水平、表达方式、创造力的有效互动，让幼儿在与同伴的互动、交流、合作中长知识、启心智，获取成功的信心，体验学习的快乐。

儿童通过语言和艺术象形这两种符号生动地记录了活动的整个过程，在儿童眼中，绘画并不完全是最后呈现的那张画稿，而是一个连续的、动态发展的过程。如果说孩子的美术创作是一种静态的艺术，那么孩子完成作品的过程更像是一部微电影，是一种动态的艺术。

三、基于"家长与幼儿互动"，在家园合作中共同成长

幼儿教育是一项系统工程，儿童的发展受到幼儿园、家庭和社会环境等方面因素的影响。幼儿园作为学前教育机构，担负着教育幼儿和为家长服务的双重任务。幼儿的成长需要家园相互沟通，共同寻找教育的最佳切入点。恰恰家园合作是一种双向互动活动，是家庭教育与幼儿园教育的相互配合。因此，我们教师应该有强烈的责任感和角色意识，要加强与家长的情感沟通和信息交流，激发家长参与幼儿园教育的兴趣和热情，实现家园互动的实效性。为此，我们采取家园互动的方式，结合幼儿园创意美术活动，开展了主题为"我的名字"的系列活动。在活动一"我的名字有故事"中，家长为孩子们讲述了幼儿姓名里所赋予的特殊含义，幼儿在了解自己名字的同时，也感受到父母对自己满满的爱意；在活动二"我会写名字"中，家长帮助幼儿记忆名字的书写方法，让幼儿能够快速书写自己的姓名；在活动三"名字创意画"中，教师鼓励家长和幼儿一起尝试把幼儿的名字画成一幅幅有创意的美术作品，画中有游弋在水墨间的龙、有连绵起伏的长城、有似花朵绽放的名字、有藏在丛林中的名字。这些作品吸引着孩子们的眼球，一个个有名字故事的美术作品充满了家长与幼儿的想象和创造，孩子们津津乐道。

四、丰富幼儿的体验

接下来一段时间里，师生一起讨论、实验、观察、查找资料，发现了更多的秘密，如：汉字的多种写法，还有哪些写字的工具，为什么毛笔既能写字还能绘画？我们还大胆将创意美术活动和中国汉字相结合，开展"画字"活动，激发幼儿对中国汉字的兴趣。与此同时，我园大班教师将"我们的汉字"搬上幼儿园班本剧舞台，家长和幼儿一起设计创造出象形文字背景，绘画相关图画，创设了一个象形文字的世界，培养幼儿的审美能力，发展幼儿想象力和创造性。

《幼儿园教育指导纲要》的语言领域中明确提出："培养幼儿对生活中常见的简单标记和文字符号的兴趣，利用图书、绘画和其他多种方式，引发幼儿对书籍、阅读和书写的兴趣，培养前阅读和前书写技能。"有了充足的材料和时间，幼儿就有了观察、发现、尝试、操作的机会，他们在多感官参与活动的过程中，丰富了体验，得到了发展。在这个过程中，教师也面临着很大的挑战，其中最艰难的是要转变固有的模式，从集体教学转向在美术区提供丰富的材料，以便孩子展现自己的收获。教师将中国汉字运用到美术创作中，充当互动的合作者、引导者和参与者，有更多的精力和时间去观察幼儿，研究幼儿，为幼儿建立创设环境、调整材料的空间，不断支持幼儿的深度学习。

五、梳理总结

主题结束之后，教师对照《3—6 岁儿童学习与发展指南》进行梳理，及时进行反思和总结，将关键经验、具体案例给予呈现和描述。首先，这种活动教师必须不断更新教育理念，不断改善教育行为，将自己定位为良好师幼互动环境的创造者，交往机会的提供者，积极师幼互动的组织者和幼儿发展的支持者、帮助者、指导者和促进者，要认识到每个孩子都具有丰富的想象力，唤醒孩子的美感经验，引发其创造潜能；其次，要创造机会让孩子们尝试表现想象力；最后，让孩子们自觉用美术表达情感，以此激发他们对生活的热爱，让孩子们认识到自己的想象力有那么丰富。

以班本剧为载体走进经典儿童文学作品

新疆维吾尔自治区伊犁哈萨克自治州苗苗幼儿园　唐丽君

我园戏剧以班本剧的形式开展已有六年多的时间，从最初的幼儿表演到现在独具一格的以经典儿童文学作品为主的班本剧活动课程。通过开展以经典儿童文学作品为主的班本剧活动课程将幼儿带入儿童文学的优美意境中，让幼儿在感受儿童作品意境美、语言美、情感美的同时，以班本剧的方式表现儿童文学作品。让幼儿在与作品的互动中激活情感、了解社会、感悟人生，并潜移默化地启迪发展幼儿语言、情感、经验、思维、社会交往等各方面能力，更好地促进幼儿整体和谐的发展。

一、寓以经典儿童文学作品为主的班本剧于环境创设中

《幼儿园教育指导纲要》指出："环境是重要的教育资源，幼儿的发展是在周围环境的相互作用中实现的，良好的教育环境对幼儿身心发展具有积极的促进作用。"环境不仅是物质的、精神的，而且还是活动的，各种各样的活动构成了幼儿丰富的学习与成长世界。创设以经典儿童文学作品为主的幼儿园环境，能够让幼儿在浓郁的儿童文学作品氛围中感受不同儿童文学作品的特点、文化魅力，帮助幼儿认识社会、增长知识、丰富生活经验、启迪心智。在与孩子们的共同探讨下，我园创设了以丰富的班本剧活动课程及以儿童文学作品为主的校园环境，并征集幼儿和家长的意见与孩子们一起动手创设幼儿园楼道、大厅、走廊、班级等的环境。例如：小班楼道展台创设的"小蝌蚪找妈妈"情境，有小班孩子们制作的小蝌蚪，有中班小朋友制作的青蛙妈妈的手偶，有大班小朋友绘画的故事画册。立体与平面、观察学习与动手体验相结合，就其教育效果来说，不仅调动幼儿参与环境布置的积极主动性，提高孩子的兴趣和创造性，增强其责任感和成就感以及爱惜劳动成果的品德教育，更让幼儿在与环境互动的过程中了解和欣赏儿童文学作品，潜移默化地受到思想品德方面的启发和教育，以及情感、情操、精神境界等方面的感染和影响。更大程度地获得了认知上的发展和语言能力及思维能力的提高。

二、寓以经典儿童文学作品为主的班本剧于一日活动中

我国著名的教育家陶行知说：生活即教育，一日活动皆课程。幼儿园的一日生活是幼儿园保教工作的重要组成部分，也是幼儿教育的重要内容和重要途径。在一日活动中，教师应合理地安排每个活动内容，并能适宜、交替地体现出生活、游戏、户外运动、学习、自由活动等。将活动内容有机地渗透在幼儿的学习与发展、习惯养成教育、情感教育、技能获得等一日活动中。因此，一日生活在幼儿园教育工作中具有重要的意义。

幼儿一日生活处处隐含着教育的契机，教师应从一日生活中充分挖掘教育资源，将班本剧课程在一日生活各个环节活动中相互渗透，有机结合，促进幼儿健康成长的同时又有课程的实施中的学习成长。例如：班本剧课程“十二生肖”，在一日活动中根据幼儿属相进行分组进餐、如厕等；教师在饭后带领幼儿阅读十二生肖图书；睡前听十二生肖动物故事，午睡后做动物苏醒操等，以谈话、阅读、倾听、律动、绘画等浸润学习方式让孩子们了解十二生肖。激发幼儿对十二生肖动物的兴趣，知道自己及家人的属相，初步了解中国传统文化，增强幼儿作为一名中国公民的民族自豪感。

三、寓以经典儿童文学作品为主的班本剧于区域游戏中

在开展区域游戏活动中，我们设立了以班本剧为主的美工区、语言区域、表演区域等，孩子们在与环境及材料的相互作用中学习、探究、体验，从而激发了学习兴趣和求知欲望，感受到了合作的快乐和成功的喜悦。让孩子们体验表现美、创造美的乐趣。

在这些区域中设立经典儿童文学作品的相关材料让幼儿操作。以大班《功夫熊猫》为例：孩子对其中的一段京剧产生了极大的兴趣，从而延伸出课程“了解京剧中的脸谱”。知道可以通过脸谱看出人物的忠奸、美丑、善恶等性格特征。同时为了让孩子们喜爱京剧，了解京剧，增强对国粹艺术的热爱，并通过美工区“制作脸谱”、音乐区“唱大戏”、语言区“了解京剧脸谱”、科学区“色彩的调和”、建构区“搭戏台”、表演区“说唱脸谱”等系列活动让幼儿体验一下国粹艺术的魅力，通过各种区域活动，调动幼儿主动、积极参与的兴趣。从多种感官、大跨度的时间激发幼儿对班本剧活动的热爱，引导幼儿在理解内容的基础上分角色参与游戏和表演，从中体验角色情感，感受角色游戏般的表演乐趣。

这种“寓教于乐”的浸润式教育方式一直是幼儿园推崇的教学方法，更使得我园班本剧教学别具一格，是孩子和幼儿与幼儿园成长的见证，我们与幼儿共同学习着、成长着、收获着。

（一）以经典儿童文学作品为主的班本剧是幼儿成长的快乐途径

在幼儿的成长过程中，游戏与艺术是两大不可或缺的重要元素。在他们语言表达不够丰富和流畅的情况下，“假扮”是幼儿最擅长的“语言”。幼儿乐于装扮成他人和他物，在头脑中幻想他人和他物的动作、言语和情感，用身体像他人和他物一样地行动，感受周围世界的奇特和美妙。比如：班本剧课程“三打白骨精”，孩子在整个学期中通过阅读作品、绘画故事人物、选剧本和音乐、制作道具、竞选角色、班本剧表演、评选最佳演员等的全程参与，感受孙悟空的无所不能、白骨精的奸诈狡猾和千变万化以及对一家三口的同情等。

孩子们的全程参与班本剧的表演和“假扮”，将游戏性和艺术性充分结合起来，能充分给予幼儿形象思维和抽象思维相结合的时空和领域，让幼儿更加自由、畅快地在感悟和体验中快乐游戏、快乐学习、快乐成长，达到了班本剧教育的使命和意义。

因此，在幼儿时期，我们更需要班本剧的滋养、需要班本剧的教育启发。因为班本剧是幼儿把握世界、认识自我的主要途径之一，是学习成长的主要方式之一。

（二）以经典儿童文学作品为主的班本剧是团队成长的有效手段

以班本剧课程为载体建设教学团队，可以让教学团队更好地进行本领域教学技能的沟通。在班本剧课程实施过程中，教师学会了引导幼儿如何选择合适的文学作品作为班本剧的剧本，如何调动全班幼儿参与班本剧的积极性和热情，如何根据班本剧的特质对幼儿进行评价，如何根据班本剧进度的需要更好地发动家长的力量收集活动资源以及团队的互助合作等。

经过这些年的班本剧课程的经验积累和实验研究，我园已形成班本剧课程小组及班本剧课程优质资源库等，班本剧课程的实施不断提高教师学习能力、实践能力、反思能力，促进了教师的专业化成长，教师团队建设明显提升。

（三）以经典儿童文学作品为主的班本剧是园所成长的文化载体

幼儿园的环境是“会说话”的环境，需要为园本课程服务。完善的课程体系才能催生有意义的幼儿园环境，因此以我园班本剧课程为核心，将班级环境、公共环境等打造成为童趣化、美化、教育化、绿化为一体的优良环境空间，力图通过对总目标的达成，打造一个布局合理、功能突出、环保安全和童趣美观的室内环境，让有限的活动环境成为幼儿无限成长的阶梯。充分发挥环境教育手段的交互作用，让幼儿通过与环境的作用充分发挥自主性，展开生活，从而促进幼儿向期望的方向发展，并最终形成我园独特的园所文化。

试论“工匠精神”在中职院校美术教学中的融入策略

河北省石家庄市河北经济管理学校　刘馨娴

美术是中职学校开展艺术教育的主要阵地，也是学生探索艺术世界的主要窗口，中职美术教师要聚焦“工匠精神”教育。从传统文化入手，带领学生学习国画和剪纸艺术，让学生认识不一样的美术世界，让学生了解中国艺术家继承传承技法、弘扬中华文化的情怀，培养学生“工匠精神”认同感；深入挖掘民间美术资源，积极开设艺术实践工作坊，带领学生学习篆刻、扎染艺术，让学生体验独特的雕刻、印染和绘画方式，让学生继承中国民间艺术家精益求精、刻苦钻研的精神；深入讲解中国美术家创作故事，介绍徐悲鸿、齐白石等绘画大师热爱祖国、精益求精和精雕细琢的创作故事，培养学生潜心创作、精益求精的美术创作态度，让工匠精神点亮中职美术课堂。

一、立足优秀传统文化，培养学生文化认同感

工匠精神是中华传统文化的缩影，中职美术教师要立足学科特点，挖掘传统美术文化资源，为学生呈现工匠精神在美术学科中的体现，培养学生的文化认同感。例如：教师可以带领学生鉴赏工笔画，欣赏中国画家利用毛笔勾勒出花卉的花瓣脉络、花蕊和树叶脉络，甚至可以细腻地勾勒出花瓣上的褶皱和露珠，很多画家还可以描绘出鸟类羽毛的走向、爪子上的褶皱和灵动的眼神，展现了中国画细腻、传神、精雕细琢的创作风格。这也是工匠精神在国画创作中的表现。教师要引导学生把这种细腻的创作风格运用在国画创作中，让学生继承中国画家的工匠精神。此外，教师还可以开展剪纸教学，为学生介绍剪纸基本的雕刻、镂空技法和基本的纹样，例如：用微课展示春节期间常见的“连年有余”“花开富贵”“喜鹊报春”等剪纸图样，介绍民间艺人巧妙设计剪纸纹样、巧夺天工的裁剪刀法，让学生用剪刀、刻刀进行创作，鼓励学生继承剪纸艺人潜心钻研、一丝不苟的创作精神，让学生深入了解剪纸艺术，让工匠精神进驻学生心间。

二、挖掘民间美术资源，提升学生艺术审美能力

中职美术教师要深入挖掘民间美术文化，创办民间艺术创作坊，带领学生学习篆刻、扎染艺术，让学生体验博大精深的民间美术，为学生展现民间艺人身上精雕细琢、精益求精、甘于奉献、代代传承的工匠精神。篆刻需要在石料上“作画”，巧妙设计文字布局，讲究的是干脆利落的刀法，独具一格的书法艺术。教师可以为学生讲解篆刻刀法，让学生先在白纸上设计印章篆刻图案，再让学生控制下刀的位置和力度，让学生一丝不苟地进行雕刻，让学生身体力行地感受工匠精神。扎染则是一种传统的民间工艺，人们利用扎、缝、缀、夹等工艺对布料进行捆扎，再对布料进行染色，被捆扎的部分会保持原色，其余部分

则被印染成其他颜色，捆扎部分则会形成独特的图案。教师可以带领学生亲自扎染一块布料，鼓励学生自主设计布料图案，如花朵、菱形和条纹等图案，自主配制布料颜色，让学生染出独一无二的布料，进一步提升学生审美能力和创作能力，让学生养成潜心创作、一丝不苟的美术创作习惯，让他们主动传承工匠精神。

三、优化美术鉴赏教学，培养学生精益求精的态度

教师要不断开发新的美术鉴赏教学内容，讲解中国著名绘画大师的事迹，展现中国艺术家身上炙热的爱国情怀、博采众长和精益求精的艺术追求，展现他们身上的工匠精神。《八骏图》是徐悲鸿大师的代表作，融合了西方素描和中国写意艺术，勾勒了骏马奔驰的姿态，马尾迎风飘逸，马头昂首挺进，展现了“奔马精神”。他在创作之前，花费了大量时间来观察马，观察马奔跑时的姿态，马头、马尾、马蹄和躯干的姿态，甚至学习马的解剖结构，为创作做了大量的前期准备，展现了精益求精、不怕辛苦、不断追求完美的工匠精神。齐白石先生是著名的书法、绘画和篆刻大师，他的作品以大写意国画风格为主，擅长花鸟、瓜果和鱼虫的工笔画，笔法细腻传神。例如：《墨虾》中只是运用单一的墨色就描绘了虾的神情，虾呈现半透明质感，六只虾错落有致，细腻勾勒了虾须、虾钳、虾线和虾壳关节，让活泼好动的虾跃然纸上。教师要鼓励学生分析这两位大师的绘画作品，让学生体会绘画大师的风采，让学生学习绘画大师潜心钻研、坚持练笔、博采众长和精雕细琢的精神，不断提升学生的工匠精神。

四、结语

中职美术教师要聚焦工匠精神培育，把传统国画、剪纸、篆刻和扎染艺术融入教学中，带领学生领略民间艺人和绘画大师孜孜不倦的创新精神，让学生学习他们精益求精、潜心钻研和热爱生活的艺术精神，鼓励学生自主创作手工艺品，让学生继承民间艺术和传统文化，让工匠精神引领学生艺术创作，提升中职学生艺术素养和人文素养。

幼儿园教师教学语言的运用策略分析

河北省石家庄市河北经济管理学校 杨瑶然

作为职业语言，教学语言是幼师开展教学活动的关键举措，教学语言包含着不同的体态用语。在幼儿园中，幼师使用规范的教学语言对幼儿的学习发展具有很大的帮助，建立了师幼之间和谐的教学关系。因此，带领幼儿开展教学活动与幼儿进行交流时，幼师应当将教学语言儿童化，以此提升幼儿的语言能力。幼师应当掌握规范的教学语言，在教学中多多与幼儿进行互动，激发幼儿的语言能力，使幼儿具备良好的语言素养。

一、将教学语言形象化、具体化

讲述语言是幼师开展教学的常用教学语言，幼师通过口头表达将知识教授给幼儿。在应用讲述语言授课时，幼师应当不断丰富自身的语言，激发幼儿的学习兴趣，提升幼儿的语言能力。研究表明 3—6 岁的幼儿是通过直观形象来认识身边事物的，因此，幼儿的理解能力较低，对于抽象的词汇，幼儿是无法理解的。幼师一定要将词汇尽可能地形象化、具体化，加强幼儿对所学知识的理解与记忆。例如：幼师带领幼儿进行识别颜色的教学活动时，要创设符合幼儿认知能力的课堂提问，吸引幼儿的课堂注意力。幼师：“今天我们来学习不同颜色的树叶，请大家说出卡片中叶子的颜色。”幼师拿出梧桐树叶的卡片询问幼儿：“这是什么颜色的叶子？”幼儿：“绿色。”接着，幼师拿出枫叶的卡片询问幼儿：“这是什么颜色?”幼儿：“红色。”幼师：“很棒，请大家跟我读，绿色的梧桐叶，红色的枫叶。”幼儿复述过幼师的语言后，幼师拿出冬青叶子询问幼儿：“请完整地说出冬青树的名称与它叶子的颜色。”幼儿：“冬青树叶是绿色的。”幼师通过教幼儿分辨树叶的颜色，让幼儿记住树叶的名字，这种直观的教学方式能让幼儿快速地领会幼师的意思，降低了学习难度，与此同时，幼儿的语言能力也得到了有效的培养。

二、运用有效提问，锻炼幼儿的表达能力

提问型教学语言能使幼儿针对幼师提出的问题做出相应的回答，在教学环节中提问有重要的作用。幼师利用提问开展教学，幼儿的表达能力将得到显著的提高。在提问的过程中，幼师要注意提问语言的运用，保证教学语言的认知与趣味性。例如：幼师为幼儿准备不同材质的小碗，强化幼儿的思维能力，幼师通过提问调动幼儿的学习积极性。幼师：“我为大家准备了不同材质、不同颜色的小碗，请大家来挑自己喜欢的小碗，带回座位。”幼儿坐好后，幼师接着说：“从左边第一排同学开始，请大家按顺序说说自己的小碗是什么材质、什么颜色的。”幼儿按顺序说出小碗的颜色与材质。接着，幼师为幼儿发放木棍，让大家敲一敲自己手中的小碗，形容一下敲击的声音。在开展教学活动的过程中，幼师要掌控课堂节奏，通过有效的提问激发幼儿的个人思维，锻炼幼儿的语言表达能力。

三、重视幼儿的主体地位，加强语言互动

教学是需要双向互动才能达成成功、一致的教学目标的，幼师应当尊重幼儿的主体地位，在课堂上与幼儿进行有效的沟通，为幼儿提供轻松的学习氛围。幼师作为课堂的指导者要引导幼儿多说，鼓励幼儿大胆地说，纠正幼儿的不规范用语，以言传身教的教学手法，加强幼儿的语言表达能力。幼师开展绘本教学时，就可与幼儿形成良好的互动，强化幼儿的语言表达能力。以《长大以后做什么》绘本内容为例，首先，幼师应当声情并茂地为幼儿完整地讲述绘本，接着幼师在适当的地方进行停顿，让幼儿回答自己的问题。例如：女孩问蒲公英：“长大后你想做什么?”蒲公英回答：“我要做一只大狮子!”幼师读到此处向幼儿提出问题：“蒲公英想做什么动物呢?”幼儿：“大狮子!”幼师：“请完整地说一下。”幼儿：“蒲公英要做一只大狮子!”幼师：“因为大狮子的鬃毛是……”幼师在此处停顿等待幼儿回答：“又浓又密!”幼师：“又浓又密的鬃毛是什么颜色的呢?”幼儿：“金色!”幼师：“请完整地说一遍。”幼儿：“大狮子有又浓又密的金色鬃毛!”幼师为幼儿讲述绘本的过程中，通过适当的停顿，让幼儿回答幼师的问题，加强了师生之间的语言互动，幼儿的语言表达能力得到了锻炼与加强。

四、结束语

在开展教学的过程中，幼师应当使用形象、具体的教学用语，使幼儿快速了解幼师的意思，并做出正确的回答。幼师运用提问锻炼幼儿的语言表达能力，加强与幼儿的语言互动，这种言传身教的教学方式能调动幼儿的学习兴趣，与此同时，幼儿的语言能力得到了有效的培养与加强。

如何依据绘本开展线上主题活动

北京市大兴区第六幼儿园　刘凯旋

绘本之所以成为流行读物，深受幼儿及成人的喜爱，这其中除了绘本特有的趣味性，更重要的是绘本中所蕴含的教育意义。优秀的绘本可以用简单的画面和文字表达深刻的内涵，可以通过生动有趣的绘画把很多人生哲理传递给读者。表达特定情感和主题的绘本，能给孩子带来身临其境的享受和体验。

为提升幼儿阅读和学习体验的便利性，我们将部分课程进行线上开展。那么应该如何选择绘本，怎样在线上将绘本与主题教学有效整合，发挥绘本的最大作用和主题中所蕴含的价值呢？我将通过以下几方面，有效组织线上绘本主题活动，使线上主题活动得到有效实施，幼儿真正受益于精彩活动。

一、明确主题，选择适宜绘本

好的绘本不仅符合孩子的思维特点，更能激发孩子的阅读兴趣；绘本不仅要画面精美，而且要富有内涵。为此我们要确立选择绘本的标准与适宜性。

1. 主题鲜明，利于理解和接受

我园为“品格”特色园，为使幼儿具有良好的社会性，养成良好品格，每月根据幼儿年龄特点，设置相应品格点。将品格与主题相融合，使幼儿在丰富的主题活动中不仅能够充分探索，提升相应能力，也能发展良好品格。

由于绘本种类繁多，我们在挑选时不仅内容要符合幼儿年龄特点，更要有鲜明的主题，并且与活动主题、品格点相呼应，给予幼儿正确的引导。而且绘本要有清晰明确的情节，便于幼儿理解和接受。

2. 充满趣味，有内涵

绘本是多种多样的，它通过亮丽的色彩、明确的主角和丰富的情节吸引着幼儿兴趣。但我们在选择时不仅要了解它的趣味性，更要挖掘内在的价值和意义。例如：在《妈妈买绿豆》的绘本故事中，小男孩从一开始催促妈妈，之后又利用玩玩具等方式耐心等待，与妈妈共同劳动得到收获，思考一粒豆子的去处，等等。看似简单的故事情节，可以激发出幼儿耐心、好奇、探索、勤劳等良好品格。所以我们挑选绘本时，既要符合幼儿兴趣，满足幼儿的创想和好奇，又要与主题相结合，具有更深入的教育意义。

二、科学录制，推送与互动

绘本中的文字很少，重点都在其丰富的画面当中。所以我们在录制绘本时，要将作者隐藏的内涵输出，生动有趣地介绍出故事情节。引导幼儿观察画面，发现图画中所包含的隐性教育和价值。

1. 教研讨论，重点提升

每次确定绘本以后，我们先自己阅读，熟悉绘本。之后进行小组研讨，深度剖析绘本，了解其中的深度含义，同时体会作者的情感。相互讲解、表达与指导，保证自己能够录制出有趣且有意义的绘本故事。

2. 创设环境，激发兴趣

(1)亲子阅读

为提高幼儿的阅读兴趣，我们邀请家长与孩子共同倾听故事，并纷纷表达自己对故事的理解。例如：在故事《大熊抱抱》分享当中，熙熙小朋友在听完故事后抱了抱妈妈、奶奶表达自己的爱意。还说了自己所想到的陪奶奶做饭、给妈妈倒水、帮爸爸擦地等表达爱的方式。在亲子阅读中，孩子们不仅能够及时表达自己的想法，还能增进亲子距离。

(2)同伴分享

在故事分享后，很多小朋友按捺不住内心的想法，要与好朋友们分享。我们利用微信群，提供分享平台。孩子们观看故事后纷纷讨论，也带动起平时较为内向的幼儿大胆表达。相互促进和讨论的同时，更多地激发幼儿的兴趣，理解绘本和品格主题的含义。更有部分幼儿找来相关书籍，为大家在线讲解，争当“小老师”，加深故事理解和主题意义。

3. 挖掘价值，探索与实施

幼儿的理解不能停留在书面上，绘本的引入和理解是为了便于活动更好地深入开展。在三月“独立成长”的主题活动中，先以《我不想离开你》的绘本进行引入。通过了解小袋鼠长大后自己游戏、做事更快乐的故事情节，幼儿进行情感带入，发现自己的成长。有初步独立的想法，愿意尝试不依赖他人独立做事。

班中的幼儿在听完故事，讨论可以独立做哪些事情以后，纷纷展开行动。在生活中不管穿衣服、吃饭还是如厕、叠衣服等，都不用爸爸妈妈帮忙，全部自己完成。在游戏时也尝试自己玩玩具、看书，不缠着爸爸妈妈陪自己玩，可以让他们去做自己的工作，玩具自己玩、自己收。很多幼儿不仅能够完成自己的事，还能体会爷爷奶奶照顾自己的不易，能够帮助他们倒水、扫地、擦桌子等。

看似一个小小的绘本，孩子们通过阅读、倾听发现其中蕴含的大智慧，还能迁移自身，进行“独立”品格的探索与尝试，从而收获满满。

三、家园共育、深入探究

由于是线上教育，孩子们都在家学习，那就少不了家长们的帮助。家长的参与不仅大幅度提高幼儿的兴趣，“一对一”指导也能深入探究，开阔思维，发现主题教育的多面性。依据每位幼儿的想法进行尝试与探索，带来更深刻的体验。

1. 开阔思维，多向探索

在“节俭快乐”的主题活动中，幼儿通过《约瑟夫有件旧外套》的故事，了解到节俭所带来的乐趣，一件衣服可以像变魔术一样变换。一下子就激起孩子们的兴趣，都在寻找自己家中有什么可以修改制作的东西。有的小朋友将纸卷筒变成了小蜜蜂，有的小朋友将塑料桶变成小灯笼，有的小朋友将干果皮变成美丽的画作。和爸爸妈妈共同制作，创意数不胜数。与此同时还有很多小朋友发现家中其他的节约方式，例如：洗漱的水可以用来冲马桶、淘米水可以用来浇花、废旧塑料瓶可以用来制作浇花壶、蔬菜根部可以继续种植或作画、离开房间要及时关灯，等等。二宝可以用哥哥姐姐分享的物品进行旧物改造、手工制作，等等。在小区中有幼儿发现了旧衣捐赠箱，了解到原来自己的旧物品不仅能改造还能帮助到别人。在养成节约品质的基础上还能贡献爱心，体会分享的喜悦。

同一个故事，给孩子们带来不同的体验和感受。同样的主题，带给孩子不同的探索和收获。孩子们按照自己的思路探索后在微信群中进行分享，激发更多小朋友的兴趣与创想，从而以多方向、多角度，更加深入地去了解和体验。

2. 丰富主题，提升经验

绘本不仅可以作为一个主题的开端，在主题当中也有着至关重要的作用。优秀适宜的绘本不但可以帮助幼儿进行理解，在活动进行时也可起到升华作用。

在“秩序”品格活动中，幼儿对秩序的理解局限在买东西要排队，上公交车、玩滑梯要排队等。于是我推出《乱扔东西的塔格叔叔》这一绘本，通过故事中塔格叔叔杂乱不堪的生活如何变得有序，使孩子们了解到“秩序”的含义以及它所包含的多样性。从而促进幼儿对扔垃圾要分类、过马路要看红绿灯、公共场所不大声喧哗、玩完的玩具要收拾回原位等一系列有关秩序的探索。

绘本的实时推进，不仅具有带动性，能够激发幼儿兴趣，还可以加深对主题的理解，丰富主题活动的内容，进行深入探索，促进相关经验的提升与收获。

四、总结与延伸

在活动的过程中，我们要不断激发幼儿的兴趣和想法，鼓励幼儿进行线上互动，分享自己对主题活动的理解与实践。同时我们也需要时刻掌握幼儿对活动的深入程度，以便帮助他们更好地探索且有所提升。为幼儿制作美篇，随时进行总结，帮助幼儿积累相关经验。

虽然我们每个活动的持续时间仅为一个月，但好的活动永远不会落幕，随时都有它的探究价值。且品格的养成是终身的，我们只是为幼儿种下这一粒种子，还需要随时浇灌，待它发芽，茁壮成长。同样，对绘本的理解也随之更加深入。正所谓“书读百遍其义自见”，每次都会发现不一样的奥妙，也让我们的活动不断延伸。

绘本作为幼儿“人生的第一本书”，能让幼儿亲切、自然地认识世界、开阔眼界、拓展经验，满足孩子的求知欲，学会与自然和谐相处，唤起幼儿探索的欲望，对幼儿情感、态度、价值观的成长有独特的、不可替代的教育价值。作为教师，我们应以科学的态度、理智的头脑，善于从不同年龄段幼儿的认知和发展的实际需要出发去选择最为合适的绘本，使绘本能真正引发幼儿兴趣，促其养成终身受益的良好习惯。且将绘本与主题活动有效整合，拓展绘本在主题教学中的运用价值，从而发挥绘本的最大作用，使主题活动得到有效实施，使幼儿真正受益于精彩的活动，并在活动中开心快乐地成长。

创新管理模式　助力园所发展

北京市大兴区黄村镇第一中心幼儿园　王　慧

幼儿园的发展离不开园领导的引领，也离不开各个层面管理者的建设，他们在园所中起着承上启下的作用，他们深入到教师中间，传播积极的工作思想，指导教师的教育方法，引领教师的创新研究，客观公正地评价工作。作为年级主任的我是如何发挥自己的作用，管理带动教师进行工作研究的，将从以下几个层面进行阐述。

一、领悟政策内涵，树立大局意识

每个园所都有自己的管理模式。我园也不例外。我园采用分层管理的模式，自上而下地进行精深指示的传达，工作内容的合理分配，部门工作的定期汇报，形成系统的工作方式，有条不紊地开展着各部门不同性质的工作。我作为年级主任，代表的不是个人，而是一个单位，一个集体，上要对园所负责，下要对教师和幼儿负责。因此在每次的核心团队会议中，我都要准确领会和把握领导的精神，不折不扣地将上级的精深指示领悟透彻，并用适宜的方式向下面的老师传达工作思想与内容，积极调动本部门教师的工作动力，促进教师主动工作，主动研究。

年级主任作为“兵头将尾”这个角色，既是指挥员，又是战斗员。每次核心团队开完会以后，我都要重新整理会议内容，将其进行分类、做标记，写在纸上发给每班一份。同时给班长们进行解读分析，班长们有哪些困惑和建议能解决的在内部解决，解决不了的我再向上级反应。在每一阶段的工作安排中，教师们每完成一件事就在纸的相应位置上画钩。同时我会督促他们，时刻提醒他们近期要完成的任务。

在当好“将”的同时，我更要当好“兵”这个角色，带领教师们进行深入实践，内化研究内容。

1. 明确研究内容，制订研究计划

每学期我都会带领教师一起分析反思在教育教学过程中存在的问题，并分类归纳整理，核心团队再进行剖析，分析出问题的实质所在，通过园所课程的研究将问题解决的办法落实在实践中。通过自下而上的问题收集，自上而下的方向明确定位年级组一学期要研究的主题内容，并根据实际情况，制订出切实可行的计划。计划做到主次分明，有张有弛，最终能帮助教师解决困惑。

2. 组内确定职责

为了达到研究的实效性，园所制定一份教科研职责书，年级组内也会结合实际情况制定一份职责书，充分发挥教师们的优势，明确教师们的工作任务，调动教师们研究的积极性。如我们组在学期初，制定了一套管理体系，明确每次活动的拍摄人是谁，记录人是谁，影像资料整理人是谁，资料收集人是谁，查阅文献人是谁，在每一次的教研活动结束时都会将任务责任到人，既分工明确，又提高了教师的责任意识，从而形成本组教研管理机制，保证研究的时间与空间，深度与广度。

3. 领导随堂指导

在每次的教研活动时，园领导们都会分批参与到活动中，他们边做记录，边参与到活动之中，扮演不同的角色，有时是幼儿，有时是教师，有时是园长。通过不同角色的扮演，给予启发和思考，给每次的教研活动锦上添花。

4. 活动形式多样

在每次的教研活动中，我们改变了以往单纯听说的教研模式，转而通过角色扮演、师幼同台、情景表演、游戏体验、分组讨论、头脑风暴、问题解析、经验分享等多样化的形式来进行研究，形成一种互动式的学习氛围。既激发教师的学习热情，又将研究学习辐射到全体教师，有创新有落实。

二、引领教师前行，助力园所发展

教研组是园所推动课程研究的重要力量，是最小的具有独立组织能力的教师小组。虽然人数不是很多，但是教师们的研究热情非常高。近年来，我园教师在教研组的持续研究推动下，都有了自己的研究方向，部分教师有了自己的研究课题，通过自上而下的引领，自下而上的解析，教师们从经验型走向研究型，推动了园所的整体发展。

管理是永恒的主题，但管理永远需要创新，我作为一名年级主任在园领导的指引下，在自己的思考下，引领年级组教师积极参与研究工作，给予他们适宜的支架，不仅促进了个人能力的提升，还推动了园所的整体发展。

探索新时代背景下的幼儿园教育评价工作

北京市大兴区黄村镇第一中心幼儿园　孙丽苗

教育评价是教育的重要构成要素，贯穿于教育工作的始终。2020 年 10 月国务院印发了《深化新时代教育评价改革总体方案》(以下简称《方案》)，这是贯彻全国教育大会精神、深化教育改革的重大举措。《方案》中提出的：坚持科学有效，改进结果评价，强化过程评价，探索增值评价，健全综合评价，充分利用信息技术，提高教育评价的科学性、专业性、客观性。结合幼儿园的工作，我对此有一点自己的认识和理解。

一、关注园所发展，强化过程性评价

我国的教育已经发展到一个新的阶段，在新时代中国特色社会主义思想下，要认清工作性质和发展政策方针。我们现在的教育目标是要进一步促进教育公平，提高教育质量，实现教育现代化，培养实现第二个“一百年奋斗目标”的高素质人才。幼儿园是最基础的教育阶段，孩子们是第二个“一百年奋斗目标”中的建设者和接班人，对他们的教育至关重要。教育评价事关教育发展方向，目前针对幼儿园的工作，我认为需要进一步完善各项工作的评价内容与评价标准。

评价内容是评价目的的直接反映，评价标准是对评价内容中某一具体指标进行价值判断的准则和尺度。如：在园所督导评估工作中，评价内容和标准应依据多方面的内容建立，减少结果性评价，注重过程性评价。结果性评价要有较强的客观性和规范性，过程性评价要有较强的实践性和发展性，要综合进行考虑。比如：在园所评价中重硬件设施，轻软件设施；重园所文化建设，轻实践活动开展；重材料查阅，轻现场查看；重德智教育，轻体美劳教育。这就容易造成教育价值取向的歪曲，不能从根本上推动幼儿教育的全面发展。因此，在幼儿园整体工作中，要科学、综合地考虑评价的内容和标准，规范评价管理模式和评价内容。

二、关注教师成长，增强多元性评价

近年来，在幼儿园教育评价中，教师评价备受关注，幼儿园通过自商自讨建立教师评价机制，对不同岗位的教师进行自评他评。师德师风已被作为评价的第一标准，但是在专业成长上有些片面。如在评价教师时，只关注教师个人的专业素养，缺乏教师对幼儿成长因素的关注。有的教师理论知识非常丰富，但是不会转化到日常实践工作中。还有在职称评定或骨干教师评选过程中，更多关注教师的获奖成绩，对教师的日常生活教学实践关注较少，等等。因此，我们在评价教师时应以促进幼儿发展和提升教师素质为目的，关注师幼互动情况，做到知行合一。同时以教师发展阶段设定评价标准，同一发展阶段的教师既有统一的评价标准又有个性的评价标准，这样帮助教师在了解自我的同时也找到了与他人的差距。这就需要管理者思考多元化的教师评价标准，帮助教师实现在评价过程中的自我成长。

三、关注幼儿成长，探索发展性评价

幼儿园要重视孩子的健康发育成长，让他们养成良好的品德习惯，要保护他们的好奇心，引导他们认识世界，认识自然。2012 年 9 月，教育部颁布了《3—6 岁儿童学习与发展指南》，为学前教育工作提出了新的要求：幼儿教育阶段，要为幼儿今后学习和终身发展奠定良好的素质基础，以促进幼儿在体、智、德、美各方面的协调发展为核心，通过提出 3—6 岁各年龄段儿童学习与发展目标和相应的教育建议，帮助幼儿园教师和家长了解 3—6 岁幼儿学习与发展的基本规律和特点，建立对幼儿发展的合理期望，实施科学的保育和教育，让幼儿度过快乐而又有意义的童年。因此，在对幼儿进行评价时要重视幼儿的身心全面发展，不能给予幼儿定性评价，孩子在从小班到大班这个过程中是不断成长、不断发展的，他们会随着周围环境的变化发生改变。如一名小班的孩子在情商方面弱一些，但是智商很高。随着时间的推移，受周围环境的影响，孩子在情绪情感方面会发生变化，教师要关注到这个变化，看到孩子在这个过程中的发展。同时对孩子评价的内容也要进行调整，要体现出它们的一致性。幼儿发展评价是依据白爱宝老师制定的评价内容和评价标准进行使用的，但是在一日生活中我们是围绕《幼儿园教育指导纲要》和《3—6 岁儿童学习与发展指南》精神来开展活动的，怎样将二者进行发展性的融合，给予幼儿全面的评价，值得深入思考。

幼儿教育改革评价之路是幼儿教育回归本真之路，在《深化新时代教育评价改革总体方案》纲领下，更科学、更合理的幼儿园改革评价正在建立之中，期待彰显新时代中国特色、体现世界水平的教育评价体系早日实现。

浅谈小班幼儿交往能力的培养

北京市丰台区芳群第二幼儿园　王赫楠

一、问题的提出

《幼儿园教育指导纲要》中指出：要把学习初步的交往列为教育的内容和要求。可见，培养人的交往能力是多么重要，当代的幼儿是21世纪的主人，新世纪对新的一代人有更高的要求，他们不仅要有高智商的头脑、健康的身心，更要有适应现代化社会发展所需要的交往能力。一个活泼开朗、乐于与人相处的孩子易受到同伴的欢迎和成人的喜爱，并容易适应新的环境。目前，随着社会的不断发展，在我国的家庭中独生子女越来越多，他们由于缺少与同龄伙伴交往的机会，造成了诸如以自我为中心、攻击性强、不合群等不良习气。因此，小班幼儿的同伴关系在交往中变得越来越重要。心理学家皮亚杰曾提出："孩子与同伴交往是克服性格孤僻和自我中心的良好途径。交往对孩子具有独特的心理价值，这是亲子关系代替不了的。"

二、概述

交往，是由于共同活动的需要而在人们之间所产生的建立和发展相互接触的复杂和多方面的过程，是一种心灵的沟通。

心理学上的交往指人与人之间的心理接触或直接沟通，彼此达到一定的认知；社会学上的交往主要指特意完成的交往行为，通过交往行为特定的社会联系；语言学上的交往主要用来表明信息交流；哲学上的交往是指人所特有的相互往来关系的一种存在方式，即一个人与其他人的相互联系。不管如何定义交往，交往在人们生活中的重要性是不言而喻的。

幼儿期是人生社会化的起始阶段，因而丰富幼儿的社会经验，培养他们了解他人情感和需要的能力，解决社会生活中的某些实际问题(如同伴之间的纠纷)的能力，培养良好的社会行为习惯，发展幼儿交往能力是至关重要的。

三、措施和方法

人是社会的人，自然就离不开彼此的交往。交往，是一种心灵的沟通，彼此相熟相知。因此，加强小班幼儿交往能力的培养也需要家长和教师的共同配合。加强家园之间的联系及沟通。小班幼儿刚入学，教师对幼儿的个人情况不是很了解，这就需要家长与教师多沟通，共同探讨需要解决的问题。

1. 家长方面

(1)良好的家庭环境是幼儿乐于与他人交往的重要原因

良好的家庭氛围是幼儿感受人与人交往的温暖及乐趣所在，促使幼儿乐意与更多的人交流。

(2)家长要做好模范作用

家长是幼儿的第一位老师，家长的行为是幼儿主要的模仿对象。因此，在幼儿开始发展交往行为的阶段，家长多使用礼貌用语"请""谢谢""对不起"等，告诉孩子只有懂得礼貌的人，别人才愿意和他一起玩耍，也才肯把心爱的玩具给他玩。对孩子在活动中礼貌语言用得好的时候要及时进行鼓励表扬，强化孩子的礼貌行为，形成良好的礼貌习惯。

(3)为幼儿提供更多的交往机会

家长应适当地带孩子进入自己的社交圈，让孩子到外面去串门，找小伙伴玩耍，也应该允许孩子邀请小伙伴到家里来做客。家长可以指导孩子怎样和同伴一起玩。例如：家里买了新的玩具，家长可提醒孩子请邻居家的孩子来一起玩。别的小朋友上门来玩耍，家长要讲表示欢迎的话，消除他的恐惧心理，还要叫自己的孩子拿出好吃的东西招待他，拿出好玩的东西给他玩。这让孩子有充分的时间和小朋友们一起交往，得到更多的交往机会，体验到和同伴交往的乐趣。同时，引导幼儿自己购物也是增加幼儿交往的重要机会。让他买自己喜欢的小玩具、小卡片、文具、零食等。孩子在与售货员交流的时候，也学习了与人沟通的技巧。如果孩子一开始有困难的话，妈妈可以在一边鼓励，教孩子说"请阿姨拿一下那个玩具狗""请问要付多少钱""谢谢"等话，让孩子自己能开口说。

2. 教师方面

(1)把握幼儿对交往的需要往往经由以下的过程：接近同伴的需要——一起活动及相互合作的需要—掌握初步交往技能的需要。这是一个循序渐进的过程，作为教师就要采取一些措施稳定幼儿情绪，让每个幼儿都能很好地适应幼儿园生活，并逐步地喜欢幼儿园生活。然后再设计系列教学或游戏活动、一日活动的各环节，让幼儿在活动中满足对交往的需要。为了尽快地让幼儿熟悉适应幼儿园环境并与同伴相识，可以设计系列活动。如：晨间活动一起玩玩具，教学及游戏活动"这是什么""你认识我吗""我喜欢你""谁躲起来了""打电话"等，消除幼儿刚开始的恐惧感和紧张感，让他们在游戏中相互认识，知道同伴的名字，使个体之间有接触，从而迈出与他人交往的第一步。新入园的幼儿中大部分都是从家庭直接过渡到幼儿园，再加上各个家庭的儿童观、家教观有所不同，每个孩子在幼儿园的表现也大不相同：适应幼儿园生活有快慢，性格有外向、内向，合群与否，等等。如：一个孩子在玩玩具时把别人咬伤了，而他俩平时是一对非常要好的小伙伴，经过询问、了解，原来是这个孩子想把自己的玩具给好朋友玩，却不知道该怎样表达，而他的好朋友不要玩，结果就发生了此事。他的动机是好的，但他在交往中却没有掌握交往的技能与策略，因此就产生了争执。故教师就要及时地观察幼儿的表现，分析原因，避免误判，了解了幼儿交往中真正存在的问题，才能更有目的地培养幼儿的交往能力。

(2)通过教学活动和游戏活动等形式，培养幼儿的交往能力。教学和游戏活动是培养幼儿交往能力的有效途径。通过区域游戏、合作性的户外体育游戏以及一些生活游戏等，能让幼儿懂得为什么要交往，怎样交往，让幼儿将学到的交往技能在实际中得到运用并加以巩固，也使交往能力得到更快的提高。我们可以在一系列活动中通过个别谈话、情境表演、参与游戏等形式，让幼儿更形象、直观地了解并掌握与别人交往的技能，增加幼儿之间的交往机会和时间，多途径、多方法地培养幼儿的主动交往意识和交往技能。孩子在游戏时会遇到各种问题和各种情景，为幼儿的社会性发展，特别是社会交往能力的发展提供了条件。在诸多游戏中区域游戏更是其中的有效手段。如：幼儿在"娃娃家"中自由扮演角色，一起玩、一起交谈，同时由于投放的活动材料相对充足，减少了争抢现象的发生，幼儿从中体验到了与同伴交往、合作的快乐。随着幼儿知识经验的增多以及交往能力的提高，幼儿学会了跨组游戏，大大增强了幼儿同伴之间的交往，同时语言能力也得到了发展。另外，一些运动性游戏也能很好地促进同伴之间的互助与合作，学习遵守简单的规则，让幼儿感受到交往所带来的乐趣。幼儿的交往能力并不是与生俱来的，而是要通过不断的学习逐步发展的。这就需要我们精心组织教学活动，如培养幼儿在交往中的合作、分享能力的活动，教育幼儿要与同伴友好相处、相互交往的活动等。并教给他们一些必要的交往性语言，通过循序渐进的教学，培养幼儿初步交往能力。在活动中我们采取让幼儿自由结伴或小组讨论的方式增加幼儿相互交流的机会，培养他们的合作能力。通过谈话活动让幼儿掌握交往的技巧，同时采用情境表演让幼儿的理解更加直观、明确，让幼儿自己来进行表演，加深认识。因此，利用教学活动有机地渗透交往的技能和交往策略的培养，能很好地促进幼儿交往能力的发展。

(3)加强平等、和谐的师幼互动，激发幼儿交往的积极情绪。小班幼儿刚从家庭和父母怀抱中走出来，在他们身上普遍存在不合群、不善于与人交往、不会合作等现象。此时，需要教师主动与幼儿交流，用热情的态度照料幼儿，与幼儿在情感上、认识上达成一致，建立朋友关系。如：对于胆小、性格内向的幼儿，老师经常亲切、温和地与之交流，鼓励他大胆地说出自己的想法，让他在宽容、友爱中拥有自信，产生交往的愿望。对于班级中爱插嘴、习惯差的幼儿，也做到努力理解他们的感受，不是一概而论地加以制止、训斥，扼杀他们刚刚萌生的交往欲望。集体中涉及孩子们的问题，多倾听他们的意见，让他们体验和睦、平等的愉悦，而不是老师说了算，冷却了幼儿的交往热情。

总之，要提高幼儿的交往合作能力，既不是一朝一夕就能完成的，也不是光凭说教就能达到的，而是需要教师做一个有心人，为孩子创设各种交往、合作的环境，并进行细心的引导与指导。只有这样，才能结出累累硕果。希望通过家园共同努力，我们的幼儿更加健康地成长!

在立德树人中发展生命教育

北京市大兴区亦庄镇中心幼儿园　李媛媛

创建温馨的园所环境。依托生命教育，本着“为幼儿营造宽松、愉快的精神环境，创建适合幼儿的身心健康成长的物质环境”的要求，园所在小、中、大班的整体环境创设时分别使用了淡粉色、淡绿色、淡蓝色，还在教室中设计了彩绘墙、卡通轧板和童话立体展板，满足幼儿的喜好。2017 年，在经开区的投资下，园所翻建了办公楼，扩建了 3 个教学班，教师办公环境改善，幼儿活动场地增加。

建设园所的团队文化。结合园本特色，园所努力建设一支“敬业、尊重、求真、和谐、包容”的教师团队。园所制度文化包含岗位职责制度二十余项、规章制度三十余项。在硬性制度文化中，融入园所领导的软文化，充分体现人文关怀。园所创编了《亦庄镇中心园领导干部管理手册》《亦庄镇中心园班级管理手册》《亦庄镇中心园教师手册》，各级领导和教师们以手册为抓手开展工作。

探索生命教育的新形式。随着生命教育研究的深入，园所确立了更加具体的实践途径，提出了“生命之树”，具化了生命教育的内涵。“生命之树”是“生命教育”课程下师幼团队的象征，也预示着园所顺应自然，让幼儿教育回归本真。园长是根，为大树的茁壮成长提供源源不断的养分；中层领导是主干，将树根的营养输送给枝叶，同时将枝叶的需求传导给树根，起到承上启下的作用；教职工是枝叶，吸收树根和树干输送的养分，也沐浴环境中的阳光，为大树的成长贡献力量；幼儿是花果，小班像是花蕾，中班像是花朵，大班像是果子。根、干、枝叶共同努力滋养着大树成长，就像园所各个层级之间默契配合，令教育教学正常、有序、有创造性地开展。一线教师团队为了使幼儿全面发展，遵循幼儿教师专业发展标准，以“师德为先、幼儿为本、能力为重、终身学习”为准则不懈努力。在领导班子和教师的共同努力下，2018 年，园所确立了生命教育的新内涵：一是关注幼儿的身体健康发展，二是关注幼儿的品格健康发展。

以身体健康为抓手开展生命教育。首先，园所聘请首都师范大学幼儿体操教育专家文岩对教师就幼儿体操的形体、教法、创编、唱游等内容进行培训。教师在观摩、互评、互研中提高对幼儿体操的再学习能力，认识到示范引领的重要性，并结合幼儿年龄特点创编新操，将三十余首音乐融入唱游律动课程。培训改变了教师对幼儿体操的教育观念，他们把新操动作进行分解，将动作要领编成三言顺口溜、押韵诗、儿歌等。这种根据幼儿记忆特点设计的教学活动，使“新操”不再难教，也激发了幼儿的学习兴趣。

其次，园所以国家级子课题“多元材料下的体育游戏活动促进幼儿体能发展的实践研究”为抓手，根据幼儿发展需要，不断创新运动游戏，提高幼儿的身体素质。依据体能测试结果，园所把幼儿弱项“投掷”项目定为发展点，同时对教师队伍的专业技能进行研究。研究发现：教师不会投掷的基本动作，没有掌握投掷的发力点和抛物角度；设计投掷游戏时，没能达到“好玩、会玩、真玩”的效果；掷远和掷高的技能欠佳。为此，园所聘请首都师范大学体育教学活动专家张亦平来园进行“体验式”现场教研活动。专家以示范的形式对教师进行分解动作培训，教师们在活动场地开展腕力、臂力、腰腹力、腿部力的实践动作尝试，研究投掷的最佳角度、方法，专业性技能有了质的提升。在教学中，教师们把基本动作融入投掷游戏的创编过程，拓展游戏情景的设计思路，充分利用多元游戏材料。幼儿感受到“学中玩”和“玩中学”的快乐，投掷能力明显提高。遵循仿编—改编—创编的思维导图模式，园所借鉴专家的教育智慧，在教科研方面实行“诊断式研究”策略。教师参与体育游戏的实践过程，诊断游戏的目标、材料选择、与幼儿年龄的相适性等。此外，教师团队开展了同课异构的园级示范课互评、互问、互激发的研究现场课活动，研磨精品示范课。

将品格教育融入生命教育。品格教育即培养幼儿符合社会评价标准的道德以及有助于个体终身发展的健全人格与良好社会性。在学习了品格教育的相关理论知识后，园所将其引入生命教育课程，开展了实践活动。

一是在仪式中感知品格。园所以仪式为教育契机，融入品格教育内容，如在开学典礼上，结合感恩、爱心、奉献等品格教育点，以疫情防控英雄为对象，引导幼儿学习英雄、寻找英雄、感恩英雄，让幼儿认识到“战疫”背后有无数人的奉献和牺牲。园所还面向全体家长和教师召开品格教育启动大会，号召他们成为幼儿品格培养的引路者和参与者。

二是在培训学习中体验品格。园长、领导班子多次参加品格课题组的讲座和实践学习。为了让教师深入了解品格教育的重要价值和基本理论，掌握“品格成长阅读课程”的整体结构与开展方法，园所不仅邀请专家来园进行面对面培训，还通过线上课程进行教师培训。为了引导家长配合品格教育，园所开展了“品格课程必要性”专题讲座，还通过家长课堂、双师课堂传递教育方法。

三是在研学相伴中实践品格。园所结合教研活动开展品格教育实践，确立了“家园合力开展品格教育的实践”和“一日生活中品格教育的实践研究”的研究主题。教师利用经典文化绘本中的故事引导幼儿进行品格学习，并指导家长在生活中培养幼儿的阅读兴趣和阅读习惯。此外，园所注重于一日生活中培养幼儿品格，在来园环节结合儿歌培养幼儿的自理能力。

四是在活动实践中形成品格。活动是幼儿成长和学习的载体，园所结合生命教育和周边资源，为幼儿成长创造学习空间、设计活动载体。如结合小池塘清理任务，园所组织了“小鱼搬家”活动，让幼儿用各种办法捞鱼、放养，培养他们“珍爱生命”“热爱大自然”“不怕脏、不怕累”等品格。通过一系列活动，对幼儿进行品格的培养和强化。

五是在社会技能中巩固品格。结合各月社会技能的培养目标，园所先对教师进行培训，教师集体学习 40 项社会技能的内容。为了让这些社会技能深入教师内心，园所还组织了社会技能集中测试。教师在教学活动中，结合业务培训、教研的内容进行实践。园所也重视开发家长资源，利用家长会、双师家长课堂介绍品格教育点，家园携手巩固幼儿的社会技能。

园所的一系列活动不仅培养了幼儿的良好品格，也提升了他们的社会技能和身体素质。在立德树人发展生命教育的征途上还有很多未知，园所将继续探索、实践，让生命教育之花绚丽绽放。

充分利用绘本阅读促进幼儿良好品格的养成

北京市大兴区亦庄镇中心幼儿园　刘冬雨

一、绘本阅读中进行品格教育的实践意义

绘本是生活的载体，能够让幼儿感悟到似曾相识的亲近感，同时不断吸引幼儿感悟故事带来的生活启迪，吸引幼儿获得表演的吸引力。

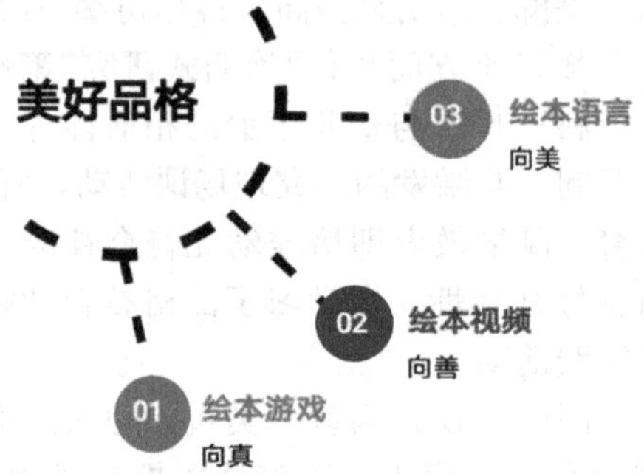

1. 绘本游戏收获品格中的“向真”

伴随着幼儿的成长，将多样的游戏融入其中，如角色游戏、游戏故事书等。在多样的故事中，将丰富的角色融入幼儿自己的体验中去，可以帮助幼儿感悟到游戏世界中多样的童心和绚烂绮丽的童真。在绘本阅读和表演的过程中，幼儿还可以进行绘本故事的叙述，更好地将绘本的理解深化。在绘本表演的时候，教师再适当配用一定的音乐来帮助幼儿感受到绘本的“情感基调”。同时，在家园合作教学中，注意给幼儿创设一定的游戏活动，可以更好地引领幼儿获得童心的复苏。其中，点亮幼儿追求“向真”，追求真实、自然、纯净的内心世界。

2. 绘本视频中收获品格中的“向善”

现在的媒体资源带来了多样的视频活动，视频活动丰富了教学的过程，让幼儿获得直观的家园合作感受。借助视频活动，也可以让幼儿陶醉在这个意境中，获得生动的感染力。在视频中，可以让幼儿体验到绘本作品中人物的内在品格，如善良的心灵、纯洁的品质、高尚的心灵。在教师启发幼儿思考作品内容中，可以挖掘其中的“向善”品格，升华自己的情感。

3. 绘本语言中习得品格中的“向美”

幼儿在自己的童年时光中，需要大量的阅读来激发自己的心灵向善。在这个心灵的感悟过程中，实现自己的心灵给养，收获真善美，鞭挞假恶丑。在教师富有生活意境的语言

引导中，激发幼儿感悟自己需要学习不同作品中人物的“独特之美”。读绘本中的故事、人物等就是一个充满生活化的意境，其中融合了生活的“美好”。通过激发幼儿自己来绘画和表达，可以丰富幼儿的“向美”品格。

二、绘本阅读中进行真善美品格教育的实践策略

教师创设绘本阅读情境，幼儿感悟到生活中需要一定的发现，才能感悟到绘本阅读和生活是有着千丝万缕的联系的。最终在绘本中通过说和评，在内化中塑造幼儿向真、向善和向美的品格。

1. 说品格——说出人物的美好心灵

绘本是故事的载体，能够让幼儿感悟到内部的情节感，同时不断吸引幼儿感悟故事所带来的生活启迪，让幼儿获得表演的意义。在幼儿表演的时候，教师可以让幼儿不断回答教师提出的问题，如“讲述了什么故事?”“你从中学会了什么?”……述说故事的内容，从中感悟绘本的故事主题，不断帮助幼儿感悟故事中的主旨，不断感悟说故事所带来的乐趣。

如：我在教学绘本《咕叽咕叽》中，让幼儿先来读读开头“有一颗蛋，滚过树林，滚过花园，滚过山坡，最后滚进了一个鸭巢里，然而鸭妈妈并没有发现什么异常，每天都孵蛋”。引导幼儿来述说咕叽咕叽听到了三只鳄鱼大笑后的语言：“你和我们一样有蓝绿色的皮肤还有一身坏鳄鱼的味道。”在引导幼儿表演咕叽咕叽沮丧的心情后，要求幼儿重点来说它的智慧，如“结果跳下去的并不是鸭子，而是三块大石头，鳄鱼用力一咬结果牙齿全碎光了”，再让幼儿来分角色表演鳄鱼的落荒而逃和咕叽咕叽一家五口的幸福生活。幼儿懂得了主人公的不离不弃的品格。

2. 议品格——启发幼儿思品格精华

幼儿在理解绘本主题时，往往会有一定的障碍，这时候，教师要注意问题的设计，来帮助幼儿感悟绘本主题中丰富的教诲意义。在理解绘本主题的时候，不是简单地告诉幼儿，而是善于用一定的巧妙提问。

如：在绘本《象国的奇遇》的教学中，我就注意设计了不同的问题，如“你觉得老象是一位英雄吗?”提出的问题可以引领幼儿自己进行一定的思考，从而感悟到绘本带来的生活启迪，感悟到自己需要学习老象“不顾生命的安危保护自己的家园”的品格。这个时候，我采用了换位法来让幼儿思考“如果你是一头小象，你会怎样来保护自己的未来家园?”在多样的提问手法中，让幼儿形成自己的思考，不断感悟自己需要更好地保护自己的家园。

3. 悟品格——绘画中的品格联想

幼儿如果可以和绘本人物产生类似的情感，可以在共情中激发幼儿的生动体验。一些富有共情经验的教师，他们会通过孩子的面部表情、专注情况，判断出孩子此时的接受状态。也有的教师通过信息技术的音乐效应，引导幼儿观察和体验，间接引起幼儿的生动体验。

如：绘本《珍珍的黄手帕》的阅读中，教师先创设共情的语言，让幼儿沉醉在对“母亲”的回忆中，感悟到自己母亲形象的温暖和伟大。幼儿再畅所欲言，描述母亲给自己口袋装手帕的温馨。这时候，教师通过现代的媒体技术，再现“孩子给妈妈洗脚、孩子给妈妈送氧气袋”的温馨画面，从而表现出现代幼儿的真善美。再切入绘本，将珍珍为妈妈买黄手帕的事例进行了生动的展现，在手帕的细节刻画中，融入对母亲的讴歌。在对手帕的“定格素描”中，更是特写了母亲手的变化，让幼儿感悟到母亲的劳动艰辛。配合文字的录入，更可以帮助幼儿走进母亲平时的经历，在点滴的记叙中感悟到母亲辛劳的付出，母亲为家庭付出的点滴的努力，不断感悟到母亲的伟大。从而达到巧借信息技术激发绘本阅读共情力的效应。

4. 聊品格——聊出品格之内涵

教师可以为"群聊式"聊书活动每周确立一个主题，让幼儿回家请家长帮忙查找书籍或者资料，然后在固定的一个时间段进行交流。在定期的阅读交流中，注重"群聊"的组织构建。在组织建设中，注重聊天的首席设定，其次在接龙或者点名聊天中，对书籍中的某个"主题"发表自己的看法。在幼儿众说纷纭时，教师要注意总结和导引。

阅读《雪人帽帽》时，注意以提问的方式进行，先让幼儿回家和父母一起阅读，在家长引导幼儿了解"雪"这种自然现象时，教师可以为回学校的"聊书"做好准备。如在群聊中，先提问"堆雪人的感受和经历"，幼儿你一言我一语，沉醉在自己堆雪人的经历中，从而让幼儿再次感悟生活中下雪天带来的快乐。在这种情境的感染中，引导其他幼儿来聊一聊绘本中说到的"雪人细节"，学会自己来回忆相应的细节。引导幼儿思考"雪人的形成"和"雪人到哪里去了"，让幼儿感悟到猜测的乐趣。在教师的导引中，让幼儿在阅读绘本中再次感悟到"雪人日记"的主题，通过描绘小雪人的不同踪迹、不同的形象来表现雪人在冬天的出现，是为了"冬天麦盖三层被"，更是为了表达对大自然的热爱。最终幼儿感受到小雪人的奉献品格。

在绘本阅读中，教师创设各种品格积累的方法，让幼儿感受到读书时自己的情感在增长，自己和绘本人物产成了共鸣，自己的生活情趣浓郁，同时自己在生活中学会了辨别真善美，鞭挞假恶丑，让自己的生活变得充满美好和真情。

幼小衔接工作中存在的问题及对策

北京市大兴区青云店镇中心幼儿园　王　鹏

幼小衔接就是基础教育，是学校教育一个非常好的开始，研究意义重大。《幼儿园教育指导纲要》中指出：幼儿园教育是基础教育的重要组成部分，是我国学校教育和终身教育的奠基阶段。为了让所有幼儿都能平平稳稳地过渡，帮助他们解决这个难题，幼小衔接工作是必定要做周全的。

一、幼小衔接工作中存在的问题

幼儿园和小学在文化、环境、教学上，既有相同点又有不同点。幼儿园要清楚哪些是一样的，哪些是有区别的，进行差别教学，可事实上却收效甚微。

(一)幼儿教育存在小学化的倾向

在我国，大部分教师为考试而教学，而学生也是为考试而学习，家长更是只关注幼儿的成绩。很多幼儿园为了迎合家长培养幼儿成才的心理，将小学课堂的内容也逐步引入到幼儿园中提前教学。但是幼儿的学习能力、交往能力、管理能力、适应能力、减压能力却没有得到教师的重视。

(二)幼儿园管理没有遵循幼儿的身心规律

幼儿的学习特点是以无意注意为主，没有特定的学习目标，环境对幼儿学习影响很大。作为幼儿学习及成长的重要引导者，幼儿教师应做到因材施教，但是目前幼儿园的教育管理并没有遵循幼儿的身心规律，使得幼小衔接工作未得到切实落实。第一，《幼儿园教育指导纲要》中明确指出幼儿园和小学在教育体制上存在差别，所以要根据幼儿的生长特点来进行教育。第二，幼儿园给幼儿教授小学的学科知识，但是又不能和小学完全同步，对幼儿进入小学没有起到促进作用。第三，幼儿之前学过一年级的基础知识，进入小学之后就会对所学知识失去求知欲。

（三）教师专业素质不高

现在很多幼儿教师的素质参差不齐，综合素质不高，部分幼师甚至没有接受过专业化的培训就上岗，在幼儿教育中没有很好地把握教学节奏。还有一部分教师虽然在教学能力上没有问题，但是缺乏责任心，这些问题都会导致幼小衔接不合理的问题日益严重。因此，幼儿教师首先要具备良好的教育观念，要重视职业素质的培养，不应该为了满足家长对幼儿过高的要求而随意改变教学内容，出现“重教轻学、重智轻德”的情况。

二、幼小衔接工作中存在问题的原因分析

幼小衔接工作存在的问题不容忽视，但是究其原因却是多方面因素导致的，通过调研发现，主要体现在学校层面、教师层面和家长层面。

（一）学校缺乏系统科学的安排

1. 学校对幼小衔接工作不够重视

学校方面针对幼小衔接工作的策略有很多，例如教师的分配。学校一贯认为，教师经验是比较重要的，让新老师带一年级不如让有多年经验的老师带。但是，有经验的教师对于幼儿的衔接工作没有促进作用。

2. 对教师缺乏幼小衔接相关的培训

教师在幼小衔接工作中担任着重要的角色，对幼小衔接的效果造成直接的影响。对教师进行有针对性的培训是减少幼儿园和小学之间差距最有效的办法。

3. 家校沟通效果不佳

在家校的沟通中，学校关注点主要是幼儿的学习成绩和在校表现情况，对于幼儿其他方面的发展和校外的表现情况没有重视。当幼儿在学校出现问题后，家校沟通的内容常常是要求家长配合教师，但是学校方面缺乏有针对性的引导策略，导致幼儿的问题得不到很好的解决。

（二）幼儿园教师没有树立正确的幼小衔接观念

1. 教师对幼儿的角色定位不准

大部分幼儿园教师认为幼小衔接工作仅仅是让幼儿进入小学前在知识上做好充足准备。幼儿的发展有“敏感期”的存在，“敏感期”就好像是每个人在特定的时间段，喜欢和讨厌的事物都不一样，如果我们非要在这个时间段去喜欢或讨厌下个时间段的事物，就不能得到应有的效果。

2. 教师关注点出现偏离

在衔接阶段，教师的关注点没有放在过渡时期幼儿的全面发展上，大部分都停留在知识上的连接和社会规范对幼儿的要求。这种现象说明教师没有完全明白幼小衔接的真正含义。

3. 教师评价幼儿的方式单一

在幼儿的学业中，学习成绩通常作为检验学习效果的标准。教师为了提高自己班的升学率，就会用学习成绩来评价幼儿。这种评价可能会伤害幼儿脆弱的心灵，对幼儿心理造成创伤。

（三）家长教育理念陈旧落后

每个家长都对自己幼儿未来的发展抱有极大的期望，使得家长们在幼儿很小的时候对他们进行了提前教育。过早就使用小学的模式对幼儿进行教育与管理，这样的形式也很容易过早地束缚了幼儿的思想，使幼儿失去了这个阶段最宝贵的童真和丰富的想象力，反而不利于幼儿的健康发展。

三、幼小衔接工作中问题解决的对策

(一)幼小衔接工作要做到全面而系统

1. 加强多种因素之间的联系

加强幼儿园、小学、家庭、社会等多种因素之间的联系。一是幼儿园应该站在幼儿的角度，思考哪种方法可以快速有效地让他们实现各个方面的成长，尽可能减少不适应情况的发生。二是小学应该提前做好了解幼儿的准备工作，知道这个年纪的生长特点，做出相应的教学安排。三是家庭要根据自己的家庭结构，提前做好准备。在幼儿入学前，了解学校的要求，再根据自己对幼儿的了解，看看哪些地方需要特别注意。四是社会要做好幼小衔接工作。最近几年学校、教师、家长对幼儿社会性发展越来越关注。幼儿是一个成长的个体，对社会的认知很少。那就需要学校、教师、家长为幼儿选择有价值的社会资源，去塑造幼儿的社会性。

2. 教师和家长要注重培养幼儿的学习品质

良好的学习品质，可以给幼儿提供继续学习的动力，让他们真正适应小学学习生活。一是良好的注意力是有效学习的前提。教师和家长可以根据幼儿年龄阶段的特点，有计划地提高幼儿的注意力。二是在幼儿园提前培养幼儿的任务定向能力。三是在幼儿园中教师让幼儿知道自己要为自己的行为承担相应的后果，明白每件事情都有时间限制，让幼儿学会时间管理。

3. 教师要明确幼儿园与小学环境的差异

幼儿园与小学的环境存在明显差异。为了让幼儿尽快适应小学的学习生活，教师可在幼儿离园前布置一些小任务，让幼儿自己独立完成，培养幼儿的任务意识与学习能力。

(二)提高教师专业素质与专业能力

教师的教学水平是直接影响幼儿受教育水平的决定性因素。教师应转变观念，把幼小衔接工作看作促进幼儿顺利地实现自身发展特点升华的过程，是幼儿身心发展的量变与质变的统一。教师应培养幼儿社会性适应能力，培养幼儿稳定的情绪、对活动的态度以及各种行为习惯，使幼儿逐步产生学习的主动性和积极性，这样才能为幼儿进入小学打好基础。幼儿教师综合素质的提高，有利于他们更加从容地应对家长和幼儿在幼小衔接过程中遇到的各种问题。

(三)注重幼儿园、小学及家长的协作

在幼小衔接工作中，注重幼儿园与小学的双方配合与协作是一个不容忽视的环节。幼儿园可以向小学靠拢，适当调整一日生活内容与时间，经常组织大班幼儿到小学去参观。小学教师也应该与幼儿园老师多交流和沟通，共同研究教育理论、探讨教学方法、研究幼儿的心理状况。目前仅仅依靠幼儿园与小学两方面的力量是不够的，也需要家长的配合才能取得更好的幼小衔接效果，所以家长要树立正确的教育观念。幼儿园可以通过邀请家长参加亲子活动、成立家长委员会等多种途径吸引家长配合幼儿园、小学做好衔接工作，使幼儿尽快度过适应期。

四、结束语

幼小衔接是一个十分复杂的问题和长期的任务。要做好幼小衔接工作，不能仅仅停留在形式上，还需要教师、学校、家长共同完成。教师和家长在教育观念上能形成共识，在教育行为上能形成合力，从实践教育中寻找适合每个幼儿的教育方法，共同对幼儿进行幼

小衔接方面的教育，使他们能够愉快顺利地进入小学，健康快乐地成长和学习。

浅析基于绘本的区域材料支持幼儿自主学习的有效策略

河北省唐山市南堡经济开发区第一幼儿园 王冬丽

《3—6 岁儿童学习与发展指南》指出："幼儿的学习是以直接经验为基础，在游戏和日常生活中进行的。要珍视游戏和生活的独特价值，创设丰富的教育环境，合理安排一日生活，最大限度地支持和满足幼儿通过直接感知、实际操作和亲身体验获取经验的需要……"区域活动是幼儿自发自主的活动。如何科学投放基于绘本的区域材料支持幼儿自主学习呢？需要做到以下几方面。

一、追随幼儿兴趣，营造自由宽松的心理环境

首先我们要尊重儿童，了解幼儿的兴趣，掌握幼儿的学习热点，使幼儿学得自主，学得快乐。因为，幼儿习得知识、学习的动机感性多于理性，他们通常是凭着兴趣去主动探索和学习的。幼儿更关注的是活动本身和过程是否吸引人。好奇心和学习兴趣能激发幼儿学习和探索的欲望，形成幼儿学习行为的内在动机，促进幼儿自主学习。同时，要给幼儿充分的活动自主权：自由选择活动区域、活动材料、活动方式和活动伙伴。

如：秋天里的一天，中班幼儿发现了幼儿园里有落叶，开始了激烈的讨论，"树叶为什么是黄的呢?""树叶为什么会落下来呢?""树叶有什么形状呢?"考虑到幼儿对树叶较为感兴趣，便让幼儿与家长一起收集不同的树叶带到幼儿园，参与观察树叶的形状，讨论树叶的构成，有助于提升幼儿的动手能力、观察能力和解决问题的能力，积累关于常青树和落叶树的经验。于是，我们敏锐地捕捉到了这些信息，带孩子一起分享绘本《树真好》，于是生成了绘本主题活动"我们一起读绘本《树真好》"，并且延伸到美工区、科学区、语言区等。像这种由幼儿的兴趣引发的主题，不仅贴近幼儿的生活经验，而且能满足幼儿的探究欲望。可见，教师要善于观察幼儿，倾听幼儿的声音，了解幼儿的内在动机和兴趣，从幼儿的学习、生活、游戏中去发现，从幼儿发展的角度去判断，生成有价值的主题探究活动内容。

二、提供有层次的材料，创设富有选择性的物质环境

《幼儿园教育指导纲要》指出：环境是重要的教育资源，应通过环境的创设和利用，有效地促进幼儿的发展。幼儿的自主能力是在可供选择的环境中渐渐培养起来的。在材料投放和指导使用中，我们要考虑到以下三点：一是教师要预设到幼儿存在个体差异；二是教师要让不同发展水平的幼儿感受到成功感；三是教师要帮助幼儿循序渐进，找到自己的最近发展区。

我们为幼儿提供了丰富的区域材料，而且多数材料可一物多玩，能够满足不同能力水平的幼儿需求，让每名幼儿体验到成功的快乐。如不同难度层次的游戏"益智翻翻乐"，就是对应了幼儿的不同能力。幼儿在几次游戏之后就能够找到适合自己水平的游戏材料。同时，幼儿在游戏中也积累了技巧，有助于挑战更高水平的游戏内容，帮助幼儿获得操作能力的发展。

三、探索性的环境创设，激发探索的兴趣

《幼儿园教育指导纲要》明确指出："幼儿的空间、设施、活动材料和常规要求等应有利于引发、支持幼儿的游戏和各种探索活动，有利于引发、支持幼儿与周围环境之间积极的相互作用。"让幼儿通过活动对世界有所发现，从而获得新知，以充实自己的认知结构。这样的学习形式符合幼儿的认知特点，是幼儿的内在需要，能够引发幼儿的探索兴趣，促进幼儿的探索活动。因此，教师要通过创设环境，让幼儿在与环境的互动中建构自己的经验。

在每个区域，我们都设计了区域说明图和相应的参考图等。如：在美工区墙面的《叶子遇上线描》步骤图，就是将某一作品的制作过程在墙上全面地展示给幼儿，让幼儿自己去了解、探究“我应该怎么画?”“我为什么要这么做?”引导幼儿自主去阅读步骤图，构建起自己对折纸的感性认知，在探索中获得愉快的情绪体验，获得属于自己的经验。这样经验是教师的“教”所无法取代的。

四、低结构的活动材料，引发幼儿的探索

幼儿在区域中学习的效果很大程度上取决于教师为他们提供具有多种操作可能的材料。当前区域活动材料可以分成三类：高结构材料、低结构材料、非结构材料。高结构材料是封闭性的，其中渗透着老师现行的教学目标；而低结构材料则是开放性的，其中渗透着老师隐性的教育目标。取材于幼儿生活的低结构材料常常能激发幼儿创造性地使用材料的灵感，幼儿也能在创造性地使用材料中发展各种能力。

陈鹤琴先生提出“大自然大社会是我们的活教材”。所以在区域材料的投放上，我们智慧地选用树叶、树枝、原木片、蛋壳、蛋托、纸箱等身边随处可见的多种可塑性强的原始材料，投放到建构、美工、科学、语言、表演等区角中去。在幼儿不同的思维和操作习惯下，这些材料能够最大限度地引发幼儿的探究兴趣。由于低结构材料来源于生活，简单、多变、可替代性强、开放性强，对幼儿游戏行为的限制比较少，幼儿可以凭借自己的经验、能力、兴趣，充分地想象，并赋予材料独特的意义。因此，低结构材料是适合幼儿发展需要的操作材料，在自主区域中帮助幼儿提升相关经验与探索能力。

五、让幼儿对游戏材料有充分的操作探索

我们在向活动区投放一份新材料后，允许幼儿自主对材料进行充分的认识和操作，幼儿会以不同的方式对材料进行探索。幼儿只有对材料进行熟悉和操作后，才能在对材料特点认知的基础上有更多的创造，真正与材料互动，进行主动发现和自主学习。如：在中班益智区投放了图形棋，在初次接触材料时，有的幼儿将棋子叠高，有的幼儿将棋子平铺，有的幼儿比较两个棋子上的图案，有的幼儿数骰子上的点，还有的幼儿将骰子和棋子进行搭配组合。幼儿在熟悉游戏规则后兴趣越来越高，并且自发地组织比赛游戏，幼儿在比赛过程中能遵守游戏规则并准确地按要求找出对应的棋子，还有扔骰子的小朋友做裁判进行检查。在幼儿对材料自发游戏的基础上，教师再引入预设的游戏，可以让幼儿的游戏更加丰富。

六、教师通过参与活动指导幼儿

在幼儿区域中，最有效的指导策略就是教师参与幼儿的活动，以玩伴的身份指导幼儿的操作活动或游戏活动。这种指导方式既简单又自然，不会给幼儿带来压力，能真切感受和了解幼儿的想法，使指导更有针对性、更有效。

如：在开展大班绘本《小猪变形记》的表演游戏时，幼儿在欣赏时都对故事中的一个句式感兴趣“你不是××，你只是一只×××的小猪”，每当说到这段对话，孩子们就都学小动物的样子，边听边说边比画，大家不约而同地进入了角色。这时，我为幼儿提出了一个新的问题：小猪模仿大象的动作，你怎样表现出来呢？于是孩子们你一句、我一句地议论起来，睿睿在表演方面比较突出，组织能力也强，在幼儿中威信比较高，所以他很自然地就成了“领导者”，他们自由结组表演，表演后其他小朋友提出不同意见时，他们一起协商解决，再进行修改。因此，教师可以扮演角色，根据游戏情节的进展，灵活地借助游戏的语言和行为，帮助幼儿丰富游戏内容和情节，提升幼儿的表演水平。

七、区域间的联动性，拓展游戏的内容

我们在梦幻森林用树叶、树枝、树干裁成的圆木片进行美工装饰；孩子们将喜欢的篇幅用叶子的不同形式展现出来(主题墙)；装饰面具、树叶、活动粘贴绘本故事、树叶拓印、树叶遇上线描、彩绘树枝、彩绘原木片……幼儿将自制的作品拿到树之源典当行售卖来获得积分，有了积分就可以去创意园小店买喜欢的工艺品。美工制作锻炼了幼儿手的动作协调能力，培养了幼儿的想象力和创造力。将健康、艺术与社会领域完美结合，同时也发展了幼儿的语言表达能力。

八、激发幼儿在分享流环节的自主思考和解决问题

在活动后的分享交流环节，教师要善于把握幼儿的交流重点和内容，引导幼儿主动提出问题，并与同伴找出解决问题的方法。同时教师还要采用归纳和分类的方法帮助幼儿获得集中的认识，并能够适时发现幼儿交流中的问题而进行适时的引导。

在丰富多彩的区域实践活动中，教师合理运用支持性策略支持幼儿区域活动的有效开展，能激起幼儿学习的主动性，能培养幼儿主动探索学习、发现问题、分析问题及解决问题的能力，建构对周围世界的新经验，从而提高幼儿的思维能力、创造能力、交往能力、动手操作能力，以便幼儿形成更高的自我效能感。

论大班幼儿晨练大循环的可实施性与价值性

广东省东莞市长安镇中心幼儿园 伍文丽

一、科学划分活动区域

《幼儿园教育指导纲要》指出：“幼儿园要开展丰富多彩的户外游戏和体育活动，培养幼儿参加体育活动的兴趣和习惯，增强体质，提高对环境的适应能力。”晨练大循环的开展满足了《纲要》的要求，其开展的前提是要根据户外场地进行合理科学的规划，一是为了便于组织幼儿，二是让教师有明确的分工合作。每个区域板块教师根据幼儿的运动需求增添相应的器械，并不是固定一种运动模式，或是一直使用一种单一器械，而是根据幼儿在适应本区域的器械，以及熟练该区运动模式的基础上，逐渐增加挑战难度。路线由简单到复杂，内容逐渐具有挑战性，这也体现幼儿对外界环境适应的成长变化，同时也顺应幼儿寻求刺激挑战的心理，充分发挥场地和器械的使用价值和意义。

划分科学区的目的在于：(1)区与区之间各尽其职，互不干扰。这样既保证幼儿可以进行少量活动的区域，随着游戏的进行与时间的推移又有可以进行大量活动的区域。满足了开展丰富多彩的体育活动，发展幼儿基本运动能力的需求，同时也实现幼儿综合素质能力的全面发展。(2)由于每个科学区所设置的内容不同，因此所投放的活动器械也多样化，这满足了幼儿对游戏活动的个性需求，以及对不同体育器械所产生的新鲜感与挑战心理，同时也避免了幼儿重复做动作而产生消极厌倦心理。让参与到大循环活动中的幼儿做到自主参与，热爱运动，感受运动所带来的乐趣，从而促进幼儿体能的全面发展。

二、为活动区域提供丰富运动器械

运动器械在区域活动中起着举足轻重的作用，作为幼儿晨练活动的载体，也是发展幼儿走、跑、跳、投、钻、爬等基本动作的基础条件。如何利用运动器械促进幼儿机体的发育，增强幼儿身体的平衡性、协调性、灵敏性以及力量和耐力的发展，这就要求运动器械投放具有安全性、科学性、挑战性、层次性以及游戏性。

1. 安全性：组织幼儿进行活动是在安全的前提下开展，这也是教师首先要注意的。活动中一些区域器械存在安全问题，比如在跨跳油桶、攀爬悬空木梯、从木箱高处往下跳时，这些都具有一定的危险性，教师可在危险区域内设置一个明显的标志，提示幼儿在活动过程中要注意的安全事项。

2. 科学性：运动器械的使用是为了更好地促进幼儿身体机能的发展，在遵循大班幼儿运动能力发展的前提下，充分发挥运动器械的使用价值，器械的难易度和挑战程度应根据大班幼儿的情况进行合理投放和使用。

3. 挑战性：重视运动器械使用与投放的挑战性，比如在弹跳悬垂区域中，可设置两组不同难度的挑战，一组是在弹跳蹦蹦床时抓住较低的单杠进行悬垂，另一组则是弹跳时要抓住较高的单杠进行悬垂。一是尊重个体差异，二是设置了不同高度的悬垂挑战，吸引幼儿的注意力以及好胜心理，让幼儿在运动过程中体验成功的喜悦。

4. 层次性：注重器械投放的层次性，这样能更好地引起幼儿的兴趣，满足幼儿的心理需求。比如：在走、跑区的四条跑道上分别投放四种不同颜色以及不同距离的拱门，让幼儿自主选择自已喜欢的一条跑道去竞赛跑，这样幼儿会更加积极主动、开心地参与到活动中。

5. 游戏性：游戏是幼儿与生俱来所喜欢的，负责固定区域的教师，根据幼儿的心理发展年龄特点，设定该区域游戏的角色，比如在攀爬区，设定攀爬路线，一队角色为大猩猩组，一队角色为猴子组，比一比看是大猩猩组厉害还是猴子组厉害。以游戏形式最大限度地吸引幼儿积极参与其中，让幼儿产生运动兴趣，从而提高大循环活动开展的有效性。

三、晨练大循环的可实施性

大循环活动的顺利开展离不开事先明确的规划路线以及分工合作，大循环活动开展的可实施情况包括以下几个方面：

1. 研讨七个科学区：大班级部教师研讨出七个科学区，每个区固定对应的班级教师，教师根据所负责的幼儿身体锻炼的方面而选择相应的器械进行合理使用和投放。

2. 场地划分七大板块：对后操场进行合理的场地划分，我园大班共七个班级，划分为七大活动板块，每个板块设为一个科学区域，每个区域固定对应一个班级老师组织该区幼儿有序进行晨练活动。另外，结合后操场场地划分为：赛道为走、跑区；大篮球场则划分为：跳跃区、弹跳悬垂区、综合区、攀爬平衡区；小篮球场为球类投掷区；小足球场为跨跳钻爬区，区与区之间互不干扰，相辅相成，按照规定的循环路线有序开展循环活动。

3. 场地器械摆放与试玩：教师明确对应场地和科学区，进行器械的选择和投放使用，七个科学区相关负责教师在摆放好器械和明确循环路线后，进行分享介绍投放器械的使用方法和锻炼目的，然后进行活动试玩调整，一起研讨器械投放的合理性和可实施性。教师明确场地站位和幼儿在使用器械时存在的安全隐患，及时告知提醒幼儿。

4. 制定晨练大循环音乐：音乐是晨练大循环的推动剂，是给幼儿进行大循环活动的明确指令。幼儿只需要根据音乐的循环有序进行区域活动。开始为专门热身音乐，选择能激起幼儿运动热情的音乐。基本活动环节根据七个科学区分七首音乐播放，每首音乐时间根据晨练时间合理分配，这部分要选择有活力和动感的音乐。结束音乐部分为回收整理器械和放松环节，选择轻音乐。

5. 幼儿进行大循环活动试玩：在充分准备大循环活动所具备的外在条件和内在条件后开始试玩，目的在于：通过及时发现幼儿在参与大循环活动中存在的问题来进行调整和完善。对应区域教师首先要明确循环路线和每首音乐的相应指令，组织该区幼儿有序进行晨练活动，并根据音乐更换，提示幼儿有序到达相应区域排好队进行活动。让幼儿熟悉循环路线和明确的音乐指令，培养幼儿的规则意识。

四、晨练大循环的价值性

1. 让幼儿养成好的运动习惯，提高环境适应能力：让幼儿体会运动的快乐，对运动产生兴趣，养成运动的习惯，培养幼儿体育精神和体育素养，缓解幼儿入园焦虑，促进身体正常生长发育，完善和提高身体机能，提高对自然环境的适应能力。

2. 培养幼儿积极阳光的精神面貌：好的精神状态是迎接美好一天的最佳良药。入园时，幼儿常睡眼蒙眬，让幼儿动起来，伴随音乐以积极主动的状态投入到晨练活动中。

3. 培养幼儿养成良好的规则意识：俗话说“无规矩不成方圆”。幼儿大班晨练大循环活动的高效开展离不开幼儿良好的规则意识。幼儿根据音乐的切换有序选择科学区进行活动，一是考验幼儿的专注力，二是要幼儿熟悉循环路线。晨练大循环不仅能够提高幼儿参与活动的积极性、主动性，也能增强幼儿的规则意识。

4. 促进幼儿身心健康全面发展：体育运动最为重要的目的是增强体魄，大循环活动结合幼儿身体运动发展水平，巧妙利用户外场地进行运动器械的合理投放和使用，设置走、跑区，攀爬平衡区，跳跃区，弹跳悬垂区等项目，充分发挥场地和器械的使用价值，促进幼儿基本动作能力得到全面提升，从而使幼儿身心健康得到全面发展。

基于本土学前教育线上教育资源与微信小程序游戏融合的实践研究初探

安徽省合肥市滨湖启明星幼儿园(太原路分园)　丰爱华

2020 年，由于新冠疫情肆虐，在家中上网课成了常态，一时间各种网络会议直播间空前活跃。

幼儿园教育是基础教育，在疫情肆虐的时期，线上课堂挑战着一线教师的能力，挑战着家长的耐心。良莠不齐的课堂内容、五花八门的教师主播，科学性、适宜性有待商榷，对学前教育来说，做好线上教育是新的、难的问题。众多公办幼儿园调动精英力量，在五大领域探讨知识点，梳理、谋划、文案、视频、互动，逐项打造，运用 App、视频形式进行推广，指导居家亲子活动。家长从开始的互动热烈，到后期的无动于衷，任凭教师在 QQ、微信群里如何声援、呐喊，家长带领幼儿参与度依然较低。

究其原因：

1. 线上资源不能真正被需要。幼儿园线上互动资源有限，多以固定视频推广，此类视频在各视频网站有很多，意味着教师辛苦制作的视频不能真正被需要。

2. 缺少线上分层评价。线上互动需要家长的陪伴和大量的时间消耗，极大地挑战着家长的耐心。教师在群里的互动与评价，难以鼓励家长、幼儿继续参与。

3. 线上交互困难。幼儿园组织线上教学时，视频本身缺少与幼儿、家长间的互动，更缺少推动亲子互动的个别化心理支持和引导，难以解决亲子互动中的问题，难以解决线上交互。

日常线下师幼互动时，五分钟即可完成的一首生动的儿歌、一个有趣的游戏，居家时，需要半小时以上的时间才能弄明白。家长、幼儿需要反复地观看视频，跟进活动，大量的时间、精力的消耗，自然消磨了家庭参与线上活动的热情。

因此，基于本民族、本地区的学前教育线上教育模式亟待研究，基于现有电化教育技术的在线互动亟待研究，基于本土学前教育线上教育资源与微信小程序游戏融合的实践研究有其重要的意义。

微信小程序是手机里安装的各种 App 的微信版应用。微信小游戏则是微信小程序的另一种形态，是基于微信客户端的游戏，即点即玩，无须下载安装，体验轻便。2017 年 12 月 28 日，微信更新的 6.6.1 版本开放了微信小游戏，并开放了小游戏开发文档和开发者工具。课题中的微信小程序游戏，以可视化的操作方式编辑游戏场景，使用积木作为脚本设计游戏中"精灵"的行为逻辑。本课题研究中，将遴选线上教育资源，在幼儿园年龄段的数学、科学、语言等领域，抓住核心经验，做相应的游戏设计研究，加强线上交互和有效评价。

为解决线上交互和有效评价，运用好微信小游戏完成线上教育，是一种创新，一种跨界，是非常有意思的研究。

一、找准"关键词"，明确观点

探究线上教育资源与微信小程序游戏的融合。首先要让课题组成员清晰地了解课题关键词"融合"，因此，定期召开课题会议，分析课题背景，学习相关文献，找出幼儿园线上教育弱项，找准课题研究突破口，做好调研，共同商讨研究计划，制定切实可行的实施方案，是课题准备阶段的重要内容。

二、找准切入点，开展实践研究第一阶段

1. 领取任务，初步设计游戏

在课题研究的第一阶段，课题组多次开展理论学习，紧抓幼儿游戏特点，开始尝试线上微信小游戏的初步设计。通过遴选本土线上教育资源，分析了可以尝试与小游戏融合的教学知识点、线上资源推送形式等，确定了第一阶段将以数学领域目标为抓手，开展小游戏设计与制作的探究。

课题组认真梳理数学领域学期目标，结合多个版本教师参考书上的数学领域活动设计，课题组成员进行了知识点任务领取和小游戏初步设计，确立了选择、匹配等基础题型，运用于小游戏设计。

2. 开展培训，突破技术难关

为解决小游戏技术层面的困难，课题组邀请专业编程人员进行了多次培训，组织课题组成员从新手小白，对可视化工具一无所知，到逐步了解该工具的编辑器、逻辑、积木脚本等基础功能，再到合理运用逻辑，完成"精灵"行为的编辑，并尝试运用"积分"功能，达到游戏水平分层评价的目的，课题组成员们在信息技术方面有了极大的提高。

3. 课题组分享，游戏设计多元化

为保证游戏设计的科学性、有效性、趣味性、交互性，课题组成员定期开展分享活动。组员们分别展示游戏设计，解读逻辑编辑，分享游戏二维码，实测游戏交互性和趣味性。在分享中，各位成员的逻辑思维相互碰撞，不断完善和升级游戏设计，更合理地运用技术，解锁新方法。

三、拓宽思路，开展实践研究第二阶段

1. 探究"融合"，在游戏设计中尝试融合

将线上教育资源，运用微信小游戏的形式进行推送，能够更好地解决幼儿园线上教育的交互性。课题组成员尝试对"精灵"行为进行编辑，连续完成"精灵"行为，能够做到简单的动画播放，结合音效素材，能够完成线上知识点教授。然后突出活动知识点，设计简单

的选择、匹配题型，检验幼儿掌握知识点的情况。小游戏《小动物喂食》中，四种食物图片“草”“骨头”“毛毛虫”“鱼”，与正确的动物碰撞后，会改变坐标移动到小动物怀中，并发出“胜利”音效。反之，则返回原坐标，并发出“错误”音效。

运用“积分”功能，区间积分范围，部分游戏设计能够做到分层评价。在小游戏《10以内加法》中，幼儿做数学加法题，选择答案后，点击“确定”，即可得到“正确”或“错误”的评价，每做对一道加法题，积分可加“1”。最终根据积分的结果，会生成三层评价。

2. 探究“融合”，尝试多种融合方式

在实践研究过程中，我们尝试了多种融合方式。其中，“视频＋游戏”模式中，教师选择有效的线上教育资源，如教学视频、微课等，完成在线教授，然后推送游戏二维码，在游戏互动中检验幼儿掌握知识点的情况，该“融合”的优势在于，微信小游戏的交互性对在线教育进行了补充与升级。“教授＋游戏”模式，则是将教授与游戏整合为一体，通过识别二维码，整体完成教授与游戏互动，这种模式的积木脚本编辑更为复杂一些，更多地被课题组核心成员所采用。

小游戏《整理包裹》是大班数学活动，涵盖三个知识点，游戏开场界面中，可通过点击链接三个游戏场景，完成三个不同的知识点教授和游戏。如：认识“＞”和“＜”，然后玩游戏“快递小哥哥收包裹”。飘落的热气球包裹上有两个数字，中间须填符号“＞”和“＜”，两位快递小哥哥可横向自由拖拽，移动中与热气球包裹碰撞后，能够看出“＞”和“＜”使用得是否正确。

3. 探究“融合”，线上与线下教育相辅相成

可视化工具有其自身强大的优势，可在幼儿园一体机上播放和完成交互。虽然不能像希沃软件那样可以现场完成写画，但执行设计好的动画课件和游戏是没有问题的。因此，运用可视化工具制作的微信小游戏，可以作为课堂教学用课件，用于集体教学。其优势又体现在活动结束后，幼儿家长可通过识别小游戏二维码，在手机、平板上再现该活动课件，是一种分享和巩固，能较好地实现线上交互。本研究阶段有多位教师采用了线下教学与线上交互相结合的形式开展教育活动，并完成课例录制后参加各类信息化比赛，均取得了不错的成绩。

小游戏《跑跑镇》在线下课堂，可以作为课堂课件使用，各类碰撞、“精灵”变化、音效运用都能给孩子带来惊喜。结束课堂教学后，通过手机扫码，可以在线上重温该游戏课件，幼儿和家长一起读一读、玩一玩，巩固知识点掌握，体验游戏带来的快乐。

至此，课题研究已经进入中期阶段，课题组已然尝试了数学领域、语言领域方面线上教育资源与微信小游戏的融合，并有了一定的成果，多个游戏二维码已经在实测、运营中。当然也有弱项，主要体现在研究过程“重技术突破，轻游戏理论的学习”，所以也会出现一些教师教育意识上的不足，不能够很好地从孩子的角度、孩子的操作、孩子的兴趣出发，去设计游戏和逻辑编辑，造成后期的返工、调整等，这是下一阶段研究需要研究的部分。

研究还在继续，下一阶段要做好游戏内测，扩大学习领域，如科学教育、健康教育等，将该领域核心经验，通过微信小游戏的方式推送给孩子们，达到线上教育交互性和有效评价。丰富的游戏设计，也将成为幼儿园的一张名片，在公众号中精彩互动。

这是个很有意思的研究历程，最终惠及的仍是孩子。而教师们则在创新中愉悦教育的情怀，在跨界中张扬学习的激情，在研究中体验到终身学习的乐趣。

浅谈幼儿园区域教学中存在的问题及对策

中国人民解放军海军陆战队训练基地幼儿园　余永红

一、对幼儿实施区域教学的基本情况

1. 教学活动过于形式化

虽然很多幼儿园在教学中也设置了区域教学的位置，但是很少真正地实施区域教学，设置这些的目的只是为了能够满足领导检查的需要，在实际教学中并没有实施相关的教学。导致这种现象产生的原因就是教师过于重视对于幼儿的集体教学，忽视了区域教学的重要性。

2. 区域材料存在问题

很多幼儿园对于区域材料的放置存在很多不合理的现象。第一，很多幼儿园在进行材料的投放时，具体的投放日期并不明确，还有些教师为了能够完成相应的任务或者是领导检查的要求，只关注材料的数量，并不重视材料质量的把控，材料实际的使用性不能满足要求。第二，很多教师在进行材料的投放时比较随意，在进行区域教学道具的制作时，有些教师就是用包装袋等随意制作，使用性特别差，还特别容易出现破损的现象，这也导致区域教学发挥不出应有的作用。

3. 教学没有对幼儿做出正确的指导

有些教师能够认识到区域教学的重要性，所以也在尽量实施区域教学，但是在实际教学时会发现与理想中还是存在一定程度的偏差。在进行区域的设置时，教师会存在较强的主观性，只重视特别的区域，并没有将所有区域的重要作用都体现出来，不能全面实现对幼儿的区域教学。而且在进行区域教学实施时，也很难做到对幼儿实施针对性的管理工作，并不重视教学的细节，不能深入地对幼儿进行指导教学，而且在教学中，还不能科学地平衡好区域教学与其他教学之间的关系，只是将区域教学作为补充教学的内容，无法将区域教学的价值体现出来，不能让区域教学发挥出应有的作用。

二、对幼儿实施区域教学的策略

1. 加强教师对区域教学的重视度

在幼儿园的教学中区域教学应该是比较重要的教学内容，同时还能实现对幼儿实践活动的实施，实现对幼儿全面的教育教学，有利于幼儿综合能力以及素质的提升。所以，幼儿园在对幼儿实施教学时，应该认识到区域教学对幼儿的重要作用，认识到区域教学的价值，并定期举办相关活动。教师也应该提升区域活动举办的质量，保证活动有效地进行，让幼儿在区域教学的平台上能够学到更多的内容。

2. 科学合理地进行区域材料的投放

教师在进行材料的投放时，首先，应该结合幼儿的年龄以及性格的特点进行材料的投放，这样才能满足幼儿发展的需要。同时，教师在进行材料的投放时，也应该重视材料投放的意义，重视材料的实用性以及层次感。材料应该符合这个活动区域的特点，还能满足幼儿发展的要求，让幼儿能够在区域活动中得到相应能力的提升。其次，教师在进行材料投放时，应该重视材料投放的丰富程度，教师还可以让幼儿以及家长共同进行材料的收集，让幼儿能够有自主探索材料的机会。最后，教师可以按照教学课程的主题投放材料。例如：在圣诞节期间，教师可以在区域中投入制作圣诞树的材料，满足对幼儿教学的需要，提升幼儿参与学习的兴趣，让幼儿更愿意参加区域教学活动。

3. 针对幼儿的特点实施区域教学指导

区域教学最大的优势就是能够实现对幼儿的个性化教学。教师在教学的过程中应该将幼儿作为教学活动的主体，教师在教学活动中更多的是担任指导者，并不是教学的掌控者。在区域教学中，教师应该根据幼儿的实际情况，转变自己的角色，对幼儿因材施教，更好地对幼儿实施教学，给幼儿最正确、最合适的指导。例如：教师在进行实践操作时，在开始阶段应该给幼儿足够的时间，让幼儿能够按照自己的意愿进行实践，让幼儿更好地探索未知的区域。在幼儿失败时，教师再适时地给予幼儿指导，或者幼儿落下某个步骤时，教师也可以对幼儿进行指导。这样才能更好地培养幼儿的探究能力，提升幼儿的思维能力与动手能力。同时，教师在实施区域教学时，还应该平衡好区域教学与其他教学之间的关系，不能只是将区域教学作为补充教学来实施，应该重视区域教学的独立性。教师应该重视区域教学在幼儿教学中的重要地位，这样才能将区域教学的重要作用发挥出来，让区域教学与集体教学平等处于幼儿的教学活动中，让两者之间实现高质量的融合，这样才能促进对幼儿的教学，实现幼儿教学多方向的均衡发展。

三、总结

幼儿园以及教师都应该重视对幼儿的区域教学，在区域教学中提升幼儿的综合素质，同时在教学中还应该对幼儿的创作意识进行培养，让孩子得到全面发展。教师在教学中应该平衡好区域教学与集体教学之间的关系，让区域教学的作用充分发挥出来，同时还应该重视区域材料的选择，保证其能够满足孩子学习的需要，促进幼儿综合素质的提升。

在绘本教学中信息技术的运用

北京市昌平区崔村镇中心幼儿园　徐萌萌

随着幼儿教育改革的深化，教育观念的转变，一幅挂图、一个游戏已远远不能满足现代儿童的求知欲，信息技术正越来越多地被运用于幼儿园的教育中，它以强大的交互功能，突破时空的限制，将声音、图像、文字有机结合在一起。为幼儿创设了一个生动、形象、直观、视听结合的情境。那么如何将信息技术运用于我们的绘本教学活动中呢？

一、运用交互式白板，培养幼儿观察能力，帮助幼儿理解绘本

绘本就是以图文并茂的形式，以反映儿童生活为主的儿童图书。书中的图与文有同等的重要性，对于幼儿来说，图画的重要性比文字更高一些。绘本不仅可以使幼儿通过看图理解绘本的故事内容，而且在视觉方面除了给予儿童美感的经验外，还传递一种内心情感的表达。例如：《我不愿悲伤》一书，小兔子由于心情不好，它的世界都是灰色的。绘本的前几页在描述小兔子心情不好的情节时，画面都以灰色为主，让幼儿从视觉上感受到小兔子伤心、难过的心情。

二、利用课件帮助幼儿理解绘本，激发幼儿对阅读绘本的兴趣

1. 对绘本进行分析，激发幼儿对阅读绘本的兴趣

在给幼儿讲述绘本前，教师一定要认真分析绘本的故事情节，并在设计活动中找出重难点。比如：《丢掉壳的乌龟》中，讲述的是小乌龟被兔子嘲笑它的龟壳，于是小乌龟一气之下把壳丢掉后，引发的一系列不适应以及龟壳被其他小动物遇到后的用途。由于小乌龟没有了龟壳后的不适应使它开始想念起自己的乌龟壳，然后去寻找。就在小乌龟非常失望没有找到自己的龟壳时，却意外发现龟壳最后被兔子抱回了家里，还将龟壳套在了自己的

身上。被发现后兔子羞怯地向小乌龟道歉并告诉小乌龟，它的龟壳很棒，很羡慕小乌龟。最后乌龟原谅了兔子，还谢谢它费力气帮助自己把龟壳从河里捞上来了，穿上自己龟壳的小乌龟终于发现自己的龟壳的好处，并自豪起来。小乌龟在没有龟壳时开始想念自己的龟壳是这个故事的转折点。在设计活动时，向幼儿提出了问题“乌龟把它的壳踢出去后，它的龟壳会去哪里？小乌龟没有了乌龟壳它会怎样？”让幼儿先大胆猜想，并表达出自己的想法。然后再让幼儿带着问题去进行阅读，幼儿的兴趣会更为浓厚。

2. 使用信息技术手段解决活动的重难点，提高幼儿对阅读绘本的兴趣

(1)聚光灯激发幼儿的兴趣，培养幼儿的观察能力

以往在设计活动时，我们总是想方设法地用各种方法激发幼儿的兴趣，吸引幼儿的注意力。交互式白板的聚光灯功能，虽然只是一束光圈，但是对于幼儿来说具有神秘感。在“礼物”的活动中，活动一开始，我先使用了聚光灯的功能，“我们今天来到了一个神秘的地方，我还给你们带来了一个望远镜，谁来找找看，你能发现谁？”然后请一个小朋友来拖动聚光灯，寻找商店里的礼物。这样既增强了活动的神秘性和游戏性，又能激发幼儿的兴趣。不仅如此，聚光灯的使用，还能够帮助幼儿注意观察细节，从而培养幼儿的观察能力。

(2)拉幕功能便于幼儿进行对比观察

在“丢掉壳的乌龟”活动中，为了使幼儿能够通过对比小乌龟有壳和没有了壳后身体特征的变化，以及小乌龟前后心情的变化，我将“有壳的小乌龟”和“没有壳的小乌龟”分别截图放在了一左一右。利用拉幕功能，先出示了“有壳的小乌龟”，让幼儿说说“小乌龟此时的心情是什么样的”。然后利用拉幕出示“没有壳的小乌龟”，再让幼儿说一说“小乌龟有了什么变化？它此时的心情是怎样的？为什么？”通过图片的对比，幼儿能够更直观地进行观察、比较，从而展开分析、想象与推理等。

(3)链接声音、视频帮助幼儿理解故事中人物的心情

幼儿阶段往往以无意注意为主，思维处于具体形象思维阶段，对比较抽象的事物很难接受。传统语言教学中简单的图片和简单的说教已远不能满足幼儿对语言的需求。而运用多媒体技术中链接声音、视频可将故事的意境、内容、语言与生动的动画结合在一起，让幼儿充分运用多种感官感受到绘本的魅力，极大地吸引了幼儿的注意力，提高幼儿学习的积极性。例如：“丢掉壳的乌龟”活动中，我加入了声音的链接，幼儿通过听小乌龟“丢壳前”和“丢壳后”声音的变化，直观地感受到小乌龟在决定丢掉龟壳时那种坚决和生气，与“丢掉壳后”那种失落、无助的心情。除此之外，在课件中链接背景音乐，也可以突出故事中人物的心理变化。如有一次活动，我将《小熊猫的悲伤》和《悲伤的埃德加》两书整合成一份课件，前几页都是体现悲伤的心情，我选用了那种比较悲哀、舒缓的音乐《雨的印记》，而当最后结局慢慢地明了后，小主人公感受到了快乐，开始无比开心的时候，就节选了比较欢快的《春天小夜曲》的片段。幼儿可以在感受音乐曲风变化的同时感受主人公心情的变化。

三、平板电脑在幼儿阅读绘本中的运用

1. 幼儿使用平板电脑自主阅读，帮助幼儿理解故事内容

幼儿在自己使用平板电脑阅读故事时，宽松的环境下，可根据自身理解能力的不同自由自主阅读，便于幼儿理解故事。幼儿可以自主翻阅图片进行阅读，有的幼儿理解得快，可以快速翻阅；有的幼儿看得慢，可以翻慢点，或者还可以再翻回去看前面没理解的内容。另外，幼儿还可以自主放大或缩小图片，能够把自己更为感兴趣的地方最大化地进行观察，能够有效地帮助幼儿理解故事内容。

2. 通过平板电脑自主阅读，有利于幼儿个性化的表达

绘本故事中，有的故事的发展顺序是可以进行颠倒的，对于这类绘本，不同的排序方式可以编出不同的故事内容。例如：《搬过来搬过去》中，鳄鱼先生和长颈鹿小姐搬到长颈鹿小姐家一起生活后，它们的生活发生的变化，如吃饭的问题、马桶的问题、楼梯的问题、晾衣服的问题……这部分故事的顺序是可以打乱的，没有固定的先后顺序，于是设计成幼儿独立用平板电脑翻阅故事，可以利用DOCAS软件按照自己的想法将图片进行排序讲述故事，使每个幼儿对绘本都有自己的理解与思考，使每个幼儿有充分个性化的表达。这也是《指南》中提倡的，要为幼儿创设自由、宽松的语言环境，鼓励幼儿敢说、多说、喜欢说，从而促进和发展幼儿的语言表达能力。

3. 利用平板电脑多种功能解决幼儿在阅读绘本中的重难点

利用截图功能，方便幼儿细致观察画面。

例如：在《偷蛋贼》绘本阅读中，幼儿在使用平板电脑自主阅读过程中，将几个“嫌疑犯”的动物爪子进行截图，然后将截下来的几个爪子分别跟“偷蛋贼”的爪子进行对比观察，这样能够更直观地通过比较找出谁是真正的偷蛋贼。

现代信息技术与绘本教学的有效整合，让绘本中飞扬的图画给予了幼儿更加充分的想象空间，引导着幼儿进入美丽的意境中，从而使绘本教学更加优化，更加生动。因此，运用信息技术手段开展绘本教学，是一种促进幼儿语言方面发展的有效途径。

对孤独症幼儿开展安坐能力干预支持的个案研究

江苏省儿童康复研究中心附属幼儿园　赵得琴

一、个案基本情况

小渝，女，出生于2017年2月，2020年5月在南京某医院诊断为孤独症谱系障碍，于2020年9月到省儿童康复研究中心附属幼儿园做康复训练。小渝患有先天性右眼斜视，有语言但发音不清晰，能和老师有简单的对话交流，但较为被动，喜欢贴花，被夸奖，IQ：105分。开学已第三周，孩子们从以第一周的区域活动为主到慢慢加入了主题教学活动，班级每天第一节主要的主题活动时间在9:30—10:00，通过9月14日—25日为期10天的主题活动中的观察，发现小渝在主题活动中途会擅自离开座位，或者整个上半身趴在旁边小朋友的椅子上；如果是桌面操作活动，她也会坐一会儿就要下座位，或者上半身身体趴在桌子上，平均10次中有7—8次这种行为，平均每5分钟就要下一次座位，或趴在旁边小朋友的椅子上一次。每次出现时老师都会用语言提醒和肢体协助的方式，小渝才能回到座位或者调整坐姿进行接下来的活动。

二、原因分析

小渝在集体教学活动时，不能根据当下环境的需要安稳、安静地端坐，而是频繁下座位，不仅影响课堂纪律，也会影响幼儿本身的学习，因此需要对该幼儿做安坐能力的干预训练。分析小渝坐不住的原因，可能的影响因素有：

(一)感觉统合失调

孤独症幼儿常常伴随感知觉的异常，比如前庭觉失调、本体觉失调等，感觉统合失调会影响幼儿的安坐能力。通过《感觉讯息处理评估量表》评估结果得出，小渝在前庭觉和本体觉上都存在明显的偏差，姿势控制及平衡能力(站姿、调整坐姿等)有绝对的偏差……前

庭觉失调会造成幼儿不能将大脑要接收的信息进行排序，对外部信息不能分批分次地进行过滤，导致幼儿注意力特别不集中，看看这儿，看看那儿，注意力不集中，幼儿自然坐不住。本体觉失调也会造成幼儿坐不住，即使坐下了也不停地动来动去。

(二)抗重力肌肉群发展滞后

通过这段时间的观察，发现小渝没办法久坐，活动进行一会儿，就要起身走动，即使在椅子上坐一会儿就开始扭来扭去或者整个上半身趴在桌子上，可能与其身体大肌肉群的四个关键位置(颈部、肩部、躯干、髋部)的抗重力肌肉群发展不成熟有关。

1. 颈部作为大脑和身体的衔接部位，它的发展和稳定，关系到头部的稳定，也关系到位于头部的前庭系统和视觉系统的稳定。只有颈部抗重力肌肉群功能稳定了，才能为前庭提供一个稳定的环境侦测地心引力，才能为视觉提供一个稳定的视野，保证视觉信息输入的准确。

2. 肩部的稳定性会影响着幼儿手臂的粗大动作和手部的精细动作。通过美工活动中的观察，发现小渝的手臂力量以及手部精细动作也滞后于同龄的幼儿，因此肩部的抗重力肌肉群没有发展好，影响幼儿粗大动作以及精细动作，也影响安坐的能力。

3. 躯干抗重力肌肉群主要指的是肩部以下，髋部以上的肌肉群，这部分的抗重力肌肉一方面帮助我们保持身体直立，维持身体姿势，另一方面，也影响着呼吸的顺畅。从小渝平常做早操和感统活动中的表现来看，她的站姿和坐姿都需要老师肢体协助才能维持。

4. 髋部抗重力肌肉群主要影响着儿童腿部的粗大运动。只有腿部的粗大动作发展好了，才能让大脑对下半身的本体觉有一个很好的感知。小渝平常走路喜欢踮脚尖走，可能髋部抗重力肌肉群没有发展好。

颈部、肩部、躯干、髋部位置的肌肉群都要受到前庭系统的指挥与影响，致使小渝无法通过前庭系统来调整身体姿势变化保持持久性抵抗重力，所以坐不住或坐一会儿就会累了。

(三)社会规范发展尚未成熟

由于小渝刚上幼儿园，进入新的环境，对班级常规以及教学活动规则意识还未建立，无法做到次次都守纪律。孤独症幼儿也缺乏社会规范，不明白为什么我在家可以想趴着就趴着、想走动就走动，但在幼儿园的课堂上却不行。在其他小朋友回答问题时也不能控制自己有意识地去等待和关注别人正在做的事情。

(四)兴趣狭窄

通过在主题活动中的观察发现，小渝在每次活动开始的3分钟左右安坐能力非常好，老师使用了她非常喜欢的音乐和弹唱的方式开始活动；呈现新颖的玩教具(实物/图片)或者以拟人化的玩偶出现、做游戏的方式进行授课的时候，小渝的注意力很集中，但也会趴在旁边的椅子上或桌子上。如果是不感兴趣的内容她就会频繁下座位。

(五)感觉敏感

外在环境总是充斥着各式各样的刺激，比如：小渝对风吹的声音、翻书的声音等都很敏感，对于一般人来说，这些细微的环境因素，大脑会主动过滤掉，但对于孤独症幼儿来说，因为感觉敏感，所以也会被这些外在因素影响。

三、干预策略

1. 针对感统失调和抗重力肌肉群发展不成熟的原因，通过个案研讨会的方式与家园沟通达成一致，在运动和感统方面加大训练量来提供干预支持。

前庭系统对重力刺激有接受和解释的功能，通过让幼儿进行与前庭刺激相关的游戏和活动来实现抗重力肌肉群的发展，从而改善前庭系统的功能发展，如让幼儿多玩爬类活动，爬隧道、爬高、攀爬等，滑滑板、荡秋千、蹦床、玩脚踏车、游泳等活动；也通过大量的肌耐力训练如拔河、仰卧起坐、俯卧撑、侧身翻滚、翻跟头、腹部朝上四肢爬行等，提升大肌肉群的肌肉力量和耐力，促进本体系统相关功能的发展，借此促进抗重力肌肉群发展的目的，从而达到安坐能力训练的目的。同样的活动在园内也同步开展，每天园内和家庭训练的时间分别保证在40分钟以上。

2. 多鼓励和帮助幼儿逐步建立遵守课堂规则的意识，比如：前期我们安排一名辅课老师坐在小渝身后，当她坐不住时语言提醒其坐好，肢体辅助幼儿安坐再持久一些，使用强化物如小渝喜欢的贴花及时强化幼儿安坐的行为。

家园同步与幼儿玩角色扮演的游戏，利用游戏来告诉幼儿，为什么在幼儿园上课时需要坐好。此外，也做一些等待练习来增强幼儿的社会规范。

3. 培养兴趣，利用幼儿感兴趣的现有事或物，发展出其更多的兴趣，也就是将一个不好玩的活动和一个好玩的(幼儿喜欢的)游戏串联在一起，扩大兴趣面，从而适应集体活动中不同的活动。比如："介绍自己"的社交活动中，第一环节使用自制名片条来介绍自己的名字和年龄等；第二环节设计了"听音传花"的游戏，所有幼儿和老师围坐成一个圆圈，音乐声中，大家边唱边传花朵，音乐一停，花朵在谁的手中，这位幼儿就站起来，向大家介绍自己，小渝对名片条活动不太感兴趣，但是听音传花是她喜欢的活动，通过这样丰富有趣、形式多样的游戏活动，吸引幼儿的注意力，小渝全程都没有离开座位，而且很开心、很专注地参与活动。

4. 针对感觉敏感，通过提高专注力来增长幼儿的安坐时长。专门设计了以下一对一的游戏来提升专注力。

游戏1："寻宝"游戏，选择小渝喜爱的玩具，引导她用眼睛看和跟随老师把玩具藏在房间不同位置的"宝箱"下面，然后让幼儿快速找到，在"藏起来"环节逐渐延长时间，使幼儿目光跟随的时间逐渐长一点，并逐渐地增加幼儿与藏的物品之间的距离，同时加入大运动的项目，如爬着去找到小球等。

游戏2："看看说说"，准备5—10张幼儿已经认识的物或场景图，分别摆放在幼儿左、右前方的位置，老师手指向哪个图片，幼儿便快速说出图片的内容，此游戏是"寻宝"游戏后的进阶游戏，主要训练专注力的流畅性，重点是让幼儿看老师手指向的方向，通过不同方向的转换，让其注意力更集中，专注力更持久。刚开始手指指向的速度比较慢，等小渝熟练后加快了手指的速度，小渝也能非常积极并集中注意力在活动中。

游戏3："找一样的"游戏，老师展示一幅背景图，背景图的位置和小渝安坐的位置距离在1—2米，引导幼儿学习看老师手指的内容，再寻找自己桌上一样的图片做配对练习，在过程中老师通过走过来、走过去适当延长时间，让幼儿的专注和等待的时间得到有效的练习。

四、效果

经过6个多月家园同步的运动和感统训练，结合一对一的专项练习以及在集体活动中一对一的辅助支持，小渝现在基本能在集体活动中独立安坐，跟随老师完成15分钟左右的活动，不会下座位，桌面活动时也不再趴在桌上，而是端端正正地坐好，有时还会提醒其他没有坐好的幼儿也要端坐好。

五、结论与反思

安坐能力作为基础能力，是孤独症幼儿学习其他能力的先备技能，是非常重要的一项技能，没有安坐就没有足量的、有效率的训练时间，没有量的积累也无法引起质的变化，简单的安坐对于幼儿全面整体能力的提升起着至关重要的作用。因此，在培养孤独症幼儿的安坐能力时要讲究循序渐进，结合平时的训练一起进行，尽量跟随幼儿的兴趣逐渐培养安坐的时长。

谈谈奥尔夫音乐对幼儿的影响

四川省德阳市中江县龙台镇中心学校　王俊文

一、奥尔夫音乐的概念

奥尔夫教学法是德国作曲家、音乐教育家卡尔·奥尔夫所创立的，奥尔夫音乐教育思想强调音乐的参与性、综合性、即兴性、人本性，重视"原本性"这一音乐教育思想。"原本的音乐是接近土壤的、自然的、机体的、能为每个人学会和体验的、适合于儿童的。"

二、奥尔夫音乐的重要性

1. 参与性

奥尔夫指出："原本的音乐是一种人们必须自己参与的音乐，即人们不是作为听众，而是作为演奏者参与其间的。"它不同于传统音乐会、不同于观看他人娱乐方式的音乐行为，这种必须由自己亲自参与、主动实践的音乐活动过程，成为儿童学习音乐最主要的途径。"我追求的都是通过要学生奏乐，即通过即兴演奏并设计自己的音乐，以达到学生的主动性。"要让儿童在主动参与游戏的活动中接触音乐、体验音乐、感受音乐、喜爱音乐，学习的结果并不重要，重要的是让儿童在愉悦、轻松、自由的过程中享受主动参与和创造的乐趣，享受音乐带给人的欢愉。

2. 综合性

奥尔夫认为，"音乐出于动作，动作出于音乐"。奥尔夫和军特合办的"军特体操—音乐—舞蹈"学校，就使动作、音乐和舞蹈融合在一起。他还认为，语言、动作本身是有旋律和节奏的，就是一种音乐。这种思想使奥尔夫音乐教育在行为方式上表现为歌唱、舞蹈、节奏、游戏合而为一。

3. 即兴性

奥尔夫曾说过："一切都是幻想，所有的音乐教学应当从'游戏'入手，而通过即兴达到它的目的和成功。"他把即兴性创造作为整个音乐教育的起点，更注重对儿童即兴能力的培养，不仅要激励儿童的学习兴趣，更要培养他们的创造力。因此，即兴活动是提高创造能力、升华音乐体验最有效的方式，也使其成为奥尔夫音乐教育思想中最核心的部分。

4. 人本性

奥尔夫在 1931 年写道："音乐始自人自身。"并指出："音乐是我达到散发心灵力量的手段罢了。"音乐教育首先应从人性发展的开端、从人之初的教育做起。奥尔夫在教学中不是把知识、原理直接灌输给儿童，而是让他们在唱、跳、玩、做中找出那些知识。通过引导儿童对音乐艺术进行感知、想象、理解和实践，使其审美感受、鉴赏能力、创造能力、表现与交往能力都得到极大的培养和提高。

三、奥尔夫音乐教育思想在我国幼儿音乐教育的影响

(一)奥尔夫音乐教育思想在我国幼儿音乐教育实践中的问题

1. 教育理念解读的模式化

奥尔夫强调以基本元素、原始素材为音乐基础，通过音乐动作、语言、舞蹈等形式，调动儿童的视觉、听觉、触觉和肢体动作，还原儿童最真挚、最原本的性情，启发儿童对音乐的基础性理解。奥尔夫认为，“原本的音乐是接近土壤的、自然的、机体的、能为每个人学会和体验的、适合于儿童的”。这种原本性的音乐教学方式注重儿童主动观察、积极探究，使儿童将音乐、创意表演以运动、声音、即兴创作等形式表达出来，有利于激发儿童的学习兴趣，促进儿童潜能的最大化开发。“掌握奥尔夫教学法要在自身的实践过程中去理解，将理论知识转化为实践技能，这样才能实现奥尔夫音乐理念的内在化，帮助教师理解并应用奥尔夫的基本教育理论。”然而，我国大多数幼儿教师只是通过短时间的组织学习、观摩课例等了解奥尔夫音乐教育思想，并没有真正掌握奥尔夫教育理念，通常将奥尔夫音乐教学法理解为一种简单的、机械的“演唱＋舞蹈”的教学样式，停滞于知识概念的表层认识，未能进行深入、全面的解读。

2. 教学目标设计的形式化

奥尔夫主张将音乐活动与儿童的舞蹈、游戏和语言统一起来，形成一体化综合性的教学形式，激发儿童的本能欲望，满足儿童的综合性发展。奥尔夫认为，“儿童在其中不是被动的听众，而是音乐创作的积极参与者”。唱歌、跳舞只是奥尔夫音乐教学的一种外在表现形式，其实质目标是促使儿童自然愉快地感受音乐、表达音乐。然而，为了追求短期利益的最大化，我国幼儿音乐教学活动往往片面强调音乐知识、演奏技能的灌输，忽视奥尔夫音乐教育思想所倡导的综合性教学形式。

3. 教师行为控制的过度化

奥尔夫认为，教师自身的音乐审美能力、欣赏能力和演奏配合指导能力是教学实施的关键。作为儿童音乐学习的促进者、支持者，教师应为儿童提供更多即兴演奏的机会。同时，教师应鼓励儿童积极参与即兴演奏，随心随性地表达对音乐的感知，理解音乐的节奏，从而激发儿童的即兴创作灵感，使之创造出不同的音乐形式和舞蹈动作。然而，在教学实践中教师往往专注于将编排好的动作表演出来，按照固定的节拍、动作、声音传授给儿童，反复进行舞蹈与歌谣的教学，而儿童则僵化地重复、模仿教师的动作，无法真正地感受音乐、享受音乐。

4. 教学方法运用的单一化

奥尔夫曾表明：“我不想运用高度发达的艺术工具训练他们，而是运用比较易于学习和接受的原始质朴的音乐工具。”奥尔夫教学法以创新为初始点，取用身边熟知的教学器具，鼓励儿童即兴创作，以拍手、呼唤人名、模仿鸟儿声音的方式演奏，并辅之以肢体运动和一些简单的打击乐器，如点鼓、手鼓、木琴等，为教师运用多样化教学方法提供了素材和参考。

(二)奥尔夫音乐教育思想有效运用的基本思路与改进策略

长期以来，我国幼儿音乐教育被外控、被规定，充满了浓厚的功利主义色彩，致使奥尔夫音乐教育思想的实施效果并不突出。基于对上述问题的分析，为促使奥尔夫音乐教育思想在我国幼儿音乐教育实践中得到有效运用，应采取以下策略。

1. 转变教育理念

培养儿童的想象力与创造力，“如果不在根本上变革目前僵化、刻板的以书本知识为

主，强调基本功训练的教育模式，从幼儿时期就开始呵护学生的好奇心、想象力、求知激情、独立思考和质疑精神，我们的学生很可能在未进入高等教育阶段时，其创造力就已经被抑制甚至扼杀。”教师教学局限于对音乐知识技能的刻板规训，歌谣反复教唱，舞蹈跟随模仿，教师控制着音乐教学的整个过程，抑制了儿童的好奇心和求知欲，泯灭了儿童亟待发展的想象力与创造力。

奥尔夫音乐教育思想突破了歌谣反复教唱，舞蹈跟随模仿的教学桎梏。托伦斯测试研究表明，“奥尔夫教学法有助于提高孩子的创造性思维的发展，促进孩子学习兴趣，挖掘儿童天赋，增强学习动机”。

2. 提高教师教育水平，促进奥尔夫音乐教育思想的本土化

“教师在课堂上不是作为导演而存在，而是一个提出问题的人，鼓励幼儿自己去探索答案，去寻找各种各样的可能性，通过提出问题并组织讨论，引导学生掌握学习内容。”为此，幼儿音乐教师在专业发展过程中，除了夯实音乐基础知识与技能，还要提高音乐教育水平，使音乐回归本性、回归自然，鼓励儿童参与音乐、感受音乐、享受音乐，满足儿童多元化发展的需求。

3. 围绕儿童生活取材，展现音乐教学的自然活力

“自我游戏、说话和发出音乐都是未成年人为自己定位和对世界定位的原始表现，同时也帮助他们获得了社会交际的最初经验。”奥尔夫教学设计源于儿童现实生活，并以儿童的生活经验为教学素材，尊重儿童的兴趣和需要，促使儿童的即兴表达与节奏表演。

4. 注重与其他领域的融合，促进儿童的整体发展

奥尔夫将音乐与语言、游戏、绘画、舞蹈等融合起来，通过综合性的教学形式促进儿童思维、动作和情感的整体发展。在教学过程中，赋予成语、谚语、格言以音乐的节奏，有利于儿童在徜徉音乐艺术的同时达成语言文字的学习。

如何在情境中引导幼儿开展结构游戏

山东省青岛市海军青岛示范幼儿园　李　霞

情境式结构游戏就是在结构游戏的基础上，加上情境的元素，根据建构主题的内容创设与主题相适应的游戏背景和环境。孩子们在这种情境中借助积木等材料依据自己的生活经验创造性地反映生活和周围世界。情境式游戏实际上是基于幼儿本身已有的生活经验与兴趣爱好，在一个相对具体化的、情境化的结构游戏中，得以唤醒幼儿内心的一些情感，并持续性地激发幼儿参与游戏的积极性、主动性，提高幼儿建构游戏的能力，最终发展幼儿多元智能的能力。一个好的游戏情境能够吸引幼儿的注意力，转被动学习为主动学习，可以让幼儿对结构游戏本身产生浓厚的兴趣。

一、开展初期，借助情境初步激发幼儿搭建兴趣

兴趣是儿童从事任何活动的强大动力之一，兴趣可以吸引儿童参与各种活动，思考各种问题，从而发展各种能力。对于刚进入小班的幼儿来说，他们具有活泼好动的特点，而结构游戏的多变性以及搭建材料的多样性符合小班幼儿的性格特点，能够让小班幼儿产生好奇心，进而加入游戏中。然而，小班幼儿在结构游戏中的活动较为单一，对于搭建材料有一些陌生，所以区角活动时总会看到幼儿在结构区把各种搭建材料随意的拿来拿去，或者简单将两块、三块、四块彩色积木无目的地拼在一起，然后就随意地扔掉，又去选择其

他玩具玩起来。

这种只会将搭建材料拿来拿去或者放在地上随意拼拼的行为，不能实现结构游戏对幼儿动手能力以及思维能力的推动作用。在对幼儿进行初期阶段的结构游戏指导的过程中，我创设了“给幼儿园铺路”的情节，每天来到美丽的幼儿园、见到喜欢的老师和小朋友，他们是那么开心，铺一条美丽的小路，走着这条小路来幼儿园和朋友们一起快乐地游戏会多么开心呀。在和孩子们认识各种搭建材料、熟悉材料的名字、颜色、形状、大小等之后，请他们来试一试给幼儿园铺一条小路，由于他们没有什么搭建经验，所以只是随意地拿几块泡沫玩具摆了摆就是他们的小路了。在将他们的作品拍照之后，我搭建了一座幼儿园，然后用彩色泡沫玩具运用平铺和延长的技能来示范性地铺出了小路并拍照后，将两张照片放在一起请孩子们来看看自己喜欢哪一条路，试试说说为什么。孩子们纷纷说喜欢我搭建的小路，因为它一块挨着一块，很平整；这条路很长，五颜六色的，很好看。随着孩子们的评价我适时地引导他们知道了什么是平铺和延长、平铺和延长时要注意的问题，并对下一次的搭建提出要求：你能不能也铺一条这样的小路？除了泡沫玩具还能用什么材料来铺路？于是每天的区域活动时间小朋友们都开始喜欢去结构区，他们用泡沫玩具、旺仔牛奶桶、彩色纸杯等铺出了一条条小路。有一天哲哲在小路旁摆放了一些薯片桶，他说这是路灯，晚上路灯亮了妈妈就能来接他回家了。虽然铺路的情节非常简单，但是在这个简单的、幼儿熟悉的情节中，他们不但掌握了平铺和延长的技能，还开始初步尝试自主进行搭建，帮助他们初步建立了左右对称的概念；游戏中鼓励他们向别人介绍自己的作品，同时也鼓励幼儿和伙伴一起玩，学习用礼貌语言(请、谢谢)借还玩具，不争抢，不哭闹，初步激发出了他们对结构游戏的兴趣。

二、提高阶段，借助情境提高幼儿搭建兴趣

经过一段时间的搭建，孩子们已经认识各种材料，并且基本掌握了它们的用途，对周围的事物能用简单的平面搭建的方法表现其主要特征。比如：在搭建滑梯时，幼儿已能用分部搭建再连接组合的方法表现滑梯的台阶、梯身等。那么如何引导他们搭建从平面走入立体呢？

观察生活，丰富幼儿的感性经验，这是开展结构游戏首先要做到的事情。要开展好结构游戏，只有让幼儿对生活中经常接触到的物体进行细致的观察，深入的了解，并形成丰富深刻的印象，这样他们才会有搭建物体的愿望，有放手搭建的能力。比如：在搭建房子时我先搜集一些房子的效果图和俯视图等和孩子们一起观察，引导他们发现房子的建筑特点：都有四面墙，是围在一起的，在一面墙上有门、其他的墙上有的有窗户等。有了观察、了解做基础，结合海洋主题我创设了情境“海豚的家”：海豚的家在海啸中倒塌了，请小朋友们来帮助它盖一座房子作为它的家。我请他们将毛绒的海豚玩具先放到结构区，然后开始给海豚搭建房子，很快房子盖好了，我将它照相后和孩子们一起分享，请他们来说一说这座房子怎么样。孩子们看到后纷纷说这座房子太小了，海豚在里面都动不了，多难受呀。我直接追问怎么办？于是第二次的搭建要求出现了：海豚的家要大一点儿才住得舒服。于是第二天孩子们又来给海豚搭房子，在看照片讲评时问题又出现了：孩子们发现这次的家虽然大了，可是家里的墙是歪歪扭扭的，怎么办？这次有点难为孩子了，想了半天也没有想出办法来，我启发他们仔细看看结构区地上地垫的拼接处是直的，能不能借助拼接处来进行搭建。第三天他们又开始了搭建，这次虽然海豚家的墙直了很多，但是因为墙离着放搭建材料的橱子太近了，被碰倒了好几次，这怎么办？源源说老师可以帮我们在离橱子一定距离的地上像隔离的点一样粘上几个点，他们就在这几个点上给海豚盖房子，就不会因为拿材料把它碰倒了。于是结构区的地垫上出现了四个作为固定位置的点，在之后的搭建中孩子们还给海豚家搭了好看的门，铺了长长的路。在一次次的搭建、拍照、评价、寻找问题、再搭建的过程中，孩子们始终是积极地发现问题、想办法解决问题，既开动了脑筋，又一次次体验了搭建成功的快乐并为自己的成果而感到骄傲，同时继续搭建的兴趣被更大地激发了出来。

三、创造阶段，借助情境进一步激发幼儿搭建兴趣

开展了一段时间的结构游戏，幼儿已经能较熟练地运用各种搭建技能表现所要搭建物体的主要特征，游戏的持续性和目的性也增强了，这时出现了一个短暂的“平台期”，即幼儿经常重复搭建已经搭过的东西，而不去创新，有时还会出现很快搭好，然后无事可做的现象。《幼儿园教育指导纲要》指出：“指导幼儿利用身边的物品或废旧材料制作玩具、手工艺品等来美化自己的生活或开展其他活动。”游戏材料的本质特性和多样多变的特征，能通过游戏活动，发挥出幼儿的各种探索行为与周围生活环境之间互为推进发展的积极作用。

于是再来搭建“海豚的家”时出现了新的情境：“海豚要过生日了，想请好朋友来做客，能帮它来盖一座新的房子吗?”新情境的出现对幼儿提出了新的问题：你想给海豚盖一座什么样的房子？客人来了可以做什么？你想用什么材料来给海豚盖房子？在孩子们的奇思妙想后我出示了长方形、正方形、圆形的纸板，鼓励他们大胆地来试一试用这些材料来帮海豚建房子。搭建完成后在与孩子们分享的过程中，我发现了用两个半环形拼成的一个圆，上面又放了一个斜弧形的泡沫玩具，当我提出疑惑后，俊彤告诉我那是洗手间的洗手池，现在是疫情期间要洗手讲卫生；他们还将长方形的纸板铺在奶粉桶上，然后在上面用彩色泡沫玩具搭建了好看的围墙、海豚家的塔楼、导弹发射器(可以用来打攻击海豚家的敌人)，分享中我们发现添加的辅助材料只用到了长方形的纸板，我追问：还有方形、圆形的纸板，你们能试试下一次用它们帮海豚家增加一些设施吗？在第二次的搭建中岳岳尝试用薯片桶、旺仔牛奶桶和纸板盖了一座三角形的房子和正方形的房子，然后告诉我们这是海豚家的游乐场。又一次的搭建中我发现贺贺将我无意中放在结构区的塑料盒盖扣在四个并排躺下的薯片桶上，然后在上面摆放了彩色的泡沫玩具，在分享时他告诉我们这是他的水陆两栖车，并且得意扬扬地说是今天上课的时候看到的既能在陆地上跑又能在水里游的水陆两栖车。在一次一次的结构游戏中，孩子们的奇思妙想被激发出来：两层、三层的水陆两栖车、有楼梯的客厅、蹦蹦床、停车场、停车场管理员的休息室……在游戏中他们的创造性一次次被激发，一次次地将自己的创意呈现在我们面前，他们是那么快乐、那么自信、那么骄傲。

为了增强游戏的趣味性和情节性，我们还鼓励幼儿加强区域之间的互动，比如：请美工区的孩子们帮助海豚家的客人们装饰服装，从开始的单一涂色到添加了彩纸粘贴，再到彩色扣子、彩色吸管的粘贴等。

通过结构游戏的开展，我们发现情境游戏更加贴近幼儿的生活，更加激发幼儿喜欢游戏、参与游戏、开展游戏的愿望，在情境中他们会发现问题、体验过程、获得成功经验，体验与同伴共同合作游戏的快乐。

课程故事是推动线上师幼互动的有效策略

北京市北海幼儿园城市副中心园　刘晨晓

人们总是在听故事、讲故事中长大，故事无处不在。我们从故事中传承生活的经验、人生的态度等，从故事中，我们可以提炼出前人留下的或者自己的经验。课程故事也是将幼儿的游戏学习状态通过照片、录像等形式进行记录，对其内容进行分析梳理，也是将幼儿在实践中所发展的过程和经验的获取进行留存。同时是教师将实践中的过程和我们的分析措施进行相融合的一个过程，在自我反思、实践探究中学习、思考、领悟其中的内涵。

师幼互动作为幼儿园教育的基本表现形式，存在于幼儿的一日生活之中，表现在幼儿园教育的各个领域，并对幼儿发展产生很大的影响。在师幼互动中，教师有意识地采取一些有效的互动策略，会取得事半功倍的效果。疫情期间，由于无法到校上课，幼儿与教师均需要通过网络来进行交流互动，这为有效的师幼互动提出了新的挑战。不仅仅是幼儿与教师的双向互动，甚至需要家长的协助与参与，并给予教师反馈以便支持下一步互动策略的实施。

幼儿的居家课程故事主要是幼儿喜欢参与、能够参与、想要参与的活动内容，幼儿能够在活动中，有效地获取身心各方面的发展和学习经验。教师在互动中要主动将幼儿游戏中的表现进行客观描述，重点抓住所发生内容的情节以及情境，用客观描述的方式将整件事情的发展过程进行记录，连贯地表述事情。在课程故事的记录过程中要重点对时间、地点、缘起、过程中的发展，或冲突以及出现的问题进行描述，同时将情节的发展融入场景中，这样才能够真实客观地反映出所要表达的内容，同时也能更加思路清晰地表述。

我们所关注的是实践结果和在过程中的分析及指导建议，以及互动中的策略，以更好地辅助幼儿自主地学习生活、更好地成长。教师也是幼儿的合作者，要更好地支持幼儿提升自己的课程故事撰写，同时更加重视了解幼儿的学习方式和解读幼儿的学习行为及能力。

一、以“课程故事”记录为依托，探究线上师幼互动有效策略

师幼互动的具体情景可能是千变万化的，既可能发生在有组织的教学活动中，也可能发生在非正式的游戏、生活和交往活动中。其形式也可以是多种多样的，如与个别幼儿、小组幼儿和全体幼儿的交往，或与幼儿共同游戏、指导教学，或对幼儿表扬鼓励、要求示范等。内容也可能丰富多样，如对幼儿知识的传授、情感的交流、行为的指导和社交能力的培养等。因此，师幼互动从本质上讲，是一个包括发生在多情景中的，具有多种形式、多种内容的互动体系。在课程故事内容中，通过师幼双方录制视频的方式进行互动，内容主要以“音乐”课程内容和“亲子互动”课程内容为主，观察幼儿在游戏时的发展能力，根据幼儿的表现记录并分析。

(一)在“音乐”课程故事中通过教师示范实现有效师幼互动

“音乐”课程故事以无主题和有主题的形式来开展。在无主题的音乐课程故事中，主要是幼儿自由选择音乐，通过倾听、感受来表达对音乐的理解，同时能够融合自己的肢体动作和增添道具来表现音乐。在有主题的音乐中，可以通过自己感兴趣的歌舞来展现。

(二)在“亲子互动”中通过家长参与记录实现有效师幼互动

亲子的互动也是必不可少的互动内容。通过互动，孩子可以感受到家长的关心和关爱，自然而然地形成一种和谐的亲子关系，它的作用是任何方式都取代不了的。亲子活动能够反映出幼儿的学习状态和家长的支持，同时将内容进行反馈。

二、以“课程故事”居家指导建议为依托，探索师幼互动有效策略

根据《3—6岁儿童学习与发展指南》的内容和目标，为幼儿和家长提供居家的指导策略，在家长的帮助与指导下，有效地促进师幼互动。

(一)教师为家长与幼儿提供与主题相符合的内容，引导幼儿积极参与

《幼儿园教育指导纲要》指出：“幼儿园的教育内容是全面的、启蒙性的，可相对划分为健康、语言、社会、科学、艺术等五个领域，也可作其他不同的划分。各领域的内容相互

渗透，从不同的角度促进幼儿情感、态度、能力、知识、技能等方面的发展。”

(二)家长根据教师所提供的视频录制幼儿学习的视频，并尝试描述幼儿的行为

在幼儿教育中，教师与家长都是儿童教育的主体。开展亲子活动可以帮助家长了解自己孩子的情况。“实施教育，观察先行”，在孩子游戏时，只有认真观察才能真正读懂孩子。借此，我们在这个特殊时期充分发挥家长资源，让家长参与到我们的活动中来，作为观察者，观察自己孩子在游戏中的行为、表现，并做简单的记录分享在群中。

(三)教师通过回看幼儿的视频，给予肯定与认可，将幼儿的优势和需要再进步的地方进行评价

表扬和鼓励，对于每一个幼儿来说都是非常重要的。家长与幼儿将视频反馈给教师时，我们要回看每一个幼儿的视频进行分析评价，将幼儿的优势与需要再进步的地方反馈给幼儿，激发幼儿再次尝试活动的欲望，使幼儿在一次次的尝试中得到发展与进步。

(四)教师根据幼儿的学习反馈，调整自己所提供的内容、方案，以便支持下一次的互动指导

教育活动是师幼双向的活动，其中包括信息的传递、反馈和调控。教育信息反馈有利于教师及时发现和分析幼儿对目标的掌握程度，根据幼儿反馈的信息及时调整活动内容，激发幼儿的学习兴趣。

三、以“课程故事”幼儿学习教师反思为主旨，落实互动策略

教师的教学反思是教师教学认知活动的重要组成部分，是指教师为了成功实现教学目标对已经发生或正在发生的教学活动以及支持这些教学活动的观念、假设，进行积极、持续、周密、深入、自我调节性的思考。教师的教学反思是一个能动的、审慎的认知加工过程，也是一个与情感和认知密切相关并相互作用的过程。

教师录制视频的内容、动作比较符合幼儿的特点，能够支持幼儿进行表现。将录制的视频分享到群中有很好的示范引领作用，更能够激发幼儿参与的欲望。幼儿在过程中，体验到音乐与动作结合的表现，能够体验到表演带来的乐趣。关注幼儿的年龄特点和大肌肉的发展能力，可以在日常生活中多增加些这样的小游戏，巩固幼儿的经验同时建立更好的亲子关系。让家长也说一说设计这样的小游戏可以培养孩子哪些能力？更加有目的地支持陪伴幼儿。可以再次尝试这个活动，让孩子继续进行活动，发现对比两次的不同，获取新的经验。线上互动在时间、空间方面都很灵活，具有一定的特殊性，并不像线下的集体活动反馈那么及时，而且家长的互动与参与程度大。

(一)根据幼儿反馈视频分析活动目标是否达到

音乐活动“小青蛙”中，目标是需要幼儿根据教师录制视频学习歌曲，并根据歌曲的节奏做出相应的动作。在幼儿反馈的视频中我们可以观察幼儿能否完整地歌唱《小青蛙》，在歌唱《小青蛙》的同时，根据歌曲的节奏是否完成相应的动作。

(二)根据反馈视频分析活动内容是否适宜

在家长将反馈视频提交后，询问家长幼儿对于这次活动感兴趣的程度，了解幼儿平时是否有过类似的经验，在完成活动任务时坚持度如何，寻求帮助的次数如何等。通过这些对幼儿兴趣、生活经验、学习的品质的了解，教师判断自己设置的活动内容是否适宜。

(三)总结优劣点，构思下次活动

活动目标、内容设置的是否符合幼儿目前的发展水平。总结教师在这两方面设置得好的地方，优点可以在下次活动设计时采用。记录不足的地方，思考这些不足如何在下次活动设计的时候避免和改进，可以从哪些渠道攻克这些不足之处，转劣势为优势。

在开展课程故事的过程中，作为教师的我们要善于总结梳理，将实践的内容客观全面地记录。同时在实践的过程中，发现孩子们所发生的问题，感知幼儿的整体性和个体性的不同，更好地针对于此开展活动。同时要将我们的理念传输给家长，让家长理解我们的教育方式，形成一致的教育理念和支持。

新时代学之自主、教之无痕的幼儿教育策略探索

中国人民解放军95788部队幼儿园 章 蕾

一、整装待发——巧用教育循环、善诱环境之契机

蓝院儿，一所有着悠久历史的军队园，这里的孩子有着惊人的创造力。他们用木头搭帐篷、房子；在灌木丛中、迷宫里捉迷藏、捕捉蝴蝶、玩泥巴；在水沟、草坪里找宝藏、想象创造……在这里，他们学会了自己找伙伴，自己找空间，自己找创意，自己找原材料，自己计算时间、完成创作、整理归位等一系列自主行为。在这一教育场域下，教师不再是控制话语权的主宰者，而是幼儿活动材料的提供者，儿童活动的参与者和协作者，儿童行为的记录者和表演者。幼儿和教师共同构建"学之自主、教之无痕"的园所氛围。

(一)给孩子建立一个民主、自由、有安全感、易于合作的环境

1. 物质环境——做孩子持久的支持者和合作者

孩子的兴趣没有丝毫预设的成分，或许有些行为破坏了常规，打乱了正常活动，而这诸多的"越轨"行为，正是幼儿强烈的好奇心和探索欲的表现。这就恰恰需要教师智慧的支持和合作，促使孩子的探索活动得到持续和延伸。

如：在科学实验"会飞的陀螺""会转圈的线"中，按照前期活动进展，老师和孩子筹集了大量的盖子、磁铁陀螺、垫盘、塑料板等材料，只等孩子们将手中的陀螺飞起来。活动现场，一切有序地进展着，但，随即而来的"砰砰"声，桌面上的陀螺纷纷掉下。随着活动的不断推进，现场发生着一系列微妙的变化。面对一次次的失败，有的孩子选择叹息；有的孩子选择向老师求助；有的孩子选择一遍遍地尝试；当然，还有的孩子选择打破。

"老师，老师，展展抢我们的东西，呜……"几个小朋友一跺着脚、一边试图用手抢回被夺走的塑料板，见情况不妙，又将目标对准了对面的老师。

师："展展，你可以告诉老师，是什么原因吗?"

展展："我想试试围起来，大家愿意借我展板吗？我还差三个，你们可以一起来看。"

旁边桌的孩子，先斜着身子瞟了一眼，无动于衷，直到出现了第一声"我的可以借给你"，其他孩子似乎都感受这场"磁力"，纷纷拿着自己的塑料板靠向展展，而且自愿做他的观众。

试想，面对捣蛋、破坏规则的孩子，我们能否停一停？教师一味地责怪，会让孩子不敢有新的疑问与创举，探索和创新的机会也会被扼杀在摇篮中。尝试着慢一点，去了解、领悟、智慧地支持一下，我们将会惊奇地发现：孩子的发散性思维、创造能力及核心素养在从低阶转向高阶，从简单趋向复杂，从表象走向内里。

2. 心理环境——给予孩子浸润的安全感和幸福感

教师要给孩子留有充分自由和探索的空间，试着先了解孩子的某些行为动机，不要过

分干扰和限制孩子的行为，充分发挥他们的积极性和主动性。

如：大班“不一样的‘我’”换装项目活动。应孩子们的要求，在万圣节后举办一场自己的专属换装舞会。在项目素养的熏陶下，孩子们和老师一起商量、筹划……经过投票，孩子们确定了四条主线：筹备节目、准备服装、布置换装现场、游园。项目中，孩子们提出问题：怎样装饰活动现场呢？

在孩子们的讨论下，三大布置小组开始自动生成：阳台组、教室内部组、教室外墙组。现在，有的孩子拿着气球，嘟着小嘴在吹；有的孩子撅着屁股、埋着头，拿着玩偶在床沿估量；有的孩子拿着工具，在墙上、窗上、护栏上挂灯笼、牵彩带、贴气球；有的孩子踮着脚，为小阳台的樱桃树拉彩灯、挂吊饰；还有的孩子发现了新问题：“老师，还有很多高的地方我们贴不上。”老师了解情况后，第一时间带着孩子搜索信息，找准了方法：借助军体器材站高后再进行装饰。在多方合力下，最终教室被装饰得多彩多姿。

回顾这一事件，教师在了解孩子的动机后，没有抹杀孩子的活动意愿，而是引导孩子在保障自己的安全的情况下，与同伴进行多元合力、主动思考、大胆实施等。久而久之，孩子们沉浸在活动、环境的安全感与幸福感中。

（二）主动探索

道而不牵，强而不抑，开而不达。幼儿的发展不取决于客体，也不取决于主体，取决于主体与客体的相互作用。这说明，幼儿自身的探索活动对幼儿的发展相当重要，没有幼儿自身的探索活动就没有幼儿的学习。

1. 军体环境打造小项目

(1)开放——探视，活动缘起

军体环境打造小项目，源于一场意外：远处，正在忙碌着为孩子搭建军体游戏器械的老师，突然停了下来，双手捂着右侧的腰，停留了片刻。这一瞬间，被眼尖的孩子发现了，便开始讨论如何帮助老师。一旁的老师若有所思：他们可以自己收军体材料，把时间、空间留给他们也未尝不可。于是，军体环境打造项目，一触即发。

(2)创生——现身，搭建现场

①筹备：进入小组—参观场地—选取场地—参观器械室。

②设计：绘制打造图—汇报设计思路—实施。

③实施：领取军体器械—组内搭建—每组检验—整理现场。

在实施的过程中，有的小组选择了制高点，占领了防御点，开始移来大树桩、油桶、“炸药包”作为陷阱区，同时利用高的云梯和架子，参照着建模设计图，有模有样地布置上了逃离路线；有的组选择了较宽阔的平地，在先前玩过的军体游戏原型上，利用短梯增加了进攻路线，延长了行进距离；还有的对园内两棵天然的大树情有独钟，扛来了长梯、平衡木、绳索，七手八脚地搭好一座结实的、蜿蜒的“桥”，竟然直接到达了前方的瞭望塔。

(3)延展——聚焦，生发项目

2. 组间串联——大合并

在检验搭建效果的过程中，孩子们发现每个组搭建的器械距离太远，会花费大量的时间来转场，要是拼在一起就好了。于是新一轮的挑战，即将开始。这一次，每组的孩子们意识到要将场地尽可能靠在一起，又会发现有趣的现象，于是，每个组不时都会有一名孩子在两边跑来跑去，多方探风：测测距离，看看此处搭了什么。如此一来，孩子们巧妙地将自己组搭建的军事环境与相邻组间的环境做到了兼顾。

3. 项目衍生——搭帐篷

搭建帐篷是“迷失荒野，先锋工程挑战”中的子项目，是偶然事件的生成。孩子们在组合各自搭建的场地时，飞昂和几个伙伴将陷阱旁的大树枝、油桶、沙袋立起来，底部还有稻草、沙包，他们打造了自己的“房子”，然后舒服地躺在了里面。一旁还在忙碌打造的孩子也被吸引了过来，随后老师和孩子们临时改变了方向，开始了军事休息区的打造：引入各式的帐篷—初探搭帐篷的技巧—技能训练(捆绑、剪、打桩、挖洞、锤、三维搭建、使用真锄具等)—商量、设计不同的帐篷—寻找可用的材料—合作搭建—相互观摩学习。

这个过程，老师不会对结果进行审判式的评价。我们通常会退后一步，我相信我看到的：孩子在自由探索的过程中，正在根据自己的兴趣随性地摆弄物体，他们在积极地利用各种感官主动地去感知物体的属性，发现问题、解决问题。而老师，关注孩子的自主性发展，为幼儿创造了良好的探索条件，在弹性与自由的状态下，引发他们在各领域动手动脑，将前期拿来的再予以“加工”，绽放光彩。

二、以镜为见——再思幼儿自主、自由探索之现状

关注环境与材料、观察与收集信息、识别分析、回应支持等要素，以幼儿为主体、教师隐性推进的模式进行，支持幼儿自主探究行为，引导幼儿通过观察、比较、操作、实验等方法，学会发现问题、分析问题和解决问题。

在这种宽松和谐的氛围中，孩子们不仅享受着自由活动带给他们的快乐，同时，主动性、独立性和创造性以及交往合作能力得以充分发展，“天高任鸟飞，海阔凭鱼跃”，园内的“学之自主、教之无痕”需要我们用爱与智慧去开启。

“小”课程，“大”管理

——以西安市第二保育院“丝路”课程管理为例

陕西省西安市第二保育院 黄 瑜

一、理论基础

“丝路之行，礼仪之旅”的园本课程，主要本着“幼儿为本”的理念，将幼儿、家长、教师、幼儿园结合起来，为幼儿创设一个温馨有爱的、有准备的环境，利用多种形式如主题活动、自主游戏、户外活动等，采取集体教育、小组合作、个别分享等组织方式，从幼儿的兴趣出发，发掘课程价值；秉持着开放、包容的课程观，主题的确立与实施是动态的、可调整的，根据幼儿的兴趣和价值，随时调整课程；教师根据本班幼儿的年龄特点及个性特点，有的放矢地设计活动，在幼儿的最近发展区内，有效促进幼儿的个性化发展。

二、教学设计

本院“丝路之行，礼仪之旅”园本课程主要包含以下六个方面：(1)梦回丝路(环境教育)；(2)礼行丝路(主题活动)；(3)乐游丝路(自主游戏)；(4)欢庆丝路(节日活动)；(5)和礼之旅(家园共育)；(6)润礼之行(习惯养成)。

从园级层面来说，由院长负责总把关，保教部门的教研室负责规划幼儿园整体课程活动框架。他们根据幼儿园课程的近期目标和远期目标以及各年龄阶段的学期目标确立了课程的整体框架与组织形式。设置周表、月表、学期表等进行参考，以主题活动为统领，带动教学活动，创设配套的环境布置，并结合必要的体育活动、区域活动，增加节日活动、自主游戏以及环境资源渗透，兼顾保育工作、家园共育的课程框架与组织形式，在具体的实施过程中做进一步的调整与完善。

从年级组层面来说，教研室根据课程的总规划，结合小、中、大班幼儿的年龄特点和组内教师特长，以年级组为单位，设置"小组长＋经验型教师＋新手教师"组织方式。经常举行小/大教研方式，具体研讨课程中的核心主题，组织实践观摩和问题研讨，着重解决课程落实过程中暴露出的共性问题，达到对课程动态管理的目的。

从班级层面来说，班级教师结合班内幼儿发展的实际情况后，根据幼儿兴趣，设计主题活动方案，并创新课程的开展形式，利用投票、分组讨论、个人分享等方式，寓教于乐，让幼儿在轻松愉悦的氛围中享受与同伴共同学习的快乐。

三、教学实践

以某大班"伟大的西行者"主题活动为例。

（一）活动前

1. 组建"丝绸之路"课程教研组

在活动开始之前，组建了"丝绸之路"课程教研组，由教学副院长（总体把控）、保教副主任（人员分配、把控课程进度）、年级组长（制订学期计划、各班级的个性化指导、课程方案的推进、资料的收集）、教研室其他成员（协助组长工作），以及班级教师（班本计划、方案制定与实施）等共同组成。

班级教师在制订周计划时主要考虑：(1)本班级幼儿年龄发展特点及班级幼儿个性特点；(2)本班幼儿的兴趣点；(3)《3—6岁儿童学习与发展指南》精神和各种法律法规要求；(4)教学活动的连续性与整体性。

2. 主题内容

根据年级、学期不同，主题内容不同。主题由教研室及骨干教师共同研讨，综合幼儿兴趣与课程深度决定。在本案例中，某大班确定的主题是"伟大的西行者"。

3. 时间安排

一个主题为2个月时间，其中第1—2周为发掘幼儿兴趣点时间，就幼儿的兴趣点，班级教师选择性地设计活动方案；第3—4周为方案撰写时间，班级教师完成后提交到组长处，组长进行审核后提出修改意见；接下来的时间就是班级教师根据方案进行活动实施、调整、修改以及相关的资料收集工作。在此期间，方案不是一成不变的，是动态的、不断调整的，组长、主任、副院长适时地进行指导，对班级教师提出建设性意见。

（二）活动中

活动方案是动态的、不断调整的，活动主要依据以下几个方面来开展：

1. 主题来源

主要讲述根据主题如何发掘幼儿兴趣点以及如何根据幼儿兴趣选择下一阶段的活动内容，如本案例中采取了调查表、讨论、分享、投票等方式确立了幼儿想要了解的问题。

2. 主题目标

主要阐述班级主题活动的总目标，主要考虑幼儿年龄发展特点、可获得的学习品质等。

3. 主题网络图

主要根据班级方案的具体活动内容进行绘制。如本案例"伟大的西行者"主题网络图。

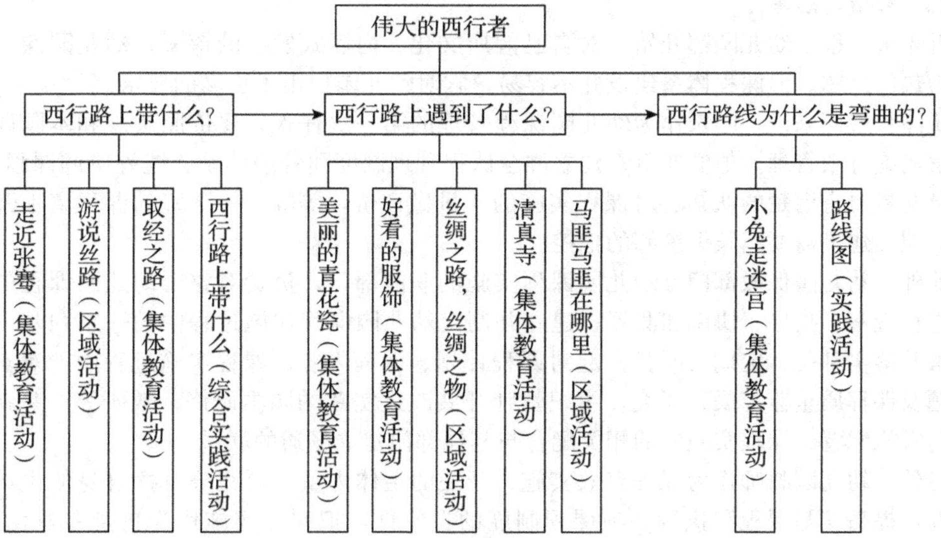

4. 活动类型

包括集体教育活动、区域活动、(综合)实践活动、家园共育活动等。

(三)活动后

在每个主题结束后，班级教师需将本主题的所有视频、音频、文本资料提交到组长处，并需撰写汇报稿及准备相应的 PPT。同时，主题墙上的内容在不影响下一主题开展的情况下，应有所保留，以便后续回顾与总结。

四、课程评价

(一)评价主体

1. 幼儿

幼儿由于年龄太小，书写能力、逻辑思维能力有限，因此主要采取访谈形式，对幼儿进行一对一访谈，教师进行简单记录工作。就幼儿来说，大部分幼儿对课程内容还是很感兴趣的，他们觉得可以学到很多不一样的东西，可以了解更多平时生活中见不到的东西。

2. 家长

教师利用微信、家长群、面对面等方式和家长交流，大部分家长对课程比较认可，尤其喜欢家园共育活动，觉得在家中和幼儿一起进行活动很有趣，可以从中了解幼儿在园的生活。

3. 教师

(1)多数丝路课程班级教师觉得通过活动对自己的课程观、儿童观的影响较大，从中学到了很多。

(2)大部分丝路课程班级教师对课程比较认可，同时也提出由于课程知识性、历史性比较强，对于低年龄段幼儿如何开展这一问题存在困惑。

(3)管理层认为该园本课程对园所文化、园所理念的提升起到了积极作用，但同时提出后期应对理论问题多加完善，对课程的全面性、系统性提出新要求。

(二)评价时机

课程评价的时机主要包括过程性评价及终结性评价，活动进行中主要由组长按园内管理制度为班级教师打分，每月进行评比工作，组长的工作由上级监督；每一主题活动结束后会进行主题汇报，由领导层、专家、校成员共同聆听，同时对活动提出建议、进行评价。

五、分析与思考

近年来，很多幼儿园都开始了对自己园所文化、内涵式发展的探索，幼儿园课程也日渐成为热门话题。但课程体系建设并不容易，它对幼儿园提出了更高的要求。

从园长层面来说，园长作为幼儿园课程管理的第一责任人，要依照法规和本园课程管理方案实施有效管理。他们要负责建立健全课程管理制度和管理体系、统筹协调课程资源、对人员配备要有清楚的认知、对课程实施的质量做评价，等等。一个好的课程离不开好的管理，课程建设需要园长做统筹的把控。

此外，幼儿园保教部门是幼儿园课程实施的职能部门，负责对整个幼儿园课程的日常实施进行观察、指导、协调和测评；建立并制定幼儿园课程实施过程中的一系列基本规范和要求并落实到位；定期与园长一起对课程计划、课程内容、课程实施过程中的难点、重点问题及课程质量监控展开研究；组织教师开展改进实践的园本研修、教研等；并就课程资源的常规配置、课程实施中的相关配合与其他部门建立畅通的联系。

另外，幼儿园教师作为课程有效实施、开展的主体力量，要充分发挥自身的主动性和积极性，提高参与课程和执行各项课程制度的自觉性，把课程实施作为自身专业化发展，提升专业能力的平台，勇于实践，善于研究，敢于创新。只有这样，才能做出好的课程，才能更好地促进幼儿发展。

课程建设不是一蹴而就的，它需要团队的密切配合，专家领导等的有效指导，课程资源的有效整合，学科间的有效融合以及弹性的课时结构，等等。需要多方面的有效结合才能产生好的效果。当然，我们也清晰地看到，本案例中课程建设也存在着很多问题，如课程框架需继续调整、课程制度仍需进一步完善、评价体系还略显模糊，不成体系，等等。相信随着时间的推移，课程在进行过程中会进一步得到完善，更好地促进幼儿的全面发展、教师素养的全面提高、教师队伍专业性的不断提升以及让园所的内涵式发展攀上一个新高度。

一班一课程

——例谈幼儿园主题下大班班本课程的生成与开展

四川省成都市温江区柳城幼儿园　唐小燕

一、幼儿园主题活动下班本课程生成的意义

（一）班本课程以主题活动为依托，是对幼儿进行生活活泼教育的一种方式

在新教学理念中，主题活动在幼儿教育中发挥着重要的功能和作用，不仅能在一定程度促进幼儿学习的积极性，还能为幼儿提供展现自我兴趣的平台。班本课程以主题活动为依托，能更好地引导幼儿主动发挥学习的自觉性，是对幼儿进行生动活泼教育的又一种形式。

（二）班本课程能真正发挥班级教师的主观能动性

在教学过程中，教师要充分调动幼儿的积极性，有目的、有计划地参与活动。在这个过程中让幼儿去发现问题，解决问题。以本班幼儿为本，不仅注重发展班级幼儿个性，还重视对幼儿教育方式的探索，因此，在班本课程中，教师能随时关注本班孩子的兴趣及动向，积极主动地为幼儿学习提供支持策略，教师的主观能动性也得以更好地发挥。

（三）班本课程能更加贴切地促进幼儿深度学习

“深度学习”是当前学前教育的热门新词汇，在王海英教授的文章《幼儿园一日活动中的深度学习》中提到：“深度学习是在真实的问题情境中才会发生的，它以问题为导向，提升

孩子的问题解决能力，促进幼儿高阶思维的发展，提升幼儿自主学习的意识。”由此可见，深度学习是发生在一日生活中的，发生在真实的情境中，而很多时候教师却无法及时全面地捕捉到这些活动生成点，在开展主题活动时，教师有意生成的班本活动课程却能很好地弥补这一缺陷。

二、我班“特别的我”主题活动下班本课程“胃在哪里”的生成与开展

（一）以“关键事件”引发课程，追随幼儿的已有经验和应有经验

“关键事件”是指发生在幼儿之间或师幼之间的一些有趣的对话或行为，它很有可能蕴含着一定的教育价值，成为推动幼儿发展的重要内容。幼儿本位的课程构建对教师提出了更高的要求，这需要教师具备一双善于观察的眼睛，在主题活动开展中，以班级幼儿的视角发现日常生活中的教育契机。引发“胃在哪里”的关键事件是班上一名幼儿趴着午睡导致肚子不舒服引发的幼儿与教师之间的一系列对话。

恩昕：“吃完饭趴着睡会压着胃，肚子会痛。”

吉欣：“食物在胃里面还没消化，趴着就会疼。”

斯莱：“吃完饭趴着睡会吐，因为有一些还没进肠道的饭就会吐出来。”

看来，孩子们对于这个问题是有所了解的，而我平时反复提醒他们不能趴着睡，效果也不太好，我何不趁此机会，让孩子们参与进来，主动去了解去学习呢？于是我提出问题：“你们大家都说到了‘胃’，那你们知道我们的胃在哪里吗？”

易承：“这里才是胃吧。（指着肚子左边）因为吃完饭跑的话，这里就会痛，所以应该这里就是胃。”

思远指着肚皮说：“肚脐眼周围才是胃，因为我一般吃了饭跑步，这里就会痛。”他又想了想说：“不对，粑粑在大肠里，大肠才在肚脐眼周围。”

“胃在哪里”的问题引发了孩子的兴趣。教师也开始思考，这样的生成课程会给孩子们带来哪些方面的经验探索呢？围绕这个问题，通过与孩子谈话，了解他们的已有经验，通过查阅并审议了大班幼儿关于这方面知识应达到的目标。

（二）以问题为导向，激发幼儿高水平思维

《小脑袋大问题——促进幼儿深度学习的高水平提问》一书的译者在序中提到“教师在游戏和活动中向幼儿提出高水平问题，它能助力教师达到《幼儿园教育指导纲要》要求”。在这个过程中，教师真正融入幼儿的游戏和活动，聆听对话，参与互动，合作研究，思考课程走向，并在适当的时机向幼儿抛出适宜的问题，从而在师幼互动中根据幼儿的现有水平，提供进一步的发展支架。

在班本活动“胃在哪里”的实施过程中，谈话中反复出现“消化”这个词。关于“消化”，他们各抒己见，问题由此产生，到底什么是“消化”呢？小朋友眼中的“消化”和真实的“消化”一样吗？老师将这个问题正式提出。原来大家都以为自己说得对，当老师郑重其事地提出问题“到底什么是消化”时，大家又开始疑惑了。课程进展到此时，老师邀请了班级幼儿一一的妈妈，作为医生的她和小朋友们见面时，大家都非常兴奋，当知道医生阿姨要给大家讲解“消化”时，他们更是安安静静地聆听与学习。

（三）以多种多样的活动形式，促进幼儿多元化表征

表征（Representation）又称心理表征或知识表征。幼儿表征是读懂幼儿行为的关键，能体现幼儿的思维，是其想象力的重要基础。读懂幼儿的表征行为是读懂幼儿思维，和幼儿良好沟通的重要方式。

在开展班本课程“胃在哪里”的过程中，教师组织了多种多样的活动，促进幼儿的多元

化表征。例如：语言活动“说说你的胃”，孩子们前期带来了这方面的书籍放在语言区，营造了环境氛围。活动当天，老师又创造机会，让孩子大胆表达，有的孩子将自己的调查结果与大家分享，有的孩子将自己带来的书籍与大家分享，语言非常丰富。

又如在美工活动“胃像什么”中，孩子们展开丰富的联想，用绘画和黏土的方式记录了胃的形态。

在区域活动中，扮演区的孩子用自己的方式去表现“消化”。大班孩子的思维能力开始从具体形象思维向逻辑思维转化，其表征行为变得更加社会化，他们的表征行为会考虑到具体的情境、角色、动作、语言等。

总之，在各种丰富的活动中，教师鼓励幼儿大胆表征的同时，也更加读懂了班级幼儿。在开展活动的同时，我发现深度学习也并没有那么神秘，它不是一个新话题，其实一直在那里，只不过我们没有过多关注它，如果我们一直专注幼儿的学习过程和学习策略，会发现深度学习一直是幼儿的需要，并伴随幼儿的成长。

（四）丰富的家长资源为班本课程助力添彩

《幼儿园教育指导纲要》指出：家庭是幼儿园重要的合作伙伴，幼儿园要充分、合理、有效地利用家长资源，本着尊重、平等、合作的原则，争取家长的理解、支持和主动参与。班本化课程“胃在哪里”的活动中，挖掘家长资源，实现家园共育时，充分考虑了家长的职业、特长等。如培恩小朋友在课程中提出“头重要还是胃重要”的问题，首先大家讨论。

斯茉：“头重要，没有头，人会死，没有胃可以去医院检查，不会死。”

浩铭：“头重要，头里面有眼睛，没有头，看不见就会撞墙。”

馨艺：“头重要，没有头了，大脑就不知道了。”

经过辩论后，我们邀请语涵妈妈给孩子解答他们心中的疑问。由于疫情原因不能带孩子们去医院里实地考察，所以我们视频连线她，她给孩子们做了耐心细致而专业的回答，用孩子们能听懂的语言给大家上了生动的一课，把孩子们关心的问题讲解得很清楚。孩子们在这样的课程中，了解到了知识——胃和头都很重要，相比之下头是最重要的，因为大脑是不可以替换的，胃就可以，胃生了很严重的病，医生可以通过手术切掉一部分，但大脑是不行的，医生还告诉大家要好好吃饭，胃开心了，大脑就更加灵光了。大家还知道了胃在身体里的位置是会发生变化的，空腹和吃饱后位置是不一样的。还解决了孩子们趴着午睡的不良习惯，他们现在都知道互相提醒同伴不能趴着睡觉。

在家长的助力下，我们的班本课程开展得更加有声有色了，这样的活动也让家长以新的眼光来审视班级的活动课程，理解了教师开展类似活动的意义，也就更真诚地为班级实施各种活动贡献他们的一份力量。这份力量就是我们孜孜以求的好资源。

三、班本活动开展的结论与思考

在班本活动“胃在哪里”开展的两周时间里，老师和幼儿一起讨论、查询、学习，对这一课程资源进行了深层次的探究，也有许多感悟。

在主题活动下，幼儿都有自己的已有经验，并在其基础上进行活动，积极地学习，我们班级三位教师在活动开展前进行了课程审视，并发放了问卷调查，了解了幼儿已有经验，并充分利用，使开发的班本课程资源更有助于幼儿学习积极性和主动性的发挥，获得新认知。

在课程的具体开展中，教师有清晰的教育意图和自觉追求有效目标达成的意识。教师虽然强调尊重孩子的兴趣，但不是被孩子牵着跑。课程的实施是一个教师和幼儿双向互动的过程，既有教师的意图追求，又有对幼儿学习的兴趣、注意力的追随，二者保持着辩证的统一。

从案例的叙述来看，教师对班本课程的生成是有基本的思考框架的，一系列的活动基本是按照这个框架来开展的，幼儿在丰富多彩的活动中，展开探索、尝试、猜想、验证，获得了多方面的经验，实现了《3—6 岁儿童学习与发展指南》的目标。

谈幼儿园绘本课程现状及改进策略

——以新泰市为例

山东省济南市历下区第三实验幼儿园 李 晶

《幼儿园教育指导纲要》中明确指出：要让幼儿学会阅读，热爱阅读，培养阅读兴趣。随着课程的整改与发展，很多幼儿园已经将绘本作为园本特色课来开展。儿童心理学的研究认为，孩子认知图形的能力，应该从 10 个月开始慢慢发展养成。孩子们还不认识文字时，图画则是他们获取知识最有效最直接的途径。绘本不但可以成为儿童学习的工具，让孩子获取知识，培养能力，还可以进行家园共育，促进亲子关系。

一、研究的内容、目的及意义

通过本次调查，分析新泰市主要幼儿园绘本教学的现状，发现幼儿教师在绘本教学过程中存在的问题，并找到其根本原因和解决策略。本篇文章对幼儿园实际的绘本教学提出了针对性的建议和意见，以有效改善教师的绘本专业素养，提高教学能力，提高教师研读绘本的能力，提高课堂效率，有助于促进幼儿全面发展。分析绘本的教学现状后，进行相应的策略研究，与园长以及教师共同商议，能够使幼儿园把握不足，取长补短，从而使绘本课程的设计更加完善，幼儿园的教研能力得到提升，能够在一定程度上促进幼儿园课程发展。

二、幼儿园绘本课程的现状

1. 幼儿园教师对绘本及绘本教学的认识

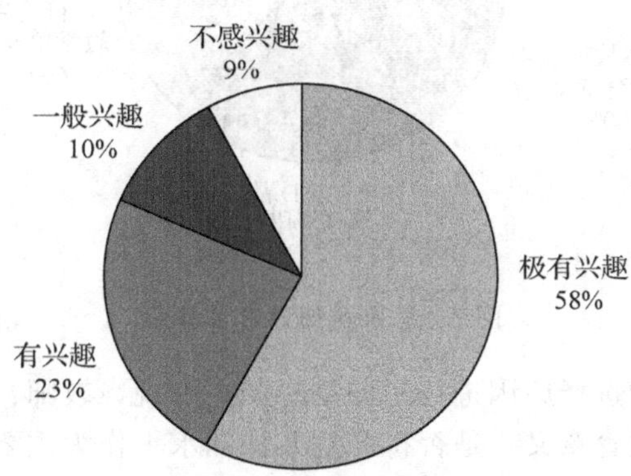

图 1 教师对绘本的兴趣度

通过对山东省新泰市的 200 名教师进行调查，并用百分比进行呈现，发现 58% 的教师对于绘本极有兴趣，23% 的教师对绘本有兴趣，10% 的教师对绘本有一般兴趣，只有 9% 的教师对绘本不感兴趣。由此可见，绝大多数的教师对于绘本是比较感兴趣的，这对以后绘本课程的开展奠定了一定的基础。

2. 开设幼儿园绘本教学的主要教学目的

在调查中发现，绘本教学的主要教学目的有使幼儿获得知识、促进幼儿情感发展、辅助教学三个方面。也就是分别从知识、能力、情感这三个层次的目标作为出发点来进行，使教学活动在潜移默化中培养幼儿的情感态度价值观。经过 200 名教师进行调查，55.56％的教师认为开设幼儿园绘本教学课程的目的是促进幼儿情感发展。

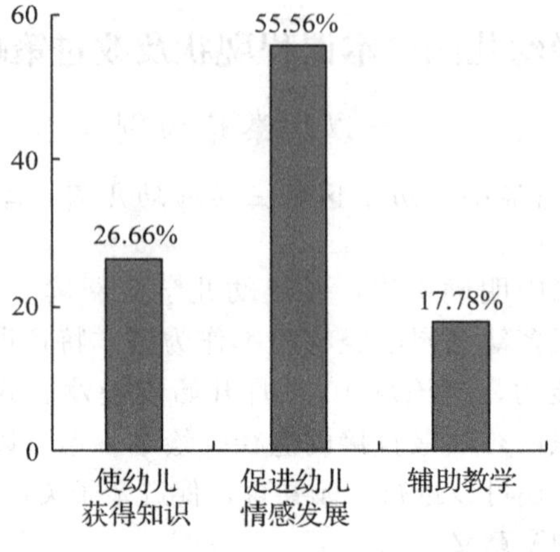

图 2　绘本教学的主要教学目的

3. 幼儿园绘本课程目前的客观情况

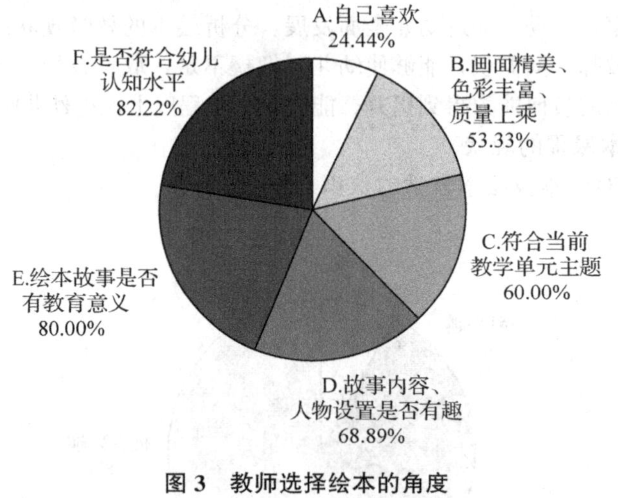

图 3　教师选择绘本的角度

首先对幼儿园绘本的选择原因进行了归纳。调查发现，教师、园区选择绘本，大多数教师以绘本故事是否有教育意义、是否符合幼儿认知水平作为主要的评判标准。这与绘本教学的教学目标以及设置课程的意义是非常契合的。

幼儿园绘本主要有三大类：生活教育类、情感教育类、科学知识类。生活、情感、科学知识教育能够帮助幼儿在学习过程中潜移默化地实现能力目标、知识目标以及情感态度目标。

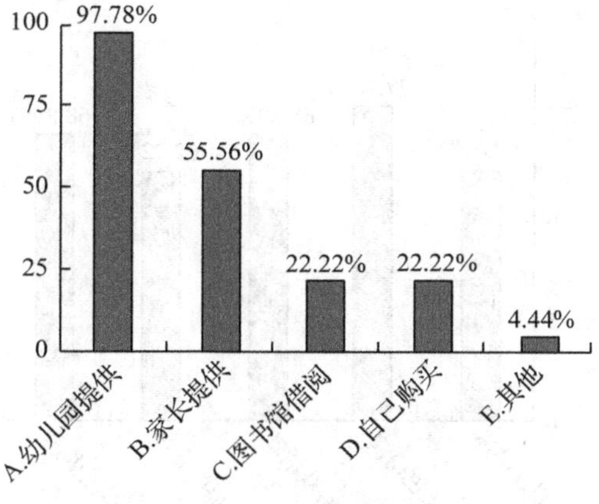

图 4　幼儿园绘本的来源

将幼儿园绘本的来源途径分为五种，对教师调查发现，各幼儿园中，绝大多数的绘本都是由幼儿园提供的。除此之外，家长也会提供许多类型的绘本供幼儿在校学习和阅读。很少有教师自己购买或从图书馆借阅。此外，还有其他途径，比如赠送，或者是幼儿毕业后留下的绘本等。这其中的原因关系到很多方面。比如幼儿园的支持、家长的支持、资金问题以及重视程度等。绘本数量以及绘本的来源，也是一个比较根源性的问题。

4. 绘本课程的教研教学活动

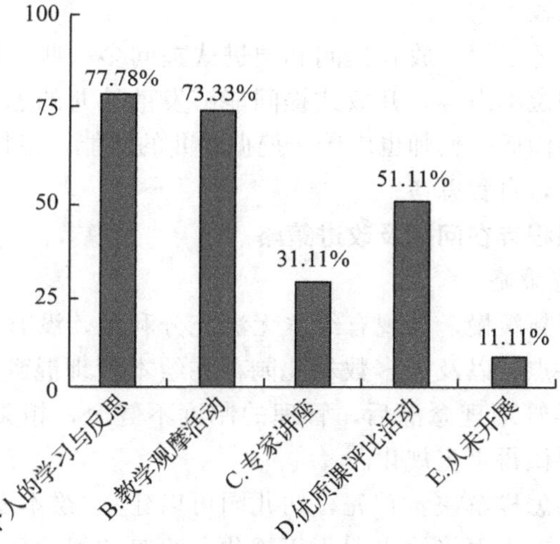

图 5　绘本课程的教研教学活动

幼儿园对于绘本课程愈发重视，各园的绘本教学教研的活动也相应地增加了形式。除了个人对绘本教学的学习与反思，幼儿园也会组织观摩教学活动、优质课评比活动、专家讲座等来进行课程教研活动。

教师在进行绘本教学的前期，能够比较好地挑选出适合幼儿学习的绘本，并且在教师将绘本内容完全掌握的情况下，对课堂进行安排。部分教师在上课的时候，仍需要提升解读绘本的能力和积极性，将绘本的选择与儿童现有水平相结合。制定适合某一年龄阶段的幼儿学习的课程规划。

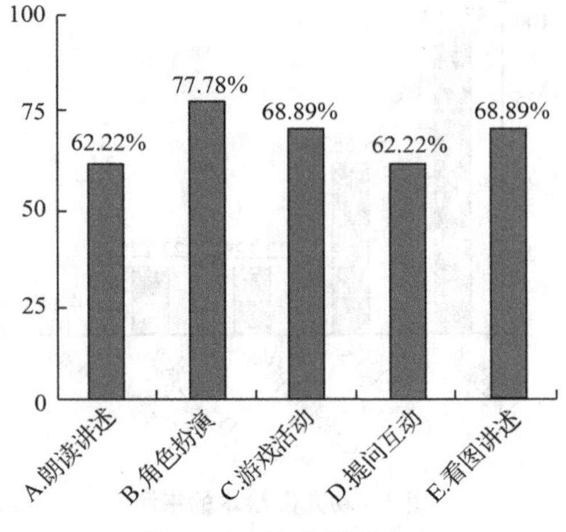

图 6　绘本课程教学方式

调查显示，教师通常会使用角色扮演的方法开展绘本课程，其次是游戏活动和看图讲述。教师在教学中认为，角色扮演能够让孩子在快乐的情境中学习，达到预期目标；让孩子参与到绘本讲述里，有助于提升孩子感知绘本的内容。所以，如何将绘本教学更好地通过角色扮演表现出来，这就对教师提出了较高的要求。让幼儿在轻松愉悦的表演环境中学习绘本，体验课堂的快乐，达到绘本教学目标，这对教师的综合素质要求较高，对教师来说难度和挑战性也是比较大的。

在实际教学中，教师运用开放式提问和层进式提问多一些。层进式提问能让幼儿由浅入深，层层递进地感知绘本内容。开放式提问能够发散幼儿的思维，让幼儿在学习的过程中，联想到生活的方方面面。教师也应善于挖掘幼儿的潜能，发挥幼儿的想象力与创造力，可以引导幼儿自我探索，自我思考。

三、幼儿园绘本课程存在问题及改进策略

1. 绘本问题及改进策略

绘本数量匮乏，更新缓慢，且现有绘本无法充分利用，没有有效保护书籍，绘本内容不符合幼儿年龄发展特点，以及大多数幼儿园存在绘本管理混乱等，都是目前亟待解决的问题。此外，绘本教学管理理念滞后，管理的制度不健全，相关管理人员不专业，因此，幼儿园绘本课程还需要做得更正规化。

针对以上问题应当怎样解决？首先，幼儿园可以建立“绘本图书馆”，一方面，培养幼儿爱护书籍的习惯，另一方面将绘本课程正规化。浓厚的阅读环境是创建幼儿园文化氛围的基本保障。其次，优化绘本的资源，将绘本积极作用发挥到极致。另外，幼儿园也需要及时更新绘本，不仅在数量上，更在质量上取得成效。可以通过多种途径，比如爱心募捐、爱心义卖、绘本交换等方式，让绘本及时更新，更好流动。最后，幼儿园可以利用法定的传统节日举办“绘本创作大赛”等一系列活动，让幼儿与家长共同创作绘本。既能够增强家园共育，提高家长对于绘本课程的认识和了解，又能够充分发挥幼儿的潜力，让幼儿爱上绘本，爱上阅读。

2. 教师素养问题及改进策略

幼儿园教师自身素养亟待提升，教学水平参差不齐。

在绘本的教学中，许多教师都没有正确认识到绘本课程的重要性。教师对绘本的漠视态度以及认知局限，导致教师无法根据幼儿的实际水平来对幼儿绘本课程展开教学。很多教师还有“拿来主义”思想，缺乏对于幼儿本身发展特点的思考，无法针对幼儿实际情况进行设计。网络媒体成了教学的主角，孩子成了教学的客体而不是主体。教师自身素养方面仍需提升。

对此，幼儿园可以多开展教师培训学习。

(1)创新教学理念

教师在绘本课程的研读中，应做到正确理解和把握绘本教学目标，明确区别绘本与故事教学、看图讲述的不同之处，创新教学。

教师要认识到绘本的美学价值，用绘本精美的图画和有趣的故事吸引幼儿阅读，培养幼儿对美的理解力、欣赏力，提高幼儿的审美。还要认识到绘本在教学过程中的价值，尊重幼儿个人阅读感受，重点让幼儿学会去发现，去思考。

(2)提升教师专业技能

专业技能是教师专业发展的核心，在绘本教学中，教师的专业技能发挥着非常大的作用。所以，通过园内的培训、去外地培训或者请专家到园内进行讲座，来提高教师的绘本教学的专业技能。也可以举办教师专业技能大赛，提升教师的艺术方面的素养。这对于绘本教学都是非常有意义的。

3. 家园共育存在问题及改进策略

家园共育对于很多私立幼儿园来说，是非常难以进行的。由于缺乏对绘本的正确认识，家长不重视绘本课程，幼儿园提供的绘本读物有限，家长不配合提供，也就导致了幼儿园绘本数量始终不足。家庭教育中，家长没有及时和孩子研读绘本，缺少家园共育，也让幼儿园的绘本课程进展事倍功半。

幼儿的绘本教育离不开家庭教育，家园共育才能更好地发挥绘本的教育意义。绘本的学习需要家长的充分配合，因此需要教师和家长达成共同的目标，齐心协力，才能够在幼儿的良好发展中起到关键的作用。首先，家长应转变绘本教学的观念，清楚认识到绘本教育的重要性，积极主动地配合幼儿园以及教师的要求。其次，家长还应在亲子活动中发挥作用。通过亲子手工、亲子阅读等方式培养与幼儿之间的感情，达到我们教学中所期望的要求。多听、多看、多感受，积极进行家园共育，使幼儿爱上绘本。

四、结语

儿童绘本是儿童探索外界的一扇美丽的窗户。通过阅读绘本，儿童可以享受阅读带来的美好。通过本次调查研究，我们不难看出，在目前绘本教育的形势下，仍有许多亟待解决的问题。由此得知，儿童教育，需要我们社会、幼儿园、家长的共同配合。值得一提的是，绘本课程逐渐变成幼儿园课堂中不可或缺的部分，随着时间的推移，越来越多的人都开始重视绘本课程，重视儿童教育。

本次调查研究，力争能够对新泰市幼儿园绘本课程的现状，以及相应问题的解决策略贡献一分力量，在一定程度上推进幼儿园绘本课程发展。绘本为幼儿带来丰富的认知体验，也是传递情感的桥梁。绘本不应只局限于幼儿园课程的开展，亲子阅读也是孩子成长路上不可或缺的重要组成。希望未来，通过园长、教师们的不懈努力，家长也能进入多彩的绘本世界，让幼儿园的绘本课程得以延伸。

幼儿园户外自主性游戏环境的创设实践

山东省德州市武城县实验幼儿园　张金英

环境是重要的教育资源。相对开放与自然的户外环境，更符合儿童的天性，贴近儿童的生活，儿童的好奇心与探索欲会大大激增，渗透其中的教育价值也随之增强。自主性游戏是幼儿最喜欢的活动，幼儿教师应重视自主性游戏环境的创设，并善于引导幼儿进行自主性游戏，在师生分享中促进幼儿游戏的发展与幼儿身心的发展，实现自主性游戏对幼儿的多元价值。

一、创设幼儿园户外自主性游戏环境的必要性

蒙台梭利认为，幼儿园教育要为幼儿提供有准备的环境，要让幼儿的天性在适宜的环境中得到充分且自由的发展。幼儿园户外环境是幼儿园重要的课程资源，是幼儿成长的重要场所，是实现幼儿自由本真发展的重要条件。良好的户外环境可以促使幼儿在与环境的互动中去体验生活、了解自我和认识他人，发展幼儿的自主性意识，并在此基础上形成幼儿完整的人格和良好的自我。

幼儿的学习活动多以游戏和生活活动的方式展开，尤其是游戏对于幼儿的主动发展具有重要意义。游戏作为儿童本性抒发和探索世界的重要方式，它让幼儿在各种形式的交往活动中不断打开自我。通过游戏来发展幼儿，一方面强调的是喜爱游戏是幼儿的天性，另一方面则强调要为幼儿创设良好的游戏情境。

二、创设幼儿园户外环境的基本要求

1. 安全保障是基本

安全是幼儿园教育教学的首要任务，因此，教师应该将安全教育渗透到幼儿一日活动的方方面面。在幼儿园区域活动环境创设的过程中，教师要学会换位思考，站在孩子的角度去考虑所有的安全隐患，并且想尽一切办法消除隐患。幼儿在参与创设环境的过程中，教师要提醒幼儿注意安全，既要保护好自己，也要防止因为其他幼儿的一时大意而伤害到自己，强化幼儿的安全意识，致力为幼儿打造一个安全、和谐的活动环境。

2. 户外环境材料丰富

幼儿有不同的发展水平、性格特点、兴趣爱好，教师要给予充分的尊重，积极发挥其主体地位，立足幼儿的发展需求。创设丰富多彩的活动区域，例如语言区、美工区、科学区、音乐区、益智区、构建区、阅读区、角色扮演区以及木工区、自然角等，并且为幼儿提供多种多样的活动材料，给予幼儿充分的选择权和自主权，如此，丰富多彩的活动区域环境，点燃了幼儿的参与热情。

3. 安排科学合理

幼儿园户外环境应该尊重和遵循幼儿的本性和发展规律，并且要能让幼儿进行积极主动的参与。区域活动的环境创设蕴含着教师的智慧，不是随意而为的，每一个环境布置，每一项环境策划，都是建立在广大教师的科学研究和分析之上的。例如：动静分开，避免相互干扰。阅读区域和美工区域属于静态区，适宜安排在安静且光线明亮的位置，表演区域和构建区域属于动态区，要与静态区保持一定的距离，科学实验区域则适宜安排在方便用水的地方。合理划分场地大小，教师要根据区域活动的材料，以及幼儿的兴趣，来科学划分区域场地的大小，避免出现区域拥挤或者空场区域的现象。

4. 以幼儿为主体

随着教育改革的不断推进和深入，新课改的教育理念逐渐深入人心，教师在打造区域活动环境时，要紧紧围绕幼儿的发展需求，来满足幼儿的好奇心和探索欲。同时还要鼓励幼儿积极地参与到环境的创设过程中，如此更有助于激发幼儿与环境形成良好的互动，强化幼儿的主体地位，让幼儿真正成为区域活动的主人。

在幼儿园户外游戏环境的创设过程中，教师首先需要基于对幼儿的观察和理解来构建适宜的游戏活动和游戏环境，要使幼儿能够切实发挥自身的游戏精神且自由、自主地进行游戏活动；其次要对幼儿的游戏进行观察、评价和分析，帮助幼儿获得更好的游戏体验，使幼儿的发展不断走向全面和深入。

三、如何有效创设户外自主性游戏环境

(一)创设丰富的物质环境

游戏中的物质环境包括游戏空间与游戏材料，两者均属于游戏的硬件支柱，决定了幼儿所开展的自主游戏的丰富程度与自由程度，直接影响了幼儿的游戏体验感。因此，教师要站在幼儿的角度，规划适宜的游戏空间，投放适宜的游戏材料。

1. 规划户外游戏空间

一方面，幼儿只有在能让他们感到舒服的空间环境中才能充分激发对游戏的浓厚兴趣；另一方面，适宜的空间环境能够为幼儿提供丰富的游戏形式及均等的游戏机会，只有规划好适宜的游戏空间，才能照顾每一个幼儿的需求，满足每一个幼儿的意愿，发展每一个幼儿的个性。

户外环境多元化主要是场地和设施的功能多样性，也就是要按照不同的功能区域进行设置。一般分为运动类活动场地、创造性游戏类活动场地和科学探究类活动场地。运动区域包括幼儿走、跑、跳、钻、爬、平衡和投掷等多个动作发展区域，促使幼儿身体素质得到提高。创造性游戏区域包括户外娃娃家、演艺台、玩泥塘、沙水池、建构场、涂鸦苑等，幼儿在不同的主题游戏区利用户外随处可见的、自然的、低结构的材料，在宽松、自然的氛围中，自主、创造地游戏，促进创造性思维的发展。

2. 有效投放游戏材料

材料的有效投放是幼儿在游戏中发展身心的前提，幼儿只有得到了适宜的材料支持，才能自由发挥想象力、自由开展自主性游戏。教师要透彻分析各类材料在幼儿自主游戏中的作用，尽可能挖掘每一类材料蕴含的多种价值，并结合幼儿的年龄特点、智力水平及材料的可替代性特征，有效投放、变换和调整游戏材料，以最大限度地发挥材料在幼儿自主游戏中的作用。结合不同年龄段幼儿的身心发展特点，提供与之相匹配的游戏材料，构建良好的自主游戏环境，激发幼儿的游戏兴趣，挖掘幼儿的游戏创造力。

(二)创设积极的精神环境

精神环境虽是无形的，但它能够潜在地影响幼儿的情感、行为与个性。在自主游戏中，创设精神环境的最大意义在于以适宜的师幼、幼幼等人际关系形成一系列良好的规则体系，从而持续激发幼儿的自主意识。

1. 以幼儿为环境创设的主体，教师发挥积极引导作用

教师是幼儿行为正向发展的指导者，其对待幼儿的情感态度与行为方式能够在无形中影响幼儿的自主意识与自主能力的发展，师幼间的积极关系是进一步促进幼儿正向发展的基本条件。因此，在游戏过程中甚至平时相处中，教师都应支持、尊重幼儿表现出的自我判断与选择能力，以民主的态度对待幼儿，鼓励幼儿积极表达自己的想法，用自由而不放

纵、指导而不支配的交往形式给予幼儿作为独立个体所渴望的尊重与鼓励，以此建立适宜的师幼关系，发展幼儿的自主性。

切实落实“孩子是环境的主人”的理念，彰显儿童本位思想，基于儿童视角创设环境，适宜幼儿进行自主探索和创造。因此，让幼儿参与到户外环境创设之中，询问幼儿对户外环境的创设想法，能够帮助教师获取幼儿的观点。当幼儿在环境区域活动时，应当给他们自主选择游戏活动或者设施的权利，让他们自主探索，不要过多干预。伴随着幼儿自主行为的不断开展，他们将不断地收获活动经验，提高自身的探索能力和创造能力。

2. 制定适宜规则体系，保障幼儿安全与环境创设的有效性

制定适宜的规则体系是创设精神环境的重要保障。缺少规则的自主往往会使幼儿成为脱缰的野马，而游戏将失去意义。幼儿自主开展游戏并不等同于常规的自由活动，规则既能保障自主游戏的有序开展，又能有效避免游戏过程中的安全隐患。同时值得强调的是，规则并不是限制幼儿自主游戏的绳索，教师要把握好所制定规则的实施尺度，以及幼儿在自主游戏过程中的行为习惯等，而非干预游戏的开展。规则相当于在自主游戏中对幼儿的导航，以规则塑造幼儿的精神世界，有利于促进幼儿以正确的态度及行为参与游戏，对待游戏。

四、结语

自主游戏是幼儿自主、自愿参与，并能使其感到快乐与满足的主体性活动，其最大的特点是幼儿在与游戏环境、游戏材料的交互过程中，通过实际操作实现自我发展。教师创设适宜幼儿的户外游戏环境，以吸引幼儿、引导幼儿、支持幼儿自主开展游戏，真正发挥自主游戏所蕴含的育人价值。

幼儿园区域活动材料的投放与指导

山东省德州市武城县实验幼儿园　张风霞

幼儿园活动区域和普通的活动场所最大的区别是安全性和趣味性必须双重提高，这是由活动主体是幼儿所决定的。针对这一特点在很多方面都要做出改变并且追求灵活性，准确抓住幼儿的兴趣所在，让幼儿在活动中能合理地运用材料，并且保证对幼儿是零危险的，让他们在一个既安全又充满趣味的环境里进行探索，在满足幼儿好奇心的同时，激发他们的无限潜能。

一、区域活动及材料投放的重要性

区域活动是幼儿园教学安排中最常见的活动形式，也是幼儿教育的重要形式之一，是为了满足幼儿的身心健康发展需要而设立的特殊的也更为立体化的活动模式。区域活动以教育资源为基础，结合主题活动的教育目标，利用集体的作用和教师的引导，组织幼儿通过各种形式进行合作、选择、学习、交流，以培养幼儿各方面能力。在区域活动中，幼儿的主体感得到充分调动，唤醒他们对于自己的认知，激发潜能和创造意识，了解自我和他人。

而区域活动材料的有效投放能促进幼儿园教学质量的提高。合理地投放区域活动材料可以吸引幼儿的注意力，激发其学习兴趣，从而使幼儿在与材料互动的过程中提高自己的动手实践能力，并获得生活经验。因此，教师在投放活动材料时，要坚持科学性原则，对幼儿的兴趣爱好、材料本身的教育价值和材料之间的组合效果等因素进行综合考量，提高

区域活动材料的使用效率。

这些材料是幼儿进行区域活动的必备条件，材料的投放关系着幼儿参与区域活动的热情、能力的发展。可以说，材料投放是区域活动的物质支柱，是幼儿活动的工具。那么应该投放什么样的材料，以什么样的方式投放，什么时候投放，向什么地方投放，都是非常有考究和值得探索的。

二、幼儿园区域活动材料投放的现存问题

1. 材料投放欠缺适宜性

区域材料的适宜性包括区域材料的数量、种类、外观等都适宜。把握区域材料投放数量与种类对幼儿游戏行为发生与能力发展具有重要作用。材料投放数量与种类的适宜性并不能简单地以具体数字来衡量，而是要根据活动中幼儿实际操作情况，以充分满足幼儿的活动需求为标准。投放适宜的材料，一方面，能够直接吸引幼儿的注意力，能激发幼儿的活动兴趣；另一方面，对于促进幼儿审美意识的发展也起着隐性的教育作用。

目前的问题主要是，一是材料投放高度固定化。研究者在所调查的班级中发现，该班区域活动的材料大多是开学前制作的，并且一学期都保持不变。材料的新颖程度与幼儿参与的兴趣呈正相关，幼儿长时间操作同样的材料，会逐渐失去操作的兴趣。二是投放的材料结构性高、操作性低。班级里的各个区域都摆放着很多教师完成的成品，但是幼儿不能对它们进行再加工操作，教师没能充分利用和挖掘出各个区域活动的教育价值。

2. 材料投放欠缺层次性

区域材料投放的层次性包括纵向层次性与横向层次性，即既要考虑不同年龄阶段幼儿发展水平的差异，也要符合同一年龄阶段不同个体之间的差异。

在区域活动中，有些教师认为区域活动是教学活动的延伸，完全根据教学目标投放区域材料，因此投放的材料种类与数量单一、玩法标准化。这种过于机械的投放原则忽视了每一位幼儿的独特个性，剥夺了幼儿进行自主创造的机会，禁锢了幼儿的发散性思维，无法促进幼儿从原有水平向更高水平发展。

3. 区域活动中教师的指导不足

幼儿完全自由的活动常会带有很大的试误性，因此，区域活动需要教师科学指导，以保证幼儿有效学习。但据研究者观察，教师的指导具有无目的性和随机性，通常是幼儿大声寻求教师帮助时，或争抢玩具时，教师才会出现维持纪律，其他时间教师则在一旁坐着休息。对幼儿进行指导时，教师通常会选择直接介入的方式，中止幼儿的游戏活动，直接用语言告诉幼儿应该做什么、不应该做什么，缺少引导的过程，这样不恰当的指导反而会影响幼儿的自主性、创造性。

三、关于区域活动中材料投放与指导的具体措施

1. 选择幼儿感兴趣的材料进行投放

材料是幼儿活动的载体，新颖、丰富的材料可以吸引幼儿的注意力，激发他们的探究兴趣，因此教师将材料设置于背景之中时，应让物化的环境蕴含丰富的情感内涵，以此激发幼儿的学习热情和愿望。幼儿园的材料选择应以低结构游戏材料为主，投放活动材料的种类、数量、结构特征等适应幼儿的兴趣和需要，即教师应该知道投放什么样的材料能引发幼儿的探索行为，适合幼儿的需求。不同的活动区域具有其独特的教育功能，不同的各区域材料，操作方法及活动方式也不同，利于幼儿在活动过程获得不一样的学习经验。

比如：教师可以在科学区将幼儿收集来的各种生活材料，如碎布、纽扣、瓶盖、调羹、钥匙等，装饰在自制小船的船帆上，然后让幼儿进入乘坐小船的游戏情境中，手拿磁铁探索“谁吸得起来”的游戏，可以增加幼儿探索的兴趣。在数学区，教师可以提供幼儿好朋友的照片，让幼儿进行“比高矮”“设计美丽项链”的数学活动。在生活区，可以提供班级小女生的大头像，让幼儿为好朋友编辫子等。通过这样的情感刺激，促使其更好地和材料互动，有助于提升幼儿观察、思维、动手操作、语言表达、想象及创造力的发展。

2. 注重投放材料的层次性

首先，区域材料应适应不同年龄阶段幼儿的发展水平。随着年龄的增长，幼儿的身心发展水平也在不断提高。低年龄段幼儿以直觉行动思维为主，注意力集中时间较短，一旦发现材料无法引起他们的兴趣，就会放弃操作，注意力和思考方向也随即发生转移。因此针对低年龄段幼儿，教师投放材料时应侧重材料的生动形象性与操作性，充分调动幼儿的兴趣，鼓励幼儿主动学习。高年龄段幼儿的认知水平逐渐提升，逻辑思维能力有所发展。针对这一年龄段的幼儿，教师应在了解其现有水平的基础上，投放较为复杂、可塑性较强的材料，推动幼儿向更高水平发展。

其次，区域材料应满足同一年龄阶段不同个体的活动需要。不同个体之间存在着兴趣爱好、能力水平以及发展速度等方面的差异。教师应根据幼儿不同的经验水平与活动表现，投放并调整区域活动的材料，使每一位幼儿都能在原有水平上有所发展、进步。

3. 发挥教师的引导作用

区域活动作为幼儿园的一种教育活动，在幼儿教育中扮演着非常重要的角色，因而教师需要明确区域活动的真正含义，并遵照《幼儿园教育指导纲要》的精神对幼儿园区域活动进行科学合理的组织和引导。园内领导应定期组织教师参加集体学习、教学研究、观摩学习等活动，转变教师对区域活动不重视的态度，让教师明白区域活动中幼儿可以自由发挥，并提高教师设计区域活动、引导幼儿参与活动的能力。

在区域活动中，教师需要全面观察，因材施教，并将活动一步一步地引向深入。教师需要了解班上每个幼儿的性格特征，对不同的幼儿采取不同的指导方式。区域活动是幼儿的自主活动，教师要帮助幼儿更好地参与到游戏当中，获得更加愉快的体验。

正确、科学的评价能帮助幼儿提炼活动经验，增强幼儿后续参与活动的自主性。首先，需要制定多样的评价方式。除了教师评价之外，还可以采取幼儿自评或互评的方式，充分发挥幼儿的主动性，提高幼儿的参与度。其次，评价标准应客观、科学，教师可以参考《3—6岁儿童学习与发展指南》，明确评价幼儿的客观标准。最后，教师的评价内容应具体，表明幼儿哪里做得好、哪里还需要改进，帮助幼儿总结关键经验，以便幼儿在接下来的活动中取得进步，进而推进区域活动的有效开展。

四、结语

综上所述，幼儿园区域活动是提高幼儿综合能力的一项重要教学活动。良好的幼儿园区域活动与教学材料的有效投放是分不开的。因此，教师应该坚持区域活动材料投放的科学性，注重为幼儿营造良好的学习场景，在投放区域活动材料时，以幼儿的兴趣、活动材料的教育功能和活动材料之间的组合功能为标准，提高教学资源的使用效率，使幼儿在活动过程中养成良好的动手实践能力和语言表达能力，从而为幼儿的健康发展奠定基础。

浅谈游戏情境在小班体育活动中的运用

北京市京源学校幼儿部 吴 丹

我国著名幼儿教育家陈鹤琴说过："游戏从教育方面说是儿童的优良教师，他从游戏中认识环境，了解物性，他从游戏中强健身体，活泼动作，他从游戏中锻炼思想，学习做人。游戏实是儿童的良师。"由此看来，游戏符合幼儿的天性，小班体育活动更是幼儿喜欢并能提高幼儿身体素质的重要途径，那么情境创设作为小班体育活动中必不可少的内容，值得教师研究并实施。

一、创设丰富的游戏情境，激发幼儿游戏兴趣

情境教学是一种促进教学过程，变成能引起幼儿的兴趣，激发幼儿向未知领域不断探索的教学策略。小班幼儿的思维正处于直觉行动思维向具体形象思维过渡的时期，他们的情感外露，不稳定，带有很大的情绪性。小班幼儿基本掌握了走、跑、跳、爬等基本动作技能，但是他们的动作仍然不够协调和平稳。根据小班幼儿年龄特点，设置的游戏必须要有非常强的情境性，才能吸引幼儿的注意力，这就需要教师创设一定的活动氛围。兴趣是幼儿游戏的出发点，因此，在小班体育活动中培养幼儿对体育活动的兴趣及积极主动的参与态度非常重要。

1. 扮演各种幼儿喜欢的动物形象

形象有趣的角色扮演，鼓励幼儿积极参与游戏，融入游戏之中，促进幼儿协调发展，使体育活动不再成为枯燥的技能训练。

我们首先要从小班幼儿的年龄特点与认知程度出发，抓住他们对小动物的浓厚兴趣的特点，创造开展"老猫睡觉醒不了""小兔拔萝卜""小鸡捉虫子"等一系列的角色体育活动，由于游戏中的动物角色是孩子们所熟知的，形态迥异的动物形象，是幼儿所喜爱并乐于扮演的，更容易让幼儿放松心情，自然地融入游戏之中。当幼儿戴上小猫、小兔子、小鸡的相应头饰或胸饰时，他们很容易接受这些形象，并能够扮演小动物角色与教师一起游戏。幼儿在扮演小猫宝宝的淘气游戏，小兔宝宝跟着妈妈拔萝卜以及小鸡宝宝跟着妈妈捉虫子的具体形象中，既感知了周围事物之间的关系和规律，又体验了在故事情境中和老师一起做游戏的快乐，从而幼儿顺其自然地就对躲、跳、跑等动作有了新的练习和提高。可以说，动物形象的扮演有效地促使幼儿对游戏产生浓厚的兴趣。

2. 创设轻松的环境氛围

在体育活动中教师的最佳情绪应是积极、活泼、充满朝气的，而且能调动活动气氛。在体育活动开展前，我们应把自己的精神状态调整到最佳点，以饱满的精神、良好的情绪出现在孩子面前，穿上最适合运动的服装，动作有力到位，做孩子的玩伴，用自己的活力感染和带动幼儿积极投入到活动中去。

在"小马过小桥"的游戏中，个别幼儿对平衡木产生了惧怕心理。首先，我理解幼儿的这种"怕"的心理，在他们遇到困难时及时给予帮助和指导，我轻轻扶着幼儿的小手帮助他们掌握平衡，其实这更是一种心理上的安慰和鼓励。慢慢地，孩子们的惧怕心理消除了，他们都愿意尝试着勇敢地过小桥。接着，我便用情境化的口吻告诉他们："小河里有鳄鱼，千万不要掉下去哦!"孩子们都告诉我："我不怕，我不会掉下去的！看我的!"一句情境化的提示语激发了幼儿更大的兴趣。

理解并尊重幼儿情感、兴趣、爱好与需要，平等对待幼儿。幼儿在得到理解、尊重、

鼓励、肯定后，当这种情感需要得到满足后，他们会以更大的激情投入到体育活动中去。

二、安排合理的游戏情境，关注幼儿游戏状态

充满童趣的情境设置，适时调整幼儿的运动量，达到科学锻炼身体的效果。体育活动是以身体动作、技能练习为手段，有目的、有计划地发展幼儿的基本动作技能，它作为健康活动的重要形式，就要求教师要有计划、有目的地开展游戏，科学地开展体能锻炼，在体育活动中教师要时刻关注幼儿的运动量，合理地安排和适时地调节幼儿在技能练习时身体和心理的负荷，以促进幼儿动作技能的科学性提高，达到增强体质的目的。在开展体育活动时，我们可以创设游戏情境，设置灵活可变的情节，随时根据幼儿在体育活动中的身体和心理状态进行适当的调节。在体育活动“小鸡捉虫子”中，在未达到预设的运动量时，就可以改变游戏情节，我先后请配班教师扮演老狼和狐狸，调整虫子的远近，从而提高幼儿跑的速度和增加四散跑路线的距离，在快速跑的过程中幼儿的情绪被调动起来，从而达到了游戏的高潮阶段，增加了幼儿的运动量，达到体育活动的目标。

总之，幼儿的游戏过程应呈现抛物线状态，从热身运动活动量慢慢升高，一直到游戏过程是高潮部分，同时也是活动量最大的部分，最后教师带领幼儿慢慢减少活动量，直到放松环节。教师应遵循幼儿游戏活动量的需要，合理安排好游戏情境。

三、设计适宜的游戏情境，规范幼儿的游戏动作

走、跑、跳、平衡、钻、爬等是人们在日常生活中需要的基本动作。幼儿已在日常生活中潜移默化地慢慢学会，但还是需要通过正确的指导与各种锻炼来形成正确的动作规范，从而达到提高身体素质和意志品质的基础。

《幼儿园教育指导纲要》提出“用幼儿感兴趣的方式发展基本动作，提高动作的协调性、灵活性”。幼儿的兴趣状态参与度高，就会更主动地投入活动中，对自身动作关注度高，要求更高，更积极地探索动作。因此，在体育基本动作习得的活动中，教师应设计适宜的游戏情境为实现游戏目标服务。情境游戏创设对于发展小班幼儿体育基本动作具有重要作用。在活动中，教师也应该时刻观察与正确地指导，以真正达到发展基本动作的最终目的。我们应该根据基本动作练习的需要，为幼儿创设丰富多样、充满趣味的练习环境，从而吸引幼儿积极参与到体育活动中来，使幼儿真正自发投入，自我调整动作，习得动作要领，突破动作难点。例如：钻类游戏，重在练习幼儿钻的动作，提高幼儿的灵活性和协调性。在“老鼠笼”活动中，让幼儿扮演老鼠偷粮食的方式，来锻炼“钻”基本动作。在情境创设的同时，还配合儿歌来激发幼儿游戏的兴趣，鼓励幼儿弯腰钻，在儿歌的游戏情境中幼儿情绪高涨，积极参与游戏，从而达到游戏目标。

幼儿基本动作的习得可以通过不同的方式，因此可以创设的情境游戏也多种多样的。教师应根据游戏的目标设计不同的游戏情境，达到动作的练习和体能素质的提高。

小班是游戏化的一日生活，教师应在一日生活中处处为幼儿创设游戏化的情境。面对幼儿枯燥而乏味的动作练习，体育活动情境的创设便显得格外重要，幼儿在宽松的、自由的、充满趣味性的环境中得到身体的发展。

浅谈在教育活动中培养幼儿安全意识的策略研究

北京市京源学校幼儿部　张宇琦

幼儿的成长过程并非是一帆风顺的，特别是遇到安全问题时，幼儿的自我保护能力就是确保其安全的重要因素。所以，非常有必要将幼儿安全意识教育作为幼儿启蒙教育的重点内容。通过科学的课程设置，实施高效的教学策略，使幼儿接受的安全意识教育具有实际意义。

一、教育活动中培养幼儿安全意识的重要性

对于多数幼儿来讲，在未进入幼儿园前多接受家庭教育。在家庭环境中，幼儿更多接触的是自理能力的相关知识。只有在三岁入园后，才会真正接受到系统教育。除各种能力、知识的教育外，还包括安全意识教育。事实上，安全意识教育是幼儿启蒙教育过程中的重点。因为只有幼儿具有基本的生存技能(安全意识)后，确保自身不受伤害的情况下，后续的各种能力的学习、各种能力的培养才有实际意义。所以，对幼儿实施系统、有效的安全意识培养是至关重要的。可以使幼儿在系统化的安全意识教育中，逐渐形成自我保护能力，从最初的认识危险到可以发现潜在危险，再从可以发现潜在危险到逐渐具备规避多种危险的能力，使其可以在遇到危险或潜在危险时，利用正确、有效的方式进行自我保护。

二、教育活动中培养幼儿安全意识的策略

虽然当前多数幼儿园已经将安全意识教育作为幼儿的启蒙教育，但是在实施幼儿安全意识教育的过程中，由于受到多种因素影响，当前实施的幼儿安全意识教育多流于教育表层。换言之，实施的幼儿安全意识教育意义不大。究其根本在于多数幼儿园在实施幼儿安全意识教育的过程中，缺乏有效策略。基于此，我从四个视角对幼儿园阶段的幼儿安全意识教育策略展开探究。

(一)生活中的安全教育

在对幼儿实施系统安全意识教育的过程中，首先，需要制订科学、可行的教学计划；其次，应充分考虑幼儿的生理与心理特点，将幼儿熟悉的生活情境作为教育素材，避免幼儿因为安全教育内容陌生、不感兴趣，而对此部分的学习内容产生抵触心理。

1. 科学有效的教学计划

开展生活中安全教育问题的教学目标有两个：使幼儿形成安全意识；使幼儿掌握基本的自我保护技能。实现这两个目标，安全意识教育才具有实际意义。

第一，通过生活中的安全教育，使幼儿形成基本的安全意识。教师将生活中发生频率高、危害大的生活安全问题贯穿于幼儿教育中，使幼儿在反复认知、反复刺激、反复教育中，提升生活中的警惕性。幼儿园可以通过设置安全演示活动，在多名教师的协作下为幼儿演示生活中常见的安全问题，使幼儿可以直观地认识到生活中的安全隐患，并有效降低生活中安全事故的发生概率。再通过演示生活中多样化安全问题对幼儿进行反复刺激，使幼儿逐渐具备对生活安全问题的认知能力。除此之外，还可以将生活中的安全教育内容贯穿于幼儿的日常教育中，例如贯穿于户外游戏中、贯穿于绘本阅读中等，以实现对幼儿的反复教育，使他们对生活中的安全问题有正确认识。

第二，通过生活中的安全教育，使幼儿逐渐具备自我保护能力。此能力的培养是基于幼儿形成安全意识基础上展开的。使幼儿逐渐掌握规避生活中危险的技能、具备保护自己的能力。幼儿园可以为幼儿设置安全体验活动，以游戏的形式，以短视频的形式，引导幼

儿发现生活中的潜在危险，并学会应对生活中的危险问题，关键时刻表现出自我保护能力。

例如：在安全体验活动中，有多条道路可以通往目的地，但是每条路上教师都设置了不同的“危险”，幼儿需要发现潜在危险，选择最恰当的路到达终点。第一个“危险”，道路中设置了多个井盖标志，幼儿应知道绕行井盖；第二个“危险”，红绿灯与斑马线，红灯始终亮起，幼儿需要触碰绿灯按钮，灯才会变绿，此时幼儿还应仔细观察道路情况，确认安全后再通过。此安全体验活动属于全员可参与的课程，且对于课程中的“危险”可结合教育内容不断变化，使幼儿在安全体验活动中，不断思考，不断判断。在反复的安全问题教育中，使幼儿逐渐具备应对生活中安全问题的能力，使他们不仅懂得安全的重要性，更具备自我保护能力。

2. 结合幼儿特点选用安全教育素材

在对幼儿实施生活中的安全教育时，教师可以对幼儿熟悉的生活中的安全问题进行汇总，将常见且具有代表性的安全问题制作成幼儿安全意识教育的可用素材。以小班幼儿为例，他们的身体协调能力还不健全，且对生活中的危险认知能力较弱。此时教师在开展生活中的安全教育时，应注重结合小班幼儿特点，将生活中的安全问题制作成教学素材，使幼儿可以直观看到危险以及危险导致的严重后果。通过反复引导，使幼儿明白生活中存在很多危险与潜在危险，正确的处理方式是什么？然后将安全教育的内容融入日常活动中，以实践活动为载体，引导幼儿在日常活动中学会正确处理危险问题的方式，从而达到保护自己的目的。

例如：将生活中的游戏场景再现。第一，排队等候时，用力推前边的小朋友，会导致他人摔伤；第二，玩游戏设施(滑梯)不排队，用力往前挤，会导致踩踏事件的发生；第三，玩滑梯时不遵守规则，容易导致自己和其他人受伤：下面的小朋友没有从滑梯上起来，自己就着急滑下去；从滑梯下面反方向上行；滑到下方后不及时离开滑梯，坐在滑梯上玩耍。通过对幼儿进行反复、丰富的生活安全教育后，可以明显提升幼儿安全意识，并逐渐在集体游戏中学会保护自己的技能，实现了有效的幼儿安全意识教育。

(二)开展幼儿安全教育主题活动

幼儿园在对幼儿实施安全意识教育的过程中，还应丰富安全教育内容，可以通过设置不同的安全教育主题，使幼儿接触到丰富的安全问题。实现对幼儿实施安全意识教育的目的，更能使幼儿逐渐具备较强的自我保护意识与能力。

第一，火灾主题活动。以动画短片的形式，让幼儿自主学习火灾情况下的正确做法和有效的自我救援方法。然后教师再进行安全知识分析，在幼儿掌握了基本的安全知识后，展开火灾安全主题教育的演练，使幼儿在教师的指导下，懂得正确的火灾逃生技能。

第二，防治新冠肺炎疫情的主题活动。以动画的形式让幼儿对新冠肺炎病毒有初步认知，并通过安全主题教育，使幼儿掌握新冠肺炎疫情的相关知识：(1)树立起安全意识；(2)出门戴口罩，勤通风，勤洗手，尽量不去人多的地方，确保自己的健康与安全。

第三，组织“我是安全教育小老师”的主题活动。在对应的安全教育主题活动中，请幼儿进行不同安全知识的讲解与演示，使幼儿对不同主题的安全知识记忆犹新。

(三)创设情境，模拟安全教育

对幼儿实施安全意识教育，除注重安全意识理论知识教授外，还应通过安全问题情境再现，辅助幼儿认识危险，逐渐形成安全意识。以“不要跟陌生人走”的安全教育活动为例，教师可以通过绘本故事、短视频的方式，让幼儿明白不能跟陌生人走，并让幼儿直观地看到跟陌生人走的后果，使他们可以真正意识到跟陌生人走是很危险的，而且有可能再也见不到自己的亲人。在故事讲述、观看视频后，教师可以尝试通过创设情境的方式，展开模拟安全教育。

例如：教师可邀请三位家长参加此次教育活动，在幼儿独自玩耍时，被邀请的家长扮演陌生人与幼儿进行交谈，并诱骗幼儿跟自己走，使幼儿可以在模拟安全教育中学到更多的安全问题。三位家长通过玩具吸引、美食吸引、编造谎言等方式，成功地从班级内“骗”走了四名幼儿，其中一名幼儿企图通过与其他幼儿同行的方式保证自己的安全，所以，这名家长一次成功“骗”走了两名幼儿。最后教师结合此次模拟安全教育进行总结。第一，陌生人的东西不能要，在遭到陌生人纠缠时应立刻走开或大声呼救；第二，在碰到陌生人求助时，应第一时间找大人或找老师帮忙；第三，面对陌生人的邀请，不要试图邀请其他幼儿同行，确保自己和他人的安全。在模拟安全教育活动中，幼儿的防骗自我保护意识得到有效提升。

（四）家园共育下的安全教育

对于幼儿的安全意识教育，并非幼儿园单方实施高效教育过程就能获取较好的效果。应在教育过程中充分发挥家庭作用，配合幼儿园对幼儿实施常态化安全意识教育。

第一，家庭与幼儿园之间建立有效沟通，使家长可以及时、准确地了解到幼儿园展开的安全意识教育的内容，并在家庭环境中对幼儿进行巩固教育。

第二，教师及时将幼儿在园接受安全教育的情况与家长进行沟通，使家长可以了解到幼儿安全意识的欠缺点，并在家中对幼儿实施针对性的安全教育。例如：前述的模拟安全教育中，四名幼儿在园所反复强调“不要和陌生人走”的前提下，仍被成功“骗走”，这是家长必须了解且应引起重视的问题，并有意识地对幼儿实施该教育内容的再教育，以提升幼儿的安全意识。

第三，家长积极配合，参与到园所的安全教育活动中。例如：将生活中的安全问题制作成小视频，上传于班级群。这不仅有益于幼儿提高安全意识，同时还能引起其他家长的重视。在家园的密切合作中，对幼儿实施有效的安全意识教育。

对幼儿实施安全意识教育意义重大，不仅可以使幼儿形成安全意识、具备自我保护能力；更能为幼儿今后的快乐学习、健康成长奠定坚实基础。

论学前教育阶段如何培养幼儿的语言能力

北京市京源学校幼儿部　范丽颖

一、语言能力在学前教育阶段的重要性

幼儿时期是发展的重要阶段，在这个阶段中，幼儿的各项能力发展并不完善，需要通过教师与家长的引导与教育，才能够不断完善幼儿的各项能力，为今后的发展奠定良好基础。幼儿时期，通过有效教学方式，提升幼儿语言能力与思维能力，从而促进其全面发展。在培养幼儿语言能力过程中，首先需要保证幼儿学会说话，幼儿只有学会说话后，才能够将自身心理需求用语言表达出来，并与他人进行沟通，满足自己的需求。而语言能力则是判断一个人文化修养与综合素质的重要判断方式，语言能力的提升与完善，对幼儿思维能力与创新能力的完善，具有一定推动作用。在学前教育阶段，注重培养与提升幼儿语言能力，能够有效提升教学质量。

在幼儿时期，注重幼儿语言能力的培养，其价值主要可从三个方面衡量与阐述，首先

语言是人类实现沟通与交流的重要方式。在学前教育中，培养幼儿语言能力，主要是培养幼儿基础能力，保证幼儿在此基础上实现个性化发展。其次，幼儿在接受语言能力培养后，具备相应语言能力，能够与教师进行无隙沟通，拉近学生与教师之间的距离，从而发展幼儿各方面能力。最后，在学前教育中，培养幼儿语言能力，幼儿在提升语言能力的同时，也将拉动其他能力与学科的发展、进步，幼儿最终得以全面发展。

二、培养幼儿语言能力的核心要求

(一)语言表达科学化

语言表达科学化主要可以从两个方面分析，首先是字、词、句发音准确与清晰，继而是内容表达正确与科学，符合客观规律的发展。幼师的教育对象是幼儿，具有一定的特殊性，幼儿时期主要通过模仿的方式获得知识。幼儿能够从教师的语言中，获得全新词汇与发音，并以此为基础，对现有生活有着全新理解，人际交往能力也得以提升。正是因为幼儿模仿能力较强，因此对幼师提出了更高要求。教师在日常工作与教学中，都需要不断提升自身语言能力，保证字、词、句使用正确，发音正确，表达方式规范等，如此才能做好榜样。

(二)语言表达儿童化

首先，教师在日常教学工作中，需要依据幼儿发展特点，调整表达方式，采用幼儿喜闻乐见的表达方式进行教学工作。由于幼儿理解能力有限，因此幼师需要使用简单易懂的词汇，并且每句话不宜过长，以短小精悍为主。其次，教师需要将自身语调进行儿童化处理，从而拉近与幼儿之间的关系，教师应当充分运用语调、语气等变化，在必要时，可使用语气词与拟声词等，使得语言表达更具有趣味性，吸引幼儿注意。最后，教师还可适当采用肢体语言，增加趣味性，例如眼神、动作等。只有在多个方面提升语言表达的儿童化，才能够提升语言表达效果。

(三)语言表达艺术化

为保证教学质量与教学结果，教师在语言表达时，可适当采用语言艺术化，增加语言魅力。语言艺术化为分为四个方面阐述，首先是正面的语言，不论是在表达肯定意见与有趣事物，还是在表达否定意见与毫无意义的事物时，都应当采用温和态度，并使用正面语言。其次是亲切的语言。亲切的语言存在十分重要，可用于鼓励与激励幼儿健康成长，同时这种语言也是幼儿发展的不竭动力。通过具有激励意义的语言、亲切的眼神，能够有效增强幼儿信心，对幼儿健康成长具有重要意义。再次是新颖的语言，通过利用具有新鲜感的语言，能够吸引幼儿的注意力，并增强其学习自信心，从而提高幼儿学习能力，并完善其心理发展。最后是灵活的语言，在语言艺术化的前提下，需要具备在突发情况下解决问题，充分运用语言的能力。

三、学前教育阶段培养幼儿语言能力的有效措施

(一)加强幼儿与教师之间的对话

加强幼儿与教师之间的对话，并不仅仅是就某些问题进行沟通，了解彼此对同一件事物的看法，更多的则是在沟通与交流过程中，提升幼儿的语言能力。教师在开展幼儿语言能力教学中，需要通过多种方式，鼓励幼儿开口说话，并将自身想法转换为语言形式，表达出来。幼儿在发言中，教师需要通过眼神与动作，鼓励幼儿，并将重点集中在幼儿的语言上。教师应当明确的是，不仅仅需要传递给幼儿基础知识，更应当重视其语言教育，若教师在日常教学中，为幼儿提供大量答案，则会导致幼儿逐渐丧失交流与表达的欲望，师生之间交谈进展困难。由此可见，教师在语言教学中，可将班级中的幼儿分为若干个小组，

并提出一定问题，小组间需要通过讨论等方式，获取答案。幼儿在讨论中，逐步完善自身语言能力。

（二）注重语言使用规范性

幼儿时期是幼儿学习的基础阶段，在这一阶段中，幼儿将通过模仿的方式，获取知识，因此在幼儿学期教育中，教师应当规范自身语言表达，从而为幼儿做好榜样。教师在日常教学中，需要保证自身语言使用的规范性，教师语言使用的规范性将直接影响幼儿语言能力的高低。若教师在日常教学与工作中，语言使用十分随意，则幼儿语言能力也会变得十分随意，反之也是如此。因此，教师在日常语言教学中，可引导幼儿聆听优秀文学作品，感受作者如何进行语言表达。幼儿在聆听过程中，不仅能够对作品中的情节有深入理解，还能够提升自身语言表达能力。教师需要明确的是，不能够只组织学生听故事，更需要引导幼儿读故事，从而不断丰富幼儿的词汇量。此外，还可开展语言游戏活动，提升幼儿表达能力与词汇量。

（三）加强指导，增强训练效果

教师对幼儿进行语言指导，对幼儿语言能力的提高具有重要作用。教师在开展日常语言训练之前，可以依据练习材料与幼儿发展情况，进行集中指导，将练习中可能存在的问题与重难点问题进行标注，提升练习效率。幼儿在练习完成之后，教师需要依据不同幼儿的练习情况，进行点评，不仅需要指出练习中存在的问题，还需要对幼儿进行鼓励。教师应当明确的是，语言练习应当具备一定的针对性，必须要结合幼儿练习情况进行点评。针对部分心理承受能力较弱的幼儿，应当充分给予鼓励，并创造机会，为其提供练习机会。针对语言能力较差的幼儿，教师需要加强语言训练，提升语言能力。教师在练习中，为幼儿提供指导与帮助，才能够保证幼儿全面发展。

四、总结

语言教育对幼儿健康成长具有重要意义，因此，所有教师都应当充分重视语言教育，并通过多种途径，提升教育质量。在语言教学中，需要加强幼儿与教师之间的对话，教师还应当注重语言使用的规范性，并在幼儿语言练习中，给予专业指导，从而提升幼儿语言能力。幼儿语言能力得以提升，会为未来健康发展奠定良好基础。

机遇与挑战并存：后疫情时代幼儿园教师角色定位新论

中国科学院第六幼儿园　李　潇

一、引言

2020 年，新冠肺炎病毒疫情全面暴发，政府出台了“停课不停学”的新举措，幼儿教师被动转型成为“线上教学主播”，一场空前绝后的全国规模“在线教育实践”如火如荼地展开了。

伴随着全球抗疫工作的逐步推进，新冠疫情得到了有效控制，但短时间内不会完全消失，并随时都可能有小规模暴发或季节性发作，世界进入了后疫情时代。

疫情防控“新常态”下，线上线下教育融合开展已经成为大势所趋，学前教育行业面临着前所未有的挑战和机遇，新时代下幼师的角色定位也势必发生转变。

二、迎难而上：直面后疫情时代新挑战

（一）应对公共性危机新挑战

在当代社会运行过程中，诸如自然灾害、社会运行机制失灵而引发的，可能危及公共安全和正常秩序的危机事件频发，危机风险日益增多且影响面越来越大，公共性危机对教育系统的影响大家有目共睹。

在这样的大背景下，构建常态化的公共性危机应对机制是当务之急。教师作为幼儿园应对公共性危机的重要参与者，面临增强危机防范意识、习得危机应对知识和提高危机防范能力的新挑战。

（二）适应信息化教学新挑战

伴随着"互联网＋"时代的到来，在后疫情时期，教师的教育场所从单一的线下变为了线上线下相结合的全新教育模式，"云课堂"的开展无疑对教师的信息化素养提出了更高要求。

抵抗住信息碎片化的冲击、利用自己敏锐的专业化嗅觉、在海量的互联网信息资源中充分获取、筛选和整合出适合本班幼儿发展的教育教学资源，拓宽幼儿学习和发展的空间，也是后疫情时代教师面临的新挑战。

（三）直面角色化转变新挑战

在传统单一的线下教学模式中，教师的教育活动直接和幼儿面对面地现场展开。而后疫情时代基于学前幼儿的年龄特点，线上教育活动在实际操作过程中往往变为了"基于儿童而面向家长的育儿指导与交流互动"。

教育部在相关通知中也强调了"严禁幼儿园开展网上教学活动，幼儿园应该通过多途径、全覆盖的方式促进家庭高质量的陪伴"。教育对象和目标重心的变化，为幼儿教师的工作带来了新挑战。

三、顺势而为：把握后疫情时代新机遇

（一）线上线下教育融合新机遇

疫情期间，线上教育因其具有不受时间、空间约束的特点，解决了幼儿居家不能去幼儿园受教育的问题，通过线上平台师幼之间能够实时沟通互动、一起游戏、娱乐与学习，真正实现了"停课不停学"。

线下教育关注幼儿的亲身体验和经历，线上教育弥补时间、空间的不足，两种模式各有所长，可以实现优势互补，"线上＋线下"相结合，将是未来教育的发展趋势，也是后疫情时代的新机遇。

（二）教师专业权威定位新机遇

著名教育大师雅斯贝尔斯说："对权威的信仰是教育的唯一来源和教育的实质。"近些年，伴随着新闻媒体对幼师"虐童"等事件的发酵，幼儿园教师的专业性备受质疑，对其专业性发展的要求迫在眉睫。

疫情的突发，让社会大众在无所适从中更加相信"权威和专业的力量"，后疫情时代的来临，是重建幼师专业权威的契机，激发幼儿教师们积极寻求改变与转型的内在动力，给幼教行业带来了新的机遇。

（三）建构新型共育体系新机遇

幼儿的健康成长和全面发展离不开良好高效运转、同频共振的"家庭—幼儿园—社会"共育体系，疫情使家庭和幼儿园的边界越来越模糊，同时也使家园合作的程度达到了前所未有的"顶峰"。

此外，疫情时代特殊的幼儿居家成长模式，也对政府政策支持、社区儿童之家搭建、互联网教育自媒体等提出了新的要求。一种在家庭、幼儿园和社会三者合力之下建构的新型共育体系呼之欲出。

四、后疫情时代幼师角色新定位

（一）教育资源的整合者

移动互联网的发展让“泛在学习”可以随时发生，无论是谁，无论何时何地，只要拥有基本的设备与技术，就可以搜索到相应的材料。疫情期间，在教育部的统筹下，社会各界在网络上发布了大量幼儿学习资源，在学前教育界掀起了一股前所未有的资源共享热潮，但同时，大量良莠不齐的信息也充斥着网络，给家长们带来了选择困惑。

在此情况下，教师一方面可以通过互动交流找到适合自己的“教学共同体”一起共享资源、共生活动；此外，作为专业的教育工作者最重要的职责之一就是在广阔的信息海洋中利用自己的专业进行信息甄别，筛选、提炼、整合适合本班幼儿的资源，并灵活转化运用来开展“云保教”，并根据个别幼儿和家长的需求推荐适宜的个性化资源。

（二）家庭育儿的指导者

《幼儿园教育指导纲要》指出：“家庭是幼儿园重要的合作伙伴，应本着尊重、平等、合作的原则，争取家长的理解、支持和主动参与，并积极支持、帮助家长提高教育能力。”疫情期间，家庭教育成为此阶段幼儿教育的重要组成部分，同时线上教育的发生必须通过家长作为“中介”来实现，家长不是“配合”而是“参与”了整个教育过程。

教育的成效取决于家长与幼儿之间的有效互动。幼儿教师应基于幼儿年龄特点充分运用专业知识帮助家长分析幼儿的个性特点，缓解家长居家教养的焦虑心理，关注家长育儿过程中的独特需求，解决家长教育过程中的具体困难，扮演好家庭育儿的指导者角色，正确支持和引导家长教育幼儿健康成长、全面发展。

（三）依学而教的培育者

后疫情时代的线上教育，基于其时间、地点灵活不受限的特点，每名幼儿的线上学习时间不固定，针对不同的家长不可能有标准流程，交流互动具有即时性、情境化的特点。不同家长的身份背景和育儿困惑也大有不同，需要教师能够根据交流的内容进行有针对性的指导，并及时回应家长的需要，提供专业支持。

长时间的居家学习，带来了幼儿之间发展水平的差异化。此外，不同的幼儿天赋和特长也大有不同。幼师可以利用留白时间进行个性化的教育驱动，基于不同幼儿发展的实际水平，以兴趣为出发点，灵活制订和调整教育教学计划，将自己作为“依学而教的培育者”，充分培养幼儿个性和自主性发展。

五、结语

后疫情时代的到来，给整个学前教育行业和幼儿教师带来了新挑战和新机遇。在时代的洪流里，机遇与挑战并存，幼儿教师的角色定位被赋予了多样化与专业化的时代特色。幼儿教师在新的时代潮流中应秉持不断完善自我的信念，树立终身学习的理念，优化自身教学知能结构，调整自身角色定位，迎难而上，直面后疫情时代新挑战；顺势而为，把握后疫情时代新机遇。

结对帮扶，精准施策，促转岗教师专业成长

——基于学区教研制度下转岗教师的专业成长的探索

广东省云浮市罗定市幼儿园　崔　燕

2020年，在教师节来临之际，习近平向全国广大教师和教育工作者致以节日祝贺和诚挚的慰问时特别提到“抓专业发展，提高乡村特别是困难地区教师队伍的整体素质”，触动了我对学区转岗教师专业成长的思考。近年来，中小学富余教师转岗幼教在一定程度上缓解了幼儿园人手不足的困境，可是这些幼儿园又面临着新的问题，如何让转岗教师尽快进入幼教角色，实施科学保教，提高本园的保教质量。

围绕《3—6岁儿童学习与发展指南》的要求，促进学区内转岗幼儿教师专业成长，我们制定《打造“1＋2＋3”的模式，提高幼儿园转岗教师科学保教水平》的教研方案。试图通过这一实践研究，在《3—6岁儿童学习与发展指南》的指引下，着力提高幼儿园转岗教师的专业素质和教育实践能力。

一、转岗教师存在的主要问题

转岗教师更换岗位可以是学校要求的，也可以是教师个人申请的。经调研，我发现转岗教师存在以下问题：

1. 幼教理念不科学

转岗教师未经过幼教专业培训，对幼儿心理特点、幼儿园教育规律不了解，普遍认为，幼儿园教和学的内容比小学、中学容易得多，谁都可以教，讲讲故事、画画图画、唱唱儿歌就一天过去了。

2. 幼教技能不科学

因为没有经过幼教专业培训，转岗教师的说、画、唱的技能很弱：讲故事基本上是读课文；画图基本用成品画代替，如画个圆圈也都是沿用中小学的圆规或用圆形物品印画；在音乐教育活动中，对音准、节奏和情感的认识很模糊，律动动作很生硬，不到位，这严重影响了幼儿活动的兴趣和教育教学活动的效能。

3. 活动组织不科学

转岗教师在幼教岗位上容易出现幼儿园“小学化”的现象，因为他们对幼儿的心理发展特点不了解，对幼儿教育的方法理论不掌握，对幼儿教育的教学方法不了解，幼儿活动以教师讲、孩子听为主，以作业代替孩子的操作活动，以间接经验代替孩子的直接经验……孩子们被动地活动，机械地练习，教育教学效果不明显；对日常突发事件的处理上方法不当，导致群众满意率低。

二、转岗教师成长策略

基础教育中的幼儿教育尤为重要，幼儿教育的关键看教师。基于我市学前教育“中心城区优质园与乡镇幼儿园结对联研、帮扶”的学区教研的制度，我园帮扶的是第三、第四学区，本学区内的幼儿园目前的幼儿教师当中，约有三分之二都是转岗教师。我们根据园长们反馈的意见，通过日常的教学交流，由我园教研组牵头，制定转岗教师专业成长培训“1＋2＋3”方案，分阶段实施培训，全面提升转岗教师的专业水平。

“1”是组建一个专家团队，“2”是实行学区、园本二级培训，“3”是“培训＋实践＋考核”模式的学前教育师资培育机制。

1. 组建专家团队，实施“1+N”结对帮扶，全面细致掌握帮扶对象的情况

我园成立实验工作专家指导小组，组员包括业务园长、教研组长和骨干教师。通过深入学区幼儿园调研，摸清转岗教师的业务情况，以一个专家结对一名或多名转岗教师（“1+N”）的形式开展培训，并为每个转岗教师建立一本成长手册。专家团队采取讲学、现场指导、网上答疑等形式，针对转岗教师在工作中的困难与问题，提供专业指导。

2. 实行“学区+园本”两级培训同步推进，调动专岗教师专业成长的积极性

以“学区教研+园本教研”的方式推进转岗教师实施科学保教。重点探索幼儿园一日生活管理、区域活动、户外游戏以及集体教科学组织与实施的策略，做到边实验、边完善、边提高。

3. 完善“培训+实践+考核”培育机制，务求达到精准施策

（1）学习培训。组建“专家+骨干教师”的培训团队，对实验镇（街道）幼教专干、实验园园长进行《3—6岁儿童学习与发展指南》的基本精神、倡导的教育理念和教育方法培训；对实验园业务园长及保教主任进行观察执行《3—6岁儿童学习与发展指南》的针对性培训；对实验园进行分领域教学培训。全面理解和准确把握《3—6岁儿童学习与发展指南》的精神实质，切实把先进的教育理念和科学的教育方法落实到幼儿园保教工作的各个环节，以培训促发展。

学习《幼儿园工作规程》，了解幼儿园任务：贯彻国家的教育方针，按照保育与教育相结合的原则，遵循幼儿身心发展的特点和规律，实施德、智、体、美等方面全面发展的教育，促进幼儿教育身心和谐发展。

学习《幼儿园教育指导纲要》，知道幼儿园教育是基础教育的重要组成部分，是我国学校教育和终身教育的奠基阶段，要因地制宜地实施素质教育，为幼儿的一生发展打好基础。

学习《3—6岁儿童学习与发展指南》，以促进幼儿体、智、德、美各方面的协调发展为核心，通过提出3—6岁各年龄段儿童学习与发展目标和相应的教育建议，帮助幼儿园教师和家长了解3—6岁幼儿学习与发展的基本规律和特点，建立对幼儿发展的合理期望，实施科学的保育和教育，让幼儿度过快乐而有意义的童年。

学习《广东省幼儿园一日生活指引》，科学合理安排幼儿的一日生活活动，寓教育于一日生活活动中，是每一位幼儿园教师必须掌握的一项技能。

学习《幼儿园教师专业标准》，了解幼儿园教师应具有的基本道德，了解国家对幼儿园教师专业素养的基本要求，知道幼儿园开展保教活动的基本规范，幼儿园教师应具备的专业素养，学科知识，引领幼儿园教师专业成长。

（2）积极实践保教。在培训中，我们邀请转岗教师到幼儿园跟岗实践一周或一个月，让教师参与幼儿园一日活动组织、班级的管理、环境创设，使所学的理论知识学以致用，使得这些教师尽快成长起来。

莉莉是中学转岗过来的教师，学生从十几岁的少年到几岁的孩子，还真有点不适应，中学教师上完课就可以回到办公室了，而幼儿园的小朋友都是3—5岁的孩子，一天到晚都要盯着他们，一不留神就会有状况发生。莉莉说，现在我对幼儿园一日生活组织有了更深的认识，逐步熟悉各生活环节的要点。懂得儿童的心理特点，管理好本班的幼儿，配合主班教师结合主题内容创设班级、走廊的教育环境。一边做，一边学习，我相信，我会慢慢地成长起来。

（3）完善考核制度。考核是总结阶段成果的一个有效途径，通过考核，能较准确地了解转岗教师的学习成果，为精准施策提供有力的保障，有效地促进转岗教师的专业成长，从

而提升本地学前教育科学保教水平。

每一个学期开学，我们提前制订计划，每月安排不同的活动内容，每月的最后一周为教研活动周，开展转岗教师的公开课、幼儿半日活动组织、班级环境创设等。

每学期在学区内举行一次针对转岗教师优质课评比，并颁发荣誉证书以资鼓励。

(4)共享共赢。我园建立了“华丽变身幼教人”的转岗教师群，学员老师分享交流经验，解决实验过程中遇到的疑惑。

每个学期的最后一个月，我们召开转岗教师心得分享会，要求每位学员做好发言准备，每个学员的发言将会纳入培训成绩，有效激发学员们的学习热情，学员们还可以把日常教学中遇到的问题提出来，和专家、骨干教师面对面交流，现场答疑。学员们在多次的分享与交流中获得知识与经验，使自己的专业能力与知识得到不断的成长，增强了自信心与自豪感。

三、初步成果

1. 通过培训，转岗教师们理解和掌握了先进的学前教育理念和科学教育方法，为提升学前教育整体质量探索有益的经验和方法。

2. 通过培训，教师掌握了幼儿园家长工作的技巧，能与家长良好沟通，妥善处理好家园关系，争取到家长支持幼儿园活动，科学地帮助幼儿达到教育的期望。

3. 完善“培训＋实践＋考核”模式的学前教育师资培育机制。以“专家＋骨干”为引领，广泛开展幼儿教育的理论学习和业务技能的学习；通过“学区教研＋园本教研”相结合的教研形式，有效推动幼儿园形成良好的教研氛围；建立科学合理的教师工作考评指标和操作办法，完善“培训＋实践＋考核”的师资培训机制，有力地保障了教师培训的有效性。通过本课题，为本市教育行政部门的实施有效转岗教师培训提供经验，并有效提高了教师自觉实践、互动研讨与教师课后独立反思相结合的教研意识，为提高我市幼儿教师整体综合素质，打造一支专业化的师资团队打下了良好的基础。